珍藏本

周易大全

上卷

石伟坤⊙主编

百花洲文艺出版社

图书在版编目(CIP)数据

周易大全/石伟坤主编. —南昌:百花洲文艺出版社,2011.8(2012.9 重印)
ISBN 978-7-5500-0151-0

Ⅰ.①周… Ⅱ.①石… Ⅲ.①周易-注释 ②周易-译文 Ⅳ.①B221

中国版本图书馆 CIP 数据核字(2011)第 139352 号

ZHOUYI DAQUAN
周易大全
石伟坤 主编

总 策 划 杨建峰
责任编辑 张 越+谢宝光
美术编辑 松 雪
制 作 冯 兴
出版发行 百花洲文艺出版社
社 址 南昌市阳明路 310 号
邮 编 330008
经 销 全国新华书店
印 刷 北京楠萍印刷有限公司
开 本 1020mm×1200mm 1/20 印张 40
版 次 2011 年 8 月第 1 版
2012 年 9 月第 3 次印刷
字 数 1272 千字
书 号 ISBN 978-7-5500-0151-0
定 价 59.00 元(上下卷)

赣版权登字 05-2011-79

邮购联系 0791-6895108
网 址 http://www.bhzwy.com

前　言

《周易》,又名《易经》、《易》,分为“经”、“传”两部分。“经”即《周易古经》,分上、下两篇,大约成书于西周初期;“传”即《易传》,又称《易大传》、《十翼》,大约著成于战国晚期。

《周易》经、传的作者与撰著年代素有歧说。司马迁著《史记》云:“伏羲作八卦”(《日者列传》),“西伯拘羑里,演《周易》”(《太史公自序》);“孔子晚而喜《易》,序《彖》、《系》、《象》、《说卦》、《文言》”(《孔子世家》)。以为伏羲创八卦,文王作卦爻辞,孔子序《易传》,汉唐间以此为权威性论断。经过后人考证,《易》非出于一人、成于一时,这个观点成为共识。

“易”曾为筮书之通名,《周易》曾与传说中的筮书《连山》、《归藏》合称“三易”。其本为占筮书,孔子则视其为哲学著作,此后汉人以象数解之,魏晋玄学家则借以谈玄,更有宋人主河图、洛书之说,将其演变为方士之书。但书中载录了不少殷周故事,是研究当时社会历史、思想、风俗的宝贵材料。

《易经》通过卦的排列、卦形变化及卦、爻辞来喻示哲理。其基本符号为阳“—”与阴“--”,两个符号作不同组合叠作三层,共有八种组合,产生八个图形,即为八卦:

☰乾、☷坤、☳震、☴巽、☵坎、☲离、☶艮、☱兑,象征天、地、雷、风、水、火、山、泽八种物体。八卦中任意两卦相重,又组成六十四卦。每卦有六爻,《乾》、《坤》二卦各多一爻。每卦有卦辞,每爻有爻辞,共六十四条卦辞和三百八十六条爻辞,组成《周易》“经”的部分。六十四卦分为上、下两篇,上篇三十卦,下篇三十四卦。以《乾》、《坤》为始,以《既济》、《未济》为终。喻示着事物从发生,中间经过或通泰或悔吝的发展阶段,以至最终完成(“既济”)的全过程;而事物的完成阶段又意味着一个新过程的开始(“未济”)。六十四卦的体系呈开放状,表示事物的发展未有终穷。

《易传》由《文言》、《彖传》上下、《象传》上下、《系辞》上下、《说卦》、《序卦》、《杂卦》七种共十篇所组成,称为“十翼”,意指其为经之羽翼。《文言》专释《乾》、《坤》二卦卦辞。《彖传》释六十四卦卦名、卦辞。彖意断,即断一卦之义。《象传》释卦名、爻辞。以上三种归附于有关经文之下。《系辞》为《易经》通论,内容庞杂。《说卦》专述乾、坤、震、巽、坎、离、艮、兑八卦所象之事物。《序卦》释六十四卦顺序。《杂卦》说六十四卦卦义,错杂释之,故曰杂。以上四种单独成篇,列于经文之后。

《易经》集卦辞、爻辞共四百五十条,从形式上进行分析,依李镜池《周易探源》,可分六个类型:

一、纯粹定吉凶的辞。例如:《乾》,“元亨,利贞”。

二、单叙事而不示吉凶。例如:《坤》初六,“履霜,坚冰至”。

三、先叙述而后吉凶。例如:《乾》九三,“君子终日乾乾,夕惕若,厉,无咎”。

四、先吉凶而后叙述。例如:《小畜》,“亨。密云不雨,自我西郊”。

五、叙事,吉凶;又叙事,吉凶。例如:《讼》六三,“食旧德,贞厉,终吉。或从王事,无成”。

六、混合的:或先吉凶,叙事;又吉凶。或先叙事,吉凶;又叙事。例如:《复》,“亨。出入无疾,朋来无咎。反复其道,七日来复。利有攸往”。

《易经》的卦辞、爻辞是古代长时期积累起来的临事卜占结果的记录。它涉及祭祀、战争、生产、婚姻、天灾等方面的情况,具有一定的史料价值。

《易经》是我国文化典籍里最难懂的著作之一。作为具有一定哲理内容的卜筮之书,它以独特的形式和思想内容,在中国传统评论文化大观园里垒起一座神秘的宫殿;在以政治、伦理为主要内容的中国古代意识形态领域里,开辟了广阔的哲学天地。数千年来,属于不同思想和学术派别的学者,覃心竭力地对它进行解释和阐发,以致它的本来面目尽为神学的迷雾、释道的玄谈以及儒家的义理所笼罩,从而也形成了庞杂的易学体系。

《周易大全》分为上下两卷。上卷依照权威版本,对《周易》进行了精心注译,可极大地方便广大读者阅读理解周易原典。下卷包括“易经与中国历史文化”、“易经疑难详解”,以及易经百科知识问答。为了便于读者深入研究易经文化,本书还专门搜集众多古版本易典原图,供读者欣赏。另外,我们还为有了一定易学基础、希望更好地把握易经文化的读者,附上了一部“四库全书”本《易数钩隐图》,相信会在开拓读者视野、提高其易学水平方面起到一定的作用。

本书的编撰,必然还有许多不足和错误之处,诚恳盼望广大读者、方家提出宝贵意见,以供我们修订改进。

编　者

总目录

上卷目录

第一编　易经注解

第一編

易經

注解

上　　经

乾　第一

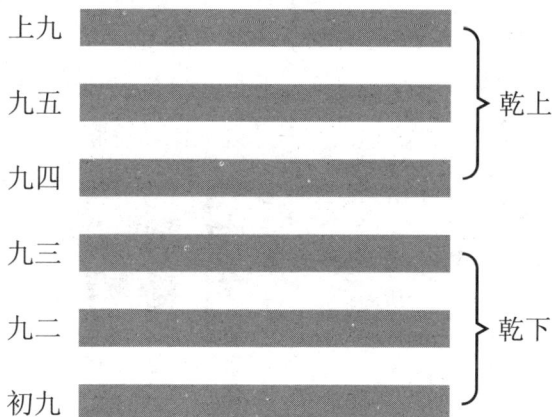

乾[1]:元亨利贞[2]。

【注释】

①乾:卦名,象征天,意义为刚健。②元亨利贞:元指大,亨指通顺、通达,利贞指有利之占问(贞:占问)。一说元指开始,亨指通达,利指适宜,贞指“正”;一说元亨指古人举行的一种大享之祭,古人在举行大享之祭时曾经占问,恰遇此卦,将之记录下来,表示占问时遇到此卦,行事顺利。

【译文】

乾卦:大吉大利,吉利的占卜。

《彖》[1]曰:大哉乾元[2],万物资[3]始,乃统[4]天。云行雨施[5],品物[6]流行[7]。大明[8]终始,六位[9]时[10]成,时[11]乘六龙以御[12]天。乾道[13]变化,各正[14]性命[15]。保合[16]大和[17],乃利贞[18]。首出[19]庶物[20],万国咸宁。

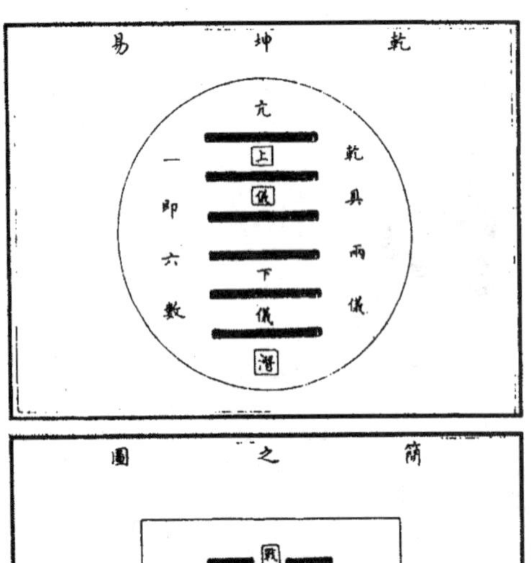

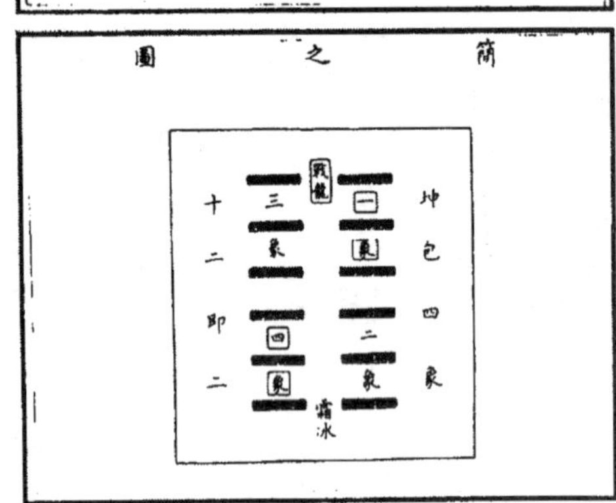

【注释】

①《彖》:即《彖传》,是对卦辞的解释。②元:始;创始。③资:依赖。④统:统率;统领。⑤施:布;散布。⑥品物:万物。⑦流形:形状不断变化。⑧大明:指太阳。⑨六位:指上、下、东、南、西、北六个方位,也指《乾》卦的六爻。⑩时:通“是”,指于是。⑪时:按时。⑫御:行。⑬乾道:天道;阳刚之道。⑭正:确定。一说指得其所。⑮性命:万物的天赋和禀受。⑯保合:保持;维持。⑰大和:即太和(大:即“太”),阴阳二气处于极为和谐的状态。⑱利贞:指利于万物,体现正道。⑲首出:一说指开始产生;一说指出于众物之上。⑳庶物:万物。

【译文】

《彖辞》说:伟大啊,生命本原的乾阳之气!万物依赖它获得生命的胚胎。它们统管大自然的一切变化。云在飘行,雨在降洒,繁殖万物,赋予形体。太阳运行,升起降下,出东没西,向南朝北,六方位置,依太阳的轨迹而得以确定。像是太阳驾驶着六条飞龙在空中有规律地运行。这种运行变化,形成季节气候,万物从而在大自然中找到适合生存的地位。乾元之气保持调整着全面和谐的关系,于是达到普利万物、正常循环的境界。其功德超出万种物类,给天下带来普遍的康宁。

剛柔者立本者也消息皆從此出故先圖乾坤

乾卦图

《象》[①]曰：天行健[②]，君子以自强不息。

【注释】

①《象》：即《象传》，分为《大象传》和《小象传》。《大象传》是对卦象、卦义的解释；《小象传》是对爻辞的解释。这里指《大象传》。②天行健：指天道运行不息，这就是《乾》卦的卦象（健：即“乾”）。

【译文】

《象辞》说：天道刚健而运行不已。君子观此卦象，取法于天，自强不息。

初九：潜龙勿用[①]。

《象》曰：潜龙勿用，阳在下[②]也。

【注释】

①用：举用；使用。这里指采取行动。②阳在下：指初九阳爻处于《乾》卦最下面的位置。

【译文】

初九：潜藏的龙，不要施展才华。

《象辞》说：潜藏的龙，不要施展才华，因为初九阳爻处在一卦的下位，所以压抑难伸。

九二：见[①]龙在田[②]，利见[③]大人。

《象》曰：见龙在田，德施[④]普也。

【注释】

①见：显现；出现。②田：田野。③见：一说指显现、出现；一说指相见。④施：给予；施与。

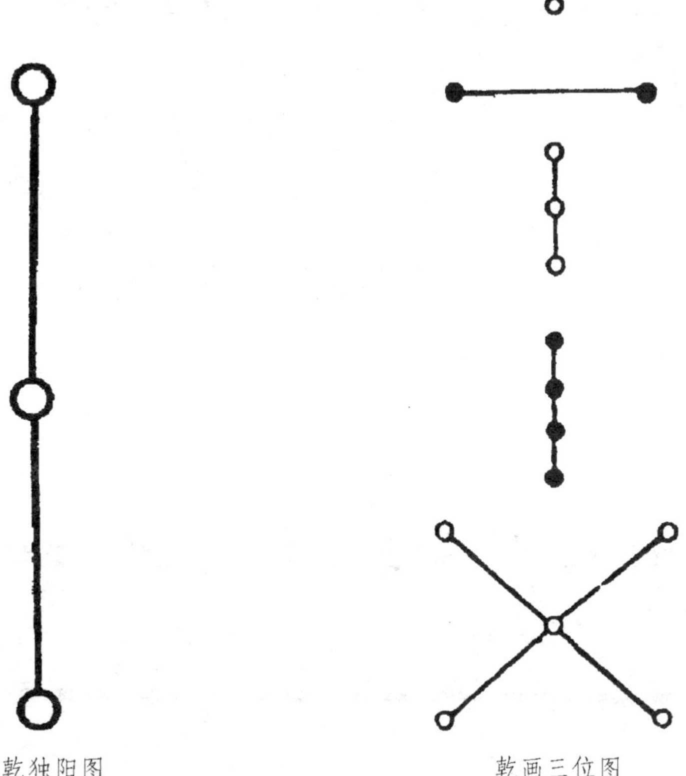

乾独阳图　　　　乾画三位图

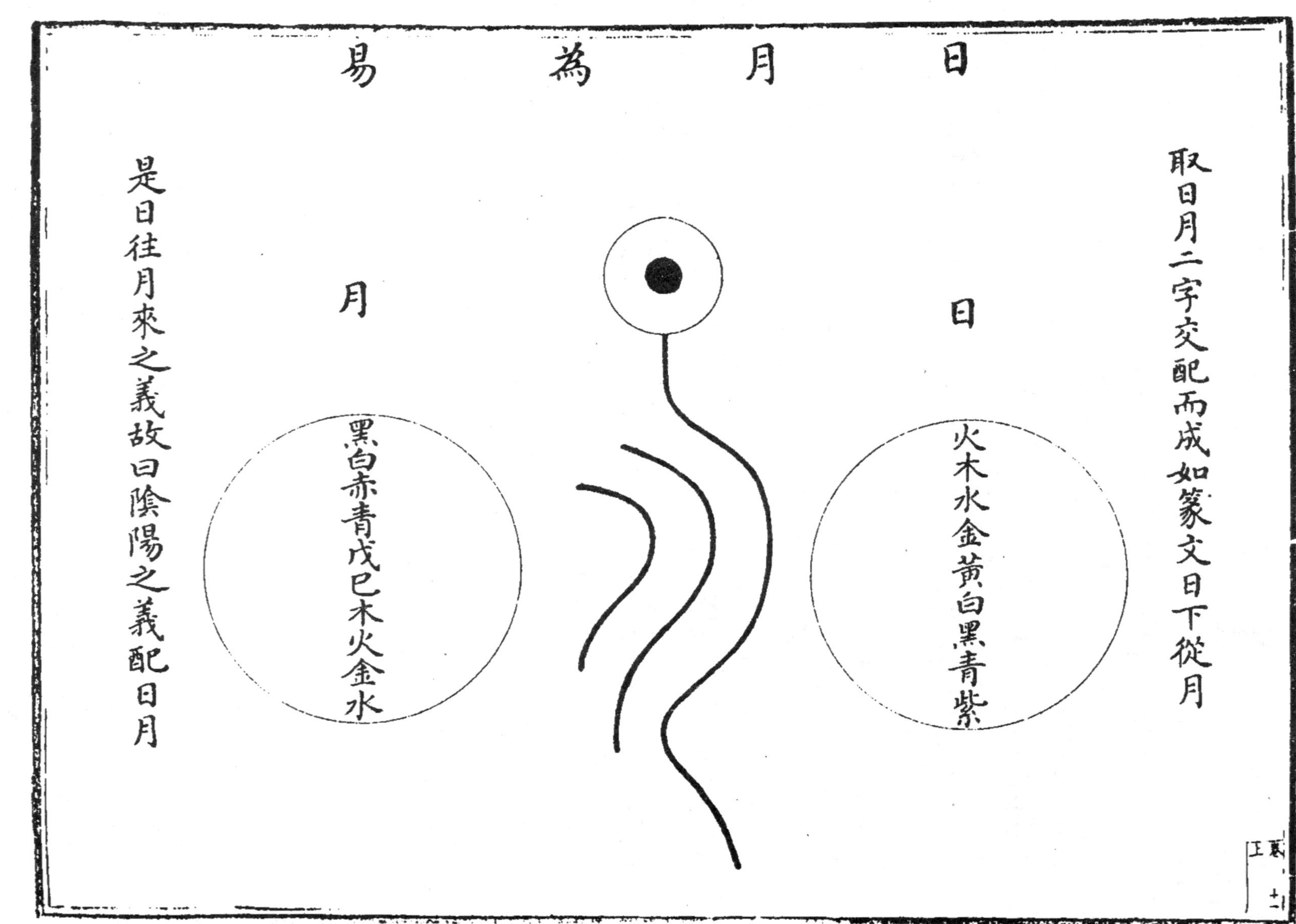
日月為易
取日月二字交配而成如篆文日下從月
日
火木水金黄白黑青紫
月
黑白赤青戊巳木火金水
是日往月來之義故曰陰陽之義配日月

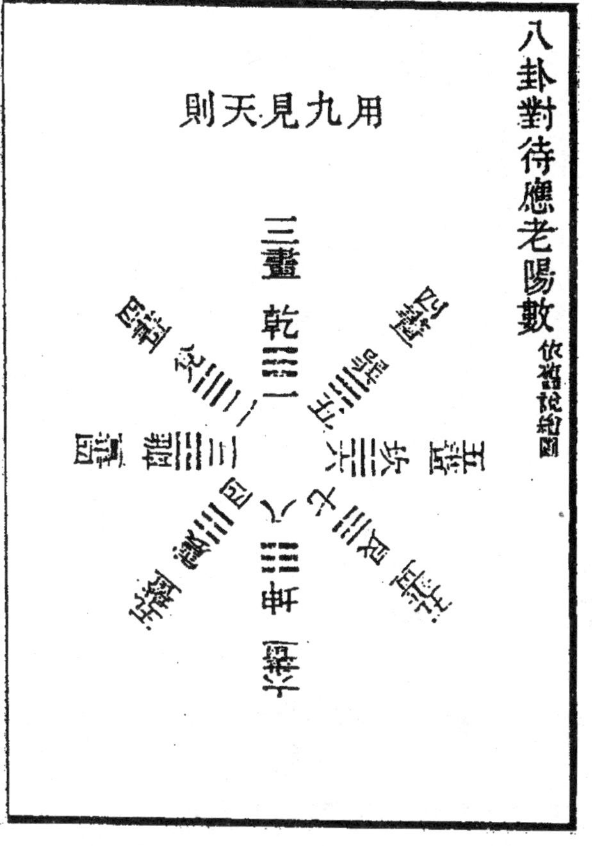

【译文】

九二：龙出现在田野，有利于见到贵族王公。

《象辞》说：龙出现在田野，喻指君子走出了压抑的低谷，可以谋取能普遍施予德泽的社会地位。

九三：君子终日乾乾①，夕惕若②，厉③，无咎④。

《象》曰：终日乾乾，反复道⑤也。

【注释】

①乾乾：即健而又健，形容勤奋、不懈怠的样子。②惕若：警惕小心的样子（若：语气助词）。一说“惕”应作“析”，有安闲休息的意思。③厉：危险。④咎：灾殃。⑤反复道：一说指反复地行道；一说指世道有反有复；一说指君子的行为翻来覆去都合于道。

【译文】

九三：有德行的人始终是白天勤奋不息，夜晚戒惧反省，虽然处境艰难，但没有灾难。

《象辞》说：君子整日里勤奋努力，意思是反复行道，坚持不舍。

九四：或跃在渊①，无咎。

《象》曰：或跃在渊，进无咎也。

【注释】

①或跃在渊：前面省略“龙”字。指龙或跃离深渊，或待在渊中。“或”表示不确定的意义。

【译文】

九四：龙也许跳进深潭，没有过错灾难。

《象辞》说：龙也许跳进深潭，表示可以有所作为而没有灾难。

九五：飞龙在天，利见大人。

《象》曰：飞龙在天，大人造[①]也。

【注释】

①造：作；为。

【译文】

九五：龙飞腾在空中，见到贵族王公最有利。

《象辞》说：龙飞腾在空中，意味着君子大有所为。

上九：亢[①]龙有悔[②]。

《象》曰：亢龙有悔，盈[③]不可久也。

【注释】

①亢：极；过甚。②悔：后悔。一说同"晦"，指不好的事情。③盈：满；充满。

【译文】

上九：升腾到极限的龙会因灾祸之困而悔恨。

《象辞》说：升腾到极限的龙会有灾祸之困，警戒人们崇高、盈满是不可能持久的。

用九[①]：见群龙无首[②]，吉。

《象》曰：用九天德[③]，不可为首也。

太极图

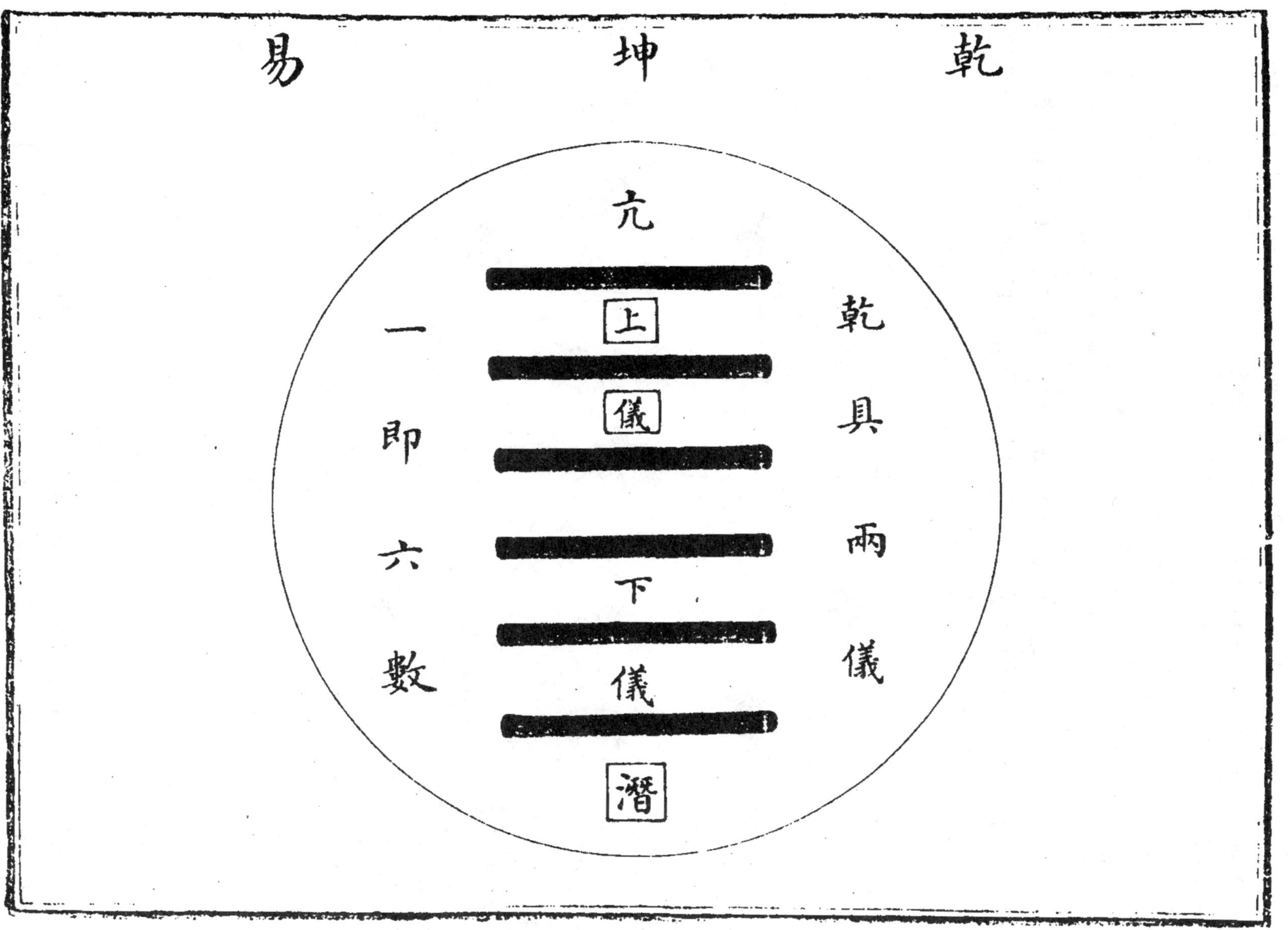
乾坤易
乾具兩儀
一即六數
亢
上
儀
下
儀
潛

【注释】

①用九：用《易经》卜筮时，若筮得《乾》卦，且六爻皆变（即六爻的得数都是九），就称为用九（用：都、全的意思）。用九是《乾》卦特有的爻题。②无首：不以首领自居。一说指龙首被遮住而见不到。③天德：指天创生万物、却又功成而不居之德。

【译文】

用九：在天空里群龙出现，无法分辨首领，吉利。

《象辞》说：六爻全阳，纯阳纯刚正是天道之性，至高无上，不可能再有别的首领。

《文言》①曰：元者，善之长②也。亨者，嘉③之会④也。利者，义⑤之和⑥也。贞者，事之干⑦也。君子体⑧仁足以长人⑨，嘉会足以合礼，利物足以和义，贞固⑩足以干⑪事。君子行此四德⑫者，故曰："乾：元亨、利贞。"

乾知太始图

【注释】

①《文言》：即《文言传》，是对卦辞和爻辞的解释，为《乾》、《坤》两卦所特有。②长：首；首领。③嘉：善；美好。④会：合；聚合。⑤义：道义。一说指宜、理应。⑥和：一说指反应、响应；一说指和谐。⑦干：主干；根本。⑧体：履行；实践。⑨长人：成为众人的尊长。⑩贞固：坚守正道（固：坚）。⑪干：办理；主管。⑫四德：指仁、礼、义、正。

【译文】

《文言》说：元，是众善之首。亨，是众美的集合。利，是义理的统一。贞，是事业的主干。

君子履行仁义就可以号令大众，集合众美就可以符合礼义，利人利物就足够可以和同义理，坚持正道就可以成就事业。君子是身体力行这四种美德的人，所以说：“《乾》卦具有这四种品德：元、亨、利、贞。”

初九曰：“潜龙勿用。”何谓也？子[1]曰：“龙德[2]而隐者也。不易[3]乎世，不成乎名，遁世[4]无闷[5]，不见是[6]而无闷。乐则行之，忧则违[7]之，确[8]乎其不可拔[9]，潜龙也。”九二曰：“见龙在田，利见[10]大人。”何谓也？子曰：“龙德而正中[11]者也。庸[12]言之信，庸行之谨，闲[13]邪存其诚，善世[14]而不伐[15]，德博而化[16]。《易》曰：‘见龙在田，利见大人。’君德也。”九三曰：“君子终日乾乾，夕惕若，厉，无咎。”何谓也？子曰：“君子进德修业[17]。忠信，所以进德也。修辞[18]立其诚，所以居[19]业也。知至至之[20]，可与言几[21]也。知终终之[22]，可与存义[23]也。是故居上位[24]而不骄，在下位[25]而不忧。故乾乾因其时[26]而惕，虽危无咎矣。”九四曰：“或跃在渊，无咎。”何谓也？子曰：“上下无常，非为邪也。进退无恒，非离群也[27]。君子进德修业，欲及时[28]也，故无咎。”九五曰：“飞龙在天，利见大人。”何谓也？子曰：“同声相应[29]，同气相求[30]。水流湿，火就[31]燥；云从龙，风从虎。圣人作[32]而万物[33]睹[34]。本乎天者[35]亲上，本乎地者[36]亲下。则各从其类也。”上九曰：“亢龙有悔。”何谓也？子曰：“贵而无位[37]，高而无民，贤人[38]在下位而无辅，是以动而有悔也。”

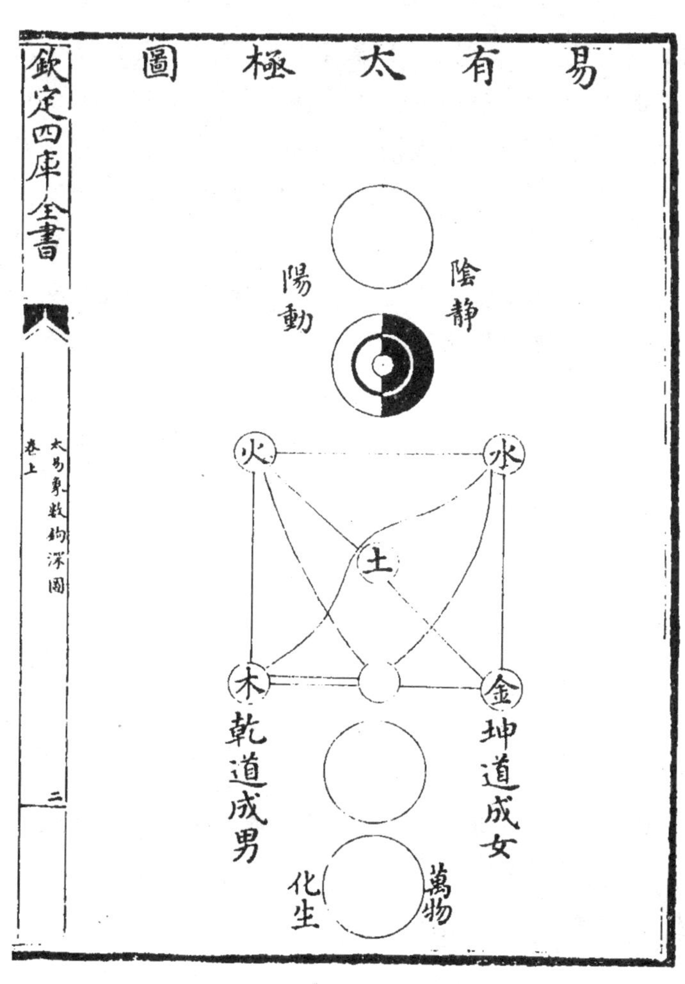

【注释】

①子:指孔子。一说此系假托孔子之名。②龙德:龙一样的德行,比喻美好的德行。③易:改变;更改。④遁世:从世间退隐。⑤闷:烦闷。⑥不见是:不被称许、认同;不被认为对。⑦违:离开;避开。⑧确:坚定;坚贞。⑨拔:变易;动摇。⑩见:此处指显现、出现。⑪正中:指九二阳爻居下卦之中位。⑫庸:常;日常。⑬闲:防止;防范。⑭善世:为善于世;有益于世。⑮伐:自夸。⑯化:感化;教化。⑰修业:建立功业。⑱修辞:修饰言辞,指说话或写作。⑲居:积储。⑳知至至之:知道要达到的目标并努力去达到这一目标。㉑几:事物细微的征兆。㉒知终终之:知道事情的终极结果而知道如何去终结。㉓存义:省察如何使自己的行动保持适宜(存:省察。义:宜、理应)。一说指存事业之正义;一说指守义不变。㉔居上位:指九三爻居于下卦的最上位,象征人居于尊贵之位。㉕在下位:指九三爻处于上卦的下面,象征人所处的地位较低。㉖因其时:指随时。㉗上下无常,非为邪也;进退无恒,非离群也:这两句话为互文,都是就经文中的"或"字而言的。因"或"表示不确定、没有规则,《易传》怕因此引起误解,导致有人为所欲为,故强调"无常"、"无恒"(即没有常规),并不是出于邪恶的动机或要脱离众人。"离"字多释为脱离,一说应释为"丽",指依附、附着,亦可。㉘及时:得时;合时。㉙应:应和。㉚求:追求;求合。㉛就:归于;趋向。㉜作:兴起。㉝物:这里指人。㉞睹:看见,这里指仰视。㉟本乎天者:根源在天上的东西(本:根源;来源),如日月星辰。㊱本乎地者:根源在地的东西,如植物。㊲位:职位,这里指实权。㊳贤人:一说指九三爻,因为上九爻与九三爻为同位爻;一说指九五爻以下的各爻。

【译文】

初九爻辞说:"潜藏的龙,不要施展才华。"这是什么意思?孔子说:"龙是比喻有才德而隐居的君子。不为世风的好恶而改变操行,不求虚名,隐居避世而没有苦闷,言行不为世人所赞同而没有烦恼。合乎心意的事就施行它,令人忧虑的事就避开它,坚定而不可动摇,这就是潜龙的品德。"九二爻辞说:"龙出现在田野上,有利于会见贵族王公。"这是什么意思?孔子说:"龙是比喻有德行而秉性中正的君子。日常言论讲究诚信,日常行为讲究谨慎,防止邪恶的侵蚀,保持忠诚的秉性,引导世人向善而不自我夸耀,德行博大而能感化人民。《易经》上说:'龙出现在大地上,有利于会见贵族王公。'就是说民间出现了有才德的君子。"九三爻辞说:"君子始终是白天勤奋努力,夜晚戒惧反省,虽然处境艰难,但没有灾难。"这是什么意思?孔子说:"比喻君子致力于培育品德,增进学业。以忠信来培养品德,以修饰言辞来建立诚信,这是操持自己事业的立足点。知道事业可以发展就发展它,从而努力去捕捉一瞬即逝的时机;知道事业应该终止就终止它,从而保持行为的道义。所以处于尊贵的地位而不骄傲,处在卑微的地位而不忧愁。所以说君子勤奋努力,并要随时提高警惕,虽然处境危险也没有灾害。"九四爻辞说:"也许跳进深潭,没有灾难。"这是什么意思?孔子说:"有时处在上位,有时处在下位,本来就是变动无常的,不是什么行为邪恶的缘故。有时奋进,有时退隐,本来就是应时变化的,不是什么喜爱离群索居的缘故。君子致力于培养品德,增进学业,随时要抓住时机全力以赴,所以没有灾难。"九五爻辞说:"龙飞腾在天,有利于会见贵族王公。"这是什么意思?孔子说:"声息相同就互相应和,气味相投就互相需求。水往低湿的地方流动,火向干燥的地方漫延。云随绕着龙,风追随着虎。圣人兴起,万民景仰。根基在天上的附着于天空,根基在地上的依附着大地,万物都归属于各自的类别当中。"上九爻辞说:"升腾到极限的龙,将因有灾祸之困而悔恨。"这是什么意思?孔子说:"身份显贵而没有实际的根基,地位崇高而没有人民拥戴,有才德的人压抑在下层,不会辅助他,因此有所行动必招祸殃。"

仰觀天文圖

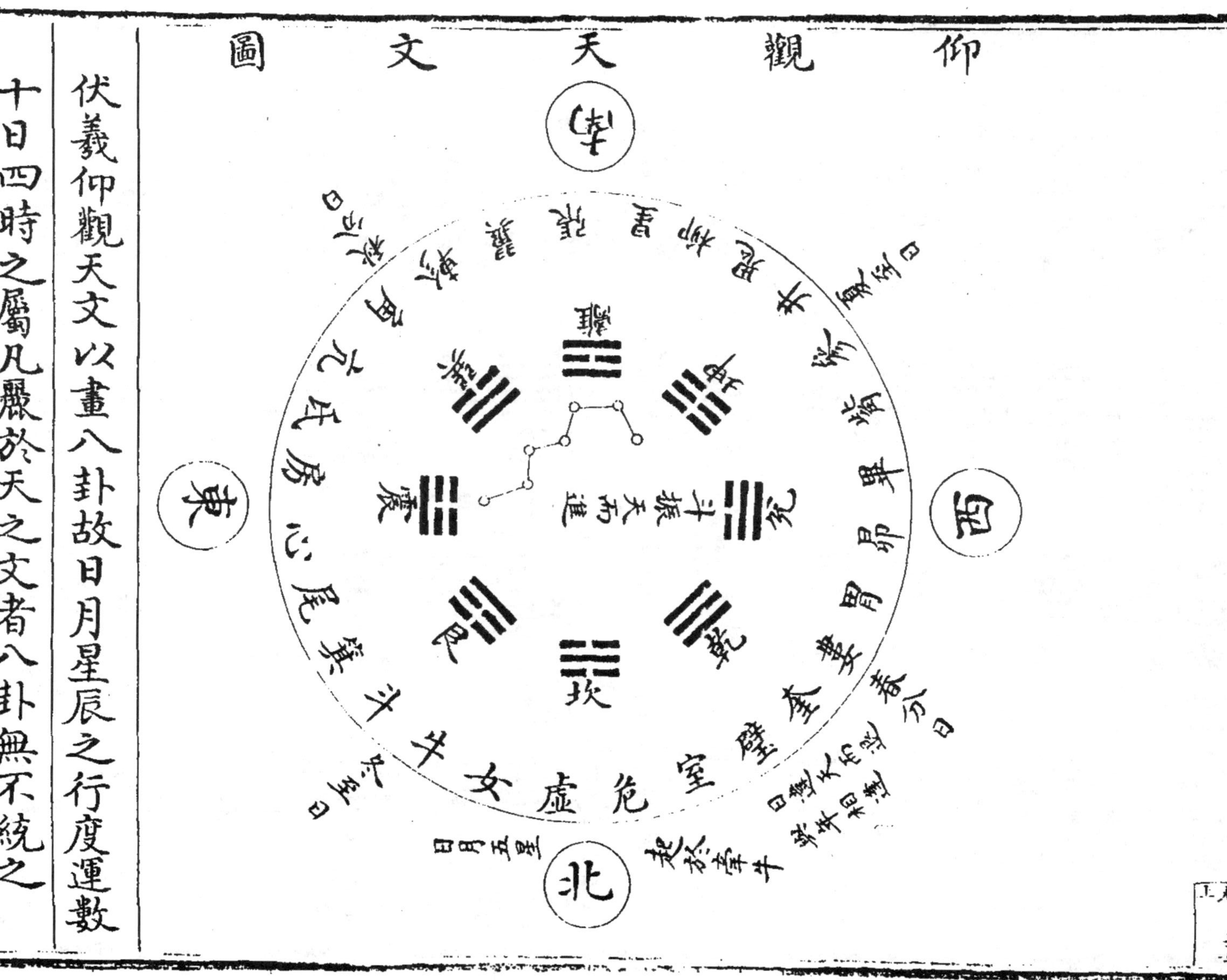

伏羲仰觀天文以畫八卦故日月星辰之行度運數十日四時之屬凡麗於天之文者八卦無不統之

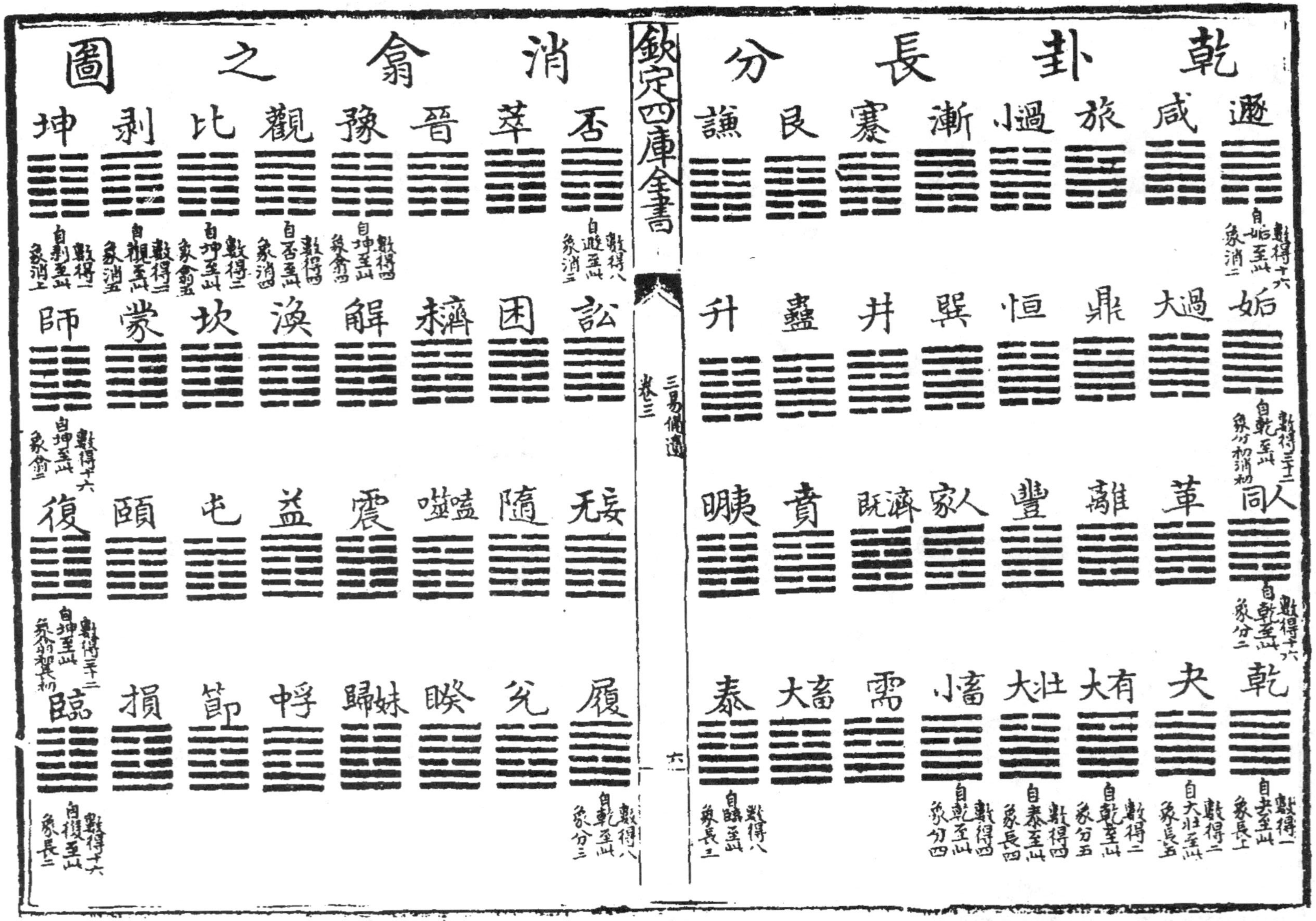

乾卦長分

遯 咸 旅 小過 漸 蹇 艮 謙

遯：數得十六 自姤至此 象消二

姤 大過 鼎 恒 巽 井 蠱 升

姤：數得三十二 自乾至此 象分初消初

同人 革 離 豐 家人 既濟 賁 明夷

同人：數得十六 自乾至此 象分二

乾 夬 大有 大壯 小畜 需 大畜 泰

乾：數得一 自夬至此 象長上

夬：數得二 自大壯至此 象長五

大有：數得二 自乾至此 象分五

大壯：數得四 自泰至此 象長四

小畜：數得四 自乾至此 象分四

泰：數得八 自臨至此 象長三

消翕之圖

否 萃 晉 豫 觀 比 剝 坤

否：數得八 自遯至此 象消三

豫：數得四 自坤至此 象翕四

觀：數得四 自否至此 象消四

比：數得二 自坤至此 象翕五

剝：數得二 自觀至此 象消五

坤：數得一 自剝至此 象消上

訟 困 未濟 解 渙 坎 蒙 師

師：數得十六 自坤至此 象翕二

无妄 隨 噬嗑 震 益 屯 頤 復

復：數得三十二 自坤至此 象翕初長初

履 兌 睽 歸妹 中孚 節 損 臨

履：數得八 自乾至此 象分三

臨：數得十六 自復至此 象長二

“潜龙勿用”，下①也。“见龙在田”，时舍②也。“终日乾乾”，行事也。“或跃在渊”，自试③也。“飞龙在天”，上治④也。“亢龙有悔”，穷⑤之灾也。“乾元⑥”“用九”，天下治也。

【注释】

①下：即“阳在下”。②舍：一说通“舒”，即舒展的意思；一说指居住、安置。③试：尝试；试验。④上治：居于上位而治理民众。一说指最好的统治（上：通“尚”，指最好）。⑤穷：穷尽；极端。⑥乾元：乾之善德（元：善）。

【译文】

“潜伏的龙，无法施展”，是说有才德的人被压制于底层。“龙出现在田野上”，是说君子暂时隐伏等待合适的时机。“终日里勤奋努力”，是讲君子应该刻苦修身，自强不息。“也许跳进深潭”，是讲君子投身社会，考验自我能力。“龙腾飞在天”，是讲君子获得地位从而治国治民。“升腾到极限的龙将有灾殃”，是讲事业盛极必转衰。“天的美德”“纯阳全盛”，是讲天下政治安定。

“潜龙勿用”，阳气潜藏。“见龙在田”，天下文明①。“终日乾乾”，与时偕②行。“或跃在渊”，乾道③乃革④。“飞龙在天”，乃位乎天德⑤。“亢龙有悔”，与时偕极⑥。“乾元”“用九”，乃见天则⑦。

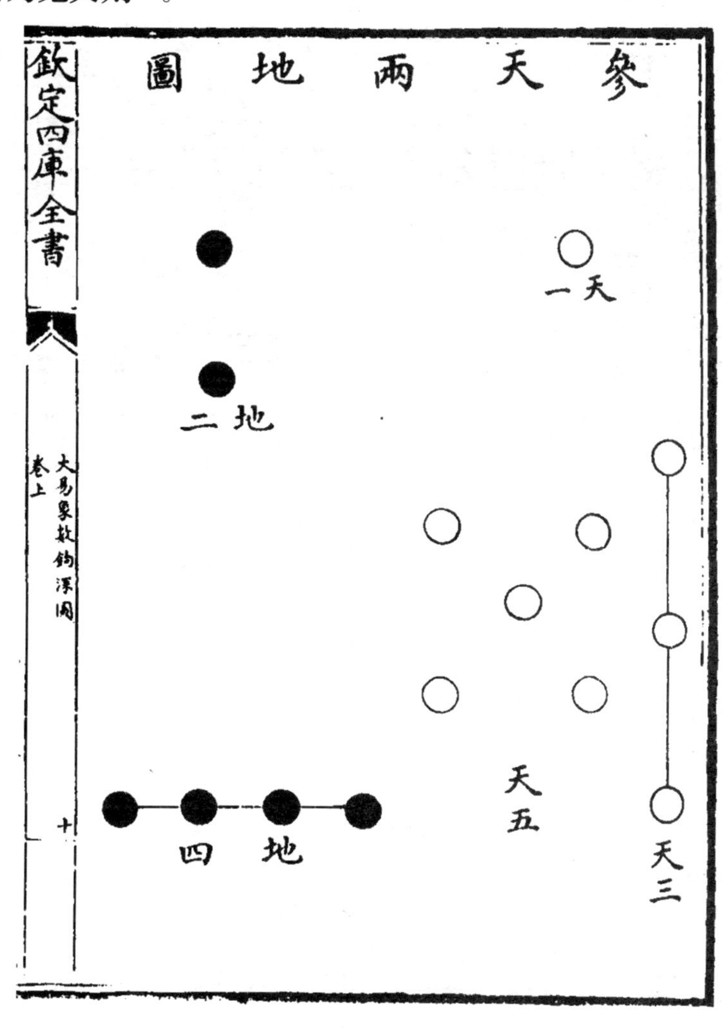

地與月會方圖

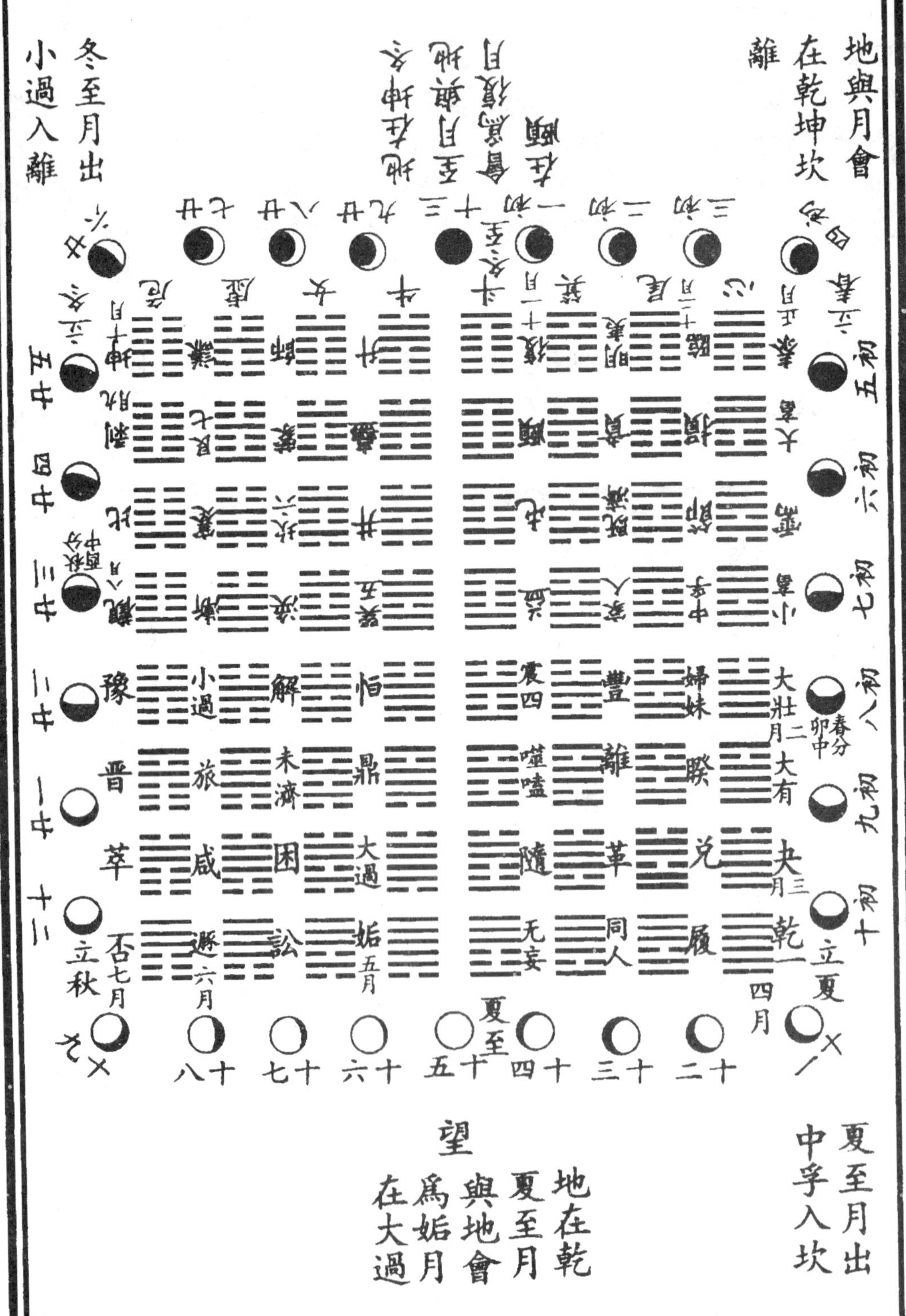

地與月會在乾坤坎離

冬至月出小過入離

地與月會在頤

夏至月出中孚入坎

望 地在乾夏至月與地會爲姤月在大過

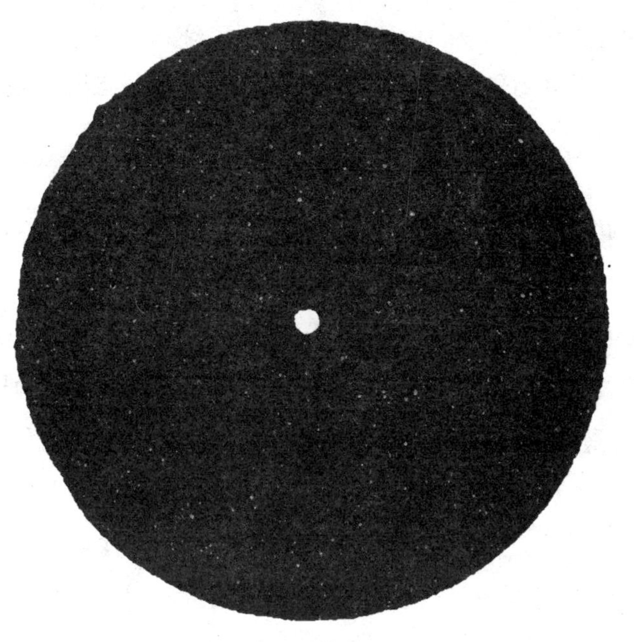

先天混极图

【注释】

①文明：文采光明。②偕：俱；共同。③乾道：天道；阳刚之道。④革：变化；变革。⑤天德：天创造、养育万物的功德。因九五阳爻居上卦之中位，不仅所处的位置恰当，而且居一卦之主位，象征既有君位又有君德。⑥极：尽；尽头。⑦天则：天运行的规律。

【译文】

“潜伏的龙，不要施展才华”，初九阳爻居下位，象征万物蛰伏，阳气潜藏。“龙出现在田野上”，阳爻上升一位，象征万物发生，大地锦绣，风光明媚。“终日里勤奋努力”，阳爻再进一位，象征万物蓬勃，与时俱进。“也许跳进深潭”，阳爻又升上一位，象征阳气更盛，天道发生大的变化。“龙飞腾在天空”，阳爻上升到崇高的地位，象征时值金秋，自然的功德已圆满完成。“升腾到极限的龙将有灾殃之悔”，阳爻上升到极限，象征阳气发展到顶点，将由盛转衰。“天的美德”“纯阳全盛”，阳爻依位次而上升，阳气依时节而旺盛，六爻全阳，将尽变为阴爻，从而体现了天道运行的原则。

乾元①者，始而亨者也，利贞者，性情②也。乾始③能以美利利天下，不言所利，大矣哉！大哉乾乎！刚健中正④，纯粹精⑤也。六爻⑥发挥⑦，旁通⑧情⑨也。时乘六龙，以御天也。云行雨施，天下平⑩也。

【注释】

①乾元：有学者认为应作“乾元亨”，可从。②情：指本性的发挥和作用。③乾始：即“乾元”。④中正：居中守正。一说此指九五阳爻，它居上卦之中位，又以阳爻居阳位（一、三、五位为阳位），所以称为中正。⑤纯粹精：指纯粹之极。《乾》卦六爻皆为阳爻，是六十四卦中唯一不杂有阴爻的卦，所以说它纯粹之极。⑥爻：组成八卦的长短横道，“—”为阳爻，“--”为阴爻。⑦发挥：把内在的性质或能力表现出来。⑧旁通：广泛会通。⑨情：实情；情状。⑩平：平安；太平。

【译文】

《乾》卦的卦辞元、亨，是讲天之刚健阳气具有生成之功，和谐之美。利、贞，是讲天具有恩惠之情，永恒之性。乾为天，只有天才能把美满的利益施予天下，而且从不提起它的恩德，伟大呀！伟大的上天！真正是刚强、劲健、适中、均衡，达到了纯粹精妙的境地。《乾》卦六个爻发挥舒展，广通天道、地道、人道。阳气的结晶——太阳，驾驶着六条飞龙在空中飞行，行云降雨滋润万物，使普天之下同享和平。

君子以成①德为行②，日可见之行也。“潜”之为言也，隐而未见，行而未成，是以君子弗“用”也。君子学以聚③之，问以辩④之，宽以居⑤之，仁以行之。《易》曰：“见龙在田，利见大人。”君德也。九三，重刚⑥而不中⑦，上不在天，下不在田⑧，故“乾乾”因其时而“惕”，虽危“无咎”矣。九四，重刚而不中，上不在天，下不在田，中不在人⑨，故“或⑩”之。或之者，疑之也，故“无咎”。夫“大人”者，与天地合⑪其德，与日月合其明，与四时⑫合其序⑬，与鬼神合其吉凶；先天⑭而天弗违，后天而奉天时⑮。天且弗违，而况于人乎？况于鬼神乎？“亢”之为言也，知进而不知退，知存而不知亡，知得而不知丧。其⑯唯圣人乎！知进退存亡而不失其正⑰者，其唯圣人乎！

【注释】

①成：完成；成就。②为行：作为行动的目标（行：行动）。③聚：指积累知识。④辩：通“辨”，指辨别。⑤居：一说指居于其位；一说指容蓄；一说指处世。⑥重刚：九三爻下面的两个爻均为阳爻，阳爻为刚，所以称为重刚。⑦不中：一卦中只有二、五两爻居下、上卦之中位，九三不居中位，所以说不中。⑧上不在天，下不在田：每卦的六爻分为天、地、人三位，上两爻为天位，中两爻为人位，下两爻为地位（其中的上爻也称“田”）；九三处于人位，所以说上不在天，下不在田。⑨中不在人：在六爻的天、地、人三位中，九四应在人位，此处却说中不在人，因为九四虽亦属人位，但与九三相比，它距天近而距地远，非人所宜处，所以说中不在人。⑩或：指爻辞“或跃在渊”中的“或”。⑪合：相同；与……相一致。⑫四时：四季。⑬序：次序；秩序。⑭先天：指先于天时的变化而采取行动。⑮天时：时序的自然运行。⑯其：副词，表示推测，意为“大概”。⑰不失其正：不偏离正道，指能正确地运用。

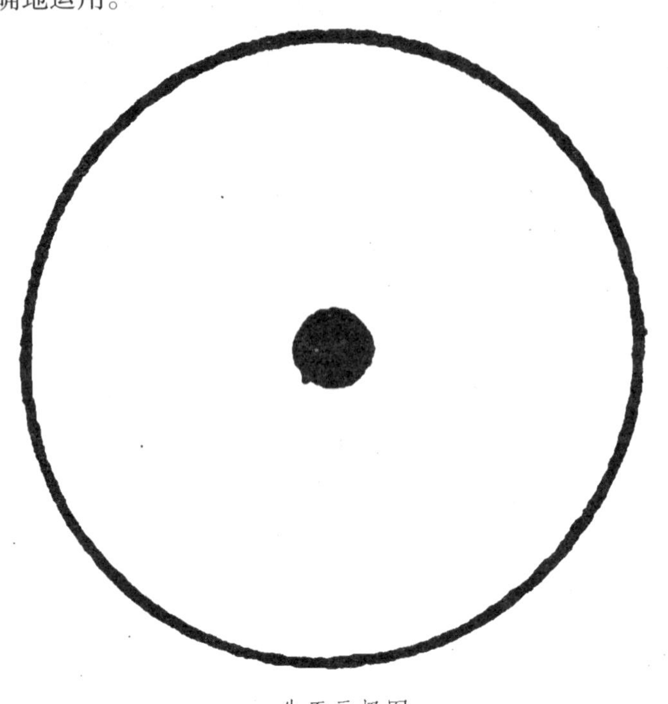

先天元极图

乾坤六子圖

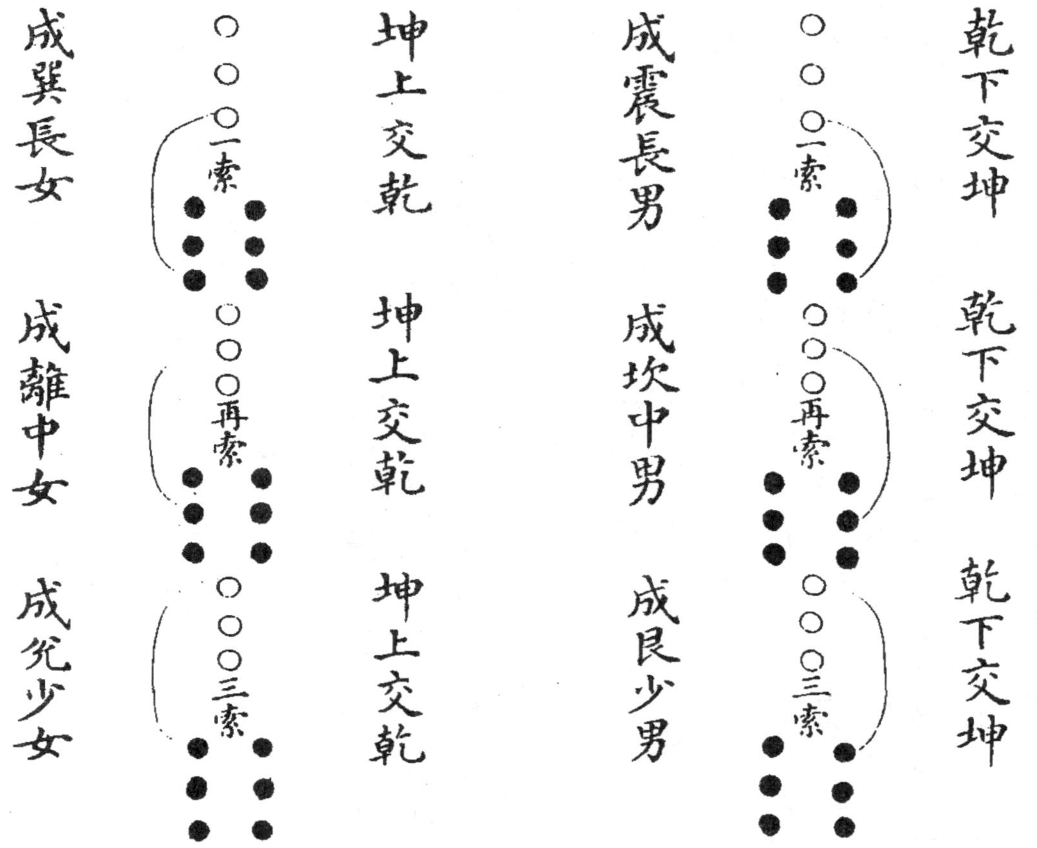

乾下交坤　○○○一索●●　成震長男

乾下交坤　○○○再索●●　成坎中男

乾下交坤　○○○三索●●　成艮少男

坤上交乾　○○○一索●●　成巽長女

坤上交乾　○○○再索●●　成離中女

坤上交乾　○○○三索●●　成兌少女

【译文】

君子以成就自身的品德作为行为的目的，每天应该落实在行动上。“潜”的意义在于，隐伏而不显露，当自身修养尚未成熟，君子不能有所作为。君子应通过学习来积累知识，通过讨论来辨明是非，胸怀宽广能容，以仁义来待人接物。《易经》说：“飞龙出现在大地上，有利于会见贵族王公。”这就是说出现了有才德的君子。九三爻辞的含义是指，九三阳爻处在重叠的阳爻之上，没有处在上、下卦的中位，既没有占据天位，也没有占据地位，还须勤奋努力，随时提高警惕，不过处境虽然险恶，还不至于有灾难。九四阳爻处在重叠的阳爻之上，没有处在上、下卦的中位，既没有占据天位，又没有占据地位，也没有占据人位，所以有“也许”的说法。“也许”这个词就是表示迟疑，但没有灾难。九五爻辞所讲的“大人”，他的德行与天地一样，生成万物；他的光明与日月一样，普照一切；他的政令与四季一样，井然有序；他的赏罚与鬼神一样，吉凶一致。他的行动虽然先天而发，但上天不会背弃他；如果他的行动后天而发，那是依奉天时行事。上天尚且不背弃他，更何况人呢？更何况鬼神呢？“亢奋”这个词的意思是，自以为自己的事业只会发展不会衰败，只会存在不会消亡，只会胜利不会失败。也许只有圣人才能了解进退存亡的相互联系，恰当地把握它们互相转化的关系，做到这一点，恐怕只有圣人吧！

坤　第二

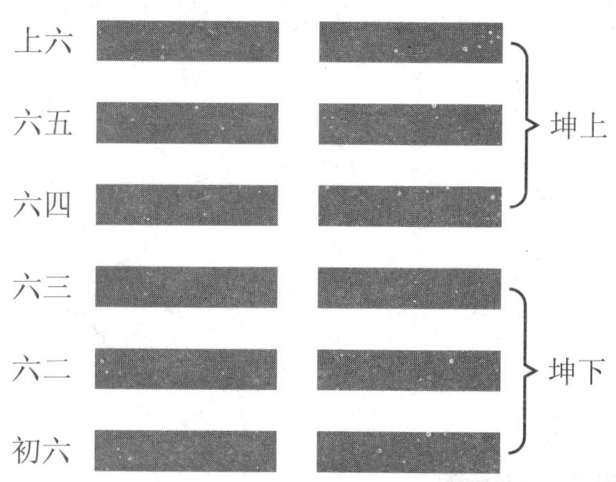

坤[①]：元亨[②]，利，牝马[③]之贞[④]。君子有攸[⑤]往，先[⑥]迷后得主[⑦]，利西南得朋[⑧]，东北丧朋。安贞[⑨]，吉。

【注释】

①坤：卦名，象征地，意思是柔顺。②元亨：大为亨通（元：大）。③牝马：雌马。④贞：占问。一说指“正”。⑤攸：助词，相当于“所”。⑥先：一说指时间在前的；一说指抢先、率先。⑦主：一说指主人；一说指做主；一说指预示。⑧朋：一说指朋友；一说指货币（古代以串在一起的十个贝为一朋）。⑨安贞：占问是否平安。

【译文】

坤卦：大吉大利。占问雌马得到吉兆。君子前去旅行，先迷失路途，后来找到方向，吉利。往西南行得朋，东北行则失朋。安于正道，自然吉祥。

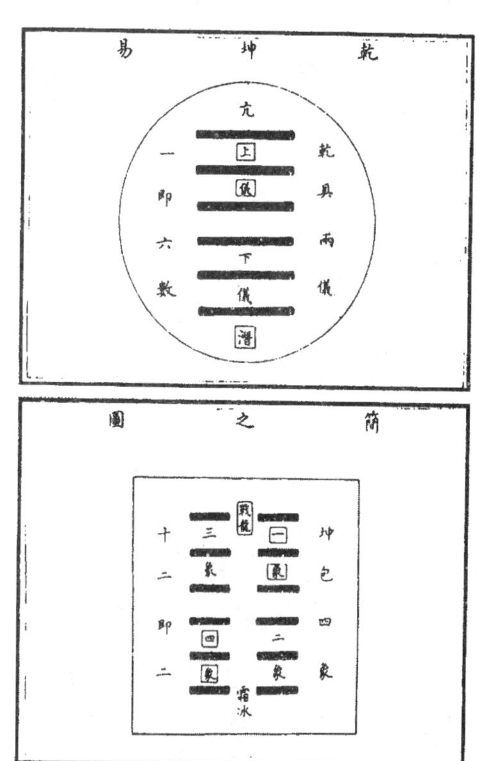

《彖》曰：至[①]哉坤元[②]，万物资[③]生，乃顺承[④]天。坤厚载物，德合[⑤]无疆。含弘[⑥]光大[⑦]，品物[⑧]咸亨。牝马地类[⑨]，行地无疆，柔顺利贞[⑩]。君子攸行，先迷失道，后顺得常[⑪]。西南得朋，乃与类行。东北丧朋，乃终有庆。安贞之吉，应[⑫]地无疆。

【注释】

①至：极。②坤元：与《乾》卦的“乾元”相对应，指坤的化育之功。③资：依赖。④顺承：顺从，秉承。⑤合：

一说指结合、配合；一说指和合。⑥弘：大。⑦光大：即广大。⑧品物：万物。⑨地类：与地同类，即阴类。⑩贞：正。⑪常：常道；正道。⑫应：适应；符合。

【译文】

《彖辞》说：崇高呵，大地的开创之功。万物依赖它获得生命，它又顺承着天道的变化。大地厚实，承载万物，大地美德，无边无垠。它蕴藏深厚，地面辽阔，养育一切，各种物类皆得其所。牝马阴性，与地同类，善于在无边无际的大地上奔跑，生性柔和、温顺、便捷、执著。君子外出，先迷失路途，后来顺利地找到方位。往西南行将得到朋友，于是与志同道合的友人同行。往东北行会丧失朋友，不过最后还是吉庆的。祥和贞吉，则无往而不吉利，正如大地随处伸展不穷一样。

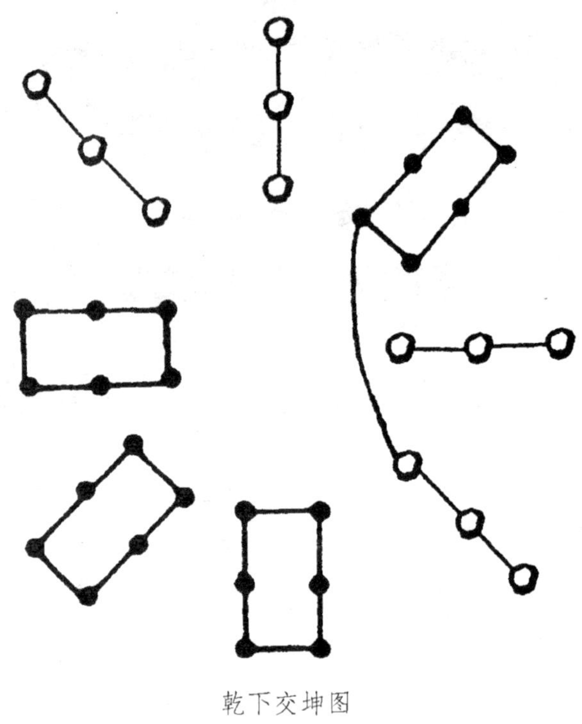

乾下交坤图

坤独阴图

天與日會圓圖

高雪君參定

天與日會以日稟天之氣行萬物匪天弗生。

姤大過爲午未兩宮之交會

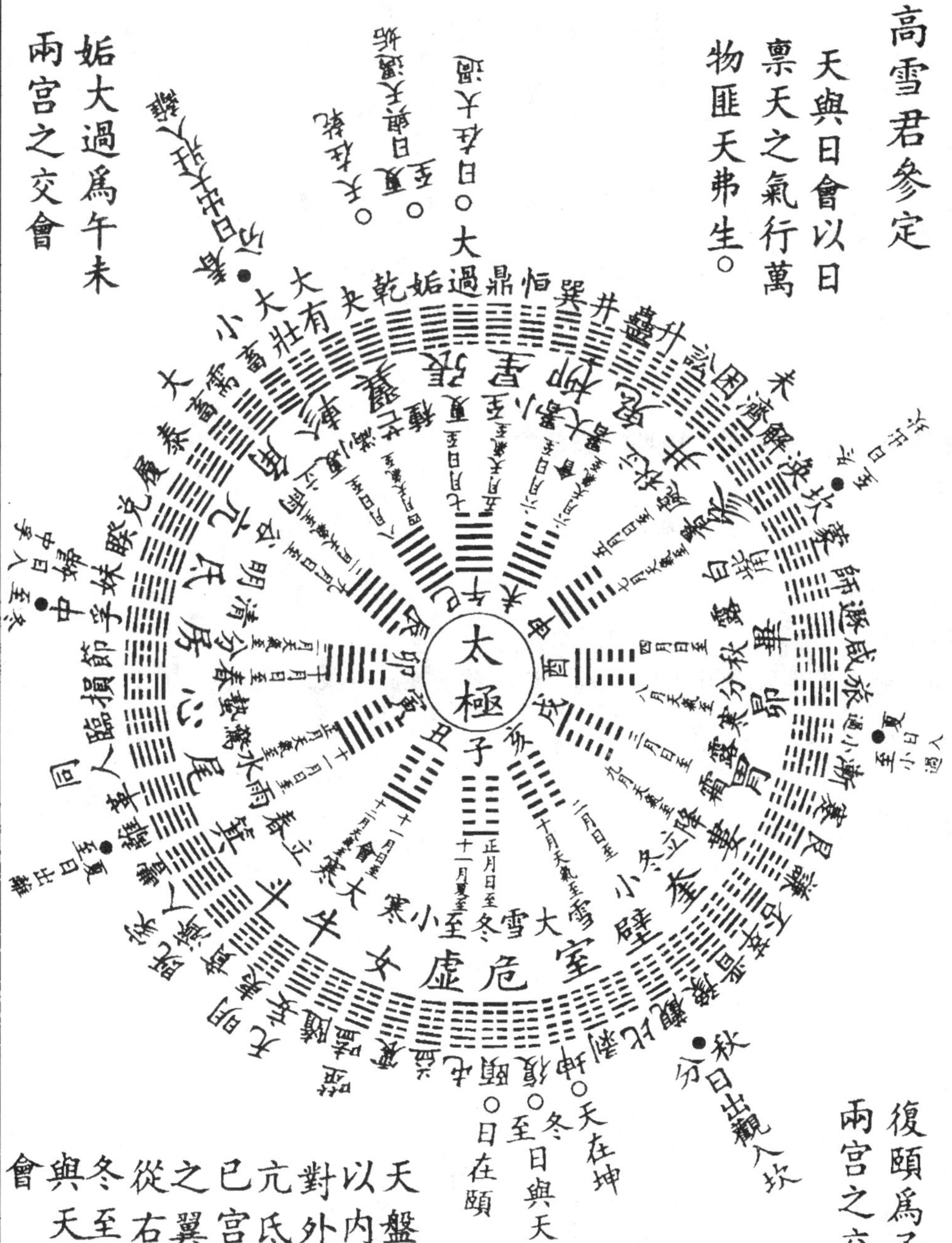

太極

日在大過

夏至日與天遇姤

天在乾

天在坤

冬至日與天會復

日在頤

秋分日出觀入坎

復頤爲子丑兩宮之交會

天盤左旋以內辰宮對外之角亢氐內之已宮對外之翼軫日從右行到冬至夏至與天氣相會

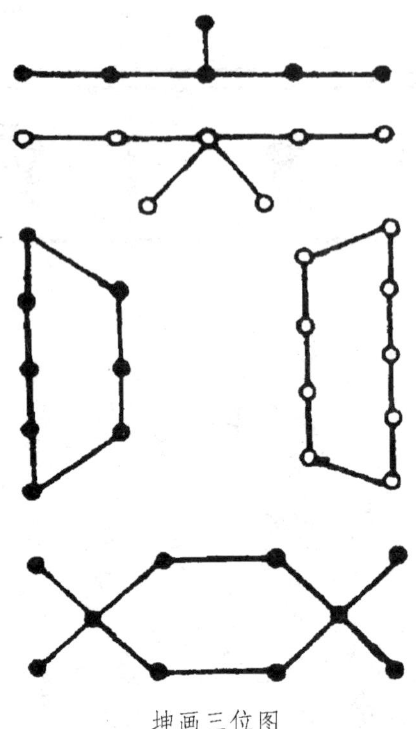
坤画三位图

《象》曰：地势①坤，君子以厚②德载物。

【注释】

①地势：大地的姿势（势：姿势），大地的姿势是浑厚宁静，所以这里指大地浑厚宁静。②厚：这里作动词，指加厚、增厚。

【译文】

《象辞》说：大地地势平坦舒展，顺承天道。君子观此卦象，取法于地，应以深厚的德行来承担重大的责任。

初六：履①霜，坚冰至。

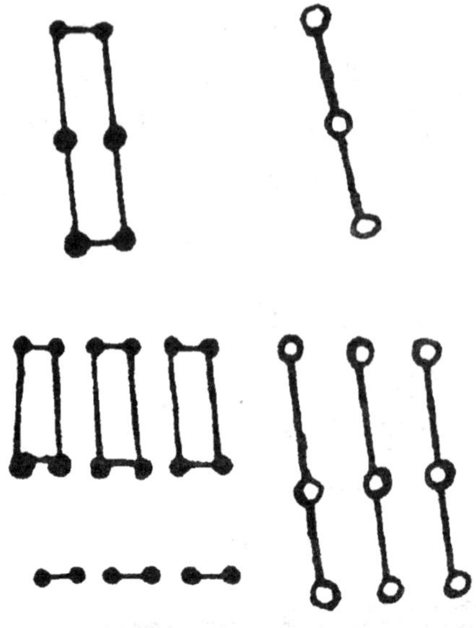
乾坤生六子图

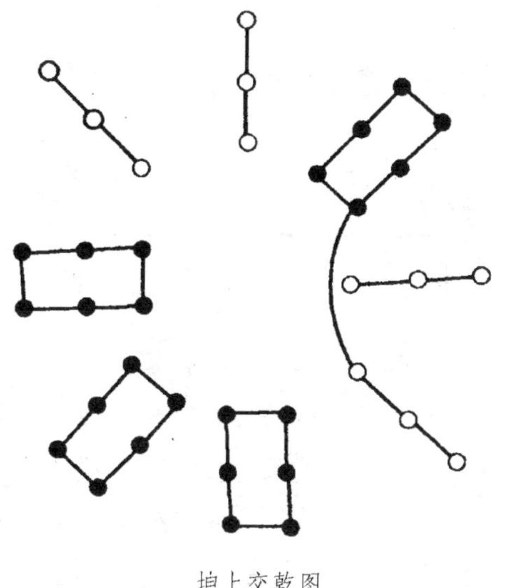

坤上交乾图

《象》曰:履霜坚冰②,阴始凝也。驯③致④其道,至坚冰也。

【注释】

①履:踩;踏。②履霜坚冰:“坚冰”两字可能是衍文。一作“初六履霜”。③驯:顺。④致:极;最。

【译文】

初六:踏着薄霜,可以推断坚厚的冰层快要冻结形成了。

《象辞》说:踏着薄霜,可以推断坚厚的冰层快要冻结形成了。这表明阴冷之气开始凝聚了,遵循自然规律的推进,坚厚的冰层快要冻结形成了。

六二:直方大①;不习②,无不利。

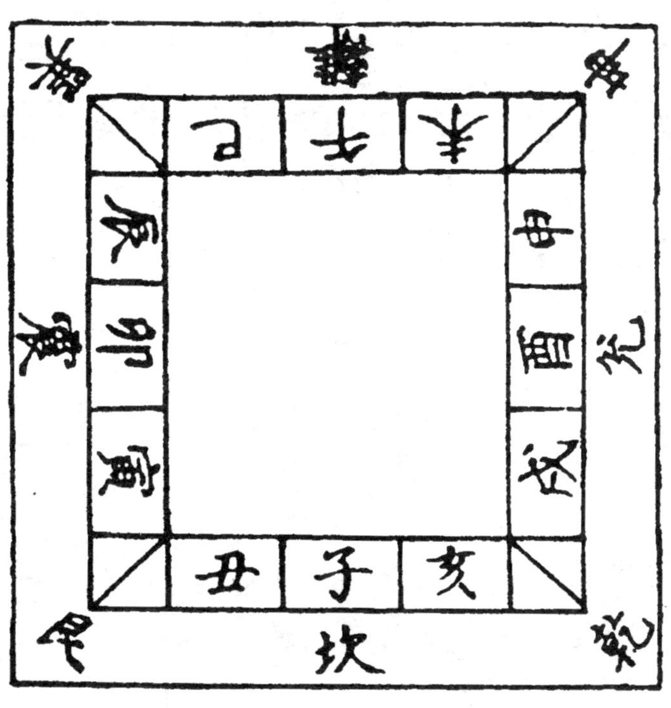

乾坤不居四正位图

乾坤生六卦六卦生十四卦總圖

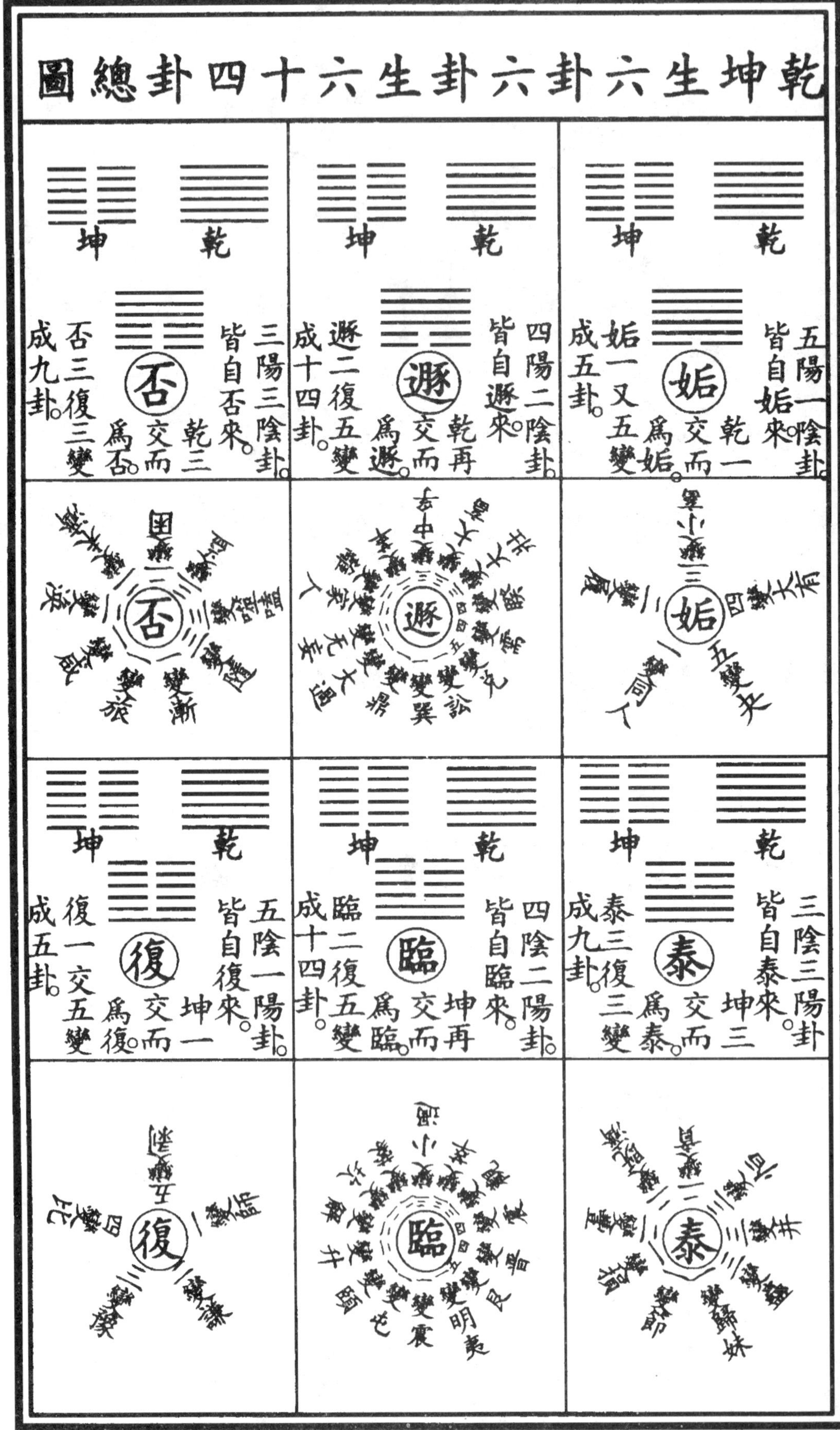

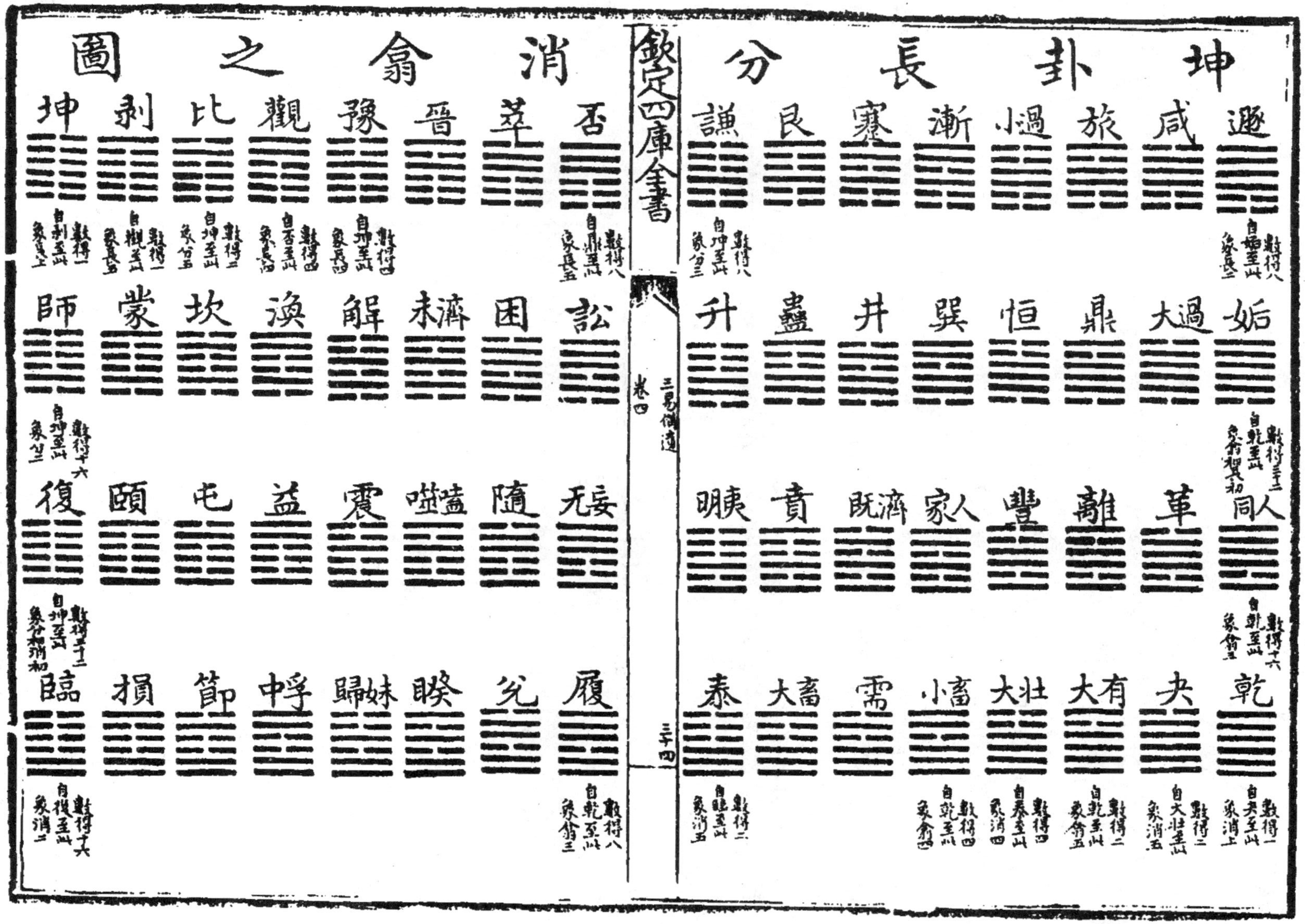

坤卦長分消翕之圖

坤卦長分

遯	咸	旅	小過	漸	蹇	艮	謙
數得八 自姤至此 象長二							數得八 自坤至此 象分三
姤	大過	鼎	恒	巽	井	蠱	升
數得三十二 自乾至此 象翕巽初							
同人	革	離	豐	家人	既濟	賁	明夷
數得十六 自乾至此 象翕二							
乾	夬	大有	大壯	小畜	需	大畜	泰
數得一 自夬至此 象消上	數得二 自大壯至此 象消五	數得二 自乾至此 象翕五	數得四 自泰至此 象消四	數得四 自乾至此 象翕四			數得二 自臨至此 象消五

消翕之圖

否	萃	晉	豫	觀	比	剝	坤
數得八 自遯至此 象長三			數得四 自坤至此 象分四	數得四 自否至此 象長四	數得二 自坤至此 象分五	數得一 自觀至此 象長五	數得一 自剝至此 象長上
訟	困	未濟	解	渙	坎	蒙	師
							數得十六 自坤至此 象分二
无妄	隨	噬嗑	震	益	屯	頤	復
							數得三十二 自坤至此 象分[illegible]初
履	兌	睽	歸妹	中孚	節	損	臨
數得八 自乾至此 象翕三							數得十六 自復至此 象消二

《象》曰：六二之动③，直以④方也。不习，无不利，地道光⑤也。

【注释】

①直方大：正直、端方、广大。一说“大”字疑为衍文。②习：一说指习惯、熟悉；一说指学习。③动：一说指运动、变动；一说指行动、举动。④以：且；而。⑤光：广大。

【译文】

六二：大地的特点是平直、方正、辽阔。即使前往不熟悉的地方，也没有什么不利的。

《象辞》说：六二的爻象是平直而方正，即使前往陌生的地方，也没有什么不利的，因为地道是广大无边的。

六三：含章①，可贞②。或从王事③，无成④有终⑤。

《象》曰：含章可贞，以时发也。或从王事，知⑥光大也。

【注释】

①含章：含有文采。②可贞：占问之事可行。一说指可守正道。③从王事：跟随君王做事。④无成：功成而不居。一说指不能成功。⑤有终：有好的结局。⑥知：同“智”，指智慧。

【译文】

六三：战胜殷商。称心的占卜。有人服役于战争，没有取得战绩，但结局还是好的。

《象辞》说：战胜殷商，称心的占卜，说明能抓住时机采取行动。有人服役于战争（没有战绩而有好的结局），因为他才智广大。

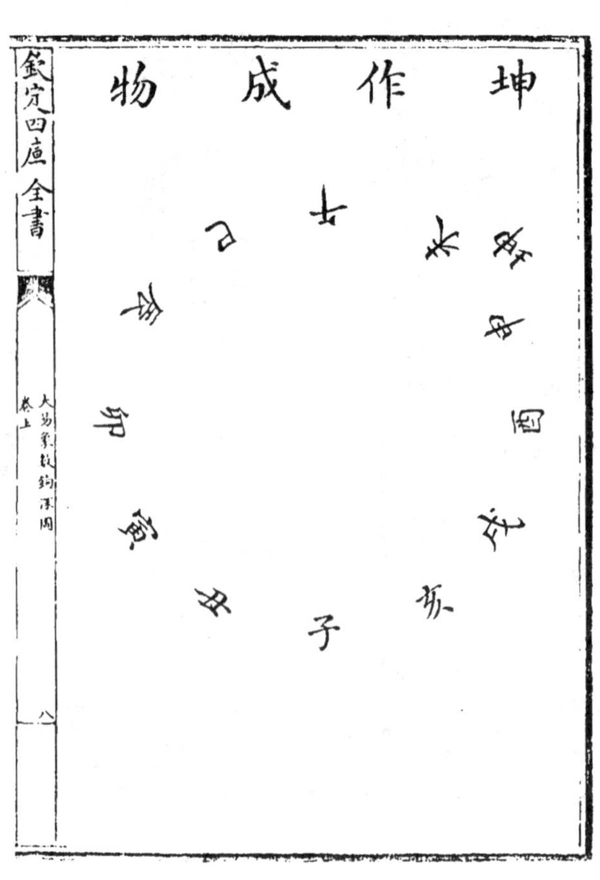

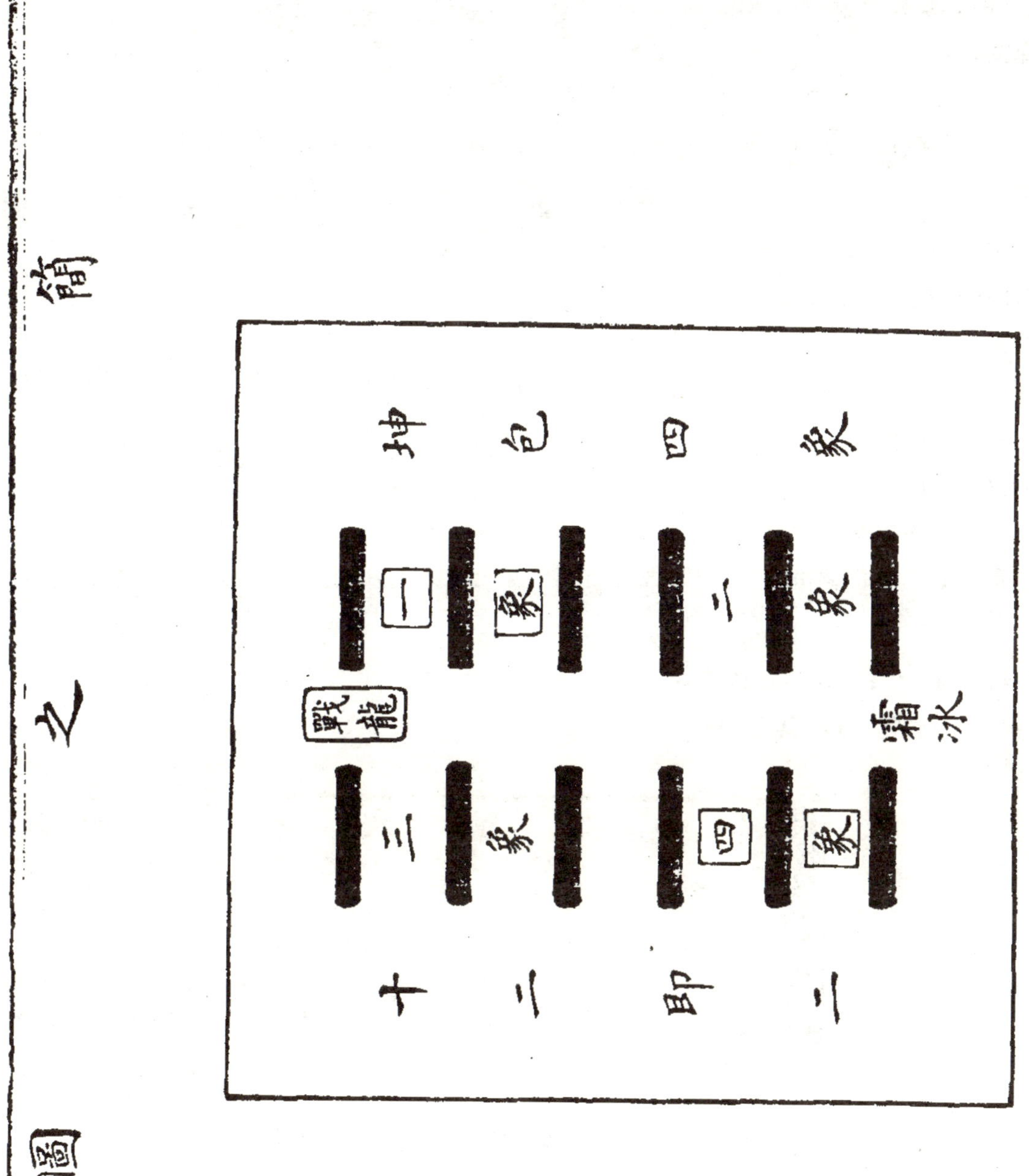
坤
包
四
象
戰龍
霜冰
十
二
卽
二

六四：括囊①，无咎②无誉。

《象》曰：括囊无咎，慎不害也。

【注释】

①括囊：扎紧袋子（括：扎；束）。②咎：灾殃。

【译文】

六四：缄口不言就像扎紧了口袋，没有指责，也没有赞誉。

《象辞》说：缄口不言如扎紧了口袋，就没有指责，是说言行谨慎才没有祸害。

六五：黄裳①，元②吉。

《象》曰：黄裳元吉，文③在中也。

【注释】

①黄裳：黄色的下衣（裳：古代指穿在下身的衣服），古人认为是象征吉祥的衣服。②元：大。③文：文采，象征美德。

【译文】

六五：黄色的裙裤，大吉大利。

《象辞》说：黄色的裙裤大吉大利，因为“黄裳”象征着人内在的美德。

上六：龙战①于野，其血玄黄②。

《象》曰：龙战于野，其道穷也。

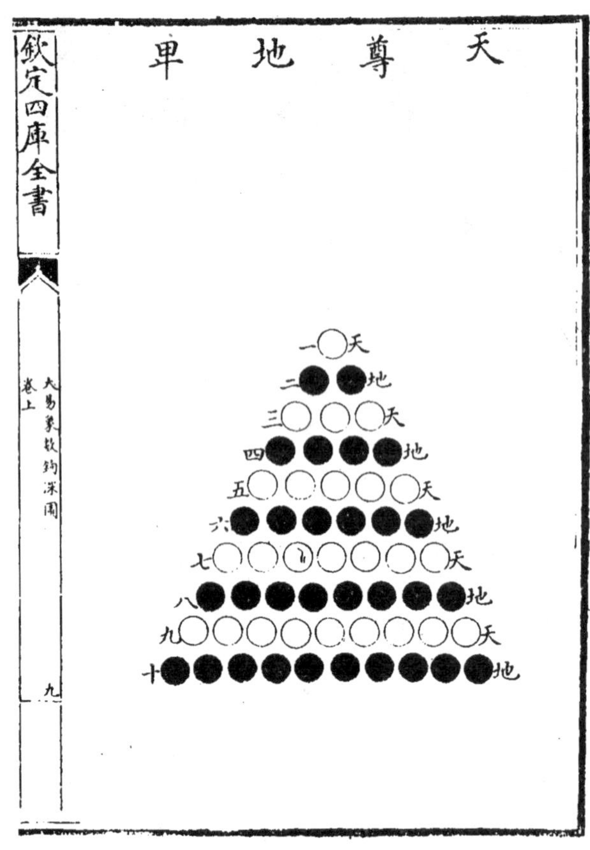

【注释】

①战：搏斗。一说指交合。②玄黄：青色和黄色（玄：高空的深青色）。

【译文】

上六：龙在大地上争斗，血流遍野。

《象辞》说：龙在大地上争斗，比喻人走到了穷困的绝境。

用六[①]：利永贞[②]。

《象》曰：用六永贞[③]，以大终[④]也。

【注释】

①用六：用《易经》卜筮（shì）时，若筮得《坤》卦，且六爻皆变（即六爻的得数都是六），就称为用六（用：都、全的意思）。用六是《坤》卦特有的爻题。②永贞：占问长远之事的吉凶。③贞：正。④以大终：以尽归于阳而结束（大：指阳）。

【译文】

用六：占问得长久的吉利。

《象辞》说：用六爻辞说利在永远贞正，于此则德业广大。

《文言》曰：坤至柔而动也刚，至静而德方[①]，后得主[②]而有常，含万物而化光[③]。坤道[④]其顺乎。承天而时行。积善之家，必有余庆[⑤]；积不善之家，必有余殃[⑥]。臣弑[⑦]其君，子弑其父，非一朝一夕之故，其所由来者渐矣。由辩[⑧]之不早辩也。《易》曰："履霜，坚冰至。"盖[⑨]言顺[⑩]也。直其正[⑪]也，方其义也。君子敬以直内，义以方外[⑫]，敬义立而德不孤[⑬]。"直方大，不习，无不利。"则不疑其所行也。阴[⑭]虽有美，含之，以从王事，弗敢成也。地道也，妻道也，臣道也。地道无成而代[⑮]有终也。天地变化[⑯]，草木蕃[⑰]。天地闭，贤人隐。《易》曰："括囊，无咎无誉。"盖[⑱]言谨也。君子黄中[⑲]通理[⑳]，正位[㉑]居体[㉒]，美在其中，而畅[㉓]于四支[㉔]，发于事业，美之至也。阴疑[㉕]于阳，必战，为其嫌[㉖]于无阳也，故称龙焉。犹未离其类[㉗]也，故称血[㉘]焉。夫玄黄者，天地之杂也。天玄而地黄。

【注释】

①方：方正。②后得主：指坤随在乾的后面。③化光：化育万物，作用广大。⑤坤道：大地的属性。⑤余庆：留给子孙的福泽。⑥余殃：留给子孙的灾殃。⑦弑：臣子杀害君主或子女杀害父母。⑧辩：通"辨"，指明察。⑨盖：句首语气词。⑩顺：事物发展的必然趋势。一说应作"慎"，指谨慎。⑪正：一说根据下文的"敬以直内"，此字应改为"敬"。⑫外：指表现于外的行为。一说指外形；一说指外物。⑬孤：孤独；孤立。一说指浅陋。⑭阴：指处于阴柔地位的人。⑮代：代替。这里指代替天。⑯变化：与下文的"闭"相对，特指天地阴阳间的互相沟通。⑰蕃：茂盛。⑱盖：大概。⑲黄中：黄是地的颜色，代表坤道，黄中即内心有大地柔顺的美德。⑳通理：通达事理。一说指通达于外（理：纹理）。㉑正位：正确的位置；应当居的位置。㉒居体：一说指得体；一说指守礼（体：借为"礼"）。㉓畅：达。㉔四支：即四肢。㉕疑：即"拟"，指相比、接近。这里指上六阴爻已达到阴之极盛，与阳类似。一说通"凝"。㉖嫌：嫌疑。㉗其类：指阴类。㉘血：血属阴，故用来指代阴类。

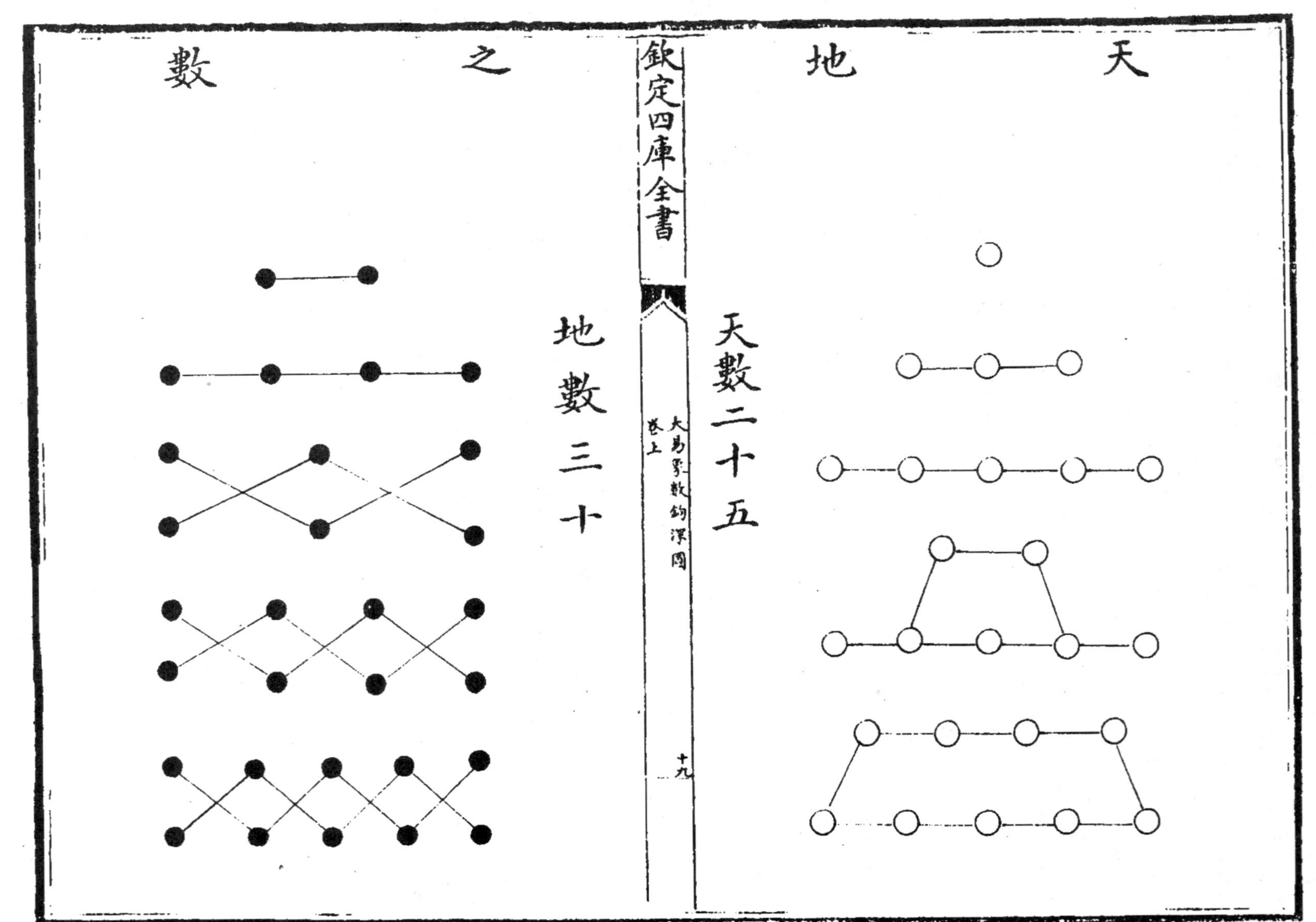
天地之數
天數二十五
地數三十
欽定四庫全書
大易象數鈎深圖 卷上
十九

【译文】

《文言》说：地道虽极为柔顺，但它的运动却是刚健的，性格娴静但品德方正，地道后于天道有规律的行动。它包容万物，生化作用是广大的。地道多么柔顺呵！顺承天道而依准四时运行。积累善行的人家，必有不尽的吉祥；积累恶行的人家，必有不尽的灾殃。臣子弑杀他的国君，儿子弑杀他的父亲，并非朝夕之间能形成，所以这种局面是逐步发展的结果。《易经》说："踏着薄霜，坚厚的冰层快要冻结成了。"就是说的这种循序渐进的现象。直是存心的正直，方是行为的道义。君子通过恭敬谨慎来矫正思想上的偏差，用道义的原则来规范行为上的悖乱。恭敬、道义的精神树立起来了，他的品德就会产生广泛的影响。君子"正直、方正、广博，即使品德不为人们所了解，也没有什么不利的。"因为人们不会怀疑他的行为。虽有美德，但宜深藏含隐，臣子服务于君王，不敢自居有功。这是地道的原则，也是妻道的原则，同样是臣道的原则。地道不能单独地完成生育万物的功业，但是在时序的交替中，它始终一贯地发挥作用。天地交通变化，草木就茂盛，天地阻隔不通，贤人就隐退。《易经》说："扎紧了口袋，如缄口不言。没有指责也没有赞誉。"大概意在谨慎吧。君子内心美好，通达事理，忠于职守，恪守礼节，美德在内心里，贯彻在行动上，扩大到事业中，这是最为美好的境界。阴与阳势均力敌，必然发生争斗。因为阴极盛而与阳均等，所以将阴阳一并称作龙。其实阴并未脱离其属类，所以又称为血，血即阴类。所谓玄黄——天玄地黄——是天地的色彩交相混合但仍能分清。

屯 第三

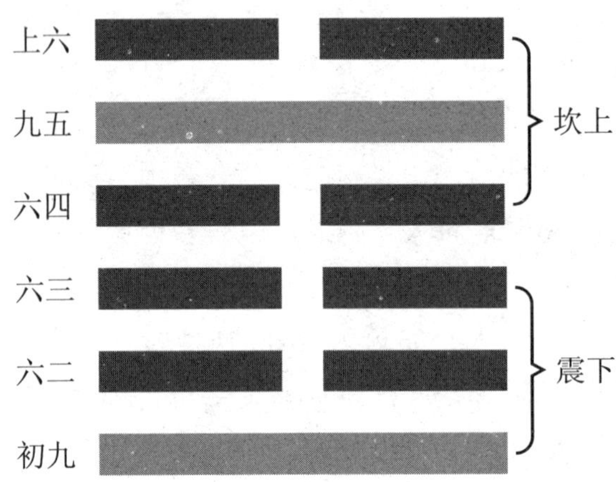

屯①:元亨,利贞。勿用②有攸③往。利建侯④。

【注释】

①屯:卦名,象征万物始生时面临的艰难。一说指村落、部落。②用:宜;可。③攸:助词,相当于“所”。④建侯:册封诸侯。

【译文】

屯卦:大吉大利,吉利的占卜。不利于出门。有利于建国封侯。

《彖》曰:屯,刚柔①始交而难生。动乎险中②。大亨贞③。雷雨之动满盈④,天造草昧⑤。宜建侯而不宁⑥。

【注释】

①刚柔:指阴阳。②动乎险中:《屯》卦下震上坎,震为动,坎为险,所以说动乎险中。③贞:正。④满盈:充满。⑤草昧:一说指草木;一说指冥昧、未开化。⑥不宁:一说指大安宁(不:读为“丕”,是“大”的意思);一说指不安宁。

【译文】

《彖辞》说:屯卦的意思是,阴阳之气一旦交接,险象就开始产生了。一切生机产生于艰难之中。它具有广大、通泰、贞坚的品德。屯的下卦为震,震为雷;上卦为坎,坎为雨,雷雨交加,充满宇宙,于是生成草木。这种卦象表明,宜于建国封侯,但是危险而不安宁。

《象》曰:云雷①,屯。君子以经纶②。

【注释】

①云雷:《屯》卦下震上坎,震为雷,坎为水为云,故称为云雷。②经纶:经指理出丝绪,纶指

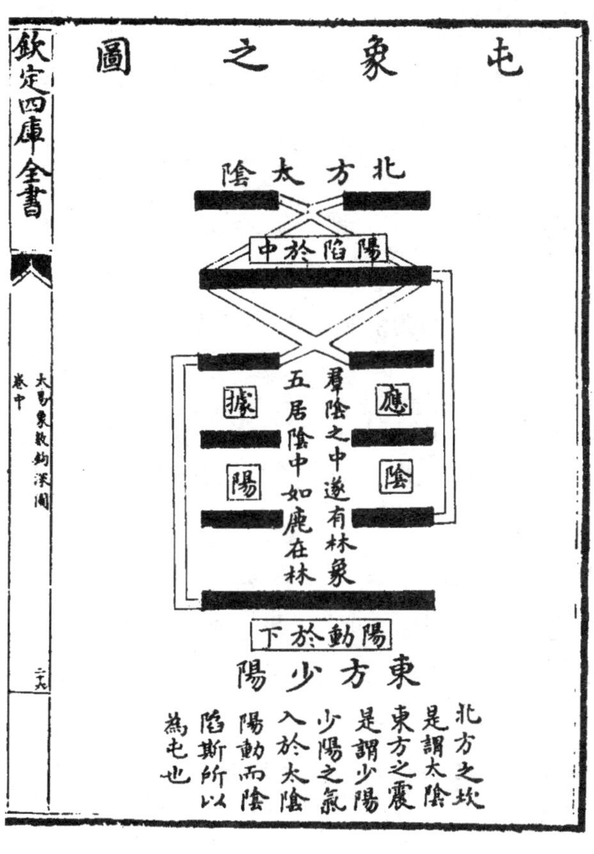

编丝成绳，比喻筹划国家大事。

【译文】

《象辞》说：屯的上卦为坎，坎为云，下卦为震，震为雷。云行于上，雷动于下，是屯卦的卦象。君子观此卦象，取法于云雷，用云的恩泽、雷的威严来治理国家。

初九：磐桓①。利居贞②。利建侯。

《象》曰：虽磐桓，志行③正④也。以贵下贱⑤，大得民也。

【注释】

①磐桓：一说指大石柱（磐：大石。桓：柱子）；一说即“盘桓”，指徘徊、彷徨。②居贞：占问居处。③志行：心志和行为。④正：指初九以阳爻居阳位，位置很正。⑤以贵下贱：指初九阳爻处于六二、六三、六四这三个阴爻之下。

【译文】

初九：徘徊难进。这是利于静居以守持正道。有利于建国封侯。

《象辞》说：虽然徘徊难进，但志行贞正。初九居六二阴爻之下，象征以尊贵而俯顺于低贱，因而大得民心。

六二：屯如邅如①，乘马班如②，匪③寇，婚媾④。女子贞不字⑤，十年乃字。

《象》曰：六二之难，乘刚⑥也。十年乃字，反常⑦也。

【注释】

①屯如邅如：即“屯邅”，行进艰难的样子，比喻处境艰难（如：语气词）。②班如：盘旋不进的

样子（班：通“般”，指盘旋、徘徊不进）。③匪：同“非”，不、不是。④婚媾：嫁娶。⑤字：女子许配。一说指生育。⑥乘刚：指六二阴爻居于初九阳爻之上。⑦反常：一说指返回常道（反：返回）；一说指违反常道。

【译文】

六二：逡巡不前，行路踌躇，驾着马车原地回旋，不是前来抢劫，而是迎娶新娘。占得这女子不能孕育，十年才能怀孕。

《象辞》说：六二之爻预示艰难，因为处在初九阳爻之上。十年才能怀孕，这是反常现象。

六三：即鹿①无虞②，惟入于林。君子几③，不如舍。往，吝④。

《象》曰：即鹿无虞，以从⑤禽⑥也。君子舍之，往，吝，穷⑦也。

【注释】

①即鹿：逐鹿（即：追逐）。②虞：虞人，古代掌管山泽之官，同时负责为狩猎的贵族驱出鸟兽。③几：一说借为“机”，指见机行事；一说即“祈”，求的意思；一说指几微，即事物的细微征兆。④吝：悔恨。⑤从：追赶。⑥禽：兽的总名，这里指鹿。⑦穷：处于困境。

【译文】

六三：追捕野鹿，没有充当管理山林禽兽之官的帮助。思忖鹿已逃入山林。君子虽有所希望，但认为不如放弃。深入山林，会有危险。

先后中天总图

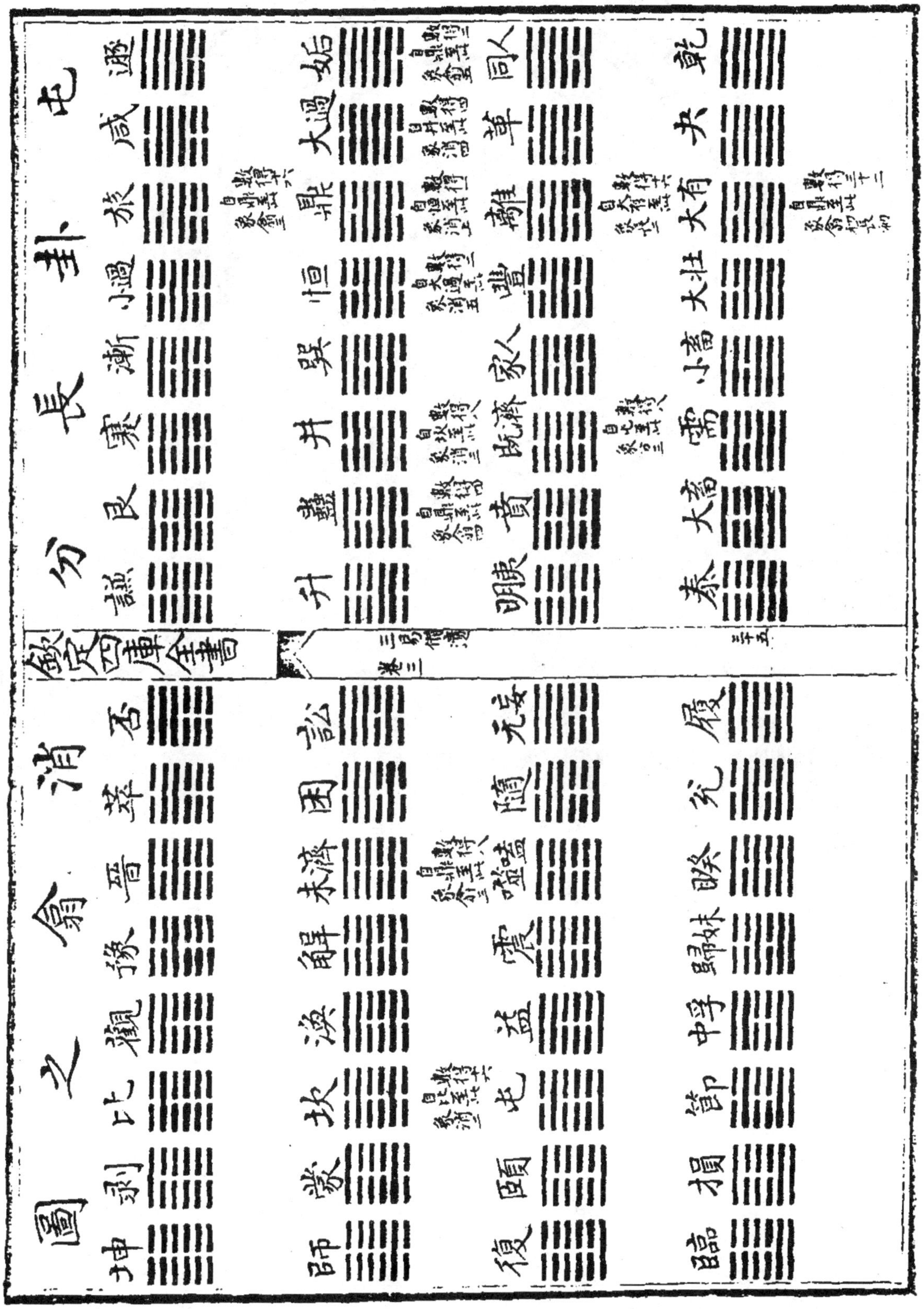

屯卦長分消翕之圖

遯	咸	旅	小過	漸	蹇	艮	謙
		數得十六 自鼎至此 象翕三					
姤	大過	鼎	恒	巽	井	蠱	升
數得二 自鼎至此 象翕五	數得四 自井至此 象消四	數得一 自恒至此 象消上	數得二 自大過至此 象消五		數得八 自坎至此 象消三	數得四 自鼎至此 象翕四	
同人	革	離	豐	家人	旣濟	賁	明夷
		數得十六 自大有至此 象長二			數得八 自屯至此 象長三		
乾	夬	大有	大壯	小畜	需	大畜	泰
		數得三十二 自鼎至此 象翕初長初					

否	萃	晉	豫	觀	比	剝	坤
訟	困	未濟	解	渙	坎	蒙	師
		數得八 自鼎至此 象翕三			數得十六 自比至此 象消二		
无妄	隨	噬嗑	震	益	屯	頤	復
履	兌	睽	歸妹	中孚	節	損	臨

屯蒙二卦反对一升一降图

《象辞》说：追捕野鹿，没有“虞人”的帮助，只是在盲目追逐走兽。君子放弃不追，知道深入山林会有危险，因而除此别无他法。

六四：乘马班如，求婚媾。往吉，无不利。

《象》曰：求而往，明[①]也。

【注释】

①明：明智。

【译文】

六四：驾着马车原地回旋，这是寻求婚配。大胆前进，必定吉利，没有什么不利的。

《象辞》说：敢于追求，勇于深入，因为其人深明形势。

九五：屯[①]其膏[②]。小贞吉，大贞凶。

《象》曰：屯其膏，施[③]未光[④]也。

【注释】

①屯：积聚。②膏：肥肉，引申指财物等。③施：给予；施与。④光：广大。

【译文】

九五：屯积肥肉。筮遇此爻，问小事则吉，问大事则凶。

《象辞》说：“屯积肥肉”，意思是施舍恩泽不广大。

上六：乘马班如，泣血[①]涟如[②]。

屯解震坎不同合四時之首 依舊說繪圖 參新解

天一生水
水
雷
屯
雨將降故滿盈而草昧
雨水

帝出乎震
雷
水
解
雨既降故果木皆甲坼
驚蟄

雷出地奮正王者布政之始 依舊說繪圖

屯 有雷无坤故言建侯不言行師

豫 有雷有坤故兼言利建侯行師

謙 有坤无雷故言行師不言建侯

《象》曰:泣血涟如,何可长也。

【注释】

①泣血:泪尽继之以血,形容极度悲痛。②涟如:(眼泪等)不断地往下流的样子。

【译文】

上六:驾着马车原地回旋,伤心哭泣,滴泪涟涟。

《象辞》说:伤心哭泣,滴泪涟涟,这种情景怎能长久下去。

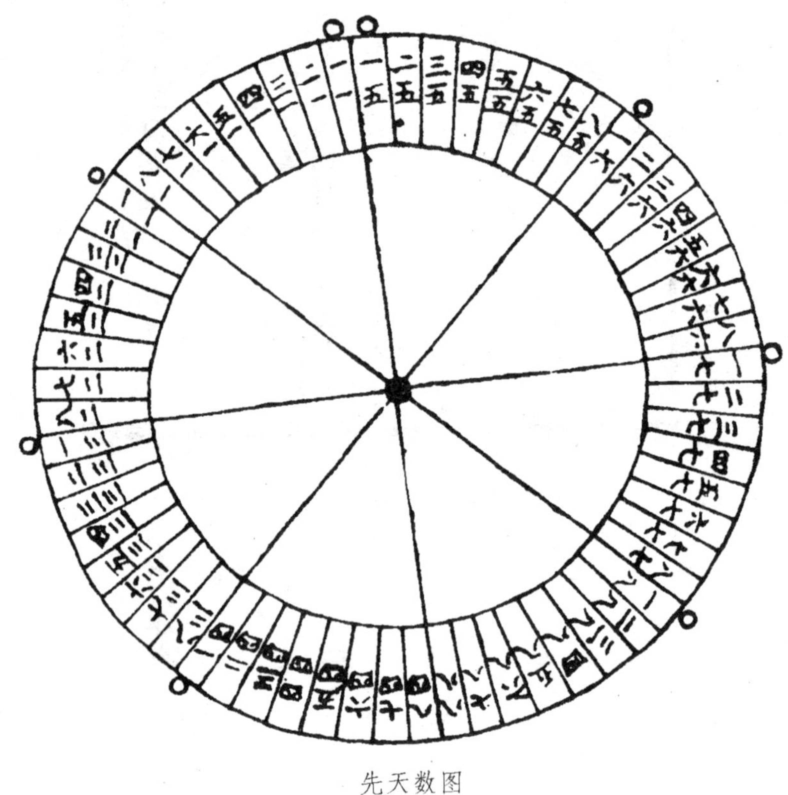

先天数图

蒙　第四

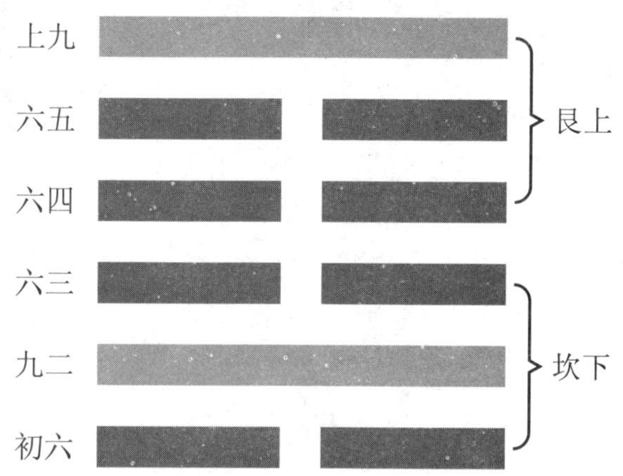

蒙①:亨。匪我②求童蒙③,童蒙求我。初筮④,告。再三渎⑤,渎则不告。利贞。

【注释】

①蒙:卦名,意为蒙昧不明。②我:指替人占筮的人。③童蒙:幼稚愚昧的人,这里指问筮者。④筮:用蓍(shī)草占问。⑤渎:通"嬻(dú)",指亵渎、轻慢。

【译文】

蒙卦:通泰。不是我有求于幼稚愚昧的人,而是幼稚愚昧的人有求于我。第一次占筮,神灵告诉了他。再三占筮,就是轻慢不敬,神灵就不会告诉他。但还是吉利的卜问。

《彖》曰:蒙,山下有险①,险而止②,蒙。蒙,亨,以亨行时中③也。"匪我求童蒙,童蒙求我",志应④也。"初筮告",以刚中⑤也。"再三渎,渎则不告",渎蒙⑥也。蒙以养正,圣功也。

【注释】

①山下有险:《蒙》卦上艮下坎,艮为山,坎为险,故说山下有险。②险而止:《蒙》卦下坎上艮,坎为险,艮为山为止,故说险而止。③时中:合乎时宜,无过与不及。一说指《蒙》卦的九二阳爻与六五阴爻所处的位置适中;一说中指"正",时中指既得其时又得其正。④应:适应;符合。⑤刚中:刚健适中。一说指九二阳爻居下卦之中位,象征阳刚居中。⑥渎蒙:一说指渎乱启蒙的程序;一说指蒙昧之时过于轻慢;一说指既显轻慢,又很愚昧。

【译文】

《彖辞》说:蒙,本卦上卦为艮,艮为山;下卦为坎,坎为险,山下有险是蒙卦之象。艮义为止,因而又有遇险而止的意思。所以卦名叫蒙。蒙昧不明,但是通泰,因为以通达的态度采取了切合时宜的行动。"不是我有求于幼稚愚昧的人,而是幼稚愚昧的人有求于我",这是讲占筮者

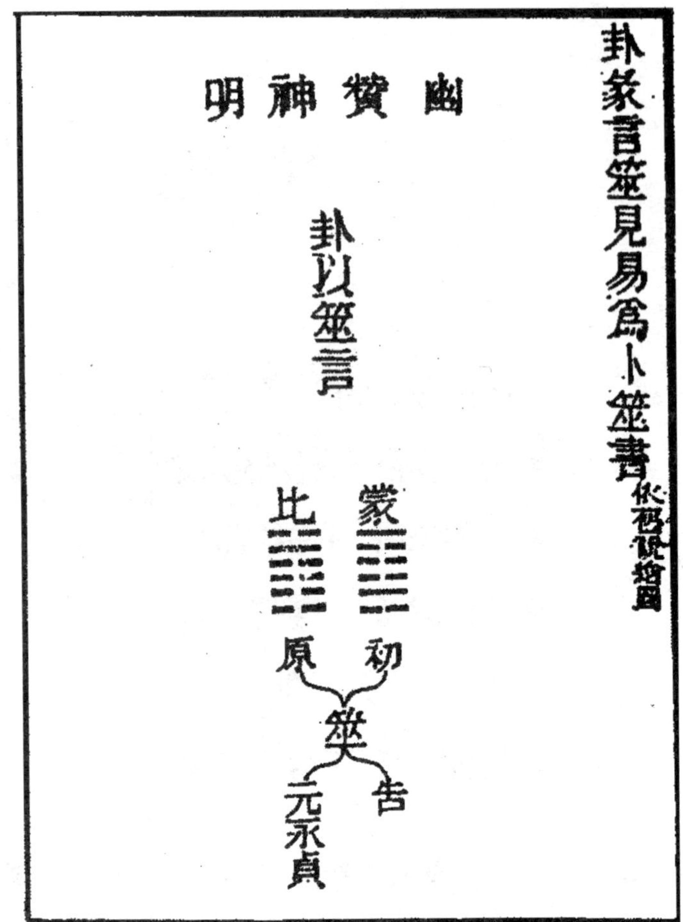

与求筮者的关系是相互和应的。“初次占筮,(神灵告诉了他)”是因为他信仰坚定而符合卜筮的原则。“再三卜筮,就是轻慢不敬,神灵就不会告诉他”,轻慢不敬正是蒙昧无知的表现。将蒙昧无知的人培养成具有贞正之德的人,那是圣人的功业。

《象》曰:山下出泉①,蒙。君子以果②行育德。

【注释】

①山下出泉:《蒙》卦上艮下坎,艮为山,坎为水为泉,所以说山下出泉。②果:果断;果决。

【译文】

《象辞》说:上卦为艮,象征山;下卦为坎,象征泉。山下有泉,泉水喷涌而出,这是蒙卦的卦象。君子观此卦象,取法于山泉,行动果敢坚毅,要注重培养自身的品德。

初六:发蒙①,利用②刑人③。用④说⑤桎梏⑥,以⑦往,吝⑧。

《象》曰:利用刑人,以正法⑨也。

【注释】

①发蒙:启发蒙昧之人。②利用:利于。③刑人:受刑的人。一说指用刑法惩罚人(刑:刑法,这里作动词);一说指用一定的规范塑造人(刑:即“型”,作动词)。④用:以。一说是“利用”的省写。⑤说:通“脱”,指解脱、脱落。⑥桎梏:脚镣和手铐,泛指刑具。⑦以:而。一说指用。⑧吝:悔恨。⑨正法:执行法律;按法律办事。

【译文】

初六：启发启蒙，利用法则典范规范人。使之免于犯罪而受桎梏之苦，除此以外，便不吉利。

《象辞》说：以法则典范规范童蒙，是有利的，可以以此来端正童蒙的思想言行。

九二：包①蒙，吉。纳妇②，吉。子克家③。

《象》曰：子克家，刚柔④接也。

【注释】

①包：包容；容纳。②纳妇：娶女子为妻。③克家：能管理家业。④刚柔：一说指九二阳爻与六五阴爻；一说指九二阳爻与六三阴爻；一说泛指上下尊卑关系。

【译文】

九二：爱护教育各类童蒙，是吉兆。筮遇此爻，娶迎妻子，吉利。男女能相配成家。

《象辞》说：男女相配成家，因为九二、六三两爻相近，表示阴阳刚柔相交会。

六三：勿用①取②女，见金夫③，不有躬④。无攸利。

《象辞》曰：勿用取女，行不顺⑤也。

【注释】

①勿用：不宜；不适合（用：适宜）。②取：通“娶”。③金夫：一说指有钱的男子；一说指手持武器的男子；一说指强有力者；一说指美貌的男子。④躬：身体。⑤行不顺：指六三阴爻居于九二阳爻之上，表示女子凌驾于男子之上，违反礼仪。

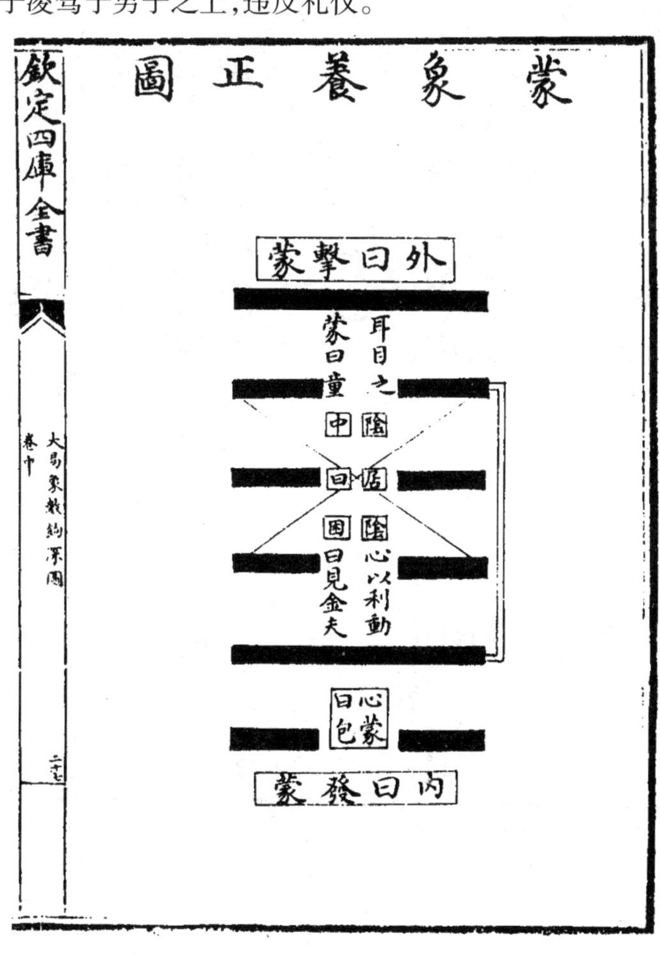

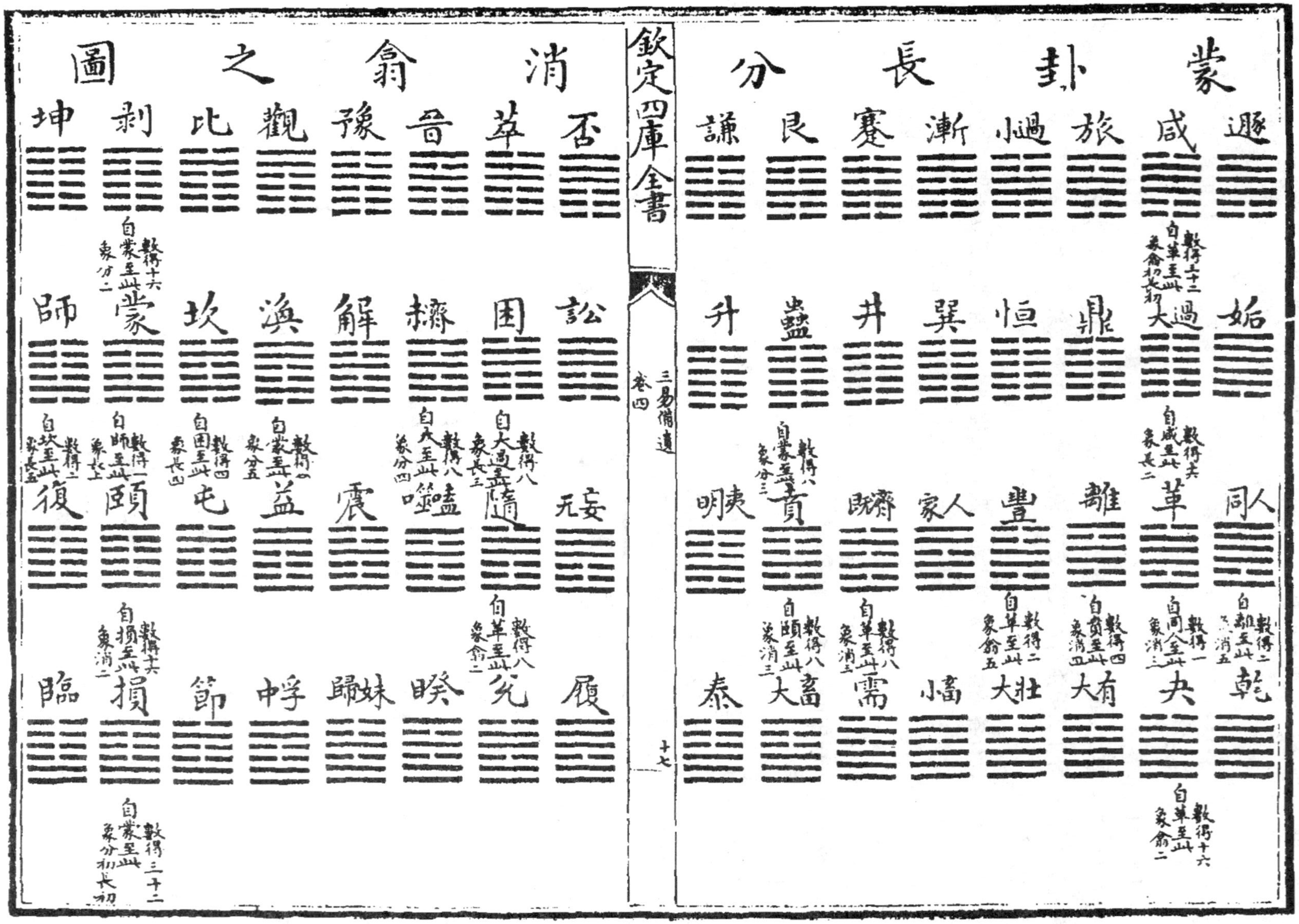

蒙卦長分消翕之圖

遯 咸 旅 小過 漸 蹇 艮 謙

姤 （自革至此數得十二 象翕初長初）大過 鼎 恒 巽 井 蠱 升

同人 （自咸至此數得十六 象長二）革 離 豐 家人 既濟 （自蠱至此數得八 象分三）賁 明夷

（自離至此數得二 象消五）乾 （自同人至此數得一 象消三）夬 （自賁至此數得四 象消四）大有 （自革至此數得二 象翕五）大壯 小畜 （自革至此數得八 象消三）需 （自頤至此數得八 象消三）大畜 泰

自革至此數得十六 象翕二

欽定四庫全書 三易備遺 卷四 十七

否 萃 晉 豫 觀 比 剝 坤

訟 困 未濟 解 渙 坎 （自蒙至此數得十六 象分二）蒙 師

无妄 （自大過至此數得八 象長三）隨 （自大有至此數得八 象分四）噬嗑 震 （自蒙至此數得四 象分五）益 （自困至此數得四 象長四）屯 （自師至此數得一 象長上）頤 （自坎至此數得二 象長五）復

履 （自革至此數得八 象翕二）兌 睽 歸妹 中孚 節 （自損至此數得十六 象消二）損 臨

自蒙至此數得三十二 象分初長初

【译文】

六三：不要娶这样的女子为妻，她见了别的男人，会忘掉规矩，一无所利。

《象辞》说：不能聘娶女子，六三之爻居于九二之上，这是以柔乘刚之象，象征着以女虐男，这是悖逆不顺的。

六四：困蒙①，吝。

《象》曰：困蒙之吝，独远实②也。

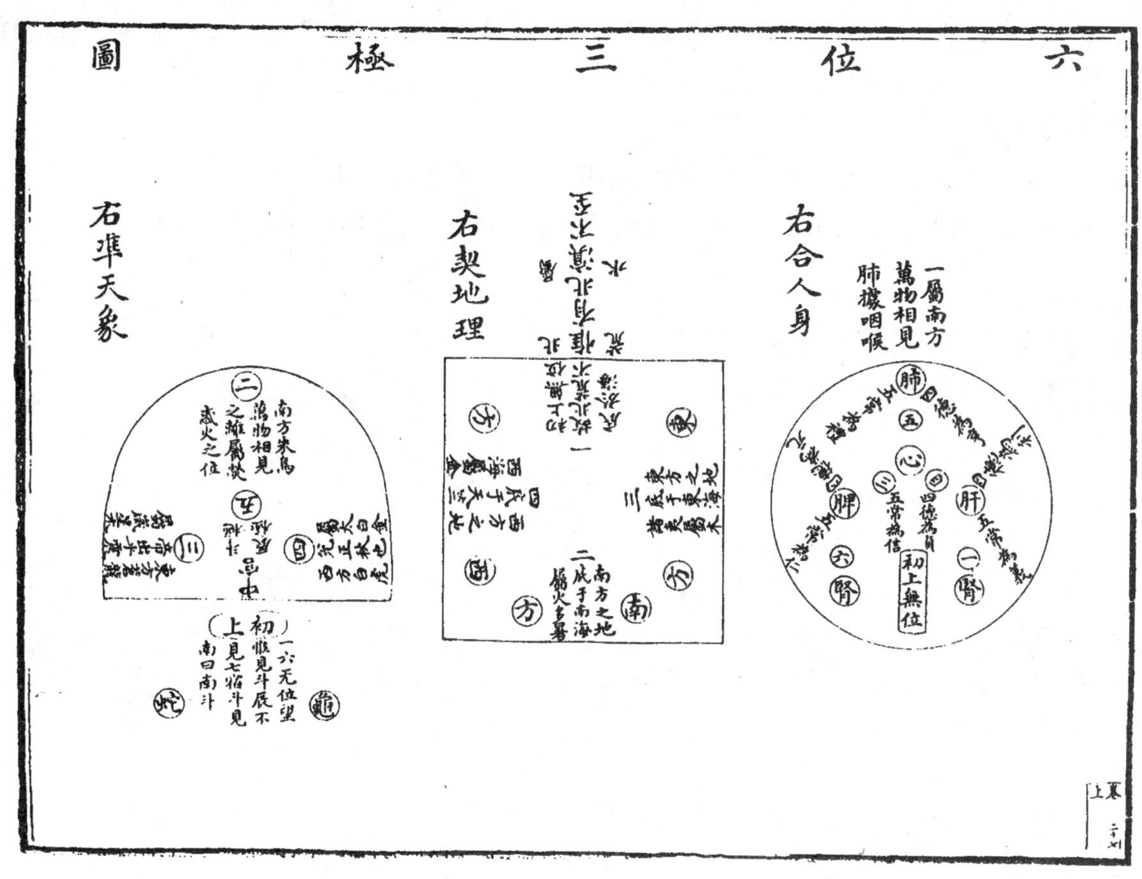

【注释】

①困蒙：陷于困境中的蒙昧者。一说指为蒙昧者所困。②远实：指六四阴爻远离九二和上九两个阳爻（《周易》以阳爻为实），比喻远离实际、贤明之人等。

【译文】

六四：困怠于蒙昧，将不好。

《象辞》说：为蒙昧无知所困扰，因为离群索居，远离生活。

六五：童蒙，吉。

《象》曰：童蒙之吉，顺以巽①也。

【注释】

①顺以巽：指六五阴爻位于上九阳爻之下，有柔顺而谦逊的意思（顺：柔顺。以：而。巽：谦逊）。

【译文】

六五：孩童蒙昧幼稚，吉利。

《象辞》说：幼稚蒙昧的人之所以吉利，是因为柔顺服从。

上九：击①蒙。不利为寇②，利御寇。

《象》曰：利用御寇，上下③顺也。

【注释】

①击：攻击。②为寇：侵犯别人，指率先发动进攻（寇：侵犯；侵略）。一说指做盗寇；一说指攻取强寇（为：攻取）。③上下：一说上指大臣，下指庶民；一说相当于“进退”；一说指上面没有采取过暴的手段，解决了下面蒙昧的问题。

【译文】

上九：严厉地教诲童蒙。不利于像盗寇般野蛮，而像防御盗寇那样就有利。

《象辞》说：像防御盗寇有利，因为上九阳爻居于一卦之首，说明蒙昧者顺从拥戴。

需 第五

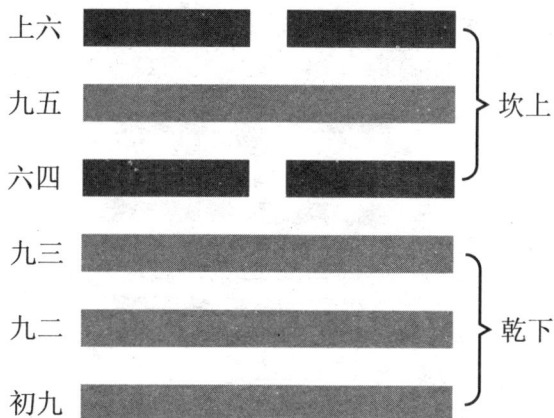

需①：有孚②，光③亨，贞吉。利涉大川。

【注释】

①需：卦名，意为等待。②孚：诚信。一说指俘虏；一说指征兆或证验。③光：一说指广大；一说指光明。

【译文】

需卦：诚信、正大、通达、贞正的品德。有利于涉水渡河。

《彖》曰：需，须①也。险在前②也，刚健③而不陷，其义④不困穷矣。"需：有孚，光亨，贞吉"，位乎天位⑤，以正中⑥也。利涉大川，往有功也。

【注释】

①须：等待。②险在前：《需》卦下乾上坎，坎为险，故说险在前。③刚健：《需》卦的下卦是乾，乾有刚健之德。④义：宜；理应。⑤天位：指六爻中最上面的两爻，这里指九五阳爻而言。⑥正中：指九五阳爻居上卦之中位。

【译文】

《彖辞》说：需，意思是等待。危险在前，人有刚健之德而不会贸然陷入危险之中，也不至于困窘穷迫。"需卦具有诚信、正大、通达、贞正的品德"，因为九五之爻处在上卦的中位，具备至中至正的本性。所以有利于涉水渡河，所往必有功。

《象》曰：云上于天①，需。君子以饮食宴②乐③。

【注释】

①云上于天：《需》卦上坎下乾，坎为水为云，乾为天，所以说云上于天。②宴：一说指安逸；

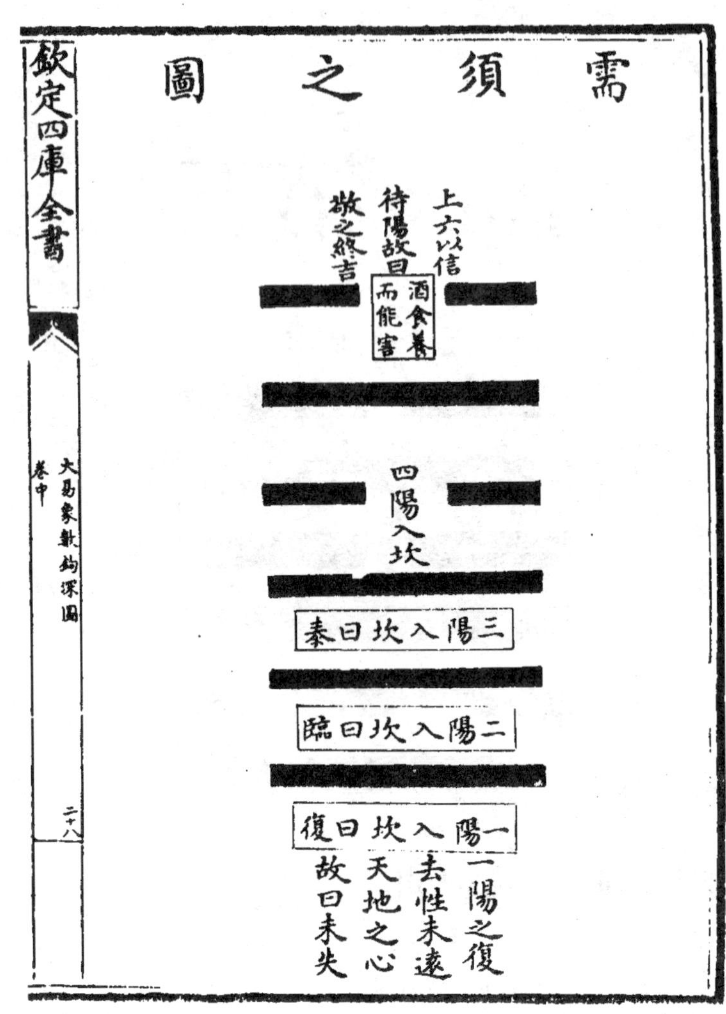

一说指宴会。③乐:一说指音乐;一说指快乐。

【译文】

《象辞》说:需的上卦为坎,表示云;下卦为乾,表示天。云浮聚于天上,待时降雨是需卦的卦象。君子观此卦象,可以饮食安乐,待时而动。

初九:需于郊①,利用②恒,无咎③。

《象》曰:需于郊,不犯难④行也。利用恒,无咎,未失常⑤也。

【注释】

①郊:周代指距离国都百里或五十里、三十里、十里的地方。②利用:利于。③咎:灾殃。④犯难:冒险。⑤失常:违背常道(常:常规;常道)。

【译文】

初九:在郊外等候,应该有恒心地等待下去,没有危险。

《象辞》说:在郊外等候,是说不能冒险前进。有恒心地等待下去,没有危险,这是因为待机而动没有违反正常的原则。

九二:需于沙①,小有言②,终吉。

《象》曰:需于沙,衍③在中④也。虽小有言,以终吉也。

【注释】

①沙：沙地；沙滩。②言：指责怪之言。一说这里指过失。③衍：一说指宽绰；一说借为"愆"，指罪过、过失。④中：一说指九二阳爻居下卦之中位；一说指自身。

【译文】

九二：在沙地上等待，稍微有过错，最后还是吉利的。

《象辞》说：在沙地上等待，沙地软柔难通行，将有延误事机之失，这过失在自身。虽然稍微有过错，最后的结果还是好的。

九三：需于泥[①]，致[②]寇至。

《象》曰：需于泥，灾在外也。自我致寇，敬慎不败也。

【注释】

①泥：淤泥；泥泞。②致：招致。

【译文】

九三：在泥淖中等待，会把强盗招引过来。

《象辞》说：在泥淖中等待，泥淖污秽，环境险恶，灾难就在附近。由自己招致了强盗，但郑重谨慎，随机应变，就可不受损伤。

六四：需于血[①]，出自穴。

《象》曰：需于血，顺以听[②]也。

【注释】

①血：血泊，比喻凶险之地。一说是"洫（xù）"字的省写，指水沟。②顺以听：随顺并听从。因六四阴爻处于九五阳爻之下，须听顺九五阳爻。

【译文】

六四：起初在血泊中滞留，后来从凶险的陷阱中逃脱出来。

《象辞》说：在血泊中滞留，坐等不测的命运降临，六四之爻处在九五之爻的威福之下，只得顺从强者，听从摆布。

九五：需于酒食[①]，贞吉。

《象》曰：酒食贞吉，以中正[②]也。

【注释】

①酒食：酒和食品，比喻好的处境。②中正：指九五阳爻居上卦之中位。

【译文】

九五：在酒宴上等待，这是吉利的占兆。

《象辞》说：有酒有肉，吉利之兆，因为九五之爻处于上卦中位，象征其人有中正的品德，自能择善而居，处优容之境。

上六：入于穴[①]，有不速[②]之客三人[③]来，敬之，终吉。

《象》曰：不速之客来，敬之，终吉。虽不当位[④]，未大失也。

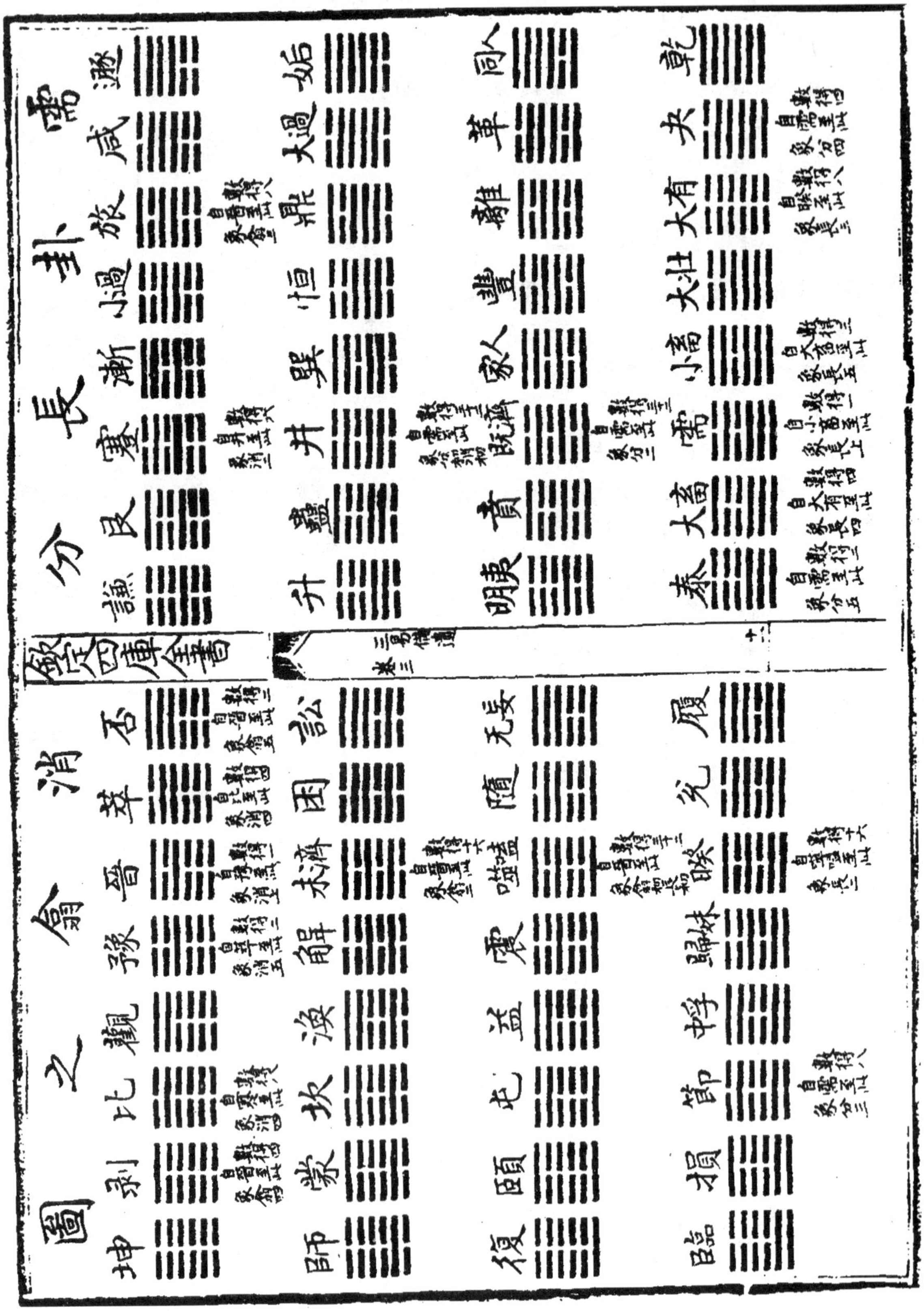

需卦長分消翕之圖

遯　咸　旅（數得八 自晉至此 象翕三）　小過　漸　蹇（數得六 自升至此 象消二）　艮　謙

姤　大過　鼎　恒　巽　井（數得三十二 自需至此 象分初消初）　蠱　升

同人　革　離　豐　家人　既濟（數得三十二 自需至此 象分二）　賁　明夷

乾（數得四 自需至此 象分四）　夬　大有（數得八 自睽至此 象長三）　大壯　小畜（數得三 自大畜至此 象長五）　需（數得一 自小畜至此 象長上）　大畜（數得四 自大有至此 象長四）　泰（數得二 自需至此 象分五）

否（數得二 自晉至此 象翕五）　萃（數得四 自比至此 象消四）　晉（數得一 自豫至此 象消上）　豫（數得二 自萃至此 象消五）　觀　比（數得八 自蹇至此 象消四）　剝（數得四 自晉至此 象翕四）　坤

訟　困　未濟（數得十六 自晉至此 象翕二）　解　渙　坎　蒙　師

无妄　隨　噬嗑（數得三十二 自晉至此 象翕初長初）　震　益　屯　頤　復

履　兌　睽（數得十六 自萃嗑至此 象長二）　歸妹　中孚　節（數得八 自需至此 象分三）　損　臨

【注释】

①穴:洞穴。一说指居住的地方。②速:召;邀请。③三人:一说指初九、九二、九三这三个阳爻;一说泛指几个人。④不当位:指上六所处的位置不适当。一说“位”字当删,因为上六以阴爻处阴位,正是当位,不是不当位。

【译文】

上六:进入地穴式的房屋,有三位不速之客来到,恭敬地接待他们,最终结果是吉利的。

《象辞》说:不速之客来了,恭敬地接待他们,结果是吉利的。因为全卦阳刚过甚,逼压阴柔,但是上六处阴位,位置合适,所以有惊无险,没有大的损失。

讼　第六

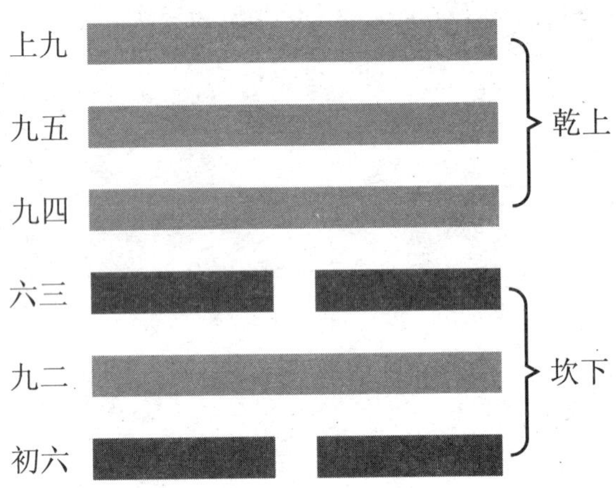

讼[①]：有孚，窒[②]惕[③]，中[④]吉，终凶。利见大人，不利涉大川。

【注释】

①讼：卦名，指争讼，即因相争而诉讼。②窒：一说借为“恎”（chì）”，指惧怕的意思；一说指堵塞。③惕：警惕。④中：指中间阶段。一说指前半段；一说指守中、不过激。

【译文】

讼卦：虽有利可图，但要警惕戒惧，其事中途吉利，终究凶险。占筮得此爻，有利于会见贵族王公，不利于涉水渡河。

《彖》曰：讼，上刚下险，险而健[①]，讼。“讼：有孚，窒惕，中吉”，刚来而得中[②]也。“终凶”，讼不可成也。“利见大人”，尚[③]中正[④]也。“不利涉大川”，入于渊也。

【注释】

①上刚下险，险而健：《讼》卦上乾下坎，乾为刚为健，坎为险，所以说上刚下险，险而健。②刚来而得中：指九二阳爻居下卦之中位。一说指九二阳爻、九五阳爻分别居下、上卦之中位。③尚：崇尚；尊崇。④中正：指九五阳爻居上卦之中位。

【译文】

《彖辞》说：《讼》，上卦为乾，乾为刚，下卦为坎，坎为险。为人外刚健而内阴险，这是喜斗好争之性，亦是讼的卦象。“讼卦辞说：人虽有诚信之德，但须警惕戒惧，之所以中间吉利”，因九五、九二之爻居于上下卦的中位，象征刚健之人得中正之道。“后来凶险”，因为诉讼终不获胜。“有利于会见贵族王公”，因为九五、九二之爻象表明其人得中正之道，必获贵人之助。“不利于涉水过河”，恐怕坠入深渊。

《象》曰：天与水违行①，讼。君子以作事谋始。

【注释】

①天与水违行：天与水，指《讼》卦上乾下坎，乾为天，坎为水；古人认为天向西转，水向东流，其运动方向相反，故称为违行。一说指天在上行，水在下流，其运行方向相反。

【译文】

《象辞》说：上卦为乾，乾为天；下卦为坎，坎为水，天水隔绝，流向相背，象征争讼，这是讼卦的卦象。君子观此卦象，以杜绝争讼为意，从而在谋事之初慎之又慎。

初六：不永①所事，小有言②，终吉。

《象》曰：不永所事，讼不可长③也。虽小有言，其辩④明也。

【注释】

①永：长久，这里作动词。②言：指责怪之言。一说这里指过失。③长：指长久而为。④辩：通“辨”，指辨别。

【译文】

初六：做事不能持之以恒，稍有过错，最后还是吉利的。

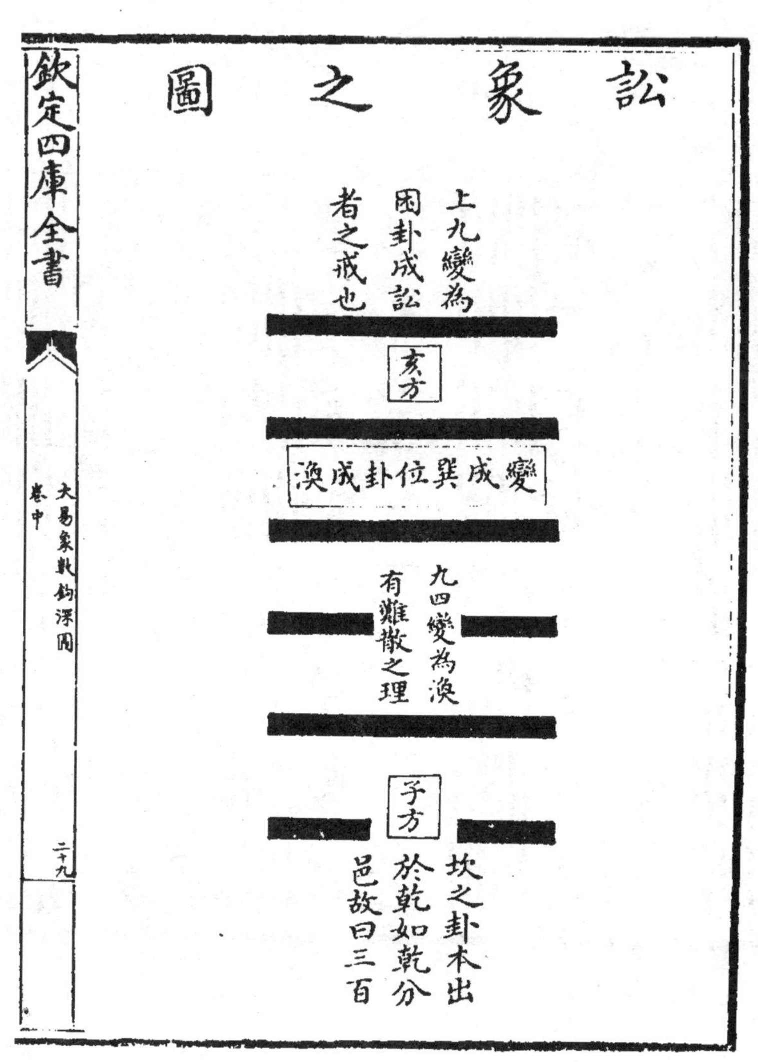

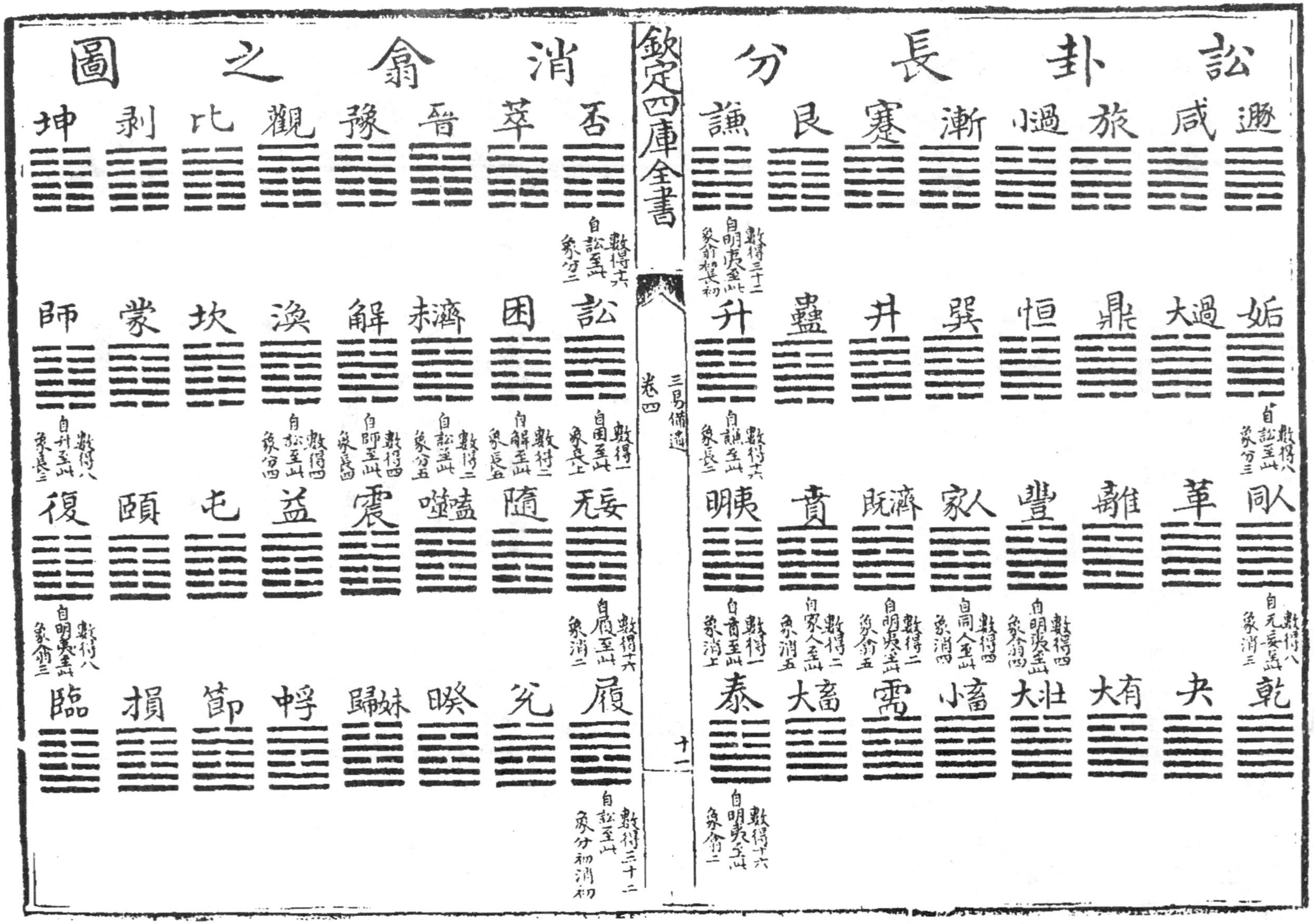

訟卦長分消翕之圖

遯 咸 旅 小過 漸 蹇 艮 謙（自明夷至此數得三十二 象翕初[illegible]長初）

姤（自訟至此數得八 象分三） 大過 鼎 恒 巽 井 蠱 升（自謙至此數得六 象長三）

同人（自无妄至此數得八 象消三） 革 離 豐（自明夷至此數得四 象翕四） 家人（自同人至此數得四 象消四） 既濟（自明夷至此數得二 象翕五） 賁（自家人至此數得二 象消五） 明夷（自賁至此數得一 象消上）

乾 夬 大有 大壯 小畜 需 大畜 泰（自明夷至此數得十六 象翕二）

否（自訟至此數得十六 象分二） 萃 晉 豫 觀 比 剝 坤

訟（自困至此數得一 象長上） 困（自解至此數得二 象長五） 未濟（自訟至此數得二 象分五） 解（自師至此數得四 象長四） 渙（自訟至此數得四 象分四） 坎 蒙 師（自升至此數得八 象長三）

无妄（自履至此數得十六 象消二） 隨 噬嗑 震 益 屯 頤 復（自明夷至此數得八 象翕三）

履（自訟至此數得三十二 象分初消初） 兌 睽 歸妹 中孚 節 損 臨

《象辞》说：做事不能持之以恒，说明官司不可能长久打下去。虽然稍有过错，但争讼双方的是非曲直终将辨别清楚。

九二：不克①讼，归而逋②，其邑人③三百户，无眚④。

《象》曰：不克讼，归逋，窜⑤也。自下讼上，患至掇⑥也。

【注释】

①克：胜。②逋：逃亡。③邑人：封地上的人。④眚：灾祸。⑤窜：隐藏；逃匿。⑥掇：拾取。一说借为"辍(chuò)"，指中止。

【译文】

九二：讼事失败，回来后逃走，采邑的三百户人家没有灾祸。

《象辞》说：讼事失败，逃窜回家，这是躲避反讼。小官与大官争讼，败讼而归，势在必然。幸好灾难没有进一步扩大。

六三：食①旧德②。贞厉③，终吉。或从王事④，无成⑤。

《象》曰：食旧德，从上⑥吉也。

【注释】

①食：享用。②旧德：往日所积之德，这里指世袭的俸禄。③贞厉：占问有危险（贞：占问。厉：危险）。④从王事：跟随君王做事。⑤无成：一说指不会获得成功；一说指功成而不居。⑥上：一说指上卦乾；一说指九四爻；一说指上九爻。

【译文】

六三：依赖祖先的遗业过活。当守正道防止危险，但最后是吉利的。但是，如果为君王办事，谋取利禄，却不会成功。

《象辞》说：依赖先人遗业过活，因为六三爻象表明，居于九四之下，只有凭借祖上余荫才获吉利。

九四：不克讼，复①即②命渝③。安贞④，吉。

《象》曰：复即命渝，安贞⑤不失也。

【注释】

①复：还；返回。②即：按照；依据。③渝：改变。一说读为"谕"，指告谕。④安贞：占问是否平安。⑤贞：正。

【译文】

九四：讼事失败，败讼回家，服从判决。安于正道便吉利。

《象辞》说：败讼回家，服从判决，安守本分，不失正道。

九五：讼，元①吉。

《象》曰：讼元吉，以中正②也。

【注释】

①元：大。②中正：指九五阳爻居上卦之中位。

【译文】

九五：争讼，筮遇此爻，大吉大利。

《象辞》说：争讼而大吉大利，因为九五之爻居上卦的中位，像人守中正之道。

上九：或锡[①]之鞶带[②]，终朝[③]三褫[④]之。

《象》曰：以讼受服，亦不足敬也。

【注释】

①锡：通“赐”，指赐予、赏赐。②鞶带：古代的一种腰带，用皮革制成。这里代指级别较高的官服。③终朝：一天之内。④褫：剥夺。

【译文】

上九：王侯赐予人以绅带，但一天之内，多次赐予又多次革夺。

《象辞》说：某人因为讼事而得到赐予绅带的殊荣，这不是值得尊敬的事。

师　第七

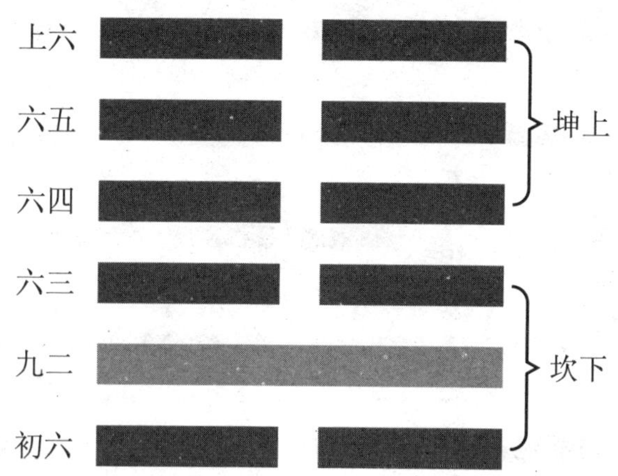

师[①]：贞[②]，丈人[③]吉，无咎[④]。

【注释】

①师：卦名，指兵众、军队。②贞：占问。一说指"正"。③丈人：《子夏传》作"大人"，似应改为"大人"。④咎：灾殃。

【译文】

师卦：持守正道，贤明的统帅吉利，没有灾祸。

《彖》曰：师，众也。贞，正也。能以[①]众正，可以王[②]矣。刚中而应[③]，行险而顺[④]，以此毒[⑤]天下，而民从之，"吉"又何"咎"矣。

【注释】

①以：使。②王：作动词，指称王于天下。③刚中而应：指九二阳爻居下卦之中位，与居上卦之中位的六五阴爻相应合。④行险而顺：《师》卦下坎上坤，坎为险，坤为顺，故说行险而顺。⑤毒：治理。一说指毒害；一说指役使；一说指攻伐。

【译文】

《彖辞》说：师，是众多的意思。贞，是中正的意思。能够使众人归于正道，就可以成就王业。九二之爻居于下卦中位，叫做"刚中"，其余五阴爻和应一刚爻，叫做"应"。下卦为坎，坎表示险，上卦为坤，坤表示顺，所以又有"行险而顺"之象。以卦象所喻示的道理督治天下，百姓就会服从。这是吉祥之象，哪有什么灾祸呢？

《象》曰：地中有水[①]，师。君子以容民畜众。

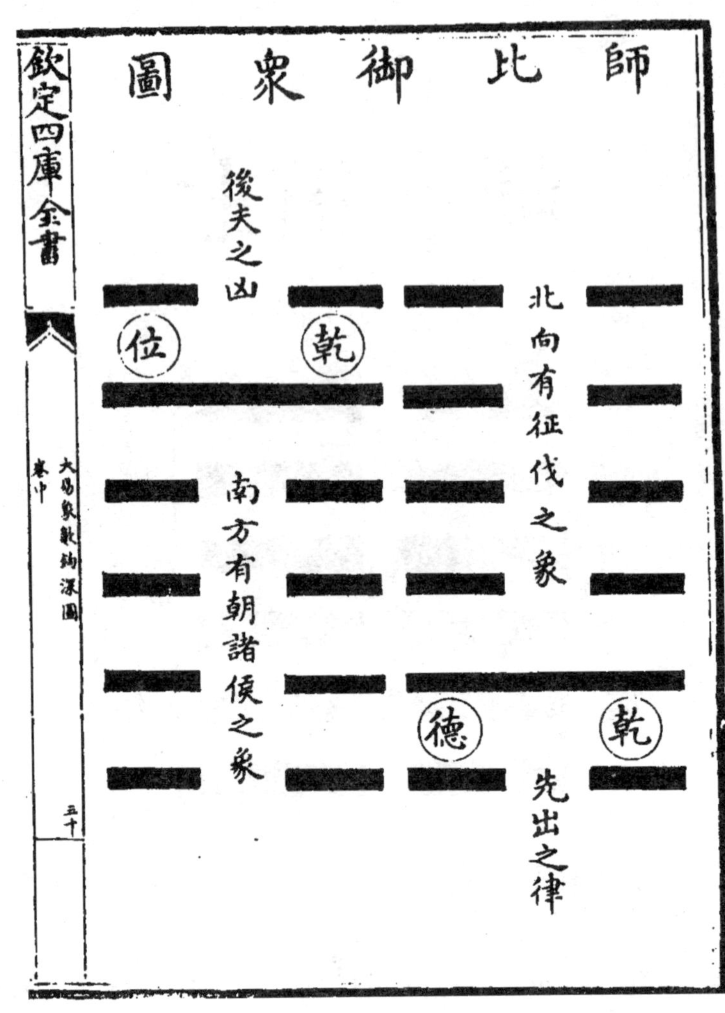

【注释】

①地中有水:《师》卦上坤下坎,坤为地,坎为水,所以说地中有水。

【译文】

《象辞》说:下卦为坎,坎为水;上卦为坤,坤为地,像"地中有水",这是师卦的卦象。君子观此卦象,取法于容纳江河的大地,收容和畜养兵士百姓。

初六:师出以律①,否②臧③凶。

《象》曰:师出以律,失律凶也。

【注释】

①律:纪律。②否:不。③臧:善。

【译文】

初六:整军出战要纪律严明,不遵守纪律,就会有凶险。

《象辞》说:整军出战全凭纪律,失去纪律的约束就会带来凶险。

九二:在师中①,吉,无咎。王三锡命②。

《象》曰:在师中,吉,承天③宠也。王三锡命,怀④万邦也。

【注释】

①师中:军队之中。一说指“中军”,即统帅之位;一说指在师而守中道。②锡命:即赐命(锡:通“赐”),指天子赏赐诸侯爵位、车马、服饰等的诏令。③天:指六五阴爻。④怀:安抚。

【译文】

九二:主帅身在军中指挥,吉利,没有灾难。君王三次颁命嘉奖。

《象辞》说:主帅身在军中指挥,吉利,因为得到上天的宠爱。君王三次颁命嘉奖,因为主帅能平定万国。

六三:师或舆尸[①],凶。

《象》曰:师或舆尸,大[②]无功也。

【注释】

①舆尸:用车装载尸体(舆:用车装载)。②大:副词,表示程度高或范围广。一说指刚愎自大。

【译文】

六三:军队出征,有人载尸而归,这是凶险之兆。

《象辞》说:军队出征,有人载尸而归,这是前方吃了败仗。

六四:师左次[①],无咎。

《象》曰:左次无咎,未失常[②]也。

【注释】

①左次:军队驻扎在高险之地的左侧(次:驻扎)。一说指后退驻扎(左:退)。②失常:违背常道(常:常规;常道)。

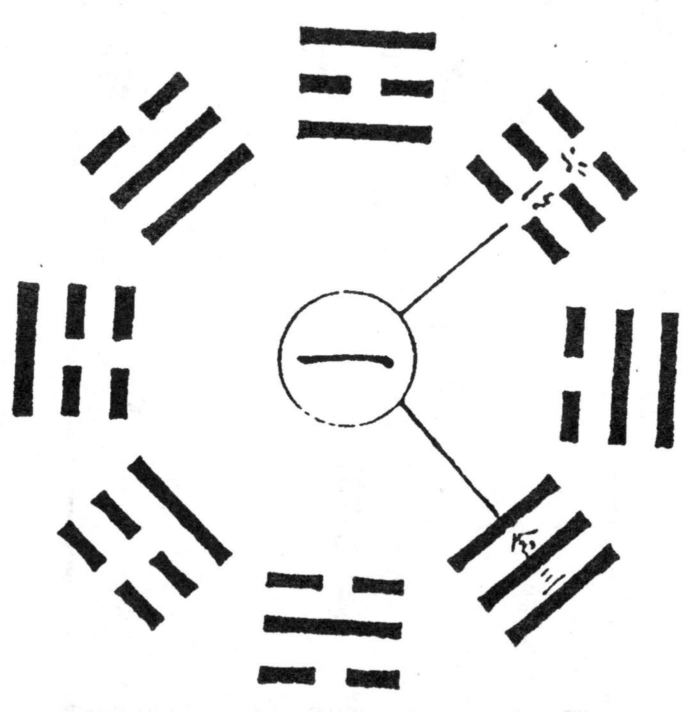

八卦本象之图

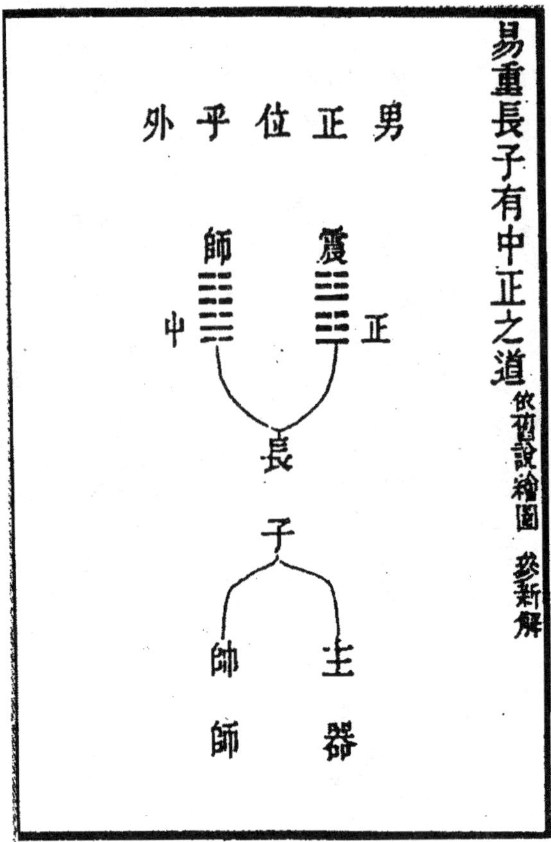

【译文】

六四:军队后退驻扎,没有危险。

《象辞》说:军队后退扎营,没有危险,并没有违背行军常道。

治兵取乎坤見寓兵於農 新圖

致役乎坤

師 貞丈人吉

謙 利用侵伐

豫 利建侯行師

萃 除戎器戒不虞

四卦皆有坤

師卦長分　消翁之圖

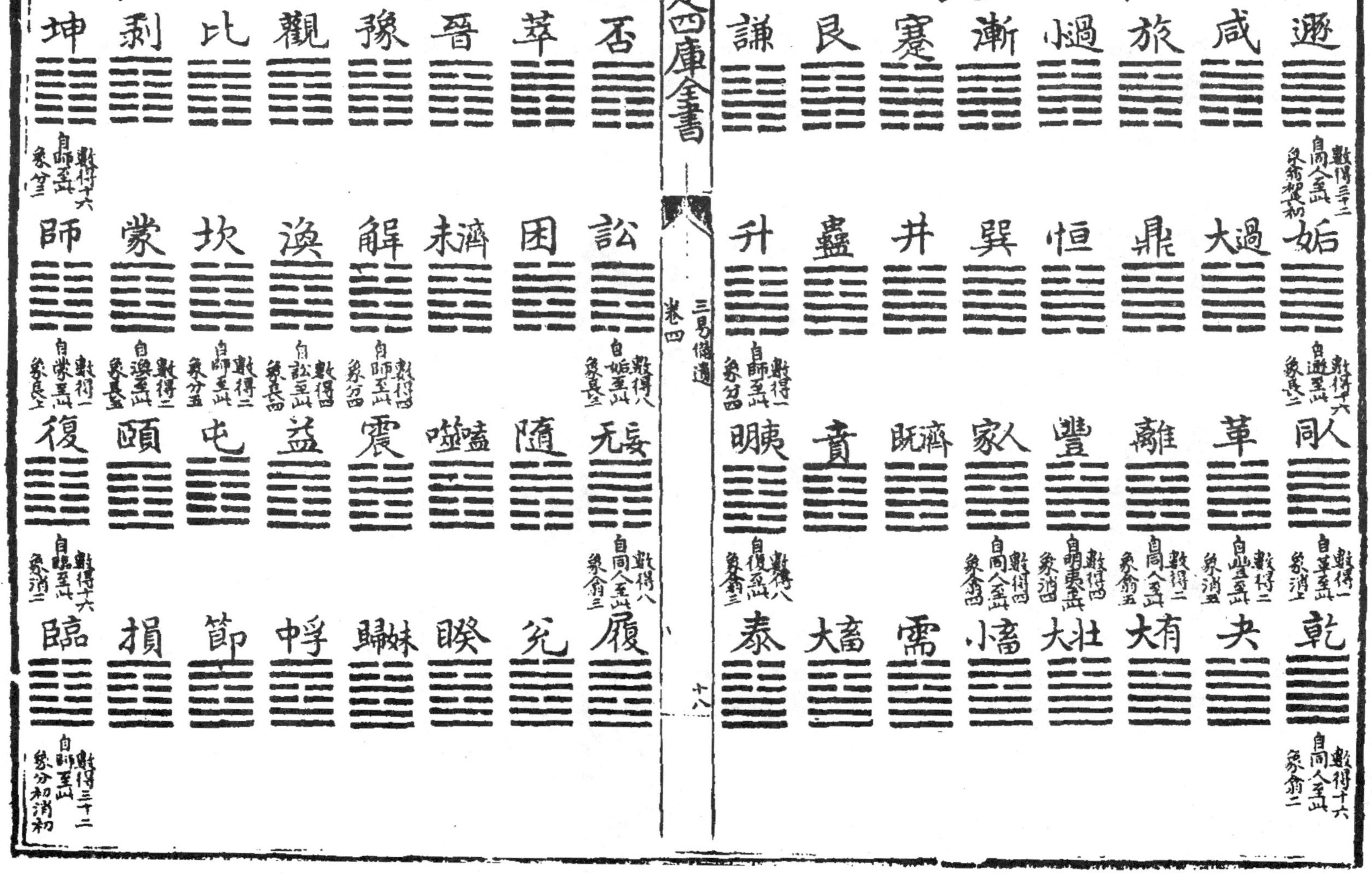

遯（數得三十二　自同人至此　象翁[illegible]長初）　咸　旅　小過　漸　蹇　艮　謙

姤（數得十六　自遯至此　象長二）　大過　鼎　恒　巽　井　蠱　升（數得一　自師至此　象分四）

同人（數得一　自革至此　象消上）　革（數得二　自豐至此　象消五）　離（數得二　自同人至此　象翁五）　豐（數得四　自明夷至此　象消四）　家人（數得四　自同人至此　象翁四）　既濟　賁　明夷（數得八　自復至此　象翁三）

乾（數得十六　自同人至此　象翁二）　夬　大有　大壯　小畜　需　大畜　泰

否　萃　晉　豫　觀　比　剝　坤（數得十六　自師至此　象分二）

訟（數得八　自姤至此　象長三）　困　未濟　解（數得四　自師至此　象分四）　渙（數得四　自訟至此　象長四）　坎（數得二　自師至此　象分五）　蒙（數得二　自渙至此　象長五）　師（數得一　自蒙至此　象長上）

无妄（數得八　自同人至此　象翁三）　隨　噬嗑　震　益　屯　頤　復（數得十六　自臨至此　象消二）

履　兌　睽　歸妹　中孚　節　損　臨（數得三十二　自師至此　象分初消初）

六五：田[1]有禽[2]，利执言[3]，无咎。长子帅师，弟子[4]舆尸，贞凶。

《象》曰：长子帅师，以中行[5]也。弟子舆尸，使不当也。

【注释】

①田：田野。一说指狩猎。②禽：泛称鸟兽。③言：语气助词。一说指言语。④弟子：泛指少年。一说指次子。⑤中行：行中道。

【译文】

六五：打猎时获得猎物，作战中捕获俘虏，没有灾祸。长子指挥军队，次子战败阵亡，这是凶险的贞兆。

《象辞》说：以长子指挥军队，这是依正道行事。次子战败阵亡，这是因为差遣不当。

上六：大君[1]有命，开国[2]承家[3]。小人勿用。

《象》曰：大君有命，以正功[4]也。小人勿用，必乱邦也。

【注释】

①大君：国君，此处当指天子。②开国：分封诸侯。③承家：受邑（yì）为卿大夫。④正功：公正地评定功劳大小。

【译文】

上六：国君颁发命令，有人被封为诸侯，享有封国，有人被封为大夫，享有采邑。但是不要重用无才无德的小人。

《象辞》说：国君颁发封赏功臣的命令，这是论功行赏。不要重用无才无德的小人，因为小人必定覆国乱邦。

比　第八

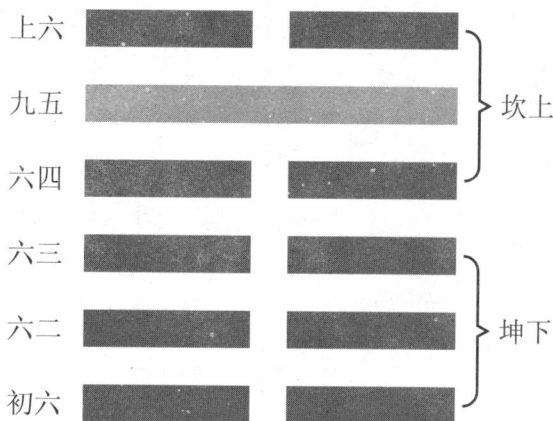

比[①]：吉。原[②]筮[③]，元[④]永贞[⑤]，无咎[⑥]。不宁方[⑦]来，后[⑧]夫[⑨]凶。

【注释】

①比：卦名，有亲密、亲近的意思。②原：推究；考察。一说指初次；一说指再；一说指先。③筮：用蓍（shī）草占问。④元：一说应作“元亨”；一说指善。⑤永贞：占问长远之事的吉凶（贞：占问。一说指“正”）。⑥咎：灾殃。⑦不宁方：不安顺的邦国（方：邦国）。⑧后：一说指时间上晚的；一说指不。⑨夫：语气助词。

【译文】

比卦：吉利。再卜筮之后，仍然大吉大利，卜问长时期的吉凶，也没有灾祸。不顺从的诸侯来朝，迟迟不来者有难。

《彖》曰：比，吉也[①]。比，辅也，下顺从[②]也。“原筮，元永贞，无咎。”以刚中[③]也。“不宁方来”，上下应[④]也。“后夫凶”，其道穷也。

【注释】

①比，吉也：一说此三字系衍文。②下顺从：指《比》卦有四个阴爻位于九五阳爻之下，象征处于下位的人顺从居于上位的人。③刚中：指九五阳爻居上卦之中位。④上下应：一说指《比》卦的五个阴爻与九五阳爻相应合；一说指九五阳爻下面的四个阴爻与九五相应合。

【译文】

《彖辞》说：比卦吉利。比，意思是辅佐，下属顺从上司。“再次卜筮，大吉大利，卜问长时期的吉凶，没有灾祸。”因九五之爻居于上卦中位，像君王有中正之德。“反侧不安的诸侯来朝”，因为众阴爻围绕一阳爻，象征众诸侯拥赞王朝。“迟迟不来者有难”，因为形势十分被动。

卦彖言筮見易爲卜筮書 依郡說增圖

幽贊神明

卦以筮言

蒙 比

初 原 筮 告 元永貞

《象》曰：地上有水①，比。先王以建万国，亲诸侯。

【注释】

①地上有水：《比》卦下坤上坎，坤为地，坎为水，所以说地上有水。

【译文】

《象辞》说：下卦为坤，上卦为坎，坤为地，坎为水，像地上有水，这是比卦的卦象。先王观此卦象，取法于水附大地，地纳江河之象，建立万国，亲近诸侯。

初六：有孚，比之，无咎。有孚，盈缶①。终来有它②，吉。

《象》曰：比之初六，有它吉也。

【注释】

①缶：一种大腹小口的瓦器，用来盛酒或汲水。②终来有它：一说即“终有它来”，即终究会有他人来亲近自己；一说应作“终未有它”，即终究不会有意外之患（它：即蛇，用来指外患）；一说终将有它患。

少陰二

太陽一

太陰四

四象图

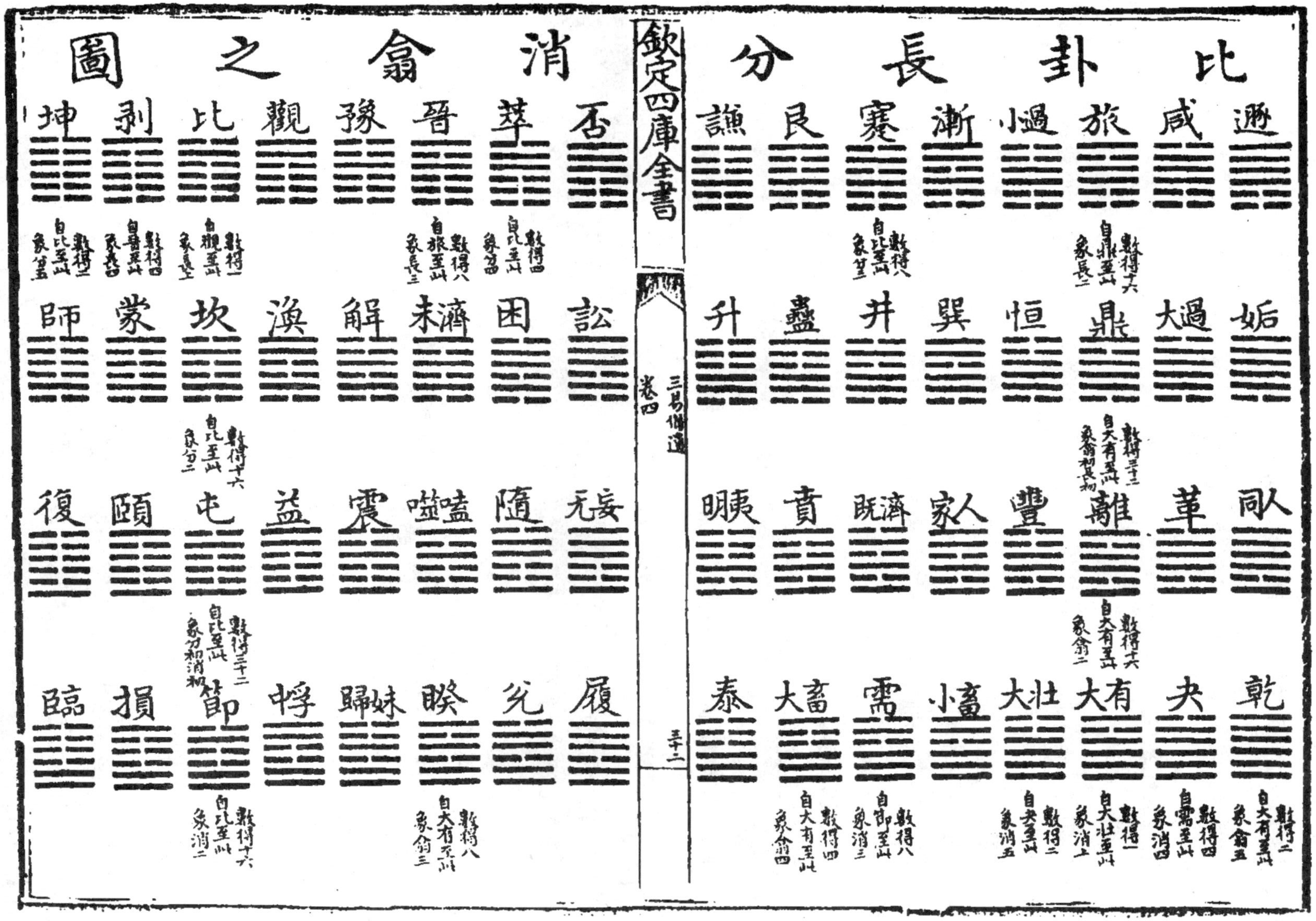

欽定四庫全書　三易備遺　卷四　三十二

比卦長分消翕之圖

遯	咸	旅（數得十六 自比至此 象長二）	小過	漸	蹇（數得八 自比至此 象長三）	艮	謙
姤	大過	鼎	恒	巽	井	蠱	升
同人	革	離（數得三十二 自大有至此 象翕初長初）	豐	家人	既濟	賁	明夷
乾（數得二 自大有至此 象翕五）	夬（數得四 自需至此 象消四）	大有（數得十六 自大有至此 象翕二；數得一 自大壯至此 象消上）	大壯（數得二 自夬至此 象消五）	小畜	需（數得八 自節至此 象消三）	大畜（數得四 自大有至此 象翕四）	泰

否	萃（數得四 自比至此 象翕四）	晉（數得八 自旅至此 象長三）	豫	觀	比（數得一 自觀至此 象長上）	剝（數得四 自晉至此 象長四）	坤（數得二 自比至此 象長五）
訟	困	未濟	解	渙	坎（數得十六 自比至此 象分二）	蒙	師
无妄	隨	噬嗑	震	益	屯	頤	復
履	兑	睽（數得八 自大有至此 象翕三）	歸妹	中孚	節（數得三十二 自比至此 象分初消初；數得十六 自比至此 象消二）	損	臨

【译文】

初六：有诚信，能使人依附，没有灾难。有诚信如美酒溢出酒器，终究有其他人来归附，吉利。

《象辞》说：筮遇初六之爻，虽有意外之患，但最后是吉利的。

六二：比之自内[1]，贞吉。

《象》曰：比之自内，不自失[2]也。

【注释】

①内：指内卦。六二爻居下卦之中位，而下卦又称内卦。也可以理解为内部、自己等。②失：指失去原则。

【译文】

六二：内部和睦团结，卜问得吉兆。

《象辞》说：内部和睦团结，就不会失掉民心。

六三：比之匪人[1]。

《象》曰：比之匪人，不亦伤[2]乎？

【注释】

①匪人：不该亲近的人。一说指不正派的人；一说指不合适的人。②伤：一说指悲伤；一说指伤害。

【译文】

六三：跟败类狼狈为奸。

《象辞》说：跟败类狼狈为奸，不是很可悲吗？

六四：外[1]比之，贞吉。

《象》曰：外比于贤，以从上[2]也。

【注释】

①外：指外卦。六四爻居上卦之初，而上卦又称外卦。也可以理解为外部、别人等。②上：指九五爻。

【译文】

六四：跟外邦联盟亲善，能守持正道就得吉兆。

《象辞》说：外部亲附于贤明的国君，像臣下服从君上。

九五：显[1]比。王用三驱[2]，失前禽[3]，邑人[4]不诫[5]，吉。

《象》曰：显比之吉，位正中[6]也。舍逆[7]取顺，失前禽也。邑人不诫，上[8]使中[9]也。

【注释】

①显：明显；显明。一说指尊贵。②三驱：古代的一种狩猎方式，三面围网，一面无网，把兽往网中赶，若有兽从无网的一面逃走，即不予捕杀。③禽：兽的总名。④邑人：封地上的人。⑤诫：一说指告；一说指戒备、警戒；一说通“骇”，指惊惧的意思。⑥位正中：指九五阳爻居阳位，又居

上卦之中位。⑦逆:迎,指迎面而来。⑧上:指九五爻,代指君王。⑨中:指中道。

【译文】

九五:普遍的和洽。君王采用三面包围的方法狩猎,网开一面,有意放走逃奔的野兽。老百姓对君王狩猎毫不惊惧。筮遇此爻吉利。

《象辞》说:普遍的和洽是吉利的,因为九五之爻处于上卦中位,像人守中正之道。放走向前奔逃的,猎取迎面奔窜的,这就是"失前禽"的缘故。老百姓对君王狩猎毫不惊惧,因为君王平时行事端正。

上六:比之无首①,凶。

《象》曰:比之无首,无所终②也。

【注释】

①首:一说指开始、开端;一说指首领;一说指脑袋;一说指居先。②终:善终;好的结局。

【译文】

上六:小人朋比为奸,钩心斗角,无法形成一个团结的中心,这是非常危险的事。

《象辞》说:小人朋比为奸,钩心斗角,无法形成一个团结的中心,当然没有好下场。

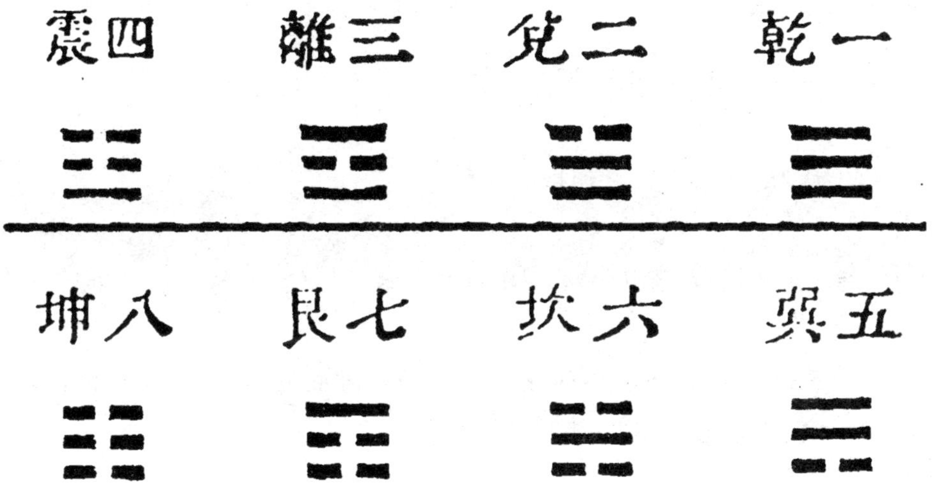

震四 ☳ 離三 ☲ 兌二 ☱ 乾一 ☰

坤八 ☷ 艮七 ☶ 坎六 ☵ 巽五 ☴

八卦图

小畜 第九

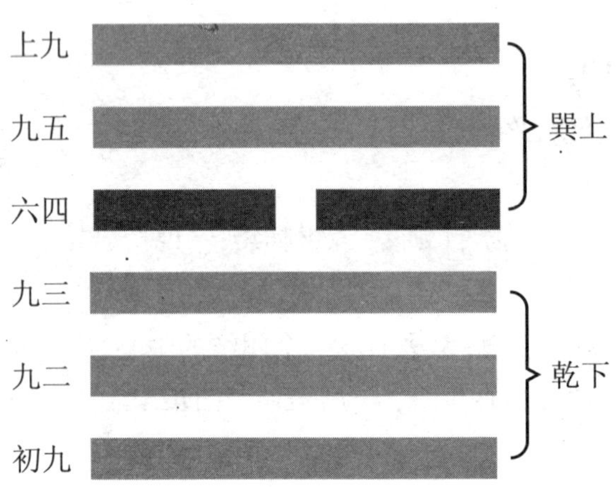

小畜[1]:亨。密云不雨,自我西郊。

【注释】

①小畜:卦名,意为小有蓄聚。一说指小牲畜。

【译文】

小畜卦:亨通。浓云密布,来自西郊,但雨没有下来。

《彖》曰:小畜,柔得位[1]而上下应之[2],曰小畜,健而巽[3],刚中[4]而志行,乃亨。"密云不雨",尚往[5]也。"自我西郊",施[6]未行也。

【注释】

①柔得位:指六四阴爻居于阴位。②上下应之:指五个阳爻与六四阴爻相应合。③健而巽:《小畜》卦下乾上巽,乾的特点是健,所以说健而巽(巽:谦逊)。④刚中:指九二阳爻和九五阳爻分别居下、上卦之中位。⑤尚往:上行(尚:即"上")。⑥施:布;散布。

【译文】

《彖辞》说:《小畜》,六四之爻居阴位,其余五阳爻和应着它,这是《小畜》的卦象。下卦为乾,乾表示刚健;上卦为巽,巽表示谦逊。九二、九五居下卦、上卦中位。像君子有刚健、谦逊、正中之德因而获得志通意行之境,前途亨通。"云气密布而终不下雨",说明云气正上升聚积,"密布于西郊上空",说明雨水尚停蓄未降。

《象》曰:风行天上[1],小畜。君子以懿[2]文德[3]。

【注释】

①风行天上:《小畜》卦上巽下乾,巽为风,乾为天,所以说风行天上。②懿:美,这里作动词。

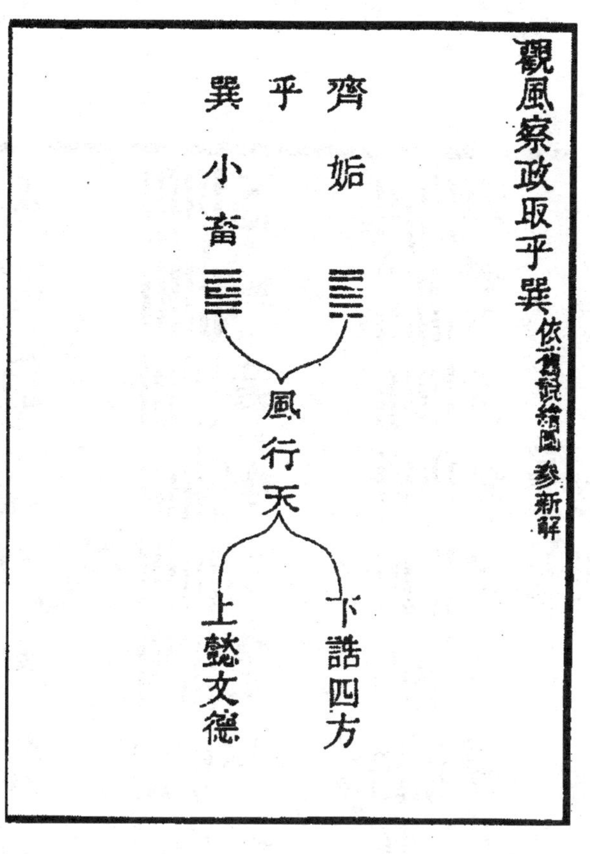

③文德:文章和道德。

【译文】

《象辞》说:上卦为巽,巽为风;下卦为乾,乾为天,和风拂地,草木低昂,勃勃滋生,这是小畜的卦象。君子观此卦象取法催发万物的和风,当自励风范,美化德行。

初九:复①自道②,何其咎③?吉。

《象》曰:复其道,其义④吉也。

【注释】

①复:还;返回。②道:路;道路。③咎:灾殃。④义:宜;理应。

【译文】

初九:返回原路,有什么灾祸?吉利。

《象辞》说:返回原路,其含义是吉利。

九二:牵①复,吉。

《象》曰:牵复,在中②,亦不自失也。

【注释】

①牵:拉;挽引。一说指牵连。②中:指九二阳爻居下卦之中位。

【译文】

九二:牵引着返回,吉利。

《象辞》说:牵引着返回(吉利),因为九二之爻处于下卦中位,像人操行中正,自然不会有错失。

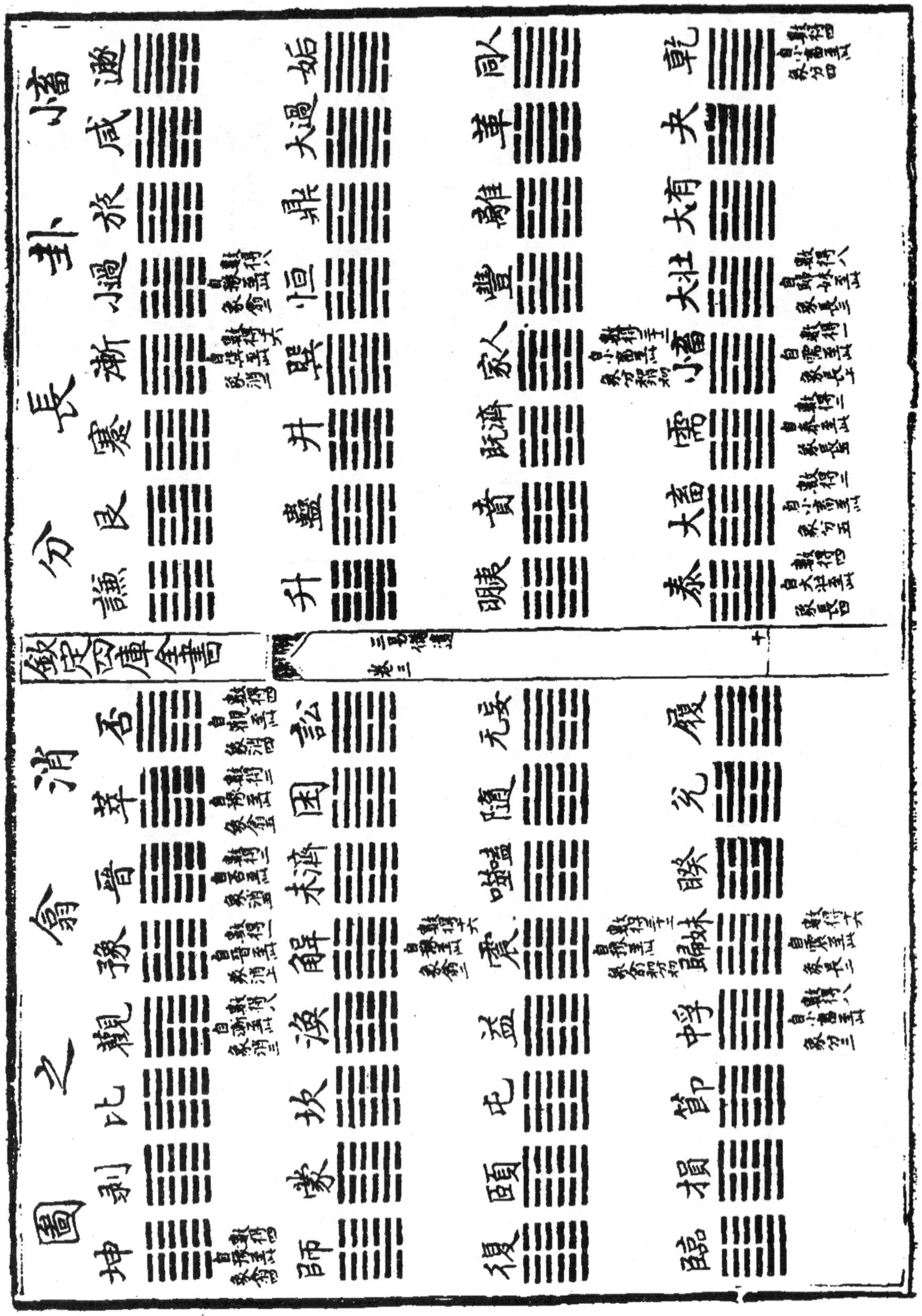

慉卦長分

遯　咸　旅　小過（數得八　自豫至此　象翕三）　漸（數得十六　自巽至此　象消二）　蹇　艮　謙

姤　大過　鼎　恒　巽　井　蠱　升

同人　革　離　豐　家人（數得三十二　自小畜至此　象分翕初）　既濟　賁　明夷

乾（數得四　自小畜至此　象分四）　夬　大有　大壯（數得八　自歸妹至此　象長三）　小畜（數得一　自需至此　象長上）　需（數得二　自泰至此　象長五）　大畜（數得二　自小畜至此　象分五）　泰（數得四　自大壯至此　象長四）

消翕之圖

否（數得四　自觀至此　象消四）　萃（數得二　自豫至此　象翕五）　晉（數得二　自否至此　象消五）　豫（數得一　自晉至此　象消上）　觀（數得八　自漸至此　象消三）　比　剝　坤（數得四　自豫至此　象翕四）

訟　困　未濟　解（數得十六　自豫至此　象翕二）　渙　坎　蒙　師

无妄　隨　噬嗑　震（數得三十二　自豫至此　象翕初分初）　益　屯　頤　復

履　兌　睽　歸妹（數得十六　自震至此　象長二）　中孚（數得八　自小畜至此　象分三）　節　損　臨

九三：舆①说②辐③。夫妻反目④。

《象》曰：夫妻反目，不能正室⑤也。

【注释】

①舆：车。②说：通“脱”，指解脱、脱落。③辐：车轮上起连接支撑作用的众多直条。一说同“輹(fù)”，指捆绑车伏兔与车轴的绳子。④反目：翻脸；关系变得不和睦。⑤室：妻室；妻子。

【译文】

九三：车轮辐条散脱，夫妻反目为仇。

《象辞》说：夫妻反目，说明不能治理家庭。

六四：有孚，血①去惕②出，无咎。

《象》曰：有孚，惕出，上③合志也。

【注释】

①血：通“恤”，指忧虑、忧患。②惕：忧伤。一说指警惕；一说借为“逖(tì)”，远的意思。③上：指位于六四爻之上的九五爻。一说指九五爻与上九爻；一说通“尚”，指尚且。

【译文】

六四：捕获了俘虏，战争危险暂时消除了，但仍须保持警惕，才能没有灾难。

《象辞》说：捕获了俘虏，保持着警惕，说明尚能统一意志。

九五：有孚挛如①，富以②其邻。

《象》曰：有孚挛如，不独富也。

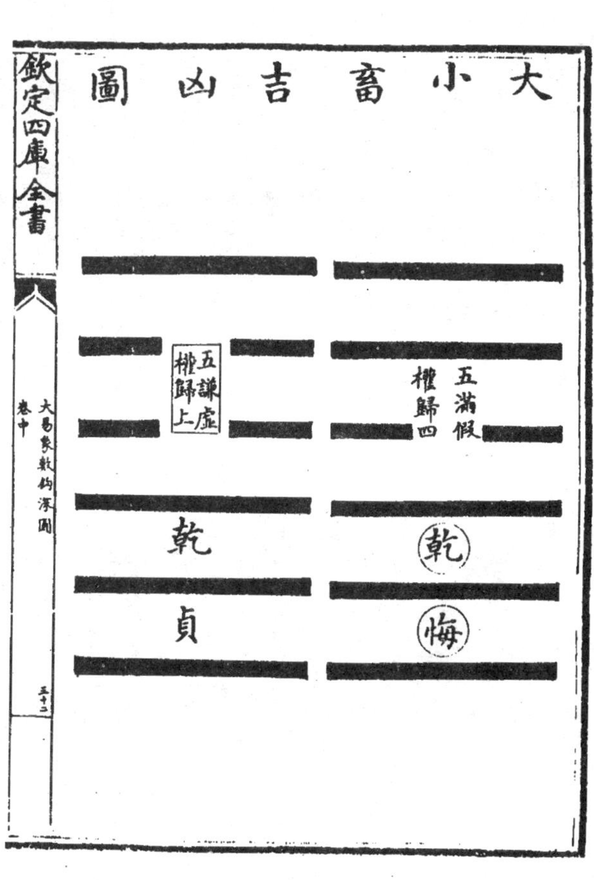

【注释】

①挛如：系连不断的样子。一说挛同"娈"，指好。②以：与。

【译文】

九五：捕获俘虏，串连捆缚，这些财物与领邑同享。

《象辞》说：捕获俘虏，串连捆缚，财物与邻邑同享，并非一人独享。

上九：既[①]雨既处[②]，尚[③]德[④]载[⑤]。妇贞[⑥]厉[⑦]。月几[⑧]望[⑨]，君子征，凶。

《象》曰：既雨既处，德积载也。君子征，凶，有所疑[⑩]也。

【注释】

①既：已经。②处：停止。③尚：即"上"。一说指尚且。④德：一说指得、能够；一说指道德。⑤载：一说指装载；一说指积满；一说指过分。⑥贞：占问。一说指"正"。⑦厉：危险。⑧几：接近。⑨望：月亮圆满。⑩疑：一说指疑惑；一说即"拟"，指相比、接近。

【译文】

上九：久雨新停，须用德性承载。妇女守正道以防凶险。月将圆未圆时，君子离家出行，也有危险。

《象辞》说：久雨新停，未误农时，当能丰登满载。君子离家出行有凶险，因为对充满危险的旅途缺乏了解。

履　第十

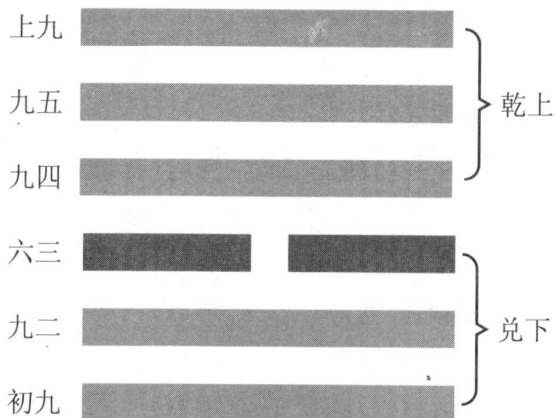

履[1]:履虎尾,不咥[2]人,亨。

【注释】

①履:卦名,有踩踏、践行的意思。②咥:咬。

【译文】

履卦:踩着虎尾巴,老虎不咬人,吉利。

《彖》曰:履,柔履刚[1]也。说[2]而应乎乾[3],是以"履虎尾,不咥人"。"亨",刚中正[4],履帝位[5]不疚[6],光明也。

【注释】

①柔履刚:柔指六三阴爻;刚一说指九二和初九阳爻,一说指九四阳爻,一说指《履》卦的上乾。②说:通"悦",指喜悦、高兴。这里指下卦兑。③应乎乾:指下卦兑与上卦乾应合。④刚中正:指九五阳爻居上卦之中位。⑤帝位:九五阳爻居上卦之中位,象征帝王之位。⑥疚:病;灾患。

【译文】

《彖辞》说,履,意为六三之爻居于九二之上,是为柔履刚。兑处乾下,意义是以和悦的态度对待强暴之人,所以卦辞说:"踩着虎尾巴,老虎不咬人"。"亨通",因为九五之爻居于上卦中位,像其人有刚健中正之德。卦象还显示:上卦为乾,乾为天,九五居乾卦中位,即天位,君王品德正大,因而身居帝王之位而心安理得,自然前途光明。

《象》曰:上天下泽[1],履。君子以辨[2]上下,定民志。

【注释】

①上天下泽:《履》卦上乾下兑,乾为天,兑为泽,所以说上天下泽。②辩:通"辨",指分别。

【译文】

《象辞》说：本卦上卦为乾，为天；下卦为兑，为泽，上天下泽，尊卑显别，这是履卦的卦象。君子观此卦象，从而分别上下尊卑，使人民循规蹈矩，安分守己。

初九：素履①往，无咎②。

《象》曰：素履之往，独行愿也。

【注释】

①素履：白色、无纹饰的鞋。②咎：灾殃。

【译文】

初九：以朴素坦白的态度处世，没有灾害。

《象辞》说：以朴素坦白的态度处世，能独行其志愿。

九二：履道坦坦①，幽人②贞③吉。

《象》曰：幽人贞吉，中④不自乱也。

【注释】

①坦坦：宽阔平坦的样子。②幽人：隐居无争的人。一说指囚犯。③贞：占问。一说指"正"。④中：指九二阳爻居下卦之中位；也指内心。

【译文】

九二：履行道义之人，胸怀坦荡；隐居之人，守正道常逢吉兆。

《象辞》说：隐居之人洁身守正，因为他们秉性中正，不为世俗所惑。

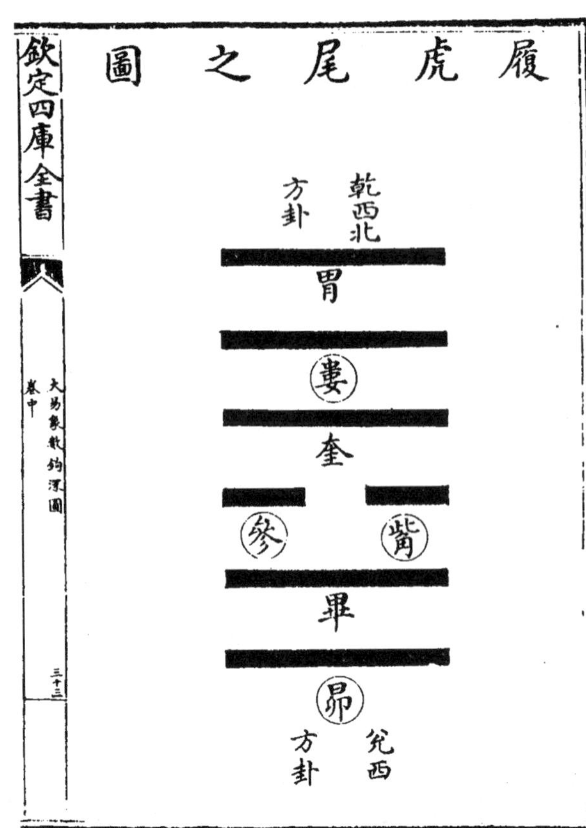

六三：眇①能②视，跛③能履，履虎尾，咥人，凶。武人④为⑤于大君⑥。

《象》曰：眇能视，不足以有明也。跛能履，不足以与行也。咥人之凶，位不当⑦也。武人为于大君，志刚也。

【注释】

①眇：眼睛瞎。一说指一只眼睛瞎。②能：而。③跛：腿瘸。④武人：勇武的人，这里指六三爻。⑤为：一说指用；一说指代；一说指做；一说指效力。⑥大君：国君，这里指上九爻。⑦位不当：指六三阴爻居于阳位，所处的位置不适当。

【译文】

六三：瞎了眼睛却要看物，跛了脚却要行走，踩着虎尾巴，终将为虎所伤，这是凶险之事。一介武夫去管理国政，同样是凶险之事。

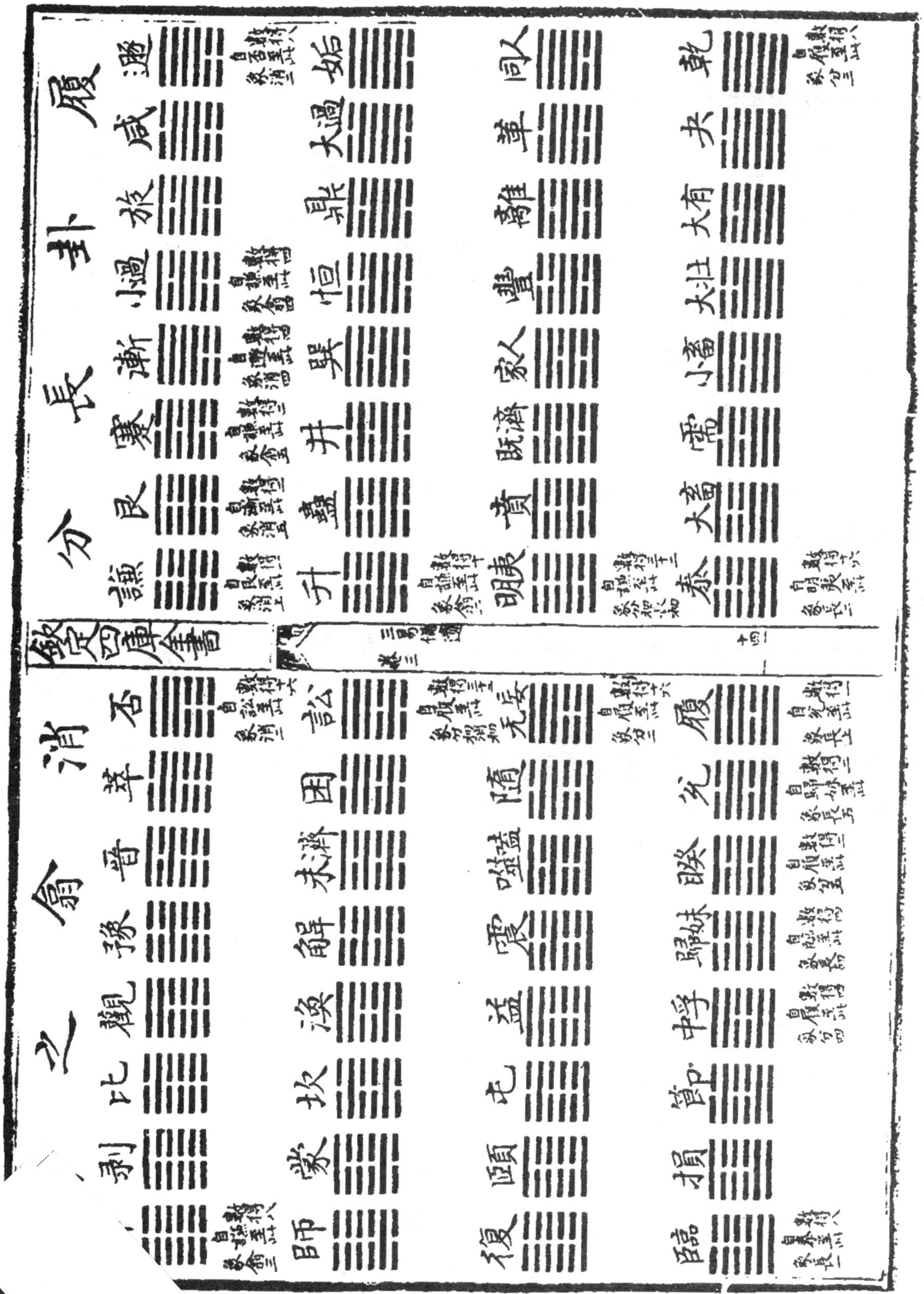

履卦長分　消翕之

遯（數得八　自否至此　象消二）　姤　同人　乾（數得八　自履至此　象分三）

咸　大過　革　夬

旅　鼎　離　大有

小過（數得四　自謙至此　象翕四）　恒　豐　大壯

漸（數得四　自遯至此　象消四）　巽　家人　小畜

蹇（數得三　自謙至此　象翕五）　井　既濟　需

艮（數得二　自漸至此　象消五）　蠱　賁　大畜

謙（數得一　自艮至此　象消上）　升（數得十　自謙至此　象翕六）　明夷（數得三十二　自謙至此　象分初和初）　泰（數得十六　自明夷至此　象長二）

否（數得十六　自訟至此　象消二）　訟（數得三十二　自履至此　象分初消初）　无妄（數得十六　自履至此　象分二）　履（數得一　自兑至此　象長上）

萃　困　隨　兑（數得二　自歸妹至此　象長五）

晉　未濟　噬嗑　睽（數得二　自履至此　象分五）

豫　解　震　歸妹（數得四　自臨至此　象長四）

觀　渙　益　中孚（數得四　自履至此　象分四）

比　坎　屯　節

剝　蒙　頤　損

（數得八　自臨至此　象翕三）　師　復　臨（數得八　自泰至此　象長一）

《象辞》说：瞎了眼睛却要看物，其视力不足以辨物。跛了脚却要行走，其脚力不足以行路。老虎之所以伤人，因为六三阴爻而居于阳位，所处不当。一介武夫去管理国政，必遭祸殃。

九四：履虎尾，愬①愬，终吉。

《象》曰：愬愬终吉，志行也。

【注释】

①愬：恐惧的样子。

【译文】

九四：踩着虎尾巴，但能遇险知惧，最后仍吉利。

《象辞》说：恐惧警惕，终归于吉，说明虽历磨难，但志愿得行。

九五：夬①履，贞厉②。

《象》曰：夬履贞厉，位正当③也。

【注释】

①夬：一说指刚决、果断；一说指断裂。②厉：危险。③位正当：指九五阳爻居上卦之中位，所处的位置正当。

【译文】

九五：行为急躁莽撞，卜其行事有危险之象。

《象辞》说：行为急躁莽撞，卜其行事有危险之象，但九五阳爻居上卦中位，正当其位。因而虽险不凶。

上九：视①履，考②祥③其旋④。元⑤吉。

《象》曰：元吉在上⑥，大有庆也。

【注释】

①视：看；观察。②考：考察。③祥：吉凶的征兆。④旋：返回；归来。⑤元：大。⑥在上：指上九爻居《履》卦之最上位。

【译文】

上九：行为审慎，遇事周密而反复地考虑，一生大吉。

《象辞》说：大吉大利，因为上九之爻居全卦之首。预兆其人将有重大喜庆之事。

泰　第十一

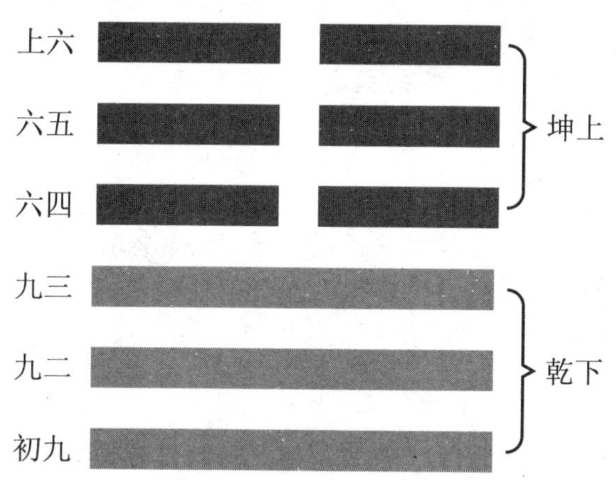

泰[①]**：小**[②]**往大**[③]**来，吉，亨**。

【注释】

①泰：卦名，指通泰的意思。②小：指《泰》卦中的坤，也比喻坏的事物、小人等。③大：指《泰》卦中的乾，也比喻好的事物、君子等。

【译文】

泰卦：由小而大，由微而盛，吉利，亨通。

《彖》曰："泰：小往大来，吉，亨。"则是天地交[①]**而万物通也，上下**[②]**交而其志同也；内阳而外阴**[③]**，内健而外顺**[④]**，内君子而外小人**[⑤]**，君子道长，小人道消也**。

【注释】

①天地交：《泰》卦下乾上坤，乾为天，坤为地，天下地上，天气上升，地气下降，所以说天地交。②上下：指《泰》卦的上坤与下乾，这里以上下比喻君臣。③内阳而外阴：《泰》卦下乾上坤，下为内，上为外；乾为阳，坤为阴，所以说内阳而外阴。④内健而外顺：指《泰》卦之内卦乾的特点为刚健而外卦坤的特点为柔顺。⑤内君子而外小人：指《泰》卦之内卦乾象征君子而外卦坤象征小人。

【译文】

《彖辞》说："泰：由小而大，由微而盛，吉利，亨通。"因为上卦为坤为地为臣，下卦为乾为天为君。上坤下乾，表示天地交感，万物各畅其生。君臣交感，志趣和同。内卦为阳，外卦为阴，预示阳气充实而阴气消散。乾卦有刚健之德，坤卦有柔顺之性，所以说内秉刚健之德而外抢柔顺之姿。乾卦喻君子，坤卦喻小人，内乾外坤，这种卦象又显示君子在朝，小人在野。君子得势其道盛长，小人失势其道消退。

《象》曰：天地交，泰。后[①]以财[②]成天地之道，辅相[③]天地之宜[④]，以左右[⑤]民。

【注释】

①后：君主。②财：通“裁”，指裁度调节、节制。③辅相：辅佐。④宜：适宜，这里指时序变化之所宜。⑤左右：支配；治理。一说指帮助；一说指保佑。

【译文】

《象辞》说：天地交感，是泰卦的卦象。君子观此卦象，裁度天地运行的规律，辅助天地的造化，从而支配天下万民。

初九：拔茅茹[①]，以[②]其汇[③]。征，吉。

《象》曰：拔茅，征，吉，志在外[④]也。

【注释】

①茅茹：茅草的根（茹：根茎）。②以：及。③汇：类。④外：指外卦的六四阴爻，其与内卦的初九阳爻正相应合。

【译文】

初九：拔掉茅草，牵动同类。征伐敌人，吉利。

《象辞》说：连根拔掉茅草，彻底征服敌人，吉利，说明志在讨伐敌国。

九二：包[①]荒[②]，用冯河[③]，不遐遗[④]。朋[⑤]亡，得尚[⑥]于中行[⑦]。

《象》曰：包荒，得尚于中行，以光大[⑧]也。

【注释】

①包：一说通“匏（páo）”，即葫芦；一说通“庖”，指厨房；一说指包容、容纳。②荒：一说指空虚；一说指广大。③冯河：无舟而渡河。④遗：弃。一说指馈赠。⑤朋：一说指朋友；一说指朋党。⑥尚：一说指赏；一说指崇尚、尊崇；一说指帮助。⑦中行：一说指中途、中道；一说指行中道。⑧光大：一说指光明正大；一说指广大。

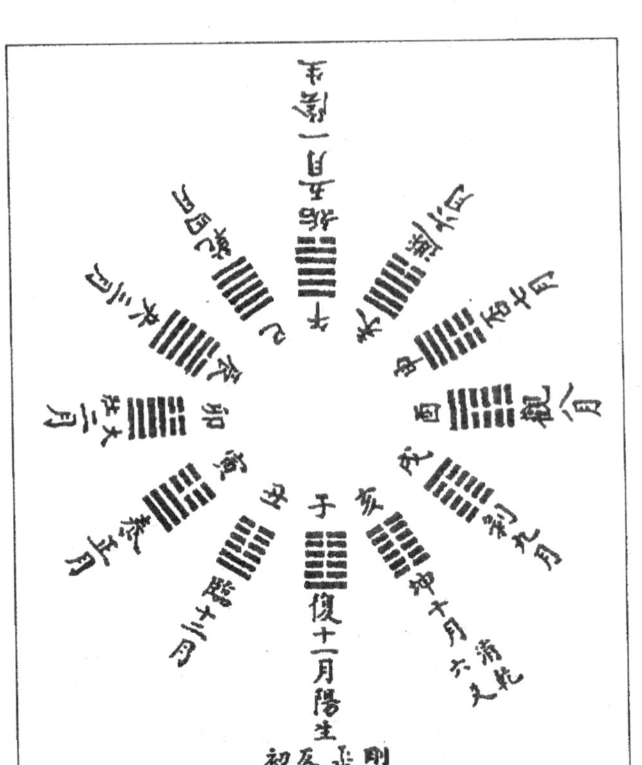

【译文】

九二：过大川，涉长河，不因偏远而有遗忘。钱财丢了，却因道中而行得到他人帮助。

《象辞》说：其人度量宏大，深得同路人的赏识，这是由于他光明正大呀。

九三：无平大陂[①]，无往不复[②]。艰贞[③]，无咎[④]。勿恤[⑤]其孚，于食[⑥]有福。

《象》曰：无往不复，天地际[⑦]也。

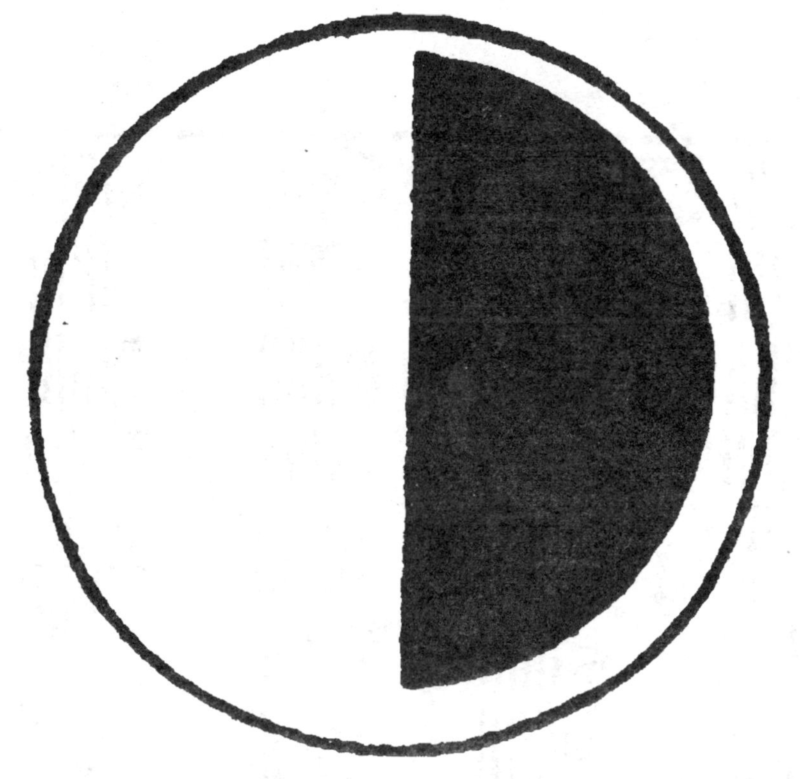

太极生两仪图

【注释】

①陂:倾斜。②复:还;返回。③艰贞:占问艰难之事。④咎:灾殃。⑤恤:忧虑;担忧。⑥食:食物;饮食。一说指俸禄。⑦天地际:指九三阳爻处于阳爻向阴爻转化之际。

【译文】

九三:平地终将变成坡地,离去必定复返。卜问艰难之事,爻象显示必能渡过难关,不要担心被人掳去,而且在饮食上尚有口福。

《象辞》说:离去必定复返,这是天地间的法则。

六四:翩翩①,不富②以③其邻,不戒④以⑤孚。

《象》曰:翩翩不富,皆失实⑥也。不戒以孚,中心愿也。

【注释】

①翩翩:鸟飞轻疾的样子。这里比喻阴气上升以就阳气。②不富:不富有。这里指阴爻。《周易》中的“不富”,常就阴爻而言。③以:与。④戒:告诫。⑤以:而。⑥实:指阳爻,《周易》以阳爻为实。

【译文】

六四:巧言欺人,将给邻邑带来灾难,不加警戒,即将遇难被虏。

《象辞》说:巧言欺人,祸及邻人,是说同受损失。不加警戒,遇难被虏,这是因为心地太忠厚也。

六五:帝乙①归②妹③,以祉④,元⑤吉。

《象》曰:以祉元吉,中⑥以行愿也。

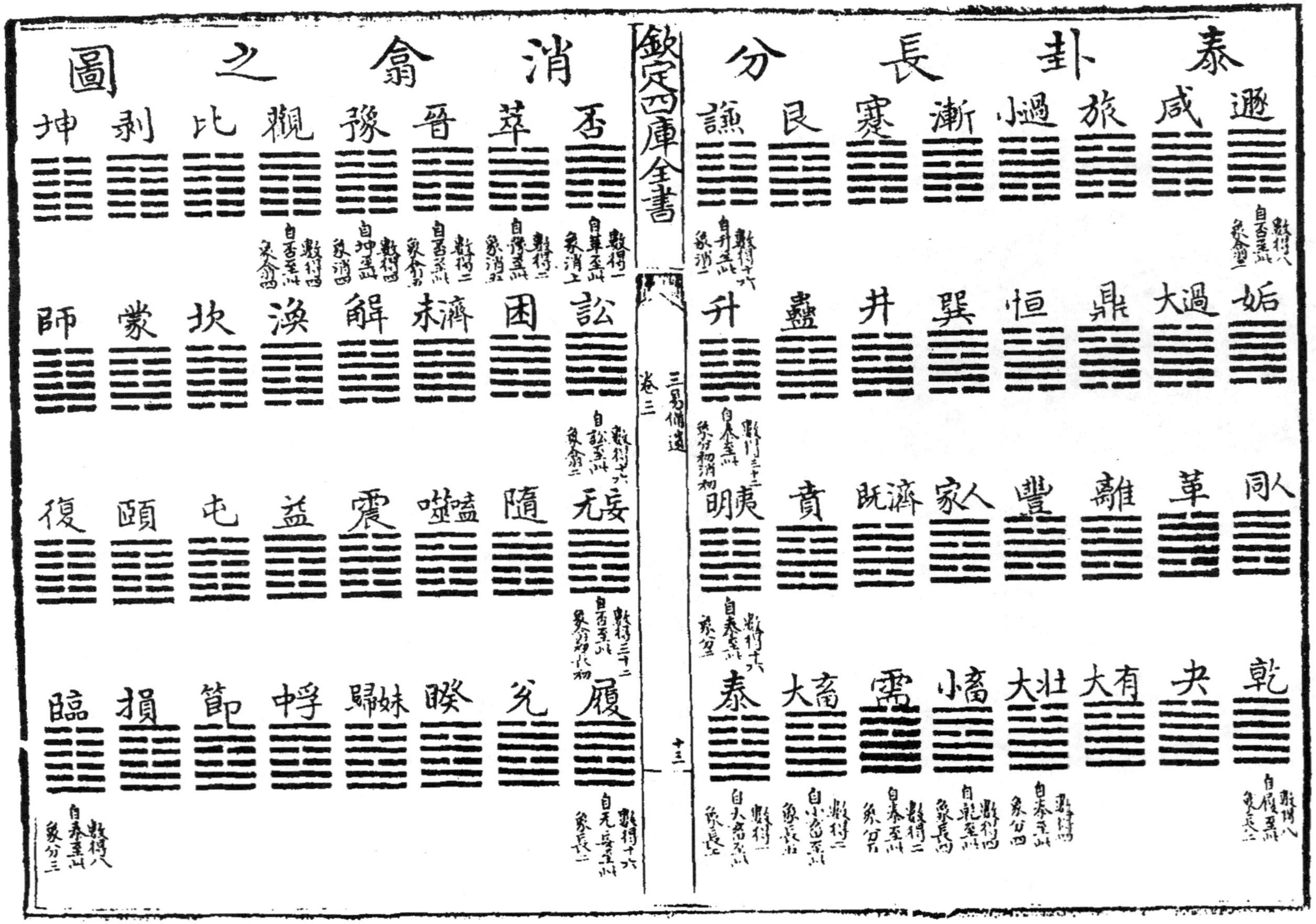

泰卦長分消翕之圖

遯 數得八 自否至此 象翕三　咸　旅　小過　漸　蹇　艮　謙 數得十六 自升至此 象消一

姤　大過　鼎　恒　巽　井　蠱　升 數得三十二 自泰至此 象分初消初

同人　革　離　豐　家人　既濟　賁　明夷 數得十六 自泰至此 象分二

乾 數得八 自履至此 象長三　夬　大有　大壯 數得四 自泰至此 象分四　小畜 數得四 自乾至此 象長四　需 數得二 自泰至此 象分五　大畜 數得二 自小畜至此 象長五　泰 數得一 自大畜至此 象長上

否 數得一 自萃至此 象消上　萃 數得二 自豫至此 象消五　晉 數得二 自否至此 象翕五　豫 數得四 自坤至此 象消四　觀 數得四 自否至此 象翕四　比　剝　坤

訟 數得十六 自訟至此 象翕二　困　未濟　解　渙　坎　蒙　師

无妄 數得三十二 自否至此 象分初翕初　隨　噬嗑　震　益　屯　頤　復

履 數得十六 自无妄至此 象長二　兊　睽　歸妹　中孚　節　損　臨 數得八 自泰至此 象分三

【注释】

①帝乙:商代帝王,系商纣王之父。②归:女子出嫁。③妹:妹妹。一说指少女。④祉:福。⑤元:大。⑥中:指六五阴爻居上卦之中位。

【译文】

六五:殷帝乙嫁女于周文王,因而得福,大吉大利。

《象辞》说:得福大吉,因为六五之爻居上卦中位,像人行事得中正之道,所行必遂。

上六:城复[①]于隍[②]。"勿用师",自邑[③]告命[④]。贞吝[⑤]。

《象》曰:城复于隍,其命[⑥]乱[⑦]也。

【注释】

①复:通"覆",指倾覆、倒塌。②隍:城墙外无水的护城壕。③邑:城镇;村落。④告命:传达命令。一说指请命;一说即"诰命",指训诰政令。⑤吝:悔恨。⑥命:天命;命运。⑦乱:变;改变。一说指变乱;一说指混乱。

【译文】

上六:城墙攻破倒塌在护城壕里。"停止进攻",从邑中传来命令。卜问得不祥之兆。

《象辞》说:城墙攻破倒塌在护城壕里(本应乘势攻击,反命停止进攻),这是邑中传来的命令错乱了。

否　第十二

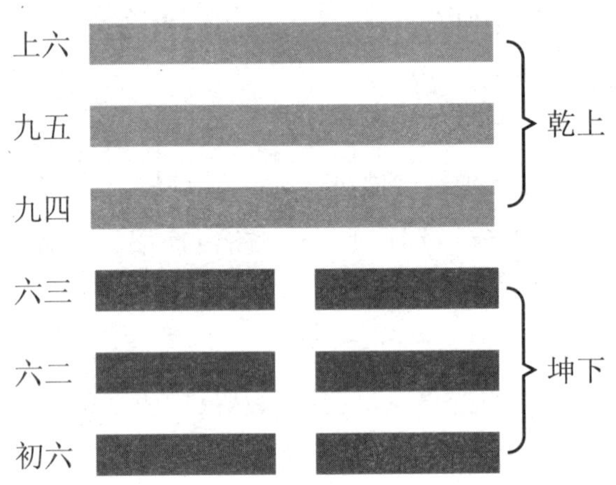

否[①]：否之匪人[②]，不利君子贞[③]，大往小来。

【注释】

①否：卦名，有闭塞不通的意思。②之匪人：朱熹认为此三字属衍文，可从。③贞：占问。一说指“正”。

【译文】

否卦：为小人所隔阂，这是不利于君子的卜占，事业将由盛转衰。

《彖》曰：“否之匪人，不利君子贞，大往小来。”则是天地不交[①]而万物不通也，上下不交而天下无邦[②]也；内阴而外阳[③]，内柔而外刚[④]，内小人而外君子[⑤]，小人道长，君子道消也。

【注释】

①天地不交：《否》卦下坤上乾，坤为地，乾为天，天上地下，天气上升，地气下降，所以说天地不交。②天下无邦：指国家灭亡。③内阴而外阳：《否》卦下坤上乾，下为内，上为外；坤为阴，乾为阳，所以说内阴而外阳。④内柔而外刚：指《否》卦之内卦坤的特点为柔顺而外卦乾的特点为刚健。⑤内小人而外君子：指《否》卦之内卦坤象征小人而外卦乾象征君子。

【译文】

《彖辞》说：“为小人所隔阂，这是不利于君子的卜问，事业也将由盛转衰”。上卦为乾为天为君，下卦为坤为地为臣。上乾下坤，表示天地互不交感，万物将闭塞窒息。君臣隔绝，国家将要衰微灭亡。外卦为阳为刚，内卦为阴为柔，预示阴气充沛而阳气消散，这是外强中干之象。乾卦喻君子，坤卦喻小人，外乾内坤，这种卦象又显示小人在朝，君子在野。小人得势其道盛长，君子失势其道消退。

《象》曰：天地不交，否。君子以俭[①]德辟[②]难，不可荣以禄[③]。

【注释】

①俭：一说指节俭；一说同"敛"，指收敛。二说皆可通。②辟：通"避"，指避免、避开。③禄：俸禄。

【译文】

《象辞》说：天地隔阂不能相通，这是否卦的卦象。君子观此卦象，在此时应收敛心思，崇尚俭约，躲避灾难，不要以获得利禄为荣。

初六：拔茅茹[①]，以[②]其汇[③]，贞吉，亨。

《象》曰：拔茅贞吉，志在君也。

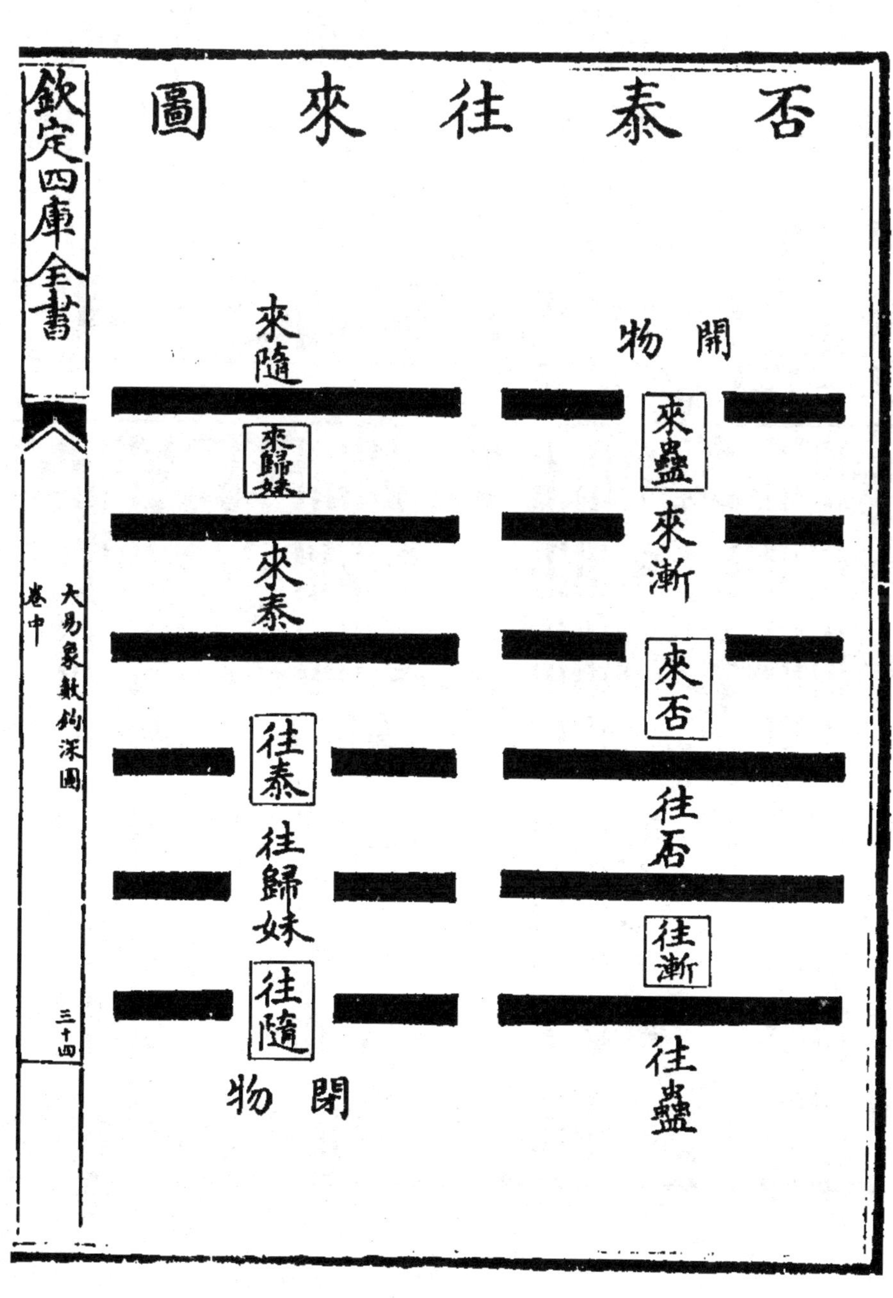

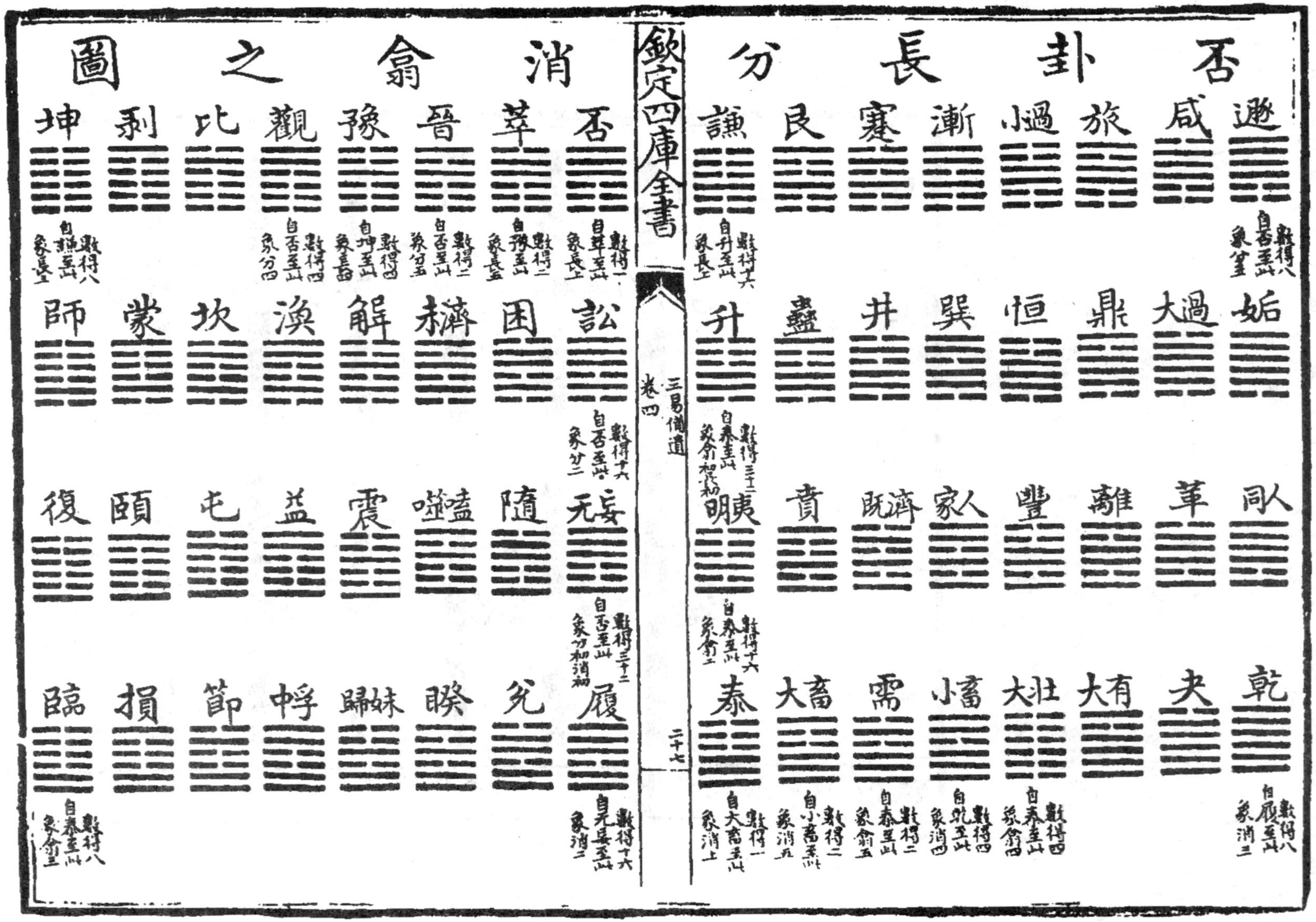

否卦長分消翕之圖

遯	咸	旅	小過	漸	蹇	艮	謙
數得八 自否至此 象分三							數得十六 自升至此 象長二
姤	大過	鼎	恒	巽	井	蠱	升
							數得三十二 自泰至此 象翕初長初
同人	革	離	豐	家人	既濟	賁	明夷
							數得十六 自泰至此 象翕二
乾	夬	大有	大壯	小畜	需	大畜	泰
數得八 自履至此 象消三			數得四 自泰至此 象翕四	數得四 自兌至此 象消四	數得二 自泰至此 象翕五	數得二 自小畜至此 象消五	數得一 自大畜至此 象消上

欽定四庫全書　三易備遺　卷四　二十七

否	萃	晉	豫	觀	比	剝	坤
數得一 自萃至此 象長上	數得二 自豫至此 象長五	數得二 自否至此 象分五	數得四 自坤至此 象長四	數得四 自否至此 象分四			數得八 自謙至此 象長三
訟	困	未濟	解	渙	坎	蒙	師
數得十六 自否至此 象分二							
无妄	隨	噬嗑	震	益	屯	頤	復
數得三十二 自否至此 象分初消初							
履	兌	睽	歸妹	中孚	節	損	臨
數得十六 自无妄至此 象消二							數得八 自泰至此 象翕三

【注释】

①茅茹:茅草的根(茹:根茎)。②以:及。③汇:类。

【译文】

初六:连根拔掉茅草,及其同类,占得此爻则吉利,亨通。

《象辞》说:连根拔掉茅草,占得此爻吉利,比喻其志君侧,为国尽忠。

六二:包承①,小人吉,大人否②亨。

《象》曰:大人否亨,不乱群③也。

【注释】

①包承:包容顺承。一说指用茅包裹祭肉(包:以茅包裹。承:指祭肉)。②否:一说指闭塞;一说指否定。③不乱群:指大人不与小人混为一群。

【译文】

六二:厨中有肉,这对老百姓来说是吉利,对贵族来说并不是通泰的表现。

《象辞》说:贵族身处窘境,则能心怀惩戒,使其安守本分。

六三:包羞①。

《象》曰:包羞,位不当②也。

【注释】

①包羞:包容羞辱。一说指包裹熟肉(羞:即"馐",指美味的食物或熟肉)。②位不当:指六三阴爻居于阳位,所处的位置不适当。

【译文】

六三:厨中有美味。

《象辞》说:心怀羞愧,因为才德不称其位。

九四:有命①,无咎②,畴③离④祉⑤。

《象》曰:有命,无咎,志行也。

【注释】

①命:天命;命运。②咎:灾殃。③畴:即"俦",指同类。这里指九五和上九阳爻。④离:通"丽",指依附、附着。⑤祉:福。

【译文】

九四:顺应天命,没有灾害,朋类相依可获福庆。

《象辞》说:顺应天命,没有灾害,说明顺利实现自己的志愿。

九五:休①否,大人吉,其②亡其亡,系③于苞桑④。

《象》曰:大人之吉,位正当⑤也。

【注释】

①休:停止;罢休。②其:副词,表示未来,意为"将"。③系:拴缚。④苞桑:丛生的桑树(苞:草木丛生)。⑤位正当:指九五阳爻居于阳位,所处的位置正当。

【译文】

九五:警戒覆亡,贵族王公如此存心则吉利。危险呵,危险,国家命运好像系在柔弱的苞草、桑枝上一样。

《象辞》说:九五爻辞讲贵族王公安不忘危则吉利。因为九五之爻居上卦中位,像其人忧国忧君,才德正当其位。

上九:倾①否,先否,后喜。

《象》曰:否终则倾,何可长也。

【注释】

①倾:倾覆。

【译文】

上九:短暂的厄运,先遇厄运后交好运。

《象辞》说:厄运快终了,好运岂迢遥。命运交变之际,什么力量可以制止呢。

同人　第十三

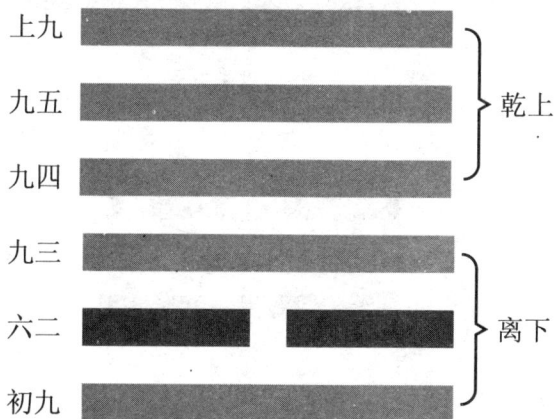

同人[①]:同人于野[②],亨。利涉大川,利君子贞[③]。

【注释】

①同人:卦名,指与别人心意、行为相同。一说指聚集众人。清代阮元主持校刻的《十三经注疏·周易正义》无此"同人"二字,今据高亨的《周易大传今注》补。②野:旷野;郊外。③贞:占问。一说指"正"。

【译文】

同人卦:聚众于郊外,亨通。有利于涉水渡河,有利于君子的卜问。

《彖》曰:同人,柔得位得中[①],而应乎乾[②],曰同人。同人曰[③]:"同人于野,亨。利涉大川。",乾行[④]也。文明以健[⑤],中正而应[⑥],君子正也。唯君子为能通天下之志。

【注释】

①柔得位得中:指六二阴爻处于阴位,且居下卦之中位。②乾:指九五阳爻。③同人曰:朱熹认为此三字系衍文,因其他六十三卦的彖辞无此体例。④乾行:指九五爻的刚健之道得以推行。⑤文明以健:《同人》卦下离上乾,离为火为文明,乾为刚健,所以说文明以健(以:而)。⑥中正而应:指六二阴爻居下卦之中位,与居上卦之中位的九五阳爻相应合。

【译文】

《彖辞》说:同人,六二之爻居于下卦中位,而处于乾卦的下位,像臣民忠于职守,拥戴其君,这是同人的卦象。同人卦辞说:"聚众于郊外,亨通。有利于涉水渡河",所以皆吉,因为能施行为君的原则。此卦上乾下离有文明刚健之象,九二阳爻居上卦中位,六二阴爻居下卦中位,互相应和,这说明君子光明正大,秉性中和,以正道为准则,以忠君为目的,体察天下的隐衷,统一人民的意志。

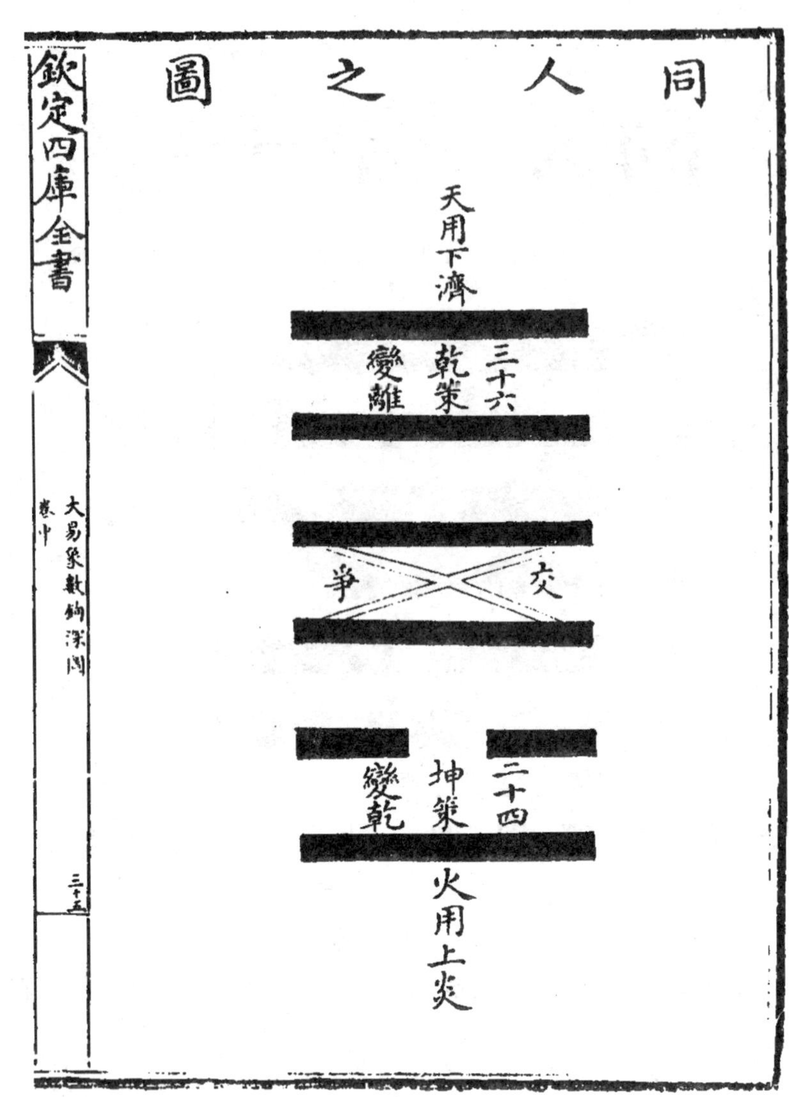

《象》曰:天与火①,同人。君子以类族②辨物。

【注释】

①天与火:《同人》卦上乾下离,乾为天,离为火,所以说天与火。②类族:对人群进行归类。

【译文】

《象辞》说:同人之卦,上卦为乾为天为君王,下卦为离为火为臣民,上乾下离象征君王上情下达,臣民下情上达,君臣意志和同,这是同人的卦象。君子观此卦象,取法于火,明烛天地,照亮幽隐,从而去分析物类,辨明情状。

初九:同人于门,无咎①。

《象》曰:出门同人,又谁咎②也。

【注释】

①咎:灾殃。②咎:责怪;追究罪责。

【译文】

初九:聚集大众于王门,没有灾祸。

《象辞》说：君王走出王门与国人打成一片，谁又会遭受灾祸呢？

六二：同人于宗①，吝②。

《象》曰：同人于宗，吝道也。

【注释】

①宗：宗庙；祖庙。②吝：悔恨。

【译文】

六二：聚同族于宗庙，卜问艰难。

《象辞》说：仅仅聚同族于宗庙，这是狭隘的宗法原则。

九三：伏戎①于莽②，升③其高陵，三岁不兴④。

《象》曰：伏戎于莽，敌⑤刚⑥也。三岁不兴，安行⑦也？

【注释】

①戎：军队；士兵。②莽：草丛。③升：登；攀登。④兴：一说指兴兵；一说指振兴。⑤敌：对抗。一说指敌人。⑥刚：刚强，指上九阳爻。⑦安行：一说指"安于其行"，即安于暂不发动进攻；一说指"安可行"，即怎么能采取行动呢。

【译文】

九三：将军队隐蔽在深山密林，占领了高处，但长时间不能取胜。

《象辞》说：将军队隐蔽在深山密林，因为敌人太强大。长时间不能取胜，怎能有所作为呢？

九四：乘①其墉②，弗克③，攻吉。

《象》曰：乘其墉，义④弗克也。其吉，则困而反⑤则⑥也。

【注释】

①乘：登。②墉：城墙。③克：能。④义：道义。一说指宜、理应。⑤反：返回。⑥则：准则；法则。

【译文】

九四：爬上了敌人的城墙，城还没有攻下来，继续攻打则能获胜。

《象辞》说：爬上了敌人的城墙，从道义上讲应该停止攻城。之所以继续攻打为吉利，因为困守之敌可能逞其狡诈。

九五：同人先号咷①而后笑，大师克②相遇。

《象》曰：同人之先③，以中直④也。大师相遇，言相克也。

【注释】

①号咷：同"号啕"，形容大声哭（咷：哭）。②克：战胜。一说指最终。③先："先号咷而后笑"的省略用法。④中直：指九五阳爻居上卦之中位（直：正）。

【译文】

九五：聚集起来的大众先哭号后欢笑，因为大军及时增援，大获全胜。

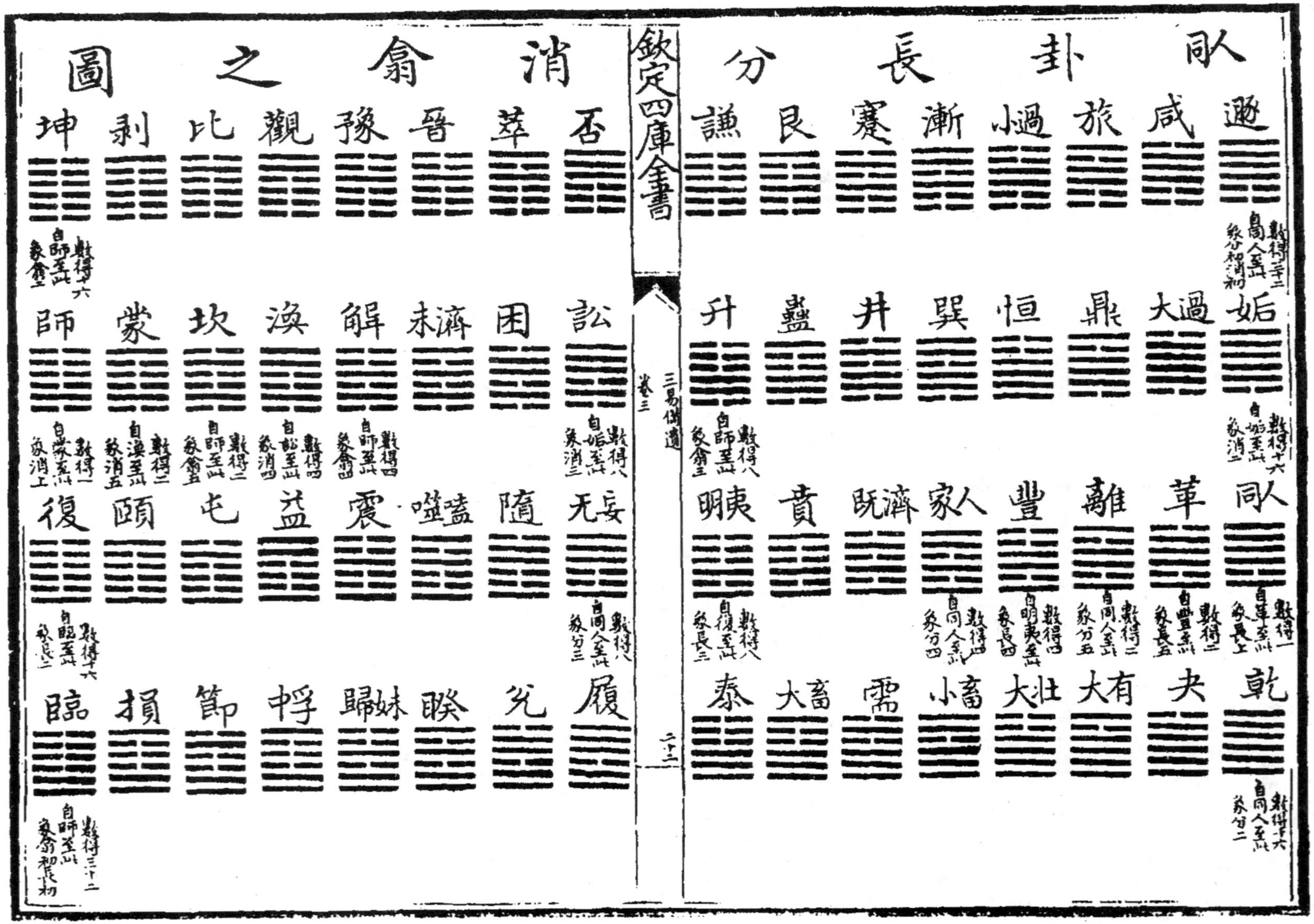

圓卦長分消翕之圖

遯（數得三十二 自同人至此 象分初消初）	咸	旅	小過	漸	蹇	艮	謙
姤（數得十六 自姤至此 象消二）	大過	鼎	恒	巽	井	蠱	升（數得八 自師至此 象翕三）
同人（數得一 自革至此 象長上）	革（數得二 自豐至此 象長五）	離（數得二 自同人至此 象分五）	豐（數得四 自明夷至此 象長四）	家人（數得四 自同人至此 象分四）	既濟	賁	明夷（數得八 自復至此 象長三）
乾（數得十六 自同人至此 象分二）	夬	大有	大壯	小畜	需	大畜	泰

否（數得八 自姤至此 象消三）	萃	晉	豫	觀	比	剝	坤（數得十六 自師至此 象翕二）
訟	困	未濟	解（數得四 自師至此 象翕四）	渙（數得四 自訟至此 象消四）	坎（數得二 自師至此 象翕五）	蒙（數得二 自渙至此 象消五）	師（數得一 自蒙至此 象消上）
无妄（數得八 自同人至此 象分三）	隨	噬嗑	震	益	屯	頤	復（數得十六 自臨至此 象長二）
履	兌	睽	歸妹	中孚	節	損	臨（數得三十二 自師至此 象翕初長初）

《象辞》说：聚集起来的大众之所以先哭后笑（战斗转败为胜），因为筮遇此爻，九五居上卦之中位，像人得贞正之道，势必化凶为吉。大军会师，是说我军压倒了敌人。

上九：同人于郊，无悔。

《象》曰：同人于郊，志未得①也。

【注释】

①得：成功；实现。

【译文】

上九：聚众于郊外，致祭于神灵祝贺胜利，自然没有悔咎。

《象辞》说：聚众于郊外，援助不广，尚不得行其志。

大有　第十四

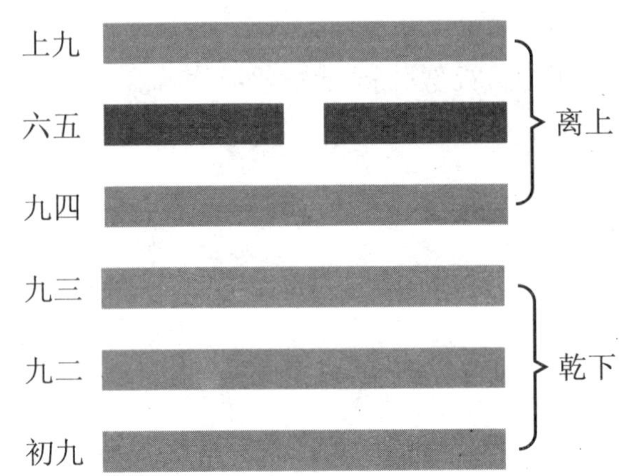

大有①:元亨②。

【注释】

①大有:卦名,指极其富有的意思。②元亨:大为亨通(元:大)。

【译文】

大有卦:昌隆通泰。

《彖》曰:大有,柔得尊位大中①,而上下②应之曰大有。其德刚健而文明③,应乎天④而时行,是以"元亨"。

【注释】

①柔得尊位大中:指六五阴爻居上卦之中位。②上下:指六五阴爻上下的五个阳爻。③刚健而文明:《大有》卦下乾上离,乾为刚健,离为火为文明,所以说刚健而文明。④应乎天:指六五阴爻与九二阳爻相应合;九二阳爻处于下卦乾中,乾为天,所以说应乎天。

【译文】

《彖辞》说:大有,六五之爻居上卦中位,处尊贵之位,得贞正之道,而且上下五阳爻与之和应,像人臣居极位,行事贞正,群僚和洽,事业有成,所以说大有。此种卦象显示,人有刚健文明之德,顺应天道,依时行事,所以说"昌隆通泰"。

《象》曰:火在天上①,大有。君子以遏恶扬善,顺天休命②。

【注释】

①火在天上:《大有》卦上离下乾,离为火,乾为天,所以说火在天上。②休命:美善的命令。一说指完美性命;一说指使命运美好(休:美善)。

【译文】

《象辞》说：本卦下卦为乾为天，上卦为离为火，火在天上，明烛四方，这是大有的卦象。君子观此卦象，取法于火，应抑恶扬善，顺应天命。

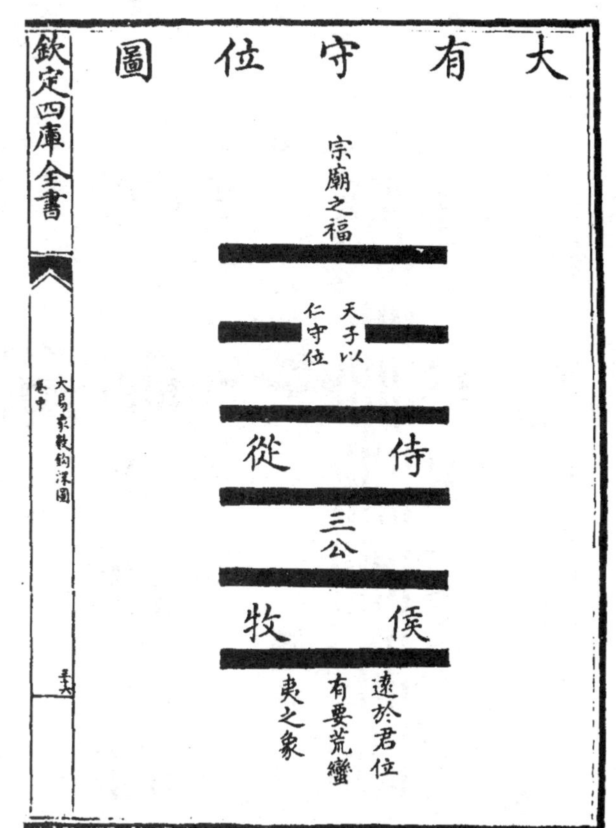

初九：无交[①]害，匪[②]咎[③]，艰[④]则无咎。

《象》曰：大有初九，无交害也。

【注释】

①交：一说指互相；一说指交往、交接。②匪：同“非”，指无。③咎：灾殃。一说指责怪、追究罪责。④艰：这里指时刻想到艰难。

【译文】

初九：不要彼此侵害，没有灾祸，既使处于艰难之中，也没有灾祸。

《象辞》说：大有初九爻辞说，不要彼此侵害。

九二：大车以载，有攸[①]往，无咎。

《象》曰：大车以载，积中[②]不败也。

【注释】

①攸：助词，相当于“所”。②积中：既指物品堆积在车中，也指九二阳爻居下卦之中位。

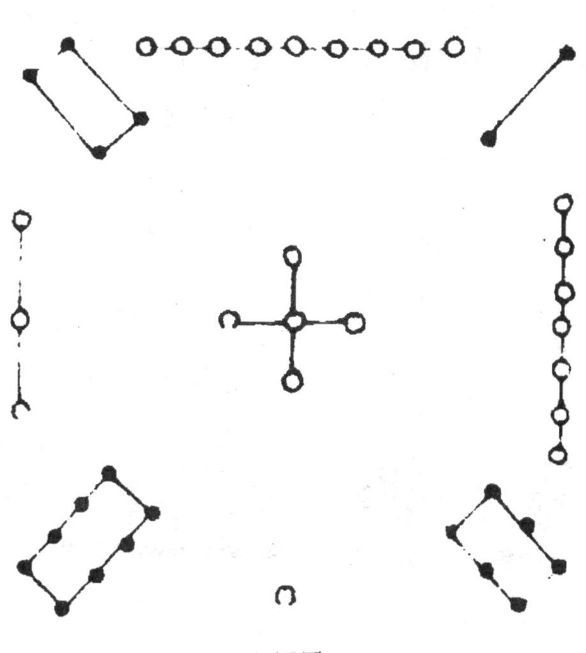

河图

大有卦長分消翕之圖

遯 咸 旅（數得十六 自鼎至此 象消二） 小過 漸 蹇（數得八 自比至此 象翕三） 艮 謙

姤 大過 鼎（數得三十二 自大有至此 象分初） 恒 巽 井 蠱 升

同人 革 離（數得十六 自大有至此 象分二） 豐 家人 既濟 賁 明夷

乾（數得二 自大有至此 象分五） 夬（數得四 自需至此 象長四） 大有（數得一 自大壯至此 象長上） 大壯（數得二 自夬至此 象長五） 小畜 需（數得八 自節至此 象長三） 大畜（數得四 自大有至此 象分四） 泰

否 萃（數得四 自比至此 象翕四） 晉（數得八 自旅至此 象消三） 豫 觀（數得一 自剝至此 象消五） 比（數得一 自觀至此 象消上） 剝（數得四 自晉至此 象消四） 坤（數得二 自比至此 象翕五）

訟 困 未濟 解 渙 坎（數得十六 自比至此 象翕二） 蒙 師

无妄 隨 噬嗑 震 益 屯（數得三十二 自比至此 象翕初） 頤 復

履 兌 睽（數得八 自大有至此 象分三） 歸妹 中孚 節（數得十六 自屯至此 象長二） 損 臨

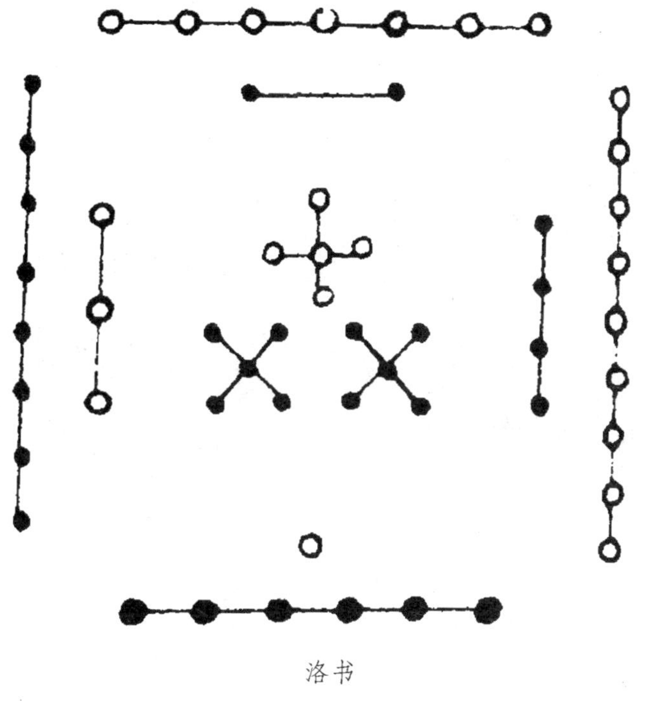
洛书

【译文】

九二:大车装载,有明确的目的地,没有灾祸。

《象辞》说:用大车装物载人,物积于车中不会散失。

九三:公①用亨②于天子。小人弗克③。

《象》曰:公用亨于天子,小人害也。

【注释】

①公:指王公大人。②亨:通"享",一说指宴会;一说指祭祀;一说指朝献。③克:能。

【译文】

九三:天子宴请公侯。小人则不能参与。

《象辞》说:天子宴请公侯,(小人不能参与)因为小人参与国政,将是国家的祸害。

九四:匪其彭①,无咎。

《象》曰:匪其彭,无咎,明辩②哲③也。

【注释】

①彭:一说借为"尪(wāng)",指椎骨向后弯曲的病,引申指邪曲不正;一说指盛多的样子;一说指旁、近。②辩:通"辨",指辨别。③哲:明察;明智。

【译文】

九四:用曝晒男巫来求雨,没有灾祸。

《象辞》说:反对坏人坏事没有灾祸,因为明于考察辨析。

六五:厥①孚交②如③,威如,吉。

《象》曰:厥孚交如,信以发④志也。威如之吉,易⑤而无备⑥也。

【注释】

①厥：其。②交：一说通“皎”，指明亮；一说指交往、交接；一说指交通；一说指好。③如：形容词后缀，表示状态。④发：引发；启发。一说指“明”。⑤易：简易。⑥备：防备。

【译文】

六五：紧紧捆绑来犯之敌，严厉惩罚，吉利。

《象辞》说：其人诚信坦白，因为他以诚信来表现自己的志向。威服众人之所以吉利，因为众人敬畏，则能平安而不困惫。

上九：自天祐之，吉，无不利。

《象》曰：大有上[1]吉，自天祐也。

【注释】

①上：指上九爻。

【译文】

上九：自有上天保祐，吉利，无所不顺利。

《象辞》说：大有是大吉大利之卦，因为得到上天的保祐。

谦　第十五

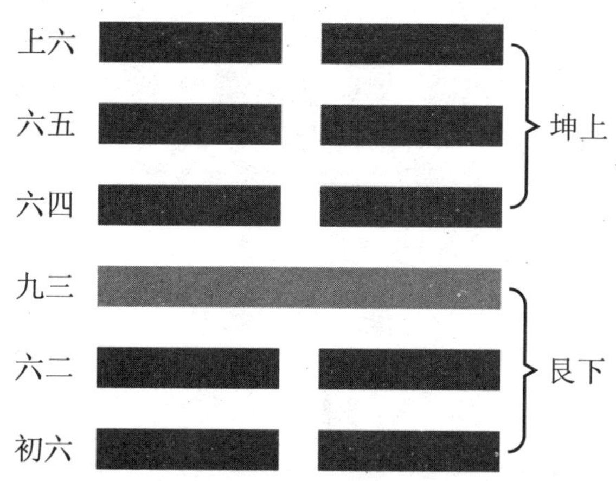

谦[1]:亨。君子有终[2]。

【注释】

①谦:卦名,意为谦虚。②有终:有好的结局。

【译文】

谦卦:通泰。君子将有所成就。

《彖》曰:谦,亨。天道下济[1]而光明[2]。地道卑而上行。天道亏[3]盈[4]而益[5]谦。地道变[6]盈而流[7]谦。鬼神害盈而福谦。人道恶盈而好谦。谦,尊而光,卑而不可逾[8],君子之终也。

【注释】

①济:一说指成就;一说指通达;一说指渡、过河;一说指救助;一说指得益。②光明:照耀。③亏:减损;减少。④盈:满;充满。⑤益:补充;增益。⑥变:改变。一说指毁。⑦流:补益;充实。⑧逾:越。

【译文】

《彖辞》说:谦卑,则亨通。天的法则是,阳气下降,生成万物,使世界充满光明。地的法则是,阴气上升,与阳气交感,使自然循环演化。天的原则是亏损盈满的,填补虚缺的。地的原则是侵蚀盈满的,增益卑微的。鬼神的原则是侵害盈满的,降福于谦虚的。人的原则是疾恨盈满的,喜欢谦逊的。谦虚的品德,使尊贵者得到尊敬,使卑微者不可欺压。这是君子获得善报的原因。

《象》曰:地中有山[1],谦。君子以裒[2]多益寡,称[3]物平[4]施[5]。

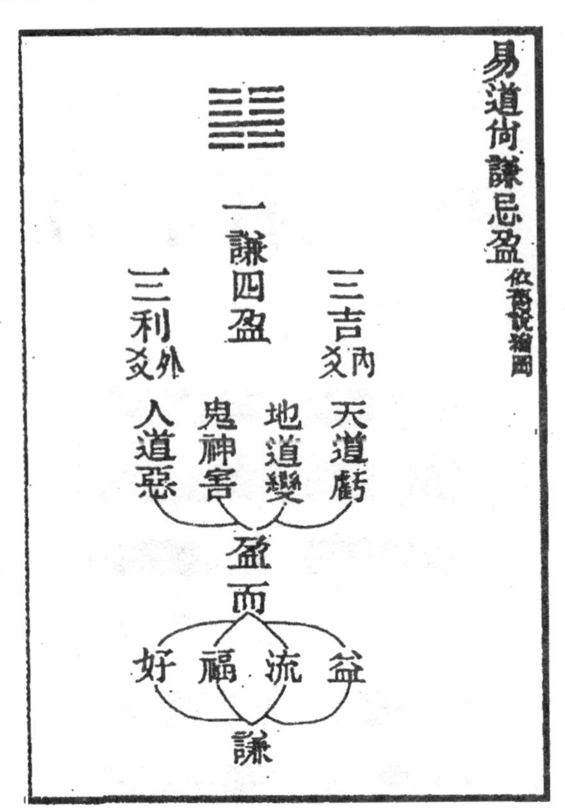

【注释】

①地中有山:《谦》卦上坤下艮,坤为地,艮为山,所以说地中有山。②裒:减少。一说指取。③称:称量;衡量。④平:公平。⑤施:给予;施与。

【译文】

《象辞》说:本卦外卦为坤为地,内卦为艮为山,地中有山,内高外卑,居高不傲,这是谦卦的卦象。君子观此卦象,以谦让为怀,裁取多余的,增益缺乏的,衡量财物的多寡而公平施予。

初六:谦谦①,君子。用②涉大川,吉。

《象》曰:谦谦君子,卑以自牧③也。

【注释】

①谦谦:谦而又谦,表示十分谦虚。②用:用来。一说同"利",指利于。③自牧:自我修养。一说指自我约束、要求。

【译文】

初六:谦让,再谦让,这才是君子的风度。具有这种品德,即使冒险涉水过河,也是吉利的。

《象辞》说:十分谦让的君子,就是从谦让入手进行自我修养。

六二:鸣谦①,贞②吉。

《象》曰:鸣谦贞吉,中心得③也。

【注释】

①鸣谦:有名而仍然谦虚(鸣:闻名)。②贞:占问。一说指"正"。③中心得:即"心得中",指内心能守中道。六二阴爻居下卦之中位,故有此说。

謙卦長分消翕之圖

遯（數得八，自否至此，象長三） 咸 旅 小過（數得四，自謙至此，象翕四） 漸（數得四，自遯至此，象長四） 蹇（數得四，自謙至此，象翕四） 艮（數得二，自漸至此，象長五） 謙（數得一，自艮至此，象長一）

姤 大過 鼎 巽 恒 井 蠱 升（數得十六，自謙至此，象翕二）

同人 革 離 豐 家人 既濟 賁 明夷（數得三十二，自謙至此，象分初消初）

乾（數得八，自履至此，象翕三） 夬 大有 大壯 小畜 需 大畜 泰（數得十六，自明夷至此，象消二）

否（數得十六，自訟至此，象長三） 萃 晉 豫 觀 比 剝 坤（數得八，自頤至此，象翕三）

訟（數得三十二，自履至此，象翕初長初） 困 未濟 解 渙 坎 蒙 師

无妄（數得十六，自履至此，象翕三） 隨 噬嗑 震 益 屯 頤 復

履（數得一，自兌至此，象消上） 兌（數得二，自歸妹至此，象消五） 睽（數得二，自履至此，象翕五） 歸妹（數得四，自臨至此，象消四） 中孚（數得四，自履至此，象翕四） 節 損 臨（數得八，自泰至此，象消三）

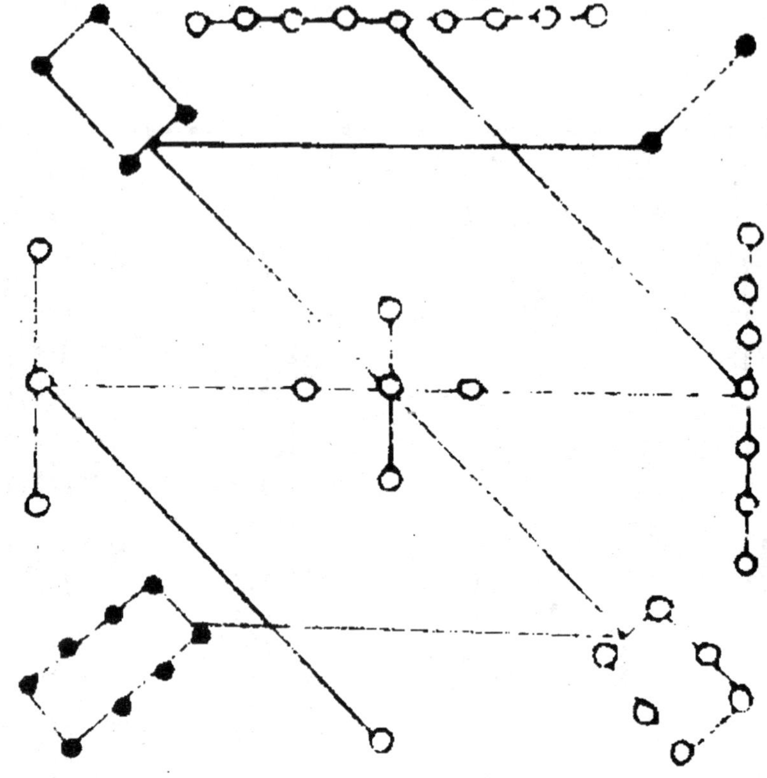

河图交九数之图

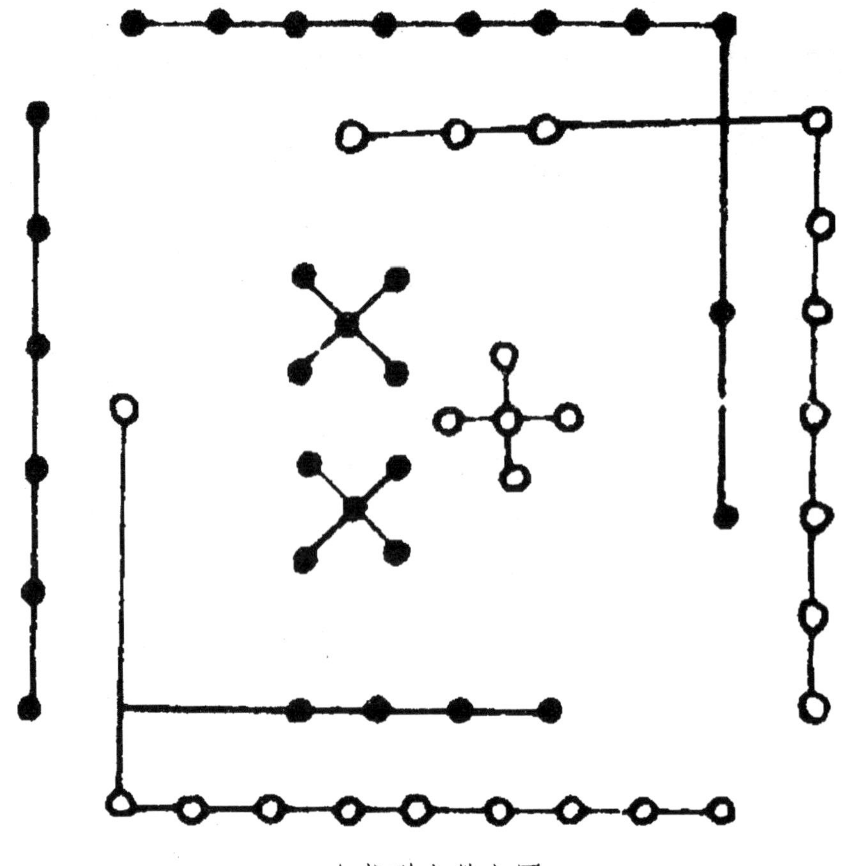

洛书联十数之图

伏羲则河图之数定卦位图

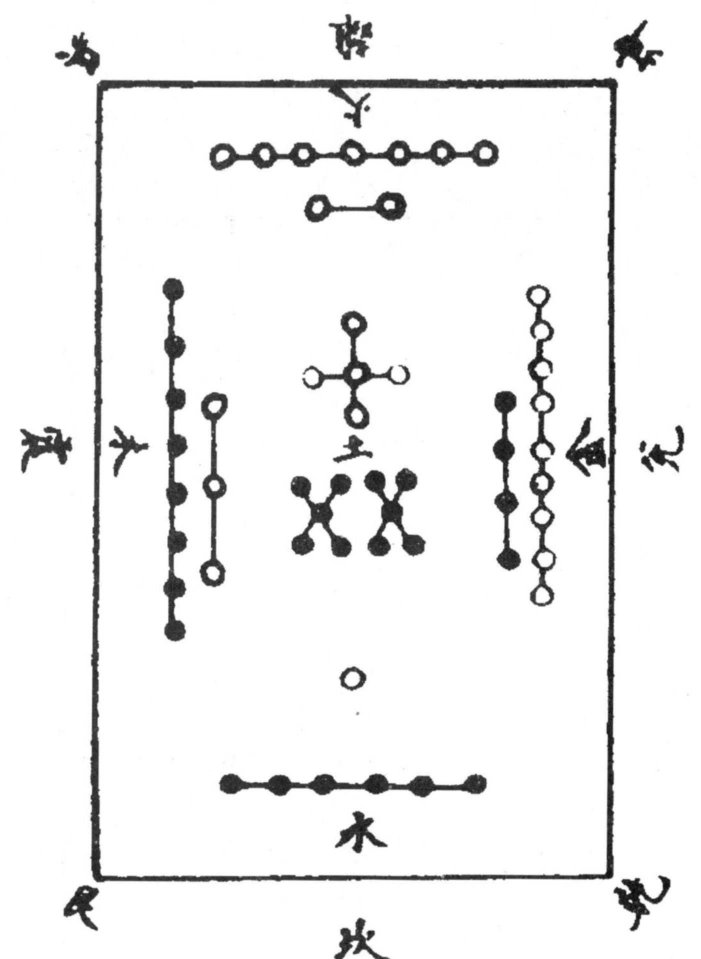

伏羲则洛书之数定卦位图

【译文】

六二:明智而谦让,卜问得吉兆。

《象辞》说:明智而谦让,心正而吉利,因为六二之爻居下卦中位,像人守中正之道。

九三:劳谦[1],君子有终,吉。

《象》曰:劳谦君子,万民服也。

【注释】

①劳谦:有功劳而仍然谦虚(劳:功劳)。

【译文】

九三:勤劳而谦让,这样的人将有好结果,凡事吉利。

《象辞》说:勤劳而谦让的君子,万民敬服。

六四:无不利,㧑谦[1]。

《象》曰:无不利,㧑谦,不违则也。

【注释】

①㧑谦:发挥谦逊之德(㧑:发挥)。

【译文】

六四:无所不利,只要奋勇直前而又谦虚谨慎。

《象辞》说:无所不利,只要奋勇直前而又谦虚谨慎,因为这样才不会违犯法则。

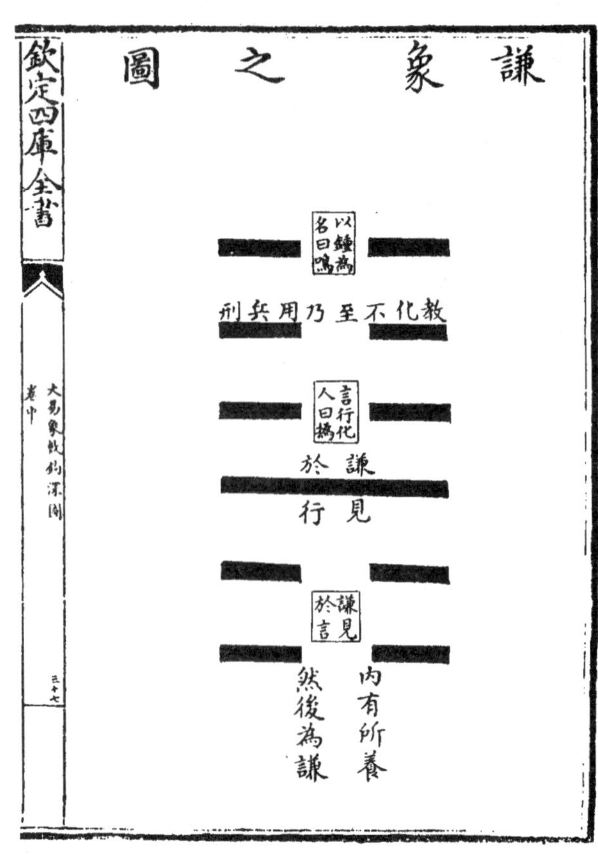

六五：不富以[1]其邻，利用[2]侵伐[3]，无不利。

《象》曰：利用侵伐，征不服也。

【注释】

①以：与。一说指因为；一说指用。②利用；利于。③侵伐：兴兵讨罪。

【译文】

六五：贫穷是由于敌国的侵掠，应该对之讨伐，无所不利。

《象辞》说：筮遇此爻有利于征战讨伐，因为是征讨不服从王命的人。

上六：鸣谦，利用行师征邑国[1]。

《象》曰：鸣谦，志未得也，可用行师征邑国也。

【注释】

①邑国：封邑小国。

【译文】

上六：明智而谦让，出兵征伐邑国自然获胜。

《象辞》说：明智而谦让，尚不能感化邑国得行其志，就可以出兵征讨邑国。

豫　第十六

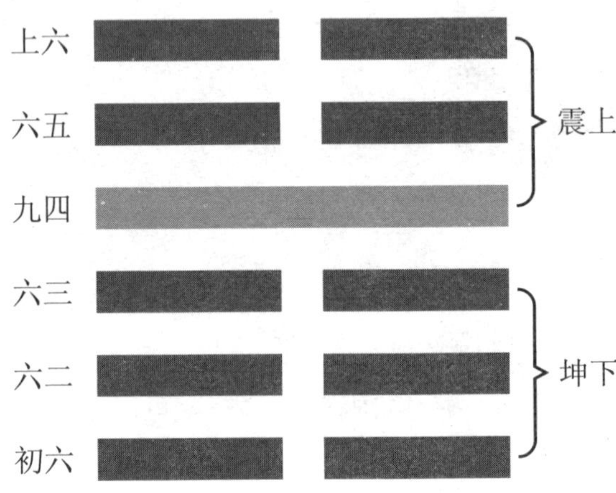

豫[1]:利建侯[2]、行师。

【注释】

①豫:卦名,有和悦欢乐的意思。②建侯:册封诸侯。

【译文】

豫卦:有利于封侯建国,出兵打仗。

《彖》曰:豫,刚应[1]而志行,顺以动[2],豫。豫,顺以动,故天地如[3]之,而况“建侯行师”乎?天地以顺动,故日月不过[4],而四时[5]不忒[6]。圣人以顺动,则刑罚清而民服。豫之时,义大矣哉。

【注释】

①刚应:指《豫》卦的五个阴爻与九四阳爻应合。②顺以动:《豫》卦下坤上震,坤的特点是顺,震的特点是动,所以说顺以动。③如:遵循;依照。④过:过失;错误。⑤四时:四季。⑥忒:差错。

【译文】

《彖辞》说:豫卦的结构为五阴爻和应一阳爻,象征着弱者服从强者,强者能够贯彻实行自己的意志。下卦为坤为地,意味着顺,上卦为震为雷,意味着动,豫卦的意义是顺时而动。正因为豫卦的意义在于顺时而动,所以天地尚能随和其意,何况“封侯建国,出兵打仗”这类事情呢?天地能顺时而动,日月运行无差错,四时循环无讹误。圣人能顺时而动,刑罚清明,万民服从。豫卦所蕴含的“顺时而动”的哲理,其意义是伟大的。

《象》曰:雷出地奋[1],豫。先王以作乐崇德,殷[2]荐[3]之上帝,以配[4]祖考[5]。

中孚 小過 二 巽艮 兌震 巽始小畜終中孚皆悔 兌始履終中孚皆貞 震原始屯之貞要終小過之悔 艮原始蒙之悔要終小過之貞

既濟 未濟 一 離坎 ○ 水火正交之正中 乾坤合交

屯蒙震艮合坎，需訟乾合坎，師比坤合坎，原始。渙節巽兌合坎，中孚小過既未離合坎，要終。雲行雨施，品物流形。雲行雨施，天下平，俱此。

羲畫六十四卦文序反覆合之成三十六

乾 ○ 乾交坤陽陷陰中而成險，從初便有險陷，乾道何以首出？是故乾坤成列首有事于坎。

坤 ○

屯 / 蒙 乾坤列后首屯蒙，以其獨具乾之三男，長少二男合中男，繼父母用事之象。坎需訟坎師比又中男獨承父母用事之象。三男分體，惟坎爲得中，故少長皆取正于其中。其十六體分于上下經各八，亦獨得其中，以比屯蒙二剛四柔，二剛爲主；需訟二柔四剛，二柔不爲主，比剛柔之別。

需 / 訟

師 / 比

小畜 / 履 小畜履乾與巽兌遇震艮二剛先坎有合以拯險，巽兌二柔后乾有合以行健，由是乾下坤中不爲險陷之交，乾居坤下遂成天地之泰。

泰 / 否 泰乾坤之交，不交即否，隨蠱至既未濟四十八卦亦若干有八變而成一卦，總欲乾坤常交，有泰无否之義。

同人 / 大有 乾不交坤而否，離文明麗乾，内外爲同人大有；坤不交乾而否，艮以止入而貞之坤内，震以動出而奮之坤外，爲謙豫。

謙 / 豫

八卦取象图

雷出地奮正王者布政之始

屯䷂有雷无坤故宜建侯不宜行師

豫䷏有雷有坤故兼宜利建侯行師

謙䷎有坤无雷故宜行師不宜建侯

【注释】

①雷出地奋:《豫》卦上震下坤,震为雷,坤为地,象征雷在大地上震动。古人认为雷是从地中而出,所以说雷出地奋(奋:动)。②殷:丰盛。③荐:祭祀时进献祭品。④配:配享,指祭祀时兼祀他神以配其所祭。⑤祖考:祖先。

【译文】

《象辞》说:本卦上卦为震,震为雷,下卦为坤,坤为地。春雷轰鸣,大地震动,催发万物,这是豫卦的卦象。先王观此卦象,取法于声满大地的雷鸣,制作音乐,歌功颂德,光荣归于上帝,光荣归于祖考。

初六:鸣①豫,凶。

《象》曰:初六鸣豫,志穷凶也。

【注释】

①鸣:有名声。一说指鸣叫、发声。

【译文】

初六:津津乐道于荒淫享乐,凶险。

《象辞》说:初六爻辞讲,津津乐道于荒淫享乐,其人意志必消退,身名必败裂。

六二:介于石①,不终日②。贞③吉。

《象》曰:不终日,贞吉,以中正④也。

【注释】

①介于石:一说指处身于石中(介:处于中间);一说指耿介如石(介:耿介。于:如);一说指坚硬如石(介:同“砎(jiè)”,指坚硬)。②不终日:不到一天,形容迅速。③贞:占问。一说指“正”。④中正:指六二阴爻居下卦之中位。

【译文】

六二:夹在石缝中,幸而不到一天就被人救出。卜问得吉兆。

《象辞》说:磨难不足一日即解除,卜问得吉兆,因为六二之爻居下卦中位,像人得中正之道。

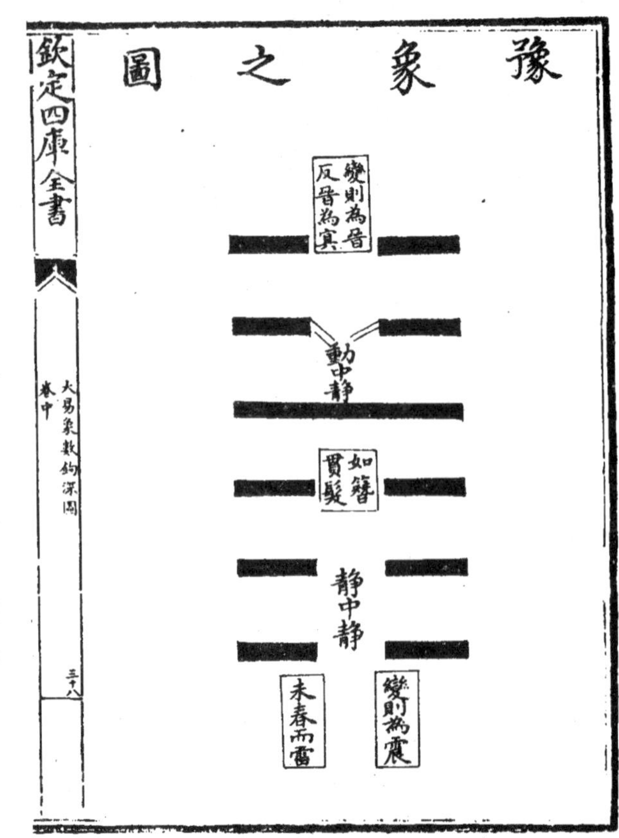

六三:盱①豫,悔;迟,有②悔。

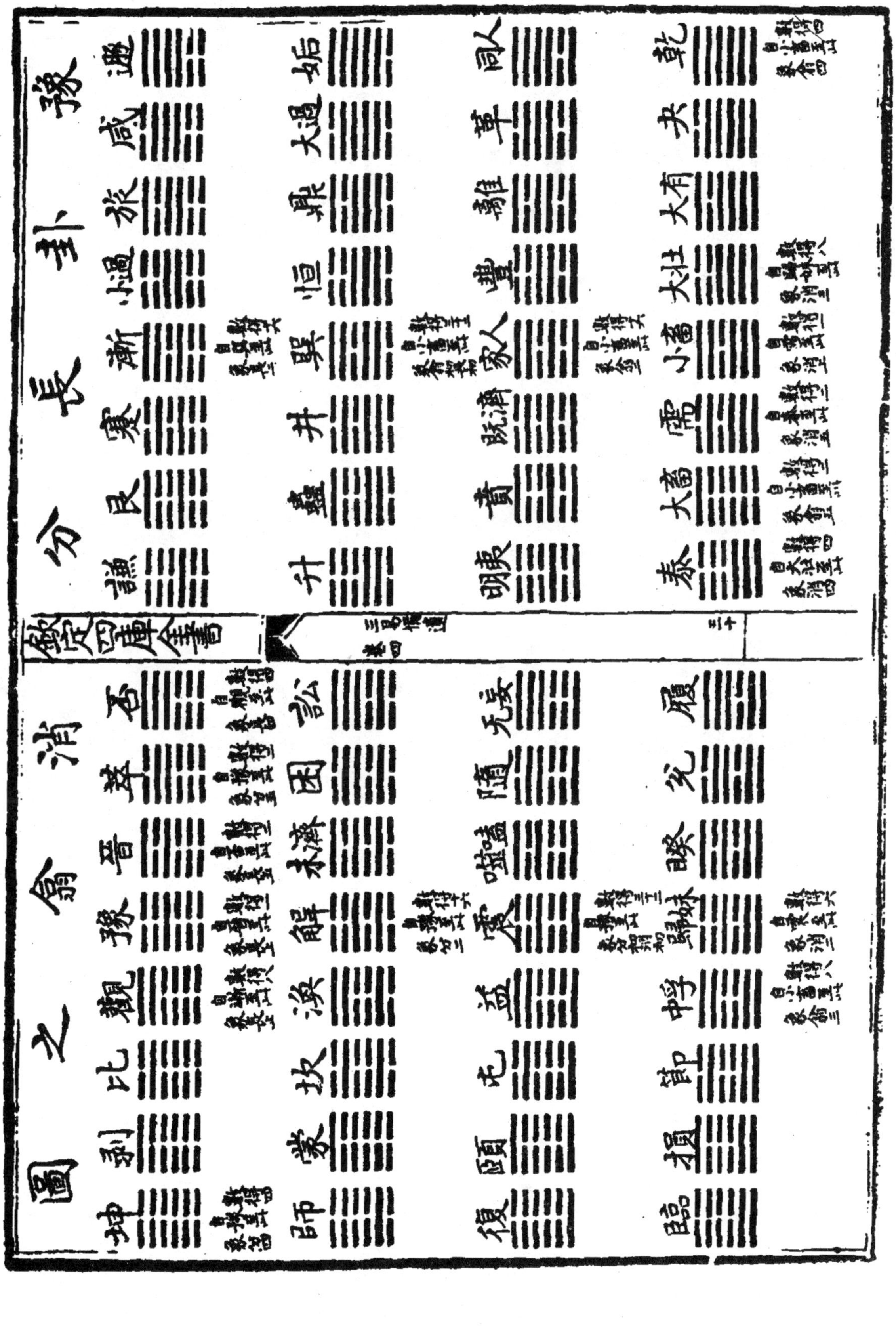

豫卦長分消翕之圖

遯	咸	旅	小過	漸	蹇	艮	謙
				數得六 自巽至此 象長二			
姤	大過	鼎	恒	巽	井	蠱	升
				數得三十二 自小畜至此 象翕初長初			
同人	革	離	豐	家人	既濟	賁	明夷
				數得六 自小畜至此 象翕二			
乾	夬	大有	大壯	小畜	需	大畜	泰
數得四 自小畜至此 象翕四			數得八 自歸妹至此 象消三	數得一 自需至此 象消上	數得二 自泰至此 象消五	數得二 自小畜至此 象翕五	數得四 自大壯至此 象消四

否	萃	晉	豫	觀	比	剝	坤
數得四 自觀至此 象長四	數得二 自豫至此 象長五	數得二 自萃至此 象長五	數得一 自晉至此 象長上	數得八 自漸至此 象長上			數得四 自豫至此 象翕四
訟	困	未濟	解	渙	坎	蒙	師
			數得十六 自豫至此 象分二				
无妄	隨	噬嗑	震	益	屯	頤	復
			數得三十二 自豫至此 象分初消初				
履	兌	睽	歸妹	中孚	節	損	臨
			數得六 自震至此 象消二	數得八 自小畜至此 象翕三			

《象》:盱豫有悔,位不当③也。

【注释】

①盱:睁眼看,这里有贪慕的意思。一说指"睢(huī)盱",小人喜悦的样子。②有:又。③位不当:指六三阴爻居于阳位,所处的位置不适当。

【译文】

六三:懒散游乐,将招致后悔;再加上懈怠大意,那就后悔莫及。

《象辞》说:懒散游乐,将招致后悔,因为六三之爻居于阳位,是处置不当,像人之行事与所处地位不相称。

九四:由豫①,大有得。勿疑朋盍簪②。

《象》曰:由豫大有得,志大行也。

【注释】

①由豫:有缘由的欢乐(由:缘由)。一说同"犹豫";一说指"由之以豫",即依靠它而得欢乐。②盍簪:指朋友相聚(盍:合。簪:古代固定发髻或连接发冠的针形首饰)。

【译文】

九四:田猎取乐,大获鸟兽。筮遇此爻,勿疑友人多嘴而谗己。

《象辞》说:田猎取乐,大获鸟兽,说明猎获甚多,如愿以偿。

六五:贞疾,恒①不死。

《象》曰:六五贞疾,乘刚②也。恒不死,中③未亡④也。

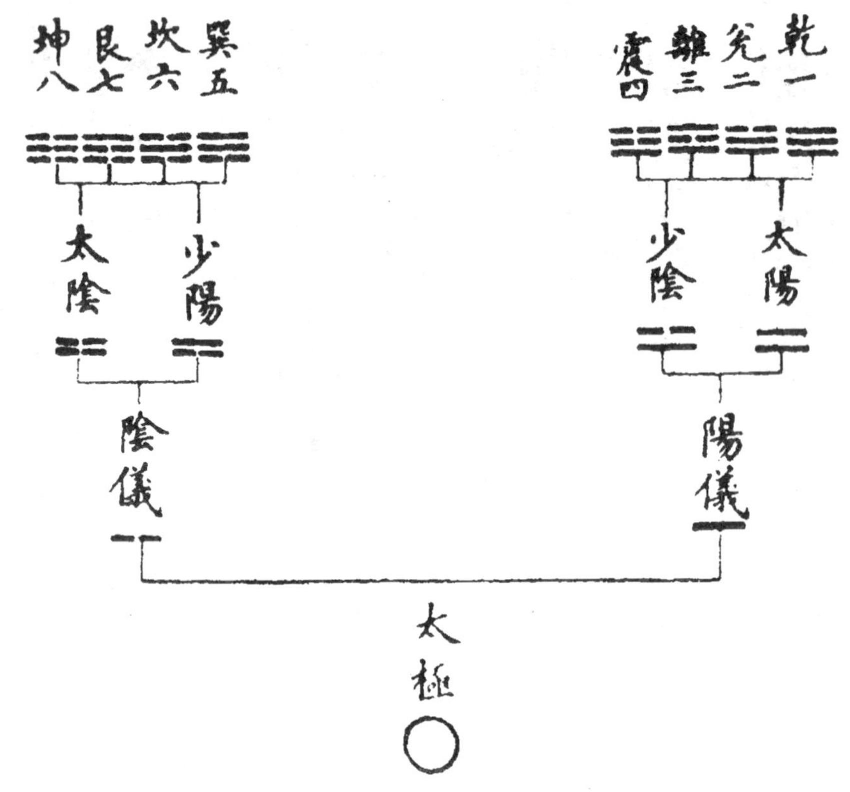

伏羲始画六十四卦之图(一)

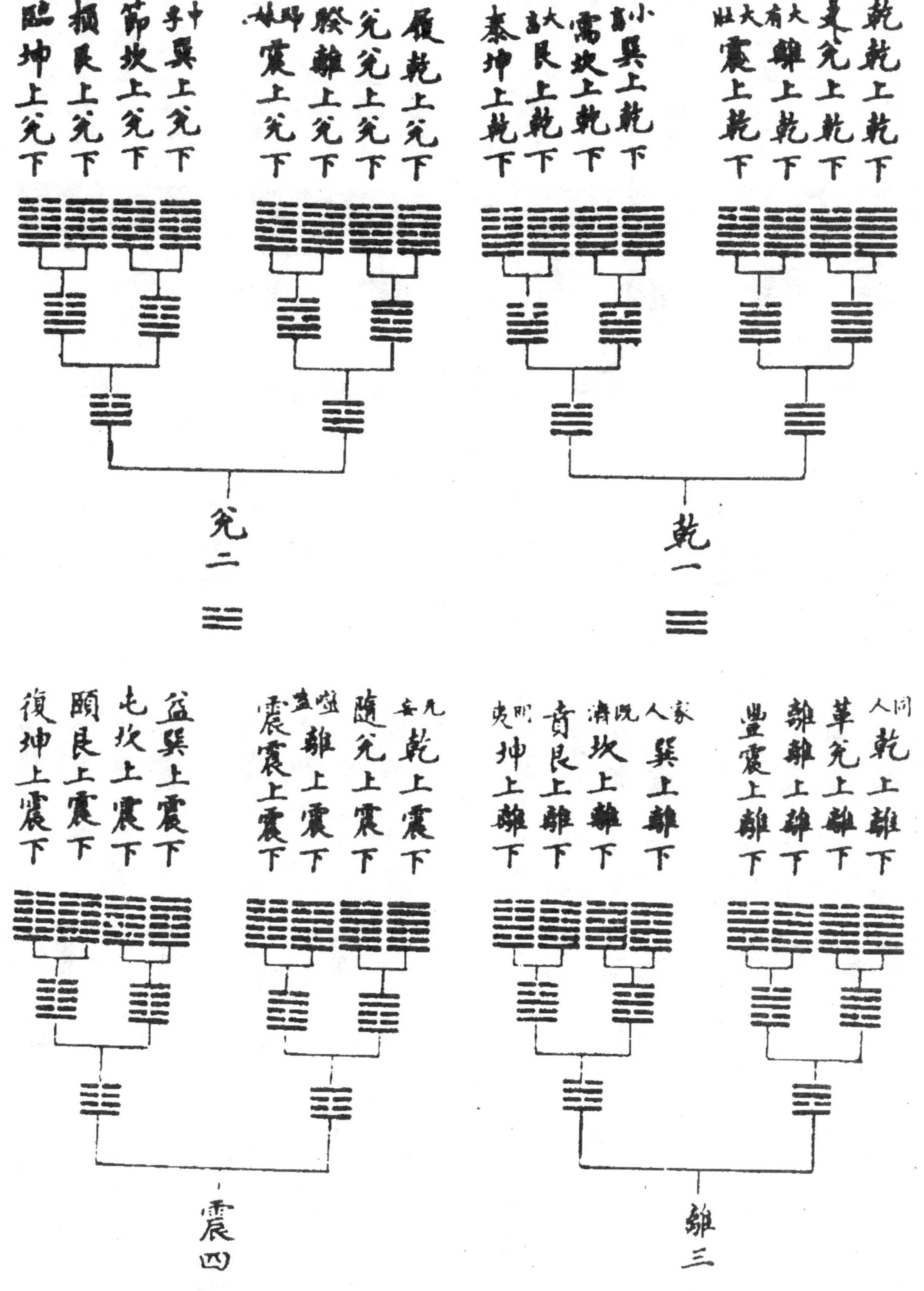

伏羲始画六十四卦之图（二）

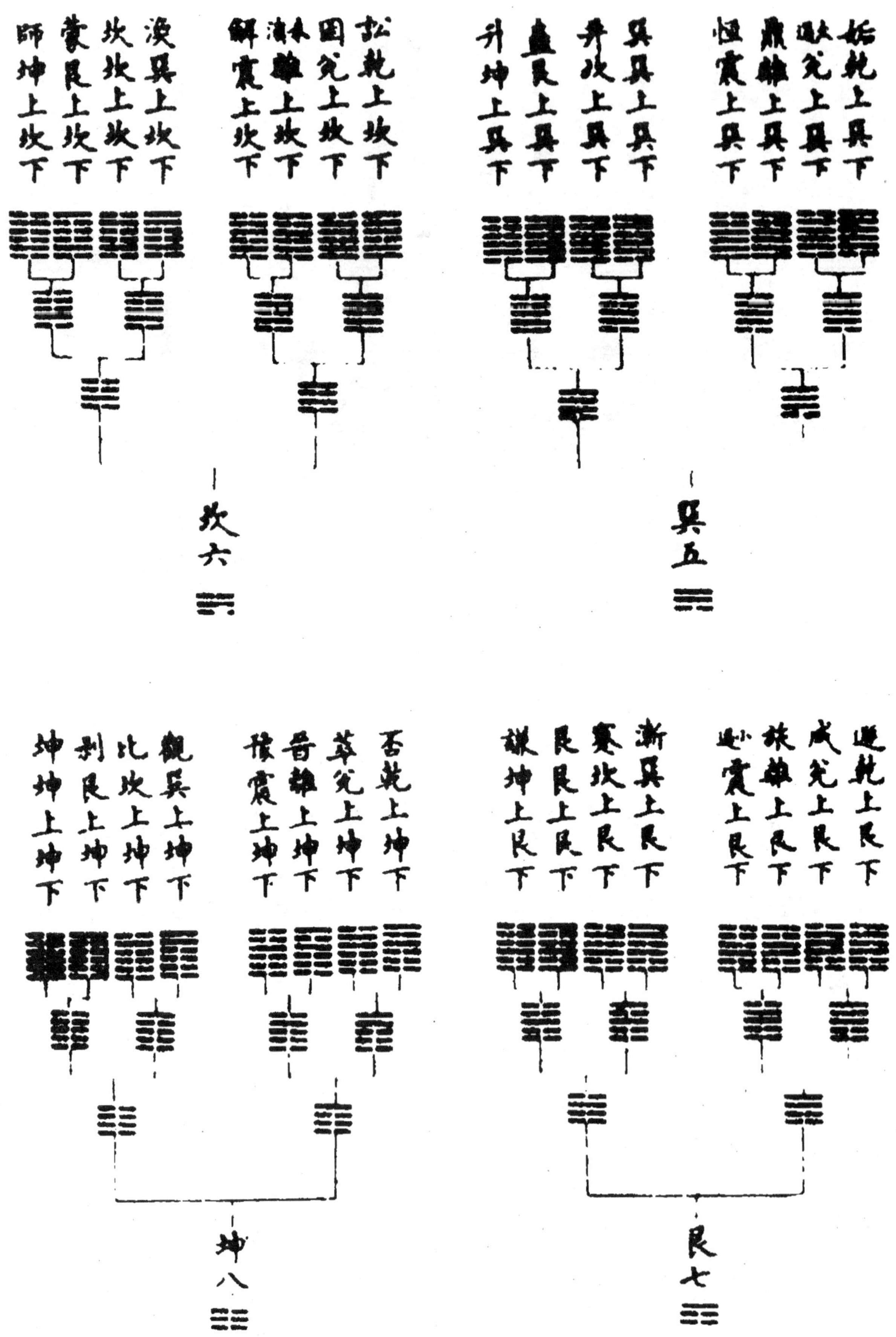

姤乾上巽下
大过兑上巽下
鼎离上巽下
恒震上巽下
巽巽上巽下
井坎上巽下
蛊艮上巽下
升坤上巽下

巽五

讼乾上坎下
困兑上坎下
未济离上坎下
解震上坎下
涣巽上坎下
坎坎上坎下
蒙艮上坎下
师坤上坎下

坎六

遯乾上艮下
咸兑上艮下
旅离上艮下
小过震上艮下
渐巽上艮下
蹇坎上艮下
艮艮上艮下
谦坤上艮下

艮七

否乾上坤下
萃兑上坤下
晋离上坤下
豫震上坤下
观巽上坤下
比坎上坤下
剥艮上坤下
坤坤上坤下

坤八

伏羲始画六十四卦之图（三）

【注释】

①恒:长久。②乘刚:指六五阴爻位于九四阳爻之上。③中:指六五阴爻居上卦之中位。④亡:失去;丢失。一说指死亡;一说指败亡。

【译文】

六五:卜问疾病,长时间内不会死去。

《象辞》说:六五爻辞讲患病,因为六五阴爻居于九四阳爻之上,犯了柔乘刚之象。"长时间不会死去",因为六五之爻居于上卦中位,正当不死之象。

上六:冥[①]豫,成[②]有渝[③],无咎[④]。

《象》曰:冥豫在上[⑤],何可长也。

【注释】

①冥:昏暗;昏昧。②成:终。一说指形成;一说指成习性;一说指已成之事。③渝:改变。④咎:灾殃。⑤在上:指上六阴爻居《豫》卦之最上位。

【译文】

上六:末日将至尚且享乐,已成之事也将毁败。

《象辞》说:末日将至尚且享乐,以此居上位,怎能长久。

随　第十七

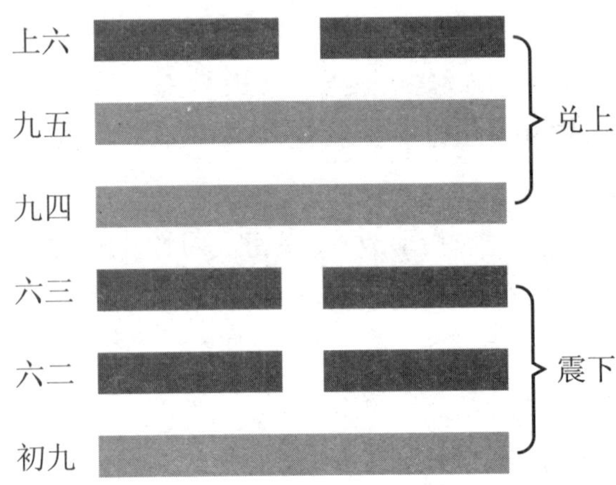

随[①]:元亨,利贞,无咎[②]。

【注释】

①随:卦名,有随从的意思。②咎:灾殃。

【译文】

随卦:大吉大利,卜得吉兆,没有灾害。

《彖》曰:随,刚来而下柔[①],动而说[②],随。大、亨、贞,无咎。而天下随时[③],随时之义[④]大矣哉!

【注释】

①刚来而下柔:《随》卦下震上兑,震为阳为刚,兑为阴为柔(《周易》把震、坎、艮(gèn)三个只有一个阳爻的三画卦称为阳卦,把巽(xùn)、离、兑三个只有一个阴爻的三画卦称为阴卦),刚下柔上,所以说刚来而下柔。②动而说:《随》卦下震上兑,震为动,兑为悦(说:即"悦",指喜悦),所以说动而说。③随时:一说应作"随之"。④随时之义:一说应作"随之时义"。

【译文】

《彖辞》说:随卦,下卦为震,震为刚,上卦为兑,兑为柔,这是阳刚居于阴柔之下;君王下礼臣民,臣民拥戴君上,君王有所举动,臣民乐于听从,因而卦名为随。随卦具有盛大、亨美、利物、贞正的品德,因而无过失。天下万事在于随时而行,"随时"的意义是伟大的。

《象》曰:泽中有雷[①],随。君子以向晦[②]入[③]宴息[④]。

【注释】

①泽中有雷:《随》卦上兑下震,兑为泽,震为雷,所以说泽中有雷。②向晦:傍晚;天将黑时

(向:方;将。晦:天黑;夜晚)。③入:指入室。④宴息:安息;休息(宴:安)。

【译文】

《象辞》说:本卦下卦为震,震为雷,上卦为兑,兑为泽;雷入泽中,大地寒凝,万物蛰伏,是随卦的卦象。君子观此卦象,取法于随天时而沉寂的雷声,随时作息,向晚则入室休息。

初九:官①有渝②,贞吉。出门交③有功。

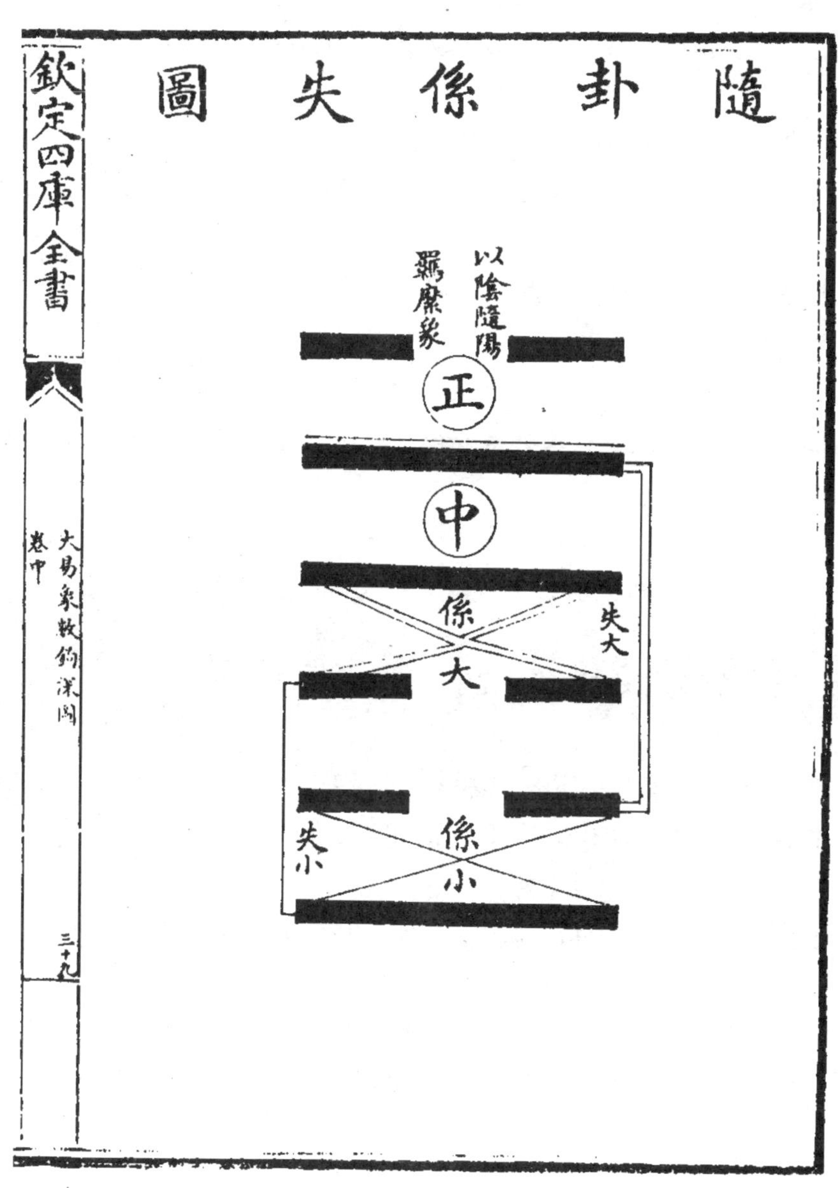

《象》曰:官有渝,从正吉也。出门交有功,不失④也。

【注释】

①官:一说指官吏;一说即古"馆"字,指馆舍;一说指官能,即人的思想观念。②渝:一说指改变;一说指败。③交:一说指交往;一说意为"俱",指一起。④失:一说指过失;一说指丧失、失去。

【译文】

初九:馆舍里发生事故,筮遇此爻则吉。出门同行都得好处。

《象辞》说：官吏把事情办坏了，归从正道则吉利。出门同行都得好处，这是不失正道的缘故。

六二：系[①]小子[②]，失丈夫[③]。

《象》曰：系小子，弗兼与[④]也。

【注释】

①系：牵挂；系恋。一说指系缚；一说指关系。②小子：一说指未成年的男子；一说指小人；一说指小民。③丈夫：一说指成年的男子；一说指大人；一说指官吏。④与：有。

【译文】

六二：抓住了未成年的奴隶，跑了成年的奴隶。

《象辞》说：抓了小的，跑了大的，意思是两者不能兼得。

六三：系丈夫，失小子。随有求得[①]。利居贞[②]。

《象》曰：系丈夫，志舍下[③]也。

【注释】

①有求得：即"求有得"，意为有求必得或得其所求。②居贞：占问居处。③下：指六二爻。一说指初九爻。

【译文】

六三：抓住了成年奴隶，跑了未成年奴隶。希望无失不如现得。筮遇此爻，卜问居处则吉利。

《象辞》说：抓了大的，跑了小的，其志在于追逐大的，舍弃小的。

九四：随有获，贞凶。有孚在道[①]，以明[②]，何咎？

《象》曰：随有获，其义[③]凶也。有孚在道，明功也。

【注释】

①在道：一说指合乎正道；一说指在途中。②明：明察。③义：宜；理应。

【译文】

九四：追名逐利，贪多务获，卜问得凶兆。押送俘虏上路，明于约束，没有灾难。

《象辞》说：追名逐利，贪多务获，这种人遭遇凶险是应该的。谨守信用，严守正道，这是明察事功的结果。

九五：孚于嘉[①]，吉。

《象》曰：孚于嘉，吉，位中正[②]也。

【注释】

①嘉：善；美好。一说指喜庆的典礼；一说指兴旺之时。②位正中：指九五阳爻居于阳位，又居上卦之中位。

【译文】

九五：与人交往诚信正直，吉利。

隨卦長分消翕之圖

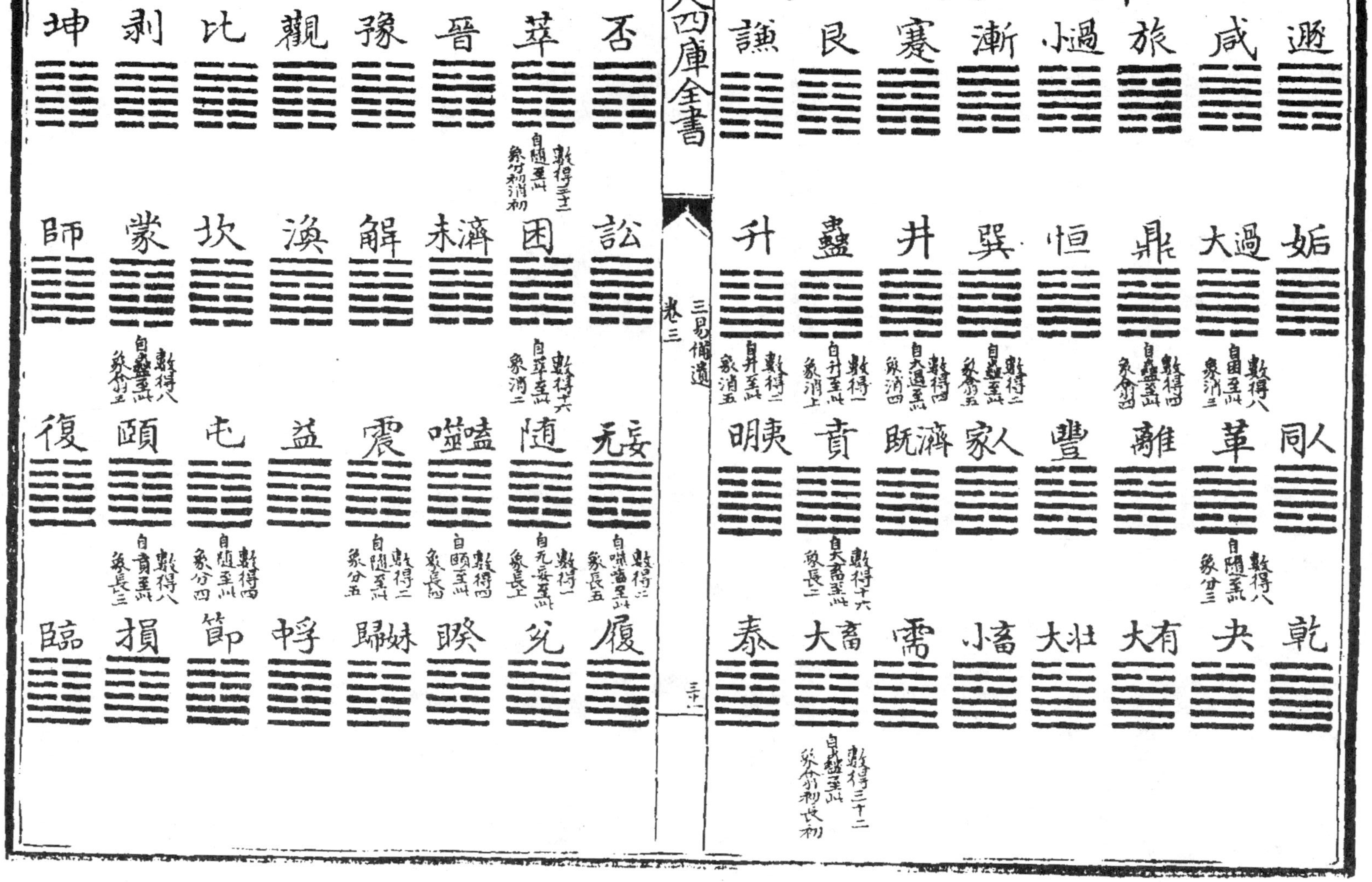
欽定四庫全書
三易備遺 卷三
三十二
遯 咸 旅 小過 漸 蹇 艮 謙
姤 大過 鼎 恒 巽 井 蠱 升
數得八 自姤至此 象消三
數得四 自蠱至此 象分四
數得二 自蠱至此 象分五
數得四 自大過至此 象消四
數得一 自升至此 象消上
數得二 自升至此 象消五
同人 革 離 豐 家人 既濟 賁 明夷
數得八 自隨至此 象分三
數得十六 自大畜至此 象長二
乾 夬 大有 大壯 小畜 需 大畜 泰
數得三十二 自蠱至此 象分初長初
否 萃 晉 豫 觀 比 剝 坤
數得三十二 自隨至此 象分初消初
訟 困 未濟 解 渙 坎 蒙 師
數得十六 自萃至此 象消二
數得八 自蠱至此 象分三
无妄 隨 噬嗑 震 益 屯 頤 復
數得二 自噬嗑至此 象長五
數得一 自无妄至此 象長上
數得四 自頤至此 象長四
數得二 自隨至此 象分五
數得四 自隨至此 象分四
數得八 自賁至此 象長三
履 兌 睽 歸妹 中孚 節 損 臨

《象辞》说：信守中正之道，诸事吉利，因为九五之爻居上卦中位，像人守中正之道。

上六：拘系[①]之，乃从[②]维[③]之。王[④]用亨[⑤]于西山。

《象》曰：拘系之，上穷[⑥]也。

【注释】

①拘系：拘禁。②从：借为“纵”，指放。一说指服从；一说指从而。③维：系物的绳索。一说指解开。④王：君王。一说指周文王，此爻当指周文王被商纣王拘于羑（yǒu）里又获释之事。⑤亨：通“享”，指祭祀。⑥穷：处于困境。

【译文】

上六：将俘虏拘禁起来，紧紧捆绑，强迫他人顺从，维持统治。就像君王在西山对付臣民一样。

《象辞》说：被捆绑拘禁，因为上六居一卦之尽头，像人处于穷困之境地。

蛊　第十八

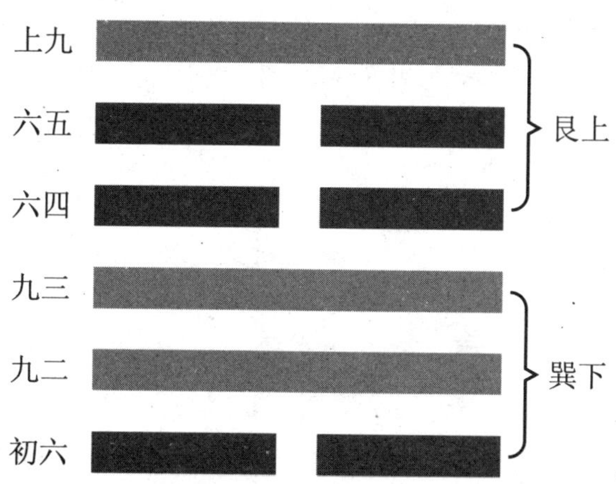

蛊①：元亨②。利涉大川，先甲③三日，后甲三日。

【注释】

①蛊：卦名，意指坏事、弊乱，也指治理坏事或弊乱。②元亨：大为亨通（元：大）。③甲：指甲日。古代每月分为三旬，每旬以甲、乙、丙、丁、戊、己、庚、辛、壬、癸十天干记日，甲日即每旬的第一天。

【译文】

蛊卦：大吉大利。利于涉水渡河，但须在甲前三日之辛日与甲后三日之丁日。

《彖》曰：蛊，刚上而柔下①，巽而止②，蛊。"蛊，元亨"，而天下治也。"利涉大川"，往有事也。"先甲三日，后甲三日"，终则有③始，天行④也。

【注释】

①刚上而柔下：《蛊》卦上艮下巽，艮为阳卦，为刚；巽为阴卦，为柔，所以说刚上而柔下。②巽而止：《蛊》卦下巽上艮，艮为山为止，所以说巽而止（巽：谦逊）。③有：又。④天行：自然界运行的规律。

【译文】

《彖辞》说：蛊，上卦为艮，艮为刚，下卦为巽，巽为柔，所以说刚上而柔下；下卦为巽，义在谦逊，上卦为艮，义在静止，所以说谦逊而沉静，所以卦名为蛊。"蛊卦，弘大通泰"，这是天下大治之象。"利于涉水渡河"，此行乃有所事事。"甲前三日为辛日，甲后三日为丁日，从辛至丁共七日"，"七"正是易卦爻数的循环周期，这是以天道运行为依据的。

《象》曰：山下有风①，蛊。君子以振②民育德。

【注释】

①山下有风:《蛊》卦上艮下巽,艮为山,巽为风,所以说山下有风。②振:通“赈”,指救济、济助。一说指“正”;一说指振奋;一说指动。

【译文】

《象辞》说:本卦上卦为艮为山,下卦为巽为风,贤人如山居于上,宣布德教施于下,所谓山下有风,这是巽卦的卦象。君子观此卦象取法于吹拂万物的风,从而振救万民,施行德教。

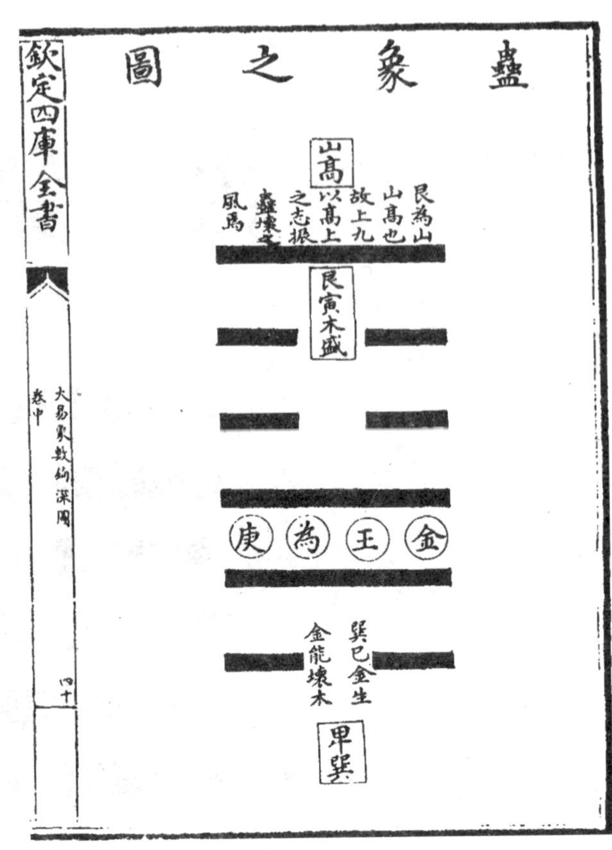

初六:干[①]父之蛊,有子考[②]。无咎[③],厉[④],终吉。

《象》曰:干父之蛊,意承[⑤]考也。

【注释】

①干:匡正;纠正。②考:父亲,特指死去的父亲。一说指“成”,即成就。③咎:灾殃。④厉:危险。⑤承:继承。一说指“正”。

【译文】

初六:父业有一个孝顺的儿子继承。没有灾害,即使遇到危险,终究吉利。

《象辞》说:继承父业,意思是继承其父遗志。

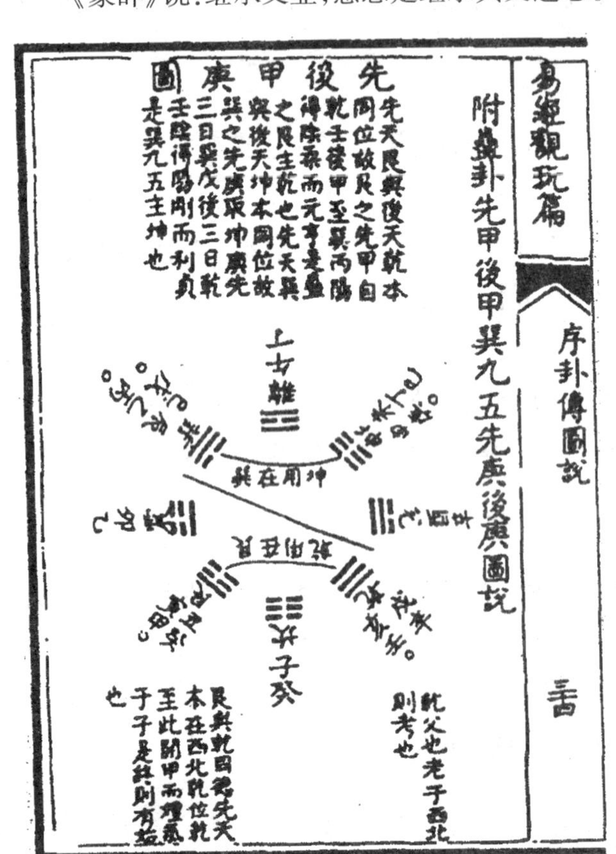

九二:干母之蛊,不可贞[①]。

《象》曰:干母之蛊,得中道[②]也。

【注释】

①贞:占问。一说指“正”。②得中道:指九二阳爻居下卦之中位。

【译文】

九二:继承母业,不可卜问。

《象辞》说:继承母业,九二处下卦中位,爻象显示其人得中正之道。

九三:干父之蛊,小有悔,无大咎。

《象》曰:干父之蛊,终无咎也。

【译文】

九三:继承父业,即使稍有过错,也不会出大问题。

《象辞》说:继承父业,最终不会遭逢灾难。

蠱卦長分　消翕之圖

遯　咸　旅　小過　漸　蹇　艮　謙

姤　大過（自困至此數得八象長三）　鼎（自蠱至此數得四象分四）　恒　巽（自蠱至此數得二象分五）　井（自大過至此數得四象長四）　蠱（自升至此數得一象長三）　升（自升至此數得二象長五）

同人　革（自隨至此數得八象翕三）　離　豐　家人　既濟　賁（自大畜至此數得十六象消二）　明夷

乾　夬　大有　大壯　小畜　需　大畜（自蠱至此數得三十二象分初消初）　泰

否　萃（自隨至此數得三十二象翕初消初）　晉　豫　觀　比　剝　坤

訟　困（自蹇至此數得十六象長二）　未濟　解　渙　坎　蒙（自蠱至此數得八象分二）　師

无妄（自噬嗑至此數得二象消五）　隨（自无妄至此數得一象消上）　噬嗑（自頤至此數得四象消四）　震（自隨至此數得二象翕五）　益　屯（自頤至此數得四象翕四）　頤（自賁至此數得八象消三）　復

履　兌（自隨至此數得十六象翕二）　睽　歸妹　中孚　節　損　臨

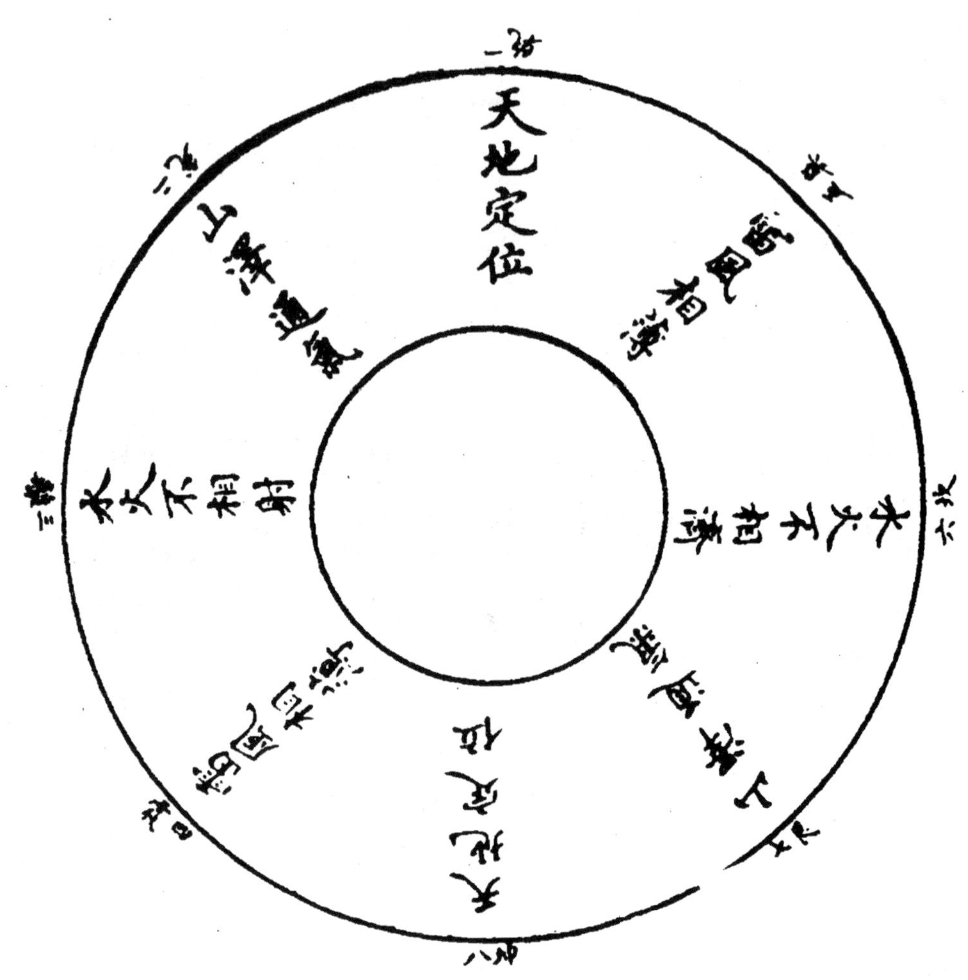

连山易卦位合河图

六四:裕[①]父之蛊,往见吝[②]。

《象》曰:裕父之蛊,往未得[③]也。

【注释】

①裕:宽容。一说指宽缓。②吝:悔恨。③得:一说指得到好结果;一说指得当。

【译文】

六四:光大父业,困难重重。

《象辞》说:光大父业(困难重重),施行之中未尽得当。

六五:干父之蛊,用[①]誉[②]。

《象》曰:干父用誉,承以德也。

【注释】

①用:介词,表示原因或结果,相当于"因而"。一说指受到。②誉:称誉;美名。

【译文】

六五:继承父业,博得了赞誉。

《象辞》说:继承父业而博得了赞誉,因为继承了其父的美好品德。

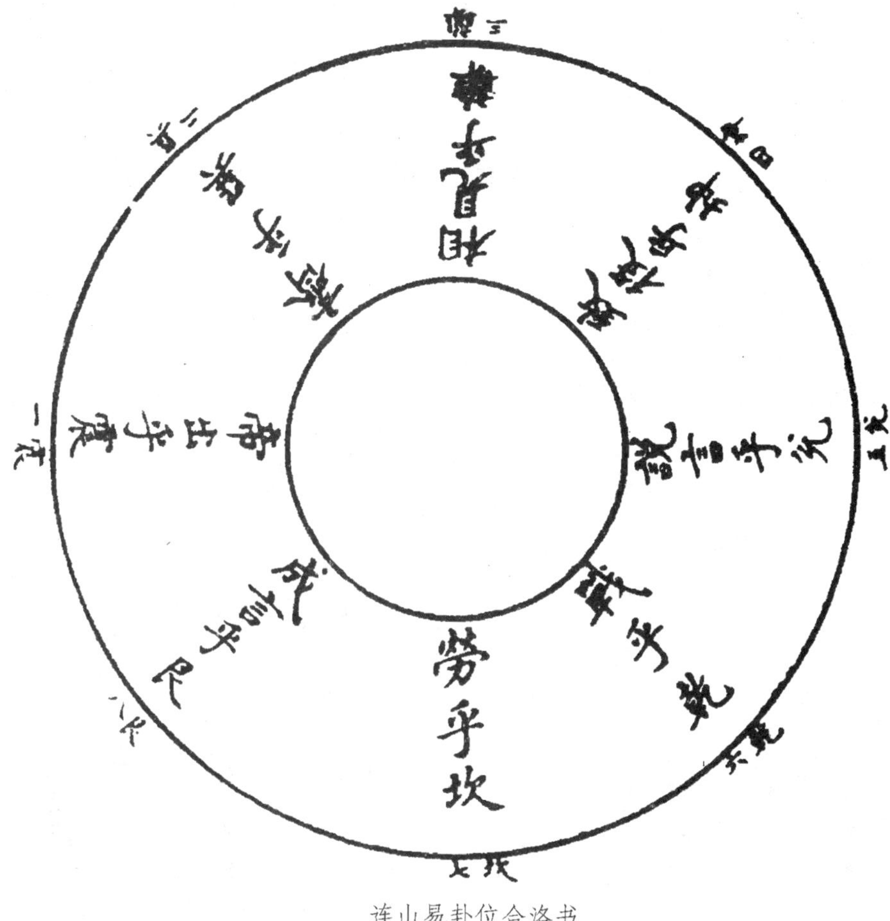

连山易卦位合洛书

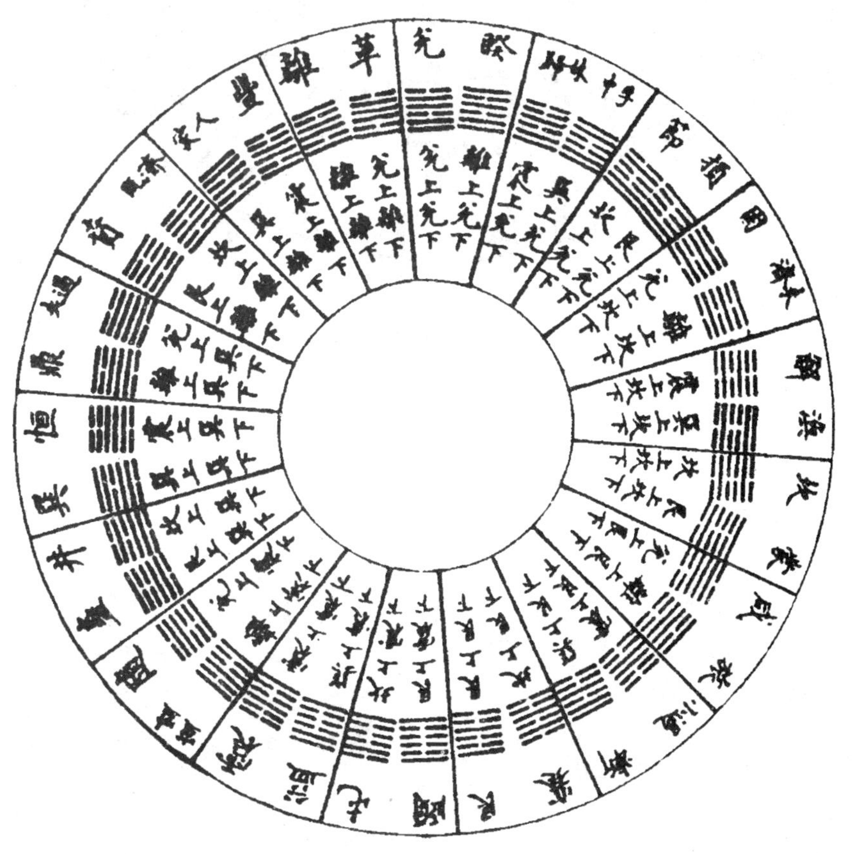

连山易图书卦位合一之图

上九：不事①王侯，高尚其事②。

《象》曰：不事王侯，志可则③也。

【注释】

①事：一说指服侍；一说指从事。二说均可。②其事：指自己所从事的事情。③则：效法。

【译文】

上九：不侍奉王侯，因为看重自身价值。

《象辞》说：不侍奉王侯，这种志趣可以效法。

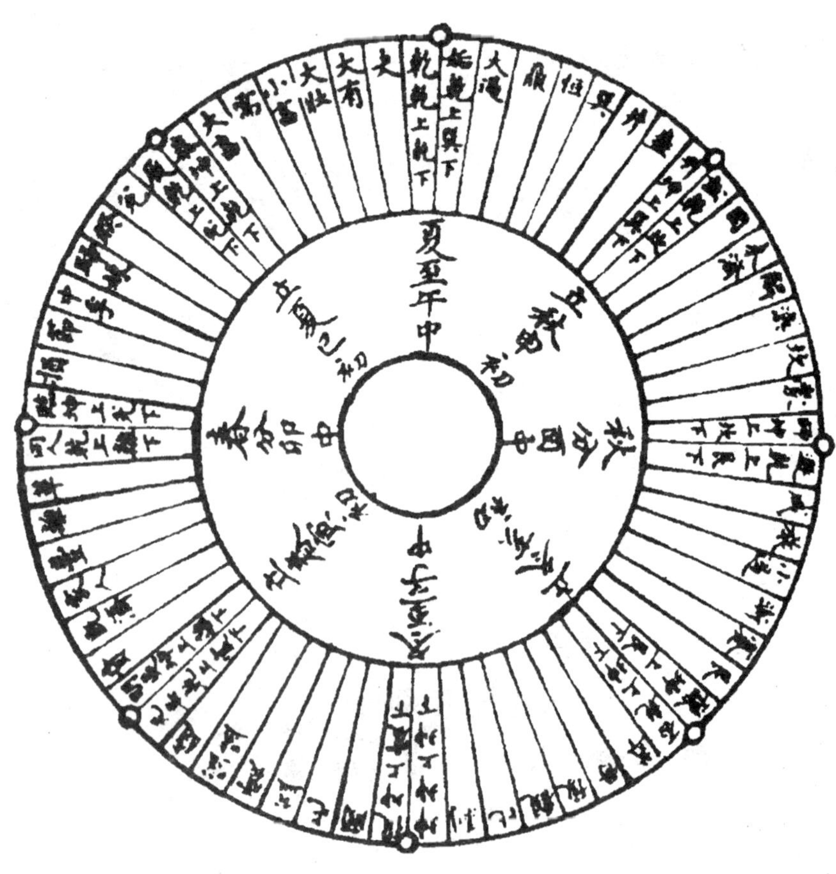

乾坤司八节之图

临　第十九

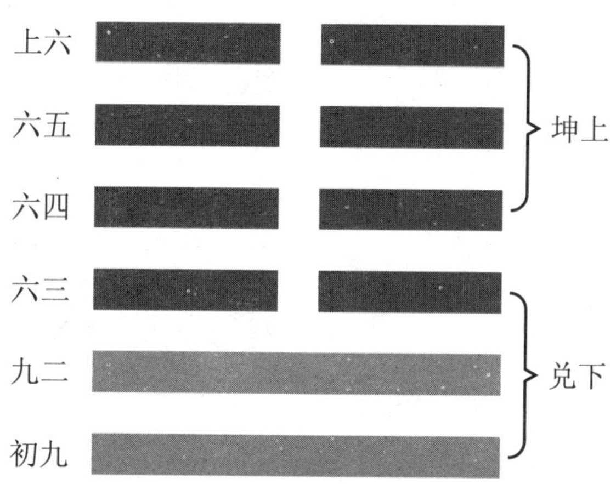

临[1]：元亨，利贞。至于八月，有凶。

【注释】

①临：卦名，有居高临下进行统治的意思。

【译文】

临卦：大吉大利，吉利的卜问。到了八月，有凶险。

《彖》曰：临，刚浸而长[1]，说而顺[2]，刚中而应[3]。大"亨"以[4]正，天之道也。"至于八月，有凶"，消[5]不久也。

【注释】

①刚浸而长：指初九、九二两个阳爻表示阳气渐渐增长之势（浸：渐渐）。②说而顺：《临》卦下兑上坤，兑为悦（说：即"悦"），坤为顺，所以说说而顺。③刚中而应：指九二阳爻居下卦之中位，与居上卦之中位的六五阴爻相应合。④以：一说指而；一说指因为。⑤消：《临》卦上面的四爻均为阴爻，象征阳气消而阴气长。

【译文】

《彖辞》说：临，就是说阳气渐生渐长，渐渐居临于上。下卦为兑，义为悦，上卦为坤，义为顺，喻指秉性和平，态度温顺。九二为阳爻，居下卦的中位，六五为阴爻，居上卦的中位，两同位爻互相和应。这种卦象综合起来表现了临卦弘大、亨美、贞正的品德和含蕴，也体现了天的原则。至于说"到了八月，可能有凶险"，因为盛势不可能持久，阳刚不可能常盛。

《象》曰：泽上有地[1]，临。君子以教思[2]无穷，容保[3]民无疆。

【注释】

①泽上有地:《临》卦下兑上坤,兑为泽,坤为地,所以说泽上有地。②思:思念;关心。一说指督察。③容保:包容,保护。一说指容蓄。

【译文】

《象辞》说:本卦下卦为兑为泽,上卦为坤为地,堤岸高出大泽,河泽容于大地,这是临卦的卦象。君子观此卦象,应教化万民,覃思极虑,保容万民,德业无疆。

初九:咸[1]临。贞吉。

《象》曰:咸临贞吉,志行[2]正也。

【注释】

①咸:通"感",一说指感化的意思;一说指感应的意思。②志行:心志和行为。

【译文】

初九:以感化的政策治民。卜得吉兆。

《象辞》说:以感化的政策治民,治道贞正,自然吉利,因为居心端正,作风正派。

九二:咸临,吉,无不利。

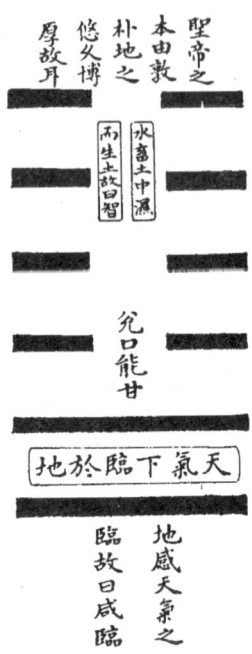

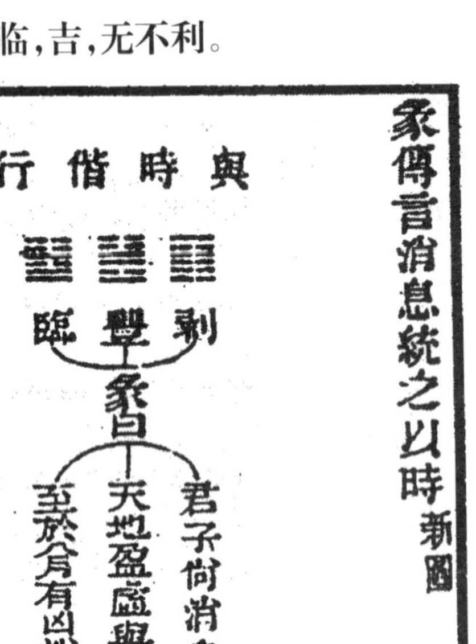

《象》曰:咸临,吉,无不利,未顺命[1]也。

【注释】

①未顺命:其意众解纷纭,迄今未能统一,朱熹说"未详"。

【译文】

九二:用温和的政策治民,吉祥,无不吉利。

《象辞》说:用温和的政策治民,吉祥,无不吉利,因为百姓尚未驯化从命。

六三:甘[1]临,无攸[2]利。既忧之,无咎[3]。

《象》曰:甘临,位不当[4]也。既忧之,咎不长也。

【注释】

①甘:甜,指甜言蜜语。一说即"拑",有

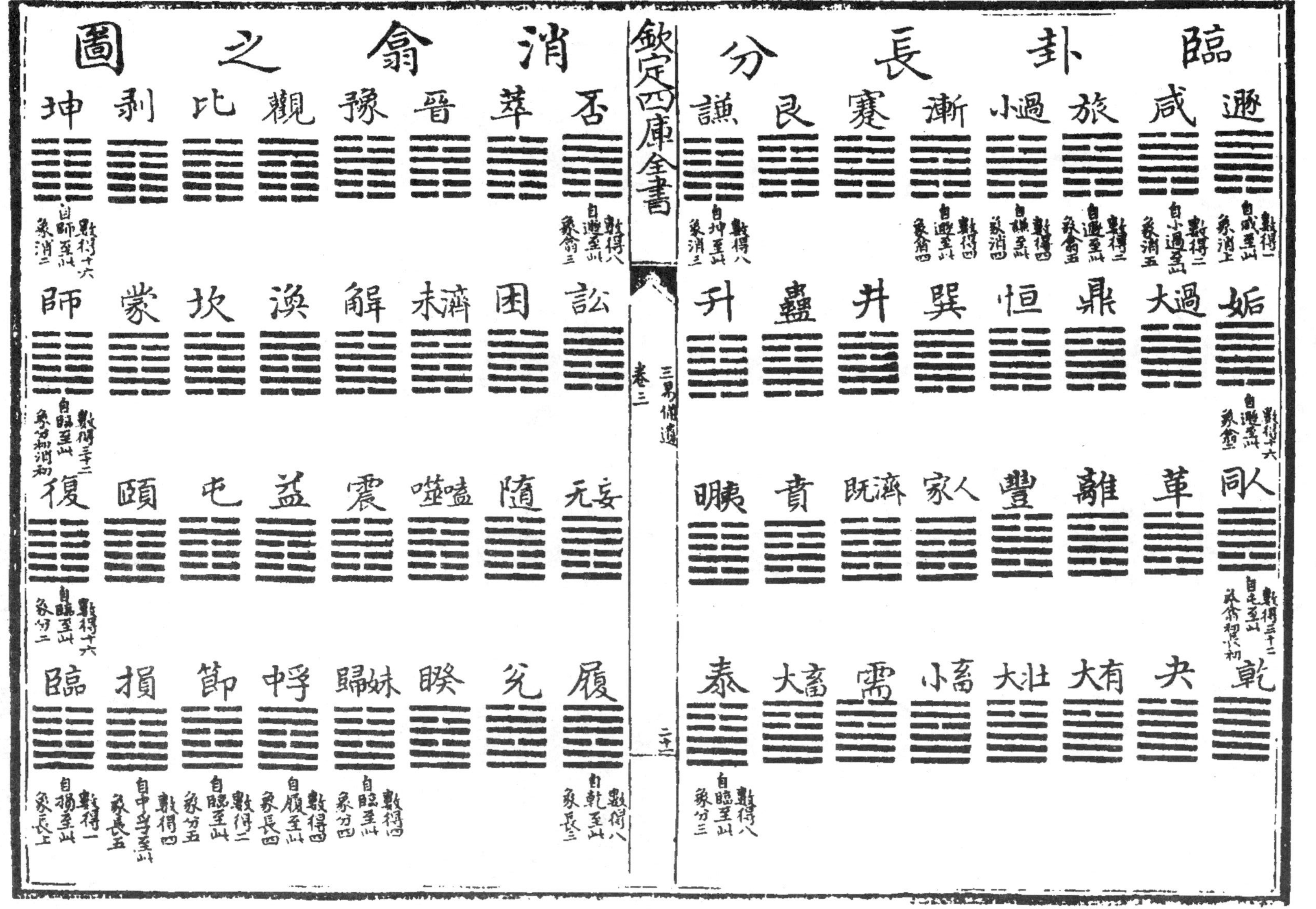
臨卦長分消翕之圖
欽定四庫全書
三易備遺
卷三
遯 咸 旅 小過 漸 蹇 艮 謙
姤 大過 鼎 恒 巽 井 蠱 升
同人 革 離 豐 家人 既濟 賁 明夷
乾 夬 大有 大壯 小畜 需 大畜 泰
否 萃 晉 豫 觀 比 剥 坤
訟 困 未濟 解 渙 坎 蒙 師
无妄 隨 噬嗑 震 益 屯 頤 復
履 兑 睽 歸妹 中孚 節 損 臨

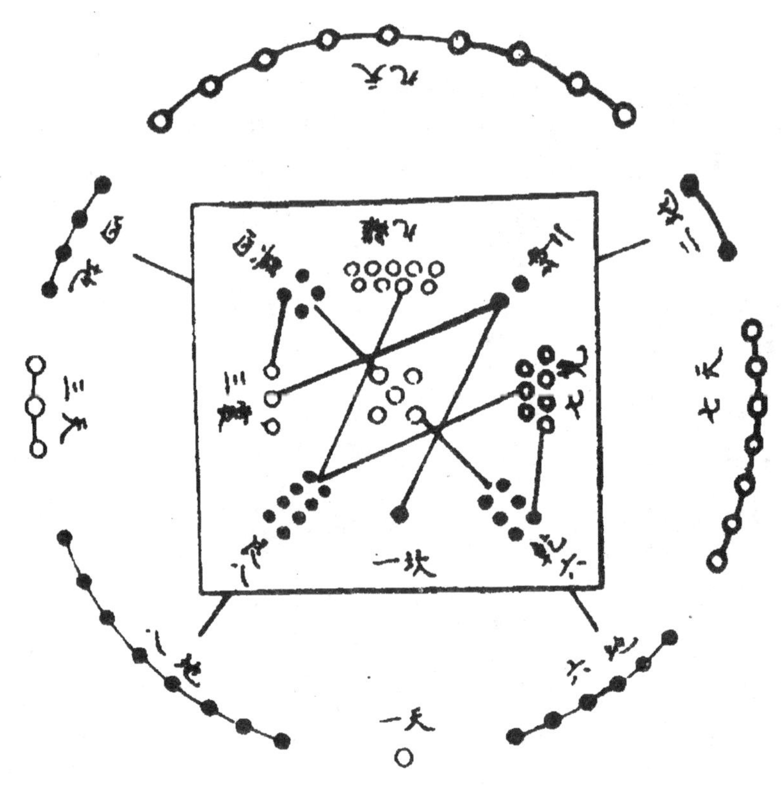

河图四十徵误之图

强制的意思;一说指宽缓。②攸:助词,相当于“所”。③咎:灾殃。④位不当:指六三阴爻居于阳位,所处的位置不适当。

【译文】

六三:用压服的政策治民,没有什么好处。如果有所忧虑,灾祸可以消除。

《象辞》说:用压服的政策治民,正如六三阴爻不当居阳位一样,不是称职的君主。如果能有所忧虑,其灾祸则可消除。

六四:至①临,无咎。

《象》曰:至临,无咎,位当②也。

【注释】

①至:极,指极为亲近。一说指妥善。②位当:指六四阴爻居于阴位,所处的位置适当。

【译文】

六四:亲自理国治民,没有害处。

《象辞》说:亲自理国治民,没有害处,正如六四阴爻居阴位一样,这样的君王是称职的君王。

六五:知①临,大君②之宜,吉。

《象》曰:大君之宜,行中③之谓也。

【注释】

①知:同“智”,指智慧。②大君:国君。③行中:实行中道。“中”又指六五阴爻居上卦之

中位。

【译文】

六五：以明智治民，得君王之体，吉利。

《象辞》说：得君王之体，因为六五之爻居上卦中位，像人行事得中正之道。

上六：敦[①]临，吉，无咎。

《象》曰：敦临之吉，志在内[②]也。

【注释】

①敦：诚恳；淳厚。②内：一说指内卦，比喻民众；一说指邦国之内。

【译文】

上六：以敦厚之道治民，吉利，无灾祸。

《象辞》说：以敦厚之道治民，吉利，因为敦厚诚实之意存于内心。

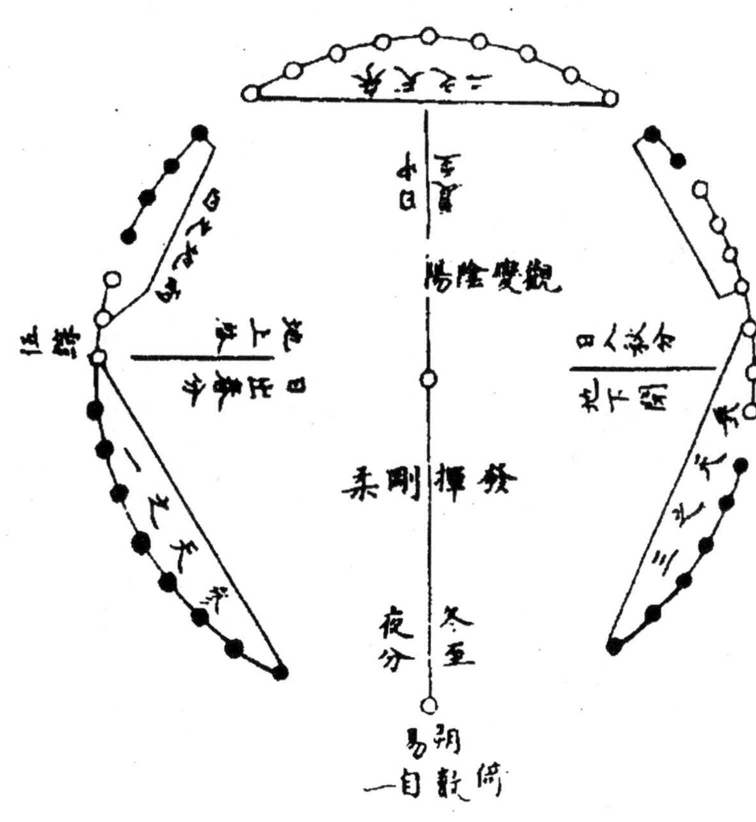

参天两地倚数之图

观 第二十

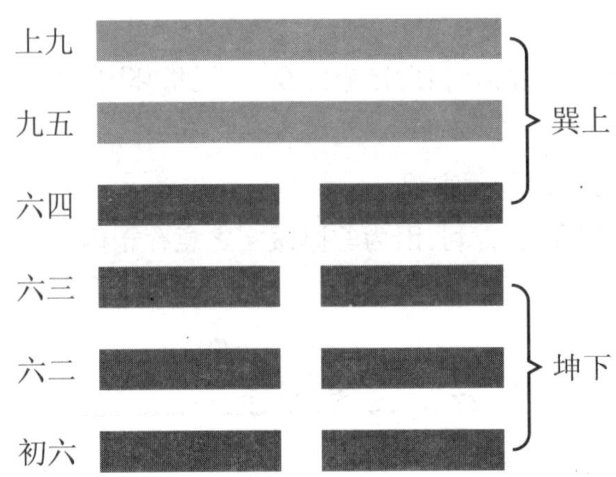

观[1]:盥[2]而不[3]荐[4],有孚颙若[5]。

【注释】

①观:卦名,有观看、仰观的意思。②盥:祭祀时把酒洒在地上以降神。③不:后。一说指“未”。学者们多把它理解为否定字。④荐:祭祀时进献祭品。⑤颙若:昂头表示敬仰的样子(若:语气助词)。

【译文】

观卦:祭祀时洒酒迎神而不献人牲,虔诚而又肃敬。

《彖》曰:大观[1]在上,顺而巽[2],中正[3]以观天下,观。“盥而不荐,有孚颙若”下[4]观而化[5]也。观天之神道[6],而四时[7]不忒[8]。圣人以神道设教,而天下服矣。

【注释】

①大观:一说指遍观;一说指《观》卦的九五阳爻象征阳刚尊者,为众人所仰观。②顺而巽:《观》卦下坤上巽,坤为顺,所以说顺而巽(巽:谦逊)。③中正:指九五阳爻居上卦之中位。④下:处于下位的人,指民众。⑤化:感化;教化。⑥神道:神妙的规律。⑦四时:四季。⑧忒:差错。

【译文】

《彖辞》说:君王在上,遍观臣民。下卦为坤,意为柔顺,上卦为巽,意为谦逊,观卦有柔顺谦逊的品德。九五、六二各居上、下卦的中位,像君臣守中正之道,而九五阳爻居于群阴爻之上,喻君王俯察民情,所以卦名为观。“国君祭神,灌酒而不献牲,但是虔诚而又肃敬”,臣民观摩而感化。看到四时运行井然有序,就能观察到上天神秘的原则。圣人根据神道来制定教化万民的理论体系,天下就能驯化服从。

《象》曰：风行地上[①]，观。先王以省方[②]，观民，设教。

【注释】

①风行地上：《观》卦上巽下坤，巽为风，坤为地，所以说风行地上。②省方：巡视四方。

【译文】

《象辞》说：本卦上卦为巽为风，下卦为坤为地，风行大地吹拂万物，这是观的卦象。先王观此卦象取法于周流八方的风，从而巡视邦国，观察民情，推行教化。

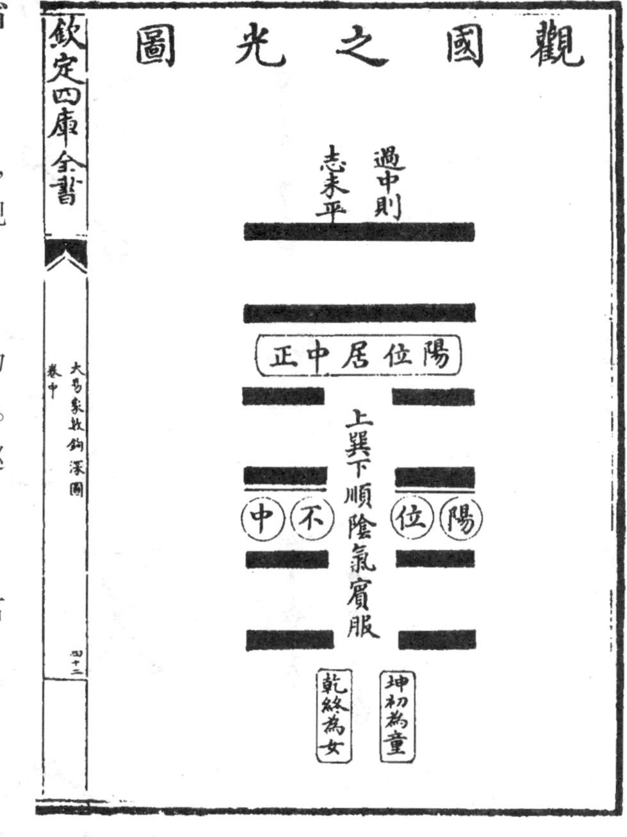

初六：童观[①]，小人无咎[②]，君子吝[③]。

《象》曰：初六童观，小人道也。

【注释】

①童观：指像孩童般幼稚地观察。②咎：灾殃。③吝：悔恨。

【译文】

初六：幼稚无知，对一般百姓来讲尚无大碍，但对于君子来说，将会铸成大错。

《象辞》说：初六爻辞讲，幼稚无知，这正是小人们的思想特征。

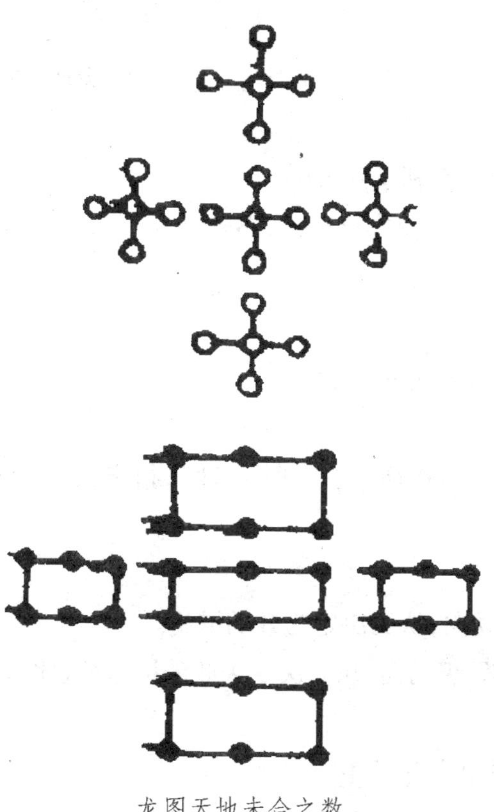

龙图天地未合之数

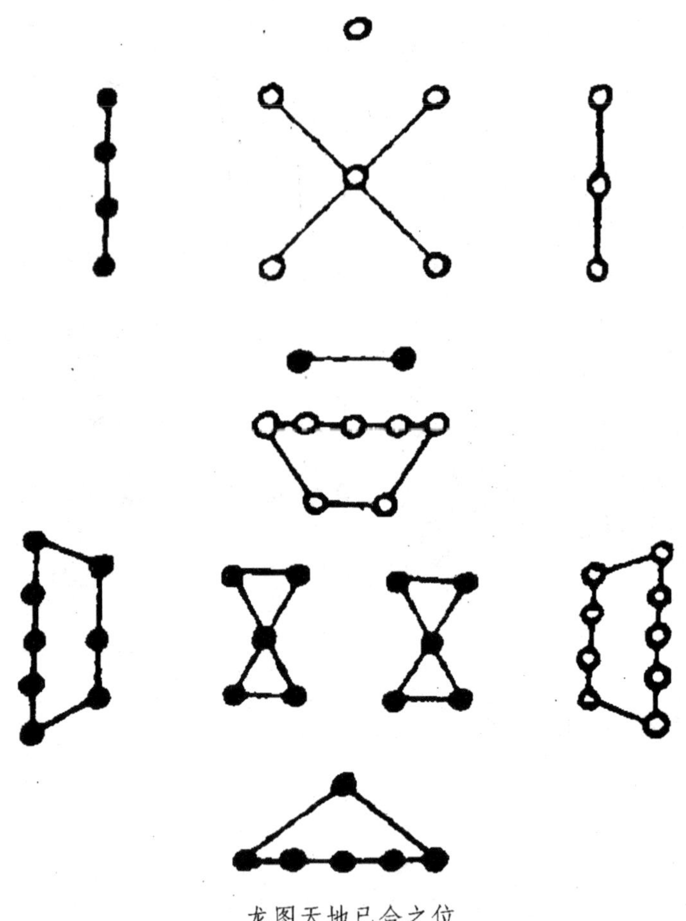

龙图天地已合之位

六二：窥观①，利女贞②。

《象》曰：窥观女贞，亦可丑③也。

【注释】

①窥观：指暗中偷看。②贞：占问。一说指“正”。③丑：羞耻；惭愧。

【译文】

六二：限于一孔之见，这是有利于女人的。

《象辞》说：女人窥视男人，即使操行贞正，亦属丑行。

六三：观我生①，进退②。

《象》曰：观我生，进退，未失道③也。

【注释】

①生：一说指生长历程，即所作所为；一说同“姓”，指亲族；一说指庶民。②进退：指决定如何进退。③失道：违背正道。

【译文】

六三：观察亲族的思想动向，从而决定为政的措施。

《象辞》说：观察亲族的思想动向，从而决定为政的措施，这才未失去用人为政的正道。

六四：观国之光①，利用②宾于王③。

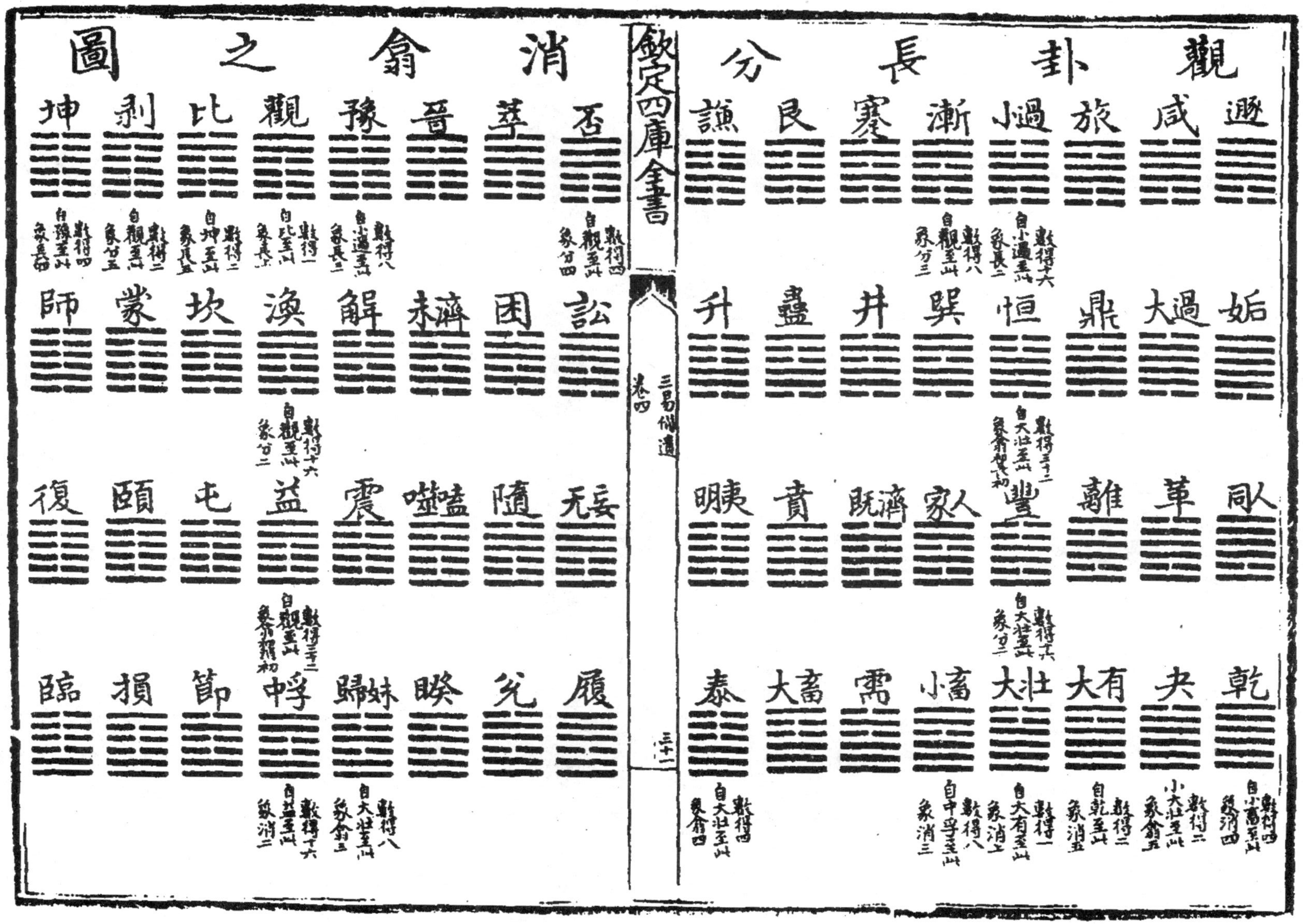

觀卦長分消翕之圖

遯	咸	旅	小過	漸	蹇	艮	謙	否	萃	晉	豫	觀	比	剝	坤
			數得十六 自小過至此 象長二	數得八 自觀至此 象分三				數得四 自觀至此 象分四			數得八 自小過至此 象長三	數得一 自比至此 象長六	數得二 自坤至此 象長五	數得二 自觀至此 象分五	數得四 自豫至此 象長四
姤	大過	鼎	恒	巽	井	蠱	升	訟	困	未濟	解	渙	坎	蒙	師
			數得三十二 自大壯至此 象翕包初									數得十六 自觀至此 象分二			
同人	革	離	豐	家人	既濟	賁	明夷	无妄	隨	噬嗑	震	益	屯	頤	復
			數得十六 自大壯至此 象分三									數得三十二 自觀至此 象分翕初			
乾	夬	大有	大壯	小畜	需	大畜	泰	履	兌	睽	歸妹	中孚	節	損	臨
數得四 自小畜至此 象消四	數得二 小大壯至此 象翕五	數得二 自乾至此 象消五	數得一 自大有至此 象消六	數得八 自中孚至此 象消三			數得四 自大壯至此 象翕四				數得八 自大壯至此 象翕三	數得十六 自益至此 象消二			

欽定四庫全書　三易備遺　卷四　三十一

《象》曰:观国之光,尚④宾也。

【注释】

①光:光辉,指兴旺发达的景象。②利用:利于。③宾于王:服从于君王,指出仕辅佐君王(宾:服从)。一说指做君王的宾客。④尚:一说即“上”;一说指崇尚、尊崇。

【译文】

六四:观察国家的辉煌表现。筮遇此爻,有利于朝觐君王。

《象辞》说:观察国家政绩风俗的辉煌表现,此来者为国宾。

九五:观我生,君子无咎。

《象》曰:观我生,观民也。

【译文】

九五:善于观察亲族之意向,君子可以无过错。

《象辞》说:观察亲族之意向,就是观察天下万民的意向。

上九:观其①生,君子无咎。

《象》曰:观其生,志未平②也。

【注释】

①其:一说指他人;一说指自己。②平:安定。一说指满足;一说指辨明。

【译文】

上九:观察其他部族的意向,君子可以无过错。

《象辞》说:观察其他部族的意向,是因为尚未全面摸清情况,心不踏实,决心难下。

噬嗑　第二十一

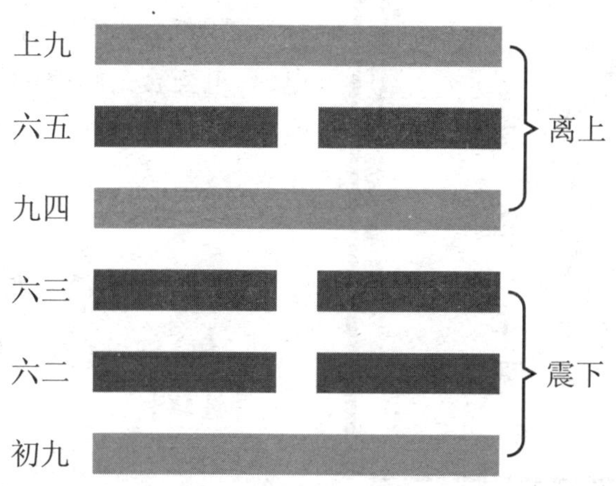

噬嗑[1]：亨。利用[2]狱[3]。

【注释】

①噬嗑：卦名，指咬口中之物并合上嘴（噬：咬。嗑：合），这里引申指听讼断案。②利用：利于。③狱：指听讼断案。

【译文】

噬嗑卦：通泰。利于讼狱。

《彖》曰：颐[1]中有物曰噬嗑。噬嗑而亨。刚柔分[2]，动而明[3]，雷电合[4]而章[5]。柔得中[6]而上行[7]，虽不当位[8]，"利用狱"也。

【注释】

①颐：腮；颊。②刚柔分：《噬嗑》卦由三个阳爻和三个阴爻组成，阳爻和阴爻的数量相等；同时，下卦震为阳卦为刚，上卦离为阴卦为柔，所以说刚柔分。③动而明：《噬嗑》卦下震上离，震为动，离为明，所以说动而明。④雷电合：《噬嗑》卦下震上离，震为雷，离为火为电，所以说雷电合。⑤章：显著；明显。⑥柔得中：指六五阴爻居上卦之中位。⑦上行：指六五阴爻居于上位。一说指六二、六三、六五三个阴爻渐次上升。⑧不当位：指六五阴爻居于阳位，所处的位置不适当。

【译文】

《彖辞》说：口中含物而咀嚼之，所以卦名为噬嗑。其卦辞说："通泰"。本卦下卦为震为雷为阳，上卦为离为电为阴，所以说刚柔相济，雷电交合，光彩炳然。喻人敢于行动，而明察机宜。六二之爻居下卦中位，六五居上卦中位，阴柔居处恰当而渐次上升，虽六三、六五阴爻处于阳位，但无大碍，所以说："讼狱仍能取胜"。

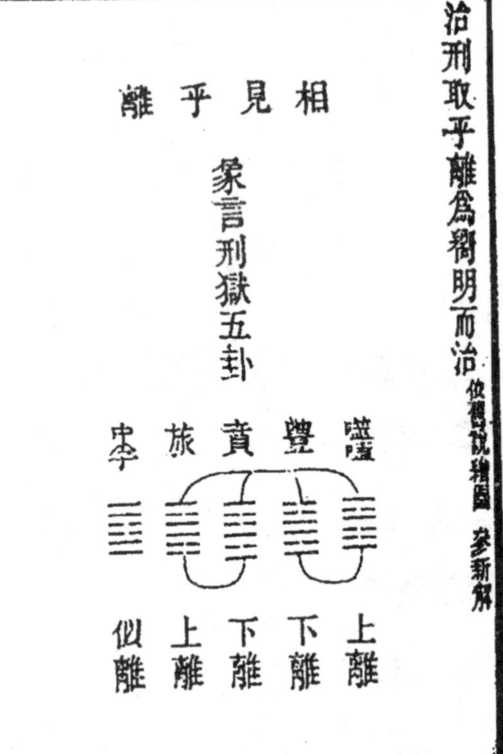

《象》曰：电雷①，噬嗑。先王以明罚敕②法。

【注释】

①雷电：《噬嗑》卦下震上离，震为雷，离为火为电，所以说雷电。一说应作“电雷”。②敕：通“饬(chì)”，指整饬。

【译文】

《象辞》说：本卦下卦为震为雷，上卦为离为电，雷电交合是噬嗑的卦象。先王观此卦象，取法于雷电，思以严明治政，从而明察其刑罚，修正其法律。

初九：屦校①灭②趾③，无咎④。

《象》曰：屦校灭趾，不行⑤也。

【注释】

①屦校：脚上戴着刑具（屦：古代一种用麻、葛等制成的鞋，这里作动词用，相当于脚上穿或戴。校：古代的一种刑具）。②灭：割去。一说指遮住。③趾：脚指头。④咎：灾殃。⑤行：行动，指继续犯罪。

【译文】

初九：戴着刑具，磨破脚趾，但没有大的灾难。

《象辞》说：拖着刑具，磨破了脚趾，小惩则可大戒，使之不重犯过错。

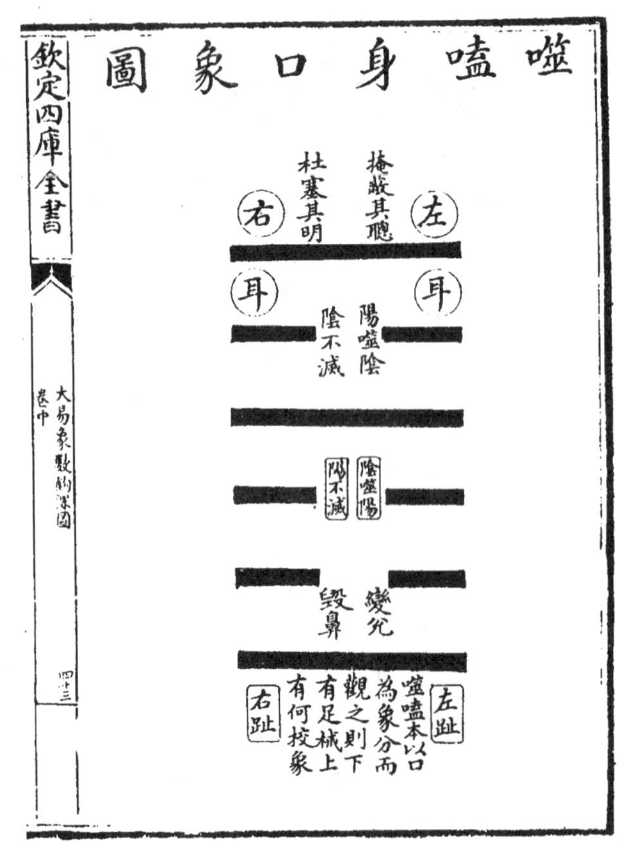

六二：噬肤①灭鼻，无咎。

《象》曰：噬肤灭鼻，乘刚②也。

【注释】

①肤：肉。②乘刚：指六二阴爻居于初九阳爻之上。

【译文】

六二：大吃鲜鱼嫩肉，遭受割鼻之刑，但没有大难。

《象辞》说：大吃鲜鱼嫩肉，遭受割鼻之刑，因为六二之爻居于阳爻之上，像仍享受非分之福。

六三：噬腊肉，遇毒。小吝①，无咎。

《象》曰：遇毒，位不当②也。

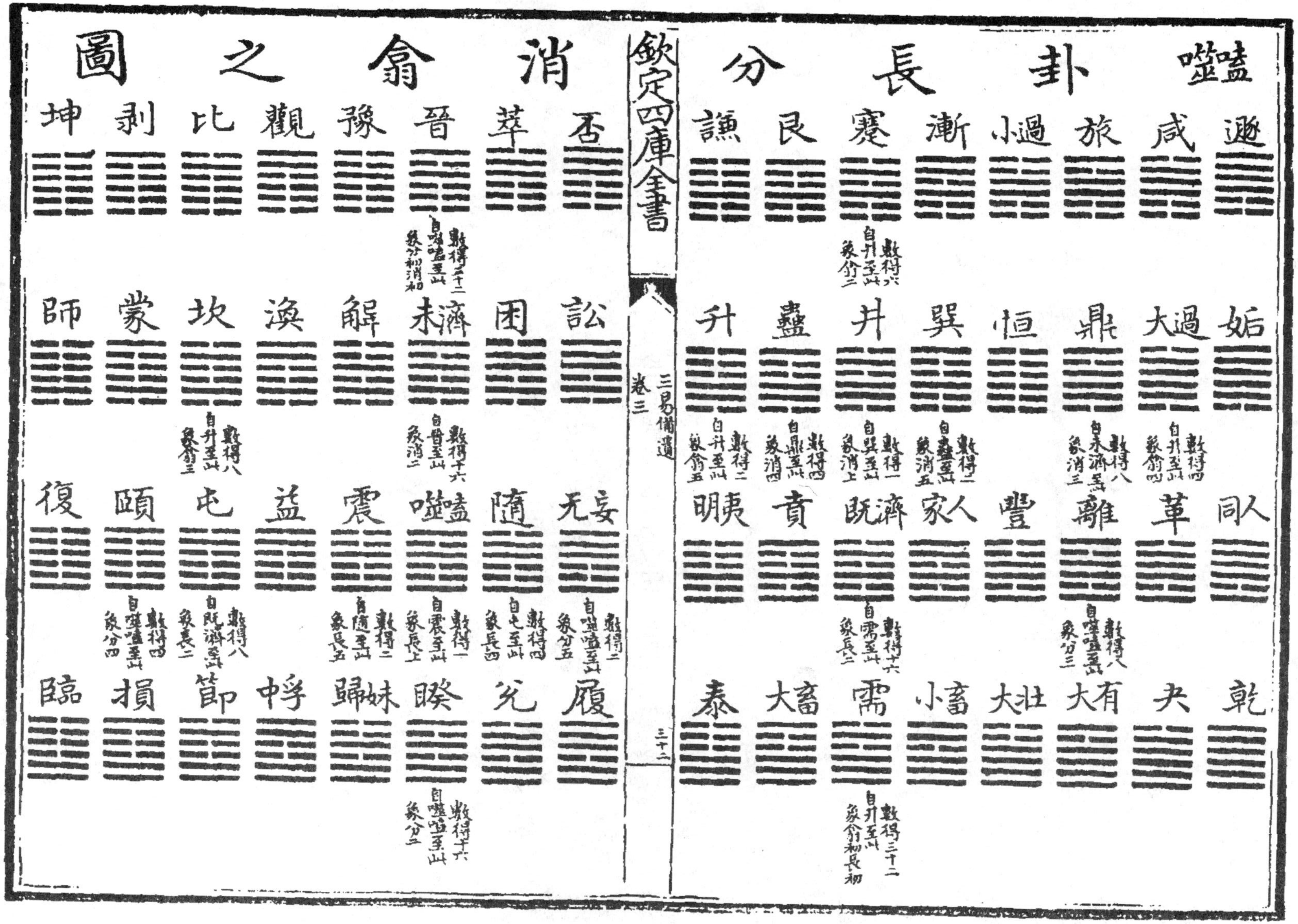

卦長分消翕之圖

謙	艮	蹇	漸	小過	旅	咸	遯
		數得六 自升至此 象翕二					
升	蠱	井	巽	恒	鼎	大過	姤
數得二 自升至此 象翕五	數得四 自鼎至此 象消四	數得一 自巽至此 象消上	數得二 自蠱至此 象消五		數得八 自未濟至此 象消三	數得四 自升至此 象翕四	
明夷	賁	既濟	家人	豐	離	革	同人
		數得十六 自需至此 象長二			數得八 自噬嗑至此 象分三		
泰	大畜	需	小畜	大壯	大有	夬	乾
		數得三十二 自升至此 象翕初長初					

坤	剝	比	觀	豫	晉	萃	否
					數得二十二 自噬嗑至此 象分初消初		
師	蒙	坎	渙	解	未濟	困	訟
		數得八 自升至此 象翕三			數得十六 自晉至此 象消二		
復	頤	屯	益	震	噬嗑	隨	无妄
	數得四 自噬嗑至此 象分四	數得八 自既濟至此 象長二		數得二 自隨至此 象長五	數得一 自震至此 象長上	數得四 自屯至此 象長四	數得二 自噬嗑至此 象分五
臨	損	節	中孚	歸妹	睽	兌	履
					數得十六 自噬嗑至此 象分二		

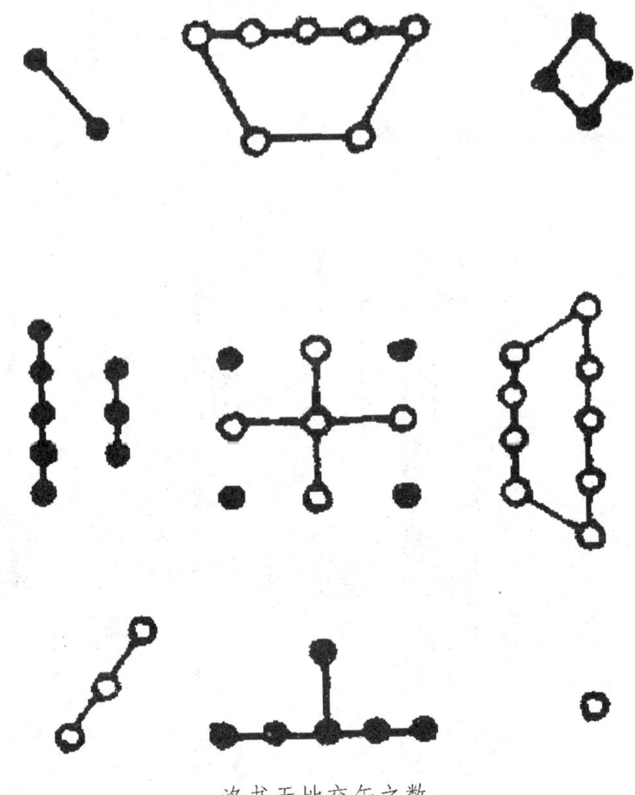

洛书天地交午之数

【注释】

①吝:悔恨。②位不当:指六三阴爻居于阳位,所处的位置不适当。

【译文】

六三:吃腊肉,中毒。碰上了麻烦,但不十分严重。

《象辞》说:中毒,因为六三阴爻居于阳位,像人不称其位。

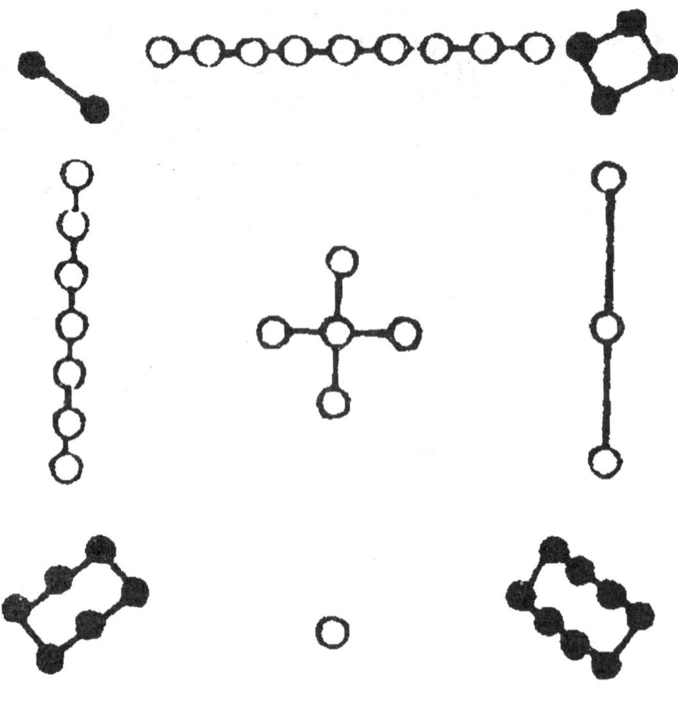

洛书纵横十五之象

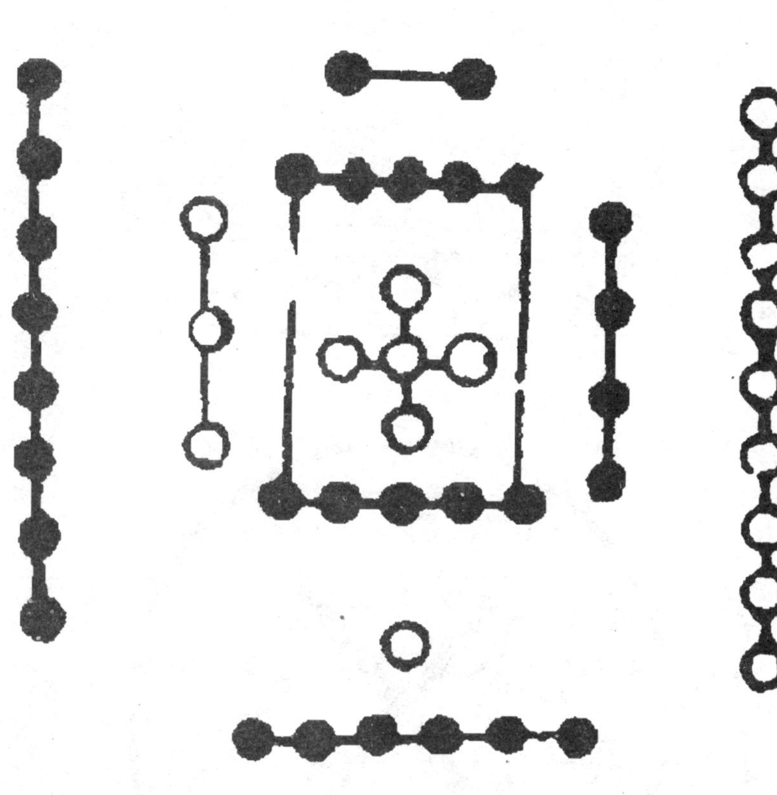

龙图天地生成之数

九四:噬干胏[1]**,得金矢。利艰贞**[2]**,吉。**

《象》曰:利艰贞吉,未光[3]**也。**

【注释】

①胏:带骨头的肉脯。②艰贞:占问艰难之事(贞:占问。一说指"正")。③光:光明。

【译文】

九四:啃吃骨头,发现骨头中有金箭。卜问艰难之事,吉利。

《象辞》说:卜问艰难之事,结果是吉利的,但目前仍处于艰难之中,尚未进入光明之境。

六五:噬干肉,得黄金。贞厉[1]**,无咎。**

《象》曰:贞厉,无咎,得当[2]**也。**

【注释】

①厉:危险。②得当:指六五阴爻居上卦之中位。

【译文】

六五:吃肉干,得到金属箭头。卜问得危险之兆,最终无灾。

《象辞》说:卜问得危险之兆,但最终可以无灾祸,因为六五之爻居上卦中位,位象得当,可以化险为夷。

上九:何①校灭耳,凶。

《象》曰:何校灭耳,聪②不明也。

【注释】

①何:通"荷",指肩扛。②聪:听觉。

【译文】

上九:肩扛大枷,磨破了耳朵,凶兆。

《象辞》说:肩上扛着大枷,磨破了耳朵,因为其人不听劝阻,触犯了刑律。

天地設位

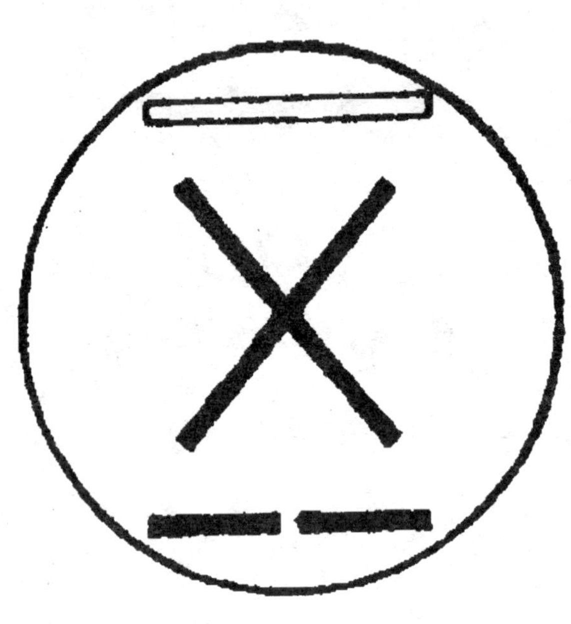

太极生两仪之象

贲　第二十二

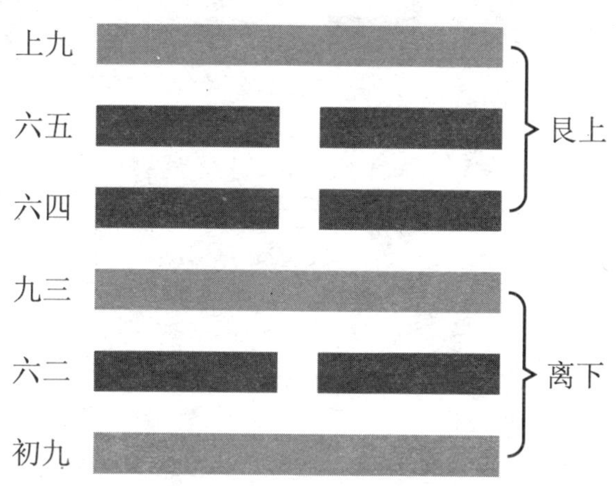

贲[①]：亨。小利有攸[②]往。

【注释】

①贲：卦名，有文饰的意思。②攸：助词，相当于"所"。

【译文】

贲卦：通达。所往则有小利。

《彖》曰：贲，亨。柔来而文刚[①]，故亨。分[②]，刚[③]上而文柔[④]，故以"小利有攸往"，刚柔交错[⑤]，天文[⑥]也。文明以止[⑦]，人文[⑧]也。观乎天文以察时变，观乎人文以化成[⑨]天下。

【注释】

①柔来而文刚：一说指六二阴爻文饰九三阳爻（文：文饰）；一说指六二阴爻文饰初九和九三阳爻；一说指下卦离文饰上卦艮（离为阴卦为柔，艮为阳卦为刚）。②分：指刚柔分布。一说疑为衍文。③刚：一说指上九阳爻；一说指上卦艮。④柔：一说指六五阴爻；一说指六四和六五阴爻；一说指下卦离。⑤刚柔交错：清代阮元主持校刻的《十三经注疏·周易正义》无此四字，据郭京《周易举正》补。⑥天文：天然的文饰，指自然界的景象。⑦文明以止：《贲》卦下离上艮，离为火为文明，艮为止，所以说文明以止。⑧人文：指人类社会的制度、礼仪等。⑨化成：教化成就。

【译文】

《彖辞》说：贲，通达。此卦下卦为离，意为阴柔，上卦为艮，意为阳刚，所以说阴柔文饰阳刚，因此"通达"。柔、刚分布，刚为主而柔为衬，所以说"有所往则有小利"。刚柔交错成文，这是天象。社会制度、风俗教化是人们生活的基础，是社会人文现象。观察天象，就可以察觉到时序的变化。观察社会人文现象，就可以用教化改造成就天下的人。

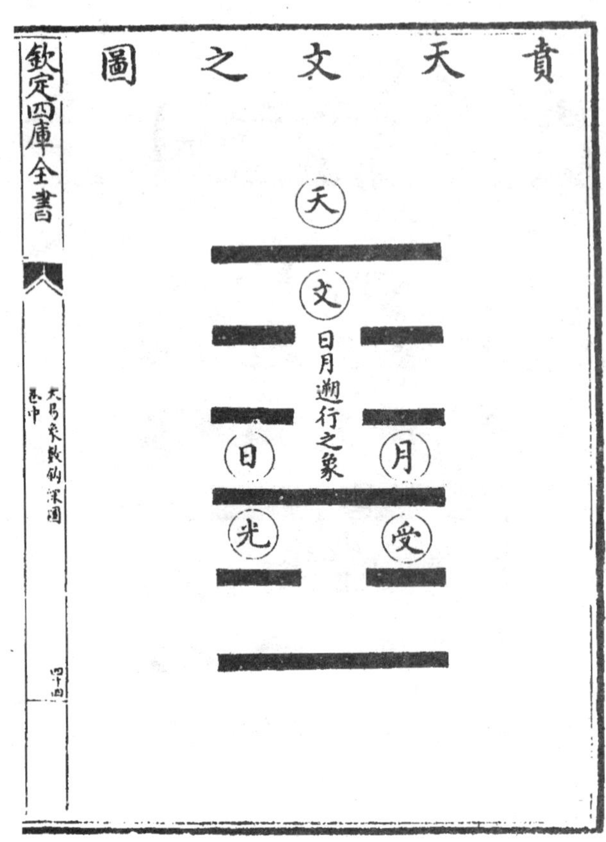

《象》曰:山下有火[①],贲。君子以明庶政[②],无敢折狱[③]。

【注释】

①山下有火:《贲》卦上艮下离,艮为山,离为火,所以说山下有火。②庶政:各项政事。③折狱:断案;判决案件。

【译文】

《象辞》说:本卦上卦为艮为山,下卦为离为火,山下有火,火燎群山,这是贲卦的卦象。君子观此卦象,思及猛火烧山,玉石俱焚,草木皆尽,以此为戒,从而明察各项政事,不能以威猛断狱。

初九:贲其趾[①],舍车而徒[②]。

《象》曰:舍车而徒,义[③]弗乘也。

【注释】

①趾:脚。②徒:步行。③义:宜;理应。

【译文】

初九:脚穿花鞋,舍车不乘,徒步而行。

《象辞》说:舍车不乘,徒步而行,为显示鞋子之美,理应不乘车。

六二:贲其须[①]。

《象》曰:贲其须,与上兴[②]也。

【注释】

①须：胡须。②与上兴：与九三阳爻一起行动（上：指九三阳爻。兴：动；兴起）。

【译文】

六二：修饰自己的胡须。

《象辞》说：修饰自己的胡须，说明老人不服老，帮助君王振兴国家。

九三：贲如①濡②如。永贞③吉。

《象》曰：永贞之吉，终莫④之陵⑤也。

【注释】

①如：形容词后缀，表示状态。②濡：鲜艳光亮。③永贞：占问长远之事的吉凶。④莫：没有谁。⑤陵：侵犯；欺侮。

【译文】

九三：奔跑向前，汗流浃背。卜问得吉兆。

《象辞》说：永远贞正，必吉利，因为绝没有人侵凌正人君子。

六四：贲如皤①如。白马翰②如。匪③寇，婚媾④。

《象》曰：六四，当位⑤疑也。匪寇，婚媾，终无尤⑥也。

【注释】

①皤：白色。②翰：一说指白色；一说指奔驰；一说指毛长。③匪：同“非”，指不、不是。④婚媾：嫁娶。⑤当位：指六四阴爻居于阴位，所处的位置适当。⑥尤：错误；罪过。

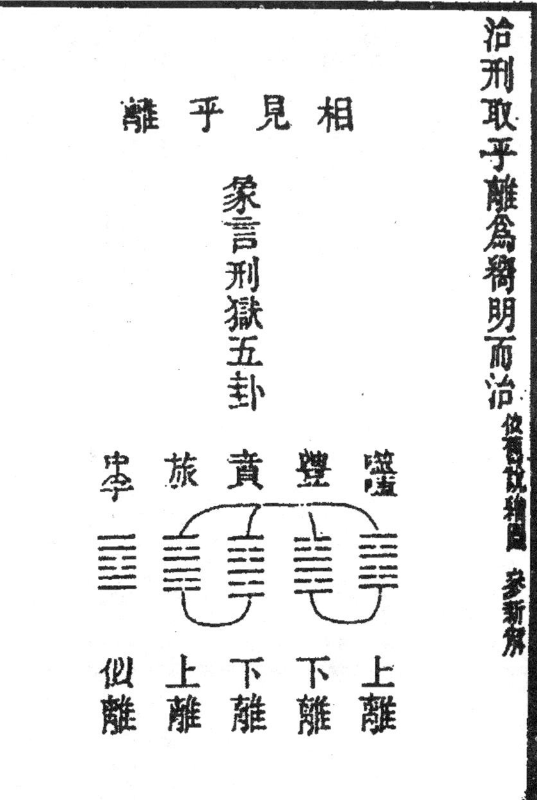

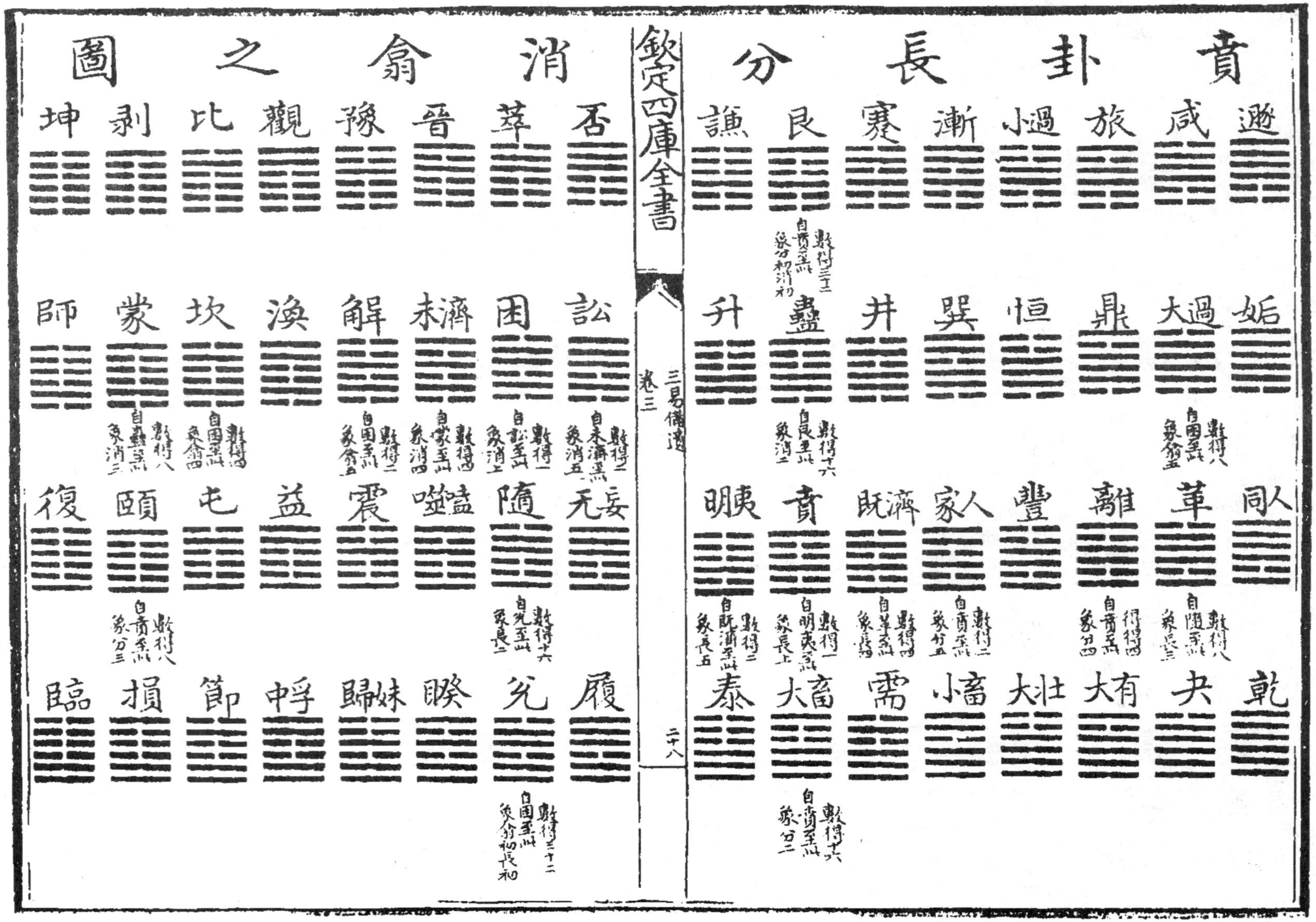

賁卦長分消翕之圖

遯　咸　旅　小過　漸　蹇　艮（自賁至此數得三十二象分初消初）　謙

姤　大過（自困至此數得八象翕五）　鼎　恒　巽　井　蠱（自艮至此數得十六象消二）　升

同人　革（自隨至此數得八象長三）　離（自賁至此數得四象分四）　豐　家人（自賁至此數得二象分五）　既濟（自革至此數得四象長四）　賁（自明夷至此數得一象長上）　明夷（自既濟至此數得二象長五）

乾　夬　大有　大壯　小畜　需　大畜（自賁至此數得十六象分二）　泰

否　萃　晉　豫　觀　比　剝　坤

訟（自未濟至此數得二象消五）　困（自訟至此數得一象消上）　未濟（自蒙至此數得四象消四）　解（自困至此數得二象翕五）　渙　坎（自困至此數得四象翕四）　蒙（自蠱至此數得八象消三）　師

无妄　隨（自兌至此數得十六象長二）　噬嗑　震　益　屯　頤（自賁至此數得八象分三）　復

履　兌（自困至此數得三十二象分初長初）　睽　歸妹　中孚　節　損　臨

【译文】

六四：奔跑气吁吁，太阳当头。高头白马，向前飞奔。不是来抢劫，而是来娶亲。

《象辞》说：六四阴爻居阴位，所处恰当。既知不是来抢劫，而是来娶亲，疑虑冰释，终无灾祸。

六五：贲于丘园①，束帛②戋戋③。吝④，终吉。

《象》曰：六五之吉，有喜也。

【注释】

①丘园：山丘中的园圃，指隐居的地方。一说指婚嫁时女家所居之地。②束帛：捆成束的帛，用作礼品。③戋戋：一说指众多的样子；一说指极少。④吝：悔恨。

【译文】

六五：奔向丘园，送上许多布帛，初遇困难，终则顺利。

《象辞》说：六五爻辞说的吉利，是指有婚姻之喜。

上九：白①贲，无咎。

《象》曰：白贲，无咎，上得志也。

【注释】

①白：素白。

【译文】

上九：送上白底饰以诸色花纹的布帛，不会坏事。

《象辞》说：白底的布帛饰以诸色花纹，没有灾祸，因为上九居一卦之首位，像人高高在上，志得意满。

剥 第二十三

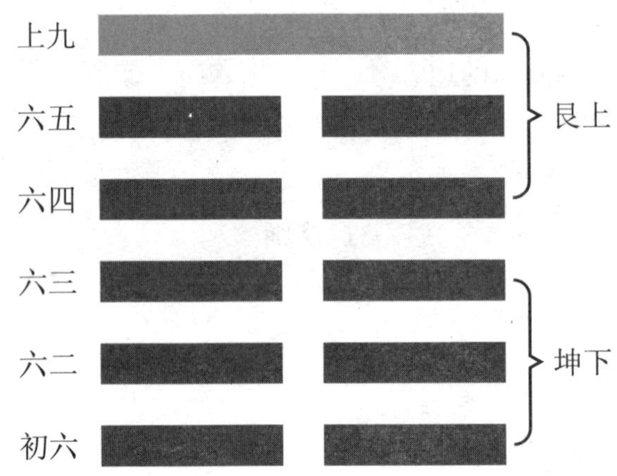

剥①:不利有攸②往。

【注释】

①剥:卦名,意为剥落。②攸:助词,相当于“所”。

【译文】

剥卦:有所往则不利。

《彖》曰:剥,剥也,柔变刚①也。“不利有攸往”,小人②长也。顺而止之③,观象④也。君子尚⑤消息⑥盈虚,天行⑦也。

【注释】

①柔变刚:柔指阴爻,刚指阳爻,《剥》卦由五个阴爻和一个阳爻组成,阴盛而阳衰,表示阳刚被阴柔所改变。②小人:指阴爻。③顺而止之:《剥》卦下坤上艮,冲为顺,艮为止,所以说顺而止之。④象:指《剥》卦的卦象。⑤尚:崇尚;尊崇。⑥消息:消长。⑦天行:自然界运行的规律。

【译文】

《彖辞》说:剥,剥落,意思是阴柔太盛,使阳刚剥落。“有所往则不利”,因为爻象表明小人势力正强。下卦为坤,义为顺,上卦为艮,义为止,委曲求全,静止无为,这是观察形势作出的结论。君子应该遵循消长盈虚的规律,因为这是天道。

《象》曰:山附于地①,剥。上以厚下安宅②。

【注释】

①山附于地:《剥》卦上艮下坤,艮为山,坤为地,所以说山附于地(附:附着。一说指倾覆)。清代阮元主持校刻的《十三经注疏·周易正义》“山”作“出”,应改为“山”。②厚下安宅:加厚

房屋的基础,使房屋坚固。

【译文】

《象辞》说:本卦上卦为艮为山,下卦为坤为地,山立在地上,风雨侵蚀,这是剥卦的卦象。君子观此卦象,以山石剥落、岩角崩塌为戒,从而厚待百姓,使人民安居乐业。

初六:剥床以①足。蔑②贞③,凶。

《象》曰:剥床以足,以灭下也。

【注释】

①以:一说意为"之";一说意为"及"。②蔑:一说通"灭",指蚀灭;一说指小;一说指梦;一说指无。③贞:占问。一说指"正"。

【译文】

初六:床足脱落。无须占问,这是凶险之象。

《象辞》说:床足脱落,这是自毁根基。

六二:剥床以辨①,蔑贞,凶。

《象》曰:剥床以辨,未有与②也。

【注释】

①辨:这里指床身与床足的连接处。一说指床头;一说指床板;一说指床腿。②与:帮助。

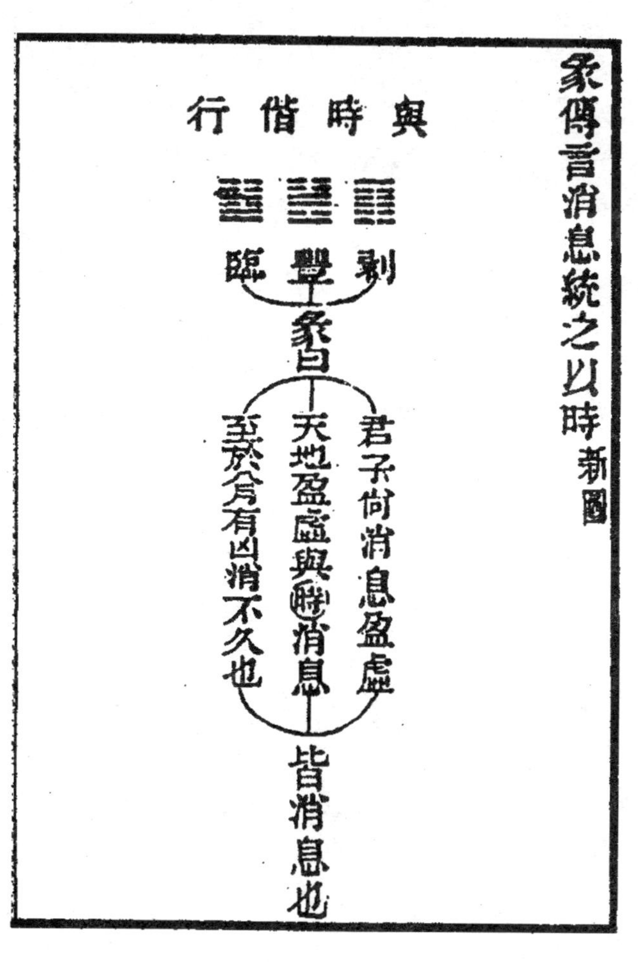

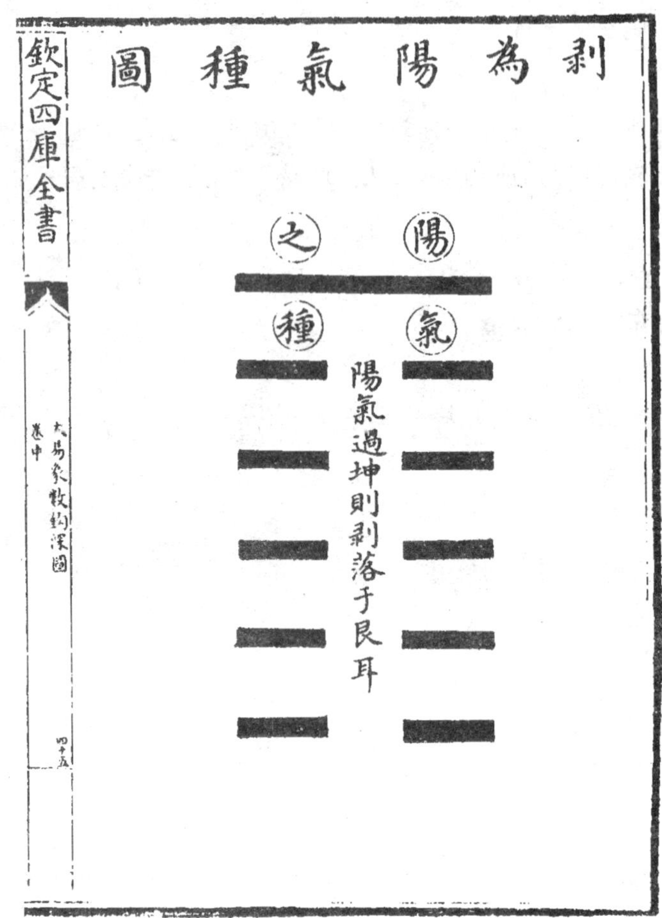

【译文】

六二：床板脱落。无须占问，这是凶险之象。

《象辞》说：床板脱落，这是自毁辅佐。

六三：剥之，无咎[①]。

《象》曰：剥之无咎，失上下[②]也。

【注释】

①咎：灾殃。②上下：指六三爻上下的阴爻。

【译文】

六三：夺取邻国邻邑的土地人民，可以无灾祸。

《象辞》说：割取邻国邻邑的土地人民，可以无灾祸，因为邻国邻邑的统治者已失去了上下臣民的支持。

六四：剥床以肤[①]，凶。

《象》曰：剥床以肤，切近[②]灾也。

【注释】

①肤：外表，这里当指床面。一说指人的皮肤；一说指床上的席子。②切近：贴近；相近。

【译文】

六四：剥取床上的垫席，这是凶象。

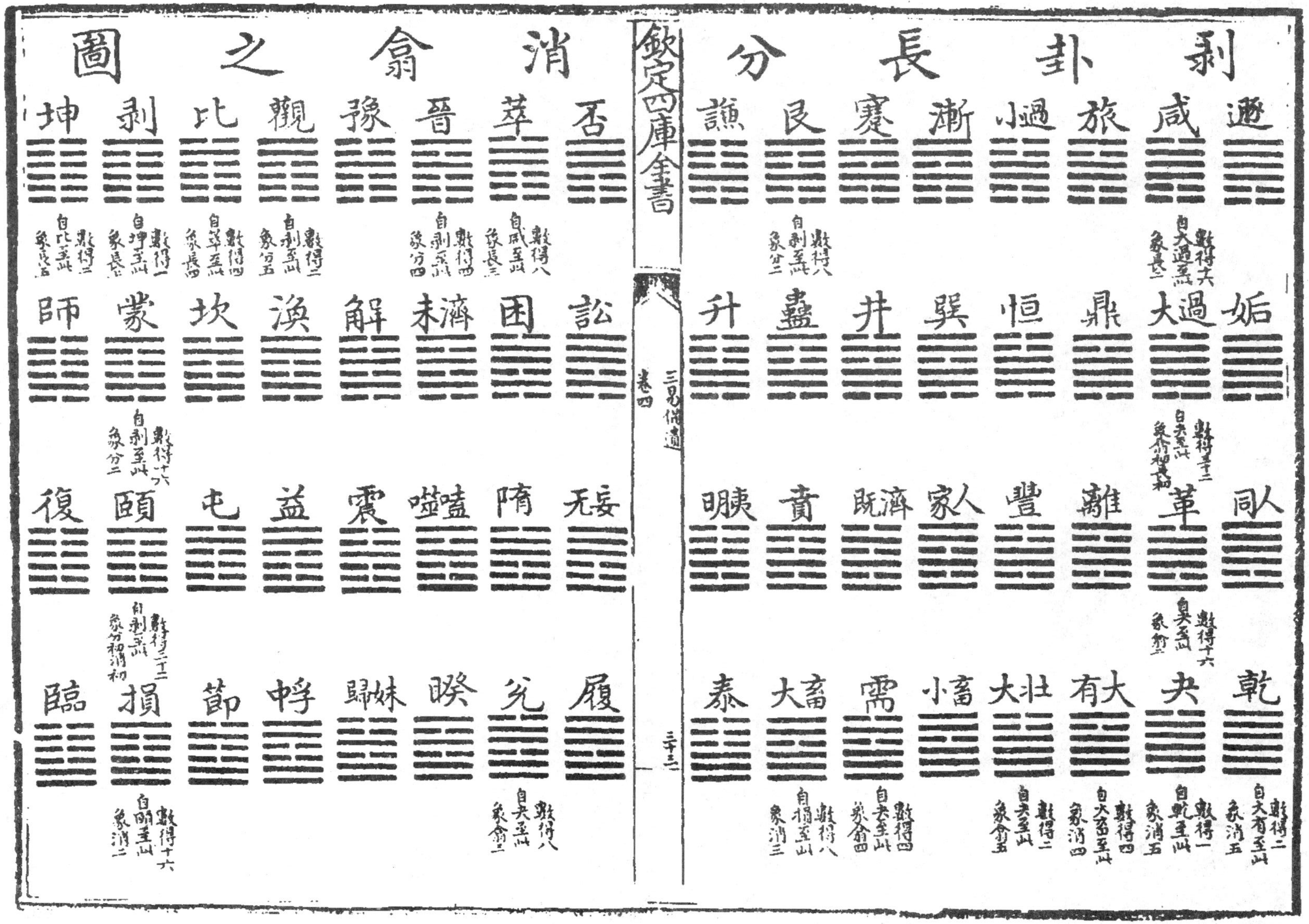

剝卦長分消翕之圖

遯　咸　旅　小過　漸　蹇　艮　謙

咸：數得六　自大過至此　象長三
艮：數得八　自剝至此　象分三

姤　大過　鼎　巽　恒　井　蠱　升

大過：數得三十二　自夬至此　象翕初長初

同人　革　離　豐　家人　既濟　賁　明夷

革：數得十六　自夬至此　象翕二

乾　夬　大有　大壯　小畜　需　大畜　泰

乾：數得二　自大有至此　象消五
夬：數得一　自乾至此　象消五
大有：數得四　自大畜至此　象消四
大壯：數得二　自夬至此　象翕五
需：數得四　自夬至此　象翕四
大畜：數得八　自損至此　象消三

否　萃　晉　豫　觀　比　剝　坤

萃：數得八　自咸至此　象長三
晉：數得四　自剝至此　象分四
觀：數得二　自剝至此　象分五
比：數得四　自萃至此　象長四
剝：數得一　自坤至此　象長五
坤：數得二　自比至此　象長五

訟　困　未濟　解　渙　坎　蒙　師

蒙：數得十六　自剝至此　象分二

无妄　隨　噬嗑　震　益　屯　頤　復

頤：數得三十二　自剝至此　象分初消初

履　兌　睽　歸妹　中孚　節　損　臨

兌：數得八　自夬至此　象翕三
損：數得十六　自臨至此　象消二

《象辞》说:剥取床上的垫席,灾祸就在眼前。

六五:贯鱼[①]以宫人宠,无不利。

《象》曰:以宫人宠,终无尤[②]也。

【注释】

①贯鱼:穿成串的鱼。比喻有秩序。②尤:抱怨;指责。一说指错误、罪过。

【译文】

六五:宫人依次当夕受宠,无所不利。

《象辞》说:宫人依次当夕受宠,秩序不乱,厚薄均匀,因而终无忧患。

上九:硕果不食;君子得舆[①],小人剥庐[②]。

《象》曰:君子得舆,民所载[③]也。小人剥庐,终不可用[④]也。

【注释】

①舆:车。②庐:房屋。③载:盛载,这里有拥戴的意思。④用:一说指行;一说指信用;一说是语气词。

【译文】

上九:劳者不得食,不劳者得食;君子乘坐华丽的车子,小人的草屋不蔽风雨。

《象辞》说:君子乘坐华丽的车辆,这是老百姓沉重的负担。小人的破屋不蔽风雨,这种现象表明终究难保平安。

复　第二十四

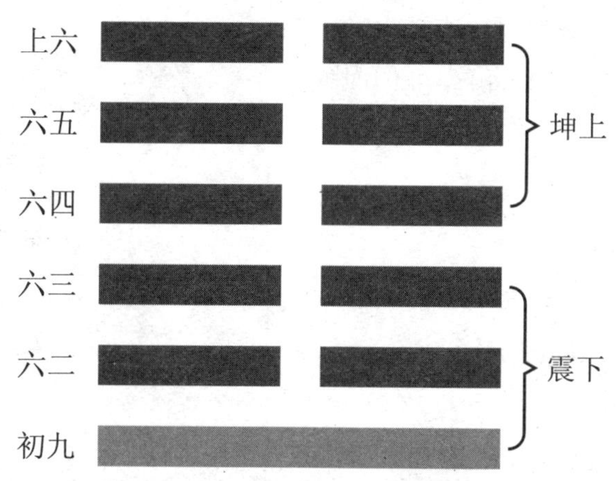

复①：亨。出入②无疾。朋③来无咎④。反复⑤其道⑥，七日⑦来复⑧。利有攸⑨往。

【注释】

①复：卦名，意为返还、回复。②出入：一说指出行和归来；一说指阳气的生长。③朋：一说指钱财；一说指朋友；一说指阳爻。④咎：灾殃。⑤反复：返还（反：返回）。⑥道：路。一说指规律。⑦七日：《周易》每卦由六爻组成，则每一爻经七次变化而回复自身，此以七日象征七次变化。一说指古代一种记日的周期。⑧来复：往还；去而复来。⑨攸：助词，相当于“所”。

【译文】

复卦：通泰。出入平安无病。有钱可赚而无灾。往返途中，七日即可。有所往则有所利。

《彖》曰：复，亨，刚反①。动而以顺行②，是以“出入无疾，朋来无咎”。“反复其道，七日来复”，天行③也。“利有攸往”，刚长④也。复，其见天地之心⑤乎！

【注释】

①刚反：指从《剥》卦的上九阳爻变为《复》卦的初九阳爻，象征阳刚之气返回（刚：指初九阳爻）。②动而以顺行：《复》卦下震上坤，震为动，坤为顺，所以说动而以顺行。③天行：自然界运行的规律。④刚长：指阳刚之气增长。⑤天地之心：指天地运行的内在规律。

【译文】

《彖辞》说：复，通泰。因为内卦为震为阳，外卦为坤为阴，阳刚返复于内，所以卦名曰复。一切举动符合正道，无往而不顺利，所以“出门、居处均无疾病，又有友人相助，可以无灾祸”。“反复循环，至七则为一周期”，这是天的原则。“有所往则有所利”，因为初爻为阳爻，表明阳刚已渐生长。复卦的卦象，体现了天地运行的实质性规律。

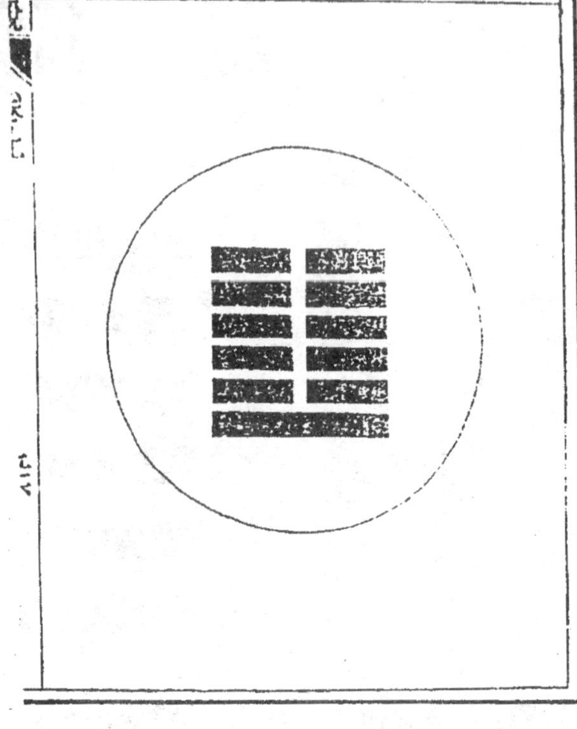

《象》曰：雷在地中①，复。先王以至日②闭关，商旅不行，后③不省方④。

【注释】

①雷在地中：《复》卦下震上坤，震为雷，坤为地，所以说雷在地中。②至日：冬至日。③后：君主。④省方：巡视四方。

【译文】

《象辞》说：本卦内卦为震为雷，外卦为坤为地，天寒地冻，雷返归地中，往而有复，依时回归，这是复卦的卦象。在冬至之日关闭城门，商旅不出行，君王也不巡视邦国。

初九：不远复，无祇①悔，元②吉。

《象》曰：不远之复，以修身也。

【注释】

①祇：一说是助词；一说当为“衹(qí)”字之误，意为“大”；一说指病；一说同“抵”，意为至、至于。②元：大。

【译文】

初九：外出不远就返回，又没有太后悔，大吉大利。

《象辞》说：出外不远就返回，比喻能时时反省，严于修身。

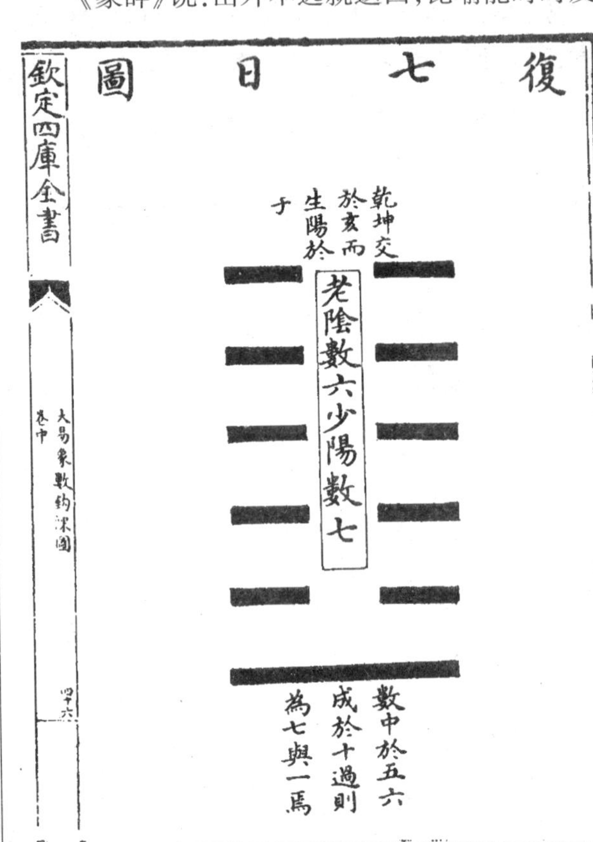

六二：休①复，吉。

《象》曰：休复之吉，以下仁②也。

【注释】

①休：美善。一说指停止。②下仁：谦恭地对待仁人(仁：指初九阳爻)。

【译文】

六二：圆满而归，吉利。

《象辞》说：圆满而归之所以吉利，是能够去位让贤。

六三：频①复，厉②，无咎。

《象》曰：频复之厉，义③无咎也。

【注释】

①频：皱着眉头。一说指频繁。②厉：危险。③义：宜；理应。

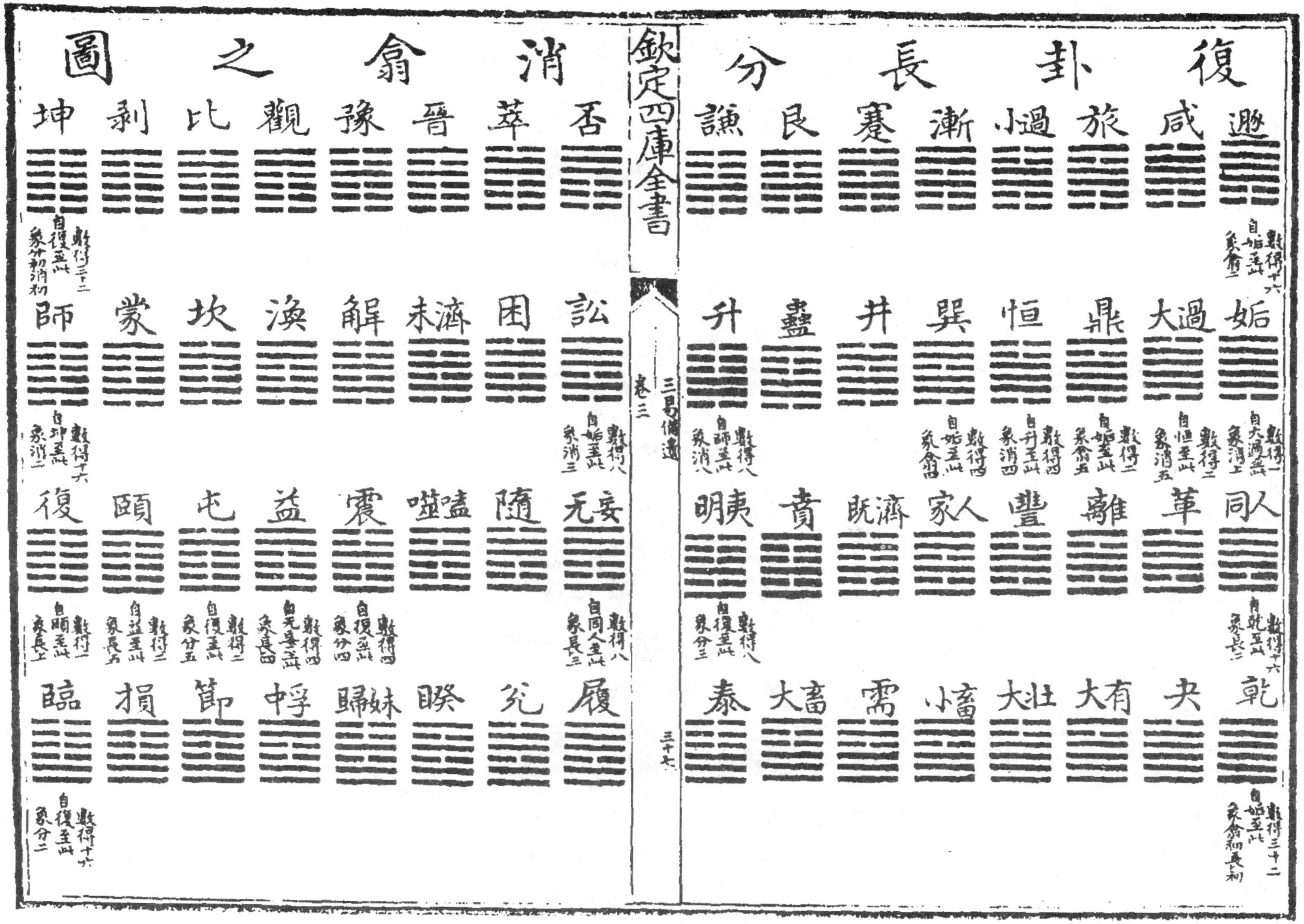

復卦長分消翕之圖

遯 咸 旅 小過 漸 蹇 艮 謙 | 否 萃 晉 豫 觀 比 剝 坤

遯：自姤至此數得十六象翕二
坤：自復至此數得三十二象分初消初

姤 大過 鼎 恒 巽 井 蠱 升 | 訟 困 未濟 解 渙 坎 蒙 師

姤：自大過至此數得一象消上
大過：自恒至此數得二象消五
鼎：自姤至此數得二象翕五
恒：自升至此數得四象消四
巽：自姤至此數得四象翕四
升：自師至此數得八象消八
訟：自姤至此數得八象消三
師：自坤至此數得十六象消二

同人 革 離 豐 家人 既濟 賁 明夷 | 无妄 隨 噬嗑 震 益 屯 頤 復

同人：自乾至此數得十六象長二
明夷：自復至此數得八象分三
无妄：自同人至此數得八象長三
震：自復至此數得四象分四
益：自无妄至此數得四象長四
屯：自復至此數得二象分五
頤：自益至此數得二象長五
復：自頤至此數得一象長上

乾 夬 大有 大壯 小畜 需 大畜 泰 | 履 兌 睽 歸妹 中孚 節 損 臨

乾：自姤至此數得三十二象翕初長初
臨：自復至此數得十六象分二

【译文】

六三：愁眉苦脸地回来，是遇到了危险，知难而退可以无灾祸。

《象辞》说：虽然愁眉苦脸地回来，但已脱离危险，理应没有灾祸。

六四：中行[①]独复。

《象》曰：中行独复，以从道也。

【注释】

①中行：指行至中途。

【译文】

六四：中途独自返回。

《象辞》说：中途独自返回，这是返回到道义上来。

六五：敦[①]复，无悔。

《象》曰：敦复无悔，中[②]以自考[③]也。

【注释】

①敦：诚恳；淳厚。一说指敦促；一说指考察。②中：指六五阴爻居上卦之中位。③考：考察。一说指成就。

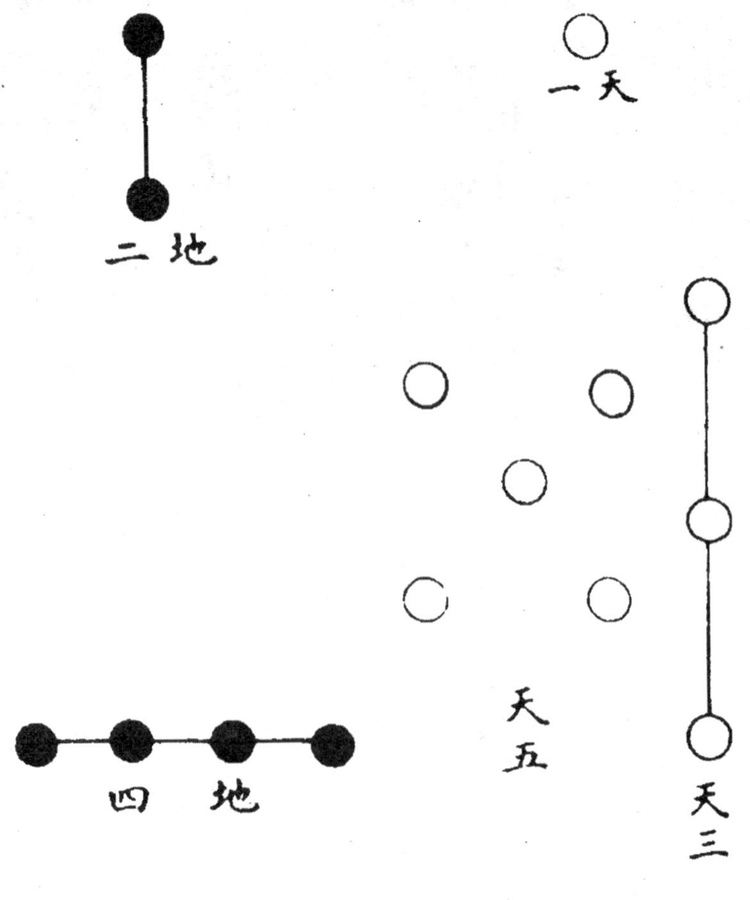

参天两地图

【译文】

六五:经过考察,决定返回,可以无悔。

《象辞》说:经过考察,决定返回,可以无悔,意思是从内心用正道检视自己。

上六:迷复,凶,有灾眚[①]。用[②]行师,终有大败,以其[③]国君凶。至于十年不克[④]征。

《象》曰:迷复之凶,反君道也。

【注释】

①灾眚:灾难。②用:用来。③以其:与其;及其。④克:能。

【译文】

上六:迷途难返,凶险,有灾祸。筮遇此爻,出兵打仗,必有大败,连累国君遭遇凶险,元气大伤,十年后也无力再举征伐。

《象辞》说:迷途难返遭遇凶险,这是由于君王违反君道。

无妄 第二十五

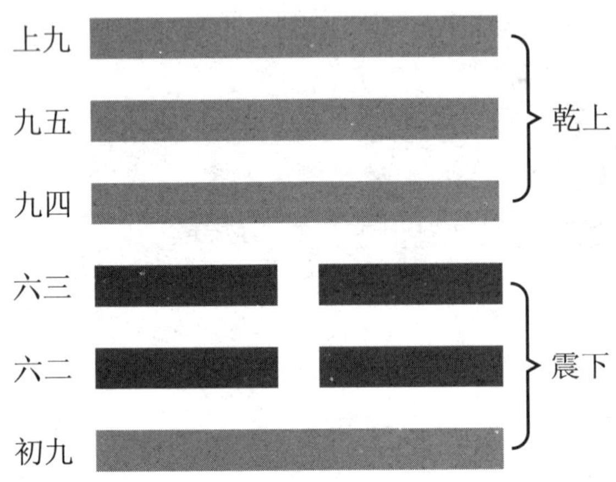

无妄①:元亨,利贞。其匪②正,有眚③,不利有攸④往。

【注释】

①无妄:卦名,意为不妄为。②匪:同"非",指不、不是。③眚:灾祸。④攸:助词,相当于"所"。

【译文】

无妄卦:嘉美通泰,卜得吉兆。行为不当,则有灾,有所往则不利。

《象》曰:无妄,刚自外来而为主于内①。动而健②,刚中而应③。大、亨以正,天之命④也。"其匪正,有眚,不利有攸往。"无妄之往⑤何之⑥矣?天命不祐,行矣哉?

【注释】

①刚自外来而为主于内:《无妄》卦的初九阳爻为一卦之主爻,初九位于内卦震,所以说"主于内";内卦震系由三画卦坤的初爻变为阳爻而成,所以说"刚自外来"。一说"刚自外来"指初九阳爻系由外卦乾而来。②动而健:《无妄》卦下震上乾,震为动,乾为健,所以说动而健。③刚中而应:指九五阳爻居上卦之中位,与居下卦之中位的六二阴爻相应合。④天之命:即天命,指大自然的规律。⑤无妄之往:即在不应妄为之时非要前往。⑥之:到;往。

【译文】

《彖辞》说:无妄,外卦为乾为阳,阳刚之象自外而来,渐侵入内;内卦为震,初爻为阳,以初爻为主而定震卦的性质。下卦为震,意为动,上卦为乾,意为健,所以说无妄之卦具有"动而健"的品德。九五阳爻居上卦中位,有刚中之象,六二阴爻居下卦中位,处和应之地。元大、亨通、贞正,正是天命所在。"行为不当,则有灾,有所往则不利",就是说妄行非正道,无路可通。上天不加保祐,还能行得通吗?

《象》曰：天下雷行①，物与②，无妄。先王以茂③对④时育万物。

【注释】

①天下雷行：《无妄》卦上乾下震，乾为天，震为雷，所以说天下雷行。②物与：一说指万物都随之生长（与：跟随）；一说指万物生长而伸展（与：同“舒”，指伸展）；一说应与下面的“无妄”连读，意为万物都不妄为；一说为衍文。③茂：通“懋（mào）”，勉力的意思。④对：应对；配合。

【译文】

《象辞》说：本卦上卦为乾为天，下卦为震为雷，天宇之下，春雷滚动，万物萌发，孳生繁衍，这是无妄的卦象。先王观此卦象，从而奋勉努力，顺应时令，保育万物。

初九：无妄往，吉。

《象》曰：无妄之往，得志也。

【译文】

初九：不要妄行非正，吉利。

《象辞》说：没有悖妄的行为，因为所有行动受到意志的控制。

六二：不耕，获；不菑①，畬②。则利有攸往？

《象》曰：不耕，获，未富也。

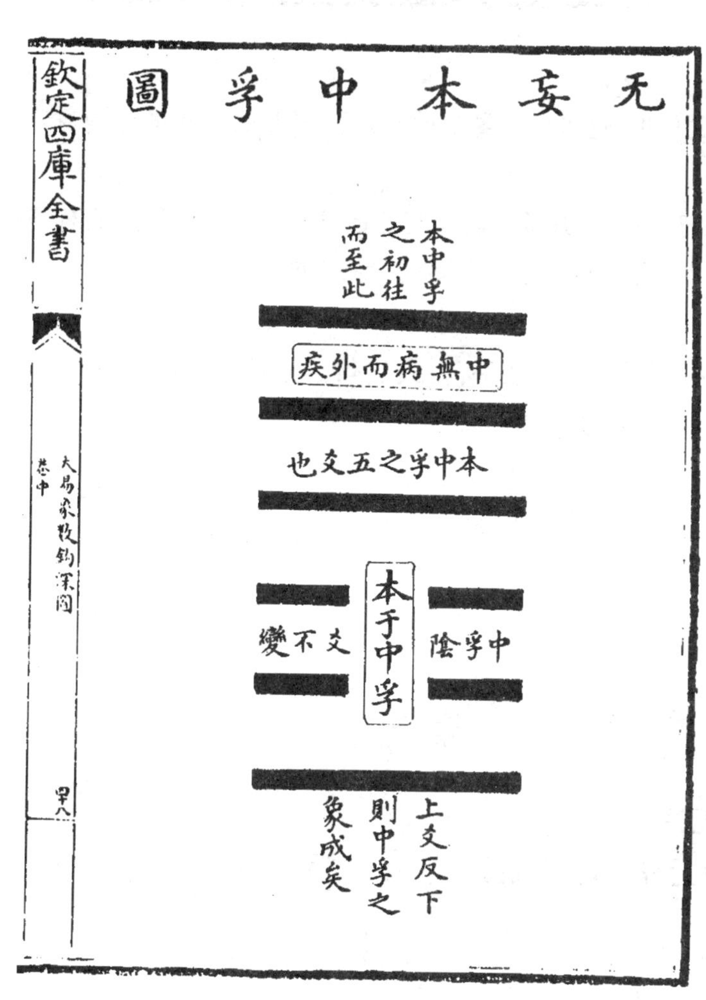

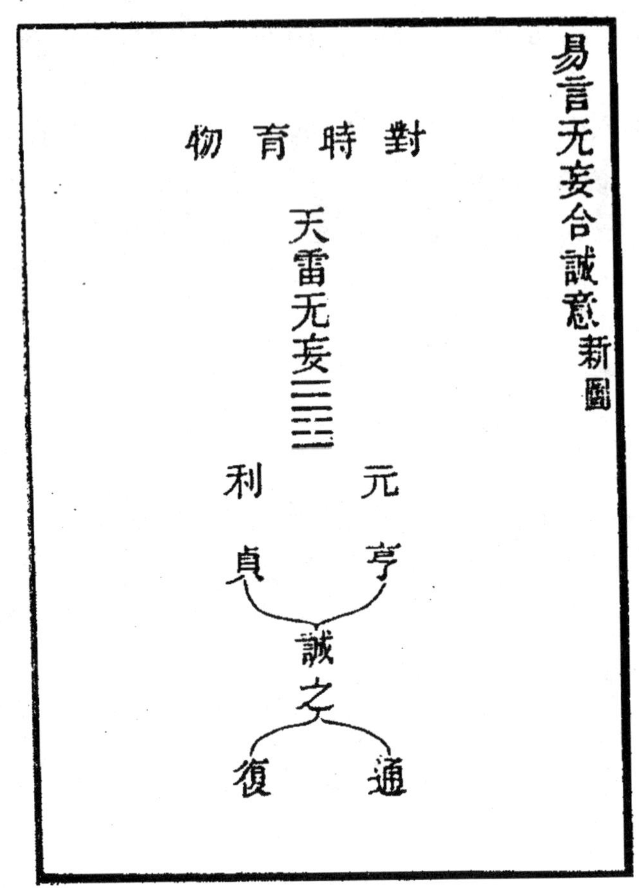

【注释】

①菑：初耕一年的田地，这里指开垦荒地。②畬：开垦过三年的田地，指熟地。

【译文】

六二：不耕种就想收获，不开荒地就想有熟地可种。这些行径怎能有利？

《象辞》说：不耕种而想收获，这种空妄的念头不能带来财富。

六三：无妄之灾。或①系②之牛，行人之得，邑人③之灾。

《象》曰：行人得牛，邑人灾也。

【注释】

①或：有人。②系：拴缚。③邑人：同邑的人；同乡。

【译文】

六三：意外的灾难。将牛系在不该系的地方，行人顺手牵牛获意外之得，邑人失牛受到意外之灾。

《象辞》说：行人意外得牛，邑人意外蒙灾。

九四：可贞，无咎①。

《象》曰：可贞无咎，固有之也。

【注释】

①咎：灾殃。

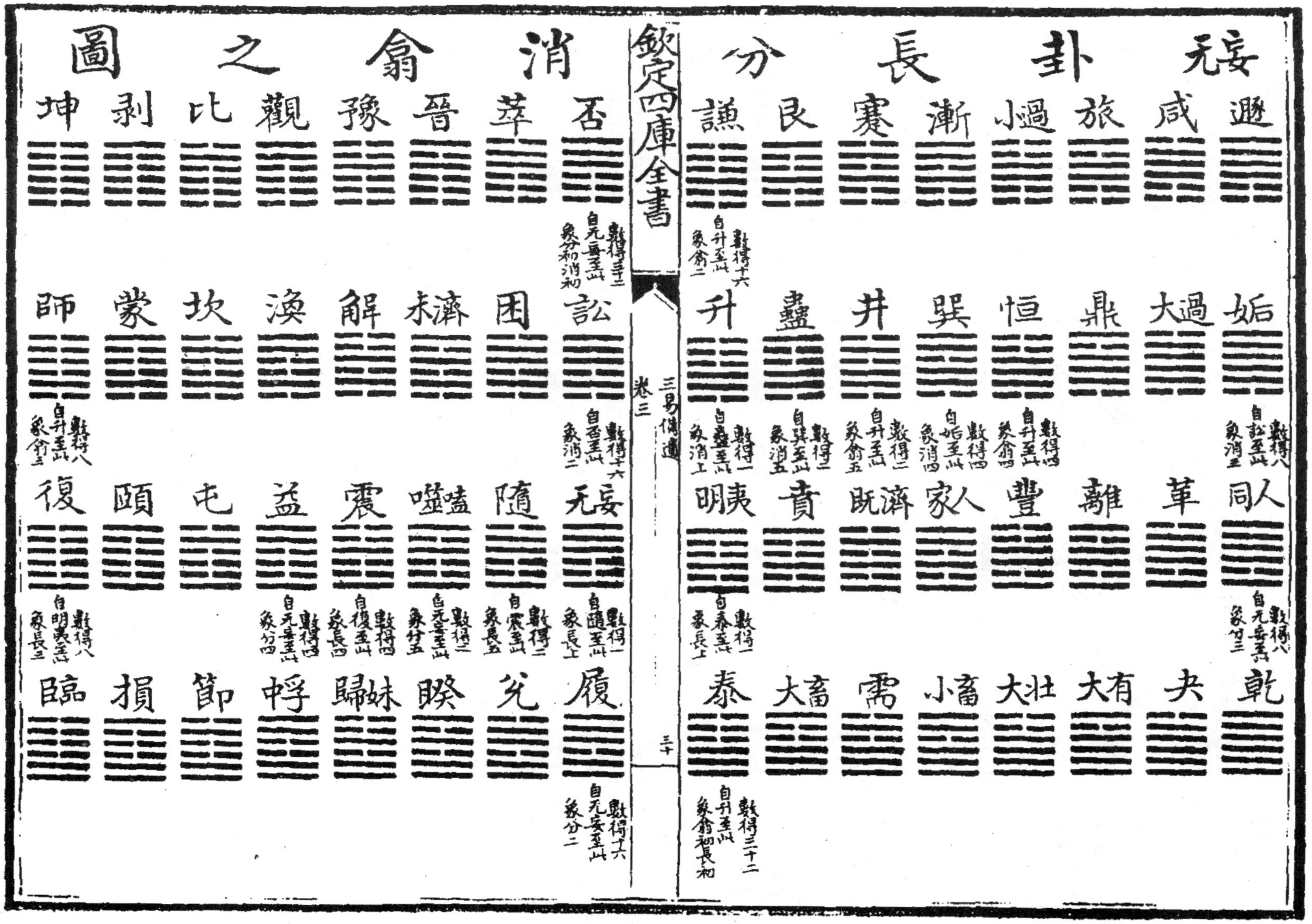
无妄 卦 長 分
消 翕 之 圖
欽定四庫全書
三易備遺
卷三
三十
遯 咸 旅 小過 漸 蹇 艮 謙
數得十六 自升至此 象翕二
否 萃 晉 豫 觀 比 剝 坤
數得三十二 自无妄至此 象分初消初
姤 大過 鼎 恒 巽 井 蠱 升
數得八 自訟至此 象消三
數得四 自升至此 象翕四
數得四 自姤至此 象消四
數得二 自升至此 象翕五
數得二 自巽至此 象消五
數得一 自蠱至此 象消上
訟 困 未濟 解 渙 坎 蒙 師
數得十六 自否至此 象消二
數得八 自升至此 象翕三
同人 革 離 豐 家人 既濟 賁 明夷
數得八 自无妄至此 象分三
數得一 自泰至此 象長上
无妄 隨 噬嗑 震 益 屯 頤 復
數得一 自隨至此 象長上
數得二 自震至此 象長五
數得二 自无妄至此 象分五
數得四 自復至此 象長四
數得四 自无妄至此 象分四
數得八 自明夷至此 象長三
乾 夬 大有 大壯 小畜 需 大畜 泰
數得三十二 自升至此 象翕初長初
履 兌 睽 歸妹 中孚 節 損 臨
數得十六 自无妄至此 象分二

【译文】

九四：称心的占问，没有灾难。

《象辞》说：具有贞正的品德，没有灾难，理应如此。

九五：无妄之疾，勿药[1]有喜[2]。

《象》曰：无妄之药，不可试[3]也。

【注释】

①药：指服药。②有喜：指病愈。③试：指试着去服药。

【译文】

九五：患意外之病，不要乱服药，自可痊愈。

《象辞》说：出人意外的药物，不可随便服用。

上九：无妄行！有眚，无攸利。

《象》曰：无妄之行，穷[1]之灾也。

【注释】

①穷：极；尽。

【译文】

上九：不要胡作妄行！将有灾祸，没有好处。

《象辞》说：谬妄的行为，是绝望无聊的表现。

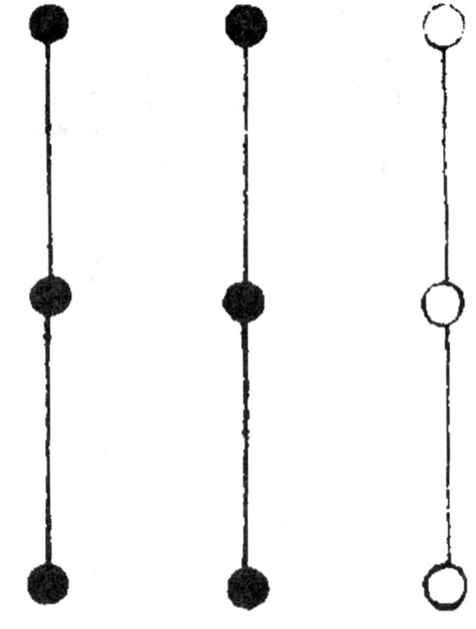

乾元用九坤元用六图

大畜　第二十六

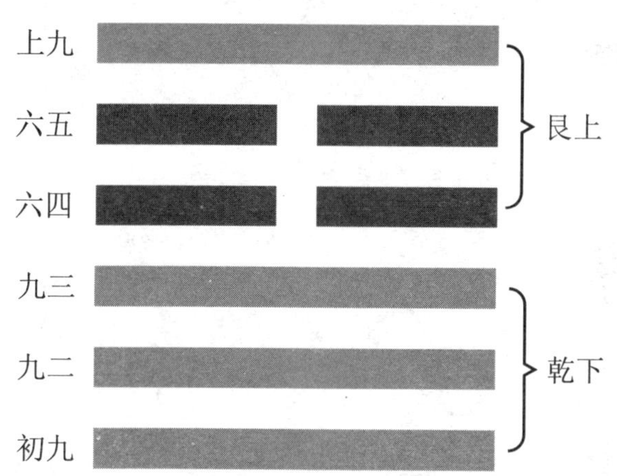

大畜[①]:利贞[②]。不家食[③],吉。利涉大川。

【注释】

①大畜:卦名,意指大有蓄聚。一说指大牲畜。②贞:占问。一说指"正"。③家食:即"食于家",指在家中吃饭。

【译文】

大畜卦:吉利的贞兆。不食于家,食于朝廷,吉利。筮遇此爻,有利于涉水渡河。

《彖》曰:大畜,刚健笃实[①],辉光[②]日新。其德刚上[③]而尚[④]贤,能止健[⑤],大正也。"不家食,吉",养贤也。"利涉大川",应乎天也。

【注释】

①刚健笃实:《大畜》卦下乾上艮,乾为天为刚健,艮为山为笃实,所以说刚健笃实。②辉光:指太阳的光辉和山的景色。③刚上:指上九阳爻居于上位。一说指艮卦在乾卦之上(艮卦为阳卦,属刚)。④尚:崇尚;尊崇。⑤能止健:《大畜》卦上艮下乾,艮为止,乾为健,所以说能止健,意为能蓄止刚健者。一说应作"健能止",意为"健而止"。

【译文】

《彖辞》说:大畜,内卦为乾为天,性刚健;外卦为艮为山,性厚实。天光山气相映生辉,光景常新。它的含蕴是刚阳舒展,贤人得位,行为刚健,适可而止,正所谓品德伟大,行为贞正。"不在家里吃饭,吉利",是说国家以厚禄养贤。"有利于涉水渡河",是说能够遵循自然规律涉渡大河。

《象》曰:天在山中[①],大畜。君子以多识[②]前言往行,以畜其德。

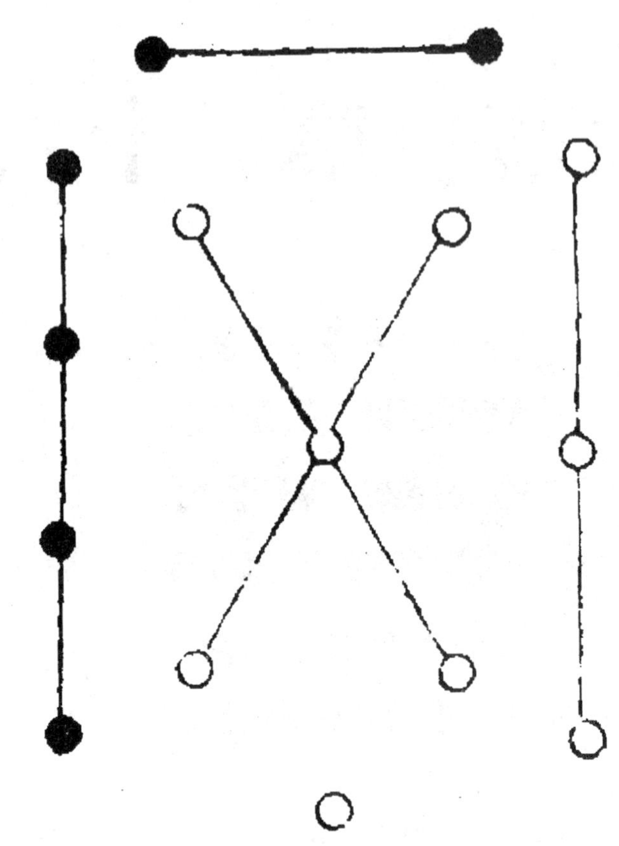

河图天地十五数图

【注释】

①天在山中:《大畜》卦下乾上艮,乾为天,艮为山,所以说天在山中。②识:记住。

【译文】

《象辞》说:内卦为乾为天,外卦为艮为山,太阳照耀于山,万物摄取阳光雨露,各遂其生,这是大畜的卦象。君子观此卦象,从而广泛地了解古人的嘉言善行,来培养自己的德行。

初九:有厉①,利已②。

《象》曰:有厉,利已,不犯灾也。

【注释】

①厉:危险。②已:止;停下来。

【译文】

初九:将有危险,祭祀鬼神则能化凶为吉。

《象辞》说:将有危险,停止所为则能化凶为吉,因为这样就不会犯灾触难。

九二:舆①说②輹③。

《象》曰:舆说輹,中④无尤⑤也。

【注释】

①舆:车。②说:通"脱",指解脱、脱落。③輹:车厢下面钩住车轴的木头。④中:指九二阳爻

居下卦之中位。⑤尤:错误;罪过。

【译文】

九二:车轮辐条脱落。

《象辞》说:车辐脱落车轮坏了,九二之爻居下卦中位,这种爻象表明毕竟没有忧患。

九三:良马逐,利艰贞①。曰②闲③舆卫④,利有攸⑤往。

《象》曰:利有攸往,上⑥合志也。

【注释】

①艰贞:占问艰难之事。②曰:语气助词。一说应作"日",指每天。③闲:练习;熟习。④舆卫:指驾车与防卫。⑤攸:助词,相当于"所"。⑥上:指上九爻。

【译文】

九三:良马交配,占问艰难之事吉利。每天练习车战,有所往则有利。

《象辞》说:有所往则有利,所往必得,尚可符合心意。

六四:童①牛之牿②,元③吉。

《象》曰:六四元吉,有喜也。

【注释】

①童:没有长角或无角的牛羊。②牿:缚在牛角上使牛不能触人的横木。③元:大。

【译文】

六四:木棒横缚在好斗公牛的犄角上。筮遇此爻,大吉大利。

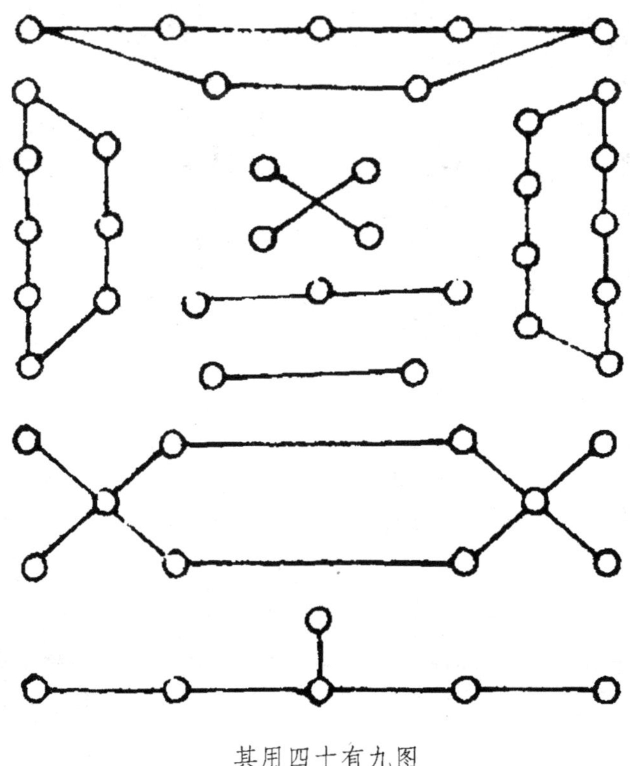

其用四十有九图

欽定四庫全書 三易備遺 卷三

大畜卦長分 消翕之圖

遯 咸（數得八 自遯至此 象翕三） 旅 小過 漸 蹇 艮（數得十六 自蠱至此 象消二） 謙

姤 大過 鼎 恒 巽 井 蠱（數得三十二 自大畜至此 象分初消初） 升

同人 革 離 豐 家人 既濟 賁（數得六 自大壯至此 象分二） 明夷

乾 夬（數得八 自乾至此 象長三） 大有（數得四 自大畜至此 象分四） 大壯 小畜（數得二 自大畜至此 象分五） 需（數得四 自夬至此 象長四） 大畜（數得一 自泰至此 象長上） 泰（數得二 自需至此 象長五）

否（數得二 自晉至此 象消五） 萃（數得一 自否至此 象消上） 晉（數得四 自剝至此 象消四） 豫（數得二 自萃至此 象翕五） 觀 比（數得四 自萃至此 象翕四） 剝（數得八 自艮至此 象消三） 坤

訟 困（數得十六 自萃至此 象翕二） 未濟 解 渙 坎 蒙 師

无妄 隨（數得三十二 自萃至此 象翕初消初） 噬嗑 震 益 屯 頤 復

履 兌（數得十六 自隨至此 象長二） 睽 歸妹 中孚 節 損（數得八 自大畜至此 象分三） 臨

《象辞》说:六四爻辞讲的大吉大利,是指将有喜庆之事。

六五:豮豕[1]之牙。吉。

《象》曰:六五之吉,有庆也。

【注释】

①豮豕:阉割过的猪(豕:猪)。

【译文】

六五:圈起好奔突的大猪,吉利。

《象辞》说:六五爻辞讲的吉利,是指有吉庆之事。

上九:何[1]天之衢[2]。亨。

《象》曰:何天之衢,道大行也。

【注释】

①何:通"荷",指承受。一说为语气助词;一说为衍文。②衢:四通八达的道路;大路。

【译文】

上九:承受上天的福佑,大吉大利。

《象辞》说:得到上天的福佑,行事畅通无阻。

颐　第二十七

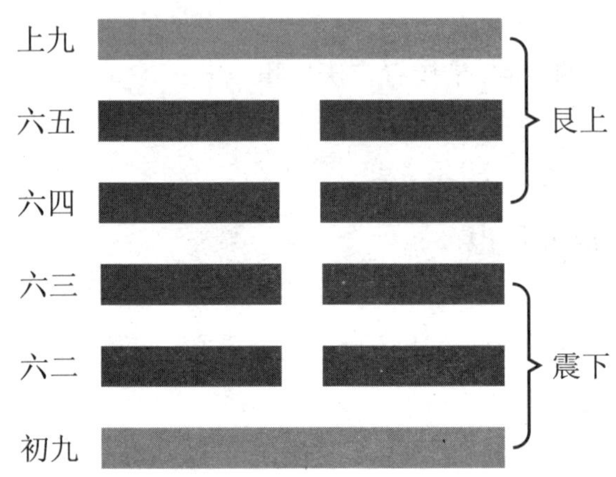

颐[1]:贞[2]吉。观颐,自求口实[3]。

【注释】

①颐:卦名,有颐养的意思。②贞:占问。一说指"正"。③口实:食物。

【译文】

颐卦:占卜得吉兆。颐养之道,在于自食其力。

《彖》曰:颐"贞吉",养正[1]则吉也。"观颐",观其所养[2]也。"自求口实",观其自养也。天地养万物。圣人养贤以及万民。颐之时大矣哉。

【注释】

①养正:以正道来颐养。②所养:指如何来颐养。

【译文】

《彖辞》说:颐卦卦辞讲,"贞正吉利",意思是依循正道颐养人物则吉利。"观审颐养",就是观察所颐养的对象。"自食其力",就是观察他怎样养活自己。天地养育万物,圣人颐养贤人,养育万民。颐养物我不失其时,这是多么伟大。

《象》曰:山下有雷[1],颐。君子以慎言语,节饮食。

【注释】

①山下有雷:《颐》卦上艮下震,艮为山,震为雷,所以说山下有雷。

【译文】

《象辞》说:本卦上卦为艮为山,下卦为震为雷,雷出山中,万物萌发,这是颐卦的卦象。君子观此卦象,应谨慎言语,避免灾祸。节制饮食,修身养性。

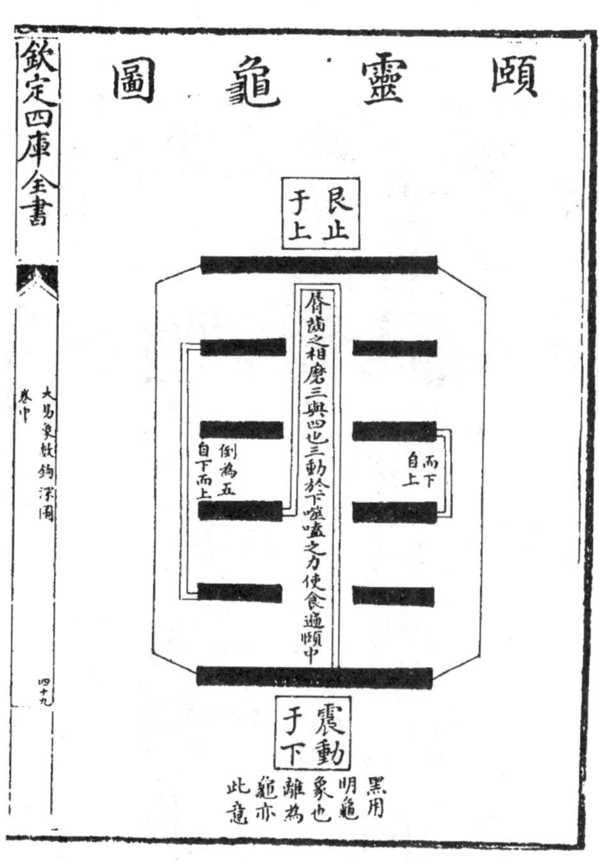

初九：舍尔灵龟①，观我朵颐②，凶。

《象》曰：观我朵颐，亦不足贵③也。

【注释】

①舍尔灵龟：一说指舍去你的灵龟之肉不食；一说指舍弃像灵龟食气一样的养生之道；一说指舍弃用灵龟占卜的方法。②朵颐：鼓动腮颊，指咀嚼。③贵：看重；重视。

【译文】

初九：自己储藏着大量的财宝，却还要羡嫉人家的财物，必遭凶险之事。

《象辞》说：羡嫉人家的财物，这不是可称道的行为。

六二：颠①颐，拂经②于丘颐③征④，凶。

《象》曰：六二征凶，行失类⑤也。

【注释】

①颠：一说借为"填"，指塞的意思；一说指顶；一说通"慎"，指慎重；一说指颠倒。②拂经：违背常道（拂：违逆。经：常道）。一说指不自己去经营（经：经营）。③丘颐：一说指向高丘上的尊者求得颐养；一说指丘陵的两坡。④征：行动；远行。⑤类：法则；准则。一说指同类。

【译文】

六二：为了糊口，在山坡上开荒种地。为了生计而去抢劫别人，这是凶险之事。

《象辞》说：六二爻辞说抢劫则凶，因为这种行径违反道义。

頤卦長分消翕之圖

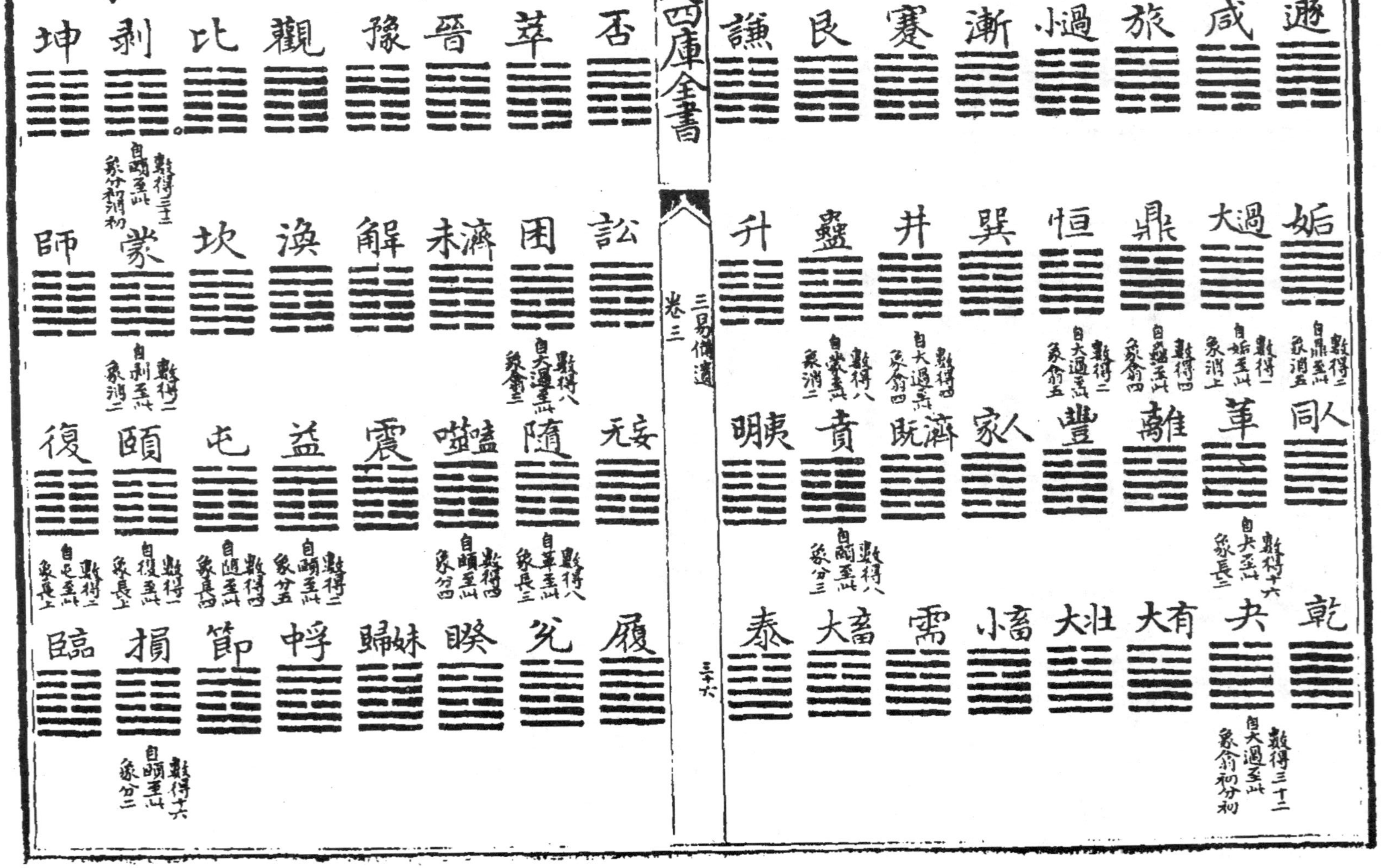

坤 剝 比 觀 豫 晉 萃 否

數得三十二 自頤至此 象分初消初

師 蒙 坎 渙 解 未濟 困 訟

數得二 自剝至此 象消二

數得八 自大過至此 象翕三

復 頤 屯 益 震 噬嗑 隨 无妄

數得二 自屯至此 象長上

數得一 自復至此 象長上

數得四 自隨至此 象長四

數得二 自頤至此 象分五

數得四 自頤至此 象分四

數得八 自革至此 象長三

臨 損 節 中孚 歸妹 睽 兑 履

數得十六 自頤至此 象分二

謙 艮 蹇 漸 小過 旅 咸 遯

升 蠱 井 巽 恒 鼎 大過 姤

數得八 自蒙至此 象消二

數得四 自大過至此 象翕四

數得二 自大過至此 象翕五

數得四 自蠱至此 象翕四

數得一 自姤至此 象消上

數得二 自鼎至此 象消五

明夷 賁 既濟 家人 豐 離 革 同人

數得八 自頤至此 象分三

數得十六 自夬至此 象長三

泰 大畜 需 小畜 大壯 大有 夬 乾

數得三十二 自大過至此 象翕初分初

六三：拂颐，贞凶。十年勿用，无攸[①]利。

《象》曰：十年勿用，道大悖[②]也。

【注释】

①攸：助词，相当于“所”。②悖：违逆；违背。

【译文】

六三：违背养生正道，靠歪门邪道过活，占问得凶兆。十年都得倒霉，永无好处。

《象辞》说：十年都得倒霉，因为这种行为大有悖于道义。

六四：颠颐，吉。虎视眈眈[①]，其欲逐逐[②]，无咎[③]。

《象》曰：颠颐之吉，上[④]施[⑤]光[⑥]也。

【注释】

①眈眈：瞪目逼视的样子。②逐逐：紧追不放的样子。③咎：灾殃。④上：一说指六四阴爻；一说指上九阳爻。⑤施：给予；施与。⑥光：一说指光明；一说指广大。

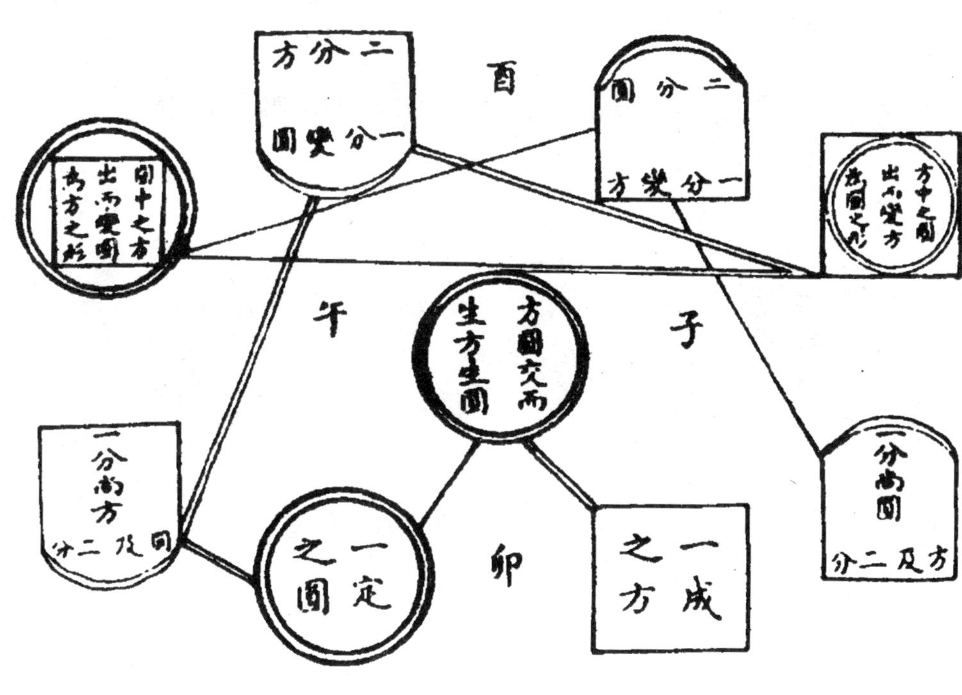

方圆相生图

【译文】

六四：所求不过糊口，害人之心不可存，吉利。虎视眈眈，防人之心不可无。这样就可以安享天年，悠然自得，无灾祸。

《象辞》说：所求不过糊口，之所以吉利，因为君上施舍甚广，足以养民。

六五：拂经，居贞[①]吉。不可涉大川。

《象》曰：居贞之吉，顺以从上[②]也。

【注释】

①居贞：占问居处。②上：指上九阳爻。

【译文】

六五:开荒种地,平居度日,占问得吉兆。筮遇此爻,不可涉水渡河。

《象辞》说:平居守正,之所以吉利,因为其人安分循道,服从君上。

上九:由颐[①],厉[②],吉。利涉大川。

《象》曰:由颐,厉,吉,大有庆也。

【注释】

①由颐:遵循颐养之道(由:遵循)。一说指"由之以颐",即依靠他获得颐养;一说指颐养的理由;一说指走上谋生的正路。②厉:危险。

【译文】

上九:遵循生活正道,先艰难而后吉利。筮遇此爻,有利于涉水渡河。

《象辞》说:遵循生活正道,先艰难而终吉利,因为善良之人终得善报。

大过　第二十八

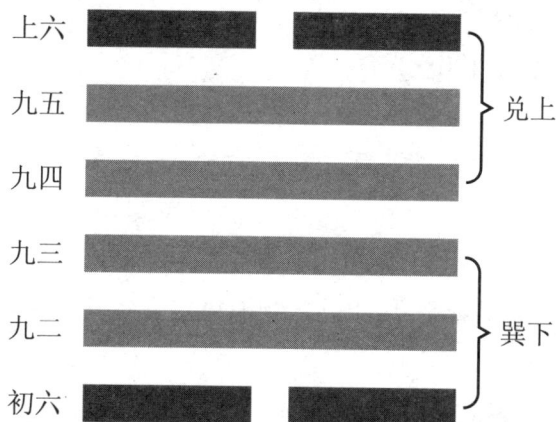

大过[①]：栋桡[②]。利有攸[③]往，亨。

【注释】

①大过：卦名，有过于大的意思。②栋桡：栋梁向下弯曲（桡：弯曲）。清代阮元主持校刻的《十三经注疏·周易正义》"桡"作"挠"，应改为"桡"。③攸：助词，相当于"所"。

【译文】

大过卦：屋梁被压弯。有所往则有利，通泰。

《彖》曰：大过，大者[①]过也。"栋桡"，本末[②]弱也。刚过而中[③]，巽而说行[④]，"利有攸往"，乃"亨"。大过之时大矣哉。

【注释】

①大者：这里指阳爻。②本末：树木的根与树梢，这里也指《大过》卦的初六和上六两个阴爻。③刚过而中：《大过》卦由四个阳爻和两个阴爻组成，有阳刚过盛之象；九二阳爻与九五阳爻又分别居下、上卦之中位，故称之为刚过而中。④巽而说行：《大过》卦下巽上兑，兑为悦（说：即"悦"），所以说巽而说行（巽：谦逊）。

【译文】

《彖辞》说：大过，意思是大而过当。"栋梁弯曲"，就是因为横梁中部太粗，两头太细，不堪负荷。本卦阳爻多，阴爻少，阳刚过盛；但是九二、九五之爻分居下卦、上卦之中位，像人得贞正之道，有谦逊而和悦的品德。秉此行事，"有所往则必有利"，所以又说"通泰"。大过之卦，并容凶吉之象，因此其意义是重大的。

《象》曰：泽灭木[①]，大过。君子以独立不惧，遁世[②]无闷[③]。

【注释】

①泽灭木:《大过》卦上兑下巽,兑为泽,巽为木,有泽水把木淹没之象,所以说泽灭木(灭:淹没)。②遁世:从世间退隐。③闷:烦闷。

【译文】

《象辞》说:本卦上卦为兑为泽,下卦为巽为木,上兑下巽,水淹木舟,这是大过的卦象。君子观此卦象,以舟重则覆为戒,领悟到遭逢祸变,应守节不屈,隐居不仕,清静淡泊。

初六:藉[①]用白茅[②],无咎[③]。

《象》曰:藉用白茅,柔在下也。

【注释】

①藉:铺垫;衬垫。②白茅:洁白的茅草。③咎:灾殃。

【译文】

初六:恭敬地用白茅垫着祭品,可以无灾祸。

《象辞》说:恭敬地用白茅垫着祭品,柔软之物铺垫在下面,正像初六阴爻居一卦之下位。

九二:枯杨生稊[①],老夫得其女[②]妻,无不利。

《象》:老夫少妻,过[③]以相与[④]也。

【注释】

①稊:通“荑(tí)”,指植物的嫩芽。②女:指少女。③过:过失;错误。④相与:相处;相交往。

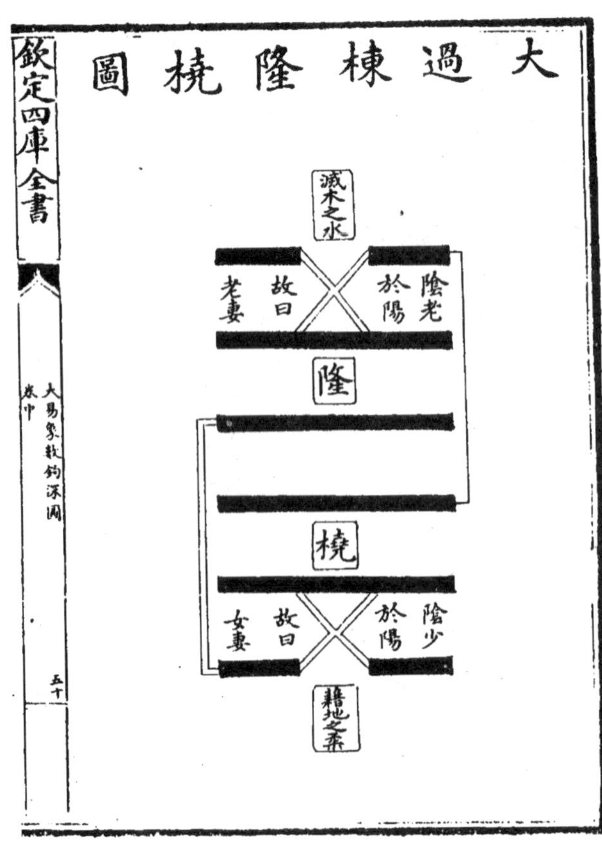

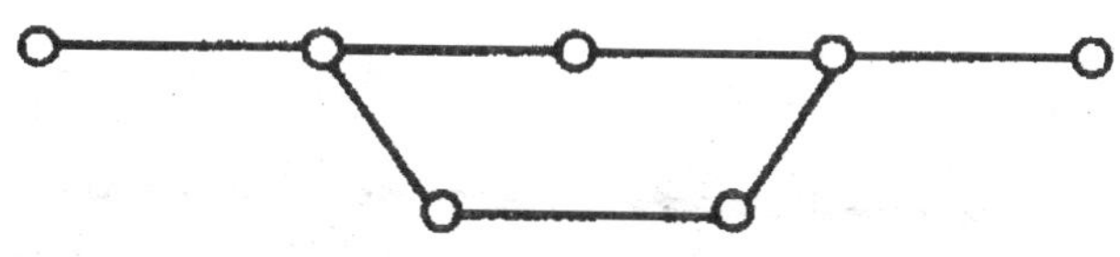

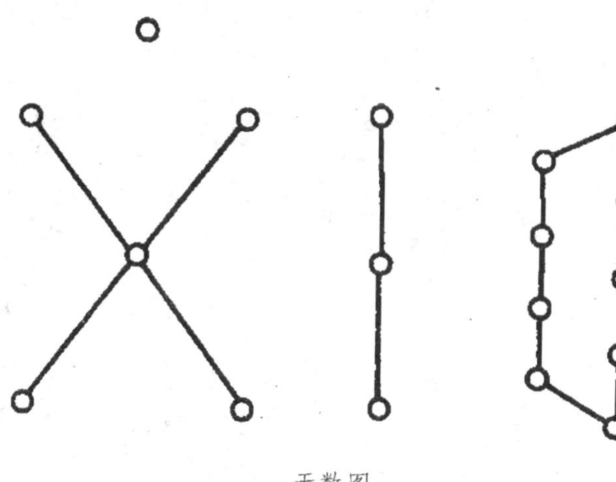

天数图

【译文】

九二：枯杨又发芽，老头子娶少女为妻，没有不利的。

《象辞》说：夫老妻少，年龄不当，这是错误的婚配。

九三：栋桡，凶。

《象》曰：栋桡之凶，不可以有辅也。

【译文】

九三：屋梁弯曲，这是凶险之象。

《象辞》说：屋梁弯曲之所以凶险，因为栋曲即屋倾，无法支撑。

九四：栋隆①，吉。有它②，吝③。

《象》曰：栋隆之吉，不桡乎下也。

【注释】

①隆：隆起；凸起。②它："蛇"的古字，指意外之患。③吝：悔恨。

【译文】

九四：屋梁挺直，吉利。但有意外之患则不好应付。

《象辞》说：屋梁挺直吉利，是因为屋梁不弯曲则房屋不倾倒。

九五：枯杨生华①，老妇得其士夫②，无咎无誉。

《象》曰：枯杨生华，何可久也。老妇士夫，亦可丑③也。

【注释】

①华：同"花"。②士夫：年轻的丈夫。③丑：羞耻；惭愧。

大過卦長分消翕之圖

欽定四庫全書　三易備遺　卷四

遯　咸　旅　小過　漸　蹇　艮　謙

咸：數得六　自大過至此　象分二

姤　大過　鼎　恒　巽　井　蠱　升

姤：數得二　自乾至此　象長五
大過：數得一　自姤至此　象長上
鼎：數得四　自蠱至此　象長四
恒：數得二　自大過至此　象分五
井：數得四　自大過至此　象分四
蠱：數得八　自蒙至此　象長三

同人　革　離　豐　家人　既濟　賁　明夷

革：數得六　自夬至此　象消二
賁：數得八　自頤至此　象翕三

乾　夬　大有　大壯　小畜　需　大畜　泰

夬：數得三十二　自大過至此　象分初消初

否　萃　晉　豫　觀　比　剝　坤

剝：數得三十二　自頤至此　象翕初長初

訟　困　未濟　解　渙　坎　蒙　師

困：數得八　自大過至此　象分三
蒙：數得十六　自剝至此　象長二

无妄　隨　噬嗑　震　益　屯　頤　復

隨：數得三十八　自革至此　象消三
噬嗑：數得四　自頤至此　象翕四
益：數得二　自頤至此　象翕五
屯：數得四　自隨至此　象消四
頤：數得一　自復至此　象消上
復：數得一　自屯至此　象消五

履　兌　睽　歸妹　中孚　節　損　臨

損：數得十六　自頤至此　象翕二

【译文】

九五：枯杨开花，老妇人嫁给一个年轻人，这件事不好也不坏。

《象辞》说：枯杨开花，其花怎能长开不谢。老妇人嫁给年轻人，这种事总是不大光彩。

上六：过涉[1]灭顶，凶，无咎。

《象》曰：过涉之凶，不可无咎[2]也。

【注释】

①过涉：一说指涉水过深；一说指误涉；一说指水势过大时涉水。②咎：责怪；追究罪责。

【译文】

上六：盲目涉水过河，水深过顶，虽遇凶险，但终归没有灾难。

《象辞》说：盲目涉水招致危险，事已至此，谴责亦属无益。

坎 第二十九

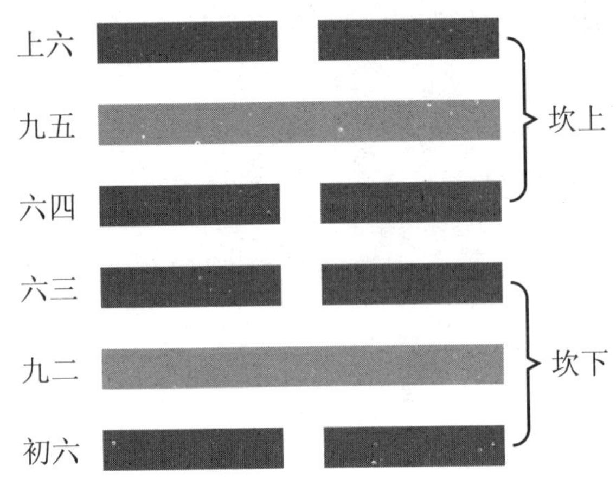

习坎[1]:有孚,维[2]心,亨。行有尚[3]。

【注释】

①习坎:指重重险难(习:重叠。坎:坑,这里指险难)。一说“习”为衍文。②维:维系。一说是语气助词;一说指束缚;一说指顺。③尚:崇尚;尊崇。

【译文】

习坎卦:抓获俘虏,安抚他们,通泰。途中将得到帮助。

《彖》曰:习坎,重险也。水流而不盈[1]。行险而不失其信,维心亨,乃以刚中[2]也。“行有尚”,往有功也。天险,不可升[3]也。地险,山川丘陵也。王公设险,以守其国。险之时用[4]大矣哉。

【注释】

①盈:溢出;上涨。一说指“止”。②刚中:指九二和九五阳爻分别居下、上卦之中位。③升:登;攀登。④时用:因时而用。

【译文】

《彖辞》说:习坎,就是指险阻相重。又指水长流而不停蓄。坎为险,人行险道而不违其信诺,可见其心亨美,因为爻象表明,九二、九五之爻居下卦、上卦之中位,像人有刚健中正之德。其秉心如此,“所行必获赏”,所往必有功。天之险,在于无阶可升,地之险,在于山川交错,丘陵起伏。王公高筑城郭,深挖壕堑,设置险阻,旨在保卫国家的安全。关山险阻,在关键的时刻所发挥的作用是巨大的。

《象》曰:水洊[1]至,习坎。君子以常[2]德行,习教事[3]。

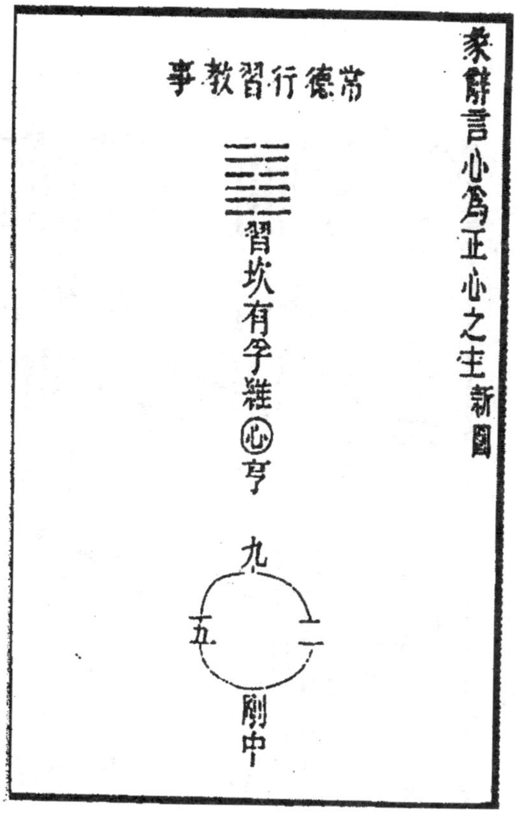

【注释】

①洊：通“荐”，意为再、一次又一次。②常：恒常，这里指恒久保持。一说同“尚”，即崇尚。③教事：政教之事。

【译文】

《象辞》说：坎为水，水长流不滞，是坎卦的卦象。君子观此卦象，从而尊尚德行，取法于细水长流之象，学习教化人民的方法。

初六：习坎，入于坎窞①，凶。

《象》曰：习坎入坎，失道②凶也。

【注释】

①窞：坎中的小坎；深坑。②失道：违背正道。

【译文】

初六：坎坑之中又有坎坑，陷入重坑之中，凶险。

《象辞》说：坎坑之中又有坎坑，陷入重坎当中，不行坦途，偏要走险道，必招致灾殃。

九二：坎有险，求小得。

《象》曰：求小得，未出中①也。

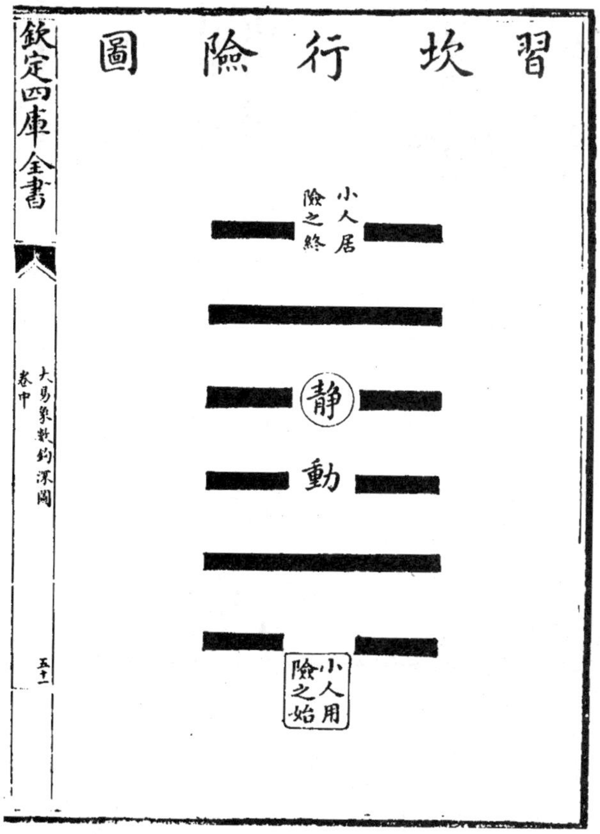

【注释】

①未出中：指九二阳爻居下卦坎之中位，象征处于坎险中。

【译文】

九二：道路有险阻。敢于行险道，或小有收获。

《象辞》说：敢于行险道，或小有收获，因为九二之爻居下卦的中位，像人尚未偏离正道。

六三：来之①坎坎②险且枕③。入于坎窞，勿用④。

《象》曰：来之坎坎，终无功也。

【注释】

①之：往；到。②坎坎：坑连着坑，指坑很多。③枕：一说借为“沈”，指深；一说即“检”，指束缚；一说指安；一说指枕靠。④用：指行动。

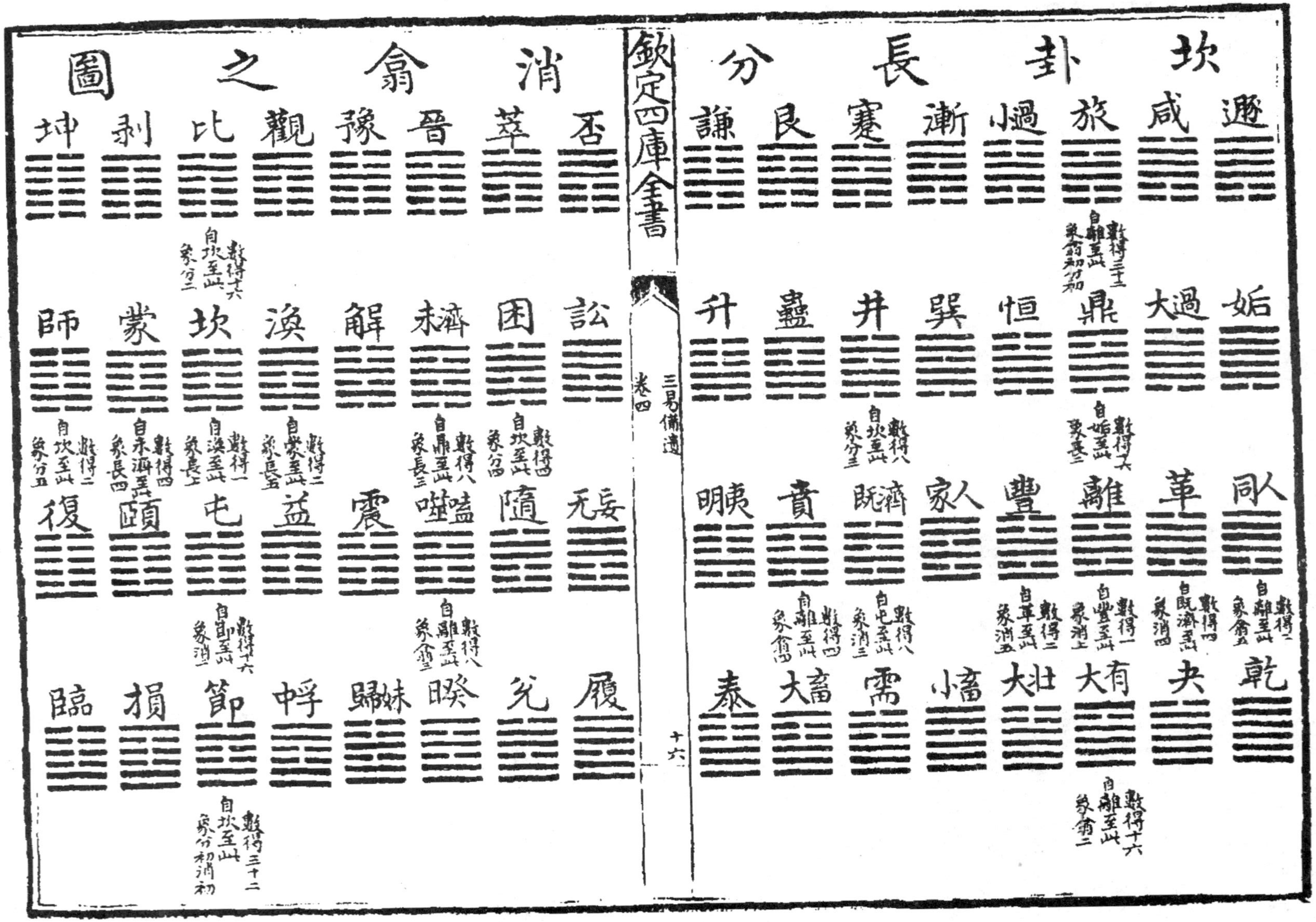

坎卦長分消翕之圖

遯　咸　旅（自離至此數得三十二 象翕初分初）　小過　漸　蹇　艮　謙

姤　大過　鼎（自姤至此數得十六 象長二）　恒　巽　井（自坎至此數得八 象分三）　蠱　升

同人（自離至此數得二 象翕五）　革（自既濟至此數得四 象消四）　離（自豐至此數得一 象消上）　豐（自革至此數得二 象消五）　家人　既濟（自屯至此數得八 象消三）　賁（自離至此數得四 象翕四）　明夷

乾　夬　大有（自離至此數得十六 象翕二）　大壯　小畜　需　大畜　泰

否　萃　晉　豫　觀　比（自坎至此數得十六 象分二）　剝　坤

訟　困（自坎至此數得四 象分四）　未濟（自鼎至此數得八 象長三）　解　渙（自蒙至此數得二 象長五）　坎（自渙至此數得一 象長上）　蒙（自未濟至此數得四 象長四）　師（自坎至此數得二 象分五）

无妄　隨　噬嗑（自離至此數得八 象翕三）　震　益　屯（自節至此數得十六 象消二）　頤　復

履　兌　睽　歸妹　中孚　節（自坎至此數得三十二 象分初消初）　損　臨

渾天位圖

卦	天干	地支	五行
乾	壬壬壬甲甲甲	戌申午辰寅子	水金水火水金
震	庚庚庚庚庚庚	戌申午辰寅子	金木土金木土
坎	戊戊戊戊戊戊	子戌申午辰寅	火木土火木土
艮	丙丙丙丙丙丙	寅子戌申午辰	火水土火水土
坤	癸癸癸乙乙乙	酉亥丑卯巳未	金水木水火金
巽	辛辛辛辛辛辛	卯巳未酉亥丑	木金土木金土
離	己己己己己己	巳未酉亥丑卯	木火土木火土
兌	丁丁丁丁丁丁	未酉亥丑卯巳	水火土水火土

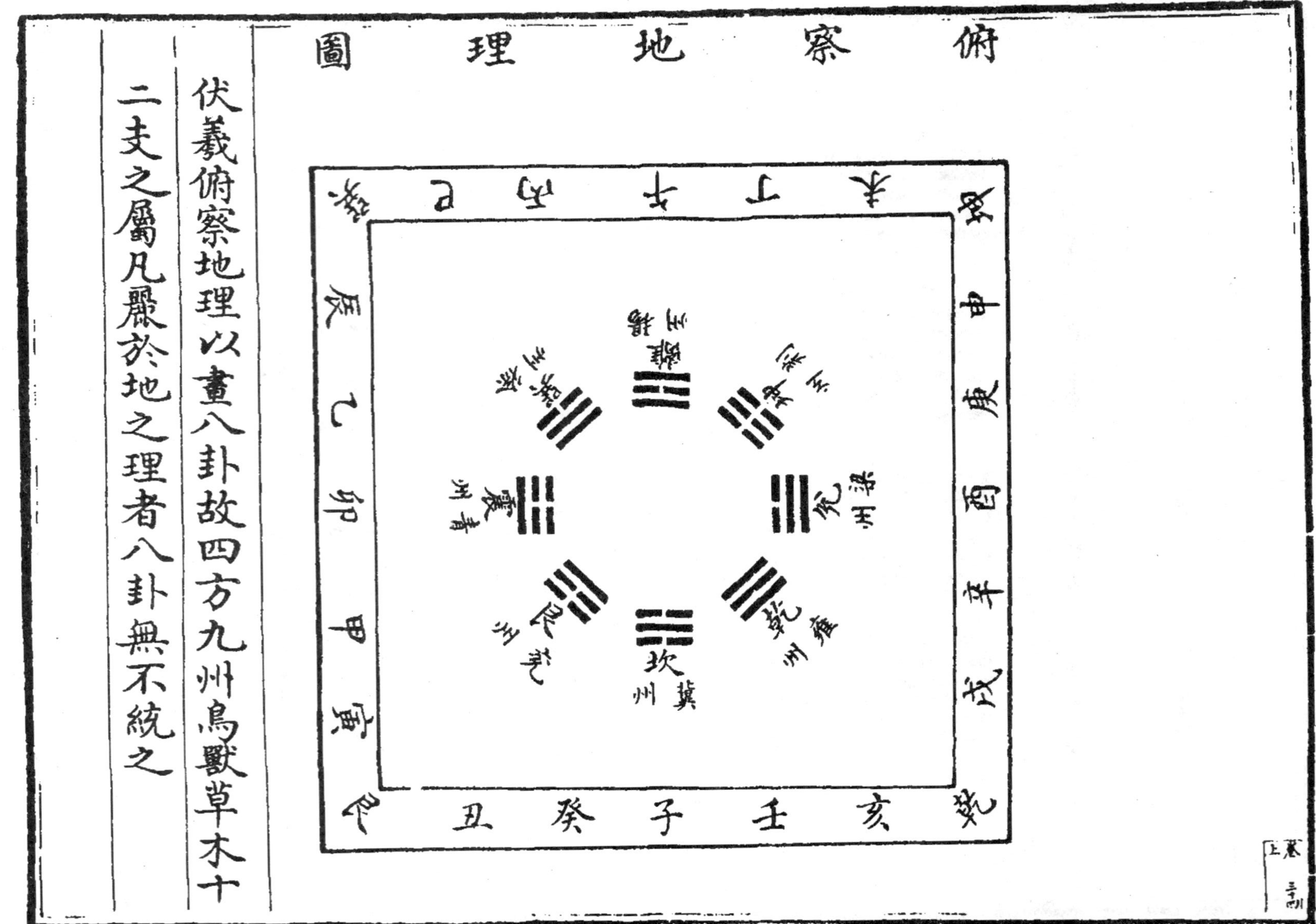
俯察地理圖
坤
申
庚
酉
辛
戌
乾
亥
壬
子
癸
丑
艮
寅
甲
卯
乙
辰
巽
巳
丙
午
丁
未
伏羲俯察地理以畫八卦故四方九州鳥獸草木十二支之屬凡麗於地之理者八卦無不統之

【译文】

六三:向坑坎走来,这坑坎既险又深,陷入重坎之中,非常不利。

《象辞》说:来到这多坎之地,终无功利。

六四:樽[①]酒簋[②]贰。用缶[③],纳约[④]自牖[⑤]。终无咎[⑥]。

《象》曰:樽酒簋贰,刚柔际[⑦]也。

【注释】

①樽:盛酒的器皿。②簋:古代盛食物的器具,多为圆形。③缶:一种大腹小口的瓦器,用来盛酒或汲水。④纳约:一说指结纳信约;一说指送入取出;一说指进献结好。⑤牖:窗户。⑥咎:灾殃。⑦刚柔际:指九五阳爻与六四阴爻相交接之处(刚:指九五阳爻。柔:指六四阴爻。际:交界;交接)。

【译文】

六四:用铜樽盛酒,用圆簋盛饭。然而对于关押在坎窖里的犯人,用瓦盆子就行了,牢饭从天窗里送进取出,其人遭此噩运,但最后还是没有危险。

《象辞》说:平时享受美食美器,此时用瓦盆子吃牢饭,爻象表明六四阴爻处于九五阳爻之下,像人被强者所压,受此磨难。

九五:坎不盈,祇[①]既平,无咎。

《象》曰:坎不盈,中[②]未大也。

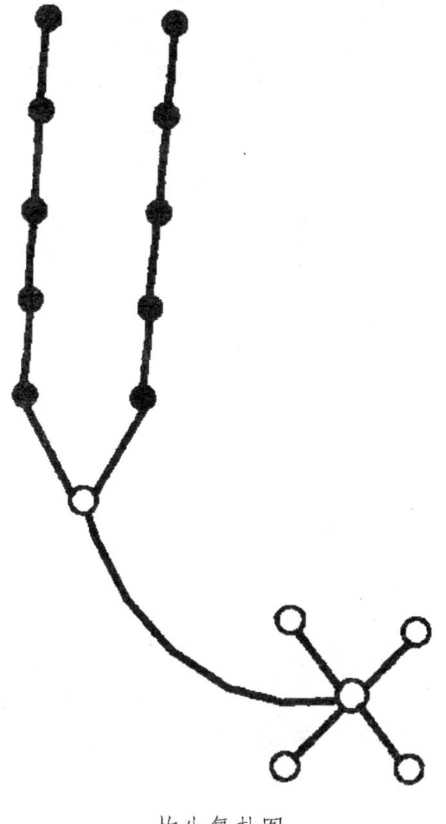

坎生复卦图

【注释】

①祗:一说借为“坻(chí)”,指水中的小块高地;一说同“抵”,意为至、达;一说为语气助词。②中:指九五阳爻居上卦之中位。

【译文】

九五:坎坑虽没有填满,小山头却被锄平。没有灾难。

《象辞》说:小山头虽锄平,但坎坑尚未填满,说明道路不平,未成坦途。

上六:系[①]用徽纆[②],寘[③]于丛棘[④],三岁不得,凶。

《象》曰:上六失道,凶三岁也。

【注释】

①系:拴缚;捆绑。②徽纆:绳索。③寘:放置。④丛棘:古代囚禁犯人的地方,即监狱。因四周用荆棘堵塞,以防犯人逃跑,故称。

【译文】

上六:把犯人用绳索捆紧,投入周围有丛棘的监狱中,三年不得释放,这是凶险之事。

《象辞》说:上六爻辞所描述的,正说明官吏违背正道,违法囚人,历时三年之久。

离　第三十

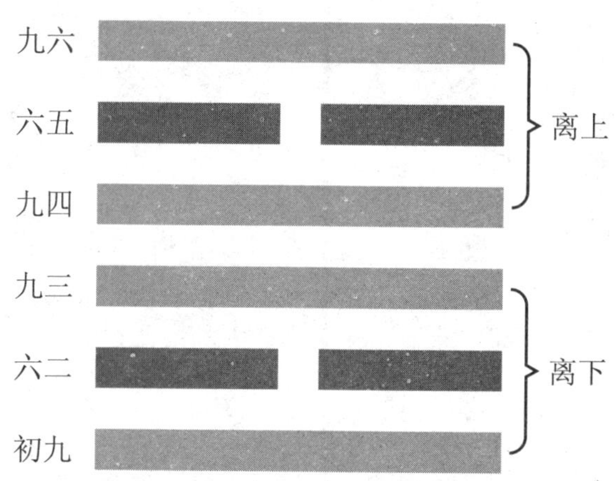

离[1]：利贞[2]，亨。畜牝牛[3]，吉。

【注释】

①离：卦名，意为附丽、依附。②贞：占问。一说指“正”。③牝牛：母牛（牝：雌性禽兽）。

【译文】

离卦：吉利的占问，通泰。饲养母牛，吉利。

《彖》曰：离，丽[1]也。日月丽乎天，百谷草木丽乎土。重明[2]以丽乎正，乃化成[3]天下。柔丽乎中正[4]，故亨。是以“畜牝牛，吉”也。

【注释】

①丽：附丽；依附。②重明：《离》卦下离上离，离为明，所以说重明。③化成：化育成就。④柔丽乎中正：指六二和六五阴爻分别居于下、上卦之中位。

【译文】

《彖辞》说：离，就是附着。日月附着于天宇，百谷草木附生于大地，太阳永远从东方升起，是服从天道。太阳东升西没，循环不已，从而造化万物，形成世界。由于其人以柔和为秉心，附着于正道，所以亨通。因此卦辞说“饲养母牛，吉利”。

《象》曰：明两作[1]，离。大人以继[2]明照于四方。

【注释】

①明两作：《离》卦下离上离，离为明，两明相并，所以说明两作（作：兴起）。②继：接续；连续不断。

八卦相推之圖(一)

乾
乾爲天
一世 天風姤
二世 天山遯
三世 天地否
四世 風地觀
五世 山地剝
火地晉 游
火天大有 歸

坤
坤爲地
一世 地雷復
二世 地澤臨
三世 地天泰
四世 雷天大壯
五世 澤天夬
水天需 游
水地比 歸

【译文】

《象辞》说：今朝太阳升，明朝太阳升，相继不停顿，这是离卦的卦象。贵族王公观此卦象，从而以源源不断的光明照临四方。

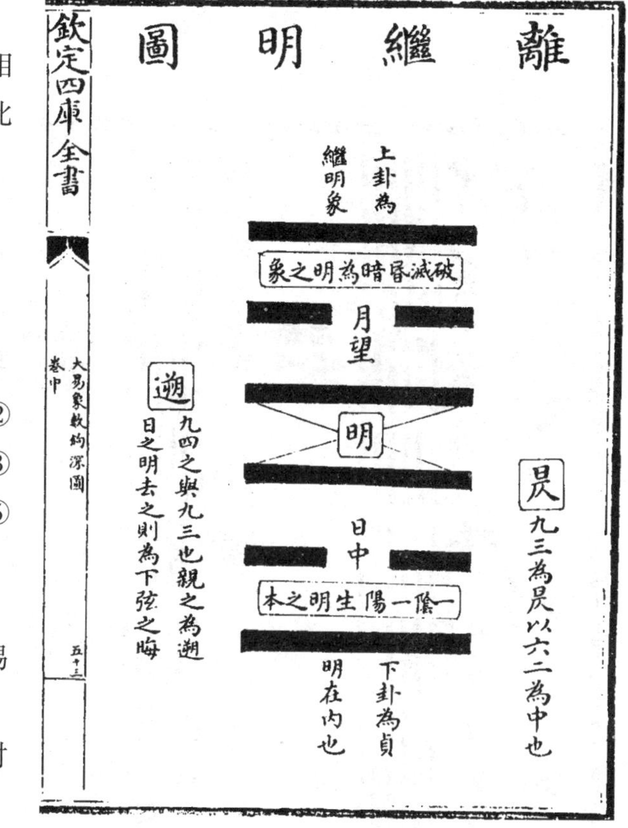

初九：履①错然②，敬③之，无咎④。

《象》曰：履错之敬，以辟⑤咎也。

【注释】

①履：践行。一说指鞋；一说指脚步。②错然：一说指谨慎的样子；一说指杂乱。③敬：一说指恭敬；一说指警觉。④咎：灾殃。⑤辟：通“避”，指避免、避开。

【译文】

初九：听到纷至沓来的脚步声，立时警惕戒备，可以无灾难。

《象辞》说：听到纷至沓来的脚步声，立时警惕戒备，可以避免灾难。

六二：黄离，元①吉。

《象》曰：黄离，元吉，得中道②也。

【注释】

①元：大。②得中道：指六二阴爻居下卦之中位，象征其符合守中之道。

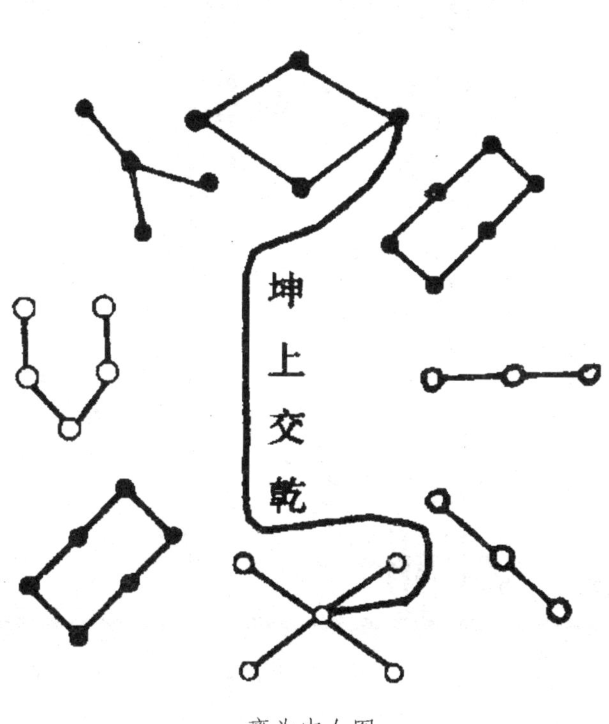

离为中女图

離卦長分消翕之圖

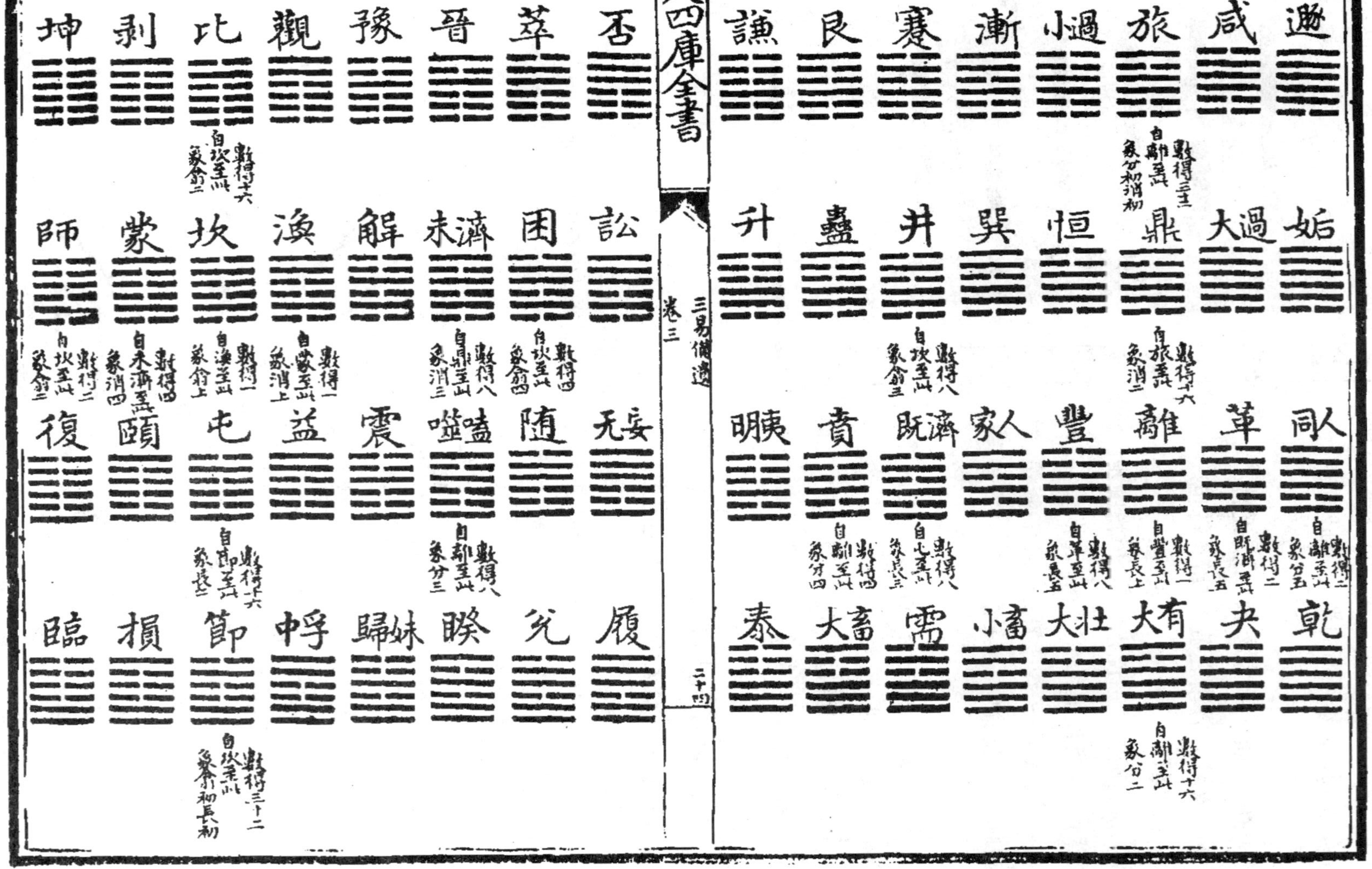

遯	咸	旅	小過	漸	蹇	艮	謙
		自離至此數得三十二，象分初消初					
姤	大過	鼎	恒	巽	井	蠱	升
		自旅至此數得十六，象消二			自坎至此數得八，象翕三		
同人	革	離	豐	家人	既濟	賁	明夷
自離至此數得二，象分五	自既濟至此數得二，象長五	自豐至此數得一，象長上	自革至此數得八，象長五		自屯至此數得八，象長三	自離至此數得四，象分四	
乾	夬	大有	大壯	小畜	需	大畜	泰
		自離至此數得十六，象分二					

否	萃	晉	豫	觀	比	剝	坤
					自坎至此數得十六，象翕二		
訟	困	未濟	解	渙	坎	蒙	師
	自坎至此數得四，象翕四	自鼎至此數得八，象消三		自蒙至此數得一，象消上	自渙至此數得一，象翕上	自未濟至此數得四，象消四	自坎至此數得二，象翕二
无妄	隨	噬嗑	震	益	屯	頤	復
		自離至此數得八，象分三			自節至此數得十六，象長二		
履	兌	睽	歸妹	中孚	節	損	臨
					自坎至此數得三十二，象翕初長初		

卦	爻象	卦體	説	符	附注
乾坤	丨	乾 坤	◯天地定位		
屯蒙	一	艮震 坎			
需訟	丨	乾 坎			
師比	◯	坤 坎	一陽爲主居二五	◯	
小畜履	一	巽兑 乾	一陰爲主居三四	◯	
泰否	丨	坤 乾 ◯	天地正交	◯	
同人大有	◯	離 乾	一陰爲主居二五	◯	師比全變爲同人大有
謙豫	一	艮震 坤	一陽爲主居三四 先后泰否爲首二局	◯	小畜履全變爲謙豫
隨蠱	〢	巽兑 艮震	五 坎離前		
臨觀	一	巽兑 坤	四 坎離前		
噬嗑賁	一	艮震 離	三 坎離前		
剝復	一	艮震 坤			
無妄大畜	一 ◯	艮震 乾	二 坎離前		
頤大過	二	巽兑 艮震	一 坎離前		
坎離	丨	坎 離	水火不相射 乾坤交之正中		

【译文】

六二：天空出现黄霓，大吉大利。

《象辞》说：黄色附于身，大吉大利，因为六二之爻居下卦中位，像人得中正之道。

九三：日昃[①]之离，不鼓[②]缶[③]而歌，则大耋[④]之嗟[⑤]，凶。

《象》曰：日昃之离，何可久也。

【注释】

①昃：太阳偏西。②鼓：敲击。③缶：一种瓦质的打击乐器。④大耋：指老年人。⑤嗟：叹息。

【译文】

九三：黄昏时有霓虹出现在天空，是凶兆，人们不击鼓唱歌驱除它，老人会感到悲哀，灾殃快要来了。

《象辞》说：黄昏时分的霓虹，怎么会长留不散。

九四：突如[①]其来如[②]，焚如，死如，弃如。

《象》曰：突如其来如，无所容也。

【注释】

①突如：突然。②如：形容词后缀，表示状态。

【译文】

九四：灾难突然降临，敌人见房屋就烧，见人就杀，此处变成一片废墟。

《象辞》说：灾难来得如此突然，人们无处藏身逃命。

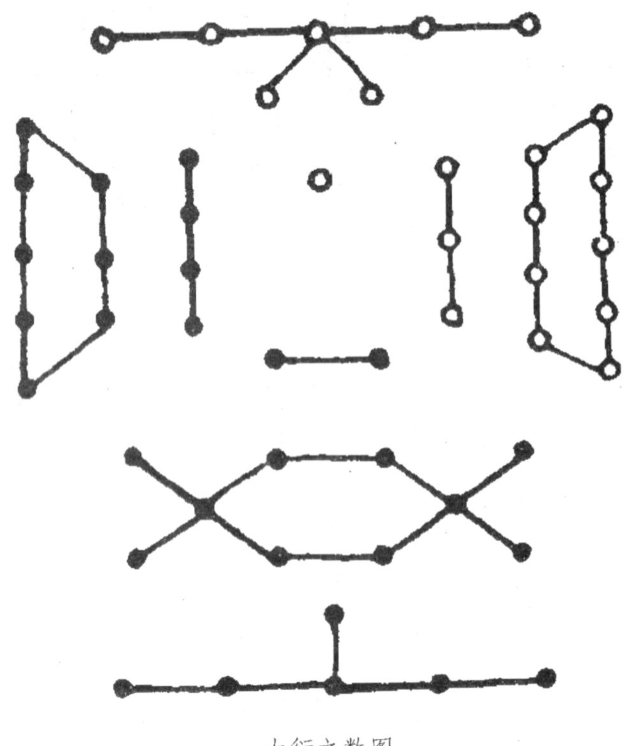

大衍之数图

先天六十四卦方位之圖

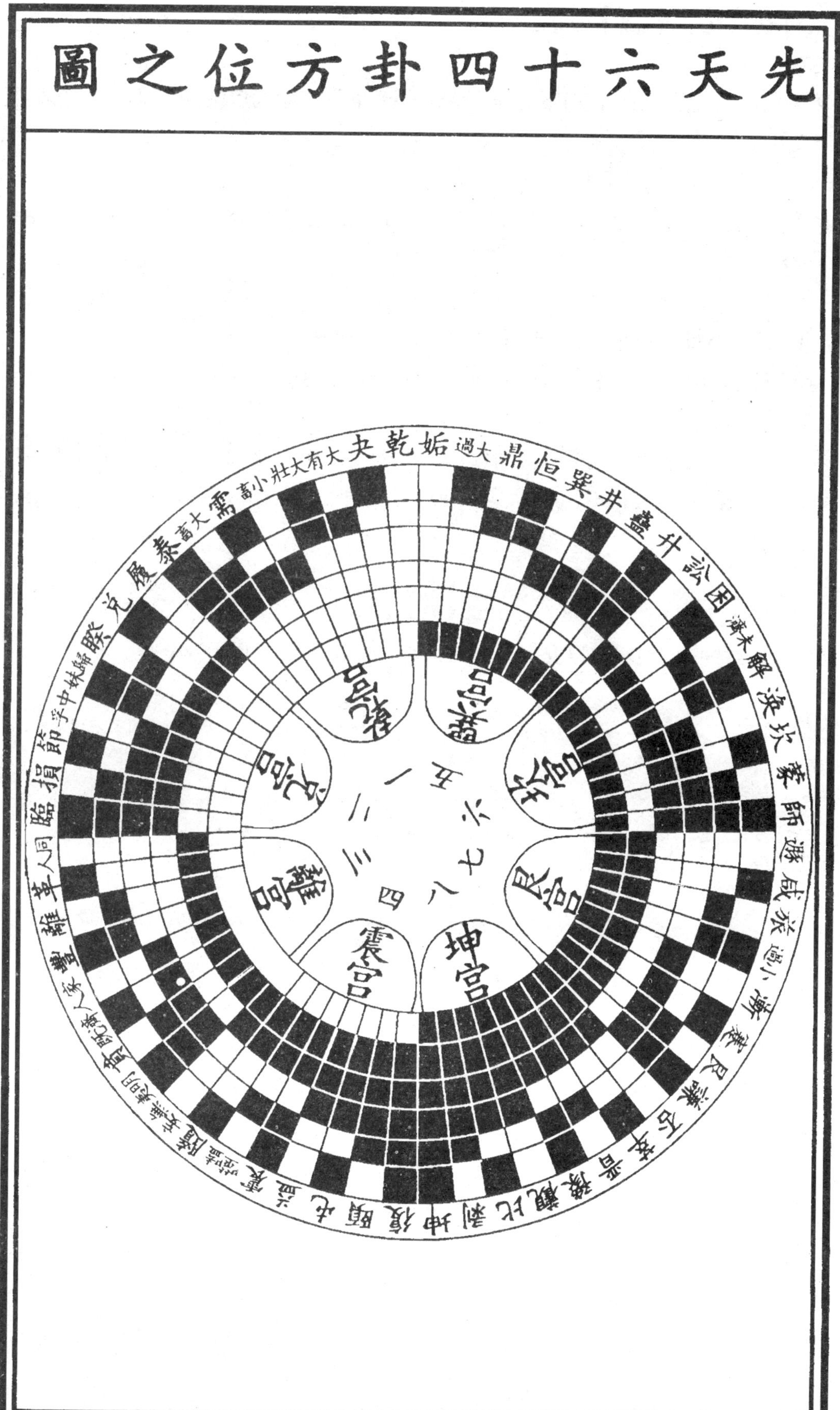

六五:出涕[1]沱[2]若[3],戚[4]嗟若,吉。

《象》曰:六五之吉,离王公也。

【注释】

①涕:眼泪。②沱:涕泪如雨而下的样子。③若:形容词或副词后缀,表示状态。④戚:忧愁。

【译文】

六五:灾难过后,人们痛哭悲叹,然而吉利。

《象辞》说:六五爻辞所讲的吉利,因为爻象表明,六五之爻处于上九之下,像人们能依附于王公而得救。

上九:王用出征,有嘉[1]折首[2],获匪[3]其丑[4],无咎。

《象》曰:王用出征,以正[5]邦也。获匪其丑,大有功也。

【注释】

①有嘉:有喜庆之事。一说指有嘉国(周初国名)。②折首:斩首。③匪:一说指匪徒;一说当读为"彼";一说同"非",指不、不是。④丑:众。一说指丑类,即敌人;一说指类。⑤正:正定;安定。

【译文】

上九:国王出征,反击敌人,将有嘉国的国君斩首,抓到了许多俘虏,无灾无难。

《象辞》说:君王出兵反击,以安定邦国。抓到了许多俘虏,是说大获全胜。

下　　经

咸　第三十一

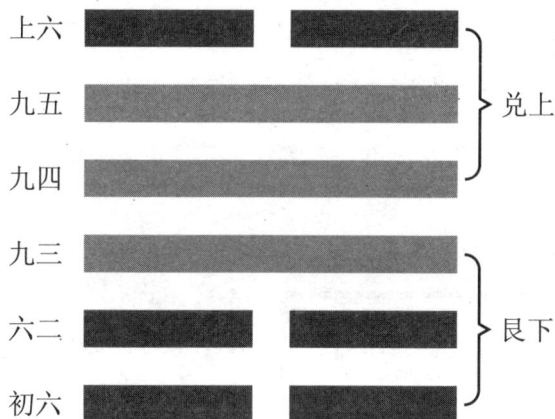

咸[①]：亨，利贞[②]。取[③]女，吉。

【注释】

①咸：卦名，意为交互感应。②贞：占问。一说指"正"。③取：通"娶"。

【译文】

咸卦：通泰，吉利的贞卜。娶女，吉利。

《彖》曰：咸，感也。柔上而刚下[①]，二气感应以相与[②]，止而说[③]，男下女[④]，是以"亨，利贞，取女，吉"也。天地感而万物化生[⑤]。圣人感人心，而天下和平。观其所感，而天地万物之情[⑥]可见矣。

【注释】

①柔上而刚下：《咸》卦上兑下艮，兑为阴卦为柔，艮为阳卦为刚，所以说柔上而刚下。②相与：相处；相交往。③止而说：《咸》卦下艮上兑，艮为止，兑为悦（说：即"悦"），所以说止而说。④男下女：《咸》卦下艮上兑，根据《易传》，艮为少男，兑为少女，艮下兑上，所以说男下女。⑤化

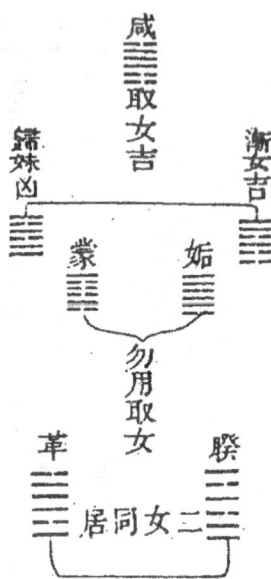

生:化育生长。⑥情:实情;情状。

【译文】

《彖辞》说:咸,就是感应的意思。咸的上卦为兑,兑为阴为柔,下卦为艮,艮为阳为刚,所以说柔上而刚下。阴阳二气互相感应交融,所以卦辞说:"通达、吉利、贞正,娶女吉利。"天地感应阴阳二气,因而万物化生。圣人以其德行感动人心,因而天下和平。观其所感,就可以知道天地万物的情状了。

咸取女見人道之正新圖

女正位乎內

咸 取女吉

漸女吉　歸妹凶

姤　蒙

勿用取女

睽　革

二女同居

《象》曰:山上有泽[1],咸。君子以虚受人。

【注释】

①山上有泽:《咸》卦下艮上兑,艮为山,兑为泽,所以说山上有泽。

【译文】

《象辞》说:本卦下卦为艮,艮为山,上卦为兑,兑为泽,山中有泽,山气水息,互相感应,是咸卦的卦象。君子观此卦象,应取法于深邃的山谷,深广的大泽,从而能以虚怀若谷的态度,接受他人的教益。

初六:咸其拇[1]。

《象》曰:咸其拇,志在外也。

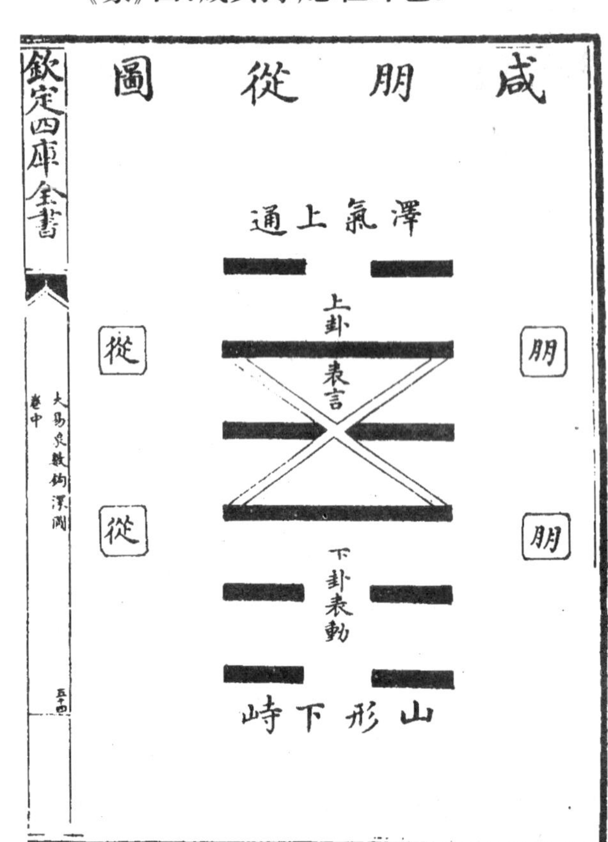

【注释】

①拇:大脚趾。

【译文】

初六:大脚趾在动。

《象辞》说:大脚趾在动,说明其志在于出行。

六二:咸其腓[1],凶。居[2],吉。

《象》曰:虽凶,居,吉,顺不害也。

【注释】

①腓:腿肚子。②居:停息。

【译文】

六二:伤其腿肚子,凶兆。安居不动,自然平安。

《象辞》说:虽遇凶兆,但安居不动,则可以转凶为吉。顺从贞卜之象可以避免灾害。

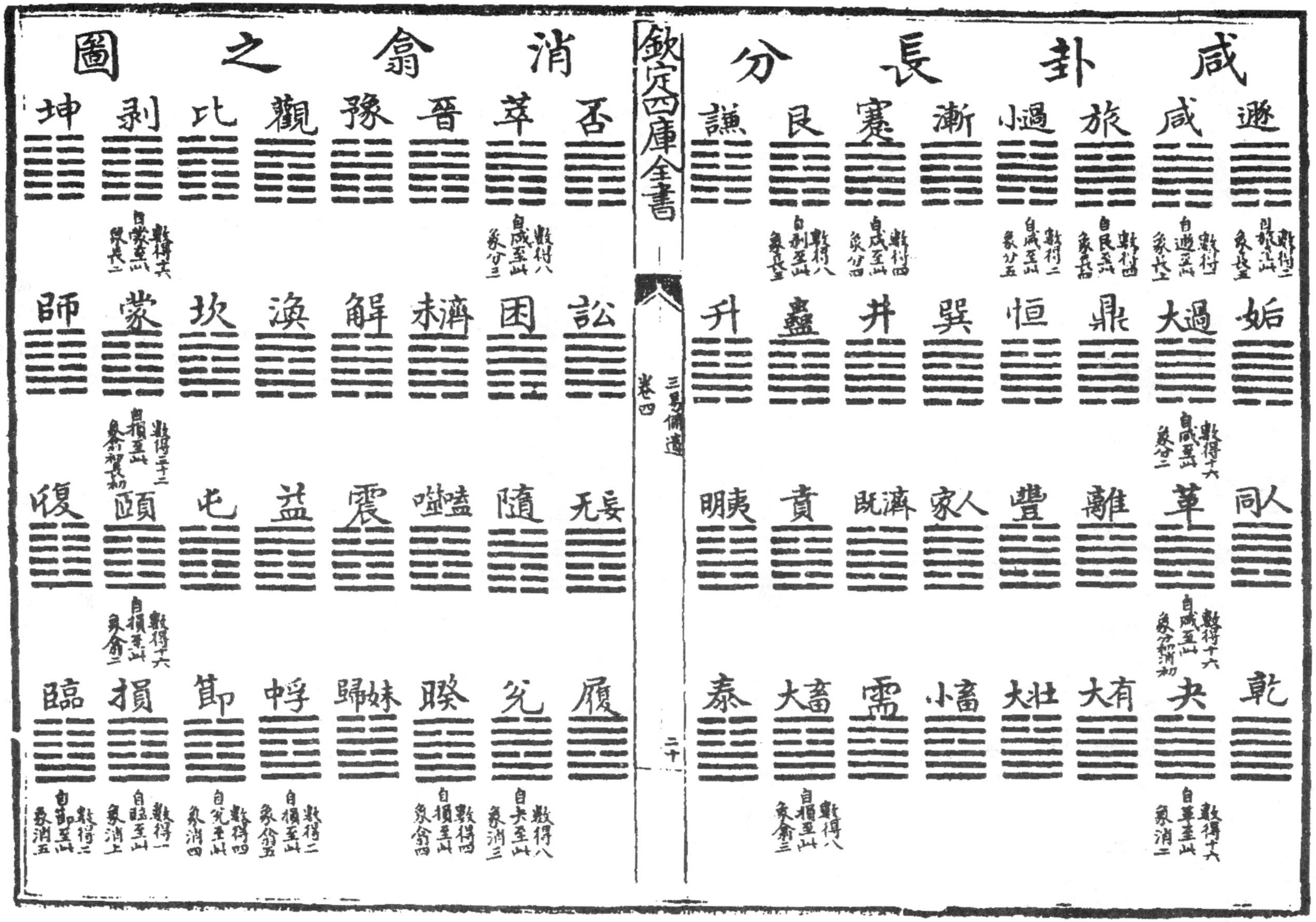

咸卦長分消翕之圖

遯（數得二 自姤至此 象長五） 咸（數得一 自遯至此 象長上） 旅（數得四 自艮至此 象長四） 小過（數得二 自咸至此 象分五） 漸 蹇（數得四 自咸至此 象分四） 艮（數得八 自剝至此 象長三） 謙

姤 大過 鼎 恒 巽 井 蠱 升

同人 革（數得十六 自咸至此 象分二） 離 豐 家人 既濟 賁 明夷

乾 夬（數得十六 自咸至此 象分初消初） 大有 大壯 小畜 需 大畜 泰

夬（數得十六 自革至此 象消二） 大畜（數得八 自損至此 象翕三）

否 萃（數得八 自咸至此 象分三） 晉 豫 觀 比 剝（數得十六 自蒙至此 象長二） 坤

訟 困 未濟 解 渙 坎 蒙 師

无妄 隨 噬嗑 震 益 屯 頤（數得三十二 自損至此 象翕初長初） 復

履 兌 睽 歸妹 中孚 節 損（數得十六 自損至此 象翕二） 臨

兌（數得八 自夬至此 象消三） 睽（數得四 自損至此 象翕四） 中孚（數得二 自損至此 象翕五） 節（數得四 自兌至此 象消四） 損（數得一 自臨至此 象消上） 臨（數得二 自節至此 象消五）

九三:咸其股①,执②其随③,往,吝④。

《象》曰:咸其股,亦不处⑤也。志在随人,所执下也。

【注释】

①股:大腿。②执:一说指执意;一说指执持。③随:追随;随从。一说指相随者,即初六和六二阴爻。④吝:悔恨。⑤处:停止。

【译文】

九三:伤其股,并伤及股下之肉。带伤出行,定遭灾难。

《象辞》说:伤其大腿说明他不安所处。但是其志向不过是追随他人,所持的主张也卑下不足取。

九四:贞吉,悔亡。憧憧①往来,朋从尔思②。

《象》曰:贞吉,悔亡,未感③害也。憧憧往来,未光大④也。

【注释】

①憧憧:往来不绝的样子。②思:一说指思念、心思;一说是语气助词。③感:感应。一说指感受。④光大:即广大。

【译文】

九四:贞卜吉利,无悔恨。纷沓往来,朋友们都顺从你的意旨。

《象辞》说:贞正,吉利,无悔恨,因为没有蒙受损害。虽然有朋友纷沓往来,但交游还很狭窄。

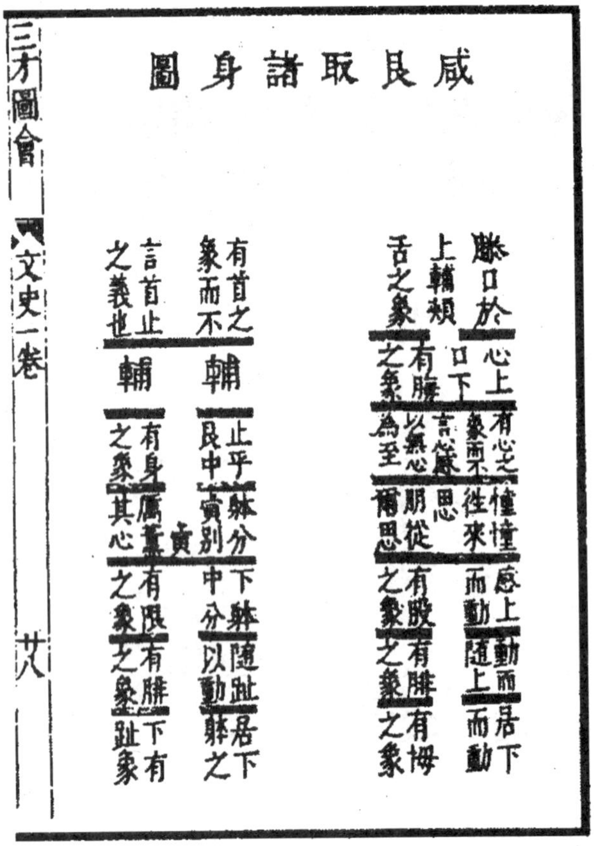

咸艮取諸身圖

三才圖會 文史一卷 廿八

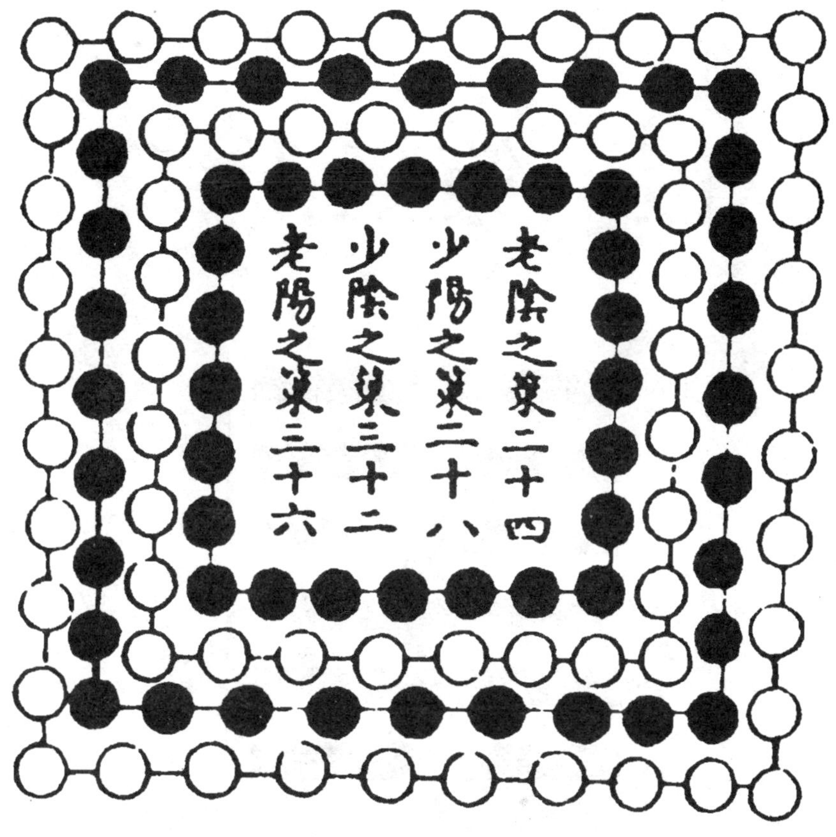

大衍虚中得四象策数图

九五:咸其脢①,无悔。

《象》曰:咸其脢,志末②也。

【注释】

①脢:背脊肉。②末:微小。一说指处于末位的上六阴爻。

【译文】

九五:伤其背肉,但没有灾祸。

《象辞》说:耸动其背,作出背负重物的反应,看来其志在卑微之事。

上六:咸其辅颊①舌。

《象》曰:咸其辅颊舌,滕口②说也。

【注释】

①辅颊:面颊。②滕口:张口放言。

【译文】

上六:伤其腮帮、脸颊、舌头。

《象辞》说:伤其腮帮、脸颊、舌头,这是逞显口才招引的灾祸。

恒　第三十二

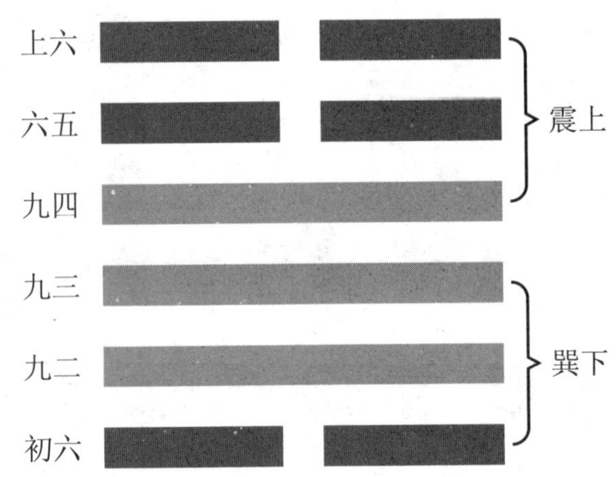

恒[①]:亨,无咎[②],利贞[③]。利有攸[④]往。

【注释】

①恒:卦名,意为恒久。②咎:灾殃。③贞:占问。一说指“正”。④攸:助词,相当于“所”。

【译文】

恒卦:通泰,没有过失,吉利的卜问。有所往则有利。

《彖》曰:恒,久也。刚上而柔下[①],雷风相与[②],巽而动[③],刚柔皆应[④],恒。恒“亨无咎,利贞”,久于其道也。天地之道恒久而不已也。“利有攸往”,终则有始也。日月得天[⑤]而能久照,四时[⑥]变化而能久成[⑦]。圣人久于其道而天下化成[⑧]。观其所恒,而天地万物之情[⑨]可见矣。

【注释】

①刚上而柔下:《恒》卦上震下巽,震为阳卦为刚,巽为阴卦为柔,所以说刚上而柔下。②雷风相与:《恒》卦上震下巽,震为雷,巽为风,所以说雷风相与(与:帮助)。③巽而动:《恒》卦下巽上震,震为动,所以说巽而动(巽:谦逊)。④刚柔皆应:《恒》卦的初六阴爻与九四阳爻、九二阳爻与六五阴爻、九三阳爻与上六阴爻都属于同位爻之间以阴阳刚柔相应合。⑤得天:指遵循自然规律。⑥四时:四季。⑦成:指成就万物。⑧化成:教化成就。⑨情:实情;情状。

【译文】

《彖辞》说:恒卦,其义就是恒久的意思。恒卦的上卦为震,震为雷,性为刚;下卦为巽,巽为风,性为柔,上刚下柔,雷风相交,这是恒卦的卦象。恒卦的卦辞说“通达,没有过失,吉利、贞正”,正是由于君子坚守正道,恒久不弃。卦辞说“君子出行获利”,终则又始,至而又返,正是体现了天地之道恒久不已的义理。日月运行遵循永恒之道,所以永远照耀;四时运行遵循永恒之道，所以季节变化不停，圣人福国利民，坚持不懈，则可以教化天下，移风易俗。人们只要能洞察宇宙间一切事物的永恒规律，就可以了解天地万物瞬息万变的情况。

《象》曰：雷风①，恒。君子以立不易②方③。

【注释】

①雷风：《恒》卦上震下巽，震为雷，巽为风，所以说雷风。②不易：不变。③方：道理；规范。

【译文】

《象辞》说：本卦上卦为震，震为雷，下卦为巽，巽为风，风雷荡涤，宇宙常新，这是恒卦的卦象。君子观此卦象，从而立于正道，坚定立场。

初六：浚①恒，贞凶，无攸利。

《象》曰：浚恒之凶，始求深也。

【注释】

①浚：深。

【译文】

初六：掘进不止，卜问凶险，没有好处。

《象辞》说：掘进不止之所以凶险，因为冒险求深，必遭崩塌之祸。

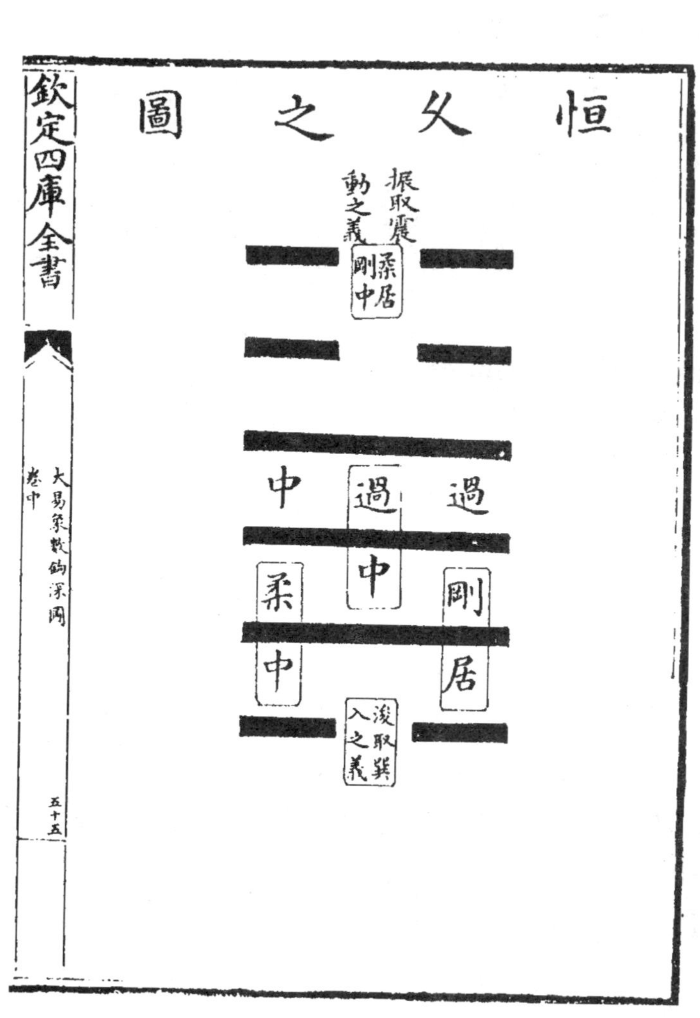

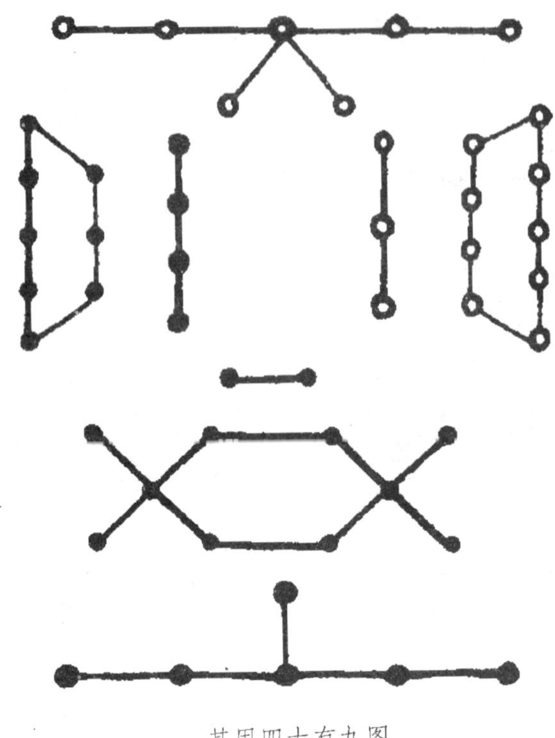

其用四十有九图

九二:悔亡。

《象》曰:九二悔亡,能久中①也。

【注释】

①中:指九二阳爻居下卦之中位。

【译文】

九二:没有悔恨。

《象辞》说:九二爻辞说没有悔恨,因为能坚守中正之道。

九三:不恒其德,或承①之羞,贞吝②。

《象》曰:不恒其德,无所容也。

【注释】

①承:受。一说指施加。②吝:悔恨。

【译文】

九三:不能保持德行,必然蒙受耻辱。卜兆艰难。

《象辞》说:不能保持其德行,反复无常,必然落到无所容身的地步。

九四:田①无禽②。

《象》曰:久非其位③,安得禽也?

【注释】

①田:狩猎。②禽:泛称鸟兽。③非其位:指九四阳爻居于阴位,居位不当。

【译文】

九四:畋猎无所获。

隨 ䷐ 蠱

震艮巽兑初合四卦乃先天圖春秋封待之交泰初變隨否初二蠱泰中爻爲兑震否中爻爲艮巽故泰否初變即爲隨蠱

臨 ䷒ 觀

巽綜兑后乾爲履于坤説順相泣成臨巽前乾爲畜于坤巽順相孚成臨 文圖

噬嗑 ䷔ 賁

泰否二變否變噬嗑泰變賁噬嗑賁離與震艮遇動乎險爲屯于離則雷電合章而成嗑止乎險爲蒙于離則剛柔相交而成賁

剥 ䷖ 復

謙豫艮震合坤以親也而闢之于否後倒體剥復爲中十二卦主人小畜履巽兑合乾以尊天而開之于泰先倒體夬姤爲后十二卦主人剥謙之變否之極坤以止上闢復豫之變泰之初坤以動下闢旋乾轉坤傾否開泰胥自復姤之幾始

无妄 ䷘ 大畜

无妄震以首動險次嗑明出入以動乎坤者而動之于乾下乾以動而加健見原始震動之功大畜艮以首止險次賁明出入以止乎坤者而止之于乾上乾以止而大正見要終艮止之功

頤 ䷚

大過 ䷛

坎 ䷜

坎爲陽之中在六子中爲最貴一體合而成習坎居諸卦之最後六體分而爲屯蒙需訟師比居諸卦之最先荀爽曰乾起坎而終于離坤起離而終于坎坎離者乾坤之家陰陽之府

離 ䷝

咸 ䷞ 恒

震艮巽兑二合。泰否三變。否變咸。泰變恒。

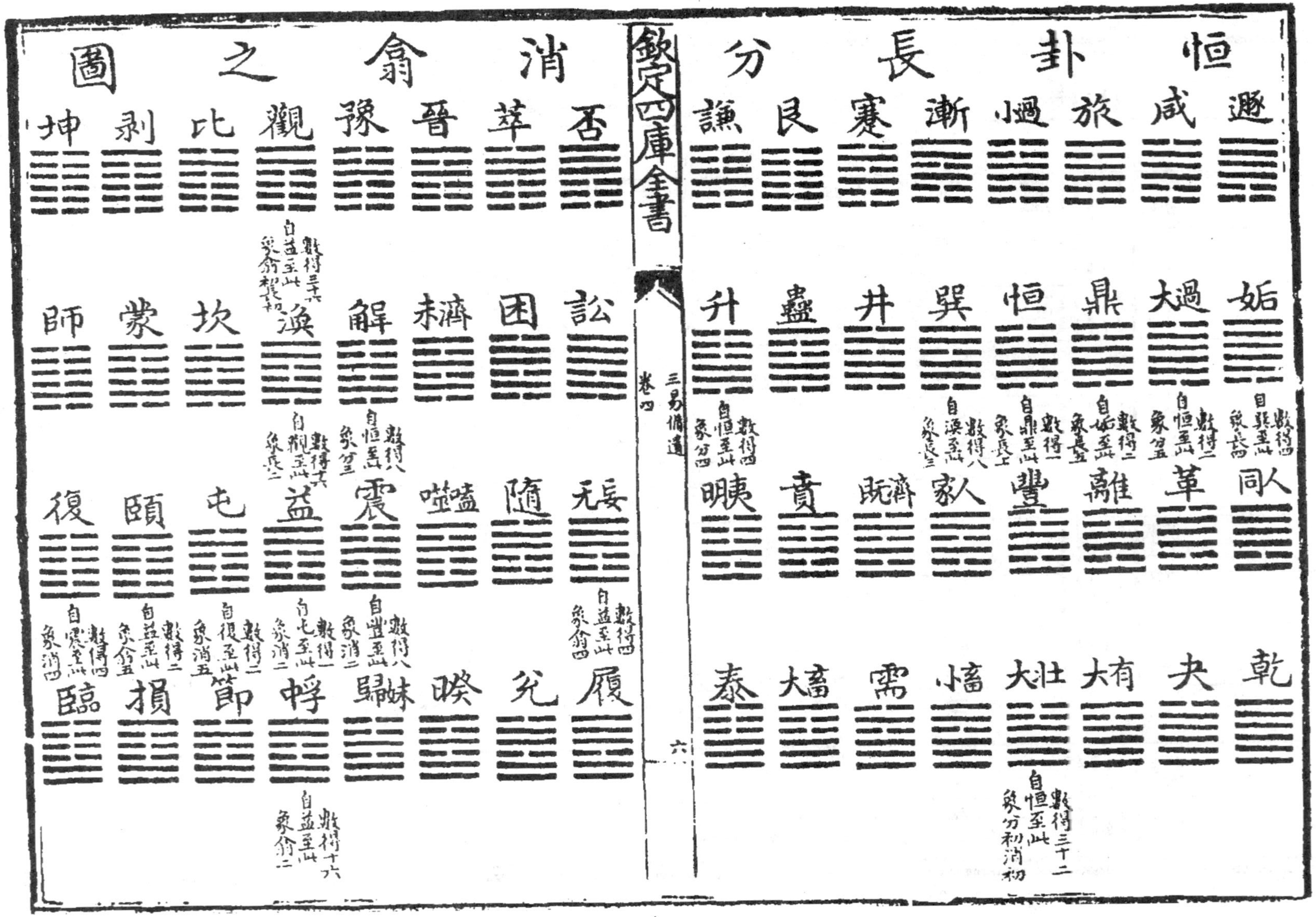

恒卦長分消翕之圖

遯 咸 旅 小過 漸 蹇 艮 謙

姤 大過 鼎 恒 巽 井 蠱 升

自巽至此數得四象長四 自恒至此數得二象分五 自姤至此數得二象長五 自鼎至此數得一象長上 自渙至此數得八象長三 自恒至此數得四象分四

同人 革 離 豐 家人 既濟 賁 明夷

乾 夬 大有 大壯 小畜 需 大畜 泰

自恒至此數得三十二象分初消初

否 萃 晉 豫 觀 比 剝 坤

自益至此數得三十六象翕初長初

訟 困 未濟 解 渙 坎 蒙 師

自恒至此數得八象分三 自渙至此數得十六象長二

无妄 隨 噬嗑 震 益 屯 頤 復

自益至此數得四象翕四 自豐至此數得八象消三 自屯至此數得一象消二 自復至此數得二象消五 自益至此數得二象翕五 自震至此數得四象消四

履 兌 睽 歸妹 中孚 節 損 臨

自益至此數得十六象翕二

《象辞》说：长久处于不适宜的环境之中，怎会有收获？

六五：恒其德。贞，妇人吉，夫子①凶。

《象》曰：妇人贞吉，从一而终也。夫子制义②，从妇凶也。

【注释】

①夫子：古代对男子的尊称。也指丈夫。②制义：确定合宜的原则、办法等（义：宜；理应）。一说指裁制事宜。

【译文】

六五：坚持操行，始终一致。卜得妇人吉利，丈夫则凶险。

《象辞》说：爻辞讲妇人操守贞洁则吉利，这是符合从夫以终其身的道理。丈夫则因事制义，其道多方，如果以妇德来约束男子，则必遭凶险。

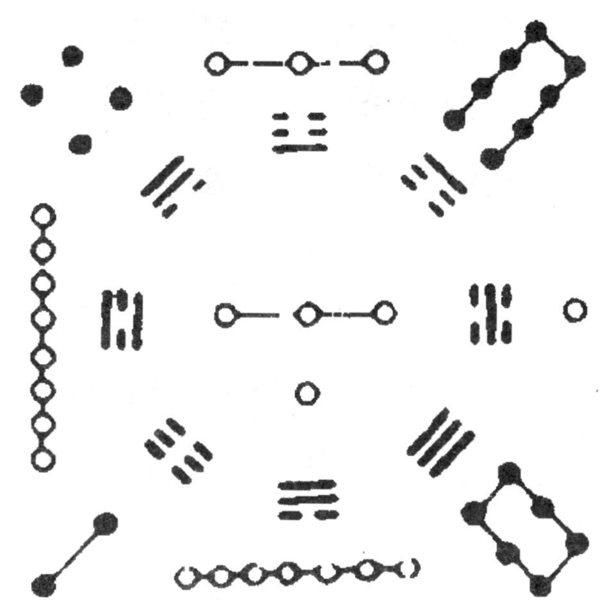

后天卦配洛书之数图

上六：振①恒，凶。

《象》曰：振恒在上②，大无功也。

【注释】

①振：动。②在上：指上六阴爻居《恒》卦之最上位。

【译文】

上六：久动不息，凶险。

《象辞》说：如果统治者政令无常，结果必无功。

遁　第三十三

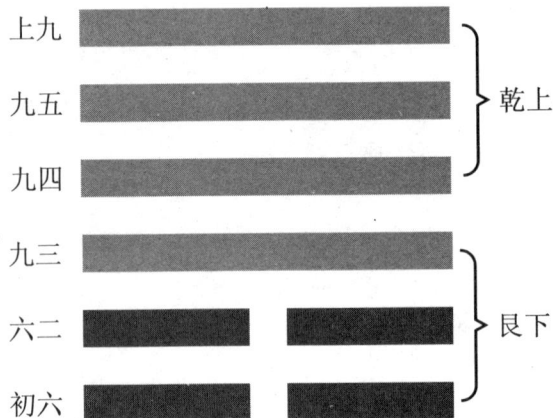

遁[①]**：亨。小利贞**[②]。

【注释】

①遁：卦名，意为退避、退隐。②小利贞：有利于占问小事（贞：占问。一说指“正”）。

【译文】

遁卦：通达。小有利之占问。

《彖》曰：“遁”，“亨”，遁而亨也。刚当位而应[①]**，与时行也。“小利贞”，浸**[②]**而长也。遁之时义**[③]**大矣哉。**

【注释】

①刚当位而应：指九五阳爻居上卦之中位，与六二阴爻相应合。②浸：渐渐。③义：意义。一说指宜、理应。

【译文】

《彖辞》说：“遁”，“亨”，即是退隐则通泰的意思。九二阳爻为刚，居外卦而处中位，六二阴爻为柔，居内卦而处中位，君子退隐守贞，有利于自身，而无利于国事，故为小利。小人之势逐渐增长，当此时君子及时退隐，意义是重大的。

《象》曰：天下有山[①]**，遁。君子以远小人，不恶而严**[②]。

【注释】

①天下有山：《遁》卦上乾下艮，乾为天，艮为山，所以说天下有山。②严：严格，指严守原则。一说指威严；一说指严分界限。

【译文】

《象辞》说：本卦上卦为乾，乾为天，下卦为艮，艮为山，天下有山，天高山远，是遁卦的卦象。君子观此卦象，应远离小人，采取严厉的态度，挂冠悬笏，自甘退隐。

欽定四庫全書

大易象數鈎深圖 卷中

遯象之圖

嘉 與

妃 二

交 與

好 初

二居中而順牛象

初為尾而三為革

五十六

初六：遁尾①，厉②。勿用③有攸④往。

《象》曰：遁尾之厉，不往何灾也？

【注释】

①尾：末尾。②厉：危险。③勿用：不宜；不适合（用：适宜）。④攸：助词，相当于“所”。

【译文】

初六：最后才想到逃跑隐藏，非常危险。

《象辞》说：逃遁隐藏仍未脱离危险，若能坚持苦斗，设法取胜，有什么灾难？

六二：执①之用黄牛之革②，莫③之胜④说⑤。

《象》曰：执用黄牛，固志也。

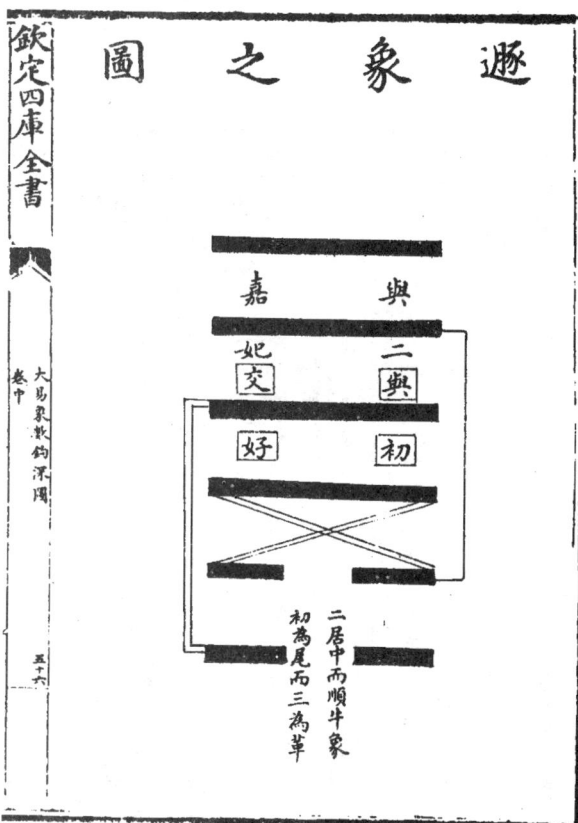

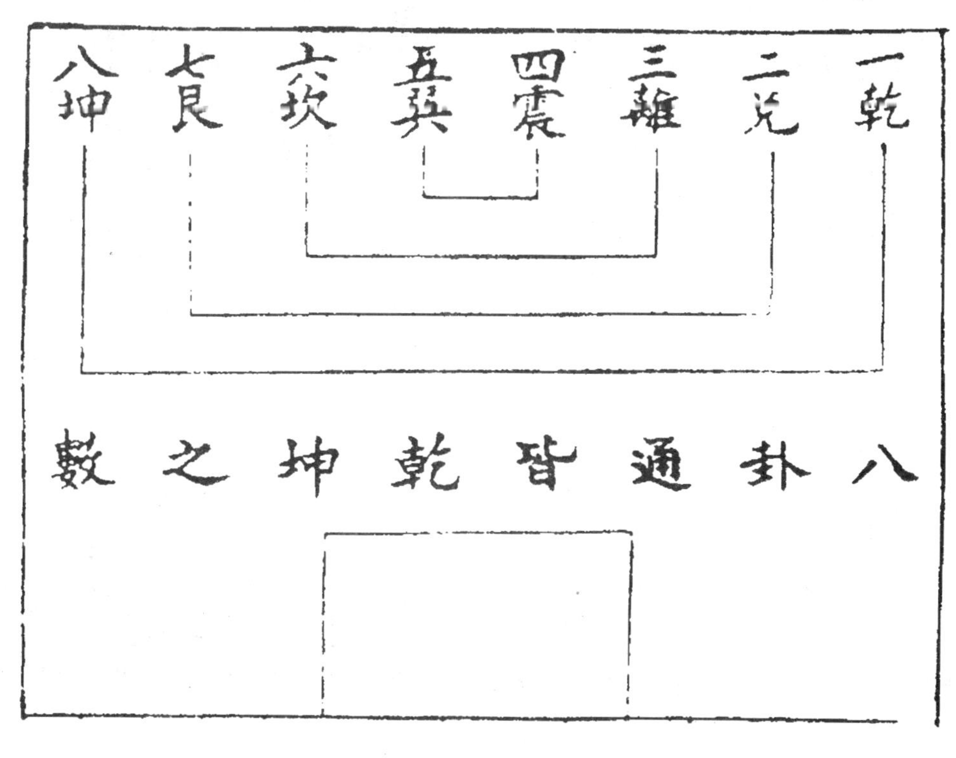

八卦通皆乾坤之数图

遯卦長分消翕之圖

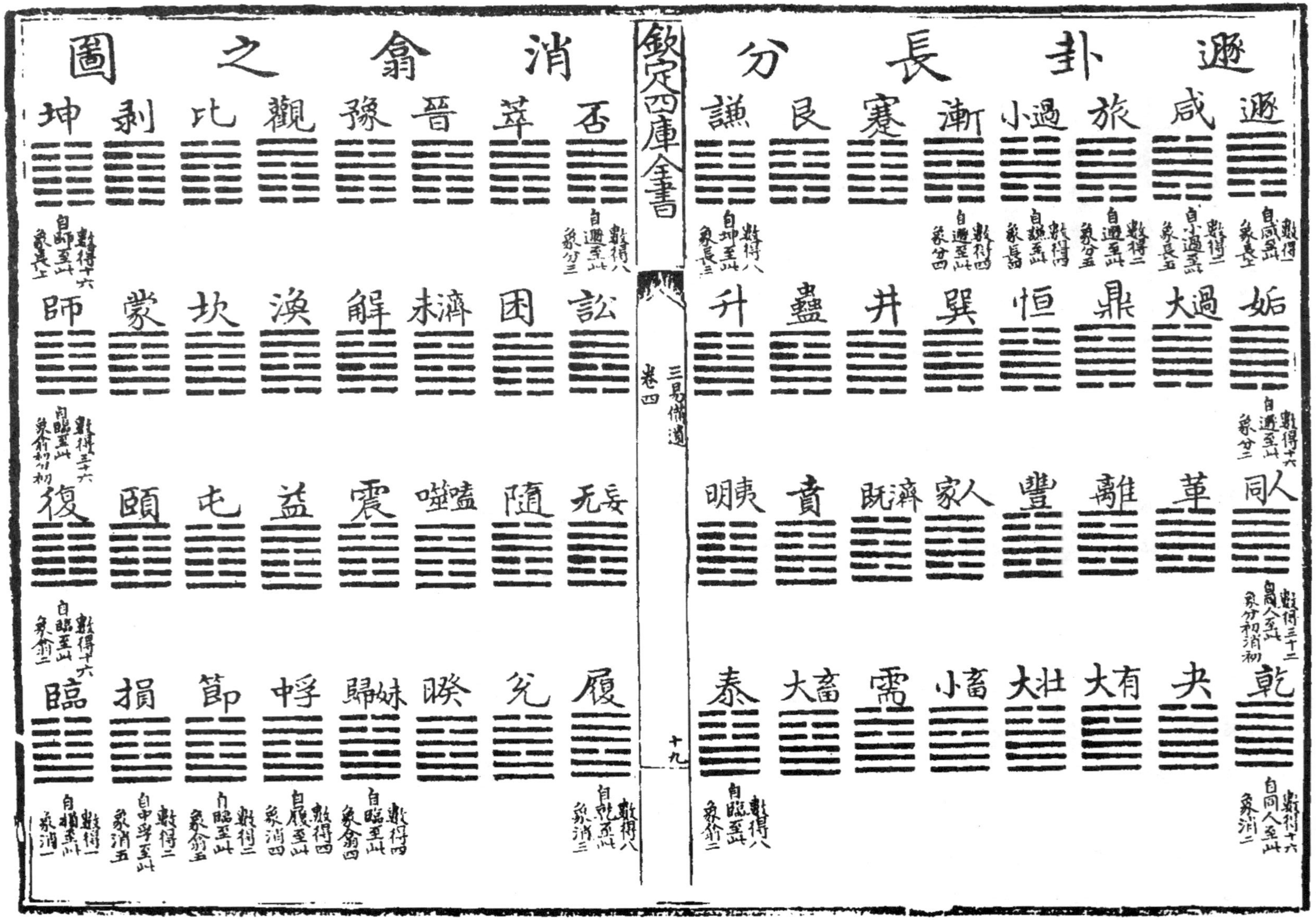

遯（數得一 自咸至此 象長二）　咸（數得二 自小過至此 象長五）　旅（數得二 自遯至此 象分五）　小過（數得四 自謙至此 象長四）　漸（數得四 自遯至此 象分四）　蹇　艮　謙（數得八 自坤至此 象長三）

姤（數得十六 自遯至此 象分二）　大過　鼎　恒　巽　井　蠱　升

同人（數得三十二 自同人至此 象分初消初）　革　離　豐　家人　既濟　賁　明夷

乾（數得十六 自同人至此 象消二）　夬　大有　大壯　小畜　需　大畜　泰（數得八 自臨至此 象翕二）

否（數得八 自遯至此 象分三）　萃　晉　豫　觀　比　剝　坤（數得十六 自師至此 象長上）

訟　困　未濟　解　渙　坎　蒙　師（數得三十六 自臨至此 象翕初消初）

无妄　隨　噬嗑　震　益　屯　頤　復（數得十六 自臨至此 象翕二）

履（數得八 自乾至此 象消三）　兌　睽　歸妹（數得四 自臨至此 象翕四）　中孚（數得四 自履至此 象消四）　節（數得二 自臨至此 象翕五）　損（數得二 自中孚至此 象消五）　臨（數得一 自損至此 象消一）

伏羲八卦方位

【注释】

①执:控制,这里指捆缚。一说通“絷(zhí)”,指拴、捆。②革:皮革。③莫:没有谁。④胜:能。⑤说:通“脱”,指解脱、脱落。

【译文】

六二:抓来用黄牛革绳紧紧捆绑,这样就不能解脱了。

《象辞》说:用黄牛革绳捆绑,坚定意志。

九三:系①遁,有疾,厉。畜臣妾②,吉。

《象》曰:系遁,厉,有疾惫③也。畜臣妾,吉,不可大事④也。

【注释】

①系:牵挂;系恋。②臣妾:臣仆侍妾。③惫:极度疲乏;困顿。④事:指做事。

【译文】

九三:被拖累而不能决然隐退,就像身染重病,情形危险。蓄养奴婢或可有利。

《象辞》说:被拖累以至不能决然隐退所造成的危险,有如被疾病折腾得疲惫不堪,所以说蓄养奴婢则吉,意思是暂且养疾疗伤,不可贸然行动。

九四:好①遁,君子吉,小人否。

《象》曰:君子好遁,小人否也。

【注释】

①好:喜爱。一说指美好。

【译文】

九四:喜爱隐居,这对君子来说是吉利的,对小人则未必。

《象辞》说:君子不以利禄为心,喜爱隐居;小人以利禄为心,不甘退隐。

九五:嘉①遁,贞吉。

《象》曰:嘉遁,贞吉,以正②志也。

【注释】

①嘉:赞美;赞许。②正:一说指端正;一说指中正。

【译文】

九五:退隐及时,值得赞美,卜问前程,通泰吉利。

《象辞》说:退隐及时,值得赞美;遵循正道,所以吉利。

上九:肥①遁,无不利。

《象》曰:肥遁,无不利,无所疑也。

【注释】

①肥:通"蜚",飞的意思。

【译文】

上九:远走高飞,退隐山林,无不利。

《象辞》说:上九爻辞讲远走高飞,退隐山林,无不利,说明其人善观形势,急流勇退。

大壮　第三十四

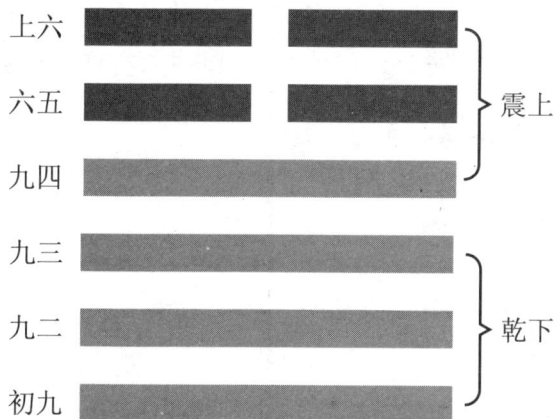

大壮[①]**：利贞**[②]。

【注释】

①大壮：卦名，有大为强壮的意义。②贞：占问。一说指“正”。

【译文】

大壮卦：吉利的卜问。

《彖》曰：大壮，大者[①]**壮也。刚以动**[②]**，故壮。大壮“利贞”，大者正也。正大，而天地之情**[③]**可见矣。**

【注释】

①大者：这里指阳爻。②刚以动：《大壮》卦下乾上震，乾为刚，震为动，所以说刚以动。③情：实情；情状。

【译文】

《彖辞》说：大壮，意即大者强壮。大壮之卦，内卦为乾，性为刚，外卦为震，性为动，刚健而有力，故卦名为壮。大壮卦辞说：“吉利、贞正”，因为大者正的缘故。如天道正则万物正，君道正则臣民正，父道正则家人正。君子识“正大”之理，则可知天地万物之情状。

《象》曰：雷在天上[①]**，大壮。君子以非礼弗履**[②]。

【注释】

①雷在天上：《大壮》卦上震下乾，震为雷，乾为天，所以说雷在天上。②履：行。

【译文】

《象辞》说：本卦上卦为震，震为雷，下卦为乾，乾为天，天上鸣雷是大壮的卦象。君子观此卦

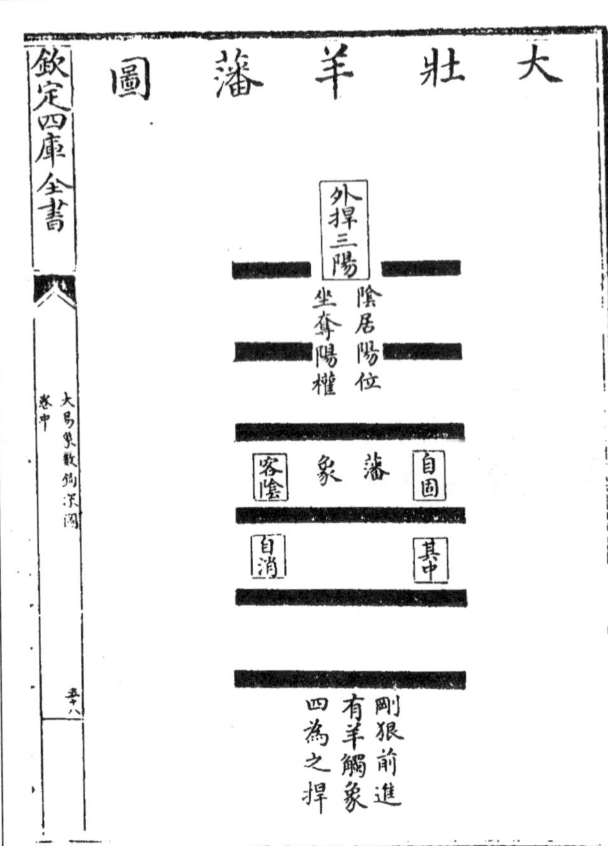

象，以迅雷之可畏，而知礼法森严，惟礼是遵。

初九：壮于趾①。征，凶，有孚②。

《象》曰：壮于趾，其孚穷也。

【注释】

①趾：脚指头。②孚：信，这里有肯定无疑的意思。

【译文】

初九：伤于脚趾，筮遇此爻，出征则凶，但尚有收获。

《象辞》说：自恃兵强，侵略他国，虽有收获，但信用扫地。

九二：贞吉。

《象》曰：九二贞吉，以中①也。

【注释】

①中：指九二阳爻居下卦之中位。

【译文】

九二：卜问得吉兆。

《象辞》说：九二爻辞讲贞正吉利，因为九二之爻居下卦中位，像人守中正之道。

九三：小人用壮，君子用罔①。贞厉②。羝羊③触藩④，羸⑤其角。

《象》曰：小人用壮，君子用罔也。

【注释】

①罔：无；没有。一说指网。②厉：危险。③羝羊：公羊。④藩：藩篱。⑤羸：束缚；缠绕。一说指毁坏。

【译文】

九三：小人捕兽凭气力，君子捕兽靠网围。卜问得险兆。公羊以角撞藩，结果被篱笆卡住。

《象辞》说：小人捕兽凭气力，君子捕兽靠网围。

九四：贞吉，悔亡。藩决①不羸，壮于大舆②之輹③。

《象》曰：藩决不羸，尚④往也。

【注释】

①决：打开缺口。②舆：车。③輹：车厢下面钩住车轴的木头。④尚：一说即"上"；一说指爱好；一说指还。

【译文】

九四：卜问得吉兆，无悔恨。因为公羊冲开篱笆，摆脱了拘系，但又被车轮撞伤，不能乱冲乱撞了。

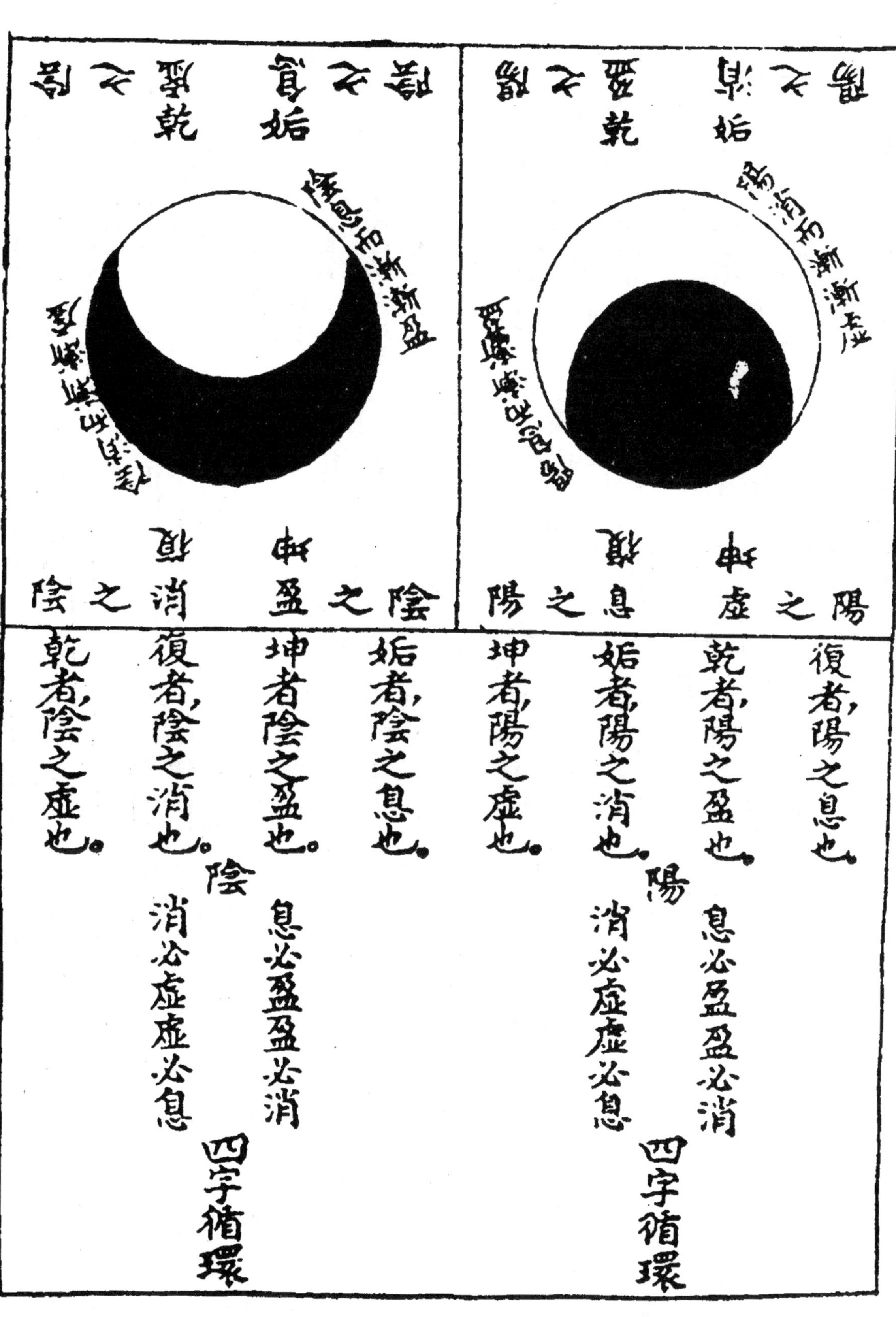
姤 陽之消
乾 陽之盈
坤 陽之虛
復 陽之息
乾 陰之虛
姤 陰之息
坤 陰之盈
復 陰之消
復者，陽之息也。
乾者，陽之盈也。
姤者，陽之消也。
坤者，陽之虛也。
陽
息必盈盈必消
消必虛虛必息
四字循環
姤者，陰之息也。
坤者，陰之盈也。
復者，陰之消也。
乾者，陰之虛也。
陰
息必盈盈必消
消必虛虛必息
四字循環

阳直图、阴直图

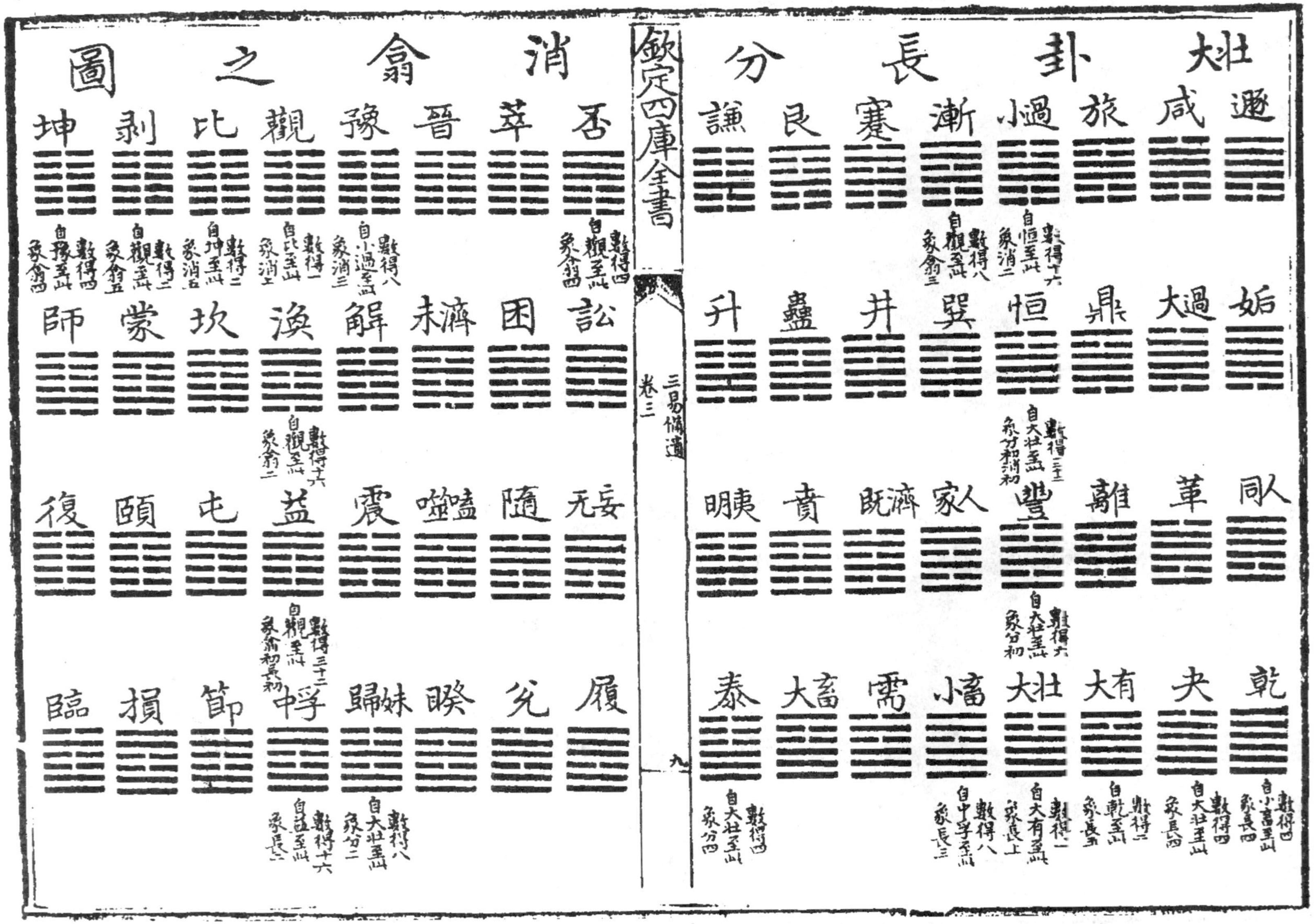

大壮卦长分消翕之图

欽定四庫全書　三易備遺　卷三　九

遯　咸　旅　小過（自恒至此數得十六 象消二）　漸（自觀至此數得八 象翕三）　蹇　艮　謙

姤　大過　鼎　恒（自大壯至此數得三十二 象分初消初）　巽　井　蠱　升

同人　革　離　豐（自大壯至此數得六 象分初）　家人　既濟　賁　明夷

乾（自小畜至此數得四 象長四）　夬（自大壯至此數得四 象長四）　大有（自乾至此數得二 象長五）　大壯（自大有至此數得一 象長上）　小畜（自中孚至此數得八 象長三）　需　大畜　泰（自大壯至此數得四 象分四）

否（自觀至此數得四 象翕四）　萃　晉　豫（自小過至此數得八 象消三）　觀（自比至此數得一 象消上）　比（自坤至此數得二 象消五）　剝（自觀至此數得二 象翕五）　坤（自豫至此數得四 象翕四）

訟　困　未濟　解　渙（自觀至此數得十六 象翕二）　坎　蒙　師

无妄　隨　噬嗑　震　益（自觀至此數得三十二 象翕初長初）　屯　頤　復

履　兌　睽　歸妹（自大壯至此數得八 象分三）　中孚（自益至此數得十六 象長二）　節　損　臨

《象辞》说：冲决篱笆，摆脱拘系，恐其冲撞别处。

六五：丧羊于易[①]。无悔。

《象》曰：丧羊于易，位不当[②]也。

【注释】

①易：通“埸(yì)”，指田界、疆界。一说即“狄”（我国古代称北方的民族），指狄人。②位不当：指六五阴爻居于阳位，所处的位置不适当。

【译文】

六五：丧羊于草场。筮遇此爻，没有大的灾祸。

《象辞》说：丧羊于草场，因为六五阴爻而居处阳位，是所处不当，像人所处环境不适应，将蒙受损失。

上六：羝羊触藩，不能退，不能遂[①]，无攸[②]利。艰[③]则吉。

《象》曰：不能退，不能遂，不详[④]也。艰则吉，咎[⑤]不长也。

【注释】

①遂：前进；前往。②攸：助词，相当于“所”。③艰：艰难，这里指经历艰难。④详：一说同“祥”，指吉祥；一说指周详。⑤咎：灾殃。

【译文】

上六：羊角被篱笆卡住，进退不了，处境不利。但是，目前虽处于艰难之中，最终可以化解逢吉。

《象辞》说：不能退，不能进，陷入进退维谷之中，这是遭逢不祥。虽陷入艰难之中，最终可以化解逢吉，是说灾难不会长久。

晋 第三十五

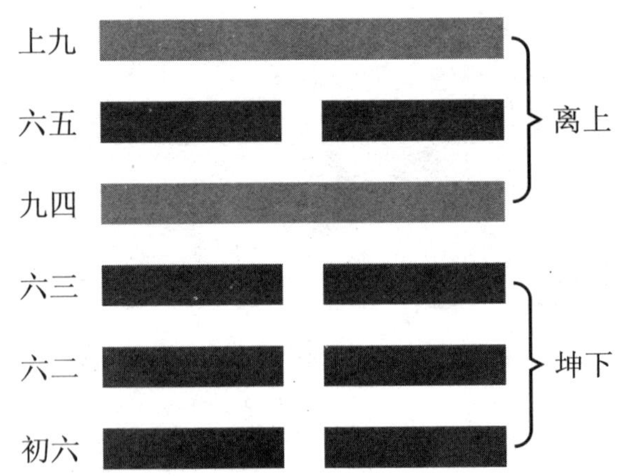

晋[①]:康侯[②]用锡[③]马蕃庶[④],昼日[⑤]三接[⑥]。

【注释】

①晋:卦名,有"进"即前进、升进的意思。②康侯:一说指周武王之弟,名封,因初封于康,所以称康侯或康叔;一说指尊贵的公侯,康是尊贵美好的意思。③锡:通"赐",指赐予、赏赐。④蕃庶:繁多。⑤昼日:一日;一天。⑥接:一说指接受;一说指接见。

【译文】

晋卦:康侯用成王赐予的良马做种马,一天多次配种。

《彖》曰:晋,进也。明出地上[①]。顺而丽乎大明[②]。柔进而上行[③],是以"康侯用锡马蕃庶,昼日三接"也。

【注释】

①明出地上:《晋》卦上离下坤,离为明,坤为地,所以说明出地上。②顺而丽乎大明:《晋》卦坤下离上,坤为顺,离为明,所以说顺而丽乎大明(丽:附丽)。③柔进而上行:《晋》卦的初六、六二、六三、六五皆为阴爻,仿佛阴柔者不断地上升。一说指六五阴爻居于尊位。

【译文】

《彖辞》说:晋,就是进取的意思。晋的上卦为离,离为日;下卦为坤,坤为地。可见晋卦的卦象是太阳高悬,出于大地之上。大地卑顺,处于太阳照耀之下。阴柔之爻由初位排列上升至第五爻位,所以晋卦是"柔进而上行",象征着臣子的事业蒸蒸日升,所以"康侯能够用成王赐予的良马繁殖马匹,一日之内多次配种"。

《象》曰:"明出地上",晋。君子以自昭[①]明德[②]。

先天六十四卦圓圖

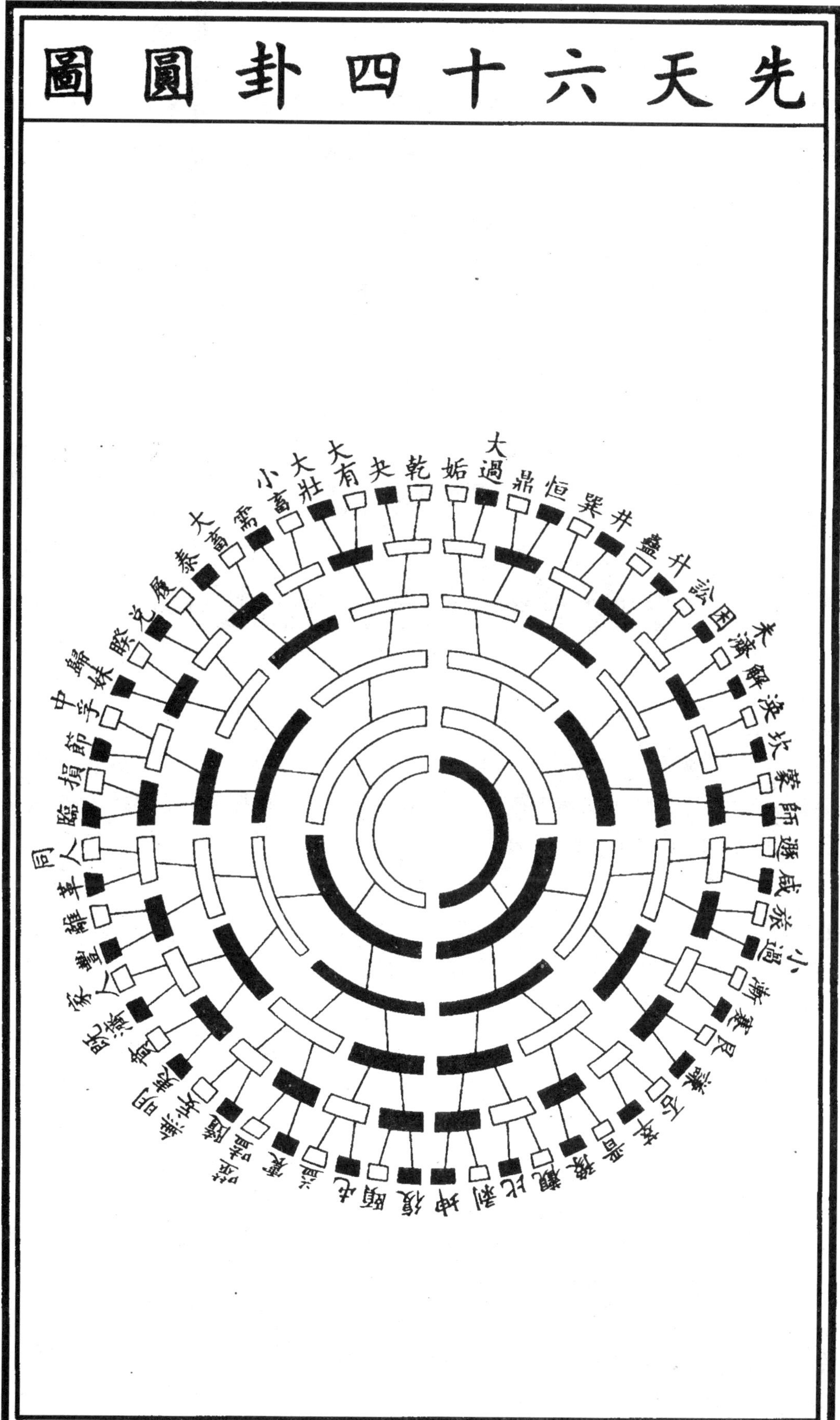

乾
夬
大有
大壯
小畜
需
大畜
泰
履
兌
睽
歸妹
中孚
節
損
臨
同人
革
離
豐
家人
既濟
賁
明夷
无妄
隨
噬嗑
震
益
屯
頤
復
姤
大過
鼎
恒
巽
井
蠱
升
訟
困
未濟
解
渙
坎
蒙
師
遯
咸
旅
小過
漸
蹇
艮
謙
否
萃
晉
豫
觀
比
剝
坤

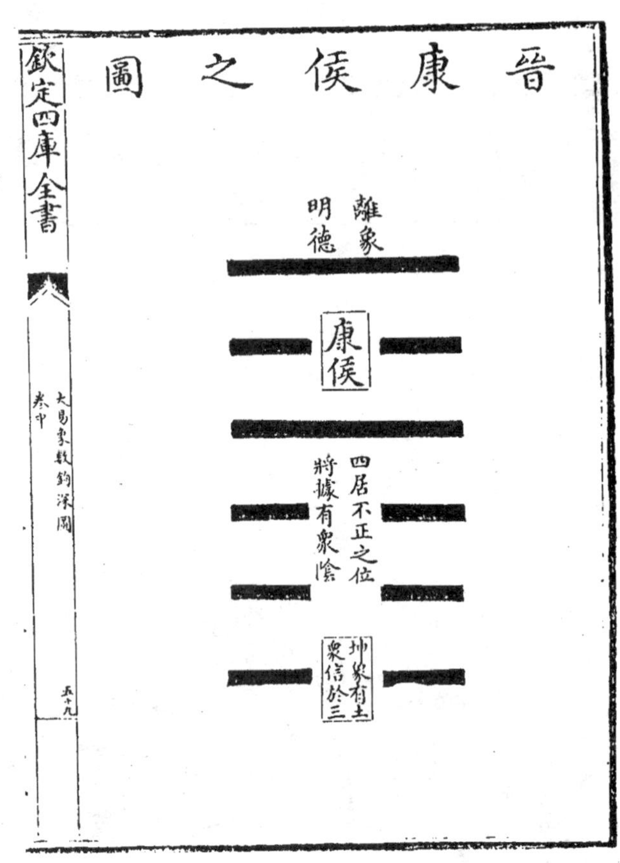

【注释】

①昭：显示；显扬。②明德：光明之德。

【译文】

《象辞》说："本卦上卦为离，离为日；下卦为坤，坤为地。太阳照大地，万物沐光辉"，是晋卦的卦象。君子观此卦象，从而发扬自身的光明之德。

初六：晋如①，摧②如，贞③吉。罔④孚，裕⑤无咎⑥。

《象》曰：晋如，摧如，独行正地。裕无咎，未受命⑦也。

【注释】

①如：语气助词。②摧：挫折，这里指退。③贞：占问。一说指"正"。④罔：无；没有。⑤裕：宽缓。⑥咎：灾殃。⑦受命：接受任命。一说指接受命令。

【译文】

初六：攻击敌人，打垮敌人，卜问得吉兆。胜利之师没有捕捉俘虏，没有抢掠财物，没有灾难。

《象辞》说：攻击敌人，打垮敌人，因这位将帅能遵循正道，所以取得了胜利。从容部署，克敌制胜，没有灾难，说明将帅能因势制宜，独断于心。

六二：晋如，愁①如，贞吉。受兹②介③福于其王母④。

《象》曰：受兹介福，以中正⑤也。

晉卦長分

謙 ䷎	艮 ䷳	蹇 ䷦	漸 ䷴	小過 ䷽	旅 ䷷	咸 ䷞	遯 ䷠
		數得十六 自井至此 象長六			數得十六 自晉至此 象長二		
升 ䷭	蠱 ䷑	井 ䷯	巽 ䷸	恒 ䷟	鼎 ䷱	大過 ䷛	姤 ䷫
		數得三十二 自需至此 象分初長初					
明夷 ䷣	賁 ䷕	既濟 ䷾	家人 ䷤	豐 ䷶	離 ䷝	革 ䷰	同人 ䷌
		數得三十二 自需至此 象分初長初					
泰 ䷊	大畜 ䷙	需 ䷄	小畜 ䷈	大壯 ䷡	大有 ䷍	夬 ䷪	乾 ䷀
數得二 自需至此 象翕五	數得四 自大有至此 象消四	數得二 自小畜至此 象消五			數得八 自睽至此 象消三	數得四 自需至此 象翕四	

欽定四庫全書

三易備遺 卷四

二十九

消翕之圖

坤 ䷁	剝 ䷖	比 ䷇	觀 ䷓	豫 ䷏	晉 ䷢	萃 ䷬	否 ䷋
	數得四 自晉至此 象分四	數得八 自蹇至此 象長上		數得二 自萃至此 象長五	數得一 自豫至此 象長上	數得四 自比至此 象長四	數得二 自晉至此 象分五
師 ䷆	蒙 ䷃	坎 ䷜	渙 ䷺	解 ䷧	未濟 ䷿	困 ䷮	訟 ䷅
					數得十六 自晉至此 象分二		
復 ䷗	頤 ䷚	屯 ䷂	益 ䷩	震 ䷲	噬嗑 ䷔	隨 ䷐	无妄 ䷘
					數得三十二 自晉至此 象分初消初		
臨 ䷒	損 ䷨	節 ䷻	中孚 ䷼	歸妹 ䷵	睽 ䷥	兌 ䷹	履 ䷉
		數得八 自需至此 象翕三			數得十六 自噬嗑至此 象消二		

【注释】

①愁：一说指忧愁；一说通“揪”，指收敛；一说借为“遒”，指逼迫。②兹：此。③介：大。④王母：祖母，这里指六五阴爻。一说指六二阴爻。⑤中正：指六二阴爻居下卦之中位。

【译文】

六二：攻击敌人，压倒敌人，卜问得吉兆获得大福。是因为得到了先祖母的庇佑。

《象辞》说：之所以受此大福，因为行中正之道。

六三：众允[1]，悔亡。

《象》曰：众允之，志上行也。

【注释】

①允：信；诚信。

【译文】

六三：万众一心，全力进攻，无所悔恨。

《象辞》说：众人信任，其志向就会实现。

九四：晋如鼫鼠[1]，贞厉[2]。

《象》曰：鼫鼠贞厉，位不当[3]也。

【注释】

①鼫鼠：鼠的一种，一说即鼯（wú）鼠，外形像松鼠，前后肢之间有宽大的薄膜；一说指硕鼠，即大的老鼠。②厉：危险。③位不当：指九四阳爻居于阴位，所处的位置不适当。

【译文】

九四：攻击敌人而胆小如鼠，卜问得凶兆。

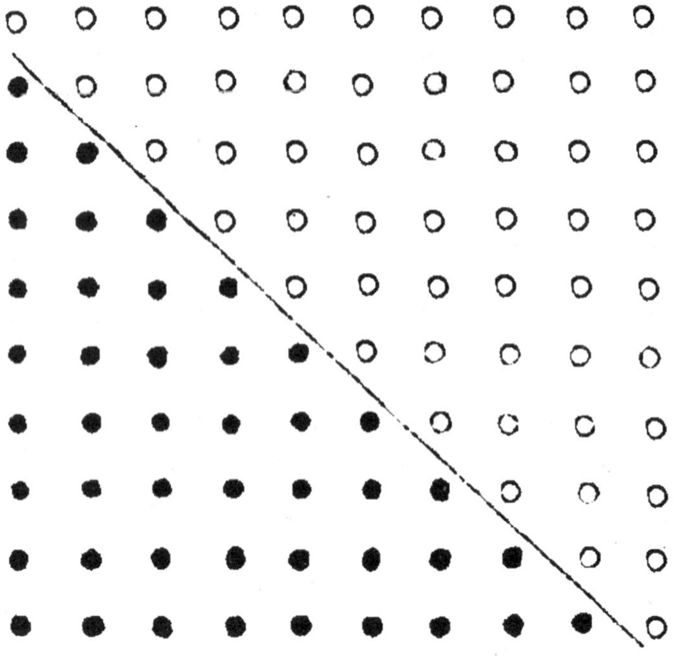

河洛未分未变方图

《象辞》说：攻击敌人而胆小如鼠，卜问得凶兆，人处于不利的地位。

六五：悔亡，失得勿恤①。往，吉。无不利。

《象》曰：失得勿恤，往有庆也。

【注释】

①恤：忧虑；担忧。

【译文】

六五：无悔恨，吃了败仗，不要气馁。再接再厉，终必转败为胜。无所不利。

《象辞》说：受到挫败，不要气馁，勇往直前，定有喜庆降临。

上九：晋其角①，维②用③伐邑④。厉，吉，无咎，贞吝⑤。

《象》曰：维用伐邑，道未光⑥也。

【注释】

①角：指兽角。②维：语气助词。③用：宜；可。④邑：城镇；村落。⑤吝：悔恨。⑥光：发扬光大。

【译文】

上九：攻击敌人，必须较量敌我双方的力量，可攻击敌人的城邑。但其结局难料：危险，吉利，无灾，或凶险。

《象辞》说：攻击敌人的城邑，这说明王道未能广泛实行，以致属邑叛乱。

明夷 第三十六

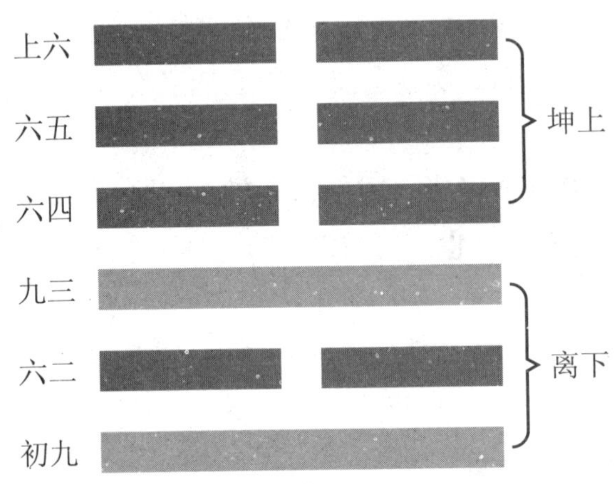

明夷[①]:利艰贞[②]。

【注释】

①明夷:卦名,意为光明受到遮蔽。②艰贞:占问艰难之事。

【译文】

明夷卦:卜问艰难之事则利。

《彖》曰:明入地中[①],明夷。内文明而外柔顺[②],以[③]蒙[④]大难,文王[⑤]以[⑥]之。"利艰贞",晦[⑦]其明也。内难而能正其志,箕子[⑧]以之。

【注释】

①明入地中:《明夷》卦下离上坤,离为明,坤为地,所以说明入地中。②内文明而外柔顺:《明夷》卦下离上坤,离为内卦,象征文明;坤为外卦,象征柔顺,所以说内文明而外柔顺。③以:用。④蒙:承受。⑤文王:指周文王,商末周族首领。姓姬,名昌。商纣时为西伯,曾被商纣囚禁于羑(yǒu)里(今河南汤阴北)。⑥以:通"似",指相似。⑦晦:掩蔽;掩藏。⑧箕子:商代贵族,商纣王的诸父(伯父、叔父的统称),官至太师。曾劝谏纣王,纣王不听,将其囚禁。

【译文】

《彖辞》说:明夷的内卦为离,离为日;外卦为坤,坤为地,太阳隐没于地中,是明夷的卦象。离为文明,坤为柔顺,然则明夷的品格是内文明而外柔顺。周文王内秉光明之德,外行柔顺之道,三分天下而有其二,犹服事于殷,蒙受羑里之辱,正与明夷卦象相似。"在艰难之中,坚贞守正,终能有利",正如太阳隐没地中,晦其光明,但终有灿然脱出之时。箕子内秉光明之德,外处艰难之境,仍能坚持正道,至死不渝,正与明夷的卦象相似。

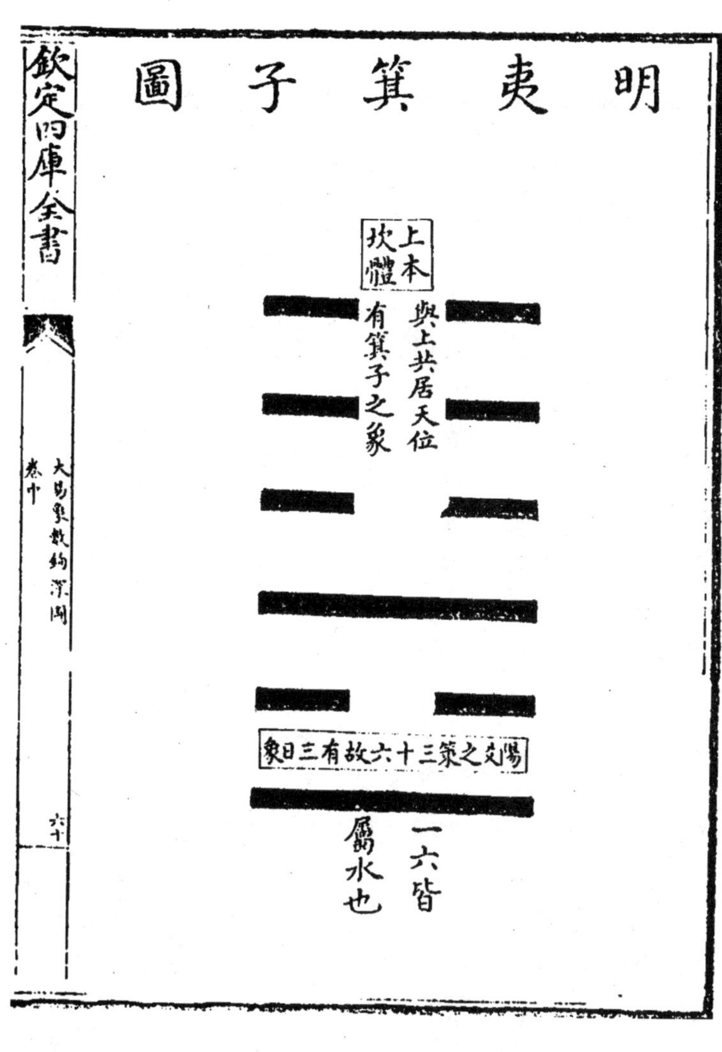

《象》曰:明入地中,明夷。君子以莅众①用晦而明。

【注释】

①莅众:治理民众(莅:治理)。

【译文】

《象辞》说:本卦内卦为离,离为日,外卦为坤,坤为地。太阳没入地中,是明夷的卦象。君子观此卦象,治民理政,不以苛察为明,而是外愚内慧,容物亲众。

初九:"明夷①于②飞,垂其翼。君子于行,三日不食。"有攸③往,主人有言④。

《象》曰:君子于行,义⑤不食⑥也。

【注释】

①明夷:这里指太阳没入大地后天色昏暗。一说指一种名为鸣鹈(yí)的鸟。②于:助词,用来凑足音节。③攸:助词,相当于"所"。④言:指责怪之言。⑤义:宜;理应。一说指道义。⑥食:这里有食禄即享用俸禄的意思。

【译文】

初九:"鹈鹕飞翔,垂着翅膀。君子离家,三日无食粮。"筮遇此爻,有所往,则必遭主人谴责。

四卦合律圖

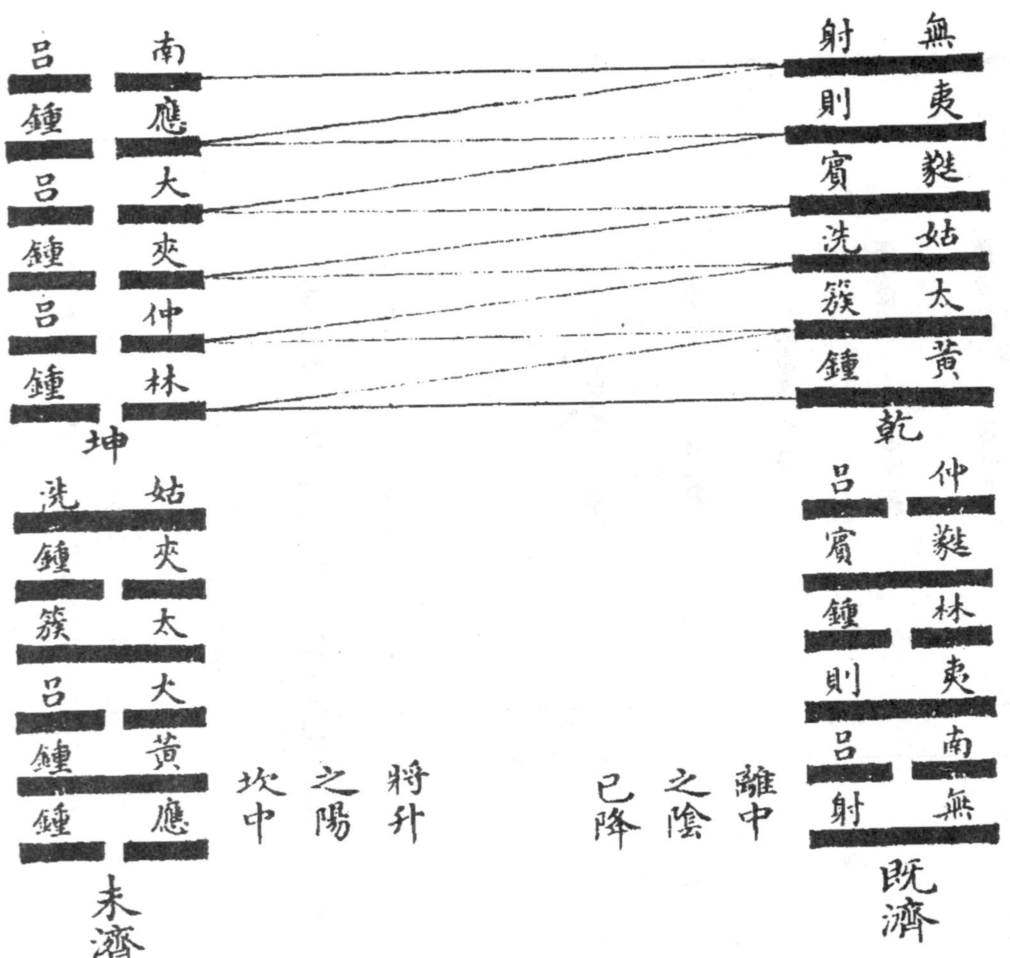

乾：無射　夷則　蕤賓　姑洗　太簇　黃鍾

坤：南呂　應鍾　大呂　夾鍾　仲呂　林鍾

既濟：仲呂　蕤賓　林鍾　夷則　南呂　無射

未濟：姑洗　夾鍾　太簇　大呂　黃鍾　應鍾

離中之陰已降

坎中之陽將升

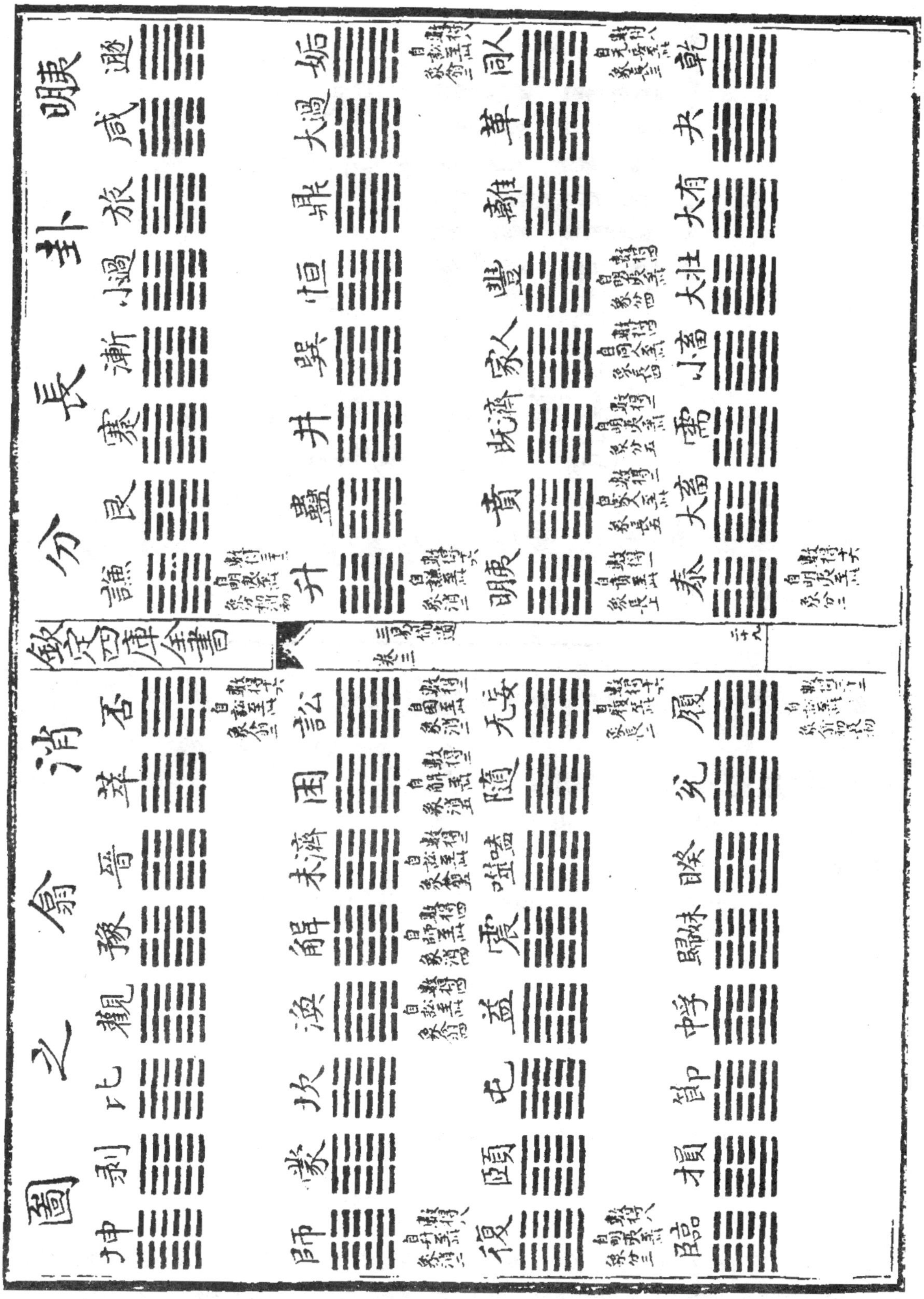

明夷卦長分消翕之圖

遯　咸　旅　小過　漸　蹇　艮　謙（數得三十二 自明夷至此 象分初消初）

姤（數得八 自訟至此 象翕三）　大過　鼎　恒　巽　井　蠱　升（數得十六 自謙至此 象消二）

同人（數得八 自无妄至此 象長三）　革　離　豐（數得四 自明夷至此 象分四）　家人（數得四 自同人至此 象長四）　既濟（數得二 自明夷至此 象分五）　賁（數得二 自家人至此 象長五）　明夷（數得一 自賁至此 象長上）

乾　夬　大有　大壯　小畜　需　大畜　泰（數得十六 自明夷至此 象分二）

否（數得十六 自訟至此 象翕二）　萃　晉　豫　觀　比　剝　坤

訟（數得二 自困至此 象消二）　困（數得二 自解至此 象消五）　未濟（數得二 自訟至此 象翕五）　解（數得四 自師至此 象消四）　渙（數得四 自訟至此 象翕四）　坎　蒙　師（數得八 自升至此 象消三）

无妄（數得十六 自履至此 象長二）　隨　噬嗑　震　益　屯　頤　復（數得八 自明夷至此 象分三）

履（數得三十二 自訟至此 象翕初長初）　兌　睽　歸妹　中孚　節　損　臨

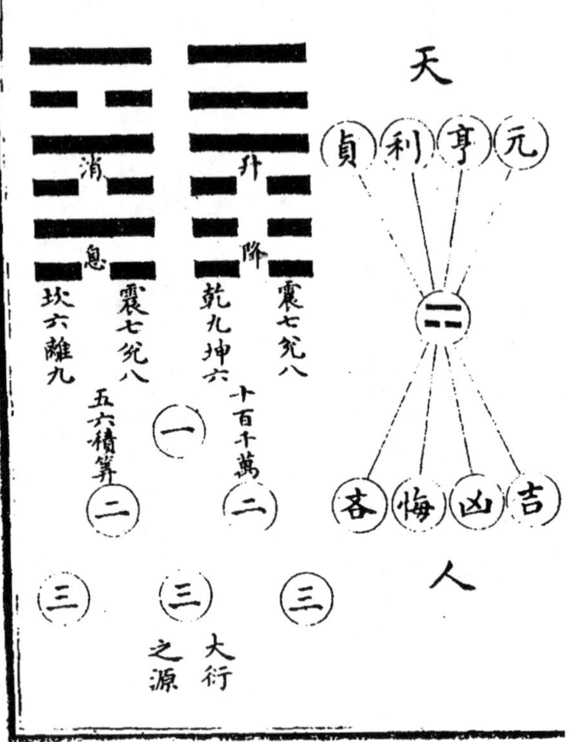

《象辞》说:君子在旅途中,讲究节义,不能蒙羞受食。

六二:明夷,夷①于左股②,用拯③马壮,吉。

《象》曰:六二之吉,顺以则④也。

【注释】

①夷:伤。②股:大腿。③拯:救。一说通“乘”。④则:准则;法则。

【译文】

六二:鹈鹕,伤于左股,君子负伤,因马获救。吉利。

《象辞》说:六二爻辞所讲的吉利,是因为六二阴爻处于九三阳爻之下,正像马顺从主人,善体人意。

九三:明夷于南狩①,得其大首②。不可疾③贞。

《象》曰:南狩之志,乃大得④也。

【注释】

①狩:打猎,这里指征伐。②大首:元凶;首恶。一说指头很大的野兽。③疾:迅速;快速。④大得:清代阮元主持校刻的《十三经注疏·周易正义》作“得大”,应作“大得”。

【译文】

九三:在南方的猎区,射箭打猎,获得一些大野兽。不可占问疾病。

《象辞》说:决心在南方狩猎,大称其意。

六四:入于左腹①,获明夷之心②于门庭③。

《象》曰:入于左腹,获心意也。

【注释】

①腹:腹地;靠近中心的地区。一说指内室。②心:内情;实情。③门庭:门口和庭院。

【译文】

六四:回到深隐之处吧!走出居室,进入社会,就感到环境的险恶,退隐的念头油然而生。

《象辞》说:回到深隐之处,就满足了退隐的心意。

六五:箕子①之明夷,利贞。

《象》曰:箕子之贞②,明不可息③也。

【注释】

①箕子:商纣王的诸父。一说即“亥子”,指亥末子初之时。②贞:正。③息:熄灭。

【译文】

六五:殷亡,箕子逃到东方邻国避难,卜问得吉兆。

《象辞》说:箕子退隐守正,光明不会灭。

上六:不明,晦①。初登②于天,后入于地。

《象》曰:初登于天,照四国③也。后入于地,失则也。

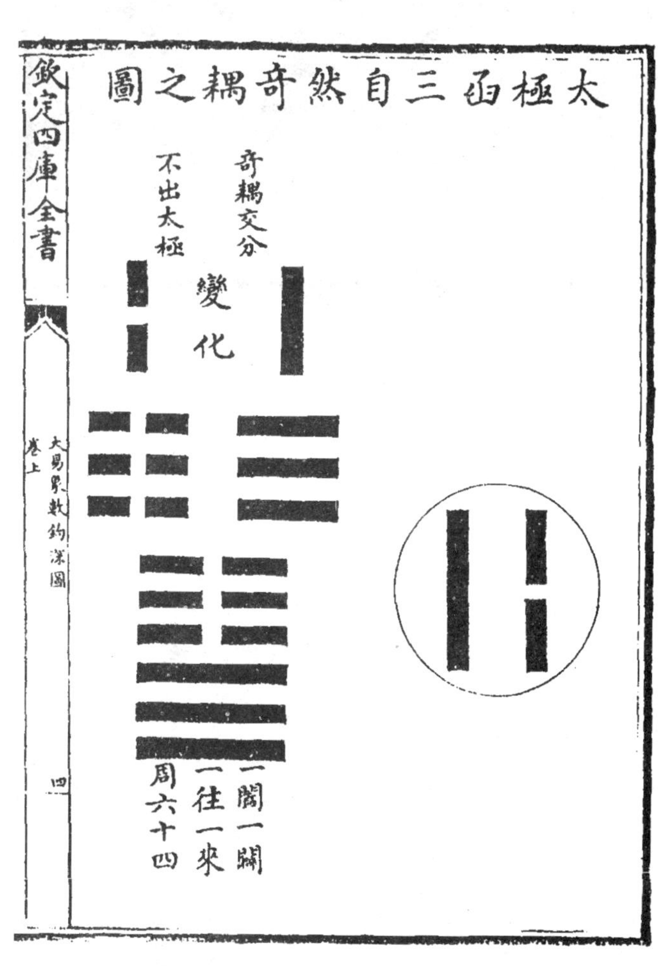

【注释】

①晦：昏暗；不明。②登：升。③四国：四方各国。

【译文】

上六：阳光消失了，天黑了。太阳初升，君子进仕之象；太阳隐没，君子退隐之象。《象辞》说：太阳初升，君子进仕，光照四方。太阳隐没，君子引退，国无楷模。

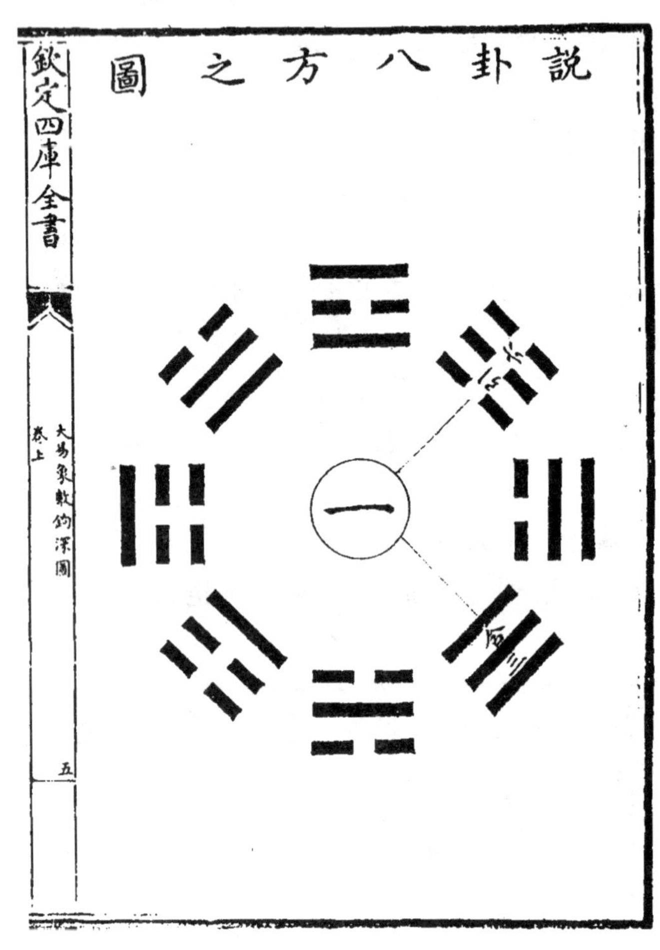

家人　第三十七

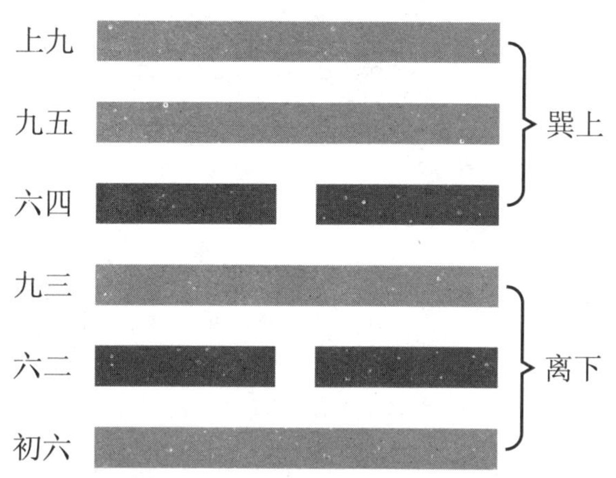

家人[1]：利女贞[2]。

【注释】

①家人：卦名，意为一家之人或家中之人。②贞：占问。一说指"正"。

【译文】

家人卦：卜问妇女之事吉利。

《彖》曰：家人，女正位乎内[1]，男正位乎外[2]。男女正，天地之大义也。家人有严君[3]焉，父母之谓也。父父[4]，子子，兄兄，弟弟，夫夫，妇[5]妇，而家道[6]正。正家，而天下定矣。

【注释】

①女正位乎内：指六二阴爻居下卦（即内卦）之中位。②男正位乎外：指九五阳爻居上卦（即外卦）之中位。③严君：对父母的尊称。④父父：指父亲按父亲应有的样子去做。下面的"子子"、"兄兄"等与此同。⑤妇：妻子。⑥家道：指家庭赖以成立和维持的规则、道理。

【译文】

《彖辞》说：家人的爻象显示，六二阴爻居内卦的中位，像妇女在内，以正道守其位，九五阳爻居外卦的中位，像男人在外，以正道守其位。男主外女主内，皆能以正道守其位，是天地间的大义。家庭有尊严的家长，那就是父亲、母亲。父亲像个父亲，儿子像个儿子，兄长像个兄长，弟弟像个弟弟，丈夫像个丈夫，妻子像个妻子，家道就端正了。能够正其家，天下也就安定了。

《象》曰：风自火出[1]，家人。君子以言有物[2]而行有恒。

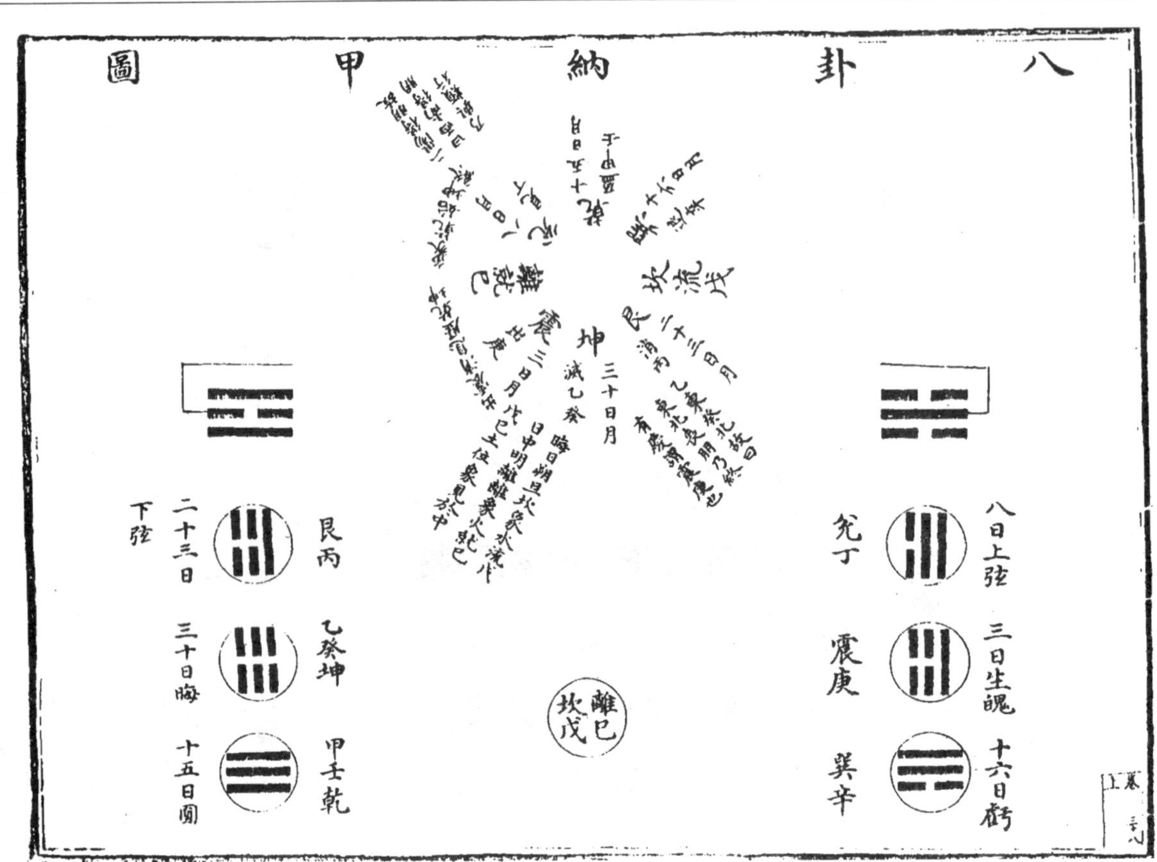

【注释】

①风自火出:《家人》卦上巽下离,巽为风,离为火,所以说风自火出。②物:实际内容;事实。

【译文】

《象辞》说:本卦外卦为巽,巽为风;内卦为离,离为火,内火外风,风助火势,火助风威,相辅相成,是家人的卦象。君子观此卦象,从而领会言之有物,行之守恒的道理。

初九:闲①有②家,悔亡。

《象》曰:闲有家,志③未变④也。

【注释】

①闲:防止;防范。②有:一说是助词,无实义;一说通“于”;一说指保有。③志:心意。一说指志向。④变:变故;事变。一说指改变。

【译文】

初九:防范家庭出现意外事故,没有悔恨。

《象辞》说:防范家庭出现意外事故,就是防患于未然。

六二:无攸①遂②,在中馈③,贞吉。

《象》曰:六二之吉,顺以④巽⑤也。

【注释】

①攸:助词,相当于“所”。②遂:前进;前往。一说指成功;一说借为“坠”,指失误;一说指自专。③中馈:家中的饮食之事。④以:而。⑤巽:谦逊。

【译文】

六二：妇女在家中料理家务，安排膳食，没有失误，这是吉利之象。

《象辞》说：六二爻辞之所以称吉利，因为六二阴爻居九三阳爻之下，像妇人对男人顺从而又谦逊。

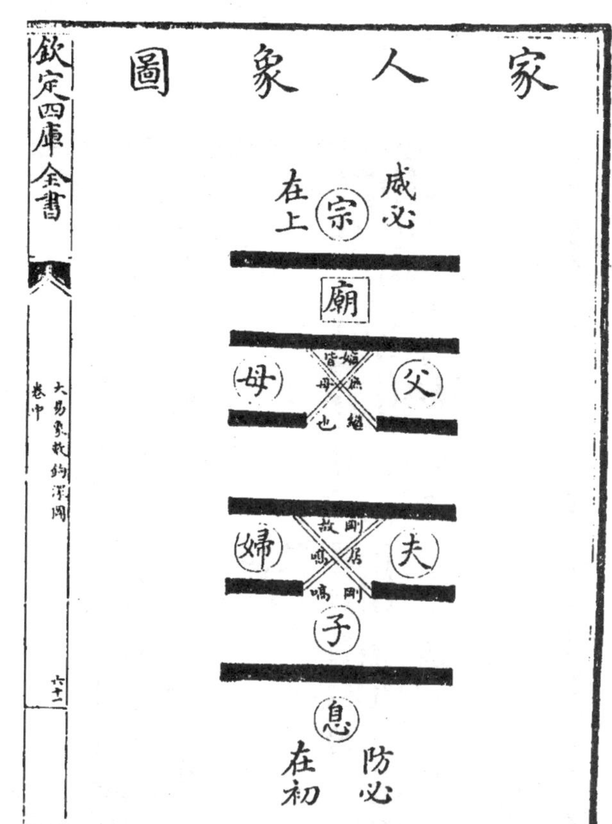

九三：家人嗃嗃[①]，悔，厉[②]，吉。妇子嘻嘻，终吝[③]。

《象》曰：家人嗃嗃，未失也。妇子嘻嘻，失家节[④]也。

【注释】

①嗃嗃：一说指严酷的样子；一说即“嗷（áo）嗷”，众口哀怨之声。②厉：危险。③吝：悔恨。④节：礼节；法度。

【译文】

九三：贫困之家，众口嗷嗷待哺，这虽让人愁苦，但若能辛勤劳作，可以脱贫致富。而富贵之家，骄奢淫逸，妻室儿女只知嬉笑作乐，终将败落。

《象辞》说：贫困之家如能辛勤劳作，未失正派家风。富贵之家如一味嬉笑作乐，则有失家中礼节。

六四：富家，大吉。

《象》曰：富家大吉，顺在位[①]也。

【注释】

①顺在位：指六四阴爻居九五阳爻之下，有顺从之德；六四阴爻居于阴位，位置适当，所以说顺在位。

【译文】

六四：幸福家庭，大吉大利。

《象辞》说：幸福家庭，大吉大利，因为六四阴爻居于九五阳爻之下，家人和顺而各守其职。

九五：王假[①]有家，勿恤[②]，吉。

《象》曰：王假有家，交[③]相爱也。

【注释】

①假：一说通“格”，指至、到；一说通“格”，指感格、感化；一说指大。②恤：忧虑；担忧。③交：互相。

【译文】

九五：君王到臣民之家，不要忧虑，祖先福佑家人，凡事吉利。

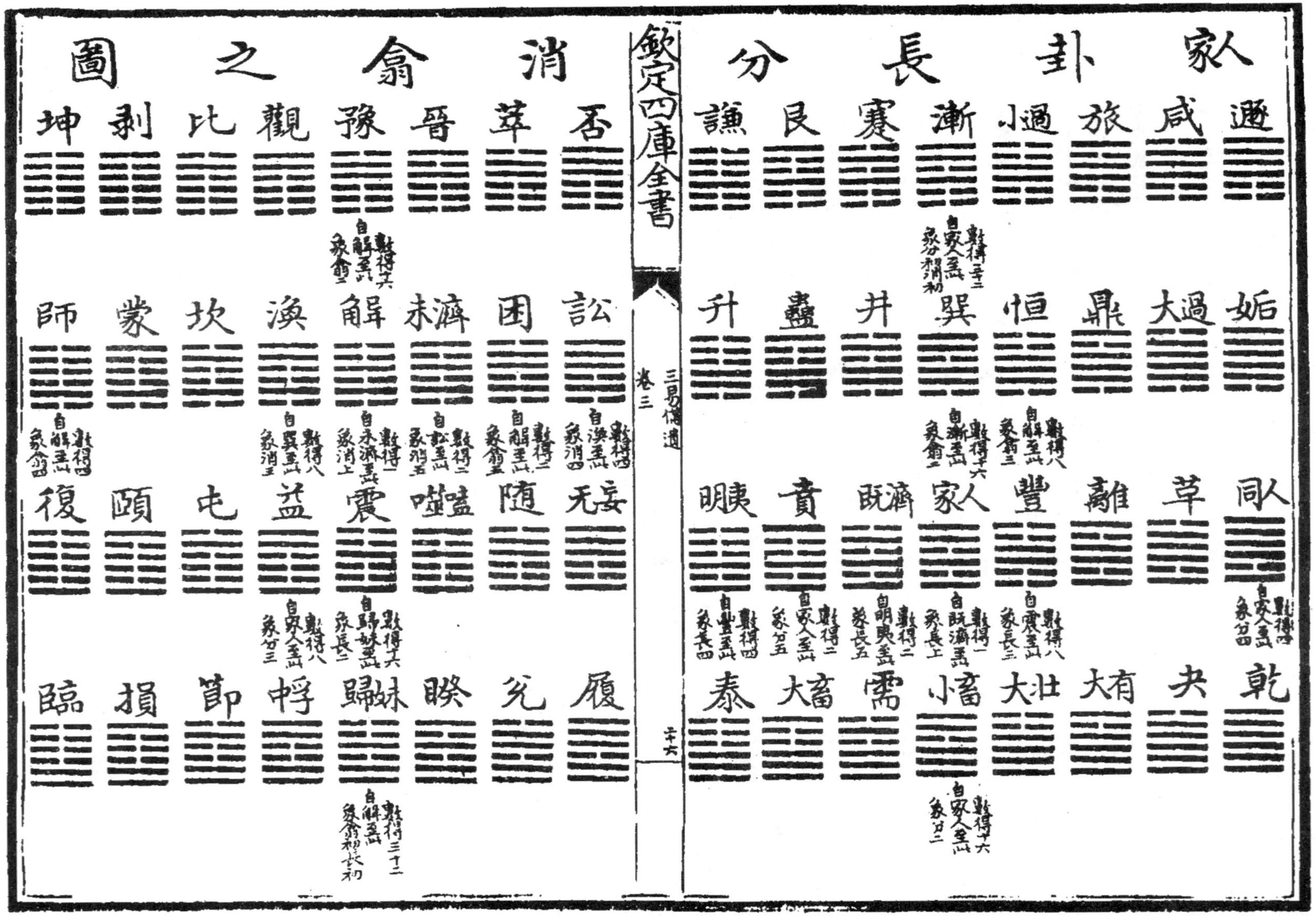

家人卦長分消翕之圖

遯 咸 旅 小過 漸（數得二十三 自家人至此 象分消初） 蹇 艮 謙

姤 大過 鼎 恒（數得八 自解至此 象翕三） 巽（數得十六 自漸至此 象翕二） 井 蠱 升

同人（數得四 自家人至此 象分四） 革 離 豐（數得八 自震至此 象長三） 家人（數得一 自既濟至此 象長上） 既濟（數得二 自明夷至此 象長五） 賁（數得二 自家人至此 象分五） 明夷（數得四 自豐至此 象長四）

乾 夬 大有 大壯 小畜（數得十六 自家人至此 象分二） 需 大畜 泰

否 萃 晉 豫（數得十六 自解至此 象翕二） 觀 比 剝 坤

訟（數得四 自渙至此 象消四） 困（數得三 自解至此 象翕五） 未濟（數得三 自訟至此 象消五） 解（數得一 自未濟至此 象消上） 渙（數得八 自巽至此 象消三） 坎 蒙 師（數得四 自解至此 象翕四）

无妄 隨 噬嗑 震（數得十六 自歸妹至此 象長二） 益（數得八 自家人至此 象分三） 屯 頤 復

履 兌 睽 歸妹（數得三十二 自解至此 象翕初消初長初） 中孚 節 損 臨

《象辞》说：君王到臣民之家，说明君臣交相爱护。

上九：有孚威如①，终吉。

《象》曰：威如之吉，反身②之谓也。

【注释】

①如：形容词后缀，表示状态。②反身：要求自己；检查自己。

【译文】

上九：君上掌握杀罚之权，威风凛凛，权柄不移，终归吉利。

《象辞》说：上九爻辞讲杀罚立威，终归吉利，因为主上能够内省己身，外树威望。

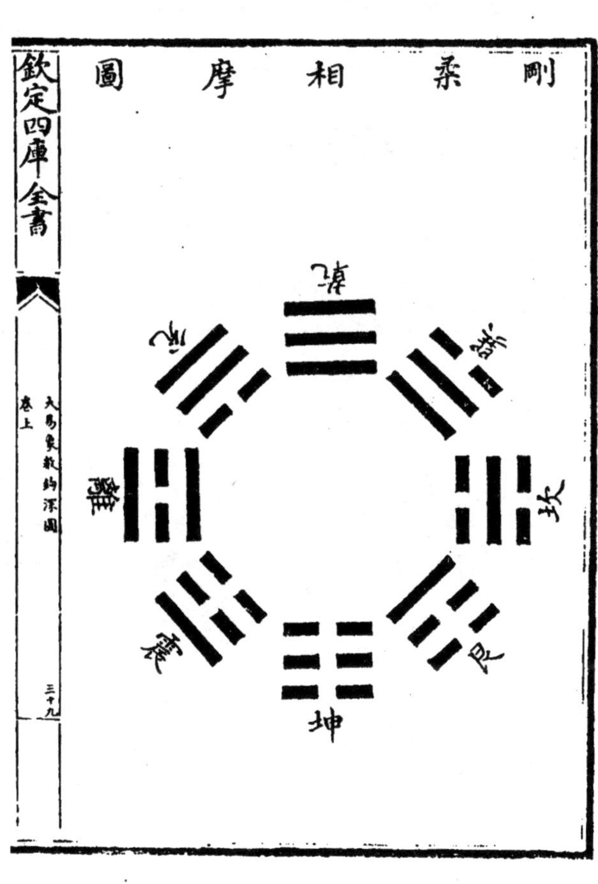

睽　第三十八

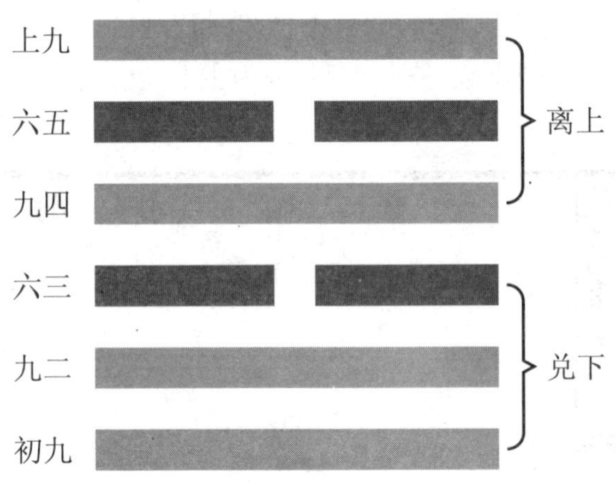

睽[①]:小事吉。

【注释】

①睽:卦名,指乖违即违背、不合的意思。

【译文】

睽卦:筮遇此卦,小事吉利。

《彖》曰:睽,火动而上,泽动而下[①];二女[②]同居,其志不同行。说而丽乎明[③],柔进而上行[④],得中而应乎刚[⑤],是以"小事吉"。天地睽而其事同也,男女睽而其志通也,万物睽而其事[⑥]类[⑦]也。睽之时用[⑧]大矣哉。

【注释】

①火动而上,泽动而下:《睽》卦上离下兑,离为火,象征火焰跃动于上;兑为泽,象征泽水流动于下,所以说火动而上,泽动而下。②二女:《睽》卦的上离为中女,下兑为少女,故称二女。③说而丽乎明:《睽》卦下兑上离,兑为悦(说:即"悦"),离为明,象征和悦地依附光明(丽:附丽),所以说说而丽乎明。④柔进而上行:指阴爻由六三上升至六五。⑤得中而应乎刚:指六五阴爻居上卦之中位,与居下卦之中位的九二阳爻相应合。⑥事:这里指事理。⑦类:类似。⑧时用:因时而用。

【译文】

《彖辞》说,睽的上卦为离,离为火;下卦为兑,兑为泽,可见睽卦的卦象是火焰腾冲于上,泽水流动于下。离又为中女,兑又为少女,二女同居共事一夫,其势必妒,志不相投。离为日,兑性悦,象征着臣下以和悦的态度,附丽于君上的光明。睽的六三阴爻,为柔,升进至第五位,可见睽的爻位基本结构是"柔进而上升"。所以筮遇此卦,"做小事吉利"。天阳地阴,则有阴阳交感而生万物。男女异性，则有男女相慕而成眷属。万物具形，则各具秉性而成物类。异中有同，同中有异，异同的作用，是十分重大的。

《象》曰：上火下泽[①]，睽。君子以同而异[②]。

【注释】

①上火下泽：《睽》卦上离下兑，离为火，兑为泽，所以说上火下泽。②同而异：从相同中探究不同。

【译文】

《象辞》说：本卦上卦为离，离为火；下卦为兑，兑为泽，上火下泽，两相乖离，是睽卦的卦象。君子观此卦象，从而综合万物之所同，分析万物之所异。

初九：悔亡，丧马，勿逐[①]，自复[②]。见[③]恶人，无咎[④]。

《象》曰：见恶人，以辟[⑤]咎也。

【注释】

①逐：追求；求取。②复：还；返回。③见：接见。一说指往见、拜见。④咎：灾殃。⑤辟：通“避”，指避免、避开。

【译文】

初九：无悔恨，丢失了马匹，不必寻找，它自会回来。途中碰见坏人，不会有灾祸。

《象辞》说：遇见坏人之所以无灾祸，意在消除恶人的恶意。

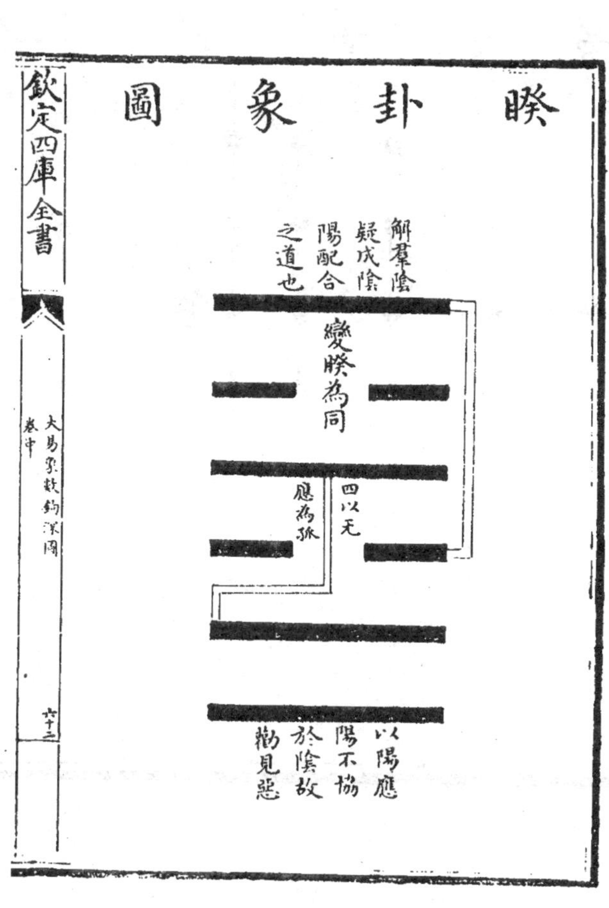

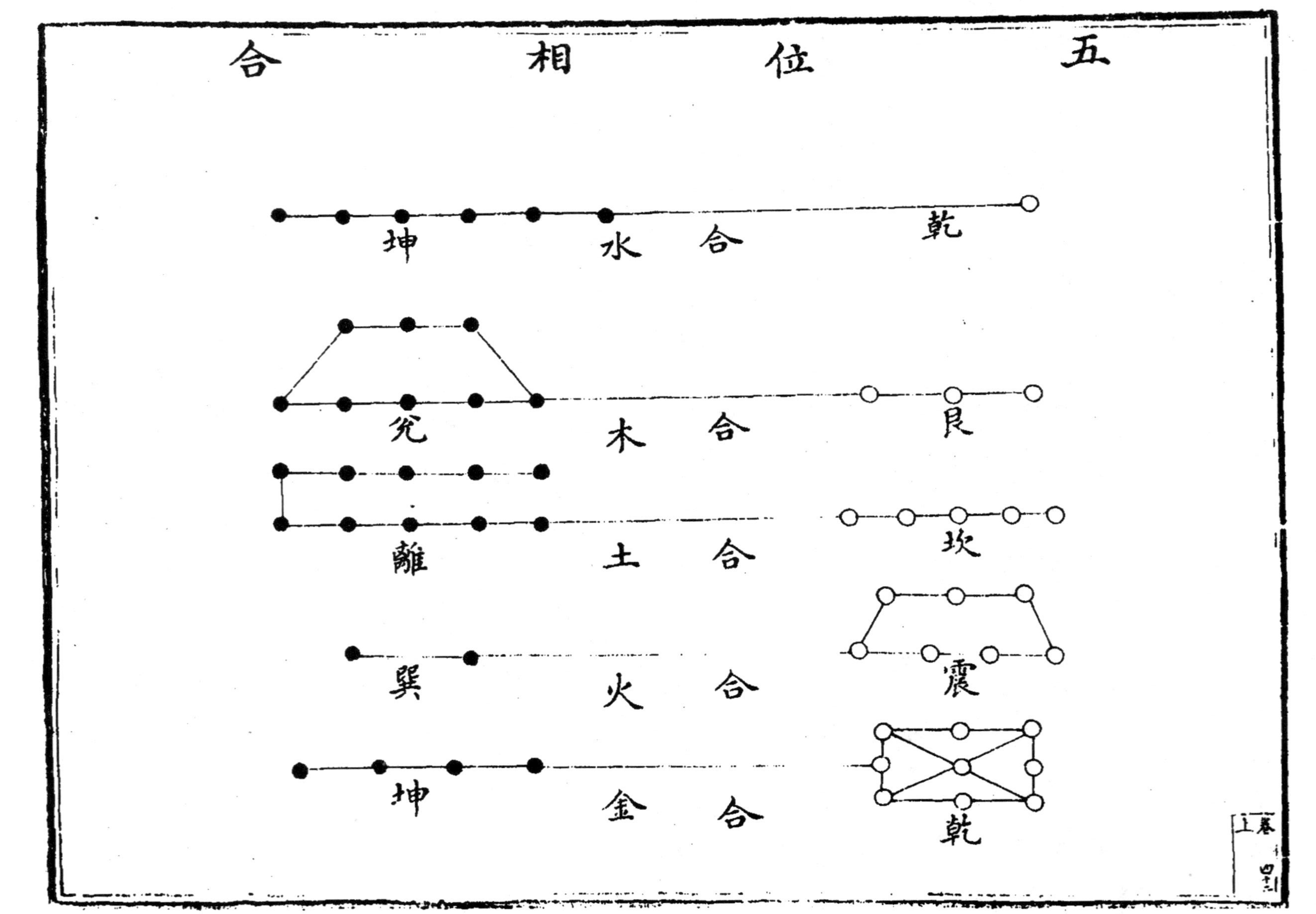
五位相合
乾 合水 坤
艮 合木 兑
坎 合土 離
震 合火 巽
乾 合金 坤

九二：遇主[①]于巷，无咎。

《象》曰：遇主于巷，未失道[②]也。

【注释】

①主：主人，这里指六五阴爻。②失道：违背正道。一说指迷失道路。

【译文】

九二：在巷道中遇着了主人，没有灾难。

《象辞》说：在巷道中遇着了主人，这说明没有迷失道路。

六三：见舆[①]曳[②]，其牛掣[③]，其人天[④]且劓[⑤]。无初有终[⑥]。

《象》曰：见舆曳，位不当[⑦]也。无初有终，遇刚[⑧]也。

【注释】

①舆：车。②曳：施；拉。③掣：牵拉时不驯服。④天：古代在额上刺字后涂墨的刑罚。⑤劓：古代割去鼻子的刑罚。⑥有终：有好的结局。⑦位不当：指六三阴爻居于阳位，所处的位置不适当。⑧遇刚：指六三阴爻与上九阳爻相应合。

【译文】

六三：看见一辆拉货的车，拉车的牛一俯一仰拉得很费劲，赶车的人是一个烙了额、割了鼻的奴隶。起初车子陷着不动，后来终于拉动了。

《象辞》说：看见一个烙额割鼻的奴隶在拉车，爻象表明：六三阴爻而居于阳位，所入不当，像人落入了悲苦的境地。起初不顺，结局倒好，因为六三阴爻上进遇到九四阳爻，像人得到强者的帮助。

九四：睽孤[①]，遇元夫[②]，交[③]孚。厉[④]，无咎。

《象》曰：交孚无咎，志行也。

【注释】

①睽孤：乖违孤独。一说指惊顾。②元夫：一说指大夫；一说指大丈夫；一说指国君。③交：互相。④厉：危险。

【译文】

九四：旅人孤单行路，遇上一个大夫（一说大丈夫，一说国君），一同被抓住，情形危险，但终无灾祸。

《象辞》说：互相信任，必无灾难，说明其志得行，目的达到。

六五：悔亡。厥[①]宗[②]噬肤[③]。往，何咎？

《象》曰：厥宗噬肤，往有庆也。

【注释】

①厥：其。②宗：宗亲；宗族。③噬肤：吃肉（肤：肉）。

【译文】

六五：无悔恨，同族宗人在吃肉，孤单的旅人欣然结伴同行，一路平安无事。

《象辞》说：同族宗人在吃肉，前往，必有喜庆之事。

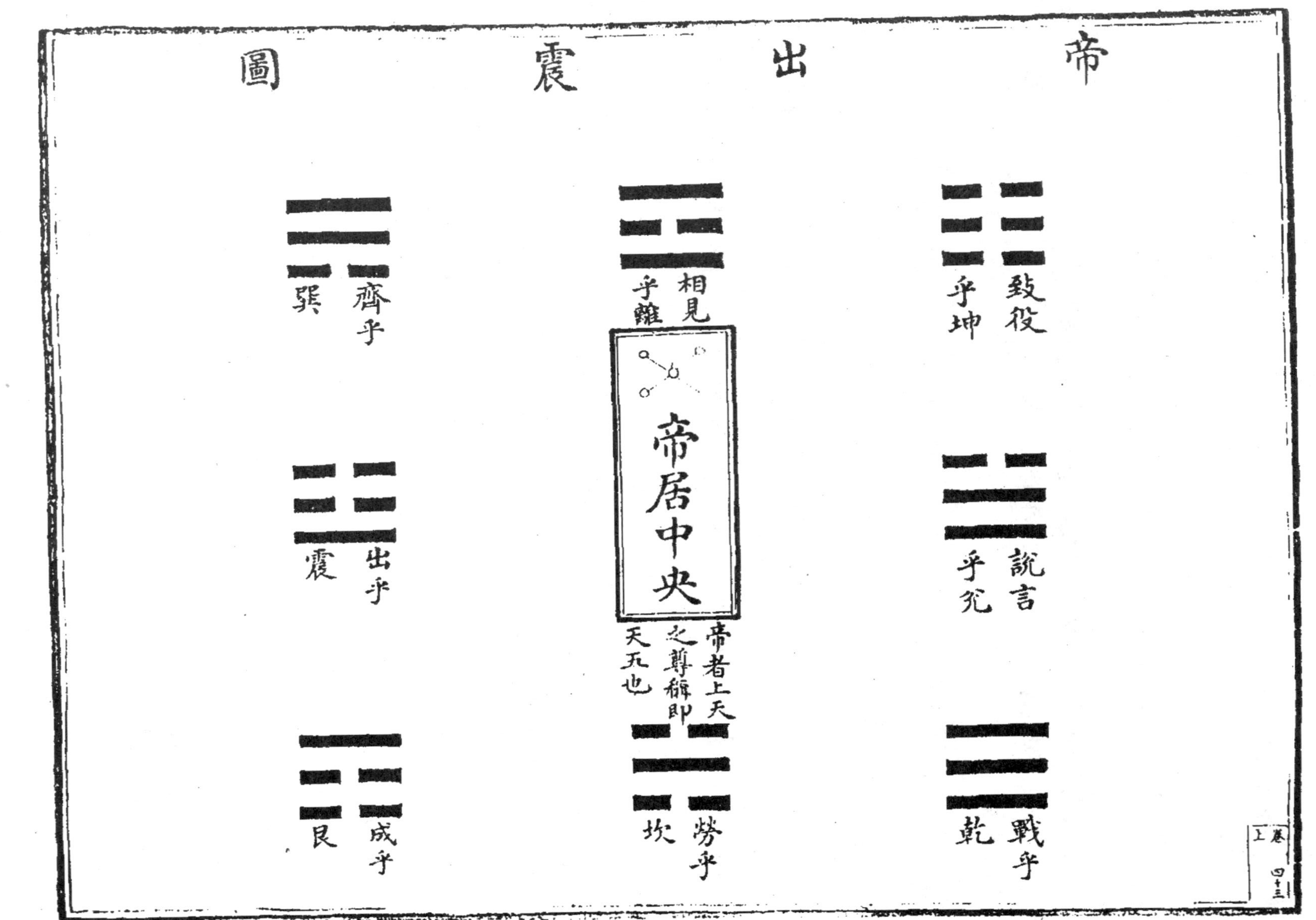
帝出震圖
致役乎坤
相見乎離
齊乎巽
說言乎兌
帝居中央
帝者上天之尊稱即天五也
出乎震
戰乎乾
勞乎坎
成乎艮
卷上
四十三

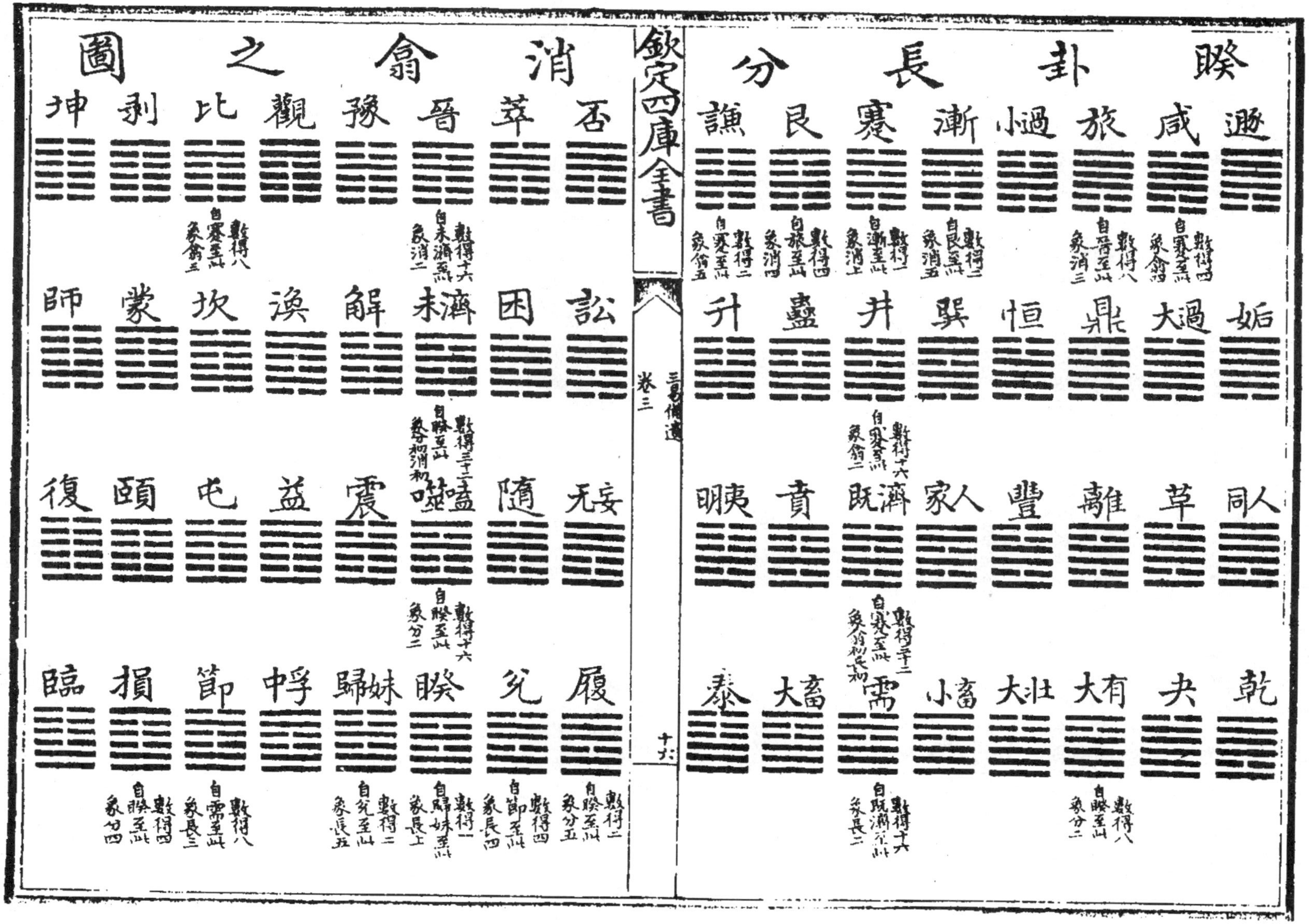

睽卦長分消翕之圖

遯	咸	旅	小過	漸	蹇	艮	謙
	數得四 自蹇至此 象翕一	數得八 自晉至此 象消三		數得二 自艮至此 象消五	數得一 自漸至此 象消上	數得四 自旅至此 象消四	數得二 自蹇至此 象翕五

姤	大過	鼎	恒	巽	井	蠱	升
					數得十六 自蹇至此 象翕二		

同人	革	離	豐	家人	既濟	賁	明夷
					數得三十二 自蹇至此 象翕初長初		

乾	夬	大有	大壯	小畜	需	大畜	泰
		數得八 自睽至此 象分二			數得十六 自既濟至此 象長二		

欽定四庫全書　三易備遺　卷三　十六

否	萃	晉	豫	觀	比	剝	坤
		數得十六 自未濟至此 象消二			數得八 自蹇至此 象翕三		

訟	困	未濟	解	渙	坎	蒙	師
		數得三十二 自睽至此 象分初消初					

无妄	隨	噬嗑	震	益	屯	頤	復
		數得十六 自睽至此 象分二					

履	兌	睽	歸妹	中孚	節	損	臨
數得二 自睽至此 象分五	數得四 自節至此 象長四	數得一 自歸妹至此 象長上	數得二 自兌至此 象長五		數得八 自需至此 象長三	數得四 自睽至此 象分四	

上九:睽孤,见豕[①]负[②]涂[③],载鬼一车:先张之弧[④],后说[⑤]之弧。匪[⑥]寇,婚媾[⑦]。往,遇雨,则吉。

《象》曰:遇雨之吉,群疑亡也。

【注释】

①豕:猪。②负:以背载物。③涂:污泥。④张之弧:拉开弓(弧:弓)。⑤说:通“脱”,指免除、松开。⑥匪:同“非”,指不、不是。⑦婚媾:嫁娶。

【译文】

上九:旅人孤单地行路,见一头大猪滚了一身污泥,又遇上一辆大车,上面满载鬼怪。旅人搭弓欲射,后来又放下弓箭。因为这伙人不是强盗,而是去订婚的。旅人照常行进,遇上大雨,一切平安。

《象辞》说:上九爻辞讲的旅人途遇婚媾之人,开始相互猜疑,几致动武,后来相安无事,照常旅行。这是因为双方的疑惧消失了。

蹇 第三十九

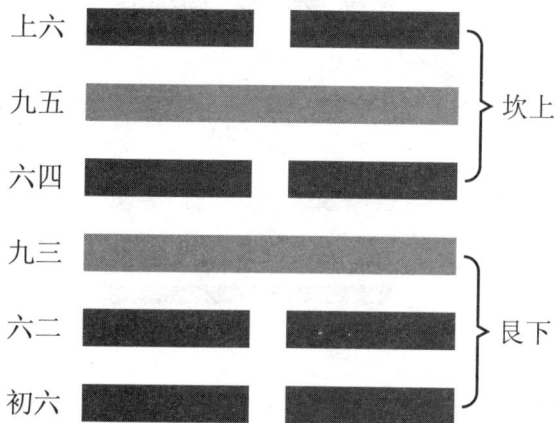

蹇①:利西南,不利东北。利见大人。贞②吉。

【注释】

①蹇:卦名,意为艰难。②贞:占问。一说指"正"。

【译文】

蹇卦:利西南行,不利东北行。利见贵族王公,获吉祥之兆。

《彖》曰:蹇,难也,险在前①也。见险而能止②。知③矣哉。蹇"利西南",往得中④也。"不利东北",其道穷也。"利见大人",往有功也。当位⑤"贞吉",以正邦也。蹇之时用⑥大矣哉。

【注释】

①险在前:《蹇》卦下艮上坎,坎在上,为险,所以说险在前。②止:指艮,艮为止。③知:同"智",指智慧。④中:正。⑤当位:指六二阴爻居于阴位,九五阳爻居于阳位,所处的位置适当。⑥时用:因时而用。

【译文】

《彖辞》说:蹇,艰难的意思。蹇的上卦为坎,坎为险;下卦为艮,艮为山。"险阻在前"是蹇卦的卦象。见险而能停滞不前,这是明智之举。蹇卦辞说"利于西南行",因为西南为坤方,坤为地,地平坦,西南之行是行之正道。卦辞说"不利于东北行",因为东北为艮方,艮为山,山险峻,东北之行则困究不通。卦象又显示,"会见贵族王公则有利",所往有功。六二之爻与九五之爻各居阴阳之位,有得位之象,像君臣各正其位,各持中正祥和之德,从而国家能得到治理。蹇的卦义是见险而止,进止得时,在生活中意义是重大的。

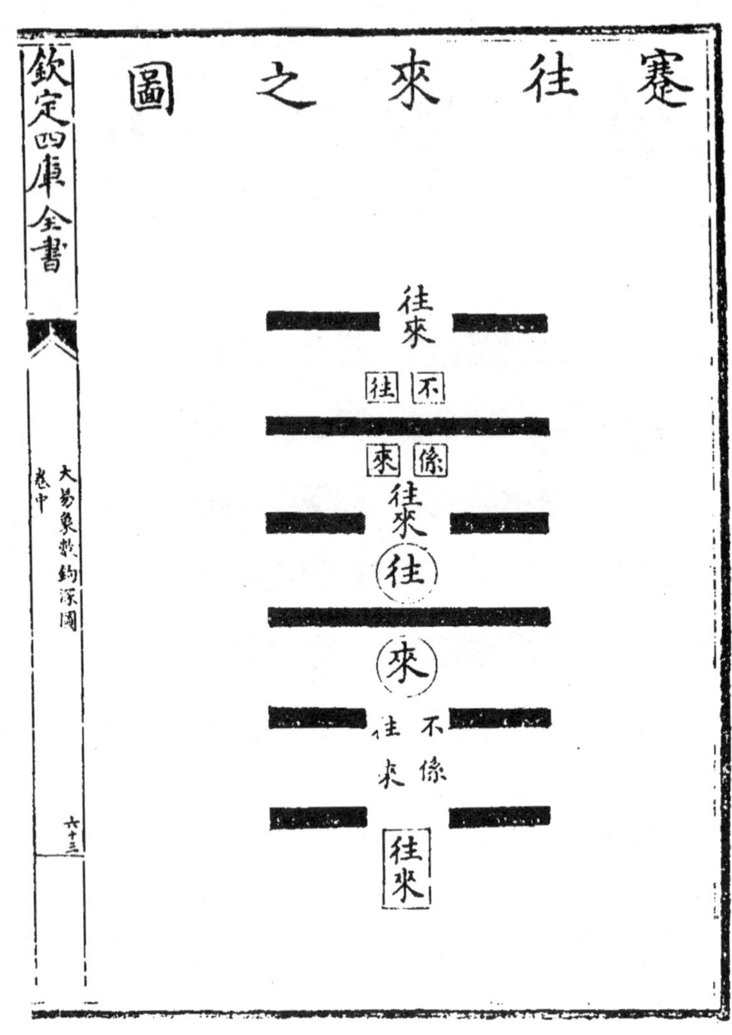

《象》曰:山上有水①,蹇。君子以反身②修德。

【注释】

①山上有水:《蹇》卦下艮上坎,艮为山,坎为水,所以说山上有水。②反身:要求自己;检查自己。

【译文】

《象辞》说:上卦为坎,坎为水;下卦为艮,艮为山,山石嶙峋,水流曲折,是蹇卦的卦象。君子观此卦象,悟行道之不易,从而反求诸己,修养德行。

初六:往蹇来①誉。

《象》曰:往蹇来誉,宜待也。

【注释】

①来:这里指退回来。

【译文】

初六:出门艰难,归来安适。

《象辞》说:出门艰难,归来安适,应该坐待时机。

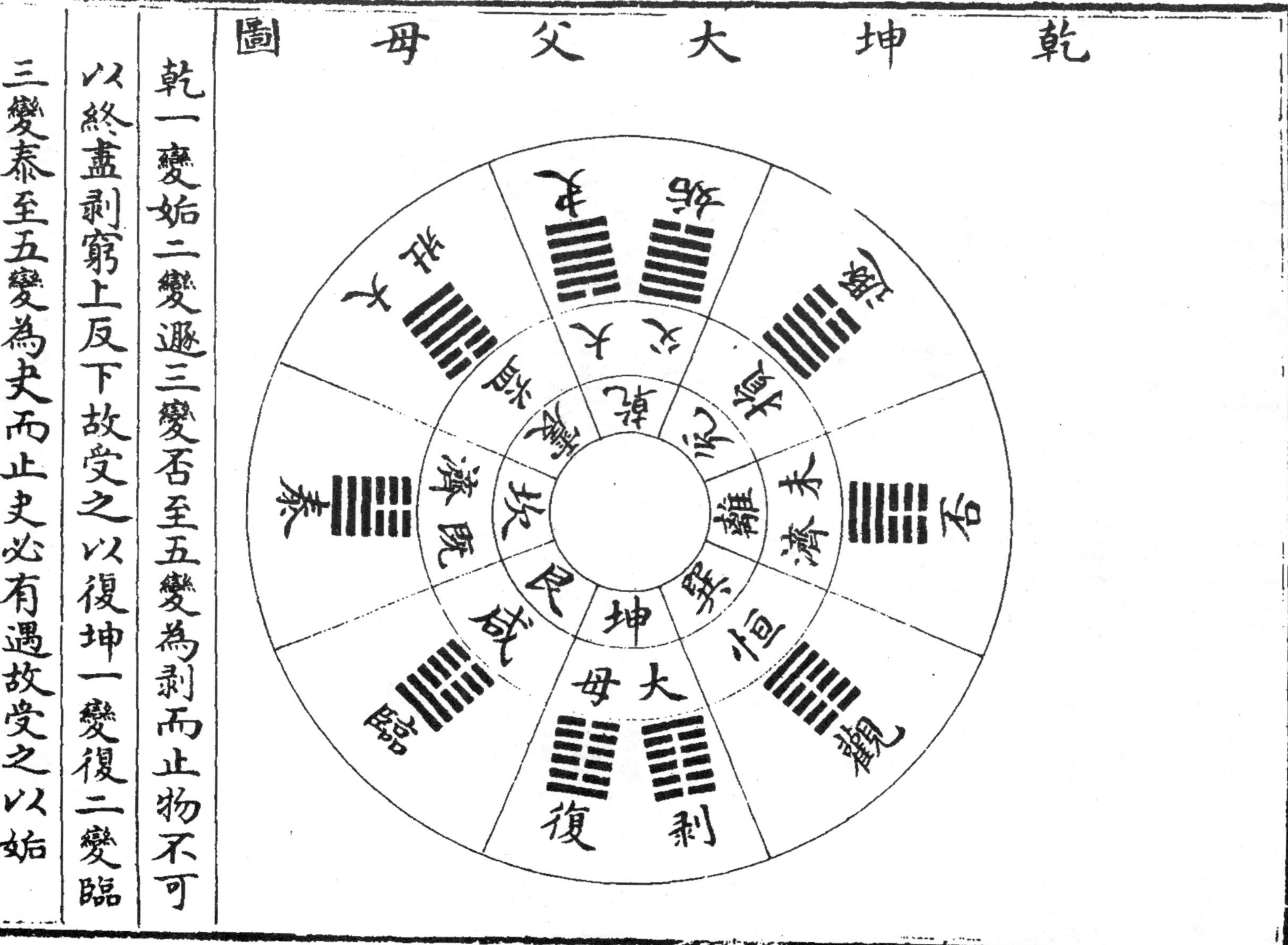

乾一變姤二變遯三變否至五變為剝而止物不可以終盡剝窮上反下故受之以復坤一變復二變臨三變泰至五變為夬而止夬必有遇故受之以姤

蹇卦長分消翕之圖

遯　咸（數得四 自蹇至此 象翕四）　旅（數得八 自晉至此 象長三）　小過　漸（數得二 自艮至此 象長五）　蹇（數得一 自漸至此 象長六）　艮（數得四 自旅至此 象長四）　謙（數得二 自蹇至此 象翕五）

姤　大過　鼎　恒　巽　井（數得二 自蹇至此 象分二）　蠱　升

同人　革　離　豐　家人　既濟（數得三十二 自蹇至此 象分初消初）　賁　明夷

乾　夬　大有（數得八 自睽至此 象翕三）　大壯　小畜　需（數得十六 自既濟至此 象消二）　大畜　泰

否　萃　晉（數得十六 自未濟至此 象長二）　豫　觀　比（數得八 自蹇至此 象分三）　剝　坤

訟　困　未濟（數得三十二 自睽至此 象分初長初）　解　渙　坎　蒙　師

无妄　隨　噬嗑（數得三十二 自睽至此 象翕初分初）　震　益　屯　頤　復

履（數得二 自睽至此 象翕五）　兌（數得四 自節至此 象消四）　睽（數得一 自歸妹至此 象消上）　歸妹（數得二 自兌至此 象消五）　中孚　節（數得八 自需至此 象消三）　損（數得四 自睽至此 象翕四）　臨

六二：王臣蹇蹇①，匪②躬③之故。

《象》曰：王臣蹇蹇，终无尤④也。

【注释】

①蹇蹇：十分艰难的样子。②匪：同“非”，指不、不是。③躬：自身。④尤：错误；罪过。

【译文】

六二：王臣之所以屡犯艰难，并不是为自身私利。

《象辞》说：王臣出于公心屡犯艰难，其自身始终没有过失。

九三：往蹇来反①。

《象》曰：往蹇来反，内②喜之也。

【注释】

①反：返回。一说指相反；一说指反身，即要求自己。②内：一说指内心；一说指初六和六二阴爻，因其属于内卦，故称。

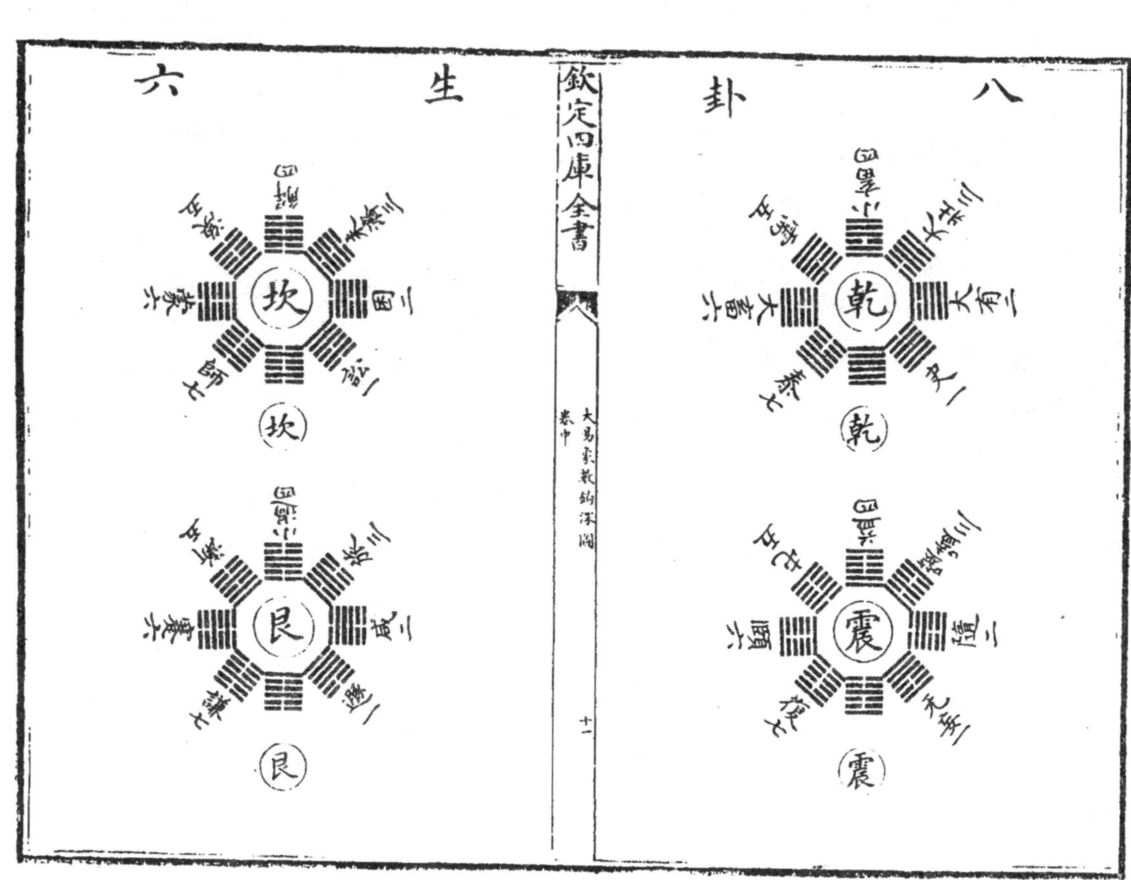

【译文】

九三：出门困难重重，归来笑逐颜开。

《象辞》说：出门困难重重，归来笑逐颜开，这是发自内心的喜悦。

六四：往蹇来连①。

《象》曰：往蹇来连，当位②实③也。

【注释】

①连:连接,这里指与九三阳爻相连接。一说指牵连;一说指接连不断。②当位:指六四阴爻居于阴位,所处的位置适当。③实:《周易》以阳爻为实,这里指九三阳爻。一说指九五阳爻。

【译文】

六四:出门步履艰难,归来时却有车可乘。

《象辞》说:出门步履艰难,归来时却有车可乘,因为六四阴爻居阴位,像人才正当其位,德符其名。

九五:大蹇,朋来。

《象》曰:大蹇,朋来,以中①节②也。

【注释】

①中:指九五阳爻居上卦之中位。②节:气节;节操。

【译文】

九五:经历了许多艰难困苦,最终获得大利。

《象辞》说:大难当前,得到友人相助,因为九五之爻居上卦中位,像人节操贞正,自能获救。

上六:往蹇来硕①,吉。利见大人。

《象》曰:往蹇来硕,志在内②也。利见大人,以从贵③也。

【注释】

①硕:大,指大的功业或收获。②内:一说指九三阳爻;一说指九五阳爻;一说指九三和九五阳爻。③从贵:跟从尊贵的人(这里指九五阳爻)。

【译文】

上六:出门困难,归来欢喜。筮遇此爻,吉利,利于会见贵族王公。

《象辞》说:出门困难重重,归来欢喜跳跃,说明士气高昂,奋勇取胜。爻辞说利于会见贵族王公,说明追随贵人,必获福利。

解　第四十

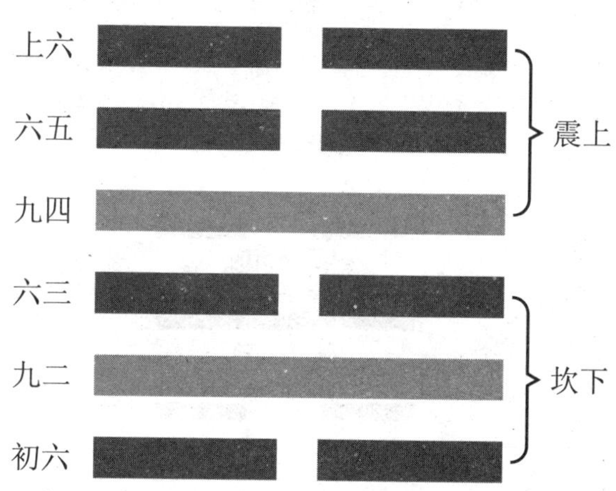

解①：利西南，无所往，其来复②，吉。有攸③往，夙④，吉。

【注释】

①解：卦名，有解脱、舒解等义。②来复：往还；去而复来。一说指七日之内，因《复》卦卦辞有“七日来复”之语。③攸：助词，相当于“所”。④夙：早。

【译文】

解卦：利于向西南行，但是，若没有确定的目标，则不如返回，返回吉利。如果有确定的目标，则宜早行，早行吉利。

《彖》曰：解，险以动①，动而免乎险②，解。解“利西南”，往得众也。“其来复，吉”，乃得中③也。“有攸往，夙，吉”，往有功也。天地解而雷雨作④，雷雨作而百果草木皆甲⑤坼⑥。解之时，大矣哉。

【注释】

①险以动：《解》卦下坎上震，坎为险，震为动，所以说险以动。②动而免乎险：《解》卦震上坎下，震为动，坎为险，象征在危险的上面（即外面）行动，有行动而没有危险之义。③中：正。一说指九二阳爻，九二阳爻居下卦之中位，故说中。④作：兴起。⑤甲：植物种子的皮壳。⑥坼：裂开。

【译文】

《彖辞》说：解的内卦为坎，坎为险；外卦为震，震为动；遇险而动，积极行动方可摆脱危险，这就是解卦所昭示的意义。卦辞说“利于西南行”，因为西南方为坤方，坤为众，西南之行必得众人之助。卦辞说“返归亦吉利”，因为此行符合正道。卦辞说“有确定的目标，则宜早行，早行吉利”，因为所往必有功利。解的上卦为震，震为雷；下卦为坎，坎为雨，因而解的卦象是天地开启而雷雨并作。雷雨并作，则百果草木出土发芽。天地开启，化育万物，其作用是伟大的。

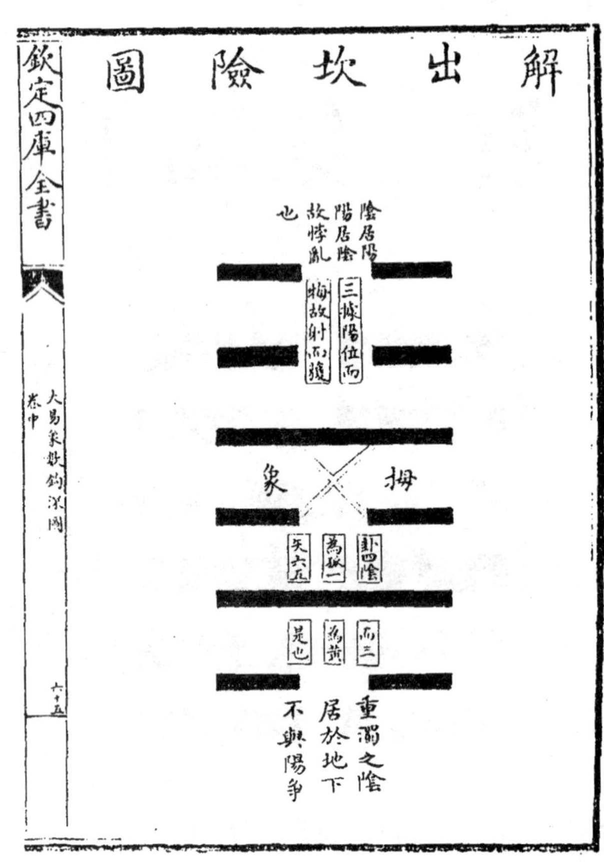

《象》曰：雷雨作①，解。君子以赦过宥②罪。

【注释】

①雷雨作：《解》卦上震下坎，震为雷，坎为水为雨，所以说雷雨作。②宥：宽恕；赦免。

【译文】

《象辞》说：本卦上卦为震，震为雷；下卦为坎，坎为雨，雷雨并作，化育万物，是解卦的卦象。君子观此卦象，从而赦免过失，宽恕罪人。

初六：无咎①。

《象》曰：刚柔②之际③，义④无咎也。

【注释】

①咎：灾殃。②刚柔：一说指九二阳爻和初六阴爻；一说指九四阳爻和初六阴爻。③际：交接。④义：宜；理应。一说指道理。

【译文】

初六：没有灾难。

《象辞》说：初六与九二相接，为刚柔相应之象，喻君臣、夫妻和衷共济，其义自无灾难。

九二：田①获三狐，得黄矢②。贞③吉。

《象》曰：九二贞吉，得中④道也。

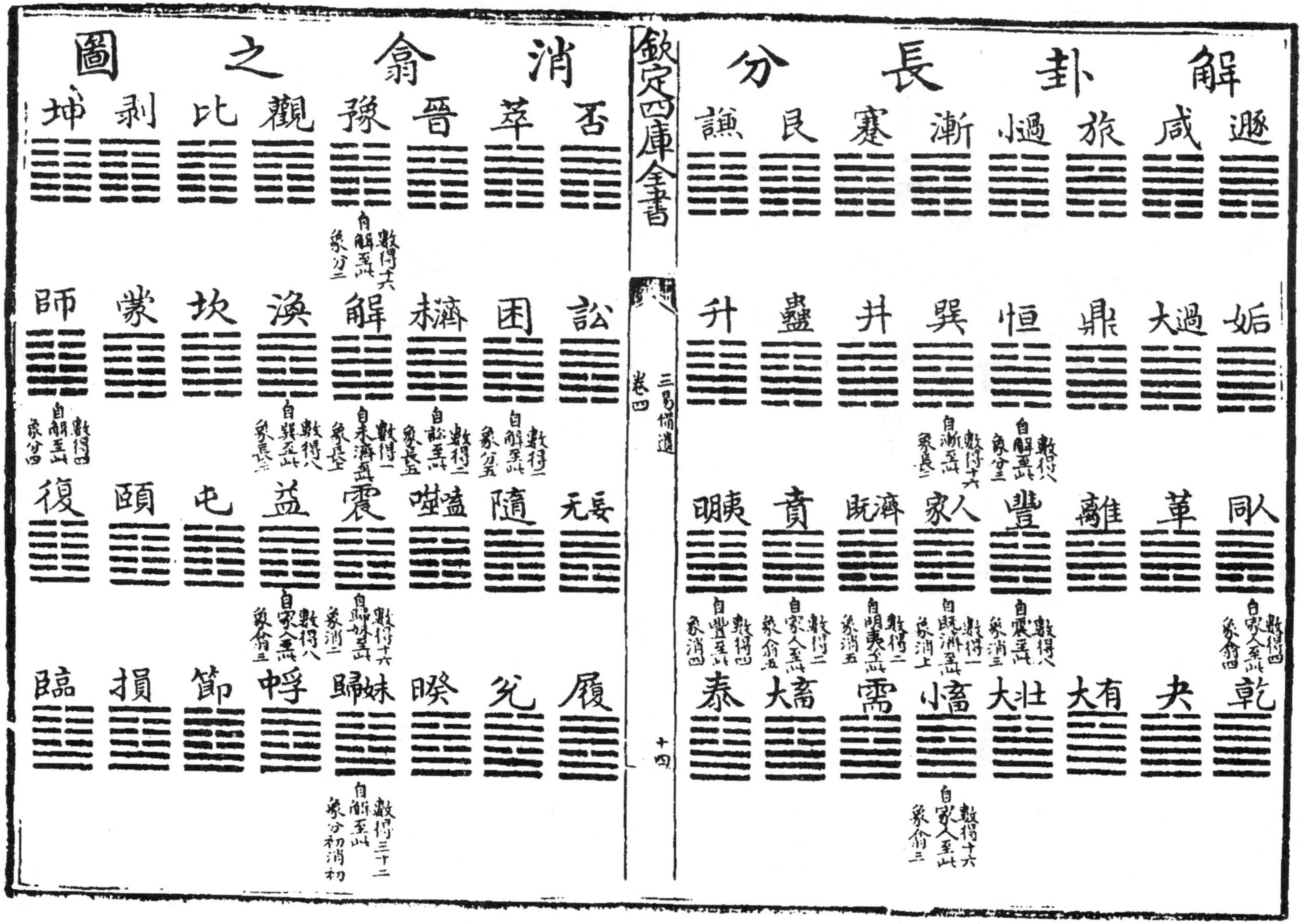

解卦長分消翕之圖

遯　咸　旅　小過　漸　蹇　艮　謙

姤　大過　鼎　恒（數得八 自解至此 象分三）　巽（數得十六 自漸至此 象長二）　井　蠱　升

同人（數得四 自家人至此 象翕四）　革　離　豐（數得八 自震至此 象消三）　家人（數得一 自既濟至此 象消上）　既濟（數得二 自明夷至此 象消五）　賁（數得二 自家人至此 象翕五）　明夷（數得四 自豐至此 象消四）

乾　夬　大有　大壯　小畜（數得十六 自家人至此 象翕三）　需　大畜　泰

否　萃　晉　豫（數得十六 自解至此 象分二）　觀　比　剝　坤

訟　困（數得二 自解至此 象分五）　未濟（數得二 自訟至此 象長五）　解（數得一 自未濟至此 象長上）　渙（數得八 自巽至此 象長三）　坎　蒙　師（數得四 自解至此 象分四）

无妄　隨　噬嗑　震（數得十六 自歸妹至此 象消二）　益（數得八 自家人至此 象翕三）　屯　頤　復

履　兌　睽　歸妹（數得三十二 自解至此 象分初消初）　中孚　節　損　臨

十四卦圖

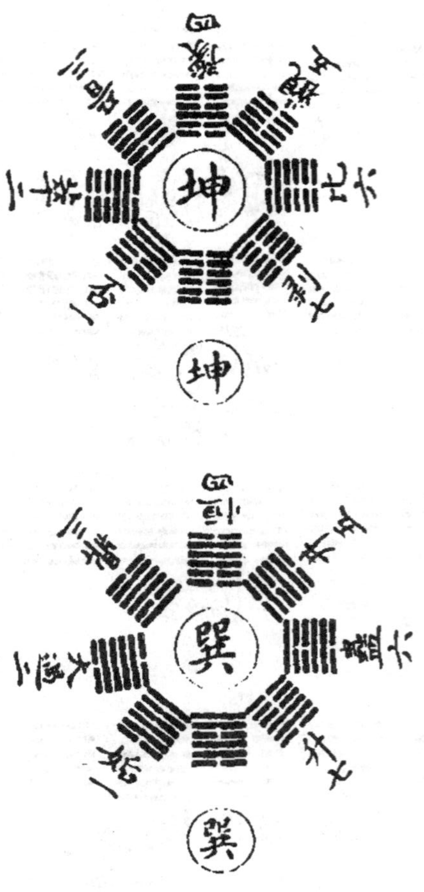

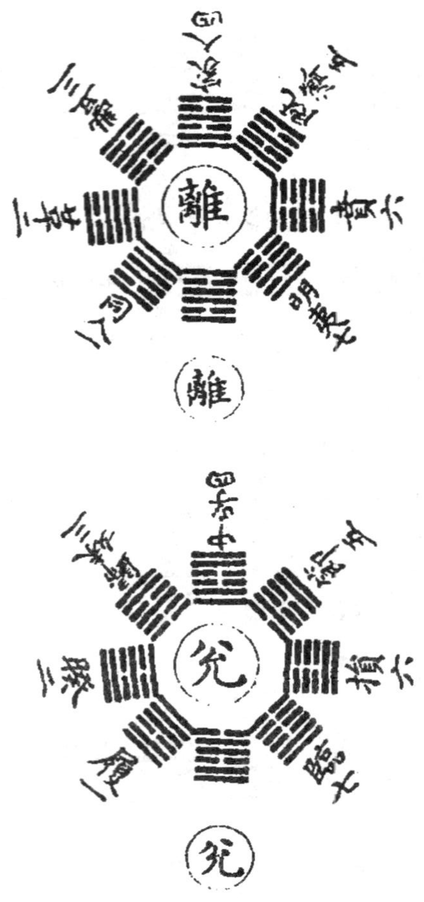

欽定四庫全書

坤
否一 萃二 晋三 豫四 觀五 比六 剥七

巽
姤一 大過二 鼎三 恒四 井五 蠱六 升七

離
同人一 革二 豐三 家人四 既濟五 賁六 明夷七

兌
履一 睽二 歸妹三 中孚四 節五 損六 臨七

大易象數鉤深圖 卷中

十三

【注释】

①田:狩猎。②矢:箭。③贞:占问。一说指“正”。④中:指九二阳爻居下卦之中位。

【译文】

九二:狩猎获得三只狐狸,猎物身上带着铜箭头。卜问得吉兆。

《象辞》说:九二爻辞讲的卜问得吉兆,因为九二之爻居下卦中位,像其人行事遵循正道。

六三:负①且乘,致②寇至,贞吝③。

《象》曰:负且乘,亦可丑④也,自我致戎⑤,又谁咎⑥也?

【注释】

①负:以背载物。②致:招致。③吝:悔恨。④丑:羞耻。⑤戎:盗寇。⑥咎:责怪;追究罪责。

【译文】

六三:带着许多财物,又是背负,又是车拉,招摇过市,自然招致盗寇抢劫,卜问有灾祸之象。

《象辞》说:带着许多财物,又是背负,又是车拉,招摇惹盗,这是愚蠢可耻之事,由于自己招摇过市,招致盗寇,又能谴责谁呢?

九四:解而①拇②,朋至斯③孚。

《象》曰:解而拇,未当位④也。

【注释】

①而:你。②拇:大脚趾。③斯:乃;于是。④未当位:指九四阳爻居于阴位,所处的位置不适当。

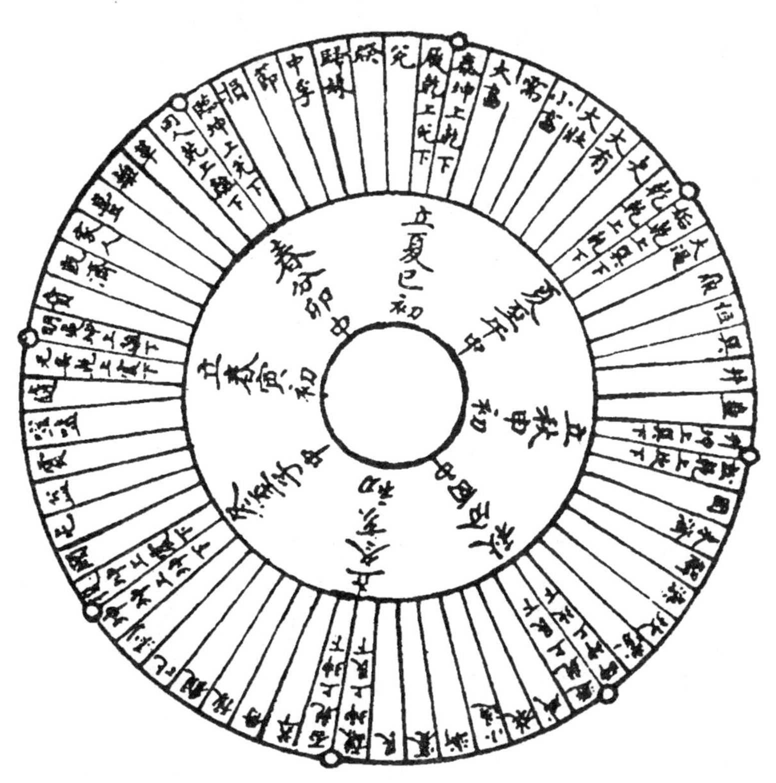

乾坤司八节之图

【译文】

九四：赚了钱，而懒怠不想走，结果被人掳去。

《象辞》说：懒怠不想动，说明其人怠于职守，不称其位。

六五：君子维[1]有解，吉，有孚于小人。

《象》曰：君子有解，小人退也。

【注释】

①维：一说指系缚；一说是语气助词。

【译文】

六五：君子被拘囚后又获释，吉利；小人则将受罚。

《象辞》说：君子被囚又获释，说明小人被屏退。

上六：公[1]用射隼[2]于高墉[3]之上，获之，无不利。

《象》曰：公用射隼，以解悖[4]也。

【注释】

①公：王公大人。②隼：一种凶猛的鸟。③墉：城墙。④悖：叛逆；叛乱。

【译文】

上六：在高高的城墙上，王公射中一只鹰，并且抓到了，这没有什么不吉利的。

《象辞》说：王公射鹰，意在除强去暴。

损　第四十一

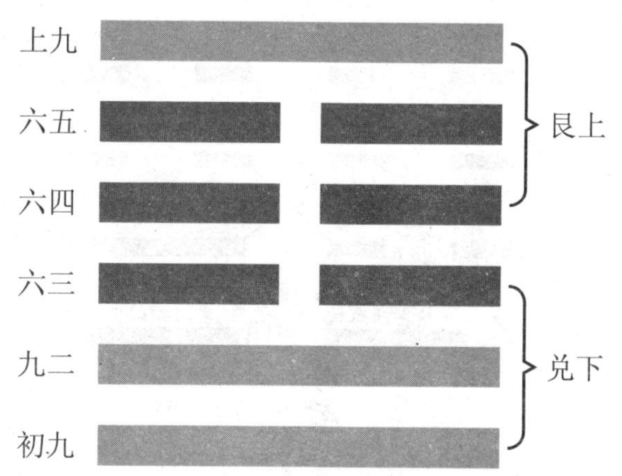

损①：有孚，元②吉，无咎③，可贞④。利有攸⑤往。曷⑥之⑦用二簋⑧，可用享⑨。

【注释】

①损：卦名，意为减损。②元：大。③咎：灾殃。④贞：占问。一说指“正”。⑤攸：助词，相当于“所”。⑥曷：何；什么。⑦之：一说指减损之道；一说指二簋。⑧簋：古代盛食物的器皿，多为圆形。⑨享：祭祀。

【译文】

损卦：筮遇此卦，将有所俘获，大吉大利，无灾难。而且所往将获利。将有人送来两盆食物，可享口福。

《彖》曰：损，损下益上，其道上行①。损而“有孚，元吉，无咎，可贞。利有攸往。曷之用二簋，可用享。”二簋应有时，损刚益柔有时。损益盈虚，与时偕②行。

【注释】

①行：奉。一说指推行。②偕：俱；共同。

【译文】

《彖辞》说：损，征赋于百姓而奉养贵族王公，这是国家法度，由统治者制定而广泛施行。征赋百姓，但能“有所节度，则大吉大利，太平无事，可以稳定社会。有所举动必获其利。祭祀鬼神，也可以只用两簋食品，因为这是依丰歉而定。”征赋百姓，奉养王公贵族，虽然是国家法度，但有时也裁抑王公贵族的利益，而赈济民困。总之损上益下，损下益上，应因时制宜，制衡得当。

《象》曰：山下有泽①，损。君子以惩②忿③窒④欲。

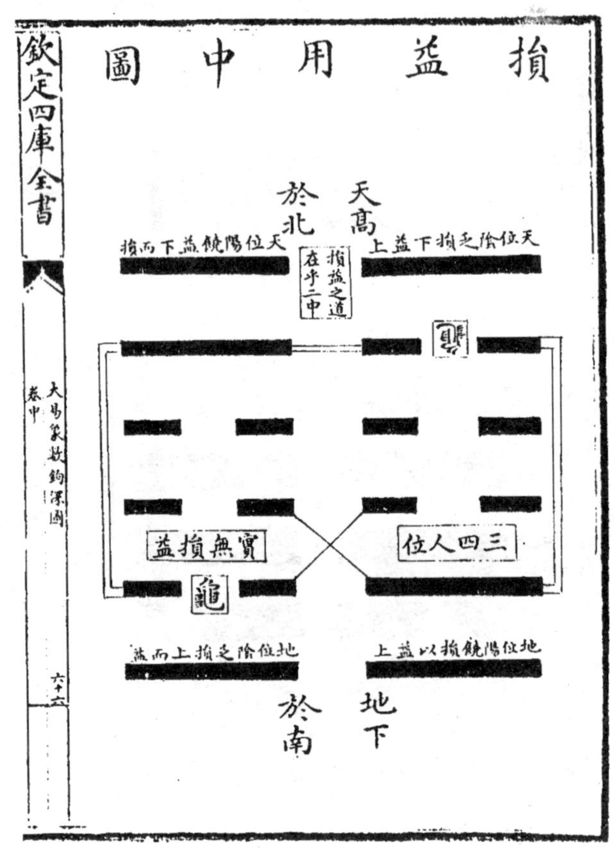

【注释】

①山下有泽:《损》卦上艮下兑,艮为山,兑为泽,所以说山下有泽。②惩:抑制。③忿:愤怒。④窒:堵塞。

【译文】

《象辞》说:本卦上卦为艮,艮为山;下卦为兑,兑为泽,山下有泽是损卦的卦象。君子观此卦象,当以泽水侵蚀山脚为戒,从而抑制自己的愤怒,克制自己的贪欲。

初九:巳①事遄②往,无咎。酌③损之。

《象》曰:巳事遄往,尚④合志也。

【注释】

①巳:通“祀”,指祭祀。一作“已”。②遄:迅速。③酌:斟酌;考虑。④尚:通“上”。一说指崇尚、尊崇;一说指尚且。

【译文】

初九:祭祀大事,迅速去参加,这才不会有灾难。祭品过丰,可以酌情俭省。

《象辞》说:祭祀大事,得赶快去参加,这体现了敬畏鬼神的心意。

九二:利贞。征,凶。弗损,益之。

《象》曰:九二利贞,中①以为志也。

【注释】

①中:指九二阳爻居下卦之中位。

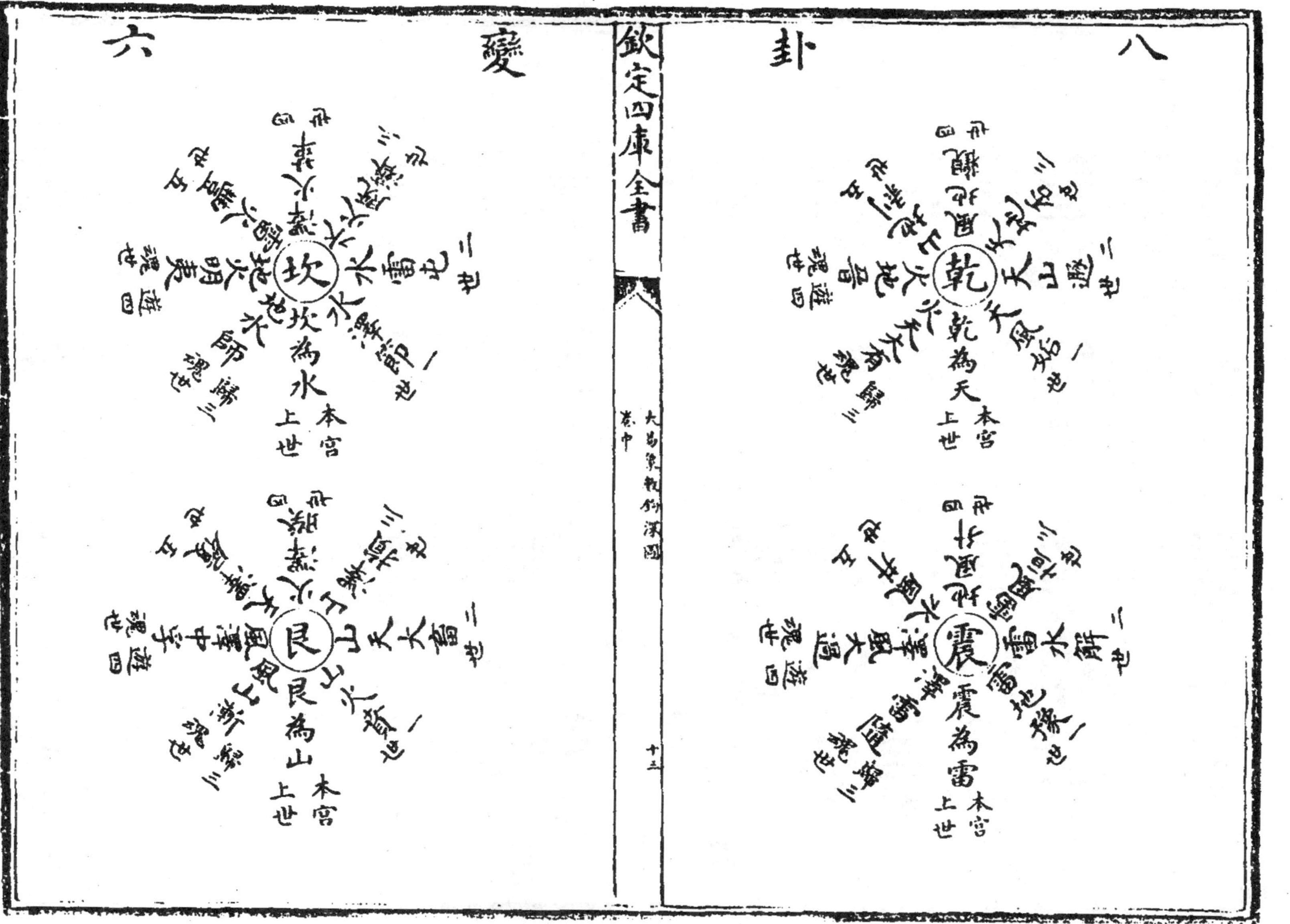
八卦
變六
欽定四庫全書
大易象數鉤深圖
卷中
十三
乾
乾為天 本宮上世
天風姤 一世
天山遯 二世
天地否 三世
風地觀 四世
山地剝 五世
火地晉 遊魂
火天大有 歸魂
震
震為雷 本宮上世
雷地豫 一世
雷水解 二世
雷風恒 三世
地風升 四世
水風井 五世
澤風大過 遊魂
澤雷隨 歸魂
坎
坎為水 本宮上世
水澤節 一世
水雷屯 二世
水火既濟 三世
澤火革 四世
雷火豐 五世
地火明夷 遊魂
地水師 歸魂
艮
艮為山 本宮上世
山火賁 一世
山天大畜 二世
山澤損 三世
火澤睽 四世
天澤履 五世
風澤中孚 遊魂
風山漸 歸魂

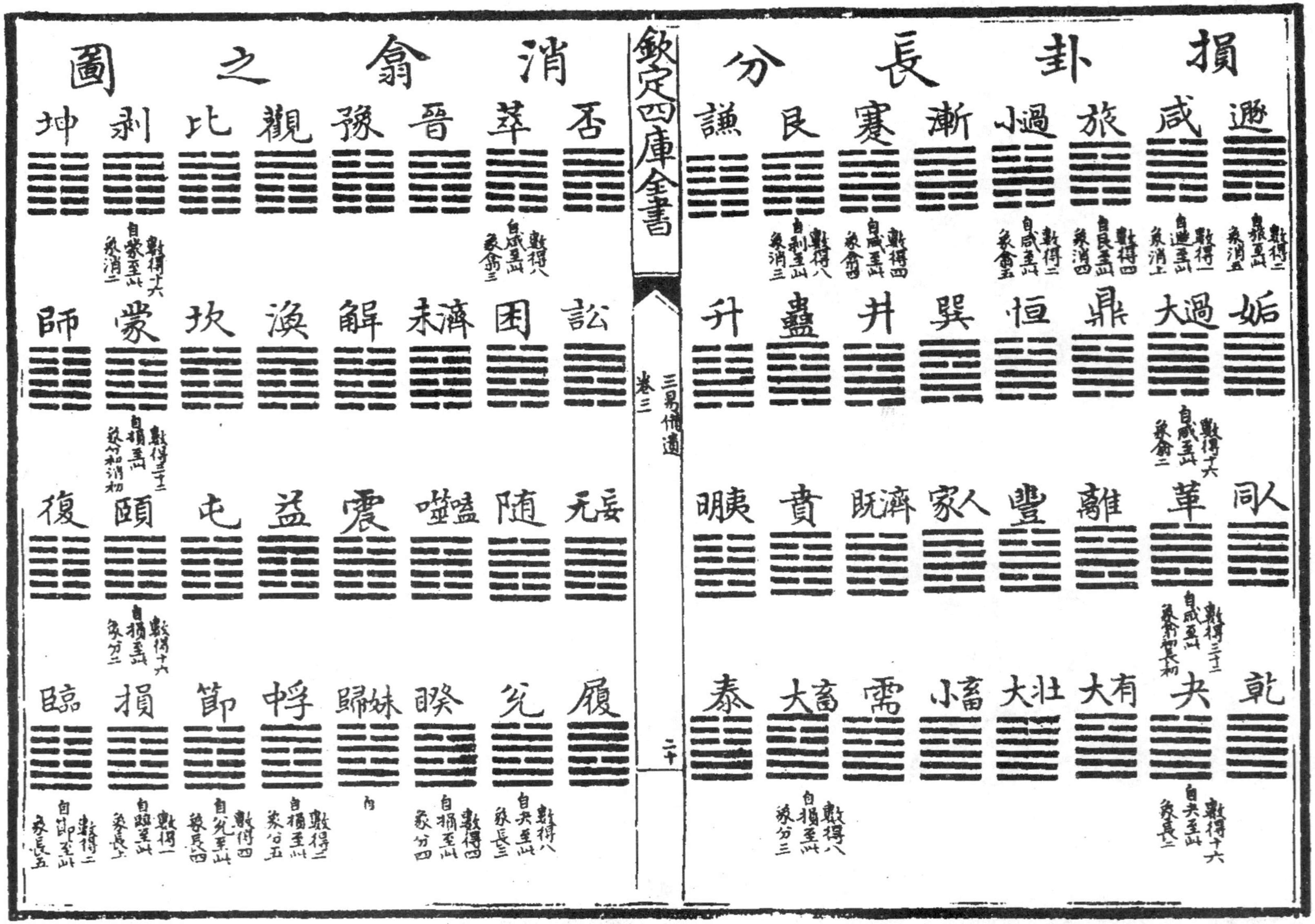

損卦長分消翕之圖

遯（數得二 自旅至此 象消五） 咸（數得一 自遯至此 象消上） 旅（數得四 自艮至此 象消四） 小過（數得二 自咸至此 象翕五） 漸 蹇（數得四 自咸至此 象翕四） 艮（數得八 自剝至此 象消三） 謙

姤 大過（數得十六 自咸至此 象翕二） 鼎 恒 巽 井 蠱 升

同人 革（數得三十二 自咸至此 象翕初長初） 離 豐 家人 既濟 賁 明夷

乾 夬（數得十六 自夬至此 象長二） 大有 大壯 小畜 需 大畜（數得八 自損至此 象分三） 泰

否 萃（數得八 自咸至此 象翕三） 晉 豫 觀 比 剝（數得十六 自蒙至此 象消二） 坤

訟 困 未濟 解 渙 坎 蒙（數得三十二 自損至此 象分初消初） 師

无妄 隨 噬嗑 震 益 屯 頤（數得十六 自損至此 象分二） 復

履 兌（數得八 自夬至此 象長三） 睽（數得四 自損至此 象分四） 歸妹（內） 中孚（數得二 自損至此 象分五） 節（數得四 自兌至此 象長四） 損（數得一 自臨至此 象長上） 臨（數得二 自節至此 象長五）

【译文】

九二：吉利的卜问。征伐他国则凶。这样做对于他国不能损伤，反而对其有利。

《象辞》说：九二爻辞讲的吉利的卜问，因为九二之爻居下卦中位，像人行事以处正守贞为心。

六三：三人行则损一人，一人行则得其友。

《象》曰：一人行，三则疑也。

【译文】

六三：三人同行，必有一人被孤立。一人独行，孤单无助，则主动邀人做伴。

《象辞》说：一人独行，凡事自作主张，事无掣肘。三人同行，遇事各持己见，滋生疑惑。

六四：损其疾，使遄有喜①，无咎。

《象》曰：损其疾，亦可喜也。

【注释】

①有喜：指病愈。

【译文】

六四：要消除疾病，赶快求巫祭神，病就会有好转，必无灾难。

《象辞》说：求巫祭神消除疾病，也是可喜之事。

六五：或①益之十朋②之龟，弗克③违④，元吉。

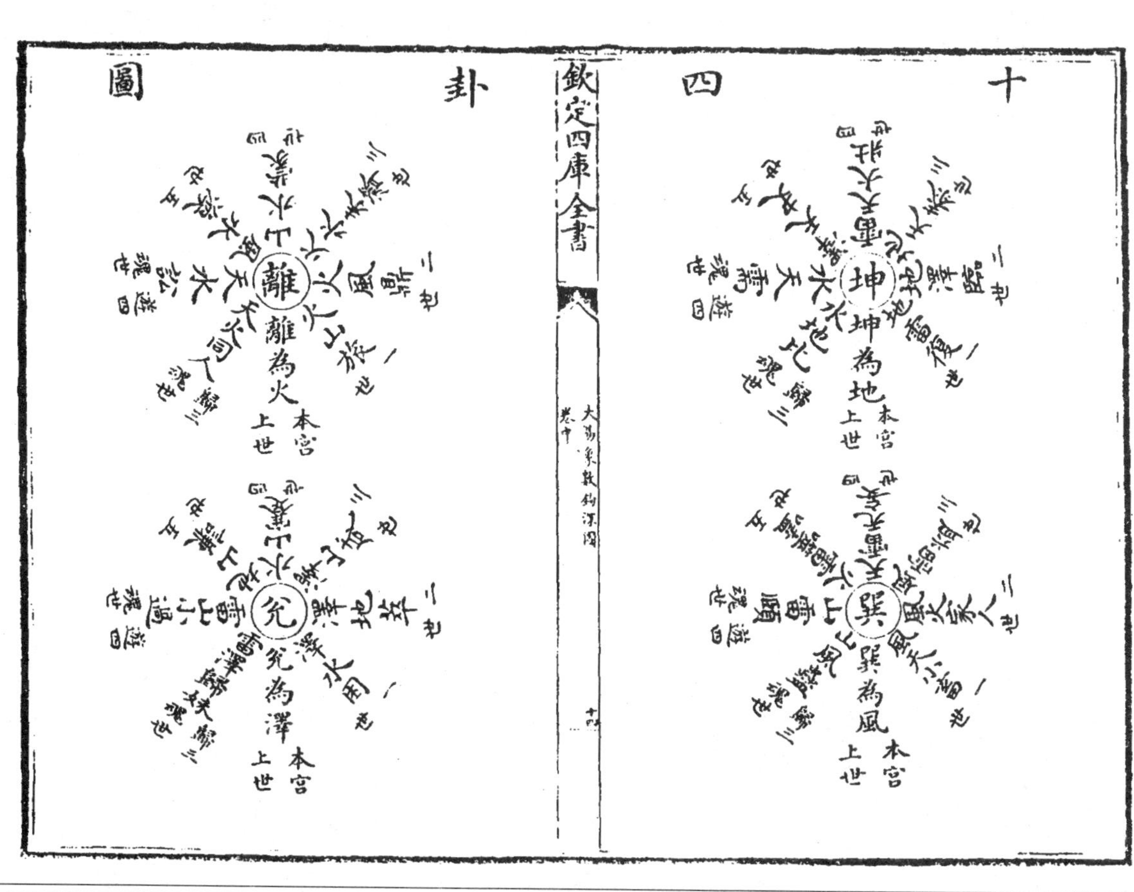

《象》曰：六五元吉，自上[5]祐也。

【注释】

①或：有人。②朋：古代的货币单位，十个贝为一朋。③克：能。④违：违背，这里有推辞、拒绝的意思。⑤上：一说指上九阳爻；一说指上天。

【译文】

六五：有人送给你价值十朋的大龟，不要拒而不收，得龟用于占卜，这是大吉之事。

《象辞》说：六五爻辞讲的大吉大利，是因为上天保佑他，赐以灵龟，所以大吉。

上九：弗损益之，无咎，贞吉。利用攸往。得臣无家[1]。

《象》曰：弗损益之，大得志也。

【注释】

①无家：没有家庭。一说指不止一家；一说指没有家室；一说指不闲居于家。

【译文】

上九：不要别人减损，又能损己益人，没有灾难，卜问得吉兆。筮遇此爻，有所往则必获利，将得到一单身奴隶。

《象辞》说：不要别人减损，又能损己益人，如此行事，平生志愿当能实现。

益　第四十二

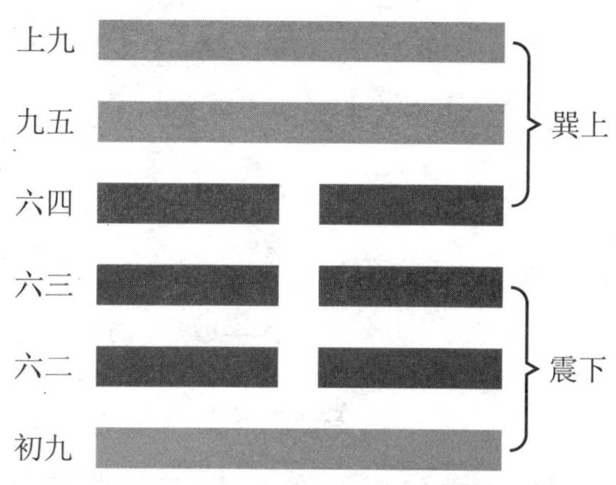

益[①]：利有攸[②]往。利涉大川。

【注释】

①益：卦名，意为增益。②攸：助词，相当于“所”。

【译文】

益卦：筮遇此爻，利于出行有所往，利于涉水渡河。

《彖》曰：益，损上益下，民说[①]无疆，自上下[②]下[③]，其道大光[④]。“利有攸往”，中正[⑤]有庆。“利涉大川”，木道[⑥]乃行。益动而巽[⑦]，日进无疆。天施[⑧]地生，其益无方[⑨]。凡益之道，与时偕[⑩]行。

【注释】

①说：通“悦”，指喜悦、高兴。②下：往下。③下：处于下位的人，指民众。④光：发扬光大。⑤中正：指六二阴爻居下卦之中位，九五阳爻居上卦之中位，两爻居中得正。一说单指九五阳爻。⑥木道：《益》卦的上卦为巽，巽为木，故称木道。⑦动而巽：《益》卦下震上巽，震为动，所以说动而巽（巽：逊顺）。⑧施：给予；施与。⑨方：常规。一说指方域。⑩偕：俱；共同。

【译文】

《彖辞》说：益，就是指减轻赋役，缓解民困，这样老百姓就会欢喜无边。君上谦卑，深入民间，体察民意，那么他的道义广庇四方。益卦辞说“利于有所往”，因为九五、六二分别居于上卦下卦中位，像君臣百姓各守其道，所以吉庆安宁。卦辞又说“利于涉水渡河”，因为益的上卦为巽，巽为木；下卦为震，震意为动，这一卦象表示刳木为舟，浮水而行，平安顺利。巽意为谦逊，敢于作为而心怀谦逊，其事业必定与日俱进，不可限量。上天泽润万物，大地生育万物，天地对于万物一视同仁，泽惠无边。天地对于万物、君上对于百姓施恩布惠的主要原则是：贵在及时，要在应急。

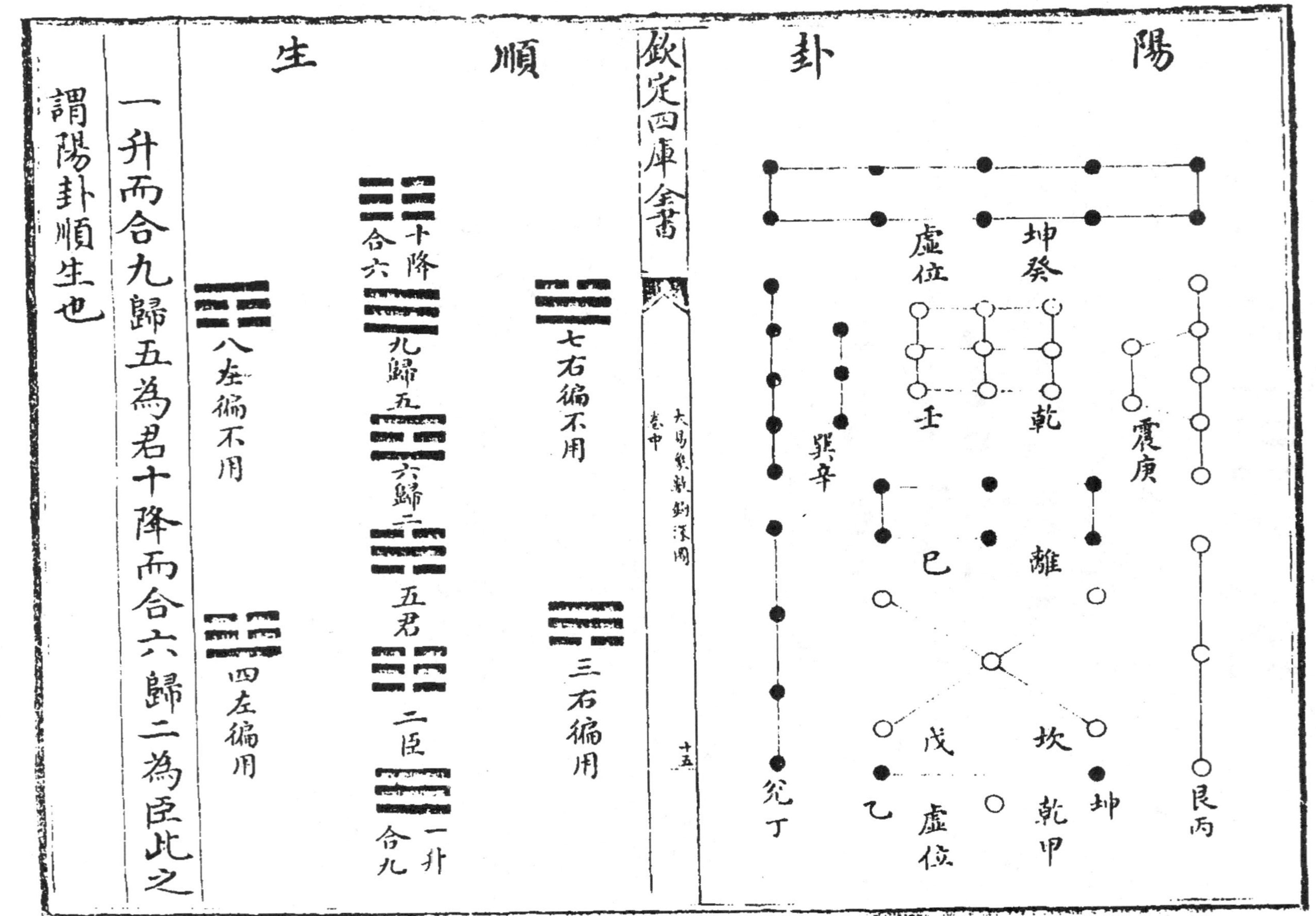

一升而合九歸五為君十降而合六歸二為臣此之謂陽卦順生也

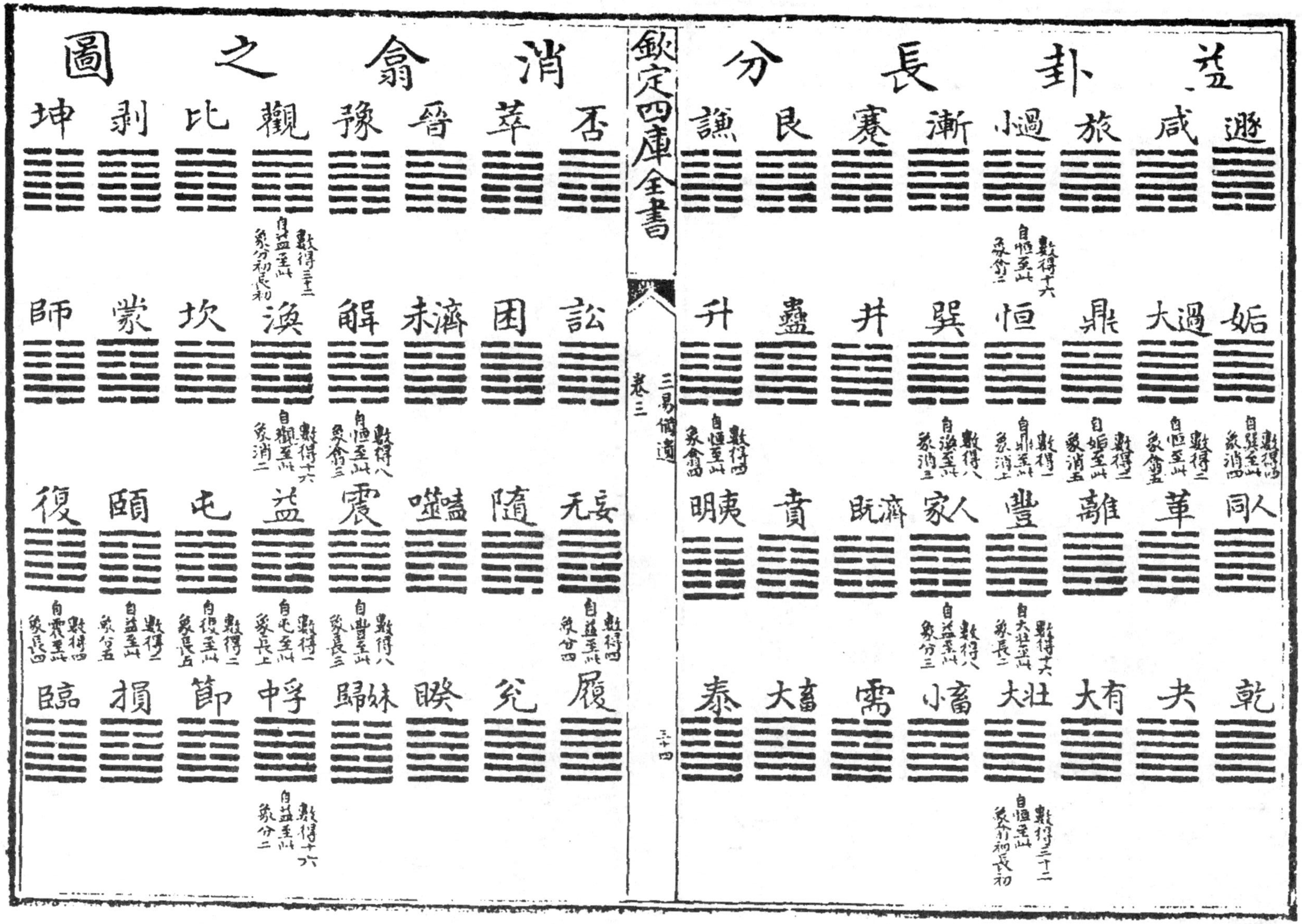

六十四卦長分　消翕之圖

遯　咸　旅　小過　漸　蹇　艮　謙

小過：自恒至此數得十六象分二

姤　大過　鼎　恒　巽　井　蠱　升

姤：自巽至此數得四象消四
大過：自恒至此數得二象翕五
鼎：自姤至此數得二象消五
恒：自鼎至此數得一象消上
巽：自渙至此數得八象消三
升：自恒至此數得四象翕四

同人　革　離　豐　家人　既濟　賁　明夷

豐：自大壯至此數得十六象長二
家人：自益至此數得八象分三

乾　夬　大有　大壯　小畜　需　大畜　泰

大壯：自恒至此數得三十二象分初長初

否　萃　晉　豫　觀　比　剝　坤

觀：自益至此數得三十二象分初長初

訟　困　未濟　解　渙　坎　蒙　師

解：自恒至此數得八象翕三
渙：自觀至此數得十六象消二

无妄　隨　噬嗑　震　益　屯　頤　復

无妄：自益至此數得四象分四
震：自豐至此數得八象長三
益：自屯至此數得一象長上
屯：自復至此數得二象長五
頤：自益至此數得二象分五
復：自震至此數得四象長四

履　兌　睽　歸妹　中孚　節　損　臨

中孚：自益至此數得十六象分二

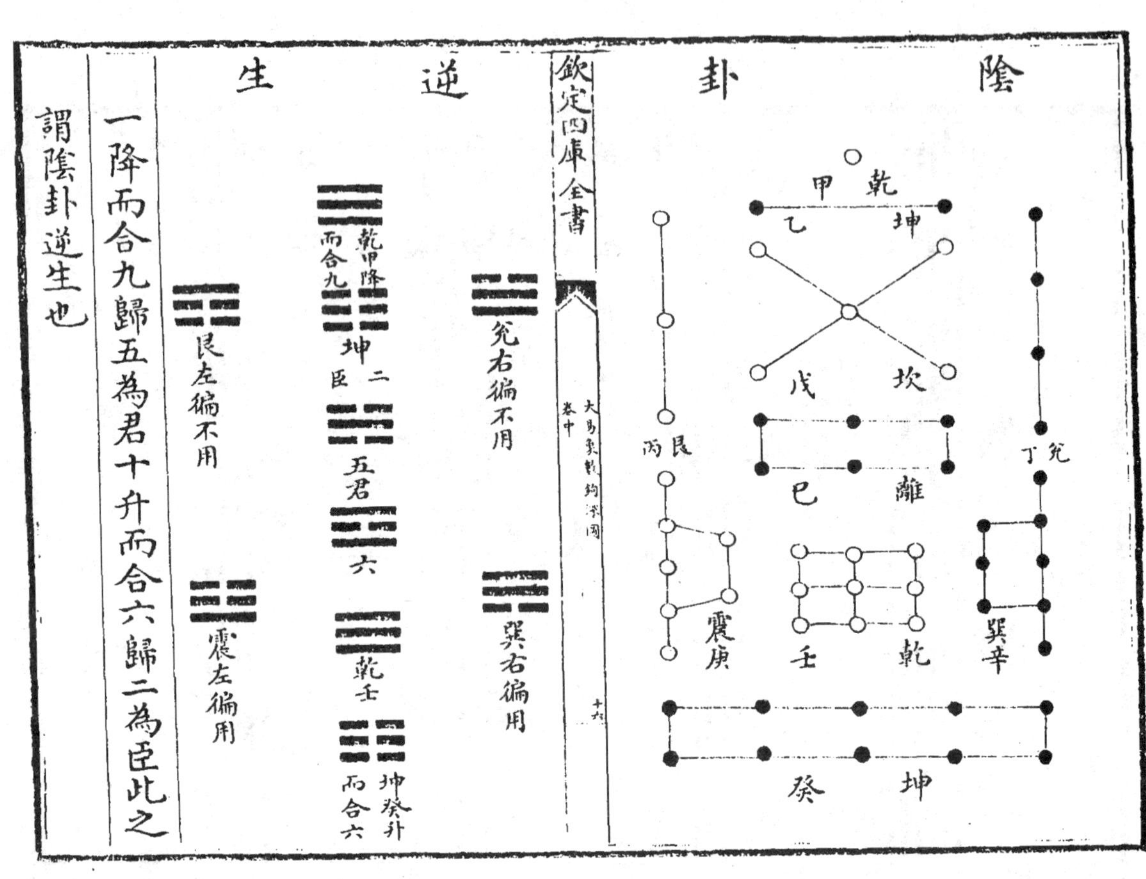

《象》曰:风雷①,益。君子以见善则迁②,有过则改。

【注释】

①风雷:《益》卦上巽下震,巽为风,震为雷,所以说风雷。②迁:归向;跟从。

【译文】

《象辞》说:本卦上卦为巽,巽为风;下卦为震,震为雷,风雷激荡,互助声势,是益卦的卦象。君子观此卦象,惊恐于风雷的威力,从而见善则从之,有过则改之。

初九:利用①为②大作③,元④吉,无咎⑤。

《象》曰:元吉,无咎,下⑥不厚⑦事也。

【注释】

①利用:利于。②为:做。③大作:大事。一说指大兴土木;一说指大建筑。④元:大。⑤咎:灾殃。⑥下:指初九爻处于《益》卦的最下位。⑦厚:大。一说即“后”,指落在后面;一说指丰厚;一说有过分之义。

【译文】

初九:筮遇此爻,利于做大益于天下的事,大吉大利,必无灾祸。

《象辞》说:大吉大利,并无灾祸,因为百姓努力工作,加快了工程进度。

六二:或益之十朋之龟,弗克违①。永贞②吉。王用享③于帝④,吉。

《象》曰:或益之,自外来⑤也。

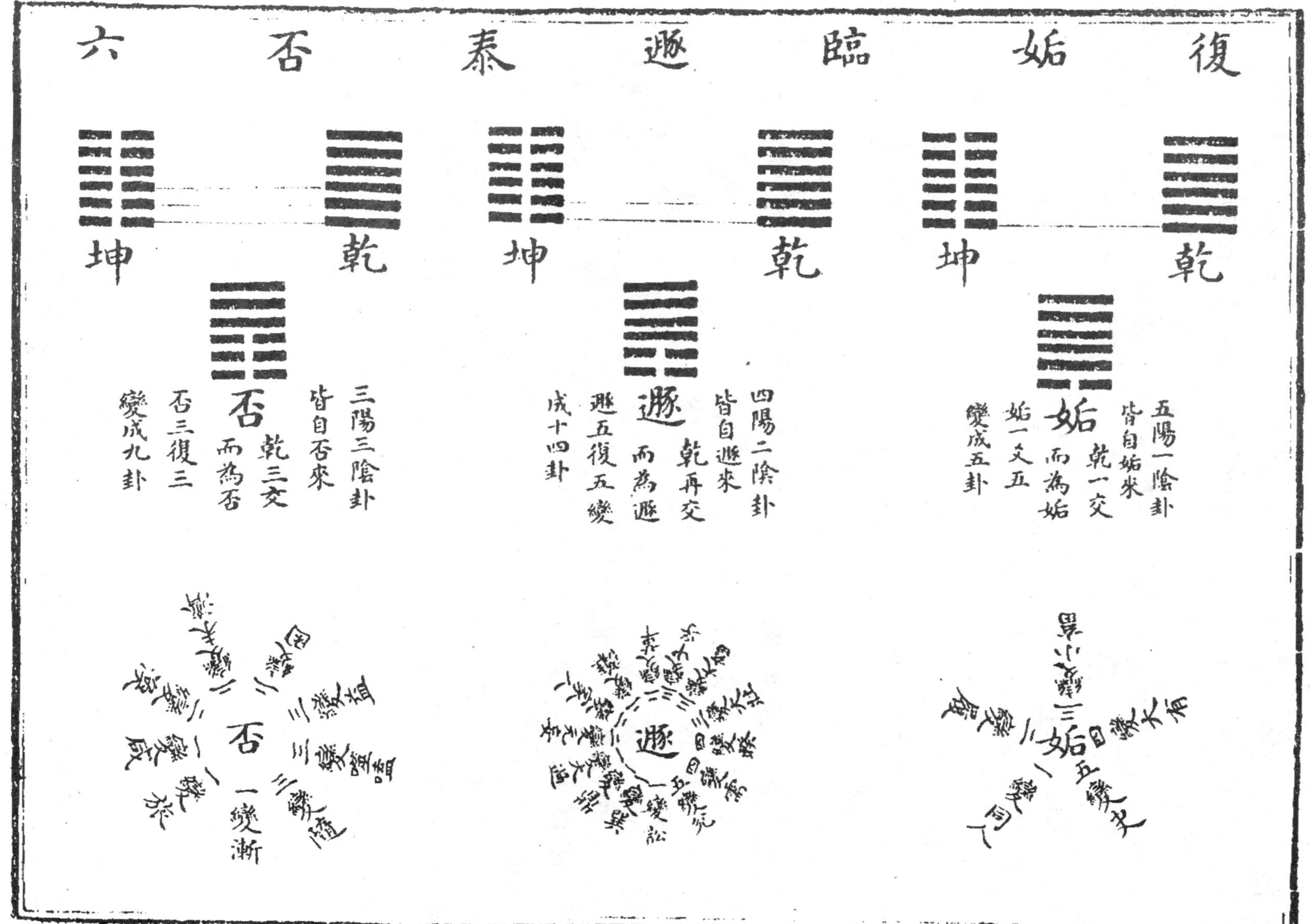
六否泰遯臨姤復
坤
乾
否
三陽三陰卦皆自否來乾三交而為否否三復三變成九卦
遯
四陽二陰卦皆自遯來乾再交而為遯遯五復五變成十四卦
姤
五陽一陰卦皆自姤來乾一交而為姤姤一爻五變成五卦

【注释】

①或益之十朋之龟，弗克违：见“损第四十一”六五爻注。②永贞：占问长远之事的吉凶(贞：占问。一说指“正”)。③享：祭祀。④帝：指天帝。⑤外来：指来自九五阳爻(九五位于外卦巽)。

【译文】

六二：有人赐予价值十朋的大龟，不要推拒违抗。卜问得长久的吉兆。君王祭祀天帝，吉利。

《象辞》说：有人赐予我们以宝龟，说明这大宝龟是从外面送来的。

六三：益之用凶事[①]，无咎。有孚。中行[②]告公[③]用圭[④]。

《象》曰：益用凶事，固[⑤]有之也。

【注释】

①凶事：灾荒、丧葬等事。②中行：一说指行中道；一说指人名，即中行氏，西周初年人。③公：指王公大人。④圭：古玉器名。长条状，是古代贵族朝聘、祭祀、丧葬时所用的礼器。⑤固：本来。一说指牢固。

【译文】

六三：因为武王逝世，增加祭祀鬼神的祭物，没有灾祸。武庚乘国丧作乱，周公发兵征讨，大获胜仗，抓获俘虏。中衍向周公报告，从而举行祭祀。

《象辞》说：因为有丧事，增加祭祀鬼神的祭物，这是自然之理。

六四：中行告公，从，利用为[①]依[②]迁国[③]。

《象》曰：告公从，以益[④]志也。

【注释】

①为：有。②依：一说指依附、依靠；一说指依顺。③国：这里指国都。④益：一说指增强、使坚定；一说指增益。

【译文】

六四：中衍向周公报告了处理殷室遗民之事，周公听从了，顺利地将殷商遗民分封给各封国。

《象辞》说：周公听从了王命，说明君臣上下团结更加巩固。

九五：有孚，惠[①]心勿问[②]，元吉。有孚，惠我德。

《象》曰：有孚，惠心勿问之矣。惠我德，大得志也。

【注释】

①惠：恩惠，这里作动词。一说指顺。②问：一说指占问；一说指解释；一说指疑问。

【译文】

九五：捕获了很多俘虏，安抚他们，不必追究，大吉大利。这些俘虏，将感戴我的恩德。

《象辞》说：捕获了很多俘虏，安抚他们，不要追究他们的责任，使他们感戴我的恩德，说明这样可以笼络人心。

上九：莫[1]益之，或击之，立心勿恒，凶。

《象》曰：莫益之，偏[2]辞[3]也。或击之，自外来也。

【注释】

①莫：没有谁。②偏：一说指片面；一说即“遍”，指普遍。③辞：一说指言辞；一说指拒绝。

【译文】

上九：没有人帮助他，还有人攻击他，在这种情况下，立志不坚定，则凶险。

《象辞》说：没有人帮助他，是指天下所有人。有人攻击他，说明这攻击来自外部。

夬　第四十三

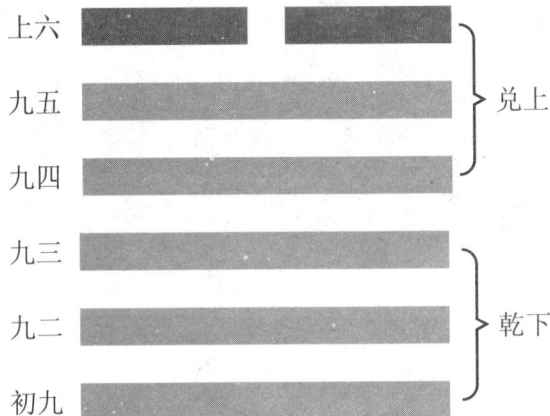

夬[①]：扬[②]于王庭[③]，孚号[④]："有厉[⑤]。"告自邑[⑥]："不利即戎[⑦]。"利有攸[⑧]往。

【注释】

①夬：卦名，意为决断。②扬：宣扬；宣布。③王庭：朝廷。④号：号令。一说指呼号；一说指号哭。⑤厉：危险。⑥邑：城镇；村落。⑦即戎：用兵；动用武力。⑧攸：助词，相当于"所"。

【译文】

夬卦：在王庭上清除小人，呼告："有危险。"邑中传来命令："不要动武，严阵以待。"筮遇此爻，出外旅行则吉利。

《彖》曰：夬，决也。刚[①]决柔[②]也。健而说[③]，决而和[④]。"扬于王庭"，柔乘五刚[⑤]也。"孚号有厉"，其危乃光[⑥]也。"告自邑，不利即戎"，所尚[⑦]乃穷也。"利有攸往"，刚长[⑧]乃终也。

【注释】

①刚：指《夬》卦的五个阳爻。②柔：指《夬》卦的上六阴爻。③健而说：《夬》卦下乾上兑，乾为健，兑为悦（说：即"悦"），所以说健而说。④和：温和。⑤柔乘五刚：《夬》卦上六爻为阴爻，下面的五爻均为阳爻，阴为柔，阳为刚，所以说柔乘五刚（乘：凌驾）。⑥光：发扬光大。一说指光明。⑦尚：崇尚；尊崇。⑧刚长：指阳爻增长。

【译文】

《彖辞》说：夬，就是决断的意思。夬卦刚众柔弱，刚能决胜于柔。上卦为兑，兑意为悦；下卦为乾，乾意为健。刚健而又和悦，敢于决断而又能和睦相处，这是夬卦的品德。"小人被举用于王庭"，这是因为上六阴爻居于全卦阳爻之上。"小人窃位，发号施令，声厉词严"，小人得势，蕴藏着危机，而且是普遍的危机。"邑中传来命令说出击不利"，因为发兵出战，崇尚武力，这是

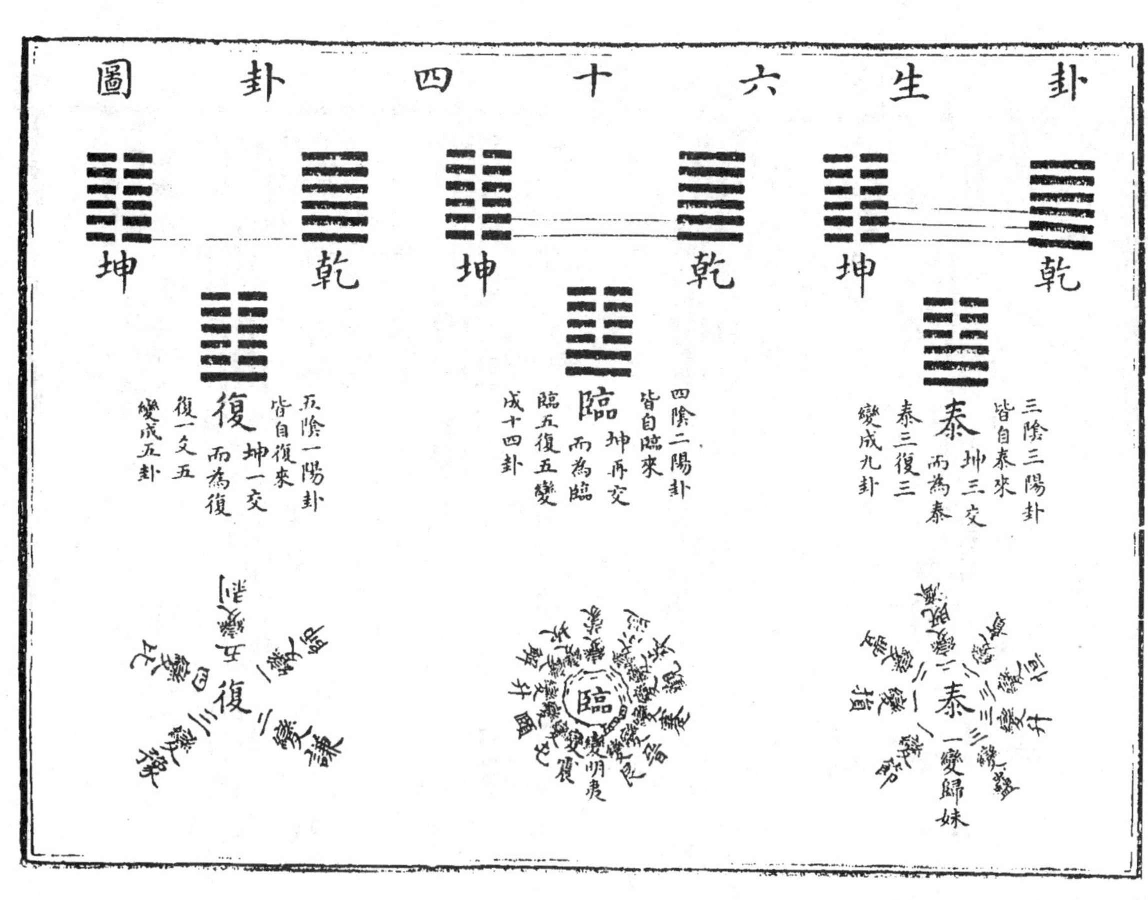

穷困之道。“利有所往”，是说上六之爻，孤悬独立，阳刚之爻再增进一步，则全卦纯阳，意味着小人消退，君子得势。

《象》曰：泽上于天①，夬。君子以施②禄③及下，居德④则忌。

【注释】

①泽上于天：《夬》卦上兑下乾，兑为泽，乾为天，所以说泽上于天。②施：给予；施与。③禄：福泽；恩惠。④居德：居积其所得（德：通“得”，指得到）。

【译文】

《象辞》说：本卦上卦为兑，兑为泽；下卦为乾，乾为天，可见泽水上涨，浇灌大地，是夬卦的卦象。君子观此卦象，从而泽惠下施，不敢居功自傲，并以此为忌。

初九：壮于前①趾②，往，不胜为咎③。

《象》曰：不胜而往，咎也。

【注释】

①前：一说指前面的；一说指向前行进。②趾：脚指头。③咎：灾殃。

【译文】

初九：脚趾受伤，仍然鲁莽向前，将因为脚力不胜而招致灾难。

《象辞》说：脚力不胜而继续行进，将遭灾难。

夬卦長分消翕之圖

遯	咸	旅	小過	漸	蹇	艮	謙
	自大過至此數得六象消二					自剝至此數得八象翕三	
姤	大過	鼎	恒	巽	井	蠱	升
同人	革	離	豐	家人	既濟	賁	明夷
	自夬至此數得十六象分二						
乾	夬	大有	大壯	小畜	需	大畜	泰
自大有至此數得二象長五	自乾至此數得一象長上	自大畜至此數得四象長四	自夬至此數得二象分五		自夬至此數得四象分四	自損至此數得八象長三	

否	萃	晉	豫	觀	比	剝	坤
	自咸至此數得八象消三	自剝至此數得四象翕四		自剝至此數得二象翕五	自	自坤至此數得一象消上	自比至此數得二象消五
訟	困	未濟	解	渙	坎	蒙	師
						自剝至此數得五象翕二	
无妄	隨	噬嗑	震	益	屯	頤	復
						自剝至此數得三十二象翕初長初	
履	兌	睽	歸妹	中孚	節	損	臨
	自夬至此數得十六象分三					自損至此數得十六象長二	

九二：惕①号，莫②夜有戎③，勿恤④。

《象》曰：有戎勿恤，得中道⑤也。

【注释】

①惕：警惕小心。②莫：同“暮”，指夜。③戎：军队，这里指敌人。④恤：忧虑；担忧。⑤得中道：指九二阳爻居下卦之中位。

【译文】

九二：号召警惕，夜间有敌来犯，但不足为患。

《象辞》说：有敌来犯，不足为患，因为九二之爻居下卦中位，像人得中正之道。

九三：壮于頄①，有凶。君子夬夬②独行，遇雨若③濡④，有愠⑤，无咎。

《象》曰：君子夬夬，终无咎也。

【注释】

①頄：颧骨。②夬夬：刚毅果决的样子。③若：而。④濡：沾湿。⑤愠：含怒；生气。

【译文】

九三：颧骨受伤，结果必凶。君子匆匆忙忙单独行动，犹如碰上了雨全身淋湿了，令人很不快，但没有灾难。

《象辞》说：君子单独行动，但最后没有灾难。

九四：臀无肤①，其行次且②。牵羊悔亡，闻言不信。

《象》曰：其行次且，位不当③也。闻言不信，聪④不明也。

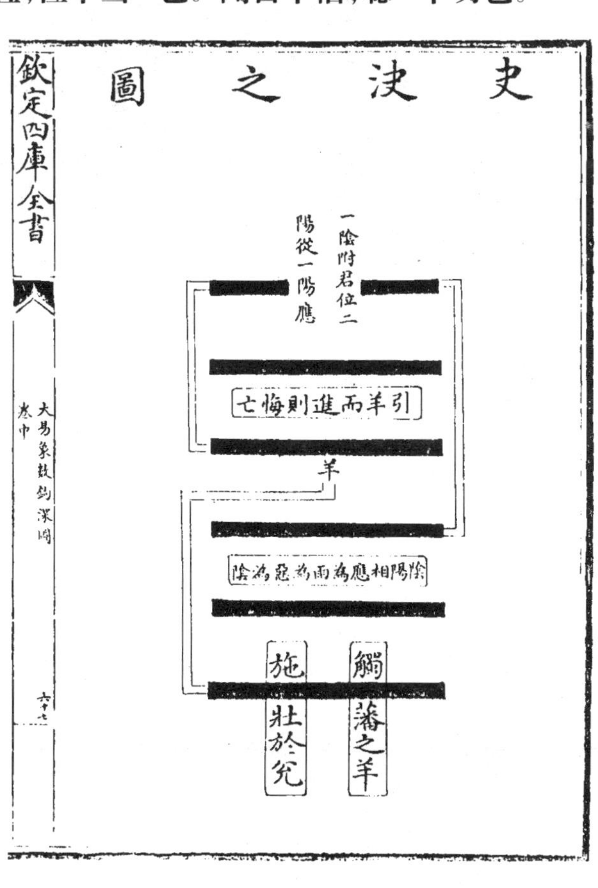

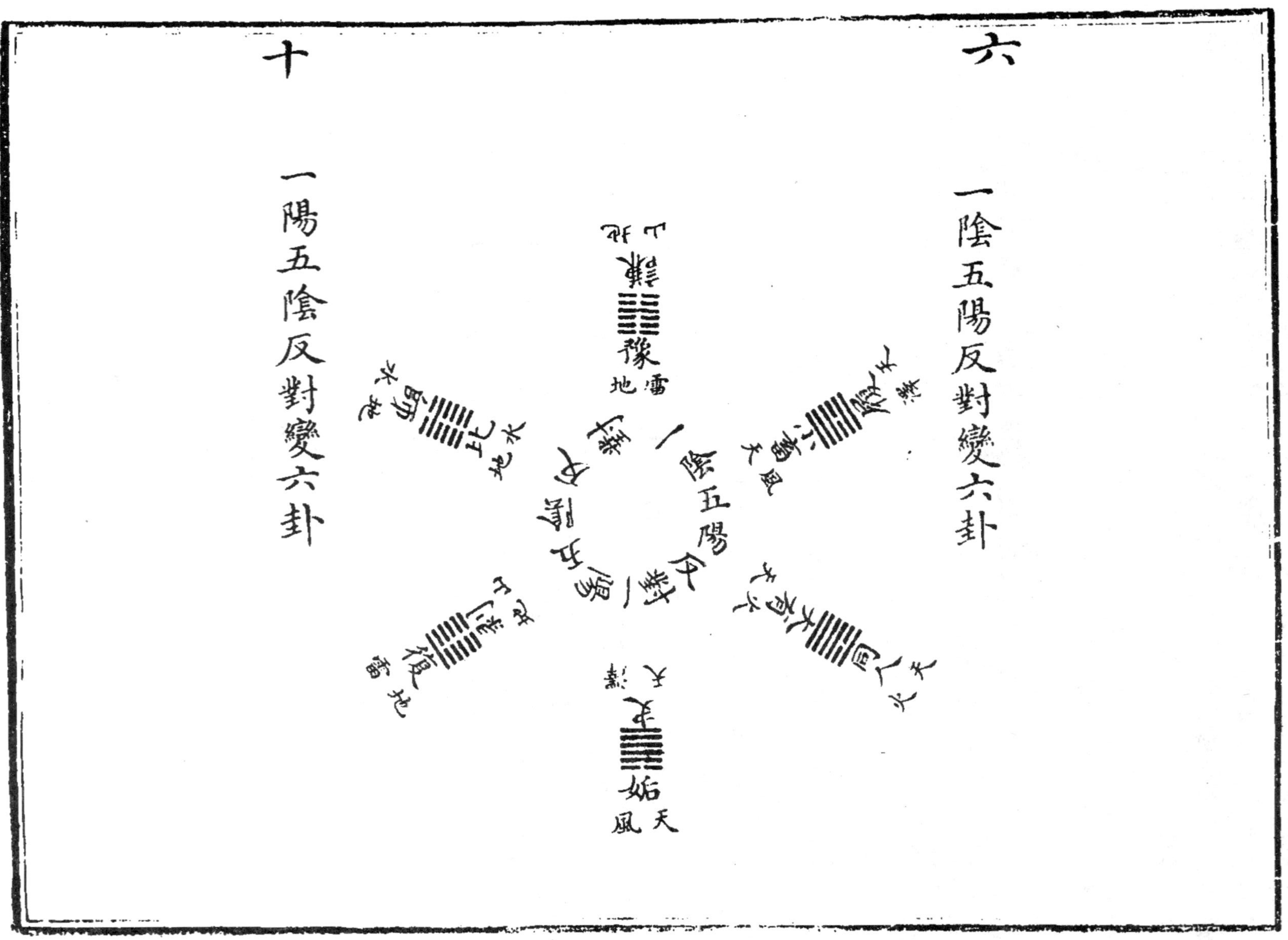
六十
一陰五陽反對變六卦
一陽五陰反對變六卦
豫
謙
師
復
小畜
大有
同人
夬
姤

【注释】

①肤：皮肉。②次且：即“趑趄（zījū）”，行走困难的样子。③位不当：指九四阳爻居于阴位，所处的位置不适当。④聪：听觉。

【译文】

九四：臀部负伤，走路踉踉跄跄。牵住羊悔恨，可惜听了忠言不相信。

《象辞》说：行路艰难，因为九四阳爻而居阴位，像人处境不利。对于别人的告诫不相信，说明听觉虽好，但不明事理。

九五：苋陆[①]夬夬，中行[②]无咎。

《象》曰：中行无咎，中[③]未光[④]也。

【注释】

①苋陆：即商陆。多年生草本植物，叶卵形而大，夏季开红紫或白色小花。嫩叶可食用，根有毒。一说“苋”应作“苋（huán）”，指一种细角山羊。②中行：行中道。③中：指九五阳爻居上卦之中位。④光：发扬光大。

【译文】

九五：细角山羊健行而去，居中行正无灾难。

《象辞》说：行中正之道，仅称无灾难，大概是没有将中行之道推广施行。

上六：无号[①]，终有凶。

《象》曰：无号之凶，终不可长也。

【注释】

①号：一说指号令；一说指号哭。

【译文】

上六：狗在哭叫，预兆着终将有凶险之事。

《象辞》说：国无号令，其势必遭凶险，说明国运衰微，终不可保。

姤　第四十四

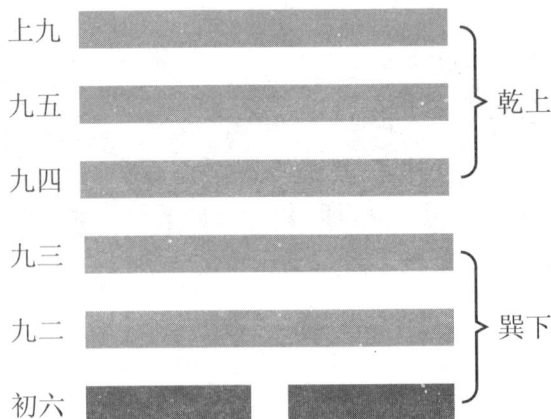

姤[①]:女壮,勿用[②]取[③]女。

【注释】

①姤:卦名,意为相遇或遇到。②勿用:不宜;不适合(用:适宜)。③取:通“娶”。

【译文】

姤卦:梦见女子受伤。筮遇此卦,不利于娶女。

《彖》曰:姤,遇也,柔遇刚[①]也,“勿用取女”,不可与长[②]也。天地相遇,品物[③]咸章[④]也。刚遇中正[⑤],天下大行也。姤之时,义大矣哉。

【注释】

①柔遇刚:《姤》卦初六为阴爻为柔,其他五爻均为阳爻为刚,所以说柔遇刚。②长:长久。③品物:万物。④章:显著;明显。⑤刚遇中正:指九二和九五阳爻分别居下、上卦之中位。

【译文】

《彖辞》说:姤,就是相遇的意思,即指初六阴爻与其余五阳爻相遇。卦辞所讲的“不利于娶女”,因姤卦的卦象是一阴爻与五阳爻相遇,像一女遇五男,他们之间是不能长久相处的。卦象又显示:天地相构,阴阳交流,万种物类成长壮大。九二阳爻、九五阳爻分别居于下卦、上卦之中位,像君臣分居其位,秉行中正之道,因而正道大行于天下。天地相构,阴阳交流,合乎时宜,循乎时序,其意义是十分重大的。

《象》曰:天下有风[①],姤。后[②]以施命[③]诰[④]四方。

【注释】

①天下有风:《姤》卦上乾下巽,乾为天,巽为风,所以说天下有风。②后:君主。③施命:发

布命令。④诰:同“告”。

【译文】

《象辞》说:本卦上卦为乾,乾为天;下卦为巽,巽为风,可见天下有风,是姤卦的卦象。君王观此卦象,从而效法于风之吹拂万物,施教化于天下,昭告四方。

初六:系①于金柅②。贞③吉。有攸④往,见凶。羸豕⑤孚⑥蹢躅⑦。

《象》曰:系于金柅,柔道牵⑧也。

【注释】

①系:拴缚。②柅:位于车的下面让车停下来的木块。③贞:占问。一说指“正”。④攸:助词,相当于“所”。⑤豕:猪。⑥孚:一说通“浮”,指轻浮;一说指哺乳;一说即“捊”(póu),意为牵引、引取。⑦蹢躅:即“踯(zhí)躅”,指在一个地方来回地走。⑧牵:牵制;控制。

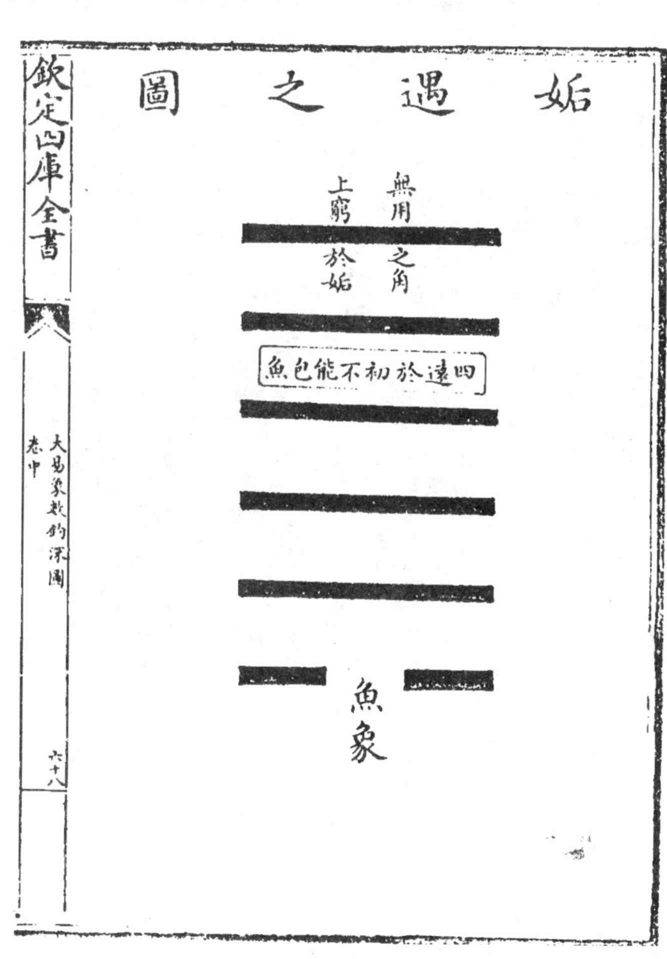

【译文】

初六:细柔之线牵附于黄铜柅子之上,这是吉利的贞兆。若占问有所往,则必逢凶险,就像瘦弱的猪被不情愿地拖回来。

《象辞》说:细柔之线牵附于黄铜柅子上,是说柔物被刚物牵制。

九二:包①有鱼,无咎②,不利宾。

《象》曰:包有鱼,义③不及④宾也。

【注释】

①包:即“庖”,指厨房。一说指包容、包裹。②咎:灾殃。③义:宜;理应。④及:涉及;到。

【译文】

九二:厨中有鱼。占得此爻,没有灾祸,但不利于宴请宾客。

《象辞》说:厨中有鱼,有鱼无肉,不宜大肆宴请宾客。

九三:臀无肤,其行次且[1]。厉[2],无大咎。

《象》曰:其行次且,行未牵也。

【注释】

①臀无肤,其行次且:见“夬第四十三”九四爻注。②厉:危险。

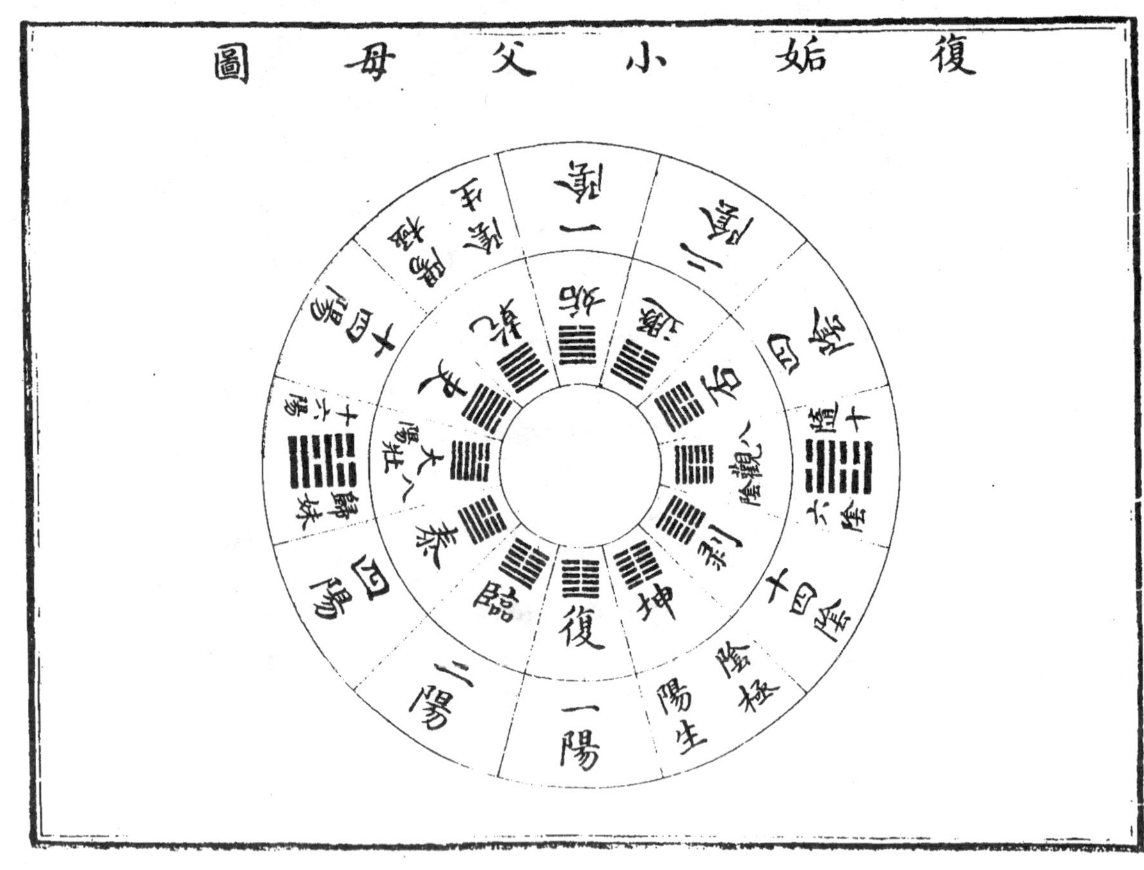

【译文】

九三:臀部负伤,行走困难。占得此爻,有危险,但无大的灾难。

《象辞》说:行走困难,因为没有人扶持。

九四:包无鱼。起[1]凶。

《象》曰:无鱼之凶,远民也。

【注释】

①起:产生;发生。一说指争执。

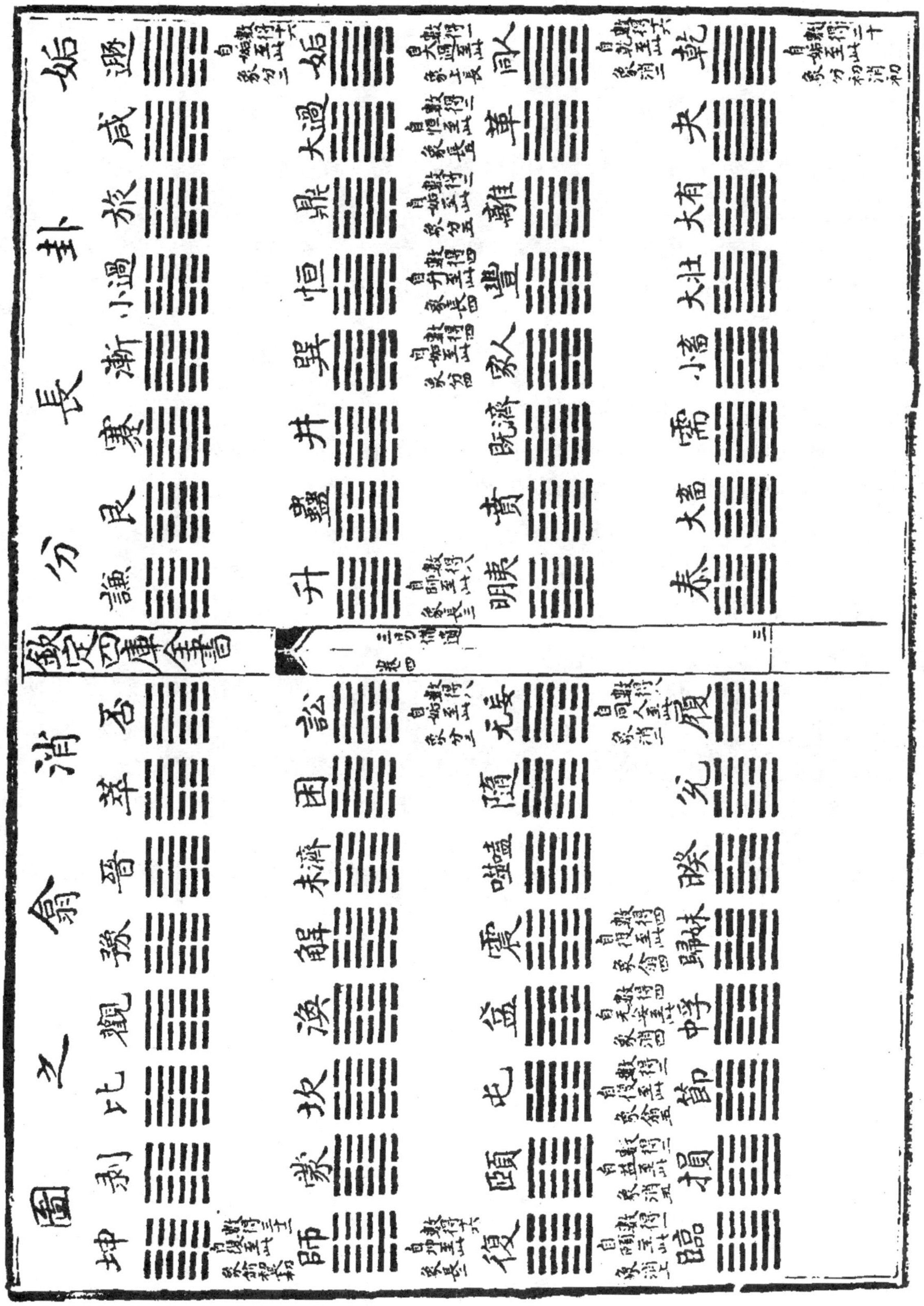

姤卦長分消翕之圖

遯	咸	旅	小過	漸	蹇	艮	謙	否	萃	晉	豫	觀	比	剝	坤
自姤至此數得十六象分二															自復至此數得三十二象翕初長初
姤	大過	鼎	恒	巽	井	蠱	升	訟	困	未濟	解	渙	坎	蒙	師
自大過至此數得一象上長	自恒至此數得二象長五	自姤至此數得二象分五	自升至此數得四象長四	自姤至此數得四象分四			自師至此數得八象長三	自姤至此數得八象分三							自坤至此數得十六象長二
同人	革	離	豐	家人	既濟	賁	明夷	无妄	隨	噬嗑	震	益	屯	頤	復
自乾至此數得十六象消二								自同人至此數得八象消二			自復至此數得四象翕四	自无妄至此數得四象消四	自復至此數得二象翕五	自益至此數得二象消五	自頤至此數得一象消上
乾	夬	大有	大壯	小畜	需	大畜	泰	履	兌	睽	歸妹	中孚	節	損	臨
自姤至此數得二十象分初消初															

【译文】

九四：厨中无鱼。筮遇此爻，有所行动必遭凶险。

《象辞》说：厨中无鱼之爻，显示其人必遭凶险。因为九四阳爻而居阴位，像君王失其权位，脱离民众。

九五：以杞①包瓜②，含章③，有陨④自天。

《象》曰：九五含章，中正⑤也。有陨自天，志不舍⑥命⑦也。

【注释】

①杞：指杞柳，落叶乔木，枝条细长柔软。②包瓜：一说指匏（páo）瓜；一说指包裹瓜。③含章：含有文采。④陨：落下。⑤中正：指九五阳爻居上卦之中位。⑥舍：舍弃；违背。⑦命：天命；命运。

【译文】

九五：匏瓜缠着杞树生长，隐印的瓜纹很好看。忽然从头顶上方掉下一个瓜来。

《象辞》说：九五爻辞讲的隐含文彩，即指九五之爻居上卦中位，像人秉含中正之德。自天上陨落，说明高尚的志行不得施行，故舍命而殉志。

上九：姤其角①，吝②，无咎。

《象》曰：姤其角，上穷③吝也。

【注释】

①角：一说指兽角；一说指角落；一说指顶撞、侵犯；一说指斗殴。②吝：悔恨。③穷：极；尽。

【译文】

上九：遭遇野兽，处于它的角锋之下，有危险，但没有大的灾难。

《象辞》说：遭遇野兽，处于它的角锋之下，因为上九阳爻居一卦之尽头，像人处于穷困之境地。

萃　第四十五

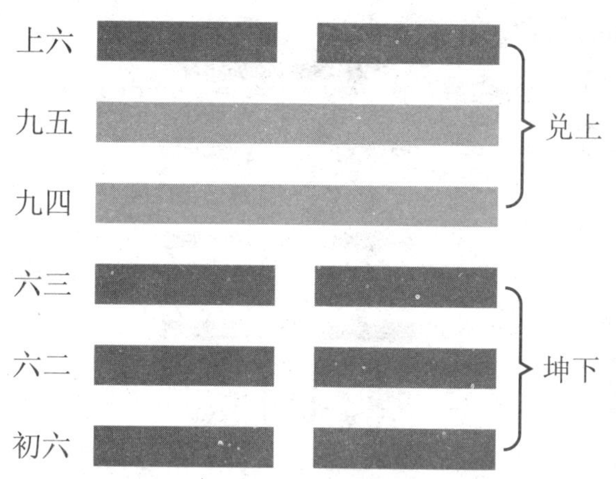

萃[1]:亨。王假[2]有[3]庙。利见大人,亨,利贞[4]。用大牲,吉。利有攸[5]往。

【注释】

①萃:卦名,意为会聚、聚合。②假:通"格",指至、到。③有:语气助词。④贞:占问。一说指"正"。⑤攸:助词,相当于"所"。

【译文】

萃卦:通泰。君王到宗庙举行祭祀。占得此卦,利于会见贵族王公,亨通,这是吉利的贞兆。用牛牲祭祀,吉利。利于出行。

《彖》曰:萃,聚也。顺以说[1],刚中而应[2],故聚也。"王假有庙",致[3]孝享[4]也,"利见大人,亨",聚以正也。"用大牲,吉,利有攸往",顺天命也。观其所聚,而天地万物之情[5]可见矣。

【注释】

①顺以说:《萃》卦下坤上兑,坤为顺,兑为悦(说:即"悦"),所以说"顺以说"。②刚中而应:指九五阳爻居上卦之中位,与居下卦之中位的六二阴爻相应合。③致:奉献;献纳。④享:祭祀。⑤情:实情;情状。

【译文】

《彖辞》说:萃,就是聚积的意思。萃卦的下卦为坤,坤意为顺;上坤为兑,兑意为悦,而且九五阳爻居上卦中位,这是萃卦的卦象。它是说:顺应事理,取悦人心,君子各守中正之道,互相呼应,这样必能团结大众。"王到宗庙祭祀",这是君王致孝先祖的享祭。"利于会见王公贵族,亨通",这是说君子团结聚集,是本着光明正大的原则,并非以私邪互相交通。"用牛牲祭祀,吉利,并且出行吉利",这是顺应天命的举动。君子相聚则相励以正道,小人相聚则相推入祸门,综

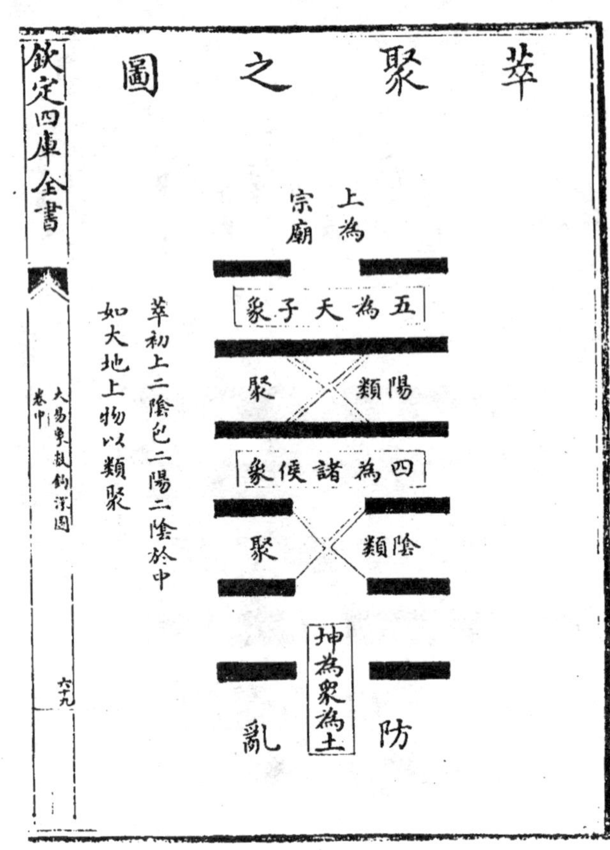

观天地间人类、物类的类聚群分，它们的吉凶祸福就可以知道了。

《象》曰：泽上于地①，萃。君子以除②戎器③，戒④不虞⑤。

【注释】

①泽上于地：《萃》卦上兑下坤，兑为泽，坤为地，所以说泽上于地。②除：修治；修缮。③戎器：兵器。④戒：戒备。⑤不虞：意外；不测。

【译文】

《象辞》说：本卦上卦为兑，兑为泽；下卦为坤，坤为地。泽水淹地，是萃卦的卦象。君子观此卦象，以洪水横流、祸乱丛聚为戒，从而修治兵器，戒备意料不到的变乱。

初六：有孚不终，乃乱乃萃①，若②号，一握③为笑，勿恤④。往，无咎⑤。

《象》曰：乃乱乃萃，其志乱也。

【注释】

①萃：一说通"悴"，指憔悴、困苦；一说指聚集；一说指病。②若：而。③一握：一说指顷刻之间；一说指一握手；一说指一屋子（握：借为"屋"）；一说同"咿喔"，指笑声。④恤：忧虑；担忧。⑤咎：灾殃。

【译文】

初六：捕获了俘虏却逃跑了，引起纷乱和忧虑，大家呼喊着四处追捕。终于追回了，又高兴得嘻嘻哈哈，用不着担忧了。大胆前往，没有灾难。

《象辞》说：混乱呵，憔悴呵，其人思想昏乱。

六二：引[1]吉，无咎。孚乃利用[2]禴[3]。

《象》曰：引吉，无咎，中[4]未变也。

【注释】

①引：一说应作“弘”，即大；一说指长期；一说指牵引、援引。②利用：利于。③禴：禴祭，古代的一种祭祀活动，所用祭品较为简单。④中：指六二阴爻居下卦之中位。

【译文】

六二：占得此爻，长久吉利，没有灾难。占问祭祀，贞兆显示：春祭要用俘虏作人牲才好。

《象辞》说：长时间吉利，没有灾难，因为六二阴爻居于下卦中位，像人坚守正道，绝不改变。

六三：萃如[1]嗟[2]如。无攸利。往，无咎，小吝[3]。

《象》曰：往无咎，上巽[4]也。

【注释】

①如：语气助词。②嗟：叹息；忧叹。③吝：悔恨。④上巽：指六三阴爻顺从九四阳爻（巽：逊顺）。

【译文】

六三：忧愁嗟叹。占得此爻，无所利。出行虽无灾难，但有小小的麻烦。

《象辞》说：出行无灾难，因为六三阴爻居于九四阳爻之下，像臣下顺从君上，行为谨慎。

九四：大吉，无咎。

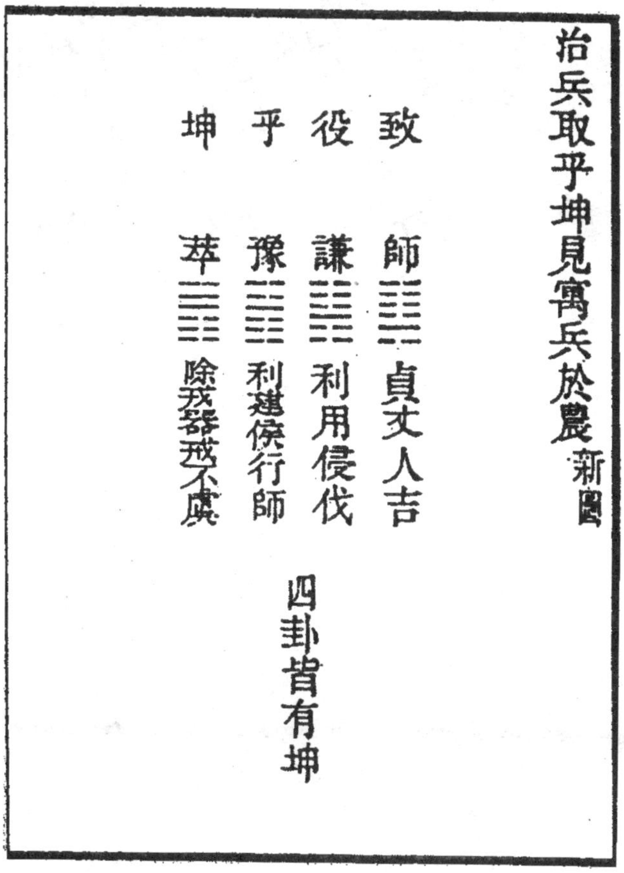

治兵取乎坤見寓兵於農 新圖

致役乎坤

師 ䷆ 貞丈人吉

謙 ䷎ 利用侵伐

豫 ䷏ 利建侯行師

萃 ䷬ 除戎器戒不虞

四卦皆有坤

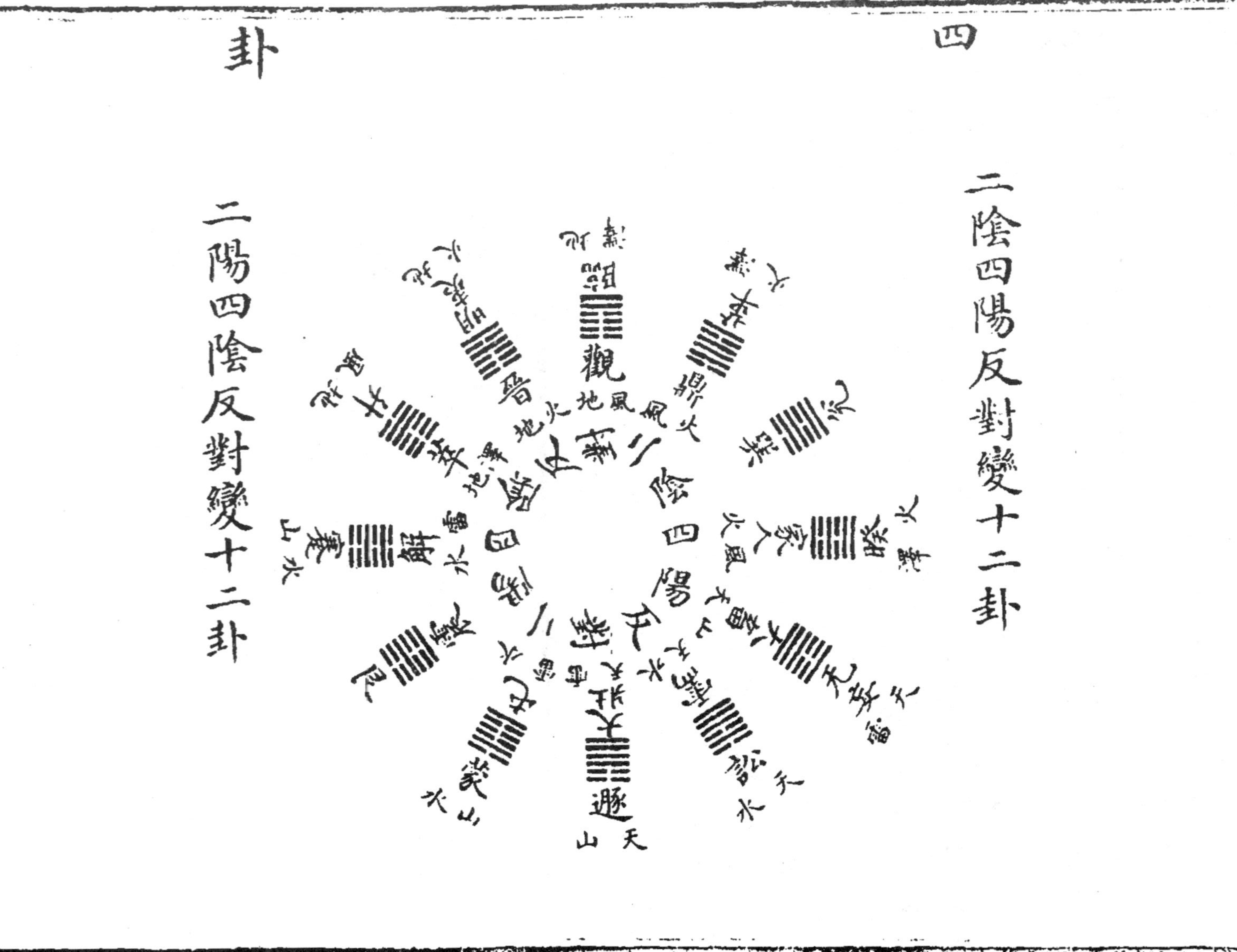
四
二陰四陽反對變十二卦
二陽四陰反對變十二卦
卦
家人
睽
鼎
革
觀
臨
晉
明夷
升
萃
蹇
解
大壯
遯
屯
蒙
訟
需
大畜
无妄

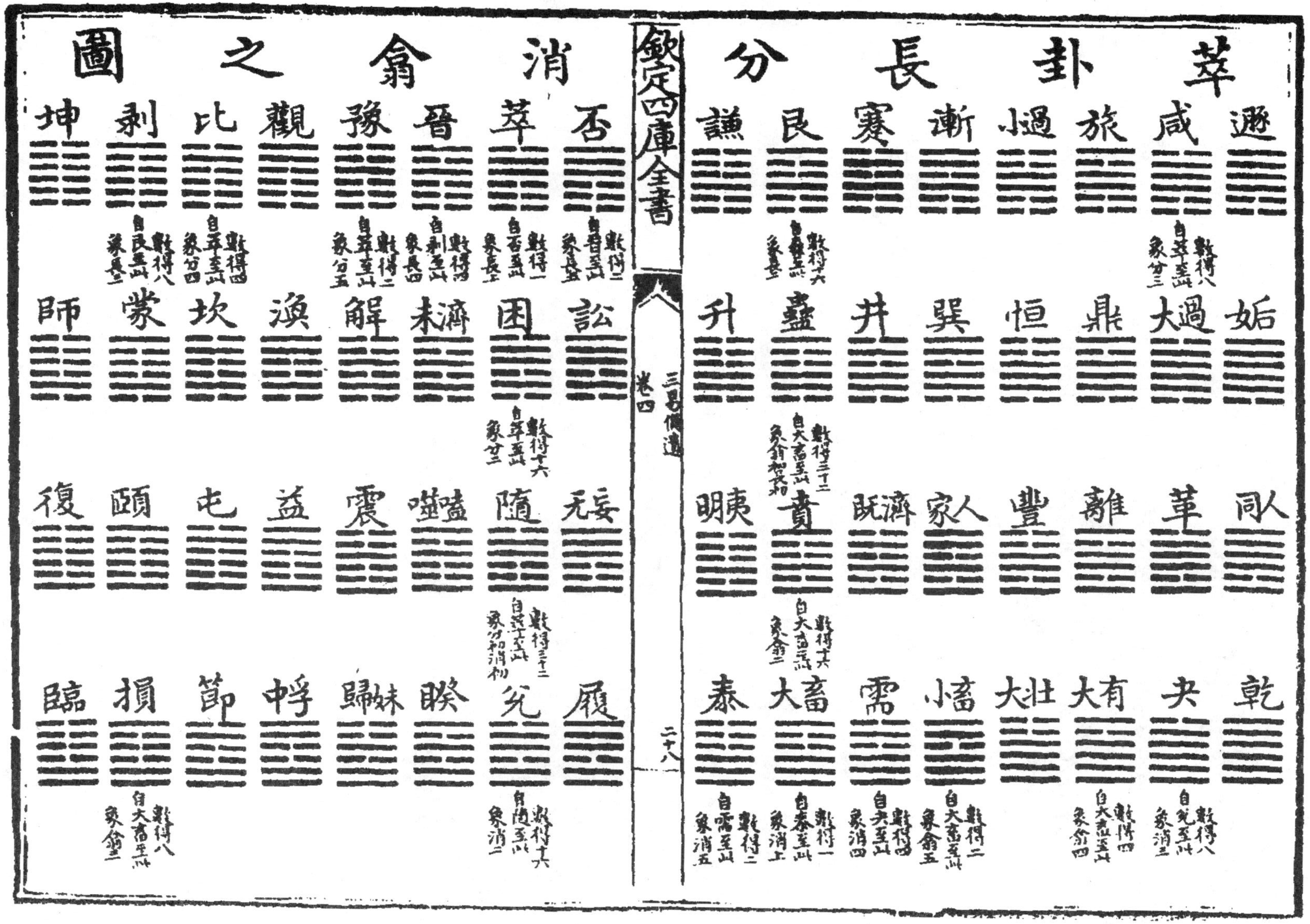

萃卦長分消翕之圖

謙	艮	蹇	漸	小過	旅	咸	遯
	數得十六 自蠱至此 象長三					數得八 自萃至此 象分三	
升	蠱	井	巽	恒	鼎	大過	姤
	數得三十二 自大畜至此 象翕初分初						
明夷	賁	既濟	家人	豐	離	革	同人
	數得十六 自大畜至此 象翕二						
泰	大畜	需	小畜	大壯	大有	夬	乾
數得二 自需至此 象消五	數得一 自泰至此 象消上	數得四 自夬至此 象消四	數得二 自大畜至此 象翕五		數得四 自大壯至此 象翕四	數得八 自乾至此 象消三	

坤	剝	比	觀	豫	晉	萃	否
	數得八 自艮至此 象長二	數得四 自萃至此 象分四		數得二 自萃至此 象分五	數得四 自剝至此 象長四	數得一 自否至此 象長上	數得二 自晉至此 象長五
師	蒙	坎	渙	解	未濟	困	訟
						數得十六 自萃至此 象分二	
復	頤	屯	益	震	噬嗑	隨	无妄
						數得三十二 自萃至此 象分初消初	
臨	損	節	中孚	歸妹	睽	兌	履
	數得八 自大畜至此 象翕三					數得十六 自隨至此 象消二	

《象》曰：大吉，无咎，位不当①也。

【注释】

①位不当：指九四阳爻居于阴位，所处的位置不适当。

【译文】

九四：大吉大利，没有灾难。

《象辞》说：贞兆本来是大吉大利，但结果仅仅是没有灾难，因为九四阳爻而居阴位，像人才小德薄而居高位，论其官运则谓亨通，论其居官则求无灾祸而已。

九五：萃有位①，无咎。匪②孚，元③永贞④，悔亡。

《象》曰：萃有位，志未光⑤也。

【注释】

①有位：一说指处于尊位；一说指保有其位。②匪：同"非"，指无。③元：一说指有德之君长；一说指善、利；一说指大，且下面当有"吉"字。④永贞：占问长远之事的吉凶。⑤光：发扬光大。

【译文】

九五：瘁心力于其职守，没有灾祸。不轻易责罚别人，卜问长期的吉凶，贞兆显示：没有大的悔恨。

《象辞》说：瘁心力于其职守，结果仅仅是没有灾祸，因为才具驽下，不能有所建树。

上六：赍咨①涕②洟③，无咎。

《象》曰：赍咨涕洟，未安上也。

【注释】

①赍咨：叹息。②涕：眼泪。③洟：鼻涕。

【译文】

上六：争钱财叹息流涕，忧心忡忡，但没有灾难。

《象辞》说：叹息流涕，忧心忡忡，因为上六之爻居于一卦的尽头，孤悬无据，像人虽居高位，但如履薄冰，惊恐度日。

升　第四十六

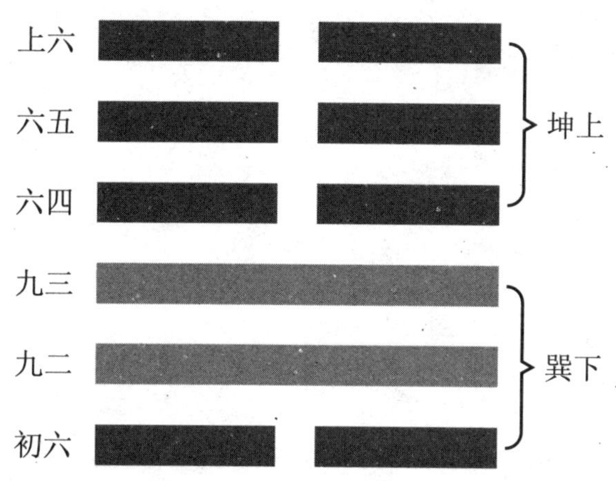

升①：元亨②，用③见大人，勿恤④。南征吉。

【注释】

①升：卦名，意为上升。②元亨：大为亨通（元：大）。③用：一作“利”，帛书本《周易》亦作“利”，当据之以改。④恤：忧虑；担忧。清代阮元主持校刻的《十三经注疏·周易正义》作“象”，应改为“象”。

【译文】

升卦：非常亨通，有利于会见王公贵族，不用担忧。占得此爻，出征南方吉利。

《彖》曰：柔以时升①，巽而顺②，刚中而应③，是以大“亨”，“利见大人，勿恤”，有庆也。“南征吉”，志行也。

【注释】

①柔以时升：指《升》卦的初六、六四、六五、上六均为阴爻，就像阴柔者根据时间条件而不断地上升。②巽而顺：《升》卦下巽上坤，坤为顺，所以说巽而顺（巽：谦逊）。③刚中而应：指九二阳爻居下卦之中位，与居上卦之中位的六五阴爻相应合。

【译文】

《彖辞》说：本卦的初爻为阴，它依时演进，逐次上升，这是升卦的基本结构。升卦的上卦为坤，坤意为顺；下卦为巽，巽意为逊。而且九二阳爻居于下卦的中位，六五阴爻居于上卦的中位，这是升卦的卦象。它显示：内有谦逊的美德，外抱柔顺的态度，君臣各居其位，秉行贞中之道，团结统一，所以国运通泰，功业完满。卦辞所说的“利于会见王公贵族，不必担虑”，是指将有喜庆之事。卦辞又说“出征南方吉利”，表示出征有利，实现志向。

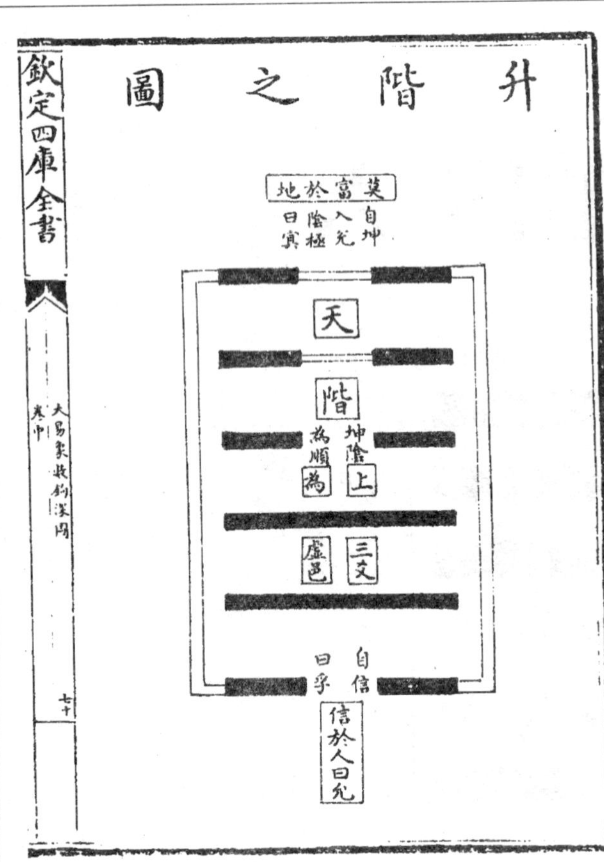

《象》曰：地中生木①，升。君子以顺德②，积小以高大。

【注释】

①地中生木：《升》卦上坤下巽，坤为地，巽为木，所以说地中生木。②顺德：顺从事物的特性。一说指顺行其美德；一说指循序渐进地修养美德。

【译文】

《象辞》说：本卦外卦为坤，坤为地；内卦为巽，巽为木。可见木植于地中，是升卦的卦象。君子观此卦象，从而遵循德义，加强修养，积累小的善举以逐步培养崇高的品德。

初六：允①升，大吉。

《象》曰：允升，大吉，上②合志也。

【注释】

①允：信；诚信。一说指进；一说指当，即宜的意思。②上：一说指九二阳爻；一说指九二和九三阳爻；一说指六四、六五和上六阴爻。

【译文】

初六：前进发展，大吉大利。

《象辞》说：前进发展，大吉大利，是说尚能契合心意。

九二：孚乃利用①禴，无咎②。

《象》曰：九二之孚，有喜也。

【注释】

①利用：利于。②咎：灾殃。

【译文】

九二：春祭宜用俘虏作为人牲，则无灾祸。

《象辞》说：九二爻辞讲祭祀鬼神必以忠信，从而将有喜庆之事。

九三：升虚①邑②。

《象》曰：升虚邑，无所疑也。

【注释】

①虚：一说指空虚；一说指大丘；一说同"墟"，指废墟。②邑：城镇；村落。

【译文】

九三：向上进入建立在山丘之上的城邑。

《象辞》说：向上进入建立在山丘之上的城邑，登高望远，所见甚明，故无所疑惑。

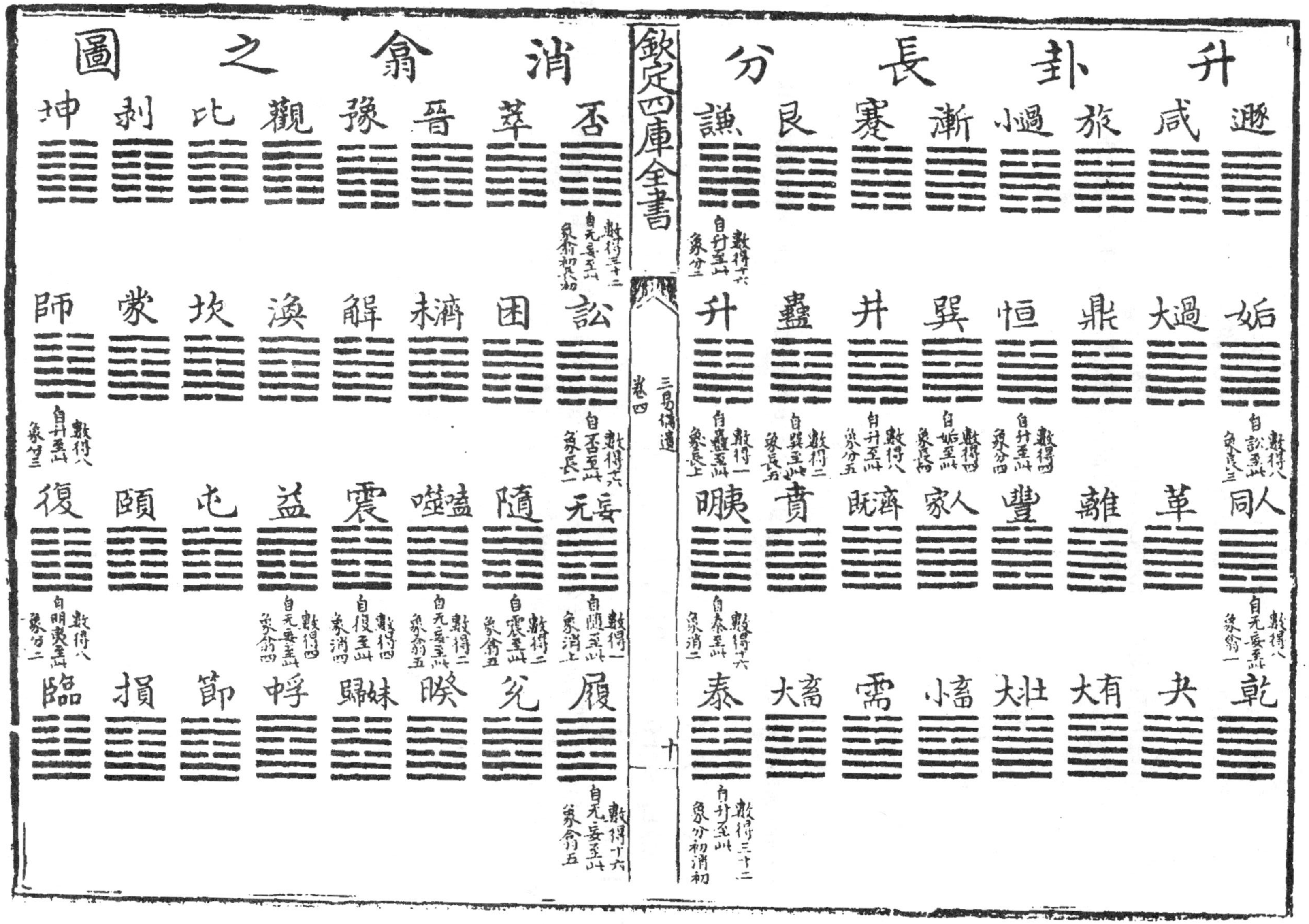

升卦長分消翕之圖

欽定四庫全書

遯　咸　旅　小過　漸　蹇　艮　謙（數得十六 自升至此 象分三）

姤（數得八 自訟至此 象長三）　大過　鼎　恒（數得四 自升至此 象分四）　巽（數得四 自姤至此 象長四）　井（數得八 自升至此 象分五）　蠱（數得二 自巽至此 象長五）　升（數得一 自蠱至此 象長上）

同人（數得八 自无妄至此 象翕一）　革　離　豐　家人　既濟　賁　明夷（數得十六 自泰至此 象消二）

乾　夬　大有　大壯　小畜　需　大畜　泰（數得三十二 自升至此 象分初消初）

否（數得三十二 自无妄至此 象翕初分初）　萃　晉　豫　觀　比　剝　坤

訟（數得十六 自否至此 象長一）　困　未濟　解　渙　坎　蒙　師（數得八 自升至此 象分三）

无妄（數得一 自隨至此 象消上）　隨（數得二 自震至此 象翕五）　噬嗑（數得二 自无妄至此 象翕五）　震（數得四 自復至此 象消四）　益（數得四 自无妄至此 象翕四）　屯　頤　復（數得八 自明夷至此 象分二）

履（數得十六 自无妄至此 象翕五）　兌　睽　歸妹　中孚　節　損　臨

六四：王用亨于岐山[1]。吉，无咎。

《象》曰：王用亨于岐山，顺事[2]也。

【注释】

①王用亨于岐山：岐山在今陕西省岐山县东北，山形如柱，故又名天柱山。参见“随第十七”上六爻注。②顺事：顺从服事。一说“顺”借为“慎”，“顺事”指谨慎从事。

【译文】

六四：周王在岐山祭祀鬼神。筮遇此爻，吉利，无灾祸。

《象辞》说：周王在岐山祭祀鬼神，之所以吉而无灾祸，因为这是顺乎天理之事。

六五：贞[1]吉，升阶[2]。

《象》：贞吉，升阶，大得志也。

【注释】

①贞：占问。一说指“正”。②阶：台阶。

【译文】

六五：占得吉兆，所占之事将逐步发展。

《象辞》说：信守正道，自然吉利，其事业必然逐步发展，说明其志愿得伸，目的达到。

上六：冥[1]升，利于不息[2]之贞。

《象》曰：冥升在上[3]，消不富[4]也。

【注释】

①冥：昏暗。②不息：不停息；不止息。③在上：指上六阴爻居《升》卦之最上位。④消不富：一说指消除不富裕；一说指消减而不富裕；一说指自我消损，使不富裕。

【译文】

上六：深夜不眠，勤勉不息地工作符合此吉兆。

《象辞》说：上六爻辞讲深夜不眠，因为上六之爻据一卦之首，爻位孤悬，其人虽处高位，但环境不利，不过，勤于职守则可以消灾得福。

困　第四十七

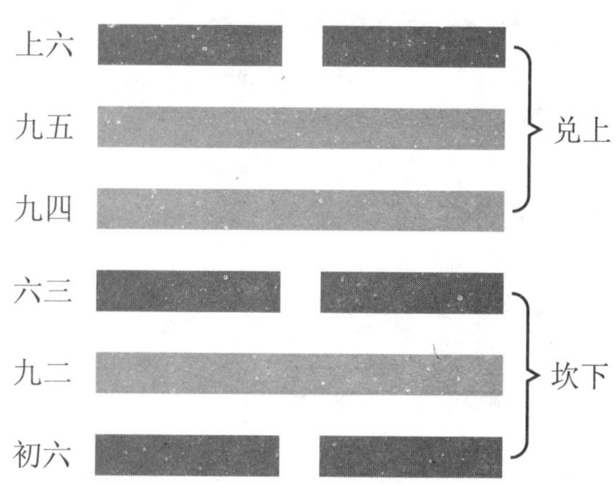

困[1]：亨。贞[2]大人吉，无咎[3]。有言不信。

【注释】

①困：卦名，意为困穷。②贞：占问。一说指"正"。③咎：灾殃。

【译文】

困卦：通泰。卜问王公贵族之事吉利，没有灾难。讲的话别人不相信。

《彖》曰：困，刚掩[1]也。险以说[2]，困而不失其所[3]，"亨"，其[4]为君子乎？"贞大人吉"，以刚中[5]也。"有言不信"，尚口[6]乃穷也。

【注释】

①刚掩：指阳刚被阴柔所掩蔽。从《困》卦的卦画结构看，上卦兑为阴卦，下卦坎为阳卦，阳处阴下，有阳刚被阴柔掩蔽之象；上六阴爻居九五阳爻之上、九二阳爻被初六、六三阴爻包围，也有阳刚被阴柔掩蔽之象。②险以说：《困》卦下坎上兑，坎为险，兑为悦（说：通"悦"），所以说"险以说"。③所：处所；地方。④其：副词，表示推测，意为"大概"。⑤刚中：指九二和九五阳爻分别居下、上卦之中位。⑥尚口：崇尚言辞。

【译文】

《彖辞》说：困卦的上卦为兑，兑为阴；下卦为坎，坎为阳。阳刚掩压于阴柔下，这是困卦的卦象。困卦的上卦为兑，兑意为悦；下卦为坎，坎意为险。处境困苦而内心平和，是困卦的品德。虽然身处困境，但不失其操守，穷中求通，恐怕只有德才兼备的君子才具有这种信念。卦辞说"王公贵族占卜得吉兆"，因为九二、九五阳爻居于下卦、上卦的中位，这一爻位显示王公贵族行事中正，自然吉利。卦辞又说"讲话别人不相信"，因崇尚空谈，不务实际，无人信任，自致穷困。

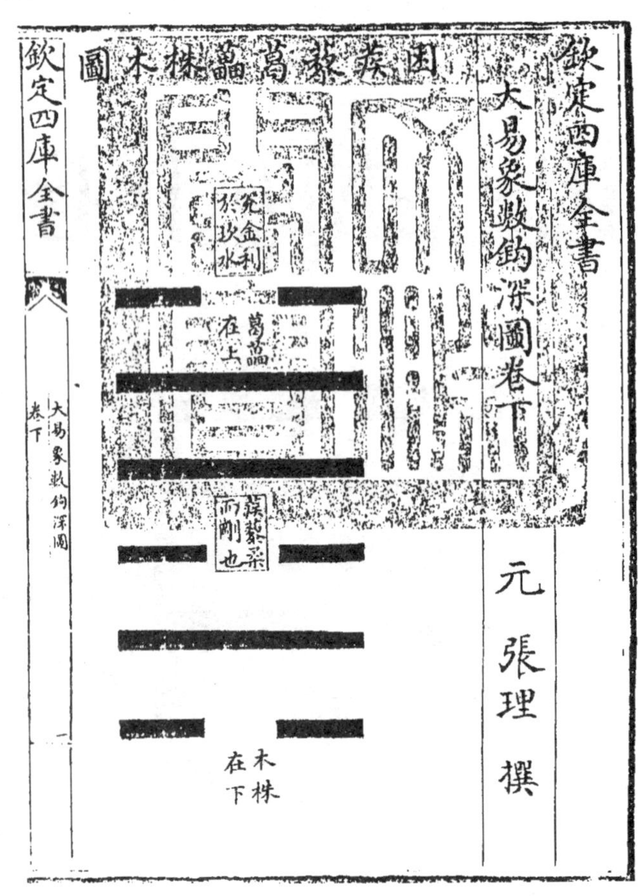

《象》曰：泽无水[①]**，困**。**君子以致命**[②]**遂志**[③]。

【注释】

①泽无水：《困》卦上兑下坎，兑为泽，坎为水，泽在水上，则泽中无水，所以说泽无水。②致命：舍弃生命。一说指通达天命。③遂志：实现志向。

【译文】

《象辞》说：本卦上卦为兑，兑为泽；下卦为坎，坎为水。水渗泽底，泽中干涸无水，是困卦的卦象。君子观此卦象，以处境艰难自励，穷且益坚，舍身捐命，以实现夙志。

初六：臀困于株[①]**木，入于幽谷，三岁不觌**[②]。

《象》曰：入于幽谷，幽[③]**不明也**。

【注释】

①株：树桩；露出地面的树根。②觌：见；相见。汉代帛书本《周易》“觌”后有“凶”字，似应据之以补。③幽：昏暗。

【译文】

初六：臀部被狱吏的刑杖打伤，被投入黑暗的牢房中，三年不见其人。

《象辞》说：进入了幽深的山谷，自然幽暗不明。

九二：困于酒食[①]**，朱绂**[②]**方来，利用**[③]**享祀**[④]。**征，凶**。**无咎**。

《象》曰：困于酒食，中[⑤]**有庆也**。

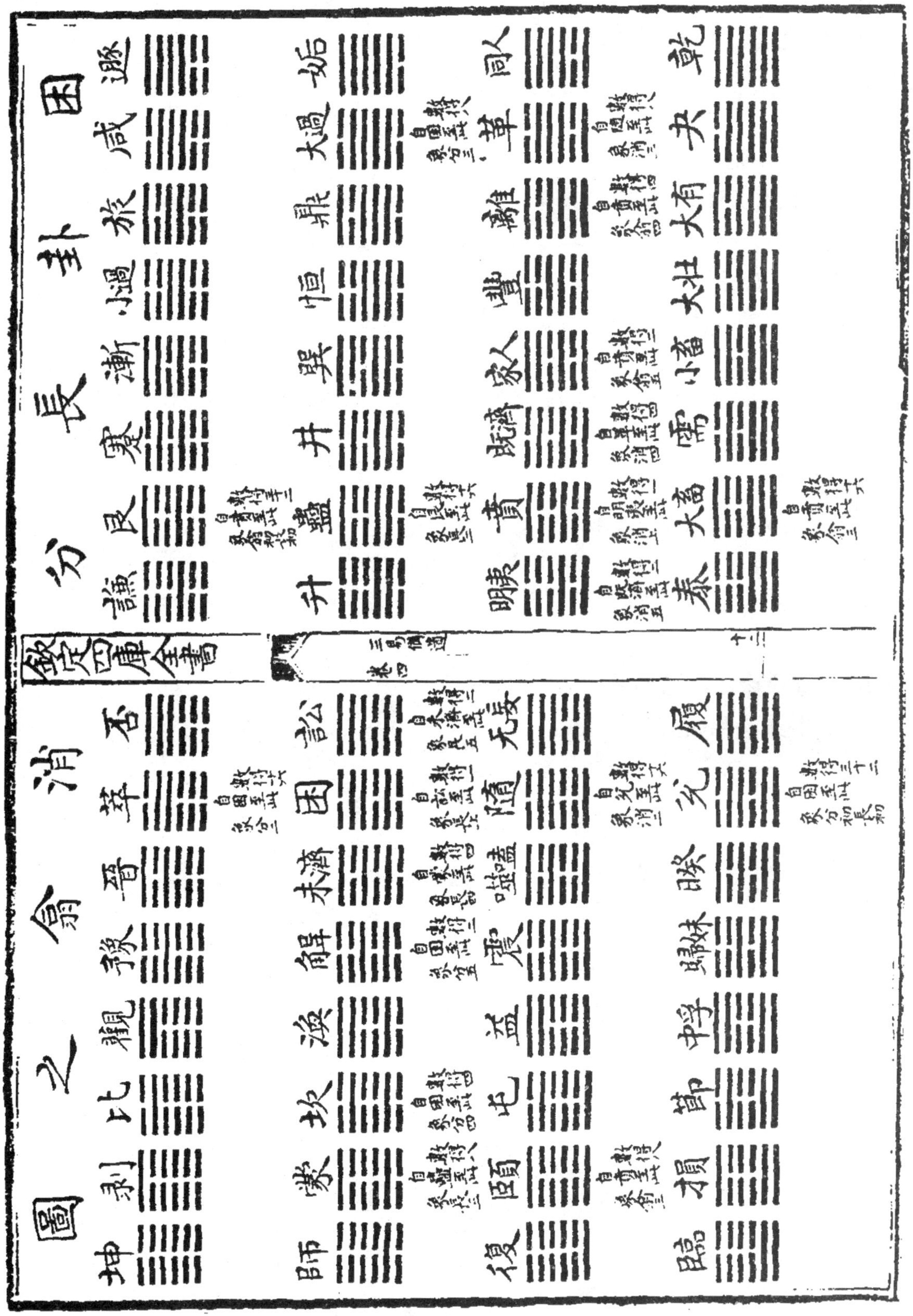

困卦長分消翕之圖

遯 咸 旅 小過 漸 蹇 艮 謙

艮：自賁至此數得三十二象翕初長初

姤 大過 鼎 恒 巽 井 蠱 升

大過：自困至此數得八象分三
蠱：自艮至此數得十六象長二

同人 革 離 豐 家人 既濟 賁 明夷

革：自遯至此數得八象消三
離：自賁至此數得四象翕四
家人：自賁至此數得二象翕五
既濟：自革至此數得四象消四
賁：自明夷至此數得一象消上
明夷：自既濟至此數得二象消五

乾 夬 大有 大壯 小畜 需 大畜 泰

大畜：自賁至此數得十六象翕二

否 萃 晉 豫 觀 比 剝 坤

萃：自困至此數得六象分三

訟 困 未濟 解 渙 坎 蒙 師

訟：自未濟至此數得二象長五
困：自訟至此數得一象長上
未濟：自蒙至此數得四象長四
解：自困至此數得二象分五
坎：自困至此數得四象分四
蒙：自蠱至此數得八象長三

无妄 隨 噬嗑 震 益 屯 頤 復

隨：自兌至此數得十六象消二
頤：自賁至此數得八象翕三

履 兌 睽 歸妹 中孚 節 損 臨

兌：自困至此數得三十二象分初長初

【注释】

①困于酒食:因酒食过度而难受。一说指酒食匮乏。②朱绂:绂是古代的一种服饰,加在长衣的前面,也叫蔽膝。这里比喻禄位。一说指有权势的人。③利用:利于。④享祀:祭祀。⑤中:指九二阳爻居下卦之中位。

【译文】

九二:困于酒食,穿着红色服装的蛮夷前来进犯,忧患猝临,宜急祭神求佑。至于出征,则有危险。其他事无灾祸。

《象辞》说:困于酒食,因为九二之爻居下卦中位,这是将有喜庆之事的兆头。

六三:困于石,据[①]于蒺藜[②],入于其宫[③],不见其妻,凶。

《象》曰:据于蒺藜,乘刚[④]也。入于其宫,不见其妻,不祥[⑤]也。

【注释】

①据:用手按着。②蒺藜:一种植物,其果实的皮上有尖刺。③宫:房屋;住宅。④乘刚:指六三阴爻居于九二阳爻之上。⑤祥:吉利的预兆。

【译文】

六三:被石头绊倒,被蒺藜刺伤,历难归家,又不见妻子,这是凶兆。

《象辞》说:被石头绊倒,被蒺藜刺伤,之所以屡遇艰难,因为六三阴爻居于九二阳爻之上,像弱者攀附于强暴之人,必受其挟持威凌。回到家中,妻子又不见了,这是不祥之兆。

九四:来徐徐,困于金车[①]。吝[②],有终[③]。

《象》曰:来徐徐,志在下[④]也。虽不当位[⑤],有与[⑥]也。

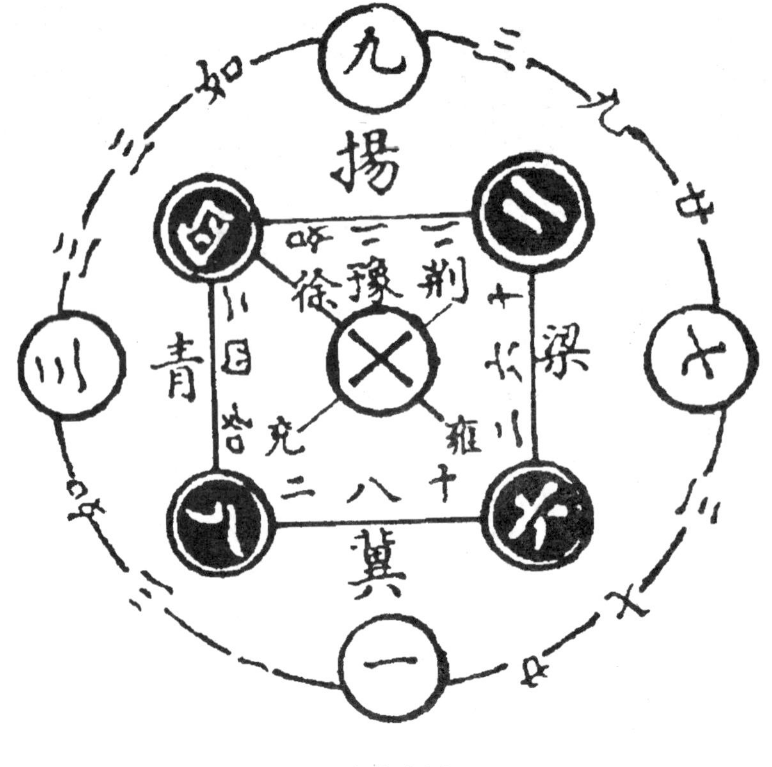

九宫之图

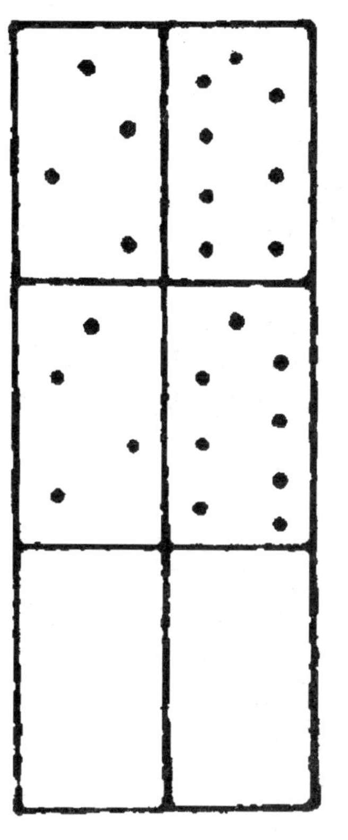
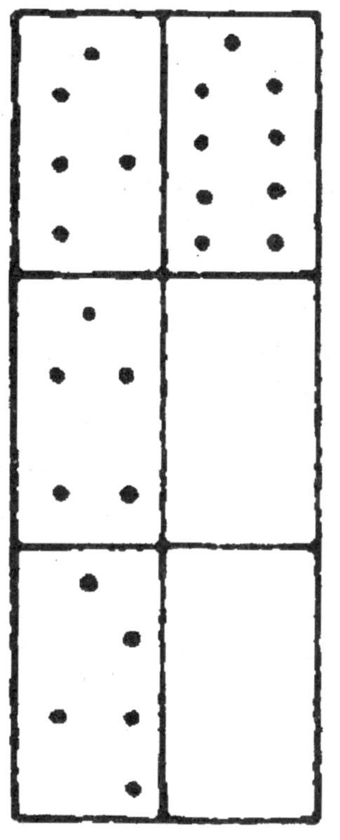

著变奇偶图

【注释】

①金车：饰有金属的车。这里代指九二阳爻。②吝：悔恨。③有终：有好的结局。④志在下：心志在于与初六阴爻相应合。一说指甘居九五阳爻之下。⑤不当位：指九四阳爻居于阴位。⑥与：帮助。

【译文】

九四：其人被关押在囚车里，慢慢地走来。不幸，但最后还是被释放。

《象辞》说：行走缓慢，不求速进，志向卑微的表现。九四之爻居于九五之下，像人甘居下位，因为态度谦卑，倒能得人帮助。

九五：劓刖①，困于赤绂②，乃徐有说③，利用祭祀。

《象》曰：劓刖，志未得也。乃徐有说，以中直④也。利用祭祀，受福也。

【注释】

①劓刖：割鼻砍足（劓：割掉鼻子的刑罚。刖：把足砍掉的刑罚）。一说应作"臲卼"，指不安定的样子。②赤绂：同"朱绂"。③说：通"脱"，指解脱、脱落。④中直：指九五阳爻居上卦之中位。

【译文】

九五：割鼻，断腿，被身着红色服装的蛮夷掳去，后来慢慢找到脱身的机会，终于逃脱回家。宜急祭神酬谢。

《象辞》说：割了鼻子，断了腿，是说其人不得志，身处险境。后来慢慢地脱离了险境，因为九五之爻居上卦中位，像人立身正直，自能化险为夷。宜祭祀鬼神，因为爻象指示：祈求鬼神保佑，承受其福荫。

上六：困于葛藟①，于②臲卼③，曰④动，悔有悔⑤。征，吉。

《象》曰：困于葛藟，未当⑥也。动，悔有悔，吉行⑦也。

【注释】

①葛藟：葛和藤。葛是多年生藤本植物，藟是藤，它们都是蔓生植物。②于：一说是发语词，无义；一说系衍字；一说前面省略“困”字。③臲卼：指不安定的样子。④曰：助词。⑤动，悔有悔：动辄有悔，从而心中悔悟。⑥未当：一说指上六阴爻居于九五阳爻之上，所处的位置不适当；一说指采取的行动不当。⑦吉行：指前行可获吉祥。

【译文】

上六：被葛藟绊倒，被小木桩刺伤，处境如此艰难，不宜有所行动，否则悔上加悔。至于出征则吉利。

《象辞》说：被葛藟绊倒，因为行为不得当。悔悟到动则招悔，必能谨慎行事而逢吉利。

井　第四十八

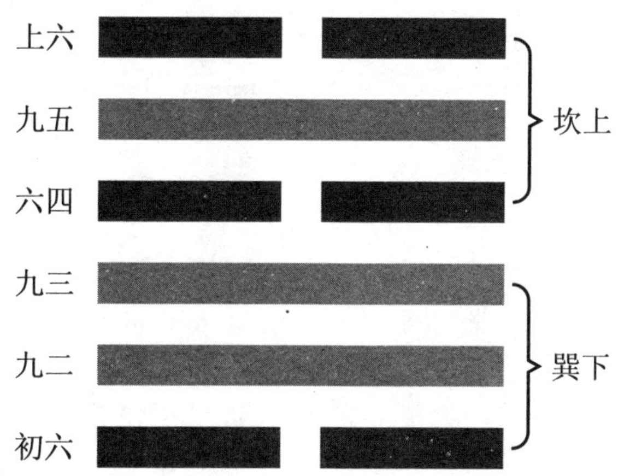

井①:改②邑③不改井,无丧无得。往来井井④。汔⑤至⑥亦未繘⑦井,羸⑧其瓶⑨,凶。

【注释】

①井:卦名,指水井。②改:迁移;变更。③邑:城镇;村落。④井井:一说指从井中汲水;一说指秩序井然;一说指水井依然是水井;一说指不变;一说指洁净。⑤汔:一说指接近;一说指干涸。⑥至:一说意为"到",后面省略"井"字;一说通"窒",指淤塞。⑦繘:一说指从井中汲水用的绳索;一说借为"矞(yù)",指"出";一说借为"矞",指穿、淘挖。⑧羸:倾覆;败坏。⑨瓶:汲水用的瓦器。

【译文】

井卦:改进邑落而不改建水井,等于什么也没有干。人们往来井边汲水,水井干涸淤塞,不去清除淤泥,将吊水桶打破,这是凶险之象。

《彖》曰:巽乎水①而上水②,井。井养而不穷也。"改邑不改井",乃以刚中③也。"往来井,井汔至,亦未繘井",未有功也。"羸其瓶",是以凶也。

【注释】

①巽乎水:《井》卦下巽上坎,坎为水,所以说巽乎水(巽:一说指顺;一说指入)。②上水:使水上,即把水汲上来。③刚中:指九二和九五阳爻分别居下、上卦之中位。

【译文】

《彖辞》说:本卦下卦为巽,巽为木;上卦为坎,坎为水。水下浸而滋润,树木得水而生长,这是井卦的卦象。井以水养人,经久不竭,这是井卦的品德。卦辞说"改进邑落而不改建水井",因为九二、九五阴爻分居下卦、上卦的中位,位象相合,像水井适用,不用改造。"众人往来井边

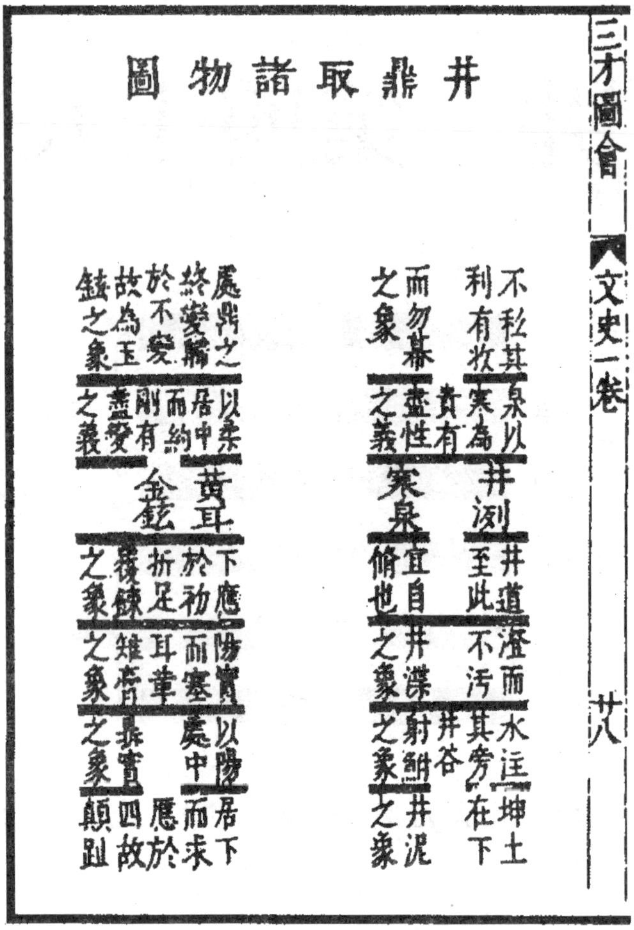

三才圖會 文史一卷 廿八

井鼎取諸物圖

汲水，水井干涸淤塞，也不去加以淘洗”，是说长此以往水井将对人们失去功用。“打破吊水桶”，自毁生活用具，所以是凶险之象。

《象》曰：木上有水①，井。君子以劳民②劝③相④。

【注释】

①木上有水：《井》卦下巽上坎，巽为木，坎为水，所以说木上有水。②劳民：一说指慰劳民众；一说指养民；一说指使民勤劳；一说指为民操劳。③劝：劝勉。④相：助。

【译文】

《象辞》说：本卦下卦为巽，巽为木；上卦为坎，坎为水。水下浸而树木生长，这是井卦的卦象。君子观此卦象，取法于井水养人，从而鼓励人民勤劳而互相劝勉。

初六：井泥①不食。旧井无禽②。

《象》曰：井泥不食，下③也。旧井无禽，时舍④也。

【注释】

①泥：淤泥。②禽：泛称鸟兽。一说为古“擒”字，意为获益。③下：指初六阴爻处于《井》卦的最下位。④时舍：指当时已被舍弃。

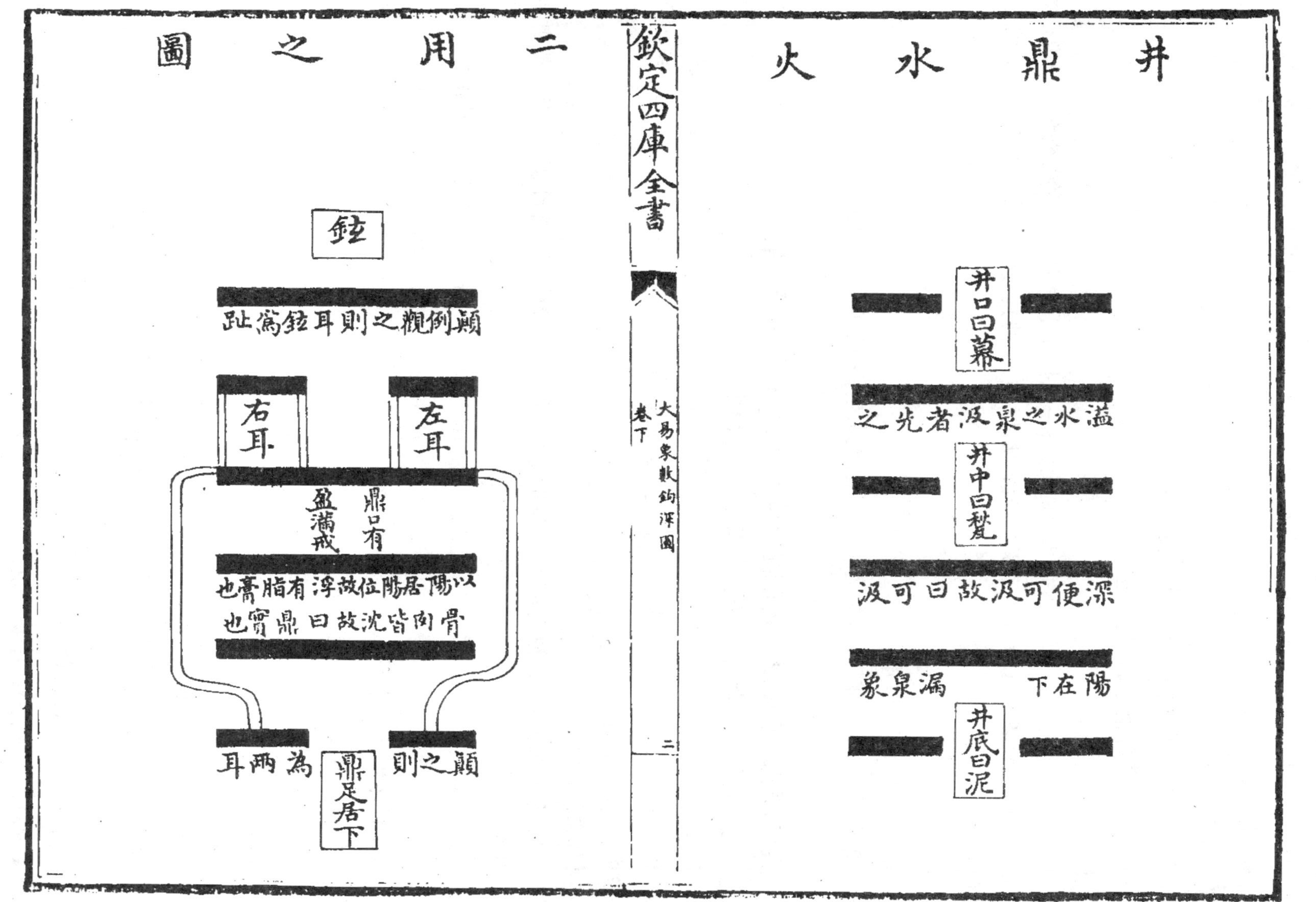
井鼎水火
井口曰幕
溢水之泉汲者先之
井中曰甃
深便可汲故曰可汲
陽在下
漏泉象
井底曰泥
欽定四庫全書
大易象數鈎深圖
卷下
二
二用之圖
鉉
顛倒觀之則耳鉉爲趾
右耳
左耳
鼎口有
盈滿戒
以陽居陽位故浮有脂膏也
骨肉皆沈故曰鼎實也
顛之則
為兩耳
鼎足居下

【译文】

初六：井底有泥，无水可用。连飞鸟也不来了。

《象辞》说：井水混浊不可食用，因为泥土落入其中。连飞鸟也不来了，是说人们已将这水井舍弃不用了。

九二：井谷①射鲋②。瓮③敝④漏。

《象》曰：井谷射鲋，无与⑤也。

【注释】

①井谷：一说指井口；一说指井底出水的窍穴；一说指井干涸无水。②鲋：鲫鱼。一说指蛤蟆。③瓮：陶制的容器。④敝：破。⑤无与：没有帮助（与：帮助）。这里指九二与九五均为阳爻，不相应合。

【译文】

九二：在井口张弓射井中小鱼。瓮瓶又破又漏。

《象辞》说：在井口张弓射井中小鱼，如此谋食求生，可见其人无依无靠。

九三：井渫①不食，为②我心恻③，可用④汲。王明，并受其福。

《象》曰：井渫不食，行⑤恻也。求王明，受福也。

【注释】

①渫：淘去污泥。一说指污秽。②为：使。③恻：悲伤。④用：以。⑤行：行为。一说指德行；一说指过路的行人。

【译文】

九三：君上看见井水污浊不能食用，为我们感到伤心。淘洗干净，就可汲饮。君上英明，使众人都获得他的好处。

《象辞》说：井水污浊不能食用，这是触景生情的感叹。盼求君王英明，是企望获得好处。

六四：井甃①，无咎②。

《象》曰：井甃，无咎，修井也。

【注释】

①甃：修砌井壁。②咎：灾殃。

【译文】

六四：用砖石垒筑井壁，进行顺利。

《象辞》说：用砖石垒筑井壁，进行顺利，这是讲修井之事。

九五：井冽①寒泉，食。

《象》曰：寒泉之食，中正②也。

【注释】

①冽：清澈。②中正：指九五阳爻居上卦之中位。

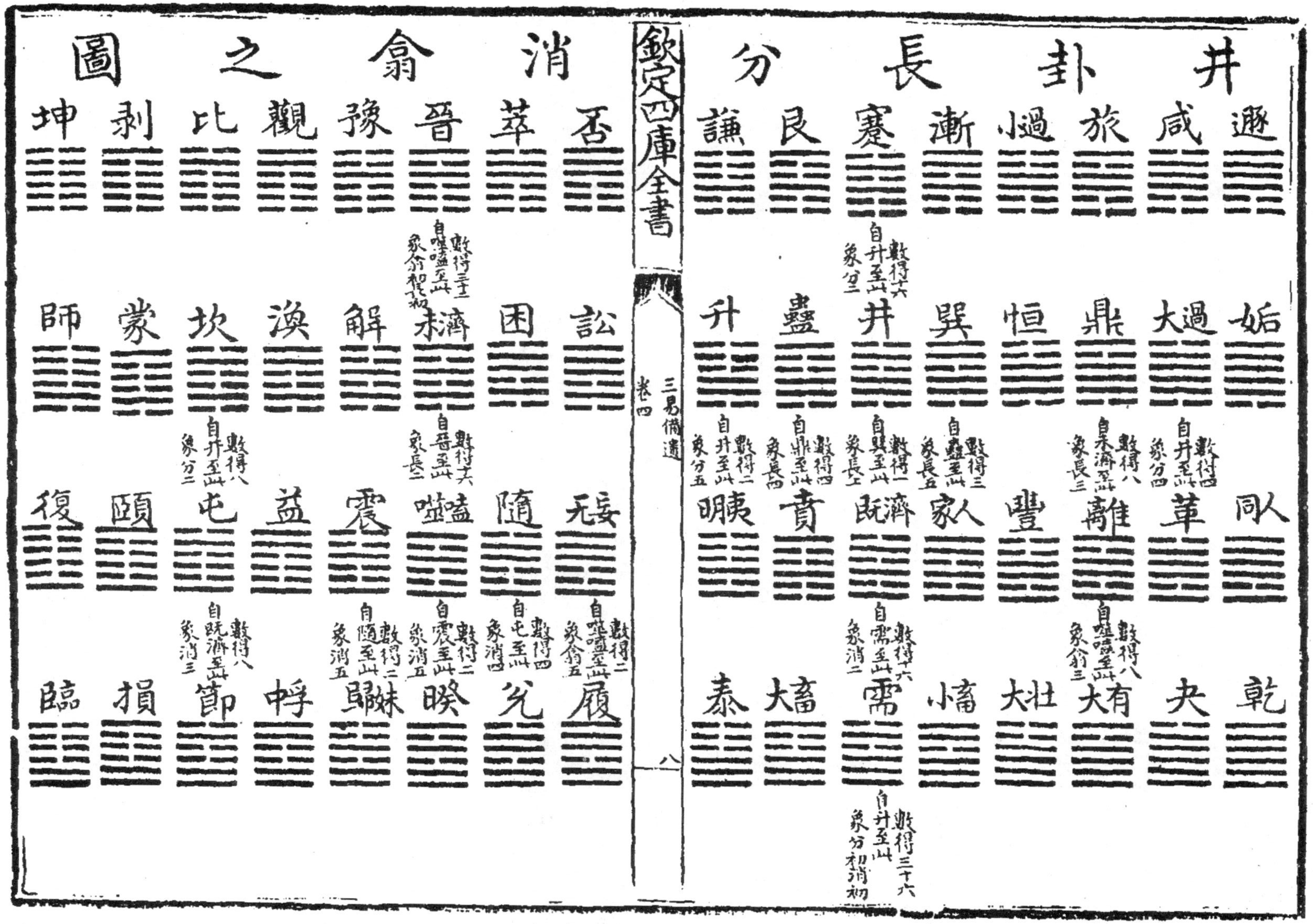

井卦長分消翕之圖

遯 咸 旅 小過 漸 蹇 艮 謙

姤 大過 鼎 恒 巽 井（自升至此數得十六象分三） 蠱 升

同人 革（自井至此數得四象分四） 離（自未濟至此數得八象長三） 豐 家人（自蠱至此數得三象長五） 既濟（自巽至此數得一象長一） 賁（自鼎至此數得四象長四） 明夷（自井至此數得二象分五）

乾 夬 大有（自噬嗑至此數得八象翕三） 大壯 小畜 需（自需至此數得十六象消二）（自升至此數得三十六象分初消初） 大畜 泰

否 萃 晉 豫 觀 比 剝 坤

訟 困 未濟（自噬嗑至此數得三十二象翕初消初） 解 渙 坎 蒙 師

无妄 隨 噬嗑（自晉至此數得六象長二） 震 益 屯（自升至此數得八象分二） 頤 復

履（自噬嗑至此數得二象翕五） 兌（自屯至此數得四象消四） 睽（自震至此數得二象消五） 歸妹（自隨至此數得二象消五） 中孚 節（自既濟至此數得八象消三） 損 臨

【译文】

九五:水洁泉寒,清凉可口,可以食用。

《象辞》说:九五爻辞讲水洁泉寒,清凉可口,因为九五之爻居上卦中位,象征人得中正之道。

上六:井收①勿幕②,有孚③,元④吉。

《象》曰:元吉在上⑤,大成也。

【注释】

①井收:一说指井口缩小;一说指从井中汲水的事已完成。②幕:盖。③孚:诚信。一说指罚;一说指证验。④元:大。⑤在上:指上六爻居《井》卦之最上位。

【译文】

上六:陷阱下宽上窄,十分隐蔽,甚至可以不加伪装。果然捕获了野兽,大吉大利。

《象辞》说:上六爻辞讲大吉大利,因为上六之爻处一卦之首位,说明其人爵位高登,大有成就。

革 第四十九

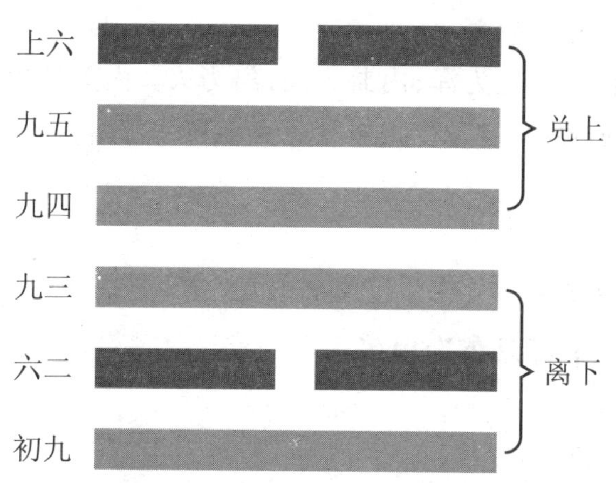

革①:巳日②乃孚,元亨③,利贞④。悔亡。

【注释】

①革:卦名,意为变革。②巳日:一说指祭祀之日(巳:通"祀");一说应作"己日",己为十天干之一;一说应作"已日",指十日。③元亨:大为亨通(元:大)。④贞:占问;一说指"正"。

【译文】

革卦:祭祀之日用俘虏作人牲,亨通,吉利的卜问。没有悔恨。

《彖》曰:革,水火相息①,二女②同居,其志不相得③曰革。"巳日乃孚",革而信之④。文明以说⑤,大"亨"以正。革而当,其"悔"乃"亡"。天地革而四时⑥成。汤武革命⑦,顺乎天而应乎人。革之时,大矣哉。

【注释】

①水火相息:《革》卦上兑下离,兑为泽水,离为火,水火不相容,都想克制对方,所以说水火相息(息:灭)。②二女:《革》卦下离上兑,离为中女,兑为少女,合称二女。③相得:彼此投合。④信之:指民众对变革者信服。⑤文明以说:《革》卦下离上兑,离为火为文明(意为文采光明,这里指文治教化),兑为悦(说:即"悦"),所以说文明以说。⑥四时:四季。⑦汤武革命:指商汤王推翻夏朝,周武王推翻商朝。

【译文】

《彖辞》说,革卦的上卦为兑,兑为泽;下卦为离,离为火。又兑为少女,离为中女。这一卦象昭示的意义是:水火相聚则互相克制,二女共事一夫则互相争妒,矛盾着的双方都力图克制对方,所以卦名为革。卦辞说"祭祀之日,将美政善行禀告于鬼神",王侯既能施行文明政教,民众自然喜悦拥戴,因而他的道德称得上是伟大、完美、贞正。除旧布新,改革得当,隐伏的灾祸就会消除。天地变革时令而成四季之气候。汤武取代桀纣,这是顺天应命的义举。依时变革,就能使天地常新,显示出伟大的作用。

《象》曰:泽中有火[①],革。君子以治历[②]明时[③]。

【注释】

①泽中有火:《革》卦上兑下离,兑为泽,离为火,所以说泽中有火。②治历:制定历法。③明时:明确四时变化之序。

【译文】

《象辞》说:本卦外卦为兑,兑为泽;内卦为离,离为火。内蒸外煏,水涸草枯,如同水泽之中,大火燃烧,这是革卦的卦象。君子观此卦象,了解到泽水涨落,草木枯荣的周期变化,从而修治历法,明确时令。

初九:巩[①]用黄牛之革[②]。

《象》曰:巩用黄牛,不可以有为也。

【注释】

①巩:用皮革捆东西。②革:皮革。

【译文】

初九:用黄牛的皮革束紧加固。

《象辞》说:用黄牛的皮革束紧加固,说明其人被紧紧束缚而不能有作为。

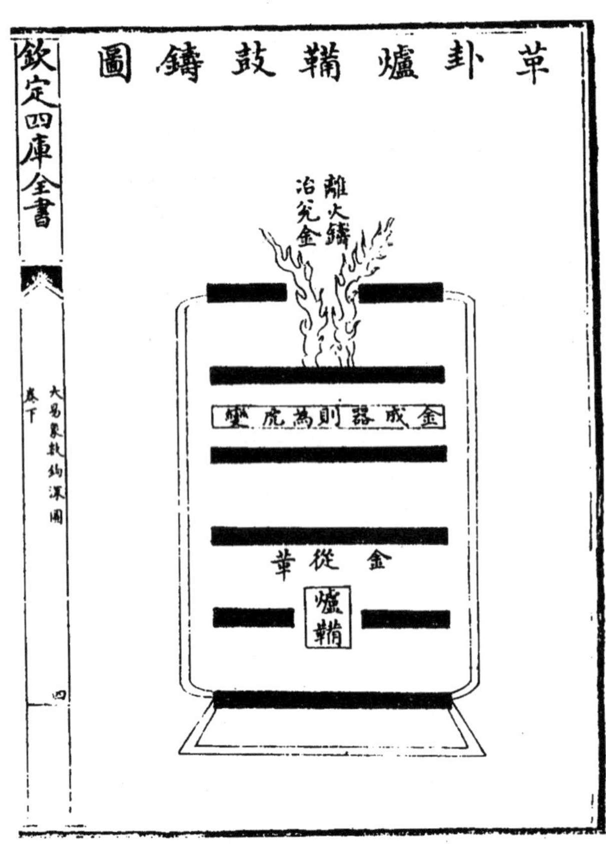

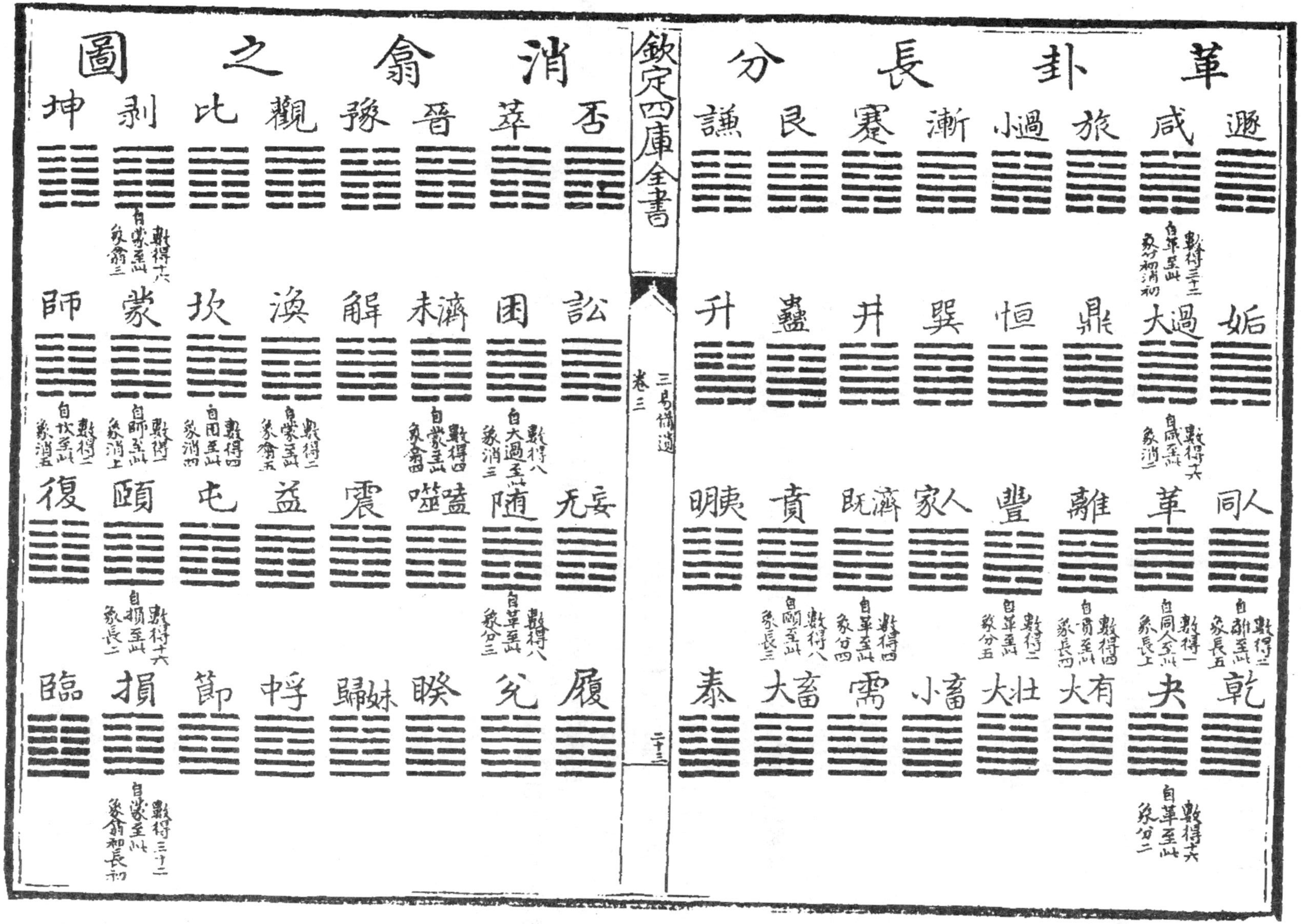

革卦長分消翕之圖

遯	咸	旅	小過	漸	蹇	艮	謙
	自革至此數得三十二象分初消初						
姤	大過	鼎	恒	巽	井	蠱	升
	自咸至此數得十六象消二						
同人	革	離	豐	家人	既濟	賁	明夷
自離至此數得三象長五	自同人至此數得一象長上	自賁至此數得四象長四	自革至此數得二象分五		自革至此數得四象分四	自頤至此數得八象長三	
乾	夬	大有	大壯	小畜	需	大畜	泰
	自革至此數得十六象分二						

否	萃	晉	豫	觀	比	剝	坤
						自蒙至此數得十六象翕三	
訟	困	未濟	解	渙	坎	蒙	師
	自大過至此數得八象消三	自蒙至此數得四象翕四		自蒙至此數得二象翕五	自困至此數得四象消四	自師至此數得二象消上	自坎至此數得二象消五
无妄	隨	噬嗑	震	益	屯	頤	復
	自革至此數得八象分三					自損至此數得十六象長二	
履	兌	睽	歸妹	中孚	節	損	臨
						自蒙至此數得三十二象翕初長初	

六二:巳日乃革之。征,吉,无咎①。

《象》曰:巳日革之,行有嘉②也。

【注释】

①咎:灾殃。②嘉:吉庆。

【译文】

六二:祭祀的日期要进行变革。随之重新卜问征战的日期,结果卜得吉兆,没有灾难。

《象辞》说:祭祀的日期要进行变革,大概是因为将有喜庆之事。

九三:征,凶,贞厉①。革言②三就③,有孚。

《象》曰:革言三就,又何之④矣。

【注释】

①厉:危险。②言:言论。一说是语气助词。③就:一说同"鞫",指审问;一说指俯就;一说指成。④之:往;到。

【译文】

九三:出征,凶兆。但是,只要振奋精神,整顿装备,重新开战,则能转败为胜,生擒强敌。

《象辞》说:犯人屡次推翻供词,只得反复进行审讯,这说明抵赖无用,只能招出实情。

九四:悔亡。有孚,改命①,吉。

《象》曰:改命之吉,信②志也。

【注释】

①改命:一说指改变命令;一说指革命,即革除旧命。二说皆可。②信:一说通"伸",指伸张;一说指相信;一说指诚信。

【译文】

九四:没有悔恨。至于占问战事,则小有战果,如果改帅易将,则大吉。

《象辞》说:九四爻辞讲改帅易将之所以吉利,因为这样能使有才德的人施展抱负。

九五:大人虎变①,未占②有孚。

《象》曰:大人虎变,其文③炳④也。

【注释】

①虎变:像虎一样威猛地推行变革。一说指变得尊贵(虎:兽中之尊者);一说指像虎一样随季节改变皮毛的样子。②占:占卜吉凶。③文:斑纹,这里也代指美德。④炳:显著。

【译文】

九五:王公大人赫然发怒,化柔弱为威猛,不用卜占,即知将大获胜仗。

《象辞》说:王公赫然发怒,威猛如虎,说明其人仪表威严,光彩照人。

上六:君子豹变①,小人革面②。征,凶。居贞③吉。

《象》曰:君子豹变,其文蔚④也。小人革面,顺以从君也。

【注释】

①豹变：像豹一样灵活快捷地推行变革。一说指升迁；一说指变出豹一样的文采。②革面：改变脸色，指改正过错。一说指改变朝向（面：向）；一说指面厚如革；一说指被免除（面：同“免”）。③居贞：占问居处。④蔚：华美；有文采。

【译文】

上六：君子精神振奋，但基层官兵一反常态。筮遇此爻，占问征伐，则凶险。卜问居处则吉利。

《象辞》说：君子精神振奋，说明其仪态清朗雍容。小人洗心革面，说明小人去恶从善，服从君上。

鼎　第五十

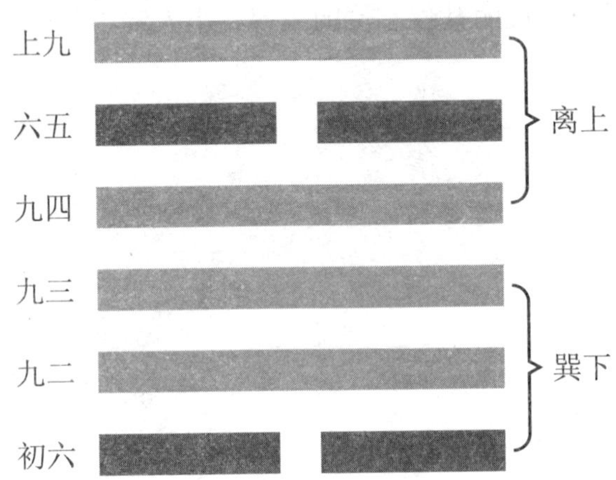

鼎[①]:元[②]吉,亨。

【注释】

①鼎:卦名,指鼎器。②元:大。

【译文】

鼎卦:大吉大利,亨通。

《彖》曰:鼎,象[①]也。以木巽火[②],亨[③]饪也。圣人亨以享[④]上帝,而大[⑤]亨以养圣贤。巽而耳目聪明[⑥],柔进而上行[⑦],得中而应乎刚[⑧],是以"元亨"[⑨]。

【注释】

①象:指鼎的形象。②以木巽火:《鼎》卦下巽上离,巽为木为入,离为火,木遇火则燃,以木巽火即把木放入火中。③亨:通"烹",指烹饪。④享:祭祀。⑤大:一说指规模大;一说指大人、君主。⑥巽而耳目聪明:《鼎》卦下巽上离,巽为顺,象征谦逊;离为火为明,象征耳聪目明,所以说巽而耳目聪明。⑦柔进而上行:指《鼎》卦中的两个阴爻从初六至六五,有进而上升的意思。⑧得中而应乎刚:指六五阴爻居上卦之中位,与居下卦之中位的九二阳爻相应合。⑨元亨:因卦辞为"元吉,亨",故一说应作"元吉",一说应作"元吉,亨"。也有人认为,卦辞中的"元吉,亨"应作"元亨"。

【译文】

《彖辞》说:鼎,是法象之器。鼎的内卦为巽,巽为木;外卦为离,离为火。木被火笼罩燃烧,这是烹饪食物的基本条件。圣人烹饪食物来祭祀上帝,君王烹饪大量的食物来供养圣贤。臣下则态度谦逊,以其聪明才智服务于君王,因而他的志愿能逐步地实现,地位不断地升进。臣下秉守贞正之道,和应于君王,其前途必然无限,大吉大利,通泰平安。

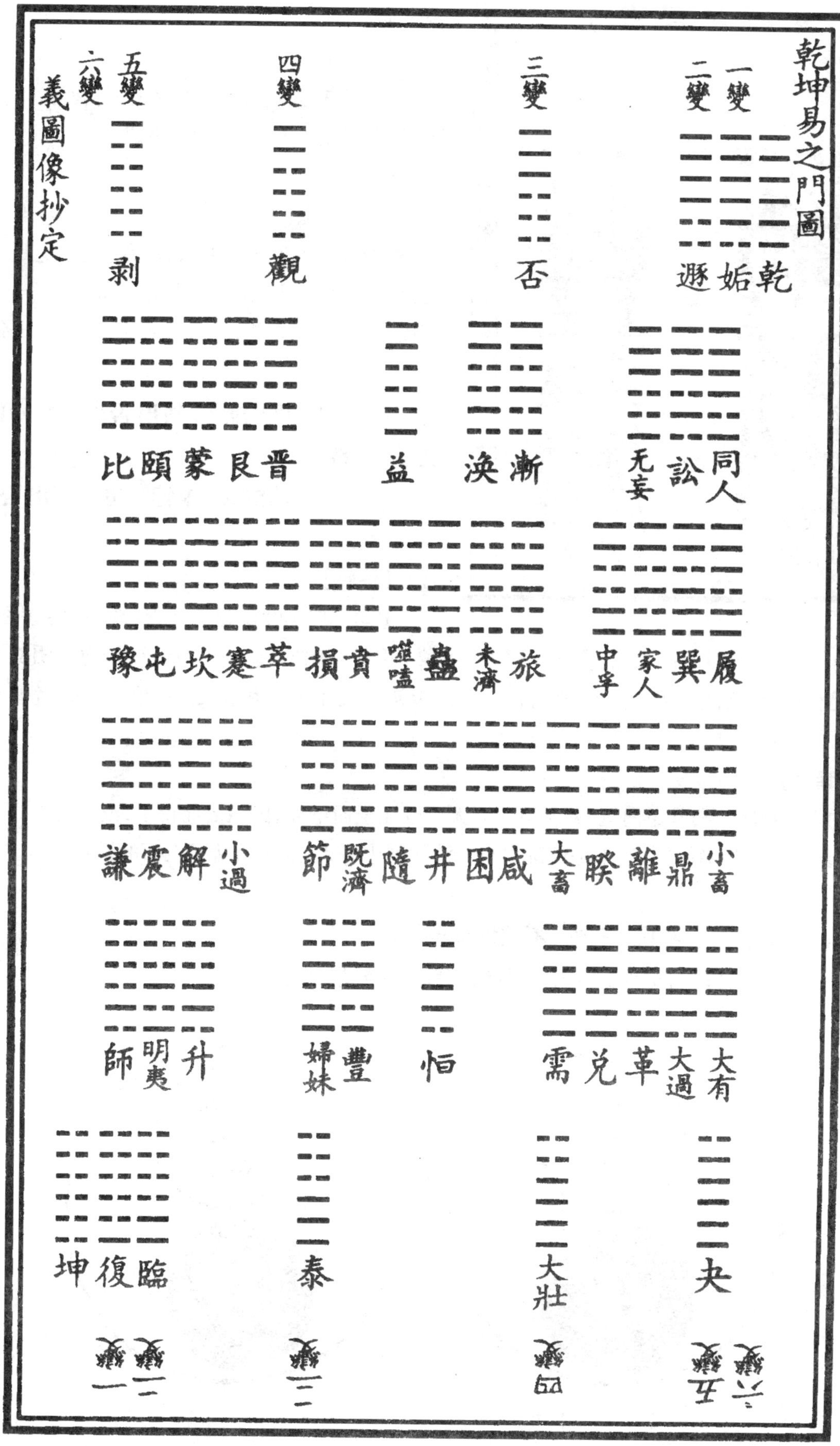

乾坤易之門圖

一變 二變 三變 四變 五變 六變

乾 姤 遯 否 觀 剥

同人 訟 无妄 漸 渙 益 晋 艮 蒙 頤 比

履 巽 家人 中孚 旅 未濟 蠱 噬嗑 賁 損 萃 蹇 坎 屯 豫

小畜 鼎 離 睽 大畜 咸 困 井 隨 既濟 節 小過 解 震 謙

大有 大過 革 兑 需 恒 豐 歸妹 升 明夷 師

夬 大壯 泰 臨 復 坤

六變 五變 四變 三變 二變 一變

義圖像抄定

井鼎取諸物圖

三才圖會　文史一卷　廿八

《象》曰：木上有火[①]，鼎。君子以正位凝[②]命。

【注释】

①木上有火：《鼎》卦下巽上离，巽为木，离为火，所以说木上有火。②凝：完成。

【译文】

《象辞》说：本卦下卦为巽，巽为本；上卦为离，离为火。可见木上有火，以鼎烹物，这是鼎卦的卦象。君子观此卦象，取法于鼎足三分，正立不倚，从而持正守位，为君上所倚重，不负使命。

初六：鼎颠[①]趾[②]，利出否[③]。得妾以[④]其子，无咎[⑤]。

《象》曰：鼎颠趾，未悖[⑥]也。利出否，以从贵[⑦]也。

【注释】

①颠：倒。②趾：足。③否：恶，指污秽之物。④以：与。一说指因为；一说指予、给。⑤咎：灾殃。⑥悖：违逆；违背。⑦从贵：指初六阴爻与九四阳爻相应合，象征阴柔者顺从阳刚者。一说指初六位于九二阳爻之下，象征阴柔者顺从阳刚者。

【译文】

初六：将鼎倾覆，鼎足向上，利于清除恶人。以无子而纳妾，因纳妾而得子，没有灾祸。

《象辞》说：将鼎倾覆，这不是悖乱之举。清除朝中恶人，这是听从了上面的旨意。

九二：鼎有实。我仇[①]有疾，不我能即[②]。吉。

《象》曰：鼎有实，慎所之[③]也。我仇有疾，终无尤[④]也。

地承天气图

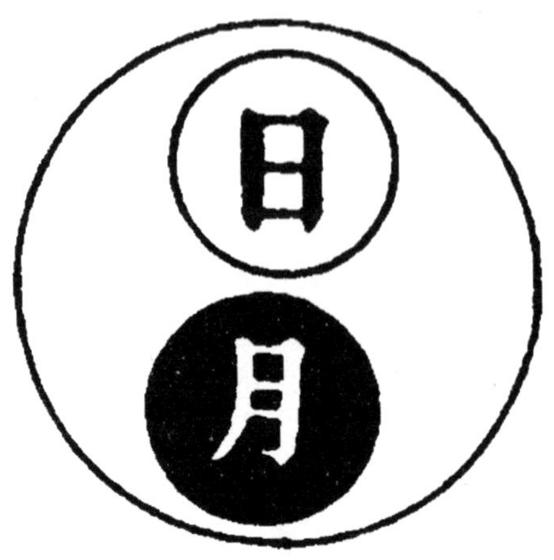

月受日光图

鼎卦長分消翕之圖

遯 咸 旅 小過 漸 蹇 艮 謙

姤 大過 鼎 恒 巽 井 蠱 升

姤：自鼎至此數得二象分二　大過：自井至此數得四象長四　鼎：自恒至此數得一象長上　恒：自大過至此數得二象長五　井：自坎至此數得八象長三　蠱：自鼎至此數得四象分四

同人 革 離 豐 家人 既濟 賁 明夷

既濟：自屯至此數得八象翕三　離：自大有至此數得十六象消二

乾 夬 大有 大壯 小畜 需 大畜 泰

乾：自鼎至此數得三十二象分初消初

否 萃 晉 豫 觀 比 剝 坤

比：自屯至此數得三十二象翕初長初

訟 困 未濟 解 渙 坎 蒙 師

坎：自比至此數得六象長三　未濟：自鼎至此數得八象翕三

无妄 隨 噬嗑 震 益 屯 頤 復

隨：自屯至此數得四象翕四　噬嗑：自離至此數得八象消三　益：自頤至此數得二象消五　屯：自益至此數得一象消上　頤：自噬嗑至此數得四象消四　復：自屯至此數得二象翕五

履 兌 睽 歸妹 中孚 節 損 臨

節：自屯至此數得十六象翕二

【注释】

①仇：仇人。一说指"匹"，即妻子。②即：接近。一说指就食。③之：往；到。④尤：错误；罪过。

【译文】

九二：鼎中有食物，仇家有疾病。再没有什么东西困扰我，吉利。

《象辞》说：家里有饭吃，家境优裕，犹宜重其身家，慎其出处。仇家有疾病，我可以安享清福，终于没有灾祸。

九三：鼎耳革[①]，其行塞[②]。雉[③]膏[④]不食，方雨，亏[⑤]，悔，终吉。

《象》曰：鼎耳革，失其义[⑥]也。

【注释】

①革：这里指脱落。一说指发生变化。②塞：隔阻；堵塞。③雉：野鸡。④膏：肥肉。⑤亏：减损；减少。⑥义：一说指宜、理应；一说指意义或道。

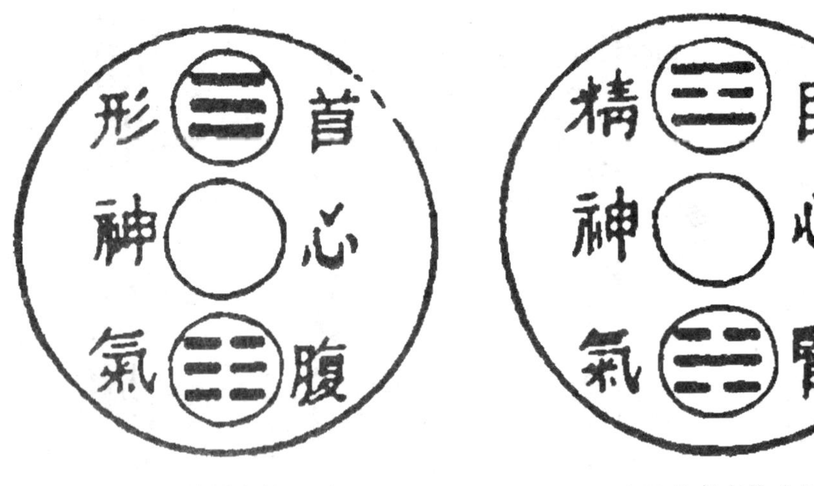

先天卦乾上坤下图　　后天卦离南坎北图

【译文】

九三：鼎耳脱落了，无法移动。筮遇此爻，打猎无所获。野味莫吃光，老天要下雨，不知何日能出猎，坐吃山空，食物将匮乏，节约渡难关，终于得吉利。

《象辞》说：鼎耳脱落，意在说其人行动失宜。

九四：鼎折足，覆[①]公[②]餗[③]，其形渥[④]，凶。

《象》曰：覆公餗，信如何[⑤]也。

【注释】

①覆：倒；倒出。②公：指王公大人。③餗：鼎中的食物。④渥：沾；沾润。⑤如何：怎么。

【译文】

九四：鼎足折断，倾覆了王公的珍馐美味，弄得汁液满地。这是凶险之兆。

《象辞》说：倾覆了王公的珍馐美味，这是喻指其人德薄而位尊，力小而任重，以致败坏军国大事，其结果如何呢？

六五：鼎黄耳、金铉[①]。利贞[②]。

《象》曰：鼎黄耳，中[③]以为实[④]也。

【注释】

①铉：横贯鼎耳以举鼎的器具。②贞：占问。一说指“正”。③中：指六五阴爻居上卦之中位。④实：充实；富足。

【译文】

六五：豪华之鼎，上面装配有铜耳、铜铉。筮遇此爻吉利。

《象辞》说：豪华之鼎，上面装配着铜耳、铜铉，这样的食鼎，理应盛着佳肴美味。

上九：鼎玉铉。大吉，无不利。

《象》曰：玉铉在上[①]，刚柔[②]节[③]也。

【注释】

①在上：指上九阳爻居《鼎》卦之最上位。②刚柔：阳刚和阴柔。③节：有节度。一说指上九阳爻居阴位，故称有“节”；一说指六五阴爻上承上九阳爻，故称有“节”。

【译文】

上九：金属之鼎配以玉石之铉。占得此爻，大吉，无所不利。

《象辞》说：上九爻辞讲玉石之铉配在金属之鼎上面，表明刚柔相接，上下安分，没有凌乱侵夺的现象。

震　第五十一

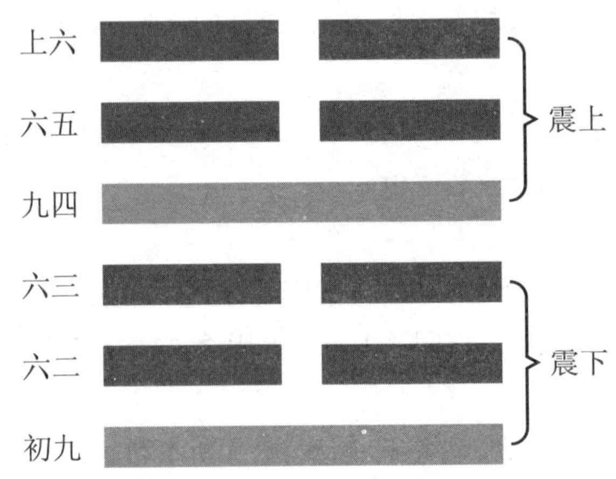

震[1]：亨，震来虩虩[2]，笑言哑哑[3]。震惊百里，不丧匕[4]鬯[5]。

【注释】

①震：卦名，意为雷声震动。②虩虩：恐惧的样子。③哑哑：笑声。④匕：古代一种形似汤勺的取食器具。⑤鬯：祭祀用的香酒。

【译文】

震卦：通泰。临祭之时，雷声传来，心中恐惧，但仍能谈笑如常。巨雷猝响，震惊百里，有的人却神态自若，手里拿着酒勺子，连一滴酒都没有洒出来。

《彖》曰：震，"亨"。"震来虩虩"，恐致[1]福也。"笑言哑哑"，后有则[2]也。"震惊百里"，惊远而惧迩[3]也。"不丧匕鬯[4]"，出[5]可以守宗庙社稷[6]，以为祭主也。

【注释】

①致：获得。②则：准则。③迩：近。④不丧匕鬯：清代阮元主持校刻的《十三经注疏·周易正义》中无此四字，似系脱漏。⑤出：出来。一说系衍文；一说指君主外出。⑥社稷：土神和谷神，比喻国家。

【译文】

《彖辞》说：震卦说，临祭之时，"雷声传来吓得浑身发抖"，是因为相信敬畏重大的天象可以免罪而得福。"后来听到雷声仍能谈笑如常"，是说后来对这类事情有了些经验。"巨雷猝响，震惊百里"，表明百里之内，远近皆惧。"猝闻惊雷，态度镇静，不丧匕鬯"，其人则可以出任艰巨，保宗庙，守社稷，作为祭祀的主人。

《象》曰：洊雷[1]，震。君子以恐惧修省。

一陰一陽謂道圖

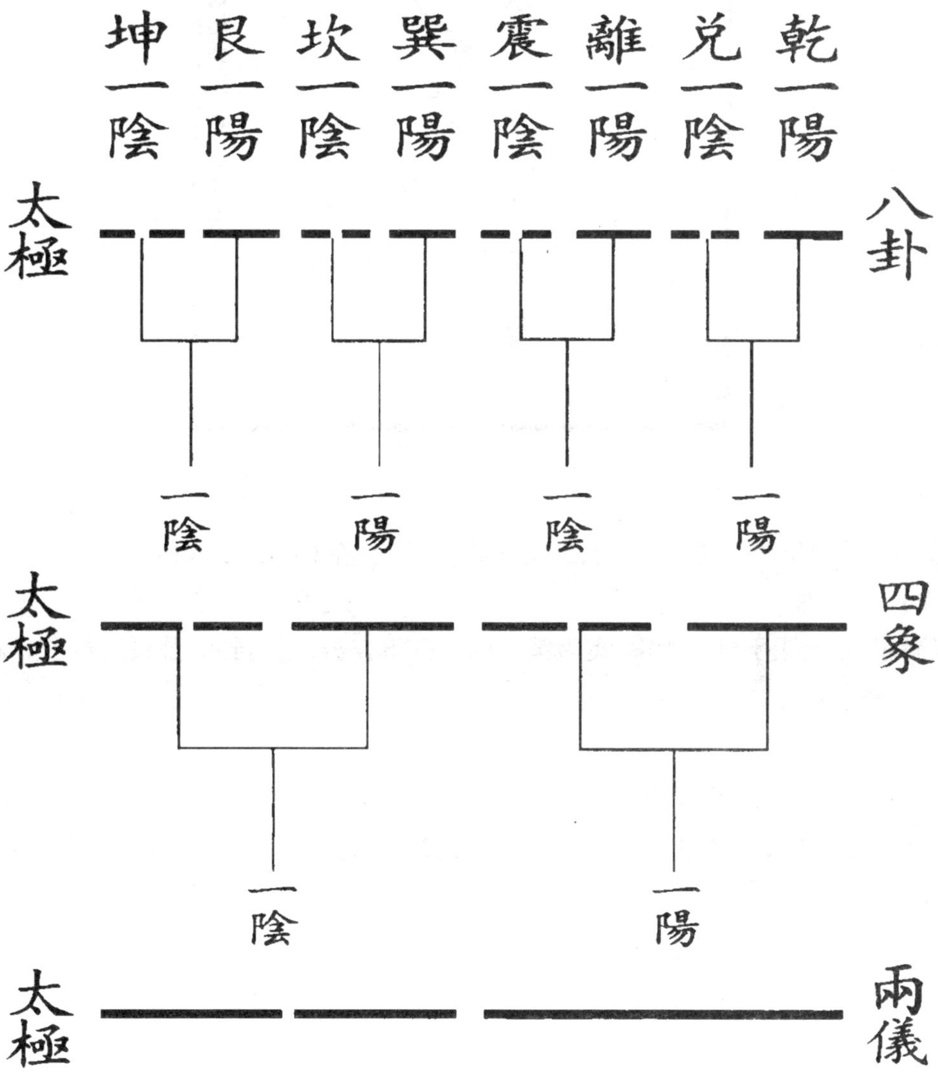

坤	艮	坎	巽	震	離	兑	乾
一陰	一陽	一陰	一陽	一陰	一陽	一陰	一陽

太極　八卦

一陰　一陽　一陰　一陽

太極　四象

一陰　一陽

太極　兩儀

此即卦四十六爲之列横

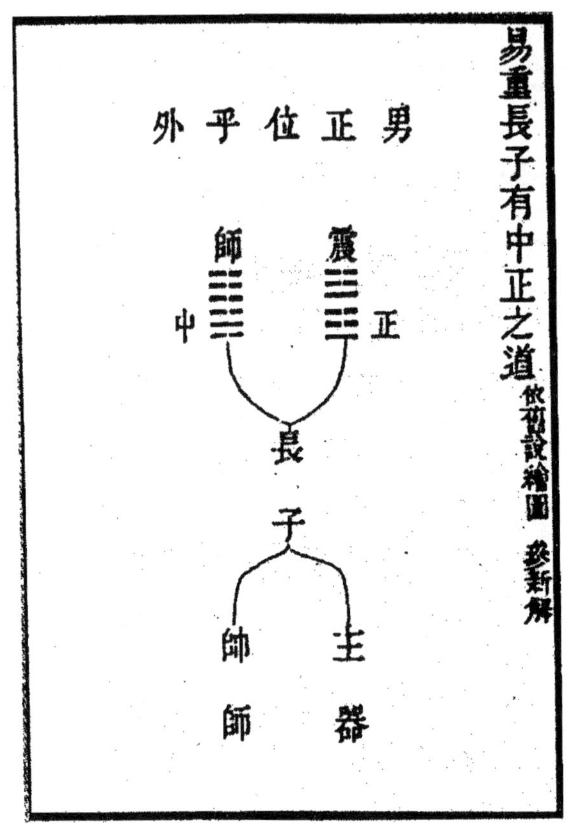

【注释】

①洊雷:《震》卦下震上震,震为雷,二雷相叠,所以说洊雷(洊:重;再)。

【译文】

《象辞》说:本卦上下卦都为震,震为雷。可见巨雷连击,是震卦的卦象。君子观此卦象,从而应当戒惧,修省其身。

初九:震来虩虩,后笑言哑哑,吉。

《象》曰:震来虩虩,恐致福也。笑言哑哑,后有则也。

【译文】

初九:雷声传来,心存恐惧,雷声过后,仍谈笑如常,吉利。

《象辞》说:雷声传来,心存恐惧是因为相信敬畏重大的天象可以免罪得福。后来听到雷声仍能谈笑如常,是说后来对这类事情有了些经验。

六二:震来厉①,亿②丧贝③,跻④于九陵⑤。“勿逐⑥,七日得。”

《象》曰:震来厉,乘刚⑦也。

【注释】

①厉:危险。②亿:极言数目之大。一说指意料、猜测;一说是感叹词,通“噫”。③贝:古代指货币。④跻:登。⑤九陵:高陵。⑥逐:追求;求取。⑦乘刚:指六二阴爻居于初九阳爻之上。

【译文】

六二:雷电交加,十分危险,惊慌之中丢失了钱币,翻山越岭,走了很远的路程去寻找也没有找到。筮者告诉他:“不必追寻了,七八日内,这损失可得补偿。”

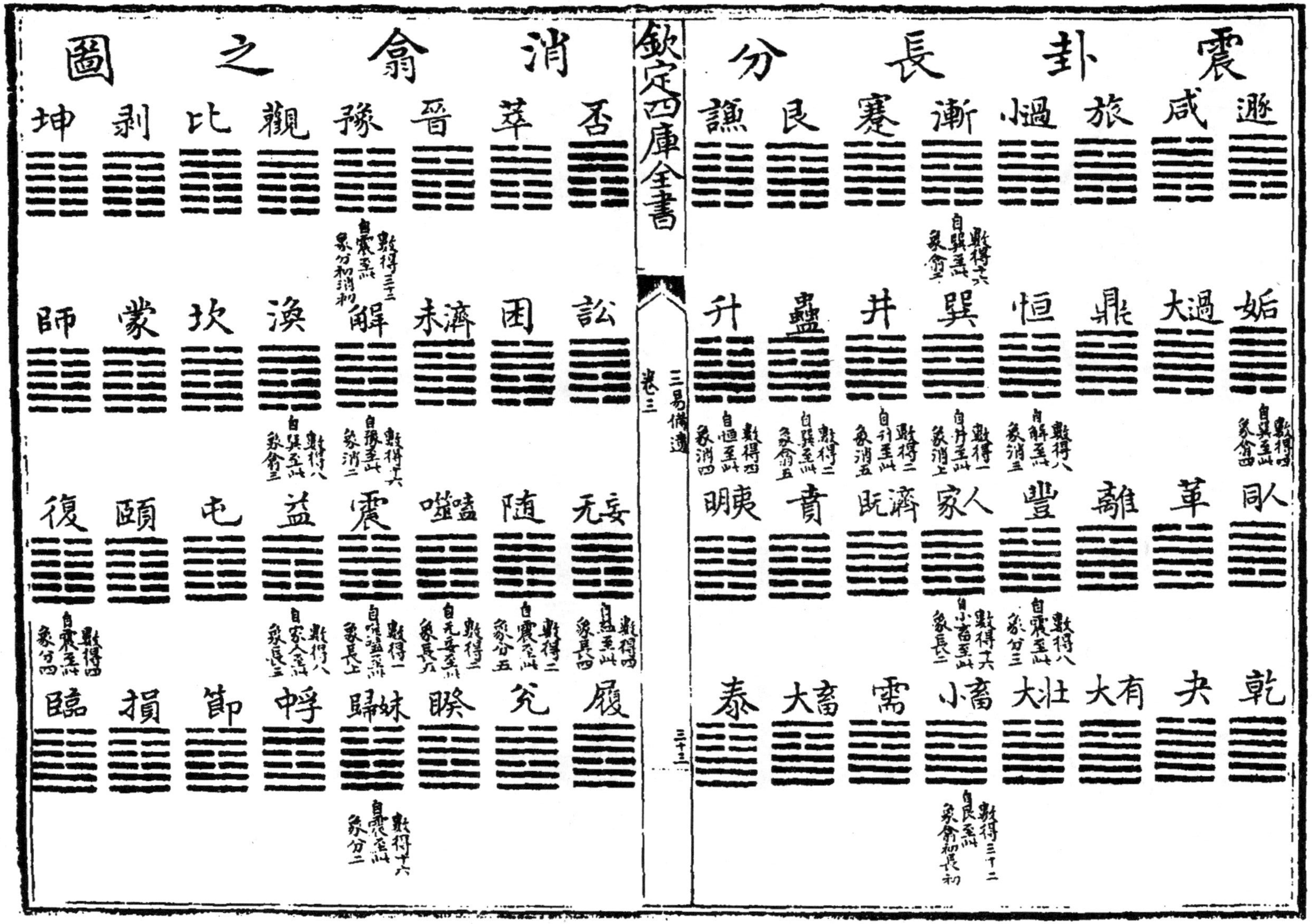

震卦長分消翕之圖

遯 咸 旅 小過 漸 蹇 艮 謙

自巽至此數得十六象翕二

姤 大過 鼎 恒 巽 井 蠱 升

姤：自巽至此數得四象翕四
恒：自解至此數得八象消三
巽：自井至此數得一象消上
井：自升至此數得二象消五
蠱：自巽至此數得二象翕五
升：自恒至此數得四象消四

同人 革 離 豐 家人 既濟 賁 明夷

豐：自震至此數得八象分三
家人：自小畜至此數得十六象長二

乾 夬 大有 大壯 小畜 需 大畜 泰

小畜：自艮至此數得三十二象翕初長初

否 萃 晉 豫 觀 比 剝 坤

豫：自震至此數得三十二象分初消初

訟 困 未濟 解 渙 坎 蒙 師

解：自豫至此數得十六象消二
渙：自巽至此數得八象翕三

无妄 隨 噬嗑 震 益 屯 頤 復

无妄：自益至此數得四象長四
隨：自震至此數得二象分五
噬嗑：自无妄至此數得二象長五
震：自噬嗑至此數得一象長上
益：自家人至此數得八象長三
復：自震至此數得四象分四

履 兌 睽 歸妹 中孚 節 損 臨

歸妹：自震至此數得十六象分二

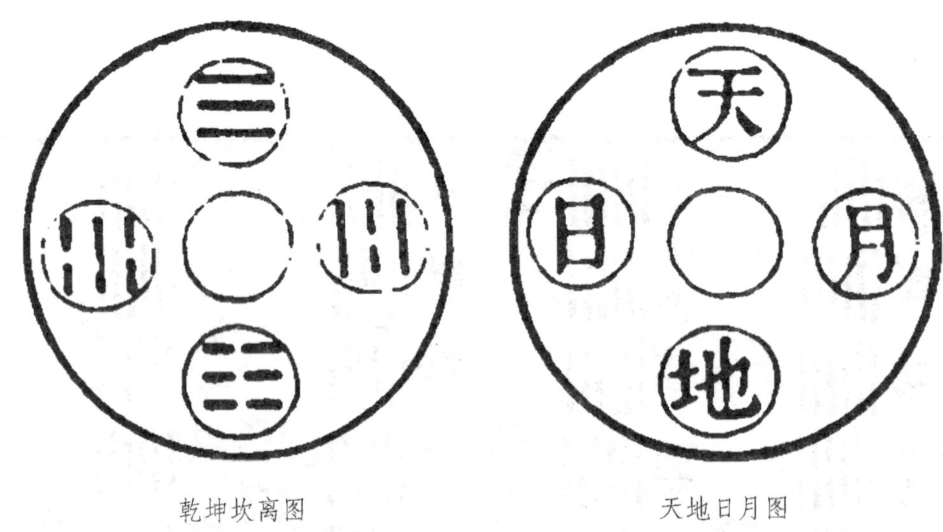

乾坤坎离图　　　　天地日月图

《象辞》说：雷电交加之时，翻越九重山，爻象显示其人触犯雷电，处境危险。

六三：震苏苏[①]。震[②]行，无眚[③]。

《象》曰：震苏苏，位不当[④]也。

【注释】

①苏苏：恐惧不安的样子。②震：惊惧。③眚：灾祸。④位不当：指六三阴爻居于阳位，所处的位置不适当。

【译文】

六三：出门时遇到电闪雷鸣，感到疑惧不安。继续前进，没有灾祸。

《象辞》说：出门时遇到电闪雷鸣，感到疑惧不安，因为六三阴爻而居阳位，像人处境不利。

九四：震遂[①]泥[②]。

《象》曰：震遂泥，未光[③]也。

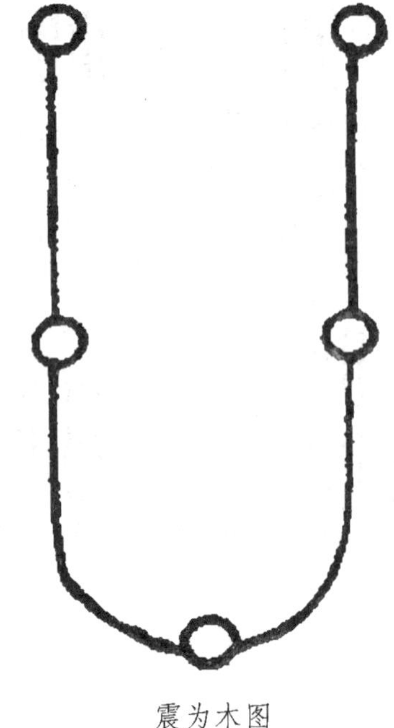

震为木图

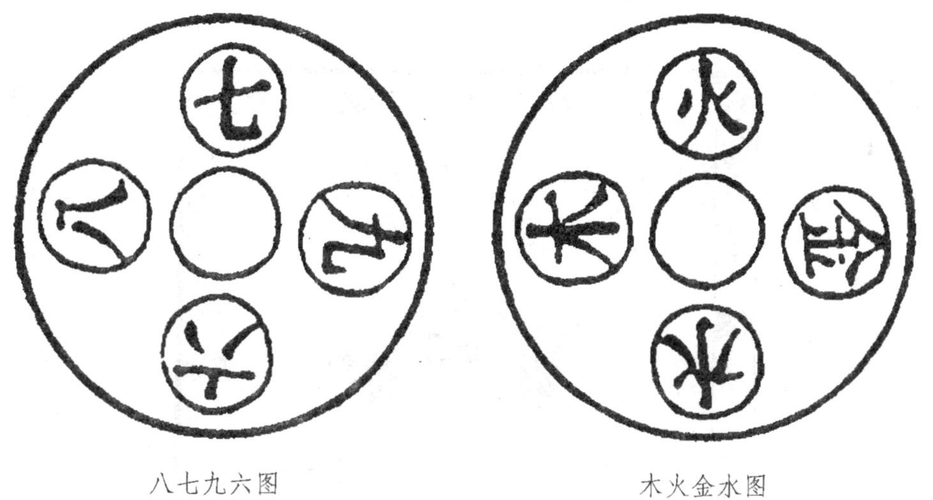

八七九六图　　　　木火金水图

【注释】

①遂:通“坠”,指坠落。②泥:淤泥;泥泞。③光:发扬光大。一说指广大。

【译文】

九四:雷电下击,接触到地面。

《象辞》说:其人猝闻惊雷,吓得坠入泥中,说明其人见识不广,胆量不大。

六五:震往来厉。意无丧有①事②。

《象》曰:震往来厉,危行③也。其事在中④,大无丧也。

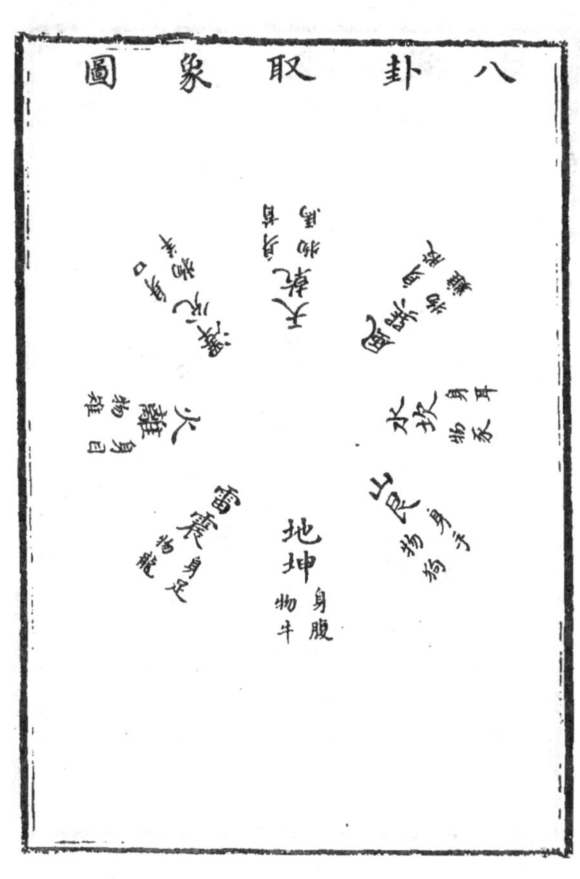

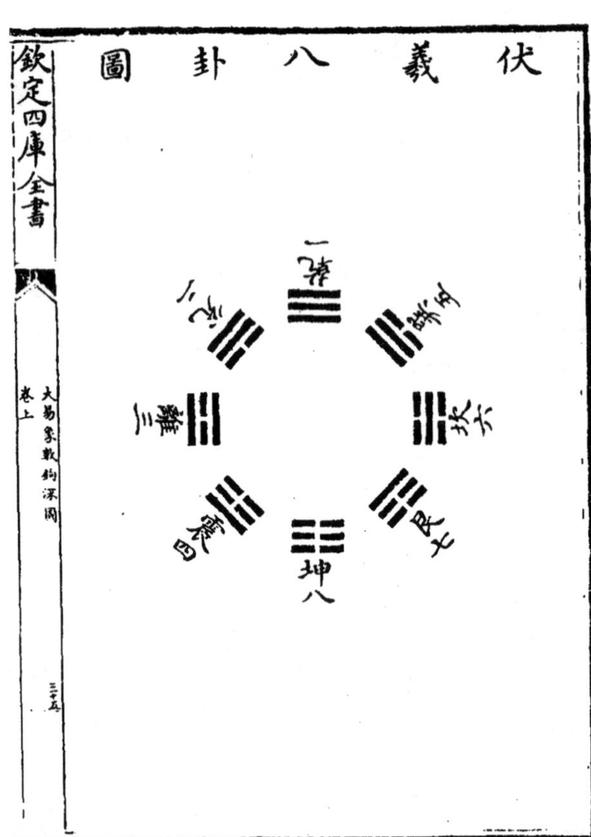
欽定四庫全書
伏羲八卦圖
大易象數鉤深圖
卷上
三十五
乾一
兌二
離三
震四
巽五
坎六
艮七
坤八

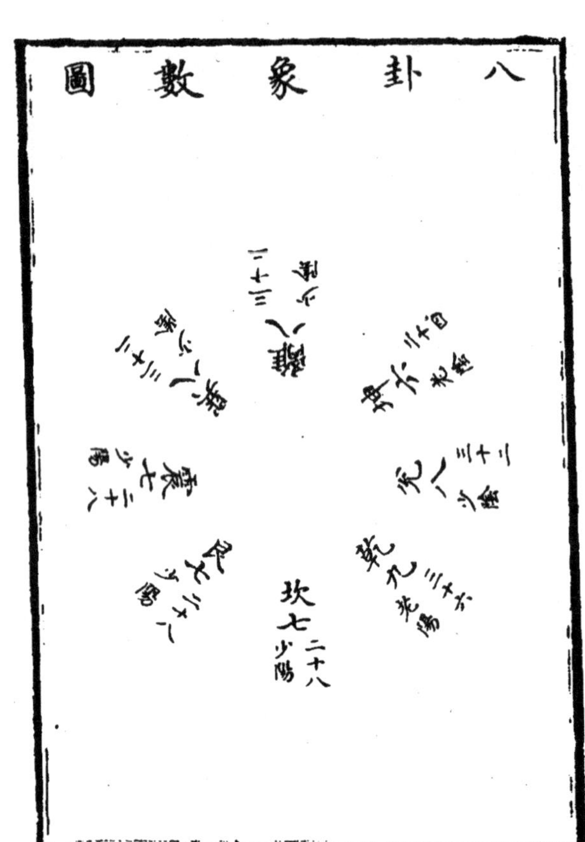
八卦象數圖
離八 少陰 三十二
巽八 少陰 三十二
坤六 老陰 二十四
震七 少陽 二十八
兌八 少陰 三十二
艮七 少陽 二十八
乾九 老陽 三十六
坎七 少陽 二十八

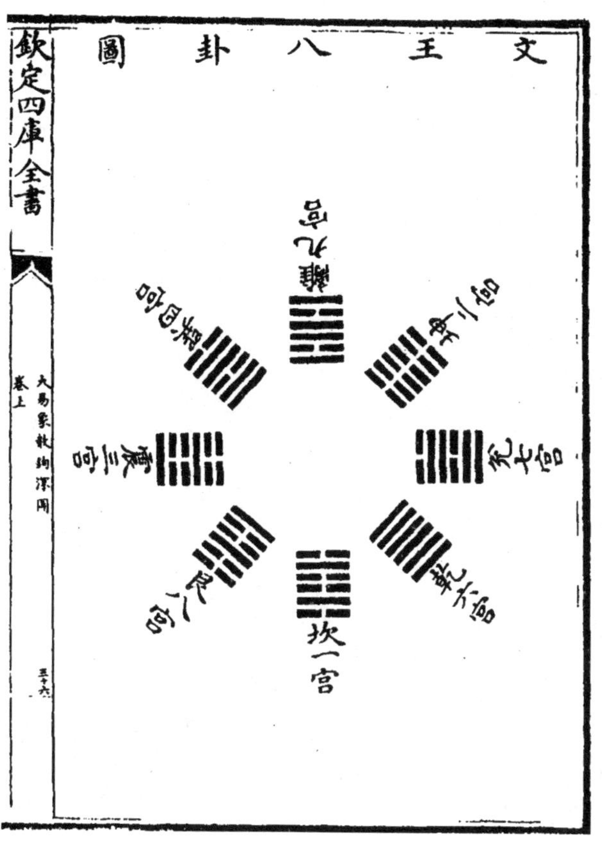

【注释】

①有:助词,无实义。一说通“于,’;一说是“有无”之“有”。②事:事情。一说指祭祀活动。③危行:行动小心谨慎。④中:指六五阴爻居上卦之中位。

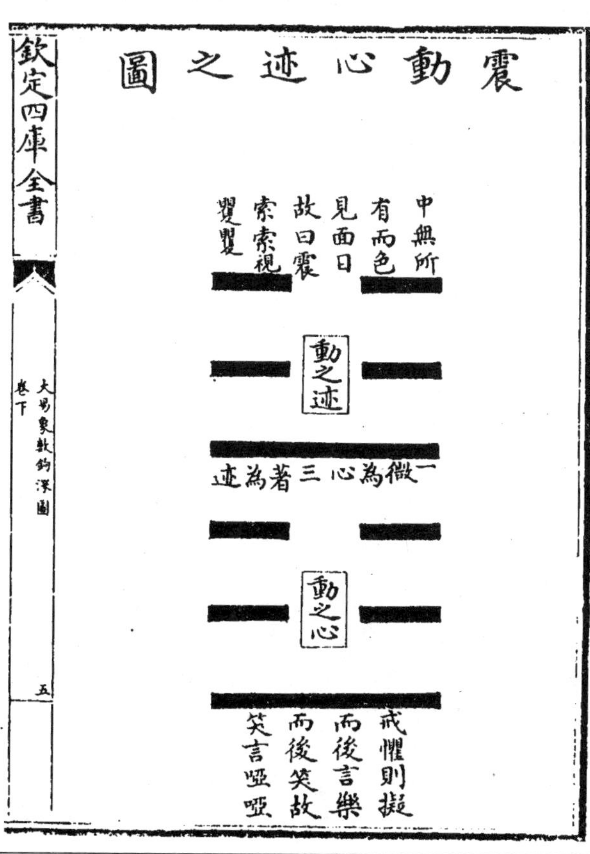

【译文】

六五：巨雷轰鸣，危险在前。只要小心谨慎，不至于酿成灾祸，亦无损于事。

《象辞》说：巨雷轰鸣，危险在前，喻指人的行动将有危险。但是其事符合义理，故没有大的损失。

上六：震索索①，视矍矍②，征凶。震不于其躬③，于其邻。无咎④，婚媾⑤有言⑥。

《象》曰：震索索，中未得⑦也。虽凶无咎，畏邻戒⑧也。

【注释】

①索索：恐惧的样子。②矍矍：彷徨四顾的样子。③躬：自身。④咎：灾殃。⑤婚媾：嫁娶。⑥言：指责怪之言。⑦中未得：即“未得中”，指上六阴爻居位不中。⑧戒：戒备；鉴戒。

【译文】

上六：雷电交加，其人行动谨慎，警戒四顾，因为行路艰难，危险四伏。但是雷电不会击在他身上，而是落在邻人的头上。因为他本人没有什么过错，而其他邻人却犯有罪责。没大问题，但在婚姻问题上有闲言。

《象辞》说：雷电交加，行动谨慎，因为内心虚空，精神紧张。虽然凶险但毕竟没有灾祸，因为对于邻人的遭遇有所警戒，从而能远恶近善。

艮　第五十二

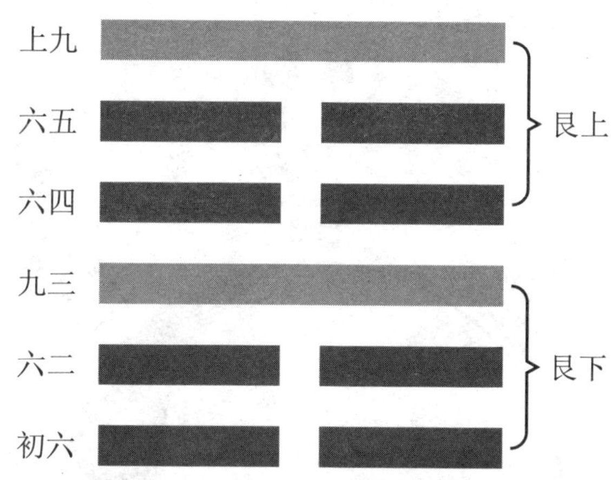

艮[1]：艮其背，不获[2]其身，行其庭，不见其人。无咎[3]。

【注释】

①艮：卦名，意为"止"。一说指谨慎；一说指注视。清代阮元主持校刻的《十三经注疏·周易正义》中无此"艮"字，今从高亨《周易大传今注》之说补之。②获：得。一说通"护"。③咎：灾殃。

【译文】

艮：卸掉责任，挂笏隐退，朝列之中已看不到他的身影，在他的庭院中寻找，也没有找到。其人远走高飞，自无灾祸。

《彖》曰：艮，止也。时止则止，时行则行，动静不失其时，其道光明。艮其止[1]，止其所也。上下敌应[2]，不相与[3]也。是以不获其身，行其庭不见其人，无咎也。

【注释】

①止：一说应作"背"。②上下敌应：《艮》卦的初六与六四、六二与六五、九三与上九都系同位爻间阴爻与阴爻、阳爻与阳爻相对应，好比敌对的双方，所以说上下敌应。③相与：相处；相交往。

【译文】

《彖辞》说：艮，就是静止如山的意思。时宜止则止，时宜行则行，行止不失其时，则其道光明。卸掉负荷，歇息其背；离官去职，居家休息。因为上下左右相与为敌，无法协同。连自身也无法保全，于是弃官远遁，既不在朝，也不在家，所以卦辞说"在他的庭院中寻找，也没有找到"。其人明哲，自然无灾祸。

心易發微伏羲太極之圖

正南純陽方也。故畫爲乾。正北純陰方也。故畫爲坤。畫離于東。象陽中有陰也。畫坎于西。象陰中有陽也。東北陽生陰下。于是乎畫震。西南陰生陽下。于是乎畫巽。觀陽長陰消。是以畫兑于東南。觀陰盛陽微。是以畫艮于西北也。

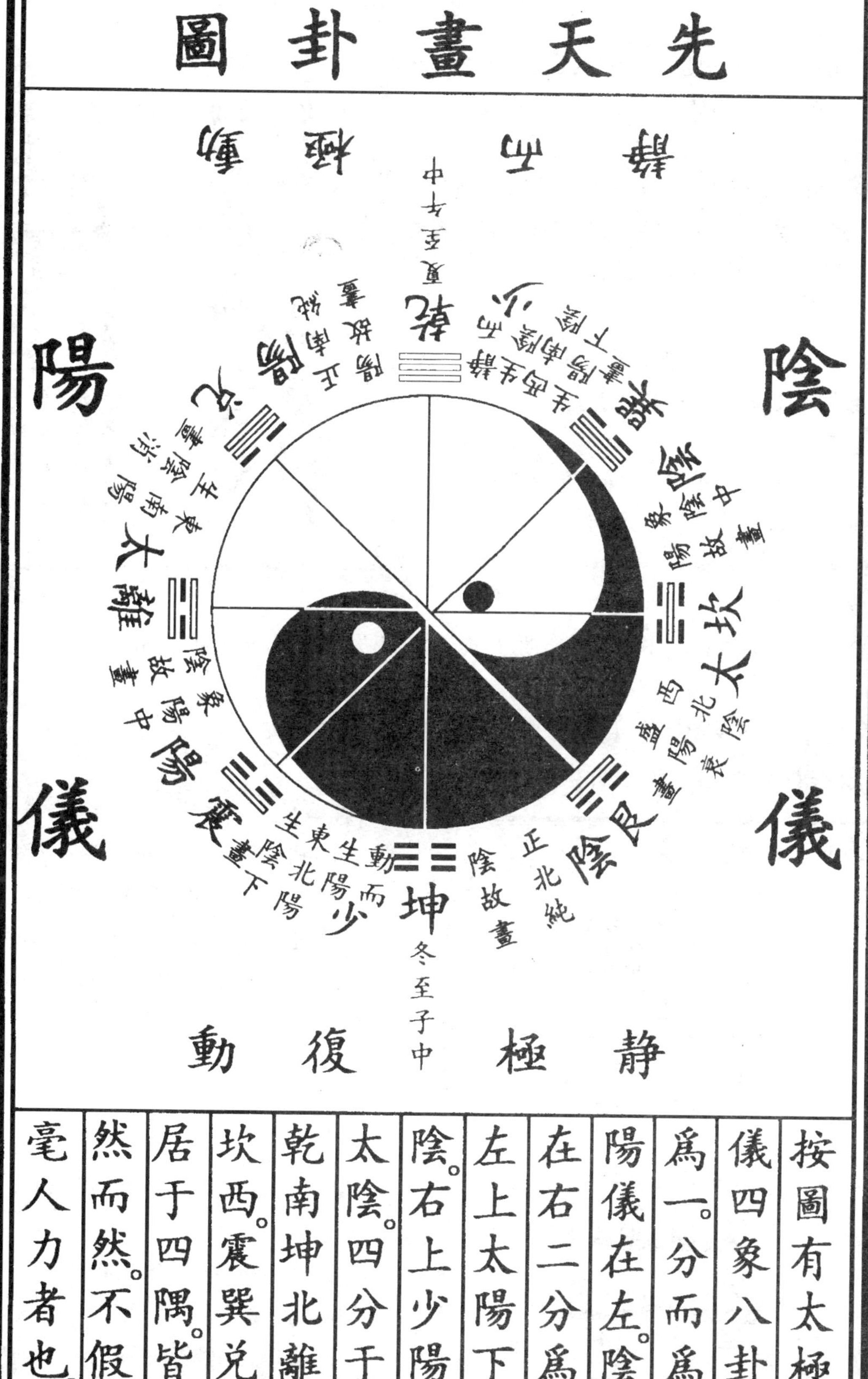

按圖有太極兩儀四象八卦。合爲一。分而爲二。陽儀在左。陰儀在右二分爲四。左上太陽下少陰。右上少陽下太陰。四分于八。乾南坤北離東坎西。震巽兑艮居于四隅。皆自然而然。不假一毫人力者也。

《象》曰：兼山[①]，艮。君子以思不出其位[②]。

【注释】

①兼山：《艮》卦下艮上艮，艮为山，就像两座山相重叠，所以说兼山（兼：二；两）。②位：本位。

【译文】

《象辞》说：本卦为两艮卦相重，艮为山，可见艮卦的卦象是高山重立，渊深稳重。君子观此卦象，以此为戒，谋不逾位，明哲保身。

咸艮取諸身圖

三才圖會 文史一卷 廿八

初六：艮其趾[①]，无咎，利永贞[②]。

《象》曰：艮其趾，未失正也。

【注释】

①趾：脚指头。②永贞：占问长远之事的吉凶（贞：占问。一说指“正”）。

【译文】

初六：歇脚养息，不妄动，无灾难，这是长期吉利的贞兆。

《象辞》说：歇脚养息，不要轻举妄动，远离不义，不失正道，自然永远吉利。

六二：艮其腓[①]，不拯[②]其随[③]，其心不快。

《象》曰：不拯其随，未退听也。

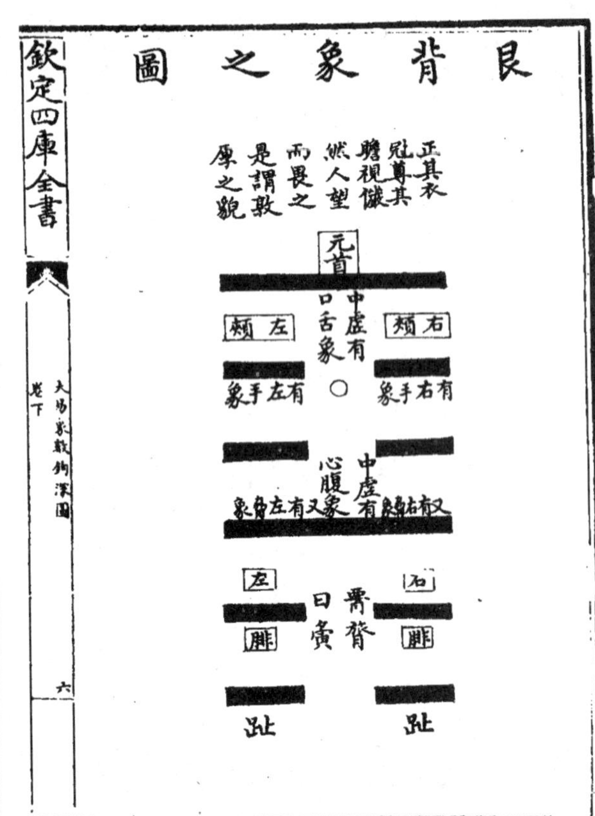

【注释】

①腓：腿肚子。②拯：向上举。③随：一说指追随九三阳爻；一说指随从者初六阴爻。

【译文】

六二：停立不行，但腿部肌肉还是负伤。心里很不愉快。

《象辞》说：腿部肌肉还是负伤，因为其人固执己见，没有退回来，听取别人的意见。

九三：艮其限[①]，列[②]其夤[③]，厉[④]，薰心[⑤]。

《象》曰：艮其限，危薰心也。

【注释】

①限：界限，这里指腰部。②列：通“裂”。③夤：指夹脊肉。④厉：危险。⑤薰心：即“熏心”，指烧灼其心。

艮卦長分消翕之圖

遯

咸 數得八 自革至此 象長五

旅 數得四 自艮至此 象分四

小過

漸 數得二 自艮至此 象分五

蹇 數得四 自咸至此 象長四

艮 數得一 自謙至此 象長上

謙 數得一 自蹇至此 象長五

姤

大過

鼎

恒

巽

井

蠱 數得十六 自艮至此 象分三

升

同人

革

離

豐

家人

既濟

賁 數得三十二 自艮至此 象分初消初

明夷

乾

夬 數得八 自夬至此 象翕三

大有

大壯

小畜

需

大畜 數得十六 自賁至此 象消二

泰

否

萃 數得十六 自困至此 象長三

晉

豫

觀

比

剝 數得八 自艮至此 象分三

坤

訟

困 數得三十二 自兌至此 象分初長初

未濟

解

渙

坎

蒙

師

无妄

隨 數得十六 自兌至此 象翕三

噬嗑

震

益

屯

頤

復

履 數得二 自睽至此 象消五

兌 數得一 自履至此 象消上

睽 數得四 自損至此 象消四

歸妹 數得一 自兌至此 象翕五

中孚

節 數得四 自兌至此 象翕四

損 數得八 自大畜至此 象消五

臨

【译文】

九三：卸掉重担，保护腰部，但是胁间肉却已裂开了，引退不及时，则罹凶险。这是由于为名利所惑，不能迅速引退卸职所招致的灾祸。

《象辞》说："卸掉重担，保护腰部，胁间肉却已裂开了，引退不及时，则罹凶险"，危险是因为名利迷惑所致。

六四：艮其身①，无咎。

《象》曰：艮其身，止诸②躬③也。

【注释】

①身：这里指上身。②诸：相当于"之于"。③躬：自身；自己。

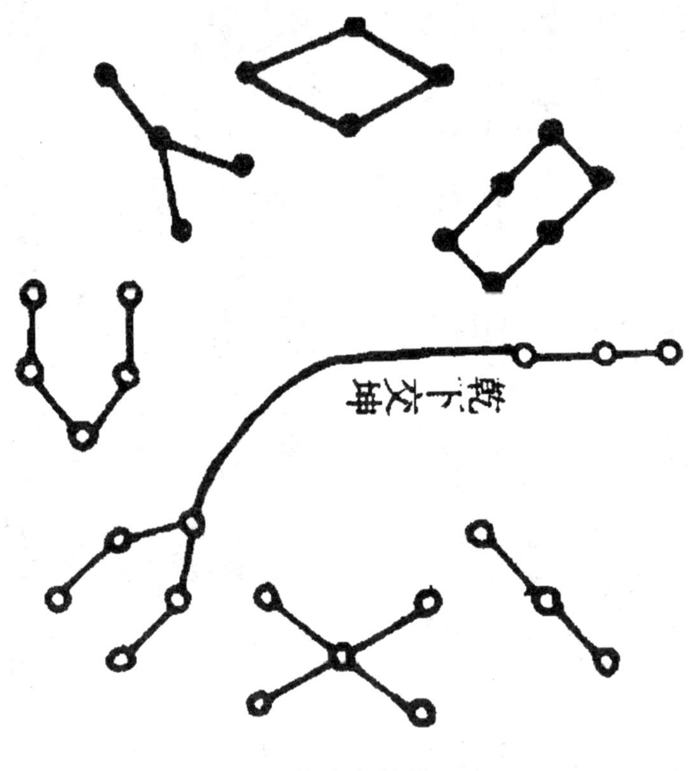

艮为少男图

【译文】

六四：引退保身，没有灾祸。

《象辞》说：引退保身，是说其人注意力全部集中在自身的安危上，所以不会招惹灾难。

六五：艮其辅①，言有序②，悔亡。

《象》曰：艮其辅，以中正③也。

【注释】

①辅：面颊。②序：次序；秩序。③中正：指六五阴爻居上卦之中位。一说"正"字为衍文。

【译文】

六五：闭口少言，讲话有分寸，自然没有悔恨。

《象辞》说：闭口少言，讲话有分寸，没有悔恨，因为六五之爻居上卦中位，像人谨守中正之道。

上九：敦[1]艮，吉。

《象》曰：敦艮之吉，以厚[2]终也。

【注释】

①敦：诚恳；淳厚。②厚：敦厚；厚道。

【译文】

上九：注意保护自己的脑袋，首级不失，自然吉利。

《象辞》说：爻辞讲以忠厚为归宿之所以吉利，因为上九之爻为一卦之终爻，像人秉守忠厚，必得善终。

渐 第五十三

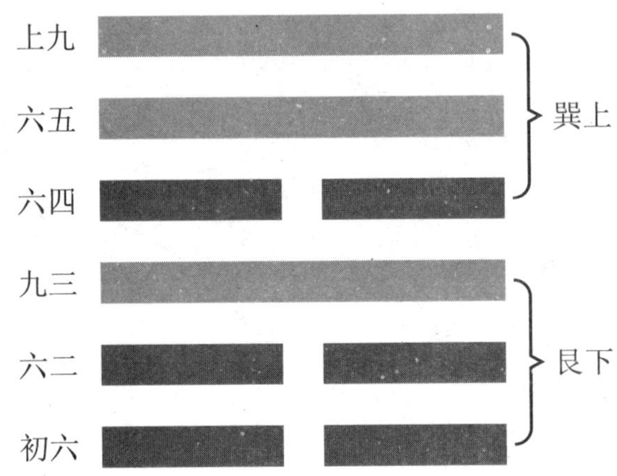

渐[①]：女归[②]吉。利贞[③]。

【注释】

①渐：卦名，意为渐进。②归：女子出嫁。③贞：占问。一说指"正"。

【译文】

渐卦：女大按礼当嫁，吉祥。这是吉利的贞卜。

《彖》曰：渐之[①]进也。"女归吉"也，进得位[②]，往有功也。进以正，可以正邦也。其位刚得中[③]也。止而巽[④]，动而不穷也。

【注释】

①之：一说为衍字；一说应为"渐"字；一说为介词；一说作动词，意为前行。②进得位：指初六阴爻上升至六二和六四阴爻，六二和六四均属以阴爻居阴位，所以说进得位。③刚得中：指九五阳爻居上卦之中位。④止而巽：《渐》卦下艮上巽，艮为止，所以说止而巽（巽：谦逊）。

【译文】

《彖辞》说：渐，就是渐进的意思。本卦初爻为阴，进而升为第二爻、第四爻，皆以阴爻而居阴位，这种卦象显示，女子出嫁，可得主妇之位，能持家庭之政。推而广之，君王能正其位，治其国。渐的下卦为艮，艮意为止；上卦为巽，巽意为逊。像人沉着而谦逊，无往不利，永不困穷。

《象》曰：山上有木[①]，渐。君子以居[②]贤德善[③]俗。

【注释】

①山上有木：《渐》卦下艮上巽，艮为山，巽为木，所以说山上有木。②居：积储；蓄养。③善：改善。

【译文】

《象辞》说：本卦下卦为艮，艮为山；上卦为巽，巽为木，木植山上，不断生长，是渐卦的卦象。君子观此卦象，取法于山之育林，从而以贤德自居，担负起改善风俗的社会责任。

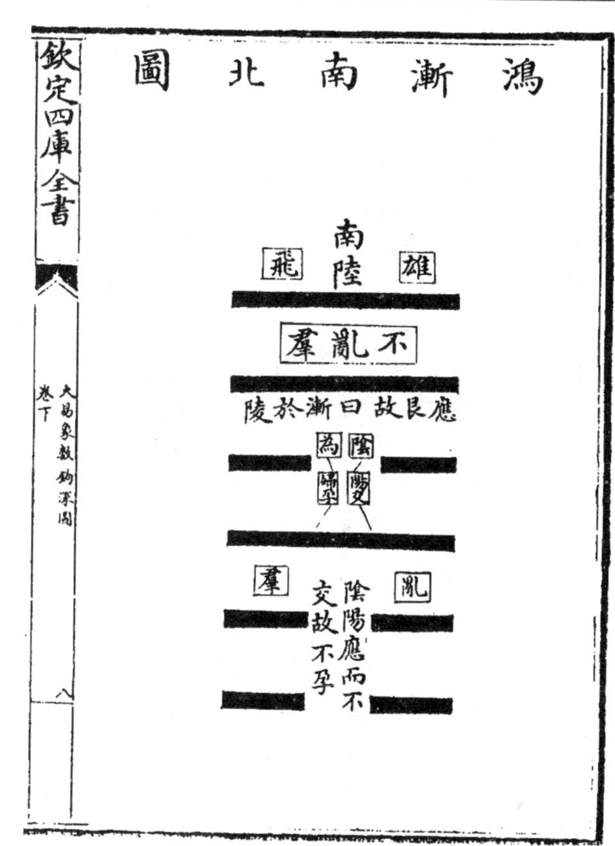

初六：鸿[1]渐于干[2]。小子[3]厉[4]，有言[5]，无咎[6]。

《象》曰：小子之厉，义[7]无咎也。

【注释】

①鸿：大雁。②干：岸。③小子：小孩。④厉：危险。⑤言：指责怪之言。⑥咎：灾殃。⑦义：宜；理应。

【译文】

初六：鸿雁走进了山涧。筮遇此爻，警惕小孩顽皮，遭遇危险，应该加以制止，则没有灾难。

《象辞》说：小孩顽皮遭遇危险，因为有家长呵责制止，理应不会出事故。

六二：鸿渐于磐[1]，饮食衎衎[2]。吉。

《象》曰：饮食衎衎，不素饱[3]也。

【注释】

①磐：大而安稳的石头。②衎衎：快乐；和乐。③不素饱：不白白吃饱饭，指自食其力（素：白）。

【译文】

六二：鸿雁走上水边高地，饱饮饱食，自得喜乐。筮遇此爻，吉利。

《象辞》说：饱饮饱食，自得喜乐，喻指其人自食其力，从不白吃白喝。

九三：鸿渐于陆。夫征不复[1]，妇孕不育[2]，凶。利御寇。

《象》曰：夫征不复，离群丑[3]也，妇孕不育，失其道也。利御寇，顺相保也。

【注释】

①复：还；返回。②不育：无法生育，这里指流产。③丑：众。

【译文】

九三：鸿雁走到旱地上。筮遇此爻，丈夫出征可能不再回返，妇女怀孕可能流产，凶兆。有利于抵御敌寇。

《象辞》说：丈夫出征不再回返，说明其人掉队遇险。妇女怀孕而流产，说明其人失其保胎之道。利于抵御敌寇，说明国人能够同心同德，保家卫国。

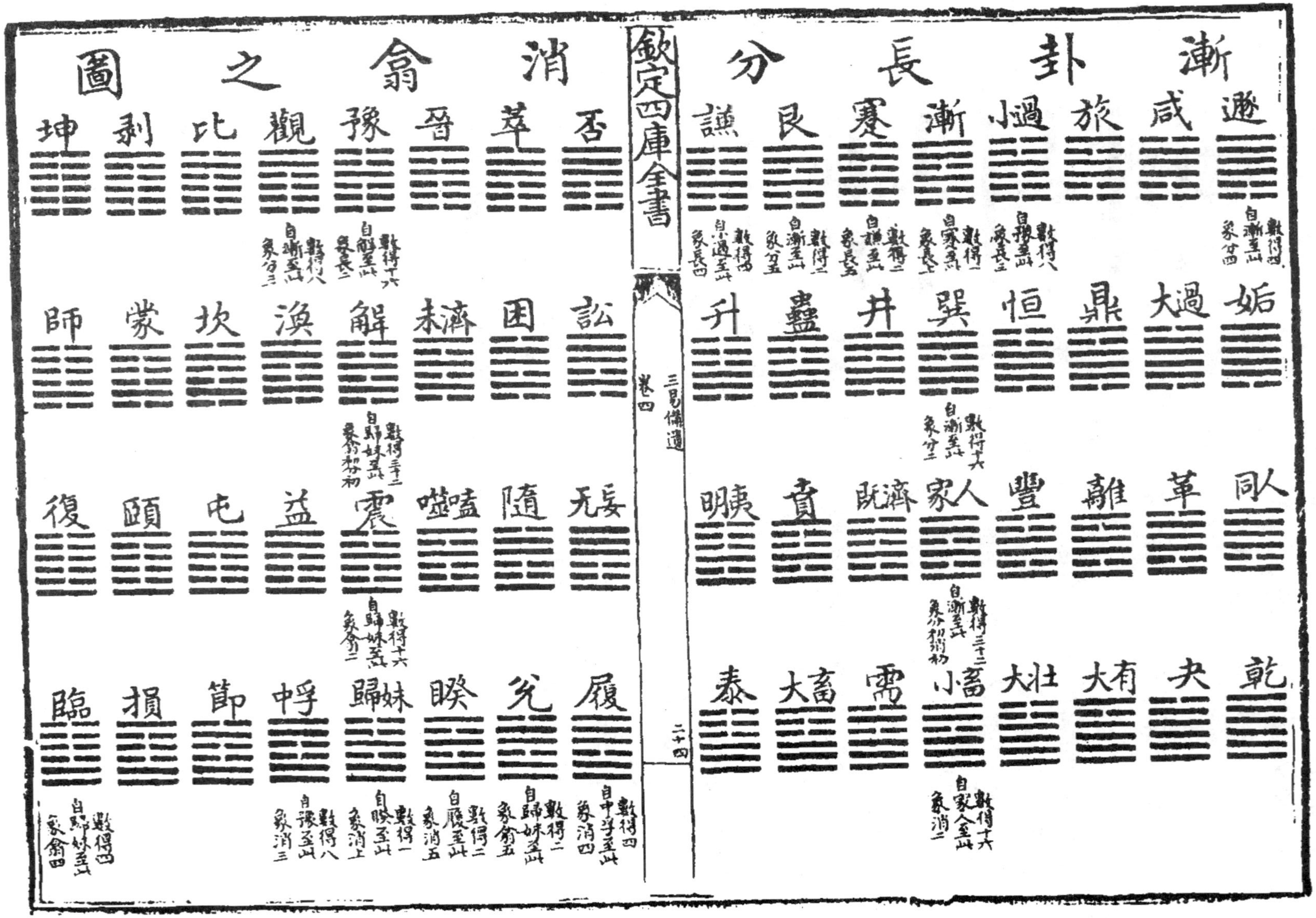

漸卦長分消翕之圖

遯	咸	旅	小過	漸	蹇	艮	謙
數得四 自漸至此 象分四			數得八 自豫至此 象長三	數得一 自蹇至此 象長上	數得二 自謙至此 象長五	數得二 自漸至此 象分五	數得四 自小過至此 象長四
姤	大過	鼎	恒	巽	井	蠱	升
				數得十六 自漸至此 象分二			
同人	革	離	豐	家人	既濟	賁	明夷
				數得三十二 自漸至此 象分初消初			
乾	夬	大有	大壯	小畜	需	大畜	泰
				數得十六 自家人至此 象消二			

否	萃	晉	豫	觀	比	剝	坤
			數得十六 自解至此 象長二	數得八 自漸至此 象分三			
訟	困	未濟	解	渙	坎	蒙	師
			數得三十二 自歸妹至此 象翕初消初				
无妄	隨	噬嗑	震	益	屯	頤	復
			數得十六 自歸妹至此 象翕二				
履	兌	睽	歸妹	中孚	節	損	臨
數得四 自中孚至此 象消四	數得二 自歸妹至此 象翕五	數得二 自履至此 象消五	數得一 自睽至此 象消上	數得八 自豫至此 象消三			數得四 自歸妹至此 象翕四

六四：鸿渐于木，或得其桷[①]，无咎。

《象》曰：或得其桷，顺以巽[②]也。

【注释】

①桷：方形的椽子，这里指平直如方形椽子的树枝。②顺以巽：指六四阴爻位于九五阳爻之下，有柔顺而谦逊的意思（顺：柔顺。以：而。巽：谦逊）。

【译文】

六四：鸿雁飞到树木上，有的停息在河边堆放的桷木上。筮遇此爻，没有灾难。

《象辞》说：鸿雁停息在河边堆放的桷木上，之所以没有灾难，因为六四阴爻居于九五阳爻之下，像人有驯服而又谦逊之德。

九五：鸿渐于陵。妇三岁不孕，终莫[①]之胜，吉。

《象》曰：终莫之胜，吉，得所愿也。

【注释】

①莫：没有谁。

【译文】

九五：鸿雁走到山陵上。筮遇此爻，妻子多年不能怀孕，但始终不会被人取代，吉利。

《象辞》说：始终没有被人取代，吉利，妻子实现了与其丈夫和谐白头的愿望。

上九：鸿渐于陆[①]，其羽可用为仪，吉利。

《象》曰：其羽可用为仪，吉，不可乱也。

【注释】

①陆：一说应作“阿”，指大陵；一说应作“陂（bēi）”，指堤岸；一说指陆地。

【译文】

上九：鸿雁走到山头上，它的羽毛可用来编织舞具。这是吉利之兆。

《象辞》说：鸿雁的羽毛可用来编织舞具，这是吉利之兆，编织舞具的羽毛应该纯而不杂，像人心志不乱。

归妹　第五十四

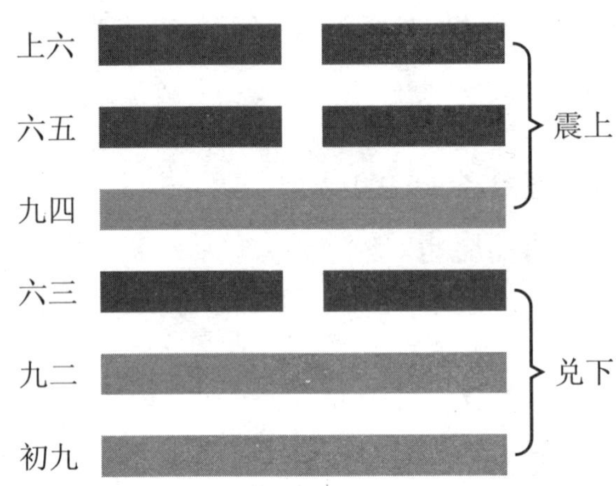

归妹[1]：征，凶。无攸[2]利。

【注释】

①归妹：卦名，意为嫁女（归：女子出嫁。妹：少女）。②攸：助词，相当于“所”。

【译文】

归妹卦：筮遇此爻，出征凶险。所往无利。

《彖》曰：归妹，天地之大义也。天地不交，而万物不兴[1]。归妹，人之终始也。说以动[2]，所[3]归妹也。“征凶”，位不当[4]也。“无攸利”，柔乘刚[5]也。

【注释】

①兴：兴起；产生。②说以动：《归妹》卦下兑上震，兑为悦（说：即“悦”），震为动，所以说“说以动”。③所：一说应作“所以”；一说应作“故”；一说是“可”的意思。④位不当：指九二、九四阳爻居于阴位，六三、六五阴爻居于阳位，所处的位置皆不适当。⑤柔乘刚：指六三阴爻位于九二阳爻之上，六五阴爻位于九四阳爻之上；阴为柔，阳为刚，所以说柔乘刚（乘：凌乘）。

【译文】

《彖辞》说：归妹，即男女婚配，这是天地间的大义。天地不相交，则万物不生育。男女婚配，是人类自身繁衍的起点。归妹之卦，下卦为兑，兑意为悦；上卦为震，震意为动，可见男子悦慕女子，女子入嫁男家，这就是归妹卦的含义。卦辞说“出征则凶险”，因为九二、九四阳爻而居阴位，六三、六五阴爻而居阳位，所处皆不当。卦辞又说“无所利”，因为下卦六三阴爻处于初九、九二阳爻之上，上卦上六、六五阴爻处于九四阳爻之上，这是阴柔凌驾阳刚之象，像弱者冒渎强者，自然无所利。

《象》曰：泽上有雷①，归妹。君子以永终②知敝③。

【注释】

①泽上有雷：《归妹》卦下兑上震，兑为泽，震为雷，所以说泽上有雷。②永终：长久保持至终。③敝：通“弊”，指弊病、害处。

【译文】

《象辞》说：归妹之卦，下卦为兑，兑为泽；上卦为震，震为雷。可见泽上雷鸣，雷鸣水动，用以喻男女心动相爱而成眷属，这是归妹卦的卦象。君子观此卦象，从而在长期的婚姻生活中，体察到婚姻的成功与失败。

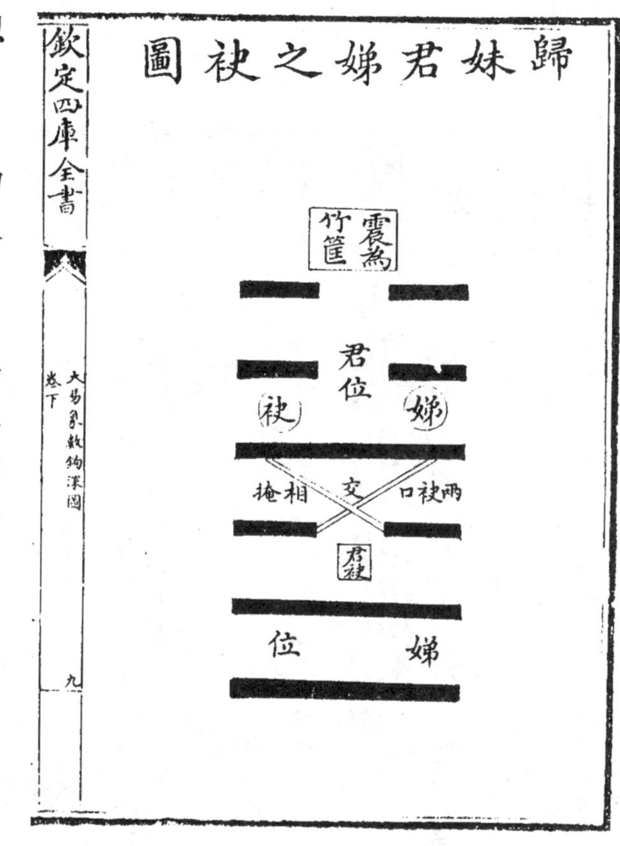

初九：归妹以娣①。跛②能③履。征④，吉。

《象》曰：归妹以娣，以恒⑤也。跛能履，吉，相承⑥也。

【注释】

①娣：嫁给同一个丈夫的姐妹俩中的妹妹。②跛：腿瘸。③能：而。一说指善于。④征：行；远行。⑤恒：伦常。⑥承：辅佐；帮助。

【译文】

初九：嫁女而将其妹妹一同陪嫁。跛脚能行走。出行吉利。

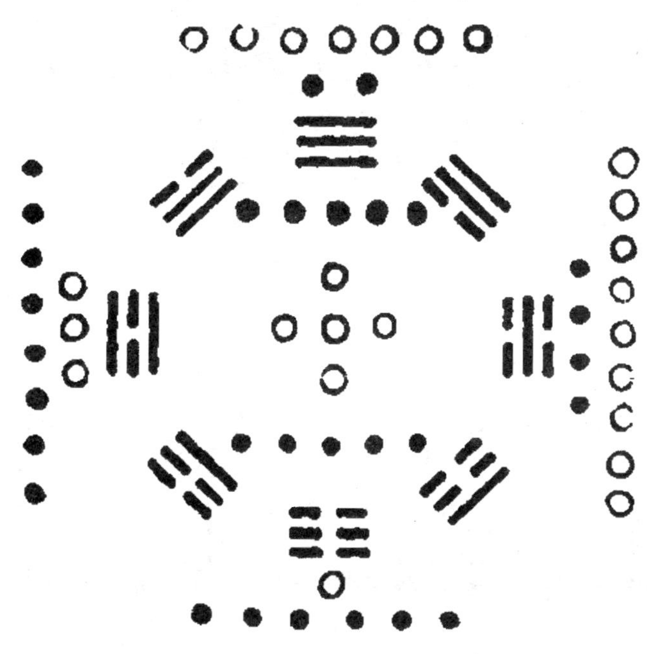

先天卦配河图之象图

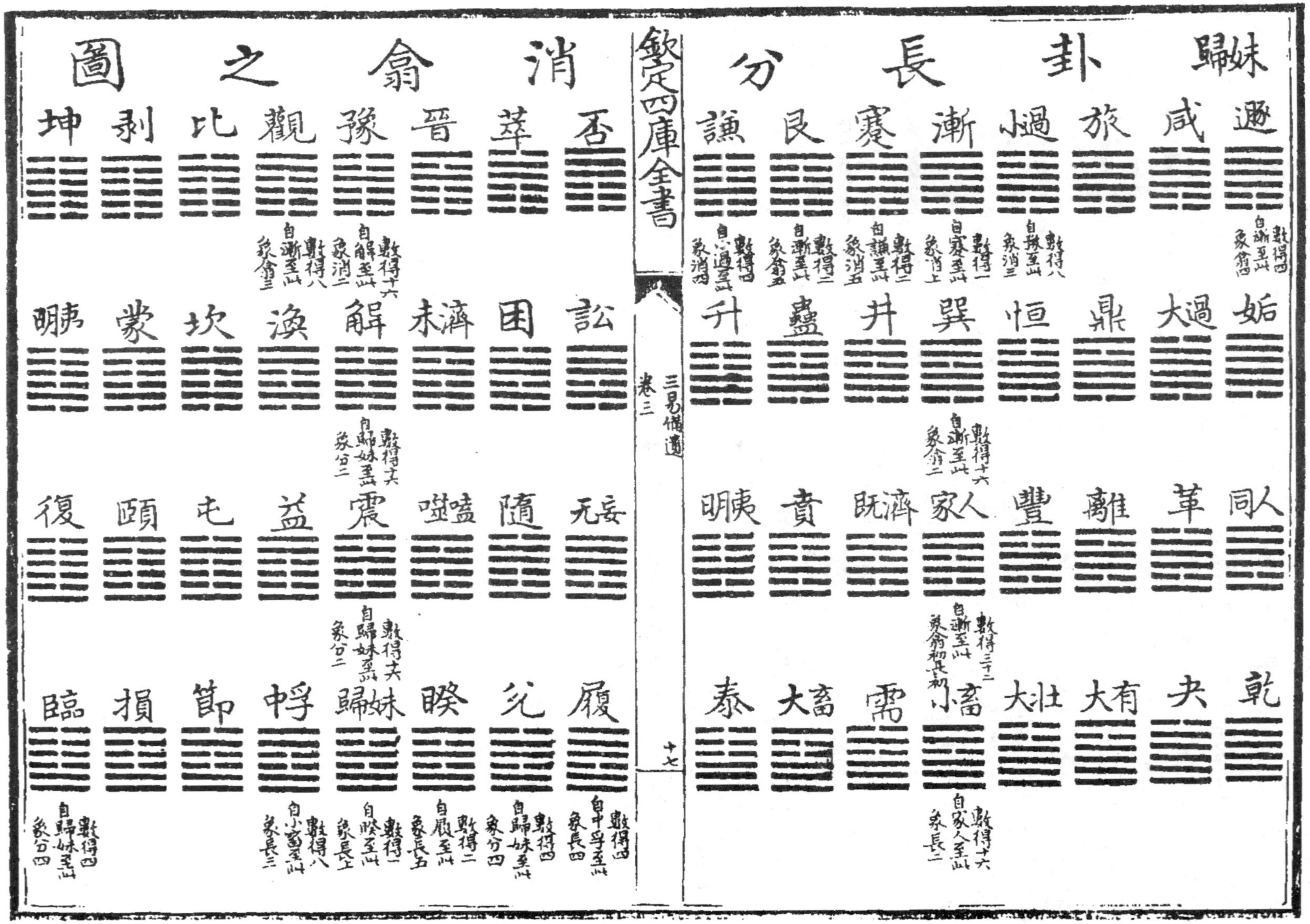

卦長分消翕之圖

歸妹

謙	艮	蹇	漸	小過	旅	咸	遯
自小過至此數得四象消四	自漸至此數得二象翕五	自謙至此數得三象消五	自蹇至此數得一象消上	自旅至此數得八象消三			自漸至此數得四象翕四
升	蠱	井	巽	恒	鼎	大過	姤
			自漸至此數得十六象翕二				
明夷	賁	既濟	家人	豐	離	革	同人
			自漸至此數得三十二象翕初其初				
泰	大畜	需	小畜	大壯	大有	夬	乾
			自家人至此數得十六象長二				

坤	剝	比	觀	豫	晉	萃	否
			自漸至此數得八象翕三	自解至此數得十六象消二			
明夷	蒙	坎	渙	解	未濟	困	訟
				自歸妹至此數得十六象分三			
復	頤	屯	益	震	噬嗑	隨	无妄
				自歸妹至此數得十六象分二			
臨	損	節	中孚	歸妹	睽	兌	履
自歸妹至此數得四象分四			自小畜至此數得八象長三	自睽至此數得一象長上	自履至此數得二象長五	自歸妹至此數得四象分四	自中孚至此數得四象長四

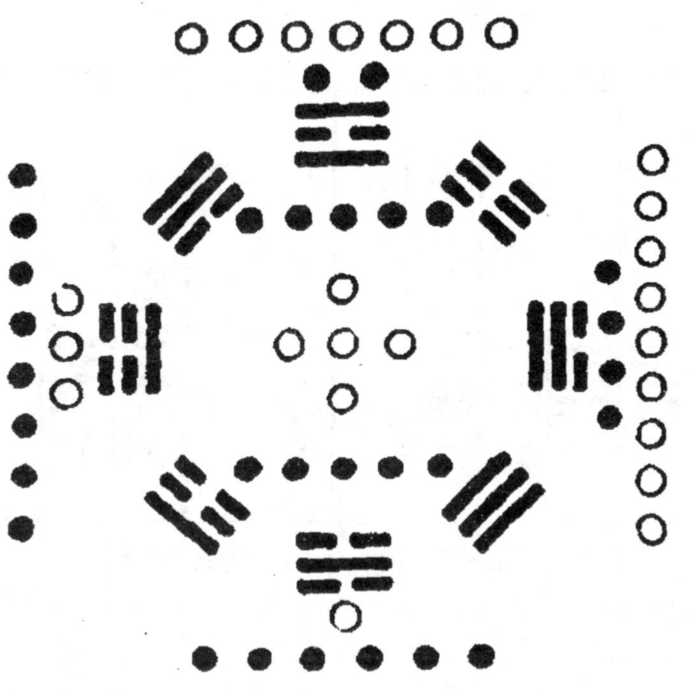

后天卦配河图之象图

《象辞》说:嫁女而将其妹妹一同陪嫁,是说姊妹共嫁一夫,这是古代贵族婚嫁的常规。跛脚而能行走,出行吉利,因为跛者获得别人的帮助。

九二:眇①能视,利幽人②之贞。

《象》曰:利幽人之贞③,未变常④也。

【注释】

①眇:眼睛瞎。也指一只眼睛瞎。一说指眼睛小。②幽人:隐居无争的人。一说指囚犯。③贞:占问。一说指"正"。④常:常道;正道。

【译文】

九二:眼睛瞎了而能看得见,这是利于囚徒的贞卜。

《象辞》说:这是利于囚徒的贞卜,因为身处囚笼尚不失正道,故能重见光明。

六三:归妹以须①,反归②以娣。

《象》曰:归妹以须,未当③也。

【注释】

①须:同"嬃(xū)",指姐姐。一说指等待;一说指贱妾。②反归:休归;遣归。③未当:指六三阴爻居于阳位,所处的位置不适当。

【译文】

六三:嫁女而用其姊陪嫁,随后又与其妹妹返归父母家。

《象》曰:嫁女而用其姊陪嫁,这件事不妥当。

九四:归妹愆①期,迟归有时②。

遯　大壯

遯咸男爲主而内止乾爲外遯矣大壯恒男爲主而外動乾爲内貞矣

晉　明夷

晉明夷與需訟對待需訟主乾用坎晉明夷主坤用離需盡變爲晉訟盡爲明夷晉離出地坤下順以麗之明夷離入地坤上順以晦之

剛止剛動之男用乾父遂若無其功柔明之女用坤母猶必致其役此剛柔男女父母内外之辨

家人　睽

家人離在内巽外人以假之睽離在外兌内說以合之

蹇　解

蹇咸男内止以止險于其外解恒男外動以動險于其内益咸恒二體分于離坎之交離明固巽兌二柔之易合而麗坎險非震艮二剛未易止而出也

震艮巽兌三合震巽相與爲恒交爲益艮兌相與爲損交爲咸

損　益

咸變損兌柔爲内主恒變益巽柔爲主長少之柔交于内外以爲主又聖人之所謹自否姤至革鼎乾坤不經見于是震艮列而長少二

咸男后乾以終事焉泰否四變泰變損夬變益乾坤后更十卦隊陽各三十畫而天地交

恒后更十卦陰陽各三十畫損益見泰否天道之大運所以體其全損益人道之大權所以用其中

夬　姤

夬姤乾合巽兌而乾不復見

萃　升

萃升坤合巽兌而坤不復見

文圖

困　井

泰否五變否變困泰變井

革　鼎

困井革鼎居下序之中天地之用莫大于水火水火之用莫威于井鼎也又坎離相綜陽交之卦始于屯蒙陰過之卦終于革鼎屯盡變爲鼎蒙盡變爲革

震　艮

漸　歸妹

震艮巽兌四合女歸之吉漸咸之正感以姊之良歸妹恒之大義泰否六變否變漸泰變歸妹泰中爻爲歸否中爻爲漸又隨蠱倒體

《象》曰：愆期之志，有待而行③也。

【注释】

①愆：延误；失误。②时：这里指“待”，即等待。③行：出嫁。

【译文】

九四：出嫁时超过了婚龄，迟迟不嫁是因为有所等待。

《象辞》说：超龄而不嫁，因为她决意等待合意的郎君。

六五：帝乙①归妹，其君②之袂③不如其娣之袂良。月几④望⑤，吉。

《象》曰：帝乙归妹，不如其娣之袂良也。其位在中⑥，以贵行也。

【注释】

①帝乙：商代帝王，系商纣王之父。②君：这里指国君的夫人。③袂：衣袖，这里当指服饰。④几：接近。⑤望：月亮圆满。⑥中：指六五阴爻居上卦之中位。

【译文】

六五：帝乙嫁女于周文王，以其次女陪嫁。论嫁妆姊的不如妹的好。良辰择在某月十四日，吉利。

《象辞》说：帝乙嫁女于周文王，姊的嫁妆不如妹的好。六五之爻居上卦中位，像女嫁夫家处于尊贵之位。

上六：女承①筐，无实；士刲②羊，无血。无攸利。

《象》曰：上六无实，承虚筐也。

【注释】

①承：捧着。②刲：刺杀。

【译文】

上六：献祭之时，新娘捧着盛祭品的筐具，但筐中无物；新郎以刀刺羊，但羊不流血。此不祥之兆，无所利。

《象辞》说：上六之爻居一卦之尽头，孤悬无所依赖，正如其捧着空空的筐具。

丰　第五十五

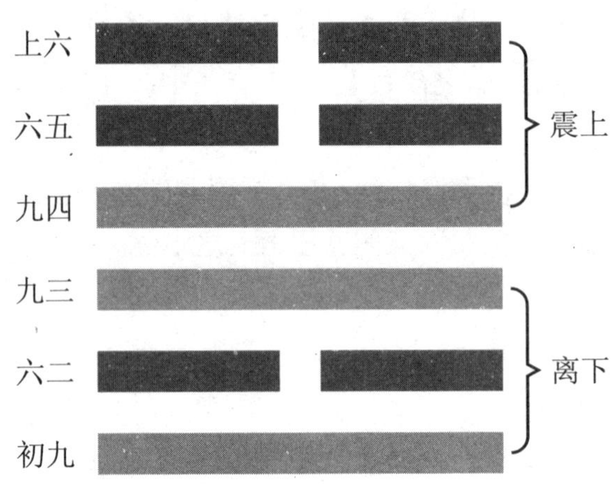

丰①：亨，王假②之。勿忧，宜日中③。

【注释】

①丰：卦名，意为丰盛、盛大。②假：通"格"，指至、到。一说指宽大、大度。③日中：日在中天。

【译文】

丰卦：举行祭祀，君王将亲临宗庙。不要担心，最佳时刻当在正午时分。

《彖》曰：丰，大也。明以动①，故丰。"王假之"，尚②大也。"勿忧，宜日中"，宜照天下也。日中则昃③，月盈④则食⑤，天地盈虚，与时消息⑥，而况于人乎？况于鬼神乎？

【注释】

①明以动：《丰》卦下离上震，离为明，震为动，所以说"明以动"。②尚：崇尚；尊崇。③昃：太阳偏西。④盈：圆满；无残缺。⑤食：通"蚀"，指亏缺。⑥消息：消长。

【译文】

《彖辞》说：丰卦，就是指丰大的意思。人能洞察事物之理，明照一切，则行动成就必大，所以卦名叫丰。"君王亲临宗庙祭祀"，说明对祭祀大事的重视。"不要担忧，最佳时刻在正午时分"，因为正午太阳当头，普照天地，正如君王居天下之首，如日中天。不过，太阳当顶，然后开始偏斜，月亮圆满，然后开始亏缺。天地间万物万事不可能久盈不虚，一切都是随着时序而消长的，何况人，他的事业怎能长盛不衰？何况鬼神，它怎能长享一姓之祭祀呢？

《象》曰：雷电皆至①，丰。君子以折狱②致刑③。

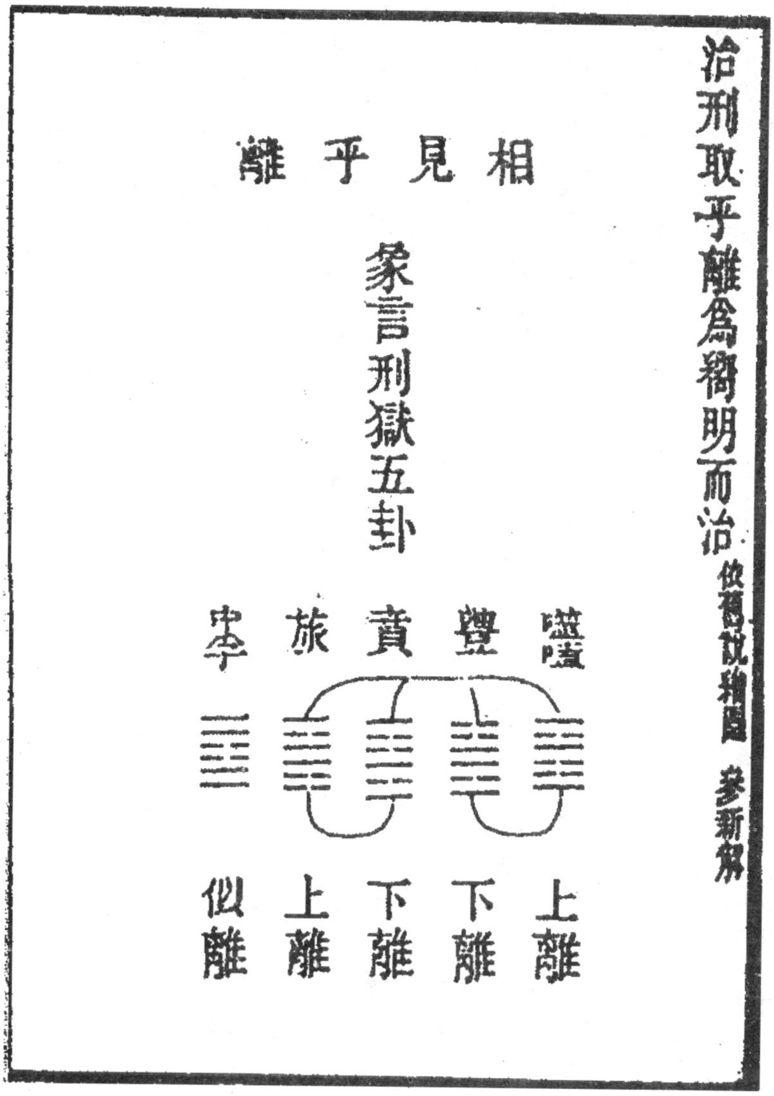

治刑取乎離爲嚮明而治 依舊說稍圖 參新解

相見乎離

象言刑獄五卦

噬嗑	豐	賁	旅	中孚
上離	下離	下離	上離	似離

【注释】

①雷电皆至：《丰》卦上震下离，震为雷，离为火为电，所以说雷电皆至。②折狱：断案；判决案件。③致刑：施刑。

【译文】

《象辞》说：本卦上卦为震，震为雷；下卦为离，离为电。电闪雷鸣，是上天垂示的重大天象，这也是丰卦的卦象。君子观此卦象，有感于电光雷鸣的精明和威严，从而裁断讼狱，施行刑罚。

初九：遇其配主①，虽②旬③，无咎④。往有尚⑤。

《象》曰：虽旬无咎，过旬灾也。

【注释】

①配主：一说指相匹配之主，即九四阳爻；一说指相匹敌者。②虽：帛书本《周易》作"唯"。③旬：一说通"均"，即均等；一说指十日。④咎：灾殃。⑤尚：崇尚；尊崇。一说即"赏"；一说即"上"。

【译文】

初九：旅途之中受到一位女主人的接待，与这位寡居的女人结成夫妻。占卜结果显示：不会遭人议论，而且能得到人们的赞同。

《象辞》说：十日之内没有灾难，意思是超过一旬就有灾了。

六二：丰其蔀[①]。日中见斗[②]。往得疑疾。有孚发[③]若[④]。吉。

《象》曰：有孚发若，信以发志也。

【注释】

①蔀：遮蔽。②斗：指北斗星。③发：明。④若：语气助词。

【译文】

六二：将小席拼缀起来，躺下休息。正午时分，有人说看见北斗星。前进会被猜疑和憎恶，用一片诚心，终吉利。

《象辞》说：存心诚信，一言一行都能表现出来，因为这是坦白直率地表达了自己的心愿。

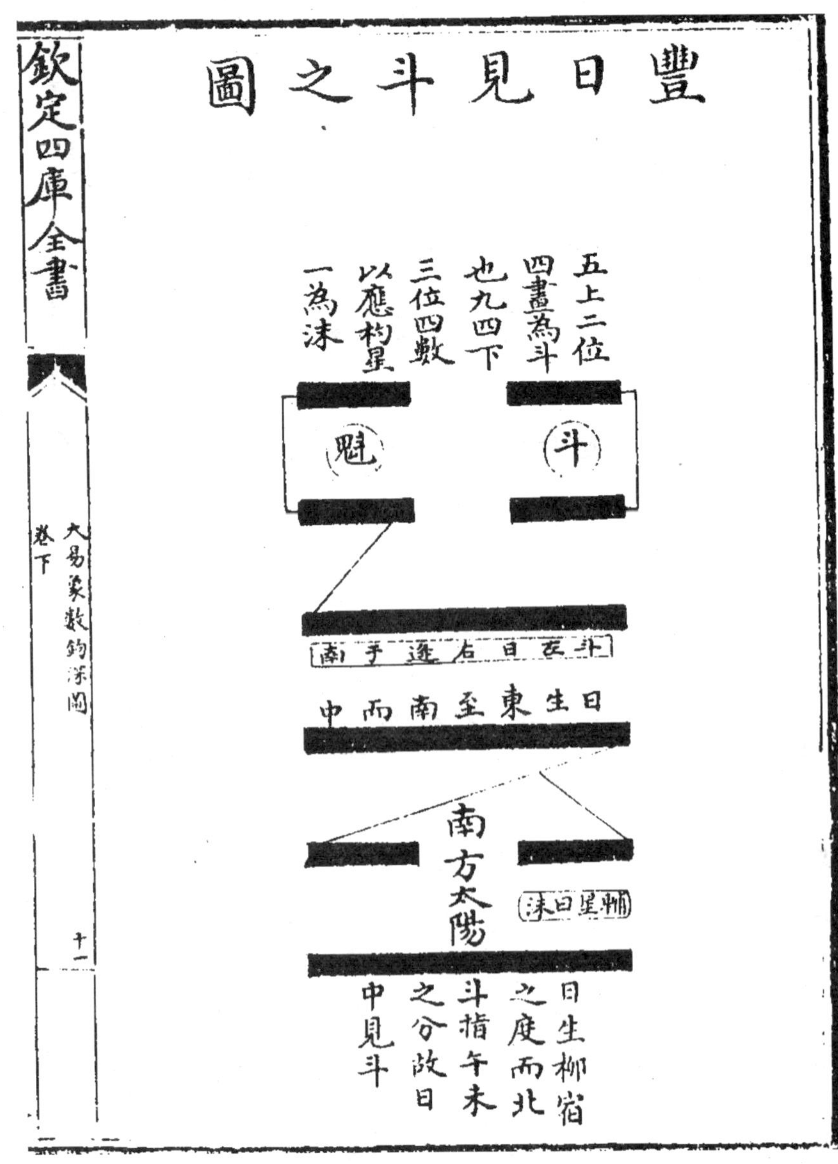

豐卦長分消翕之圖

遯 咸 旅 小過（自豐至此數得三十二象分初消初） 漸 蹇 艮 謙

姤 大過 鼎 恒（自小過至此數得十六象消二） 巽（自渙至此數得八象分三） 井 蠱 升

同人（自家人至此數得四象長四） 革（自豐至此數得二象分五） 離（自同人至此數得二象長五） 豐（自離至此數得一象長上） 家人（自豐至此數得八象長三） 既濟 賁 明夷（自豐至此數得四象分四）

乾 夬 大有 大壯（自豐至此數得十六象長二） 小畜 需 大畜 泰

否 萃 晉 豫 觀 比 剝 坤

訟（自渙至此數得四象翕四） 困 未濟 解（自恒至此數得八象消三） 渙（自坎至此數得一象消上） 坎（自師至此數得二象消五） 蒙（自渙至此數得一象翕五） 師（自解至此數得四象消四）

无妄 隨 噬嗑 震（自豐至此數得八象分三） 益（自中孚至此數得十六象長二） 屯 頤 復

履 兌 睽 歸妹 中孚（自渙至此數得三十二象分初長初） 節 損 臨

九三:丰其沛①,日中见沫②。折其右肱③。吉。

《象》曰:丰其沛,不可大事④也。折其右肱,终不可用也。

【注释】

①沛:通"旆(pèi)",指旗幡。②沫:一说通"昧",指昏暗;一说指小星星。③肱:胳膊。④事:指做事。

【译文】

九三:将铺草加厚,躺下休息。正午时分,此人又说看见鬼魅,将他的右臂折断。经此一吓,或许他能清醒。

《象辞》说:将铺草加厚,这起不了什么大的作用。将其右臂折断,那么就终身残废了。

九四:丰其蔀,日中见斗。遇其夷主①,吉。

《象》曰:丰其蔀,位不当②也。日中见斗,幽③不明也。遇其夷主,吉行④也。

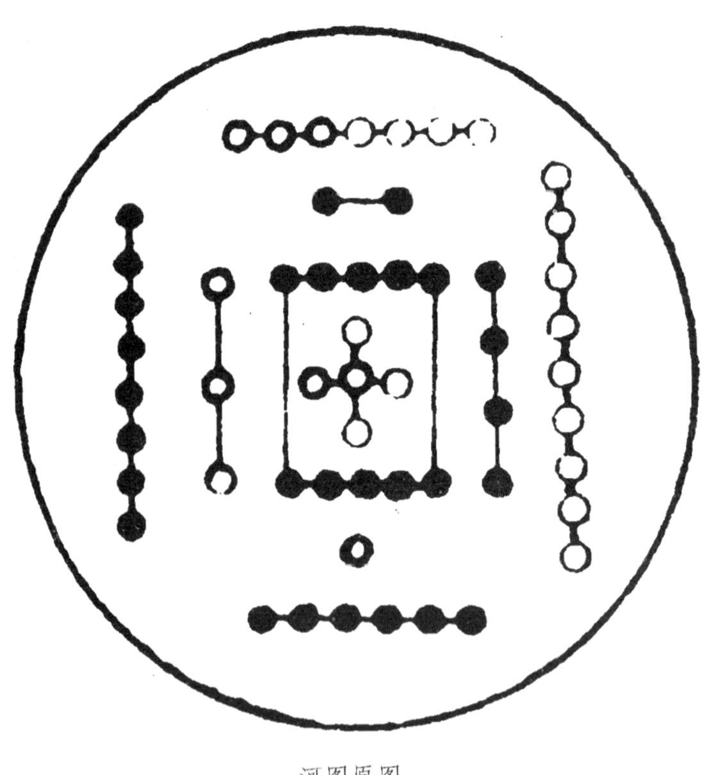

河图原图

【注释】

①夷主:同等之主(夷:同等)。一说指性格平和的主人。②位不当:指九四阳爻居于阴位,所处的位置不适当。③幽:昏暗。④吉行:指前行可获吉祥。

【译文】

九四:将小席拼缀起来,躺下休息。正午时分,此人还在说看见北斗星。遇着了对等的主体,吉利。

《象辞》说:将小席拼缀起来,随地休息,是所处不得当,正如九四阳爻而处于阴位一样。正午时分看见北斗星,是天空迷暗不明的缘故。遇着主体,这是吉利之行。

六五:来章[1],有庆誉。吉。

《象》曰:六五之吉,有庆也。

【注释】

①章:显著;明显。一说同"璋",指美玉。

【译文】

六五:重现光明,人们欢庆赞美。这是吉利之兆。

《象辞》说:六五爻辞所讲的吉利,是因为有吉庆之事。

上六:丰其屋,蔀其家,窥其户,阒[1]其无人,三年不觌[2],凶。

《象》曰:丰其屋,天际翔也。窥其户,阒其无人,自藏也。

【注释】

①阒:寂静;空寂。②觌:见;相见。

【译文】

上六:房子空荡荡的,屋顶上散乱盖着草席,从门缝里探视,寂无一人,看样子这里多年未住人了。这是不祥之兆。

《象辞》说:增修扩建房屋,看来此人如鸟飞蓝天,志得意满,发财不小。从门缝里探视,寂无一人,看来财多害身,横遭灾祸,他逃生去了。

旅　第五十六

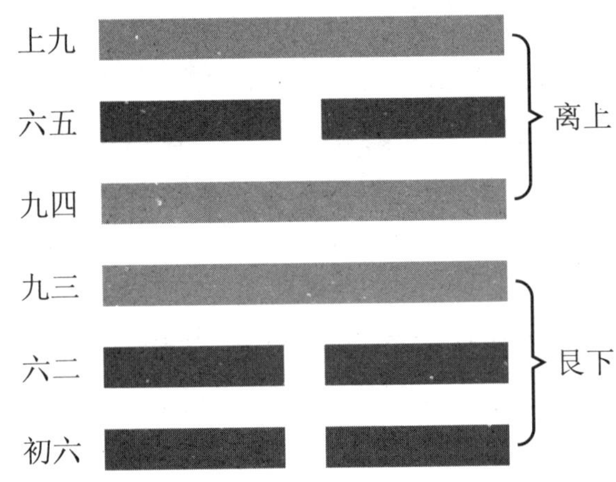

旅①:小亨。旅贞②吉。

【注释】

①旅:卦名,意为出门旅行。②旅贞:占问出门旅行之事(贞:占问。一说指"正")。

【译文】

旅卦:稍见亨通。贞卜旅行,吉利。

《彖》曰:旅,"小亨①",柔得中乎外而顺乎刚②,止而丽乎明③,是以"小亨,旅贞吉"也。旅之时,义大矣哉。

【注释】

①小亨:一说此两字系衍文。②柔得中乎外而顺乎刚:指六五阴爻居外卦(即上卦)之中位,而又位于上九阳爻之下。③止而丽乎明:《旅》卦下艮上离,艮为止,离为明,所以说止而丽乎明(丽:附丽;依附)。

【译文】

《彖辞》说:旅卦有稍见亨通之义。因为六五阴爻居外卦中位,处于上九阳爻之下,像旅人行中正之道,得到强者的庇护,如高山正直,处在阳光的普照之中,所以卦辞说"稍见亨通,出行合乎道义,必逢吉祥"。浪迹四方,萍踪漂泊,本是艰难丛杂,因而依义顺时,是出行的首要原则。

《象》曰:山上有火①,旅。君子以明慎用刑,而不留狱②。

【注释】

①山上有火:《旅》卦下艮上离,艮为山,离为火,所以说山上有火。②留狱:对案件拖延不决。

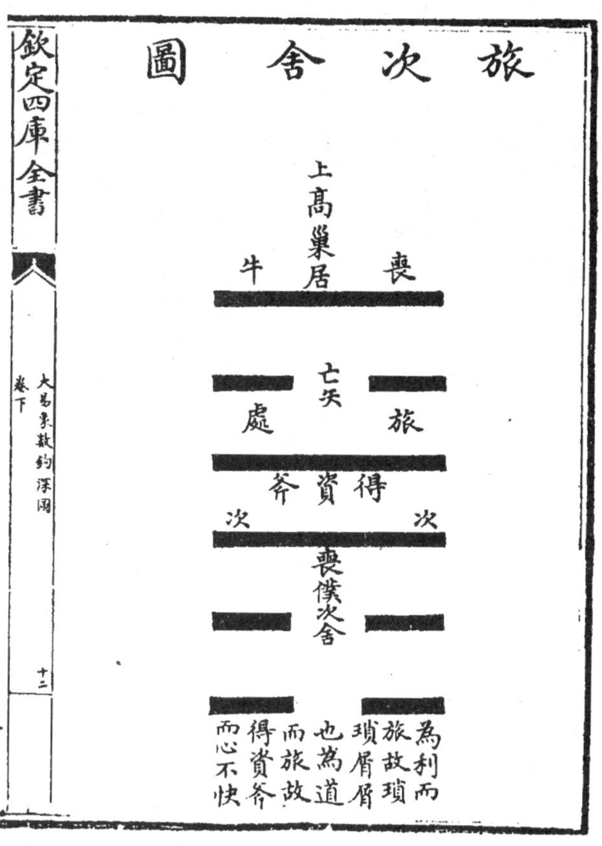

【译文】

《象辞》说：本卦上卦为离，离为火；下卦为艮，艮为山。山上有火，洞照幽隐，这是旅卦的卦象。君子观此卦象，从而明察刑狱，慎重判决，既不敢滥施刑罚，也不敢久拖不判。

初六：旅琐琐①，斯②其所，取灾。

《象》曰：旅琐琐，志穷灾也。

【注释】

①琐琐：一说指猥琐卑贱；一说借为"惢(suǒ)惢"，指心中多疑。②斯：此；这。

【译文】

初六：旅人三心二意，进退犹豫，最后还是离开住所，结果自遭灾祸。

《象辞》说：旅人三心二意，说明其人四处碰壁，精神疲惫。

六二：旅即①次②，怀③其资，得童仆，贞④。

《象》曰：得童仆，贞，终无尤⑤也。

【注释】

①即：就。②次：途中止宿的处所。③怀：怀藏。④贞：忠诚；坚贞。一说贞后面当有"吉"字，贞指占问；一说指"正"。⑤尤：错误；罪过。

【译文】

六二：旅人来到市场带着钱财，买来一男仆，吉兆。

《象辞》说：买一男仆，吉兆，看来这笔买卖没有问题。

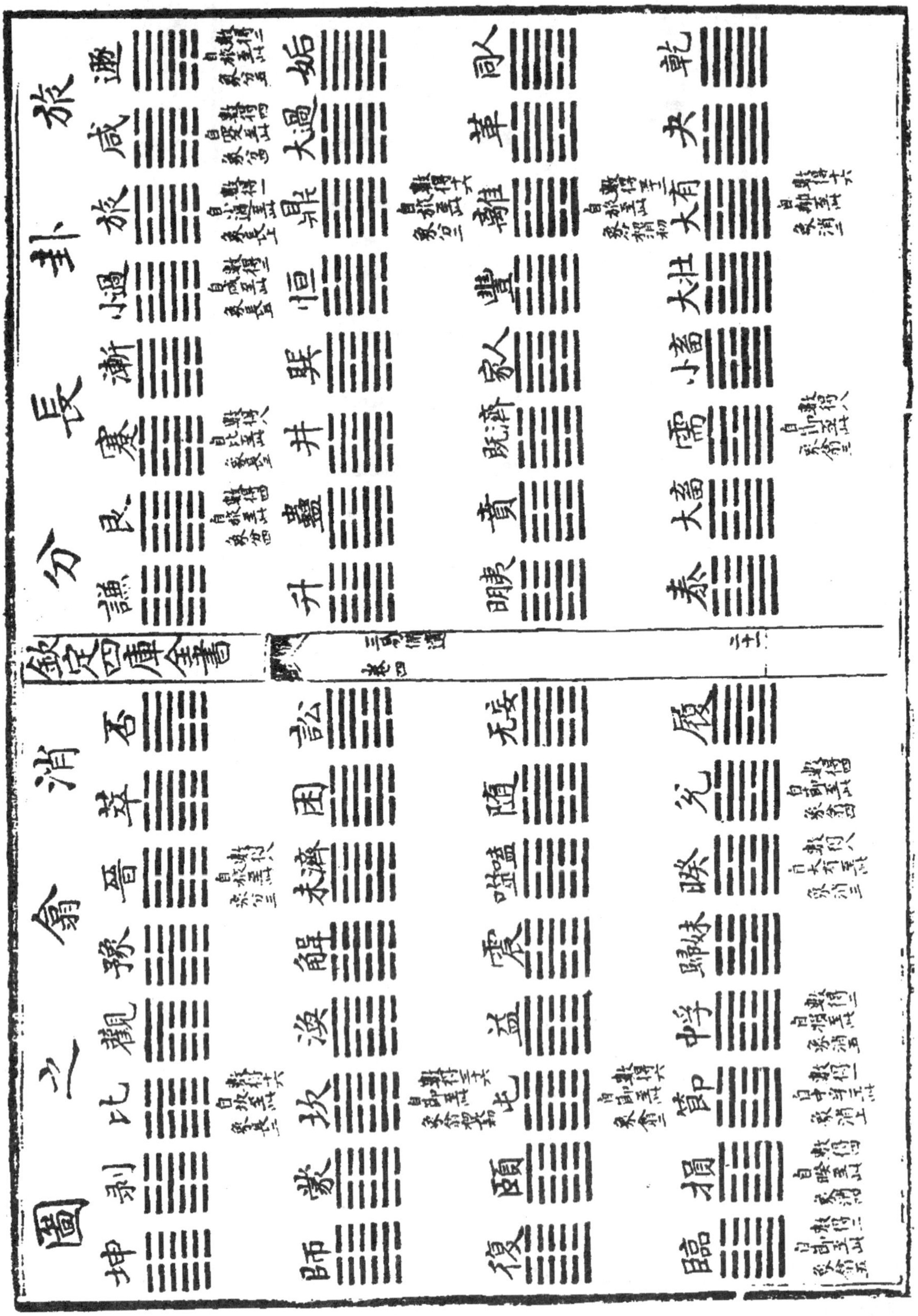

欽定四庫全書

旅卦長分消翕之圖

遯	咸	旅	小過	漸	蹇	艮	謙
數得二自旅至此象分五	數得四自遯至此象分四	數得一自小過至此象長上	數得二自咸至此象長五		數得八自比至此象長三	數得四自旅至此象分四	
姤	大過	鼎	恒	巽	井	蠱	升
		數得十六自旅至此象分二					
同人	革	離	豐	家人	既濟	賁	明夷
		數得三十二自旅至此象分初消初					
乾	夬	大有	大壯	小畜	需	大畜	泰
		數得十六自節至此象消二			數得八自節至此象翕三		

否	萃	晉	豫	觀	比	剝	坤
		數得八自旅至此象分三			數得十六自坎至此象長二		
訟	困	未濟	解	渙	坎	蒙	師
					數得三十六自節至此象翕初長初		
无妄	隨	噬嗑	震	益	屯	頤	復
					數得六自節至此象翕二		
履	兌	睽	歸妹	中孚	節	損	臨
	數得四自節至此象翕四	數得八自大有至此象消三		數得二自損至此象消五	數得一自中孚至此象消上	數得四自睽至此象消四	數得二自節至此象翕五

九三：旅焚其次，丧其童仆，贞厉①。

《象》曰：旅焚其次，亦以②伤矣。以旅与③下④，其义⑤丧也。

【注释】

①厉：危险。②以：通“已”，指已经。③与：对付；对待。这里有苛待的意思。一说指施惠。④下：指童仆。⑤义：宜；理应。

【译文】

九三：旅人来到着火的市场上，新买的男仆乘乱跑掉。卜问得险兆。

《象辞》说：旅人来到着火的市场，岂不遭受损失。因为旅人带着男仆同往，男仆乘乱跑掉是很自然的。

九四：旅于①处②，得其资斧③，我心不快。

《象》曰：旅于处，未得位④也。得其资斧，心未快也。

【注释】

①于：往；去。一说指寻取；一说指在。②处：处所。一说指住处；一说指暂时栖身处。③资斧：钱财；盘缠。一说指锐利的斧子。④未得位：指九四阳爻居于阴位，所处的位置不适当。

【译文】

九四：旅人回到客居之处，因为赚了不少钱，心中不踏实。

《象辞》说：旅人回到客居之处，这不是恰当的住处。赚了不少钱，恐怕抢劫，自然心中不踏实。

六五：射雉①，一矢亡②，终以誉命③。

《象》曰：终以誉命，上逮④也。

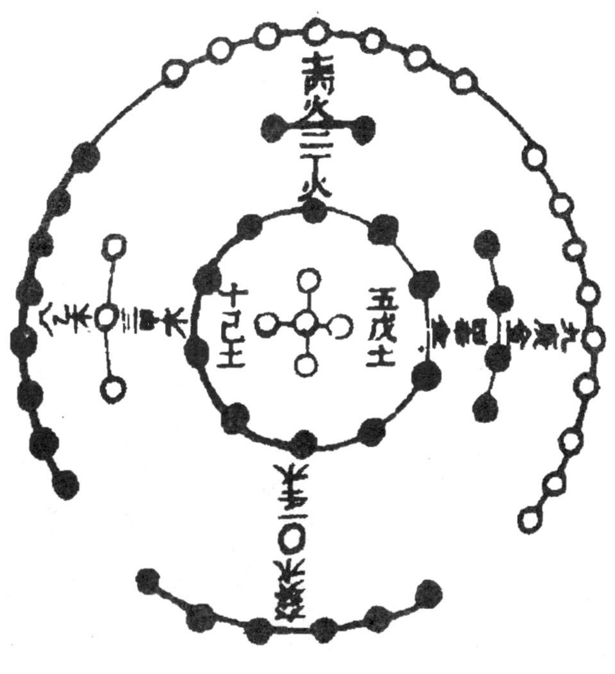

古河图

【注释】

①雉:野鸡。②亡:一说指丢失;一说指未射中;一说指雉死。③命:这里指帝王的赏赐。④逮:及;达到。

【译文】

六五:射野鸡,一发命中,其人因而博得善射的美名。

《象辞》说:终于博得善射的美名,众口传誉,连君王也知道了。

上九:鸟焚其巢,旅人先笑后号咷[①],丧牛于易[②]。凶。

《象辞》曰:以旅在上[③],其义焚也。"丧牛于易",终莫[④]之闻[⑤]也。

【注释】

①号咷:同"号啕",形容大声哭(咷:哭)。②易:见"大壮第三十四"六五爻注。③在上:指上九阳爻居《旅》卦最上位。④莫:没有谁。⑤闻:通"问",指体恤过问。

【译文】

上九:鸟儿的巢窠被焚烧,周人的邑落被抢劫,四处流落的周人呵,美好的生活已成往事,悲惨的现实即在眼前,狄人牵着牛羊去,往后的日子怎么过。

《象辞》说:以商旅身份而身登高爵,非分之极,其居室被焚毁是意料之中的事,牛羊在市场被抢劫,也没有人来体恤安慰,是理所应当。

巽　第五十七

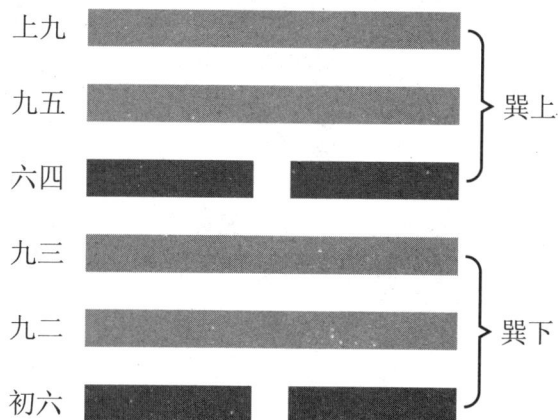

巽[1]，小亨，利有攸[2]往，利见大人。

【注释】

①巽：卦名，意为逊顺、顺从。一说指入。②攸：助词，相当于“所”。

【译文】

巽卦，稍见亨通。利于出行，利于会见王公贵族。

《彖》曰：重巽[1]以申命[2]。刚巽乎中正[3]而志行。柔皆顺乎刚[4]，是以“小亨。利有攸往，利见大人”。

【注释】

①重巽：《巽》卦下巽上巽，所以说重巽。②申命：不断发布命令（申：重复）。③刚巽乎中正：指九五阳爻居上卦之中位（刚：指九五阳爻）。④柔皆顺乎刚：初六阴爻、六四阴爻之上均为阳爻，象征阴柔者顺从阳刚者。

【译文】

《彖辞》说：巽意为顺。两个巽卦相重，意在强调申述这个伦理原则。本卦九二、九五阳爻分居于下卦与上卦的中位，像君王行事合于正道，因而志得意行，臣民顺从君王，因而“稍有亨通之象”。“利于出行，利于会见王公大人”，就是“小亨”之象的具体表现。

《象》曰：随风[1]，巽。君子以申命行事。

【注释】

①随风：《巽》卦下巽上巽，巽为风，好比风与风相随，所以说随风。

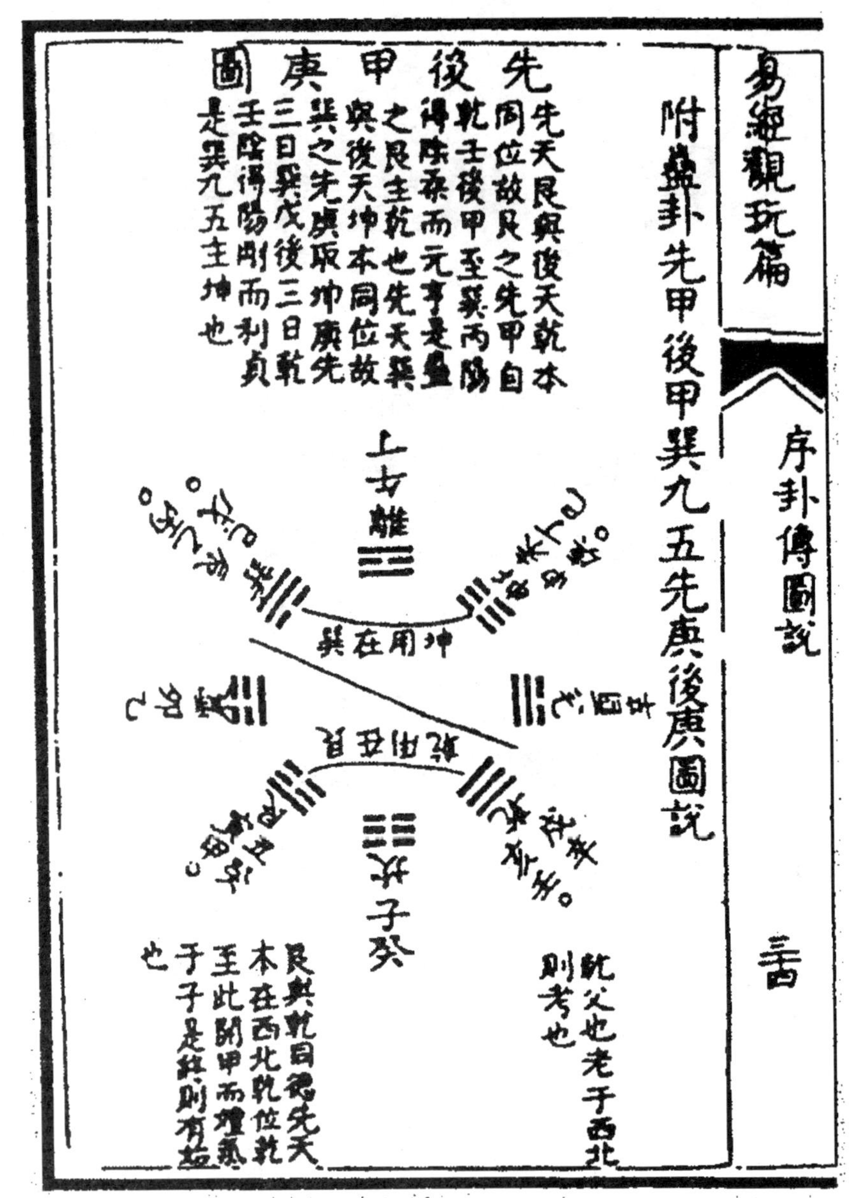

【译文】

《象辞》说：本卦为巽卦相迭而成，巽为风，因而长风相随，吹拂不断，是巽卦的卦象。君子观此卦象，取法于长吹不断的风，从而不断地申明教义，反复地颁行政令，灌输纲常大义。

初六：进退①，利武人②之贞③。

《象》曰：进退，志疑也。利武人之贞，志治④也。

【注释】

①进退：不轻易决定进退。一说指欲进而退；一说指进退皆可。②武人：勇武的人。③贞：占问。一说指"正"。④志治：心志治理得好，指心有定见。

【译文】

初六：进退听命，像武将般的坚决果断才有利。

《象辞》说：进退听命，是因为自己没有成见。像武人般具有坚定的意志，才能勇敢无畏，临危不乱。

九二：巽在床下，用史巫①纷②若③，吉，无咎④。

《象》曰：纷若之吉，得中⑤也。

【注释】

①史巫：即史和巫。在中国古代，史掌管卜筮，巫掌管降神除灾。②纷：多。③若：语气助词。④咎：灾殃。⑤得中：指九二阳爻居下卦之中位。

【译文】

九二：病人卧床不起，祝史巫士降神祭祀，禳灾驱鬼，忙碌不停。病情有好转，灾难消除了。

《象辞》说：祝史巫士禳灾驱鬼忙碌不停，之所以使病情有好转，因为九二阳爻居下卦中位，爻象既得，灾难自退。

九三：频①巽，吝②。

《象》曰：频巽之吝，志穷也。

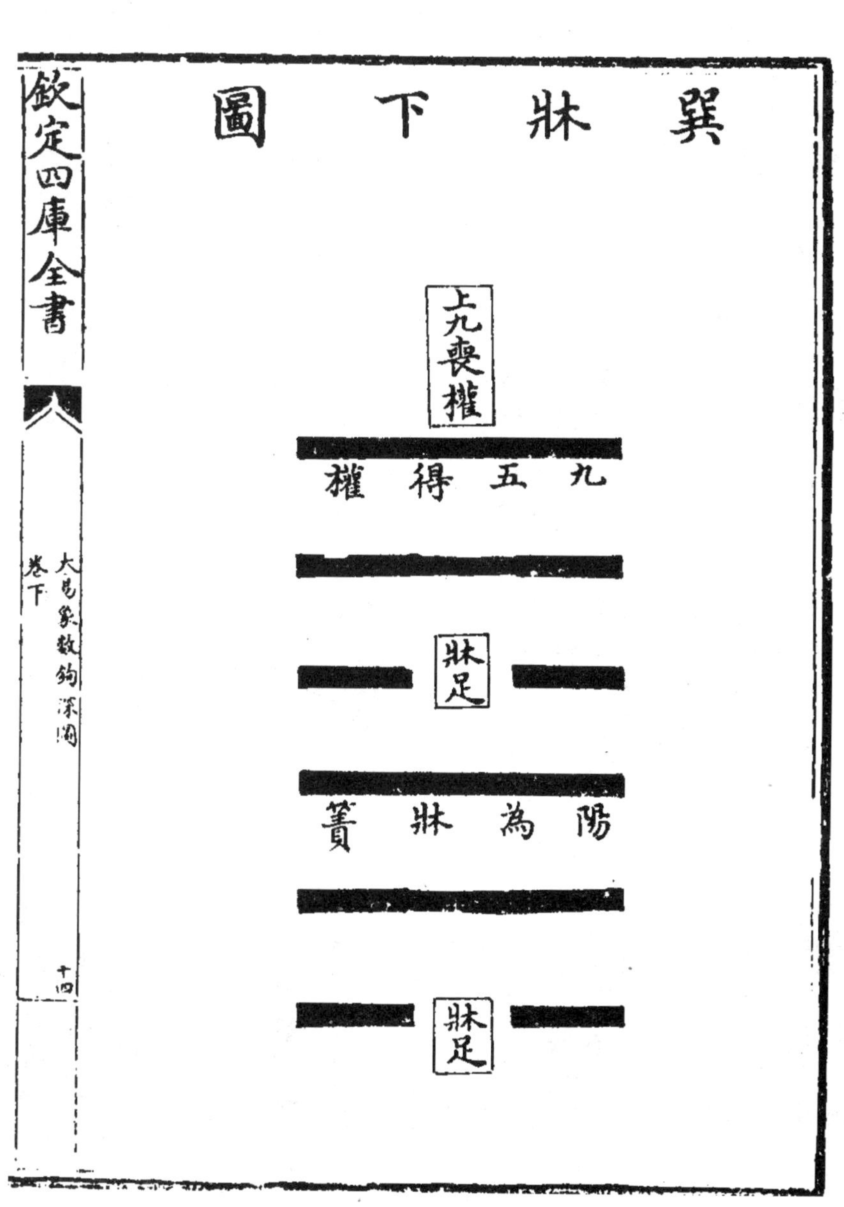

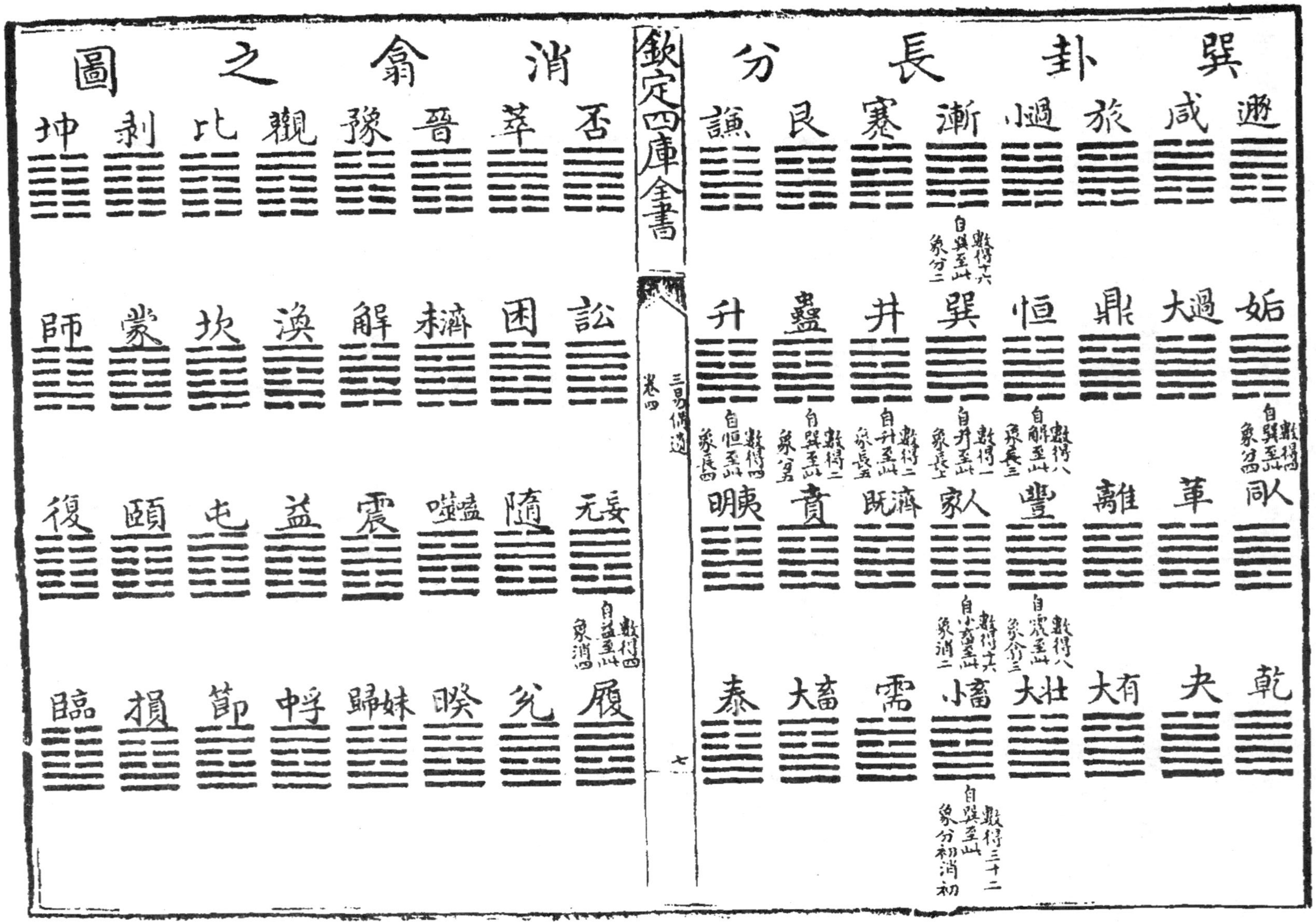

巽卦長分消翕之圖

遯	咸	旅	小過	漸	蹇	艮	謙	否	萃	晉	豫	觀	比	剝	坤
				自巽至此數得六象分二											
姤	大過	鼎	恒	巽	井	蠱	升	訟	困	未濟	解	渙	坎	蒙	師
自巽至此數得四象分四			自解至此數得八象長三	自井至此數得一象長七	自升至此數得二象長五	自巽至此數得二象分[illegible]	自恒至此數得四象長四								
同人	革	離	豐	家人	既濟	賁	明夷	无妄	隨	噬嗑	震	益	屯	頤	復
			自震至此數得八象分三	自小畜至此數得六象消二				自益至此數得四象消四							
乾	夬	大有	大壯	小畜	需	大畜	泰	履	兌	睽	歸妹	中孚	節	損	臨
				自巽至此數得三十二象分初消初											

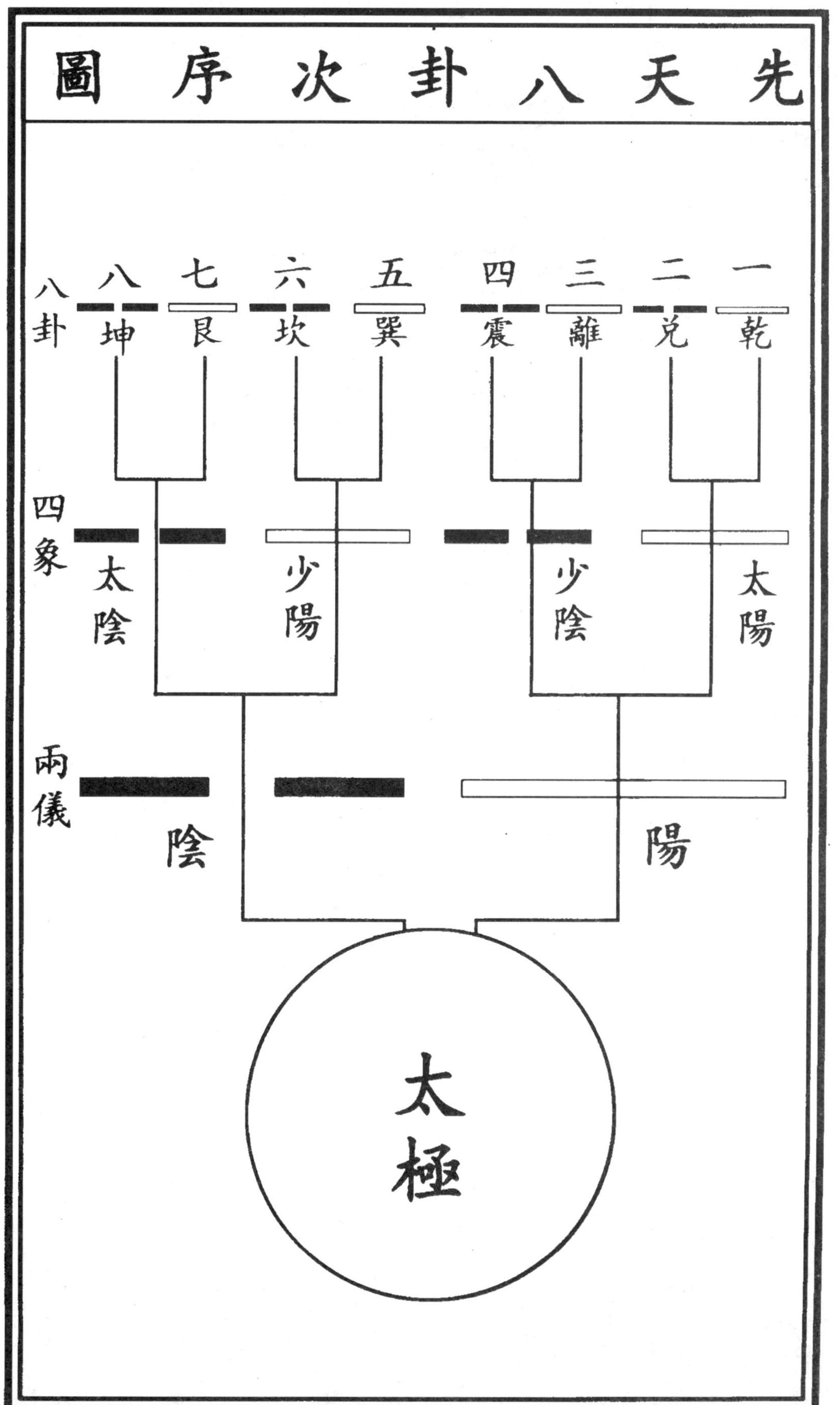
先天八卦次序圖
八卦
八 七 六 五 四 三 二 一
坤 艮 坎 巽 震 離 兑 乾
四象
太陰 少陽 少陰 太陽
兩儀
陰 陽
太極

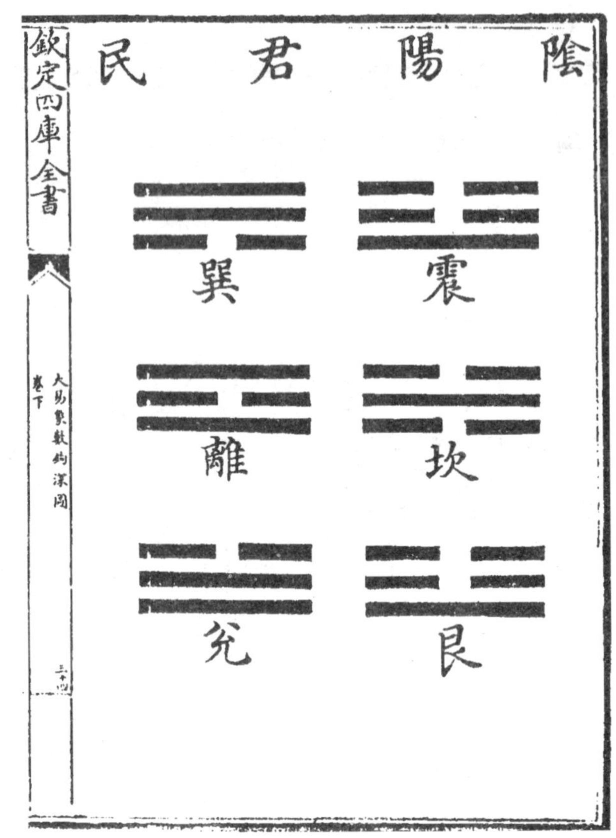

【注释】

①频：皱着眉头。②吝：悔恨。

【译文】

九三：勉强顺从，其心必不顺畅。

《象辞》说：勉强顺从，而内心不顺畅，说明这是出于无可奈何。

六四：悔亡，田①获三品②。

《象》曰：田获三品，有功也。

【注释】

①田：狩猎。②三品：指多种猎物（品：种类）。

【译文】

六四：悔恨消失了，狩猎获得各种猎物。

《象辞》说：狩猎获得各种猎物，说明狩猎大有收获。

九五：贞吉，悔亡，无不利。无初有终①。先庚②三日，后庚三日，吉。

《象》曰：九五之吉，位正中③也。

【注释】

①有终：有好的结局。②庚：指庚日。古代每月分为三旬，每旬以甲、乙、丙、丁、戊、己、庚、辛、壬、癸十天干记日，庚日即每旬的第七天。③位正中：指九五阳爻居于阳位，又居上卦之中位。

【译文】

九五：贞卜得吉兆，没有悔恨，无所不利。虽没有良好的开端，但有良好的结局。时日定在丁日或癸日，其事一定成功。

《象辞》说：九五爻辞之所以讲吉利，因为九五阳爻居上卦中位，像人事合于正道，自然吉利。

上九：巽在床下，丧其资斧[①]，贞，凶。

《象》曰：巽在床下，上[②]穷也。丧其资斧，正[③]乎凶也。

【注释】

①资斧：钱财；盘缠。一说指锐利的斧子。②上：指上九阳爻。③正：正当；适合。

【译文】

上九：隐伏在床底下，钱财则被洗劫一空。卜问得凶兆。

《象辞》说：隐伏在床底下，正是上九阳爻穷途末路之象。钱财被洗劫，不正是凶险之事吗？

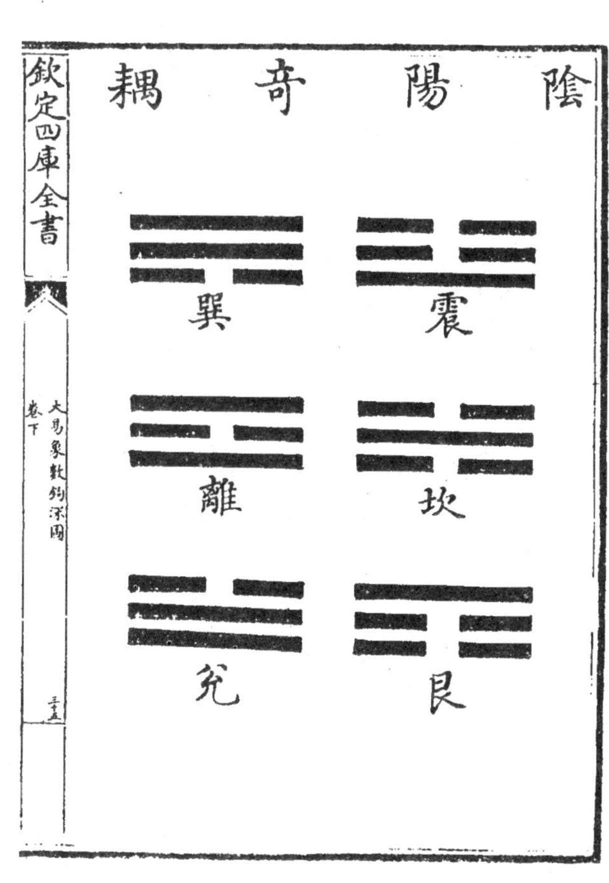

兑　第五十八

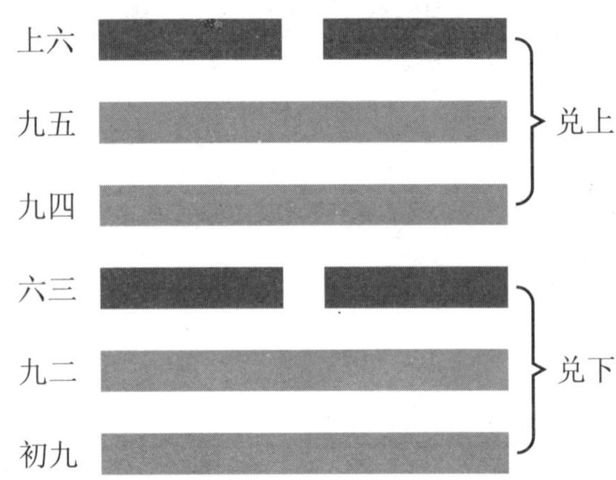

兑[①]:亨。利贞[②]。

【注释】

①兑:卦名,意为喜悦。②贞:占问。一说指"正"。

【译文】

兑卦:亨通。吉利的贞卜。

《彖》曰:兑,说[①]也。刚中而柔外[②],说以"利贞",是以顺乎天而应乎人。说以先民[③],民忘其劳。说以犯难,民忘其死。说之大,民劝[④]矣哉。

【注释】

①说:通"悦",指喜悦、高兴。②刚中而柔外:九二和九五阳爻分别居下、上卦之中位,六三和上六阴爻分别居下、上卦之外位,所以说刚中而柔外。③先民:引导民众。④劝:劝勉;勉励。

【译文】

《彖辞》说:兑,就是喜悦的意思。君子内秉刚健之德,外抱柔和之姿,以团结协和为愿望,以利人利物为存心,坚持正道,所以能顺乎天意而合乎人心。以悦民之道引导大众前进,大众将不顾劳累而追随,以悦民之道引导大众冒险,大众也会不顾生死而赴之。悦民之道的伟大作用就在于大众因此而劝勉奋进,共济时艰。

《象》曰:丽泽[①],兑。君子以朋友讲习。

【注释】

①丽泽:《兑》卦下兑上兑,兑为泽,仿佛两泽并连,所以说丽泽。

八卦加八卦方圓圖（一）

乾宮八卦

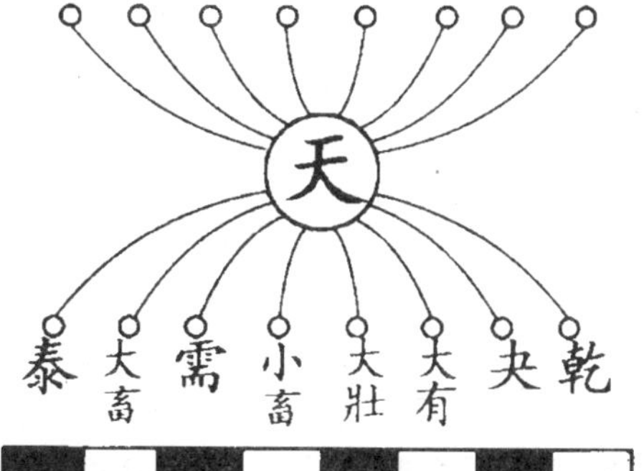

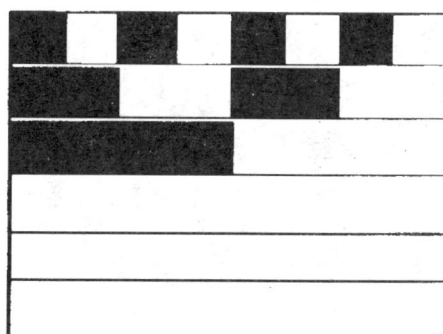

乾

兌宮八卦

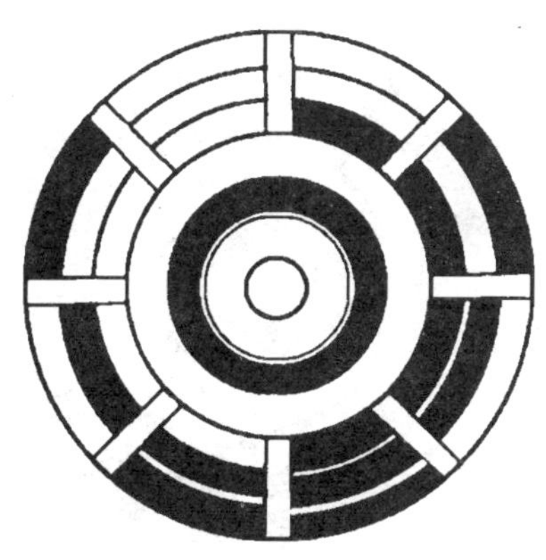

天 澤 火 雷 風 水 山 地

澤

履 兌 睽 歸妹 中孚 節 損 臨

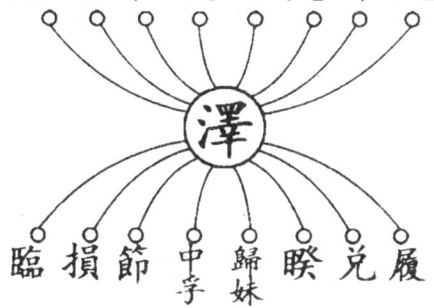

兌

是圖也。八卦之上各加八卦。而成六十四卦。即前之橫圖是也。但乾一兌二離三震四巽五坎六艮七坤八。卦之與數

八卦加八卦方圓圖（二）

震宮八卦

天 澤 火 雷 風 水 山 地

雷

無妄 隨 噬嗑 震 益 屯 頤 復

震

離宮八卦

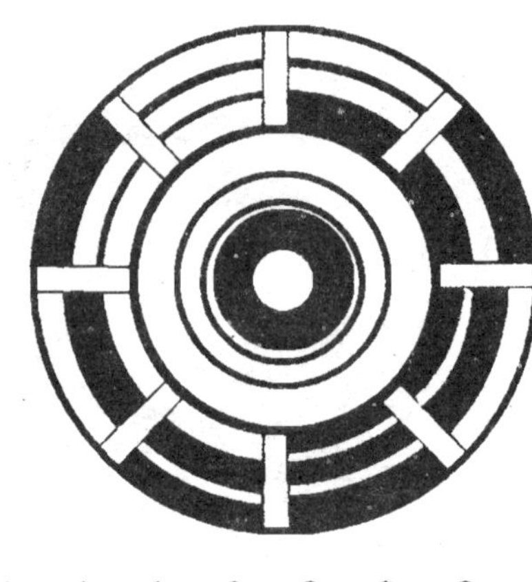

天 澤 火 雷 風 水 山 地

火

同人 革 離 豐 家人 既濟 賁 明夷

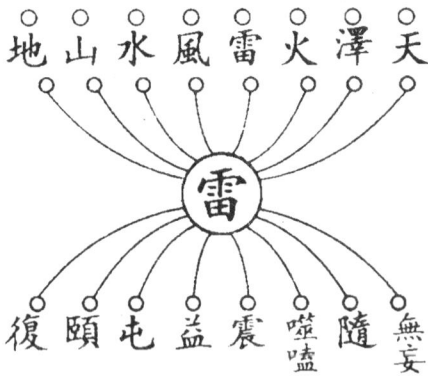

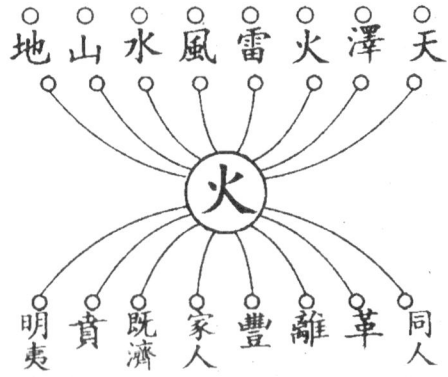

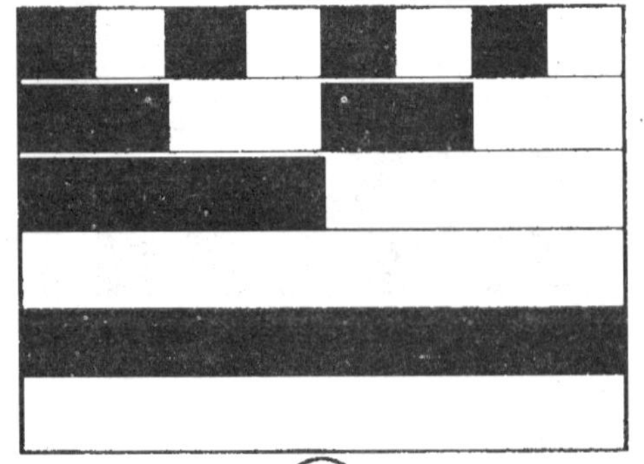

豈安排而强合之哉。一爲乾固于本卦一位上見之。二爲兑即于本卦二位上見之。三爲離四爲震。五爲巽。六爲坎。七

八卦加八卦方圓圖（三）

坎宮八卦

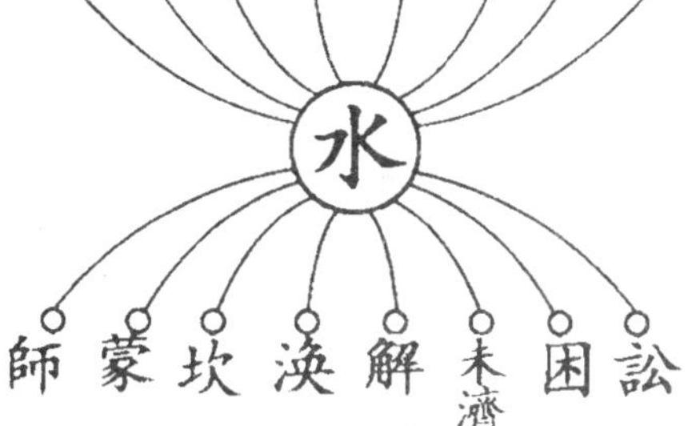

坎

巽宮八卦

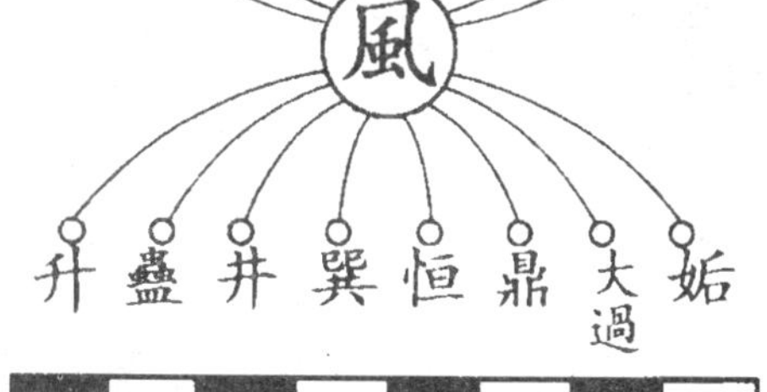

巽

爲艮。八爲坤。莫不然也。況即乾之一宮。其八卦次序。固依二三四五六六七八整然不亂。而各宮皆然。可見六十四卦

八卦加八卦方圓圖（四）

坤宮八卦

艮宮八卦

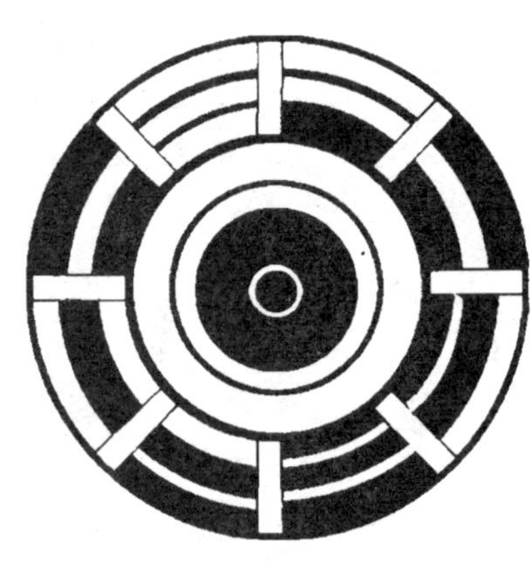

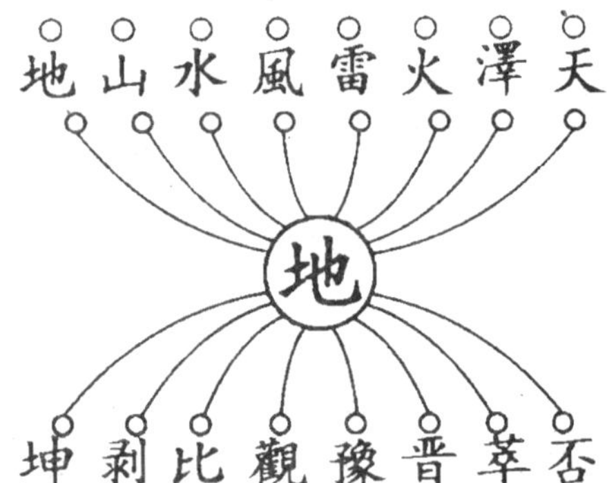

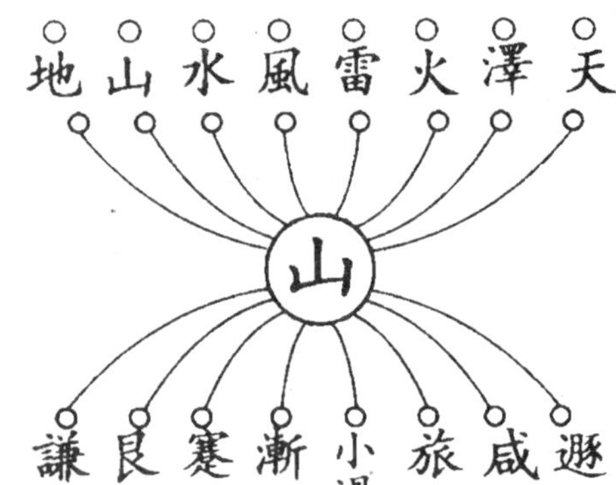

聖人無一毫增損于其間矣。

【译文】

《象辞》说：本卦为两兑相叠，兑为泽，两泽相连、两水交流是兑卦的卦象。君子观此卦象，从而广交朋友，讲习探索，推广见闻。

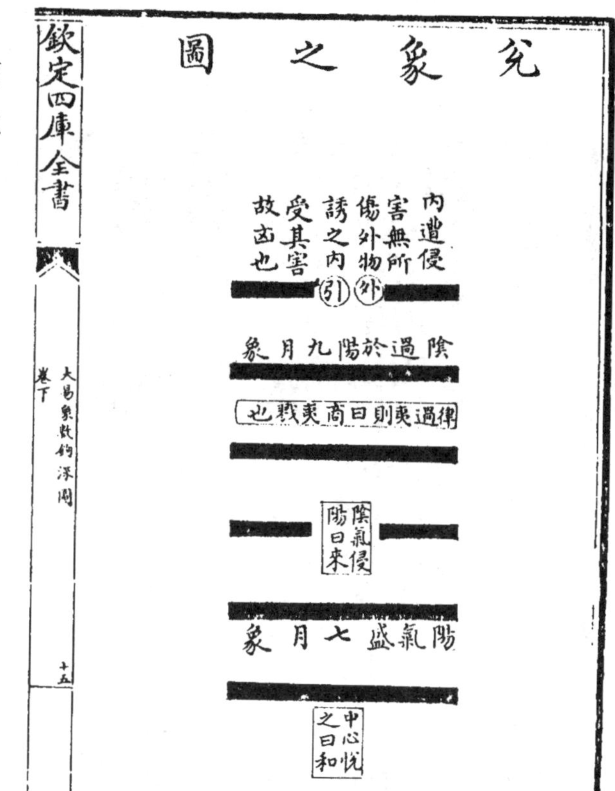

初九：和[①]兑，吉。

《象》曰：和兑之吉，行未疑也。

【注释】

①和：温和。

【译文】

初九：和睦欢喜，吉利。

《象辞》说：和睦欢喜之所以吉利，因为人际邦交无所猜疑。

九二：孚兑，吉，悔亡。

《象》曰：孚兑之吉，信志[①]也。

【注释】

①信志：即"志信"，指心志诚信。

【译文】

九二：优待俘虏，吉利，悔恨消失。

《象辞》说：以诚信待人，人亦热忱待之，之所以吉利，因为互相之间有了信任。

六三：来[①]兑，凶。

《象》曰：来兑之凶，位不当[②]也。

【注释】

①来：这里意为前来谋求。②位不当：指六三阴爻居于阳位，所处的位置不适当。

【译文】

六三：以使人归服为乐，有凶险。

《象辞》说：以使人归服为乐，有凶险，因为力小而任大，德薄而欲多，所行必不当。

九四：商[①]兑未宁，介[②]疾有喜[③]。

《象》曰：九四之喜，有庆也。

【注释】

①商：商酌；协商。②介：一说指细微、微小；一说指隔开；一说指处于；一说借为"疥"，指疥疮。③有喜：指病愈。

【译文】

九四：商谈恢复邦交之事，尚未达成协议，但两国的矛盾分歧有了愈合的趋势。

《象辞》说：九四爻辞所讲的喜，即是指将有喜庆之事。

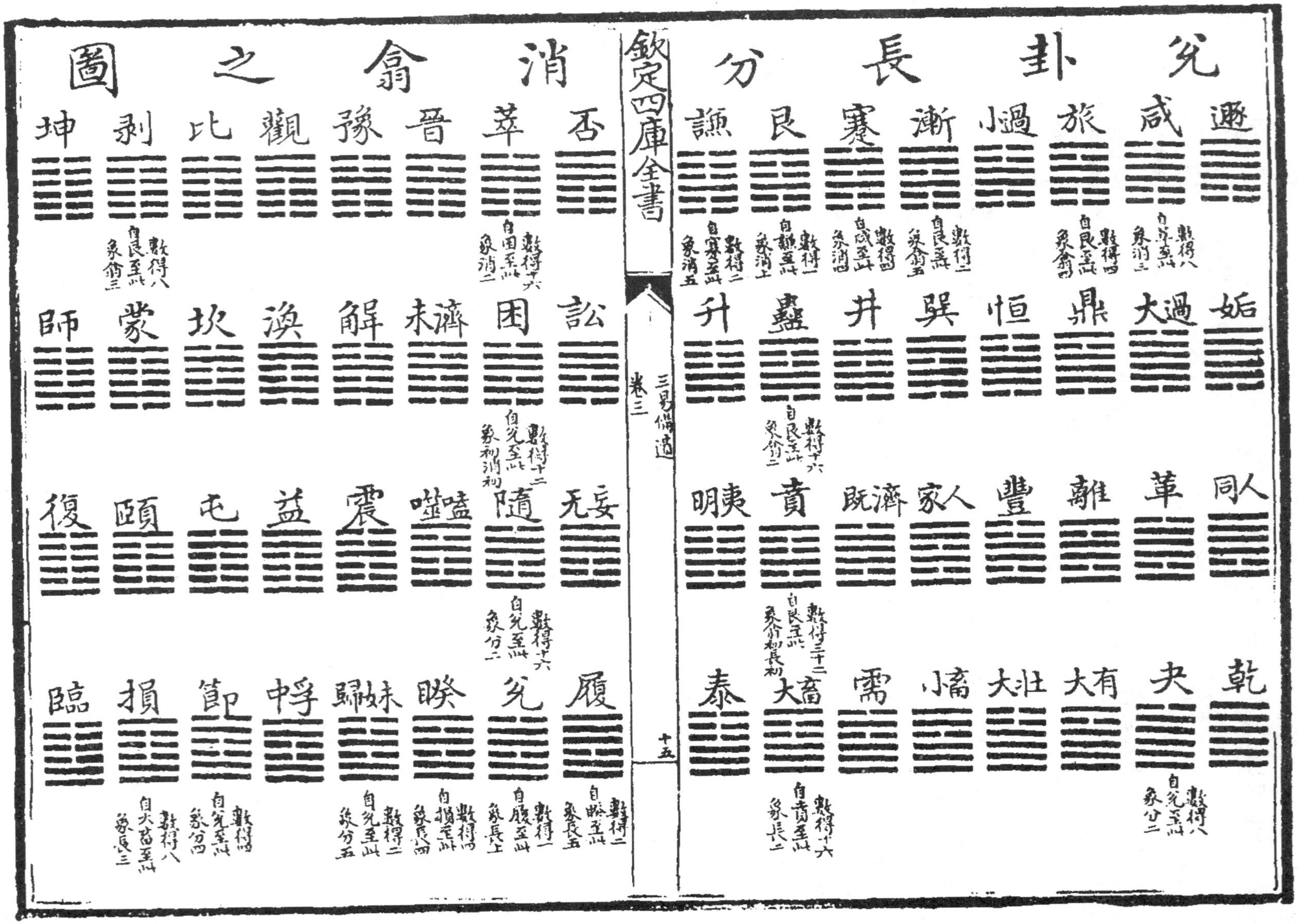

兌卦長分消翕之圖

遯	咸	旅	小過	漸	蹇	艮	謙
	數得八 自兌至此 象消三	數得四 自艮至此 象翕四		數得二 自艮至此 象翕五	數得四 自咸至此 象消四	數得一 自謙至此 象消上	數得二 自蹇至此 象消五
姤	大過	鼎	恒	巽	井	蠱	升
						數得十六 自艮至此 象翕二	
同人	革	離	豐	家人	既濟	賁	明夷
						數得三十二 自艮至此 象翕初長初	
乾	夬	大有	大壯	小畜	需	大畜	泰
	數得八 自兌至此 象分二					數得十六 自賁至此 象長二	

三易備遺 卷三 十五

否	萃	晉	豫	觀	比	剝	坤
	數得十六 自困至此 象消二					數得八 自艮至此 象翕三	
訟	困	未濟	解	渙	坎	蒙	師
	數得十二 自兌至此 象初消初						
无妄	隨	噬嗑	震	益	屯	頤	復
	數得十六 自兌至此 象分二						
履	兌	睽	歸妹	中孚	節	損	臨
數得二 自睽至此 象長五	數得一 自履至此 象長上	數得四 自損至此 象長四	數得二 自兌至此 象分五		數得四 自兌至此 象分四	數得八 自大畜至此 象長三	

九五:孚于剥[①],有厉[②]。

《象》曰:孚于剥,位正当[③]也。

【注释】

①剥:侵剥,这里指侵剥别人的人。②厉:危险。一说“厉”后应有“吉”或“无咎”。③位正当:指九五阳爻居于阳位,所处的位置正当。

【译文】

九五:被侵略的人俘虏。侵略的人无理挑衅,必遭惩罚(对我方而言,坏事将变为好事)。

《象辞》说:当被侵略之时,仍以诚信待人,正如九五阳爻所象,其人秉行中正之道,必能逢凶化吉。

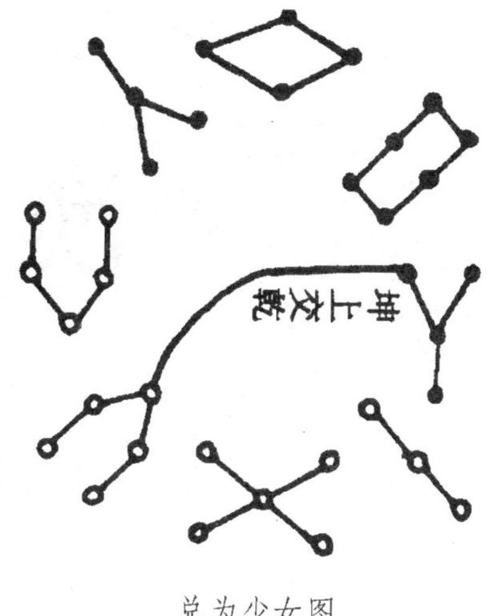

兑为少女图

上六:引[①]兑。

《象》曰:上六引兑,未光[②]也。

【注释】

①引:引导;诱导。一说指援引;一说指延长。②光:发扬光大。一说指光明;一说指广大。

【译文】

上六:用引诱的手段来形成的和谐关系。

《象辞》说:上六爻辞讲让大家和睦相处,用意虽佳,手段不太光明正大。

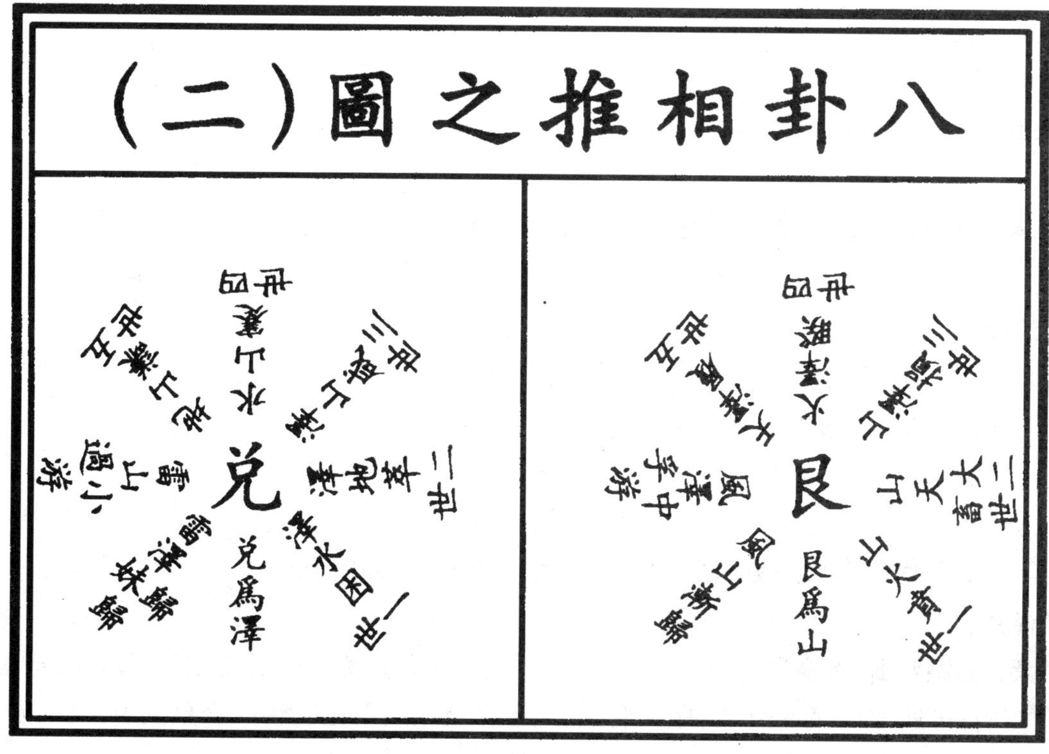

涣　第五十九

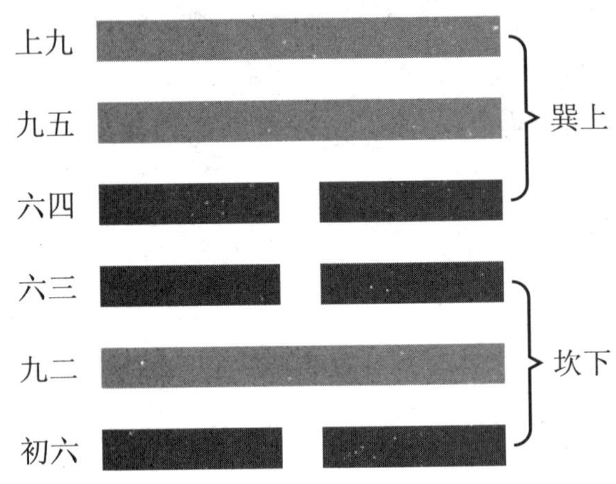

涣①：亨，王假②有③庙。利涉大川。利贞③。

【注释】

①涣：卦名，其意既指水势盛大，也指涣散。②假：通“格”，指至、到。一说指感格。③有：语气助词。④贞：占问。一说指“正”。

【译文】

涣卦：亨通，因为君王亲临宗庙，禳灾祈福。利于涉水过江河。这是吉利的贞卜。

《彖》曰：涣，“亨”，刚来①而不穷，柔得位乎外②而上同③。“王假有庙”，王乃在中④也。“利涉大川”，乘木⑤有功。

【注释】

①刚来：指九二阳爻从上面下来。因《涣》卦由《否》卦变来，《否》卦的九四阳爻与六二阴爻对换后就成了《涣》卦，相当于阳爻由四位来到二位，故说刚来。一说指九二和九五阳爻分别居下、上卦之中位。②柔得位乎外：指六四阴爻居于阴位，又在外卦之最下位。③上同：指六四阴爻位于九五阳爻之下，有阴柔者追随阳刚者之象。④王乃在中：指九五阳爻居上卦之中位。⑤乘木：《涣》卦下坎上巽，坎为水，巽为木，木在水上，有乘木（即乘船）之象。

【译文】

《彖辞》说：涣卦，有亨通之象。因为九二、九五之爻分别为内外卦之主爻，像君王居位，大权在握，指挥灵通，而且百僚守职，顺从君王。“王亲临宗庙祭祀”，说明众星拱卫，君王处于天枢之地。所谓“利于涉水渡河”，比喻君王以“德教”为舟，破浪穿行，建功立业。

《象》曰：风行水上①，涣。先王以享②于帝③，立庙。

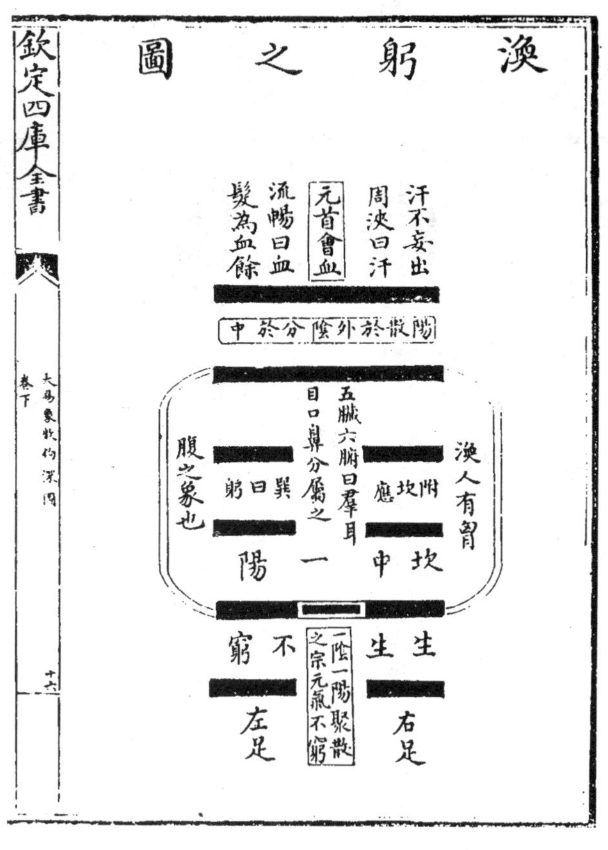

【注释】

①风行水上:《涣》卦上巽下坎,巽为风,坎为水,所以说风行水上。②享:祭祀。③帝:指天帝。

【译文】

《象辞》说:本卦上卦为巽,巽为风;下卦为坎,坎为水。风行水上,是涣卦的卦象。先王观此卦象,从而享祭天帝,建立宗庙,推行尊天孝祖的“德教”。

初六:用拯马壮①,吉。

《象》曰:初六之吉,顺②也。

【注释】

①用拯马壮:参见“明夷第三十六”六二爻注。②顺:指初六阴爻位于九二阳爻之下,象征阴柔者顺从阳刚者。

【译文】

初六:需要强有力的援助,吉祥。

《象辞》说:初六爻辞讲的吉利,是因为初六阴爻居九二阳爻之下,有阴柔顺从阳刚之意,像马顺从人意。

九二:涣奔其机①,悔亡。

《象》曰:涣奔其机,得愿也。

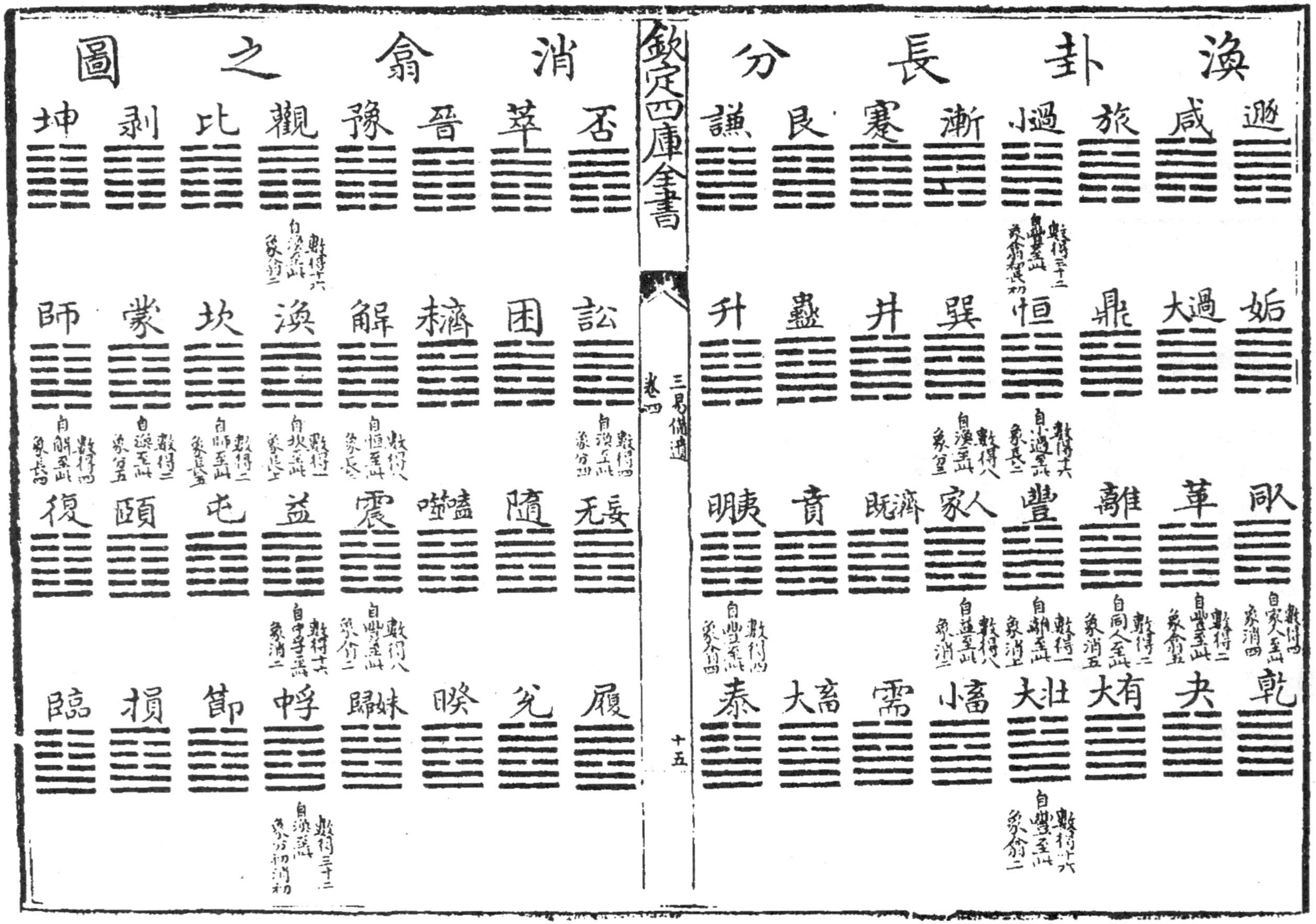

渙卦長分

遯 咸 旅 小過 漸 蹇 艮 謙

（小過）數得三十二 自豐至此 象翕初長初

姤 大過 鼎 恒 巽 井 蠱 升

（恒）數得十六 自小過至此 象長二
（巽）數得八 自渙至此 象長三

同人 革 離 豐 家人 既濟 賁 明夷

（同人）數得四 自家人至此 象消四
（革）數得二 自豐至此 象翕五
（離）數得二 自同人至此 象消五
（豐）數得一 自離至此 象消上
（家人）數得八 自益至此 象消三
（明夷）數得四 自豐至此 象翕四

乾 夬 大有 大壯 小畜 需 大畜 泰

（大壯）數得十六 自豐至此 象翕二

消翕之圖

否 萃 晉 豫 觀 比 剝 坤

（觀）數得十六 自渙至此 象翕二

訟 困 未濟 解 渙 坎 蒙 師

（訟）數得四 自渙至此 象分四
（解）數得八 自恒至此 象長六
（渙）數得一 自坎至此 象長上
（坎）數得二 自師至此 象長五
（蒙）數得二 自渙至此 象長五
（師）數得四 自解至此 象長四

无妄 隨 噬嗑 震 益 屯 頤 復

（震）數得八 自豐至此 象翕三
（益）數得十六 自中孚至此 象消二

履 兌 睽 歸妹 中孚 節 損 臨

（中孚）數得三十二 自渙至此 象分初消初

古洛书

【注释】

①机:通“几”,指几案,一种小桌子。帛书本《周易》作“阶”,指台阶。

【译文】

九二:洪水奔涌,冲毁房基,性命无虞。不幸中之万幸。

《象辞》说:荡涤冲刷其污垢,正是心中所愿。

六三:涣其躬①,无悔②。

《象》曰:涣其躬,志在外③也。

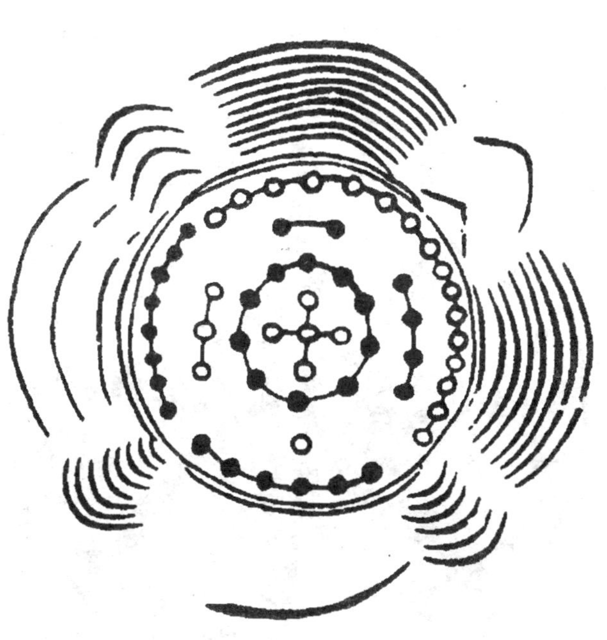

图书合一之图

阴阳五行综整图

【注释】

①躬：自身。②无悔：不后悔。帛书本《周易》作“无咎”。③外：指外卦中的上九阳爻，六三阴爻与上九正相应合。

【译文】

六三：洪水冲到身上，幸免于难，尚可庆幸。

《象辞》说：冲刷他的身体，说明其人志在向外发展，志向远大。

六四：涣其群，元①吉，涣有丘②，匪夷所思③。

《象》曰：涣其群，元吉，光大④也。

【注释】

①元：大。②丘：丘陵。③匪夷所思：不是一般人按常理所能想象的，形容事情怪异之极（匪：同“非”。夷：平常）。④光大：发扬光大。

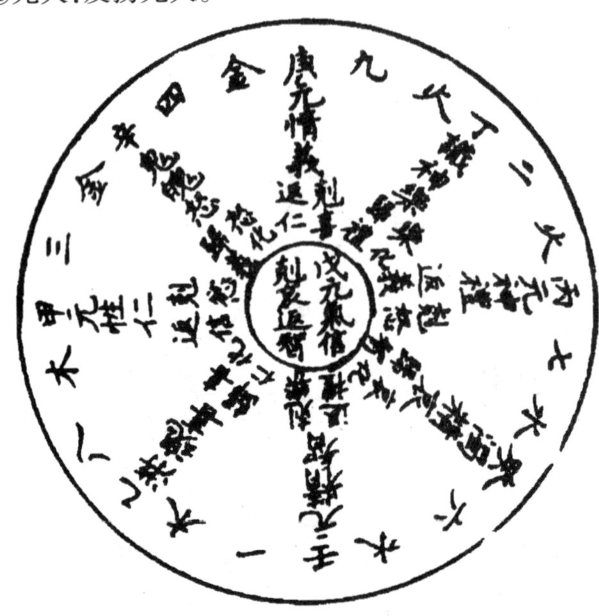

阴阳五行错乱图

【译文】

六四：洪水冲向人群，然而十分幸运，因为人群聚集在山丘上，洪水只能淹到山脚，否则其后果是平常难以想象的。

《象辞》说：冲刷大众百姓，说明君王德教广施，教化大行。

九五：涣汗①其大号，涣王居②，无咎③。

《象》曰：王居无咎，正位④也。

【注释】

①涣汗：汗出如水流。一说指水势盛大（汗：大）；一说指像汗水出而不返一样散发。②王居：君王的住处，指王宫。一说指王者之居积。③咎：灾殃。④正位：指九五阳爻居上卦之中位，所处的位置端正。

【译文】

九五：洪水横溢，淹没国都，淹及王宫，幸好人员早已撤走，没有大的灾难。

《象辞》说：王宫没有遭遇灾难，因为九五阳爻居上卦中位，位尊且正，自然无灾难。

上九：涣其血①去，逖②出，无咎。

《象》曰：涣其血，远害也。

【注释】

①血：一说指血液；一说通"恤"，指忧虑、忧患。②逖：远。一说通"惕"，指警惕。

【译文】

上九：洪水退去，忧患消除，但仍须警惕，加强防范，这样就没有灾难。

《象辞》说：有血光之灾，远远地走开，这样就可以远离灾害。

节 第六十

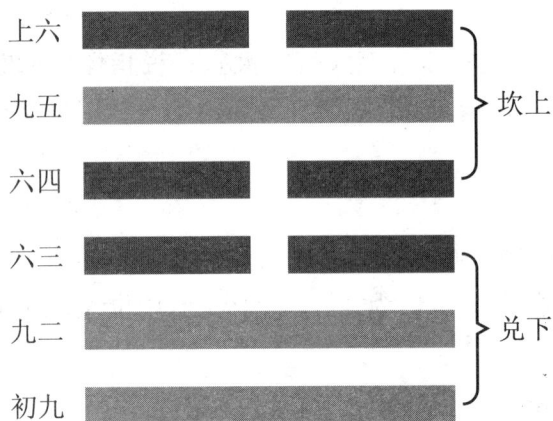

节[①]：亨。苦节[②]，不可贞[③]。

【注释】

①节：卦名，意为节制。②苦节：以节制为苦。一说指节制过于苛严。③贞：占问。一说指“正”。

【译文】

节卦：亨通。如果以节制为苦，其凶吉则不可卜问。

《彖》曰：节，“亨”。刚柔分[①]而刚得中[②]。“苦节，不可贞”，其道穷也。说以行险[③]，当位[④]以节，中正[⑤]以通。天地节而四时[⑥]成。节以制度，不伤财，不害民。

【注释】

①刚柔分：《节》卦上坎下兑，坎为阳卦为刚，兑为阴卦为柔，所以说“刚柔分”；同时，《节》卦由三个阳爻和三个阴爻组成，阴阳爻的数目相等，所以说“刚柔分”。②刚得中：指九二、九五阳爻分别居下、上卦之中位。③说以行险：《节》卦下兑上坎，兑为悦（说：即“悦”），坎为险，所以说“说以行险”。④当位：指六四阴爻居阴位，九五阳爻居阳位，所处的位置适当。一说单就九五阳爻而言。⑤中正：指九五阳爻居上卦之中位。⑥四时：四季。

【译文】

《彖辞》说：节卦，有亨通之象。因为刚柔分而位象恰当，像君臣各正其位，各守其分。卦辞说“如果以节制为苦，其凶吉不可卜问”，因为违反纲常大义，胡作妄为，必然走向穷途末路。节卦具有临难不苟，威武殉道的意蕴，同时又体现了恪守本分，遵礼守义的原则，因而能达到中立不倚、通行无阻的境地。天地有节度而寒来暑往，形成四时节气。国家有节度，因而制定了君子教庶民，庶民养君子的社会通则。君子不可以骄奢暴殄天物，不可以残暴伤害人民。

《象》曰：泽上有水①，节。君子以制数度②，议③德行。

【注释】

①泽上有水：《节》卦下兑上坎，兑为泽，坎为水，所以说泽上有水。②数度：礼数法度。③议：评议；商议。

【译文】

《象辞》说：本卦下卦为兑，兑为泽；上卦为坎，坎为水。泽中水满，因而须高筑堤防，这是节卦的卦象。君子观此卦象，从而建立政纲制度，确立伦理原则。

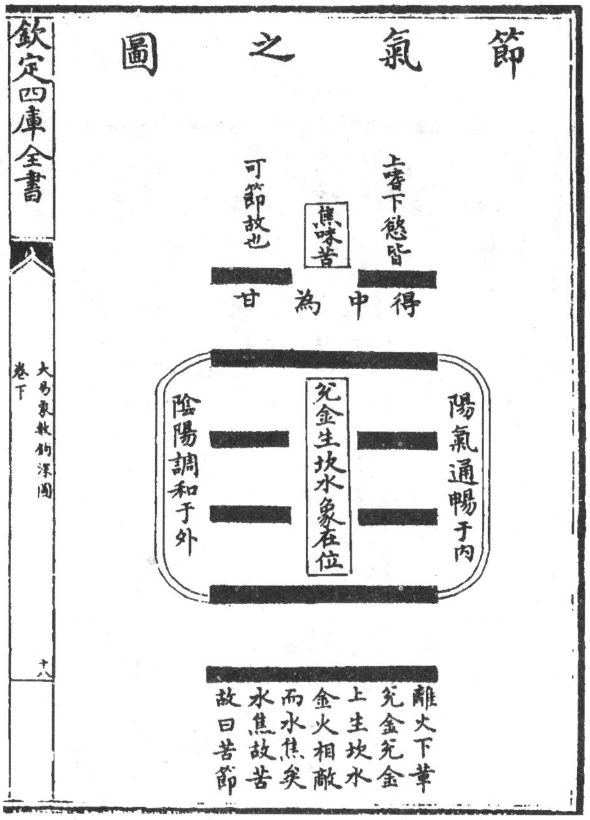

欽定四庫全書 大易象數鉤深圖 卷下 十八

節氣之圖

上嗇下慾皆可節故也

焦味苦

得中為甘

陽氣通暢于內

兌金生坎水象在位

陰陽調和于外

離火下輩兌金兌金上生坎水金火相敵而水焦矣水焦故苦故曰苦節

初九：不出户庭①，无咎②。

《象》曰：不出户庭，知通塞③也。

【注释】

①户庭：门户和庭院，指家门之内。②咎：灾殃。③通塞：畅通和阻塞。

【译文】

初九：筮遇此爻，闭门不出，没有灾祸。

《象辞》说：闭门不出，因为知道所行必不通。

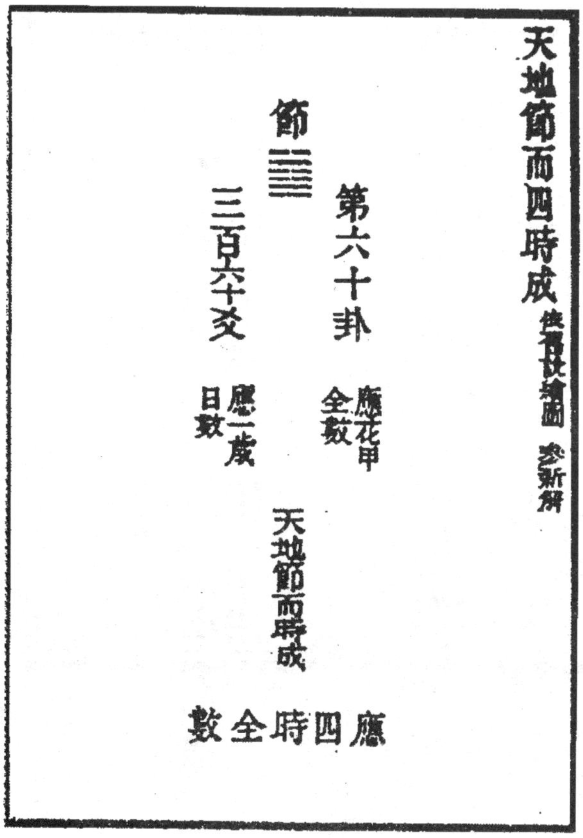

天地節而四時成 參新解

節 ䷻ 第六十卦 應花甲全數

三百六十爻 應一歲日數

天地節而時成

應四時全數

九二：不出门庭①，凶。

《象》曰：不出门庭，凶。失时极②也。

【注释】

①门庭：门口和庭院。②时极：指最佳的时机。

【译文】

九二：闭门不出，有凶险。

《象辞》说：闭门不出，有凶险，因为坐失良机，错误之极。

六三：不节若①，则嗟②若，无咎。

《象》曰：不节之嗟，又谁咎③也？

【注释】

①若：语气助词。②嗟：叹息；忧叹。③咎：责怪；追究罪责。

【译文】

六三：如不能有所节制，结果后悔叹气，知

節卦長分消翕之圖

遯（數得二　自旅至此　象翕五）　咸（數得四　自蹇至此　象消四）　旅（數得一　自小過至此　象消上）　小過（數得二　自咸至此　象消五）　漸　蹇（數得八　自比至此　象消三）　艮（數得四　自旅至此　象翕五）　謙　否　萃　晉（數得八　自旅至此　象翕三）　豫　觀　比（數得十六　自坎至此　象消二）　剝　坤

姤　大過　鼎　恒　巽　井　蠱　升　訟　困　未濟　解　渙　坎（數得三十二　自節至此　象分和長初）　蒙　師

同人　革　離（數得三十二　自旅至此　象翕和長初）　豐　家人　既濟　賁　明夷　无妄　隨　噬嗑　震　益　屯（數得十六　自節至此　象分二）　頤　復

乾　夬　大有（數得十六　自離至此　象長二）　大壯　小畜　需（數得八　自節至此　象分三）　大畜　泰　履　兌（數得四　自節至此　象分四）　睽（數得八　自大有至此　象長三）　歸妹　中孚（數得二　自損至此　象長五）　節（數得一　自中孚至此　象長上）　損（數得四　自睽至此　象長四）　臨（數得二　自節至此　象分五）

- 咸恒 X 巽艮 兑震 一坎離後
- 遯大壯 — ○ 艮震 乾 二坎離後 臨觀大壯全變爲遯
- 晉明夷 | 離坤 坎離後 需訟明夷全變爲晉
- 家人睽 — 巽兑 離 三
- 蹇解 — 艮震 坎 四坎離後
- 損益 X 巽艮 兑震 五坎離後 前十二卦后十二卦先后次離爲中一大局 咸恒之反
- 夬姤 — 巽兑 乾 ○ 剥復全變爲夬姤
- 萃升 — 巽兑 坤 ○ 大畜无妄全變爲萃升
- 困井 — 巽兑 坎 ○ 噬嗑賁全變爲困井
- 革鼎 — 巽兑 離 ○ 屯蒙全變爲革鼎
- 震艮 — 艮震
- 漸歸妹 || 巽艮 兑震 隨蠱之反
- 豐旅 — 艮震 離
- 巽兑 — 巽兑
- 渙節 — 巽兑 坎

天地自然之图

悔过则可以无灾难。

《象辞》说：不知节制带来了悔恨，这是谁之过？

六四：安节，亨。

《象》曰：安节之亨，承上①道也。

【注释】

①承上：指六四阴爻位于九五阳爻之下，象征阴柔者顺承居于上位的阳刚者。

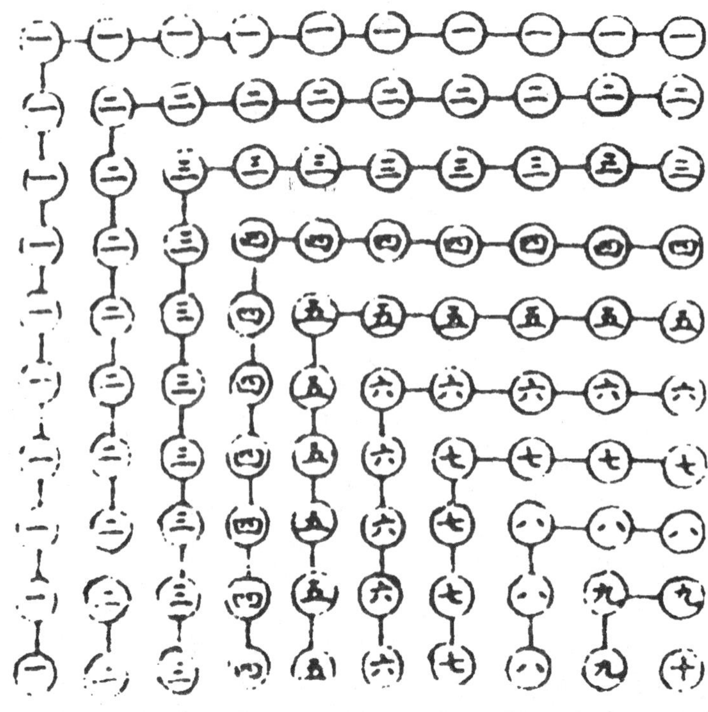

天衍生章数图

【译文】

六四：安于节俭，通泰。

《象辞》说：安于节俭遵礼的生活之所以吉利，是因为顺从了君上的旨意。

九五：甘①节，吉。往有尚②。

《象》曰：甘节之吉，居位中③也。

【注释】

①甘：情愿；甘心。②尚：崇尚；尊崇。一说借为“赏”。③居位中：指九五阳爻居上卦之中位。

【译文】

九五：以节俭遵礼为乐，吉利。秉此而行，所往必得别人资助。

《象辞》说：以节俭遵礼为乐之所以吉利，因为九五之爻所居恰当，像人居德行义，自然获得人家资助。

上六：苦节，贞凶，悔亡。

《象》曰：苦节，贞凶，其道穷也。

【译文】

上六：以节俭遵礼为苦，卜问得凶兆，其人将为家道败落而悔恨。

《象辞》说：以节俭遵礼为苦，卜问得凶兆，正如上六阴爻孤悬一卦之尽头，像人走入穷困不通的境地。

中孚　第六十一

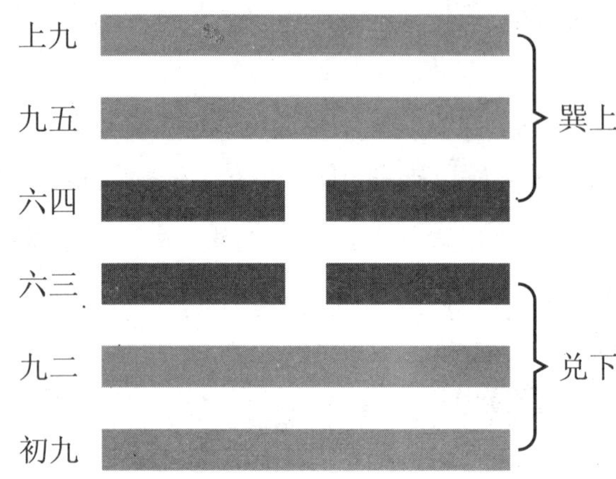

中孚①:豚鱼②吉,利涉大川。利贞③。

【注释】

①中孚:卦名,意为内心诚信。②豚鱼:小猪和鱼(豚:小猪)。一说指江豚,一种外形像鱼的哺乳动物,生活在江河中。③贞:占问。一说指"正"。

【译文】

中孚卦:以豚鱼献祭,虽物薄但心诚,吉利。利于涉水过河。这是吉利的贞卜。

《彖》曰:中孚,柔在内①而刚得中②,说而巽③,孚乃化邦也。"豚鱼吉",信及豚鱼也。"利涉大川",乘木舟④虚也,中孚以"利贞",乃应乎天也。

【注释】

①柔在内:《中孚》卦六爻中六三和六四两个阴爻居中,其上下均为阳爻,所以说"柔在内"。②刚得中:指九二和九五阳爻分别居下、上卦之中位。③说而巽:《中孚》卦下兑上巽,兑为悦(说:即"悦"),所以说"说而巽"(巽:谦逊)。④乘木舟:《中孚》卦下兑上巽,兑为泽,巽为木,好像木舟浮于水上。

【译文】

《彖辞》说:中孚之卦的基本结构是阴柔之爻居于内,阳刚之爻居于外;其基本品质是和悦而谦逊,像人具有柔顺、刚健、和悦、谦逊四种美德,秉此而行德教,则可以教化全国。卦辞说"豚鱼献祭,尚且吉利",就是说,豚鱼物虽薄,但表现了他的一片诚心。卦辞又说"利于涉水渡河",因为本卦下卦为兑,兑为泽;上卦为巽,巽为木。刳木为舟,行于水上,自然平安畅达。

《象》曰:泽上有风①,中孚。君子以议②狱③缓死。

【注释】

①泽上有风:《中孚》卦下兑上巽,兑为泽,巽为风,所以说泽上有风。②议:审理。③狱:讼案。

【译文】

《象辞》说:本卦上卦为巽,巽为风;下卦为兑,兑为泽,泽上有风,风起波涌,这是中孚的卦象。君子观此卦象,有感于风化邦国,惟德教为先,因而审议讼狱,不轻置重典。

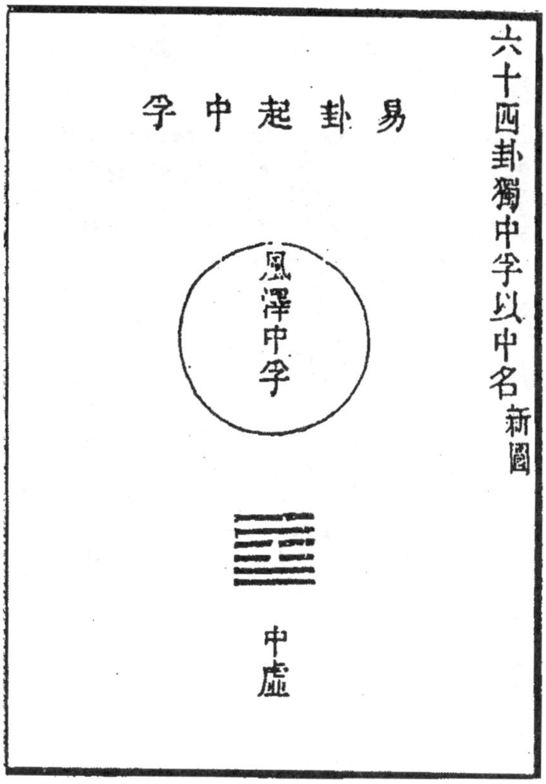

六十四卦獨中孚以中名 新圖

易卦起中孚

風澤中孚

中虛

初九:虞[①],吉。有它[②]不燕[③]。

《象》曰:初九虞吉,志未变也。

【注释】

①虞:安。一说指古代一种安神的祭礼;一说指考虑。②有它:指另有他事。一说指有意外之事(它:“蛇”的古字)。③燕:通“宴”,指安定。

【译文】

初九:行安神之礼,吉利。别有牵挂则无法安乐。

《象辞》说:初九爻辞讲行安神之礼,吉利,因为慕恋先人的心愿未变。

九二:鹤鸣在阴[①],其子和之。我有好爵[②],吾与尔靡[③]之。

《象》曰:其子和之,中心愿也。

【注释】

①阴:同“荫”,指树荫。②好爵:这里指美酒(爵:古代的一种酒器)。③靡:共。

【译文】

九二:老鹤在树荫下鸣叫,小鹤在旁边附和。我有美酒,与你共享用。

《象辞》说:小鹤和应老鹤,这是心灵相通的表现。

治刑取乎離爲獨明而治 依舊說補圖 參新解

相見乎離

象言刑獄五卦

噬嗑 上離

豐 下離

賁 下離

旅 上離

中孚 似離

六三:得敌[①],或鼓[②],或罢[③];或泣,或歌。

《象》曰:或鼓或罢,位不当[④]也。

【注释】

①得敌:遇到敌人。一说指俘获敌人。②鼓:指击鼓。③罢:停止。一说通“疲”,指疲乏。④位不当:指六三阴爻居于阳位,所处的位置不适当。

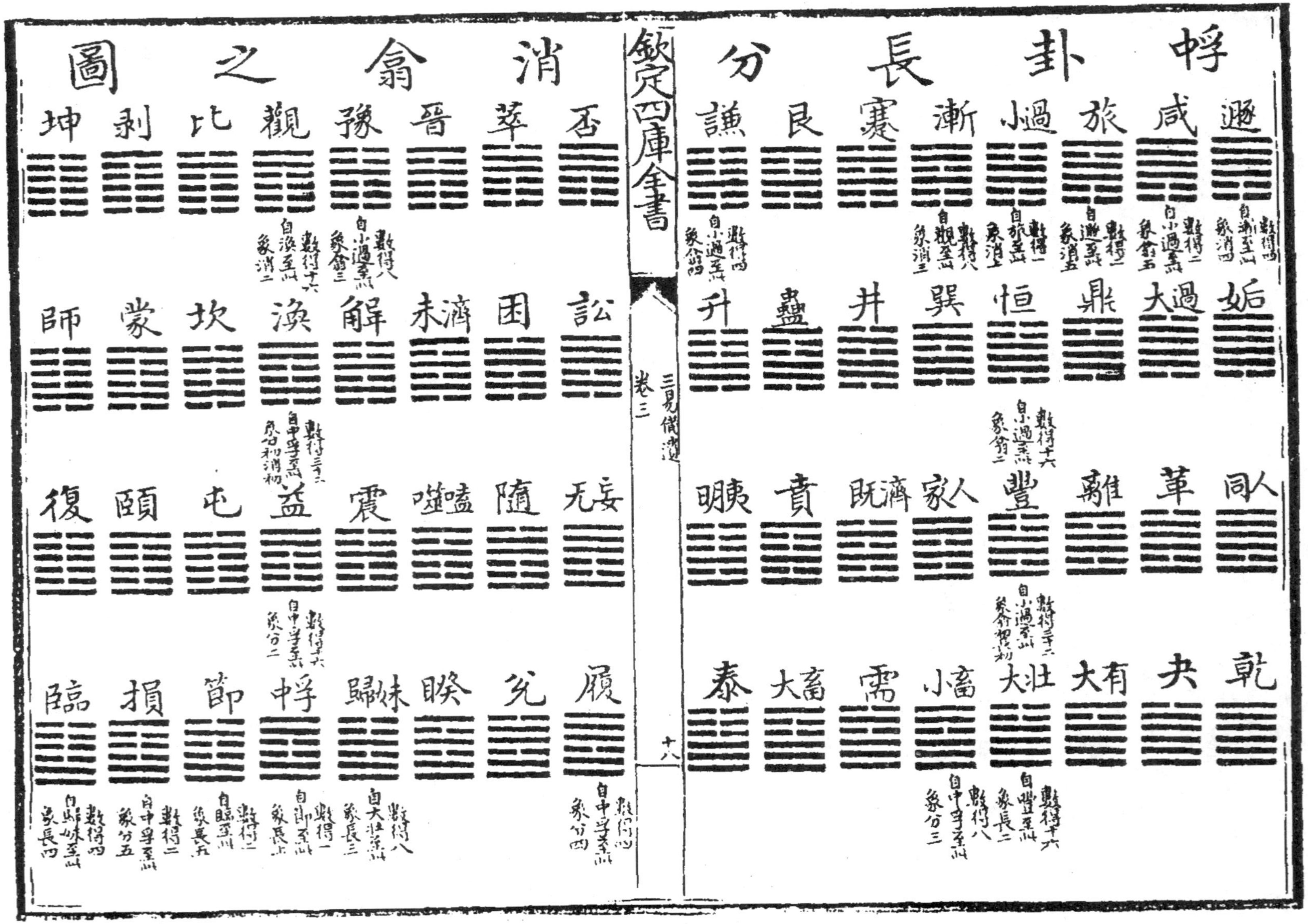

孚卦長分消翕之圖

遯（數得四 自漸至此 象消四）　咸（數得二 自小過至此 象翕五）　旅（數得二 自遯至此 象消五）　小過（數得一 自旅至此 象消上）　漸（數得八 自觀至此 象消三）　蹇　艮　謙（數得四 自小過至此 象翕四）

姤　大過　鼎　恒（數得十六 自小過至此 象翕二）　巽　井　蠱　升

同人　革　離　豐（數得三十二 自小過至此 象翕初消初）　家人　既濟　賁　明夷

乾　夬　大有　大壯（數得十六 自豐至此 象長二）　小畜（數得八 自中孚至此 象分三）　需　大畜　泰

否　萃　晉　豫（數得八 自小過至此 象翕三）　觀（數得十六 自渙至此 象消二）　比　剝　坤

訟　困　未濟　解　渙（數得三十二 自中孚至此 象翕初消初）　坎　蒙　師

无妄　隨　噬嗑　震　益（數得十六 自中孚至此 象分二）　屯　頤　復

履（數得四 自中孚至此 象分四）　兌　睽　歸妹（數得八 自大壯至此 象長三）　中孚（數得一 自節至此 象長上）　節（數得二 自臨至此 象長五）　損（數得二 自中孚至此 象分五）　臨（數得四 自歸妹至此 象長四）

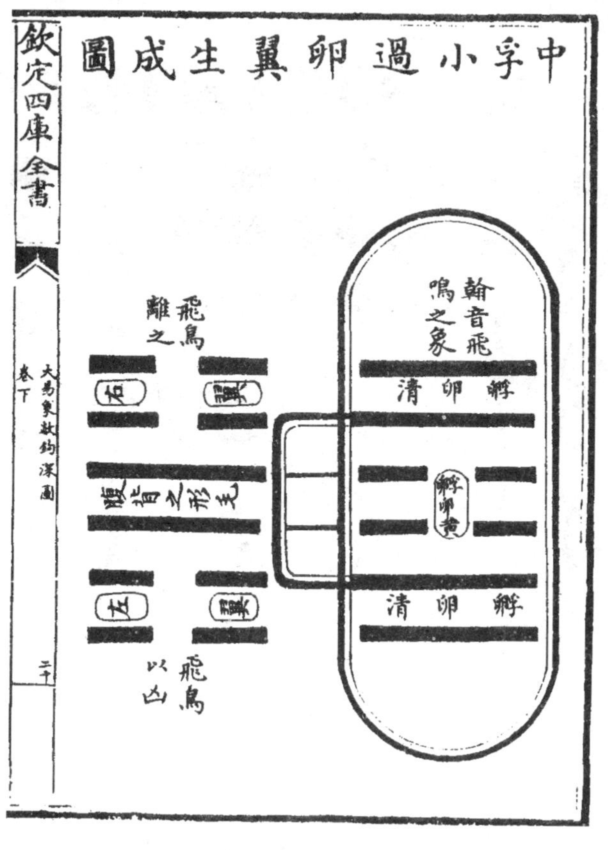

【译文】

六三：击败了敌人，有的击鼓追击，有的凯旋报捷；消息传来，有的高兴得热泪盈眶，有的放声高歌。

《象辞》说：有的人击鼓追击，有的凯旋报捷，但从爻象看来，六三阴爻而处于阳位，胜利之中，恐怕隐伏着不测之祸。

六四：月几①望②，马匹③亡，无咎④。

《象》曰：马匹亡，绝类上⑤也。

【注释】

①几：接近。②望：月亮圆满。③匹：配偶。④咎：灾殃。⑤绝类上：指六四阴爻断绝与同类（指与其相应合的初九阳爻）的联系而上附九五阳爻。

【译文】

六四：月中的时候，丢失了马匹，但无大的灾祸。

《象辞》说：马匹丢失了，此后要加倍警惕，防止再发生类似事情。

九五：有孚挛如①，无咎。

《象》曰：有孚挛如，位正当②也。

【注释】

①挛如：系连不断的样子。一说挛同“娈”，指好。②位正当：指九五阳爻居于阳位，所处的位置正当。

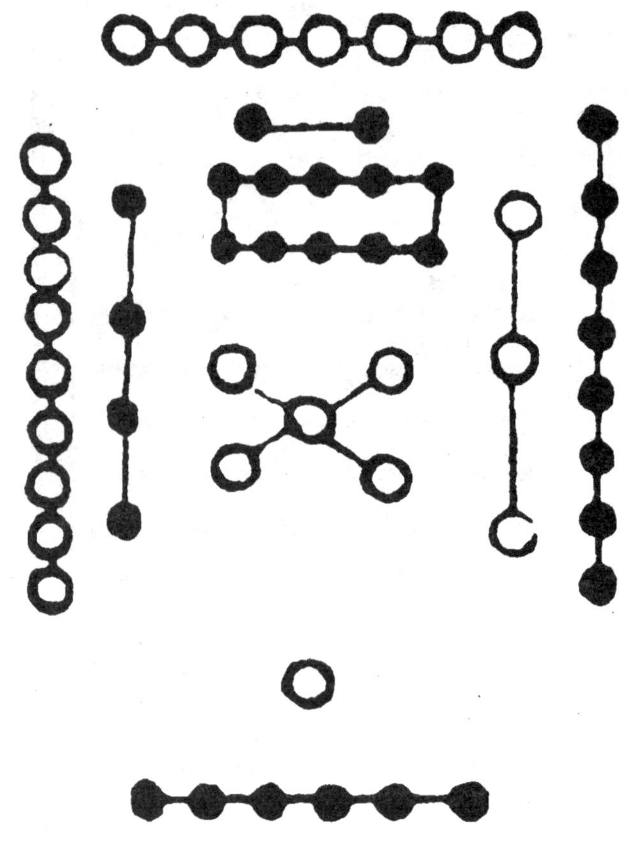
启蒙河图

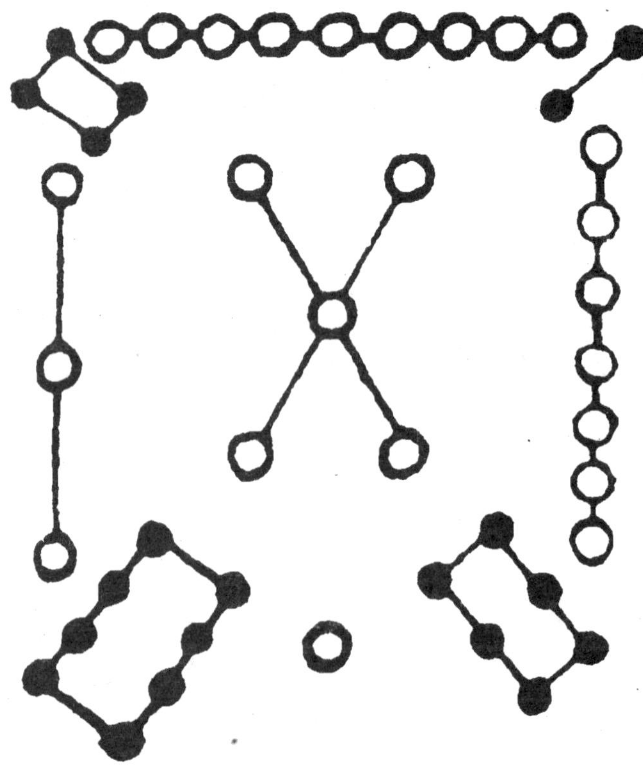
启蒙洛书

【译文】

九五:用诚信维系天下人心,没有过失。

《象辞》说:存心诚信,始终如一,正如九五爻象所显示的,其人行事与其地位大合符节。

上九:翰音[①]登[②]于天,贞凶。

《象》曰:翰音登于天,何可长也?

【注释】

①翰音:飞向高空的声音(翰:高飞)。一说指鸡。②登:升。

【译文】

上九:祭祀时用鸡祭天。卜问得凶兆。

《象辞》:祭祀时用鸡祭天,它怎能长久飞翔呢?

小过　第六十二

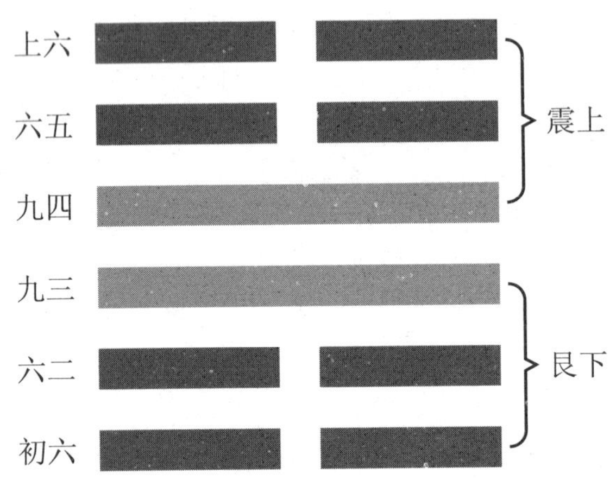

小过[①]:亨,利贞[②]。可[③]小事,不可大事。飞鸟遗[④]之音,不宜上,宜下,大吉。

【注释】

①小过:卦名,意为小者超过、小有过失。②贞:占问。一说指"正"。③可:适宜。④遗:留。

【译文】

小过卦:亨通,这是吉利的贞卜。但是只适宜于日常小事,不适宜大事。飞鸟空中过,叫声耳边留,警惕人们:登高必遇险,下行则大吉大利。

《彖》曰:小过,小者过[①]而亨也。过以"利贞",与时行也。柔得中[②],是以小事吉也。刚失位而不中[③],是以"不可大事"也。有"飞鸟"之象焉[④]。"飞鸟遗之音,不宜上,宜下,大吉",上逆而下顺也。

【注释】

①小者过:既指阴爻的数目多于阳爻(《周易》以阴为小),也指小有过失。②柔得中:指六二和六五阴爻分别居下、上卦之中位。③刚失位而不中:指九四阳爻居于阴位,居位不正,且九三和九四阳爻都没有居下、上卦之中位。④有飞鸟之象焉:一说《小过》卦内为两个阳爻,外为四个阴爻,有飞鸟展翅之象;一说《小过》卦下艮上震,艮为山,"震为鹄",像鹄从山上飞过,所以称之为"有飞鸟之象焉"。一说此句系后人的解释,误入正文,当删。

【译文】

《彖辞》说:小过之卦,有亨通之象,意思是小事有过失,无碍大局,仍能亨通。小事错误,但能存利人之心,行中正之道,进退合时,还是可以通行无阻。本卦六二阴爻居下卦中位,像人财力虽弱,但遵循正道,做力所能及的事,自然吉利。但是九三、九四两阳爻所处不当,像人财力虽大,但不遵循正道,如果图谋大事,必不能成功。本卦上震下艮,有飞鸟过山之象。"飞鸟空中过，叫声耳边留，警戒人们：攀高将遇险，下行则吉利”，因为向上钻营攀附，是逆理而行，安分守己则是顺理之举。

生初阴阳五行混合图

《象》曰：山上有雷①，小过。君子以行过乎恭，丧过乎哀，用过乎俭。

【注释】

①山上有雷：《小过》卦下艮上震，艮为山，震为雷，所以说山上有雷。

【译文】

《象辞》说：本卦下卦为艮，艮为山；上卦为震，震为雷，山上有雷，是小过的卦象。君子观此卦象，惧畏天雷，不敢有过失，因而行事不敢过于恭谦，居丧不敢过度哀伤，用度不敢过于节俭，惟适中而已。

初六：飞鸟①以凶。

《象》曰：飞鸟以凶，不可如何②也。

【注释】

①飞鸟：指鸟向上飞。②不可如何：无可奈何。

【译文】

初六：飞鸟经过空中，凶兆。

《象辞》说：飞鸟经过空中，预兆着凶险，这是无可奈何之事。

六二：过①其祖，遇其妣②；不及③其君，遇其臣。无咎④。

《象》曰：不及其君，臣不过也。

【注释】

①过：超过；越过。②妣：祖母。③及：追上。④咎：灾殃。

【译文】

六二：错过了他的祖父，但遇着了他的祖母；没有赶上国君，却遇着了臣僚。虽有差池，但非徒劳，因而无灾难。

《象辞》说：没有赶上国君，因为臣子固不宜超越国君。

九三：弗过①，防之。从②或戕③之，凶。

《象》曰：从或戕之，凶如何④也。

【注释】

①过：过分；过多。一说指过失、错误。②从：随从。一说同“纵”，指放纵。③戕：伤害；残害。④如何：怎么办。

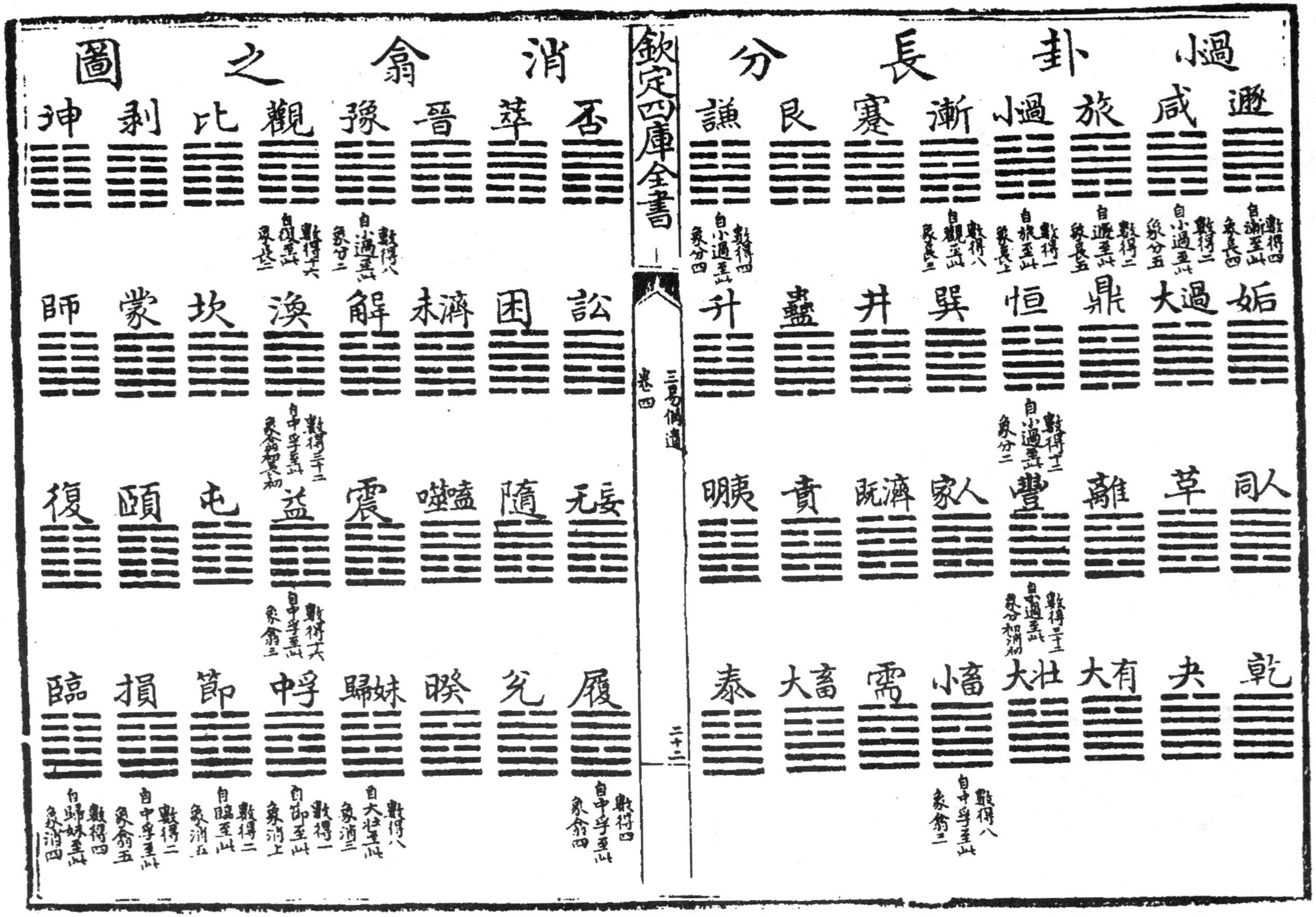

小過卦長分消翕之圖

遯	咸	旅	小過	漸	蹇	艮	謙
自漸至此 數得四 象長四	自小過至此 數得二 象分五	自遯至此 數得二 象長五	自旅至此 數得一 象長上	自觀至此 數得八 象長三			自小過至此 數得四 象分四

姤	大過	鼎	恒	巽	井	蠱	升
			自小過至此 數得十二 象分二				

同人	革	離	豐	家人	既濟	賁	明夷
			自小過至此 數得三十二 象分初消初				

乾	夬	大有	大壯	小畜	需	大畜	泰
				自中孚至此 數得八 象翕二			

否	萃	晉	豫	觀	比	剝	坤
			自小過至此 數得八 象分二	自復至此 數得十六 象長二			

訟	困	未濟	解	渙	坎	蒙	師
				自中孚至此 數得三十二 象翕初長初			

无妄	隨	噬嗑	震	益	屯	頤	復
				自中孚至此 數得十六 象翕三			

履	兌	睽	歸妹	中孚	節	損	臨
自中孚至此 數得四 象翕四			自大壯至此 數得八 象消三	自節至此 數得一 象消上	自臨至此 數得二 象消五	自中孚至此 數得二 象翕五	自歸妹至此 數得四 象消四

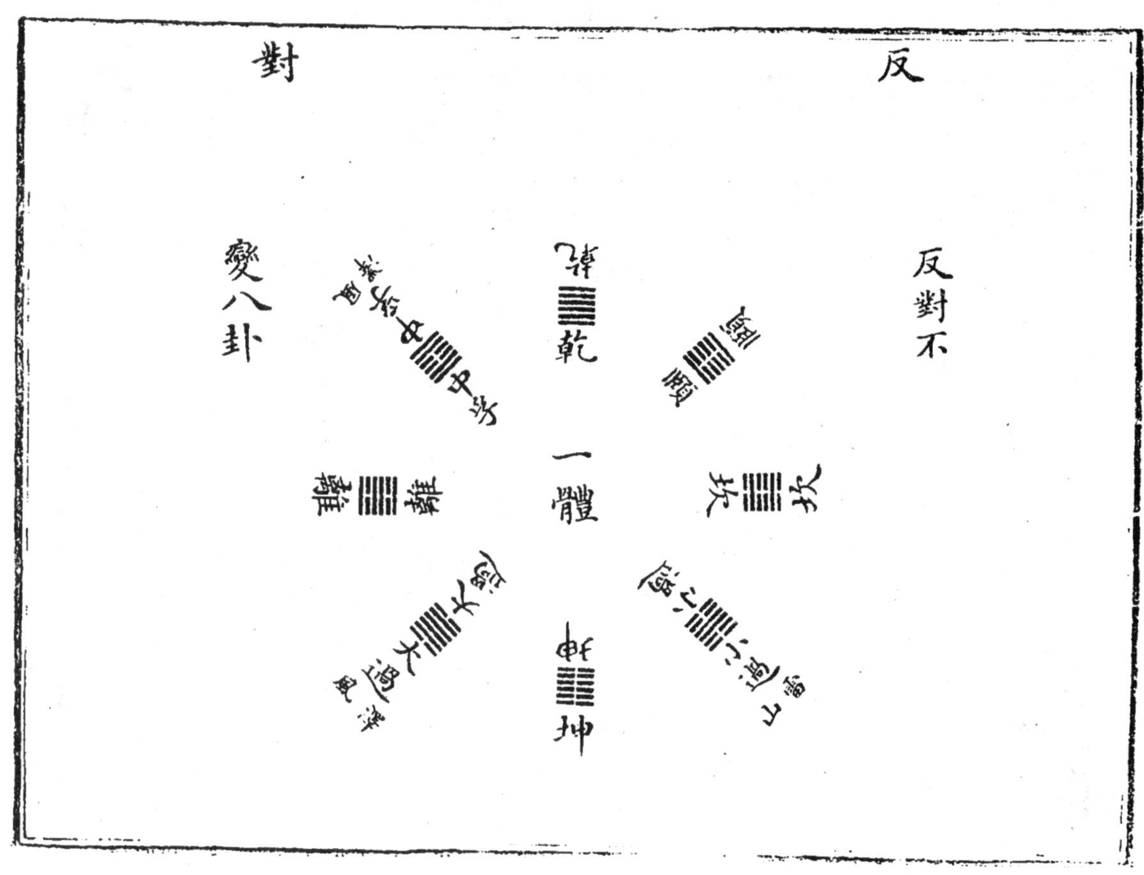

【译文】

九三：不要过分指责，但要制止他的错误发展，如果听任放纵，反而害了他，必遭凶险。

《象辞》说：听任放纵反而害了他，凶险之极，不可言状。

九四：无咎，弗过，遇之。往厉①，必戒②。勿用③永贞④。

《象》曰：弗过，遇之，位不当⑤也。往厉，必戒，终不可长也。

【注释】

①厉：危险。②戒：戒备。③用：这里相当于"利"。④永贞：占问长远之事的吉凶。⑤位不当：指九四阳爻居于阴位，所处的位置不适当。

【译文】

九四：没有过错，不要指责他，但要防止发生错误。去冒险，则必须给以警告，无须卜问往后的吉凶。

《象辞》说：不要过分指责，但要防止发生错误，因为九四阳爻处于阴位，像人处境不利，容易出错。前去冒险，必须加以警告，因为明知而故犯，只能加速自己的失败。

六五：密云不雨，自我西郊。公①弋②，取彼③在穴。

《象》曰：密云不雨，已④上也。

【注释】

①公：指王公大人。②弋：用绳系矢而射。③彼：指猎物。这里当指六二阴爻。④已：太；过分。一说指已经。

即新歸妹也。

豐（旅）

巽（兌）

渙（節）

中孚

小過

既濟（未濟）

艮止麗以離明則止明相麗。于是巽兌列而長少二女后坤以終事焉。泰否七變。泰變豐。否變旅。

巽于隨風之后。而風力厚。坎險何不渙乎。且震在險下動之離巽在險上渙之易矣。悅于麗澤之后而悅體專。坎險何不節乎。且艮在險上猶患過擊。悅在險下惟患不出矣。屯蒙震艮合坎之始。渙節巽兌合坎之終。屯蒙震艮于坎以原始。渙節巽兌于坎以要終。如是而坎猶爲險。人道無望其存。乾坤無望其成列矣。

二陰四陽之卦九。始于需訟之變。終于中孚之不變。二陽四陰之卦九。始屯蒙之豐。終于小過之不變。屯雷所從起。小過雷所從止。始乎動終乎止以震反爲艮震艮合之終也。

泰否九變泰變既濟否變未濟。既濟水火之交即泰之象未濟水火不交。即否之象然既濟中爻柔下剛上函否未濟中爻剛下柔上函泰受以未濟寧以未終益常以泰交蒙象天下后世開之于無窮耳中孚巽兌之合三四得敵于其中渙節之餘險不在坎而即在于巽兌也小過震艮之合然三四失位于其中屯蒙之餘險不在坎而即在于震艮也。坎與乾坤震艮巽兌交皆不名濟。惟終與離交而后名之爲濟交坎離。天地交之中離中一柔即坤陰全體之柔坎中一剛即乾陽全體之剛。乾下交坤而成坎坎又爲下交于離坤上交乾而成離離又爲之下交于坎離下交陰麗陽中而成明者要終無亢坤道原下以順坎上交。陽陷陰中而成陰者。要終有極乾道原上而首出。夫是之謂不相射而達爲中。天地交而有水火之濟以水火之濟成天地之交。乾坤之能事備矣天地之交曰泰。一轉即否水火之交曰濟一轉即未濟否之日多濟之日少。聖人之優患無時而已故也受之以未濟終焉。

【译文】

六五：在西郊的上空，浓云密布，还未降雨。王公本是去射鸟，可是在洞穴捉到野兽。

《象辞》说：浓云密布，还未降雨，但雨云已聚集在空中。

上六：弗遇，过之，飞鸟离[1]之，凶，是谓灾眚[2]。

《象》曰：弗遇，过之，已亢[3]也。

【注释】

①离：通“罹（lí）”，指遭遇不幸。②灾眚：灾难。③亢：极；过甚。

【译文】

上六：不加制止，因而犯下过失，好比飞鸟钻入罗网，凶险，这叫做灾难。

《象辞》说：不加制止，因而犯下过失，正如上六阴爻位象所示，其人太猖狂了。

既济　第六十三

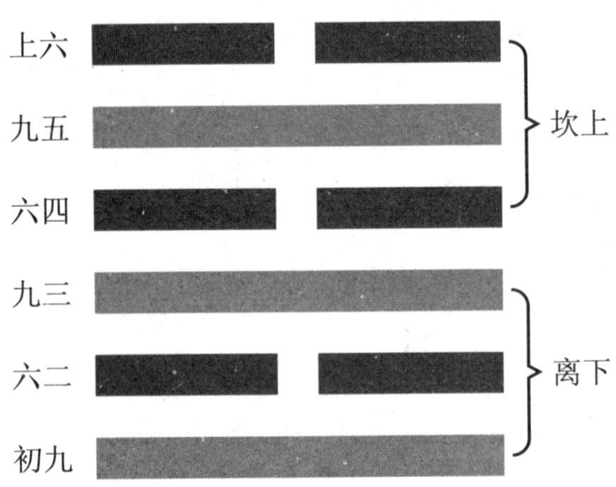

既济①：亨。小利贞②。初吉，终乱。

【注释】

①既济：卦名，意为已经成功（既：已经。济：成功）。②贞：占问。一说指"正"。

【译文】

既济卦：亨通。这是小有吉利的贞卜。起初吉利，最后将发生变故。

《彖》曰：既济，"亨"，小者亨也。"利贞"，刚柔正而位当①也。"初吉"，柔得中②也。"终"止则"乱"，其道穷也。

【注释】

①刚柔正而位当：《既济》卦初九、九三、九五三个阳爻居阳位，六二、六四、上六三个阴爻居阴位，所处的位置皆适当；阳为刚，阴为柔，所以说刚柔正而位当。②柔得中：指六二阴爻居下卦之中位。

【译文】

《彖辞》说：既济之卦，有亨通之象，意思是小事亨通，大事则未必。卦辞讲本卦具有"利人利物，行道中正"的征兆，因为本卦基本结构显示：上刚下柔，像君臣正位，上下安分；阴阳各爻所处恰当，像君臣各尽其职，遵循君道臣道。所谓"起初吉利"，因为六二爻象显示：权臣初仕，以媚顺为事，其力尚不能为恶，所谓"最后有变乱"，因为上六爻象显示：权臣窃柄，斯君乱政，最终陷入绝境，归于灭亡。

《象》曰：水在火上①，既济。君子以思患而豫②防之。

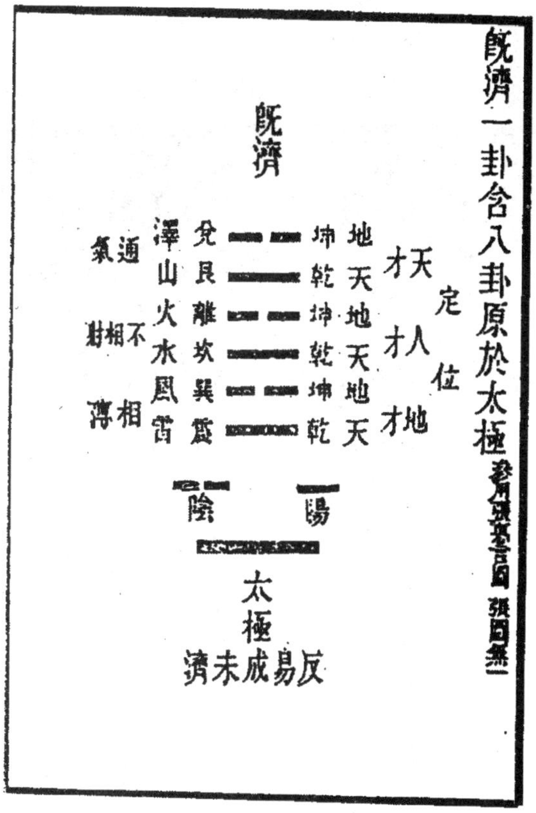

既濟一卦含八卦原於太極

既濟

澤 兌 坤 地
山 艮 乾 天
火 離 坤 地
水 坎 乾 天
風 巽 坤 地
雷 震 乾 天

天才 人才 地才 定位

通氣 不相射 相薄

陰 陽

太極

反易成未濟

【注释】

①水在火上:《既济》卦上坎下离,坎为水,离为火,所以说水在火上。②豫:事先准备。

【译文】

《象辞》说:本卦上卦为坎,坎为水;下卦为离,离为火。水上火下,水浇火熄,是既济之卦的卦象。君子观此卦象,从而有备于无患之时,防患于未然之际。

初九:曳①其轮,濡②其尾,无咎③。

《象》曰:曳其轮,义④无咎也。

【注释】

①曳:拖;拉。②濡:沾湿。③咎:灾殃。④义:宜;理应。

【译文】

初九:提着腰带过河,打湿了衣摆。没有大过失。

《象辞》说:提着腰带过河,打湿了衣摆,理应无灾难。

六二:妇丧其茀①,勿逐②,七日得。

《象》曰:七日得,以中道③也。

【注释】

①茀:古代女子的首饰。一说指障蔽车子的帷幔。②逐:追求;求取。③中道:指六二阴爻居下卦之中位。

【译文】

六二:妇人丢失了头巾,不用寻找,七日内可以不寻而得。

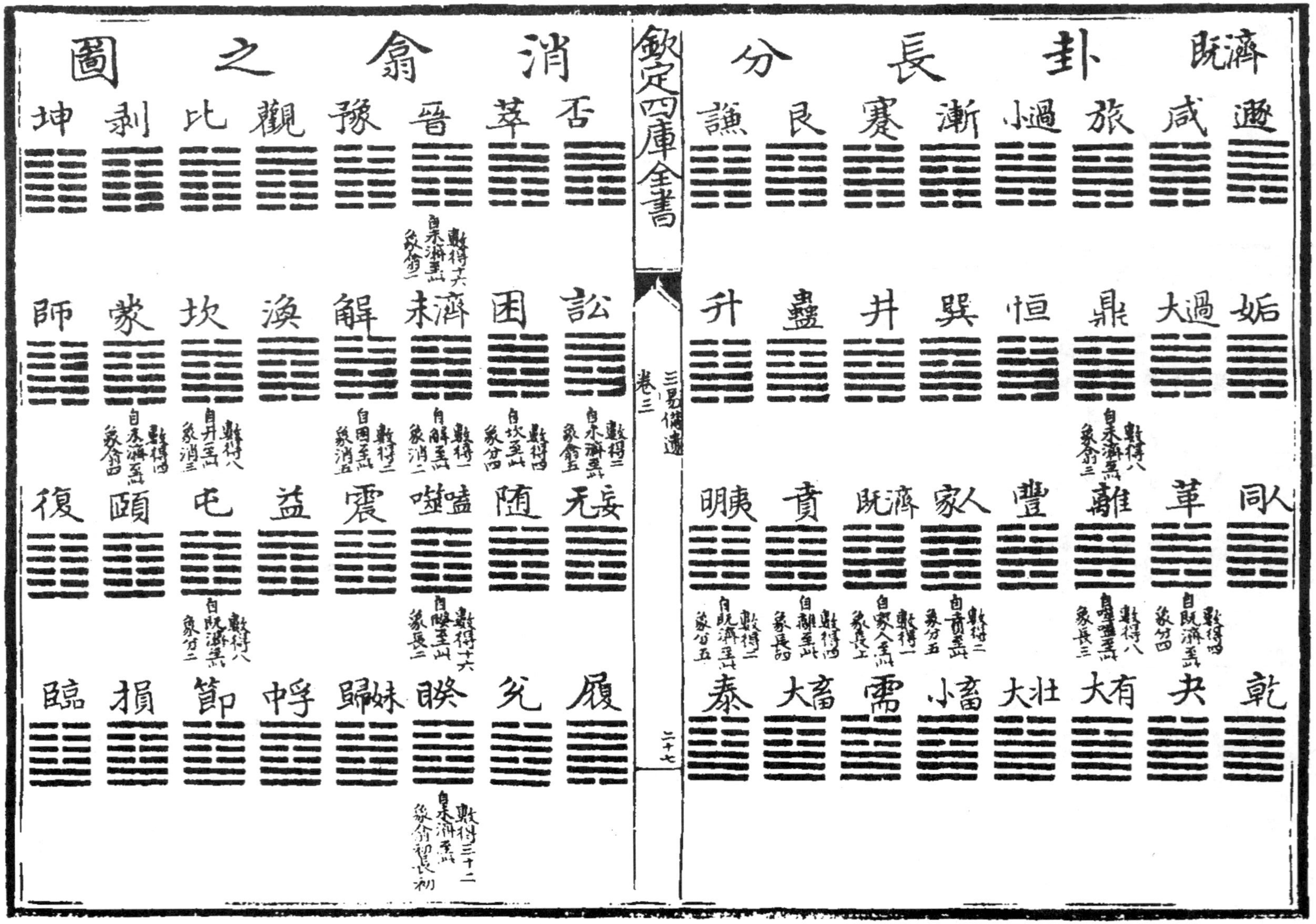

既濟卦長分消翕之圖

遯 咸 旅 小過 漸 蹇 艮 謙

姤 大過 鼎（自未濟至此數得八象翕三） 恒 巽 井 蠱 升

同人 革（自既濟至此數得四象分四） 離（自噬嗑至此數得八象長三） 豐 家人（自賁至此數得二象分五） 既濟（自家人至此數得一象長五） 賁（自離至此數得四象長四） 明夷（自既濟至此數得二象分五）

乾 夬 大有 大壯 小畜 需 大畜 泰

否 萃 晉（自未濟至此數得十六象翕一） 豫 觀 比 剝 坤

訟（自未濟至此數得二象翕五） 困（自坎至此數得四象翕四） 未濟（自解至此數得一象消二） 解（自困至此數得二象消五） 渙 坎（自升至此數得八象消三） 蒙（自未濟至此數得四象翕四） 師

无妄 隨 噬嗑（自睽至此數得十六象長二） 震 益 屯（自既濟至此數得八象分二） 頤 復

履 兑 睽（自未濟至此數得三十二象翕初長初） 歸妹 中孚 節 損 臨

《象辞》说：七日内可以不寻而得，因为六二阴爻居下卦之中位，位象既得，失物将还。

九三：高宗[1]伐鬼方[2]，三年克[3]之。小人勿用。

《象》曰：三年克之，惫[4]也。

【注释】

①高宗：指殷王武丁。②鬼方：我国古代西北地区的一个部落。③克：战胜。④惫：极度疲乏；困顿。

【译文】

九三：殷高宗讨伐鬼方，费时三年才打败它。不可任用小人。

《象辞》：费时三年才打败它，因为鬼方这时已疲惫不堪。

六四：繻[1]有衣袽[2]，终日戒[3]。

《象》曰：终日戒，有所疑也。

【注释】

①繻：一说指彩色的丝织品；一说应作“濡”，指沾湿。②袽：败絮；破布。这里指古代船漏时用来堵漏洞之物。③戒：戒备。

【译文】

六四：撑着用败絮填漏的船，时刻戒备。

《象辞》说：整日里提心吊胆，说明心中疑虑重重。

九五：东邻杀牛，不如西邻之禴祭[1]，实受其福。

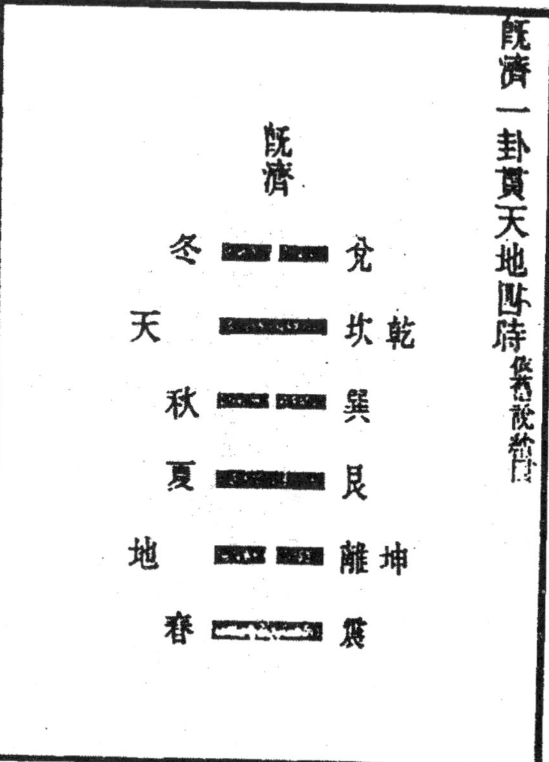

《象》曰：东邻杀牛，不如西邻之时[2]也。实受其福，吉大来也。

【注释】

①禴祭：古代的一种祭祀活动，所用祭品较为简单。②时：指合乎时宜。

【译文】

九五：殷人杀牛厚祭鬼神，不如周人薄祭鬼神，周人倒是得到鬼神的福佑。

《象辞》说：殷人杀牛厚祭鬼神，不如周人薄祭鬼神的用意美善，周人得到鬼神的福佑，将有重大的吉庆降临。

上六：濡其首，厉[1]。

《象》曰：濡其首，何可久也？

【注释】

①厉：危险。

【译文】

上六：涉水过河，水湿头部，危险。

《象辞》说：水湿头部，盛世怎么能长久维持下去呢？

未济　第六十四

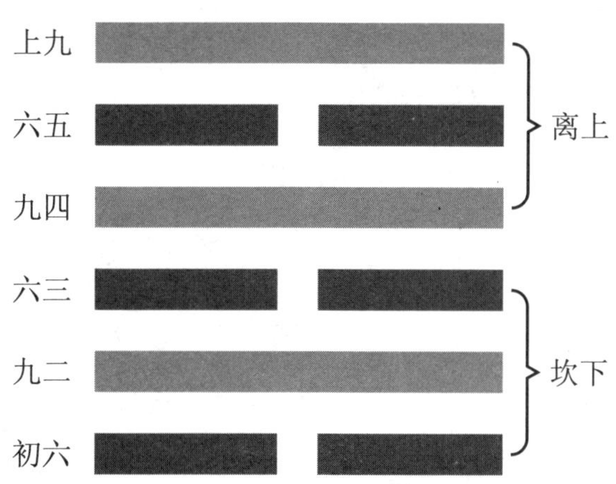

未济[1]:亨。小狐汔[2]济[3],濡[4]其尾。无攸[5]利。

【注释】

①未济:卦名,意为未获成功(济:成功)。②汔:接近;将要。③济:渡;过河。④濡:沾湿。⑤攸:助词,相当于"所"。

【译文】

未济卦:亨通。小狐狸快要渡过河,却打湿了尾巴。一无所利。

《彖》曰:未济"亨",柔得中[1]也。"小狐汔济",未出中[2]也。"濡其尾,无攸利",不续终[3]也。虽不当位[4],刚柔应[5]也。

【注释】

①柔得中:指六五阴爻居上卦之中位。②未出中:指九二阳爻居下卦坎之中位,象征处于坎险中。③续终:指继续游到终点。④不当位:指九二、九四、上九三个阳爻居于阴位,初六、六三、六五三个阴爻居于阳位,所处的位置皆不适当。⑤刚柔应:指初六阴爻与九四阳爻、九二阳爻与六五阴爻、六三阴爻与上九阳爻皆相应合,所以说刚柔应。

【译文】

《彖辞》说:未济卦有亨通之象。因为六五阴爻居于上卦中位,位象相得。但是庸才任重事,必至中途颠仆。好比"小狐过河,打湿尾巴,一无所利",没有好结果。不过庸才虽居大位,但能顺从君上,不至为害过深,一切尚可补救。

《象》曰:火在水上[1],未济。君子以慎辨物居方[2]。

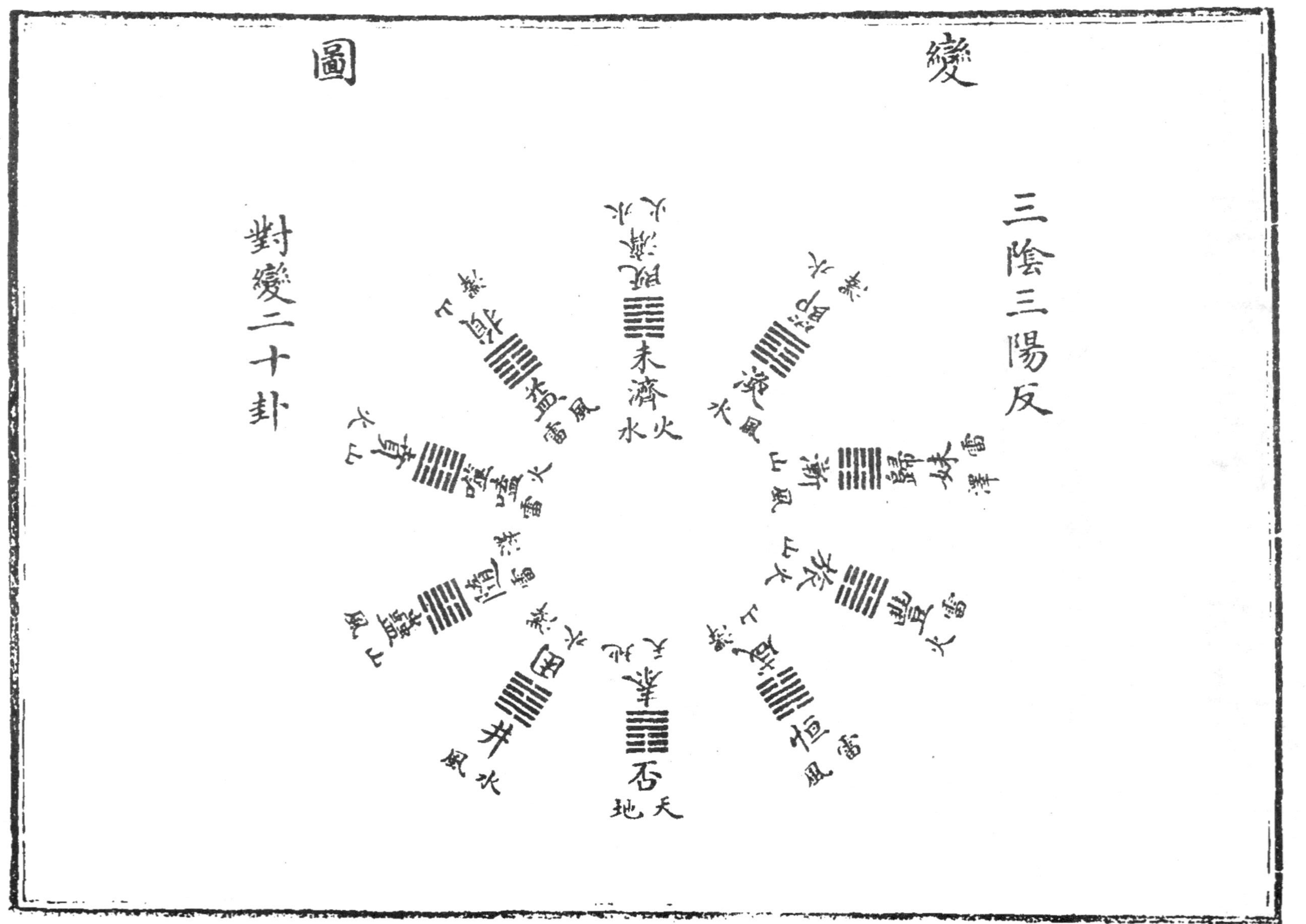
變
圖
三陰三陽反
對變二十卦
未濟
既濟
否
泰
困
井

先天八卦名順來逆圖

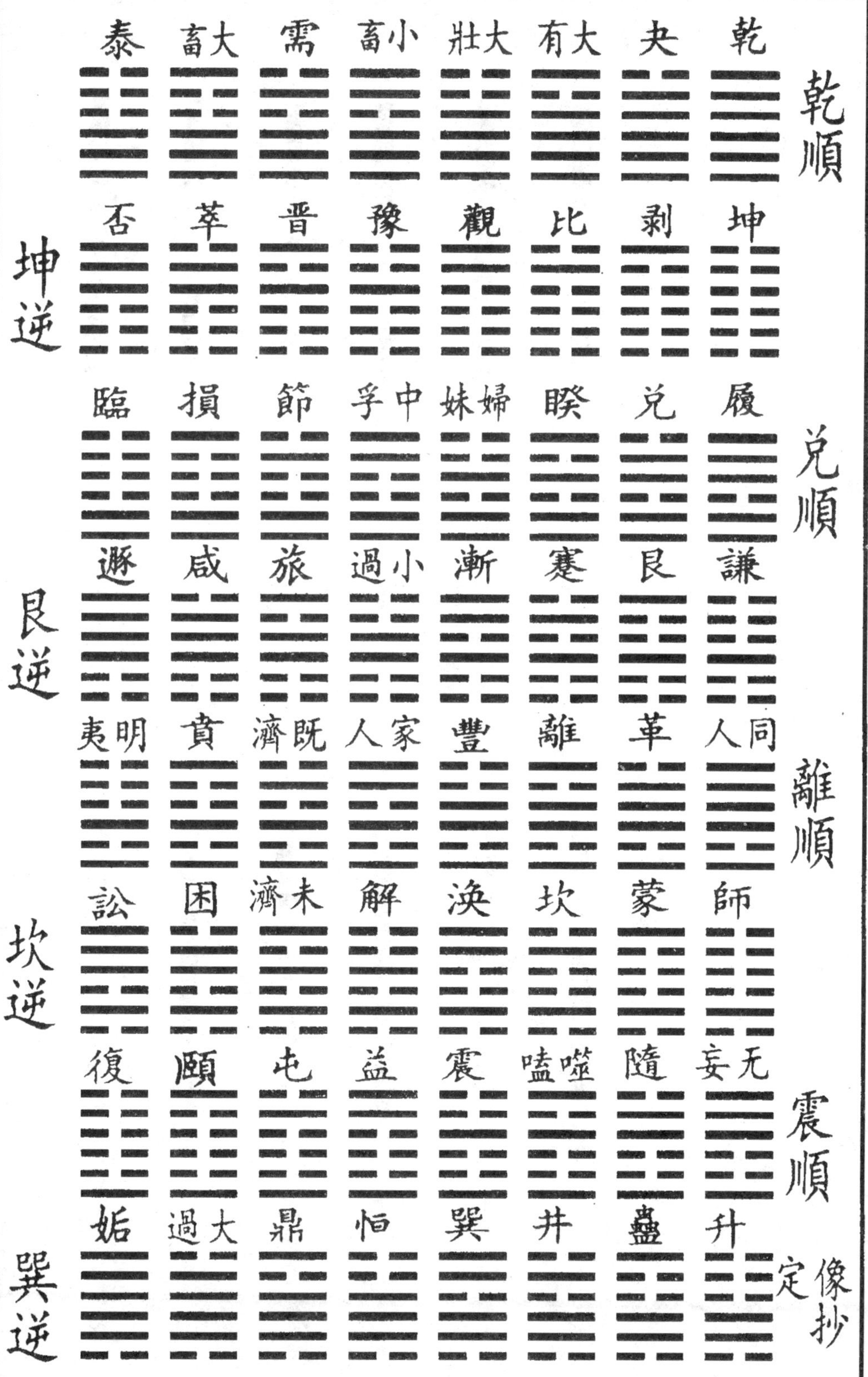

乾順：乾　夬　大有　大壯　小畜　需　大畜　泰

坤逆：坤　剝　比　觀　豫　晉　萃　否

兌順：履　兌　睽　歸妹　中孚　節　損　臨

艮逆：謙　艮　蹇　漸　小過　旅　咸　遯

離順：同人　革　離　豐　家人　既濟　賁　明夷

坎逆：師　蒙　坎　渙　解　未濟　困　訟

震順：无妄　隨　噬嗑　震　益　屯　頤　復

巽逆：升　蠱　井　巽　恒　鼎　大過　姤

像抄定

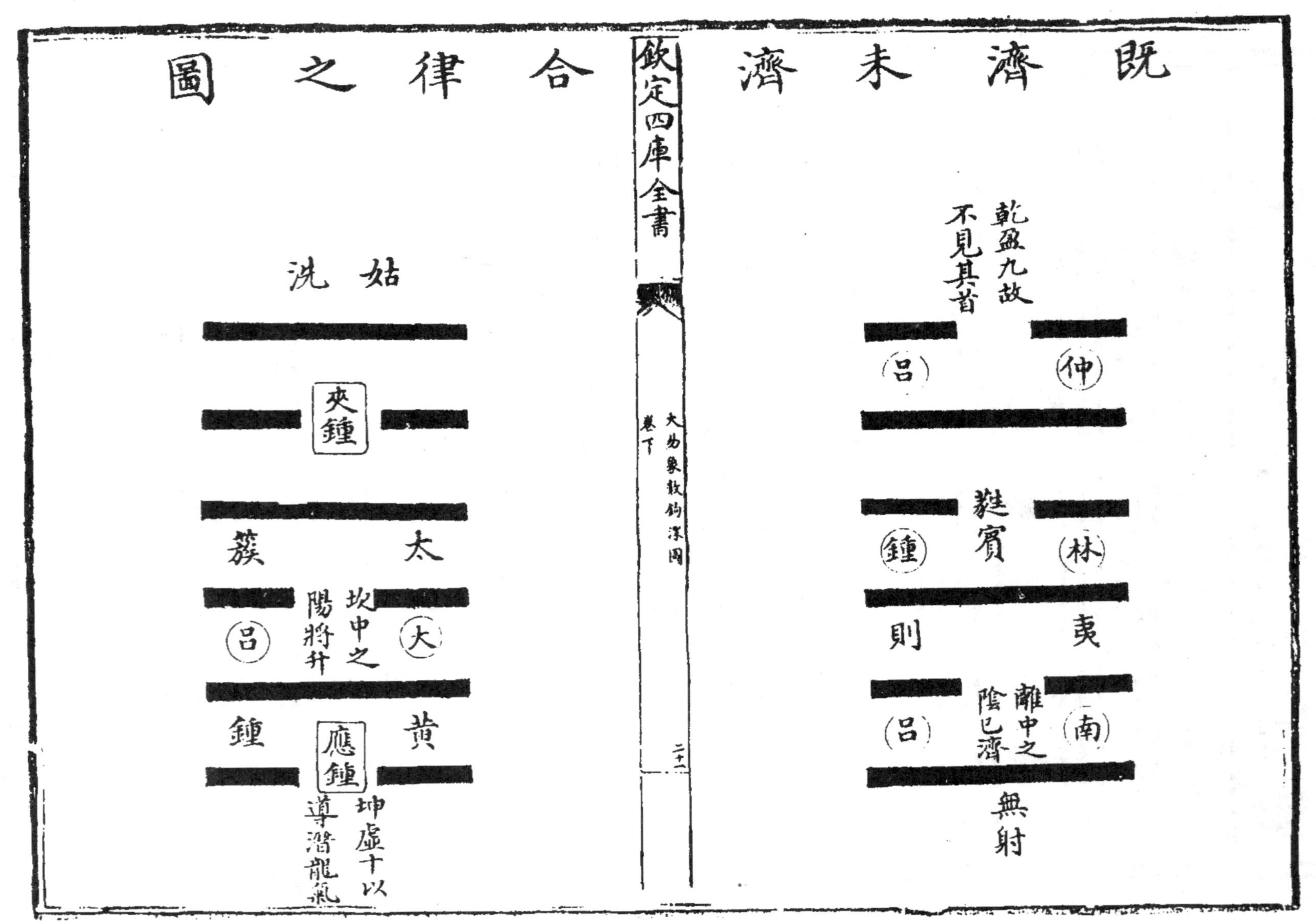
既濟未濟合律之圖
欽定四庫全書
大易象數鈎深圖
卷下
二十一
乾盈九故不見其首
仲呂
蕤賓
林鍾
夷則
南呂
離中之陰已濟
無射
姑洗
夾鍾
太蔟
大呂
坎中之陽將升
黄鍾
應鍾
坤虛十以導潛龍氣

【注释】

①火在水上:《未济》卦上离下坎,离为火,坎为水,所以说火在水上。②居方:居于合适的地方。

【译文】

《象辞》说:本卦上卦为离,离为火;下卦为坎,坎为水。火在水上,水不能克火,是未济卦的卦象。君子观此卦象,有感于水火错位不能相克,从而以谨慎的态度辨别事物的性质,审视其方位。

初六:濡其尾,吝[①]。

《象》曰:濡其尾,亦不知极[②]也。

【注释】

①吝:悔恨。②极:准则;法则。一说指终;一说指中。

【译文】

初六:涉水渡河,打湿了衣摆,有困难。

《象辞》说:涉水渡河,沾湿了衣摆,见微知著,再冒险前进,是不知儆戒。

九二:曳[①]其轮,贞[②]吉。

《象》曰:九二贞吉,中[③]以行正也。

【注释】

①曳:拖;拉。②贞:占问。一说指"正"。③中:指九二阳爻居下卦之中位。

【译文】

九二:提着腰带过河。卜问得吉兆。

《象辞》说:九二爻辞讲贞吉,因为九二阳爻处下卦中位,像人行事遵循正道。

六三:未济,征,凶,不利涉大川。

《象》曰:未济、征凶,位不当[①]也。

【注释】

①位不当:指六三阴爻居于阳位,所处的位置不适当。

【译文】

六三:渡不了河,出行有凶险。不利于涉水渡河。

《象辞》说:渡不了河,出行有凶险,因为六三阴爻居阳位,像人处境不利。

九四:贞吉,悔亡。震[①]用伐鬼方[②],三年,有赏于大国[③]。

《象》曰:贞吉,悔亡,志行也。

【注释】

①震:一说为人名;一说指雷霆之势。②鬼方:我国古代西北地区的一个部落。③大国:这里指殷国。

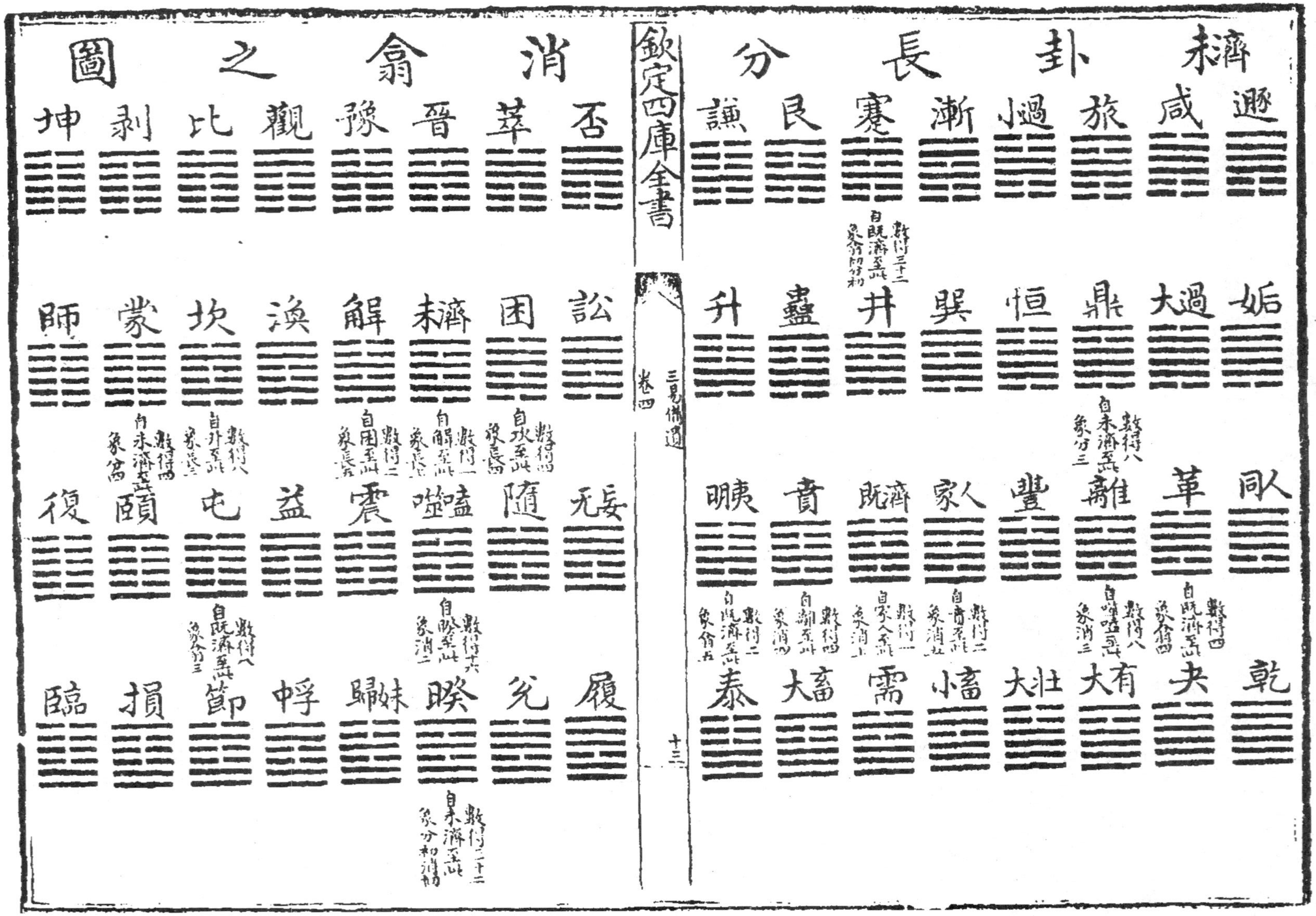

未濟卦長分

遯　咸　旅　小過　漸　蹇（自既濟至此數得三十二象分初消初）　艮　謙

姤　大過　鼎（自未濟至此數得八象分三）　恒　巽　井　蠱　升

同人　革（自既濟至此數得四象分四）　離（自噬嗑至此數得八象消三）　豐　家人（自賁至此數得二象消二）　既濟（自家人至此數得一象消一）　賁（自豐至此數得四象消四）　明夷（自既濟至此數得二象分五）

乾　夬　大有　大壯　小畜　需　大畜　泰

消翕之圖

否　萃　晉　豫　觀　比　剝　坤

訟　困（自坎至此數得四象長四）　未濟（自解至此數得一象長上）　解（自困至此數得二象長二）　渙　坎（自升至此數得八象長三）　蒙（自未濟至此數得四象窮）　師

无妄　隨　噬嗑　震　益　屯（自既濟至此數得八象分三）　頤　復

履　兌　睽（自睽至此數得十六象消二；自未濟至此數得二十二象分初消初）　歸妹　中孚　節　損　臨

八卦上下相綜全圖

乾上	乾 履 同人 無妄 姤 訟 遯 否
乾下	乾 夬 大有 大壯 小畜 需 大畜 泰
兌上	夬 兌 革 隨 大過 困 咸 萃
兌下	履 兌 睽 歸妹 中孚 節 損 臨
離上	大有 睽 離 噬嗑 鼎 未濟 旅 晋
離下	同人 革 離 豐 家人 既濟 賁 明夷
震上	大壯 歸妹 豐 震 恒 解 小過 豫
震下	無妄 隨 噬嗑 震 益 屯 頤 復
巽上	小畜 中孚 家人 益 巽 渙 漸 觀
巽下	姤 大過 鼎 恒 巽 井 蠱 升
坎上	需 節 既濟 屯 井 坎 蹇 比
坎下	訟 困 未濟 解 渙 坎 蒙 師
艮上	大畜 損 賁 頤 蠱 蒙 艮 剥
艮下	遯 咸 旅 小過 漸 蹇 艮 謙
坤上	泰 臨 明夷 復 升 師 謙 坤
坤下	否 萃 晋 豫 觀 比 剥 坤

【译文】

九四：吉利的贞卜，悔恨消失。大动干戈，周人助殷讨伐鬼方，费时三年，打败了它，获得殷国的奖赏。

《象辞》说：吉利的卜问，没有悔恨，说明志得意行。

六五：贞吉，无悔。君子之光①，有孚，吉。

《象》曰：君子之光，其晖②吉也。

【注释】

①光：光明；光辉。②晖：光辉。

【译文】

六五：吉利的贞卜，没有悔恨。君子的光荣是言行有信，吉利。

《象辞》说：君子光荣，君子光明正大，自然吉利。

上九：有孚于饮酒，无咎①。濡其首。有孚，失是②。

《象》曰：饮酒濡首，亦不知节③也。

【注释】

①咎：灾殃。②是：正。③节：节制。

【译文】

上九：捕获了俘虏，饮酒庆贺，没有灾难。但酗酒发疯，头发都淋湿了。俘虏乘机作乱，将他们杀了。

《象辞》说：酗酒闹事，头发都弄湿了，也太不知节制了。

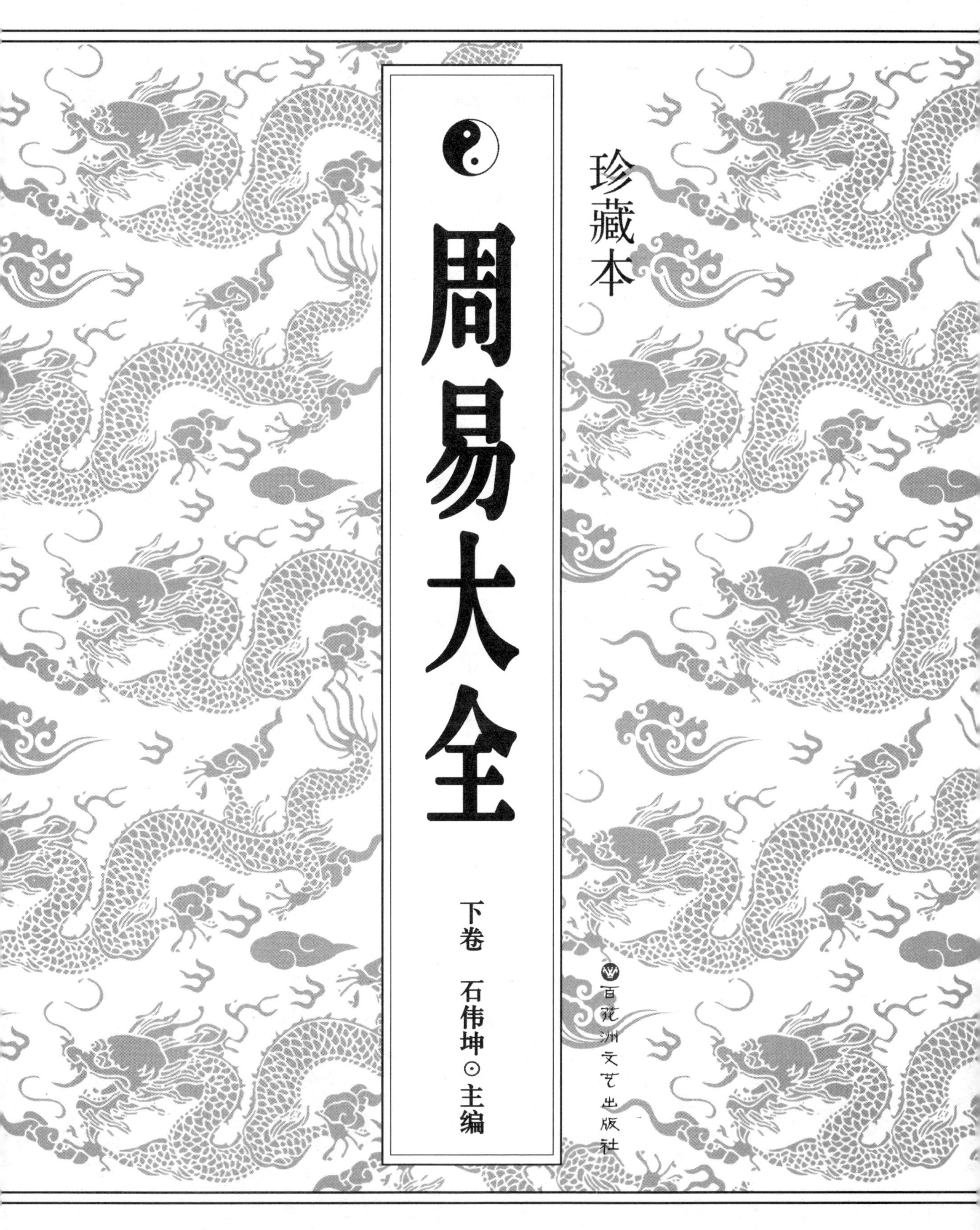

珍藏本

周易大全

下卷

石伟坤⊙主编

百花洲文艺出版社

下卷目录

第二编　易经与中国历史文化

第三编　易经疑难详解

第四编　易经百科

第二編

易經与中国历史文化

《易经》是中国文化的源头活水，从伏羲发明八卦后，《易经》经过神农、黄帝、周文王及周公等巨匠的完善与发展，逐渐成为一套极其完美的理论系统。

中国古代学术都源于《易经》理论，易学已经渗透到中国人生活的各个领域。不读《易经》，无法了解先秦诸子百家的学术思想，无法了解中国古代的历法知识，无法了解中国古代的建筑理论，无法了解中国古代的美学思想，无法了解中国古代治国安邦的宏韬伟略，无法了解中药理论，无法了解中国人的民俗风情……总之，不读《易经》，你无法了解博大精深的中国文化，无法迈入国学的大门，甚至无法真正理解中国的文字。因为中国文化的核心既不是黄岐之术，也不是老庄道家，更不是孔孟儒学，而是源远流长、博大精深的易学。

《易经》是中国文化的总源头，是贯穿中国文化的主线，是古代经典的群经之首，是现代人了解、继承和发扬中国文化的切入口。

一、伏羲"一画开天"

远古时候，我们的祖先手里拿着一块石头或手里拿着一截木棍，开始了战胜自然、求得生存的新旅程。早期智人追逐着猎群向各地迁移，他们一方面逃避着猛兽的袭击，另一方面积极寻找着猎物和能够采集到的植物性食物。武器的发展使人类生存更加容易，各种猛兽已不再是人类的最大威胁，人们此时可以用标枪战胜巨大的猎物。而此时人类仍然摆脱不了自然灾害对生存的威胁，不过通过前辈的各种经验，也懂得了一些防范措施。

伏羲像

弓箭的发明，使人类进入了一个新的时期。此时，母系氏族公社取代了原来的家族血缘公社，人们的通婚方式由原来的族内血缘婚变为族外群婚。接下来，在中国大地上，一位伟人（也可以称之为神）——伏羲，出现了。

伏羲是距今约一万年左右的人物。在他之前，人类已有几百万年的历史。在这几百万年的历史中，人类积累的知识以口头的方式一代一代承传下来，并且不断创新与发展，成为人类智慧的结晶（当然，也有很多知识因一些原始群落的灭绝而没有流传下来）。这些智慧的结晶，成为人类最宝贵的生存指南。

伏羲以前是燧人氏时期，燧人氏部落祖居昆仑山，为古羌戎的一支，发祥于青藏高原羌塘地区。

燧人氏部落已经懂得立圭表观察天象而确定四时,创建历法。所以古昆仑山又名日月山,即观测日月之山,昆仑山上立天柱以观天故名柱州。

晋皇甫谧(mì)《帝王世纪》中说,燧人氏的时代有巨人生活在雷泽一带,华胥氏的脚踩到巨人在地上留下的脚印,便有了身孕,在古代成纪这个地方,生下了伏羲。这便是伏羲出生的传说。伏羲长大后,以其出众的才华,在众部落中脱颖而出,成为一代伟大的领导者。从此,人类历史进入了伏羲时代。据考证,我国公元前 7724 至公元前 5008 年被称为伏羲时期,这个时代既包括伏羲氏、女娲氏的母亲系统氏族群体,又包括伏羲氏、女娲氏氏族群体及伏羲二世、伏羲三世等伏羲氏族的不同阶段,所以大约前后延续了 2700 年到 3000 年左右。如果说燧人氏时代是为伏羲文明奠定基础的时代,那么伏羲时代则为我们华夏民族五千年的文明奠定了基础。伏羲不但很好地继承了前人的宝贵经验及科学成就,并且在此基础上进行了发明与创新,所以伏羲文化开创了我国文明的先河。

伏羲在前人的基础上发明了八卦,并创立了六十四卦历法,确立了元日,使人们有了更准确的作息时间。八卦历法融计数、卜筮(shì)及生产等为一体,就相当于古代的老黄历。与黄历不同的是,黄历上面记录着一年 365 天的吉凶祸福,人们可以根据这些记录而选择各种重大活动的适宜日期;而八卦历法却没有这些记录,它是灵活的,每日的吉凶都记在氏族首领的脑子里,并且这里面既包含着前人的宝贵经验,又包含着新的理论依据,它是辩证的占卜。

八卦历法的占卜是灵活的,是辩证推理的,是有一定科学依据的。举个例子来说吧,在春天,伏羲根据前人的经验,再结合当前天象与地理的阴阳变化规律,然后通过八卦占卜所给出的提示,确定氏族在春天的生产任务。于是让一部分人到指定的方位去捕鱼,一部分人到指定的地方去种植。结果,捕鱼的人果然捕到了许多鱼;过些日子,发现种下的种子也长出了嫩芽。各个氏族见伏羲的占卜灵验,能够给大家带来丰富的食物,能够逃避凶害,自然也就拥护这位首领。如果伏羲用自己的八卦历法不能给各个氏族带来好处,只是装神弄鬼的巫术,结果捕鱼的人一条鱼也没捕到,种地的人发现种子在地里全烂掉了,那么这个部落酋长又怎么能够得到大

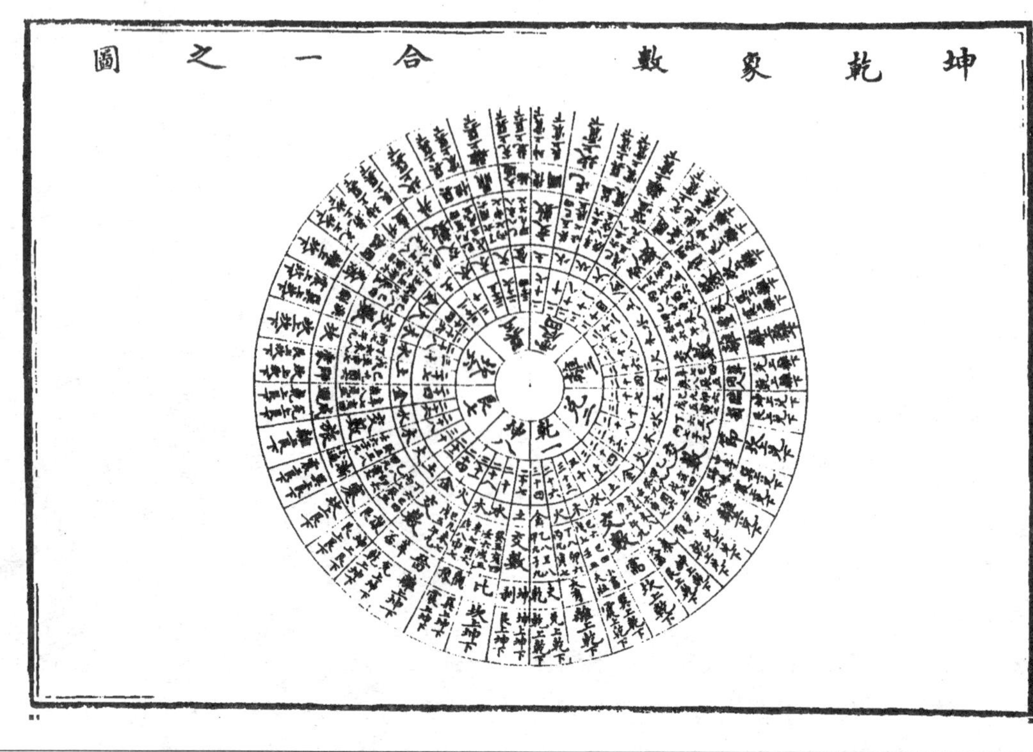
坤乾象數合一之圖

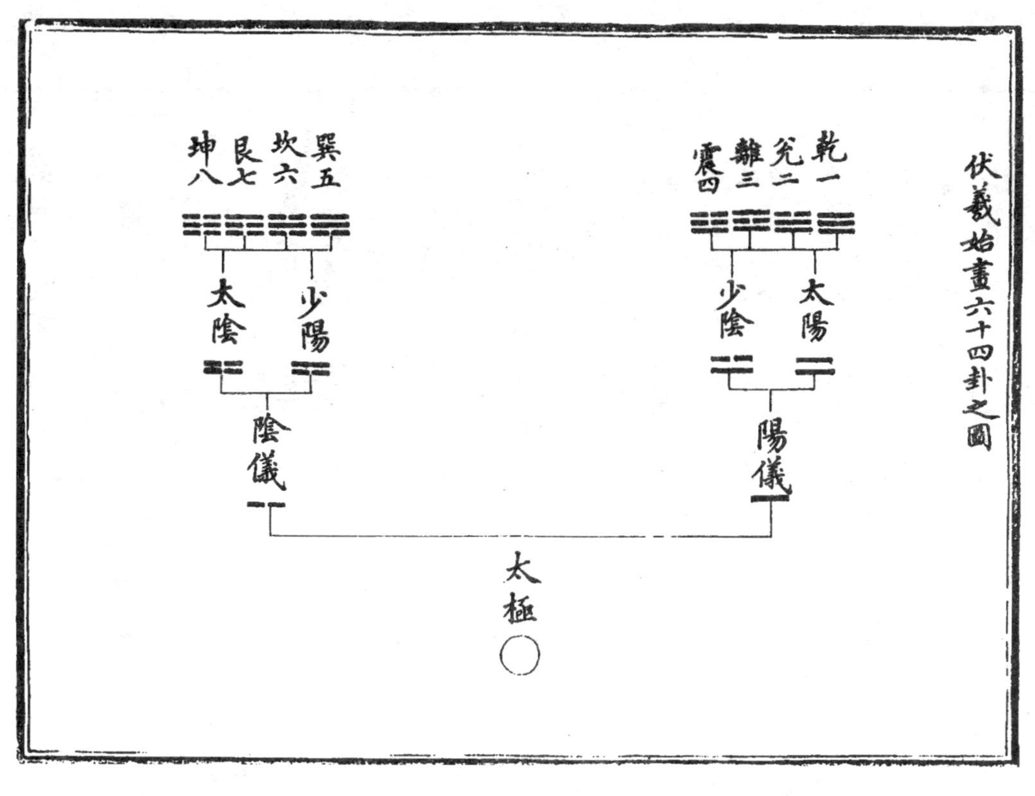

家的拥护呢？这个部落又怎么能够不被历史所淘汰呢？

上古时期的人，一般都懂得天文知识。因为我们的祖先在没有学会控制火之前，每天夜里看到的光亮只有天上的星辰。经过长期观察，他们掌握了天象与地理变化的规律，掌握了天象与天气变化的规律，掌握了天象与吉凶变化的规律。这些知识一代代传下来，并且一代代地不断创新，到了母系氏族社会，已经形成了一套颇为完整的知识体系。

懂天文识地理，是原始社会的人们为了生存必须学会的知识。随着社会的不断进步，人类的社会分工越来越细，很多的人不需要这些知识也可以生存下去，于是这些知识便显得不是很重要了。这正是后来很多人不懂天文与地理的原因。比如现在的人，能说出二十八宿的人恐怕不多。原因很简单，因为现在这些知识与生存关系不大，现代人的生存方式与上古时代的人已经有了翻天覆地的变化。现在有的人只要能把几首歌唱好，便能得到令人羡慕的收入。可是在上古时期，唱两首好歌可能更容易吸引异性与自己交媾，但要想凭这个生存，恐怕还不够。

其实我国古人对龙的崇拜，也源于对天象的观察。古人最早发现的节气是夏至日，所以新年的开始是从夏至日开始的。彝(yí)族人的火把节其实就是源于古人庆贺新年的风俗。可能是一到春暖花开的季节，古人就发现东方的天空有龙的形象，这个“龙”就是二十八宿中的东方苍龙七宿。中秋过后，夜空只能见到七宿中的心、尾、箕三宿，冬天则彻底消失在人们的视线中。古人认为是天上的龙给人们带来了这个美好的季节，龙是保护人的神。正所谓在天成象，在地成形，古人于是将地上与龙的形象相似的动物都称之为龙。于是龙便成为中国最难解释清楚的一种图腾。如许慎《说文解字》说：“龙，鳞虫之长。能幽能明，能细能巨，能短能长，春分而登天，秋天而潜渊。”文中似乎描述的是东方苍龙七宿，可是它又“能细能巨，能短能长”，多少有些让人费解。

伏羲发明的八卦，对中华民族的文化做出了巨大的贡献。从此以后，八卦理论被应用到各个领域中。中国古代文化在八卦理论的基础上，逐渐蓬勃发展起来。古人对伏羲画卦的评价是

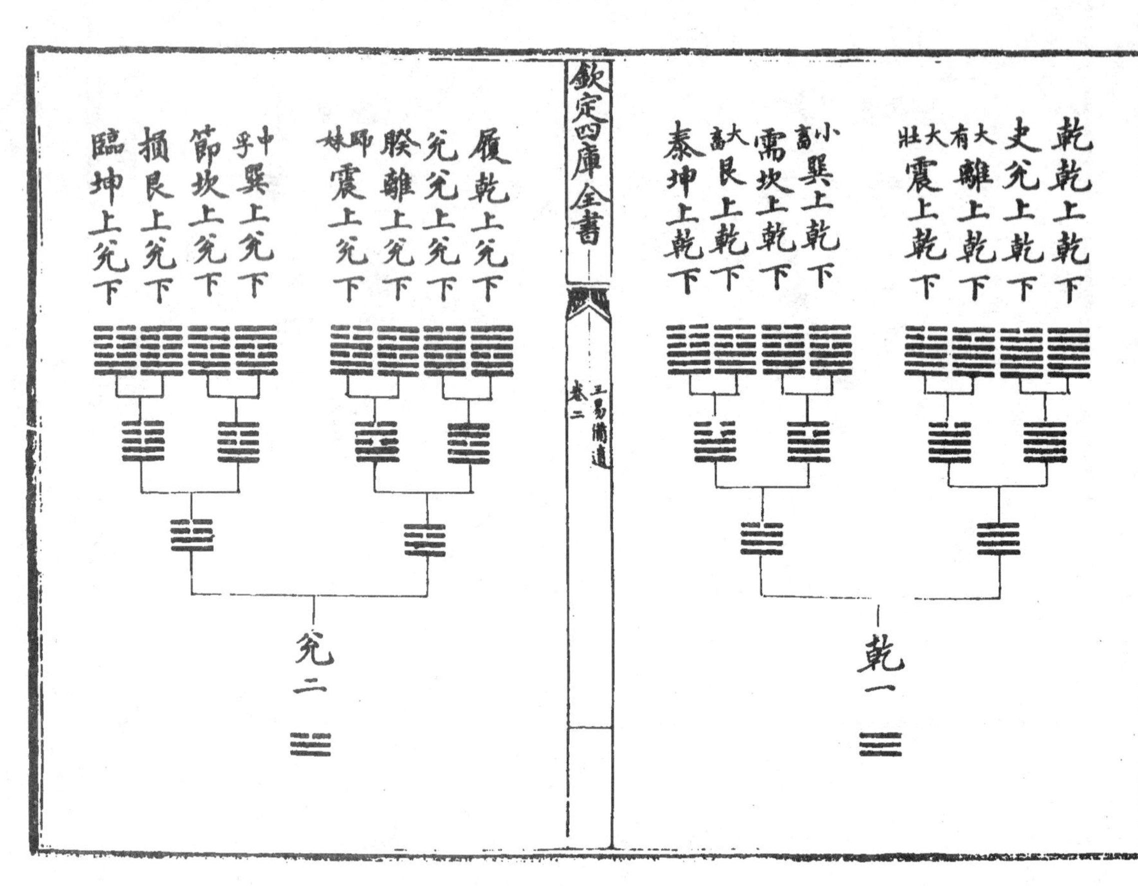

欽定四庫全書

三易備遺　卷二

乾乾上乾下
夬兌上乾下
大有離上乾下
大壯震上乾下
小畜巽上乾下
需坎上乾下
大畜艮上乾下
泰坤上乾下

乾一

履乾上兌下
兌兌上兌下
睽離上兌下
歸妹震上兌下
中孚巽上兌下
節坎上兌下
損艮上兌下
臨坤上兌下

兌二

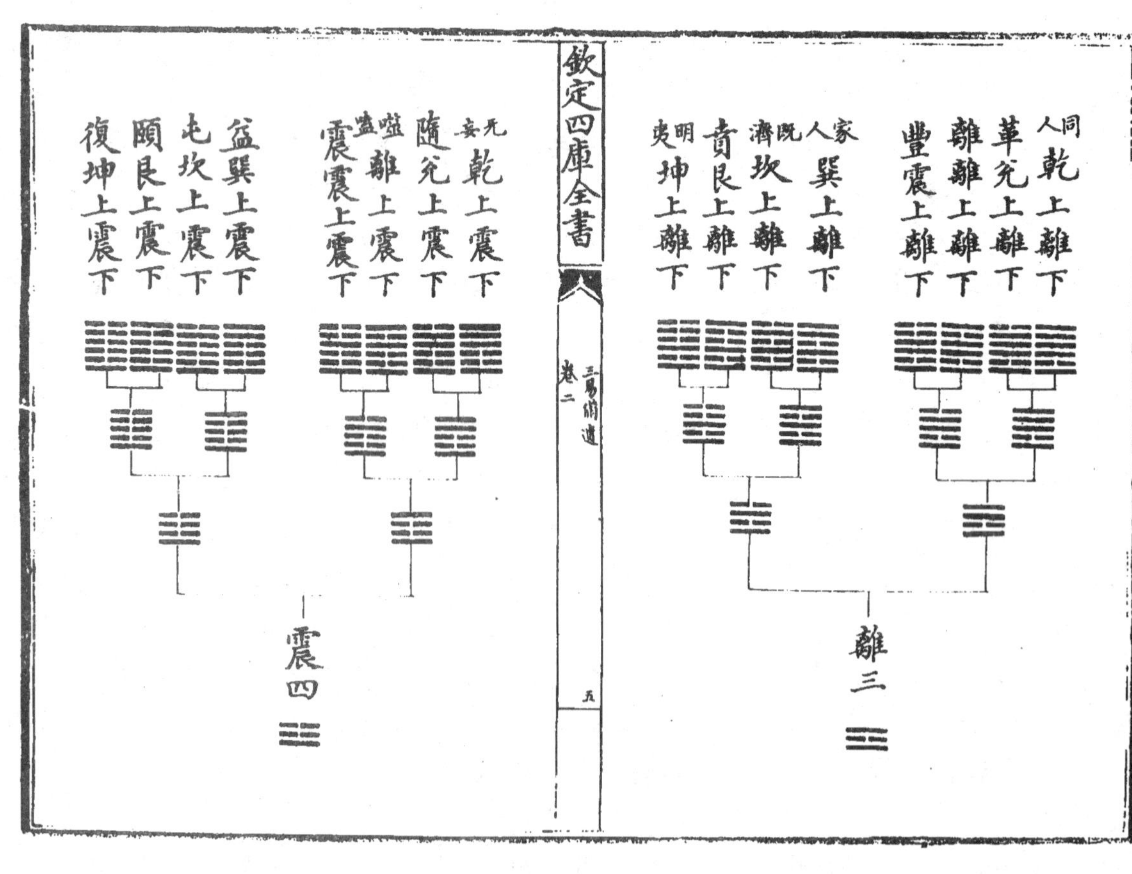

欽定四庫全書

三易備遺　卷二

同人乾上離下
革兌上離下
離離上離下
豐震上離下
家人巽上離下
既濟坎上離下
賁艮上離下
明夷坤上離下

離三

五

无妄乾上震下
隨兌上震下
噬嗑離上震下
震震上震下
益巽上震下
屯坎上震下
頤艮上震下
復坤上震下

震四

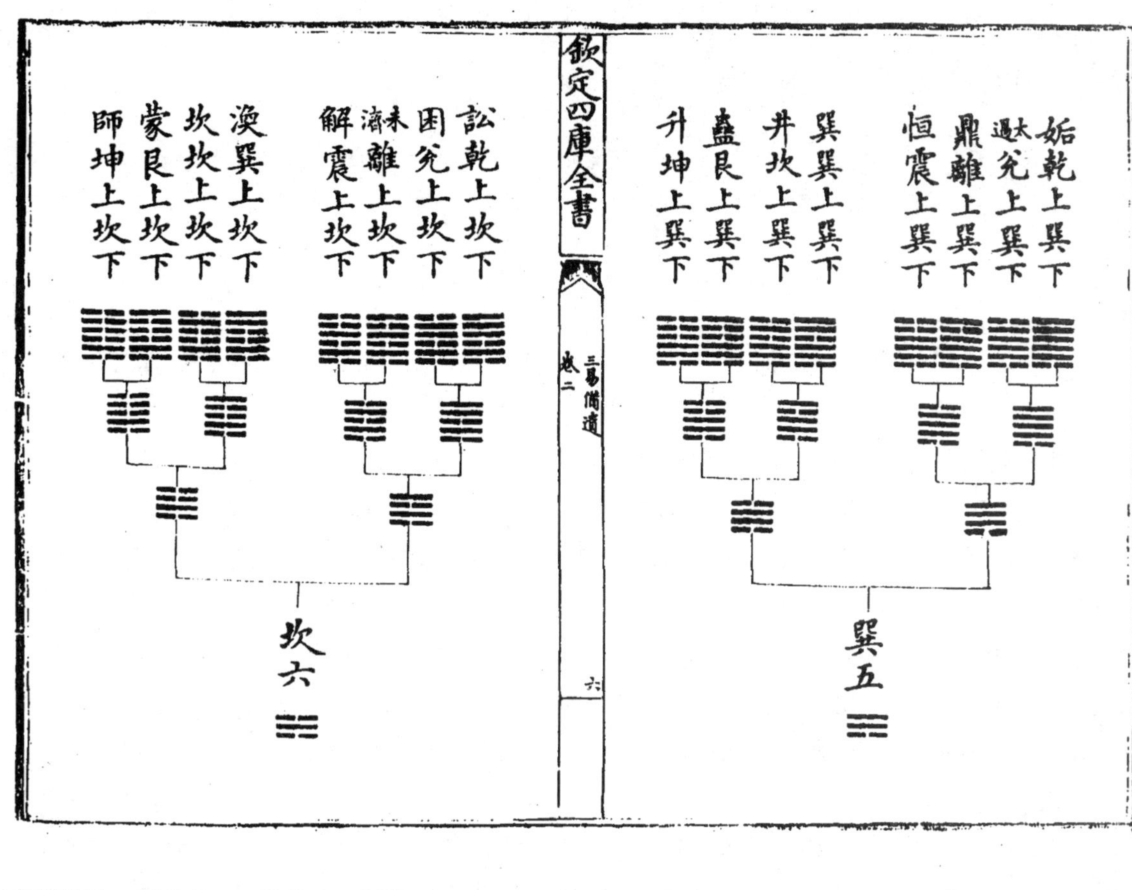

欽定四庫全書

姤 乾上巽下
大過 兑上巽下
鼎 離上巽下
恒 震上巽下
巽 巽上巽下
井 坎上巽下
蠱 艮上巽下
升 坤上巽下

巽五

三易備遺 卷二 六

欽定四庫全書

訟 乾上坎下
困 兑上坎下
未濟 離上坎下
解 震上坎下
渙 巽上坎下
坎 坎上坎下
蒙 艮上坎下
師 坤上坎下

坎六

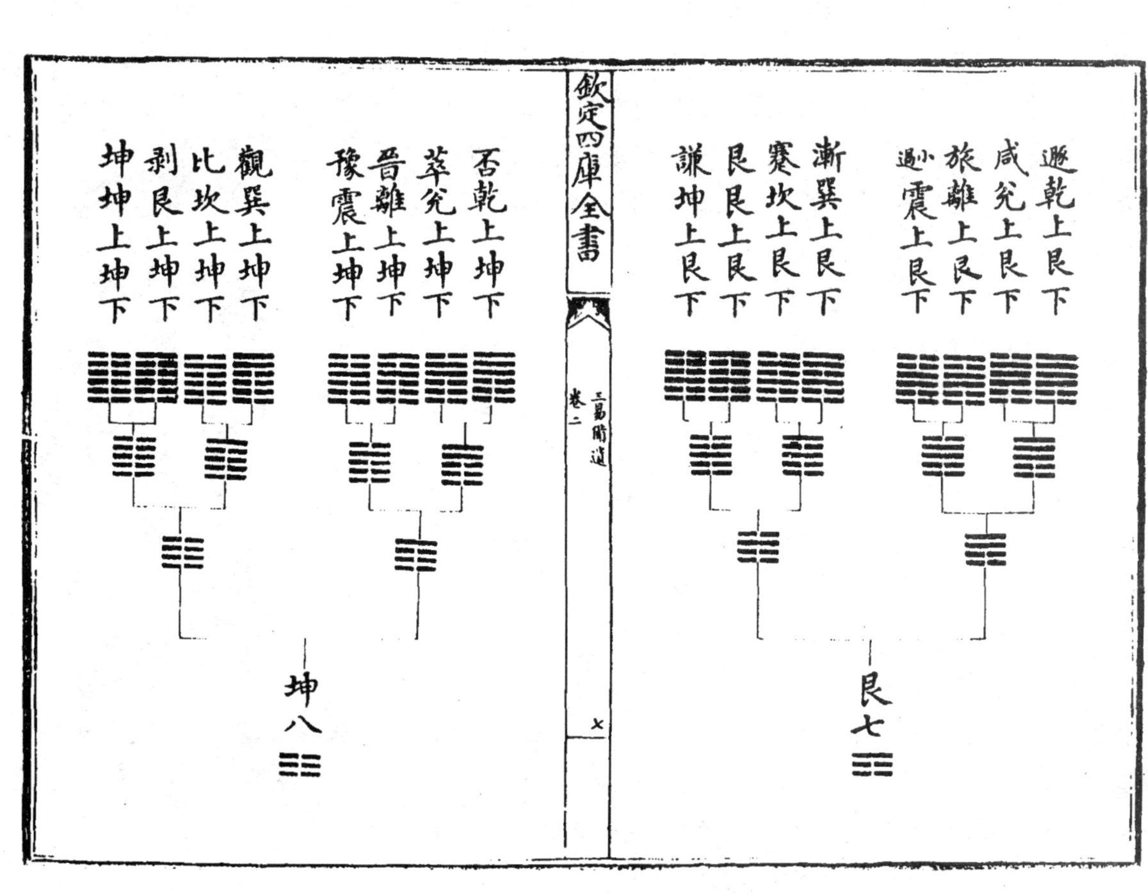

欽定四庫全書

遯 乾上艮下
咸 兑上艮下
旅 離上艮下
小過 震上艮下
漸 巽上艮下
蹇 坎上艮下
艮 艮上艮下
謙 坤上艮下

艮七

三易備遺 卷二 七

欽定四庫全書

否 乾上坤下
萃 兑上坤下
晋 離上坤下
豫 震上坤下
觀 巽上坤下
比 坎上坤下
剥 艮上坤下
坤 坤上坤下

坤八

“一画开天,文明肇(zhào)启”。这真是最贴切、最生动、最凝练的比喻——伏羲在地上画出八卦图案的第一笔,正是为中华文明开辟了一片新的天空！中华民族从此走向文明与发达,迈入世界文明古国之林。

二、神农与风水学

历史上,将上古时代的神农时代定为母系氏族社会的鼎盛时期。在考古学上谓之仰韶文化和大汶口文化,以临潼姜寨遗址、西安半坡遗址,以及大墩子、刘林、大汶口遗址为其标志。神农时代人们的文化生活更加丰富。人们经常用诗歌与音乐表达自己的快乐心情;人们在平原地区建筑较高大的房子;并且在“日中”的时候可以到指定的地点进行交易,以换取自己的所需。“谢上天之赐,承伏羲建天竿,移于平旷塬坝,名柱”,说明神农时代所使用的历法来自于伏羲,不过神农对此进行了一些改进。比如将测日的圭表移到了平原上,对二十四节气进行了更准确的命名并与农时紧密结合起来等。神农时代的历法、节气理论、谷物种植方法等,其实伏羲时代就有了,不过神农使其更加完善,使谷物种植更加科学合理,使历法与节气理论更适于农耕,所以后世的人们把神农列为“农皇”,并将许多有关农业的发明归功于他。

神农的发明有三个方面。第一,他发明了犁等农业生产工具,使农业种植更加方便;第二,他发明了中草药,为后世开辟了医药之先;第三,他发明了建筑风水学。古代文献中说“有连山建木之典”,其实就是“(神农时代)便有了用连山规定建屋的准则”。“典”字,便是准则、律法、经纬之意。上古最早的典,便是立在山上的圭表。圭表反应的是“天”的准则,在燧人氏时代便已懂得用圭表测日影以反应季节的变化。圭表将天上的准则反映到地上的日影,所以只有掌握圭表记时的人,才可以成为部落的首领。自伏羲之后,圭表测日的历法与人们的生活关系更加密切,并且有了专职的天文观测人员,于是圭表便成为部落首领的标志。古代帝王自命为“天子”便是来源于此。神农氏一族是长于观天象的氏族,他们不但继承了伏羲的天文成果,并且在此基础上把历法与农事紧密结合起来,开创了畜牧与农业文化,使母系氏族社会走向了繁荣鼎盛。神农跋山涉水,到处寻找草药,有可能一方面也是在寻找可以种植的谷物,于是尝尽百草,总结出中草药的五气(寒热温凉平)和五味(甘苦咸酸辛)的概念,奠定了中药学的基础。在跋山涉水中神农必然会总结出一套较为科学的地理常识,又由于此时人们已建屋而居,所以将地理知识与八卦知识及建房理论结合起来,也是极有可能的。由此可以推断,后人所称的《连山易》其实是一种有关建筑风水的书籍。

神农像

后人说《连山易》以“艮为始”,则是说明了山脉在风水中的重要作用。这正是后人看风水第一要审察的地方。《周礼》记载："太卜掌三易之法：一曰《连山》，二曰《归藏》，三曰《周易》，其经卦皆八，其列皆六十有四。"由此可知，周朝太卜要掌握三种占断的方法，而不是《易经》的三个版本。从我国考古出土的建筑可以看出风水学在建筑中运用的痕迹。而风水学来源于伏羲则有些太早，只有神农时代，农作物的种植结束了人类长期的流浪生活，在多年的定居生活中，结合八卦理论逐渐形成了建筑风水学。不过这种知识由专职人员掌握，当帝王建屋时，掌握这种知识的人可以向帝王提出自己的意见和看法。所以周朝太卜也要掌握这门学问。

风水学只有是神农所创，才能很好地解释中国考古上为什么没有发现较大的建筑群这一现象。中国出土了世界上最早的谷物、世界上最早的文字、世界上最早的陶器，却唯独没有发现较大的建筑群。这是因为，中国的风水学认为土木结构的房屋对人体是最有益的；土木结构的建筑自然没有砖石结构的房屋保存长久。另外，在房屋建筑的尺寸上也有严格的规定，并不是想建多大就建多大、越大越好。比如北京故宫的居住者，不可谓不富，其所处的时代在世界上也不可谓不文明，但其卧室却不超过九平方米。一个大国之君的卧室竟然不超过九平方米，这在西方国家一定很难理解。而在中国则是有说法的，因为中国风水学认为"室大则气散"，所以卧室一般不能大于九平方米，即使是帝王也不例外。

三、黄帝与奇门遁甲

黄帝姓姬，一姓公孙，号轩辕氏、有熊氏，少典之子。所处时代为原始社会末期，他是一位部落联盟的领袖。司马迁在《史记·五帝本纪》中说："轩辕之时，神农世衰。诸侯相侵伐，暴虐百姓，而神农氏弗能征。于是轩辕乃习用干戈，以征不享，诸侯咸来宾从。而蚩尤最为暴，莫能伐。炎帝欲侵凌诸侯，诸侯咸归轩辕。轩辕乃修德振兵，治五气，艺五种，抚万民，度四方，教熊、罴(pí)、貔(pí)、貅(xiū)、貙(chū)、虎，以与炎帝战于阪泉之野。三战，然后得其志。"司马迁这段话，概括地描绘了黄帝取代神农而称帝的经过。

黄帝像

传说中黄帝的发明创造很多，如：养蚕、舟车、兵器、弓箭、文字、衣服、音律、算术、医药等。而事实上，很多东西并非黄帝所发明。如养蚕在伏羲时代就有了，不过黄帝"命嫘祖养蚕缫丝染五色衣"，养蚕技术与制衣技术比以前更先进了；舟船在神农时代就有了，不过在黄帝时代又有所改进；弓箭在伏羲前就有了，不过在黄帝时代也进行了改进；至于兵器，其实黄帝不过把从前人们狩猎或农耕的器具进行改进，使它更适合进行氏族间的械斗；音律在伏羲时代就有了，黄帝时代也是进行了改进；勾股算术也早就有了，因为它

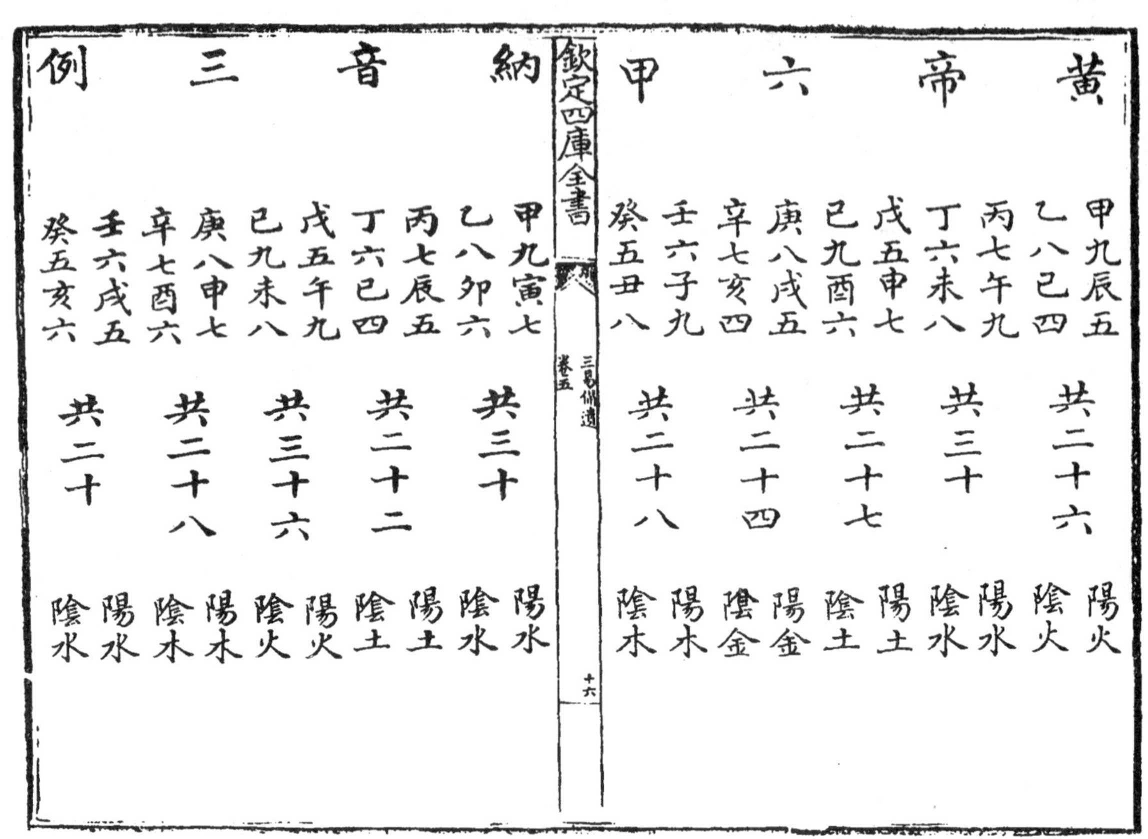
欽定四庫全書　三易備遺　卷五　十六

黃帝六甲納音三例

干支	數	合數	納音
甲九辰五		共二十六	陽火
乙八巳四			陰火
丙七午九		共三十	陽水
丁六未八			陰水
戊五申七		共二十七	陽土
己九酉六			陰土
庚八戌五		共二十四	陽金
辛七亥四			陰金
壬六子九		共二十八	陽木
癸五丑八			陰木
甲九寅七		共三十	陽水
乙八卯六			陰水
丙七辰五		共二十二	陽土
丁六巳四			陰土
戊五午九		共三十六	陽火
己九未八			陰火
庚八申七		共二十八	陽木
辛七酉六			陰木
壬六戌五		共二十	陽水
癸五亥六			陰水

是圭表测日的产物，勾股就是表杆与日影之间的比例关系；医药在神农时代就有了，不过黄帝时代又有了新的发展；至于文字，也是在黄帝之前就有了，不过黄帝当时应当像后来的秦始皇一样，对文字进行了统一，这就是所谓的“命沮涌、仓颉造云纹书”。

黄帝不但统一了文字，还统一了历法。黄帝命大挠作《调历》，并且命伶伦造律吕，隶首作勾股记数。勾股记数前面我们已经讲了，就是在不同时节测日的尺寸，可以更准确地知道节气的到来，好安排农事。律吕也是为节气服务的，据说就是埋在阴山中的十二根长度不同的竹管，每个管子里面装满芦灰后插在地里，地面上的竹管高度一致，地下面则深浅不一。于是到了一个节气，就会有一根竹管里的芦灰喷出来，并发出一种声音，十二根竹管由于长度不同，所以声音也不一样，这就是所谓的“律吕调阳”，可以准确地得知节气的变化。黄帝的土星轩辕六十龟甲历（即调历）与以前不同的是，它采用了以甲子记年法，也就是将十天干与十二地支相结合，以它们的最小公倍数作为一元，即所谓的六十花甲子。甲子记年确实对后世的贡献不小，因为我国从汉朝一直到清朝，都是以甲子记年的，从未发生过年代混乱现象。

黄帝与蚩尤之战，估计已经把八卦理论应用到了战略上。蚩尤当时是一个极其发达的母系氏族，从文献中我们可以看到，当时蚩尤部落已经有了冶金业。《龙鱼河图》中说：“蚩尤兄弟八十一人，兽身人语，铜头铁额……威震天下，诛杀无道。”后人考证认为其“兽身人语，铜头铁额”不过是一种作战时的盔甲。《太白阳金》中说：“伏羲以木为兵，神农以石为兵，蚩尤以金为兵。”而黄帝成为众氏族盟主后所制的兵器仍然不过是“以玉（坚石）作兵器”，那么黄帝怎么能打败蚩尤呢？史实证明黄帝“九战九败”，确实是很难打败蚩尤的。传说是九天玄女和西王母帮了黄帝一把，传授了天书，于是屡战屡败的黄帝制造了指南车才打败蚩尤。据说这部天书除了记载兵器的打造方法之外，还记载了很多行军打仗调兵遣将的兵法。于是，黄帝命他的宰相风后把天书演绎成兵法十三章、孤虚法十二章、奇门遁甲一千零八十局。后来经过周朝姜太公、汉代

黃帝六甲納音一例

甲九子九	共三十四	陽金
乙八丑八		陰金
丙七寅七	共二十六	陽火
丁六卯六		陰火
戊五辰五	共二十三	陽木
己九巳四		陰木
庚八午九	共三十二	陽土
辛七未八		陰土
壬六申七	共二十四	陽金
癸五酉六		陰金

甲九戌五	共二十六	陽火
乙八亥四		陰火
丙七子九	共三十	陽水
丁六丑八		陰水
戊五寅七	共二十七	陽土
己九卯六		陰土
庚八辰五	共二十四	陽金
辛七巳四		陰金
壬六午九	共二十八	陽木
癸五未八		陰木

黃帝六甲納音二例

甲九申五	共二十	陽水
乙八酉六		陰水
丙七戌五	共二十二	陽土
丁六亥四		陰土
戊五子九	共三十一	陽火
己九丑八		陰火
庚八寅七	共二十八	陽木
辛七卯六		陰木
壬六辰五	共二十	陽水
癸五巳四		陰水

甲九午九	共三十四	陽金
乙八未八		陰金
丙七申七	共二十六	陽火
丁六酉六		陰火
戊五戌五	共二十三	陽木
己亥亥四		陰木
庚八子九	共三十二	陽土
辛七丑八		陰土
壬六寅七	共二十四	陽金
癸五卯六		陰金

黄石老人,再传给张良,张良把它精简之后变成现在我们看到的《奇门遁甲》。虽然很多人认为奇门遁甲术并非是黄帝所发明的,但奇门遁甲为古代兵家所用却是史实,并且黄帝及其手下大臣精通八卦、阴阳、五行等方面的理论,将这种理论应用到战术中也是极有可能的。

在上古时期,历法是最原始最古老的"道",延伸到社会的各个领域,渗透到社会的各种学说,天文星象、地理风水、占卜问卦、种田插秧、行军布阵、治国安邦、中医针灸、行禁破邪等,皆以历法为基础,不懂历法根本无法学习和应用这些学问,只有通晓历法,才能掌握天地宇宙的规律,才能成为众氏族拥护的首领。所以说黄帝在与蚩尤的战争中应用了八卦甲子理论,是可信的。不过由于八卦、五行、阴阳、甲子等方面的学问,一般人是无法精通的,并且大多由父子或师徒之间口传心授,所以外人往往无法得其精髓,自然这门学问也就不为外人所知,一些人对此提出疑问也就在所难免了。

传说中的西王母和九天玄女,极有可能是蚩尤部落集团的某个部落首领,因为归顺了黄帝,所以便将蚩尤统治地区的地理情况及蚩尤作战的基本战术(根据八卦创立的行军布阵法等)告诉了黄帝,黄帝学习了这些资料,采取了相应的对策,所以最终打败了蚩尤。

文献中记载,黄帝和蚩尤都是伏羲的后代,所以他们都不同程度地继承了伏羲文明。蚩尤部落的科技要比黄帝先进一些,所以黄帝学习了对方先进的理论后才能战败对方。在当时社会,八卦理论应当是最重要的一门学问,正如上文所说,这种理论渗透到当时的各行各业,所以行军打仗自然也离不开八卦理论。

其实,后人一谈到《易经》便会与黄帝联系起来,主要是因为后人认为是黄帝发明了奇门遁甲术,其次便是认为他将八卦五行阴阳等原理发展到了医学领域,写了一本《黄帝内经》。可是通过目前的考证,《黄帝内经》并非上古医书,而是成形于战国、成书于汉代,是后人托名黄帝之作。不过笔者却感到这部被称作开辟中国医学之源、备受历代医学家重视、被道教奉为重要典籍的书籍,如果是托名之作,确实让人费解之处颇多。是谁写出如此伟大的著作,而自己却在医学史上没有留下一点名声,这真是让人无法想象。如果托名黄帝的作者是一位无名之辈,肯定写不出有如此影响的巨著;如果托名黄帝的作者是当时的一位名医,那么肯定在历史上能找到一些关于作者的蛛丝马迹。相信随着考古学的发展,这部神奇的医书的起源会有新的科学见解。

《黄帝内经》因为包含有天文学、生物学、地理学、人类学、心理学等各方面的知识,并且运用朴素的唯物论和辩证法思想,对人体的解剖、生理、病理以及疾病的诊断、治疗与预防,作了比较全面的阐述,所以成为中国医药学发展的理论基础。又由于其养生方面的知识为道教的修炼成仙提供了基础理论,所以它也成了道教的重要典籍,黄帝也因此在道教中具有极高的地位。

黄帝对《易经》的发展应当是做出过巨大贡献的。他继承了前人的成果,并且又有了新的开拓与发展。

四、周文王拘而演周易

周文王姓姬名昌,于公元前1148年出生于岐山(今陕西岐山境内)。他与五帝之首的黄帝同姓,是黄帝的后代。黄帝的曾孙帝喾生后稷,后稷被尧举为司农,对推动我国农业的发展起到了巨大作用。后稷 14 世孙季历(公季)便是周文王的父亲。文王的母亲名太任。据记载,文王出生时,有赤鸟衔丹书落于他家的房屋上,人们认为这是一种吉祥的先兆——圣瑞。意思是说上天预示人们有一位圣人降临人间了。文王生下来以后,长着四个乳头,到了成年,“龙颜虎肩,身长十尺”。“龙颜”是说文王有帝王之相。

据说姬公季的父亲周太王就是因为看到姬昌有出息才没有把王位传给公季上面的两个哥哥。因为周太王早有推翻商朝而一统诸侯的志向,他认为公季的两个哥哥能力有限,便把王位传给了自己的第三个儿子(即文王的父亲)。姬昌在父亲去世后,继承了王位,人们称其为西伯。姬昌继位时已经 45 岁了,他的博学与阅历使他成为一位成熟而杰出的首领。他严格遵循先祖后稷、四世先公公刘和父亲公季的遗训,切实推行爱护人民、尊敬老者、保护儿童、广招四方贤人的政策。几年工夫,不仅本国人民安居乐业,对西伯姬昌十分爱戴的周边的诸侯国也纷纷表示愿意归附。

公元前 1064 年,商朝天子帝乙去世,帝辛即位。这位帝辛就是声名狼藉的商纣王。当时,西伯姬昌 72 岁,他在商朝上下已有很高的威望,同九侯、鄂侯并称三公。商纣王身材魁梧,力大无穷,即位后,起初曾“闻见甚敏,材力过人”,立志做一个有为的天子。但渐渐的他便被一些大臣们的恭维所麻醉,开始变得自以为是,并且受淫逸奢侈的生活所诱惑,开始腐败起来。商纣王贪图酒色后,性格也变得极端专横残暴起来。

纣王听说九侯的女儿长得漂亮,便娶了过来。但是由于这位女子不喜欢他的荒淫,纣王便

纣王酷刑焚炙忠良图

在盛怒之下将她杀死，还把她的父亲九侯剁成了肉酱。鄂侯知道这件事后，就向纣王提出了尖锐的批评。结果纣王不但不听，还把鄂侯也杀死了，并将鄂侯的肉做成肉脯。

姬昌听到这些事情后，不由得叹了口气。崇侯虎得知姬昌叹气这件事，便对纣王说，姬昌在国内积德行善，这会儿又流露出不满的情绪，说不定会夺取殷商的天下。于是纣王便把姬昌抓来，囚禁在羑（yǒu）里这座国家监狱中。

周文王被囚羑里图

就这样，纣王削减了朝中三公的势力，以为可以高枕无忧了。可是他残暴的行为，却增加了诸侯对他的憎恨，加速了商朝的灭亡。羑里是中国有文献记载的第一所监狱。周文王走进监狱大门时，已经是82岁的老人了。在这里，他失去了与外界的联系，见不到自己的亲人。据史籍记载，为断绝姬昌与外界的联系，殷纣王不仅在羑里驻有重兵，还在通往羑里的道路上层层设卡。

周文王在监狱里无事可做，便开始研究祖上传下来的八卦。想了解国家大事，便用八卦推算一下；想知道亲人的情况，也用八卦进行推算。在我国的夏、商、周三代，人们是非常相信占卜的。因为奴隶社会的君主们坚信自己是天子，是神的儿子，所以天上的神会对地上的儿子的行为进行指导。由于人们都是天子的臣民，所以神也帮助所有的人。而人们要想知道天神的意图，则要通过占卜的方式获得。所以当时全国上下都很相信命运，相信神鬼，相信占卜与巫术。当时朝中专门有主管这种事务的官员，占卜的主管称为太卜，太卜下面有数十个卜师，进行具体的占卜事项；祈祷的主管称为大祝，大祝下有大夫两人执掌其事，“掌六祝之辞，以事鬼神示，祈福年，求永贞，除疠疫”；巫术的主管称为司巫，掌群巫之政令。群巫中男巫、女巫均无数，男巫负责逐除疫病，女巫负责以草药熏浴，祛疫防病。自从黄帝以后，社会阶级日益明显，知识一般掌握在少数的上层社会人群中。不过拥有知识的上层人物不见得能够很好地继承前人的文化知识,因为学习毕竟是很麻烦的事情。于是在占卜与巫术上就开始模式化,准确度就相对来说差了些。殷朝的人们更喜欢占卜,几乎什么事情都要占一下,尤其是殷纣王更是无日不卜,无事不占。正因为这样,我们现在才能见到那么多的殷朝甲骨文。

受当时大气候的影响,周文王也喜欢占卜。在监狱里文王无法得到那么多乌龟壳,所以无法用龟卜的方式占卜了(即用火在龟壳上灼出裂纹以判断吉凶)。不过在监狱里长着很多蓍(shī)草,文王可以用蓍草占卜。《博物志》说:"蓍千岁而三百茎,故知吉凶。"可见用蓍草占卜也是不错的。并且文王精通八卦、阴阳、五行、甲子、天文地理及历法知识,他不但可以占卜,还可以对八卦进行研究。周文王在占卜中发现,按照原来的八卦次序及理论进行占卜,准确率不高。其实自从人祖伏羲发明了八卦后,八卦理论在一代一代的传承中便不断注入新的内容。不过能够真正精通八卦的人,还是不多的。

文王是黄帝的后代,自然文王能够得到八卦的真传。文王的祖先也是极其精通八卦预测的。比如文王的爷爷周太王早就预言过文王会得到一位贤士辅佐而使周朝兴旺,结果文王后来果然在渭水遇到了姜子牙。可见文王这一黄帝的支脉都是懂得八卦预测的。

文王仔细研究祖辈传下来的八卦,感到无论是天象还是地理,以及社会组织形态都跟从前的八卦有些不适应了。天上的日月星辰已经有了新的变化,地理环境也与从前有所不同。更重要的是,人们的思想也与上古时代不一样了,并且人们的生存方式更是发生了天翻地覆的变化。黄帝之前,人们改造自然征服自然的能力较低,一般只能顺应天时地利去逃避凶灾;人们过着平等自由的生活,并且以女性作为社会的主体。而黄帝之后,人们改造自然的能力逐渐提高,人类已经成为世界的主人,人们可以通过对世界的改造而获得吉祥;人们不再自由平等,而是存在着阶级,人们必须遵守一定的社会制度,社会才能安定。文王于是有了一个大胆的想法——创造一种新的八卦理论——一种适合当今社会制度的理论。

文王八卦方位之图

这真是一种伟大的想法！因为文王第一个使八卦脱离了圭表的制约。不过他要想在监狱里建一个圭表或者观象台也是不可能的，殷纣王肯定不同意。而作为一方诸侯首领的文王手里拿着一些草棍算算八卦，殷纣王还是能够同意的。于是文王便拿着蓍草在狱中演八卦。因为文王精通八卦、阴阳、五行、甲子、天文地理及历法知识，所以他即使不用圭表也能进行八卦研究。他可以仰观天象，俯察地理，像伏羲当年那样去研究八卦。结果文王发现，伏羲时代人们生存最大的障碍是自然界，所以伏羲八卦主要以天地间的阴消阳长的规律预测吉凶；而现在人们生存最大的障碍却是人，所以文王以人伦道德作为八卦的基础理论。从文王的八卦横图就可以看出文王的这种思想。不过文王八卦方位圆图，却是需要动一番脑筋才能做出来的。这首先需要参考河图与洛书，估计文王应该是熟记河图洛书的，所以他才能参照河图洛书创造后天八卦。河图与洛书不是一般人能够得到的，因为收藏有河图洛书的人是不会轻易传与别人的。比如春秋时期的孔子就没有见过河图洛书，所以尽管他也想更深一步研究八卦，却也只能发出“河不出图，洛不出书”的慨叹。

要想根据河图洛书的理论，排列出包含天干、地支、阴阳、五行及人伦理论，且又不与先天八卦相矛盾的后天八卦方位圆图，确实不是一件容易的事情。也许文王太需要更准确的预测方法了，他也许迫切想了解子女们的健康状况、妻子的生活情况，以及天下的国家大事。而在以前他作为一方诸侯因公务繁忙，是没有时间对八卦作如此深入的研究的。总之他成功地研究出了后天八卦方位圆图。这个圆图为易学发展开辟了一个新的天地，成为后世八卦预测的重要依据。

文王发明了后天八卦方位图后，便开始进一步重新排列六十四卦的次序，并且根据每一卦的卦象及天干地支的五行生克关系，写出了判断吉凶的卦辞。

周文王的八卦还不是我们现在见到的《周易》，周文王的八卦没有爻辞，只是对六十四卦排列了新的次序，并且加上了卦辞。也许有人会问，只有卦辞而没有爻辞的《易经》也能占卜吗？回答是肯定的，并且只有这种《周易》才能准确占卜，而根据爻辞进行占卜是极不准确的。为什么这样说呢？因为八卦纳甲，再配以天干地支及六神，然后通过生克关系及旺相休囚的推理，才能准确进行预测。汉初的京房、宋代的邵雍和明朝的刘伯温便是用这种方法进行周易预测的，这种占卜是不需要爻辞的。以前人们一直认为这种预测方法起源于汉代的京房，可是帛书《周易》的出现推翻了这种观点。所以说文王在羑里演六十四卦所发明的占卜法有可能就是汉代京房所使用的占卜方法。而文王所排列的六十四卦次序，应当并非一种。我们现在的《易经》中的卦序，只是其中一种，它表现的是事物发展变化的规律。由于文王当时所处的环境危险，所以他所写的卦辞亦是极其晦涩之危辞、隐语了。文王有可能还排列了其他的一些卦序。比如京氏易学中的八宫法有可能即始创于文王。因为文王只有采用的是类似于京氏易学的占卜方法，才能准确算出长子遇害等事情。孔子所传的《周易》并非文王之《周易》，至少不是《周易》的全部。从文献中我们可以看到，孔子并不精通《周易》的占卜之术，所以他自己也承认自己用《周易》占卜最多也就有七成的准确率。如果文王占卜方法与后来孔子所传的《易经》占卜相同，准确率是不高的，并且对后世就没有那么大的影响了。

周文王在羑里的监狱里每天用蓍草推演八卦的事，被殷纣王知道了。纣王开始并不在意，心想：“你这么大的岁数能算出什么来，不见得比我朝中的大仙们更高明吧？！”可是时间一长，纣王也有些不放心了。心想，这姬昌每天都研究八卦，不会达到了最高境界了吧？殷纣王也是极其相信算命的，他每日必卜，自然不想让能掐会算的周文王活在世上。为了试探周文王是否预算准确，纣王采取了典型的纣王式的考察办法——将姬昌的长子伯邑考杀死，用他的肉做成

商纣王宠妲己淫泆图

肉羹送给文王吃。

不过这件事并非纣王一人的主意,纣王的残暴往往与他的爱妃妲己有关。这位妲己据说是崇侯虎的女儿,《封神榜》中说是一只九尾狐狸精进入了崇侯虎女儿的体内。结果这位妲己与纣王很合拍,既喜欢淫乱的生活又精通巫术,所以深得纣王的宠爱。姬昌的长子来朝歌求见纣王,要求探望自己的父亲。结果被妲己看上了,便对他进行挑逗。虽说在殷商时代还遗存有母系社会的观念,人们的性生活还较为开放,但面对纣王的妃子,我想伯邑考还是有些顾忌的。于是被伯邑考拒绝的妲己便献给纣王一条狠毒的计策——用伯邑考做肉羹给文王吃。

姬昌早已用八卦推算出了长子遇难(易学象数派确实有这种预测方法),见到纣王送来的人肉羹自然知道了是自己孩子的肉做成的。在纣王手下做事的官员们应该知道人肉做出的菜肴是什么样的,因为纣王经常用人肉做成肉馅、肉脯和肉羹来威慑群臣。不过因为一声叹息而被囚于羑里的文王,此时做事已更加谨慎,并且多年的八卦研究也使文王深明韬光养晦之理,所以他装作什么也不知道,把肉羹吃了。传说文王吃了以后又找个没人的地方把肉吐了出来,而文王吐出的肉也全变成兔子跑了。如今,在羑里城的西北角,距周文王演易处不远,有一个不太显眼的坟冢,即伯邑考之墓,也叫"吐儿冢"。据说这里就是周文王吐肉羹的地方。而至今羑里这个地方,民间一直不打兔子——因为它是文王的长子变的。

纣王听了姬昌吃人肉羹的消息,嘲笑地说:"圣人应该不吃自己儿子的肉。吃了自己儿子的肉都不知道,他怎么会是圣人呢?"在古代,能够上知五百年下知五百年的人才能被称为圣人。纣王见姬昌的八卦预测不准确,心想这个老家伙也没有什么真才实学,便放松了对姬昌的警惕。

周文王在狱中潜心研究八卦的时候，狱外的人们并没有闲着。为营救文王，周文王的近臣闳夭、散宜生等想了不少办法。他们到有莘找来美貌女子，又到骊戎、有熊买了一些好马和许多珍奇物品。然后他们通过收买纣王的心腹大臣费仲，将美女、良马、奇物献给了纣王。

纣王看到文王的大臣送来的美女，高兴地说："有美女这一样就足以释放西伯姬昌了，还送这么多珍奇干什么！"他于是下令将西伯姬昌释放，还赐给他弓矢斧钺等众多兵器，授权姬昌拥有征伐各地诸侯的权利。纣王还告诉文王：你被囚七年真是有点冤，不过这都是由于崇侯虎说了你的坏话造成的。

被释放的姬昌没有表现出一点怨恨纣王的意思，相反，他把洛西地方奉献给纣王，以答谢纣王对他的赦免。文王一方面向纣王献忠心以增加纣王对自己的信任，一方面则利用纣王赐予的征伐之权不断南征北伐以扩大自己的领地，为推翻商王朝做准备。公元前1056年，92岁的西伯姬昌伐犬戎（今湖南常德一带）。这一年的另一件大事是，姬昌在渭水河边遇到了姜子牙。他们谈论天下大势，谈论治国安邦，谈论礼乐征伐，谈得十分投机。文王认为姜子牙乃旷世奇才，极其高兴地说："自吾先君太公曰：'当有圣人适周，周以兴。'子真是邪？吾太公望子久矣！"所以姜子牙也称"太公望"。于是，姬昌请太公坐车同归，遂拜其为师。

姜太公姓姜，名尚，字子牙，号飞熊。是神农氏的后代。他的祖先因帮助大禹治水有功，被

姜太公像

周易互卦綱目

互乾乾一卦

互坤坤一卦

互震艮三卦

互巽兑三卦

互坎離三卦

互乾巽兑四卦

互坤震艮四卦

欽定四庫全書　三易備遺　卷十　六

互坎震艮四卦

互離巽兑四卦

互震艮巽兑四卦

不互五卦

凡三十有六卦

該一百二十象

封于吕地,因而也称吕尚、吕望。史书上记载姜太公精通《六韬》《三略》及《奇门遁甲》等兵家之术。不过从他的经历来看,他遇文王之前的奇门遁甲术对于预测是很不准的。传说中姜子牙在昆仑山玉虚宫拜元始天尊学道,虚度光阴七十二载。而实际上,他这七十二年为了生计苦于奔波而一无所获。他曾先后游说七十多个诸侯国却依然仕途无望,后来在朝歌做过杀猪宰牛的生意,当过佣人,开饭馆卖干面等。最后生意实在维持不下去了,便摆个卦摊为人占卜,或者代人书写。结果商朝的宰相比干觉得他是个人才,把他推荐给纣王,姜子牙在纣王这里却差点丢掉性命。如果姜子牙遇文王前极其精通奇门遁甲术,就不会有那么多挫折了。姜子牙在渭水畔遇文王后,才变得神通广大起来,估计与文王所创的后天八卦有关。这或许也是我们现在所见到的奇门遁甲之学都以后天八卦作为理论的原因。

文王得姜子牙以后,更是如虎添翼。他经过数年征伐,所辖地区越来越广,势力越来越大。商朝大臣祖伊感到形势严峻,忧心忡忡地向纣王报告,请他高度重视日渐强大的周对商朝构成的威胁。纣王却满不在乎:“一切都是上天安排的,谁能把我怎么样?”

公元前1051年,姬昌去世,他的次子姬发继位。12年后姬发以吕尚为军师,率兵伐纣。姬发会合八百诸侯,在牧野(今河南淇县南)与纣王会战。结果殷军掉转矛头,往回冲杀。纣王见大势已去,急忙逃回朝歌,登上鹿台自焚。武王入殷都朝歌,斩纣王、妲己人头示众。遂诏告天下,宣布殷朝灭亡,周王朝诞生。从此,周取代殷商而据有天下。姬发自称武王,尊谥父为文王。此后,周文王“拘羑里而演周易”成了流传千古的佳话,周文王也成了中华民族的文化偶像之一。

姜子牙为兴周灭商做出了巨大贡献。武王在灭掉商朝后封的第一个谋士便是姜子牙,将他封于齐国。所以后人往往称姜子牙为“周师齐祖”,即周国的太师,齐国的始祖。值得一提的是,姜子牙并不迷信巫术与算命学说。他更相信心智的判断。比如,姜子牙看到灭商的时机已经成熟，便向武王提议出兵伐纣。可发兵前武王用龟甲、蓍草进行占卜，龟兆不吉。又恰遇暴风骤雨，随军众臣陡生惧怕之心，不敢发兵。但姜子牙认为他对周、殷两方政治、军事的估计是正确的，便态度坚决地折断蓍草，踏碎龟壳对众臣说：“龟壳朽骨，蓍草枯叶，怎么会预知吉凶呢？”他力排众议，武王才决意发兵东进。大军至刑丘，大风把武王的车折为三截，武王的乘马被雷震死，暴雨三日不停，行军十分困难。武王动摇了决心，产生了疑惑。只有姜子牙刚毅果敢，处乱不惊。他说：“折为三，是天示意我们分兵三路进军；大雨三日不停，是因为我们而天降神兵；而震死乘马，是示意我们换良马快行。全是吉兆。应顺从天意的安排。”

在巫术盛行的时代，姜子牙所做的确实是令人佩服。因为当时以龟壳裂纹判断吉凶是没有科学依据的；用蓍草的方式算出八卦，如果只从卦象上去推断吉凶也是不科学的（因为会有多种解释）。姜子牙则根据事实作出判断，并且他所精通的奇门遁甲主要通过推理进行预测，所以他敢于反对那种带有迷信色彩的占卜方式。

五、周公与爻辞

周文王为什么不写出爻辞来呢？原因很简单，因为没法写。六十四卦所包容的东西太多了，怎么能够写得清楚。八卦可以说只是一个复杂的推理公式，根本不需要用文字来说明。并且周文王发明后天八卦是为了自己能够预测得更准确，通过八卦来提高自己的统治能力，而不是想著书立说，让天下人都了解它、学会它，以增加自己的知名度。那么八卦的卦辞与爻辞是怎么出现的呢？

屯 下互坤 上互艮

坤為母未從貴為女子十為坤成數故六二曰女子貞不字十年乃字

蒙 下互震 上互坤

坤為母震為長子故九二曰納婦吉子克家

需 下互兌 上互離

兌為澤其於地也為剛鹵故九二曰需于沙九三曰需于泥

欽定四庫全書 三易備遺 卷十 七

訟 下互離 上互巽

離明也故初六之象曰雖小有言其辯明也離三數也故九二曰歸而逋其邑人三百戶上九曰或錫之鞶帶終朝三褫之

師 下互震 上互坤

坤為眾師眾也震為長子故六五曰長子帥師

比 下互坤 上互艮

坤為土為衆故象曰先王以建萬國親諸侯

小畜 下互兌 上互離

兌位乎西故卦辭曰密雲不雨自我西郊兌為毀折離為目故九三曰輿說輻夫妻反目

履 下互離 上互巽

離為目巽為股故六三曰眇能視跛能履

泰 下互兌 上互震

兌少女震長男故六五曰帝乙歸妹

否 下互艮 上互巽

巽以申命行事故九四之象曰有命无咎志行也

同人 下互巽 上互乾

巽為高為進退故九三曰升其高陵

大有 下互乾 上互兌

兌說也孚兌之吉信志也故六五之象曰厥孚交如信以發志也威如之吉易而无備也

謙 下互艮 上互坎

艮為小石故六二曰介于石

《周易正义》中说："伏羲制卦，文王卦辞，周公爻辞，孔子十翼也。"当然，文中所言并非全对，比如十翼并非孔子所作。不过孔子虽然没有创作出十翼，但对十翼进行过修订。并且周公参与了爻辞的编写。

周公姓姬，名旦，是周文王的第四个儿子，是周武王的同母弟弟。周公在当时不仅是卓越的政治家、军事家，而且还是个多才多艺的诗人、学者。他辅佐武王灭掉殷纣。武王在商郊牧野集众誓师，誓词就是《尚书》中的《牧誓》，即周公所作。

灭商后的第二年，由于日夜操劳，武王身染重病，不久便病故了。武王在临终前愿意把王位传给有德有才的周公，并且说这事不需占卜，可以当面决定。周公涕泣不止，不肯接受。武王死后，太子诵继位，是为成王。成王不过是个十多岁的孩子。面对国家初立，尚未稳固，内忧外患接踵而来的复杂形势，成王是绝对应付不了的。《尚书・大诰》说："有大艰于西土，西土人亦不静。"《史记・周本纪》也说："群公惧，穆卜。"武王的去世使整个国家失去了重心，形势迫切需要一位既有才干又有威望的能及时处理问题的人来收拾这种局面，这个责任便落到了周公肩上。

周公称王后，周公的哥哥管叔有意争权，于是散布流言："周公将不利于孺子(成王)。"灭殷后的第三年，管叔、蔡叔鼓动起武庚禄父一起叛周。起来响应的有东方的徐、奄、淮夷等几十个原来同殷商关系密切的大小方国。这对刚刚建立三年多的周朝来说，是个异常沉重的打击。如果叛乱不能够扫平，周文王苦心经营几十年建立起来的基业就会毁掉。可当时，王室内部也有人对周公称王持怀疑态度。这种内外夹攻的局面，使周公处境十分困难。

周公于是首先稳定内部，保持团结，说服姜子牙和召公爽。他说："我之所以不回避困难形势而称王，是担心天下背叛周朝。否则我无颜回报太王、王季、文王。三王忧劳天下已经很久了，而今才有所成就。武王过早地离开了我们，成王又如此年幼，我是为了成就周王朝，才这么做。”周公统一了内部意见之后，第二年举行东征，讨伐管、蔡、武庚。事前进行了占卜，发布了《大诰》。

周公摄政第三年顺利地讨平了“三监”的叛乱，杀掉了首恶管叔，擒回并杀掉了北逃的武庚，流放了罪过较轻的蔡叔。

周公讨平管蔡之后，乘胜向东方进军，灭掉了奄（今山东曲阜）等五十多个国家，一直把周的势力延伸到海边。

武王克商只是打击了商王朝的核心部分，直到周公东征才扫清了它的外围势力。东征以后，周朝再也不是一个“小邦国”，而成为东至大海，南至淮河流域，北至辽东的泱泱大国了。

东方辽阔疆域的开拓，要求统治重心东移。在灭商归来的途中，武王就曾与周公商量过要在洛水与伊水一带建都的事情。为的是周天子在新都召见诸侯，偏远地区的诸侯便不至于走太远的路程，因为洛水与伊水一带位于周朝疆域的中心位置，而平时周天子仍可以在镐京执政。周公东征班师之后，便开始在洛水和伊水一带寻找适合建都的地方，这就是传说中的“周公卜洛”。周公称王的第五年，正式营建洛邑。三月初五，召公先来到洛邑，经过占卜，把城址确定在涧水和洛水的交汇处，并进而规划城阁、宗庙、朝、市的具体位置，五月十一日规划成功。第二天，周公来到洛邑，全面视察了新邑规划，重新占卜。卜兆表明于湛水西和湛水东，洛水之滨营建新都大吉。新都经过一年左右的时间建成。城方一千七百二十丈，外城方七十里。东都洛邑位于伊水和洛水流经的伊洛盆地中心，地势平坦，土壤肥沃，南望龙门山，北倚邙山，群山环抱，地势险要。伊、洛、湛、涧四条小河汇流其间。东有虎牢关，西有函谷关，据东西交通的咽喉要道。顺大河而下，可达殷人故地。顺洛水，可达齐、鲁。南有汝、颍二水，可达徐夷、淮夷。伊洛盆地确实是定都的好地方。周朝以后，洛阳仍然成为不少帝王建都之所，现在已成为历史名城。

隨 ䷐ 下互艮 上互巽

艮為門闕為徑路故初九曰出門交有功

蠱 ䷑ 下互兑 上互震

蠱之卦辭曰先甲三日後甲三日巽之爻辭曰先庚三日後庚三日蠱互震震位於甲也巽互兑兑位於庚也

臨 ䷒ 下互震 上互坤

觀 ䷓ 下互坤 上互艮

噬嗑 ䷔ 下互艮 上互坎

坎為耳故上九曰何校滅耳

賁 ䷕ 下互坎 上互震

坎為輿震為足故初九曰賁其趾舍車而徒

东都洛邑建成之后，周公召集天下诸侯举行盛大庆典。在这里正式册封天下诸侯，并且宣布各种典章制度，也就是所谓“制礼作乐”。“制礼作乐”是周公为了周王朝长治久安而采取的一项重要谋划。“礼”强调的是“有别”，即所谓“尊尊”；“乐”的作用是“有和”，即所谓“亲亲”。有别有和，是巩固周人内部团结的两方面。

无妄 ䷘ 下互艮 上互巽

大畜 ䷙ 下互兑 上互震

兑為毁折故九二曰輿説輹

頤 ䷚ 下互坤 上互坤

坤為成數之十故六三曰十年勿用无攸利

大過 ䷛ 下互乾 上互乾

欽定四庫全書　三易備遺　卷十　十

上下互乾大者過也故彖曰剛過而中是為大過乾為首故上九曰過涉滅頂凶

坎 ䷜ 下互震 上互艮

離 ䷝ 下互巽 上互兑

礼所要解决的中心问题是尊卑贵贱的区分，即宗法制，进一步讲是继承制的确立。由于没有严格的继承制，周公固然可以称“咸王”，管、蔡也可以因争王位而背叛王室。周朝不得不接受殷朝的经验教训，何况周公对夏殷历史是了如指掌的。在继承王位制度上，殷朝是传弟和传子并存，所以导致了“九世之乱”。周朝在周公之前也没确立嫡长制，自周公以后才有了嫡长子继承制。周公把宗法制和政治制度结合起来，创立了一套完备的服务于奴隶制的上层建筑。周天子是天下大宗，而姬姓诸侯对周天子来说是小宗。而这些诸侯在自己封国内是大宗，同姓卿大夫又是小宗，这样组成一个宝塔形结构，它的顶端是周天子。周代大封同姓诸侯，目的之一是要组成以血缘纽带结合起来的政权结构，它比殷代的联盟形式前进了一大步。周代同姓不婚，周天子对异姓诸侯则视为甥舅关系。血缘婚姻关系组成了周人的统治系统。尽管这种制度不是很科学，到春秋战国时代便暴露了它的弱点。但在当时的条件下，它无疑形成了一种以周天子亲信为主体的层次分明的政权机构，是一种远较殷人的统治更为进步的架构。由宗法制必然推演出维护父尊子卑、兄尊弟卑、天子尊诸侯卑的等级森严的礼法。这种礼法是隶属关系的外在化。反过来，它又起到巩固宗法制的作用，其目的是维护父权制，维护周天子的统治，谁要是违反了礼仪、居室、服饰、用具等等的具体规定，便视为非礼、僭(jiàn)越。

周公制礼作乐期间，唯恐失去天下贤人。有时周公正在洗头，却有贤士来访，周公便急忙停止洗发，握着尚未梳理的湿发接见客人；有时客人来访时周公正在吃饭，周公便吐出口中的食物，聆听贤士的教诲。这就是成语“握发吐哺”的典故。

《易经》的爻辞便是在这样的大背景下出台的。周文王在羑里排列的六十四卦卦序及所作的卦辞，本身便包含着对周国未来的忧虑，并且卦序中包含着事物发生发展的普遍规律。文王八卦以乾父坤母作为六十四卦的开始，其中喻示着父母所生的子子孙孙在发展壮大中互相之间的冲突与矛盾，并因此而产生的命运吉凶。周文王用八卦预言了人类在新时期的灾难将来自于人类本身，人们为了自己的利益将会在兄弟之间、父子之间发生战争，所以他在八卦中也提出了解决这种危机的办法，即以礼来加强父与子、君与臣等不同阶层的约束力，使人们能够在礼的约束下减少因利益而发生的冲突。

咸

下互巽 上互乾

巽為股故六二曰咸其腓九三曰咸其股股腓屬也

恒

下互乾 上互兑

兑為少女為妾故六五曰婦人吉

遯

下互巽 上互乾

大壯

下互乾 上互兑

欽定四庫全書

三易備遺 卷十 十二

兑為羊故九三曰羝羊觸藩六五曰喪羊于易

晉

下互艮 上互乾

艮為鼠故九四曰晉如鼫鼠

明夷

下互坎 上互震

坎為美脊亟心之馬故六二曰用拯馬壯吉

家人

下互坎 上互離

其实，从黄帝开始，中国土地上的大多数战争都是兄弟之间的战争。即使表面上是华夏民族与东夷、荆蛮、匈奴等外族的战争，但其实质上仍是伏羲、女娲的后代之间的战争，是兄弟与兄弟之间的战争。正是无数次的战争使更多的兄弟们被驱赶到了偏远地区，形成了更多的外族，渐渐忘记了把自己从中原赶出来的人正是自己曾经的兄弟，以至于秦始皇当了皇帝后还不敢承认自己是中国人，而认为自己是东夷的后代。而东夷这个民族正是伏羲曾经统治的民族。

而文王的八卦也预示了周国的发展及对周国未来的忧虑。对于这一点，精通《易经》的周公自然很清楚文王的苦心，于是他便让手下大将南宫括及一些卜师为文王的八卦加上爻辞。写作的主要目的是以周兴殷亡的历史教训告诫下一代官员，以保证新建立的周朝得以长治久安。因此，爻辞本质上是传授周初圣王治国平天下的成功经验的政治教材，只是利用了占筮的框架作为设教的手段。所以爻辞中映射了灭殷兴周的历史。

睽 ䷥ 下互離 上互坎

坎為曳為輿為雨為豕故六三曰見輿曳上九曰見豕負塗又曰往遇雨則吉

蹇 ䷦ 下互坎 上互離

艮下坎上為蹇又下互坎故六二曰王臣蹇蹇六四曰往蹇來連九五曰大蹇朋來

解 ䷧ 下互離 上互坎

離為網罟田也故九二曰田獲三狐三者離之數也

損 ䷨ 下互震 上互坤

十坤成數故六五曰或益之十朋之龜

益 ䷩ 下互坤 上互艮

益之六二損之六五也故六二亦曰或益之十朋之龜

萃 ䷬ 下互艮 上互巽

上互巽故六三之象曰往无咎上巽也

升 ䷭ 下互兑 上互震

兑西也故六四曰王用亨于岐山

困 ䷮ 下互離 上互巽

巽為申命故象曰澤无水困君子以致命遂志巽為風為木故上六曰困于葛藟于臲卼

井 ䷯ 下互兑 上互離

兑為毁折故九二曰甕敝漏離為明故九三曰王明並受其福

革 ䷰ 下互巽 上互乾

巽為申命故九四曰有孚改命

鼎 ䷱ 下互乾 上互兑

兑為毁折故九四曰鼎折足

震 ䷲ 下互艮 上互坎

艮為山故六二曰躋于九陵坎為陷故九四曰震遂泥

艮 ䷳ 下互坎 上互震

坎為加憂為心病故六二曰其心不快九三曰厲薰心

爻辞的写作风格大部分引用了古诗歌。一般是先引古歌,类似“比兴”;再作占辞,加以判断。如噬(shì)嗑九四:“‘噬乾胏(zǐ),得金矢。’利艰贞,吉。”贲(bì)六五:“‘贲于丘园,束帛戋(jiān)戋。’吝,终吉。”也有变体:或先占后引,如咸九四:“贞吉,悔亡。‘憧憧往来,朋从尔思’。”,或引占错杂,如未济上九:“有孚。‘于饮酒’,无咎。‘濡其首’,有孚失是。”或有引无占,如贲六四:“贲如皤如,白马翰如,匪寇,婚媾。”或有占无引,如大有上九:“自天祐之,吉,无不利。”总之,《易经》爻辞的编撰体例为古歌与占辞相参互。

古诗歌的引用使《易经》的文字富有文学意味,表达更加鲜明生动。如《中孚》“得敌,或鼓,或罢,或泣,或歌”这条写胜利归来后的情景,有的击鼓庆贺,有的因疲惫而休息,有的激动得落泪,有的欢乐喝彩,绘出一个极其生动的画面。

再如《大壮・上六》“羝(dī)羊触藩,不能退,不能遂”,用羊入篱笆无法进退,比喻人在生活上由于做事莽撞而陷入进退两难的窘境,很好地表达了所在爻位的吉凶喻意。

而爻辞的吉凶判断,则严格根据卦象及爻位等辩证关系进行推理,有着极强的占卜功能。而加以历史典故及古诗歌(有些古诗本身便与上古时期的卦名有关)主要是为了更形象地表达含义,并且使阅读者不要忘记周兴殷亡的历史教训。

如《旅》卦中的“丧牛于易”是指殷先祖王亥亲自赶着牛群,到河北的有易部落进行商业贸易活动,不幸被有易部落的首领绵臣所杀的历史事件。《山海经・大荒东经》:“有困民国,勾姓而食,有人曰王亥,两手操鸟,方食其头。王亥托于有易,河伯仆牛,有易杀王亥,取仆牛。”郭璞《山海经》注引《竹书纪年》:“殷王子亥,宾于有易而淫焉。有易之君绵臣杀而放之,是故殷主甲微假师于河伯以伐有易,灭之,遂杀其君绵臣也。”

《家人》一卦似指周室,周文王被囚于羑里,文王臣属齐心协力积极营救,因此能够使文王脱离困厄。与《家人》相对应的是《睽(kuí)》卦,该卦似指殷纣王之事,殷纣王一味取悦妲己,唯妇言是听。初九爻似指殷纣王性格乖戾,所以称为“恶人”;九二爻似指妲己入宫之初;六三爻似指殷纣王缺乏人君应有的风度;九四爻孤立无援,似指殷纣王,其中的“元夫”似指周文王;六五爻似指殷纣王荒淫无道;上九爻似指殷纣王所作所为达到天怒人怨的地步。

通过以上所叙,可以看出《易经》爻辞之内涵是多么丰富!可以想象出周公及其所指定的编写人员付出了多少心血!其爻辞不但与文王的八卦次序相统一,而且很好地概括了灭殷兴周的历史,并且引经据典,用古诗歌的形式形象地表达吉凶。全经和谐统一,浑然一体,真是令人叹服。

周公除了参与并指派人员进行爻辞的编写之外,还应该参与并指定有关人员编写了解说《易经》的文献,即与现在我们所见到的《易传》相似的内容。《史记》中说:“孔子晚而喜《易》,序《彖(tuàn)》、《系》、《象》、《说卦》、《文言》。”现在有学者考证,认为“序”字为“排列次序,编排”之意,而并非创作。并且根据一些古文献的记载,发现在孔子之前便已经有《易传》方面的文献,并且我们现在所见到的《十翼》也并非孔子当年所“序”的《十翼》,而是经过孔子之后的历代儒家多次修改过的。

在周公时代,《易经》已正式形成了——即卦画与经文的形成,并且出现了解读《易经》的相关文献。《周易》经过孔子整理后,才成为儒家的经典,至汉武帝后,称之为《易经》。后人将不带《易传》的《周易》称为《周易古经》。事实上,在孔子之前便已存在经传合一的版本,并且也有不含《易传》的《周易》版本,甚至还有只有卦辞而没有爻辞的版本,这些版本在内容上与孔子所传的《易经》不尽相同,存在一定的区别。可见《易经》所包含的内容应当更广泛些,要比孔子所

漸 ䷴ 下互坎 上互離

坎曰樽酒簋二故六二曰飲食衎衎坎為盜故九三曰利禦寇

歸妹 ䷵ 下互離 上互坎

離為目故九二曰眇能視坎為月故六五曰月幾望

豐 ䷶ 下互巽 上互兑

兑為毀折故九三曰折其右肱

旅 ䷷ 下互巽 上互兑

巽為近利市三倍為資斧故六二曰懷其資九四曰得其資斧

巽 ䷸ 下互兑 上互離

兑為巫故九二曰用史巫紛若兑位於庚故九五曰先庚三日後庚三日離為網罟以佃以漁故六三曰田獲三品

兑 ䷹ 下互離 上互巽

離為戈兵故彖辭曰說以犯難民忘其死

渙 ䷺ 下互震 上互巽

艮為山故六四曰渙有丘

節 ䷻ 下互震 上互艮

艮為門闕故初九曰不出户庭九二曰不出門庭

中孚 ䷼ 下互震 上互艮

震為馬故六四曰馬匹亡

小過 ䷽ 下互巽 上互兑

巽為雞故卦辭曰飛鳥遺之音彖辭又曰有飛鳥之象焉中孚本卦巽上故中孚上九曰翰音登于天

整理的内容更为丰富。

周公制礼作乐第二年，也就是周公称王的第七年，周公把王位彻底交给了成王。周公死后，成王将其葬于文王墓旁，以示不敢以周公为臣。

周公不但为后人留下了许多动人的事迹，还给世人留下了较为完整的易学资料。正是他与卜官们编著的爻辞，为易学开辟了义理学派的先河；使《易经》除了占卜功能之外，还能够以其博大精深的哲理警示后人。

六、诸子百家与《周易》

先秦诸子百家的出现，与周朝的衰落有很大关系。

周朝自武王伐纣之后，经周公辅政，国势日强。但传到了夷王姬燮(xiè)，由于他懦弱无能，被孝王夺取了王位。孝王因病去世后，诸侯又依据父权子继的定例，扶立他为帝。于是夷王便对诸侯十分感激，朝见诸侯时步下堂来和诸侯相见，使天子的威严大为下降。他在位期间，迁居太原一带的犬戎不断地反叛，几次派兵征讨，都未能根除。夷王在位三十一年，因病去世，将王位传给了自己的儿子姬胡。姬胡便是昏庸无道的周厉王。

周厉王利用周王朝制定的三千多条刑法对人民采取了残酷的压榨，并且派巫官去监视人们的言行，凡是说了对周厉王不满的言论的人，格杀勿论。巫官滥用职权，枉杀了不少无辜，搞得朝野上下人人自危，不敢讲话。这就是历史上“卫巫监谤”的典故出处。当时召公虎曾提醒并劝告厉王：“防民之口，甚于防川。”可是厉王根本听不进去。三年后，即公元前841年，终于爆发了国人暴动。义愤的平民们将周厉王赶跑了。厉王逃到彘(zhì，今山西霍县)。国人暴动是我国有文字可考的第一次大规模的群众性武装暴动，它动摇了西周奴隶制统治的基础，标志着西周由鼎盛时期开始走向衰落。周厉王逃亡之后，大家推举德高望重的周公和召公共同执政，历史上称为“共和行政”。

共和行政的元年，即公元前841年，这是我国有确切纪年的开始。共和行政后，西周统治出现过昙花一现的“宣王中兴”。周宣王死了以后，儿子姬宫涅即位，就是周幽王。周幽王什么国家大事都不管，光知道吃喝玩乐，打发人到处找美女。有个大臣名褒珦(xiàng)劝谏幽王，周幽王不但不听，反而把褒珦关进了监狱。

褒珦的亲人为了把褒珦救出来，便投幽王所好，在乡下物色了一个极其漂亮的姑娘并把她买了下来，然后教会她唱歌跳舞等技艺，再对她进行一番精心打扮，献给幽王，以替褒珦赎罪。这个姑娘算是褒家人，所以叫褒姒。

周幽王为了褒姒，日日裂锦，千金一笑，烽火戏诸侯，后来干脆把申后和太子宜臼废了，立褒姒为王后，立褒姒生的儿子伯服为太子。并且为了防止宜臼与伯服争夺王位，追杀宜臼。这种行为引起宜臼外祖父申侯的极度不满，公元前771年，申侯联合西北犬戎族共击幽王。士兵攻破镐京，把周幽王、虢石父和褒姒生的伯服杀了。那个不常开笑脸的褒姒，也给抢走了。

周幽王的荒淫无道，终于给西周画了一个句号。

诸侯们将太子姬宜臼立为天子(即周平王)，然后便回各自的封地去了。可是诸侯一走，犬戎便打了过来，周朝西边的许多土地也被犬戎占去了。平王恐怕镐京保不住，于公元前770年，

周幽王宠褒姒图

迁都洛邑。因为镐京在西边，洛邑在东边，所以历史上把周朝在镐京做国都的时期称为西周；迁都洛邑以后称为东周。

自从夷王开始，周室逐渐走向衰落。到了东周的平王，更加衰微，使周文王与周公打下的疆域成为五侯争霸、七国争雄的竞技场。正是这种大背景下，当时社会上一些知识分子的地位发生了变化——即“士”这个阶层由贵族中的最底层转为平民中的最高阶层。

在西周奴隶主贵族的等级制度中，士代表的是知识分子阶层，他们处于贵族中的最低阶层。他们不是一般的文弱书生，都受过系统的教育，通晓礼、乐、射、御、书、数等“六艺”。打仗的时候，可以做下级军官；和平的时候可以作卿大夫高级贵族政治上的助手。他们的职守是世袭的。在贵族等级制度中，他们有固定的地位、固定的生活和固定的工作。

而到了春秋战国时代，这个阶层的地位发生了变化。随着奴隶主贵族等级制度的崩坏，士失去了原来的地位和职守，只得自谋生活。在当时各路诸侯互相兼并夺权的斗争中，还有许多原来高于士的贵族，甚至是原来的国君，也失去他们原来的地位，流亡到各地。这些大小贵族们，过去凭世袭的身份，衣食无忧，过着剥削阶级的生活。而现在，他们只能靠他们所掌握的知识自谋生路了。他们在各地游来游去，寻找可以依附的主子，因此也被称为“游士”，而一些以武功或力大称著的游士，则称为“游侠”。其中长于礼、乐、卜、巫、祝、占，熟悉古代典籍的人，可以成为私学的老师，或在别人家有红白喜事的时候，给人家指点怎样行礼来谋求生活出路。“游侠”们则以充当贵族的武士为生。

从前，这些世袭职守的知识分子们，有可能并没有过多地学习各种知识，就像一般富家子弟一样读书不认真。可是到了春秋战国时期，他们只有通过知识才能很好地生存，才能摆脱成为奴隶的命运。并且，通过自己所掌握的知识，他们甚至可以重新成王成侯。于是知识在这个时代便显得极其重要。所以一些士在离开东周或其他诸侯国时，往往将朝中的一些重要典籍偷了出来。这些拥有典籍的人一方面加紧学习治国安邦之术，积极寻找可以依附的君王；一方面利用这些知识进行私人教学，广收门徒，扩大自己的声势。于是原来只有贵族才能掌握的知识便开始流传到民间。《左传·昭公二十六年》中说“王子朝及召氏之族、毛伯得、尹氏固、南宫嚚奉周之典籍以奔楚”，即是记载了东周王室内乱中，王子朝等将国家图书、典籍拥为己有的史实。

在这些典籍之中，最重要的著作当首推易学方面的文献。因为在当时“强奴欺主，群侯争霸”的血腥背景下，礼仪已失去了实用价值。而集天文、地理、兵法、谋略、占卜、哲理于一身的易学才是当时大环境所最需要的。所以在众“游士”阶层中，易学应当是一种最实用的知识，可以使掌握和拥有这种知识的人更好地生存。然而，这种实用的知识，并没有全部被“游士”所掌握，而是被另一种“士”所掌握，即当时拥有特殊地位的“隐士”阶层。

春秋战国时代，隐士具有较高的社会地位。比如，古代文献记载，齐桓公欲见隐士小臣稷，“一日三至不得见也，从者曰：‘万乘之主，布衣之士，一日三至而不得见，亦可以止矣。’”但桓公不从，“五往而后得见”。由此可见统治者对隐士的重视。为什么统治者对隐士如此重视呢？原因不外乎两个：其一，隐士的知识具有较高的含金量，他们的知识对成就统治者的霸业有帮助；其二，统治者为了实现自己的霸权理想，急需经天纬地之才的帮助，他们对隐士表示恭敬，可以吸引更多的能人前来投靠。

隐士之所以比游士的知识更有含金量，与其归隐之前的地位有关。一般游士原来只是贵族中的最底层，所学不过“六艺”，毕竟知识深度有限。隐士则不同，他们往往归隐前是上层贵族，或因没落或因厌世或因避乱，于是选择了隐居生活。他们曾经的地位使他们曾经拥有更为广阔的学习环境，可以学到更重要、更实用的知识，所以选择隐居生活的人往往品位极高，深明治国安邦之术。而隐士最精通的学问，往往正是博大精深的易学。

孔子也曾多次想向这些隐士学习有关礼及道方面的学问，只是大多数隐士认为孔子的仁义学说是乱人性、使人走向虚伪和做作的假学问，所以对孔子很反感。如《微子第十八》中便记载了长沮、桀溺两位隐士对孔子的厌烦态度。有一位隐士则骂孔子“四体不勤，五谷不分”。

道家多源于隐士，其代表便是老子。老子姓李，名耳，字聃，比孔子年长二三十岁。老子为周朝史官世家，他曾任东周守藏室之吏，所以学问渊深，对《归藏》《易经》八卦之类稔熟，东周王室内乱导致老子辞职归隐。据考证老子的思想便是受了《归藏》的启发。老子之“道”便是源自于《易经》的“阴阳太极”理论。老子的弟子整理的《老子》一书成为道家第一本经典著作，对后来的道家发展起到了举足轻重的作用。而其“无为而治”的治国学说则为西汉的兴盛作出了巨大的贡献。孔子曾多次向老子求教礼仪方面的知识。孔子五十岁（一说为五十一岁）时，在求教老子关于道的理论后悟出了道的玄机。此时正是其开始学习《周易》的时候，所以可以推测出孔子正是从老子那里得到了有关易学的知识，而“五十知天命”。

老子像

《论语·述而》中说："加我数年，五十以学易，可以无大过矣。"是说孔子是到了五十岁才学习《周易》的。1973年长沙马王堆出土的帛书《系辞》曰："夫子老而好《易》，居则在席，行则在橐。"足见孔子对易学之重视。可是孔子是一位学识渊博的大家，为什么不早一些学习《易经》呢？

其一，《周易》作为沟通人神、预测吉凶的工具，与诗书礼乐完全不同，孔子只想恢复周礼，所以他年轻时没有学习《周易》；其二，当时《周易》是一种极其珍贵的书籍，孔子有可能一直没有搞到较全的资料；第三，孔子有可能曾经看过《周易》，但是没看懂，因为《周易》如果没有名师指点，确实是很难入门的。《庄子·天运》中说："孔子行年五十有一而不闻道，乃南之沛见老聃。老聃曰：'子来乎，吾闻子北方之贤者也！子亦得道乎？'孔子曰：'未得也。'老子曰：'子恶乎求之哉？'曰：'吾求之于度数，五年而未得也。'老子曰：'子又恶乎求之哉？'曰：'吾求之于阴阳十有二年而未得也。'"

由此可见孔子学易并非五十岁，而是在38岁便接触易学了，只是没读懂。通过和老子的接触，孔子才有所启发而对易有了新的理解，并且发现《周易》里面也包含着天尊地卑等礼仪方面的哲理，于是便开始更加刻苦地攻读易学。据说孔子在读《易经》这本书的时候，经常翻阅，由于每一片竹简之间都有连接的绳子，时间久了，就把韦编的绳子磨断了三次，这说明《周易》对他有极强的吸引力。

孔子所说的"五十以学易"是指能够理解《周易》的含意了，而并非刚刚接触易学。其实也正因为孔子感到易学的艰深隐晦，所以他收集了当时有关解读《周易》的一些文献，并且加以系统地整理，使这些文献更适宜人们理解《周易》，于是便有了孔子编《十翼》之说。而事实上，孔子之前即有解读《周易》的各种文献，孔子不过是对其进行了整理，并且重点阐明义理，宣扬礼教思想，对于占卜等怪异之术，则不进行宣传。所以说孔子所传之易并非《周易》的全部内容。

而孔子对古代其他经典的修订，也是进行了大量的删节。儒家的六经本非儒家专有，只是经过孔子删改后，便成为儒家经典了。顾炎武说"六经皆史"。可是经孔子删订后的六经（删，即删除杂芜，选录精华；订，即订正讹误，编次顺序），无疑已成简史了。

六经，即《诗》、《书》、《礼》、《乐》、《易》、《春秋》。相传中国上古时期遗留下的文诰有三千余篇，孔子选取其中唐虞至秦穆公时的文献数十篇，加以排列整理，这就是《书》，又称《书经》或《尚书》；《诗》也如此，据传孔子从三千多首古诗中，删重去复，去粗取精，得305篇，称"诗三百"，并配乐弦歌，重加整理；《礼》，古时礼节繁缛，不相统一，有"经礼三百，曲礼三千"（《礼记·礼器》）；今传礼仪远没有这样多，亦为孔子选编删取所致；《乐》是上古及中古音乐方面的文献资料，其文本今已失传，所以没法了解孔子将《乐》删订成了什么样；孔子对《易》的贡献在于"赞"。赞，即辅助、辅佐之意。《易》本卜筮之书，但其中有丰富的思想内容，孔子整理了《周易》的辅助读物，使人们能理解圣贤阐发于《易经》中的哲理。孔子当时或付之口说，或书之简端，后来弟子集腋成裘，遂组合成十篇《易传》，即后世所称之"十翼"。所以

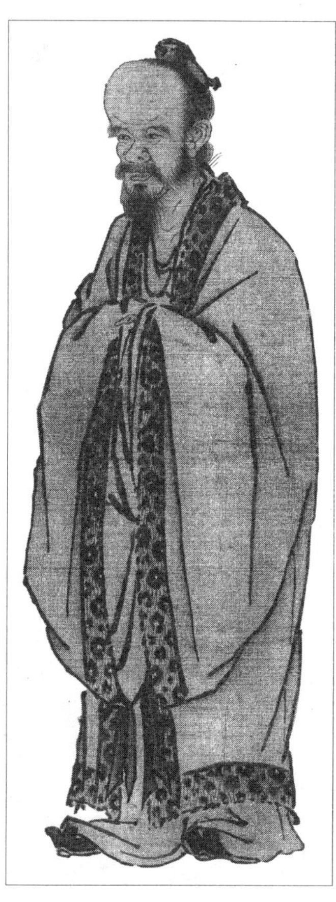

孔子像

《易传》既存有孔子之前的旧说，又杂有孔子的相关言论。

对于《春秋》，孔子则根据自己的是非标准，"笔则笔之，削则削之"，其是非标准主要是"君君、臣臣、父父、子子"的等级名分和与之相应的礼制，凡有违背，皆在讥贬之列。《春秋》的写作方法是"一字褒贬"、"微言大义"。吴楚之君实称王，而《春秋》贬之曰子；践土之会实召天子，而《春秋》书曰"天子狩于河阳"，变被动受召的耻辱为主动巡视的威风。一字一句，都寄寓了孔子满腔的仁义礼乐用心，所以说《春秋》已不是简单的史书，而是孔子伦理思想和政治思想的蓝本，已非史实。

孔子对这些典籍的删订，使很多历史事件没有传下来，这不得不说是一件遗憾的事情。然而这并不能磨灭孔子对后世的伟大贡献。《史记》中说："孔子之时，周室微而礼乐废，《诗》、《书》缺。（孔子）追迹三代之礼，序《书》传，上纪唐虞之际，下至秦穆，编次其事。……故《书》传、《礼》记自孔氏。"可见如果没有孔子，由于周朝衰落，战事频繁，恐怕古代的历史文献早就失传了。正是孔子广收门徒，才使六经得以流传至今。

孔子为什么不合时宜地宣扬礼制仁义呢？其实，这与孔子的出身和人生经历有关。孔子的先世出自王家。商纣王的哥哥微子（箕子、微子、比干被称为殷末"三仁"），即是孔子的远祖。微子被封于宋，微子嫡传后代世世为宋侯，其支脉则世世为大夫。微子后代的一支传到孔父嘉的时候，孔父嘉（为大司马之职）的政敌太宰看上了孔父嘉的妻子。与之相遇于途，"目逆而送之"（《左传》桓公二年）。于是太宰利用一次政变杀了孔父嘉，占有了孔父嘉的妻子。孔父嘉的

微子远行图

儿子木金父逃难于鲁，卜居于曲阜东昌平乡之陬邑。子孙袭姓孔氏，遂为鲁人。心有余悸的孔氏子孙隐姓埋名，从此沦为游士阶层。一直到孔子的父亲孔纥孔叔梁，才稍有事迹见载于史册。

叔梁是鲁国贵族孟献子手下的一名武士，腰圆体壮，体力过人，以勇武闻名于诸侯。叔梁乃字，纥是其名，“叔梁纥”为尊称。在诸侯间的战争中叔梁有勇有谋，立下不少战功，于是被封为陬邑大夫，成为当时的贵族。邑字在古代指国家的意思，也通称诸侯的封地、大夫的采地；大夫为古代官名。西周以后的诸侯国中，国君下有卿、大夫十三级，“大夫”世袭，且有封地。可见到了孔子父亲的一代，又转为世袭的贵族了。并且他的封地便在鲁国的“陬”这个地方。

叔梁虽然事业有成，但却一直没有儿子。他娶施氏为妻，连生九女；又娶一妾，生下一子，只是这个孩子是个脚有毛病的残疾儿。叔梁为使先人香火有后，于是在六十余岁时向颜氏求婚，将颜氏年龄最小的三女儿徵在娶了过来。叔梁与徵在生下一子，便是孔子。关于孔子的出生，还有一种说法是在春天的社祭中，叔梁与徵在野合而生下的孔子（古时有在春社及秋社祭时男女野外群交的风俗）。故《史记》中说：“纥与徵在野合而生孔子。”

叔梁在孔子三岁时去世。为了避免叔梁那个多子女、多妻妾的家庭的各种矛盾，徵在离开了孔家，带着小仲尼卜居曲阜城内，有可能便是回到了娘家的附近居住。正因为如此，孔子的童年便没有享受到贵族的生活，而是与母亲相依为命，过着布衣生活。这种生活《史记·孔子世家》中被描述为“孔子贫且贱”。

孔子十七岁时母亲便去世了。而母亲并没有向孔子透露过孔子的身世。在极其注重孝道的鲁国，按照“生同室，死同穴”的规矩，该如何将母亲与父亲埋在一起呢？这使孔子有些犯难了。这时，一个与颜氏为邻的挽车夫的母亲向孔子透露了关于其生父及显赫家世的背景，并告诉他孔氏一族迁鲁之后的家庭公共墓地的所在地。至此孔子才知道自己是世袭大夫的贵族后代。《史记》中说“孔子为儿嬉戏，常陈俎豆，设礼容”，并且他邻居的职业是“挽车夫”，可以看出孔子的母亲的家庭便是以给人举行丧礼或祭祀之礼仪为职业的。因为按照周制，城邑之居民以职业及社会身份地位之别而分类居住。世居世业，不能改变身份。孔子从小便经常看见大人们举行丧礼及祭礼的仪式，所以他小时候便以模仿这些仪式做游戏。受环境的影响，礼乐便在孔子的心中扎下了根。孔子说自己“十五而志于学”，其实当时学的不过是一些丧礼祭祀之术，好能够胜任代代相传的职业。而这些，却也正是周礼中的一部分。

孔子知道自己的身份后，便不再安于现实的穷困生活了，因为大夫是世袭制的。他于是做了一件极其勇敢的事件，即找到并挖开叔梁的坟墓，将自己的母亲与父亲合葬在一起。

这一行动向世人证明了自己是世袭大夫的贵族后代。

孔子葬母得到了贵族名分，可是并没有因此而得到世袭的土地与权利。可能孔子的父亲去世后家道衰落，其所封的土地已被其他贵族所占有（战火频繁的春秋末期，这种情况应该是常见的事）。当时季氏家“飨士”，孔子便腰里系着一根麻绳前往，不料却被拒之门外。飨士，是古代大贵族招待游士的饮宴，贵族借此“优贤礼士”之机联络感情，笼络士心。年轻的孔子也许认为自己也够这个资格去不花钱吃一顿好饭菜，结果却被季氏的家臣阳货损了一顿：“季氏宴请的是游士，哪敢请您这样的人啊！”因为孔子是世袭贵族之后，比游士级别要高，当然不应当参加这个宴会了。受到训斥的孔子嘴上不说什么，心里肯定觉得身为家臣的阳货训斥自己是失礼的，又想到自己现在仍然穷困潦倒，自然会感到礼制不健全的害处。

为了成为一个真正的贵族，孔子开始自学贵族们必须掌握的“六艺”。他以顽强的毅力进行自学，并且四处拜访名师。由于他学习刻苦，不但精通了六艺，而且精谈六经，学识渊博。孔子并非一个文弱书生,他身高一丈(相当今天的190cm),力大可举城门,并且长得一表人才,于是才貌双全的他逐渐在贵族中间有了些名气。孔子二十岁结婚,二十一岁生子,鲁昭公送他一对鲤鱼表示祝贺,孔子因此给儿子起名孔鲤。可见此时的孔子已名气不小了。

孔子像社会上的游士一样开始广收门徒,宣扬自己的礼制仁义思想。后来被鲁国的大贵族季氏家族任用。季氏(季平子)委任孔子做其私家的小家臣,做过"委吏"和"乘田"。委吏,是司库房的小职官;乘田是管牲畜的小牧官。春秋末期,政治权力下移,多数邦国内出现了政在大夫的局面。鲁国的孟孙氏、叔孙氏和季孙氏三家分了鲁国的公室。他们专权行事,僭越礼制,如季孙氏祭祖竟用了天子礼仪——八佾之舞。孔子虽然看不惯这些,但是为了成为贵族阶层,就必须得投靠季氏。

孔子正想通过季氏的提拔而得到鲁昭公的重用,没想到接下来鲁国便发生了著名的"斗鸡之变"。季平子与郈(hòu)昭伯以斗鸡方式进行赌博。赛前两家都弄虚作假,季氏在鸡翅上涂了芥末,以便在斗鸡时造成对方视力模糊;郈氏则在鸡爪上装了铁爪,以便能够抓伤对方。结果季氏赌输了,并且发现对方的鸡爪有问题。于是双方由争吵转为争战,季平子领兵占领了郈昭伯的封地。郈昭伯向鲁国国君昭公状告季平子,鲁昭公正想借此机会削弱季孙氏家族的势力,所以便出兵攻季孙氏。可是,季孙氏却与叔孙氏、孟孙氏联合起来,大败鲁昭公,逼得鲁昭公逃亡到了齐国。孔子本指望季氏在鲁昭公面前提拔自己,见鲁昭公都跑了,也只得离开季氏家族到了齐国。然而齐国国君并没有重用孔子的意图,孔子只得又回到了鲁国。此时鲁国大权完全掌握在季氏家族手里,所以孔子也没心思在朝中混功名了。

鲁昭公客死异乡后,季氏家族立昭公的弟弟为王,即鲁定公。就在孔子五十岁时,也就是孔子开始读懂《易经》的时候,季孙氏的一个家臣弗扰在费邑宣布独立了,他托人召请孔子。此时"知天命"的孔子还真动了心。只因性情率直的子路反对,才没有去成。

公元前501年,鲁定公起用孔子整顿鲁国秩序。孔子做了鲁国的中都宰(县邑长官)。经过鲁定公的几次提升,最后孔子官至大司寇,成为鲁国最高司法长官,此时孔子52岁,当时的国家大权仍然在季氏家族手中。公元前498年,孔子向鲁定公提出削弱"三桓"势力的主张,最后以失败告终。

第二年,齐国向鲁定公献80名美女,24辆四匹马拉着的华丽马车。季桓子怂恿鲁定公接受齐国的馈赠,于是君臣沉湎于声色,三日不理朝政。接着,鲁国举行郊祭,季桓子又不分祭肉给孔子。这一切,无疑在暗示孔子已不受重视,孔子只得离开鲁国。于是"斥乎齐,逐乎宋、卫,困于陈蔡之间",四处碰壁。流浪十四年后,68岁的孔子在弟子子冉(子冉在鲁国当了官并立下战功)的帮助下才重新回到了鲁国。

综观孔子一生,便会发现孔子所以要强调礼制仁义,其一是他早年最先接触了礼教,从小便受礼教熏陶,可以长袖善舞;其二是封建礼教的世袭制度使孔子由一个贫民成为贵族,所以他认为礼教是好的,他是封建礼教的受益者;其三是他成为贵族后并没有因此而得到应得的利益,所以他深刻认识到有必要健全封建礼制,他认为自己是不健全礼制的受害者;其四,他想通过健全礼教来巩固自己的贵族地位,建功立业,辅佐朝政。可是他的理论不适应当时的形势,所以一生挫折。

孔子的思想经历了三个阶段,第一阶段是他"十五而志于学"的阶段,他学礼不过是继承母亲家族的职业,为了能够胜任自己的工作;第二阶段是他拥有贵族名分后努力求取功名阶段,此时他把人生目标提高了,开始学习更多的东西;第三阶段是他东游十四年后归鲁阶段,此时,鲁国仍然没有重用他,他于是总结自己的学问,使自己的思想成为一种学术。孔子一生的成功在于他广收门徒，正是他的这些门徒使他可以“四体不勤，五谷不分”地享受贵族一样的生活，也正是这些门徒使他的思想得到了广泛的传播。

而孔子的有些门徒，也看透了孔孟之道的不切实际，背叛了儒家，而开始学习其他知识。并因此而自成一家，成为战国时期诸子百家中的墨家、阴阳家、法家等重要学术流派的开创者。孔子所创的儒家，一直到秦始皇的焚书坑儒，一直没有成为极具影响力的学派。汉武帝时独尊儒术，其实也不过是汉武帝在窦太后去世后，想除掉窦太后的余党以建立自己的一帮新领导班子的政治运动。所以董仲舒的文章没有说出汉武帝的意图时，便叫董仲舒重写，最终借董仲舒之口达到了自己的目的。而董仲舒的思想本已不再是孔子思想，而是集成了先秦诸子百家的思想，并且董仲舒的易学思想主要继承了道家及阴阳家的学术，所以后世认为是董仲舒发展了《易经》中的阴阳五行理论，其实他不过是学习了儒家以外的易学知识而已。

战国时期的诸子百家，都与中国的易学有着一定渊源，但却不是孔子所传的《易经》，而是来自于隐士与道家所传的易学。战国时期一位极重要的易学人物便是鬼谷子。鬼谷子姓王名羽，常入云梦山采药修道。因隐居清溪之鬼谷，故自称鬼谷先生。他被尊称为中国的“智圣”，后人把他尊为神，道教中他的天界尊号为“玄风永振天尊”，又称“王禅老祖”，佛家称其为“禅师菩萨”、“禅师爷祖”。

鬼谷子是战国时期楚国人，相传祖籍朝歌（今河南淇县）城南。鬼谷子精通周易八卦、数学星纬、兵学韬略、游学势理、养性保身及纵横术，周游四方，广交朋友。曾到过扶风池阳（今陕西省泾阳）、颍川阳城（今河南登封告城）、太白山（今宁波勤县东）等处，后在云梦山（朝歌城西 15 公里）水帘洞隐居讲学，创建中国古代第一座军事学校——“战国军庠”，培养出苏秦、张仪、孙膑、庞涓、毛遂等著名的政治家、军事家。著有《鬼谷子》一书，被当时和后世广泛地运用到政治、外交、军事等领域。传说鬼谷子还收仙道家茅濛、徐福及计然等为徒，分别传授长生术、经商术、占卜术等，使他们成为一代历史名人。所以，历史上不仅纵横家们奉他为祖师爷，兵家们崇尚他的谋略；即便是民间占卜之流也都尊他为师爷。

鬼谷子所创的纵横学的基本观念就是“阴阳对峙”。这正是源于易学的阴消阳长的辩证原理。鬼谷子的军事思想也是源于中国最古老的文化之学——《易经》八卦，鬼谷子的兵学思想是宇宙化的一切方法、技术、原则、原理，所以战无不胜，攻无不克，大无其外，细无其内。鬼谷子的兵法是宇宙观的，包含甚广，不单对军事、政治、外交、社会、经济、人事，实乃包含宇宙一切。

鬼谷子像

鬼谷子的弟子中，孙膑因为精通八卦阵法及兵法战术，成为战国时期兵家的代表人物；苏秦、张仪因精通包含阴阳八卦理论的纵横之学，而游说于诸侯之间，控制七国命运于股掌之上。

据载，苏秦与张仪在鬼谷子处学完纵横术后，鬼谷子便给他俩出了一道毕业考试题——让苏秦与张仪凭三寸不烂之舌把鬼谷子说哭。结果两位弟子口若悬河，巧言如簧，引经据典，

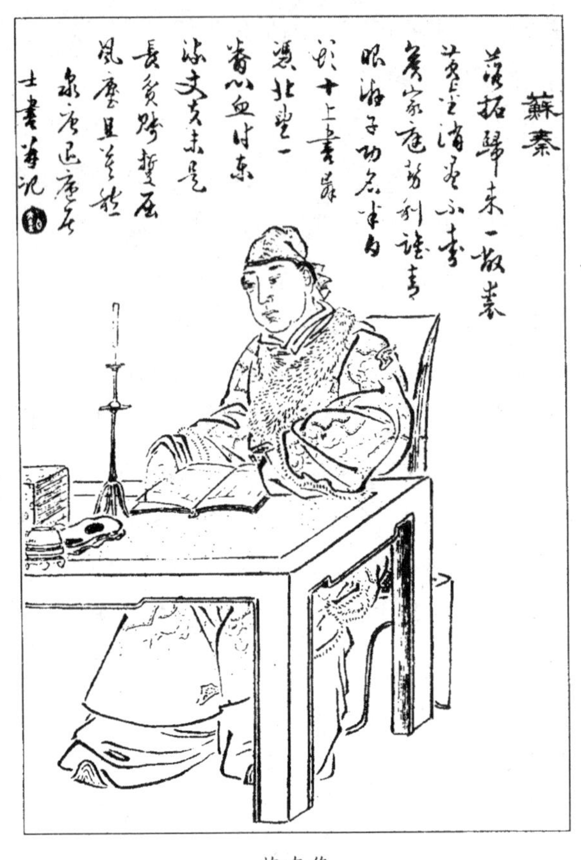

苏秦像

声情并茂，把鬼谷子说得痛哭流涕，泣不成声，连连说："合格，合格，你们可以毕业了。"临别时，鬼谷子又送与苏秦一部书，叫他闲时多加研读。

苏秦下山后，踌躇满志，卖掉田地买车马、仆人及衣物等，身穿一件名贵的黑色貂裘便开始了他的游说生涯。结果他没说动楚国国君，也没说动秦国的国君，最后身无分文，貂裘也穿破了，一个人挑着行李饥肠辘辘地回到了洛阳的家中。可是这时家里人对他的态度用苏秦的话来说就是"妻不以我为夫，嫂不以我为叔，父母不以我为子"。于是吟诗一首："贫穷富贵同骨肉，富贵贫穷亦途人；试看季子貂裘敝，举目虽亲不是亲。"接下来便拿出鬼谷子所送的那本书读了起来。史书上说他"头悬梁，锥刺股"苦读了三年，才把那本书读懂，然后离开家乡继续游说诸侯，只用了一年时间，歃血于洹水之上，功成名就，佩带六国相印，总揽合纵大局，煊赫一时。苏秦衣锦还乡时，亲人们都跪在路旁不敢抬头，苏秦对亲人们感慨地说："如果我当初只在乎那两亩薄田，那么能今天带着六国的相印回来吗？"于是散千金以赐宗族朋友。

苏秦的成功得益于鬼谷子所送的那本书，那么是什么书呢？它就是《黄帝阴符经》。这本书现在世上还有流传，其全文共三百九十九字。这真是令人百思不得其解的一件事，四百来字的文章也需要读三年吗？并且还要"悬梁刺股"！这是怎么回事呢？

原来，这本书的内容可不好理解。这本书被道教视为三大重要经典之一，后代有很多哲人都对其做过注解，人们都认为其包含着易学的阴阳思想，可总是仁者见仁，智者见智，不能得到满意的答案。因为其文中有"阴阳相推而变化顺矣"、"至静之道，律历所不能契；爰有奇器，是生万象；八卦甲子，神机鬼藏；阴阳相胜之术，昭昭乎进乎象矣"等句，可证明其承自易学。

那么这本书到底讲的是什么意思呢？原来这就是奇门遁甲之术。奇门遁甲术"神机鬼藏"，自然可以指导舌剑唇枪的苏秦走向成功了。

通过苏秦的故事我们可以看出，这《黄帝阴符经》绝对与孔子所传的《易经》关系不大，因为如果只读孔子所传的《易经》，五十年也看不懂这本书。所以说在春秋战国时期，易学在许多高人手中流传，孔子所学的《易经》，只是易学的一小部分。为了更充分地证明这一点，还要谈一谈战国时期另一个传奇式的人物——阴阳家代表人物邹衍。

邹衍是齐国人。他大约生于周显王四十五年（公元前 324 年），死于燕王喜五年（公元前 250 年）。值齐威王晚年，就学于稷下学宫，先学儒术，以后因看到儒学不切实际，于是便拜隐者为师，以阴阳怪迂之学，在齐宣王晚年和齐愍王时为稷下先生，是齐之上大夫。约在公元前 288 年（燕昭王二十四年），邹衍仕燕。燕昭王为他建筑碣石宫，以师礼待之。到燕惠王时被谗下狱。出狱后回齐国，在稷下学宫为先生。齐王建八年（公元前 257 年）使赵，在平原君面前批评公孙龙，使之被罢黜。燕王喜四年（公元前 251 年）仕燕王喜。

在战国时代，道家与墨家是显学。《孟子·滕文公》云："杨朱墨翟（dí）之言盈天下，天下之言，不归于杨，即归墨。"可知当时杨朱之学与墨学齐驱，并属显学。杨朱是老子的弟子，即道家学派；墨子自创一派，提倡兼爱、节俭，行侠仗义，敢于赴汤蹈火，视死如归，亦被称为黑道之鼻祖。不过这两家的显学也不如阴阳家的邹衍风光。他到梁国，梁惠王亲自郊迎，执宾主之礼。到赵国，平原君在他面前侧着身子走路，用自己的衣袖，替他掸拂坐席上的灰尘。到燕国，燕昭王为他建造"碣石宫"，镶以黄金，来款待他，并且把他尊为师父，亲自服侍他。孔子、孟子简直是望尘莫及。只因为他的学术非常特别，王公大人一见到他，就"惧然顾化"，就被他的学术所感动。

《盐铁论·论邹》中说："邹子疾晚世之儒墨不知天地之弘，昭旷之道，将一曲而欲道九折，守一隅而欲知万方，犹无法准平而欲知高下，无规矩而欲知方圆也。于是推大圣终始之运，以喻王公。"意思是说，邹衍痛恨近代儒家和墨家之徒，不知道天地的宏大，不懂得光耀广远的道理，执持一点之事就想要谈论深奥的道理，死守一偏之见就想要了解四面八方的事情，这就好像没有水平仪器却想知道高低不平，没有圆规和矩尺却想知道方圆一样。于是他"推大圣终始之运"，来开导诸侯君主。什么是"大圣终始之运"呢？简单来说就是以五行相克的循环变化决定历史朝代的更替，如夏、商、周三代之变，就是金（商）克木（夏）、火（周）克金。不过朝代更替的理论肯定比这个还要复杂些，只是史料中只记载了这些。

通过史料中记载的这一"五德终始论"我们可以看出，这并非邹子所创，因为在上古时代便有这种理论了，五帝时期的帝王便是按这种五行生克顺序排下来的。所以说邹子的阴阳五行理论并非自己所创，而是上古就有的易学理论。《汉书·艺文志》云："阴阳家者流，盖出于羲和之官，敬顺昊天，历象日月星辰，敬授民时，此其所长也。""羲和"即羲氏、和氏，是尧帝时掌天文四时历象的官。"历象"即推算历法，观测天象。历，记数之书。象，观天之器。"敬授民时"即告民以天时（即祭祀、耕作之时），包括日、月、晦、朔、弦、望、四时、节气等。可见班固也认为阴阳学派起源于上古时代的掌握天文历法的官职。而这正是八卦的最根本的用途。

邹子除了"五德终始论"外，还对天文学相当有研究，这些知识他也是继承了上一代天文学的研究成果，因为天文学单靠一个人一生的观察是不会了解整个天体变化的。史料中记载"邹子谈天"即是邹子对人们讲解宇宙及天地的演变史。

邹子还提出了"大九州"学说，中国称为"赤县神州"便是邹子命名的。邹子认为世界共有九大州，中国只是其中的一个，并且每个大州又细分为九个小州，就如同《禹贡》中所说的九州。在大九州的四周，有"裨海"环绕，往外围，有"大瀛海"环绕，再往外便是天地的边际。他得出这种结论，用的是“必先验小物，推而大之，至于无垠”的方法。由此可见邹子不单精通地理知识，还懂得用推衍法来总结事物的规律。不过邹子的地理知识不可能是自己一个人的实践与推理的结果，而是在前人的地理知识的基础上建立起来的。因为中国在上古时代便可以驾舟远行了，美洲的印第安人就是中国上古人类移居过去的，并且在印第安现在考古挖出伏羲的神像及中国的太极图符号。中国的《山海经》一书，经现在有关学者考证，便是一本古代的“世界史”，里面所描写的地理知识，已不是中国这一小范围。其实，中国周朝的“国家图书馆”里面，应当收藏着上一代许多科学知识及生活经验等文化遗产。周王室衰落后，这些知识流入民间，这正是战国时期出现“百家争鸣”的基础。而易学知识，更是影响了整个“百家”学术，并且因“诸子百家”的继承而得到了发展。

邹子还精通巫祝机祥方面的知识。巫，古通舞；祝，是跪拜祈祷的意思，是远古就有的宗教仪式；机，即祈；祥，即判断吉凶。这些都是远古时期的宗教仪式，在夏商周时期最为流行。史料中记载，一些高明的祝者可以用祈祷来控制一棵树的生死，可以控制人间的祸福，有些像西方天主教徒的先知一样。历史文献中记载邹子在燕时被人陷害入狱，于是邹子进行祈祷，使燕国在六月天下起了大雪，这就是《窦娥冤》中的唱词“六月飞霜因邹衍”的典故。可见祷告的力量不单《圣经》中的先知拥有，中国在中古时代就有这方面的人才了。这种巫术一直是中国影响力较大的宗教，并且被官方认可（从我们所熟知的“西门豹治邺”及《红楼梦》里“葫芦僧判断葫芦案”就可以看出，历史上这种记载不胜枚举）。直至现在还广为流行。如今在河北的庙会上有“跳大神”的，他们可以说就是邹子的信徒。不过现在由于有些“假大仙”利用这种巫术骗钱，我国已将其列为封建迷信。而国外的祷告还是被认为合法的，并且一些人将其发展成一门新的学科——心理学。国外的心理学其实就是在远古时期的巫术上创建的，并且也吸收了中国气功及巫术的理论。现在我国承认外国传进来的心理学是一门科学，已成为课本中的教材。只是我们中国人为什么没有根据古代的巫术创建出自己的心理学体系呢？我想该如何继承和发扬古代文化遗产，国外传进来的心理学应该能够给我们很好的启发。

历史上还有“邹子吹律”的典故。据说燕国天气寒冷，长不出庄稼。于是邹子吹了一通笛子，燕国的庄稼便长势良好，每年都大丰收。其实这是写史者不懂《易经》的缘故。我国在黄帝时代便懂得“律吕调阳”了，“邹子吹律”是指邹衍利用律吕在燕国调整了适合当地气候的二十四节气。不是邹衍吹笛子，是邹衍让大地吹笛子。他把十二根长短不同的笛子埋在地里面，笛子里面装满芦灰，管口用“竹衣”（竹子内的薄膜）轻轻贴上，到了冬至一阳生的时候，最长管子中的灰，首先受到地下阳气上升的影响而将芦灰喷出，并发出声响。等第三个笛子（以最长的笛子为第一，第三个为雨水时节）被大地吹响时，再过十五天人们就可以耕地了（即惊蛰时节）。这些是在黄帝时代人们就懂得的小技术。而后人把这个典故演说成邹子吹笛子，是由于这一知识已逐渐不被后人所知的缘故。

邹衍不单是易学大师，还是演讲大师。诸子百家中的名家，一向以诡辩著称。名家其中心论题是所谓“名”（概念）和“实”（存在）的逻辑关系问题，所以称“名家”，也称“辩者”、“察士”。可是在邹衍这里却不灵了。名家有一个最著名的命题是“白马非马”，提出这一命题的便是名家的代表公孙龙。据说，公孙龙过关，关吏说：“按照规定，过关人可以，但是马不行。”公孙龙便说白马不是马啊，一番论证，说得关吏哑口无言，只好连人带马通通放过。公孙龙游说各国，与人论辩，从来没败过。可是他命不太好，偏偏在赵国与邹衍相遇了。两个人经过长时间的辩论，最后公孙龙理屈词穷，名誉扫地，从此告别“江湖”。公孙龙的名家其实就是西方的形式逻辑。

名家的理论没能继承，更没有发扬，以致今天我们中国人还要学习西方人在两千三百年前提出的"亚里士多德逻辑学"，这的确与邹衍有关，如果亚里士多德生活在邹衍时代的中国，估计他的逻辑学也得夭折。

然而遗憾的是，作为一个显赫一时的学派，阴阳家在魏晋以后已不复存在，并衍为方士方术。《汉书·艺文志》著录阴阳家著作"二十一家，三百六十九篇"，而到了《隋书·艺文志》中，已经没有了这些学术的影子。这真是一个怪现象，当时没有人对阴阳家进行过破坏，连焚书坑儒的秦始皇都对邹子敬仰之极，可是它却自动消失了。这是怎么回事呢？其实很简单，因为邹子的学术已全部融入道家与儒家两大派别里面了。说得明白点就是道家与儒家对邹子的学术进行了彻底的剽窃，并把它与自己的学说结合在一起，阴阳家已无法特立独存了。也正因为这样，邹子所继承和发扬的中国易学，才一直贯穿了中国封建社会的全部文化；正因为这样，中国易学才影响着后世的数学、炼丹术、医学、天文学、地理学、政治、经济、农业等等的发展，从而形成了中国传统的科学、文化、观念的理论基础；也正因为这样，中国易学中的《梅花断易》、《六爻八卦》、《奇门遁甲》、《麻衣神相》、《玉匣记》、《阴阳宅经》……各个流派才得以流传和发展。

综上所述，中国的易学因周室的衰落而流入民间，影响了诸子百家的思想，而诸子百家的思想则影响了中国古代的全部文化，所以说，不懂易学，是无法了解中国古代文化的。

从上面我们也可以看出，中国的易学并非是孔子一脉传下来的，而是很多脉络的承传关系。汉代司马迁和班固所记载的易学传承谱系，可能只是指儒家一系而言。战国时期，儒、道、墨、法、阴阳五行、兵各家，都有可能对《易经》作出自己的理解或解释。这种理解或解释又与当时地域文化传统相关联，如邹鲁文化、荆楚文化、三晋文化、燕齐文化等，带有地域文化特征。正因为这样，在秦汉时期才会出现阴阳易、儒易、墨易、兵易、法易、名易、道易等各种易学流派。

七、秦始皇焚书独留《易》

客观地说，秦始皇不愧为千古第一皇帝。他 13 岁登基成为秦国的国君，在吕不韦专权执政中，他深藏不露却早已开始谋划着如何夺回朝政大权。公元前 238 年，22 岁刚举行冠礼后的秦王镇压了嫪毐发起的叛乱，灭嫪毐三族，斩首参与叛乱的主要头目卫尉竭、内肆、佐弋竭、中大夫令齐等二十余人，流放吕不韦，削职夺爵与叛乱有牵连者达四千家。这真是一举两得，既平息了叛乱，又消灭了异党，巩固了政权。

可是，秦始皇的"焚书坑儒"却招来不少骂名——看来读书人可得罪不起啊！其实从历史上来看，秦始皇是很重视人才的，他是不得已才"焚书坑儒"的。据历史文献中记载，秦王嬴政巩固了政权后，广纳贤士，为己所用，加速了统一全国的进程。他任用了姚贾、李斯、白起、蒙恬、王翦等著名的政治家、军事家、外交家。这些人为秦王政出谋划策，能征善战，在秦的统一过程中发挥了十分重要的作用。从公元前 230 年到公元前 221 年，前后十年时间，秦军南征北战，先后灭掉韩、魏、楚、燕、赵、齐六雄，统一了中国结束了春秋战国以来长期诸侯割据、战乱频繁的局面，建立了中国历史上第一个统一的多民族郡县制的封建中央集权帝国。这是中国有史以来最具有开创性质的事件。自夏、商、周三代以来，还没有建立过如此强大的统一王朝，政治结构、社会结构和经济结构也从未有过这般复杂的形态。这样，一个现实问题便摆在这个空前的帝国面

秦始皇像

前，那就是该如何进行治理和统治。秦对六国贵族实行杀戮、迁徙和流放，进行残酷的镇压，并收缴、销毁六国兵器，拆除各国间阻碍交通的关塞、堡垒，设置郡县统一管辖六国地区。但在文化上，态度却特别优容，秦始皇“悉纳六国礼仪”，最突出的表现是博士议政制度的建立和扩大。

博士一词起于战国时期，是学者的泛称，也可以说是游士的又一名称。可是到了秦朝，却成为一种官职。从可考的博士看，其籍贯都在关东。这样看来，博士是东方六国的政治代表，秦始皇吸收各国的士人参政，设置博士官，让他们参议朝政，从而组建了参议辅政集团，创建了博士议政制度。这其实是对东方六国的适应和妥协，以及对六国矛盾的化解，是秦始皇巩固刚刚出现的统一局面的统治术。《汉书·百官公卿表》载：“博士，秦官。掌通古今，秩比六百石，员多至数十人。”可见秦始皇所起用的文人不单是儒家一门，而是代表知识阶层的诸子百家。据《西汉会要》载，有博士参与会议的，计有议废立，议宗庙，议郊礼，议典礼，议封建，议功赏，议民政，议法制，议罪罚，议大臣等项。博士参与这些重大的朝政决策，反映了统治阶层对博士的重视。

秦始皇还召集了两千余人的学生置于博士官之下，命之曰诸生，以壮大文人的队伍。针对当时混乱的社会秩序，秦始皇英明地采用法家的学说治理天下（我们现代才开始以法治国，当时的秦始皇怎么能说不英明呢），任法家的代表之一李斯为丞相。秦始皇还派人从六国的宫廷和民间搜集了大量的古典文献，让博士与诸生们进行整理。并且以政府的力量禁止不利于封建专制政权的书籍传播，奖励那些对秦政权有利的书籍作者。因此，秦政权不仅对几十位博士优礼倍加，而且对于诸生也“尊赐之甚厚”。

博士议政制度是秦始皇统一中国后，对新的统治模式的尝试，他试图把东方六国的政治精华吸纳入行政体系,借此消弭东方的反抗情绪。同时,依靠这些熟悉东方六国社会实际的人士制定针对六国的、符合统治要求的政策措施,加强对六国地区的行政控制。这一措施的实行无疑说明了秦始皇的明智。

但是,事情的发展并不按秦始皇的设想进行,有些博士和诸生满脑子都是复古思想,认为复古周礼的儒家思想都是好的。所以,他们不但对加强专制统治思想没有帮助,反过来对秦始皇的所作所为指手画脚、说三道四。

公元前213年,秦始皇在咸阳宫举行宴会,始皇很高兴。可是有一个思想保守的博士名叫淳于越(原齐国人),他当场批评周青臣是阿谀奉承。他说:"殷、周之王千余岁,封子弟功臣,自为枝辅。"他批评秦始皇废分封,置郡县。他又讥讽说:"事不师古而能长久者,非所闻也。"他的这种言论无疑代表的是那些失去地位的奴隶主的利益,也代表了一些对建国有功的大臣的想法,所以对国家的安定与统一是极其不利的。更何况不甘失去权势的奴隶主们经常揭竿而起,并且多次派刺客刺杀秦始皇。所以这些话引起了秦始皇的极度反感。丞相李斯当场进行了批驳,他指斥淳于越是"愚儒",还谴责儒生们"不师今而学古,以非当世,惑乱黔首","入则心非,出则巷议,夸主以为名,异取以为高,率群下以造谤"。他认为这样一群儒生是一种危险势力,建议始皇坚决制止他们的非法活动,并提出了焚书的建议。主要内容:一、除《秦纪》以外的六国史书一律烧掉;二、《诗》《书》、百家语除博士官收藏的以外,其他人藏书都集中到郡,由郡守、尉监督烧掉;三、谈论《诗》《书》者弃市,以古非今者灭族,吏见知不举者与同罪,令下三十日后发现私藏书者罚其为修城的奴役;四、医药、卜筮、植树等书不在禁列;五、如果有人想学法令,以官吏为师,不准私办学堂。

淳于越的言论是对秦政治制度的彻底否定。秦制,凡宗室或有军功者,均可得到赐爵、赐地、赐官等奖赏,不分封。"秦兼天下,建皇帝之号,立进官之职",也未曾师古。因此,淳于越的主张,触动了秦始皇对战国分裂割据状况的担忧,引发了他对分封思想的反感。于是,秦始皇批准了这个建议,开始在全国范围开展"焚书"运动。

第二年,又发生了坑儒事件。起因是由于有些儒生对始皇不满,说他"专任狱吏"、"乐以刑杀为威"、"贪于权势"等等。秦始皇认为他们"或为妖言,以乱黔首",就把他们逮捕,严加拷问。又抓起了一些妖言惑众、招摇撞骗的术士,一共有四百六十多人,全部在咸阳坑杀。

其实秦始皇所"坑"的"儒"不过是一些迂腐或自私之士,和我国五四运动中献身的大学生是没法比的。五四运动中的大学生们是看不惯政府的腐败与无能,而秦朝被"坑"的"儒"却是想让历史回到分封制的奴隶社会中。而后世的文人大概是惺惺相惜吧,所以把秦始皇骂得名誉扫地。而事实上,秦汉以后的"儒"与孔子的"儒"已不是一个概念了。秦始皇所"坑"的"儒",正是打着"尊古"、"尊孔"的幌子为自己谋求私利的"儒"。

从上面焚书的内容来看,诸子百家的一些书也给烧掉了,而主要烧的还是孔孟的儒家书籍。可是孔子所整理过的《易经》却没有烧。对此,民间传说是因为《易经》是至高无上的神书,所以秦始皇也敬畏它,不敢烧。其实这主要由于《易经》与占卜有关的缘故。李斯焚书的内容写得很明白:"医药、卜筮、种植等书不在禁列。"李斯提倡"焚书坑儒"并非是门派之争,主要是禁止以古非今,为了统一思想,而不是为了禁书。更何况所禁之书只是禁止百姓私自藏书,对学者所藏图书并不禁止。

当时人们都很相信占卜,尤其是秦始皇,更是对与易学有关的阴阳家极其崇拜。尽管"焚书坑儒"中也"坑"了一些邹子所传弟子中的"术士",但这主要是由于秦始皇给了"术士"很多赏赐，结果这些"术士"不是骗了钱财后纷纷离去，便是对秦始皇进行诽谤攻击。而秦始皇对阴阳家的创始人邹子是非常推崇的。

邹子去世时秦始皇已经9岁了，所以邹子的传奇经历与辉煌事迹应该给小嬴政留下了很深的印象。他在统一六国之后，便采纳了邹衍的"五德始终论"学说。《史记·秦始皇本纪》中说："始皇推终始五德之传，以为周得火德，秦代周德，从所不胜，方今水德之始。"秦王朝便是以水德王，"衣服旄旌节旗皆上黑，数以六为纪。……更名河曰德水，以为水德之始。刚毅戾深，事皆决于法，刻削毋仁恩和义，然后合五德之数"。始皇这些措施就是配合水德需要的"治各有宜而符应若兹"。

而也正因为秦始皇非常相信邹子的话，所以他尽管从来不愿意封任何人为王为君，但还是破例封长江以南百越地区的吴芮为"番君"。《邹子》中说："周重火德，秦重水德，五德之数周而复始，而古番百越之地，五德具聚，只可和之，不可征之"。秦始皇很听邹子的话，公元前221年，秦始皇征服六国后，果然没有去征服长江以南的百越之地，尽管那里是大秦版图的四分之一，秦始皇还是把它封给了"番君"。

阴阳家的思想对秦始皇最大的影响，便是"方士"、"术士"的成仙学说。其实这只是阴阳家及道家或隐士所传下的一个支脉，可是秦始皇由于三大原因对它深信不疑，至死无悔。

首先，这与秦始皇的祖先及居住地有关。秦国虽然起源于东夷，但是他们长期居住在西北，在羌族的包围之中成长和强大起来，因此他们已相当羌戎化了。西方的羌族很早就有了肉体毁尽、灵魂永生的观念。传说中，神仙的老家在西方，在甘肃、新疆一带的昆仑山上。《山海经》、《穆天子传》等古籍中，也记载着传说中西方的不死民、不死树、不死药等。驾车西游与西王母幽会的极富传奇色彩的穆天子，正是秦人的老前辈。所以秦人相信祖上的传奇是真的，相信神仙的存在。并且第一个成就如此大国的秦始皇，自然也会认为自己是一位与神有缘的人，甚至认为自己就是神。所以他自然对术士们的神仙学说非常感兴趣，并且坚定不移地相信这是真的。

其次，稳固政权的需要。秦始皇统一了六国后，政治局面动荡不安。尽管他焚了书，坑了儒，并且残暴地以法治国，但叛乱仍然时有发生。而面对众多的子女，秦始皇无法保证继承王位者能够继续按照郡县制把天下治理好。所以他需要更长的寿命，以满怀统一六国的信心把大秦帝国巩固得稳如泰山。

最后，享乐的需要。秦始皇前无古人地享有如此之广的天下，自然欲享尽这天下之乐了。秦始皇无休无止地征调赋税和夫役，修长城、建宫殿、筑陵寝、开边戍守，使刚刚脱离战乱之苦的广大农民，又陷于疲惫奔命的劳役之中。秦始皇很喜欢金屋藏娇，所以，每当灭掉一个国家，他都要让人将宫殿的图画下来，然后在咸阳照样仿造。

秦始皇修建很多宫殿，单单咸阳的周围就建有宫殿二百七十多座，行宫在关外有四百多座，关内三百多座。在这些宫殿中，最大最有名的便是阿房宫。据历史记载，光阿房宫的前殿的东西就宽达五百步，大约相当于七百米。南北有五十丈，相当于一百一十五米。从唐代诗人杜牧的《阿房宫赋》中我们可以领略其建筑的恢弘与庞大。《秦始皇本纪》中记载着秦始皇的淫乱生活："……乃令咸阳之旁二百里内，宫观二百七十，复道甬道相连，帷帐钟鼓美人充之，各案署不移徙。行所幸，有言其处者，罪死。"

秦帝国巨大的建筑工程及常年的兵役征发，致使秦朝每年服役的人数达三万之多，男子征发不足，有时还要征发女子。于是，社会底层的奴隶及贫民阶层不堪忍受残酷的压榨与剥削，而失去权势的旧奴隶主也时刻渴望着复仇，双方合在一起，终于导致了秦朝的灭亡。

阿房宫图

而曾经带有朴素唯物主义辩证思想的易学，在秦朝变为极其庞大的封建迷信体系，给秦朝甚至后世带来了极大的负面影响。这确实是值得人们深思的一大教训。不过，谁又能想到，正是这已经走上末路的易学一支，竟然歪打正着地发明了火药——术士们给秦始皇的仙丹里面竟然放了硝石与硫黄！并且可喜的是，一些道家及术士（当然，秦汉以后都可归为道家了）又以朴素的唯物辩证易为指导思想，完善了中国的养生学，真是绝处逢生！

八、汉代盛世易学大发展

秦始皇一直在寻找着自己与神仙的缘分，而与秦始皇有着深仇大恨的战国时代的贵族们，则一方面积极寻找着刺杀秦王的机会（如韩国的贵族后代张良雇死士谋刺秦始皇）；另一方面，也利用迷信活动瓦解秦始皇的信心。秦始皇三十六年，有陨石落于东郡，有人刻其石曰："始皇帝死而地分"；不久，又有人拦遮咸阳使者，曰："今年祖龙死"。这些举动使极其迷信的秦始皇内心充满了末世之感。更有奴隶出身的陈胜、吴广也懂得在鱼腹中藏一块"陈胜王"的布条，来发动起义。

《秦始皇本纪》中说："楚人一呼，天下云集响应，嬴粮而景从，山东豪族并起而亡秦族矣。"刘邦、项羽的崛起使秦王朝别无选择地走向了灭亡。而张良、韩信之流则用兵家易帮助汉高祖刘邦轻易地战胜了强大的西楚霸王项羽。公元前202年，不爱读书，往儒者帽子里尿尿的刘邦就这样成了汉朝的开国皇帝。

该怎么治理国家呢？刘邦基本上照抄秦始皇。不过秦国的苛法不得人心，应该废除，替代

项羽像

以较宽松的法律;在以军功受爵上,刘邦不再只以军功为准,借鉴中古的分封制,分封异姓功臣为王者七国,同姓子弟为王者九国。又有侯国一百余(封侯只食邑,不理民政);并且刘邦相信"枪杆子里面出政权","汉兴二十余年,天下初定,公卿皆军吏"。天下定,论封赏,刘邦谓"为天下,安用腐儒?"汉初以刘邦为首的统治阶层,大部分出身于社会下层,皆"鼓刀屠狗贩缯之属,少文而多质,甚至鄙陋粗俗",然而社会却得到了较好治理,这是怎么回事呢?

其根源便是汉初以黄老之学治天下。黄老之学在西汉初期发挥了重大的社会作用。因为当时百姓刚经过秦朝苛政之苦及秦汉之间的战乱之灾,所以汉初政治务在安民休息,而主张"清静自定"的黄老思想正是适应这一历史条件的学术思想。于是形成了汉初质朴务实、不喜高华、不慕弘远、轻贱孔孟之道的政治风尚。宣扬孔孟之道的儒家弟子仕途不通,则转为王者或权势之家的宾客,回到先秦"游士"的寄身方式中。

经过战国中后期诸子对黄帝、神农的宣扬,汉代炎黄观念趋向成熟,并与政治紧密结合,二者互相推助,形成了以黄帝为宗的道统与帝统观念。汉代黄帝形象的主要特征是:以黄老宗师的面目出现,又多与符和图谶(chèn)联系在一起。这两方面都在某种程度上得到了统治者的支持,推动了汉代诸子炎黄观念的发展,并为民众认同,从而成为民族凝聚力的精神因素。刘邦亲自为炎帝与黄帝立碑,并且为与黄帝争战的蚩尤也立了碑,这样一来中国各民族便都是兄弟了。不过中国人都是三皇五帝的后代的确也是史实,否则便不会被各民族所承认而达到统一的目的。

刘邦去世后,吕后专政。吕家势力被扑灭后,文帝刘恒被拥戴登基,汉朝帝业才算真正稳定。文帝在位 23 年,传位于儿子刘启,是为景帝,在位 16 年。这 39 年,从公元前 179 年到 141 年,由于文帝与景帝采用黄老之学治国,使汉朝的政局开始正规化。政治稳定使经济生产得到显著发展，“仓廪丰实，府库饶财，移风易俗，黎民淳厚”，人民真正过上了富足的生活，成为中国历史上第一个空前盛世（文景之治），因而被以后的历史家所称羡。

在崇尚黄老的学术氛围中，道家《易》得以彰显和发展。据《史记·日者列传》所记载：“楚人司马季主，通《易经》，述黄帝、老子，博闻远见。”在与宣扬孔孟之道的宋忠、贾谊辩论易道之广大时，使宋、贾二人“忽而自失，芒乎无色，怅然‘噤口不能言’”。

淮南王刘安曾聘请精通易学的九位高人，著《淮南道训》二篇。刘向《别录》载：“所校雠中易传《淮南九师道训》，除复重，定著十二篇。淮南王聘善为易者九人，从之采获，署曰《淮南九师书》”（《初学记》廿一）。遗憾的是，此书早已亡佚，已无法了解具体内容。不过从刘向《叙录》中看，应当是阐述道家易学观的。另外《汉书·艺文志》中所记载的“《古五子》十八篇。自甲子至壬子，说易阴阳。”也应当属于道家易或阴阳易。不过汉朝阴阳家易学与道家易学已无明显区别，他们本身都属于隐士易的范畴。

汉景帝刘启的母亲便是窦太后。她极其推崇黄老之学，喜读《老子》。一次询问儒家弟子辕固对《老子》的评价，辕固不屑一顾地说：“这本书上全是小家子的浅薄见识。”结果给窦太后惹火了，她让辕固去猪圈里去杀猪，如果不是景帝给他一把匕首，文弱的辕固恐怕有性命之忧。也许正因为窦太后对黄老之学的喜爱，儒家弟子为了争得生存和发展的空间，也开始学习黄老之学。如陆贾、贾谊、韩婴为了得到统治阶级的青睐，也开始大谈黄老之学。

汉武帝继位后，政权仍然掌握在窦太后的手中，窦氏家族权势很大。此时一些儒家希望汉

刘邦登坛拜韩信图

武帝能够重用儒家弟子,纷纷向汉武帝提出黄老之学的弊端。儒生赵绾、王臧二人是诗学大师申培的弟子,建议立明堂以朝诸侯,用“束帛加璧,安车蒲轮”的特殊礼遇将申培从山东接来,商议明堂礼制。似乎儒运当兴。赵绾一时得意,竟要汉武帝不再奏事太皇太后,以便推行儒术。窦太后得知后大怒,私下调查出赵绾、王臧贪污事实,责问汉武帝,武帝不得不将二人下狱,迫令自杀谢罪。由此可见当时儒道两家的权势之争是很激烈的。而想大有作为的汉武帝虽然想“有为而治”,但由于有窦太后也没办法。

景帝时期,西汉社会从经济到治安都达到了农业社会美好的极点。但是,另一方面,由于朝廷的无为放任,诸侯骄恣,豪强坐大,商业地主侵渔细民,割据势力业已形成;再加之四夷侵临,匈奴寇边……在歌舞升平的表面景象下,西汉社会实已潜藏着严重的危机。怎样在物质丰富的基础上实现大治,这正是汉武帝最为关心的问题。

当窦太后去世后,汉武帝令各郡国“举孝廉,策贤良”,这时董仲舒以“天人三策”独占鳌头而受到汉武帝的赏识。董仲舒出生于公元前179年,正是文帝刚执政的时候。他经历了文景之治的繁荣盛世,可是他无心于繁华享乐,一直潜心研究学问。《史记》、《汉书》中说他专心学业,“盖三年不窥园,其精如此”。王充《论衡·儒增》亦载:“儒书言董仲舒读《春秋》,专精一思,志不在他,三年不窥园菜。”桓谭《新论·本造》甚至说:“董仲舒专精述古,年至六十余,不窥园中菜。”西汉当时,六畜兴旺,马牛繁息,“众庶街巷有马,阡陌之间成群”,人们乘马也非常讲究,乘母马者被人轻视。可董仲舒对此并不留意,“尝乘马不觉牝牡,志在经传也。”他沉迷于书海中,简直到了如痴如狂的地步!他不单钻研儒家经典,还精读其他诸子百家,并从中寻求治国之道。

董仲舒的学说以儒家宗法思想为中心,将周代以来的宗教天道观和阴阳、五行学说结合起来,吸收法家、道家、阴阳家思想,将神权、君权、父权、夫权贯串为一,建立了一个新的思想体系,成为汉代的官方统治哲学,对当时社会所提出的一系列哲学、政治、社会、历史问题,给予了较为系统的回答。董仲舒的“天人三策”以“天人感应”说为中心,以为“君权神授”,“天”对地上统治者经常用符瑞、灾异等表示愿望或谴责。又将天道和人事牵强比附,以论证其“道之大原出于天,天不变,道亦不变”观念。还提出“三纲五常”的封建伦理,并建议“诸不在六艺之科、孔子之术者,皆绝其道,勿使并进。”董仲舒的“天人三策”为武帝所采纳,于是形成了“独尊儒术,罢黜百家”的政治格局,为此后两千余年的封建统治者所沿袭。

董仲舒像

事实上,董仲舒的学说,已非曾经的孔孟之道。它是汉代以前各种学说的集大成者。正因为如此,后来有人将儒家分为原儒阶段和新儒阶段,又有玄濡、理儒和心儒之分。不过这种说法不见得科学。因为董仲舒之后孔孟之道便消亡了。儒家不过成为一个空白的旗子,成为奔波仕途者争权夺利的一面旗子。后来,当孔子的《四书》、《五经》成为金科玉律时,孔孟之道便成了“吃人”的哲学。正是孔孟的泥于先古的哲学影响了中国自然科学的发展。不过孔子的《四书》、《五经》也不能烧了,还得读，因为它是中国历史与哲学的一部分。

董仲舒也被称为儒家，这实在是政治的需要。因为汉武帝为了统一政权，必然要废除黄老之说，只有这样，才能将一帮执黄老之说的重臣拉下马，从而换上属于自己的新的一批领导班子。也许正是由于这一政治需要，汉武帝虽然采纳了董仲舒的理论与建议，但一直也没重用董仲舒。因为汉武帝自己内心还是很相信道家思想的。并且汉武帝在稳定了政权后，也起用过黄老之学的大臣。如精通黄老之学的汲黯被汉武帝召为主爵都尉，列于九卿。汲黯在朝堂上公开用黄老批评尊儒的汉武帝、张汤、公孙弘等，不仅未受打击，反仍受重用。另外，武帝晚年还酷爱仙道，一心想成神。他这时用人的标准是懂仙道，看谁的仙道懂得越多，给谁的官就越大。结果朝廷上下，巫蛊(gǔ)横行，他为此不仅牺牲了太子，还牺牲了皇后卫子夫。后来，他的仙道梦都成了历史笑柄。由此可见汉武帝不但没有"独尊儒术"，自己还陷入方士的迷信中不能自拔。

从汉武帝后，仕途以儒家为主，但其他诸子百家并没有遭到禁止。正是在这样的背景下，汉朝的易学得到了空前的发展。所以至今汉易在易学史上占有极其重要的地位。据《史记·儒林传》中记载，汉初孔氏《易》的传人为田何，田何传王同、周王孙、丁宽、服生。但田氏易学在汉初的文、景之世影响并不大。尽管汉武帝将孔子所传的《易经》列为儒家的《五经》之首，但是儒家却往往更愿意学习道家易。于是道家所传的隐士易主宰了汉世的易坛。其代表为孟喜、焦赣(gàn)和京房。孟喜"得易家候阴阳灾变书"；焦赣"独得隐士之说"；京房受易于梁人焦赣，而焦赣曾经与孟喜学习过易学，可见这三家象数易皆非孔子所传之《易》。

孟喜、焦赣和京房的易学很好地继承和发展了象数易，不单是汉易的代表，而且是中国易学领域中的佼佼者。孟氏易以四正卦配二十四节气，十二月卦配一年内阴阳二气的消息盈虚，六十卦配七十二候的卦气图式。孟氏的易学以卦气说为核心，极大地影响了汉代易学的发展。焦氏易精于卦象，并且将十二律吕细分为六十律，其与京房易又相差不远。现在有《焦氏易林》传世，将每一卦变为六十四卦，共四千零九十六卦，并成了四千零九十六首诗歌形式的卦辞。这本书据考证并非焦氏所著，因为《焦氏易林》与京房易相去甚远。并且《焦氏易林》采用的是伏羲先天八卦次序，有乾南坤北之说，其一卦变卦法，凡一卦变六十三卦者计之如下：一个六爻卦：凡一爻变者可得六卦；凡两爻变者可得十五卦；凡三爻变者可得二十卦；凡四爻变者可得十五卦；凡五爻变者可得六卦；凡六爻变者可得一卦；凡六爻不变者可得一卦。这就是任何一个六爻卦皆可变出六十三卦，加本卦即不变卦共有六十四卦。京氏易则以八宫变卦为次序，分别给八个宫各配七个卦。《焦氏易林》的存在，是说明中国之《易》并非孔子单传的又一例证。京氏易学是象数易的集大成者，其纳甲、配五行天干地支、安世应归魂游等可以极其准确地预测，其内容应与"长于灾变，分六十四卦，更值日用事，以风雨寒温为候"的焦氏易略同。《汉书·京房传》中记载焦赣曾言："得我道以亡身者，必京生也。"结果京氏果然才四十一岁便被政敌害死。所谓"察渊鱼者不祥"，历史上有很多象数大师，每占必验，然而却不能自保，这完全是由于太固执的缘故。

西汉后期，"谶纬"之学盛行起来，形成了汉朝特有的易学文化。"纬"是对"经"的佐翼，六经皆有纬，《易经》之纬为《易纬》，成书于西汉，为《易经》疏注的名著，经传之羽翼，对《周易》影响很大，可惜已佚。《易纬·乾凿度》、《易纬·乾坤凿度》、《河图纬》、《易纬·坤灵图》等"纬书"最为有名，也属于象数易学。"谶"是将来能应验的预言、预兆。因其以图或诗歌的形式预言未来事象，所以也称图谶、谶书。据《后汉书》的记载，西汉平帝时的名儒苏竟"以明《易》为博士，讲《书》祭酒，善图纬，能通百家之言"。新莽和东汉前期，谶纬之学极盛，以致被视为"内学"，而《五经》却反倒落至"外学"之窘境。光武诏定"图谶"，颁行天下；曹褒"依准旧典，杂以《五经》谶记之文”,撰修“汉仪”。直到东汉后期的马融、郑玄诸大儒亦都博通谶纬。神学化的经学便成为两汉官学风气。这虽然是象数易的负面影响,但也说明了当时人们对象数易的重视。

正是受神学及象数易的影响,东汉末的魏伯阳通过对易学的研究,写出了被称作“万古丹经王”的《周易参同契》,成为道家、道教的三大经典之一。而道教的内、外丹的修炼,则发展了中国的养生学与化学。

易学在汉朝得到了空前的发展,使易学渗透到了各个学说、各个领域。汉易于是成为中国最有影响力的一大类别,对后世有着深远的影响。

九、唐、清盛世修《易》

中国历史上只有三个盛世。第一个是西汉“文景之治”到汉武帝、昭帝、宣帝统治的时期,大约在公元前179年到公元前48年之间,约130年;第二个为唐太宗(公元627年)“贞观之治”到唐玄宗开元(公元741后)年间,约为120多年;第三个盛世就是清朝的康雍乾盛世,起于康熙二十年(1681年)平定三藩之乱,止于嘉庆元年(1796年)川陕楚白莲教起义爆发,持续时间长达115年。在这三个盛世中,易学都受到了统治阶级及知识分子的重视,易学也因此而得到了良好的发展。

汉朝的易学在继承先秦易学的基础上,有了很大发展。唐朝时易学发展不是很大,主要在于继承前代成果。因为易学经过三国、两晋、十六国及南北朝后,其支脉庞杂,已经偏离了易学最初的思想。尤其是儒学思想受到了较大的冲击,儒家所读的儒家经典及所研究的学术已不再是汉武帝时所规定的内容,而是更多地融合了玄学及道家。并且儒生们由于没有统一的教材,在引经据典时往往出处不一,说法不一,影响了众儒生们的世界观及思想的统一。

这对唐朝的统一是不利的,所以唐皇李世民便钦命孔子的第三十四代子孙孔颖达对儒家的《五经》进行整理,这是经学史上的一件大事。孔颖达主编的《周易正义》其主旨“以仲尼为宗”,主要参考王弼和韩康伯的注解,对《易经》进行逐字逐名的解释,以阐明义理与卦象之间的关系。对于与孔颖达观点相反的注解,孔颖达则进行了删定。由于孔颖达是李世民指派的主编人员,所以他所编著的《五经正义》便成为科举取士的范本。该书不仅是当时经学注疏的“定本”,而且也是历代和现代最通行的五经注疏本。其《周易正义》对宋代的义理学派影响极大,为宋代义理学的大发展奠定了基础。

《周易正义》初名为《周易义赞》,其编著的作者除孔颖达外,还有颜师古、司马才章、王恭,太学博士马嘉运,太学助教赵乾叶、王琰、于志宁等,编著后四门博士苏德融、赵弘智复审。后改为《周易正义》,也称《周易注疏》。

不论对卦名、爻辞的诠释,还是对八卦卦义和象数关系的诠释,孔颖达都主张:“易从象来,物无不可象也,义亦可象也”;认为《周易》体例复杂多样,不可一例求之,不可一类取之;象、义(理)、数三者关系中,象居第一位,义从象出,数从象生,不能弃象解易。由此可以看出,到了唐朝,人们已经不知道《易》起源于天文历法,已偏离了易学的初衷。因此,清朝的《四库提要》中也说孔颖达的《周易正义》是“墨守专门”,即墨守孔子的学说。

唐朝的易学主要是继承前代的成果。如隐士袁天罡与任司天监(天文观察方面的官职)的李淳风都是当时很有名气的易学大师。其二人所著的《推背图》便是继承了汉代的图谶学说，现今被称为世界七大预言书籍之首。唐代还有一位名气很大的易学大师是李中虚，他继承并发展了南北朝时期的命学。

康熙像

唐朝虽然起用儒士治国，但对道家也很重视。如成语“终南捷径”一词便是出自唐代的典故；唐太宗的宰相虞世南曾说“不学易，不可以为将相”；唐代著名的医学家孙思邈也说：“不知易，不足以言太医。”可见在唐代易学已成为最重要的一门学问。

在康乾盛世时期，对中国历代的学术进行了大规模的总结。学术在任何时候都是客观社会生活在精神领域的集中体现，与繁荣的社会形势相适应。康乾时期的学术文化表现出全盛之世特有的恢弘气象，以考经证史为重要特色的汉学兴起，推动着学术向集大成方向发展。其摆脱了元明以来学术研究的空泛之风，开始以科学的态度和严谨的方法，对数千年文化遗产进行系统的考订和整理。康乾时期古籍研究、整理所涉猎的范围异常广泛，包括经学、史学、天文、古算、地理、农学、医学等方方面面，从比较宽广的范围展现了中国传统文化的博大精深。

康熙钦定陈梦雷参照明朝的《永乐大典》编成了一部规模浩大、体例完善的类书——《古今图书集成》。这部类书汇集了清康熙以前的各种资料。

康熙还命李光地等人在《周易》训释上以“兼收并采，不病异同”的方针，撰成《周易折中》一书。他以最高统治阶层的高度智慧，对《易经》学术上的争论，采取了比较明智的态度，没有像唐太宗修《周易正义》那样采取一家之言，也没有像明成祖修《周易大全》那样只取程朱本。因为康熙本人就极其精通易学，所以他自然明白易学中的精髓是什么。

康熙晚年还收到了莱布尼茨从德国寄来的信。莱布尼茨表达了对中国《易经》的推崇，并要求加入中国国籍。莱布尼茨认为中国伏羲的八卦图便是一种二进制算术，可是这位伟大的创造者发明之后没有人真正继承下来，最终被莱布尼茨发现了这个奥秘。这件事真是让人感到惋惜的事，因为当时对易学很有研究的康熙自然不会重视莱布尼茨的看法。至今，计算机的机器码被称为“china 码”，便是为了纪念中国的二进制对计算机所做的贡献。而如果当时康熙大帝能够吸收国外先进的科学知识，注重中国自然科学的发展，计算机应该是中国发明出来才正常，并且“china 码”应称之为“伏羲码”才对。其实，中国的落后正是从康熙开始的，因为当时还以拘泥于先古的儒家治国，这不能不阻碍中国与世界的同步发展。

乾隆像

乾隆继承皇位后，对古代的文献进行了第二次的整理。乾隆“圣谕”永瑢领衔纂修的《四库全书》将中国历代重要典籍完整抄录下来，分编于经史子集四部四十四类之下，内容浩瀚，包罗万千，可以说是中国传统学术文化之总汇。仅《四库全书·术数类》就收集了中国古代术数专著五十多种。其中包括《易枝》、《太玄经》、《灵棋经》、《遁甲演义》、《三命通会》、《宅经》、《葬经》、《李虚中命书》及汉代的各种易学等。

乾隆还命傅恒等撰编了《周易述义》。该书继《周易折中》而作，其释义融会各家意见，撷取精华，不辩驳得失，随文诠释，简明扼要，切于实际。

不过唐所修定的《五经正义》与清所修定的《周易折中》、《周易述义》只是为科举制度准备的教科书。孔孟之道，唐宋时期治国还行，不过在清朝就不大适合了。《四书》、《五经》中没有数学知识，没有天文知识，没有物理知识，没有化学知识，通篇的仁义道德，只能造就一批“愚儒”，所以说康乾盛世真是一个悲哀的盛世。

唐、清盛世修《易》，说明《易经》具有重要的价值。不过都没有把《易经》的巨大价值发挥出来。《易经》起源于天文历法，是自然科学的一部分，它里面包含着事物的发展规律。中国的天文学、医学、养生学、建筑学、地理学、预测学等，都是建立在《易经》的基础上发展起来的。而清朝科举制度的教科书中的《易经》却还是只重义理的孔氏《易》，并且当时一些抨击宋朝易学思想的作者往往遭到了文字狱的迫害。

从汉武帝至大清国最后一个皇帝，中国两千年来教科书都没换过，这是何等的悲哀！其实，正是封建社会历代君王的愚民政策阻碍了中国的发展。以不适合民用为由，严禁象数易学、天文学、军事学等知识在民间传播，最终扼杀了中国近代科学的萌芽。

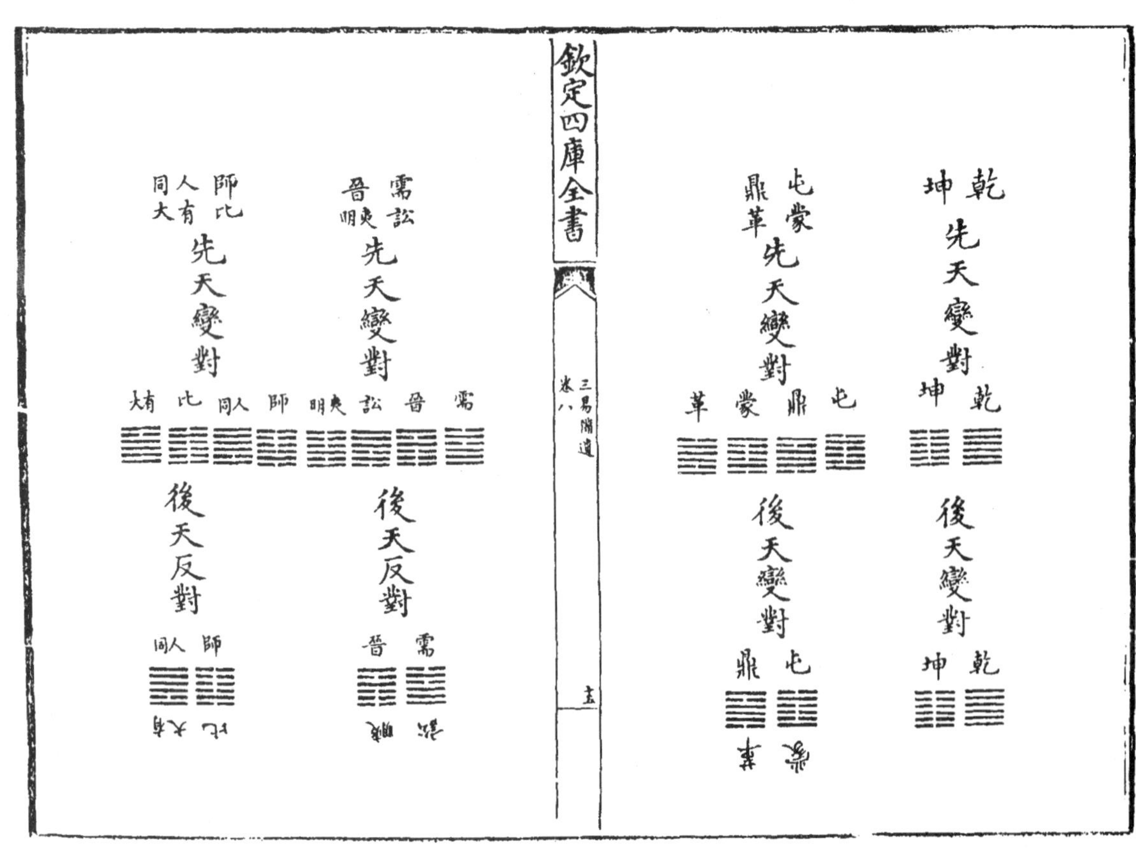

十、《易经》对中国文化的负面影响

俗话说："学会《易经》会算卦。"于是人们一谈到《易经》便会与算命先生联系起来，然后便会自然而然地想起一些算命先生们骗钱的案例，于是便会说出一句让人心惊肉跳的话——这是封建迷信！

"封建迷信"这四个字，只有在中国国土上生活的人才会对它有谈虎色变的感觉，因为它曾经是轰轰烈烈的文化大革命中一句响亮的口号。在当时，谁要是被这四个字扣在头上，祖孙三代是不会有好下场的。改革开放后，不少人披着中国传统文化的神秘外衣，确实做了不少骗名、骗利、骗地位的勾当。可是我们不能因为出了一个海灯法师便认为中国的武术是骗人的；不能因为社会上有骗人的"功法"便认为中国的气功是伪科学；不能因为出了几个利用风水学诈骗钱财的"风水先生"便认为中国的风水学是封建迷信。因为骗子与学术是两个概念。对于骗子我们应当利用法律武器，将其绳之以法；对于传统文化遗产，我们应当讨论、研究，去其糟粕，留其精华，很好地继承和发扬。而那些总想将传统文化冠以"封建迷信"的人，往往是既没有法律意识，也不懂中国传统文化的人。他们有可能也为中国五千年文明而自豪，但却说不出中国五千年的文明是什么。这正是太多的中国人的悲哀。

那么易学到底有没有封建迷信成分呢？这很难一两句话说清楚。我们从《易经》来看，它最早起源于上古人类对星象的观察而制定的一种历法，后来人们通过天体变化及地理环境的变化规律与人的行为结合起来，逐渐总结出一套理论——即变化的理论。变化，即是《易经》的主题。它里面没有一丝鬼神主宰一切的内容，怎么会是迷信呢？可是由于四大原因，使易学披上了神秘的外衣而显得有些"封建迷信"。

第一，掌握易学知识的人出于某种目的对这种知识的过度夸张，使易学蒙上了一层迷信色彩。这是较为普遍的一种现象。我们知道，易学起源于圭表，圭表原来是测日影确定四时八节的工具。当时谁懂得用测日影的方法确定四时八节，就会成为众氏族部落的首领。因为四时八节对人们狩猎与种植有着重要作用。于是，圭表从第一次立起那天，就成了权利的象征。渐渐的，这种天文历法知识，便成为统治阶级保持自己地位的一种工具。

统治阶级通过自己掌握的天文历法知识，让人们觉得他是"受命于天"的天子，以得到众氏族的拥护。于是易学在萌芽阶段，便已披上了神秘色彩。而这种知识却不含有任何迷信。因为受命于天的天子无法让春天变为夏天，他们必须以更精确的历法来向人们展示自己的正确性。后来，统治者拥有的氏族越来越多，自然没有太多的时间去观察圭表的日影了，于是有了专门研究天文历法的人员，这些人也属于贵族阶层，仍然为统治者宣扬着"受命于天"的理论。我们今天所说的"龙的传人"便是源于当时的迷信思想，不过我们今天已经赋予它新的内涵。由于当时知识掌握在少数统治阶级手里，所以这些过着神仙般日子的贵族们自然渐渐失去研究学问的兴趣。于是他们变"不易"为"简易"，于是巫术便产生了。巫术比站在太阳底下测日影简单多了，应该也有些效果，要不然也不会有人信。不过很残忍。比如要是有个地方经常出现天灾人祸，巫师们便会杀人进行祭天。他们选一个漂亮的女子杀掉，以为这样上天就会因人类的美人计而保护人类了。这种做法，现在我们肯定认为是暴殄天物，而当时却认为这是对上天的忠诚，

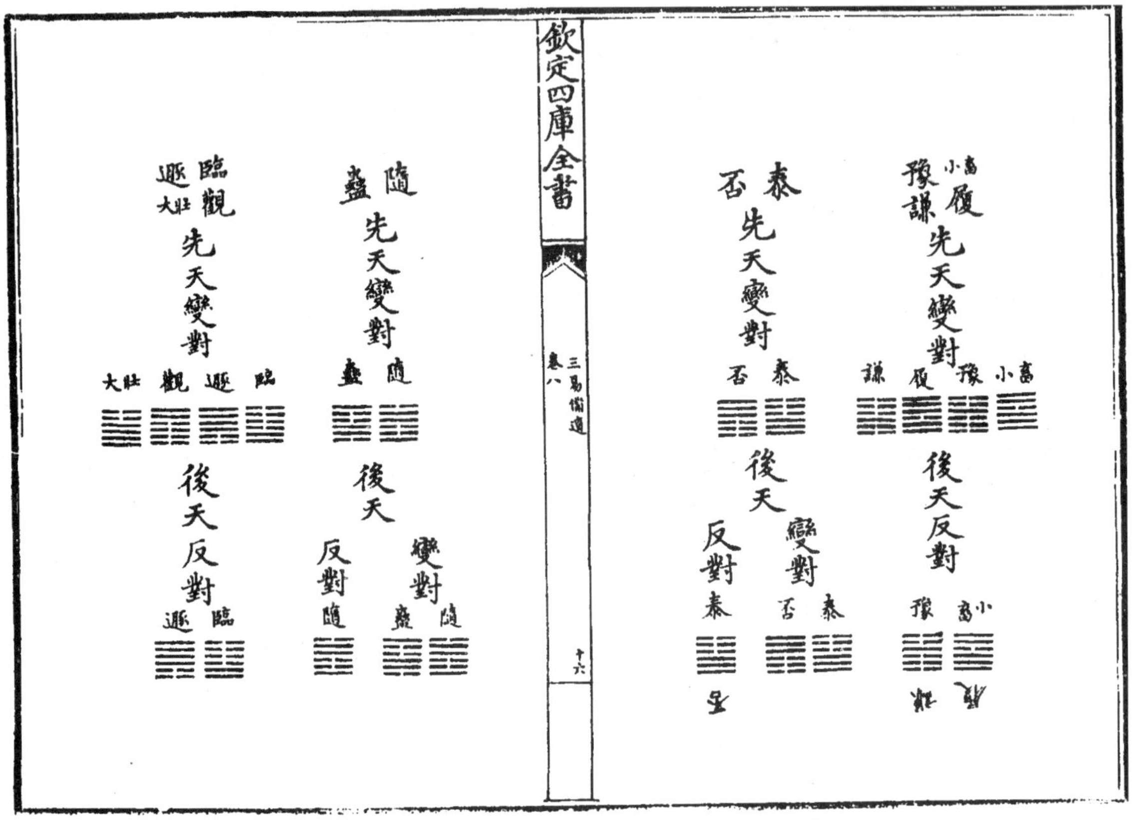

欽定四庫全書　三易備遺　卷八　十六

小畜 履
豫 謙
先天變對
小畜 豫 履 謙
後天反對
小畜 豫
履 謙

泰 否
先天變對
泰 否
後天
變對
泰 否
反對
泰
否

隨 蠱
先天變對
隨 蠱
後天
變對
隨 蠱
反對
隨

臨 觀
遯 大壯
先天變對
臨 遯 觀 大壯
後天反對
臨 遯

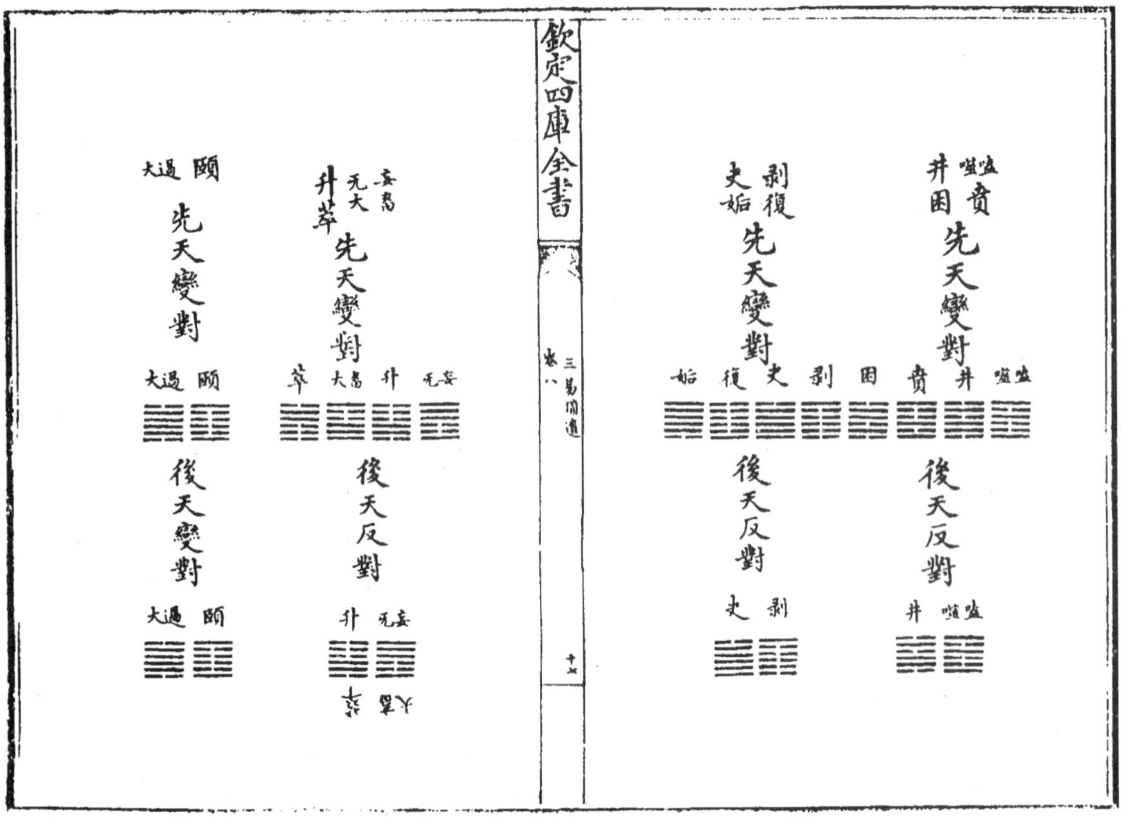

欽定四庫全書　三易備遺　卷八　十七

噬嗑 賁
井 困
先天變對
噬嗑 井 賁 困
後天反對
噬嗑 井

剝 復
夬 姤
先天變對
剝 夬 復 姤
後天反對
剝 夬

无妄 大畜
升 萃
先天變對
无妄 升 大畜 萃
後天反對
无妄 升
大畜 萃

頤 大過
先天變對
頤 大過
後天變對
頤 大過

是统治者对人民负责。要不说“红颜薄命”呢，确实上古时代的红颜命不太好。不过单靠巫术确实不能保证人们的种植业获得大丰收，于是历法与巫术结合起来。比如在周朝，朝中有巫、龟、卜、祝四种神职人员。周室衰落后，一些贵族离开周室，有的成为隐士，有的成为游士，有的成为游侠。

于是每种“士”都根据自己所掌握的知识来为自己编织神秘的彩衣。清苦的隐士当然也想过上衣来伸手饭来张口的贵族生活，但当时的贵族生活太危险了，今天还在享受珍馐美味，明天就有可能掉脑袋，所以只能归隐；游士与游侠自然不愿意过流浪的生活，但为了能够被统治者所聘用，只能是能吹就吹，能侃就侃了。所以易学知识流入民间后，便也因掌握易学知识的人出于功利目的，而为其继续编织神秘的彩衣。到了今天，这种现象仍然存在。比如有人说“易学是天书”，是“鬼神都怕的书”，“《易经》放在家里便可趋吉避凶”，这言外之意不过是告诉人们懂得易学的人是多么厉害！总之，掌握易学知识的人为易学加上神秘色彩，是想通过欺骗的手段骗得地位、功名与钱财。而易学本身是不具有迷信色彩的，迷信的是人。

其次，对易学知识不了解的人因为感到神奇而为其赋予了过多的神化色彩。远古时期的先民，自然极其相信帝王们是受命于天的天子，不然当时不会出现伏羲、神农、黄帝等等这些可以统治众多部落的联盟首领。比如在古代文学作品中，我们经常会见到“呼风唤雨，撒豆成兵，遁土而去，御风而行”等精彩的描述，其实这往往是传闻失实造成的。一些不懂易学的人，往往认为易学极其神奇，能够无所不知，无所不晓，无所不能，于是便出现了被欺骗的事件。受骗的人，自然会认为易学知识都是骗人的把戏。这都是无知造成的。如果人们都懂得了易学究竟是一门什么学问，就不会上当了。

第三，变不易为简易的占卜方式使真正的易学蒙受了不白之冤。易学对于中古掌管天文观象的人来说，也许学习起来容易些。但秦朝以后，人们学习易学已不是一件容易的事情了，如果没有名师指点，一般一生不会研究出什么结果的。因为《易经》这本书全部的知识、甚至是主要的知识并没有写到书里去。只有名师指点下才能走进入门阶段，才能对《易经》有真正的理解。可是一些人在读了很长时间《易经》后，明明没弄懂，却不懂装懂，化“不易”为“简易”，于是开发出一套自己研究的易学来，这种易学是一种假易学，自然经不起实践的考验。发生这种错误的不单是知识浅薄的人，也正是古代儒家与道家的弟子最容易犯的错误。比如儒家自以为得到了易学的真传，而事实上却不能用孔子所传的《易经》进行准确占卜，于是便有“善易者不卜”之说，认为真正懂得易学的人不用占卜，通过理论便可预知吉凶。哪个儒家能通过义理便准确地预测出吉凶呢？显然儒家的理论不能自圆其说。到了东汉，儒家弟子受道家易的影响，开始以玄学注解《易经》，于是出现了《易纬》，又由于真正做学问既费力又不讨好，所以很多儒家便按照自己的想法想当然地进行注解，于是使一些《纬书》成了“伪书”。尤其是东汉时期流行的图谶术，更是鱼龙混杂、真假难辨。本来图谶只是用易学占出结果的一种表达方式，由于其图与诗文隐晦难懂，所以有些人便信口胡诌，甚至发展成为一种文字游戏，根据字面的意思，说好说坏都行。后来许多庙里算卦签上的诗文便是受其影响，善男信女们来抽签算卦，老和尚察言观色，然后好坏自有分说。一些未得到真传的道家弟子往往对着经文胡猜乱想，最后纂出一套不伦不类的理论，使道家经典里面存有很多糟粕。也有一些道士为了名利，投帝王所好，根据易学思想向帝王传授御女之道、成仙之术，结果不但使这些自不量力的帝王们大损阳寿，甚至造成社稷不保。在现今社会，更有一些算命先生，尽管自己没有读懂《易经》，为了骗些钱财，便发明一套化繁为简的占卜方法，并冠以“祖传文王八卦”之名牟取暴利。这些假易学无疑是不科学的，但我们因为这种假易学而否定真易学就不对了。第四，源远流长的神鬼意识是迷信的根源。也许有

坎離 先天變對 坎 離 後天變對 坎 離

咸恒 損益 先天變對 咸 損 恒 益 後天反對 咸 損 恒 益

家人睽 解蹇 先天變對 家人 解 睽 蹇 震 巽 艮 兌 後天反對 家人 解 睽 蹇

震艮 巽兌 先天變對 後天反對 震 巽 艮 兌

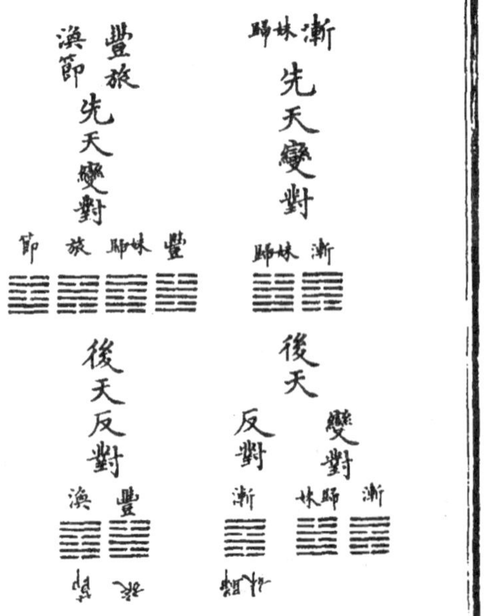

漸歸妹 先天變對 漸 歸妹 後天 變對 漸 歸妹 反對 漸 歸妹

豐旅 渙節 先天變對 豐 歸妹 旅 節 後天反對 豐 渙 旅 節

中孚小過 先天變對 中孚 小過 後天變對 中孚 小過

既濟未濟 先天變對 既濟 未濟 後天 變對 既濟 未濟 反對 既濟 未濟

人会说，对神鬼以“源远流长”一词形容有些不恰当，因为它是一个褒义词。可是在远古时代，“神鬼”是与“神圣”一词画等号的。世界各民族的历史都有一个神话时代，在那个时代，神鬼都是神圣不可侵犯的。大概自从有了人类，便有了神鬼意识。世界各民族的祖先都是神，神的儿子怎么能不信神呢？所以神鬼意识在人的头脑中根深蒂固。

就拿秦始皇来说吧，他是东夷人的后代，东夷人的祖先是伏羲，秦始皇自然会认为自己也带着一些神气儿。他的祖先（如穆天子）的一些与神仙的传奇经历，自然使他深信不疑地相信神仙的存在。更何况自己是第一个统一中国的伟人，怎么会与神仙无缘呢？没有神仙帮助或者自己没有点仙气儿哪儿能取得这么大的成就?！所以他尽管知道八卦易学没那么神，却对方士的法力没有一丝怀疑，并且在多次受骗后，仍然忠贞不渝地去寻找与神仙见面的机会。

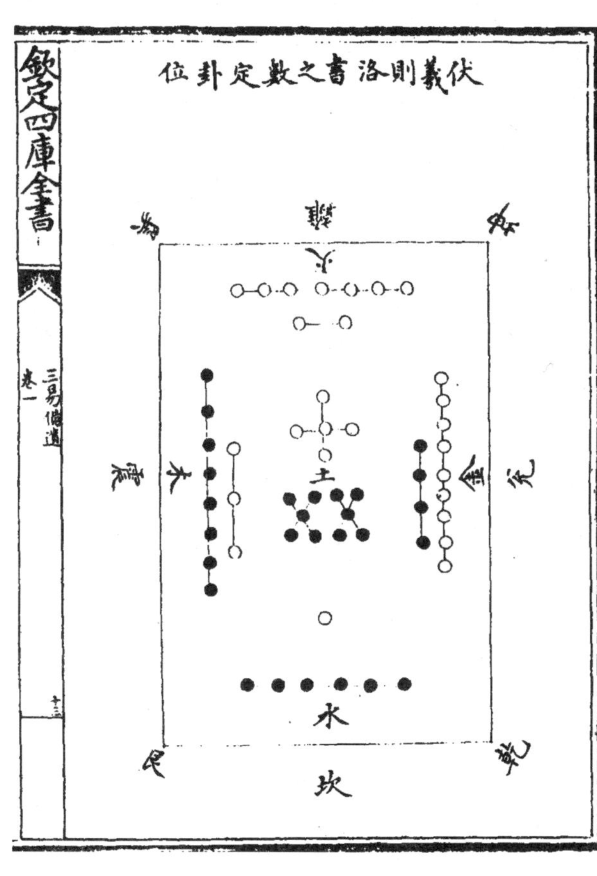

另一个例子便是位列仙班的汉武帝了。汉武帝的祖先是黄帝，自然便会认为自己也是神的后代了。汉武帝宠幸的妃子李夫人得病身亡，汉武帝为此朝不食、夜不寐，非常怀念。于是有个少白头的李少翁来见汉武帝，说自己已有二百多岁了，有招引鬼神的法术，可以把李夫人请回来。李少翁于是要了李夫人的衣服，在一间很清静的屋子里，用今天投影的原理，在帷幕上投出了李夫人的幻影。汉武帝尽管没能与李夫人言谈，但是毕竟在恍惚中看到了他朝思暮想的李夫人。汉武帝认为李少翁果然有法术，遂拜李少翁为文成将军。

汉武帝从此对李少翁极其宠爱，整日与他谈论神仙的事情，表示想要见见神仙。李少翁于是欺骗汉武帝说：“陛下要想与神仙交往，就必须把宫室、被服等弄得如同神物。”武帝果真让人把宫殿的房顶、柱子、墙壁都画上五彩的云头、仙车，被服也绣上了这类东西，可是等了一年多，根本见不到神仙的踪影。李少翁见骗术要败露，于是又想了一招来欺骗汉武帝。一次，李少翁在陪同汉武帝去甘泉宫的途中，看到有人牵着一头牛，李少翁便指着牛对汉武帝说："陛下，这头牛肚子里有奇书。"汉武帝命人剥开牛肚子，果然在里面发现了一张帛书，上面写着一些让人无法看懂的隐语。汉武帝于是开始极其虔诚地研究起这些隐语，结果发现这些字是李少翁的笔迹。汉武帝当即醒悟是受了骗，杀掉了李少翁。

可是汉武帝虽然被骗，但他并没有因此而减少对神仙方术的迷恋。仍然到处寻找有法术的方士。于是有一个叫栾大的方士求见汉武帝。他对汉武帝说"我从前在海里来往，碰到过仙人安期生，拜他为师，学到一些法术。我可以用法术点石成金、堵塞黄河、炼出长生不老之药"。对这样的鬼话，汉武帝竟然相信了。他马上封栾大为五利将军、天士将军、地士将军和大通将军。但栾大似乎不稀罕这些官衔，于是汉武帝又加封其为乐通侯，并把公主下嫁给他。可是过了一年多，栾大既没能堵塞河口，也没能够炼出黄金，汉武帝随才明白自己又受骗了。这位喜好神仙法术的帝王有很多求仙受骗的笑柄，而其之所以一再受骗，正是代代相传的神鬼意识在作怪——神是自己的祖先，自己的祖先怎么会骗自己呢？

在当今社会，这种神鬼意识仍然存在。一些有文化的人也相信神的存在，为什么会这样呢？这主要是科学知识的宣传力度不够造成的；其次，一些认为自己很唯物很科学的人的言论，往往并不科学。比如以前一些人提出较为科学的观点认为五行概念及二十四节气起源于战国时代，而现今的考古却证明与传说中的时期较为接近，所以这些不严谨的学术观点无法很好地让人树立起科学的世界观。一些科学家今天说，吃瘦肉对身体有好处，过几天又说得吃肥肉；有的说要想长寿得运动，可过段时间又说得少运动，这种科学确实无法让更多的人不再相信迷信。

我们今天在继承祖国易学文化遗产时，要有取舍，不能完全模仿；要去伪存真，结合当代实际继承和发扬我国优秀的传统文化。

第三編

易經

疑难详解

乾 卦

“亢龙有悔”和“见群龙无首，吉”

“亢龙有悔”是乾卦上九（乾卦最高、最后一爻，其位置也到了最高点）的爻辞，这表明一个人的事业已到了巅峰，为什么这时很可能有悔恨产生呢？

首先，我们可以把一个人经营自己的事业比作登山，当一个人已登到山的顶点，如再往前走，就会走下坡路。其次，当一个人登上山的顶峰时，回望自己辉煌的历程，一种自豪的感觉涌上心头：没有自己干不了的事，瞧，这么高的山也爬上来了。于是，就可能不听别人的劝阻，贸然去登另外一座山，谁知，山峰之间没有桥梁可通，这就造成一落千丈的结局。再次，高处不胜寒，在下的老百姓也难以理解他的举动，这便失去了铺垫的基石，自然容易往下跌。所以，一个人登上了最高峰时，容易做错事，导致悔恨产生。

为了永远没有悔恨产生，我们干脆永远停止不前，对吗？我们看看“见群龙无首，吉”的具体含义，就知道这是大错特错的。

因为“群龙无首”是防止“亢龙有悔”的有效措施。“群龙无首”的意思是不知道龙头在哪，大家都自由自在地飞翔，这就好比一个总经理创办了一个企业，该企业已走上了极其兴盛的道路，在那里聚集了相当多贤明的人，他们各有千秋，都对企业的壮大立下了汗马功劳，虽说有总经理在，但总经理的意见只能代表他个人的意见，真正的决策权在大家，这就表明“群龙无首”

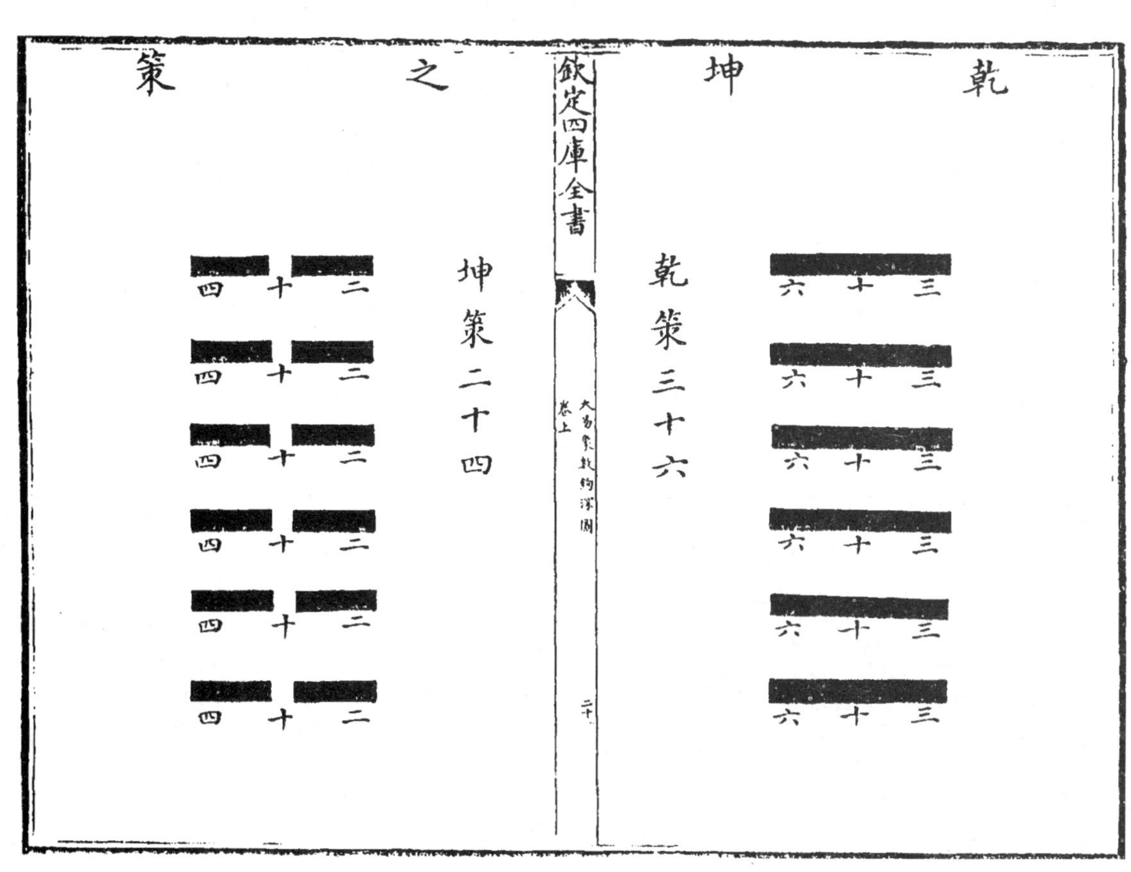
乾坤之策

欽定四庫全書

乾策三十六

三十六
三十六
三十六
三十六
三十六
三十六

大易象數鉤深圖 卷上

二十

坤策二十四

二十四
二十四
二十四
二十四
二十四
二十四

的实质是不独断专行，不自满，这自然能带来几大好处：

一、一个人在自己已进入事业的高峰时，不会贸然向前走，因为他的周围有许多贤明的人，他们的合力足以阻止他一个人的错误行动。

二、由于他不以主子身份自居，不但他身边贤明的人都愿意为他出力，而且在另外一峰的贤明的人也愿意归附他，于是，在内的和在外的合力构筑连通两峰的桥梁，使他登上了更高的山峰。

三、在下的老百姓也愿意在这种民主的气氛中生活，自然不会擅自离职。

所以，我们应用“群龙无首”来防止“亢龙有悔”。

坤　卦

含章，可贞。或从王事，无成有终

“含章，可贞”的意思是才华不外露，则可得到吉祥的预兆。为什么才华不外露的人总能得到吉祥的预兆呢？首先，“含章，可贞”是六三爻的爻辞，从爻位来看，六三是阴爻阳位，是半刚半柔，所以这里的才不外露，指的是谦虚，谨慎，而不是指自卑。再说，“满招损，谦受益”是经许多人证明的真理。所以，才华不外露的人永远得到吉祥的预兆。

“或从王事，无成有终”的意思是才华不外露的人去为君王做事，即使没有什么成就，也会做到善始善终。这是为什么呢？

一般才华不外露的人很容易过分的谨慎，以至于难以替君王抓到有风险的大机会，但由于他天生谦虚，愿意改正自己的缺点，愿意听从君王及下属的意见，所以不会执迷不悟，自然不会导致大的灾祸。再说，从最终的决策权来说，他是属于君王的，自然不会由于他的优柔寡断而坏大事。其次，才华不外露的人天生谨慎，做事细心，自然而然对事物的考虑十分周全，在一般情况下，不会出差错，不会让一件事半途而废。再次，他的才华不外露会使他的行为是谦恭的，这样就会赢得君王的信任，于是，他的忠言往往容易进入君王的心里。

因此，有才华而不张扬的这种行为是值得提倡的。

括囊，无咎无誉。

“括囊”中“括”的意思就是系起来，“括囊”就是把口袋口扎起来。“无咎”就是没有灾，“无誉”就是没有赞誉，没有夸奖，在这里实际上是比喻人，如果一个人像扎口袋一样，遇到任何事情，不说话，不表示态度，那么他就既没有灾祸，也不会得到赞誉。

这是坤卦六四的爻辞。六四不同于六三，六三阴居阳位，有静有动，可退可守；但六四阴爻居阴位，又处于危惧之地，上下不交，无承无应，所以要秉持柔德自处。“括囊”，扎紧袋口，表面看上去很保守，但也很必要，这正表现了古人的智慧。“无咎无誉”，人往往想得到赞誉，却也因此就会获咎。所以孔子在《象传》中说：“括囊无咎，慎不害也”。就是说言行谨慎，所以才会无害。

在古代，如果人生在乱世，世道非常混乱，说话就容易招来灾难，因此有的人就遇到什么事

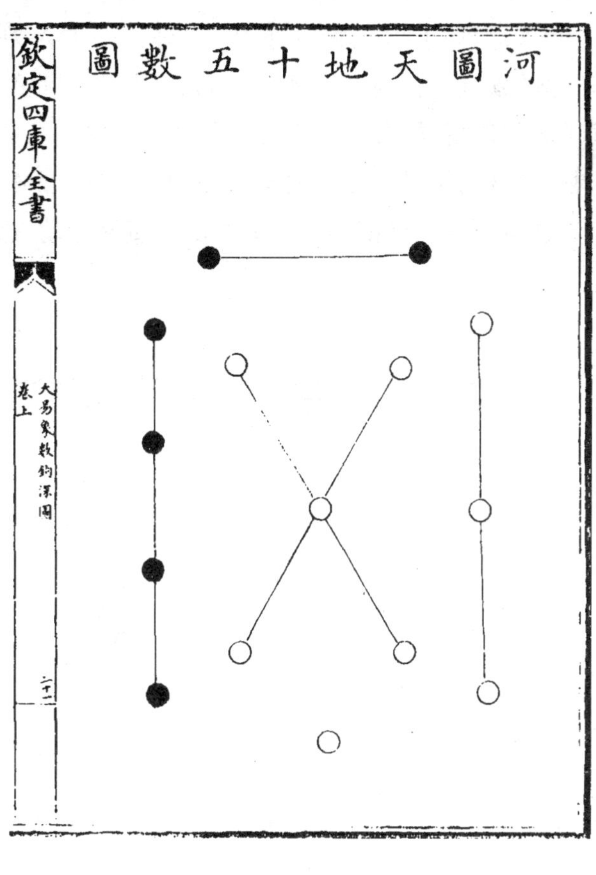

情都不说话，最后果然没有灾难。但是同样什么好事也没有他的，因为什么情况下他都不表态，不说话，即使人家有好事的话也不会想起他来。其实这种态度也是古人的一种处世哲学，值得我们思考，但却不能完全学习。

屯 卦

即鹿无虞，惟入于林。君子几，不如舍。往，吝。

这是六三爻（阴爻阳位，与上六不相应）的爻辞。它的大意是，如一个人在没有别人的帮助下，独自去追赶猎物，这是错误之举。就好比一个人在没有别人的指引下，独自去开创自己的事业。在一般情况下，这应是勇敢之举，为什么在这里变成了错误之举呢？

我们从卦画上看，这是阴爻阳位，表明他没有坚守正道。联系上下文，这里的正道是指在主客观条件都不具备的情况下，为了防止迷不知返，应断然放弃。

“即鹿无虞，惟入于林”表明他对自己要进入的林子不熟悉，他之所以要进去，是受到眼前的猎物的诱惑。这样贸然地进去，其结果会怎样呢？显然是凶多吉少。也许你会觉得太言过其实了，不就是进林子追捕猎物吗？大家想想看，鹿也算珍贵的猎物，它在普通的林子里能藏身吗？显然不能。它必须找一个比较隐蔽的地方去藏身。所谓“隐蔽”是指地势复杂，状貌复杂，让人难以辨别，普通的人不敢进入。如果一个人进入一个自己分不清东南西北的地方，能不迷路吗？最糟糕的是，独自一个人去，想找个指点迷津的人都找不到，想回头都没有机会啦！

如果把它与现实联系起来，“即鹿无虞，惟入于林”就好比一个人为了追逐名利，贸然进入一个自己不熟悉但回报丰厚的领域。就他个人实力而言，他是在创业的初期，拥有的资本非常有限。此时，他既无钱雇用内行作指导，又无耐心等待与他合作的内行的到来。很明显，无论是主观条件还是客观条件，都不成熟，结果自然是血本无归，再也没有翻身的机会。

从上述可知，如一个人在主客观条件都不成熟的情况下贸然行动，这是意气用事，不是勇敢之举。

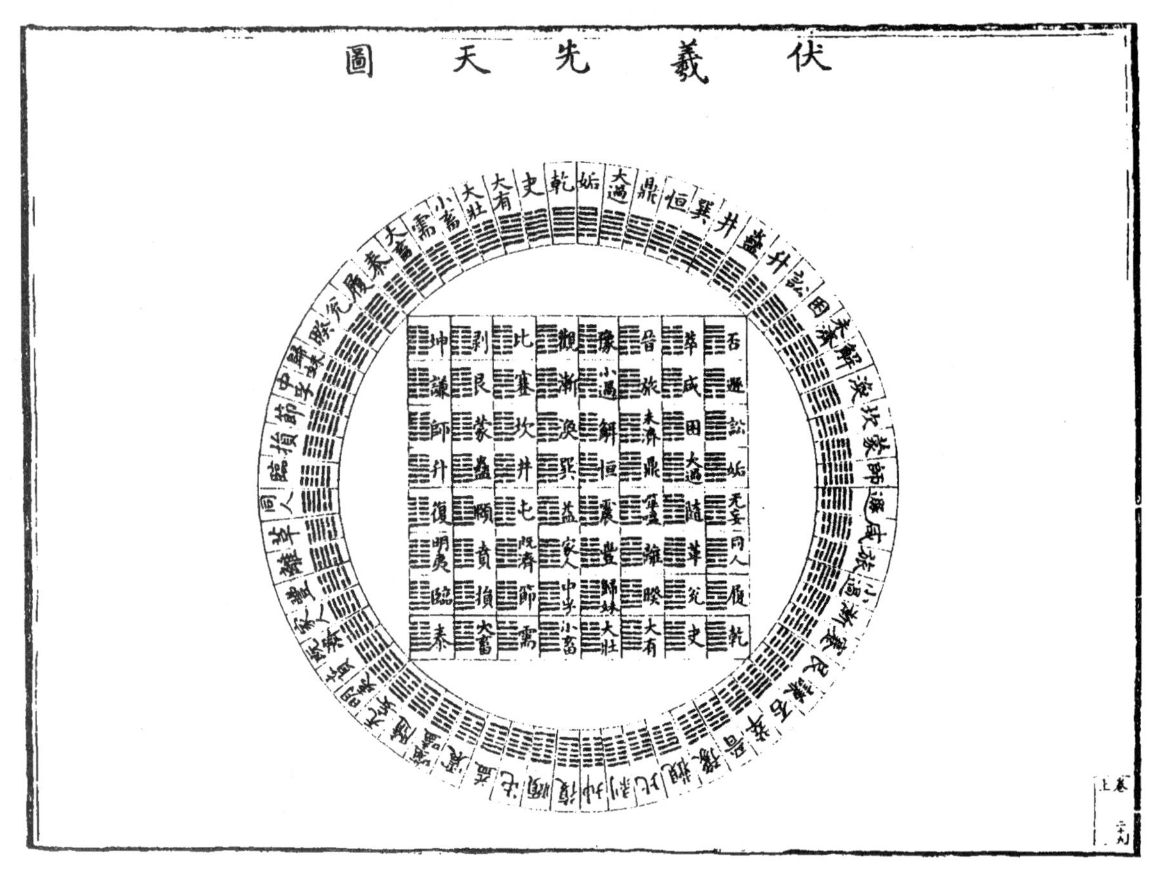

屯其膏。小贞吉，大贞凶。

“屯其膏、小贞吉，大贞凶”的大意是：囤积大量的肥肉为祭祀作准备，去卜问小事是吉利的，去卜问大事是凶险的。为什么作了同样的准备，去卜问大事和小事的结果不一样呢？

首先，我们可以把这里的祭祀比作施恩惠。如囤积了大量的肥肉去祭祀某路神仙，那么就会造成不能广施的恩惠，因为根据能量守恒定律，在一定时期、一定范围内，财物是有限的，能让人施舍的恩惠也是有限的，有人得到大量的恩泽，就必定有大部分人得不到恩泽。

再说，干小事只需几个人帮忙，就能干成，而干大事必须要广大人民的帮忙，才能干成。

其次，从得到恩惠的少数几个人来看，当他们看到施惠者只施舍恩惠给少数几个人，而自己居然是其中的一个，便会感到无比的荣幸，愿意为他竭尽所能。但他们的力量是有限的，所以不利于去干大事。

再次，从得不到恩惠的人来看，如一个人只施舍一定的恩惠给周围的几个人，他们可能认为此人的视野不够开阔，眼光不够长远，是狗眼看人低，而且有拉帮结派之嫌，他们鄙视他，甚至敌视他，自然成为他成就大业的阻碍。

乘马班如，泣血涟如

“乘马班如，泣血涟如”意思是：骑着马在路上转来转去，眼睛哭出了血，血和泪混在一起，涟涟而下。这是上六的爻辞，《屯卦》中阴爻处阴位，且靠近阳爻的爻均有“乘马班如”的情形，且都与婚媾有关，这即表明阴阳两爻象男女二人乘马并行，这与当时的婚俗有密切联系。此卦中只有两个阳爻，九五与六二阴阳相应，但最终初九与六二相应，九五与六四相应，只剩下上六没有婚配，所以爻辞中说“泣血涟如”，正表现了上六无所应的悲伤。但《象传》说：“泣血涟如”，这样的情况能够长久吗？所以只要跟随“时”、“位”的变化，终会“屯极终通”，而“吉无不利”。

上六爻虽从“时”与“位”的角度分析，事情已经到了初创完成的阶段，可仍旧处于初创期，所以应保持谨慎、警惕，需要踏实地创业，若满足于现状而不求进取，或忽视危机的存在，将来也许就只有“泣血涟如”的份儿了。

蒙　卦

“困蒙，吝”和“童蒙，吉”

“困蒙，吝”的意思是，一个人为蒙昧无知所困，将遭遇灾祸。世界是千变万化的，而且它是如此的广阔，谁能把它蕴涵的奥妙都洞悉到？以此类推，我们都会被蒙昧所困扰，灾祸将紧紧包围我们。这不太可怕了吗？其实，只要我们理解它真正的含义，就知道这是杞人忧天。

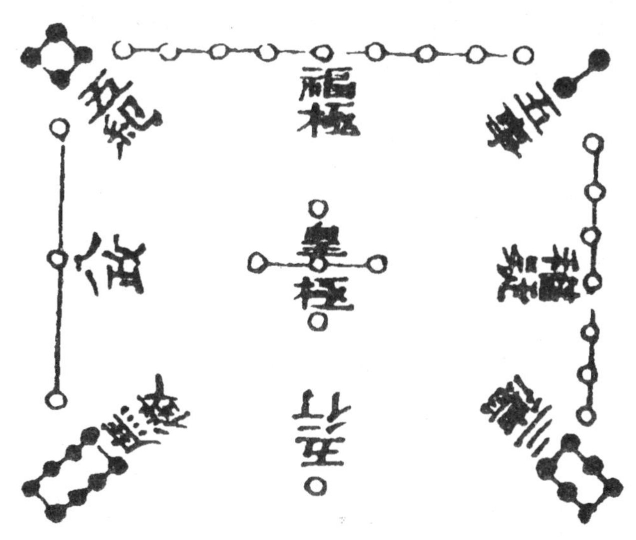

大禹则洛书以作洪范图

“困蒙，吝”是蒙卦六四爻的爻辞。从卦画上看，六四是阴爻阴位，与上九阳刚隔得太远，这就好比一个人本身愚昧无知，又处在愚昧的环境中，在那里，谁都不认为自己是愚昧的，更不愿意虚心向别人学习，自然无知的领域越来越大，而且为了掩饰自己的无知，还不懂装懂，结果在处理问题时，力不从心，给自己也给别人造成灾害。此时，我们不难看出，“吝”的真正原因不是为蒙昧无知所困，而是被蒙昧无知所困时不能虚心向别人学习。

现在，我们再仔细揣摩"童蒙，吉"的含义，就更不用担心"困蒙，吝"，而且知道怎样摆脱蒙昧。

"童蒙，吉"的意思是儿童愚昧无知，是吉利的。首先，从儿童的特性来看，儿童虽说蒙昧无知，但他天生柔顺，愿意虚心向别人学习。其次，在儿童所处的社会存在这样一种思想，儿童无知是天真可爱，但成年人无知是愚蠢，是会遭人耻笑的。所以，儿童会毫不掩饰自己的无知，而且谁都愿意为他解除这种蒙昧的状态，这样儿童会变得越来越聪明，无知的领域越来越少，避免因无知带来的灾难的手段就会越来越高明。

综上所述，我们要获得吉祥，就要做到虚心向别人学习。为达到这个境界，应做到以下几点：一、呼吁全社会的人学会包容成年人的缺点，让所有人不以自己的无知为耻；二、即使社会没形成良好的学习之风，我们也要"不耻下问"，因为"不耻下问"的耻辱是一时的，而不去问的话，就会永远为无知所困，而且不懂装懂会使自己面临险境，因为别人不知真实情况，会让我们去做力所不能及的事。

需　卦

入于穴，有不速之客三人来，敬之，终吉

"入于穴，有不速之客三人来，敬之，终吉"的大意是：如有不速之客前来，好好招待他们，就能获得吉祥。乍一看，觉得不可思议，如仔细想想，就懂得了其中的缘由。

一、一个人处于劣势时，好好招待不速之客，能为自己赢得时间。一方面能为自己赢得观看他人意图的时间，这样不会因仓促行事而造成误会。另一方面为自己采取正确策略赢得时间。因为别人看到他从容行事，也不知他的葫芦里卖的是什么药，即使他们有坏的企图，也不敢贸然行事。

二、好好招待他们，还有可能感化他们，或消除误会。因为在一般情况下，人们都认可以恩报恩，以德报德。再说，也许他们是受小人的唆使而来的，如他们看到他的善意的招待，那么小人的谎言就会不攻自破。

三、好好招待他们，还能引起别人进行错误的猜想：这个人肯定是弱者，不值得提防。而他将计就计，假装无能，使客人麻痹大意，便有了进行反攻的机会。

所以说，热情招待他们，最终是吉利的。因为它是一种更高明的等待，以退为进，伺机而动。

上六为需卦之终，处卦之极，极则反下于穴，所以易招来不速之客。在历史事件中，刘邦与项羽之争可解此爻之义。

刘邦先入关中，本应为关中的主人，项羽后率大军气势汹汹而来，可以说是"不速之客"。项羽之后又为刘邦设下鸿门宴，刘邦礼敬相待，终于化凶为吉。人一生中，难免会遇到这样的不速之客，处于这种境况之时，在没有把握能打败对方，就必须恭敬地礼待他，哪怕是虚假的，也要对其相敬以待，以免招致杀身之祸。这种情况下的礼敬虽不是发自内心的，但不失为人自卫的一种手段。这也是为人处世，尤其是应对不怀好意的不速之客的一种好方法。

讼　卦

讼,元吉

在一般的情况下,与别人发生争讼,是没有什么好处的,而这里为什么说“讼,元吉”呢？我们从“讼,元吉”所处的爻位来看,它是讼卦的九五爻,属阳爻阳位,居上卦的中位,就表示他在与人发生争讼时能坚守正道,即在原则问题上不退让。这样做有几大好处:

一、对于整个社会而言,坚守正确的是非观,不人云亦云,就不会让坏人占上风,荼毒生灵。

二、对于与自己发生争讼的人而言,不会因自己的软弱退让而造成他坚持错误的思想,最终酿成大错。

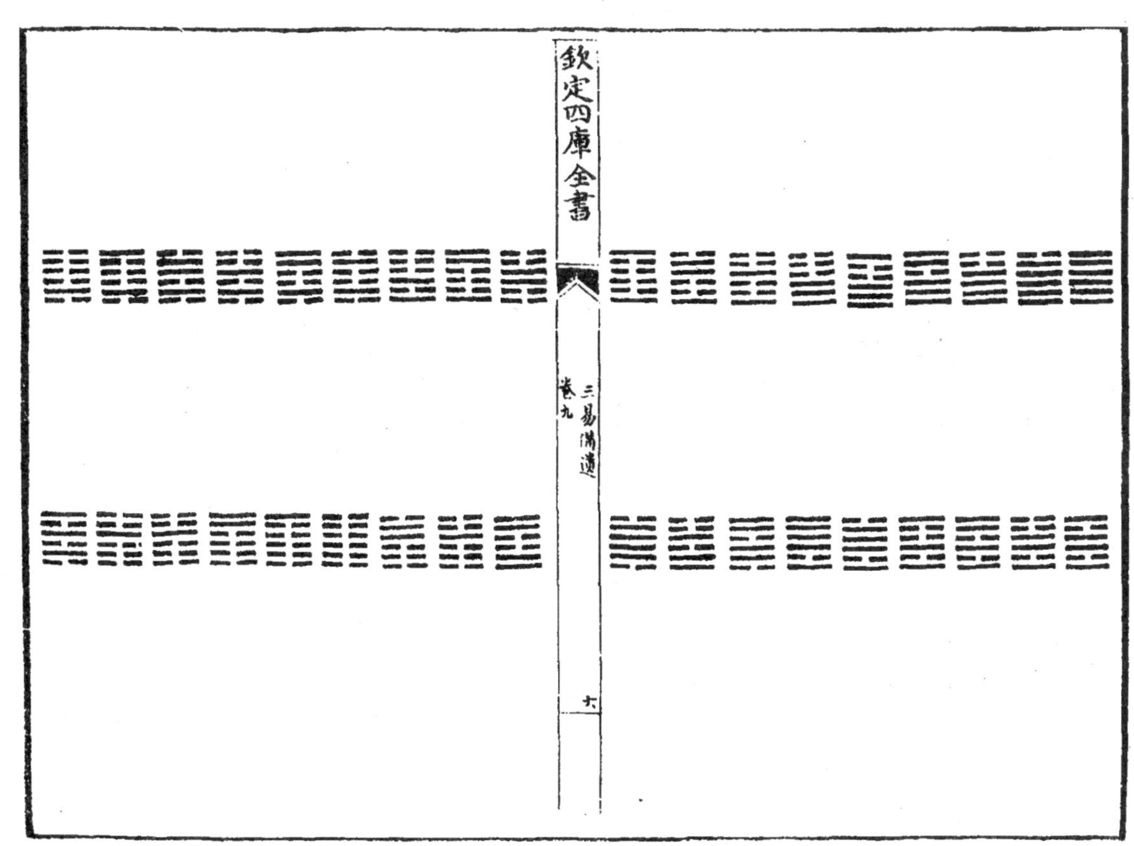
钦定四库全书
三易备遗　卷九
六

三、对于自身而言,坚持了自己的正确思想,就不会成为无辜的受害者。

四、由于自己能坚守中正,说话有分寸,别人很可能会心服口服。所以说,在原则问题上,要据理力争。

或锡之鞶带,终朝三褫之

“或锡之鞶带,终朝三褫之”的大意是:君王赏赐他一根精美的腰带,在一天之内会多次被索回。君王为什么要赏赐他腰带呢？联系上下文,就知道这是因为他在与别人的争讼中胜利了，赢得了君王的赏识。为什么又多次被索回呢？

“或锡之鞶带，终朝三褫之”是上九的爻辞，从上九所处的爻位来看，是阳爻阴位，是讼卦的最上面的一爻，这表明他在与别人发生争讼时，要么过于刚强，与别人发生正面冲突；要么恃强凌弱，没有坚守正道。

一个人在与别人发生争讼时，态度过于刚烈，即使由于他是因正义之道而取胜，这也是表面之象。试想想，有人只是一味地强调他的正确观点，并与你发生激烈的争执，你能不敌视他吗？对他的意见能虚心接受吗？如果有报复他的机会，你会放过吗？所以，与别人发生正面冲突，即使当时得到了奖赏，得到了益处，也会被别人日后的报复抵消掉。

另外，一个人在和别人发生争讼时如采取不正当的手段，即使能取胜，也是一时的；因为人民的眼睛是雪亮的，迟早会识破他的阴谋，把他得到的荣誉从他身上剥夺回去。

所以说，一个人在与别人发生争讼时，千万要坚守正道。

师　卦

师或舆尸，凶

“师或舆尸，凶”的大意是：出外打仗，用车子装载尸体回来。车子本是用来让主帅乘坐的，而主帅用它来装尸体，这表明下属战死，主帅非常悲痛，体现了他十分爱惜自己的下属。那为什么还得到凶险的预兆呢？

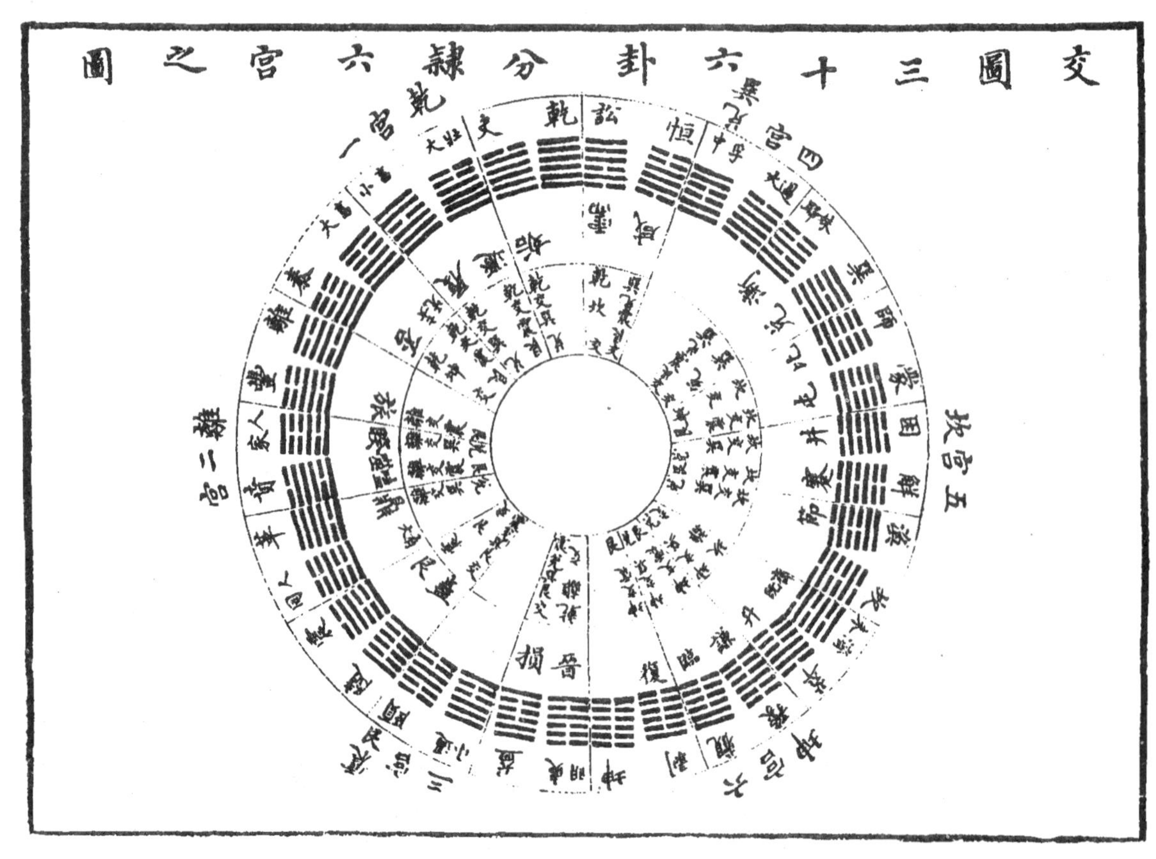

“师或舆尸”是师卦六三爻的爻辞。从卦画上看，六三是阴爻阳位，而且上无阳爻与它相对。这就意味着主帅本身无真才实学，却担任重要的职务，最糟糕的是，又没有有能力的人辅佐他。在这种情况下，体恤下属的领导也会得到凶险的预兆。

一、从他所处的位置来看，作为主帅，办事必须果断，而他的能力有限，不能在短时间内作出正确的决定，这样就把“办事果断”变成“刚愎自用”了。

二、由于他平时关心下属，下属为他的情所感动，愿意为他效命，结果只要是他的命令，哪怕是错误的，也不违背，便造成了极大的损失。

三、他身边的人也是平庸之辈，不能为他出谋划策，不能抵制他的错误决策，更不能弥补他的错误决策造成的过失。

而且从另一方面来看，六三处下卦之终，阴柔失正，却又承刚，有力量微小却又肩负重任之象。用兵之道，贵在知己知彼，但六三不自量力，所以导致用兵失败。

比　卦

比之无首，凶

我们一般不愿意与有心机的人亲近，而这里却说：“没有头脑地亲近别人是凶险的。”这是为什么呢？

首先，我们注意“有心机的人”的突出特点是：想利用别人达到自己的目的，其本质就是自私。而“运用自己的聪明才智与人亲近的人”的突出特点是：和别人友好地交往，相互学习，相互促进，相互帮助，达到双赢。

其次，我们从“比之无首”所处的卦象来看，它是比卦上六（阴爻阴位）的爻辞，这就好像一个才能平庸的人处于至尊的地位，既不能运用自己的头脑选择和自己志同道合的人亲近，也不能防止小人的暗箭，更不能辨别真伪，取长补短。

此时，我们不难看出凶险的缘由是：

一、由于他处于至尊的地位，小人都想利用他的这个特殊的地位达到自己的目的，于是会使用更多更巧妙的阴谋诡计迷惑他，陷害他，而他没有头脑，自然就会不知不觉掉入小人的陷阱。

二、没有头脑地与别人亲近，哪怕双方的意图都是善意的，也会招致凶险，因为没有头脑的人往往不自信，不能坚持自己的正确意见，这样别人的善意的错误就有了生存的土壤。

三、由于他处于至尊的地位，想向别人学习，但又没有名正言顺的理由。一般人认为，处于上位的人就应该“上知天文，下晓地理”，即使他屈尊向其下属学习，他的下属要么直接拒绝，要么捉弄他，要么讥笑他，使他的威信扫地，从而再也不能控制他们。

小畜卦

既雨既处，尚德载。妇贞厉。月几望，君子征，凶

“既雨既处，尚德载，妇贞厉。月几望，君子征，凶”的大意是：一个人在快积满功德时，去占

卜得到凶险的预兆。在快到阴历十五时出远门,也是凶险的。这就好比一个人快到大功告成的阶段,此时他是处于危险中。一个人经历了一番辛苦,终于到了成功的边缘,这本应是可喜可贺的,为什么这还是最危险的时候呢?这是因为:

一、一个人在创业的初期,深知前方的道路非常艰险,稍有不慎,就会半途而废。所以,他非常小心,处处提防飞来的横祸,时时预测将有可能遭遇的灾难,并想好应付的策略。而在大功快告成时,他一看前面,就剩下那么一小段路,就非常高兴:终于快到目的地了,反正成功是迟早的事,先放松一下吧。此时,灾难便乘虚而入。

二、在大功快告成时,他回望来路,到处留下了自己的辉煌的痕迹,显示出自己的聪明能干,就不免为之自豪,不知不觉变得不可一世,谁的忠言也不愿意听,而一个人的智慧是有限的,自然难免作出错误的决策。再说,他身边的贤人也受不了他的自负,要么离开他,要么另立山头,与他为敌,这样在危险的时候,他不但孤立无援,而且还要遭受更大的敌对力量的冲击。

三、最后一小段路,看起来短,但走过去却是十分难的。一方面,一个人在经历了一番艰苦的奋斗之后,往往筋疲力尽,几乎到了生命的极限,极想停下来歇歇,他之所以向前走,完全是一种惯性,只要遭遇一丁点大的困难,他就会摔倒,如没有超人的意志力,他是难以爬起来的。另一方面,黎明前是最黑暗的,最后的一步也是最艰难的,要跨越它,往往要具备多方面的条件。因为这不是量的积累,而是质的飞跃!

履卦

履道坦坦,幽人贞吉

有许多人认为,"幽人"指的是隐士。但有两个疑点值得商榷:一方面,隐士之所以隐居起来,很可能是因为他们的意愿不能实现。这就与"履道坦坦"相矛盾,因为一个连自己理想也不能实现的人的人生道路怎么能用"平坦"二字来概括呢?另一方面,隐士之所以隐居起来,是因为他们要逃避黑暗的现实。试想想,外面兵荒马乱,他们能真正过上幸福的隐居生活吗?世外桃源是不存在的。

因此,"履道坦坦,幽人贞吉"的大意应是:供人行走的大道是平坦的,甘于平凡的人去占卜则会得到吉祥的预兆。

再说,一个甘于平凡的人的突出特点是:安守本分,不为外物所动,不为外物所扰。这个特点给甘于平凡的人带来了平静的生活,给他带来了吉祥。安守本分使他心静,心静能使他踏踏实实地做事,他就不会因急于求成、好高骛远而草率行事,从而遭遇灾害;安守本分使他没有过多的欲望,即使遇到困难,他也不怨天尤人,也能找到安慰。所以,困难不会成为他前进的障碍,不为外物所动、不为外物所扰使他能集中力量排除前方的障碍。

泰卦

包荒,用冯河,不遐遗。朋亡,得尚于中行

“包荒,用冯河,不遐遗”的意思是:用掏空了的葫芦渡河,不会沉下去。这就好比一个人对人民掏心掏肺,人民最终会理解他的。因为时间会为人们作出公正的判决,他的诚心最终会见天日的。相反,当他被周围的人误解时,甚至做了对不起他的事时,他为了达到心理平衡,进行有力的回击,结果导致误会加深,真的成了人民的公敌。更糟糕的是,他的这种做法会使其他人也有可能有这种想法,从而使整个社会风气变坏。因此,我们不管处在有所得时还是处在有所失时,心术都要正。

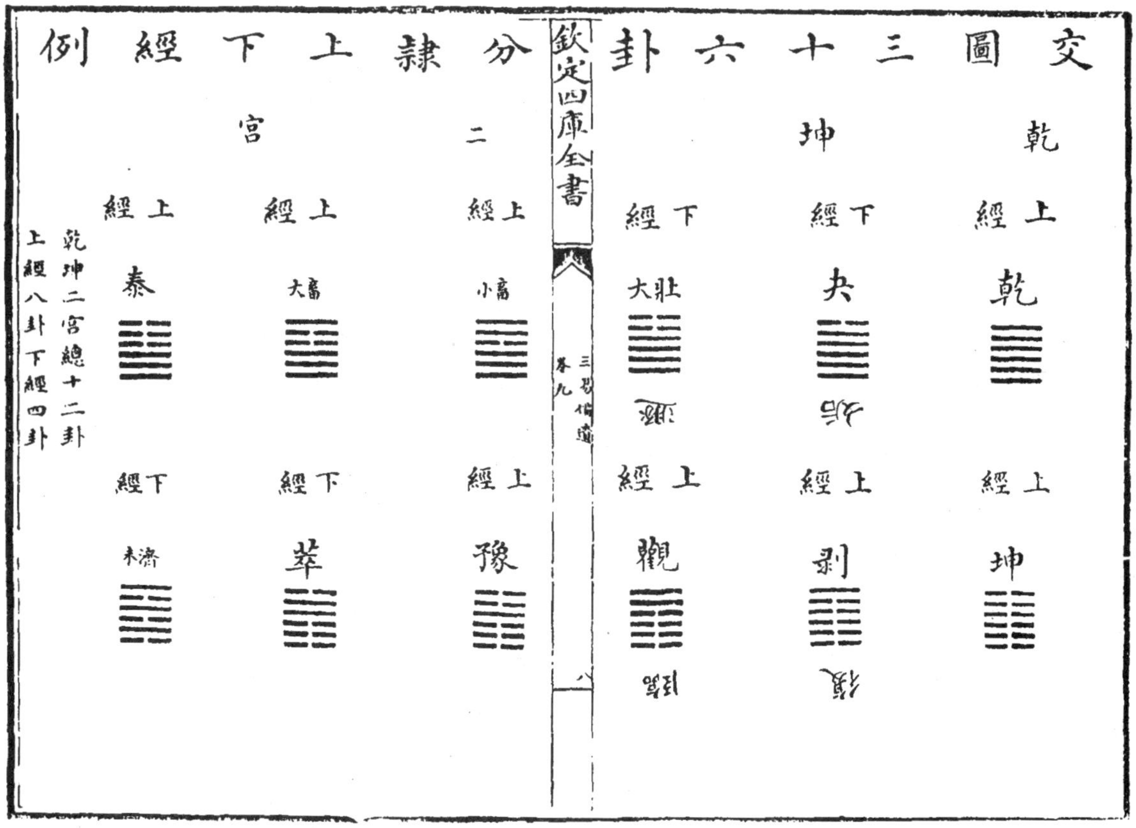

交圖三十六卦

乾：上經 乾；上經 坤
坤：下經 夬（姤）；上經 剝（復）
下經 大壯（遯）；上經 觀（臨）

欽定四庫全書　三易備遺　卷九

分隸上下經例

二宮：上經 小畜；上經 豫
上經 大畜；下經 萃
上經 泰；下經 未濟

乾坤二宮總十二卦
上經八卦下經四卦

“朋亡,得尚于中行”的大意是:只要大家都心地纯正,丢失了的东西就能找回。这是为什么呢?因为大家都品德高尚,见到了丢失的东西也不捡,自然丢失了又能在原路上找回。

翩翩,不富以其邻,不戒以孚

“翩翩,不富以其邻,不戒以孚”的大意是:做事轻浮,说话信口开河,不会发达,将会祸及邻居。大家应以诚相待,彼此不戒备,以信用为重。为什么做事轻浮的人不但自己不富裕,还会祸及邻居呢?

做事轻浮的人的突出特点是:不讲信用。他的这个特点给大家带来了灾害。一是他不认为“不讲信用”是小人的行为,是不合道义的行为。于是他为了很小的利益就抛弃自己的诺言,从而失去了人民对他的信任。而彼此以诚相待是人民的共同心愿。因此人民都鄙视他的这种行为,并且对他加以提防,从而造成力量的分散,不能集中力量攻克难关,给大家带来损失。二是因为他做事不守信用,该他做的那一环节没做好,造成全盘皆输,给与他合作的人造成损失。

否 卦

包承,小人吉,大人否亨

“包承,小人吉,大人否亨”的大意是:厨房里有肉,对小人而言是吉祥,而对于品行高尚的人来说,并不一定是亨通顺畅的。这是为什么呢?其原因是小人目光短浅,容易满足于当前的既得利益。而志向远大的人一则会考虑这是不是糖衣炮弹,会不会被别人利用;二则他有高尚的节操,认为嗟来之食不可吃;三则他认为起决定作用的是内因,要想从本质上改变自己,必须是自身发生质的飞跃;四则他认为“包承”是他前进的阻碍,因为“包承”可能使周围的人都劝他要满足于现状,不要太贪心。

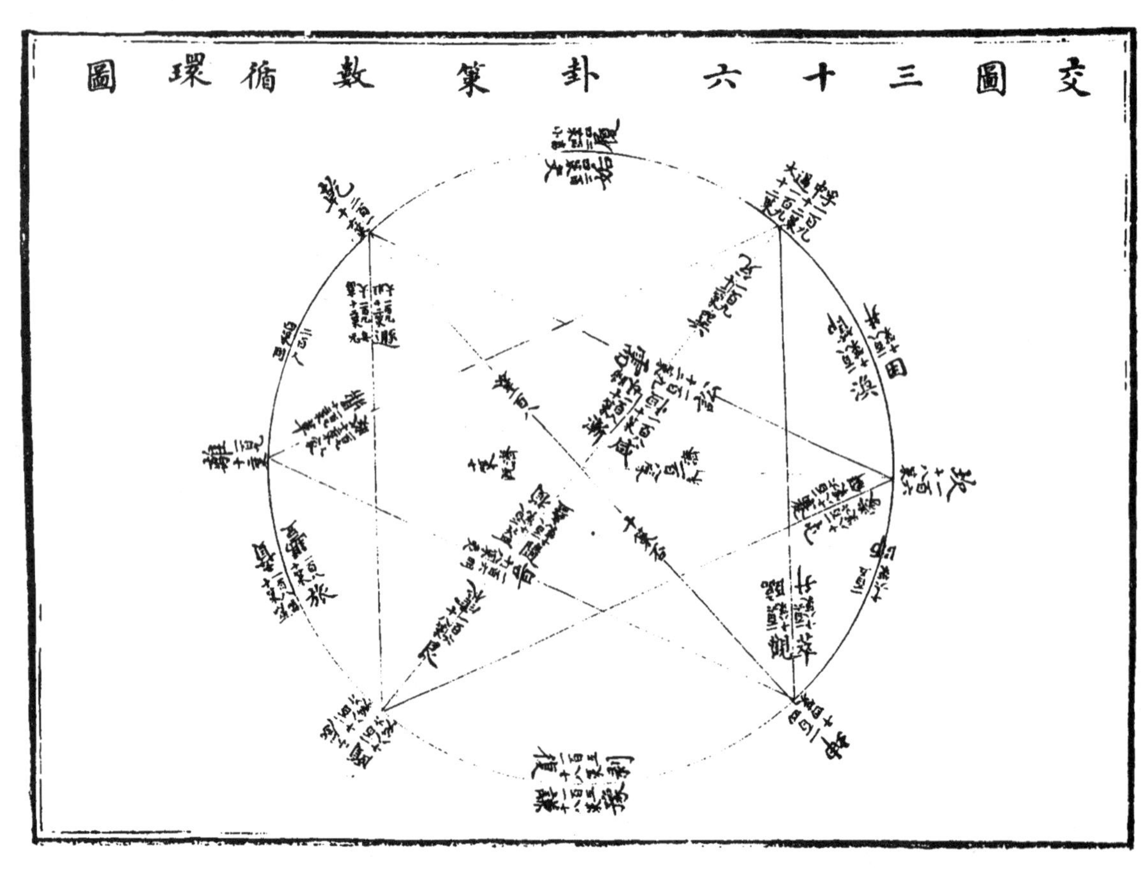

倾否，先否，后喜

“倾否”意为否极泰来，情势转变于顷刻之际。上九阳刚居否卦之极，物极必反，这是不变的自然规律。《象传》也说：“否”到了终极，必然倾覆，又怎么能长久？而且上九阳刚强盛，也足以推翻其所处环境否塞的情况，所以爻辞中不说“否倾”，而称“倾否”。正因为先有危险，通过人的努力而使其转化，最终获得“倾否”的结果。

《否卦》与《泰卦》相反。否卦主要在于阐释由通泰到闭塞的过程，这一时期阴阳隔绝、上下不通、天地闭塞，对立统一的双方处于分裂状态，完全没有交合，而且小人势长，君子道消。处于这样的非常时期，小人得势，无所不用其极，因此君子应当提高警惕，避免遭受伤害。待到小人势力逐渐削弱时，才可集中力量，把握时机，将其彻底倾覆。

通过上九爻辞我们可以看出，《否卦》勉励人们顺从事物发展的规律，竭力扭转闭塞的境况。同时应坚定信心，黑暗不会长久，否极必然会泰来。

同人卦

乘其墉，弗克，攻吉

“乘其墉，弗克，攻吉”的大意是，占领了敌人的城墙，一时没把城池攻下来。继续攻打，是吉利的。这表明在攻打城池时，受到了极大的挫折，此时，我们为什么不知难而退呢？

“乘其墉，弗克，攻吉”是同人卦九四爻的爻辞。从爻位上说，九四与九三相邻，前者不正，后者不中，两者阳刚相争，欲与六二相应，有失“同人”之道，因此其才会战败。九四是阳居阴位，这就表明他占据了一个比较隐蔽的地理位置，而且宽容待人，赢得了人民的支持。

《西游记》里的唐僧要取到真经必须经历八十一难。这就暗示我们，成功的果实不是随手可得的，而是要历经千辛万苦，才有可能摘取得到。再说，我们在登上城墙久攻不下城池时面临两种选择：停止进攻；继续攻打。如果是停止进攻，其结果要么是敌方趁势追之，被打得一败涂地；要么是给敌人得以喘息的机会，而后进行反扑；要么是给自己及将士得以休整的机会，以图日后的再次攻取，但谁也不能保证下次攻打就能取得胜利。如果继续攻打，由于自己有人民的援助，取得成功的概率较大。

经过反复权衡，我们还是要继续攻打。

大有卦

无交害，匪咎，艰则无咎

这是大有卦初九爻辞，意为不会遭遇危险。“大有”在这里的意思是富有。这就表明，富有了，要更加不能相互伤害，这样才能防止灾祸的发生。本来富有是件好事，而这里再三强调富有后要防止灾难，此处的灾难究竟从何处而来？富有就必定产生剩余，使其中有一部分人可以靠别人的劳动而生活，怎样让别人把剩余让给自己呢？唯一的办法是侵犯别人，抢得财富。这样必定导致混乱，给他人带来灾害。怎样防止呢？就要做到互不侵犯。

“艰则无咎”的大意是：如果大家一起艰苦奋斗，就不会有灾难发生。这进一步告诉我们，如果大家都在辛勤地耕作，都在顺应天时而辛勤播种收割，就能做到互不侵犯，防止灾祸的发生。因为大家都在忙于耕种，没有时间去做图谋不轨的事，灾祸自然失去了生长的土壤。自古以来，成为强盗和贼的大多是好吃懒做者。

所以，在富有的时候，我们更要提倡“勤劳致富”，进行精神文明建设。

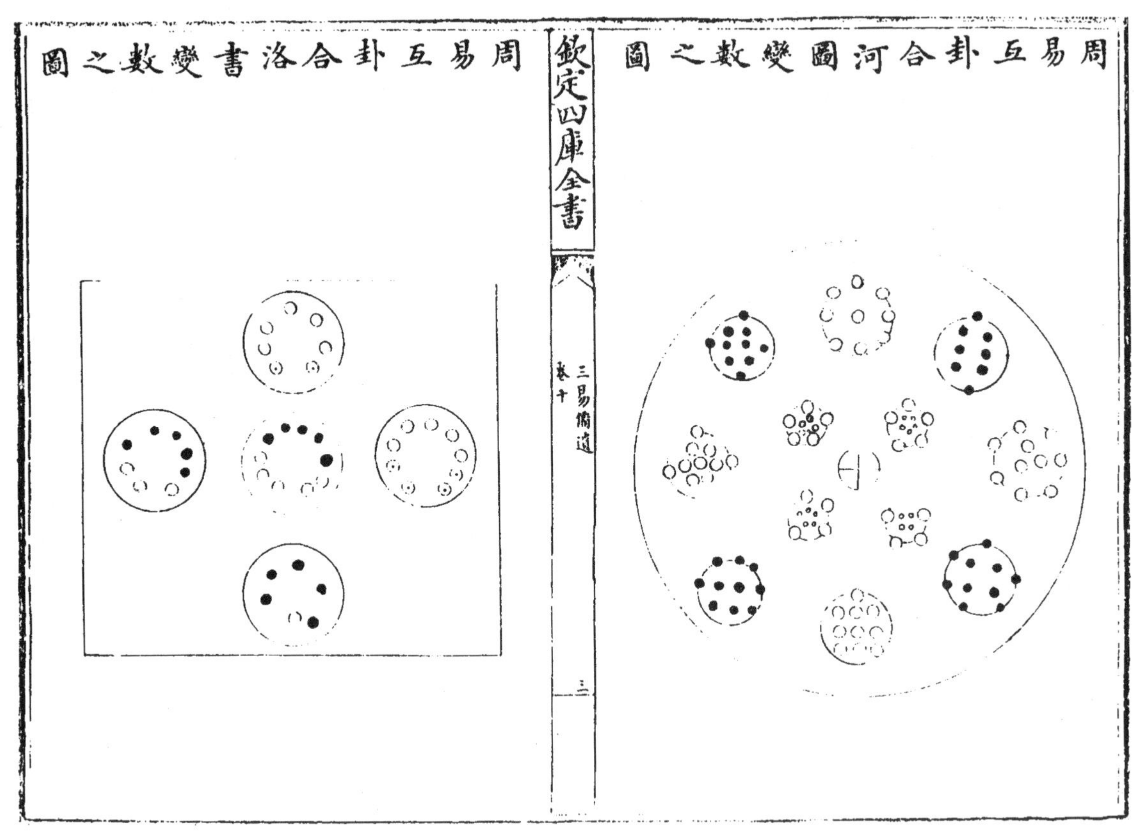

公用亨于天子，小人弗克

“公用亨于天子，小人弗克”的大意是：公侯能受用天子赐予的恩惠，但小人是承受不起的。施恩惠给君子和施恩惠给小人的结果为什么不一样呢？

那些品德高尚、才华出众的君子们接受你的恩惠，日后一方面能做到滴水之恩，以涌泉相报；另一方面能把恩惠广施予民。而小人的本性是贪婪的，是不知足的，因此他们往往为了自己的利益而忘恩负义；他们深谙滚雪球的法则，为了获取更多的财富，利用你所施舍的进行行贿献媚，使自己居于要职，并通过不正当的手段获得更多的利益，成为社会的蛀虫。

匪其彭，无咎

“匪其彭，无咎”的大意是：不要逼男巫加大声势去求雨，就没有灾祸发生。按一般的常理，男巫的声势越大，求得的财富就越多，而这里为什么建议不要逼男巫加大声势去求雨呢？

“匪其彭，无咎”是大有卦九四爻的爻辞。从卦画上看，九四为阳居阴位。这就好比一个人在自己已经富有时，谦恭待人，结果避免了灾害。相反，上天已赐予他许多财富，他还逼着巫师们去乞求上苍给予更多的财富，这样日后必遭灾难。因为在一定时期内，任何东西都是有限的，假如他得到的东西过多，势必有一部分人得到的就要更少一些，到了别人不能承受的程度，就会起来反抗，自然就会恢复到以前的样子，甚至比以前更糟。大家都知道竹片吧，当我们压缩的力超过了它的承受力，它便会崩裂，产生巨大的反弹力，伤了我们。

所以说，不逼男巫加大声势去求雨，这是明智之举。

谦　卦

谦谦君子。用涉大川，吉

"谦谦君子。用涉大川，吉"的大意是：有谦虚的美德的人算得上君子。有此美德的人去渡大江大河，是吉利的。

一是谦虚的人能做到才不外露，不会遭人嫉妒、猜疑，甚至处处设障碍，阻碍他走上成功之路。二是对他自身而言，不会自以为是，所以他能吸收别人的长处，使自己更好地发展，变得更加明智。再者，他愿意听别人的忠言，即使走上了岔道，也能及时返回。三是他根除了小人的生存土壤，因为小人为取得别人信任的惯用伎俩是献媚讨好别人，而谦虚的人能看到自己的缺点和优点，所以能一下识别小人的阴谋。

所以，谦虚的人能使自己顺利地到达目的地，当然是吉祥的。

无不利，㧑谦

"无不利，㧑谦"的大意是：发扬谦虚的美德，没有什么不吉利的。一般来说，做一件事往往利弊兼有，而这里却说"没有什么不吉利的"，这是为什么呢？

发扬谦虚的美德，将会有助于形成人人都崇尚谦虚的风气，而这种风气一旦形成，人就不会被自满的恶浊之气腐蚀，小人也无立足之地。此时，人们就不用担心骄傲的情绪冲昏了自己的头脑，使自己作出错误的决策。另外，人们也不用担心帮助自己成就大业的人会受小人的迷惑，造成一步走错、全盘皆输的惨局。这样，人们就能在良好的环境中专心致志地干自己该干的事业，从而获取更大的成功。

豫　卦

盱豫，悔；迟，有悔

"盱豫，悔"的大意是：睁大眼睛看着别人有所作为而和悦，后悔不已。能睁大眼睛看别人做事，本是件可喜的事，而这里却说"后悔不已"，这是为什么呢？

"盱豫，悔"是六三的爻辞。从卦画上看，六三为阴居阳位，且在下卦之首。此时，我们不难看出，这里的睁大眼睛应包括两个阶段：一是睁大眼睛看着一件未知的事，看它是否值得做。由于眼睛是瞪得大大的，所以是太多虑了。二是惊讶地睁大眼睛：别人把这件事干成功了。再联系我们所处的处境来看，我们的未来是个未知的世界，我们都在黑暗中行走，需要我们作出果敢的判断，大胆地跨出去。综上所述可知，六三后悔的原因是：由于他犹豫不决，让别人占尽先机，失去了成功的机会。

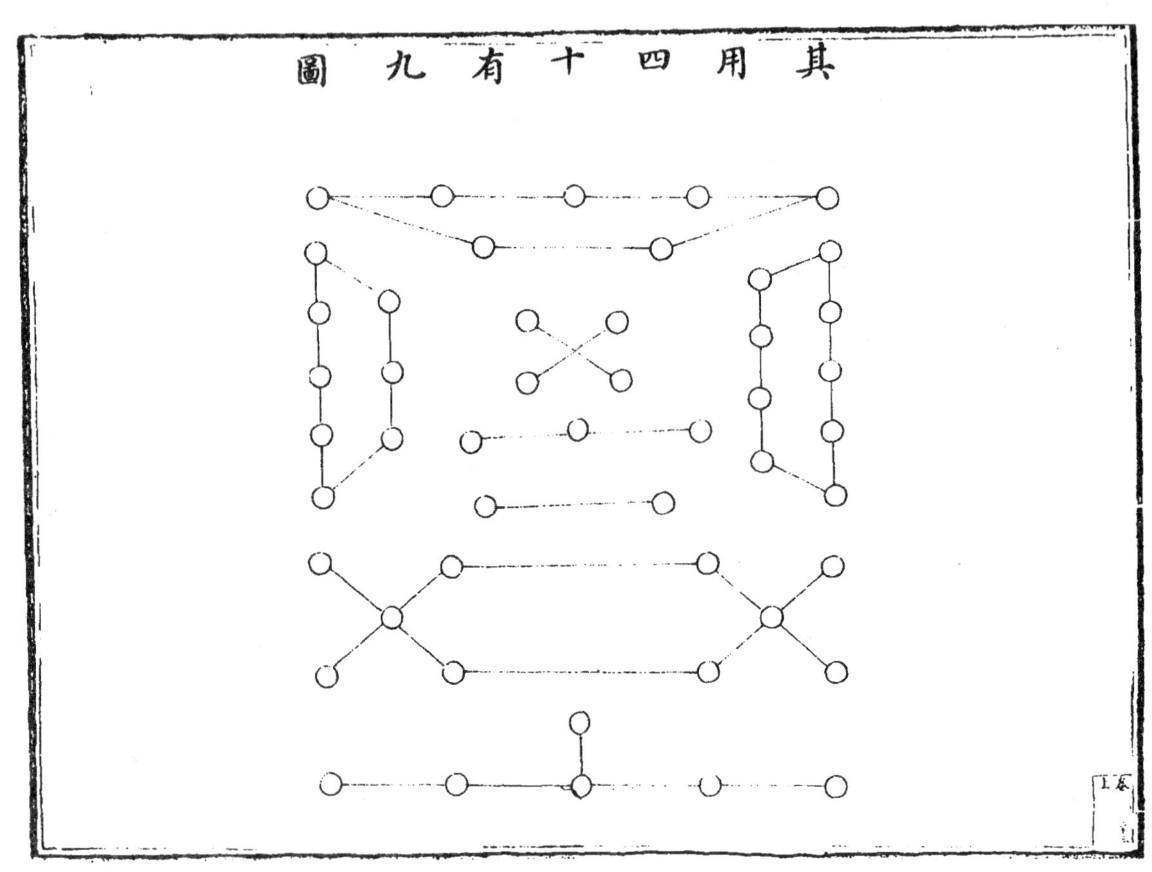

“迟，有悔”的大意是：再不行动的话，势必后悔莫及。这就表明，第一次眼睁睁地看着机会从身边溜走，如积极行动起来，还有成功的机会，如总是在后悔中度过，从不付诸行动，则会造成真正的不可弥补的后悔。

冥豫，成有渝，无咎

“冥豫，成有渝，无咎”的大意是：黑暗昏聩到了极点，但还心存喜悦，这是因为成功的希望日渐明显，没有凶险。这是为什么呢？

一则因为物极必反，黑暗马上就要退出历史的舞台，光明很快就要代替黑暗；二则如果你心如死灰，再也不奋斗了，连睁开眼看撞死在树桩上的兔子的勇气都没有，那么机遇只会与你失之交臂。相反，如果你对前景还不失望，你还会留意身边的每一个机会，自然在时势发生转机、机遇多多的新时期，又能抓住好机遇，实现自己的梦想。

随　卦

“系小子，失丈夫”和“系丈夫，失小子。随有求得。利居贞”

“系小子，失丈夫”的大意是：逮住小奴隶，却失去大奴隶。它是随卦的爻辞。“随”有随同、随和、追随的意思。这就好比一个人在随同大家的意愿上必有得有失，即他采取甲的方案，势必就要放弃乙的方案。如甲的观点是错误的，他随同甲的观点，势必能赢得甲对他的一时的好感，和他同舟共济，但这会酿成大错；他否定甲的观点，有可能伤害彼此的感情，甚至几十年深厚友谊就毁于一旦，但这有利于树正风，抑恶气，让人民过上好日子。

当鱼和熊掌不可兼得时，我们该怎么办呢？“系丈夫，失小子。随有求得。利居贞”就给了我们满意的答案：舍鱼而取熊掌也（大奴隶比小奴隶有价值，追回大奴隶是吉利的）。要做到“舍鱼而取熊掌”，必须注意的是：鱼和熊掌的比较不是纯粹数字上的比较，而是以道德为准绳的大小比较。所以，我们在舍鱼而取熊掌时，必须以坚守正道为前提。

蛊　卦

“干父之蛊，有子考。无咎，厉，终吉”和“干母之蛊，不可贞”

“干父之蛊，有子考。无咎，厉，终吉”的大意是：有善于改正父辈的错误的儿子，父亲一定不会遭遇危险，即使遭遇危险，最终也会获得吉祥。

俗话说得好：良药苦口，忠言逆耳。也许你在指正别人的错误时，会引起别人对你的反感、误会，甚至对你产生极大的仇恨。但别人因为有了你这样一个好朋友，不会陷于危险之中，即使有危险，也能自拔。这样一方面实现了你的真实意图，帮助朋友扫除前进道路上的障碍；另一方面让朋友实现自己的理想，一举两得。

那为什么又说“干母之蛊，不可贞”呢？我们知道“母亲”是柔弱的象征，在我们纠正柔弱者的错误时，可能发生以下两种情况：一、柔弱者本身的承受能力有限，如过于严厉，很可能我们还没把他纠正过来，他已走上了灭亡；二、柔弱者在他难以忍受我们的激烈言辞时，让对立方轻轻一拉，便倒向我们的对立面，于是，我们成了他走向歧途的推动力。所以，我们在纠正柔弱者的错误时，不能“得理不饶人”，言辞过于激烈，哪怕这样做暂且违背了中正的原则。

干父之蛊，用誉

“干父之蛊，用誉”的大意是：改正父亲的错误，会得到美好的称誉。这美好的称誉从何而来？

一是因为你的指正，使别人走上了正道，使别人更顺利地实现自己的理想，别人自然要称赞你；二是因为你在指正别人的错误时，为了让别人心服口服，势必要辩证地指正，即既要指出错

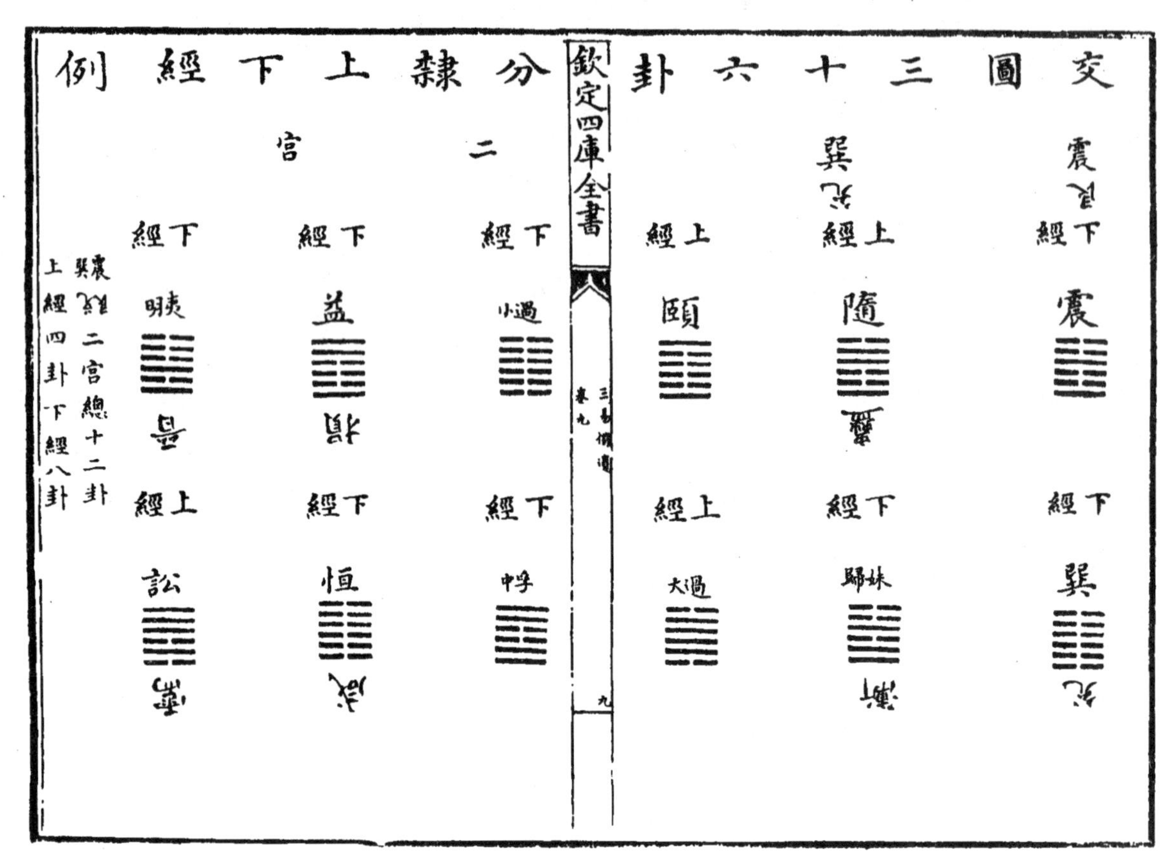

误的地方，又要肯定别人的可取之处，这样别人的优点也得到了进一步发扬，别人自然要感激你；三是由于你的指正，能及时改正错误的人越来越多，社会上的风气也越来越好，大家都以“及时改正别人的错误”为美德，所以你的这一美德得到了广大人民的认可。

临　卦

“咸临，贞吉”和“咸临，吉，无不利”

“咸临，贞吉”的大意是：对人民实行德育教育，去占卜得到吉祥的预兆。德育教育的推行，能使天下百姓受到感化，端正品行，从而形成良好的风气。而好的风气感染了人民，在你的周围就会涌现许许多多的正义之士，当你出现偏颇时，及时地为你纠正，而你受到这种好的风气的熏陶，也乐于接受别人的意见，这样就形成良性循环，正气越来越旺。自然遇到大环境的衰败，大家都能安守正道，积极应付。

相反，在一个不推行德育教育的国度生活的人们，连何谓正道都不知道，又哪里谈得上坚守正道呢？不能坚守正道的人们，又哪里谈得上众志成城呢？又哪里能抵御外在的变故呢？

为什么九二爻要以与之差不多的“咸临，吉，无不利”作爻辞呢？从它所处的爻位来看，它是阳爻阴位，位于下卦中位，这就表明在下的老百姓还不能顺应天命，按规律办事，还不懂得正道的具体含义，所以对人民施行德育教育没有什么不吉利的。这其实是从老百姓所处的文明水平说明要进一步推行德育教育。

知临,大君之宜,吉

“知临,大君之宜,吉”的大意是:用智慧和人相处,这是贤明的君主最适宜的态度,这是吉利的。

首先,在和人相处时,运用智慧有几种作用:一是它使你的眼睛更明亮,能识别君子和小人,能衡量一个人的能力的大小,能发现别人的优缺点,从而做到知人善任,办事果断;二是能找到镜子,照出自己的美与丑,不断完善自身,使自己不断走向完美;三是能最大限度地调动人民的积极性。

其次,君主处于至高无上的地位,他要成就自己的大业,必须要有贤明的人帮助他,必须要赢得人民的信任,否则,纵使他有通天的本领,也只能留下千古遗恨。

用智慧和人相处,这是贤明的君主最适宜的态度。

观 卦

童观,小人无咎,君子吝

“童观,小人无咎,君子吝”的大意是:用幼稚的眼光观察,对一般的百姓来说,没有什么灾难,但对君子来说,就会犯错误。这是为什么呢?

这里的幼稚的眼光指的是目光短浅,容易被眼前的假象所迷惑,不能高瞻远瞩,不能透过错

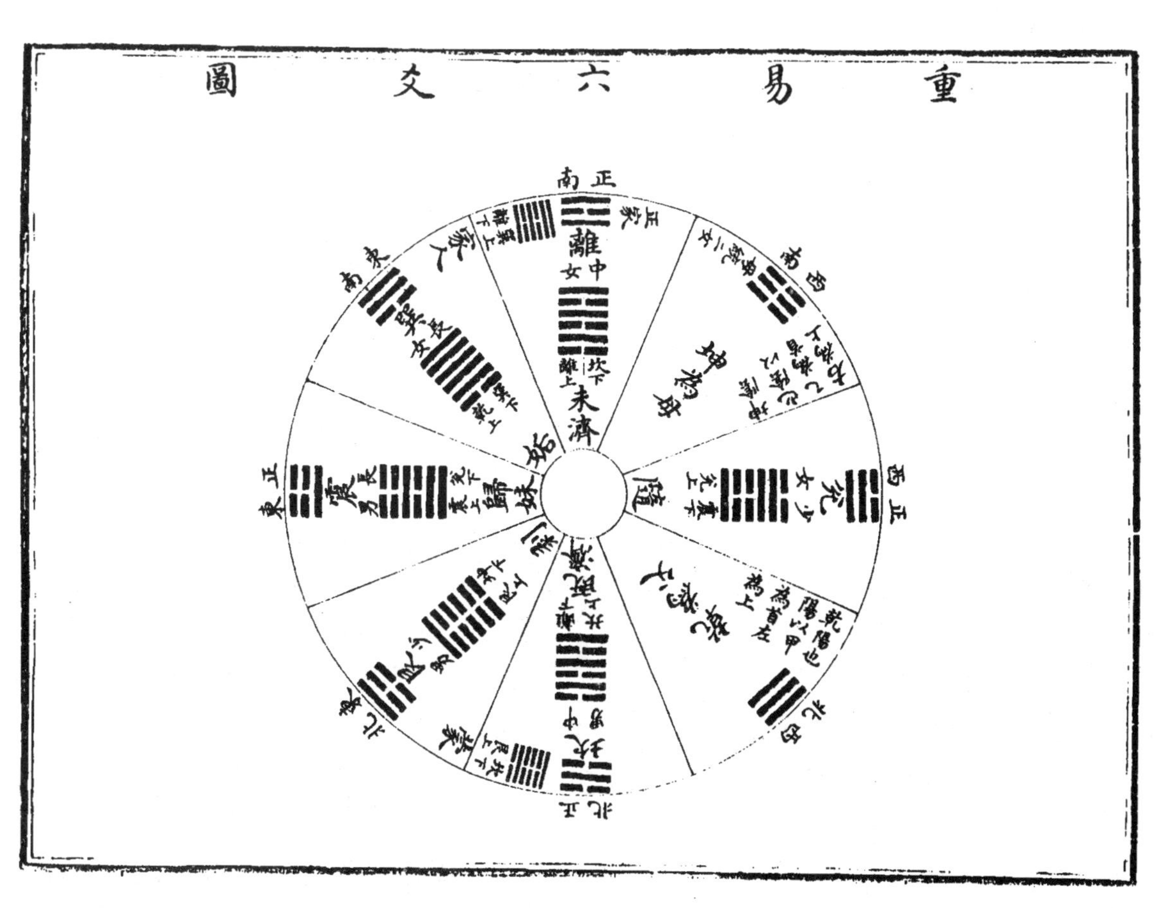

综复杂的现象去看本质,找出事物的固有的变化规律,作出正确的决策。而君子是人民的领路人,他如果用幼稚的眼光看问题,势必会把人民往错误的道路上引。再说,他是人民所尊敬的人,他的周围的人往往认为自己的智慧不如他,不敢轻易指出他的错误。

相反,一般的老百姓处于最低层,一方面,有君子在为他带路;另一方面,由于他的地位低下,任何人都敢于为他指出错误,他也不会因此感到耻辱。

观国之光,利用宾于王

"观国之光,利用宾于王"的大意是:对于观看国家的风俗民情的人,用对待贵宾的礼节来招待他是有利的。

这里的观看国家的风俗民情的人指的是关心国家大事的有能耐的人,他们以国家的兴衰为自己的荣辱。对于这样的人,君王当然要用贵宾的礼节来对待他。一是他们能对君王的政绩作出中肯的评价,并从中总结出经验教训,为君王更是为民作出正确的战略性决策;二是他们能对大家生存的大环境作出正确的估量;三是他们懂得节操的真正含义,能在大难当头时挺胸而出。

俗话说,知己知彼,百战不殆。而这些贤士就是让君王成为知己知彼的人,君王岂能不以礼待之?更何况他们还践行"滴水之恩,以涌泉相报"的处事原则。

噬嗑卦

屦校灭趾,无咎

"屦校灭趾,无咎"的大意是:足戴脚镣,会伤害脚趾,但没有大的灾祸。这是为什么呢?

首先,它是噬嗑卦的初九爻,我们从卦画上看,初九是阳爻阳位,这表明施加的刑罚与罪行是相当的。

其次,对犯错误的人加以适当刑罚有三个作用:一是起到杀鸡儆猴的作用。因为其他的人知道他受处罚的原委后,就明白哪些事该做,哪些事不该做,从而不敢做违规的事。二是使犯错误的人不会犯同样的错误。三是使犯错误的人不会一错再错,最终酿成大错。

所以说,对违法的人施加适当的刑罚是不会招致大的灾祸的。

噬腊肉,遇毒。小吝,无咎

"噬腊肉,遇毒。小吝,无咎"的大意是:吃腊肉,中了毒。这是小灾难,没有大的灾祸。这就好比对犯法的人加以处罚,遇到了周折,但最终不会有大的灾难。为什么遇到了周折,但最终不会招致大的灾难呢?

首先,"噬腊肉,遇毒。小吝,无咎"是六三爻的爻辞,六三为阴居阳位,这就表明,之所以遇到周折,只是因为处理的方法不当。

其次,对于由于不当的方法而遇到的周折,我们都有相应的方法改正。现在,我们可列举主要的几种不当方法及纠正措施:

一是受罚的人认为自己罪不致罚,因此不服气。这就需要执法的人"晓之以理,动之以情”，一针见血地指出他的犯罪事实，并向他说明后果的严重性。

二是有小人作梗，挑拨受罚者和执法者的关系，使受罚者对执法者产生敌视的态度。此时，执法者应查清原因，运用自己的聪明智慧，让真相呈现在受罚者的眼前。

三是大家都不理解制度的真实含义，因此都认为处罚不当。此时，处罚者不能硬对硬，应想方设法让民众理解制度的含义。如首先让一些理解能力比较好的并在民众中有威望的人理解它的真实含义，然后让他们去说服民众。

四是法律制度确实过严。作为执法者首先应执法公正，另外，向上级请命，看有没有回旋的余地。如没有，也要设法说服被罚者，并在这以后依照法律程序对其进行修改。

所以说，只要你在执法时，能坚守正道，就能得到吉祥的预兆。

贲　卦

贲其趾，舍车而徒

“贲其趾，舍车而徒”的大意是：把自己的脚装饰得漂漂亮亮，舍弃车子徒步而行。他为什么有车而不坐呢？很明显，如他坐车子，他的漂亮的脚就不会被人民看到，人民也无法看见他艰难跋涉的样子。这就好比一个人为了表现自己的卓越才能和自己一心为民的高贵品质，注重小的礼节，表面上似乎是值得称颂的，实际上，他的这种为了取悦老百姓，刻意追求名誉的做法，往往耽搁了大事，是不可取的。

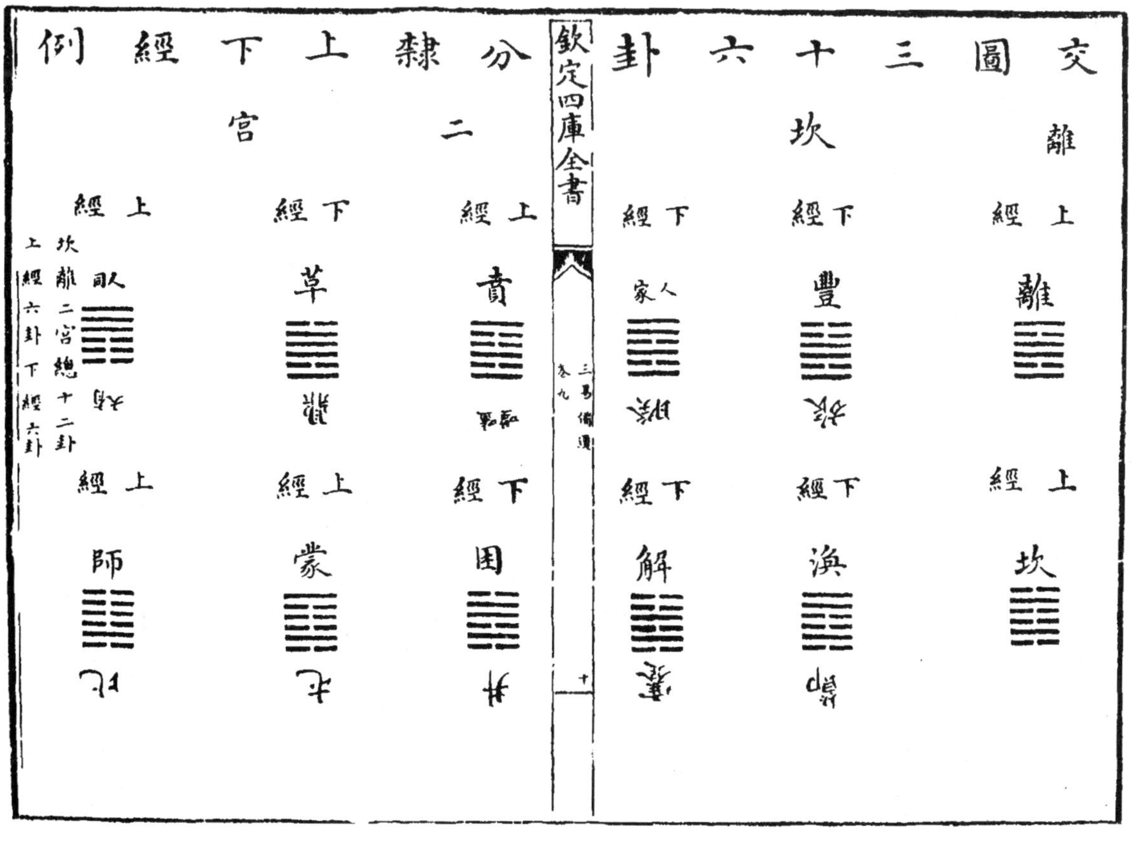

交圖三十六卦分隸上下經例

離坎二宮

欽定四庫全書

上經 離　下經 豐　下經 家人　上經 賁　下經 革　上經 師

上經 坎　下經 渙　下經 解　下經 困　上經 蒙

干大事，不拘小节，是亘古不变的真理。因为干大事的人的真正任务是带领老百姓走上幸福的生活，这需要从全局出发，从总体上权衡利弊。虽说，也许他因注重小的礼节而感动部分老百姓，提高部分老百姓的斗志，但毕竟力量太有限了。最糟糕的是，由于他注重小的礼节，往往浪费了时间，耽搁了为大家作出正确的决策的时间，耽搁了整顿他所带的团体的时间，让机遇从他身边溜走，让恶势力在他所带的团体中滋长，导致他所带的团体处于混乱之中，其力量相互抵消，结果劳而无功，给老百姓带来灾难。当然，更谈不上什么成就大业了。

贲于丘园，束帛戋戋。吝，终吉

"贲于丘园，束帛戋戋。吝，终吉"的大意是：装饰山丘园林，献上很少的布帛作聘礼迎亲。看起来显得寒酸，但最后将获吉祥。这就好比一个人处于力量不足时，他非常有诚心，礼数十分周到，用很少的钱财去聘用贤人。一般说来，重赏之下必有勇夫，他用很少的礼品去聘用贤人，贤人会愿意跟从他吗？会获得吉利吗？

如果把有才能的人分等级，勇夫是次于那些不看重钱财的贤人的。勇夫的信条是：有奶便是娘。自然谁给的钱多就跟谁。而贤人的眼光比勇夫更长远。他认为，一个人品质败坏，心不诚，就如狗一样，是扶不上树的。虽说，刚开始他会因不了解请他的人而拒绝他，但最终他会因请他的人心诚、礼贤下士而跟从他。

再说，他们的信条是"士为知己者死"，日后会不遗余力地为赏识他的人效命，更不会为了蝇头小利离开他的领导，或做损人利己的事。

不难看出，在自己力量不足时，若想要寻求人的辅助，成就事业，就要用诚心去打动贤人，以求其能与己共相辅治，从而成就"贲"道之美。

剥　卦

"剥床以肤，凶"和"贯鱼以宫人宠，无不利"

床脚剥落了，你跟大地的距离非常近了。这就好比在上的领导已解除中下层的腐败的管理层，只留下忠实可靠且非常能干的高层管理者。这样做使企业的管理层扁平化，领导的命令经过非常少的渠道就能到达老百姓的耳朵，老百姓的心声也不需费什么周折就能到达领导的耳朵。再说，这样做有两大好处：一是赢得了老百姓的信任，得到了老百姓的支持；二是老百姓又能发挥他的监督作用，使整个管理层的行为不出错。

而"剥床以足。蔑贞凶"是从床脚开始腐蚀的，是损害了老百姓的利益，失去了群众的支持。所以说，它们并不矛盾。

那为什么又说"剥床以肤，凶"呢？"剥床以肤，凶"的大意是：床板剥落了，危害到了肌肤，将会得到凶险的预兆。这就好比在领导者周围的亲信被腐蚀了，他欺上瞒下，直接破坏了领导者和人民大众的关系，危害了大家的利益。

连自己最信任的亲信都会被腐蚀，都不可相信，是不是事事都得领导亲自去办？显然不行。因为这样，领导要干的事就太多了，必定会顾此失彼，会造成更大的混乱。该怎么办呢？"贯鱼

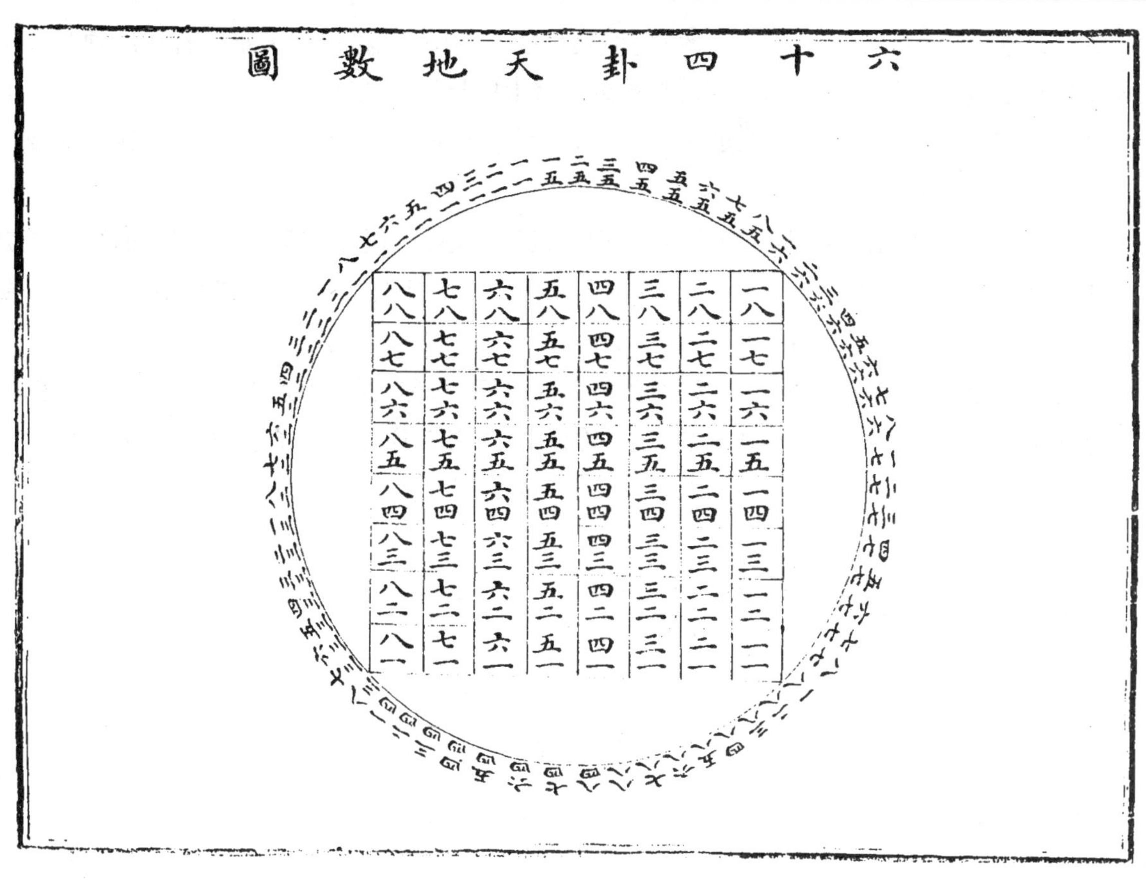

以宫人宠,无不利”就告诉我们解决这一矛盾的办法。

“贯鱼以宫人宠,无不利”的大意是:宫妃们像贯穿的鱼一样,逐一得到君王的宠幸,没有什么不利。这就暗示我们,要逐一地重用贤人。因为逐一地重用贤人,有百利而无一害。

一是逐一地重用贤人,就能对贤人们进行有效分工,让他们各施其能,各负其责。这样一方面避免他们因权责不清而做事草率。另一方面可避免矛盾在他们间产生,导致不团结。

二是在逐一地重用贤人前,你一定对他们的功与过进行了逐一的评价,这样就使你更加了解你的下属,更能做到知人善任。

三是面面俱到,让所有的亲信都感到自己得到了明智的领导的重用,从而为自己的领导努力工作。

四是可吸引其他的贤人。谁不愿意投靠英明的领导!

这就是领导者管理下属,广纳贤人的智慧。

复卦

迷复,凶,有灾眚

“迷复”即迷途而不知回复之意。“迷复,凶,有灾眚”的大意是:误入歧途,并不知道怎么返回,这是凶险的预兆,有灾祸。

上六居卦终,与初九不相应,而且上无所承,有迷途而不知回复之象。此爻告诫人们对所犯的错误若执迷不悟，不愿改正，或不能改正，那就可能有凶险，就将遇到灾难。若在出师打仗中也坚持这样执迷不悟，必然会用兵失败；在治理国家上坚持这种执迷不悟，国君必会有凶险。而且一个国家若这样发展下去，将会出现国威不振，也会出现一个国家有十年不能胜任征伐的危险。

具体到一个团体来说，如果不按照行业、职业规则行事，不仅会经常发生内乱，而且可能会面临重重的困难。就像将领不懂兵法，而指挥作战，必将以失败告终。所以迷途要及时知返，要了解、遵守行业、职业规则，依照一定的章法做事，这样才能避免陷入“十年不克征”的境地。

具体到一个人来说，如果你误入歧途，不能及时返回，给你自己、给别人都会造成大的伤害。一是南辕北辙的人是不能到达目的地的；二是你偏离了正道，往往违背了事物发展的客观规律，而客观规律是不可逆转的，所以容易招致凶险；三是你的指鹿为马会误导其他人，使黑的变成白的，让小人有机可乘。

其实，误入歧途而不知返的人的本质就是固执，固执的人又怎么能自拔呢？

无妄卦

无妄往，吉

“无妄往，吉”的大意是：在行动时没有邪妄，不虚伪，这是吉利的。但自古以来，生性耿直且讲义气的人虽说在行动时没有邪妄，但往往被小人所害，这是为什么呢？

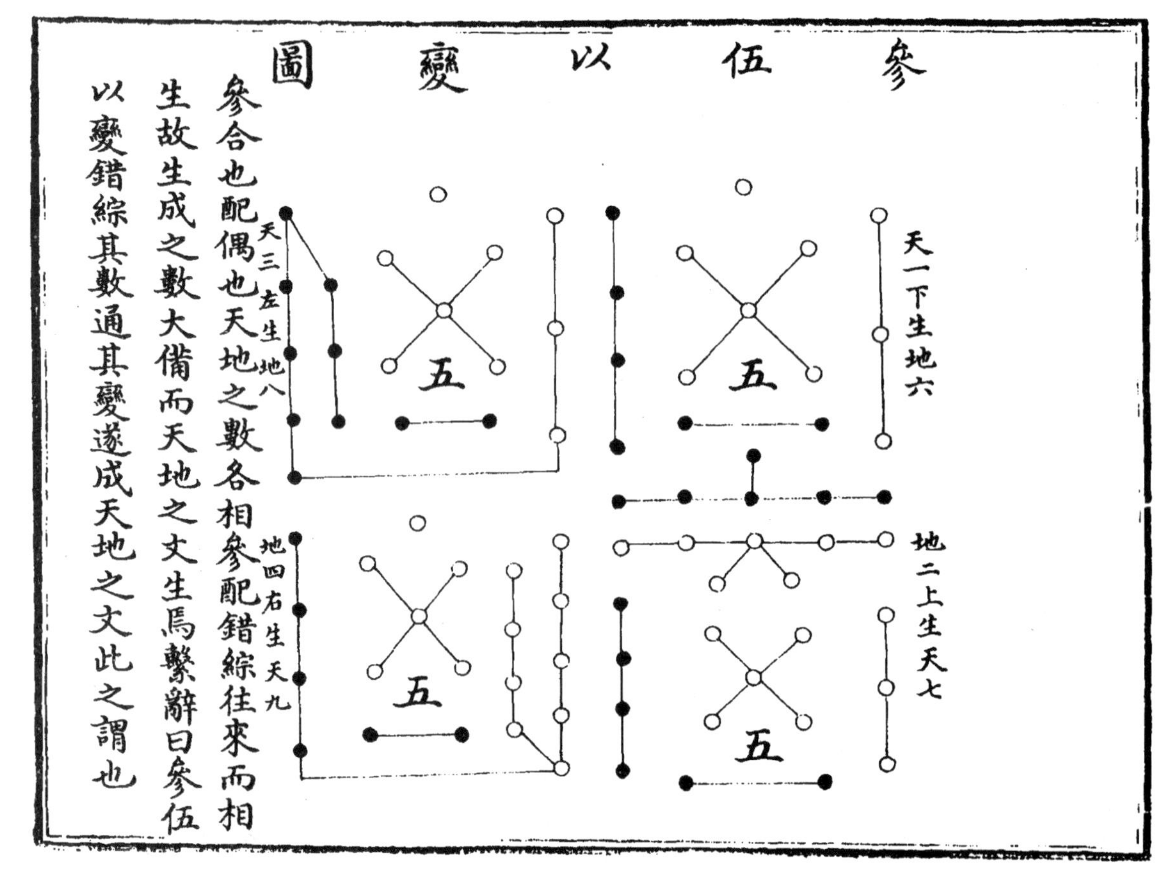

參伍以變圖
參合也配偶也天地之數各相參配錯綜往來而相
生故生成之數大備而天地之文生焉繫辭曰參伍
以變錯綜其數通其變遂成天地之文此之謂也
天三左生地八
天一下生地六
地四右生天九
地二上生天七
五
五
五
五

这是因为人们对邪妄的理解有误。这里的邪妄，它有两层含义：一是来自内心的邪念；二是来自外面的干预。生性耿直的人往往能克制内心的邪念，但由于他生性耿直，往往容易得罪小人，引来小人的报复。再说，他过分地讲义气，往往对主人、对朋友过于忠心耿耿，即使他们的命令或建议是错误的，也不愿违背，这样就不能抵御外来的不正确的思想的干预。所以他们会为小人所害。

因此，我们在行动时，应抵御内心的和外来的邪念的干预。

无妄之灾。或系之牛，行人之得，邑人之灾

"无妄之灾。或系之牛，行人之得，邑人之灾"的大意是：没有邪妄，不虚伪的人也遭灾。有人把牛拴在道边，牛跑了，对路人来讲是意外的收获，对丢牛的人来说，是灾难。这就表明一个坚守中正的人也可能遭受灾祸。一般来说，坚守中正是吉利的，这该怎么解释呢？

一件事情的发生有其必然的因素和偶然的因素。这里的必然是指事物发展的方向，而不是对每一件事的发展的反映，更不是对每一件事的每一刻的具体反映，换句话说，它只是对事物进行定性，而不是定量，即反映的是事物发生的大概率。这里的偶然指的是各种具体的条件，它包括各种例外的情况。如你处于太平盛世，在任的总统也表现得很出色，虽然你具有竞选总统的才能、财力，并赢得了人心，你遵循正道，安心地等待时机。可是天有不测风云，你走在路上，被车撞成了痴呆。这自然也不能圆你的总统梦。

很显然，坚守中正只代表他有很大的可能成就大业，但也不能排除意外情况的发生。但我们不能因此而否定坚守中正。毕竟追求大概率的人比静候小概率的守株待兔者高明得多，其成功的概率也要大得多。

无妄之疾，勿药有喜

"无妄之疾，勿药有喜"的大意是：不虚伪的人得了小病，他不吃药，这是令人高兴的事。这就表明不虚伪的人遇到意外的灾祸，此时，他的最明智的选择是不改变自己的正确的策略。

一从事物发展来看，它不是直线上升的，而是螺旋上升的，这就表明，在做事时，遭遇意外之灾，是难免的。二从我们对此做的选择来看，如改变初衷，就面临着两种选择：做小概率的事，或与真理背道而驰，永远也到达不了胜利的彼岸；与此相反，坚守中正，就意味着成功的概率很大。再说，事物是向其对立面转化的，是相互依存的，究竟遭遇小的灾祸是祸还是福，还是个未知数。如得乙肝是祸，但你的身体特别强壮，就会产生抗体，以后对乙肝病毒产生免疫力。而人，经历了坎坷之后，会更坚强，更能应付意外的灾祸。

所以，我们在遇到意外的灾祸后，仍要坚守中正。

无妄行！有眚，无攸利

"无妄行！有眚，无攸利"的大意是：没有邪念地行动，招致灾祸，没有任何利益。

上九处于全卦之终，以阳爻居阴位，阳刚而易躁动，在时机不宜、动则遭灾的情况下，仍然要有所为，因此"无妄"就将变为"有妄"，失去《无妄卦》辞"利贞"的根本，所以爻辞中告诫"无攸利"。

譬如"学雷锋"本来是好事，但若"好"提倡到了极点，就会变质，变成"坏"了。超过限度地宣扬“好人好事”，就会由天性自发而为，转变成刻意地弄虚作假、沽名钓誉的“假好事”、“假典型”。

因此善美的事情宣扬起来，变得不再那么善美；“十佳青年”是虚假的“十佳”；“诚信”企业家未必拥有“诚信”。“无妄”转化为“有妄行”，从而出现“有眚，无攸利”的结果。

同时此爻也告诫我们要顺时而为，认识到“时”的重要性。

大畜卦

有厉，利已

“有厉，利已”的大意是：前进有危险，停止行动则是有利的。这不违背了“明知山有虎，偏向虎山行”吗？

“有厉，利已”是大畜卦初九爻的爻辞。从卦画上看，初九为阳居阳位。如果按乾卦来说，他应处在潜龙的位置，应忙于积蓄力量。在力量不足的情况下，明知有危险，还不停止行动，就容易陷入危险的境地，而且往往因力量太小而不能自拔。

如他停止行动，等积蓄了一定的力量再行进，前进途中可能出现这两种情况：一种情况是他小心翼翼地回避了危险的境地；另外一种情况还是遇到危险，但他在行动之前已积蓄了力量：一是与他的周围的人对其危险所导致的后果进行分析，并提出应付的办法；二是他有了承受危险带来的压力的能力，所以能脱离危险。

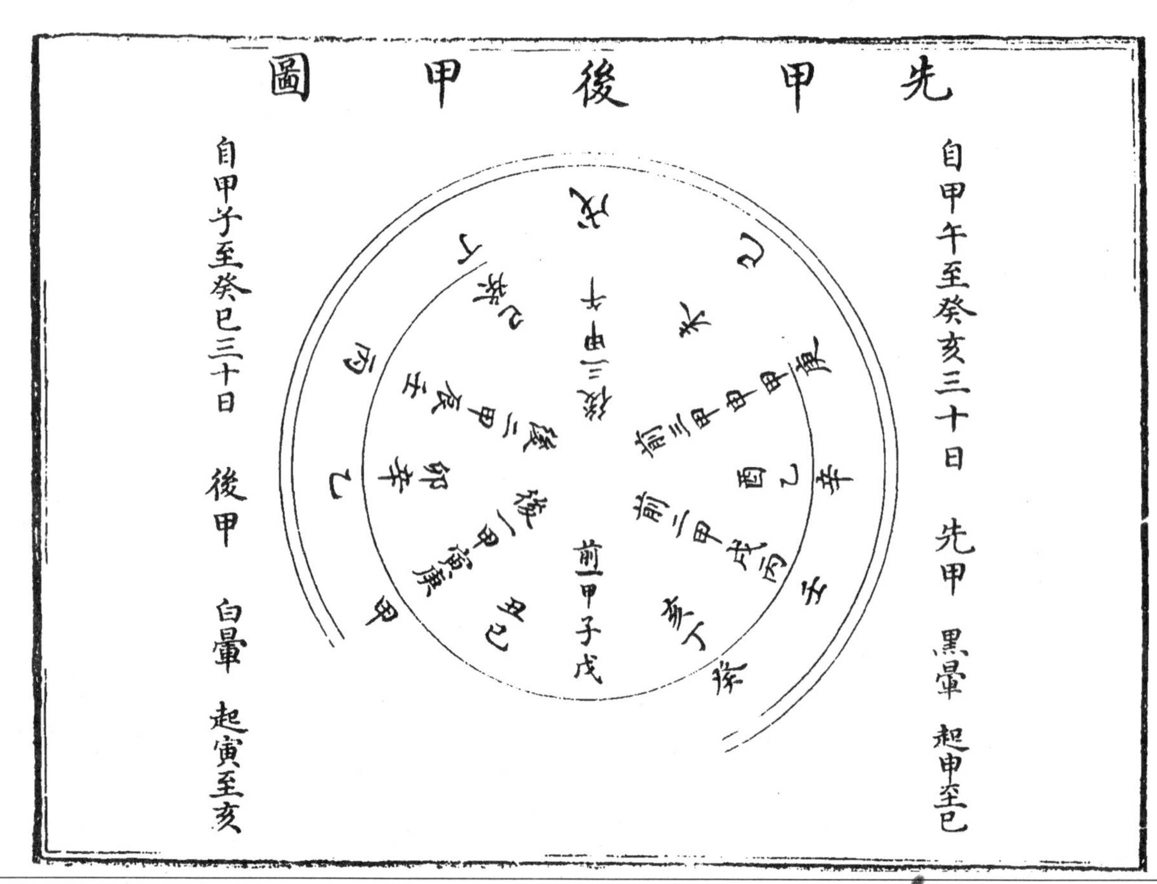

这不难看出“明知山有虎，偏向虎山行”，是指一个人已积蓄一定的力量，能与虎进行较量了。

所以说，在自己力量不足时，就要积蓄力量，如已贸然行动了，就要停止行动。

良马逐，利艰贞。曰闲舆卫，利有攸往

“良马逐，利艰贞。曰闲舆卫，利有攸往”的大意是：骑着良马奔驰，有利于卜问艰难的事。每天练习驾驽的技术，演习防卫的战术。有利于有所行动。

在《易经》中马是阳性的动物，而九三是阳爻，所以两者的属性是一致的。九三“良马逐”，就象骏马在奔跑，这个意象意在喻示，在艰苦环境下要保持纯正。真的好马是不需要被驱使才奋蹄奔驰的。良马不受外界的驱使，而是有内在的前进动力。驱使这样的马，驾车的人就清闲了，根本不必要去鞭策它。因此，利于有所前往，成就事业。

因此，通过此爻我们可以明白，如果个人努力寻求与集体意志、上级意志一致的话，就能够发挥所长、有所作为。只要上下一心，众志成城，就可以克服客观上的困难。同时此爻也告诫我们不可自恃强盛而忘却艰难，应该不断充实自己，增强前进的实力。

颐　卦

舍尔灵龟，观我朵颐，凶

“舍尔灵龟，观我朵颐，凶”的大意是：舍弃你的财宝，眼睛盯着我鼓起两颊咀嚼食物，这会导致凶险。这就暗示我们，一个人正在看着别人享用劳动果实，羡慕之情顿生，这对他是不利的。

一是因为羡慕不会产生财富，这样只会白白浪费时间，结果一无所得。二是因为在他盯着别人享用劳动所得时，上天赐予他的创造财富的机会悄悄从他身边溜走，被后来的人抢去。三是他那羡慕的眼神可能会引起其他人对他的误解，甚至是憎恶。因为只有有所企图的人才盯着别人的财富。四是他过分地羡慕别人悠然自得地享受，可能会使他忘记别人的辛苦劳作，走捷径致富的邪念便会不知不觉地产生，导致他跌入深渊，不能自拔。

颠颐，吉。虎视眈眈，其欲逐逐，无咎

“颠颐，吉。虎视眈眈，其欲逐逐，无咎”的大意是：口中填满了食物，这是吉利的。虎视眈眈，说明他小心谨慎，能提防别人的侵犯，没有什么灾祸。

“六四”阴柔，虽然在上处于养人的地位，却连自己也不能养，因此向下求养于“初九”，才能口中填满食物。但是，“六四”又与“六二”不同，“六四”与“初九”都处正位，而且相应，所以“六四”阴柔求养于“初九”阳刚，是很合理的，所以爻辞中说吉祥。

但是，由于六四柔弱，所以求养得到食物后，还要提防别人侵犯的可能。因而，必须像老虎一样，威而不猛，而且，还要小心谨慎，才能确保没有灾祸。《象传》说：“六四”求养于“初九”，是为了施予广大的人民，以颐养天下，所以无咎。

这一爻告诉我们，求养只要光明正大，小心谨慎，取之于民，用之于民，就不会有什么灾祸。

大过卦

枯杨生稊,老夫得其女妻,无不利

“枯杨生稊,老夫得其女妻,无不利”的大意是:枯萎的杨树生出新的嫩芽,老头子娶了一位年轻的女子做妻子,这没有什么不利的。它是大过卦九二爻的爻辞。大过有动荡不安的意思。这就表明在动荡不安的年代要突破常规地用奇人。因为奇人的思维角度与常人不一样,能开发常人不曾涉及的领域,能从常规中推出常人不能推出的结论,采取不同于常人的策略,从而出奇制胜。

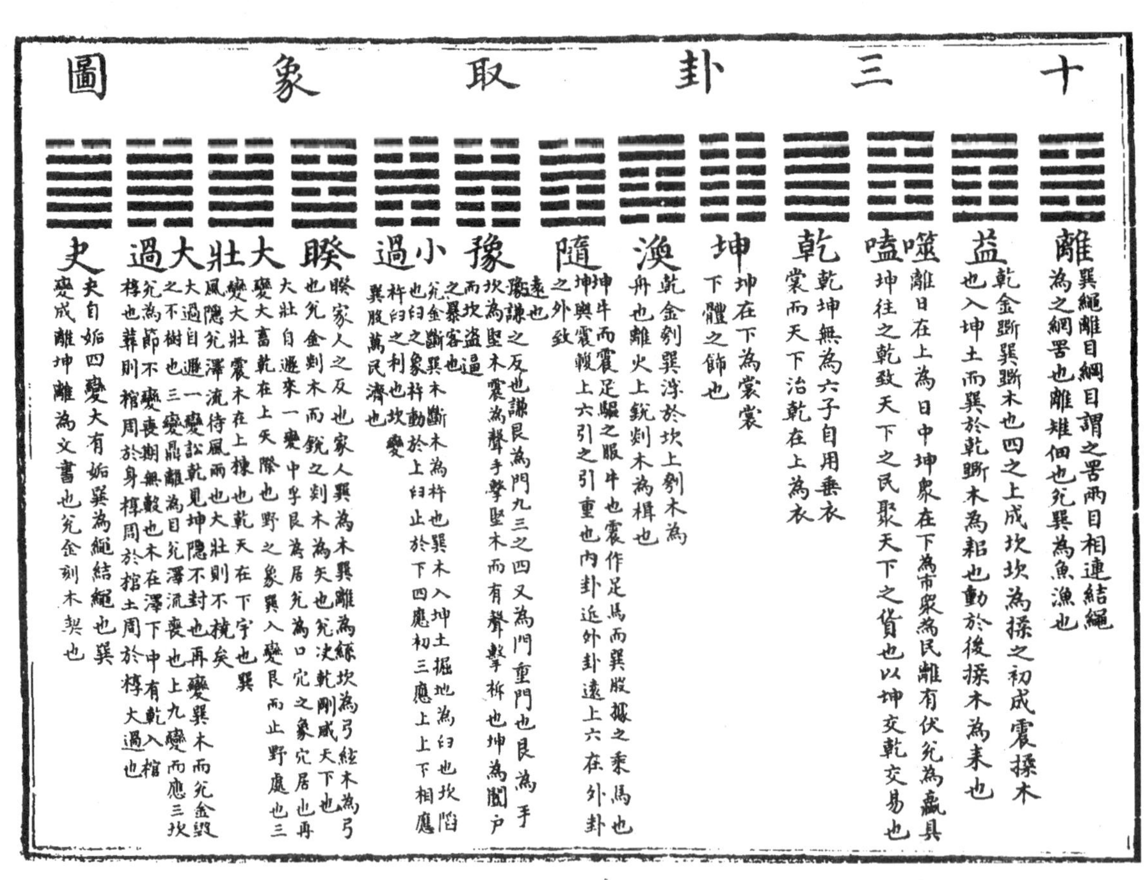

栋隆,吉。有它,吝

“栋隆,吉。有它,吝”的大意是:房梁高高隆起,吉利。但一旦坍塌,后果不堪设想。这暗示我们,当危险到来时,有一个人挺身而出,为你主持全面的工作、抵御所有的外来侵蚀是吉利的,但也是非常危险的。

你能稳坐高位,全靠他一手托起。而此时,他很有可能倒下。一是外在的侵蚀使他腐化变质。由于他是处在一个动荡不安的年代,被竞争对手挖掘过去的可能性很大。另外,他也可能禁不住名和利的诱惑,另立门户。二是内在的因素。因为要在混乱的环境中立住脚,必须要处理好各种事物,这就需要他十分努力地工作,而一个人的精力是有限的,所以他因劳累过度而倒下的可能性也非常大。我们不难看出，他一旦倒下，作为领导的你就会一败涂地。

“枯杨生华，老妇得其士夫，无咎无誉”和“过涉灭顶，凶，无咎”

“枯杨生华，老妇得其士夫，无咎无誉”的大意是：枯萎了的杨树一反常态开起了花，老妇人得到年轻男子做丈夫，这既没有灾难，也不值得称道。

因为在非常时期正义往往不能通过正常的手段维护，为了伸张正义，我们只有采取非常手段，所以不会招致灾难。但由于它违背了当时的政策，所以不值得提倡。因为提倡违背政策的事，就会给社会造成更大的混乱。这是因为：

一、不是每一个人的素质都达到很高的层次，能辨别是非，这样做错事的可能性就很大，便善意地颠倒黑白，造成混乱；

二、由于人是有感情的，往往难以摆脱感情的羁绊，以致明知是错，还是要去做；

三、让小人有了混进来的空隙，他们乘机干有损于人民利益的事。

“过涉灭顶，凶，无咎”的大意是：在涨水时去渡河，淹没了头顶，凶险，但他本身没有过失。

“上六”是《大过卦》的最后一爻，而且又是阴爻，阴柔软弱，却又积极地要有所作为，由于力量有限，因此遭遇凶险，就像渡河的人不知深浅，就贸然涉水而过，因而遭到灭顶之灾。虽然结果凶险，但其乃杀身成仁之义举，依然值得称赞，因此不能责怪，所以《象传》中也说：“不可咎”。

前面不是不主张人民用非常手段伸张正义吗？而此时为什么叫人民冒着生命危险采取非常手段呢？

一是非正义的行为马上就要危及人民大众的利益，此时，人民大众的唯一出路是与之作斗争，否则，只能等死。

二是我们积极行动起来，或许能战胜邪恶，获得新生；即使遭遇凶险，但至少能激发后来者与邪恶作斗争，并给他们留下与邪恶作斗争的经验和教训，为他们走上胜利的彼岸铺平道路。

这一爻告诉我们，当有的行动，虽然明知不可为，却依然不得不有所为，即使以致覆灭，也是无奈之举。

坎　卦

“习坎，入于坎窞，凶”和“坎有险，求小得”

“习坎，入于坎窞，凶”的大意是：重重叠叠的险阻，陷入进去，凶险。他为什么会陷进去呢？

“习坎，入于坎窞，凶”是坎卦初六爻的爻辞。从卦画上看，初六是阴居阳位，这表明他没有正确对待失败，没有坚守正道。现在，我们可列举主要的两种对待失败的错误态度及由此带来的结果：

一、遇到失败就否定自己，或者埋怨上天对自己不公平。这样的态度将使他失去与困难作斗争的信心，自然不会积极主动去迎接困难的到来，当然就会被困难撞入充满险阻的深渊。

二、多次失败可能激发他想成功的强烈愿望，以至于急于求成，贸然行动，跌入深渊。

所以，他陷进去的原因是没有以正确的态度对待失败，没有坚守正道。

那么，什么是处在重重叠叠的险阻中的正道呢？“坎有险，求小得”给了我们正确的答案：当被危险重重包围时，我们只能求得小的收获。

一般说来，取得大的成就不是一步能到位的，往往需要突破一道又一道的关口，而我们处在重重叠叠的险阻中，这就意味着很可能遭遇凶险，即每一个危险都有可能落在自己的头上，都会使自己前功尽弃，陷入不能自拔的境地。所以说，要取得大的成就的概率太小了，其风险系数太大了。

相反，如果我们把目标定低一点，只要有机会，就积极行动起来，能够获得小成绩的机会就大得多。而且我们一点一滴地克服困难，积小成多，终会脱离危险。

所以，一个人处在重重叠叠的险阻中，应以“求小得”为目标。

离卦

“履错然，敬之，无咎”和“黄离，元吉”

“履错然，敬之，无咎”的大意是：脚步错乱，但能谨慎小心，就没有什么过失。这就暗示我们，一个人在做事时乱了方寸，此时，冷静行事是最佳的选择。

如果不冷静，就会导致陷入错综复杂的迷宫，更难以走出困境。相反，通过冷静地分析，往

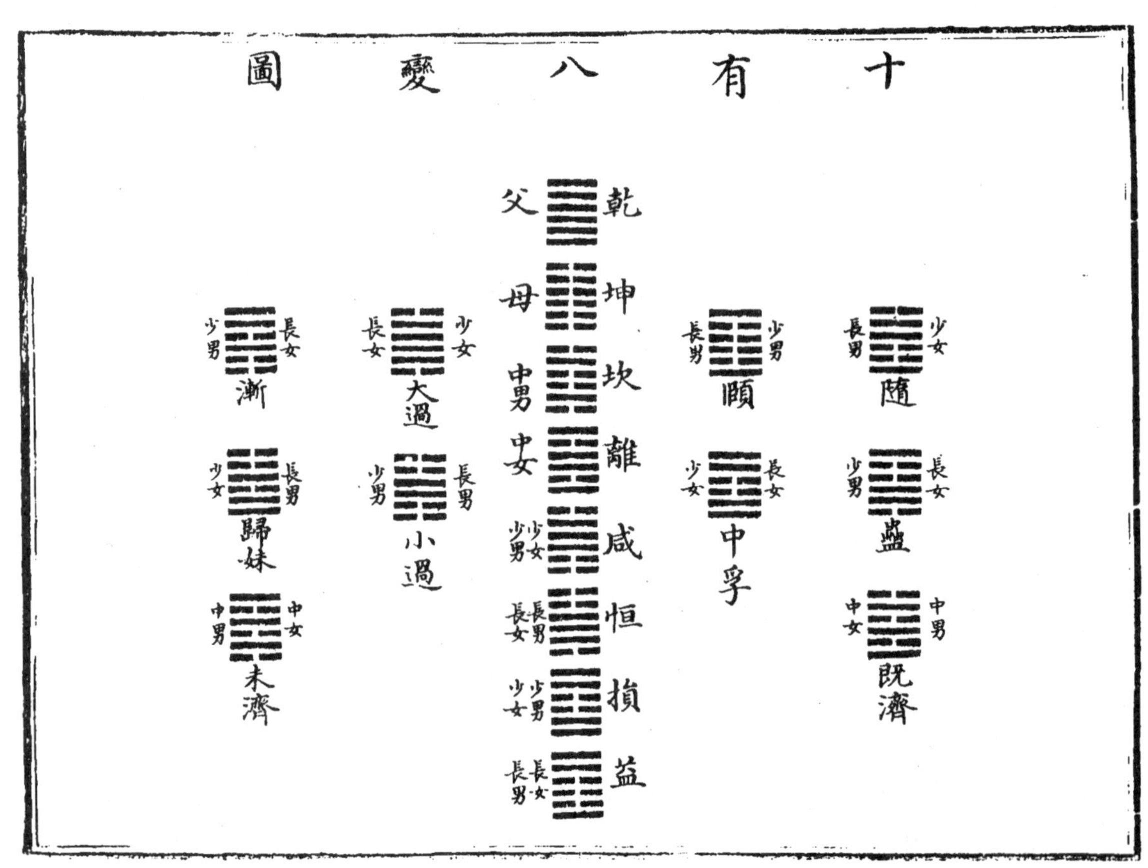

往能找到问题的症结,能理出正确的思路,找到解决问题的方法。

那么,解决问题的具体方法是什么呢？是“黄离”。

“黄离”是六二爻的爻辞。从卦画上看,六二为阴居阴位,居下卦中位,就好比一个人处于困境中,为了脱离困境,他以坚守正道为前提依附贵人。为什么说这是吉利的？

首先,他在贵人的指点下,不会因悲观而丧失斗志,不会因悲观而头脑不清醒。而且,贵人的力量非常大,足以帮助他走出困境。其次,他坚守正道,就不会因嚣张而导致两种不利的后果:一是引起他所依附的人的怀疑、戒备;二是人民一贯讨厌趋炎附势、仗势欺人的依附者。再次,他坚守正道,就知忧惧,这样就不会张扬,就不会仗势欺人。自然会赢得至尊的人的保护,人民的信任、支持。

所以说,当处于困境中时,在坚守正道的前提下找一个贵人来帮助自己,是上策。

咸　卦

咸其股,执其随,往,吝

“咸其股,执其随”的大意是:感应到大腿上,执意要随着别人而行动。大腿是随着脚和小腿去动作,这就好比一个人做事没有主见。做事没有主见,无论是对社会还是对他自己都是不利的,所以此时下了一个这样的判语“往,吝”是有道理的。

一是没有主见的人往往人云亦云,立场不坚定,容易见风使舵,导致丑恶得到宣扬。二是他对鼓动他的人的人品和能力都不知道,而他又是不假思索地跟随别人行动,这就好比瞎子由一个陌生人指点着往前走,不能把握自己的命运。

所以说,做事没有主见会招致凶险。

“咸其脢,无悔”和“咸其辅颊舌”

“咸其脢,无悔”的大意是:感应到脊背上,没有什么后悔的。这就好比你已费了九牛二虎之力去感应别人,可别人还是背对着你。但为什么说没有什么后悔的呢？

首先,我们联系上下文,看它省略了什么没有。“咸其辅颊舌”是上六的爻辞。它的大意是:感应到腮帮、两颊、舌头。就好比你感应不了别人,但你不甘心,在不停地说话,让人认为是“夸夸其谈”。而“咸其脢,无悔”是九五爻的爻辞。从卦画上看,九五和上六是相对的。此时就不难看出,在“咸其脢”和“无悔”之间省略了“止”。这一爻辞的完整的含义是:在不能感应别人时,就顺应时势暂且不说,没有什么后悔的。

再从结果来看,暂且不说,至少不会引起别人的反感,这就意味着也许还有感应别人的机会;如继续说下去,很可能变成夸夸其谈,引起别人的反感,从而堵住了后路。

二儀得十變化

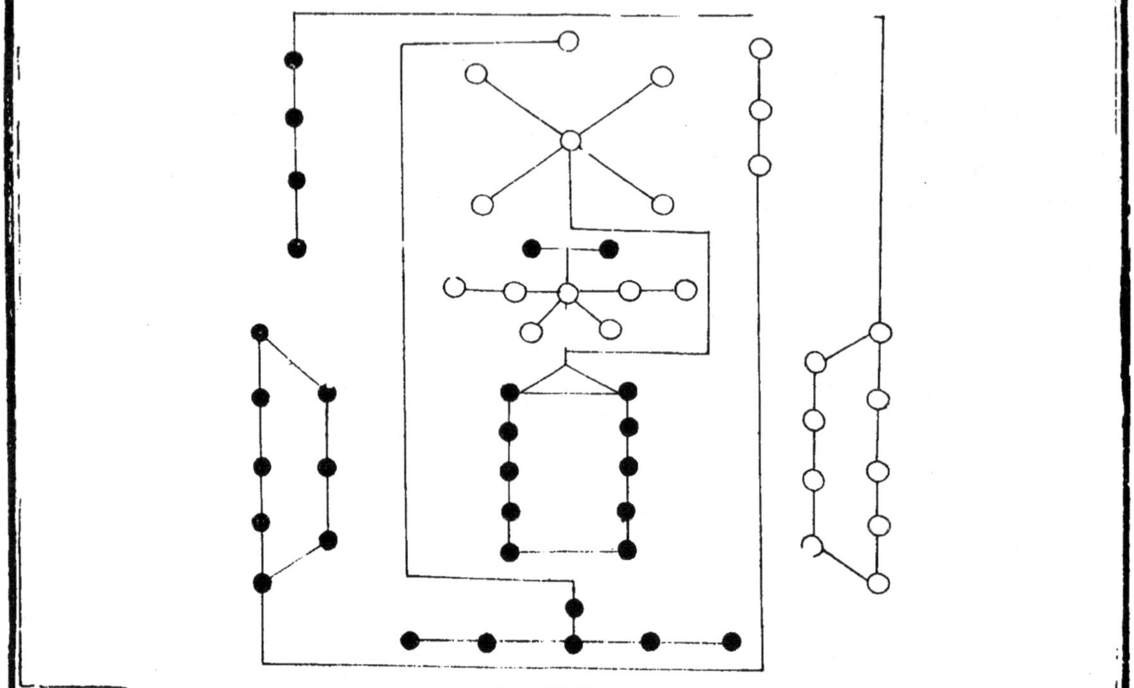

十日五行相生

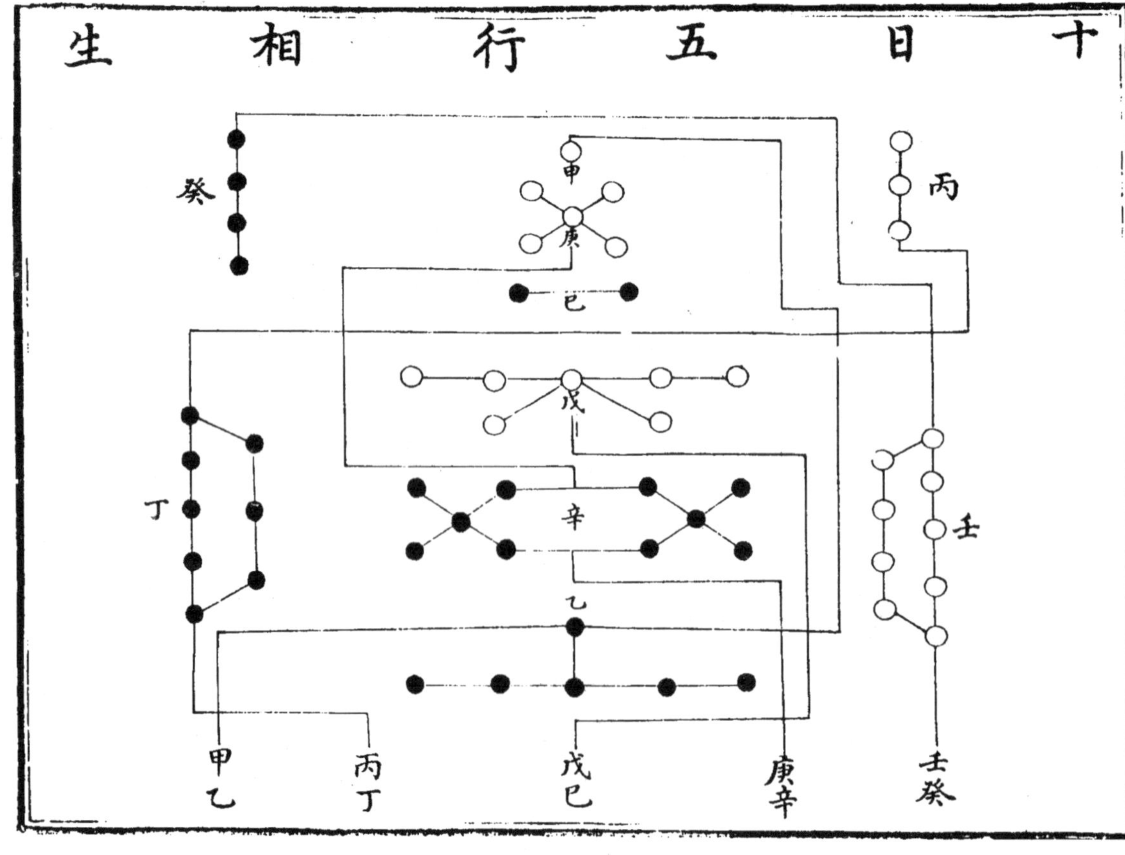

恒　卦

浚恒，贞凶，无攸利

“浚恒，贞凶，无攸利”的大意是：过分地追求恒久，去占卜得到凶险的预兆，没有什么好处。我们常常说做事要有恒心，感情要专一，而这里却说“过分地追求恒久，去占卜得到凶险的预兆”，这是为什么呢？

“浚恒，贞凶，无攸利”是恒卦初六的爻辞。初六为阴居阳位，所以这里的“过分追求恒久”的真实含义是：急切地与别人深交或让别人认同自己的观点。一般说来，急切地与别人深交或让别人认同自己的观点会给自己招来凶险：

一是由于初次接触，别人对你还有戒备，不愿与你深交，而你却相信“真正的友谊要天长地久”或“真正的爱情要以身相许”，并强迫别人相信，这自然不会有好的结果。一方面别人对你处处提防，而你对别人却是一片衷心，所以一旦别人禁不住外界的干扰而失信于你，你的心里往往会产生极大的不平衡，很可能会对别人打击报复，从而引起一场不必要的战争；另一方面，别人会觉得你的心理不正常，因为深切的友谊或真正的爱情不是一蹴而就的。

二是急切地让别人认同你的观点，往往造成在别人对你的观点还不理解时，就强迫别人认可，这样必引起别人的强烈反感，从而跟你对着干，成为你行动的阻力。

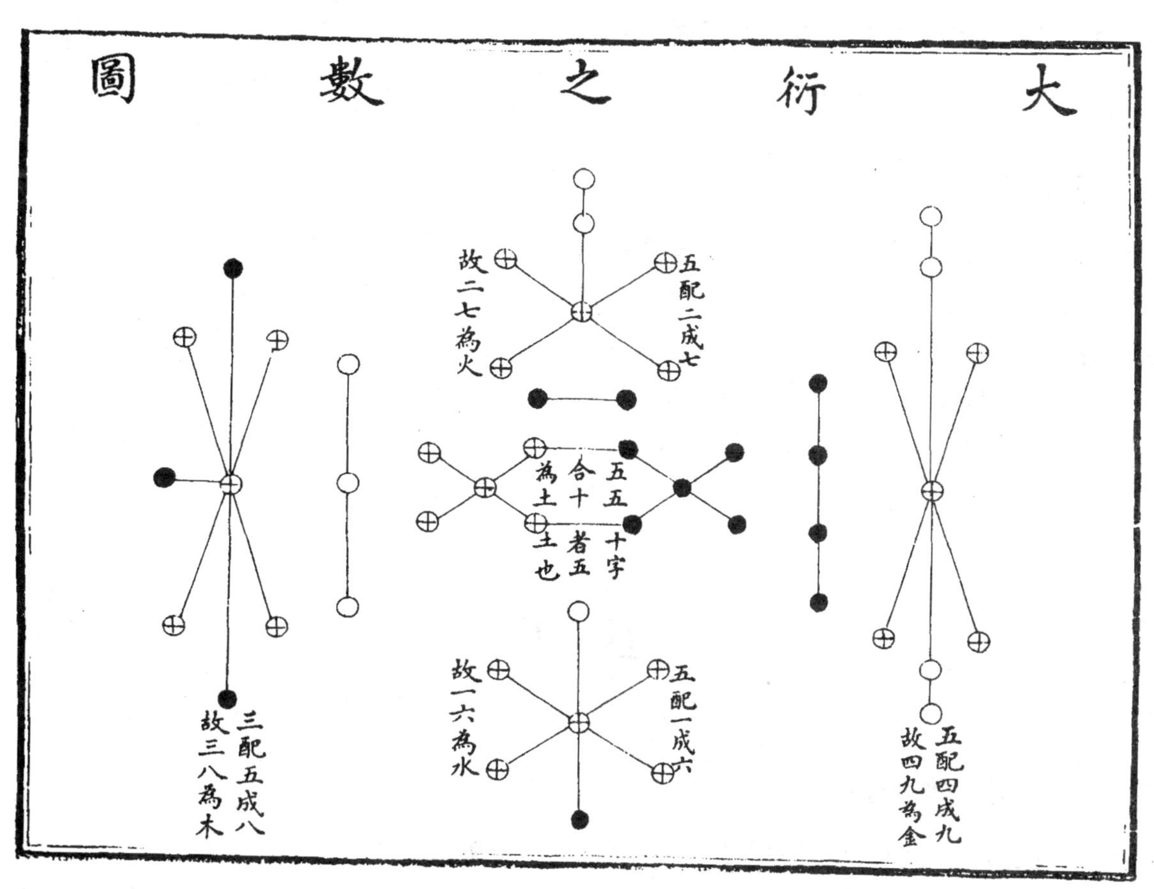

不恒其德，或承之羞，贞吝

“不恒其德，或承之羞，贞吝”的大意是：不能长久地保持美好的德行，就要承受羞辱，卜问有灾祸。

首先我们要懂得，不能长久地坚持美好的德行，有两种原因：一是贪功冒进；二是不能忍受为保持美好的德行而受的苦难。如是第一种原因造成的，这就表明我们成为名利的奴隶，奴隶能把握自己的命运吗？如是第二种原因造成的，这就表明我们是生活的弱者，禁不住生活的磨炼，就好比温室的花朵，一旦条件改变，便被摧毁。所以，无论是第一种原因造成的，还是第二种原因造成的，都会给我们带来坏的结果。

再说，一步登天只在神话里有，而在我们现实生活中，只有一步一个脚印，才能登上成功的殿堂。这就要求我们要恒久地走正道，而长久地保持美好的德行是走正道的强有力的保障。所以，不长久地坚持美好的德行，就会半途而废。

恒其德。贞，妇人吉，夫子凶

“恒其德。贞，妇人吉，夫子凶”的大意是：始终保持美好的德行，去占卜，妇人可以得到吉祥的预兆，丈夫则遭遇灾祸。

“六五”柔顺居中，又与下卦居中的“九二”阳爻相应，因此就像具有坚贞、柔顺、服从美德的妇人，永远都不会改变。但是，古人认为柔顺服从本来就是妻子应该具有的品德，坚持这种至美的德性，就会得到吉祥。不过，对丈夫来说，却不是应有的品德，所以有凶险。

从《象传》的内容我们可以更清楚地看到，古代礼制对妇女的制约，即妇女一生应当顺从一个丈夫。但男子作为丈夫，应按照事理做事，若总是听从妻子的话，就会有凶险。

这一爻，从另一方面也说明了个人立场不同所坚持的德行也应不同的道理。

振恒，凶

“振恒，凶”的大意是：犹豫不决，将遭遇凶险。

一是因为办事不果断，就容易优柔寡断，当决策时不决策，造成误了良机。二是因为办事不果断，就害怕得罪人，不敢轻易地对自己的手下作公正的评价，结果造成贤明的人对他无信心——觉得他是昏庸无能之辈，无能的人滥竽充数。三是因为办事不果断，立场就不坚定，他今天听信甲的话，制定了一个法令，明天听信乙的话，又宣布废除。这样造成政局的不稳定，不利于老百姓的安居乐业。

遁　卦

遁尾，厉。勿用有攸往

“遁尾，厉。勿用有攸往”的大意是：最后才想到逃跑隐藏，非常危险。

不能有所行动。按一般的常理来说，遇到危险，我们应赶快想办法脱离危险，而它却说“不

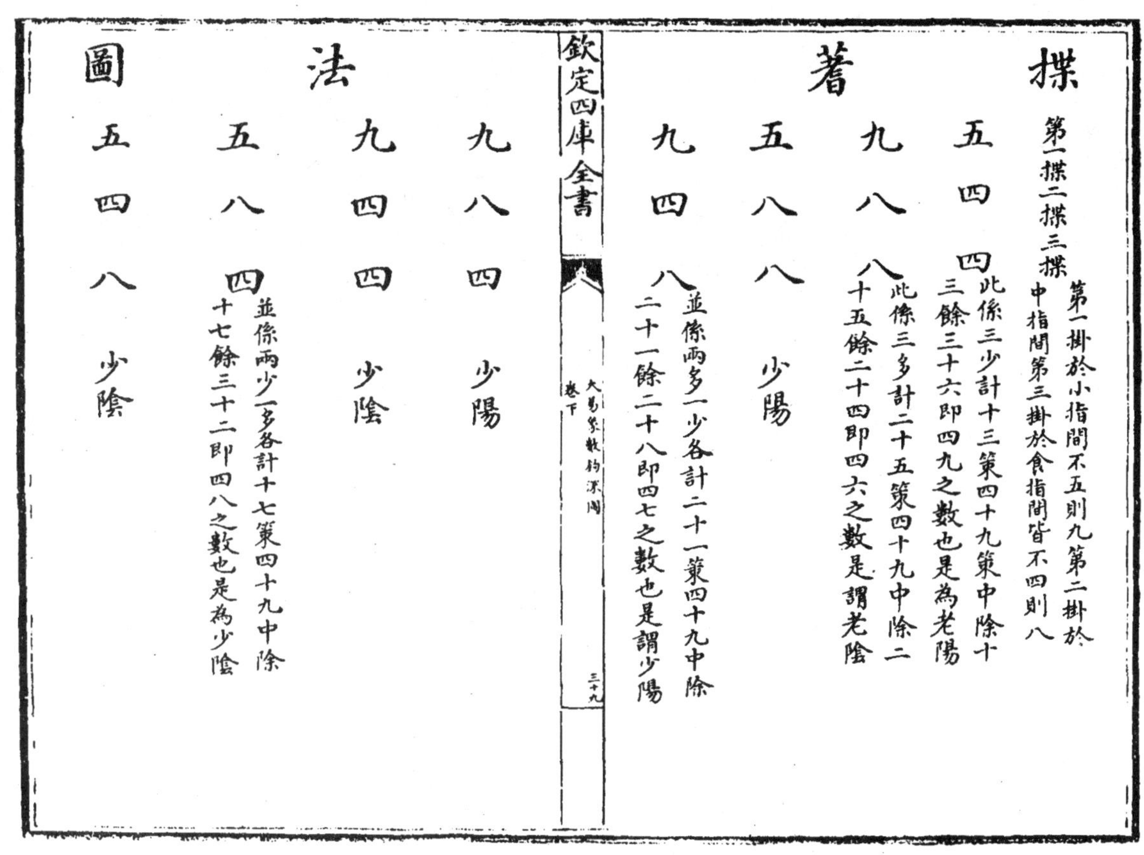

揲著法圖

第一揲二揲三揲　第一掛於小指間不五則九第二掛於中指間第三掛於食指間皆不四則八

五　四　四　此係三少計十三策四十九策中除十三餘三十六即四九之數也是為老陽

九　八　八　此係三多計二十五策四十九中除二十五餘二十四即四六之數是謂老陰

五　八　八　少陽

九　四　八　並係兩多一少各計二十一策四十九中除二十一餘二十八即四七之數也是謂少陽

欽定四庫全書　大易象數鈎深圖　卷下　三十九

九　八　四　少陽

九　四　四　少陰

五　八　四　並係兩少一多各計十七策四十九中除十七餘三十二即四八之數也是為少陰

五　四　八　少陰

能有所行动”，这是为什么呢?

一、等到最后才想逃跑隐藏，这已经太迟了，必会被抓住。如不采取行动，至少你能正面对着对方，不会一开始就陷入被动，还有可能做到“知己知彼，百战不殆”。

二、从对方的心理来讲，一方面他们很可能会觉得你是忠心耿耿的，因为按一般的常理说来，一个人走了是因为害怕或者心怀鬼胎；如他不走，可能是因为他心怀坦荡，做事光明磊落，并坚信：不做亏心事，不怕鬼敲门；另一方面不采取任何行动，不慌不忙地干自己的事，对方会觉得你胸有成竹，万事俱备，不敢贸然行动。

系遁，有疾，厉。畜臣妾，吉

“系遁，有疾，厉”的大意是：由于受拖累而难以逃跑隐藏，就像有疾病缠身一样，危险。这就暗示我们，在急流勇退时，要当机立断，要尽快地逃跑，逃得远远的。因为越远就越能消除对方的疑虑：你距离对方越远，对他所构成的威胁就越小。

如已受到拖累，不能逃脱。该怎么办呢？畜臣妾（沉溺于享受）。这样对方就会认为自己已胸无大志，已走向颓废了，自然消除了疑虑。

好遁，君子吉，小人否

“好遁，君子吉，小人否”的大意是：喜爱逃跑隐藏，对君子来说，是吉利的，对小人来说，是坏事。为什么君子和小人同是喜爱逃跑，但其结果却不一样呢?

一、君子坦荡荡，不受外界干扰，能透过事物的现象看本质，能把握好退的时机。而小人往往为名利所牵制，不能适时而退。

二、君子能正确理解急流勇退的含义，退就是彻底地退，绝不打算回头，以致彻底地消除了对方的疑虑。而小人即使已退到安全的地方，心也不甘，于是私下干图谋不轨的事，结果引起对方的怀疑，进行讨伐。由于小人的行动是非正义的，会招致人民的反对，结果自然以失败而告终。

三、君子知道大的时势，能从一个对自己不利的地方逃到一个有利于自己发展的地方。小人的目光短浅，无法顺应时势，不能找到一个适合自己发展的地方。

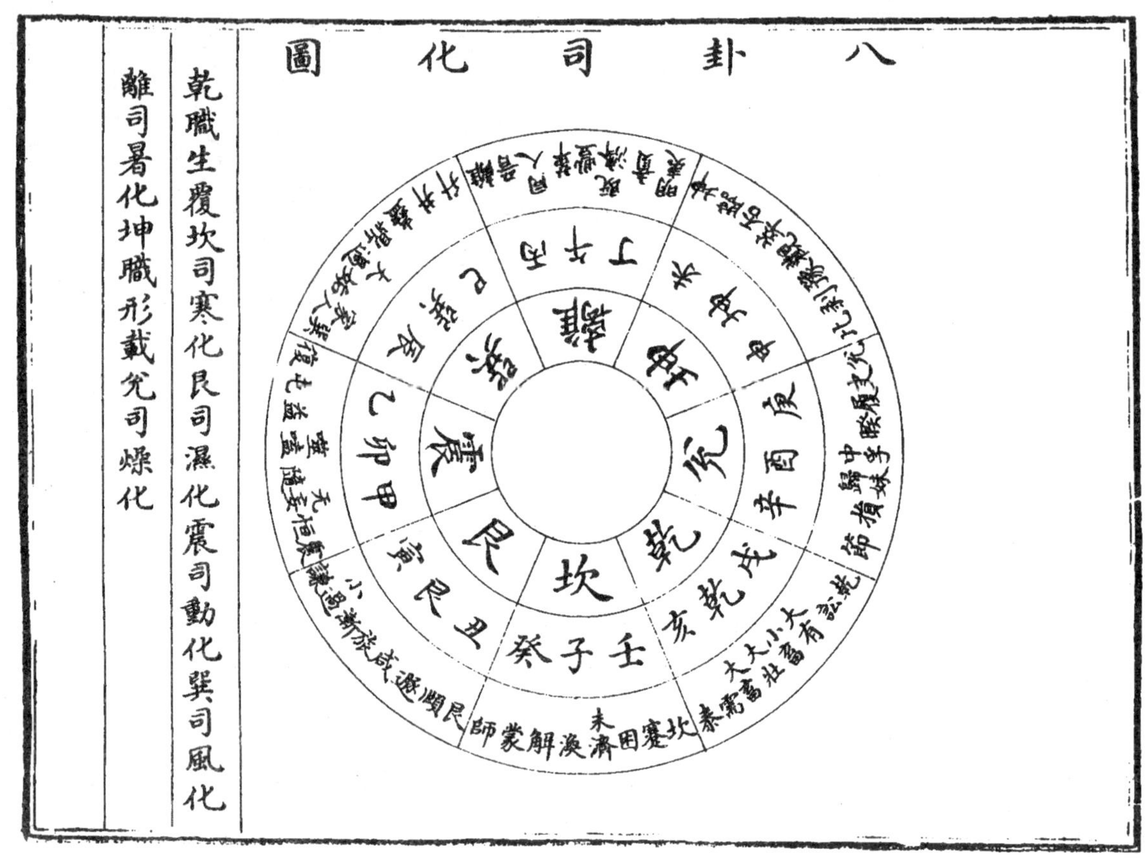

嘉遁，贞吉

“嘉遁，贞吉”的大意是：在适当的时机逃跑隐藏，值得赞美，去占卜得到吉利的预兆。这一爻是阳爻阳位，且与六二爻柔中相应，这就好比一个人身居高位，又有贤明的人帮助他，但此时他还是要顺应时势退避。这样做当然是最明智的选择。时势是一个历史潮流，是谁都不能逆转的，否则，将被压在历史的车轮下。也许这个道理谁都懂，但大多数人就是不知道该怎么做才能顺应时势，以至于不能及时退避而招致灾祸。为了顺应时势，我们必须做到：

一、注意观察周围情况的细微的变化，以小见大，从短期的变化推知未来的发展趋势。

二、要深深懂得，同一角色在不同的时期需要不同的人去扮演。如在创业初期需要的是善于寻找机会的企业家型的人才，但在企业已发展成颇具规模的时候，需要的是能使之稳定发展的专业管理人才，所以创业初期的勇士只能退避。

三、即使自己能随着时代而改变自身，也要注意自己是不是最适合那个位置的人才，因为最适合的往往比最优秀的干得更好。这里的最适合指的是在变化了的新时期，适合上级的品位、同级的趣味、下级的口味。

大壮卦

壮于趾。征,凶,有孚

“壮于趾。征,凶,有孚”的大意是:脚趾强壮有力。这时如果出兵,即使有诚信,也会招来灾祸。它是初九爻的爻辞。初九为阳居阳位,这就暗示我们,一个人非常有实力,但他如果莽撞行事,还是会招致灾祸。

因为莽撞就会使他不听贤明的人的忠言,从而导致几种坏的结果:

一、由于莽撞,逆耳的忠言就变成刺耳的恶语,不辨是非,致使在内部出现“小人当道,君子失势”的局面。

二、莽撞行事就意味着不假思索地做事,无时间运用自己的智慧,往往容易掉进对方设的陷阱中,为对方所利用。

再从他所要进攻的对象来看,如攻打的是弱者,由于大多数人形成了一个定式:强者对弱者发动进攻,就是侵略。莽撞就会使他的正义变为非正义,就好像围观的人看到一大人正在打一小孩,便纷纷指责大人,即使这大人有理,如不冷静行事,就会造成“众口铄金,积毁销骨”。如攻打的是比他还强大的人,其后果更是不堪设想。

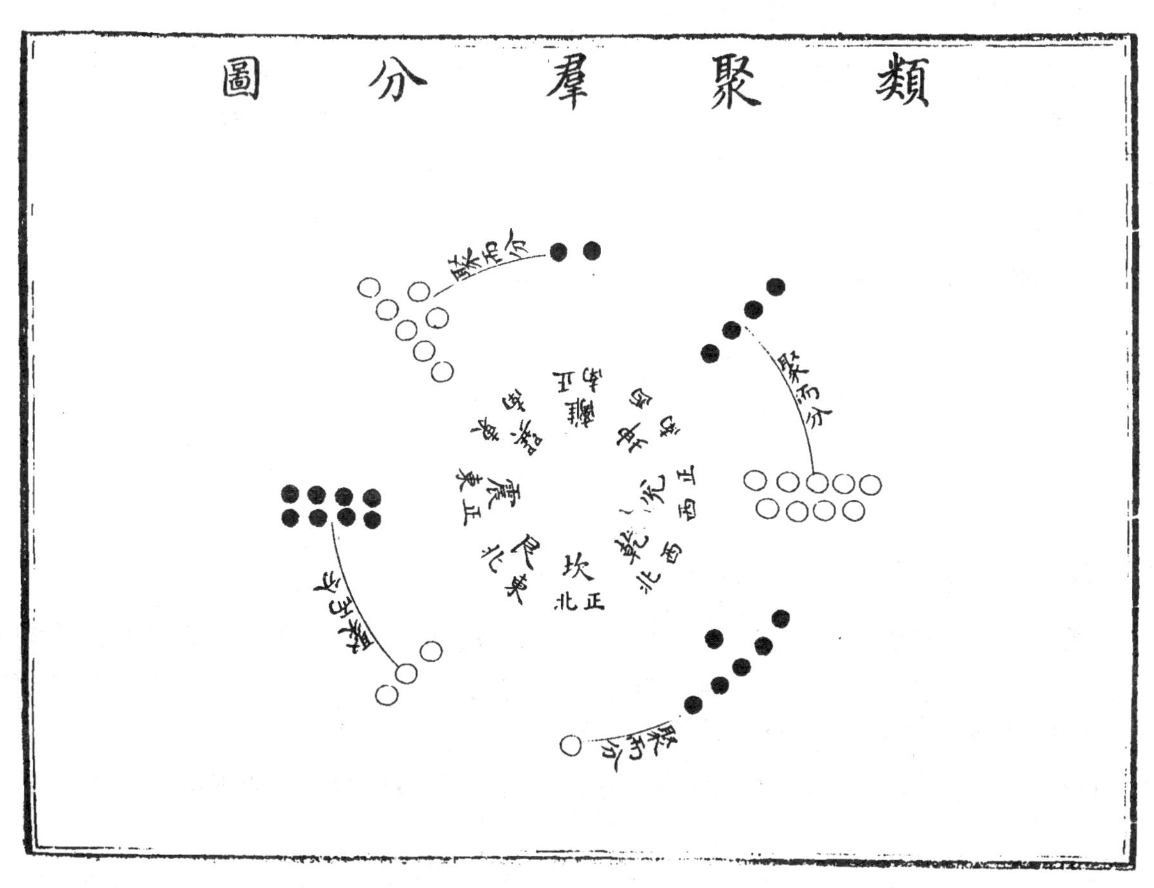

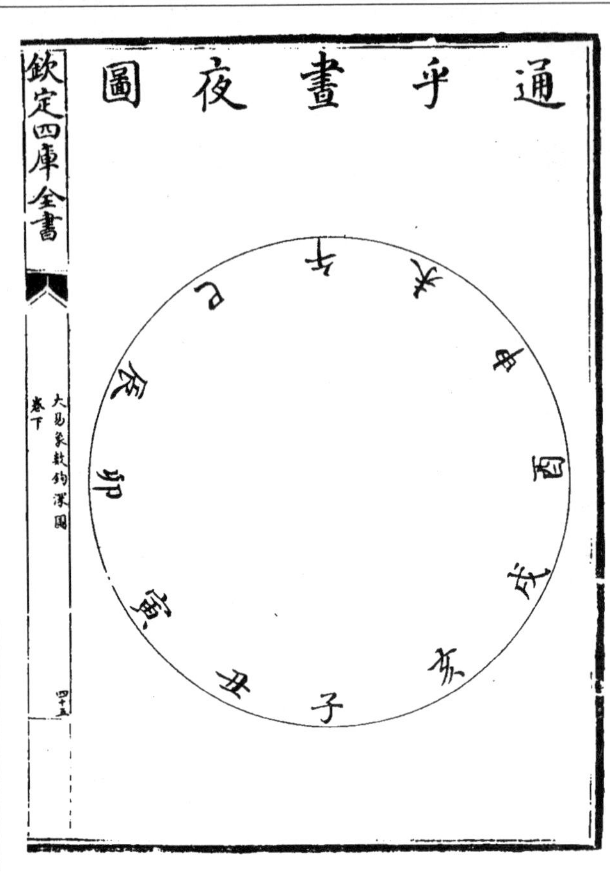

贞吉，悔亡。藩决不羸，壮于大舆之輹

“贞吉，悔亡。藩决不羸，壮于大舆之輹”的大意是：去占卜得到吉祥的预兆，悔恨消除。因为公羊冲撞篱笆，篱笆被撞坏了，羊角得以解脱，它强壮得像大车轮一样。这就暗示我们，当一个人的势力非常强大时，他即使采取了莽撞的行动，与强敌交上了手，也不能退缩。

因为他非常强大，就是通过硬拼也能获得胜利。相反，如果退缩，就很可能使自己陷入被动的局面。因为退缩的人是无心恋战的，他也因此斗志低落，这将助长对方的士气，从而就把主动权让给了对方，自己只能疲于应付。

所以，我们在自己采取了莽撞的行动时，如自己颇有实力，应继续进攻。

羝羊触藩，不能退，不能遂，无攸利。艰则吉

“羝羊触藩，不能退，不能遂，无攸利。艰则吉”的大意是：公羊因用角顶触篱笆而被卡在篱笆中，不能退，也不能进，没有什么利益。但是，挺过难关，就会获得吉祥。就好比一个人处于进退两难的境地，如能坚持到最后，就能取得胜利。

因为双方的力量难以分高低，处于伯仲之间，他们的较量就不是单纯的力量的较量，而主要是意志力的较量。所以，谁能坚持到最后，谁就笑到最后。

晋　卦

晋如，摧如，贞吉。罔孚，裕无咎

“晋如，摧如，贞吉。罔孚，裕无咎”的大意是：由于没有得到别人的信任，在前进之初就遭受挫折。此时宽厚待人，去占卜将得到吉利的预兆。这就暗示我们，在前进之初因别人不信任你而遭受挫折时，一如既往地对他好是最佳的选择。

试想想，如果别人能在你对他采取不利的行动后，还能对你好，你能不被他的诚信所感动吗？

退一步说，即使别人不能被你感动，也不会给你带来大的灾难。因为假如你一开始就改变对他的态度，必定会引起他有这样的想法——幸亏当初没相信他，现在狐狸尾巴露出来了，自然就毁了你将要树立的良好形象。再说，如不能感动对方，就表明此人不值得你对他好，便远离他，因而远离了灾祸。

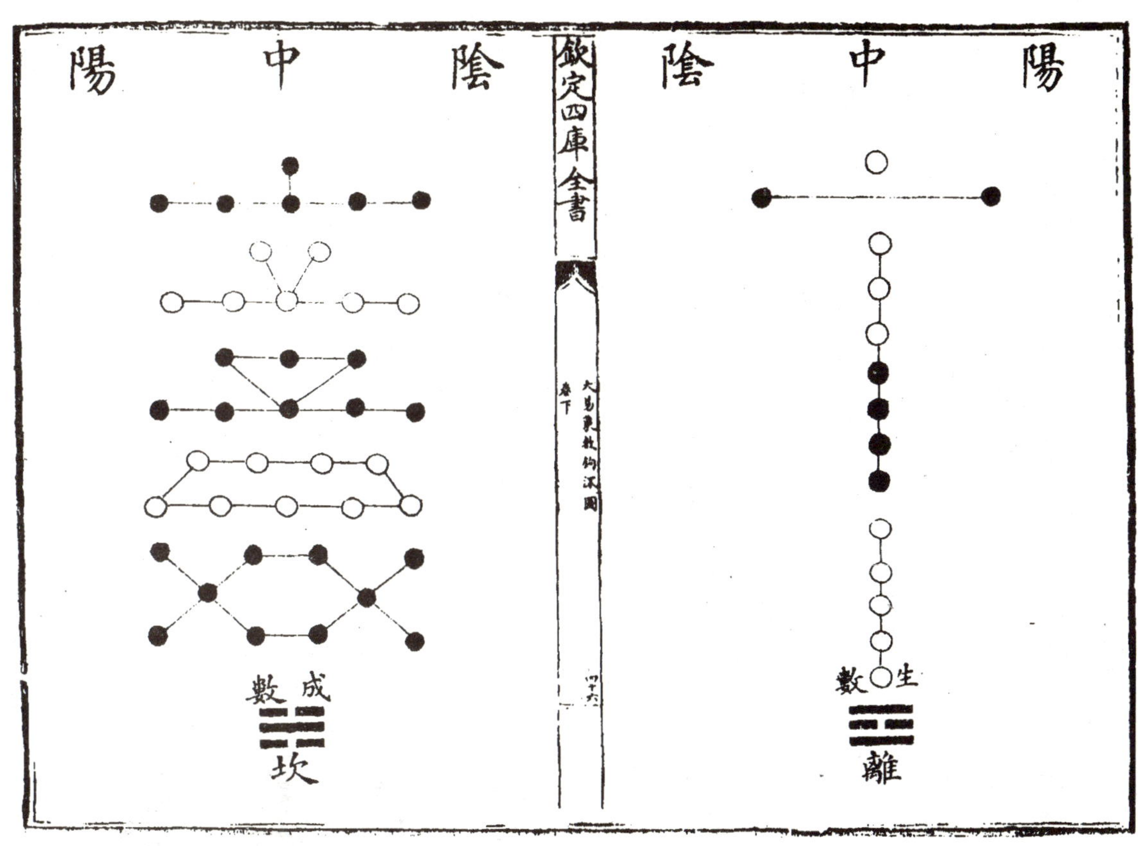

晋如，愁如，贞吉。受兹介福于其王母

“晋如，愁如，贞吉。受兹介福于其王母”的大意是：在前进之初就愁苦，卜问得吉祥。因为有他的祖母赐福分给他。

“介”是大的意思。“王母”即是祖母。祖母指“六五”，古时有祭祀先妣，也就是祭祀先祖母亲的祈福礼仪。“六五”阴爻处尊，正有祖母之象。六二阴爻居阴位，且处下卦中位，中正得当，理所应当晋升，但其与“六五”两阴不相应，因而前途困难，忧虑满腹。但是只要能坚贞守正，仍然可获吉祥，就像受福于祖母一样。

这一爻，说明一时不能前进，也不必忧虑，只要坚守中正，必能成功。

晋如鼫鼠，贞厉

“晋如鼫鼠，贞厉”的大意是：前进时十分贪心，就好像偷吃的大老鼠，去占卜得到凶兆。我们可从大老鼠的特点推出贪心的几种状况和相对应的结果：

一、自己的能力有限，为了得到更多的称誉，去做自己力所不能及的事，结果造成失败。

二、不但能力有限，而且居心不良，通过不正当的手段窃取别人的劳动果实，损人利己，违背了道义，遭到了被窃取的人的仇视，人民的鄙视。

三、由于对自己不能作出正确的评价，总不满足现状，怨天尤人，让日子在埋怨中消磨，结果一事无成。出现这种状况的主要原因是在对自己作评价时，只把现在的自己与原来的自己作比较，而忽略了整个时代也在进步，于是对于同一职位的要求也在不断提高，这样就造成了自己对自己的评价高于现实的客观评价。

四、在前进时，忽略先来后到的时间价值，只盲目地把自己的能力与别人相比，导致违背了“先入为主”的道义，成了贪心的抢夺者或窃取者，引起了人民的公愤。

所以，在前进时，不可有贪求之心。

晋其角，维用伐邑。厉，吉，无咎，贞吝

“晋其角，维用伐邑。厉，吉，无咎，贞吝”的大意是：前进已到了极点，此时去攻打别人的城邑。是凶险，是吉利，还是没过失，卜问困难。这就好比一个人在自己所熟悉领域已取得相当高的成就，为了自己的事业进一步壮大，打算进入一个陌生的领域，这是祸还是福，还不知道。它暗示我们，此时要谨慎。贸然闯入一个陌生的领域是不明智的选择：

一、他对陌生领域的深浅还不知道，当灾难来临时，别人早已躲开，或采取了防范的措施，而他还傻乎乎地等待灾难降临在自己的头上。

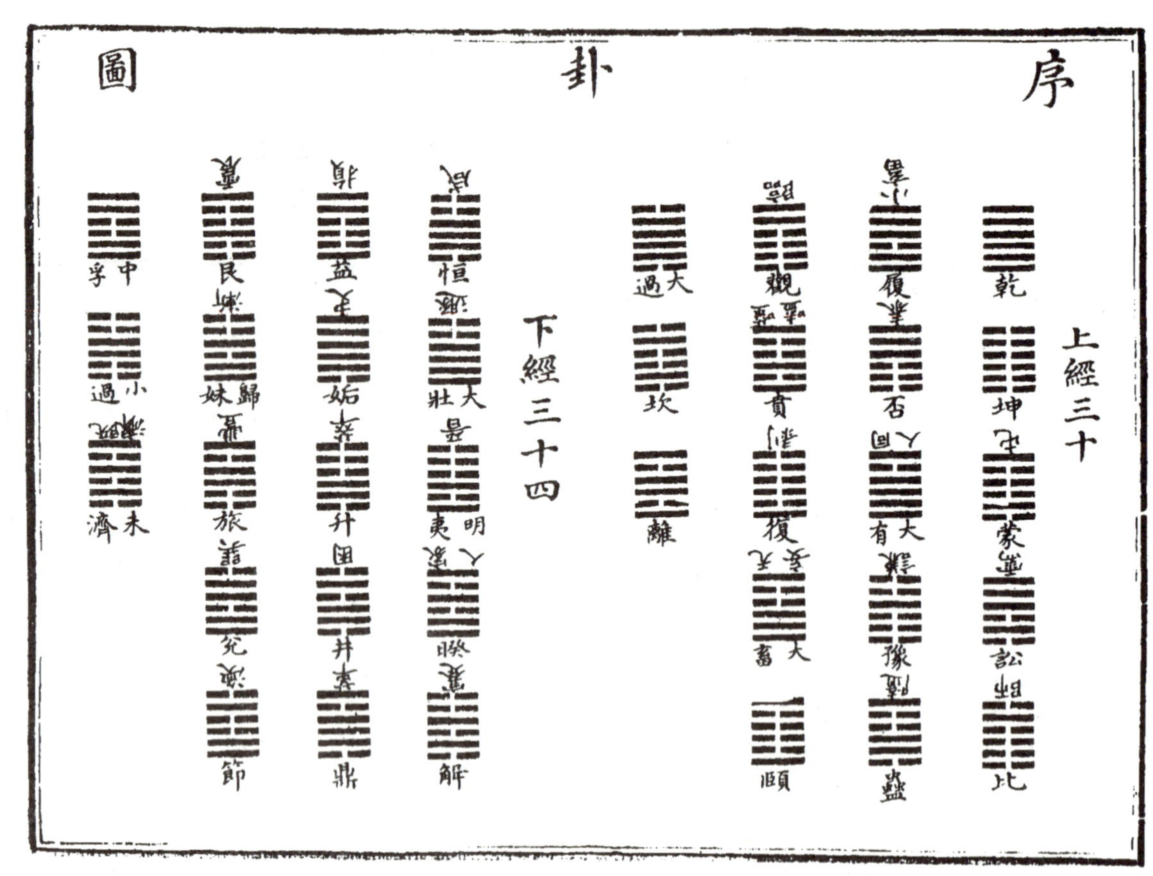

二、从陌生领域的主人的角度来说，他对一个贸然闯入的人充满了敌视，为了防止自己的既得利益的失去，严加防范，甚至想方设法把他驱除出去。

三、从与这两方都无关的第三方来说，他会认为贸然闯入者是侵略者，自然不会支持他。

四、一个人的能力及精力是有限的，也许刚开始能取得成绩，但由于他没有对自己的实力进行充分估计，结果力不从心，就是自己所熟悉的产业也被拖垮。

明夷卦

君子于行，三日不食。有攸往，主人有言

“君子于行，三日不食。有攸往，主人有言”的大意是：君子从家里往外出行，多日没有吃东西，有所行动，则必遭主人的斥责。他又没去偷主人的东西，主人为什么要斥责他呢？

“君子从家里往外出行，多日没有吃东西”表明君子十分饥饿，十分狼狈。此时他有所行动，很容易被主人误以为是偷东西的，当然就大声责备他。

所以说，一个人处在黑暗中，不能有所行动。

明夷于南狩，得其大首，不可疾贞

“明夷于南狩，得其大首，不可疾贞”的大意是：在黑暗中向南征伐，可以俘虏其首领，但不能急躁冒进，须等待时机。它是九三爻的爻辞。此爻是阳爻阳位，居下卦的最上位。这暗示我们，即使到南方征伐暴君是正义行动，也要谨慎行事：

一、暴君居于至高无上的位置，还有一定的实力，就好比“瘦死的骆驼比马壮”，所以我们不能等闲视之。

二、人往往不愿打破原有的生活，除非原有的生活已把他逼上绝路。所以在被逼到绝路前，人就会设法维护原有的生活秩序，对打破者的行动构成阻碍。

三、一个人往往受到本地域的爱国主义教育，所以在他还没有对暴君彻底绝望前，他以维护暴君的利益来保自己的名节。

不明，晦。初登于天，后入于地

“不明，晦。初登于天，后入于地”的大意是：太阳下山，灰暗。开始如登天一般地得高位，光芒四射，而后又沉入地中。它是上六的爻辞。此爻是阴爻阴位，又是上卦的最上位，表明昏庸到了极点，人一昏庸就辨不清东南西北，分不清高低，所以在他登上高位后，就容易一脚踩空，坠落于地。这就暗示我们，在身居高位时，更要坚持正道。

一是因为身居高位的人的每一句话都起作用，所以就是说错一句话，也会对人民造成大的伤害。

二是因为他的一举一动也在人民的视野之中，他的每一个错误的行动都有可能给人民造成这样的想法：他的能力和他的位置不相匹配。就好比站在高山上的人，只有很小的一块活动的地方，周围都是悬崖，稍微不慎，就会掉进悬崖。

家人卦

“王假有家，勿恤，吉”和“有孚威如，终吉”

“假”是至、到的意思。“有家”是有家道的意思。“王假有家，勿恤，吉”是九五爻的爻辞。

九五为阳居阳位，就有正当之意。所以，它的大意是：君王把正确的治家之道带给了他的臣民，不要担心什么，这是吉利的。怎样把它带给他的臣民？一是以身作则；二是以之来教化人民。

这里的治家之道指的是什么呢？是“有孚威如”。“有孚威如”是上九爻的爻辞。上九为阳居阴位。这就表明：

一、作为一家之长，虽居于上位，但他谦虚，善待家庭的每一个成员。这样做有两大好处：一是家庭的各个成员都信任他；二是大家都以他为榜样，关爱他人，从而家里充满了爱。

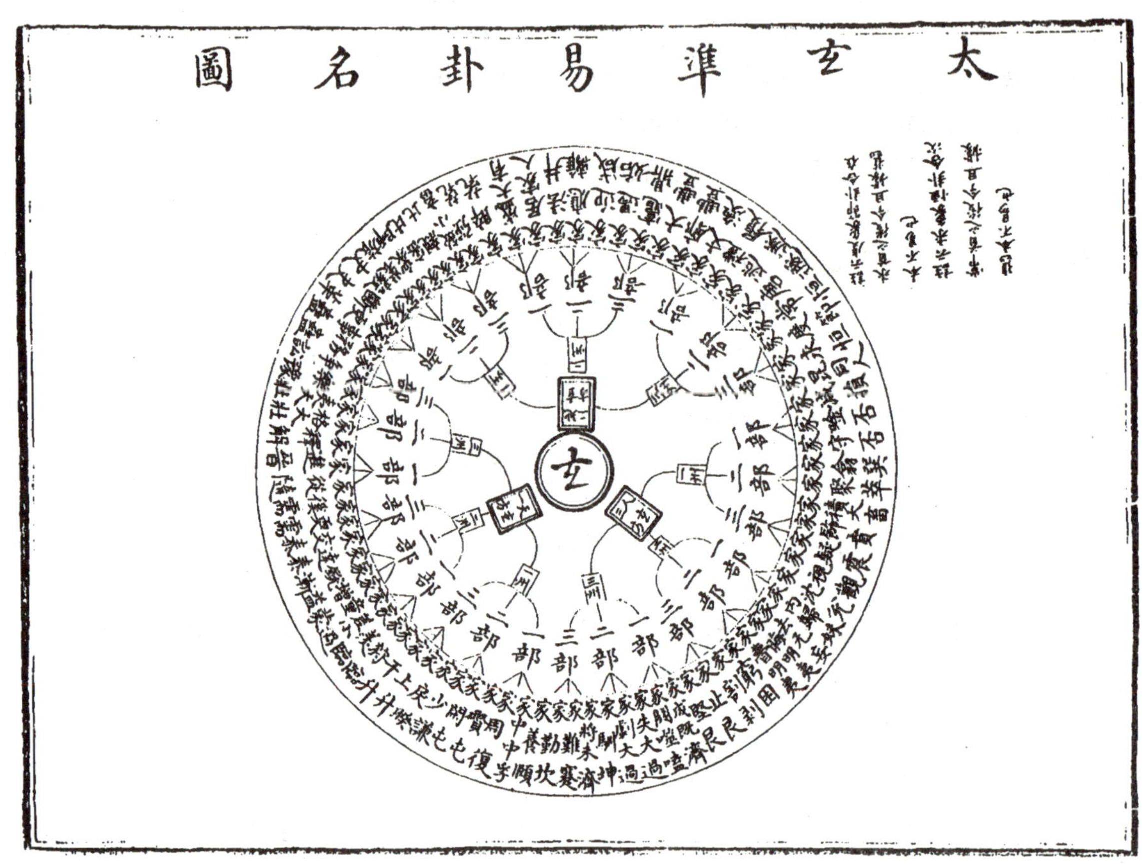

二、作为一家之长，他又根据当时的道义，制定了家规，并以之来治家。这样，他在家里又树立了威信（注意这里的家规包含两层含义：一是家里的规矩；二是家外的规矩，即跟别人相处的法则），能出现两种好的情形：一是大家的行动就有序，不会陷入“群龙无首”的混乱局面；二是能抵御家人的不正确的干扰，做到公正无私，能使家外的人服从。

总而言之，如君王能以正确的治家之道教化人们，让每一个家长既赢得家里的每一个成员的信任，又办事果断，十分有魄力，那么天下就太平了。

睽　卦

悔亡，丧马，勿逐，自复。见恶人，无咎

“悔亡”的大意是：悔恨消失。它是初九爻的爻辞。从卦画可以看出是刚刚遇见一个与自己背离而行的人。为什么悔恨会消失呢？

“丧马，勿逐，自复。见恶人，无咎”的大意是：悔恨消失。不用去找丢失的马，它自己就会回来。遇到坏人，不会有什么灾祸。这就暗示我们：事物是异中有同，离中有合。即使遇见一个与自己志不同的坏人，既不要回避，也不要强迫人家根据你的意志行事，而是设法与他好好相处。一般说来，要离坏人远点，而这里为什么说“要设法与坏人好好相处”呢？

一、人类文明还未达到极高境界——坏人都自动从地球上消失，所以我们不遇见坏人是不可能的，不和坏人同居一个地球是不现实的。二、如积极和坏人交往，设法找到彼此的共同点，并以此为切入点，教化、感化坏人，那坏人就会变成好人。三、如强迫人家根据你的正确意志行事，那坏人会更坏。因为坏人本来和你的观点就不一样，所以强迫他按照你的意志行事，就会引起强烈的逆反心理，从而他的行动与正义的行动相隔得更加远了。

蹇卦

“王臣蹇蹇，匪躬之故”和“往蹇来反”

“王臣蹇蹇，匪躬之故”的大意是：君王的臣子之所以屡碰艰难，是因为他为正王室而奋不顾身的缘故。“往蹇来反”的大意是：出门时遇到困难，又返回来了。一般说来，为了大家的利益应奋不顾身，那为什么一遇到困难要返回呢？

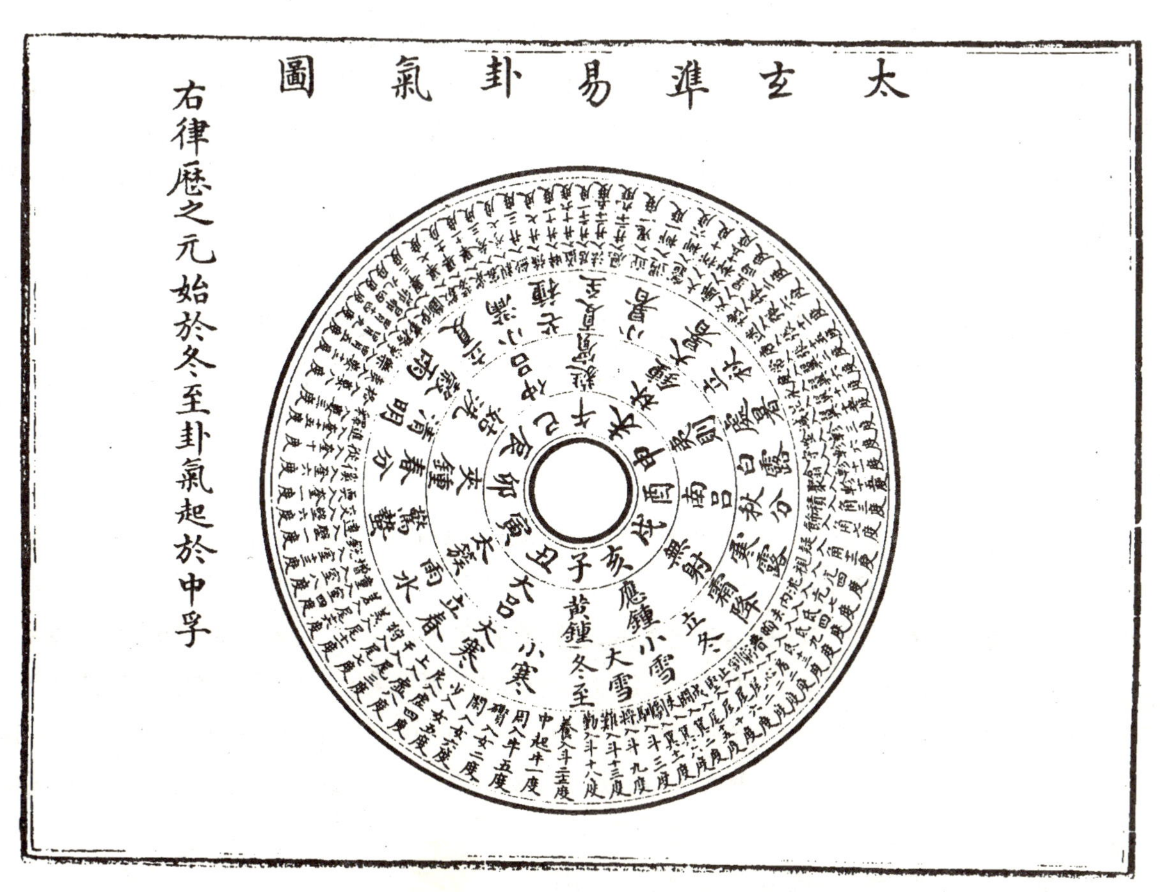

太玄準易卦氣圖
右律歷之元始於冬至卦氣起於中孚

"往蹇来反"是蹇卦九三爻的爻辞。九三是阳居阳位，这就表明他十分冲动，走得十分快，十分急，后又因遇到困难而返回，这当然是明智之举。因为这样做有几大好处：

一、遇到困难返回，可以在联系自己的同志后，大家一起向困难进军。俗话说得好：众人拾柴火焰高。所以大家一起去克服困难的成功概率非常大。

二、遇到困难后返回，还能避免"打草惊蛇"。因为你之所以遇到困难，是由于遇到了来自对方的阻力。如你不及时抽身，自然会被对方发觉。

三、遇到困难时返回，还有利于自己休养生息，并拖垮对方。因为你要返回的地方是你的领地，你可边退后并得到当地的人民的补给，而对方会因得不到补给而疲惫不堪。

四、遇到困难返回，还可能为你提供施展"诱敌深入"的计谋的机会。因为敌人不见你有动静，就以为你没有力量与他抗衡，认为进攻的机会来了，结果贸然地进入你的领地。

五、你如果遇到困难就返回，还有可能凭借自己的有利的地势跟对方相抗衡。

一般说来，撤退不是指撤退的一瞬间，而是指的一个过程，它包括撤退前的谋略和撤退后应遵守的原则。所以，我们在撤退的前后都要坚守正道，不受外界的干扰而贸然出击，特别是不会因受到对方的诱惑而贸然出击，因为这样就会陷入对方预先设计的圈套。

解　卦

无咎

"无咎"是解卦初六的爻辞。为什么一开始就说"没什么灾祸"呢？

初六是阴爻阳位，在这一卦的最下方。就好比一个人已经接近险地了，面对强大的敌人，他故意站在一个不显著的地方，而且表现得十分柔顺，这样做是没有什么过失的。这是因为：

一、他站在一个不显著的地方，引起对方的注意的可能性比较小，他可以暗中积蓄力量，等待良机。

二、柔顺使他做事谨慎，不贸然行动。这样就不会轻易陷入危险中。

三、如对方发现了他，由于他表现得十分柔顺，对方会认为他是弱者，即使他有一肚子坏水，也成不了大器。因此，对方就会轻视他，忽略他的存在，对他的发展一点也不构成威胁。

田获三狐，得黄矢。贞吉

"田获三狐，得黄矢，贞吉"的大意是：狩猎获得了三只狐狸，而且得到了赏识——黄色的箭。去占卜得到吉祥的预兆。

"黄矢"是黄色的箭。"狐"是会迷惑人的动物，在这里象征小人。《解卦》有四个阴爻，除了处于君位的"六五"之外，还有三个阴爻，所以爻辞中称"三狐"。九二处下卦之中，又与"六五"相应，就像得到君王信任的大臣，因而能够驱逐迷惑君主的小人，所以说"田获三狐"。如果狐狸逃走，箭同时也会丢失，但若射中猎物，箭就会回来。箭是直的，象征着正直的人格。驱逐小人，是为了治国安邦，一定要坚守正道，才会吉祥。

所以这一爻说明，解除困难必须坚守正道的原则。

损 卦

巳事遄往，无咎。酌损之

“巳事遄往，无咎”的大意是：祭祀的大事要快速去做，这样就没有什么灾祸。大家都知道，我们要祭祀的是神灵，而神灵是财富的掌管者，所以这就好比到了向能提供给你帮助的人表明诚心的时候，你赶紧向他表示自己的诚意。为什么说这样做就没有什么灾祸呢？

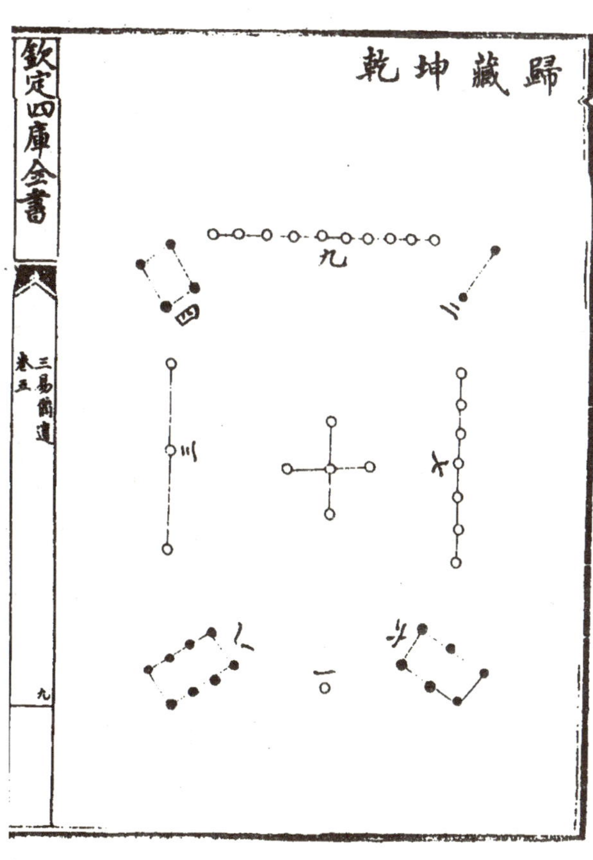

如你不及时向别人表示自己的诚心，一方面别人就觉得你心不诚，就不愿意帮助你。因为你平时老求别人帮助你，并许下承诺：“如当真得到你的帮助，我一定好好报答你。”而到了关键时刻，其他的人都带着礼品来拜访你，你却没有出现，别人误解你也是理所当然的。另一方面让小人有了从中挑拨的机会。因为你不在，小人想说什么，就说什么，即使是诬陷，你也没有辩驳的机会。而且“你没有来”本来就是事实，小人便以之为幌子，借题发挥，把你的缺点越放越大，甚至还编造一些事实。这就好像提供了小人遮掩自己丑恶的嘴脸的衣服，使能提供对你帮助的人无法识别小人的本来面目。

相反，你及时拜访了别人，别人的疑虑尽释，觉得你确实是个有诚信的人，就会给你帮助。

如果你没有什么财产，拿不出好的贡品该怎么办呢？“酌损之”。你没有好的东西给别人，为了表示自己的诚心，如果你向别人去借，结果你因此背上了沉重的包袱，使你不能轻松前行；

如果你因此而起了歹意，则更糟糕了。再说，你要去拜访的那个人，他品德高尚，办事公正无私，他需要的是你的诚心，而不是许多钱财。

益　卦

“有孚，惠心勿问，元吉。有孚，惠我德”和“莫益之，或击之，立心勿恒，凶”

“有孚，惠心勿问，元吉。有孚，惠我德”的大意是：君王有诚心、仁爱之心，不用去卜问，大吉大利。百姓也因此有诚心，将感激我的恩德。这就告诉我们，君王应有诚心和仁爱之心。具体地说，君王有诚心、仁爱之心有几大好处：

一、君王有了诚心和仁爱之心，一个地方遇到了灾荒的年岁，他就会减免当地的赋税，并且发动其他地方的人民来帮助他们，这样使天下的人民无论在什么年岁都能安居乐业。

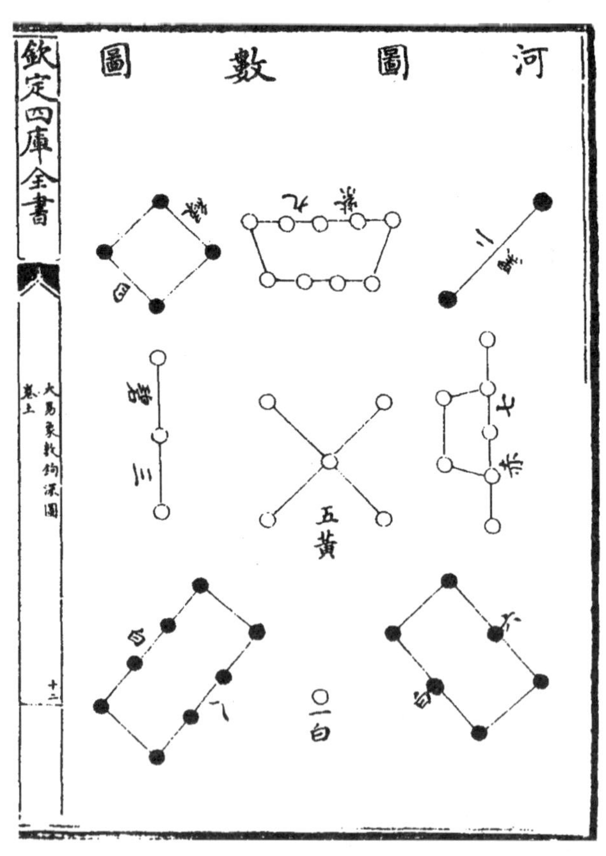

二、君王有了诚心和仁爱之心，在平时他也会为百姓着想，不但自己生活节俭，而且还以“俭以养德”教育天下臣民。一方面天下会因此形成节俭之风，这样节余的财富也自然而然多了起来，即使遇到了灾荒的岁月，大家也能应付；另一方面，节俭之风能清洗污浊的空气，从而使贪病病毒失去了依附物。因为人一节俭，他就容易满足于现有的财务状况。再说，人一爱惜自己的财物，就不会把钱花在不正当之处。

三、君王有了诚心和仁爱之心，就经常施恩惠给老百姓，那些富有的人也受到了感化，也把自己的财富分给贫困的人。一方面不会因贫富的差距过大而造成混乱。因为人一旦看到别人家聚集相当多的财富，而自己家贫如洗，就会觉得不公平，心里就不平衡，自然就容易起坏心——抢或偷富人家的财富。另一方面，得到了恩惠的老百姓也会受到感化，准备“以恩报恩”。

“莫益之，或击之；立心勿恒，凶”的大意是：不增益他人，有人将攻击他。这说明他没有持之以恒施恩于民，必然凶险。联系上下文，就知道“不增益他人”的主语是富有的人，“有人”是指那些心里不平衡的穷人。富有的人为什么遭到攻击？是因为他没有持之以恒施恩于民。他们为什么不能持之以恒施恩于民？是因为他们没有持久地具有诚心、仁爱之心。

所以说，作为在上的，不但要有诚心、仁爱之心，而且还要让它持久地占据自己的心。

夬　卦

“臀无肤，其行次且。牵羊悔亡，闻言不信”和“苋陆夬夬，中行无咎”

“臀无肤，其行次且”的大意是：屁股上没有皮肤，行动起来摇摇摆摆。“牵羊悔亡，闻言不信”的大意是：牵着羊行走，悔恨就会消失，这是因为不听取别人的不正确的意见。本来牵着羊行走是容易的事，而前面却说他的行动是如此的艰难。从卦位来看，他是卦的九四爻的爻辞。九四是阳爻阴位，就说明他身居九五的下位，性格刚强，能抵制九五的胡乱干扰。在下的抵制在上的干扰自然是艰难的。而且还可以看出这里的“羊”是指九五。

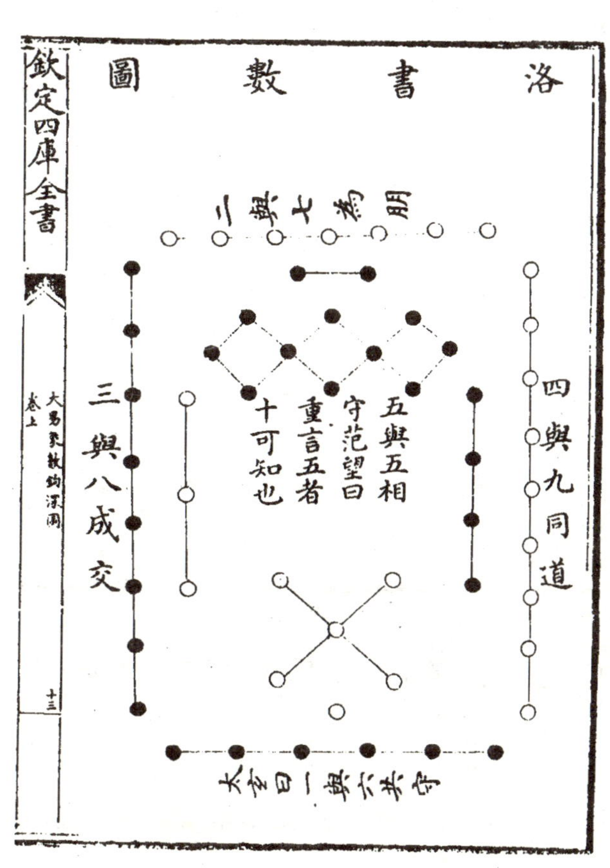

既然抵制在上的胡乱干扰是如此的艰难，是不是该放弃呢？不能。

事物是变化发展的，不会静止不变的，阴向阳转变，阳向阴转变是不可改变的。所以，小人当道的日子终究会过去。当然如果我们不努力去改变，小人也不会自动退出历史舞台。

再说，如不抵制九五的胡乱干扰，就有可能出现以下的恶果：

一、此时停止决断小人的行动，就等于给了他卷土重来的机会。

二、小人遭到这一劫后，会变得更狡猾，以后更难抓住他。大家想想看，九五为什么干扰九四处置小人？不难看出，这是因为他和小人的关系密切，被小人迷惑了。此小人能巴结九五，蒙蔽九五，就说明他非常狡猾，其能力是不可小觑的。而一个能力强的人，往往善于从失败中吸取教训，使自己的能力越来越强。所以小人的手段会越来越高明。

三、此时停止决断小人的行动将会失信于民。联系上文，就知道小人的所作所为已被大多数人知道了，自然放了小人，就给人民一个这样的印象——天下乌鸦一般黑，当官的没一个好东西。

四、小人也因大家公布他的所作所为而怀恨在心，日后将疯狂报复。

五、由于没有抵制九五的胡乱干扰，小人的大阴谋将得逞，上自九五下至黎民百姓都要遭殃，九四也稀里糊涂成了千古罪人。

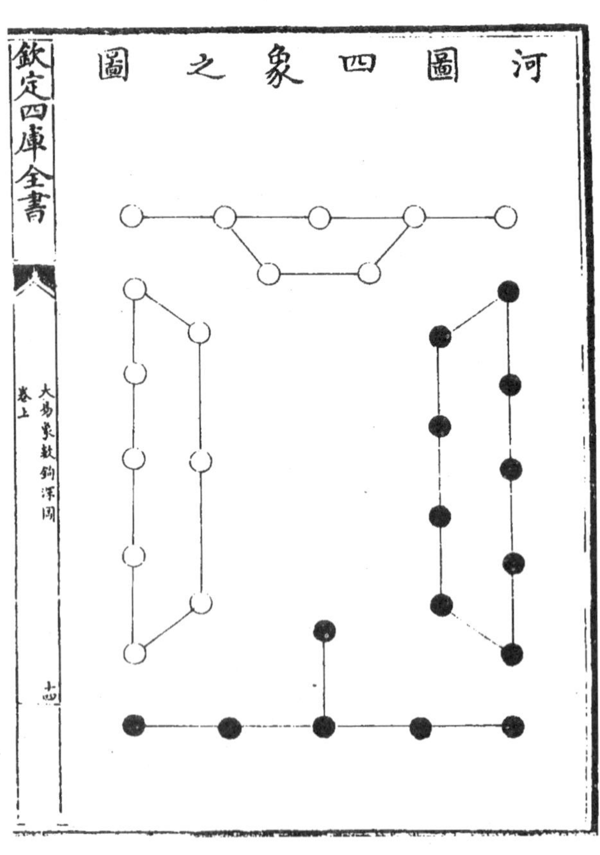

退一步说，即使因自己的抵制得罪了九五，受到了损失，但与没有抵制而造成的损失比起来要小多了。

我们应该怎样抵制九五呢？当然不是强硬地抵制，而是去说服。

九五的爻辞“苋陆夬夬，中行无咎”的大意是：细角山羊在路上跳跃奔驰，没有什么灾祸。

这就暗示:一方面九五决定要决断小人,九五的前进道路是宽广的,不会有什么灾祸;另一方面九五是被说服的。

姤　卦

包有鱼,无咎,不利宾

“包有鱼,无咎,不利宾”的大意是:厨房里有一条鱼,没有什么灾祸。但不利于拿来宴请宾客。为什么厨房里的鱼用来宴请宾客是不利的呢?

“包有鱼,无咎,不利宾”是九二爻的爻辞。九二是阳爻阴位,九二的下面是初六,初六是阴爻阳位。九二和初六就好比初次见面的两个人(一个是阴柔者,一个是阳刚者)。他俩一见如故,谈得很投机。此时,阳刚者如果用鱼来款待宾客——阴柔者,是不利的。这是因为:

一、如果在初次见面时,就把对方当做知心朋友,给他好吃的、好喝的,这会使其他朋友不满。因为他们会这样想:我们是你多年的朋友,帮了你那么多忙,你对我们也不过如此而已。而现在,一个与你素昧平生的人,跟你说了几句话,你就以如此的大礼来招待他,这不明摆着不把我们当朋友看吗?

二、人心难测,就是相处了一辈子的人,也许你还会因对别人的某一方面不了解而受骗!更何况,他只不过跟你说了几句话。所以,因不了解而受骗的可能性很大。

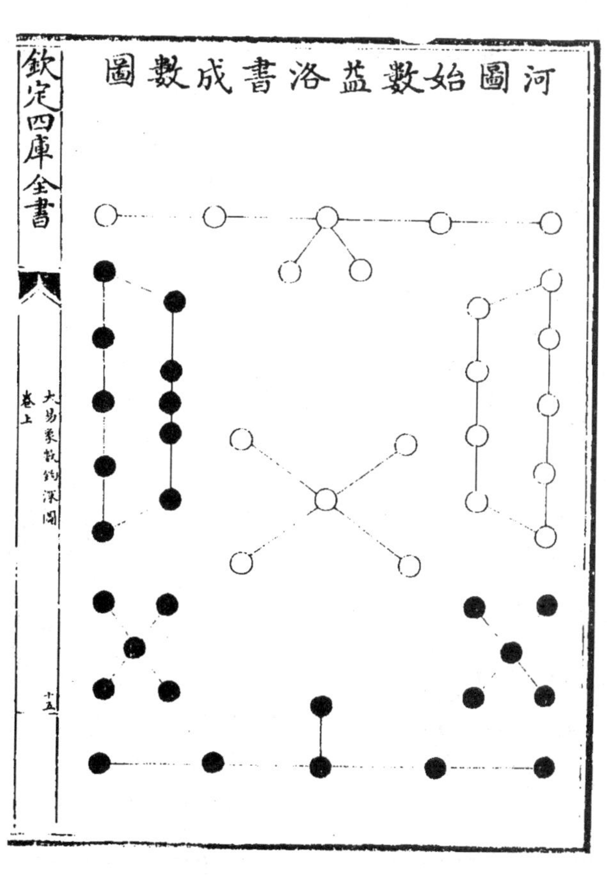

三、从对方的心理来讲，可能会认为你是个草包或是个不负责任的人，只能把你当做很普通的朋友，绝不可作密友。因为对方会这样想：自己说了几句话，就得到了信任。那么，别人说了几句话，也能得到信任。从而作出推断，这个人要么没有头脑，要么滥交朋友。

包无鱼，起凶

“包无鱼，起凶”的大意是：厨房里没有一条鱼，争执将招致凶险。这就好比一个人的力量非常弱，但他逞强好胜，与人发生争执，结果招致凶险。

一般来说，力量弱包括两方面：一是指他的能力不够，在别人之下，与别人发生争执，必以失败而告终。二是他没有任何财富，穷得叮当响。所以，他如与人继续发生争吵，由于他的能力不够，势必以失败而告终。即使他想回头，想与人和谈，但他什么都没有，无法向人家表示自己的诚心。所以说，在你力量弱时，尤其不能争强好胜，与别人发生争执。

萃　卦

大吉，无咎

九四爻的爻辞是“大吉，无咎”，这个判语是怎么得来的？九四爻是阳居阴位，它的下方是三个阴爻。这就好比一个人非常有能力，谦恭待人，身边聚集了许多人，自然是大吉大利的。

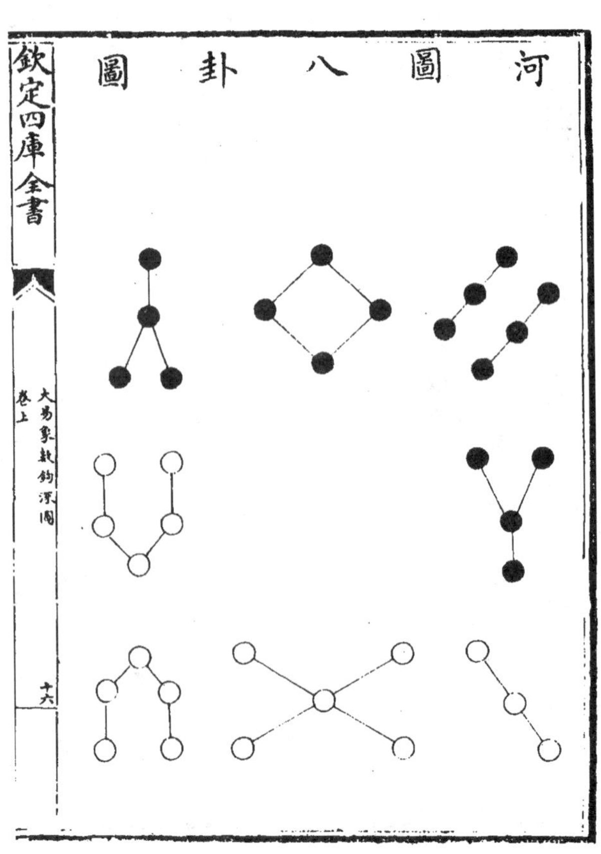

首先，他谦恭待人，身边聚集了许多人，自然能很好地完成君王交给他的任务，因此得到君王的赏识。其次，因为他谦虚，君王不会因他的势力膨胀而轻易怀疑他有夺君位的嫌疑。即使他的威望高于君王，使君王不得不起了戒心，他也有急流勇退的办法应付。所以说，一个谦虚的人居于一个与他的能力不相称的职位，将获得吉祥。

但他本性谦恭，又没有居于至尊之位，他的能力不能完全发挥出来，所以不会有大的作为。致使他的能力不能完全发挥出来的几大因素有：

一、自身的因素。一方面本性谦恭很可能使他缺少闯劲，缺少冒险精神，从而使他不能成为出头鸟，不能占尽先机，所以说，纵使他再有能力，也居于有勇有谋的开创者之后；另一方面本性谦恭使他做事只求"圆满"而不求最好。注意这里的"圆满"是指尽可能让大家都满意。要知道，大多数人都是凡夫俗子，能攀登的最高处也就那么高，自然不可能和他一样，攀最高峰，立于最高位置，穿过纷繁复杂的世界，看最远处的奇景。由于站的位置太低，哪能看到最远处的奇景？那么，他要尽可能让大家都满意，势必要降低自己所站的位置的高度，找一处有比较多的人能看到的比较有特色的景象，从而赢得比较多的人的满意。所以，"圆满"使他不能成为最好的领路人，而只能成为比较优秀的领路人。

二、外在的因素。一方面，地位不高使他缺少了广阔的施展才能的空间。因为他的地位不高造成他的职权范围比较小，如果要把才能完全施展出来，势必会超出其职权范围，而所有的职权范围都划分好了，这样就造成一个领域有两个领导，就成了多层指挥。于是，对的也变成了错的。所以他必须在自己的职权范围内行事才是正确的。这样他就会因空间不足而不能完全把自己的才能施展出来。另一方面，那些地位比他高的人，为了保全自己的利益，也不愿意让他承担特别重要的任务，得到过多的荣誉，因为他的功德过高，就会功高震主，势必威胁到这些地位比他高的人的地位的稳固。

升　卦

"升虚邑"、"允升，大吉"与"孚乃利用禴，无咎"

"升虚邑"的大意是：登上高丘上的城邑。它是九三爻的爻辞。九三爻是阳居阳位。在这里为什么不讲吉凶呢？难道吉凶已蕴涵在字里行间？不错，我们联系上下文，就知道究竟是怎么一回事。

"允升，大吉"的大意是：适当地上升，十分吉利。它是初六爻的爻辞。初六爻是阴居阳位。这就表明，一个人有诚信，虽居于最下位，但能适当地上升，从而获得吉祥。"孚乃利用禴，无咎"的大意是：把自己的诚信用在简单的祭祀中，没有什么灾祸。它是九二爻的爻辞，九二爻是阳爻阳位。这就表明，一个人的诚信的程度又提高了，因为用简单的祭祀仪式来祭祀神灵，神灵也愿意赐福给他，足见他的诚信度之高！把这两爻联系起来，就好比一个人一直诚信待人，赢得了人民的信任。

这不难看出，"登上高丘上的城邑"中的"高丘"就好比"升"的基础——诚信待人而获得人民的信任。

究竟是吉还是凶呢？还是不确切。我们再看六四爻的爻辞“王用亨于岐山，吉，无咎”。它的大意是：周王来到岐山祭祀神灵，十分吉利，没有什么灾祸。这就好比一个人一直诚信待人，顺应民意行事，结果得到吉利的卜问。

所以说，登上高丘上的城邑应是吉利的。因为他有诚信作基础。再说，诚信待人，顺应民意做事的好处很多（前面已提及，在这里就不多说了）。

困　卦

困于石，据于蒺藜，入于其宫，不见其妻，凶

“困于石，据于蒺藜，入于其宫，不见其妻，凶”的大意是：被困在乱石中，手被蒺藜缠绕住了，刚刚回到家中，妻子也不见了，凶险。就好比一个人处在困境中，周围的人处处和他为难，连自己的妻子也看不起他，离他而去，这是凶险的。他为什么会得到如此的下场？为什么说这是凶兆呢？

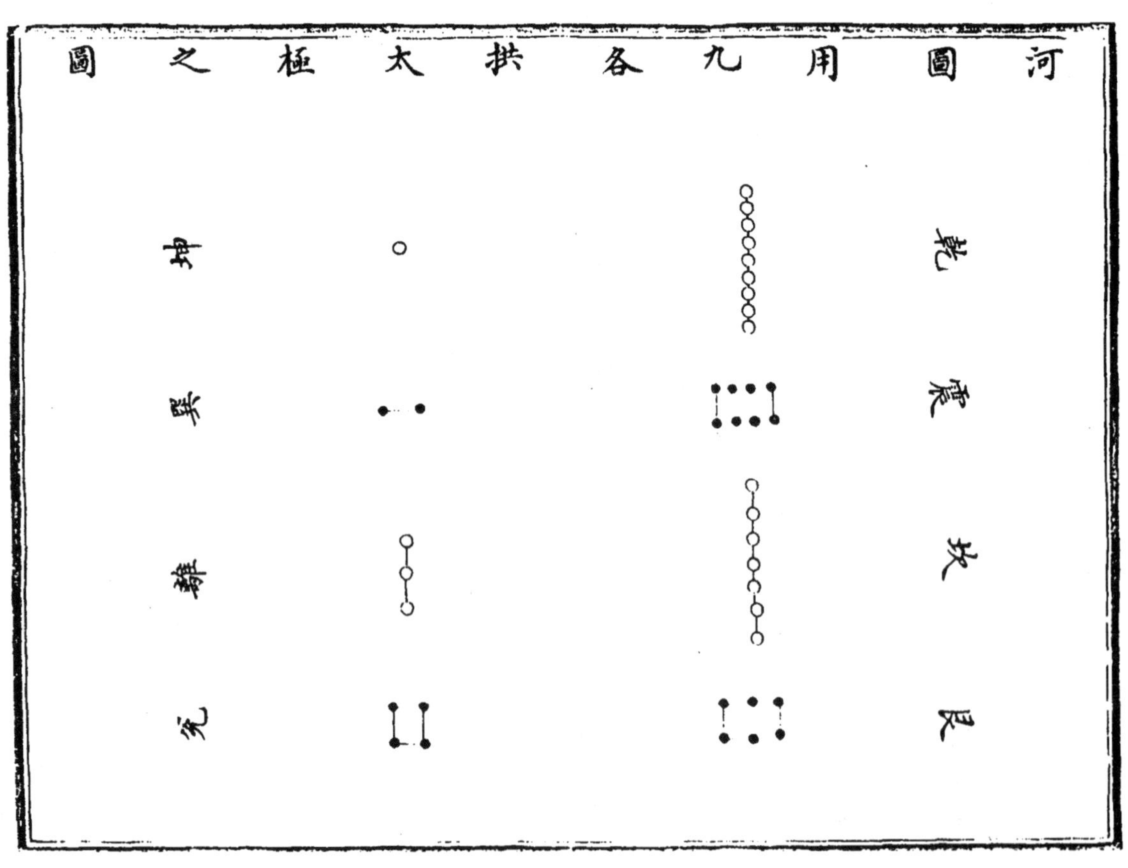

“困于石，据于蒺藜，入于其宫，不见其妻，凶”是困卦六三爻的爻辞。六三爻是阴居阳位，六三的下边就是阳居阴位的九二。这就好比阳刚者九二胸怀大志，十分有能力，随时准备出头。此时，阴柔者很想保全自己的地位，但由于自己的能力有限，而且天性柔弱，什么事也不敢干。结果九二对他的威胁越来越大，他不知该怎么办？他的妻子嫌他太柔弱，许久不见升迁，便弃他而去。

一个人生性柔弱，能力有限，又没有谁帮助他，自然难从困境中摆脱出来，所以他是凶险的。

此时，柔弱者是不是因此而永远消沉呢？我们常说："从哪里跌倒就从哪里爬起。"所以说，重新开始的机会还是有的，柔弱者应积极面对现实，找到解决问题的办法。具体该怎么做呢？

柔弱者为了向别人证明自己不是一个孬种，贸然行事，这对吗？"来徐徐，困于金车，吝，有终"的大意是：慢慢地走来，被囚禁在金车里，会遇到危险，但最终会有好的结局。它是九四爻的爻辞。九四爻阳居阴位，与初六为正应，其上为九五（阳居阳位）。这就好比一个人为了解救自己的朋友，不顾自己的力量，贸然采取行动，结果遇到危险。幸亏有力量雄厚的领导的支持，才使这件事没胎死腹中。这就暗示我们，柔弱者为了表现自己的勇敢，不量力而行，而贸然行动，这不是明智的做法。

柔弱者为了使别人服从他，变得凶狠起来，采取强硬的方法压制自己的下属服从，这对吗？"劓刖，困于赤绂；乃徐有说，利用祭祀"的大意是：施行割掉鼻子、剁断脚这样的酷刑，困穷在至尊之位。后来慢慢地有了喜悦，是因为虔诚地祭祀神灵。它是九五爻的爻辞。这就好比一个人居于上位，刚开始他为了使别人服从他，采取了残酷的刑罚，结果使自己陷入了更危险的境地。后来，他改正了自己的错误，终于使自己脱离了困境。这就暗示我们，强硬的措施不可取。

柔弱者处在这样的困境中，他不采取任何行动，积极反省自己，找出自己的错误究竟在哪儿，然后对其进行改正。这对吗？"困于葛藟，于臲卼，曰动悔有悔。征吉"的大意是：被有刺葛藤缠绕，处在动荡不安的环境里，贸然行动就会造成过失，赶快反省自己，出征则吉祥。这就表明，一个人如处于困境中，及时对自己进行反省，就有利于他去干大事。这就不难看出，柔弱者的不行动不是真正的静止不动，而是积极地思索，积极地思考，以求更快地脱离困境。这里的"思索"就好比砍柴前的磨刀工，是不误脱离困境的时机的。

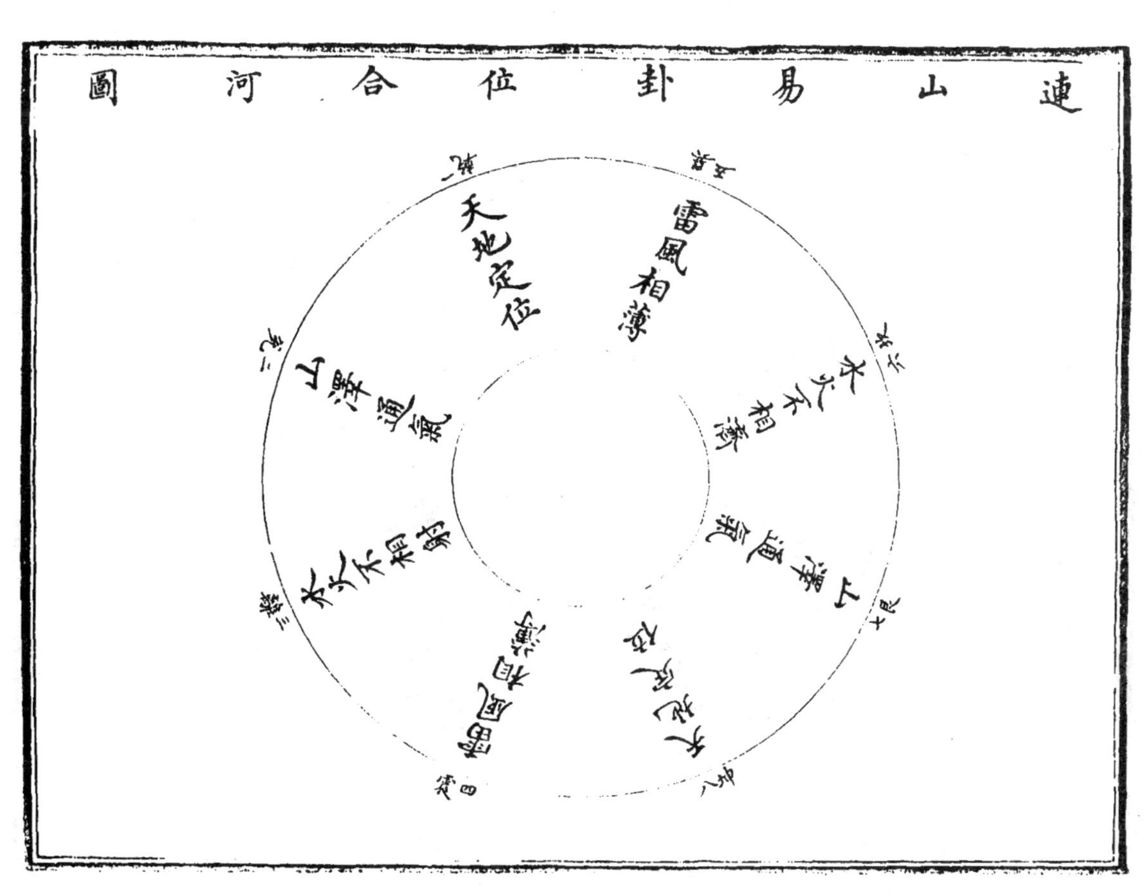

所以说，柔弱者要脱离困境，就必须要及时对自己的行为进行反省。

劓刖，困于赤绂，乃徐有说，利用祭祀

“劓刖，困于赤绂，乃徐有说，利用祭祀”的大意是：施行割掉鼻子、剁断脚这样的酷刑，困穷在至尊之位。后来慢慢地有了喜悦，是因为虔诚地祭祀神灵。

“劓”是削鼻，“刖”是砍脚，都属于刑罚的种类。《困卦》中阳被阴困，“九五”阳刚居尊，被“上六”与“六三”的阴爻包围，困在当中。又因为九五居尊自大，其为了压制他人，从而施行割掉鼻子、剁断脚这样的酷刑，由此引发了处下者的不满，被孤立在高位，陷入困境。但是，由于“九五”阳刚中正，又处于上卦兑卦之中，只要虔诚地祭祀神灵，始终保有刚中之德，广泛取信于人、神，就能摆脱困境，得到喜悦的结果。

这一爻，说明领导者要有至诚之心。

井卦

井泥不食。旧井无禽

初六的爻辞是“井泥不食。旧井无禽”。它没有判语，那它究竟代表吉还是凶呢？

爻辞的大意是：井底污泥沉滞，井水不能饮用。废弃的老井连飞鸟都不来光顾。从初六的爻位来看，为阴居阳位。这就暗示我们，一个人长期不对其行为进行自省，将会被时代所淘汰，

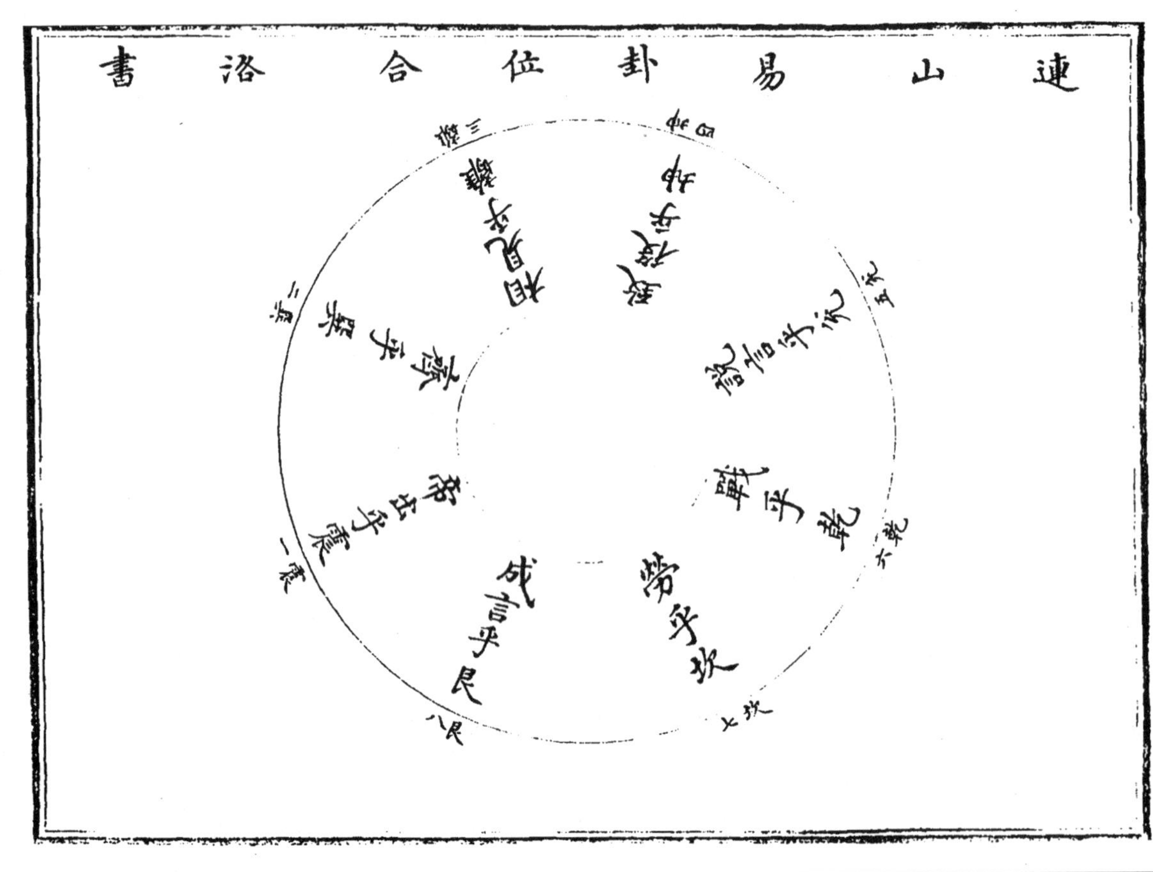

被历史所遗弃。一方面时代是不断进步的，对人的要求也是不断变化的，一个人即使一直按照原来的行为模式做事，也会被时代所淘汰；另一方面一个人是处在社会中，从他所处的社会环境来看，还存在污浊的东西，所以他如不及时自省，不及时清理污浊的思想，就会被腐蚀，被淤塞，以至于世人都远离他，成为历史的遗弃物。

大家想想看，一个被时代、被历史所抛弃的人，能获得吉祥吗？所以说，这一爻是不吉利的。

井渫不食，为我心恻，可用汲。王明，并受其福

“井渫不食，为我心恻，可用汲。王明，并受其福”的大意是：井水被淘洗干净却没有人来饮用，为此我感到伤心。应该赶快来汲取这干净的井水。渴望君臣共受福泽。

“渫”意思是将井中的泥沙挖出，使井水清洁。“九三”阳爻居于正位，在下卦的最上位，已经没有泥沙，可是这清澈的水，竟无人饮用，未免可惜。这可以汲取饮用的水，就像有的贤能之人受不到人赏识，无人重用一样。贤明的君王，应该将这些贤士，提拔重用，辅佐自己治理国家。这无论对君王，对贤士，都是福泽。

这一爻，说明君主应当求贤，发扌、任用人才。

革　卦

征，凶，贞厉。革言三就，有孚

“征，凶，贞厉”的大意是：出征凶险，去卜问得危险的预兆。这是为什么呢？

“征，凶，贞厉”是革卦九三爻的爻辞。九三为阳居阳位，就好比刚健之才推行变革，由于刚健之才的阳刚十分旺盛，他看不惯充满污浊的世道，意气行事，贸然进行改革，这当然是凶险的。

实行任何一项制度所产生的利和弊都不是绝对的：它总是对某一部分人有利，对某一部分人不利；对同一个人的某一方面有利，对其另一方面不利。这就造成在改革的浪潮中涌现三种人：坚决反对改革的，坚决拥护改革的，动摇不定的中间分子。我们都知道，改革要取得胜利，必须要争取动摇不定的中间分子。而阳刚过盛的改革者是贸然进行改革的，自然没有做好准备工作——积极宣传改革的利大于弊，争取中间分子，所以他会因势单力薄而遭遇凶险。

那究竟该怎样推行变革呢？“革言三就，有孚”就作出了正确的回答。它的大意是：这个变革方案讨论了三次才采取行动，所以得到信任，得到成功了。这就暗示：要使改革取得成功，变革方案必须经过群众（注意这里的群众包括大多数的中间分子）的讨论才能实施。这是因为：

一、经过群众的多次讨论的变革方案会日趋完善。“众人拾柴火焰高”的道理谁都明白。

二、这里的每一次讨论不仅仅是单纯的讨论，还是一次绝妙的宣传。因为要讨论，势必要把方案公布于众，要把方案的利弊公布于众。而且人民通过讨论，对方案的利弊理解得更透彻，对旧的制度所带来的危害了解得更多，更能看清旧制度的坚决维护者的本来面目。这样就无意中向群众作了绝妙的宣传。

三、人们对经过自己的讨论而出台的方案都积极拥护：他们感觉到这个方案也渗透着自己的汗水。于是，对他们来说，成功推行它的过程就是自我实现的过程。

鼎 卦

鼎耳革，其行塞。雉膏不食，方雨，亏，悔，终吉

“鼎耳革，其行塞”的大意是：变革变到鼎耳上去了，这样的变革将受到阻塞。这究竟是什么意思呢？鼎耳是鼎的关键部位，一般要借助鼎耳才能把鼎里的美食倾倒出来。如不慎将鼎耳革掉，想将美食倒出来，可太难了。“鼎耳革，其行塞”是九三爻的爻辞。九三为阳居阳位。这就好比一个有才能的阳刚者刚得到一个能发挥才能的位置，由于他是阳刚者，一心想干大事，这就造成阳刚过盛，于是他一上任就触及关键问题（如把它解决好则一切都好办，如解决不好则会遇到更大的阻力），像这种一上任就燃起一把火的做法是很容易造成恶果的。

首先，要解决任何一个问题，都要找到问题的症结。而他阳刚过盛，一心想展现自己的才华，行事急于求成，不能凡事做透彻的分析，更何况，关键问题是复杂的。结果，没有找到问题的症结，自然不能解决问题。

再说，他刚一上任，没有形成自己的交际网，他将会因没有人响应自己而失败。俗话说，一个好汉三个帮。这个古训也说明他此行凶多吉少。

退一步说，就是有谁愿意帮他，也会由于他阳刚过盛而被拒于千里之外。因为过分地想展现自己的才华使他变得刚愎自用。此时，也许你会感到困惑：“新官上任三把火”不是许多改革先锋所提倡的吗？那这里的一把火为什么都不能烧呢？试想，每一个改革者都把火烧起来了

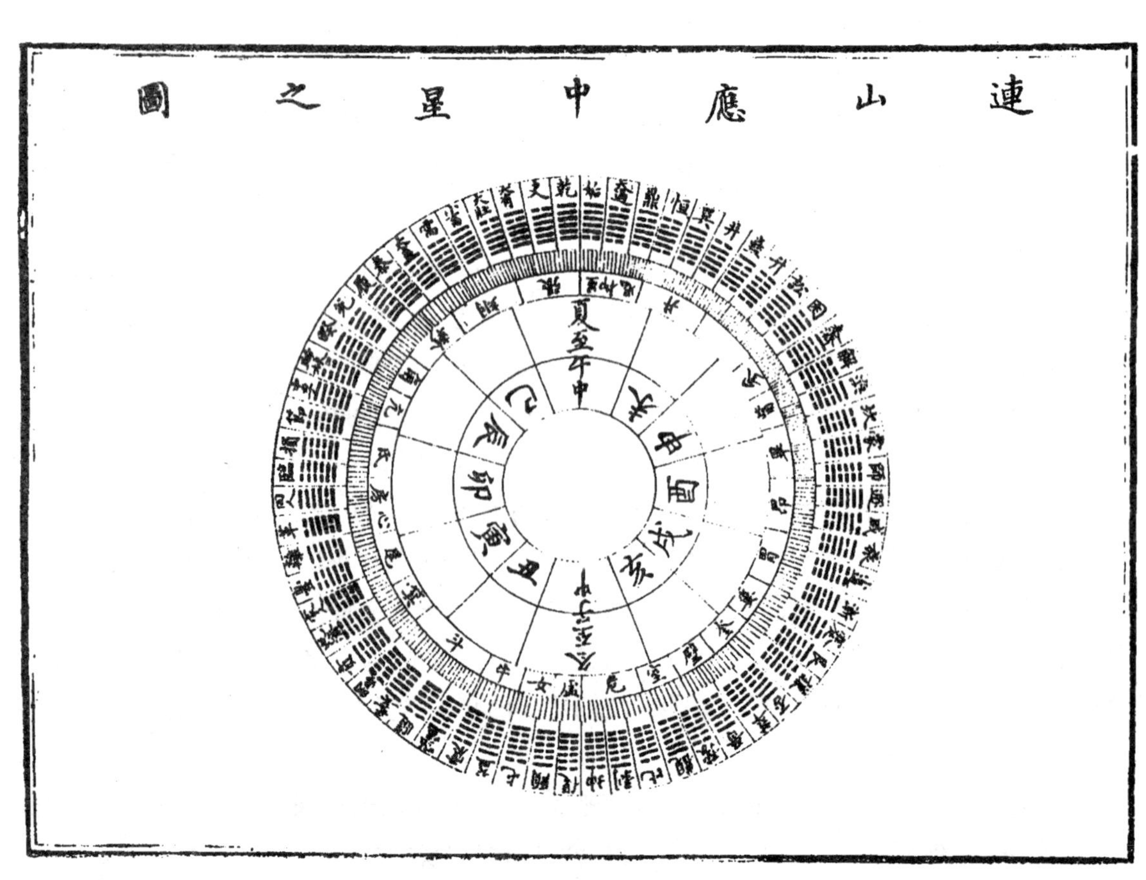
連山應中星之圖

吗？都成功了吗？显然，有一部分人没有成功，究其原因，大部分是因为他们在烧火之前没有作周密的考虑。所以，我们为避免陷入十分危险的境地，要讲究改革的方法，即先避开关键问题，从侧面入手，步步为营，最终让关键问题中的难关不攻自破。

如已触及关键问题，已把问题弄得一团糟，该怎么办呢？应由刚转为柔。“雉膏不食，方雨，亏，悔，终吉”的大意是：美食不能吃，天正下雨，落入鼎上，开始感到遗憾，后雨水将热量消损了，所以说，最终还可以获得吉祥。这就好比一个刚健的人，意识到自己因变革的方法不对而才能发挥不出来，从而得不到别人的重用，于是，他由刚转柔，刚开始别人还是不理解他，问题还是没得到解决，他因此感到遗憾，后来，他终于赢得了大多数人的信任，在他们的共同努力下，问题得到解决，他的卓越才能也得到了充分发挥。

这就暗示我们，不要急于展示自己的才能，尤其是，不能为了展示自己的才能而触及最棘手却又是最关键的问题。如已触及，就应该改变策略，从侧面入手，像雨损耗热能一样，一点一滴，慢慢将其冷却，最后，将美食倾倒出来。

震 卦

震往来厉。意无丧有事

“意无丧有事”的大意是什么呢？自古以来，对它的争议颇多。我们认为，应是：噫，没有损失，便去祭祀。因为“震往来厉”的意思是：响雷不断，恐有危难。而且它是六五爻的爻辞，六五

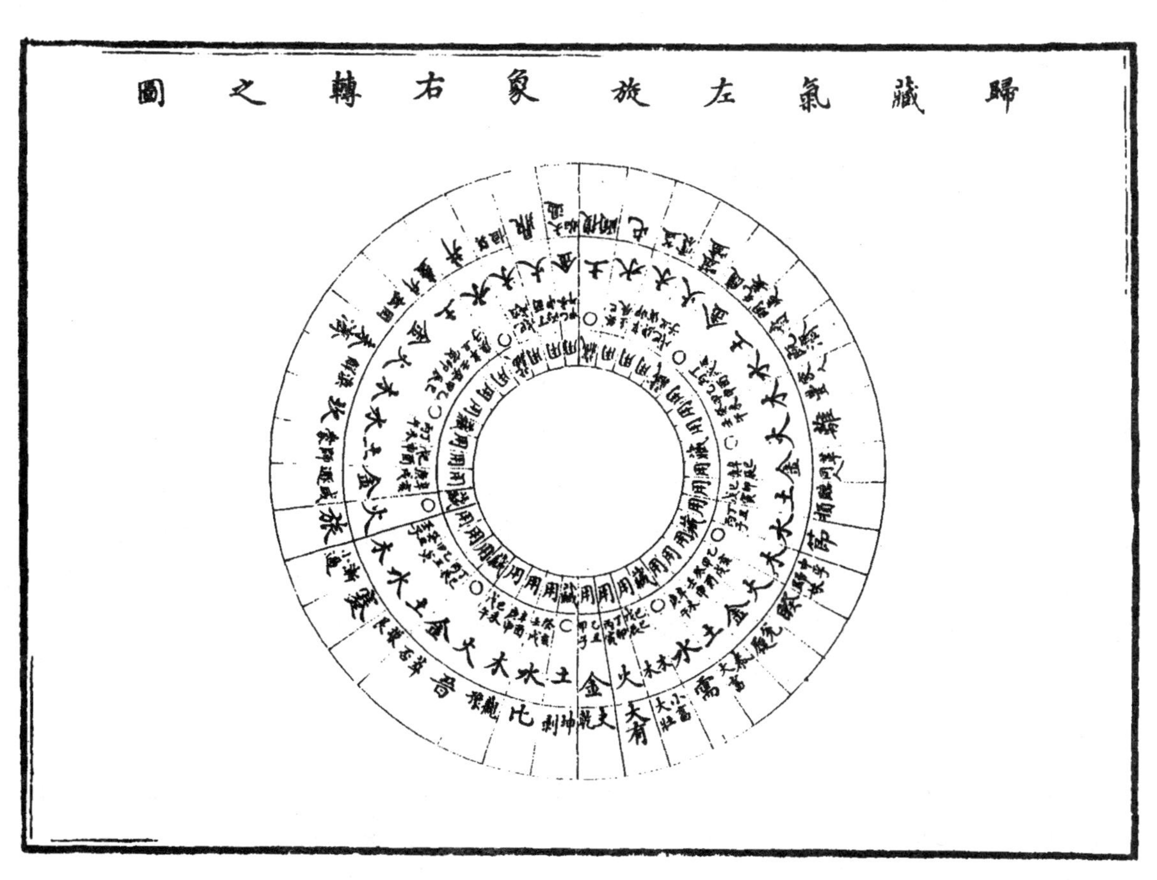

为阴居阳位。这就好比一个人处在重重的危险中，当他糊里糊涂地度过了危险（阴代表能力不够强，阳代表运气比较好），自然是不禁露出喜悦之色：噫，没有损失。既然是“没有损失”，“有事”也不能作“有事”讲。再说，古代的人习惯把“祭祀”称为“有事”。

此时，我们也不难看出，一个人在自己侥幸躲过灾难时，还记得去祭祀神灵（注意这里的“祭祀神灵”是指去拜访那些有能力的而且他将有求于他的人），这不但是未雨绸缪的做法，能防患于未然，而且更是他的智慧的体现。

首先，一个人不因自己已侥幸躲过灾难而居功自傲，还能客观地评价自己，客观地分析自己所处的境地，从而去做“三顾茅庐”这样的求贤之事。这哪里会遭遇灾难呢？

再说，如他不这样做，他将很可能遭遇灾难：

一、世事无常，时时都有可能有意外的灾难降临在他的头上，而他每次都能侥幸躲过的概率太小。在灾难来临时，只有两种可能：躲过；没有躲过。这两种概率各占一半。每一刻都面临着这两种结果，而人的一生是由无数个这样的时刻组成的，按照科学的概率论来计算他每次都能躲过灾难的概率几乎等于零（它的概率应是无数个二分之一相乘）。

二、一般情况下，人是最有感情的动物，是最讲交情的动物。他们不会随便帮助一个与他无交情的人。

三、当灾难再一次来临时，他的处境更困难。因为那些能帮助他的人会认为，他这人太自不量力、太狂妄——本来自己的能力不够，只是因为运气好，才逃过这一劫，他倒好，自认为自己有能力，不把别人放在眼里，连普通的拜望也不愿意做。

这样，无论是人为的还是非人为的条件都不利于他，自然难逃脱灾难。

艮　卦

“艮其腓，不拯其随，其心不快”和“艮其限，列其夤，厉，薰心”

从字面上说，“艮其腓，不拯其随，其心不快”（六二爻的爻辞。六二为阴居阴位）的大意是：静止在小腿上，没有随着别人行动，他心里不痛快。他没有随着别人行动，为什么还心里不愉快呢？

很显然，在“其心不快”的前面省略了一句话，那省略的又是什么呢？九三（阳居阳位）爻的爻辞“艮其限，列其夤，厉，薰心”的大意是：抑止在腰部，但已拉伤脊背，危险就像火一样烧灼他的心。这就不难看出，居于九三爻位的阳刚者是因为没有听从居于六二爻位的阴柔者的劝告，才拉伤了脊背。所以，省略的是：不听其劝，即六二因九三没听从他的劝告而心里不愉快。

从上述的分析，我们也可以得出这样一个结论：该静止就静止，否则，很可能遭遇灾难。如你走到悬崖边，别人劝你静止，而你硬要向前，结果一脚踩空，你能在半空中静止下来吗？

敦艮，吉

“敦艮，吉”是上九的爻辞，为阳居阴位。它的大意是：因敦厚而静止，吉祥。这暗示我们为人要敦厚（做事不计个人得失，不采取过激的行为，在他人看来，所有的一切都在静中得到），因

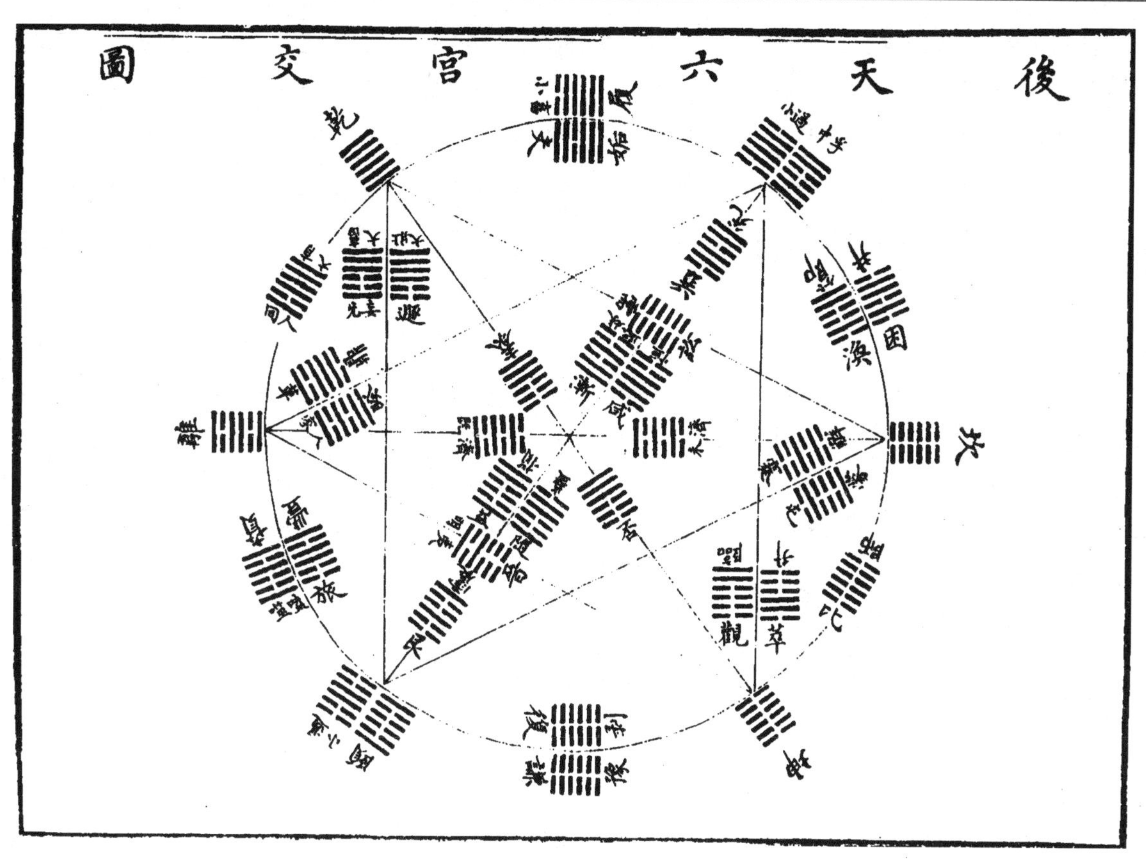

为敦厚的人往往能成为“大智若愚”的智者，能适可而止，于公于人于己都是有利的。

一、对公来说，他以人民的利益为重，不会急功近利，该静止就静止，从而顺应时势，做到无为而治。

二、对他人而言，敦厚的人往往能以静制动，是最好的朋友、老师。他宽厚待人，不过分计较得失，即使别人做了对不起自己的事，只要不太过分，他也能做到以平常心对待别人，不采取任何报复的行动。一方面使别人因羞愧而停止错误的行为；另外一方面旁观者也能从他的行为受到启发。

三、对他自己而言，敦厚的人的那些看似愚笨的外在表现更是一笔大大的财富。他不采取过激的行动，说过激的话，从而赢得了大家一致的好评，赢得了世界上最难以计量的最大的财富——人心。

渐　卦

鸿渐于陆。夫征不复，妇孕不育，凶。利御寇

“鸿渐于陆。夫征不复，妇孕不育，凶。利御寇”的大意是：鸿雁逐渐飞到陆地上。就好像夫君出征一去不复返。妇女怀孕却不生育，凶险。但有利于抵御强寇。按一般的道义来讲，一个人在她的夫君出征久久不归时，她却怀了别人的孩子，以至于不敢把孩子生下来，这是非常凶险的事。而这里紧接着又说“利御寇”，似乎暗含着这样做是正确的，这是为什么呢？

任何事都有其两面性，它们正确与否应通过权衡利弊而定。所以说，如果我们一向遵循的一般的道义是不合时宜的，遵循它已是弊大于利，那么应根据具体情况来定新的“序”。

首先，从不改变“序”的人的本质来说，他是丑的恶的，自私自利的。因为他坚持要遵守那个不适合当时的一般的道义，无非是想保持自己的名节，不受世人的唾弃。从定新的“序”的人的本质来说，他的品德是高尚的，他是以大家的利益为重的。因为他为了自己的家园不被外人侵扰，甘愿失自己的名节来保平安。

再说，人民最终会理解他的行为，会更加敬佩他。想想看，如他为了自己的名节，让强盗进来了，让人民的家园毁了，人民流离失所，人民还会高歌他的美德吗？相反，如他让人民安居乐业，而自己因丢失了名节而羞愧不已，人民难道不会同情他，为他平反昭雪吗？

这就不难看出，只要坚守了正道，一切以“利大于弊”的新“序”为遵循的准则，就能循序渐进。

归妹卦

帝乙归妹，其君之袂不如其娣之袂良。月几望，吉

“帝乙归妹，其君之袂不如其娣之袂良。月几望，吉”的大意是：帝乙把女儿嫁给周文王，让小女儿作陪嫁。作为正室的姐姐的衣着不如作为侧室的妹妹，犹如月亮快要圆满了，吉祥。这就暗示我们，一个人身居正职，如果他副手的才能和自己不相上下，内心更要纯正，更不应与副

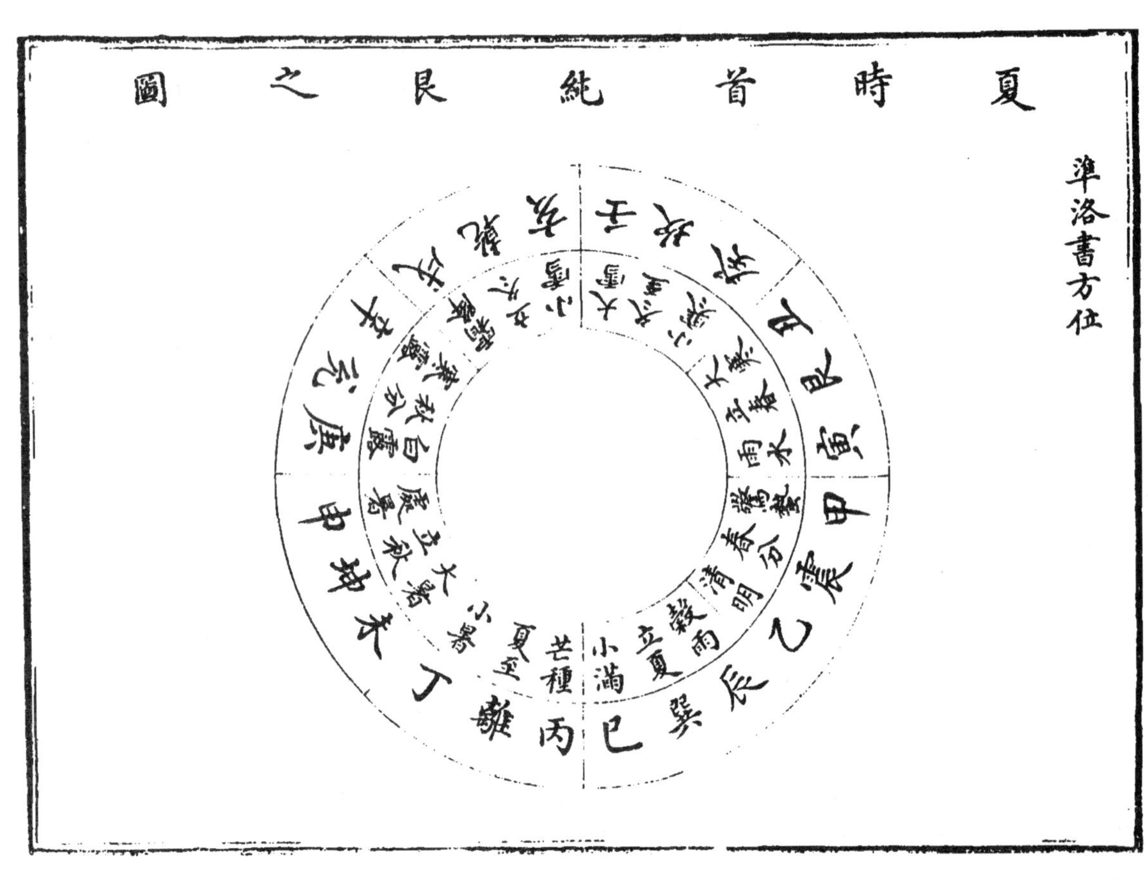

职比排场、比待遇。

首先，要使大众服从，只有两种方法：以才服人和以德服人。正职采取“以德服人”是正确的选择。因为作为副职的才能和他不相上下，他如采取以才服人的策略，在使大众服从上，他难以胜于副职。

再说，对方的心理得到了满足，从而愿意服从他，这对他是非常有利的。本来他们的才能就不相上下，对方屈居在他之下，一般来说，对方的心理是不平衡的，是极不愿意的。但现在他的待遇却比正职还好，于是他心理也平衡了，不是一心想着怎样把正职拉下马，而是愿意辅佐他。

其次，从大众的心理来说，大众看到他作为一个正职甘愿享受着比副职还差的待遇，会更加敬他。

女承筐，无实；士刲羊，无血。无攸利

“女承筐，无实；士刲羊，无血。无攸利”的大意是：女子拿着盛祭品的篮筐，但筐中没有装实物；男子用刀刺羊，却不见出血。没有什么利益。

“上六”阴柔居终，缺乏坚定的品德，而且在下卦又没有相应，所以有得不到配偶之象。虽然订婚，最终也不能成婚，即使勉强结婚，也会分离。在结婚之时，新娘的篮筐内，什么都没有；新郎在婚礼中行割羊的仪式时，羊也没有流血，出现这些不祥的预兆，就表示一切都不会顺利。

这一爻暗示我们，做事要有诚心，要重视内在的品德，这样才能有圆满的结局。

丰　卦

“丰其沛，日中见沫。折其右肱。吉”和“丰其蔀，日中见斗。遇其夷主，吉”

“丰其沛，日中见沫。折其右肱。吉”是丰卦九三爻的爻辞。九三为阳居阳位。它的大意是：盛大的光明被遮盖了，就像太阳正当中午，却能看见没有名气的小星，折断自己的右臂，这是吉利的。为什么处在盛大而迷失的形势中，折断自己的右臂是吉利的举动？

大家都知道，右臂是人体中最得力的一部分，从细致的技巧活到粗大的力气活都要靠它来完成。对于一般的用惯右手的人来说，如果没有了它，他就不能有所作为。为什么不能有所作为是吉利的？他处在盛大而迷失的形势中，他的上司极端昏庸，已被小人所蒙蔽。本来被小人所蒙蔽，只要揭开小人的面纱，就能重见光明。但他的上司刚刚建立了功业，取得了大的成绩，更加刚愎自用，不愿听别人的劝阻，所以更难有施展才能的机会，自然也不可能有所作为。

再说，九三是阳居阳位，这就意味着他十分有才能，所居的位置也较显著，容易引火烧身，为了给自己留条后路，他必须有所取舍，即牺牲自己的右臂，让自己暂且不能有所作为。这样，小人看见他已成了残疾，已是无用的人，也没有工夫跟他折腾。

其次，从这样做的结果来看，他不能有所作为，就可以求得自保，就符合古训：留得青山在，不怕没柴烧。

相反，如不这样做，他很可能因冲撞了昏君而遭遇灾害。

此时，我们就不难看出，总的来说，他的这一举动是利大于弊，是吉利的。

那么，怎样做才能求得将来的吉利，才能求得进一步发展呢？

“丰其蔀，日中见斗。遇其夷主，吉”的大意是：这样盛大的光明被遮盖了，就像正午时分，可看见北斗星，遇到了与自己实力相当的人，可获吉祥。这就暗示我们，处于盛大而迷失的黑暗中，要寻求外部力量（要与自己的实力相当）使自己渡过难关，并得以发展。因为自己的元气已大伤，自身的力量已受损，顶多能渡过难关以求自保，而要有所发展，必须借助外部的力量。这里为什么强调要与自己的实力相当呢？这是因为：

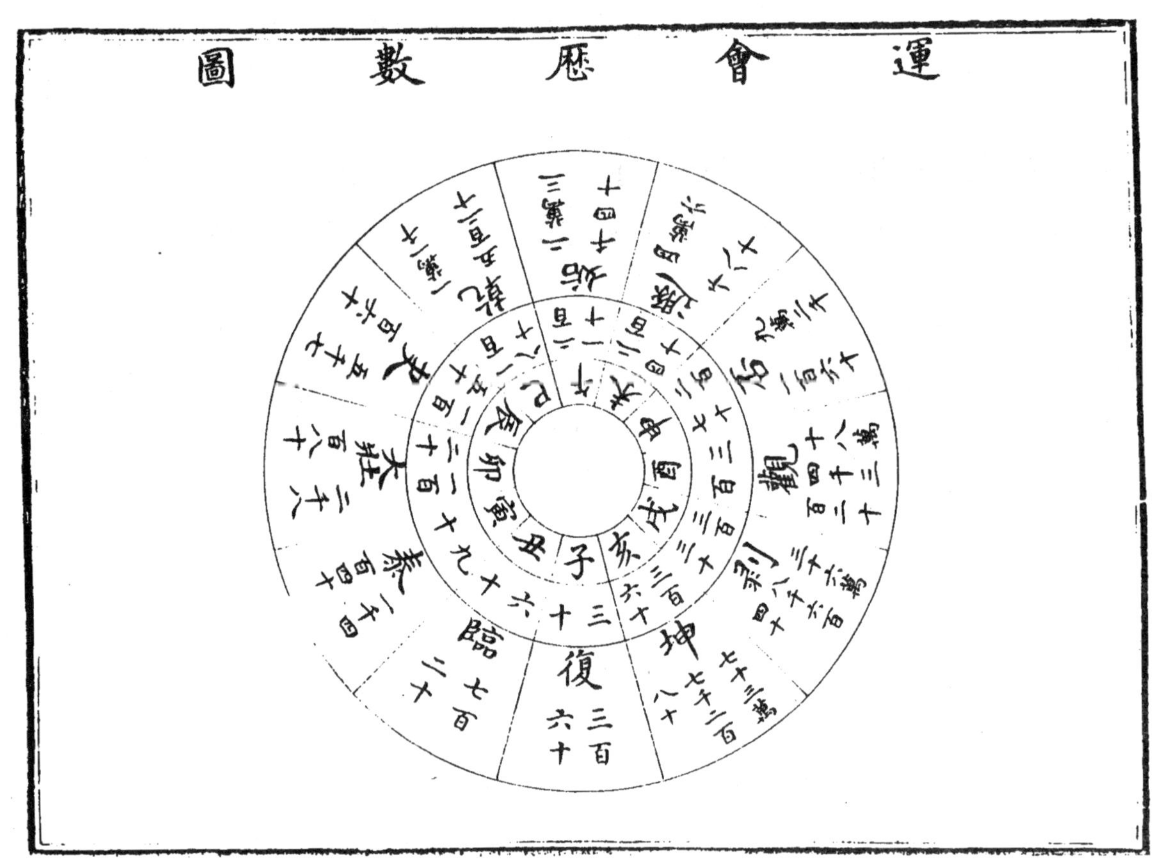

一、实力过于强的人很可能会觉得你的实力太弱，与你联合没有什么利益。实力过于弱的人也帮不上你什么忙。

二、如你俩实力相差过于悬殊，小人稍从中作梗，就会严重失衡。造成联盟不成，反目成仇。因此，在黑暗中，与自己实力相当的人联合，便能渡过难关，并能求得进一步发展。

丰其屋，蔀其家，窥其户，阒其无人，三岁不觌，凶

“丰其屋，蔀其家，窥其户，阒其无人，三岁不觌，凶”的大意是：扩大自己的房屋，遮蔽居室，从门缝里探视，静悄悄的没有人影，长时间看不见人，这是不祥之兆。

“窥”是窥视的意思，“阒”是寂静的意思，“觌”指见。上六阴柔处《丰卦》之极，又居上卦震卦之终，因而不能固守安定。而且下卦离卦的光明，也不能到达，因而昏暗，就像把自己深藏自蔽在大房子里，又用帘子将居室遮挡起来，更加黑暗。由门缝向里窥视，看不到人影，长时间也看不到有人出来，像这样居“丰大”之世而自绝于人，必然将有凶险。

这一爻告诫我们不要因盛大而迷失自己，不要被胜利冲昏头脑，使自己完全闭塞。

旅　卦

鸟焚其巢，旅人先笑后号咷，丧牛于易。凶

“鸟焚其巢，旅人先笑后号咷，丧牛于易。凶”是旅卦上九爻的爻辞。上九为阳居阴位。它的大意是：高枝上的鸟巢被烧毁，旅人先得到高位而笑，后看到眼前的悲惨境地而掉眼泪。在异地失去了牛，有凶险。这就暗示我们，旅居在外，得到了高位，更要谦逊待人。这是为什么呢？从他的处境来看：

一、旅居在外的人往往处在一个陌生的环境，人民并不了解他。他之所以得到高位是因为有人提拔他。此时，人民很可能会认为他的高位来得不正当。

二、人都有排异性，往往不愿意服从一个外地人的领导。

三、任何一个地方都有地头蛇，这些地头蛇因他到来而心里极端不平衡。因为他们在此地已称霸多时，本想乘机升上去，没想到却让一个外人占了他们已看好多时的位置。

一个人在外地做官，没有自己的势力范围，没有当地人民的支持，又受到地头蛇的嫉妒和暗中破坏。不难看出，他处在一个极端危险的境地，其原因是人民不了解他，也不愿意服从他，给了地头蛇从中作祟的机会。

该怎样使人民服从他呢？古往今来，许多贤人志士的经历告诉我们，谦逊待人是获取民心的最好的武器。所以，我们在得到了别人的提拔后，不要以居高位而自傲，而要谦逊待人。

巽　卦

“巽在床下，用史巫纷若，吉，无咎”和“巽在床下，丧其资斧，贞，凶”

“巽在床下，用史巫纷若，吉，无咎”的大意是：谦卑而趴在床下，像祝史、巫觋那样用谦恭的态度行事，吉祥，没有什么灾祸。“巽在床下，丧其资斧，贞，凶”的大意是谦卑而趴在床下，丢失了别人资助的钱财，卜问结果是凶险的。为什么同是谦卑而趴在床下，一个是吉利的，一个是凶险的？

古代的祝史、巫觋是与鬼神沟通的半仙，他们在施行法术时表现得非常谦卑，就是对于地位比自己低下的鬼神也不施加威力。再从“巽在床下，用史巫纷若，吉，无咎”所处的爻位来看，它是九二爻的爻辞。九二为阳居阴位。所以说，这就暗示我们，一个人虽处于优势，但他也愿意居于与自己的能力不相称的下位，自然能获得吉祥。其原因是：

一、人民只尊敬真正的谦逊、宽容者——虽有能力向对方施加威力，但他不施加威力。

二、从处于优势的人的处境来说，他处于一个进可攻、退可守的处境，即如果谦逊不能赢得对方的尊重，反而招来对方的无理取闹，他可以用强硬的方法解决问题；如果对方因此而尊重他，这也达到了目的，他也没有损失什么。

三、从对方的心理来看，一方面他可能会更加敬佩他；另一方面可能会因看到对方的强大实力而不敢冒犯对方。

“巽在床下，丧其资斧，贞，凶”是上九爻的爻辞。上九为阳居阴位，又是巽卦的最后一爻，这就暗示我们，一个人处在穷极的困境中，不能表现得太柔顺了：

一、一般人认为，处在穷极的困境中所表现的顺从，不是谦逊，而是软弱，其实质是懦夫的表现。所以，他们会因此更鄙视他。

二、从他的处境来看，他已没有退路，如果他还是顺从对方，还是往后退，那么只有绝路一条。

九九方數圖

九九	九八	九七	九六	九五	九四	九三	九二	九一
八九	八八	八七	八六	八五	八四	八三	八二	八一
七九	七八	七七	七六	七五	七四	七三	七二	七一
六九	六八	六七	六六	六五	六四	六三	六二	六一
五九	五八	五七	五六	五五	五四	五三	五二	五一
四九	四八	四七	四六	四五	四四	四三	四二	四一
三九	三八	三七	三六	三五	三四	三三	三二	三一
二九	二八	二七	二六	二五	二四	二三	二二	二一
一九	一八	一七	一六	一五	一四	一三	一二	一一

三、从对方的心理来看，对方会认为，他在自己步步紧逼的情况下，连连后退，即使已快把他逼到绝路上，也不知反抗一下，这是没有骨气的人。因此会更加憎恶他。相反，如他刚强一点，或许对方会因欣赏他的骨气而放了他。

四、从结果来看，如他在穷极的困境中，不再顺着对方的紧逼之势往绝路上走，积极反抗，这就意味着还有一线生机；相反，连一线生机也没有。

所以说，在自己有实力时，适当的退让是吉利的；在处于穷极的困境时，顺从、退让往往会给自己带来危险。

兑　卦

商兑未宁，介疾有喜

“商兑未宁，介疾有喜”的大意是：商量和解之事，但是心中不安宁，如果能隔断阴柔、嫉妒，就有喜庆的事。看了爻辞，不禁产生两大疑问：一、九四为什么心中不安宁？二、九四要阻断谁的阴柔、嫉妒？

九四的上一爻是六三，六三是阴居阳位，六三爻的爻辞是“来兑，凶”。九四的下一爻是九五，九五爻的爻辞是“孚于剥，有厉”。从卦画上看，六三和九五相对。这就表明六三是一个没有诚意的和谈者，他将要到九五那里去游说，引诱九五犯罪。这就不难看出，九四心中不安宁是因为六三没有诚意，担心六三这种奸诈小人去蛊惑九五，给人民带来灾难。九四为了确保大家的真正的和悦，必须揭穿六三的丑恶面目，阻止他利用他的假仁假义去害更多的人。

引兑

“引兑”的大意是：引诱他人与之和悦。它为什么不下判语呢？

因为一个人去引诱别人与之和悦带来的结果是吉还是凶，还不能确定。如果被引诱的人能坚守正道，不被其迷惑，则双方都不会有过错。如果被引诱的人不但不被引诱，还能说服引诱的人，使他停止这种罪恶的行动，这是非常吉利的。如果双方一拍即合，同流合污，则是非常凶险的。暂且不说他们的行为给人民所带来的灾难及事情败露后的悲哀，就是对他们自己而言，也不是一件好事：他们都能为名为利所动，说明他们不能坚守中正，他们像墙头的草，风吹两边倒。大家都知道，有东风就有西风，有南风就有北风，这是不可改变的自然现象，一个人有得势的时候也有失势的时候，这也是不可改变的客观规律。所以他们天天担心事情败露，为之没睡过一天安稳的觉。

从上述的分析，我们可以得到这样一个启示：我们一方面要抵制小人的引诱，另一方面也不能引诱别人犯罪。

涣　卦

涣奔其机，悔亡

“涣奔其机，悔亡”的大意是：处在涣散之时，找到像几案似的可安身立命的凭借，悔恨消失。他的悔恨是什么？他为什么会悔恨消失？

因为处在涣散之时，如他没有找到相互依存的东西，就会孤立无援，处于危险之中，自然就后悔这个找的行动了。

此卦辞是属九二爻的。从卦画上看，九二为阳居阴位，居于下卦的中位，它的上一爻是初六，阴居阴位，它们形成了相承的关系。此时，我们不难看出，这个几案指的是初六。九二和初六可谓在涣散中相互保全：初六愿意承载九二，因为九二坐上去后，他便会更加稳当，而九二能居中而坐，他也坐得稳当。能相互保全，自然悔恨消失。

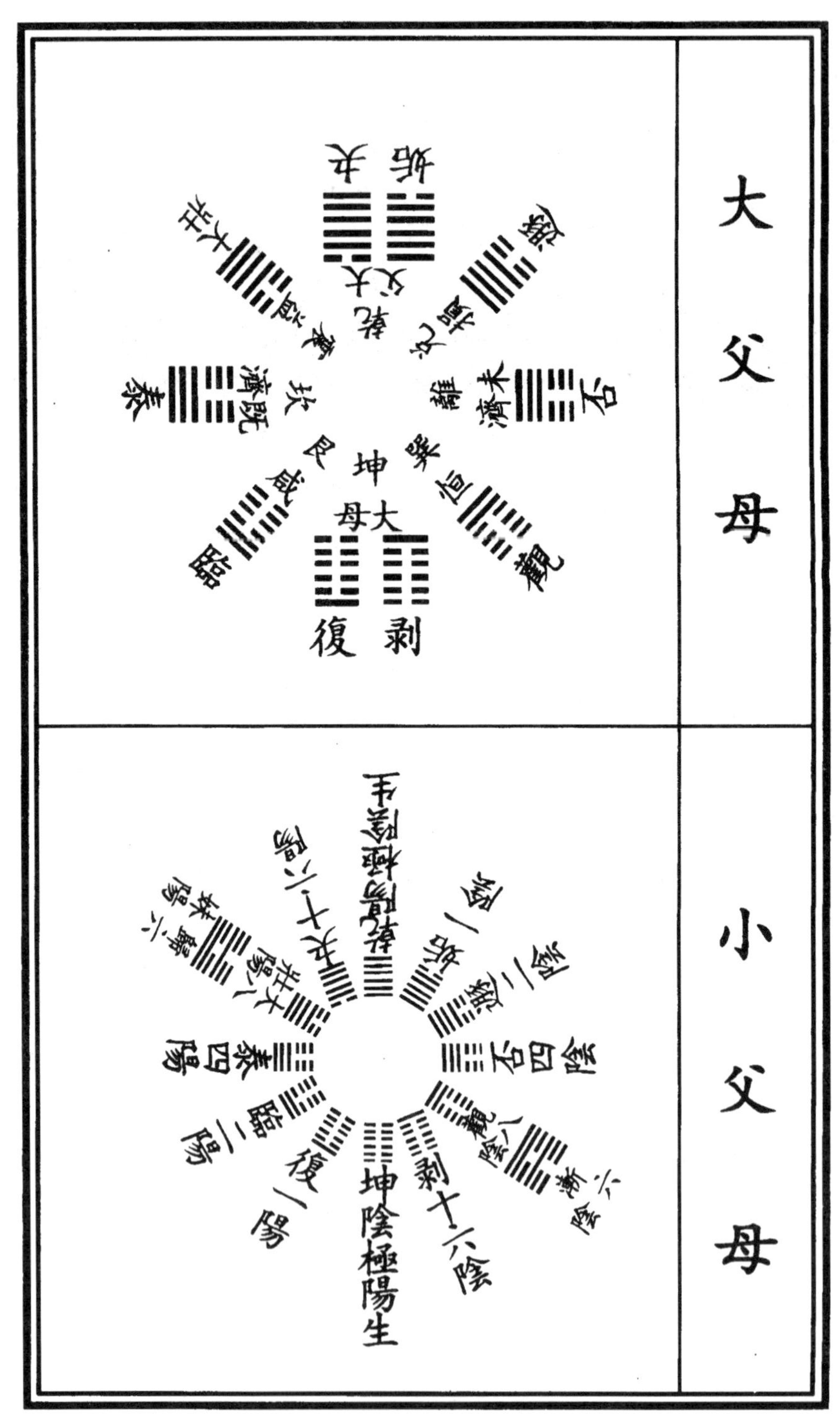

涣其血去，逖出，无咎

“涣其血去，逖出，无咎”的大意是：涣散至极而四方聚合，忧患消除，远离惕惧，不会有什么灾祸。大家都知道，事物要向其对立面转变，是有条件的，而此爻辞说“涣散至极而四方聚合”，这不违背了我们的哲学真理吗？

其实，只要我们看看卦画，就知道这句话是合情合理的。此爻辞是涣卦上九爻的爻辞，上九是阳居阴位，这就好比一个人在涣散的过程中，逐渐变得心胸开阔，把狭隘引起的忧愁和恐惧都给涣散出去了。而心胸开阔的人不计个人得失，一切以大局为重，处处知退让，从而赢得其他人的尊重，教化其他人，使分散的人民走向凝聚的团体。这不难看出，涣散向四方聚合转变的条件是心胸开阔。

所以说，我们处在涣散的逆境时，要心胸开阔。

节　卦

甘节，吉。往有尚

“甘节，吉。往有尚”的大意是：平和地节制，吉祥。采取这种节制手段，会使人自愿接受。

“甘节”与“苦节”相对，是平和愉快地节制。“九五”阳刚中正，居于君位，正符合《彖传》中所提到的“当位以节，中正以通”。作为王者，节制天下，已自身中正的品德，消除阻碍，平和地节制自己的欲望，且在节制其他人时，会让人自愿接受，所以吉祥。这样君主才能积极行动，建立有益于民的丰功伟业。

这一爻阐发了“平和节制”的道理，进一步强调了节制应适度。

苦节，贞凶，悔亡

“苦节，贞凶，悔亡”的大意是：过分节制，卜问得凶兆，悔恨消失。此爻辞的判语不是互相矛盾了吗？

其实，它们并不互相矛盾。此爻辞是节卦上六爻的爻辞。从卦画上看，上六为阴居阴位，为正当的居位，这就表示上六的过分节制不是为了私人利益，而是为了公众的利益，也许人民起初不理解他的行为，但没有不透风的墙，人民最终会知道事实的真相，因而尊重他，悔恨自然消失。

从另一方面看，他过分地节制，给他自己带来了伤害：

一、外来的伤害。在人民还不知道他的真实意图时，会误解他，甚至因误解而采取对他不利的行为。

二、自制的伤害。他过分地节制自己，抑制自己的适当欲望，过着苦行僧似的生活，势必会损害自己的身体。对他自己的事业是有伤害的。

中孚卦

得敌，或鼓，或罢，或泣，或歌

“得敌，或鼓，或罢，或泣，或歌”的大意是：面对强大的敌人，或乘胜追击，或精神委靡而休息片刻，或失败而泣，或放声高歌。为什么会出现这一系列的反应呢？

“得敌，或鼓，或罢，或泣，或歌”是六三爻的爻辞。从卦画上讲，六三是阴居阳位。这就表明他内在阴柔，但刚强好胜，于是“或鼓”。但由于自身力量并不是太强大，而敌人的力量非常强大，一时难以取胜，便打了退堂鼓，于是“或罢”。没有取胜而退，担心敌兵追来，被杀得片甲不留，于是“或泣”。一时还不见敌兵追来，于是“或歌”。

从以上所述，我们不难看出，六三的言行严重受到外界的影响，经常变动，内心没有诚信，就像没有舵手的船。没有舵手的船能到达目的地吗？机会太少。所以说，六三是凶多吉少。

月几望，马匹亡，无咎

“月几望，马匹亡，无咎”的大意是：月亮快圆的时候，马忽然失踪了，没有大的灾祸。一般说来，马突然失踪，并不是件好事，而它的判语却是“无咎”，这是为什么呢？

“月几望，马匹亡，无咎”是六四爻的爻辞。从卦画上看，六四是阴居阴位，它的上一爻是六三，六三为阴居阳位，它的下一爻是九五，九五是阳居阳位。这就表明，“马匹亡”在这里指的是六四失去了六三这样一个好朋友。

再结合六三爻和九五爻的爻辞，就不难看出，六三是个没有诚信的人，言行无常，九五是个有诚信的至尊者，他因诚信而团结了一大批人在身边。尽管六三和六四都是阴爻，属于同类，是好朋友，六四要与有诚信的九五相交，果断与六三决裂，这当然没什么灾祸。

小过卦

过其祖，遇其妣；不及其君，遇其臣。无咎

“过其祖，遇其妣；不及其君，遇其臣。无咎”的大意是：超过祖父，遇到他的祖母。没有赶上国君，国君遇到他请他做自己的辅臣，一定没有灾祸。这暗示我们，在小的动荡年代（一个国家或一个企业的管理机制及运行模式已成熟，作为领导者，只需按章办事，就能有所作为，不过，在运行的过程中，难免出现一些小的错误，从而引起小的震荡，我们把这样的小震荡中的时期叫小的动荡年代），要适当展示自己的卓越的才能，但不能表现得比自己的上司还优秀。一般来说，表现得越优秀越好，而这里为什么说要适当展示自己的才华呢？这是因为：

一、与动荡年代相应的职位相比，小的动荡年代中的每一个职位对人的要求要低些。因为在小的动荡年代只需按章办事，而处在大的动荡年代，无章可循，需要创新，才能稳步前进。

二、一般说来，上司喜欢有才华的人，但是如超过了他的才华，他就会有危机感，甚至因嫉妒、猜疑而除掉他。因为人民可能会因他有才能而赞美他，并且他的美誉可能会超出他的上司，毕竟人民只认才，不认人。此时，他的上司自然就感觉压力太大，心里十分紧张，而一个人在精神紧张时，往往多疑，于是，稍有风吹草动，他就会因错误的猜想而采取过分的行动。

三、在小的动荡年代，如才华高过上司，更容易遭小人暗算。因为在小的动荡年代，人民较安居乐业，一方面产生的剩余产品也相对较多，另一方面领导者往往容易忽视小问题，这使小人的生存空间更广，而且也因无偿占有别人的剩余产品而有了闲工夫。再说，对小人来说，他的上司因他的才华出众而恐慌，这无疑是个好机会。小人如乘机与他的上司联合，这无疑对他是一个莫大的威胁;如不联合,从中调唆,对他来说,也不可小觑其杀伤力。

所以说,在小的动荡年代,要适当展示自己的才华。

既济卦

“曳其轮,濡其尾,无咎”和“濡其首,厉”

“曳其轮,濡其尾,无咎”是既济卦初九爻的爻辞。初九为阳居阳位。它的大意是:把车轮往后拖曳,打湿小狐狸的尾巴,没有灾祸。这就暗示我们,一个人在成功之后,应谨慎守成。

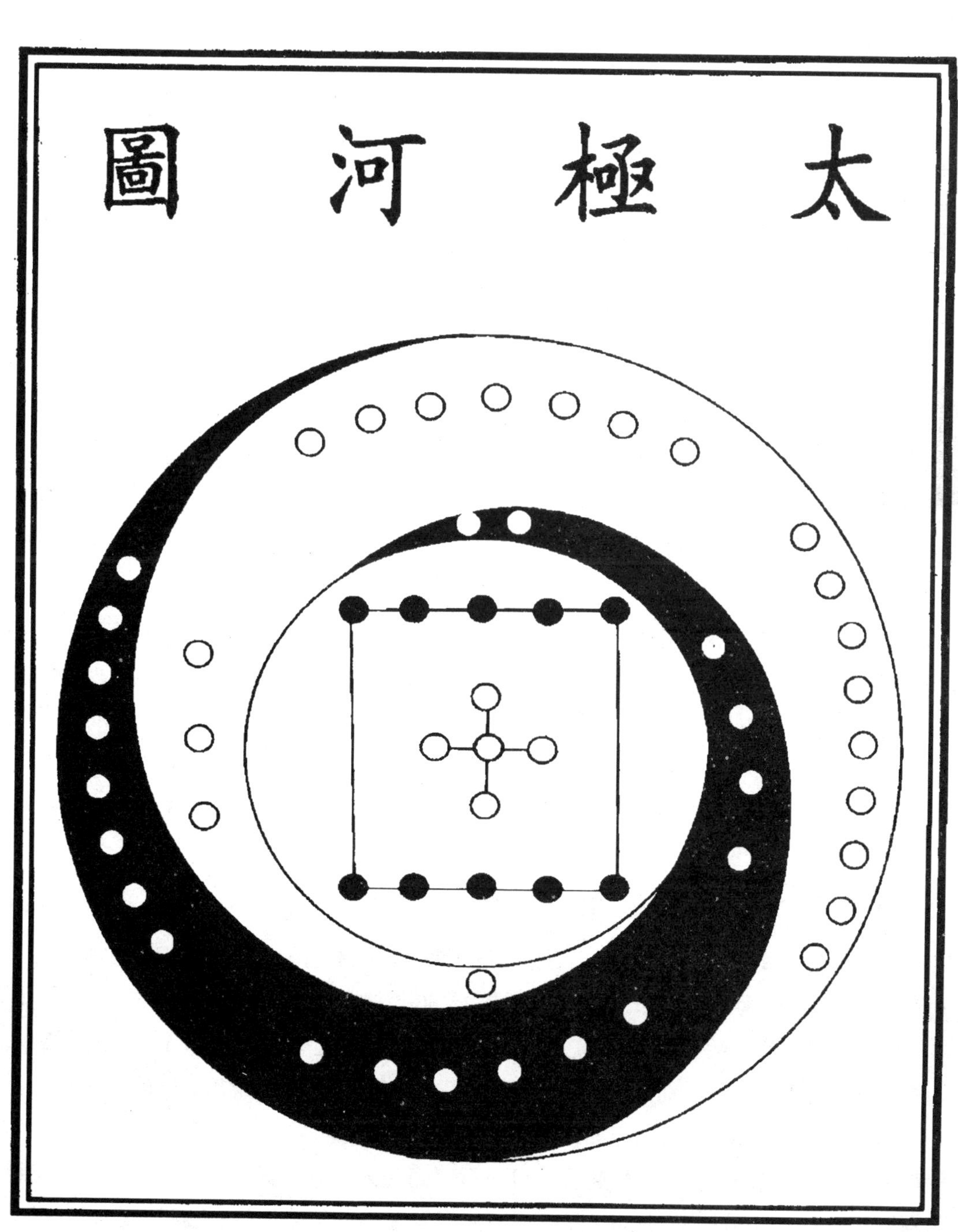

大家都知道,一个人要想成功,必须同时具备天时、地利、人和三大条件。而一个人在成功之后,往往不具备天时。因为促使一个人成功的机会不是时时刻刻都有的,特别是在上天刚赐给他一个好机会后,上天一般不会迅速地又赐给他一个好机会。另外,人和的条件也不成熟。一方面上一次的有功之臣都沉浸在成功的喜悦中,他们都想停下来分享成果;另一方面人们一般都嫉妒成功的人,都想把成功的人拉下马,跟自己一起在地上行走。为了达到目的,人们往往制造假机遇,等他往陷阱里跳。暂且不说地利的条件怎么样,三个必备的条件,就有两个不成熟,可见,一个人在成功之后,冒进是不对的。

相反,如果在成功之后,谨慎守成,则是有利的。因为谨慎守成能防止使一个人从成功的宝座上跌落的两大弊端:一是分配不均,奖罚不分明。因为谨慎行事,就会仔细权衡各种分配方案、奖罚措施,从而选取让大多数人满意的方案。二是用人不当。因为谨慎守成的人,他往往尊重事实,不妄下结论,于是他挑选的人都是禁得住考验的。

这里的谨慎守成是不是指停止不前呀?

"濡其首,厉"的大意是:河水浸湿了小狐狸的头,有危险。大家都知道,河水浸湿了小狐狸的头,小狐狸是不能行进的,而且还有生命危险。这就暗示我们,一个人过于保守,最终也会走上毁灭。因为事物是发展的,是变化的,而他停止不前,自然会被时代进步的浪潮所淹没。所以说,谨慎守成不是指停止不前,而是指在成功的基础上积蓄新的力量,以求下一次质的飞跃。

未济卦

濡其尾,吝

初看起来,未济卦的"濡其尾,吝"与既济卦"曳其轮,濡其尾,无咎"似乎相矛盾。但细细思考一下,它们一点也不矛盾。

"濡其尾"的大意是:小狐狸渡河时,尾巴被沾湿了。而尾巴被沾湿了,就不利于行进。所以,在既济卦中,它的象征意义是:在成功后,不妄动,谨慎守成。在未济卦中,它的象征意义是:未成功,但因受挫而难以继续行进。很显然,成功后,能谨慎守成,是不会有灾害的;未成功,就难以行进,容易遭遇灾害。再说,未济卦的"濡其尾,吝"是初六爻的爻辞,而初六是阴居阳位,这就意味着此时的小狐狸尾巴被沾湿是因为它在自己力量不足时,急功冒进。

有孚于饮酒,无咎。濡其首,有孚,失是

"有孚于饮酒,无咎"的大意是:信任别人,安闲饮酒,没有什么灾祸。这就表明一个人十分信任别人,放手让别人为自己办事。这样做是明智的做法吗?

古人说:"用者不疑,疑者不用。"这也告诉我们,不要胡乱猜疑别人。而且,胡乱猜疑别人很可能引起两种结果:一种是别人因他的胡乱猜疑而不能安心为他做事,不能充分发挥自己的才能。因为人一旦遭猜疑,可能就害怕自己的举动引起更多的误解,因此不敢放开手脚干事。另一种是别人因他的猜疑走向与之相对立的一面。因为人遭到了猜疑,就有可能去向自己的领导或朋友表明自己的心迹,当表明了自己的心迹之后,还不能得到信任,他就认为自己认错了人,

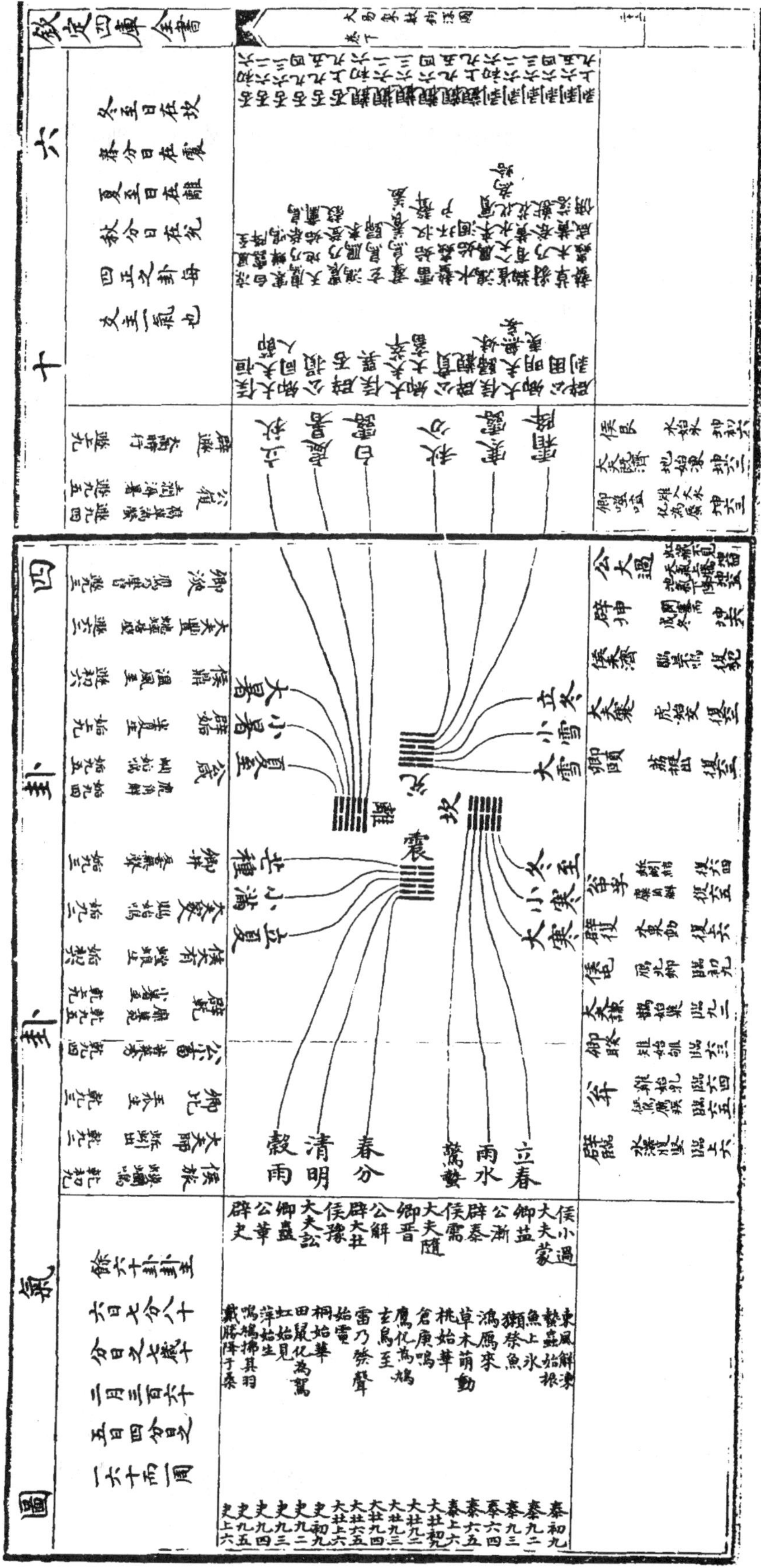
欽定四庫全書
六十四卦氣圖

心里充满了愤恨,不由自主地走向了与之相对立的一面。相反,如充分相信别人,别人就有一种“士为知己者死”的使命感,充分发挥自己的主观能动性,克服困难。

我们常说“做事要有分寸”,相信别人也不例外。因为过分相信势必给我们带来危害。那么怎样避免过分相信呢?一般来说,有意识地过分相信别人的概率很小,大部分是无意识地过分相信别人,而静止地看人是造成无意识地过分相信别人的主要原因,所以我们要用发展的眼光看人。

“濡其首,有孚,失是”的大意是:饮酒逸乐如小狐狸的头被沾湿了,那是过分相信别人,将失去正道。小狐狸的头被沾湿了,小狐狸是不能行进的,这就好比一个人用静止的眼光看人,而静止地看人很可能造成无意识地过分相信别人,给自己带来危害。

相信别人包括两个方面:一是相信别人的才能;二是相信别人的人品。从时代的进步性来看,一个人的才能在此时适合此岗位,如他不随着时代而进步,那么在彼时就不适应此岗位了。再说,引起一个人的人品发生变化的因素很多,特别是在事业还未成功时,小人特别多,被相信的人难免会因小人而变节。更何况,事业还未成功,被相信的人的心迹究竟怎样还有待于事实证明。

此时,我们不难看出,过分相信别人的才能,其事业就会因别人不能胜任而以失败告终。过分相信别人的人品,其事业就会因别人的变节而毁于一旦。

所以说,我们不要用静止的眼光看人,而要用发展的眼光看人,即因时而异,因地而异。

第四編

易經

百科

《易经》是怎样出现的？

商周时代科技虽然并不发达，但人们在生活中，仍不断地探寻着天地万物的规律。他们通过实践和总结，归纳出了一套系统的理论，并延伸出推导事物的方法。在中国，古人根据他们的探索总结出了“易”的原理，它作为预测事物的一种方法，首先被卜筮人员所掌握。到周朝时，这套理论已经发展得比较完备了。

春秋时期，孔子在担任官职的时候，接触到了《易》，觉得它非常的奇妙。晚年的时候孔子潜心研究《易》，时常阅读，以至于串着这本简册的皮绳都断了三次，“韦编三绝”的成语也就由此而来。孔子对《易》的喜爱，使他重新编撰了这本书。后来孔门弟子将孔子亲自编撰的书称之为“经”，该书也位列其中，这就是《易经》。

《易经》是一本什么书？

从表面看，《易经》好像是一部专论阴阳八卦的著作，但实际上它的核心内容，是在讲一个对立与统一的宇宙观，以及如何运用它来得到未来的信息。它的内容十分丰富，涉及的范围很广，

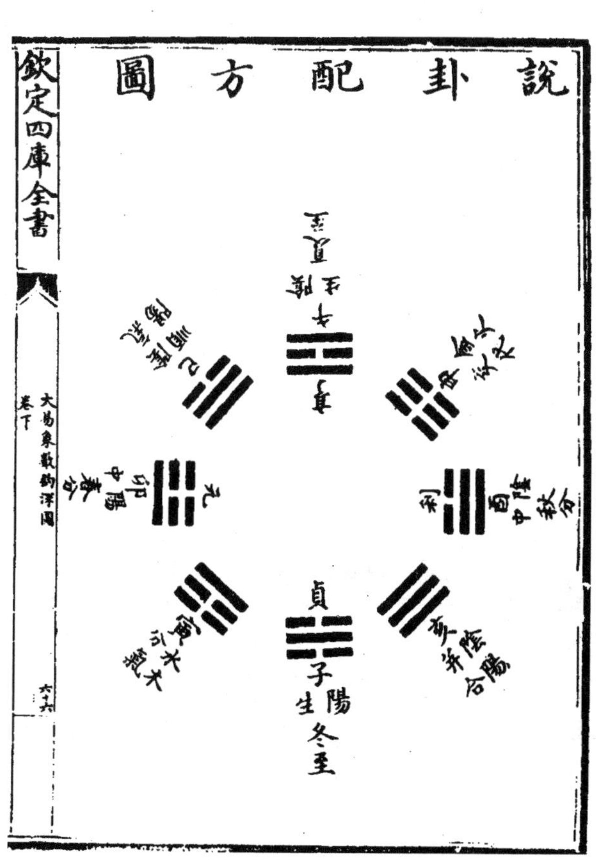

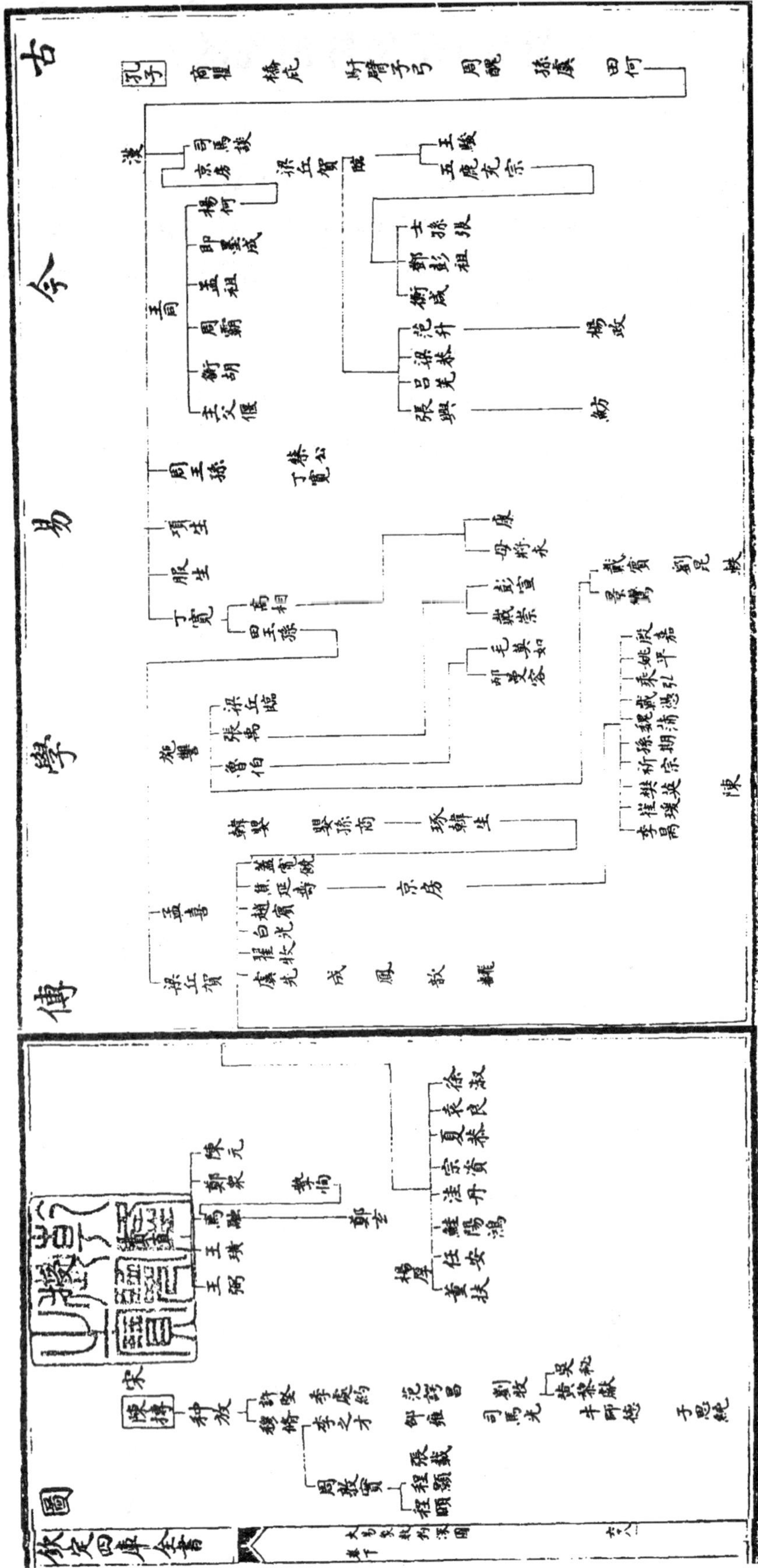
古今易學傳授圖
欽定四庫全書

上论天文，下讲地理，中谈人事，从自然科学到社会科学，从社会生产到日常生活，从帝王将相如何治国到老百姓如何处世做人等，包罗万象，无所不有。

总而言之，《易经》既有哲学意义，又有实用价值，它对中国文化的发展有着重要的影响。

《易经》的地位有怎样的变化？

在孔子之前，《易》只不过是本讲巫术的书，但孔子的《易传》彻底改变了《易经》的命运，它开始成为显学。

但《易经》太深奥了，所以直到汉初，《易经》并没有得到应有的重视。当时被公认为群经之首的是《春秋》，司马迁却认为应该是《易经》，因为它“究天人之际”，也就是《易经》穷尽了所有天人之间的事情，一切问题都可以在《易经》中找到答案。

后来汉武帝接受了这个观点，《易经》才开始得到统治阶级的认可。汉宣帝时的一个宰相甚至认为《易经》是圣帝明王治太平的书，运用《易经》的原理，就可以创造出一个太平盛世来。此后，《易经》才真正获得了统治阶级的认可。

东汉时，班固的《汉书·艺文志》将《易经》定为群经之首，《易经》两千年毫不动摇的极高的地位从此确立。其间《易经》被用来批评朝政，治国安邦，直到清朝。解释《易经》的著作就有三四千种之多。

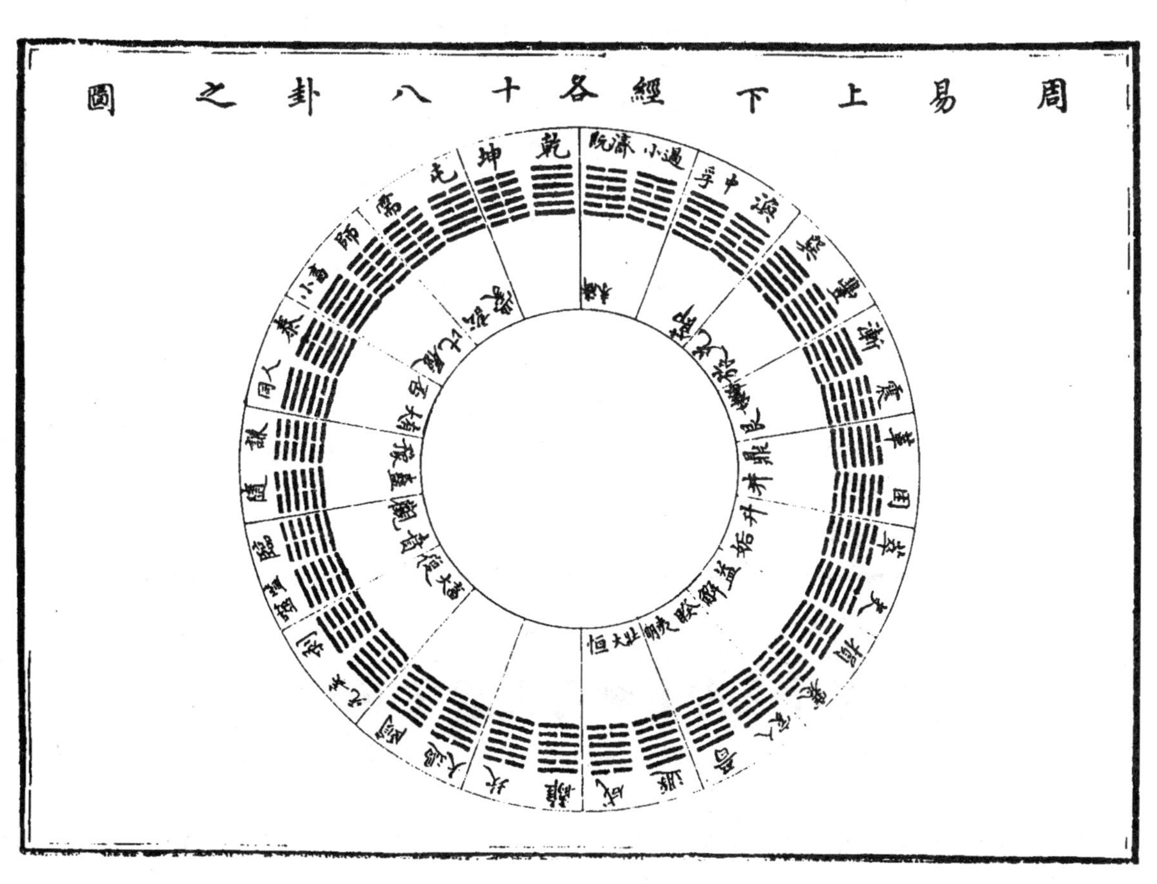

孔子对利用《易经》进行预测有什么看法？

在《易经》成书的年代，卜筮的具体方式就是蓍（shì）与卦，后世的诸多预测方式都要等到《易经》地位上升并得到广泛推广后才最终出现。其实蓍就是求卦的具体方式和方法，而卦则是占筮得出的结果，也就是八卦和六十四卦。

《易经》的思想体系就是围绕着卜筮展开的。

孔子说“不语怪力乱神”，由此他对《易经》的推崇让一些人不明白。其实孔子更多着眼的，是《易经》中对世界的高度概括，无论是阴阳、八卦、六十四卦的符号，还是它们之间的流转变化，都显露了世事的一定规律，并且讲述它们可以不用多言，只用一个符号就足以表达。因此《易传·系辞传》中说，圣人不抛弃卜筮方法的原因，是可以借它们来表达思想。

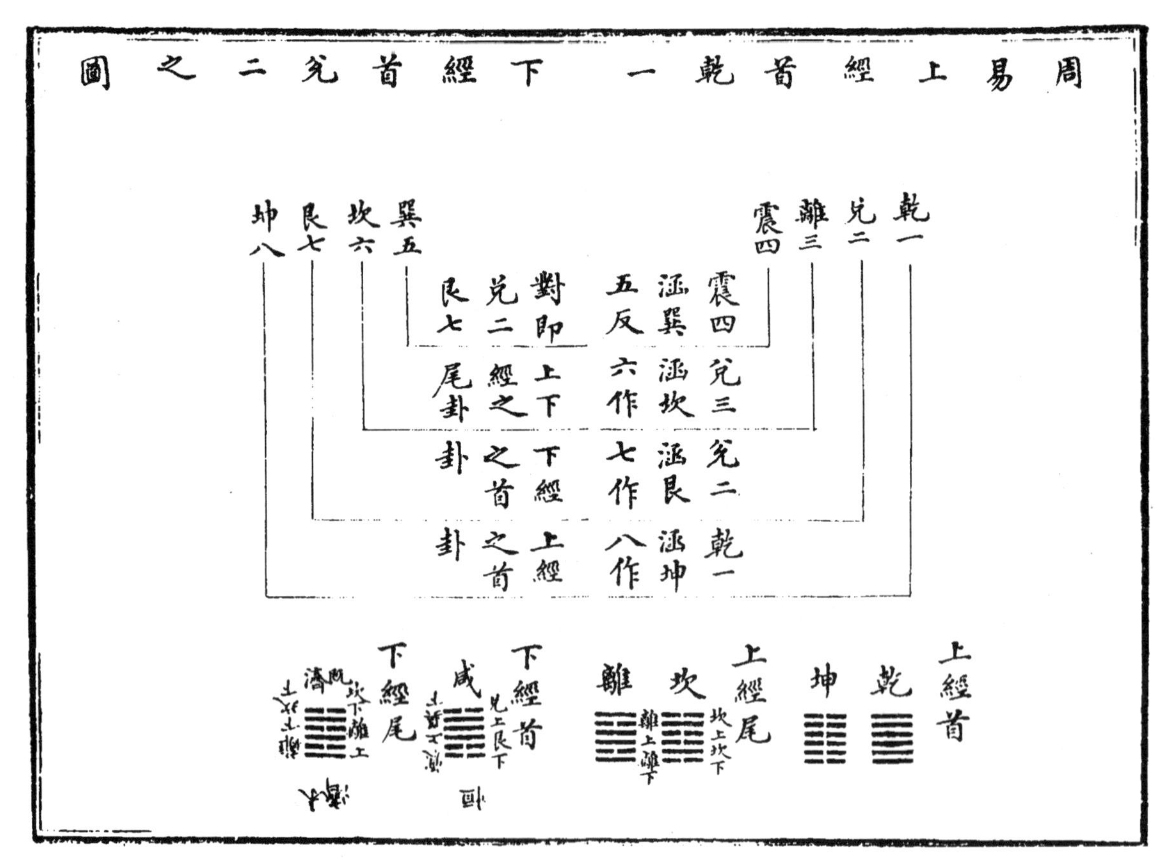

为什么占卜对古人意义重大？

对古代人来说，占卜可以解决人的正常判断力无法解决的问题，所以意义重大。无论是国家的朝政大事、军队的出征，还是百姓的祭祀祖先、婚丧嫁娶等都要事先进行占卜。古人认为如果得到了吉兆，就是神灵或祖先在保佑；如果得到了凶兆，就需要反省自身的过失。

儒家认为占卜所得到的结论并非是最后的结果，它在一定的程度上带着警示的作用。占卜的爻辞除了反映自然的天道外，对伦理道德也有指导作用，能够帮助人分清是非对错，指导人弃恶扬善。

为什么说《易经》具有科学意义？

现在比较统一的认识是，《易经》是古人对自然规律的科学归纳。

传说“易”的发明，源自于“河图”、“洛书”。“河图”上，黑点和白点排列成数个奇阵；“洛书”上，纵、横、斜三条线上的三个数字的和，皆等于15，这本来就是极其巧妙的数学组合。

更为神奇的一点是，《易经》中的六十四卦在数理方面的规则与今天电脑使用的二进制完全一样！十八世纪初的德国哲学家、数学家莱布尼茨认为阴爻“--”就是0，阳爻“—”就是1，那么坤是000，艮是001，坎是010，巽是011，震是100，离是101，兑是110，乾是111。他还把上帝创造世界的七日与八卦一一对应。

中国后世的所有算命方法，几乎都源自于《易经》。虽说它算得上是算命的鼻祖，但它更多的是古人认识世界的一种方法，它的智慧远远超过了算命这一简单的命题。

太阴图

《易经》是怎样认识阴阳的？

阴阳最早是指向着太阳的一面和背着太阳的一面，后来古人发现自然界中任何事物都有相对的两面。如山有阴面和阳面，人有男和女，月有圆和缺，日有白天和黑夜，年有寒冬和炎夏……现代科学又发现磁场有南极和北极，电子有正极和负极……这些事物虽然相对，却此消彼长，此进彼退，并且在某些条件下一方还可向对立面转化。这种动态的平衡，正是天地运行的重要规律。古人认为，世界就是由阴阳两部分组成的，它们相互依存、对立、转化，维持着宇宙的平衡。如果阴阳不调，就会出现不好的结果。

《易经》就是一个由阴阳组合而成的世界，万物都可以由阴阳组成。阴阳还可以用来标注每个物体的属性，以方便了解事物之间是否达到了阴阳平衡。平衡就意味着好事，不平衡就意味着坏事。

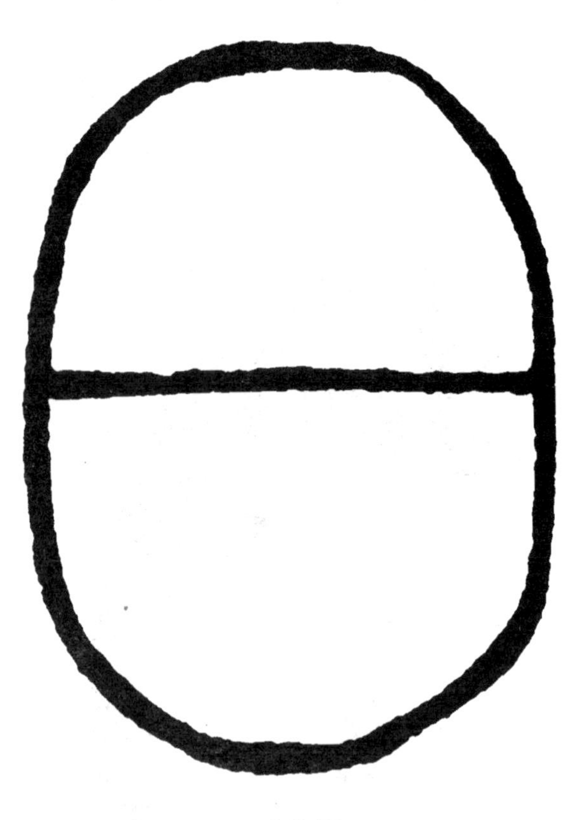

太阳图

《易经》如何由阴阳构筑出世界的模型？

在《易经·系辞传》中，对“易”的解释是“生生之谓易”。这里的“生生”，就是一个连续不断的生成过程，在这里并没有一个“上帝”来创造万物和生命，完全是自然不断地生长、创造才造就了现在的世界。

《易经》认为宇宙的初始状态是混沌，表示的符号为太极；之后“太极生两仪”，就是由太极分出了阴(--)阳(—)两种基本性质；“两仪生四象”，阴阳的两两组合就形成了太阴、太阳、少阴、少阳；“四象生八卦”，阴阳符号经过三个一组的组合，就形成了八卦；“八卦生万物”，阴阳符号经过六个一组的组合，又可以形成六十四卦，依此类推，阴阳符号可以组成千万卦，也就是千万种事物的形态。《易经》中由阴阳构筑出的世界模型，体现了生生不息、天地造化的自然界本来面目。

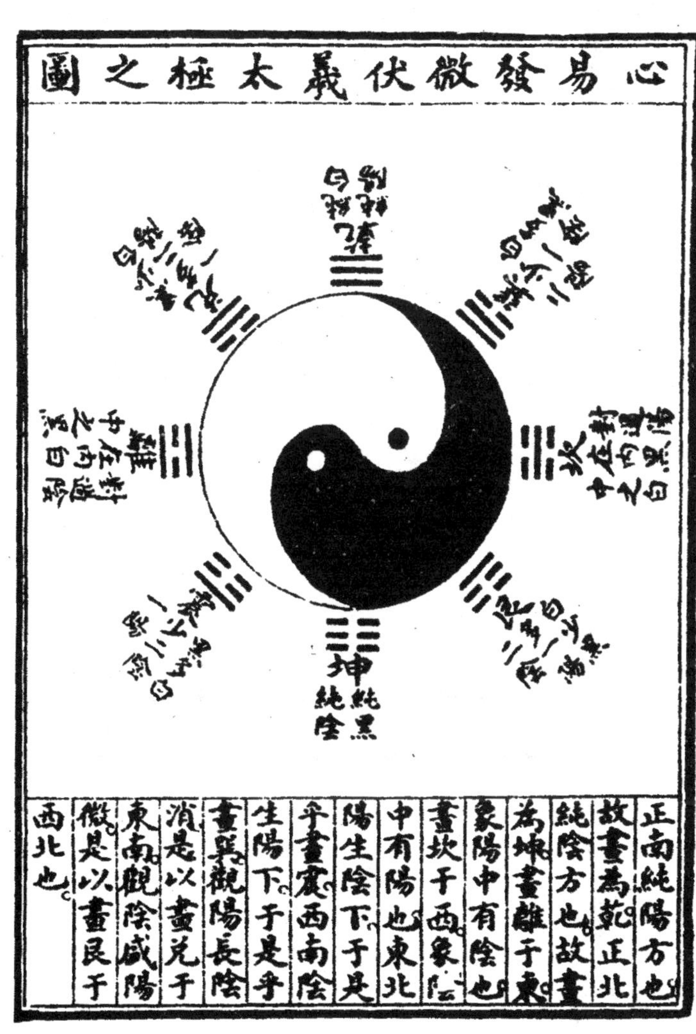

“河图”、“洛书”各有怎样的传说？

“河图”、“洛书”事实上是两个不同的传说，它们都发生在上古时期。

“河图”的传说是发生在伏羲时期。当时黄河边出现了一个怪物，它的出现，让洛阳北面孟津附近的田地逐渐荒芜了。孟津的百姓看着枯萎的作物伤心不已，他们眼看就要活不下去了，这时候有人提出去找伏羲来帮忙。伏羲带着宝剑来到黄河边，一眼就认出了怪物是龙马。龙马知道伏羲是个厉害的人物，赶快认错，还从河中驮了一块玉板给伏羲。这块玉板就是“河图”，伏羲就根据它推演出了先天八卦图，写出了《易经》。

“洛书”的故事则出自大禹时期。当时中原地区洪水泛滥，大禹为了治水，就凿开了龙门。龙门南面的湖水流入了洛河，渐渐露出了湖底，这时，人们发现一只磨盘大的乌龟趴在湖中心。大禹的手下认为这是怪物，就拿刀去砍，却被大禹制止了。大禹命人把大龟放生到洛河。为了报答大禹的救命之恩，大龟将洛河中的一块玉板送给了大禹。这块玉板就是“洛书”，大禹根据它整理出了一系列科学方法，还写出了《洪范篇》。后世的周文王则根据它推演出了后天八卦图。

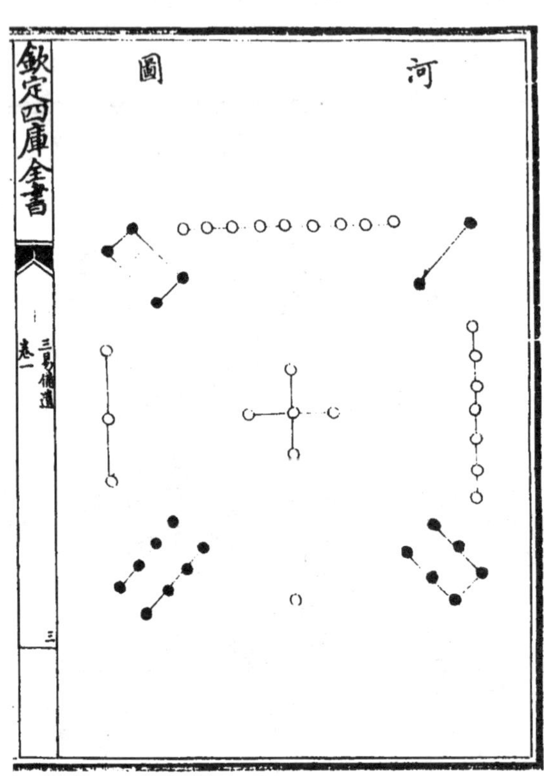

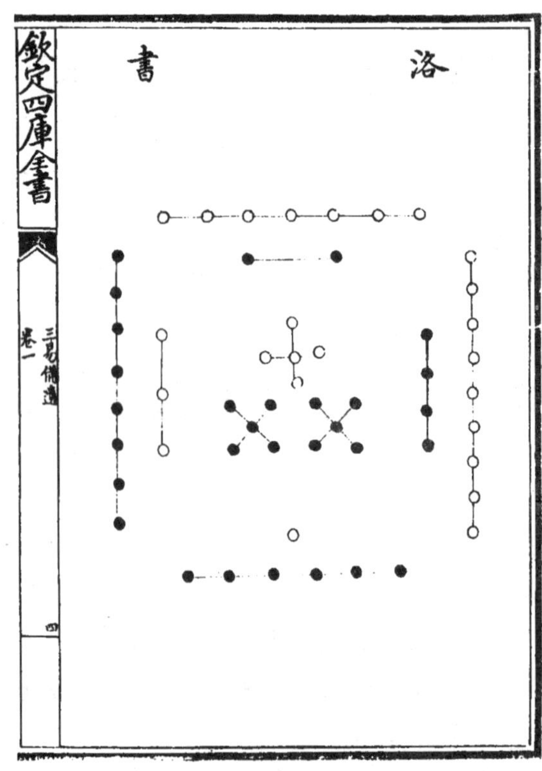

“河图”的奥妙在哪里？

“河图”是由黑白两种圆点组成的十个数字构成的。白点组成的数字为单数，又被称为“生数”，代表阳；黑点组成的数字为双数，又被称为“成数”，代表阴。生数代表万物能生长的时候就生长，成数代表万物该成熟的时候就成熟。将这些单数相加等于二十五，将这些双数相加等于三十，两者再相加等于五十五。这个五十五就代表了“天地之数”，由它可以衍化出万物之数。

这十个数字以图形的方式构成一个四方形。北方用一个白点和六个黑点表示玄武星座的星象，代表了五行中的水；东方用三个白点和八个黑点表示青龙星座的星象，代表了五行中的木；南方用二个黑点和七个白点表示朱雀星座的星象，代表了五行中的火；西方用四个黑点和九个白点表示白虎星象，代表了五行中的金；中央用五个白点和十个黑点表示时空的奇点，代表了五行中的土。

“河图”的奇妙之处在于它用黑白、数字、图案来表现宇宙。天上的星象可以代表地上的方位，每个方位都由阴阳组成万物，而这五个方位的属性又构成了不断流转的生克效应。这就是宇宙运行的方式，是宇宙的本源，所以“河图”又被称做先天本体宇宙图。

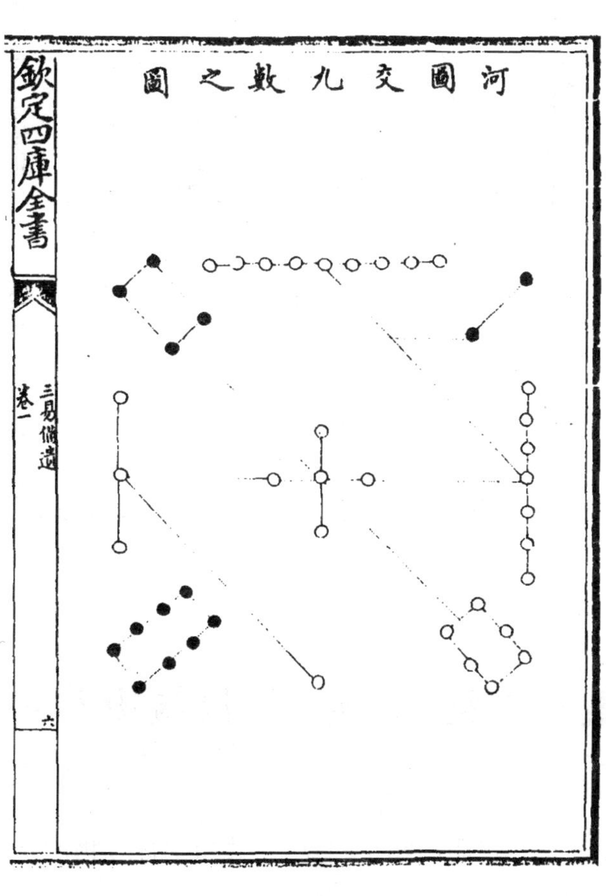

伏羲是如何由“河图”推演出太极图的？

“河图”中的数字是有旋转规律的。单数的一、三、五、七、九是按顺时针方向旋转的，双数的二、四、六、八、十也是按顺时针方向在旋转。而各个方位代表的属性按顺时针方向旋转即相生，按逆时针方向就相克。“河图”似乎在昭示宇宙运行的规律，并且顺之则生，逆之则死。

伏羲从“河图”中了解到了宇宙的奥秘，他把混沌未分的宇宙称为太极，当太极开始动的时候，动的部分就是阳，静的部分就是阴，阴阳一分便生出了两仪。于是伏羲据此绘制了太极图，圆代表宇宙，代表阴阳的太极鱼以顺时针方向旋转。

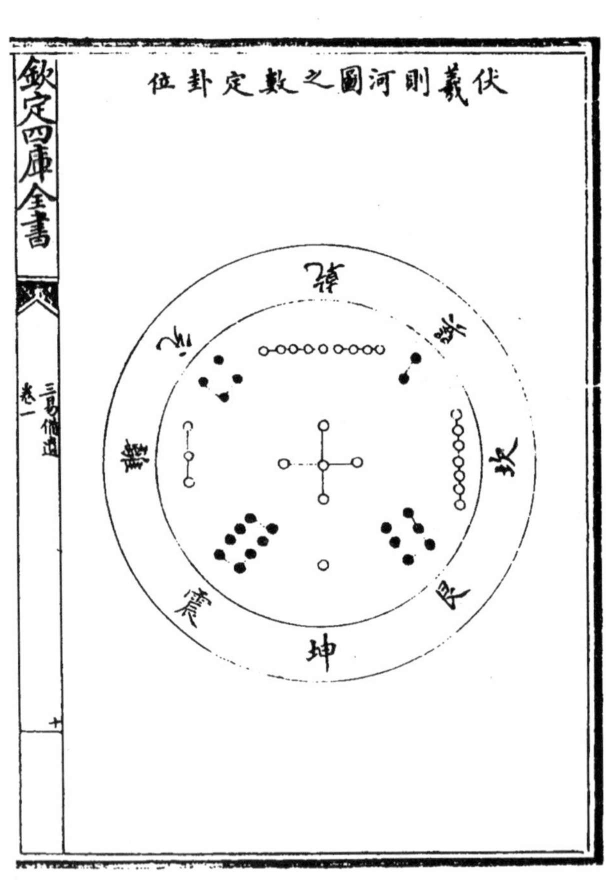

伏羲是如何由“河图”推演出八卦的？

伏羲认为“河图”主要是表现阴阳相生相克，并共同孕育万物的宇宙本源。所以伏羲用太极图来表现宇宙本源，用八卦来显示万物的属性。

首先伏羲用“—”来表示阳，用“--”来表示阴，这就是“两仪”；如果给两仪各加一个阴或一

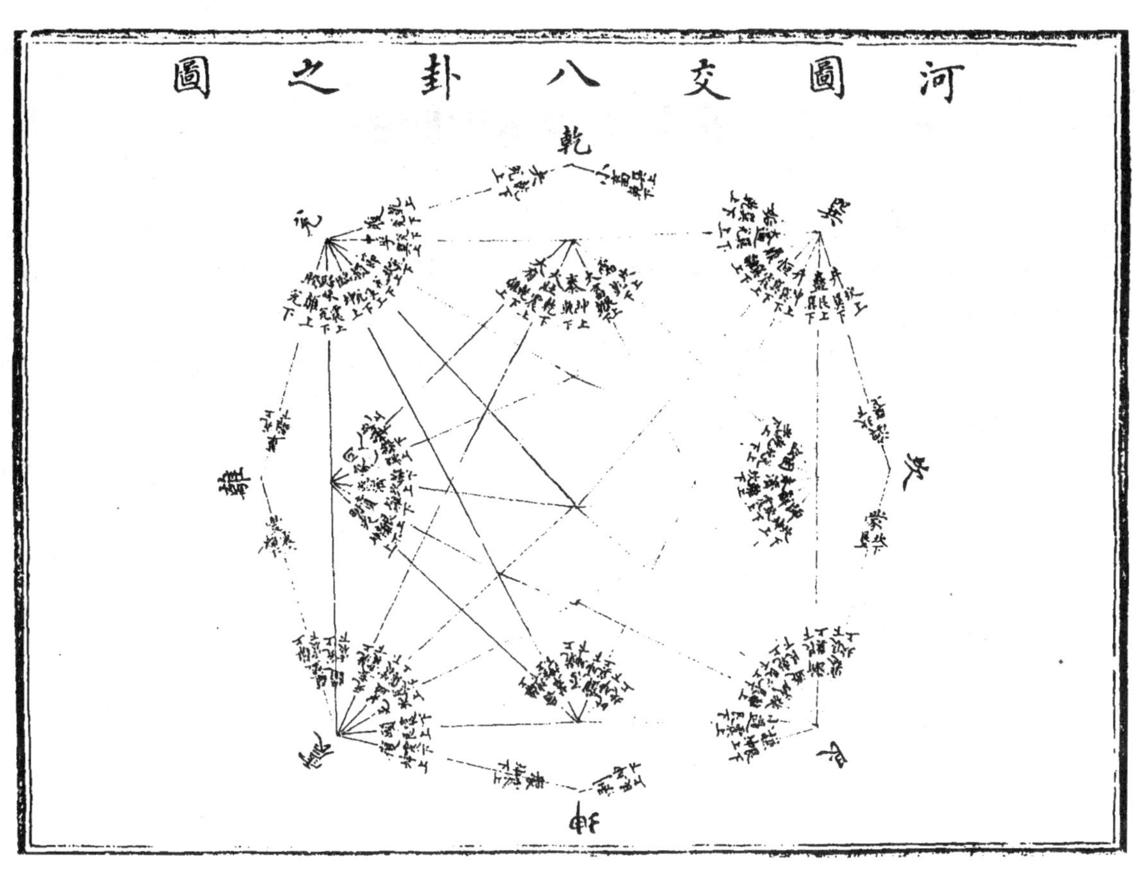

个阳，就会出现四种符号，这就是“四象”；如果再给四象各加一个阴阳，就会出现八种符号，这就是“八卦”。

伏羲认为三个“—”相加的符号是纯阳，为天，因此将它放在南方；三个“--”相加的符号是纯阴，为地，因此将它放在北方；其他符号分别代表着风、雷、山、泽、水、火，它们因为都有一一相对的属性，也都放置在相对应的方位。世间万物就由这八种物质元素衍化而成。

八卦是怎样表示时间的？

八卦用八种符号来表示万物，万物既然生成了，还要有让它们运行的时间，伏羲就让八卦的三个层次来表现时间。

北方象征冬天，冬天一过万物就开始生长，这是一年的开始；而南方象征夏天，夏天之后生命由生长转为成熟甚至死亡了。所以按照宇宙运行方式顺时针来旋转，过了北方之后的第一至第四卦，都是象征生气的“—”；而过了南方之后的第一至第四卦，都是象征成熟的“--”。按顺时针转动一圈，即是一年。

东方是太阳升起的地方，太阳一出即是一天的开始；而西方是太阳落下的地方，从此开始进入夜晚。八卦符号的第二层是用来表示天的，太阳从东方升起经过的第一至第四卦为白天，所以用“—”表示；而西方以下的第一至第四卦为黑夜，用“--”表示。

八卦符号的第三层则是代表月。月亮由亏到盈，再由盈而亏，正好是一个月的时间，八卦符号中也用“—”和“--”分别代表月亮的盈亏。

由此，年月日的周期更替在八卦上得以体现。

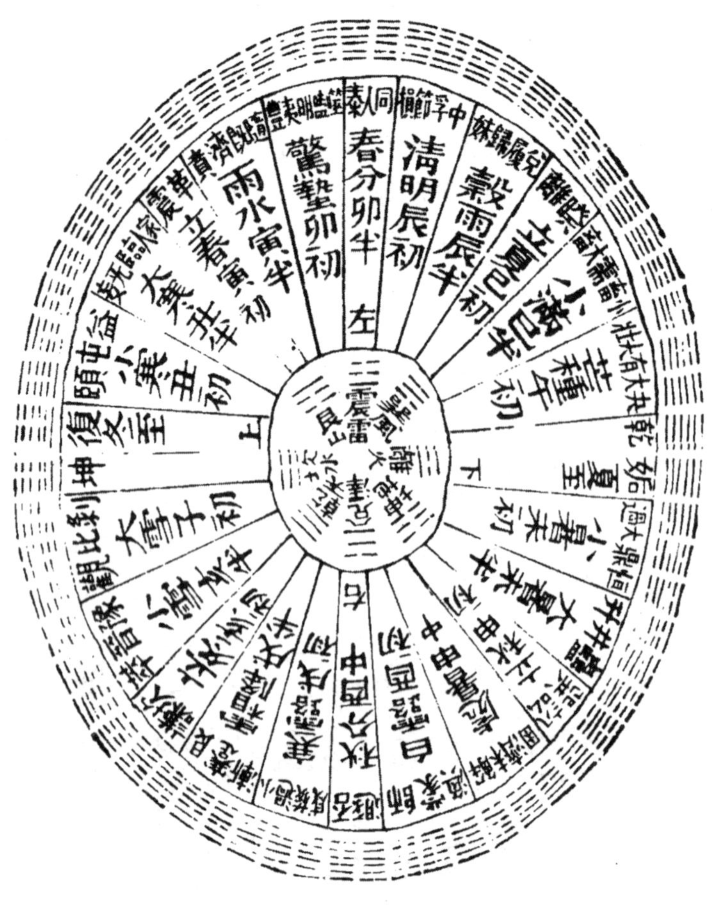

六十四卦节气图

“洛书”的奥妙在哪里？

“洛书”其实是在“河图”的基础上发展来的，它同样用了黑白圆点来组成单双、阴阳数字，不过“河图”用了十个数字来表示宇宙，而“洛书”只用了九个数字。

“河图”用数字组成了一个方形，代表了东西南北中的方位观念。而“洛书”只把象征阳的单数放在正方位，此为“四正”，同时代表冬至、夏至、春分、秋分四个季节开始的日子；它又将象征阴的双数分别放在了两个正方位之间，就产生了东北、东南、西南、西北四个方位概念，此为“四隅”，同时代表了立春、立夏、立秋、立冬四个节气。而这些符号组合起来更像是一个圆，代表了一年中时节的流转。

更奇妙的是这九个数字，无论是横排相加，还是竖排相加，或者是斜向相加，其和都是十五。这种奇妙的平衡关系，象征着阴阳的运动转化会打破平衡，但它们又最终会回归到平衡的整体平衡观。因为这正是宇宙形成后内部运行的规律，所以“洛书”又有“后天宇宙图”之称。

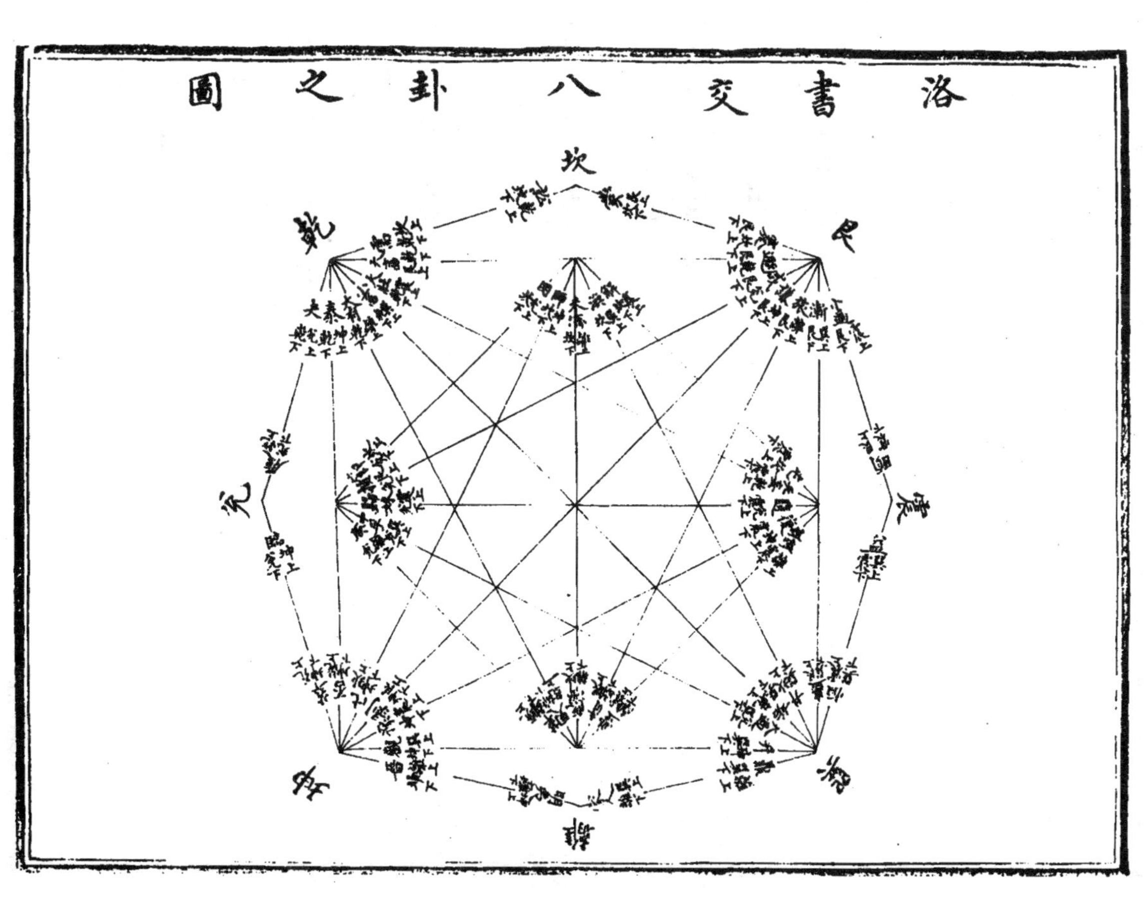

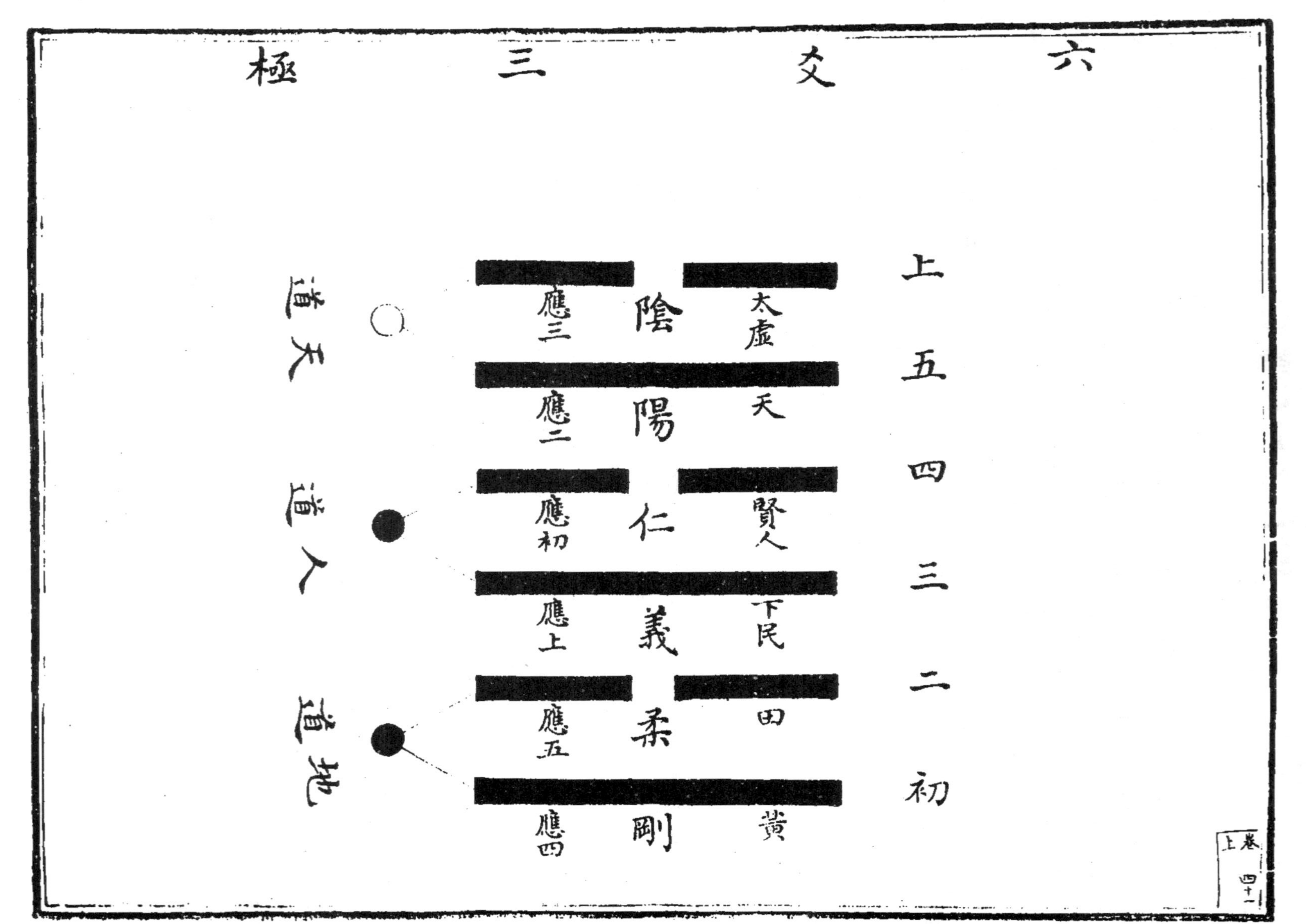
六爻三極
上
五
四
三
二
初
太虛 陰 應三
天 陽 應二
賢人 仁 應初
下民 義 應上
田 柔 應五
黄 剛 應四
天道
人道
地道
卷上 四十一

周文王推演“洛书”的结果是什么？

周文王推演“洛书”得出了著名的后天八卦。后天八卦采用了先天八卦的卦象和形式，但卦象的排列方式却是依照“洛书”。

除代表中间的数字“五”没有卦象以外，后天八卦的八个卦象分别代表了八个数字，而这八个数字的排列方式与“洛书”是相同的。一为坎，二为坤，三为震，四为巽，六为乾，七为兑，八为艮，九为离。这八个数字分别代表了各具阴阳属性的物质元素，它们互相生克，并可以按照从一至九的流转顺序来达到事物的平衡。

在时间上，后天八卦以震所在的东方为一年的开始，它代表了春天的正式来临。从震开始顺时针排列的八个卦象，分别代表了由春至冬的一年。每个卦象代表了三个节气，八个卦象就代表了二十四个节气。如此一来，八卦就成为一个不断流转的年历表。

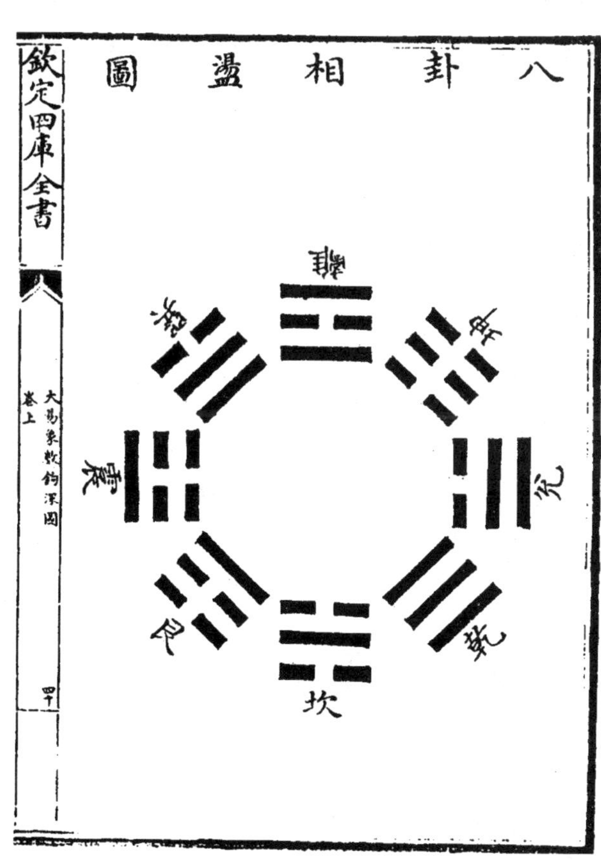

文王八卦有何用处？

伏羲根据“河图”演绎出了先天八卦，周文王根据“洛书”演绎出了后天八卦。八卦实际上是先民在对宇宙的认识基础上进一步科学化的宇宙图解。八卦中不仅包含了宇宙的运行规律，还包含了宇宙间的八种自然现象及由基本元素组合变化出的上万种事物和状况。

后天八卦用它的流转来演示事物变化和时间循环所制造的平衡效益，这种对平衡的追求，使它具有更广泛的应用性。

文王八卦次序图

什么是卦爻？

爻，是八卦的基本单位。爻又可分为阴爻和阳爻两种，阴爻的符号为“--”，阳爻的符号为“—”。阴爻和阳爻代表了宇宙间两个原动力。

在八卦中，阴爻与阳爻以三为单位进行组合，可以得出八种组合方式，这就是八卦，也称为“经卦”、“三爻卦”。

乾卦有怎样的含义？

乾卦象征的是时刻在运动的宇宙，它是万物万象焕发生机的原动力，有康健之意。先天数为一，后天数为六。

在人体中，乾卦象征头、骨，代表人的头脑、中枢神经、思维，是人体之主，为精神的源泉。在人物中，乾卦代表君、父、大人、老人、长者、上级领导、老板、官宦等。在地理中，乾卦的先天方位为南方，后天方位为西北方。在五行中，乾卦代表金，为最坚硬的物质。在季节中，乾卦代表秋冬相交，在颜色上，为大红、金黄。

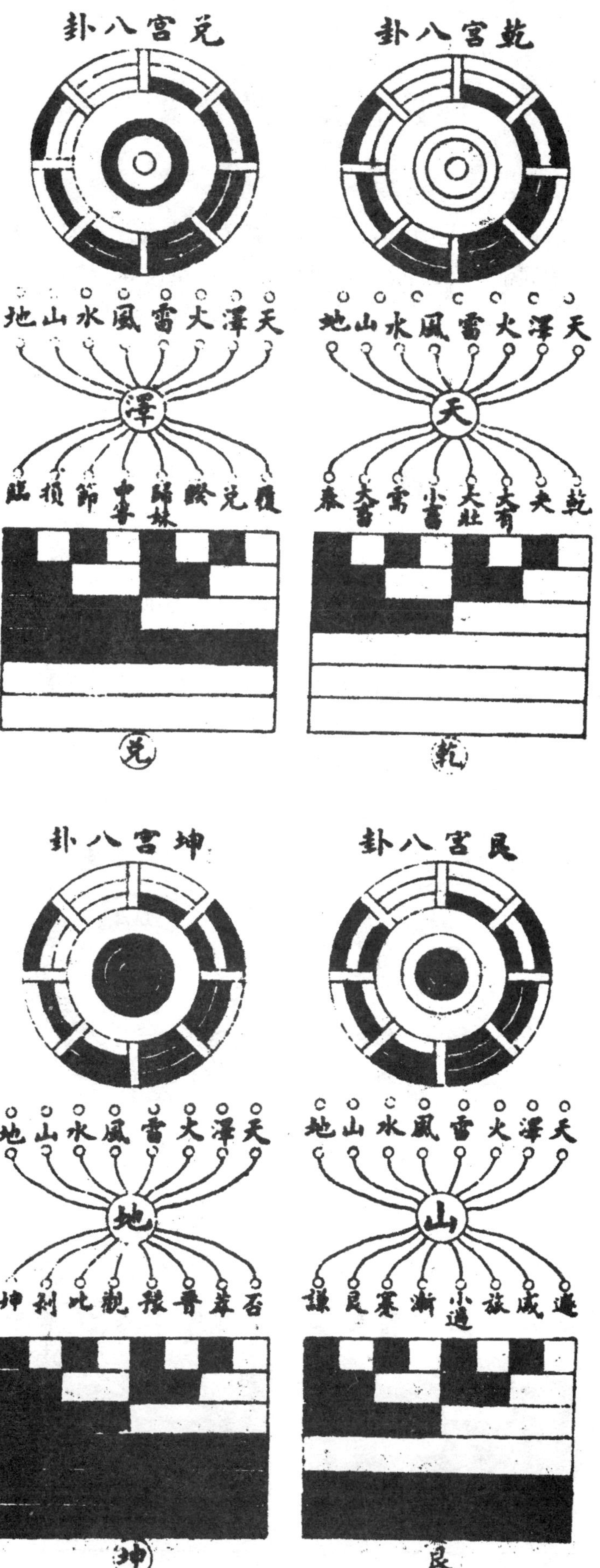
乾宫八卦
天 澤 火 雷 風 水 山 地
天
乾 夬 大有 大壯 小畜 需 大畜 泰
乾
兑宫八卦
天 澤 火 雷 風 水 山 地
澤
履 兌 睽 歸妹 中孚 節 損 臨
兌
艮宫八卦
天 澤 火 雷 風 水 山 地
山
遯 咸 旅 小過 漸 蹇 艮 謙
艮
坤宫八卦
天 澤 火 雷 風 水 山 地
地
否 萃 晉 豫 觀 比 剝 坤
坤

坤卦有怎样的含义？

坤卦象征地，阴柔、静止，顺从天的运转，为顺从之意。先天数为八，后天数为二。

在人体中，坤卦代表腹部。在人物中，坤卦代表母亲、臣民等。在地理中，坤卦的先天方位为北方，后天方位为西南方。在五行中，坤代表土。在季节中，坤卦代表夏秋之交。在颜色上，坤卦代表黄色。

坎卦有怎样的含义？

坎卦象征水，是外柔内刚的代表，但因水常陷在低洼处，所以又是危险的象征。先天数为六，后天数为一。

在人体中，坎卦代表耳朵。在人物中，坎卦代表中男、贫困劳碌之人。在地理中，坎卦的先天方位为西方，后天方位为北方。在五行中，坎卦代表水。在季节中，坎卦代表冬天。在颜色上，坎卦代表紫黑色。

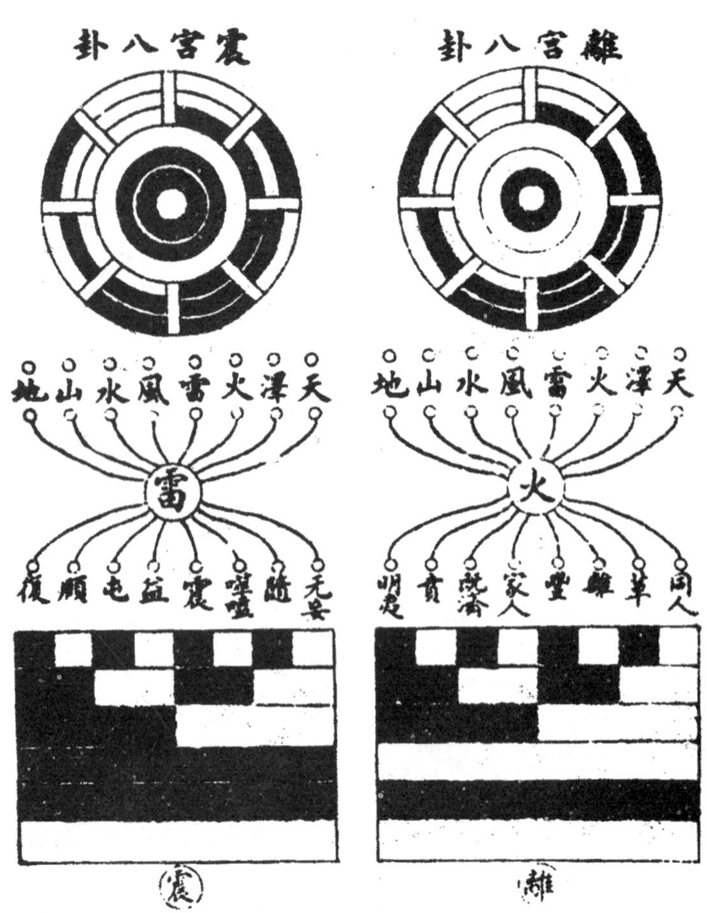

离卦有怎样的含义？

离卦象征火，但它二阳在外，一阴在内，有明亮之意，象征外刚内柔、外热内冷的特性。先天数为三，后天数为九。

在人体中，离卦代表眼睛、心脏、上焦。在人物中，离卦代表中女、文人、军人。在地理中，离卦的先天方位为东方，后天方位为南方。在五行中，离卦代表火。在季节中，离卦代表夏天。在颜色上，离卦代表红色、花色。

震卦有怎样的含义？

震卦象征雷，是阳春三月，有雷震而万物萌动的意思。先天数为四，后天数为三。

在人体中，震卦代表脚。在人物中，震卦代表长男，有健壮的体魄和奕奕的精神，是人生最旺盛的时期。在地理中，震卦的先天方位为东北方，后天方位为东方。在五行中，震代表木。在季节中，震卦代表春天。在颜色上，震卦代表青色、绿色。

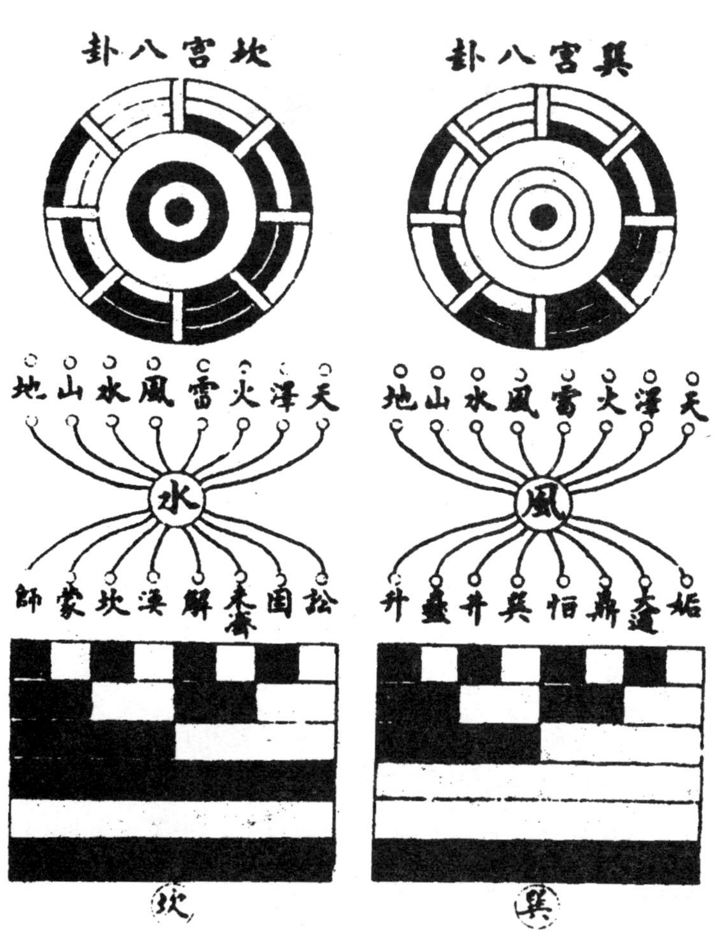

艮卦有怎样的含义？

艮卦象征山，稳健、静止。它是人们的阻道，教导人们开发良知，去除贪欲，教人行而有止的道理。先天数为七，后天数为八。

在人体中，艮卦代表手。在人物中，艮卦代表少男、有发展前途的人。在地理中，艮卦的先天方位为西北方，后天方位为东北方。在五行中，艮卦代表土。在季节中，艮卦代表冬春之交。在颜色上，艮卦代表棕色、咖啡色、棕黄色。

巽卦有怎样的含义？

巽卦象征风，有无孔不入、渗透的意思。先天数为五，后天数为四。

在人体中，巽卦代表腿。在人物中，巽卦代表长女、少妇，有温柔顺从之德。在地理中，巽卦的先天方位为西南方，后天方位为东南方。在五行中，巽卦代表木。在季节中，巽卦代表春夏之交。在颜色上，巽卦代表蓝色。

兑卦有怎样的含义？

兑卦象征泽，为有水的沼泽地，这里是各种生物的生活之所，能养育接纳各种生命，有愉悦之意。先天数为二，后天数为七。

在人体中，兑卦象征口、舌、肺、痰涎。在人物中，兑卦代表少女、歌伎、奴仆，有柔中带刚的性格，做事严肃果断。在地理中，兑卦的先天方位为东南方，后天方位为西方。在五行中，兑代表金。在季节中，兑卦代表秋天。在颜色上，兑代表白色。

什么是六爻？

由于八卦只是八种自然现象的代表，所以要想用卦爻表示更多的自然现象，就需要把两个卦组合起来，也就是由这八种自然现象组合衍生出更多的自然事物来。如此就产生了复卦。

因为复卦是把两个经卦按照一上一下的方式组合的，位于下面的叫内卦或下卦，位于上面的叫外卦或上卦。复卦共有六个爻位，所以又叫六爻卦。

六爻卦该怎么读？

六爻卦读卦时，应该先读外卦，再读内卦。不过不能读八经卦的名称，而应读八经卦的卦象。

八经卦的卦象分别是：乾为天，坤为地，震为雷，艮为山，离为火，坎为水，兑为泽，巽为风。

当上卦为坎卦，下卦为乾卦时，就是上卦读水，下卦读天。这个组合有一个名字，叫“需”，所以就读为“水天需”。如上卦是乾，下卦是坎，就读为“天水讼”。如此等等。

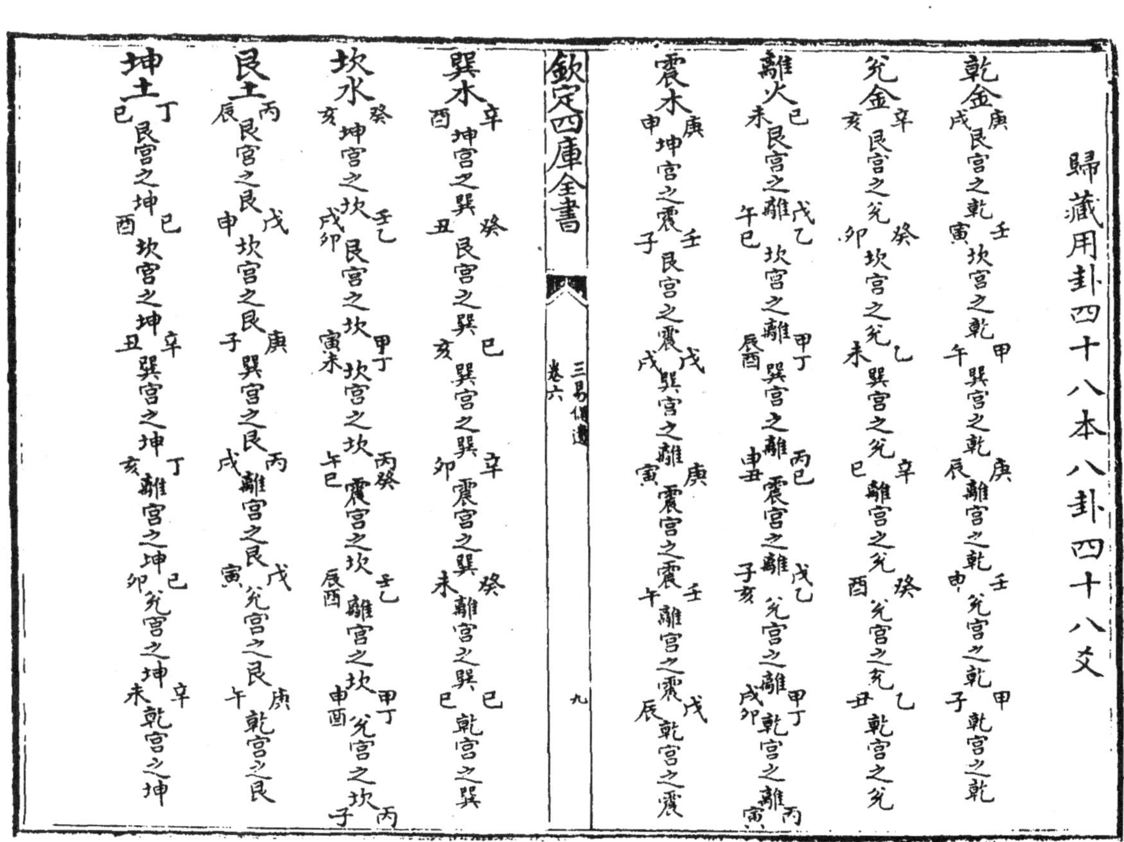
歸藏用卦四十八本八卦四十八爻

乾金 庚戌 艮宮之乾 壬寅 坎宮之乾 甲午 巽宮之乾 庚辰 離宮之乾 壬申 兌宮之乾 甲子 乾宮之乾

兌金 辛亥 艮宮之兌 癸卯 坎宮之兌 乙未 巽宮之兌 辛巳 離宮之兌 癸酉 兌宮之兌 乙丑 乾宮之兌

離火 己未 艮宮之離 戊乙午巳 坎宮之離 甲丁辰酉 巽宮之離 丙己申丑 震宮之離 戊乙子亥 兌宮之離 甲丁戌卯 乾宮之離 丙寅

震木 庚申 坤宮之震 壬子 艮宮之震 戊戌 巽宮之離 庚寅 震宮之震 壬午 離宮之震 戊辰 乾宮之震

欽定四庫全書 三易備遺 卷六 九

巽木 辛酉 坤宮之巽 癸丑 艮宮之巽 己亥 巽宮之巽 辛卯 震宮之巽 癸未 離宮之巽 己巳 乾宮之巽

坎水 癸亥 坤宮之坎 壬乙戊卯 艮宮之坎 甲丁寅未 坎宮之坎 丙癸午巳 震宮之坎 壬乙辰酉 離宮之坎 甲丁申酉 兌宮之坎 丙子

艮土 丙辰 艮宮之艮 戊申 坎宮之艮 庚子 巽宮之艮 丙戌 離宮之艮 戊寅 兌宮之艮 庚午 乾宮之艮

坤土 丁巳 艮宮之坤 己酉 坎宮之坤 辛丑 巽宮之坤 丁亥 離宮之坤 己卯 兌宮之坤 辛未 乾宮之坤

六爻卦的每一爻是怎样命名的？

六爻卦的每一爻都有序号，最下面的是初爻，往上依次是二爻、三爻、四爻、五爻、上爻。其中上爻和五爻代表着天的阴阳，三爻、四爻代表了人的刚柔，初爻、二爻代表了地的仁义，六爻的变化，代表着事物的变化与发展，可以由此得知不同的信息。

除了排序的数字，六爻还分别有各自的阴阳数字。在《易经》中，用七、九、八、六来代表阴阳,“六”为老阴,“七”为少阳,“八”为少阴,“九”为老阳。这四个数字之间有阴阳循环的过程:少阳是阳气增加的状态,当阳气越积越多的时候,它就会转化为老阳;老阳是阳气最足的状态,但物极必反,它必然会向少阴转化;同理,少阴会转化为老阴,老阴会转化为少阳。在这个循环的过程中,少阳转化为老阳,其性质不变,所以为不变数;老阳转化为少阴,其性质发生了变化,所以是变数;同理,少阴是不变数,而老阴是变数。易是讲变化的,所以在卦爻上只取用了变化之数的“六”表示阴,“九”表示阳。

将阴阳数字和序号组织起来,就是每一爻的名字。如“山风蛊”卦的最下面一爻为阴,其爻名为初六;第二爻为阳,其爻名为九二;第三爻为阳,其爻名为九三;第四爻为阴,其爻名为六四;第五爻为阴,其爻名为六五;最上一爻为阳,其爻名为上九。

如何从爻的顺序和阴阳判断吉凶?

卦爻的作用除了用来表示世间的事物外,还可以从中判断吉凶。在易学中,最主要的吉凶判断是卦爻是否“中正当位”。

内卦的中间一爻是二爻,外卦的中间一爻是五爻,所以二爻和五爻是处于“中”的位置。中,象征事物能保持中道,行为不偏不倚,是非常吉祥的。凡是阳爻在中位,就象征着刚中之德;凡是阴爻在中位,就象征着柔中之德。尤其是五爻,处于卦爻的最佳位置,是尊位,如果占卦时得到此爻,就尤为吉祥。

在易学中,奇数代表阳,偶数代表阴,这就是“正”。如果阳爻在奇数位,或阴爻在偶数位,那么就叫做“得正”或“当位”,这就是吉祥的象征;反之则是“失正”、“不当位”,是背离正道、违反规律的意思,是不好的现象。如果二爻的位置为阴爻,五爻的位置为阳爻,那么就既有中,又有正了,叫做“中正”,是吉祥的象征。

不过对卦爻的判断不是绝对的。通常来说,如果占得的爻得中,即使不当位也是吉祥的;而在某些条件下,得正的爻可能向失正转化,失正的爻也可能向得正转化。

什么是“承”?

在卦爻中,爻之间会出现一种“承”的关系。所谓承,就是下爻对上爻的承上和烘托,即下爻对上爻的关系是承。通常是阴爻上承阳爻,象征着柔弱者对刚强者的服从、贤能的臣子对明君的辅佐,是吉祥的象征。

“承”有三种:一种是一个阳爻在上,一个阴爻在下;第二种是一个阳爻在上,数个阴爻在下;第三种是上下两爻的阴阳相同。

什么是六十四卦？

将八个经卦两两组合为复卦后，一共可以得到六十四卦，每个卦都有自己专属的名称：

乾为天，天风姤（gòu），天山遁，天地否（pǐ），风地观，山地剥，火地晋，火天大有。（乾宫八卦皆属金）

坎为水，水泽节，水雷屯，水火既济，泽火革，雷火丰，地火明夷，地水师。（坎宫八卦皆属水）

艮为山，山火贲（bēn），山天大畜，山泽损，火泽睽，天泽履，风泽中孚，风山渐。（艮宫八卦皆属土）

震为雷，雷地豫，雷火解，雷风恒，地风升，水风井，泽风大过，泽雷随。（震宫八卦皆属木）

巽为风，风天小畜，风火家人，风雷益，天雷无妄，火雷噬（shì）嗑（kè），山雷颐，山风蛊。（巽宫八卦皆属木）

离为火，火山旅，火风鼎，火水未济，山水蒙，风水涣，天水讼，天火同人。（离宫八卦皆属火）

坤为地，地雷复，地泽临，地天泰，雷天大壮，泽天夬（guài），水天需，水地比。（坤宫八卦皆属土）

兑为泽，泽水困，泽地萃，泽山咸，水山蹇，地山谦，雷山小过，雷泽归妹。（兑宫八卦皆属金）

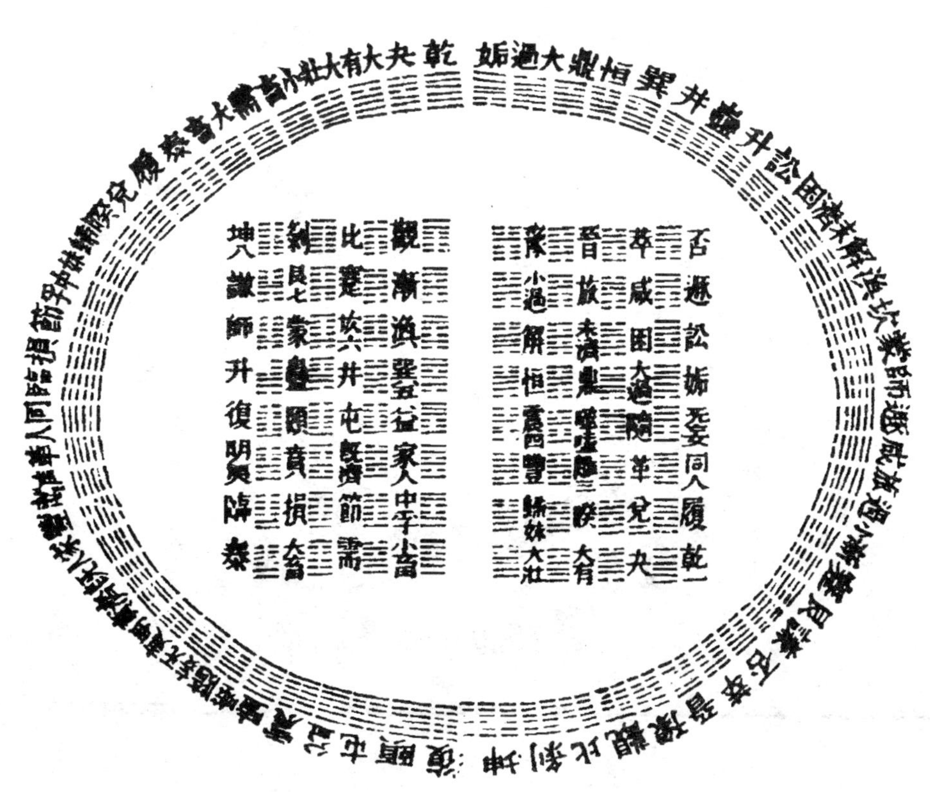

六十四卦方圆图

为什么说六十四卦方圆图很重要?

伏羲六十四卦方圆图外圆内方,它用圆表示时间的周而复始,用方表示空间的平坦静穆。在孔子看来,这个方圆图包含了易学的意、言、象、数和阴阳的消长,所以只用这个图就可以得知易的精髓。古人研究易,也就是在推演这个图。

外圆图将六十四卦分为八宫,将其按照先天八卦的顺序排列。左半圈从复卦起到乾卦,共有三十二卦,阳爻的数目由少变多,意味着"阳升阴消";右半圈从姤卦起到坤卦,共三十二卦,阴爻的数目由少变多,意味着"阴升阳消"。由此六十四卦形成了运动变化的圆,金木水火土五星依次运行,就形成了四季,配合十二地支和二十四节气,就是一幅完整的天体运行图。

内方图为圆图的倒图,即圆图的阳在南、阴在北,而方图恰恰相反,寓意着天地与阴阳在图中相交。方图从内到外有四个层次,从西北到东南形成的斜线分别排列这八个纯卦,将六十四卦分为两半。由此就形成了第一层中震卦与巽卦相对,表示"雷风相薄";第二层中离卦与坎卦相对,表示"水火相射";第三层中兑卦与艮卦相对,表示"山泽通气";第四层中乾卦与坤卦相对,表示"天地定位"。由此可以把方图看做是古代大地的方位图。

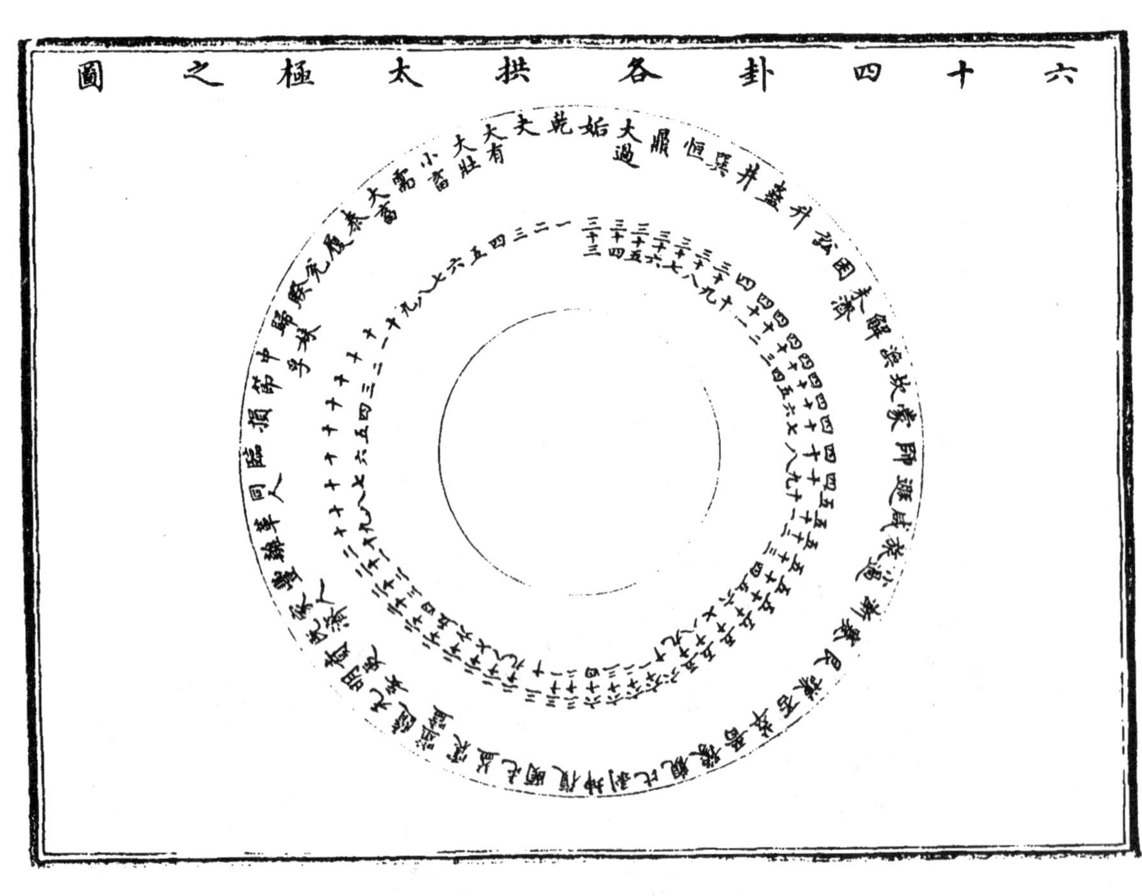

六十四卦之间有怎样错综复杂的关系？

成语“错综复杂”是指头绪众多、情况复杂，它其实来源于易学，是用来表示六十四卦之间的关系，反映了卦爻的变化，由此又被称为变卦。

易学中的错卦，是指阴阳相对的卦；综卦，是上下爻均相反的卦；交互卦，是上卦为三四五爻组成，下卦为二三四爻组成的卦。由于交互卦表达的是复杂的道理，所以错卦、综卦和交互卦这三种关系组合起来就是错综复杂。

需要注意的是，错卦、综卦和交互卦并非是卦名，而是六十四卦之间的关系。每一卦都有错卦、综卦和交互卦，由此可知，任何一卦都不是独立存在的，它们之间有你中有我、我中有你的错综复杂关系。所以事物没有绝对，看事物也不能只看一面，要懂得全面地看待问题。

所以在占卜中，求得的卦象并非是孤立存在的，它们都有与它们有联系的变卦。通过变卦来研究占卜结果，才是《易经》的奥秘所在。

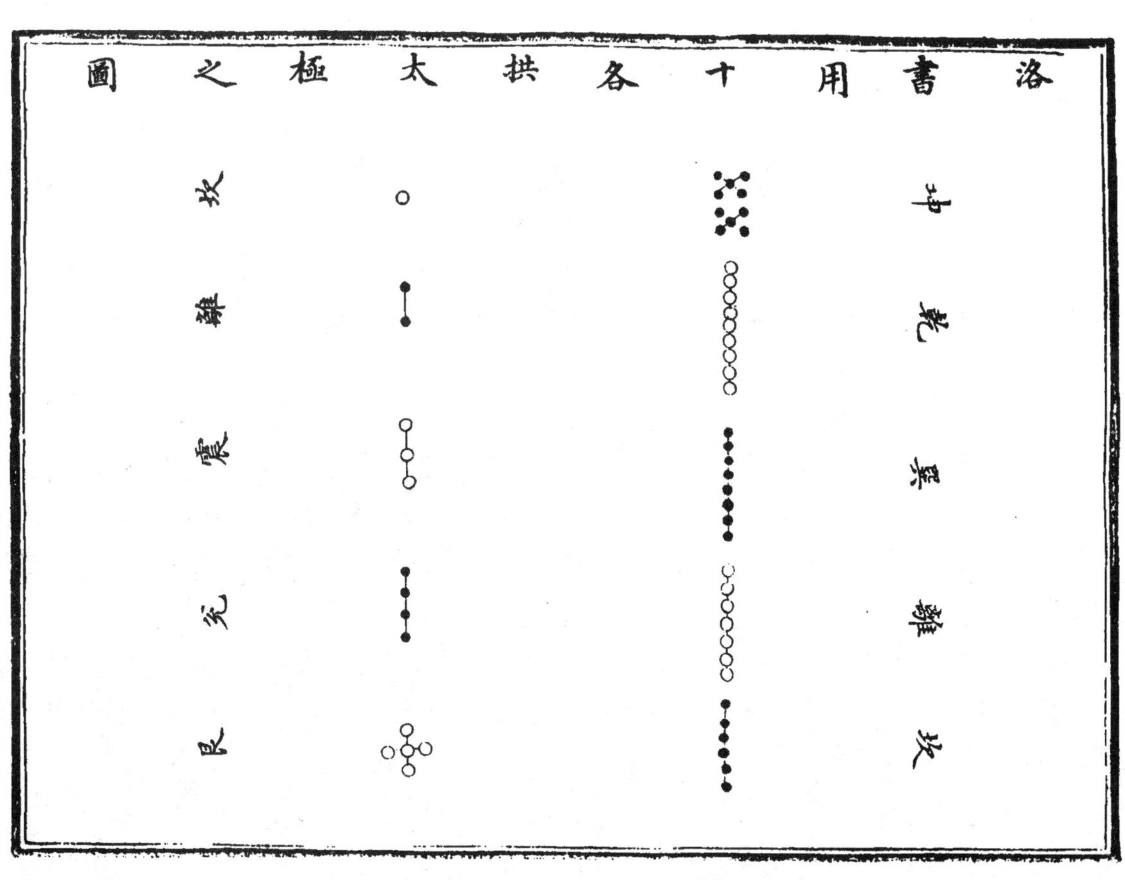

动爻有什么作用？

在变卦中，不得不提由动爻带来的变化。所谓动爻，就是会变化的爻，即该爻会进行阴阳的转化，即阴转为阳，或阳转为阴，从而得到一个变卦。在占卜中，进行吉凶断事时，不仅要看没有变化的本卦的卦辞，还要参考变卦的卦辞。

通常求卦时会出现少阳、老阳、少阴、老阴四种结果，其本卦是得到阳就为阳爻，得到阴就为阴爻。但老阳和老阴是变化之数，所以它们会很快进行转化，由此将老阳变为少阴，得到阴爻，将老阴变为少阳，得到阳爻，这就得到了第一个变卦。在某些占卜中，求得了变卦后，还需要再用公式找到一个动爻，将这个动爻进行阴阳转化，即阴爻转为阳爻，阳爻转为阴爻，这就得到了第二个变卦。

在占卜中，通常将本卦认为是现在，将第一个变卦认为是变化的过程，将第二个变卦认为是变化的结果。根据此推断，就可以得出一个事物的现在、发展和结果。

在梅花易数中，动爻的变化没有那么复杂，但也需要用三个卦来占卜，它以本卦表示现在，用交互卦表示发展，用动爻的变卦表示结果。

爻辞用什么来表示吉凶？

爻辞中关于吉凶的断语共分为九个层次，它们由吉到凶的排列顺序是吉、亨、利、无咎、悔、吝、厉、咎、凶。

吉，代表吉祥，是最好的结果。亨，代表顺利、畅通，是无障碍的意思。利，代表有意、适宜，是向好的方面发展。无咎，是没有过错，平平淡淡，是介于吉凶之间。悔，是有过失而悔恨，能接受教训。吝，代表羞辱，如果不知羞辱就会走向过失。厉，代表危险，但吉凶未定，随时可能向两方转化。咎，是出现了过失，需要承担责任，不过过失的状况轻于凶。凶，代表凶险、凶恶，是最坏的结果。

不过，《易经》中的断语并非见吉为吉、见凶为凶，通常断语中都为吉凶设置了条件，只有在某种条件达到的时候，才可能为此种吉凶征兆。所以在实际应用中，需要仔细研究这些限定的条件，才可能得出准确的断语。

什么是“大衍筮法”？

《易经》的重要作用是占卜问吉凶，六十四卦的吉凶断语都需要通过占卜的过程来得到。《易经》中提到的占卜法，就是“大衍筮法”，这是用大衍之数来占卜的方法。

《易经》将一、三、五、七、九这五个奇数定为天数，将二、四、六、八、十这五个偶数定为地数。如果将天数相加可得到二十五，将地数相加可得到三十，它们各自是天地间最大的奇偶数，也就是极数。两个极数相加之和为五十五，这就是“大衍之数”。

两个极数的变化，代表和反映了天地的变化，古人就通过用五十五根蓍草或竹签来占卜得出六十四卦以问吉凶，这就是“大衍筮法”，是对六十四卦的一种检索方式。

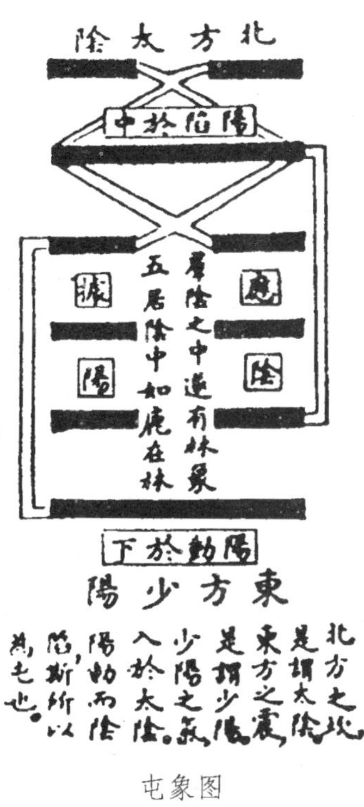

屯象图

如何通过“蓍”获得卦象？

古人常用蓍草来占卜，有时也用其他的竹签类物品代替。蓍草的数目为五十或五十五根，不过真正使用的却只有四十九根。

具体的占卜方法是：将五十根蓍草抽出一根不用（五十五根蓍草就抽出六根），然后将四十九根蓍草任意分成左右手两份。再从右手中取出一根不用后，按照四根一组的方式，将左右手中的蓍草放在桌上，直到手中的蓍草等于或少于四为止。将手中剩余的蓍草放下不用，重新拿起桌上四根一组的蓍草。再次将蓍草分成两份，重复上面的动作。当第三次重复完分数的动作后，剩在桌上的蓍草组数，只可能是六、七、八、九。此时就可以得到一爻，如为老阴六，这是一个变数，即将由阴变为阳，虽现在是阴爻，却要用符号 × 标注，以示其为动爻；如为少阳七，这是一个不变数，就得到了一个阳爻；如为少阴八，这也是一个不变数，就得到了一个阴爻；如为老阳九，这又是一个变数，即将变阳为阴，现在虽是阳爻，却要用符号○标注，以示其为动爻。重复以上的动作六次后，才可以得出六爻卦。

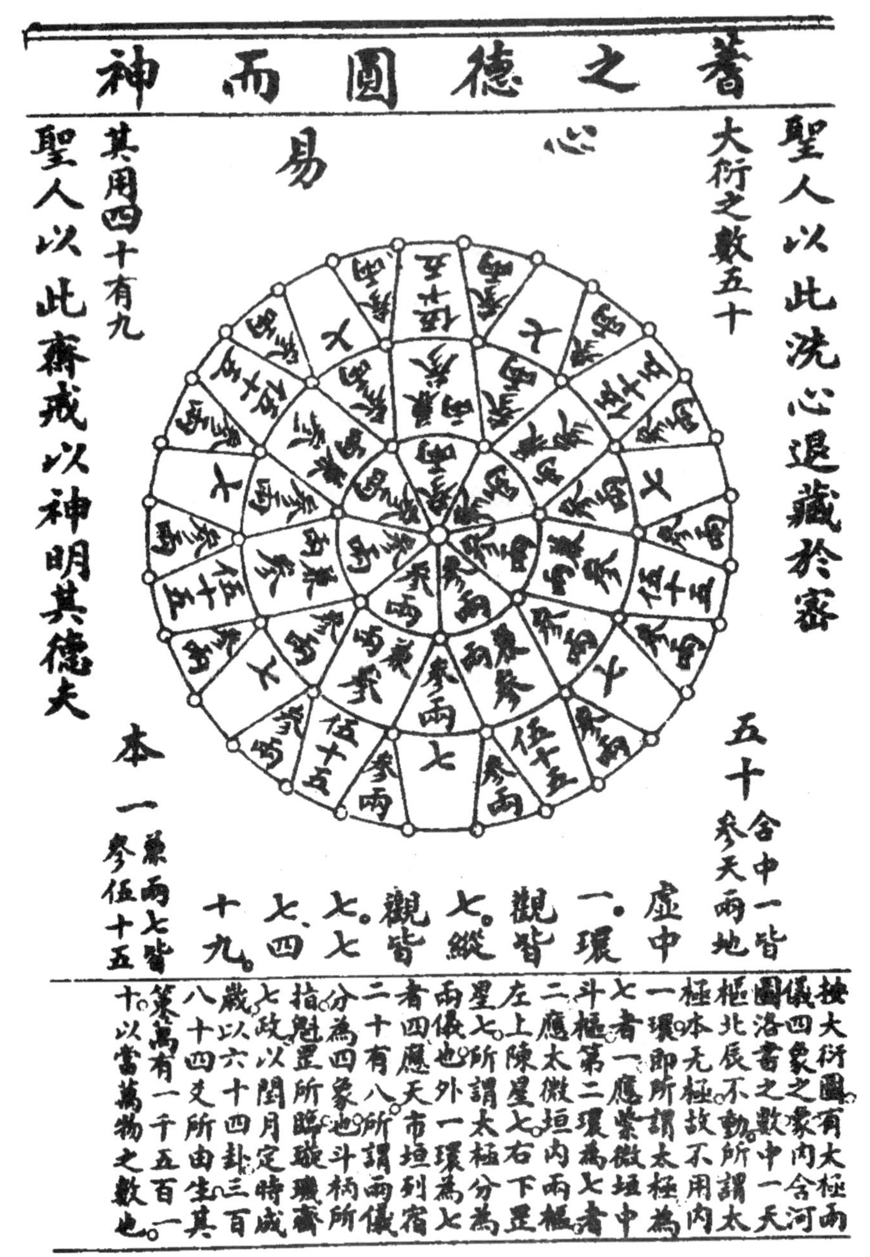

如何解读卦象?

在求卦过程中,最重要的莫过于解卦了。解卦就是从得到的卦象推断出想知道的事物的答案,它涉及求出的本卦、变卦和动爻。

在《易经》中有六十四卦的卦辞和爻辞,所以只要求出了卦象,就能找出对本卦、变卦和动爻的相关解释。但究竟以什么为主来获取答案却是很复杂的,因为动爻的出现共有七种可能,每一种可能都需要采取不同的解卦方式。

当求出的卦象上没有动爻的时候,就可以本卦的卦辞来解释。当出现了一个动爻的时候,就以本卦对该爻的解释来做答案。当出现了两个动爻的时候,就以本卦对这两爻的解释来做答

乾坤之策图

案，但要以位置偏上一爻的爻辞为主。当出现三个动爻的时候，要分别查出本卦和变卦的卦辞，需以本卦的卦辞为主，变卦的卦辞为辅，综合地解释。当出现四个动爻的时候，就以本卦中两个不会发生变化的爻的爻辞来解释，但要以位置偏下一爻的爻辞为主。当出现五个动爻的时候，用变卦中不变的爻的爻辞来解释。当出现六个爻都会发生变化的时候，就用变卦的卦辞来解释。

当然，这是比较简易的解卦法，在后世各种占卜对六十四卦的使用中，需要作解释时，可能需要跟更多的因素相联系。

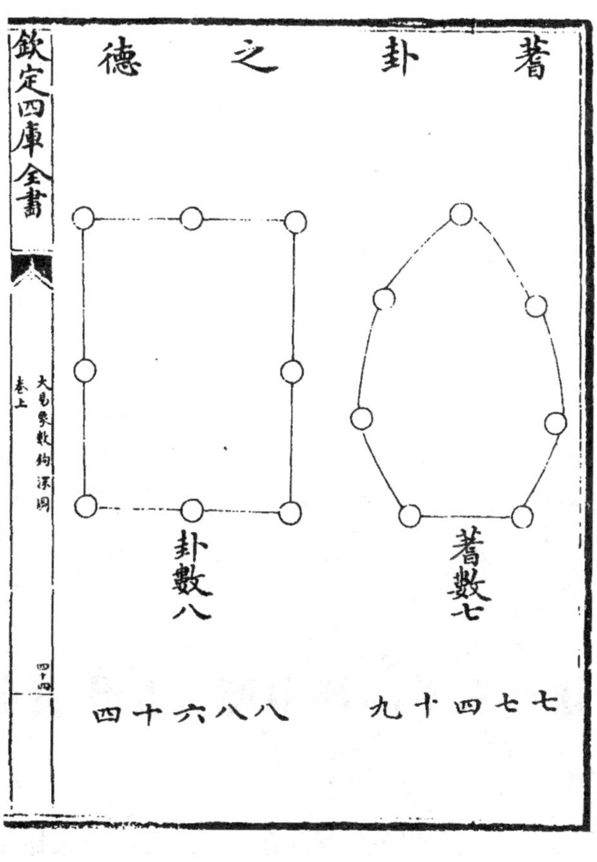

代表变数的符号有什么用处？

在易学发展出来的各种卜卦方式中，凡是遇到老阳或老阴，都会将阴阳互换，这是取盛极必衰的道理。在记录的时候，会用○表示变数老阳，用×表示变数老阴。后世的一些易学人士认为，这些符号不仅表示这里要发生阴阳的变化，还各自有其实际的意义。

由于老阳是阳气极盛的代表，所以○代表了一切圆形的或畅通的事物，如窗户、通风口、井盖、水井、孔洞、穿孔、球类、镜子、手镯、项链、环形路、圆形物品、车胎、酒杯、饭碗、绕圈子、很圆满、开口说话、口袋、张嘴求人、事情已经结束、到此为止等。

老阴是阴气极盛的代表，所以×代表了一切交叉的或封闭的事物，如电视天线、交通关卡、道路收费站、此路不通、有毒物品、被查封、伤口上了绷带、被人绑架、被束缚、不能动弹、物体的支架、袖手旁观、闭口不谈、拒绝接见、十字路口等。

为什么"蓍"可以求得事物发展变化的规律？

用蓍草来占算卦象，看似很荒诞，但它却是以数字推演的过程去模拟自然的方式。

首先，其推演过程是在模拟天地的推演。由一把蓍草分为两把，就是模拟的太极生两仪，而四根一组的蓍草则是两仪生四象。这一过程象征了天地的生生不息，是客观自然的过程，而非人的主观意识，这就增加了占卜的客观性。

其次，其数的奇偶变化是在模拟天地的阴阳变化规律。由"大衍之数"推演出奇偶数，是将天地化繁为简，成为阴阳两种属性，这是自然的必然规律，这就增加了占卜的真理性。

最后，其推演的数目是在模拟世间的发展和万物的变化。易学将一根草称为一"策"，那么如果最后得出的数为六，其策数就是二十四；为七，策数就是二十八；为八，策数就是三十二；为九，策数就是三十六。乾卦六爻都是九，所以可以得到二百一十六策，坤卦六爻都是六，可以得到一百四十四策，加起来为三百六十策，象征着一年三百六十天的周期。六十四卦的所有阴爻阳爻相加可以得到一万一千五百二十策，这跟万物之数相近，由此代表了万物的流动。通过占卜得出的一卦，则是在时间和万物中需要认识和感知的具体事物，这就给占卜增加了现实性。

之所以采用了数字的推演方法，是由于数字具有极大的抽象性和变化的多样性，由此它可以显示规律性，并将事物的规律提前揭示出来，以方便人们认知它。

如何知道六十四卦中哪一爻代表自己？

确定哪一爻代表自己，是用八卦判断事物的前提。古人认为八卦各宫中的八个卦，都可以用不同的爻来代表自己。

八个纯卦都是最上一爻第六爻代表自己，第二卦代表自己的是最下一爻，即初爻，第三卦是二爻，第四卦是三爻，第五卦是四爻，第六卦是五爻，第七卦是四爻，第八卦是三爻。

如“火地晋”属于乾宫中的第七卦，所以卦中的第四爻代表自己。

代表自己的爻在易学中被称为“世”，易学中另有代表他人的“应”爻。应爻的位置通常与世爻隔了两爻，如世爻为初爻时，应爻就是四爻；世爻为五爻时，应爻就是二爻。

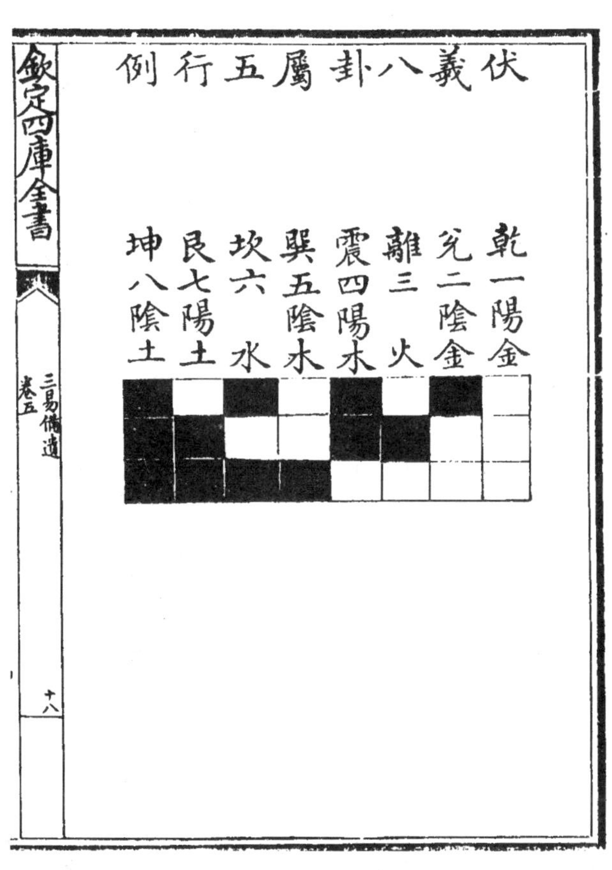
欽定四庫全書

伏羲八卦屬五行例

乾一陽金
兌二陰金
離三火
震四陽木
巽五陰木
坎六水
艮七陽土
坤八陰土

三易備遺 卷五

十八

如何得知卦中每一爻与自己的关系？

每个六爻卦都有自己所属的地支和五行，所以只要确定了代表自己的是哪一爻，就可以据此判断其他爻跟自己的六亲关系。

比如“火地晋”卦，它的上卦为离卦，它所对应的地支五行为下爻酉金、中爻未土、上爻巳火；它的下卦为坤卦，它所对应的地支五行为下爻未土、中爻巳火、上爻卯木。火地晋卦中代表自己的一爻是第四爻，也就是上卦的下爻。此时第四爻的地支五行为酉金，所以对应金的属性，第一爻属土，是生我，为父母；第二爻属火，是克我，为官鬼；第三爻属木，是我克，为妻财；第四爻属金，是同我，为兄弟；第五爻属土，是生我，为父母；第六爻属火，是克我，为官鬼。

六十四卦的每一爻如何与地支五行对应?

六爻卦每一爻都有相对应的地支和五行,其对应顺序由下爻开始往上:

乾卦为内卦时,下爻为子水,中爻为寅木,上爻为辰土;乾为外卦时,下爻为午火,中爻为申金,上爻为戌土。

坎卦为内卦时,下爻为寅木,中爻为辰土,上爻为午火;坎为外卦时,下爻为申金,中爻为戌土,上爻为子水。

艮卦为内卦时,下爻为辰土,中爻为午火,上爻为申金;艮为外卦时,下爻为戌土,中爻为子水,上爻为寅木。

震卦为内卦时,下爻为子水,中爻为寅木,上爻为辰土;震为外卦时,下爻为午火,中爻为申金,上爻为戌土。

巽卦为内卦时,下爻为丑土,中爻为亥水,上爻为酉金;巽为外卦时,下爻为未土,中爻为巳火,上爻为卯木。

离卦为内卦时,下爻为卯木,中爻为丑土,上爻为亥水;离为外卦时,下爻为酉金,中爻为未土,上爻为巳火。

坤卦为内卦时,下爻为未土,中爻为巳火,上爻为卯木;坤为外卦时,下爻为丑土,中爻为亥水,上爻为酉金。

兑卦为内卦时,下爻为巳火,中爻为卯木,上爻为丑土;兑为外卦时,下爻为亥水,中爻为酉金,上爻为未土。

五行、天干、地支与易有什么关系?

五行、十天干和十二地支虽然不是直接来源于《易经》,但它们却是《易经》的理论基础。所以后世不少的占卜方法,都需要将卦象与天干、地支以及五行方位相配合。

其实这些用来表示时间、空间、属性的符号,都是给太过抽象的卦象以一些附加的含义,使它们更容易被理解。如震卦,就象征了每月初三的新月相,位于西方的庚位,是一阳初生之象,也就代表了清晨,以及欣欣向荣的植物。由此,抽象的卦象,变成了具体的形象。

什么是五行?

早在秦汉时期,先哲们就总结出宇宙万物都是由木、火、土、金、水五种基本物质组成的,它们与天空中的木星、火星、土星、金星、水星五大行星相对应,因此称之为五行。

五行之间有严格的生克关系：水能生木，木能生火，火能生土，土能生金，金能生水；水能克火，火能克金，金能克木，木能克土，土能克水。五行间的生克关系环环相扣，形成一个动态平衡。

五行也是有顺序的，根据“河图”可知一六属水、二七属火、三八属木、四九属金、五十属土，因此五行顺序分别为：水一、火二、木三、金四、土五。

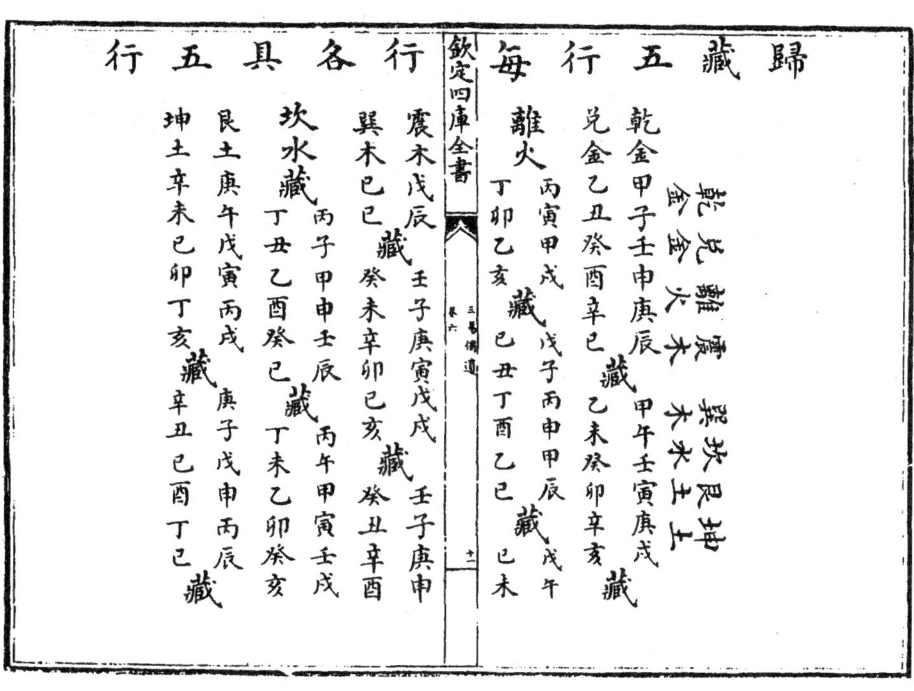

欽定四庫全書 卷六 三易備遺 十二

歸藏五行每行各具五行

乾兑離震巽坎艮坤
金金火木木水土土

乾金甲子壬申庚辰藏甲午壬寅庚戌藏

兑金乙丑癸酉辛巳藏乙未癸卯辛亥

離火丙寅甲戌丁卯乙亥藏戊子丙申甲辰己丑丁酉乙巳藏戊午己未

震木戊辰藏壬子庚寅戊戌藏壬子庚申

巽木己巳藏癸未辛卯己亥藏癸丑辛酉

坎水藏丙子甲申壬辰丁丑乙酉癸巳藏丙午甲寅壬戌丁未乙卯癸亥

艮土庚午戊寅丙戌藏庚子戊申丙辰

坤土辛未己卯丁亥藏辛丑己酉丁巳藏

五行代表哪些事物？

世间万物都有各自的五行属性，了解了它们各自的属性，就能调节五行的平衡。

金，代表所有金属器具和尖利的物品，所以它又代表了一切具有清静、肃杀以及能依据人的意愿而变化属性的事物。

水，代表所有水态的物品，所以它又代表了一切具有滋润及寒冷属性或功能的事物。

木，代表树木及木制品，所以它又代表了一切具有生长发育、条理通达以及具有曲直属性的事物。

火，代表火焰等具有热能的物品，所以它又代表了一切具有炎热或向上属性的事物。

土，代表跟泥土有关的物品，所以它又代表了一切具有生育、养育、滋养属性的事物。

什么是六亲？

根据五行属性，世间的事物都会出现五种生克关系，把这些关系比作人际间的关系，这就是六亲。

设定一个事物为“我”，此时按五行属性，生旺我的，就是父母；我生旺的，就是子孙；克我的，是官鬼；我克的，是妻财；与我是同类的，就是兄弟。

什么是四时？

四时指的是春夏秋冬四个季节。春天气温回暖，万物复苏；夏天气候炎热，万物不断地生长；秋天日渐凉爽，进入了成熟的季节；冬天天寒地冻，万物都躲藏休眠以积蓄第二年生长的力量。每个季节都有自己的特征，会对万物产生不同的影响，从而使万物的五行能量有强弱的变化。

不仅四时有不同的五行，而且每月也有不同的五行属性。

五行在四时中有怎样的强弱变化？

万物都有五行属性，但它们的能量并非是恒定的。它们会随着时间的变化而变弱或变强，用来表示它们状态的就是“旺、相、休、囚、死”。

旺，是旺盛，是在一个季节中最强大的力量。相，是辅佐，处于旺的属性所生旺的对象，就处于相。如春天木旺，木生火，所以春天火为相。休，是休息，生旺最旺属性的就处于休。如水生木，所以春天水为休。囚，是衰落，克最旺属性的处于囚。如金克木，所以春天金为囚。死，是克制，最旺属性所克制的对象就处于死。如木克土，所以春天土为死。

据此可知：春天时，木旺、火相、水休、金囚、土死；夏天时，火旺、土相、木休、水囚、金死；秋天时，金旺、水相、土休、火囚、木死；冬天时，水旺、木相、金休、土囚、火死；四季时，土旺、金相、火休、木囚、水死。

四时与五行对应时为何多一季？

当把五行与四时对应时，四时除了春夏秋冬外，还多了一个“四季”的提法，把四时变为了五季。

中国的古人把一年分为四个季节，每个季节统辖三个月份。在与五行相对时，每个季节的前面两个月为它本来的季节，而最后一个月，则被归入了“四季”。所谓第五季的“四季”，其实就是四个季节每个季节的最后一个月，也有命理家认为是每个季节的最后十八天。

什么是五方？

五方就是东西南北中五个方位，古人认为每个方位都有自己的特性。如东方，是太阳升起的地方，温暖；南方，是太阳照射的地方，炎热；西方，是人少石多的地方，萧瑟；北方，是冰雪覆盖的地方，寒冷；中央，是肥沃的滋养万物的地方，于四方都有利。

根据五行的性质，可将五行与五方相配合：东方属木，南方属火，西方属金，北方属水，中央属土。

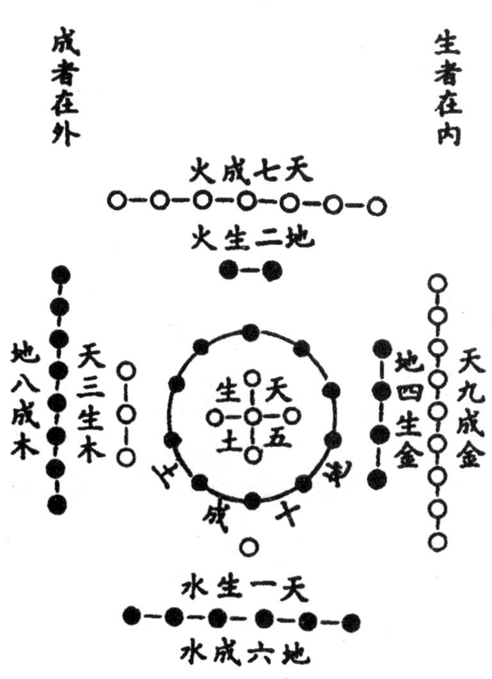

在五行的对应中有哪些固定对应？

古人在对事物进行五行归纳的时候，对一些事物进行了固定的划分，如四时、五方等。除此之外还有更多的对应搭配：

在五时与五行的对应中，清晨属木，中午属火，傍晚属土，夜晚属金，半夜属水。

在五色与五行的对应中，绿色属木，红色属火，黄色属土，白色属金，黑色属水。

在五味与五行的对应中，酸味属木，苦味属火，甜味属土，辛味属金，咸味属水。

在五脏与五行的对应中，肝属木，心属火，脾属土，肺属金，肾属水。

在五腑与五行的对应中，胆属木，小肠属火，胃属土，大肠属金，膀胱属水。

在五窍与五行的对应中，眼睛属木，舌头属火，嘴巴属土，鼻子属金，耳朵属水。

在五体与五行的对应中，筋属木，脉属火，肉属土，皮毛属金，骨骼属水。

在五德与五行的对应中，仁属木，礼属火，信属土，义属金，智属水。

在五志与五行的对应中，怒属木，喜属火，思属土，悲属金，恐属水。

在五音与五行的对应中，角属木，徵属火，宫属土，商属金，羽属水。

在五星与五行的对应中，岁星属木，荧惑属火，镇星属土，太白属金，辰星属水。

什么是天干？

古人为了记录时间，创造了十个天干，作为记年和日的数字，代表十个年头或十天。

十天干分别为：甲、乙、丙、丁、戊、己、庚、辛、壬、癸，它们分别代表数字的一到十。其中，甲、丙、戊、庚、壬为单数，为阳；乙、丁、己、辛、癸为双数，为阴。

天干怎样与四时五行方位对应？

十天干有自己的五行方位属性：

甲乙居东方，五行为木，得势于春季；

丙丁居南方，五行为火，得势于夏季；

戊己居中央，五行为土，得势于四季；

庚辛居西方，五行为金，得势于秋季；

壬癸居北方，五行为水，得势于冬季。

十天干之间也有生克关系，它们根据各自五行属性相互生克。

天干之间有怎样的冲、克、合？

所谓相冲，就是相互冲撞、不合的意思。天干中甲庚相冲、乙辛相冲、壬丙相冲、癸丁相冲。

所谓相克，就是一方抑制打击另一方。在正常的情况下，会出现甲戊相克、乙己相克、丙庚相克、丁辛相克、戊壬相克、己癸相克，这些都是阳克阳，同性相克会尽力而克的情况。在某些情况下，异性也是会相克的，如辛甲相克、丁庚相克、癸丙相克、己壬相克、乙戊相克。

有相冲就有相合，所谓“合化”，就是相互融合为另一种物质的意思。在天干中，甲与己合化为土，乙与庚合化为金，丙与辛合化为水，戊与癸合化为火。拿甲、己作例子来看，甲属木，己属土，两者相遇的时候，甲木就会失去其木的属性，而跟随己土一起被合化为土，也就是加强了土的力量。但两者要相合而化是有条件的，有时会出现两者相合、力量抵消，但不会化为一体的情况。

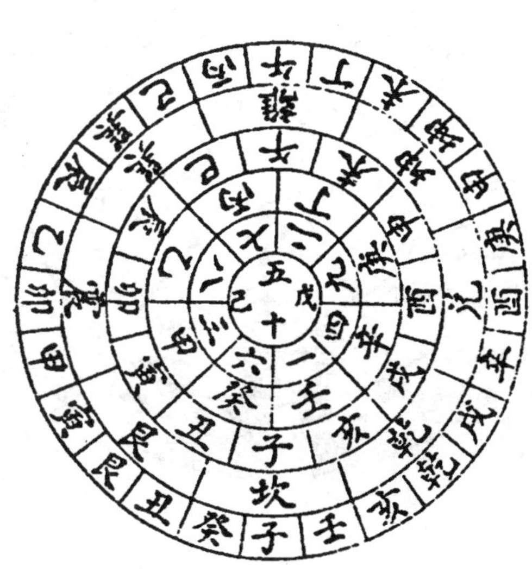

什么是地支？

为了避免只用十个天干容易造成时间重复的问题，古人又创造了十二个地支，用来配合天干，以表示时间中的月和时。即十二地支代表了十二个月份或十二个时辰。

十二地支分别为：子、丑、寅、卯、辰、巳、午、未、申、酉、戌、亥。它们分别代表数字的一到十二，其中子、寅、辰、午、申、戌为单数，为阳；丑、卯、巳、未、酉、亥为双数，为阴。

当地支代表时间的时候，与现在的二十四小时对应如下：

子时，为上日的23:00～本日的1:00

丑时，为本日的1:00～3:00

寅时，为本日的3:00～5:00

卯时，为本日的5:00～7:00

辰时，为本日的7:00～9:00

巳时，为本日的9:00～11:00

午时，为本日的11:00～13:00

未时，为本日的13:00～15:00

申时，为本日的15:00～17:00

酉时，为本日的17:00～19:00

戌时，为本日的19:00～21:00

亥时，为本日的21:00～23:00

地支怎样与五行方位四时对应？

地支有自己的五行方位属性，又因为代表了月份，而分属于四个季节。

寅、卯属木，辰属土，它们同属东方，对应春天；

巳、午属火，未属土，它们同属南方，对应夏天；

申、酉属金，戌属土，它们同属西方，对应秋天；

亥、子属水，丑属土，它们同属北方，对应冬天。

地支与生肖有怎样的对应关系？

为了方便记忆，古人用十二种动物来分别代表十二地支，它们分别是子鼠、丑牛、寅虎、卯兔、辰龙、巳蛇、午马、未羊、申猴、酉鸡、戌狗、亥猪。这些生肖不仅可以用来代表某个年份出生的人的属相，也可以用来代表某个时辰出生的人的属相。

根据地支的五行属性，不同属相的人，也有不同的五行属性。属猴和属鸡的人，五行属金；属虎和属兔的人，五行属木；属鼠和属猪的人，五行属水；属蛇和属马的人，五行属火；属牛、属龙、属羊以及属狗的人，五行都属土。

地支之间有怎样的冲、刑、害、合、会？

地支之间也有冲、合。其中子午相冲、丑未相冲、寅申相冲、卯酉相冲、辰戌相冲、巳亥相冲。子与丑能合化为土、寅与亥能合化为木、卯与戌能合化为火、辰与酉能合化为金、巳与申能合化为水、午与未能合化为火或土。

此外，地支还有三合局和三会局。三合局为寅午戌合化为火，申子辰合化为水，亥卯未合化为木，巳酉丑合化为金。三会局为亥子丑会为北方的水局，寅卯辰会为东方的木局，巳午未会为南方的火局，申酉戌会为西方的金局。

这三合局和三会局有跟合化类似的作用，不过三合局因为由三个地支合化而成，所以对某种属性的强化是一般合化的两倍；而三会局因条件更为苛刻，难得一见，所以强化的力量更大。

除此之外，地支间还会发生刑害。相害是一方破坏另一方，如果地支中有合、会局，但遇到相冲发生，就可能无法合会，这就是相害。如子未相害、丑午相害、寅巳相害、卯辰相害、申亥相害、酉戌相害。

相刑是相对来说比较难理解的，它跟之前的生克原理有所不同，是相生的同类之间的相互竞争或排挤。如亥刑寅、寅刑巳、巳刑申、申刑亥，都是相生之间的排挤；未刑辰、辰刑丑、丑刑戌、戌刑未，都是同类之间的排挤；卯刑卯、午刑午、酉刑酉、子刑子，则是自己对自己的排挤。当它们之间是良性的竞争，则不存在相刑；如果是恶性的排挤，则是相刑的。

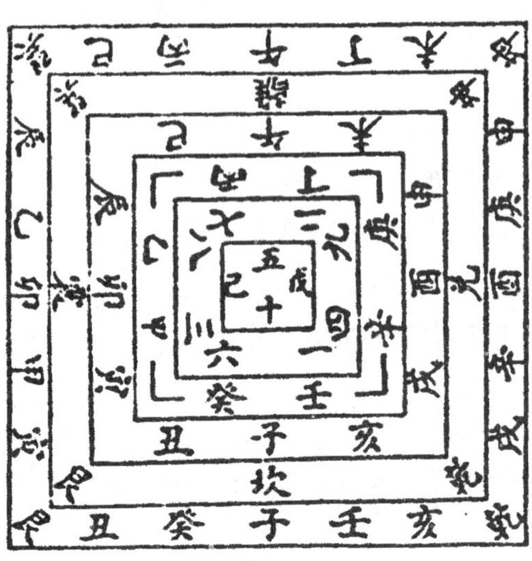

天干与地支怎样组成时间？

古人设计天干地支，是用来表示时间的。其中天干用以表示年和日，地支用来表示月和时。

不过天干和地支也可以组合起来使用。天干与地支组合时，天干在前，地支在后，天干与地支一起循环搭配。如某一年为甲子年，这就是天干的第一位数甲与地支的第一位数子相组合。但第二年，并非是甲丑年，而是天干的第二位数乙与地支的第二位数丑相组合，为乙丑年。如此组合到癸酉年时，十天干已组合完，此时天干又循环到第一位数甲，与地支的第十一位数酉组合，为甲酉年。

天干与地支组合后会产生六十个数，从“甲子”到“癸亥”为止，为一周，被称为“六十甲子”。年、月、日、时，都可以用天干、地支的组合方式来表示。

什么是生死历程？

古人认为，事物都拥有由生到死，再由死到生的过程，这正是太极循环往复的运动观。古人将由生到死的这个过程分为十二个阶段：

“长生”是生的阶段，就如同婴儿出生在世上，事物刚刚发生。

“沐浴”是除垢为新的阶段，就如同婴儿沐浴洗去血污，事物得到修正。

“冠带”是初步发展的阶段，就如同少年开始注重衣冠，事物得以运行。

“临官”是小有所成的阶段，就如同青年开始自力更生，事物取得了阶段性成就。

“帝旺”是成功的阶段，就如同壮年事业有成，事业达到了辉煌的顶点。
“衰乡”是开始衰败的阶段，就如同更年期精力渐衰，事物开始走下坡路。
“病乡”是衰败的阶段，就如同老人疾病丛生，事物破败不堪。
“死地”是死亡的阶段，就如同人死亡没有了气息，事物结束。
“墓地”是封藏的阶段，就如同被放进棺木埋葬，事物被冻结。
“绝地”是灭绝的阶段，就如同坟墓中正在腐化的肉体，事物即将被忘却。
“胎地”是凝聚的阶段，就如同精子与卵子的成功结合，事物在促成中。
“养地”是蓄养的阶段，就如同婴儿在母体中的孕育，事物正在酝酿中。

十二地支如何表示生死历程？

十二地支可以用在任何事物之上，表示生死历程，如十二个时辰就有生死更替：
子时为阴性事物的帝旺，为阳性事物的胎地。
丑时为阴性事物的衰乡，为阳性事物的养地。
寅时为阴性事物的病乡，为阳性事物的长生。
卯时为阴性事物的死地，为阳性事物的沐浴。
辰时为阴性事物的墓地，为阳性事物的冠带。
巳时为阴性事物的绝地，为阳性事物的临官。
午时为阴性事物的胎地，为阳性事物的帝旺。
未时为阴性事物的养地，为阳性事物的衰乡。
申时为阴性事物的长生，为阳性事物的病乡。

酉时为阴性事物的沐浴，为阳性事物的死地。

戌时为阴性事物的冠带，为阳性事物的墓地。

亥时为阴性事物的临官，为阳性事物的绝地。

三才图

什么是“支藏人元”？

古人认为世界存在天、地、人三个重要元素，称为“三才”。天、地、人三才具备才是完整的世界。天干代表着天的才能，地支代表着地的才能，人顶天立地，究竟应该用什么来表示呢？古人认为人能明白并秉承天道，所以就用天干来代表人，即“人元”，人立于地，所以人元藏在地支之中，由此才能天、地、人三才合一。

“支藏人元”其实就是根据十天干的十二生死历程来推断的，每个地支中都藏有一个到三个象征人元的天干。当出现两个或三个人元时，它们所拥有的力量强度是不同的。其具体的支藏情况分别是：

子中藏着癸，癸拥有100%的力量。

丑中藏着己、癸、辛，己的力量为60%，癸的力量为25%，辛的力量为15%。

寅中藏着甲、丙、戊，甲的力量为60%，丙的力量为25%，戊的力量为15%。

卯中藏着乙，乙拥有100%的力量。

辰中藏着戊、乙、癸，戊的力量为60%，乙的力量为25%，癸的力量为15%。

巳中藏着丙、庚、戊，丙的力量为60%，庚的力量为25%，戊的力量为15%。

午中藏着丁、己，丁的力量为70%，己的力量为30%。

未中藏着己、丁、乙，己的力量为60%，丁的力量为25%，乙的力量为15%。

申中藏着庚、壬、戊，庚的力量为60%，壬的力量为25%，戊的力量为15%。

酉中藏着辛，辛拥有100%的力量。

戌中藏着戊、辛、丁，戊的力量为60%，辛的力量为25%，丁的力量为15%。

亥中藏着壬、甲，壬的力量为70%，甲的力量为30%。

先秦时期的易学有怎样的发展?

传统观点认为，易学的萌芽和奠基时期是在先秦，其代表性的作品分别是夏朝的《连山》、商朝的《归藏》、周朝的《周易》。而孔子正是在这三者的基础之上编撰出《易经》的。

其实易学的萌芽出现于西周初期，当时编撰的《尚书・洪范》、《周礼・春官・筮人》、《左传》、《国语》中都出现了对易学的记载。在春秋时期，人们对易的理解还大多停留在卜筮的阶段。但随着人们对《周易》了解的深入，以及诸子百家对易学的援引，使得易学开始脱离宗教巫术的束缚，向哲学方向发展。儒家的《易传》是其中最典型的代表，由它开始，《周易》从卜筮术变为哲学，奠定了易学发展的坚实基础。

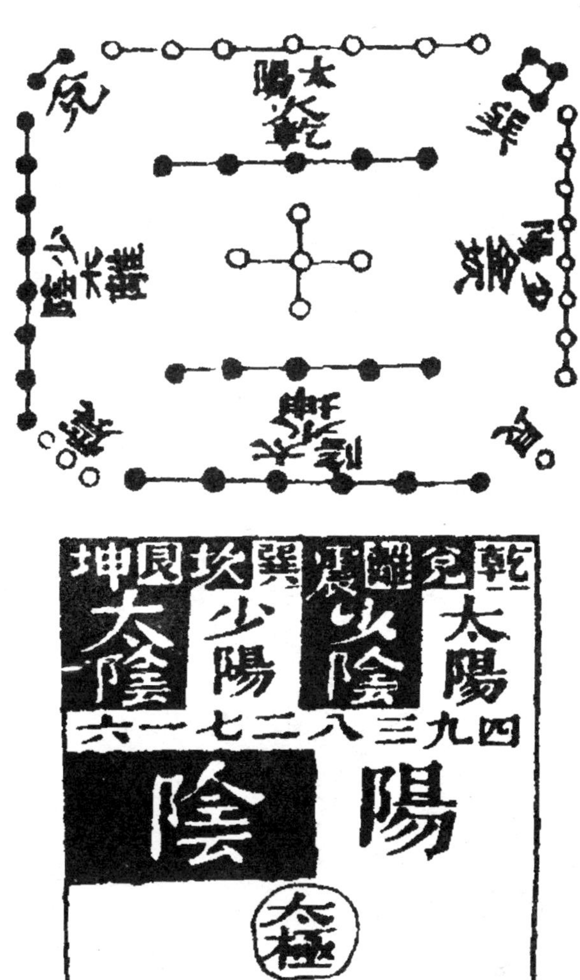

伏羲则河图以作易图

人们把以卜筮为主的易学称为"占筮易学",把以研究哲学思想为主的易学称为"义理易学"。当时的人们开始对卜筮产生了怀疑,于是开始引用《周易》的内容来论证人事,给吉凶占卜附以道德的解释,使其具有了道德规范的作用。

战国时期,诸子百家普遍接受了义理易学的影响,其思想在《礼记》、《论语》、《荀子》、《庄子》、《吕氏春秋》中都有所体现,这不仅成为战国时期易学的主流,更标志着义理易学的形成和成熟。其中以儒家、道家、阴阳家对其贡献最大。

汉朝时期的易学有怎样的发展?

汉武帝独尊儒学,提倡经学,并派专人研究先秦各家的经典著作,而当时《易经》被尊为六经之首,这就使研究《易经》成为了一项专门的学问。所以在汉朝,研究《易经》已经不是儒家的专利,不同学派的学者,都在对其进行研究。

汉朝时对《易经》的看法出现了分歧,有些学者在讲"卦气"、"纳甲"、"爻辰"等的时候,《易经》是被当做卜筮书看待的;司马迁说《易经》"以道化"、"本隐以之显"的时候,是把《易经》当做思想理论书看待的。更有意思的是,在《汉书·艺文志》中,《易经》在《六天略》和《术数略》

天根月窟图

中均被列及。

汉代对《易经》的这两种看法，逐渐发展成了研究易学的两大对立学派，即象数派和义理学派。这两大学派不仅各自独立发展，还长期地论争，这种论争贯穿了整个易学发展史。

谁开创了象数派？

汉代的孟喜、京房是象数派的开创者，他们创造了“卦气说”、“纳甲说”、“飞伏说”，从而建立起了象数易学的体系。象数派注重对卦象和特定数字的研究，将八卦作为宇宙的缩影，并与人事相通，故而主张只要能掌握八卦的变化规律，就能判断国家的治乱，了解个人的祸福。汉朝时期，整个易学的发展是以象数派为主的，这一学派出现了大量的研究者。

孟喜是“卦气说”的倡导者，他用六十四卦来解说一年节气的变化。他把坎、震、离、兑作为四个正卦，它们分别被用来代表四个季节，并配以四个方位；十二个辟卦被用来代表十二个月，六十卦被分配到各月中，每月配五卦，每卦掌管六日又七分（一日按八十分计）。孟喜就用六十四卦与时间的配合来论人事的吉凶。

京房是当时以占算闻名的学者，在他所著的《京氏易传》中，包含了“卦气说”、“八宫卦说”、“五行说”、“阴阳二气说”、“纳甲说”等，并创造出了许多占算的体例，发展了孟喜的学说。

在他们之后，马融、郑玄、荀爽、虞翻、陆绩等人发展了象数学派，提出了一些新的体例，如“五行生成说”、“爻辰说”、“升降说”等。

汉朝时期有哪些人在用义理解易？

虽然汉朝的易学以象数派为主流，但是在民间仍有不少学者在对《易经》进行义理方面的研究。

其中最著名的是费直，但他的著作已经佚失。随着义理易学地位的上升，费直的易学理论在东汉乃至魏晋时期得到了继承和发展。

东汉时期，马融开始研究费直的著作，并将其分了章句，使其更利于阅读。马融的学生郑玄是一位今古文杂糅的经学大师，他不仅在象数方面颇有成就，还从义理方面对《易经》进行研究，并用费直的古文本，将《彖传》、《象传》与经文混合起来，这个版本一直流传到了今天。另还有一位义理研究的大师荀爽，他虽然也讲卦气、讲卦变，但是他更注重以易理来解释政治和人事。

马融、郑玄、荀爽对义理易学的传承，使其最终压倒了象数学派，成为占主流的易学派别。到了魏晋时期王弼继承该学派的时候，义理学派开始独领风骚了。

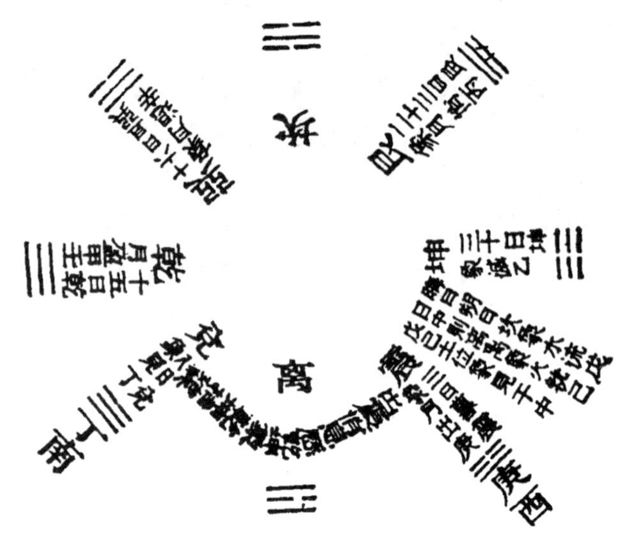

汉上易卦纳甲图

什么是黄老易学？

在汉代，除了有象数和义理的易学派别之分外，还出现了用黄老思想来解释《易经》的潮流。

由于汉代崇尚黄老学说，所以以严君平、杨雄、魏伯阳为代表的一些人，运用老子的思想来解释《易经》，如将老子的天道观和阴阳变易的思想与《易经》和五行思想相结合，甚至把《易经》作为炼丹术的理论基础。不过他们并不完全恪守道家思想，对儒家思想也有所吸纳，有儒道互补的倾向。他们还提出了“易谓坎离”说和“月体纳甲”说，这对于易学的发展有较大的影响。

太極者靈極之漸闢而漸虛者也。洞然朗然不淆不虧其元極本來之全體乎。孔子曰易有太極是也。

魏晋时期的易学有怎样的发展?

魏晋时期,易学开始崇尚对义理的探讨,并且结合老庄玄学来解释易理。

其中最具代表性的人物是王弼。王弼通过撰写《周易注》、《周易略例》、《老子注》、《论语释义疑》,将老子、庄子、易学三者连通起来,并称为"三玄"。他还把《易经》看做是政治哲学书,注重探究其本身的思想内涵。

另一位义理派的代表人物韩康伯则弥补了王弼的不足,他进一步将易理玄学化,认为玄理是易的本义。他的著作《系辞传》被唐代的孔颖达收入《周易正义》中,使其得以与王弼并称。

此时的象数派也获得了发展,他们注重利用《易经》推衍阴阳术数,同时不满用老庄学说来解释《易经》的倾向,致力于与玄学派的争论之中,代表人物为曹魏时期的管辂和东晋时期的孙盛。

与此同时,佛教开始大兴,佛学传播者为了使当时的人更好地接受佛教,也开始援引玄学家的理论来解释佛教理论。佛教与易学开始出现相互结合的倾向,南朝的梁武帝萧衍就是此派的代表人物。

隋唐时期的易学有怎样的发展?

隋唐时期,易学开始出现象数和义理两派相互吸收和肯定的倾向,此时易学也与儒释道三家相互渗透。

唐朝时期的孔颖达是其中最著名的代表人物,他奉唐太宗之命撰写《五经正义》,其中《周易正义》广纳百家之言,成为易学发展的成果总汇,对后代产生了深远的影响。另有李鼎祚汇集三十余家的言论写成的《周易集解》。

此时佛家在讲佛的时候也常援引易学的观点,如宗密在《原人论》中,就引入了太极元气来解释世界的形成过程,用"太极生两仪"来作为最低级的入教法门。此外李通玄的《新华严经论》也以《易经》来解说华严教义,并将二十四卦、八卦方位图等应用到华严之境中。道教也借《易经》的卦象和汉易中的元气、五行说,来解释世界的形成,并以图的方式作为道教的理论基础。

宋代易学有怎样的发展?

宋代开始,义理派注重以经明道;象数派则进一步哲理化、数理化。

此时的义理派继承了王弼的学说,并注重以儒家思想为基础来解释易,并抨击老庄玄学。

其代表人物为程颐、张载、朱熹、杨万里等。

象数派则注重图解方式的运用，其代表人物为陈抟(tuán)，此外还有邵雍、周敦颐，他们主要研究先天八卦图、河图洛书、太极图等。

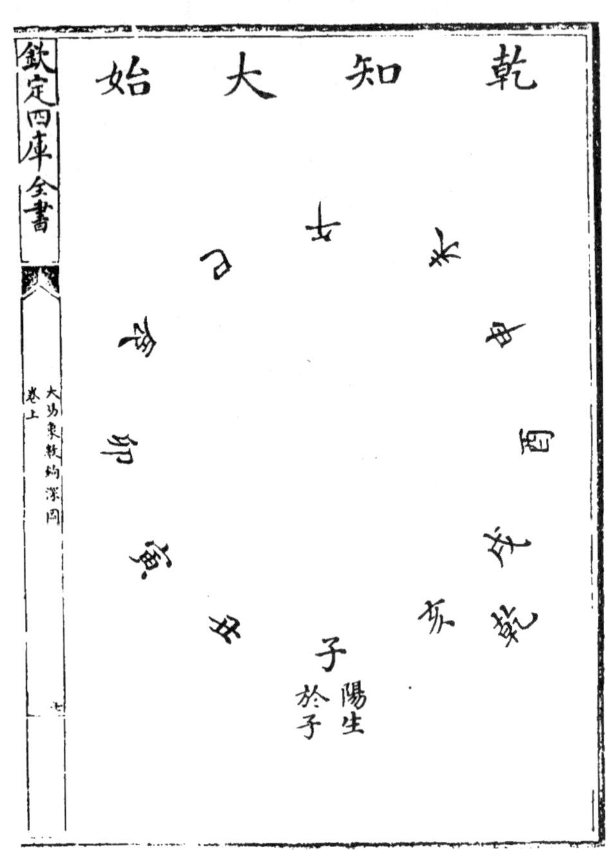

明清易学有怎样的发展？

明清时期的易学可分为两个阶段。明朝到清初，为宋易阶段，是自宋代继承下来的义理易学和象数易学为主导的阶段。不过由于明朝为经学的衰弱期，所以易学的研究大多空洞无力，缺乏新意。

义理派唯一值得一提的是王夫之和李光地的研究。王夫之是借《周易》来理解天人之理，进而营造出自己庞大而精深的哲学体系，从而掀起了义理易学的高潮，这也是明清时期宋易义理研究的最后一次高潮。李光地的学说则更注重以易学致用的原则，其主持编撰的《周易折中》是清代最有影响的义理派著作。

象数派值得一提的是来知德，他创造了错卦之象、综卦之象、爻卦之象的解易法，使人们能够从更多的角度来进行思维，对后世产生了深远的影响。方以智则从义理学派转入象数学派，他将象数理论同某些“类流小术”进行了划分，认为客观世界是可以用象数来反映的，并创造了以数解易法，其独特的象数易学在对易学发展作出卓越贡献的同时，也标志着象数派宋易的完结。

清朝中叶到清末，易学的发展进入了汉易阶段，也就是回归到了朴素的考据研究之中。虽然此阶段的易学与汉代易学都注重对《易经》本身的研究，而不是对其进行发挥，但不同的是，此时注重以文献学和考据学的方法进行研究，提倡实事求是。其代表人物为焦循、惠栋等。

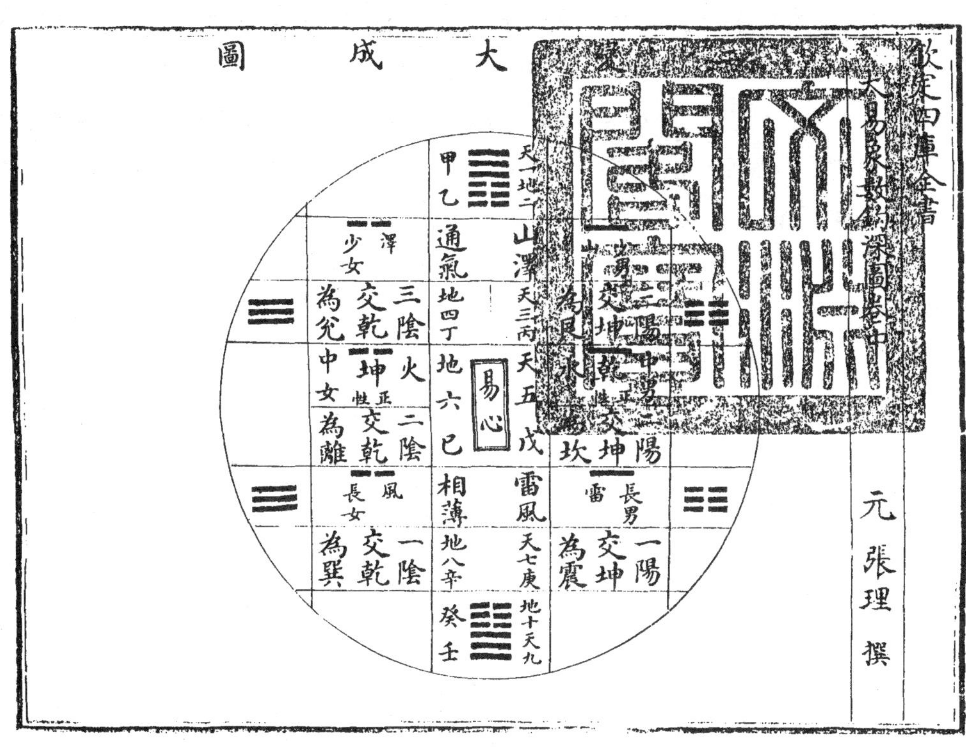

现代易学有怎样的发展？

近代以来，由于西方科技的影响，《易经》曾经一度被人们冷落，甚至遭受了抨击。但随着东西方文化比较的逐渐深入，人们开始使用现代科学的方法来重新认识和研究《易经》，并对其义理、象数及占筮进行了新的解释，重新评价了它在文、史、哲、理等方面的历史地位和作用，由此也就产生了很多的流派和著作。

二十世纪二三十年代，学术界开展了关于《易经》作者和成书年代问题的大讨论，从而掀起了现代易学的第一个高潮。这个讨论是由当时属于“新史学”的古史派学者发动的，他们有顾颉刚、李镜池、郭沫若、钱玄同、余永梁等。他们指出《易经》不是伏羲、文王所作，《易传》也非孔子所写，它们是群体的智慧成果，而非来自个人。

六十年代初，中国大陆学术界开展了《易经》成书年代、《周易》性质和哲学思想的讨论，《易经》被再次考证的同时，也被赋予了新的哲学意义。

七十年代末以来，尤其是八十年代中期，国内出现了一次至今仍方兴未艾的“周易热”，在考据、义理、象数等研究方面取得了不少成果。同时大陆学术受到海外和港台地区“科学易”的影响，开始关注《周易》与自然科学的相关研究，提出了不少新颖的观点。

《易经》是如何被传到海外的?

由于与中国比邻的亚洲国家对中国文化的钦慕,《易经》很早就随着中国的其他文化典籍传到了亚洲各国,其时间应该是在唐代。目前可以在日本看到江户时期研究《易经》的著作,近代以来的易学著作也多达两百多种。而朝鲜、越南、新加坡等国历代也有大批的易学研究专著。

《易经》传入西方的时间则较晚,是在十七世纪末(康熙年间),由在华的传教士传入西方的。当时有一个叫白晋的法国传教士在中国生活了四十多年,他曾奉康熙皇帝之命,在清廷的直接指导下花了六年时间研读《易经》,并得出了天主教和儒教的根本意义相同的结论。德国哲学家、数学家莱布尼茨在白晋等人影响下,开始研习儒学,他们敬仰中国古代的爻画文明,曾在法兰克福创办了中国学院。

十九世纪后《易经》的各种译本不仅数量大幅度增加,而且质量也大大提高了,均是由一些传教士或教授将其翻译成自己的母语,如拉丁文、英语、法语、德语、俄文等。

与《易经》翻译传播几乎同步的《易经》研究,也逐渐兴盛,并经久不衰。比利时哈雷兹教授在 1887 年出版法译本《易经》后,先后发表十余篇研究论文,如《易经注解》、《易经的真实属性与解释》、《中国古代占卜术》、《易经的象意符号》等,他认为"卦"是书写的符号,汉字符号是与卦一起使用的。瑞士心理学家和精神病学家荣格重点研究了《易经》的心理现象,将问卜作为探索潜意识的一个方法。L. A. 戈林达于 1981 年出版了《易经的内部结构》一书,该书提到了斯洪贝尔克在二十世纪六十年代发现的遗传密码与《易经》的关系,认为遗传密码系统是由爻组成的 64 个"字码",而这些字码则能写成核糖核酸(DNA)分子长链。此外还有不少科学家对《易经》作出了肯定,如德国古典哲学大师黑格尔将《易经》视为中国人最深邃的抽象思想和纯粹的哲学范畴,英国著名科学家李约瑟对易学在世界科技史上的重大影响作出了肯定。

现在,全球性的"易经热"方兴未艾。如关于《易经》的占卜研究著作,美国当前就有七种版本,年销量十多万册,读者、作者遍布社会各阶层。

为什么说《易经》影响了中国的文化?

《易经》是中国古人对于宇宙认识的一个浓缩,它集中了数学、天文、历法、哲理等方面的知识。所以它虽然高深,但却有很多人对其趋之若鹜,醉心研究;它虽然抽象,但却可以应用到社会生活的方方面面,上自君臣下至百姓都希望能用到它。它要么被用来治乱兴衰,要么被用来决定个人生死得失,要么被用来探讨战场上的运筹,要么被用来决胜政界的明争暗斗,要么被用来推算生辰八字,要么被用来选择生死之时的居所……

古代的政治家、军事家、理财家,都力图从《易经》中汲取治理国家、巩固国防、安定社会、发展经济的方法;哲学家、科学家则力图从《易经》中获得古老的哲学智慧,并找到宇宙和生命的奥秘;丹鼎家、武术家、堪舆家和占卜术士,则把《易经》当做一切术数的基础,用来研究人与自然之间的联系，从而形成了一脉相承并各具特色的术数文化。

《易经》也影响了中医的腑脏经络学、道教的养生学，天文、地理、乐律、兵法、韵学、算术、方术等无一不受《易经》的影响。这些古代的各种学科，要么直接融入易学之中，以获得发展的机会；要么将易学原理引进自己的学说中，使其有更深邃的内涵。

于是易学在发展的过程中种类变得丰富起来，先后出现了儒家易、道家易、术家易、医学易、玄学易、理学易、气学易、心学易、汉学派易、朴学派易、宋学派易、义理派、象数派、占卜宗、机祥宗、谶纬宗、老庄宗、儒理宗、史事宗、造化宗、医药宗、丹道宗、星相宗、堪舆宗等，它们极大地推动了中国学术的发展。

由此可见，在中国古代的社会中，《易经》的影响无处不在；中国的文化中，更无处不隐藏着它的身影。不管人们对它的褒贬如何，它确实在中国古代获得了长期而普遍的关注，并由其发展出了一系列实用科学和哲学，这是其他任何一部著作都难以比拟的。

为什么说《易经》影响了中国人的思维模式？

思维模式，是一定的社会人群在对外界信息进行加工的过程中所形成的思维惯性定式，它是人们思考时所表现出来的工作态度和方式。由于人们生活在不同的自然和社会环境里，长期处在不同的历史积淀中，因而会很自然地形成不同的思维模式。当一个人群的思维模式形成之后，就成为了决定文化传统特征的决定性因素，从而长期存在于人们的思维和习惯之中。因此，思维模式最能反映和代表一个民族的文化心理。

在对思维模式的研究过程当中，人们通常注意到古希腊的亚里士多德的形式逻辑，古印度的因明逻辑以及中国先秦时代的墨辩逻辑，它们是影响世界思维模式的三大古典逻辑。但新的易学观点指出，这三大古典逻辑并不能反映和代表中国传统思维模式的特征，因为亚氏逻辑传

中极动静图

到中国的时代很晚，因明逻辑只在佛教高级僧侣中有所习用，而墨辩逻辑在秦汉以后随着墨学之“绝”也湮没不传了。

相反，《易经》作为在中国传统文化中起着源头活水的重要作用，它不仅是“群经之首”，更渗透到了中国人生活的方方面面，所以其蕴藏的“《易经》逻辑”深深地影响了中国人的思维模式。

《易经》中的逻辑思想给中国人带来了怎样的影响？

中国传统思维模式形成定型于两千多年前，虽然经历了岁月的变迁和朝代的更替，但其基本的特征并没有什么改变，我们在其中可以看到《易经》中的逻辑思想：

一、《易经》的逻辑思想中，非常注重整体和直观的观念，在以此为主导的前提下，也注重与个别、具体及经验感知相结合。所以中国人历来注重从整体和直观来看待事物。

二、《易经》注重高度概括事物，从而使它的原则和规范能够适用于更多的范畴，但同时它也对这些可以进行模糊游移的概念进行了一定的规范，使其不至于造成理解上的偏差。因此，中国人历来喜欢高度概括性的语句和抽象化的事物。

三、《易经》中指出事物间虽然有区别，但却有着千丝万缕的联系，两个物体之间具有的是相对性的差别，因此应该更多地关注它们之间的联系。这就使中国人的思维中没有强烈的排他思想，更容易找到事物间的联系，并对其予以接纳。

四、《易经》认为宇宙处于一个和谐稳定的环境之中，但为了保持其稳定性，内部会不断地出现变动。这种以小变求大局稳定的思想深深影响了中国人，因此“以小变求不变”、“求同存异”的思想为大多数中国人所认同。

五、《易经》注重对事物的判断，认为价值判断应与真理判断相统一，但是如果两者相矛盾的时候，应以价值判断为主。这也造就了中国人的实用精神。

《易经》逻辑思维的优越之处在于它的观点具有极大的稳定性，它给中国人带来了思想上的影响，也赋予中华民族以极大的智慧，使中华文明拥有了稳定的基础，并从根本上保证了中华文化传统的绵延不断。

《易经》、《易传》对中国伦理思想有哪些影响？

在中国伦理思想史上，《易经》一直占有崇高的地位，被称为性命之源、圣学之本，受到历代学者的重视。

《易经》的伦理思想之所以高于《诗经》、《论语》、《孟子》，主要在于其注重天道阴阳的思想，并由此提炼出了“性命之理”的概念作为自己的理论基础。《易传》总结了儒道两家思想的成果，沟通了天人关系，认为天道的阴阳就是人道的仁义，人道的仁义也就是天道的阴阳。由此出发，引申出和顺、和谐的理念，进而抽象出“礼”的范畴来规范伦理。

《易传》中提出的伦理思想是："父父，子子，兄兄，弟弟，夫夫，妇妇，而家道正，正家而天下定矣。"即只要能理顺家庭之间的关系，使家庭和睦相处，就能使天下得到安定。所以，儒家一贯主张：家齐而后国治，国治而后天下平；家庭伦理是社会伦理与政治伦理的基础。

在这里，《易传》也指出了家庭中的伦理规范应该体现阴阳之分，并且注重阴阳之合。所以在传统的家庭伦理中，中国人注重性别职能的分工，也注重不同身份之间的相助问题；这就是做丈夫的要有丈夫的样子，做妻子的要有妻子的样子，做儿子的要有做儿子的样子；同时丈夫、妻子、儿子之间要懂得互敬互爱，以自己力所能及的方式帮助对方。儒家在其伦理思想中，也一直注重这一点。

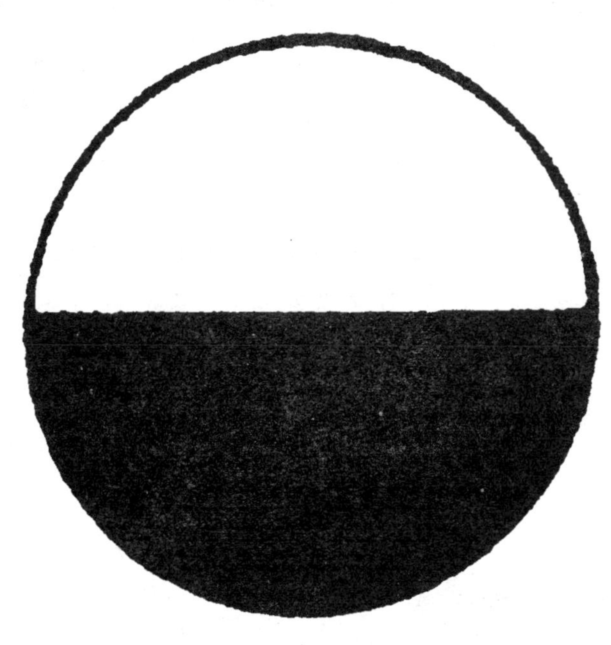

少极变化图

《易经》中的伦理思想为什么可以放之四海皆准？

在《易传》看来，尽管家庭伦理、社会伦理、政治伦理所处理的关系不同，具体的行为规范存在着差异，但是同时照顾到阴阳之分与阴阳之合的中正之道却是普遍适用的。因为只有这种中正之道才合乎天道的自然规律。

《易传》反复强调，人类社会的伦理规范都是取法于天道的。天道不仅以一阴一阳的运行规律给人们启示了中正之道，而且以其生生不已、变化日新的总体特征给人们启示了"元、亨、利、贞"四德。元是万物之始，给人们启示仁的美德；亨是万物之长，给人们启示礼的美德；利是万物之遂，给人们启示义的美德；贞是万物之诚，给人们启示智的美德。

仁、礼、义、智，这是儒家的基本伦理规范。孟子从人心的四端来论证，认为"恻隐之心，仁之端也；羞恶之心，义之端也；辞让之心，礼之端也；是非之心，智之端也。人之有是四端也，犹其有四体也。"《易经》则从天道运行、万物生成、四时推移的高度进行论证，这就给人们提供了一个推天道以明人事的新思路，可以更加全面地来理解伦理思想，也就能够使人更加自觉地根据自然和谐来谋划自己的处世原则了。

中国政治思想中有哪些来自《易经》?

《易经》根据以阴阳哲学为核心的“易”道来观察和解释政治领域中的问题,形成了一种追求社会整体和谐的政治思想。这种政治思想受到历代许多哲学家和政治家的重视,对中国两千多年的政治文化产生了深远的影响。中国政治也深刻地体现了《易经》中的思想。比如中国政治中的君臣关系、君民关系、民本思想、贤人政治思想等,都来自《易经》。

《易经》把君臣、君民之间的关系看成是刚柔相济、阴阳配合,强调君权是具有相对性的,而不是绝对的。所以从阴阳制衡的角度出发,应该运用社会长期积淀而成的文化道德来对君权进行某种程度的限制。但中国自秦以来实行的都是君主专制的中央集权制,这种制度是基于法家立足于把君臣看做对立双方的观点,这就使得君主不断集权,与臣子形成冲突。但《易经》中这种立足于和谐的政治思想,却希望用和谐的方式处理君臣关系,与儒家所主张的德治仁政、道家所主张的自然无为息息相通。所以在汉以后,儒家成为众学之首,而道家也成为一种辅助的政治思想而居于次。

《易经》中还充满了对政治得失和治民之道的看法,这里面所体现的正是民本思想,即政治的得失取决于君主是否以民众的得失为得失。在民本思想中还进一步指出,君主不可能独立治理国家,而应该有辅佐他的臣子,君臣之间不是敌对的关系,而应该是协力合作,这样才可能治理出一个和谐的国家。这些臣子的参政,就可以颇为有力地限制绝对的君权。所以,《易经》主张贤人政治,是否尚贤和养贤都成为判定政治吉凶得失的一个标志。

此外,关于忧患意识和拨乱反正的思想,也是中国政治从《易经》中发展借鉴而来的。《易经》中指出由于时常存在着矛盾冲突、混乱失序的现实困境,所以人应该经常保持一颗忧患之心,在冲突时要促进其向和谐转化,在和谐时则要存有危机意识,这样才可能拨乱反正。

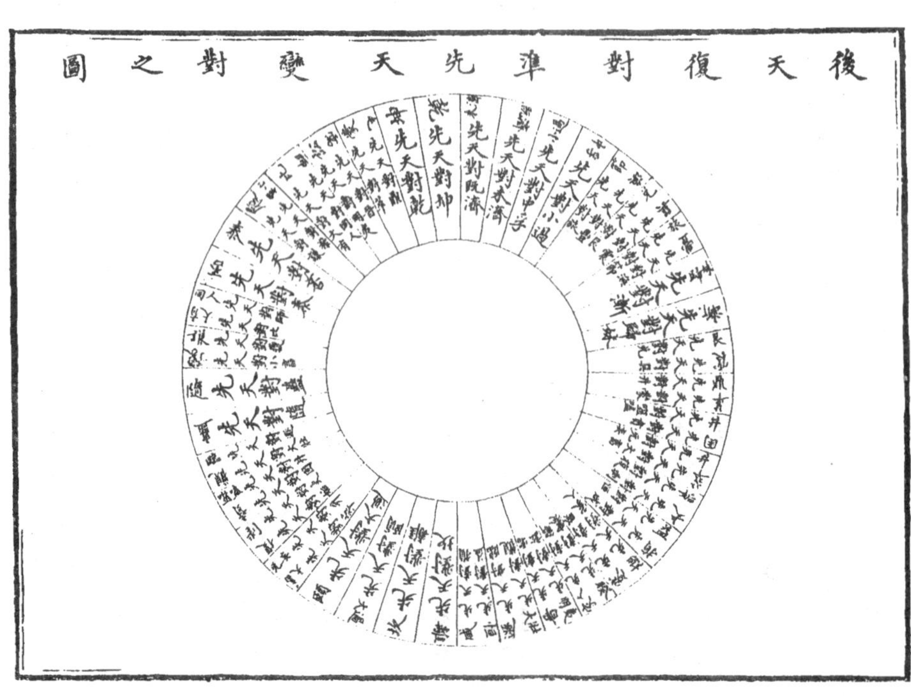
後天復對準先天變對之圖

由此,许多学者都认为,唯有《易经》中对于治乱兴衰的研究,最能启发政治智慧,帮助人们拨乱反正,去建立一个理想的和谐秩序。

《易经》如何影响中国的美学?

《易经》原本是一部卜筮书,所以自然就拥有巫术的神秘之美,并且还专门论述了与美、文艺有关的"象",再加上它经由注重文艺审美的儒家流传,又吸收了大量道家的美学观念,因此《易经》也就是一本充满了美感的著作。《易经》对中国美学产生的广泛而深远的影响,就先秦古籍而言,绝不在《老子》、《论语》、《庄子》等书之下。

中国美学关于艺术创造规律的认识大部分来自《易经》的启示。《易经》中关于"大和"、"天文"、"人文"、"象"的理论,为中国美学阐明各门艺术的发生及其美的本质提供了直接的理论依据,它完全可以说是中国美学关于艺术本质理论的哲学、美学前提。《易经》中有关阴阳、刚柔、进退、开合、方圆、变化、神等的论述,为各门艺术的探求创造提供了直接的理论依据,它完全可以说是中国美学中有关艺术创造理论的哲学、美学前提。

中国美学从《易经》中主要吸取了五种美学观点。第一,《易经》是从天地产生万物这一基本观念来看待美的;第二,《易经》是从人的生存和发展来看待美的,它所说的美同万物生长的规律性及人自身的道德品行密切关联;第三,《易经》所说的美就是乾卦中提出的"元、亨、利、贞"的完满实现;第四,《易经》在坤卦中指出了"含章"之美和"文"之美,就是指山川和动植物的形状、花纹、色彩等都具有美感;第五,《易经》中美的观念同"好"、"善"的观念是紧密地联系在一起,所以中国美学也以"好"、"善"为美。

象明图

《易经》中的天地观是如何体现出美的?

《易经》全部思想的出发点与基础是对天地的认识,因此这也是它的美学思想的出发点和基础。

《易经》认为，天地孕育了万物，形成了多姿多彩的世界，因而天地有大美。天地的这种孕育万物方式，也正是生命诞生的方式，因而《易经》所讲的生命规律也就是美的规律。正是因为《易经》所讲的美是具有广泛性质的，所以即使是那些并没讲美的思想，也能具有美学的意义。

《易经》认为人类的道德行为都是在效法自然，所以生命之美也就具有了伦理道德的意义，与善相通了。由此可以看到，《易经》中讲天地自然和生命运动的时候，会讲到美与善，善成为了美的一种。

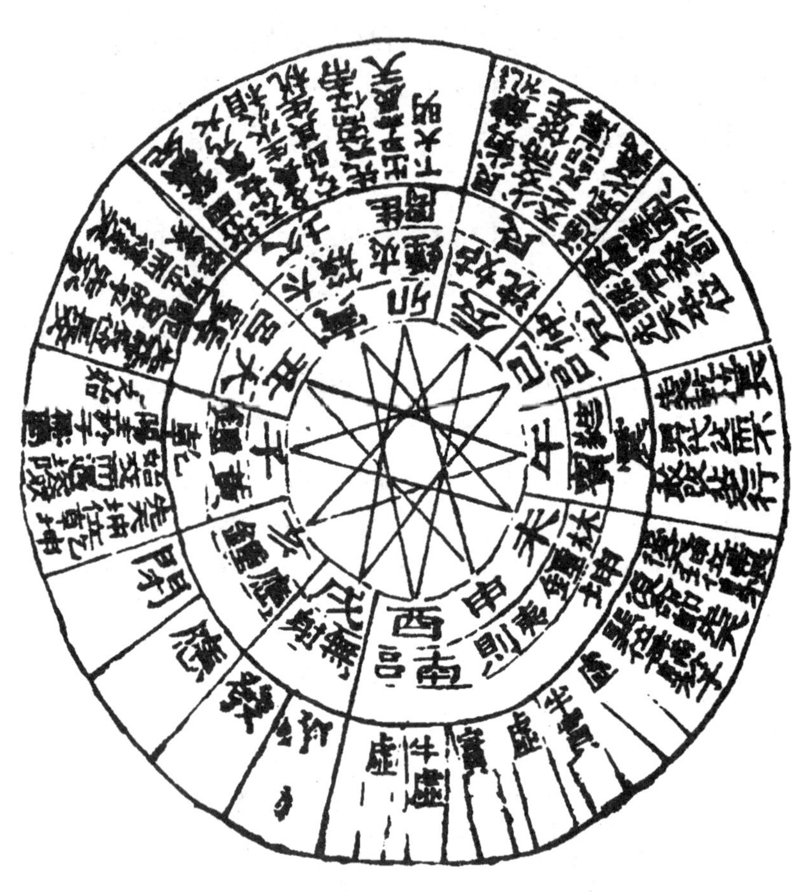

阴阳津吕先生图

《易经》中的阴阳观是如何体现出美的？

《易经》认为，美就存在于大地、自然、万物生命中，那些正常的、符合规律的变化都是美的体现，而这种变化的规律就是《易经》详细论述的阴阳变化规律，从而这种规律也就是美所必须遵循的规律。

《易经》在许多地方，特别是在对六十四卦的诠释中反复讲到刚柔关系，并以之作为决定卦象吉凶的重要根据。从美学上看，这些论述包含了对阳刚之美与阴柔之美的关系的理解。所谓刚柔协调，就是刚与柔相呼应而不孤立、不互相冲突和敌对，这实际就是“和谐”原理的表现。

因此，在《易经》的思想中，美与阴阳分不开，而阴阳又与变化分不开，故而美就与变化密切相关。《易经》认为变化是由刚柔、阴阳的相互作用而产生的，它的变化表现为连续的进、退、开、合。《易经》所说的变化是指天地的变化，其中又特别重视四时的变化；但《易经》所说的变化又不只是指天地的变化，还与人事的变化、天下大业的成就紧密相连。由于《易经》中存在着鬼神文化，所以它也认为变化具有神妙的性质，并且在一些条文里明确说明与鬼神相关。

《易经》中的“文”是如何体现美的？

“文”是《易经》中一个十分重要的概念。它首先是指纹理，“观鸟兽之文”就是指鸟羽毛上的花纹和兽行走的足迹，这些自然之中的美丽事物都是可以给人以美感的。不仅是鸟兽，包括日月星辰、地理变化法则、因地而生的各种植物、人的身体及器物等，都是有“文”的，都包含着美。所以《易经》中说，由阴爻、阳爻相交杂、交错构成的，能显示人事吉凶的卦象，也称之为“文”，即八卦也是“文”。

在《易经》看来，世界是一个复杂的、生生不息的世界，这里包含着各种规律、和谐和美，而“文”就是对这种美的总称。如平衡对称这种人类最早意识到的美的形式，就在六十四卦中的上下关系中得以反映，也在错综复杂的卦爻关系中有所体现。这种朴素的美学观念形成了中国人对对称这种美学形式的喜爱，并在建筑、书法、绘画、文学、舞蹈等艺术形式中广为体现。

另外，《易经》中的“文”还可引申为“天文”、“人文”。所谓“天文”，是指从观看天象中的吉利征兆获得美感，也可扩展为自然之美；所谓“人文”，是人的服饰、文字等符合礼仪的要求，也就是社会之美。虽然“人文”不同于“天文”，但“人文”却来自于“天文”，所以自然之美与人文之美是不可分离的。因此，中国艺术非常重视人与自然的相互作用，注重情与景的相互交融。

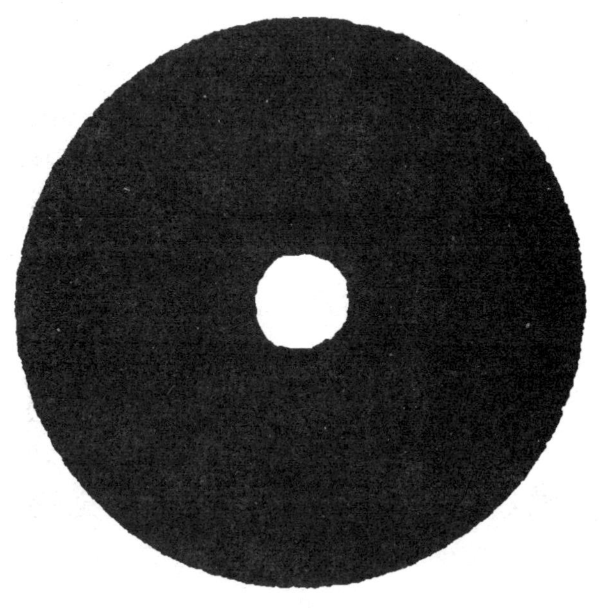

先天灵极图

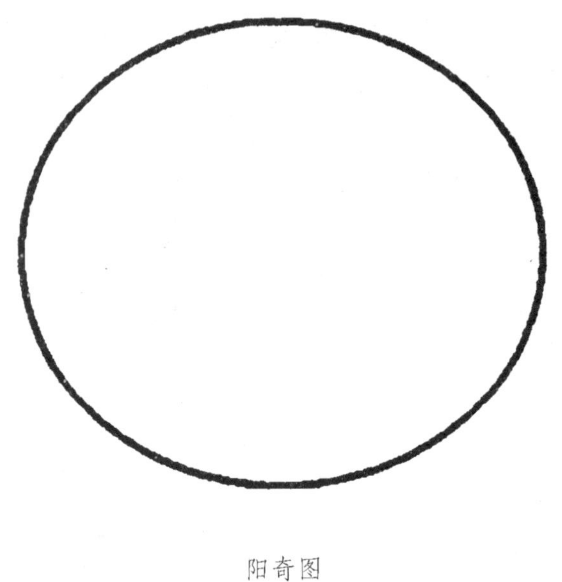

阳奇图

《易经》中的“象”是如何体现美的？

《易经》中的“象”指的是天地万物的形象，是人可以看见的。在八卦之中，“象”是指由三个爻组成的八卦符号，它们分别代表了天、地、风、雷、水、火、山、泽这八种自然事物的抽象形象；而八卦组合成的六十四卦，则代表了六十四种吉凶含义的抽象形象。

这种用符号来代表事物的方式，是一种艺术的表现手法，而且这种表现方式注重的不是外在的形似，而是事物的内在结构、关系和功能。正是这种注重神似的美学观念，使中国艺术并不注重逼真地模仿事物，而是追求一种“不似之似”。这种观念在中国画中表现得尤其明显。

虽然这些符号的“象”能表达事物的美感，但它们是建立在对事物的抽象表达上的。也就是说，如果离开了这些“象”所代表的事物，这些“象”也就失去了意义。在对这些“象”的解释过程中，需要发挥人们将符号与所代表事物进行联系的想象力，所以很早就有人指出，这种取象释卦的方式，与《诗经》中的比兴手法相似。因此，后世也采用了利用抽象事物来代表道德、吉凶、善恶等的方式。

另外，“象”也是“文”的一种，它影响了中国人表达情绪的方式，即注重情景交融。同时，《易经》也指出，制作器物也需要对“象”进行观察，这是对美的一种模仿。

所以虽然卦象符号不是出于艺术的目的，但却符合美的形式和规律。

《易经》中有怎样的文学观念？

鲁迅曾说：“倘要弄懂中国上古文学史，不是还得看《易经》和《书经》吗？”郭沫若也认为能“从《易经》中寻出当时的艺术”。可见《易经》是一部包含着文学艺术的著作，它虽然不是一部文学理论作品，但是其中包含了丰富的文学观念，并对这些观念提出了合理的依据，故而对后世文学产生了深远影响，在中国文学史上占有重要的位置。

如文学需要表情达意，并注重某种形象，而《易经》对“象”十分地重视，它通过对事物的形象和创造的意象来阐述难以把握的易理，这种方式有力地推动了文学的发展。

文学还需要语言的表达，王弼和嵇康都指出，语言不能准确表达精微的意图和言外之情，这正是受到《易经》“言不尽意”的影响。因此中国诗文喜欢含而不露，蕴藏深意，需要人去反复琢磨、回味。

文学通常需要塑造典型的形象来再现生活，这个形象不是对某一个人或物体的简单描写，而是对众多形象概括而来的。在《易经》中有“其称名也小，其取类也大”的描述，这是最早用来表达文学形象的概括性的句子。后世的文学作品也喜欢采用这种“以小喻大”的方式。

此外，《易经》还对文学的发展、创新、变化、阴阳平衡、思想与艺术的统一等作出了理论的指导。《易经》中文辞的谐韵和对称，规定了中国诗文特别是散文的发展方向。同时，《易经》还保存了一些上古历史故事，这些故事正是文学的最初形态。

《易经》对中国书法有什么影响？

文字的诞生其实是与八卦的诞生同源的。《尚书》序中说：“古者伏羲氏之王天下也，始作八卦，造书契以代结绳之政，由是文籍生焉。”这就是说文字的演化过程是从结绳到八卦再到文字，八卦虽然还不是文字，但是构成八卦的线却成为文字取材的一种形象。

由于造字的灵感来自八卦的形象，八卦阴阳统一的方式，也影响了书法的写作。八卦阴阳的线条成为书法的灵魂，所以书法要求同时蕴藏阴柔和阳刚之美，在笔法的虚实刚柔之间显示自然的和谐。在书法评论中，刚柔、虚实、强弱、古朴、稚拙等都是对阴阳观的体现。

《易经》中表述的“生生不息”的大道运行，给书法带来了无尽的生机与活力，《易经》不仅是书法的源头，更是书法的活水，它不断为书法艺术的发展提供养料。清代，书法家包世臣还记载了书法家黄乙生“始艮终乾”的书法学说，现代书法家启功先生也对此学说颇有研究。可见《易经》影响着中国书法上千年的实践。

《易经》对中国绘画有什么影响？

美学大师宗白华认为，中国画的根基在《易经》，伏羲画八卦就是在用最简单的线条结构来表示宇宙万象的变化节奏。

《易经》崇尚绘画美，并喜欢平淡素净，而非华丽繁复，是一种返璞归真的境界。《易经·贲卦》中有“上九：白贲，无咎”的句子，这里的“白贲”就是平淡素净之美，是绘画的最高境界。而《易经·杂卦》中的“贲，无色也”，则是以无色之色作为绘画的极致境界。

但无色之境并非是不重装饰，《易经》恰恰注重对事物的装饰。在《易经·离卦·象传》中指出,“离,丽也”,是指附丽在事物上的东西是美的,这种对事物的装饰之美,影响了绘画的修饰功能。

另外,绘画的虚实手法,也是《易经》阴阳思想影响的结果;其空间意识也来自《易经》对宇宙时空的探索;其山水意境也被《易经》描述事物又超然于事物之外的幽深意味所影响;其注重神韵的观念,也来自于《易经》“神以明之”。而“笔韵生动”的绘画思想、“一笔画”的绘画技法都跟《易经》息息相关。

《易经》在哪些方面影响了中国音乐?

《易经》所讲述的是宇宙的自然秩序,而音乐则是把这种秩序转化成一种情感的宣泄,所以两者具有一定的统一性。

《乐记》是中国最早的阐述乐理的书籍,其中不少理论是直接来自于《易经》的。如讲乐是“天地之和”的理论,就是直接截取《易经》文字作为其理论根基;《易经》中“同声相应,同气相求”的语句,则发展成了“其人感于心而发于声即为音乐”的理论;《易经》中讲述宇宙开合进退的节奏,也成为其音乐节奏的来源。除了这些乐理,中国音乐中对真、善、美、和等境界的追求也都来自于《易经》。

另外还有一篇叫《八板谱》的音乐著作,它以黄金分割的形式与八大板的组成形成了一个完美的形式,被称为是最美的音乐形式。其成谱之后,就一直是中国音乐的谱典,其变体几乎在所有的乐种、剧种、曲艺中都能找到踪迹。这个《八板谱》的八大板,恰好是八卦之数。谱中有八个乐句,每个乐句又有八板,就有六十四板,如六十四卦。八卦来自阴阳,阴阳交替就是四季,因此六十四板再加上春夏秋冬四板,就成为了六十八板。可见其在形式上深受《易经》的影响。

中国舞蹈从《易经》中获得了哪些元素?

《易经》用圆来表示宇宙的周而复始、生生不息,故而无论是古典舞蹈还是现代舞蹈,都是由曲和圆的动作构成的。中国舞蹈常用动作的圆润来体现天道,用手画圆的动作模拟太极,用腰画圆的动作模拟两仪,用脚画圆的动作模拟八卦。

中国舞蹈以效法天地自然作为最美的标准,所以舞蹈动作也注重对百兽的模仿。尤其先秦时的舞蹈,都是“率百兽舞”。相传,伏羲曾创作了《扶来》,就是在模仿凤的动作;周代流行的“羽舞”,则是模仿飞鸟;祭祀先祖用的“十二兽舞”,则是在模仿十二种动物的动作。这些都与《易经》的“观物取象”相通。到今天流行的舞狮、龙、凤等习俗,也是源于此。

中国舞蹈的结构不少与八卦一致。如“葛天氏之乐”就由八阕组成,由八人舞蹈;“蜡舞”是为了庆祝丰收的舞蹈,其酬谢的神灵共有八位;汉初的“灵星舞”、“巴渝舞”也都是“歌九功,舞八佾”;班固在其《东京赋》中也记载了一种六十四人舞蹈的祭祀舞,这种舞蹈呈八卦排列;八卦舞则是舞蹈的人随着八音的节奏,踏着八卦的方位起舞。

其实《易经》中也有直接关于舞蹈的内容。如在《豫卦》中就有祭祀先祖的舞蹈，《贲卦》中有婚礼舞，《归妹卦》中有牧羊舞，《履卦》中有虎舞，《未济卦》中有征战舞，《小过卦》中有田猎舞。

《易经》如何影响了中国本土道教的形成和发展？

道教是中国本土形成的宗教，受到古代的巫术的影响，故而具有浓厚的原始宗教色彩，不过其产生、发展的过程始终受到了《易经》的影响。

早期的道教以太平道和五斗米道为代表，它们的教理中充满了鬼神、巫术、神仙方术及黄老、谶纬等学说。虽然《周易》中的鬼神思想并不明显，但道教将其中记载的巫术、神仙方术都据为己用，神仙方术被道教演化成了修炼方术，巫师则被演化成了道士。

道教更直接吸收了《易经》中的阴阳五行观念，将《易经》的宇宙太极八卦图，作为自己的宇宙观，并把宇宙的本源改造为“道”，对宇宙的生成提出了“混元”、“空洞”、“混沌”等概念。

在对《易经》思想的吸取中，道教很注重“生生之谓易”的观点，从而注重此生的修炼，以成仙得道。

《易经》符号的运用也对道教产生了深刻影响，道教非常注重用图来阐明教义，甚至发明了独特的符号——“符箓”。这种似文字又不是文字的图，据说能治病、镇邪、驱鬼、招神。这种符箓在创教之初就已经出现，后来天师道和正一道将其作为主要的方术使用，晋朝后期的灵宝派尤其注重符箓，其经书中半数以上都是符箓斋戒书。符箓不仅在产生上受到了《易经》的影响，在其命名中也有不少以八卦命名。

此外，道教的炼丹术也跟《易经》密不可分。

易学如何影响丹术？

丹术包括外丹和气功修炼的内丹，两者有相通之处，内丹常借用外丹的术语来描述，如将脐部看做是“丹炉”，将精、气看做是“药物”，将元神看做是“火”，将元神与精气相合于任督二脉运转烹炼为“火候”。道教在研究《易经》的过程中，还把易学也引入丹术中。

东汉时期的道教经典《周易参同契》就是一本关于丹术的经典，其中包括了内丹和外丹的内容。作为一部较早论述炼丹修仙的著作，它借用了《易经》爻象，将“大易”、“黄老”、“炉火”三者相结合，使修丹与天地造化同步。

该书认为，万物的产生和变化，都是因为阴阳的交替变化和相伴相生，是精气得到舒展生发的结果。因此要想长生不死，就必须顺从阴阳变化，掌握坤乾六十四卦运行规律，以据此来炼丹。

这本书对道教修炼术影响很大，被称为“丹经之祖”，它甚至对宋代理学也产生了影响。

气功中有哪些功法来自《易经》?

《易经》有一个基础的理论思想,即是气一体论,即是说世界有一个共同的本源,就是气。虽然气功不完全起源于中国,但《易经》中对气的论述,给气功以理论的支撑,并使气功得到了极大的发展。

《易经》虽然不是一部专门论述气功的著作,但《易经》中有不少文字可看成是对气功的直接论述。如《易经·艮卦》就可以看做是对气功的论述。“艮”原本是“止”的意思,也可以看做是运气的停驻、意守。其各爻的阐述,都可以看做是气在人体各个部位意守的情况和顺序。所以后世气功也常常用“艮”来代指意守。

又如在《易经·坤卦·文言》中的“黄中”被认为是身体的中部,“美在其中,而畅于四肢”则被看做是将气蓄于丹田,然后行至四肢的功法,故而被看做是后世以丹田为核心的功法的鼻祖。

在《易经·鼎卦·象》中有“木上有火,鼎。君子以正位凝命”的句子,这被看做是以双眼臆想凝视着丹田的气功功法。气功中的“返观”、“内视火球”、“内视金丹”等都是从这里发展来的。

在《易传·系辞》中“易无思也,无为也,寂然不动,感而遂通天下之故”的句子,原本指一种寂然无为的境界,这也被看做是一种“无为”功,类似于道家的“坐忘”、佛家的“入定”。

佛教如何利用《易经》达到融入中国的目的?

佛教并非是中国的本土宗教,它来自于古印度,因为文化上的差异,使佛教在中国传播的初期发展较慢。

为了使佛教更容易被中国人接受,禅宗开始将佛理与易理加以融合、会通。所以禅宗并没有强调印度佛教中对彼岸的追求,而是借鉴《易经》中对生的世界的重视,注重追求在此生获得生命的圆满,即以“平常心”面对世事,获得精神上的升华。此外,禅宗还常借《易经》的卦象来阐释禅理。

到了隋唐时期,佛教进入了鼎盛阶段,此时出现的“华严宗”中融会了很多易学思想。尤其是《易经》中一切皆不绝对,具有变易的思想,影响了“华严宗”。唐代佛教学者李通玄甚至用《易经》来解释华严教义,写成了《新华严经论》。

除了禅宗和华严宗受到《易经》的影响外,历代的佛教徒也喜欢把易理融入佛教或者用佛教来解释易理。

到了宋代以后,佛教各派趋于融合,佛教与儒家、道教的矛盾也逐渐消失,这也使各种易学对佛教产生了更大的影响。

《易经》中体现了哪些军事思想？

《易经》作为卜筮书，具有卜筮战争吉凶的功能，所以在《易经》中充满了军事的观念、模式和原理。自古兵家都要对《易经》进行研究，并从中获得治兵征战的方法，并且在战争中将其广泛地运用。

《易经·师卦》就专门论述了如何用兵作战。卦辞指出，出师的目的是伸张正义，军队用人的原则必须行为端正、坚持正义，老成持重的人物为统帅才会吉利。《易经·象》进一步指出，只有能够聚集群众并指挥群众伸张正义的人，才可以成为君王，君王应将统帅权完全委托给统帅。

师卦的初六爻是讲在战争开始的阶段，必须严明军队的纪律，否则无论胜败都是凶事；九二爻指出统帅必须中正、刚毅，军队中巩固的领导中心能使其战无不胜，并得到君王褒奖；六三爻指出由于统帅缺乏统兵的才能，又刚愎自用，行为不端，好大喜功，必然招致失败；六四爻指出如果处在危险环境中且力量弱小，只要能占领有利地形，严阵以待，就可以化险为夷；六五爻指出统帅处世应该中庸，不主动发动战争，只是在不得已的情况下应战，如此能避免灾祸，但统帅权应该专一，不能让行为不端的人分担，否则必然失败；上六爻指出战争结束后，君王要论功行赏，但不可重用小人，否则必使国家混乱。

师卦着重阐释了用兵作战的原则，提出了做统帅的条件以及防止小人的重要性，这种观点最终成为中国军事的基本思想。

《易经》对兵法兵计产生了怎样的影响？

《易经》对军事的影响还体现在兵法和计策上，历代兵家都纷纷从《易经》中吸取辩证的治兵征战之道。

在《孙子兵法》中有“知己知彼，百战不殆”、“避其锐气，击其惰归”的名言，这些都可以从阴阳五行的思想去理解。在《阴符经》中也有“天有五贼，见之者昌”的句子，可见古代兵书中有不少对阴阳五行思想的运用。

除了这些军事思想外，兵法中的布阵用兵之法有不少来自于《易经》。如最具影响力的是诸葛亮运用的八阵图、《水浒》中宋江排的九宫八卦阵、李靖采用的五行阵等，都是《易经》影响的最直接体现。

《三十六计》也是从“易”演化而来的，它将阴阳的原理推衍成兵法当中的刚柔、奇正、攻守、进退、虚实、主客、彼己等可以相互对立、调和转化的关系，甚至在对计谋的解语中，也直接运用了《易经》中的语言。

武术如何从《易经》中取经？

在武术中，《易经》阴阳的观念得到了充分的使用，阴阳的辩证思想成为中华武术的理论基础，以至于武术中的一切都是阴与阳的对立统一。

如在太极拳中，其基本拳理为“阴不离阳，阳不离阴，阴阳相济，方为懂劲”、“太极者，无极而生；动静之机，阴阳之母也”。八卦掌以走圆转圈为主要形态，八卦学大师董海川也训导道，“走为百练之祖”，而这里所说的“走”则要求阴阳俱合，形神兼备，内外浑一，刚柔、前后、虚实、显藏。另外形意拳、少林拳都是在阴阳学说的指导下构建起理论根基的。

《易经》中“天人合一”的整体观念对武术的影响也很大。如在修炼时注重将自然中的刚正之气摄为己用，在运拳时要通盘考虑上下左右、头膝拳腿，在对战时要估计敌我双方的整体实力。

《易经》中类比的象数思维对拳术影响很大，尤其是在拳术的动作设计上。如武术招式注重以五行属性依附动物的形态，如模仿鸡、鹤、燕等的拳法多为柔拳，类似于水；模仿虎、豹、猴等的拳法多为刚拳，类似于火；模仿龙、蛇、马等的拳法多为圆滑，类似于木；模仿鹰、隼等的拳法多为狠拳，类似于金；模仿熊、鬼、鸭等的拳法多为绵拳，类似于土。

《易经》对东方管理思想有怎样的影响？

《易经》中有关于管理思想的论述，东方的管理思想，不少都来自于《易经》。通常被认为论述管理思想的部分是《易经》中的《师卦》和《家人卦》，它们分别论述了管人、理人和安人的管理之道。

《师卦》中谈论的管理，是关于用人之道。这里讲到一个优秀的管理人员，必须拥有中庸、正直的素质，在任用下属的时候，不能给小人以重要的职位，也不能任人唯亲。

《家人卦》中谈论的是家庭管理的艺术。在这里，提出了要重视伦理道德，并认为男女在家庭内外应该各有其正当的地位，这是天地间的大道理。也就是说，作为一个管理者，要懂得“不在其位，不谋其政”的道理，要做好自己该做的本分。

其实不只这两卦在论述管理思想，《易经》借六十四卦来阐述天地变化的规律以及人如何知变、应变的法则，这本身就是各类管理的根本法则。《易经》中管理思想可以归纳为太极阴阳管理观，即位、中、应、时管理观，三才统一的管理思想，以及太和管理观等。此外《易经》“变易不居”的思想、“刚健有为”的思想、“扶阳抑阴”的思想、“升降交感”的思想以及“运数取象”的思想，都在很大程度上启发和指导了管理和经营。这些管理思想在中国历史上发挥着重要的作用。

随着《易经》的不断被诠释，从其中归纳出的管理思想越来越丰富，今天中国乃至西方管理科学都在不断地研究和借鉴其宝贵的思想。

《易经》怎样影响现代管理科学?

由于《易经》思想在东方管理思想中得到了广泛的应用,现代西方的一些学者也开始注重从《易经》中汲取知识和方法了。

1979 年,美国夏威夷大学的成中英教授开始把《易经》用到管理方面,把艺术、管理、哲学、科学融为一体,建立了中国管理科学。他把《易经》作为其哲学基础,认为中国管理科学的整体观是《易经》的天地人三才之道在管理科学领域的具体表现。

1986 年,一个叫做达米安·奈特的人根据《易经》写了一本《决策易经》的书,书中讲到了《易经》的体裁和内容跟商业决策之间的关系。这本书在整体结构上跟《易经》非常相似,它除了序言外,有六十四个部分,每个部分就是一卦,每卦的卦名和六爻都取自《易经》,不过卦名下却是分成卦辞、方式、环境、概念、模型等。在决策事项中,主要对管理、计划、增长和生产力、反馈、广告、市场、风险、产品选择、服务、崛起、撤退、创新、直觉、投资和财务、合同与协议、时间调整、通信、资源保证、国际贸易、研究与发展、不幸原因、好运原因等方面进行选择性论述。达米安·奈特认为如果一个人能理解自然界的有序性,并作适当的调整,就会有更多的成功机会。

西方还有一些易学家将易理归纳成七种实用原理:变易是顺应自然的变动;一切动态均周而复始,不因自然变化而有所改变;万物都在变,但六亲的地位和关系是变易中的不变部分;变易的常规是人性被信任的基本准则;变动是循序渐进,有条不紊的;变易有一定的轨道或常规;变易要顺乎天理,即顺水行舟,切不可逆天理而行事。这些原理被作为给管理者的借鉴和参考。

《易经》对中国民俗有哪些影响?

中国民俗从某种角度说就是《易经》文化的折射,中国民俗中的不少习俗都或多或少与《易经》有着种种关联,受到其影响和熏染。

卜卦、看相、算命的风俗可以说是与《易经》最有直接关系的一种风俗。虽然这种风俗起源自上古时期的龟甲占卜和蓍草占筮,但是由于《易经》是这些卜筮之术的集大成者,所以后世的术数都以《易经》为其理论根基。

禁忌的风俗在民间很多,其中一些就来自于《易经》。由于《易经》有崇阳抑阴的思想,这就是在强调男性要阳刚,女性要柔顺,即妻子要顺服丈夫。这种思想在中国社会中影响深远,故而认为女性过强不吉,并将女性的月经和产后出血看做是不洁之事。另外干支日、建除日的禁忌也跟《易经》有关,它成为中国特有的一项禁忌。

在喜庆风俗中,中国文化受《易经》的影响非常深远。如数字“八”就是一个被认为吉利的数字而被广泛使用,自古人物中有八仙、唐宋八大家,地理中有八方、八荒,历法有八节、八风,民俗有八字、八命,物品有八珍、八骏,等等。甚至人们还喜欢挑选带“八”的日子和带“八”的数字。

在婚姻风俗中,《易经》主张夫妻关系宜长久维系,不要轻易离异;结婚的年龄要合适,如果相差太大就是不正常的怪现象;在一个家庭中,要有男女分工,主妇在家中起到主导作用,而男子则在外要谨守本分、尽力而为。《易经》的这些婚姻观,成为了中国人主要的婚姻观念。

在丧葬风俗中,南方流行的一种叫"八卦米"的风俗便与《易经》有关。这种风俗是死者埋葬入墓穴时,要在墓穴内的八方放置白米,道士则按照方位布卦,并吟诵咒语。这些"八卦米"据说有驱邪、纳吉的作用。

在节日风俗中,有些节日来自于《易经》。比如九月初九重阳节,就是出现了两个"九"的阳数,所以就叫做"重阳"。

在建筑风俗中,《易经》也提出了居住的变化,后世的术数著作《宅经》更是专业地论述了如何建宅、选择时日、为宅看风水等吉凶问题。不过《宅经》一类的风水著作大多是总结了历代民间建筑的风俗,而理论基础和操作方法则受到《易经》象数和义理的影响。

符咒风俗中无论是民间还是道教的符咒,大多与《易经》有关。其中有一种"护房符"就是直接画了太极八卦图贴在房梁上以求平安,传说是鲁班为了掩盖梁中的缝隙,但却成了一个风俗而流传了下来。

《易经》是如何对古代科学的发展产生影响的?

《四库全书提要》论及《易经》同古代科学文化的关系说:"易学广大,无所不包。旁及天文、地理、乐律、兵法、韵学、算术,以逮方外之炉火,皆可援易以为说。"《易经》的象数思维模式,向来为科学家们所信奉。

《淮南子》中也指出:"清明条达,《易》之义也。"也就是说,《易经》的思维模式能够帮助人们整理杂乱的感觉经验,使人们对事物的认识变得条理化、图式化。所以,许多古代科学家都乐于利用易学象数的原理来帮助自己研究,因为它便于"以近于系统的形式描绘出一幅自然界联系的清晰图画。"

由于中国古代的科学家们大多是在易学思想的教育下成长起来的,所以易学的象数思维模式被广泛地运用到了各种发明创造中,由此易学也对中国古代科学的发展起到了"助产婆"的作用。

《易经》如何影响中医学的发展?

中医是一种独特的医学模式,它注重人体整体动态平衡的观念,与西医注重局部病理研究的方法有很大的区别。

最初的中医是与卜筮混合并存的,当时巫医就是指那些能够为人们除病消灾的人,对于其手法究竟是真的科学的医疗方法,还是单纯的精神治疗法,可能连巫医自己也不清楚。但是随着巫医接触的病人越多,积累了更多的医学和人体结构等知识,医开始从巫中独立出来。

不过中医的发展仍然获得了《易经》的帮助，如《易经》中的阴阳观、动态平衡的整体观，都深刻地影响了中医的理论基础。而《易经》成书之时也吸收了当时的治疗方法和对人体疾病的认识，所以一些卦象是专门用于说明某些疾病的病因、病理的。由此，易学为中医提供了理论基础与实践经验。

易学是如何在中医的发展历程中对其产生影响的？

易学对中医的影响并非自“易”的诞生时就开始的，其真正开始对中医的理论体系产生指导性作用，是在战国、西汉时期。此时《易传》开始流行，象数易学也开始兴起，与巫已经“分了家”的医，这才真正接触到了易学。

中国的第一部医学理论典籍《黄帝内经》就是在此时成书的，该书中除了医家长期的医疗实践经验外，更借用了易学的精髓。而第一部本草学专著《神农本草经》也深受《易经》的影响，其提出的四气、五味、升降浮沉的中药学理论，都源自于易学。

到了汉代，张仲景在《伤寒杂病论》中阐述了他独特的“六经传变”、“六经辨证”学说，这也是在受到《易经》六爻三阴三阳思维模式的影响下产生的。隋唐时期，医家普遍发现了《易经》思想的广泛适用性，开始直接运用象数易学对中医原理进行阐发。如孙思邈的《千金方》强调了“六壬”的观点，王冰的《素问注》则注重从易理的角度来研究《黄帝内经》。

到了宋元时期，宋易义理派、象数派的兴盛使医家对易学的研究也空前地繁荣起来。当时

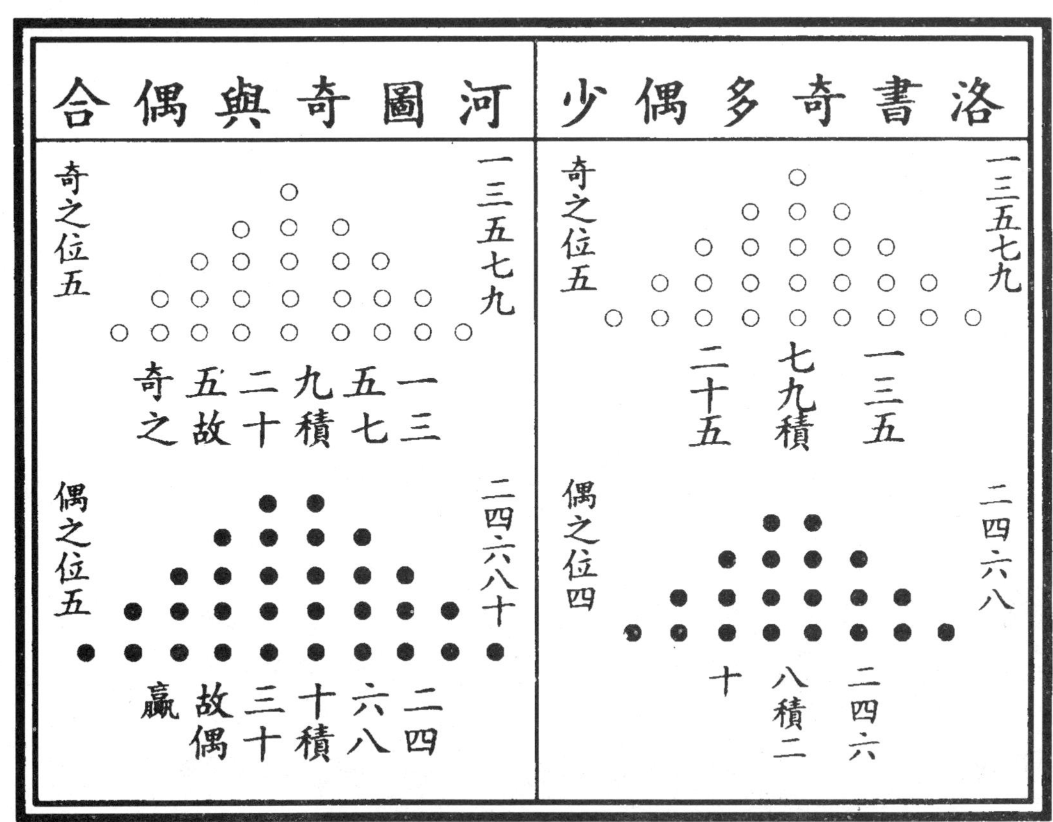

《易经》"唯变所适"的原理打开了医家的思路,对于临床的研究便成为了此时的重点。当时的金元四大家分别提出了自己的医学理论:刘完素提出火热论,张从正提出攻邪论,李杲提出脾胃论,朱震亨提出相火论。他们的这些思想都与《易经》密不可分。

明代医易相关的研究引起了广泛重视,出现了一批医易大家。到了清代,随着西方科技的传入,医易研究开始与西方科学相融合。当时有个叫方以智的人就提出,要将中西医融会贯通,他重新以《易经》象数原理建构新颖别致的医易模型,将阴阳对立理论运用于运气学说、经络学说,从而使中医理论得到了极大的发展。

《易经》中哪些地方出现了数学?

《易经》是一部充满了数学思辨的书,从"太极生两仪,两仪生四象,四象生八卦,八卦生六十四卦"可以看出,这是一个数学幂的算式系统,它用数学的方式来阐述宇宙形成的原理。

其实作为《易经》起源的"河图"、"洛书"本身就具有很强的数学性,首先它们都是由数字组成,而且它们之间有一定的顺序关系,甚至能够获得奇妙的算式结果。故而《易经》中我们自然能看到更多数学的身影。

如八卦,分别有先天八卦的顺序数和后天八卦的顺序数;六十四卦的各爻,也各有自己的数字序号;在卜筮时,分算蓍草的过程,也就是一种计算的过程,等等。正因为《易经》所具有的数学特性,使后世不少人致力于研究《易经》数学,从而对中国数学的发展起到了一定的促进作用。

这里面值得一提的是北宋著名的易学家邵雍,他是北宋五子之一。传说邵雍学易三年,却都没能把握易的奥妙,就去问老师,老师只跟他说了八个字:"一二三四五六七八。"这使邵雍顿悟了八卦位次与数学的关系。从此以后邵雍致力于《易经》数学的研究,并开创"皇极经世术",闻名天下。

后来德国数学家莱布尼茨看到了邵雍的六十四卦序图,感到无比的惊叹,在他看来,这个图式与计算机二进制是一致的。这也成为《易经》中最让人了解的数学成就。

后世乃至近现代的易学研究者或数学家都或多或少地对《易经》数学进行过研究,并用代数、几何等多种不同的方式来解释《易经》。

易与物理之间有怎样的关系?

现代科学的每门学科几乎都可以用易理来加以解释,其中用以解释物理学的观点最多。

首先,太极运动是电子波的运动模式。太极运动的一种形式是由中心向四周呈波浪形放射,所以有学者认为,这是一幅电子向四方传播的太极电子波图像。

其次,太极一分二,二分四,四分八的连锁反应形态,与核裂变的现象相似。

再次,《易经》中的阴阳被分为了少阴、太阴、少阳、太阳,并形成了"阴升阳退,阳升阴退"的太极图像。这种方式与物理当中的四种作用力相对照，即强相互作用是阴同阴交换，引力相互作用是阴同阳交换，弱相互作用是阳同阳交换，电磁相互作用是阳同阴交换。

最后，如粒子三易性、阴阳能元、测不准定律、S 矩阵理论、物质与反物质等物理学的内容都与《易经》有着相似相通的地方。

易是怎样被用来解释化学现象的？

易学被引入化学是从民国时期开始的，当时有个叫杭辛斋的人，在《学易笔谈》中用八卦来说明八种气体的性质。如氢气是震卦，氧气是坎卦，氮气是艮卦，氯气是巽卦，空气是蒙卦，二氧化碳是离卦，一氧化二氮是兑卦等。其中蒙卦上艮下坎，是暗指空气中的两个主要成分——氧气和氮气。此外，还可以用卦象求出这些气体的原子量和分子量。

有一本叫《八卦与原子》的书中，绘制了一幅化学元素周期基本易图，用易学原理来解释化学元素的周期律。这个图将一个圆分成了阴阳两半，处于阳系的化学元素呈酸性，处于阴系的化学元素呈碱性，直径两端的元素则是中性。这个圆代表了半个周期，在它之外的同心圆则是另外半个周期，大圆是显现象，小圆是隐现象。小圆中的数字是按照先天八卦的顺序加以改造得来的，表示着事物发展中的阶段和变化。1 价的元素处于 1 位，2 价的元素处于 2 位，将化学元素代入这些数字位置后，就可以得出该元素的原子化合价和性能。该书还用易周期律图来表明化学元素的性质会随着原子序数的增加而呈现周期性变化的原理。在整个易学对化学的解释中，主要就是以这种利用八卦的周期性排列来对元素周期性进行的解释和阐述。

另外，新加坡南洋大学的教授田新亚在《易卦的科学本质》中提出，五行代表了五种形态的物质，即金是固态物质，木是高能态物质，水是液态物质，土是可塑态物质，火是变化中的物质。五行相生的关系完全可以理解为不同的质变作用，火生土是氧化作用，土生金是还原作用，金生水是潮解作用，水生木是光合作用，木生火是燃烧作用。

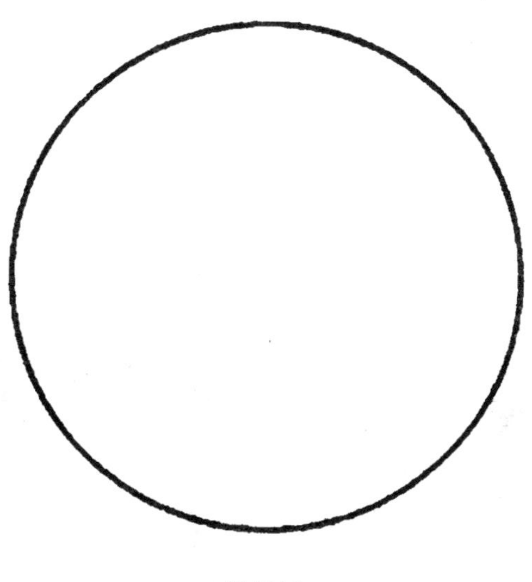

阴偶图

为什么说太极八卦图反映了月亮的变化规律？

月亮会由圆变缺并由缺变圆，循环往复，这是众所周知的自然景观。一个月的月相从新月变成上弦月，再变成满月，之后再由下弦月逐渐变小为新月，如此周而复始地循环。现代科学发现，月相变化的平均周期约为2953059天，这是由于月亮绕地球运行而地球除自转外还绕太阳公转造成的。

古人对月相的变化也有许多记载和描述。东汉魏伯阳在《周易参同契》中就把月相与西汉孟喜、京房的八卦纳甲联系起来，建立了"月体纳甲"；三国时吴国经学家虞翻进一步把月相变化纳入十天干；后蜀的彭晓在《周易参同契通真义》中画了一幅《明镜之图》，宋末元初道教学者俞琰也在他的《易外别传》中绘出了一幅《周易参同契金丹鼎器药物火候万殊一本之图》，它们所描绘的每天的月相变化与今天的记录大致相同。俞琰在《周易参同契发挥》中，还进一步把逐日的月相画成中心取向式，这个图形就恰如一个圆形中的左阳右阴结构。若将它往中心压缩成圆盘，就像极了"太极图"。可以说，"八卦太极图"是古人对月相变化认识的细密描写。

易学有怎样的生物学成就？

在古代，中国的生物学研究已经达到了一定的水平，《易经》中就多处提到了宇宙、物质、生命体与人的起源及变异等科学上最根本和重要的问题。所以易学具有深厚的生物学根基。

1966年，一张分子遗传学上的普适遗传密码表问世了，表中列出了64个遗传密码与氨基酸的对应关系，这是适用于一切生物的普适性原则。而这个发现与伏羲六十四卦次序原理有着惊人的吻合之处。64个遗传密码还可以被排列成八卦的形式来集中反映其间的联系。

另外还有学者发现，人的视网膜中能分辨明暗的细胞是相互对应的，这恰好与太极图模式相吻合；大脑的左右半球功能的分工，也类似于阴阳结构；生物进化和细胞分裂的模式，也跟"太极生两仪，两仪生四象"的模式相似。

据说生物学家戈德伯格也受到了太极八卦学说的影响，在生物控制方面提出了"阴阳假说"理论。

《易经》的阴阳理论如何在中医中得以体现？

《易经》中的阴阳学说，从中医经典《黄帝内经》就开始得到了充分的发展和运用，它被广泛地用来阐释人体的结构、功能以及病理变化，其中在对人体功能的描述中应用得最多。

在《灵枢·阴阳系·日月篇》中有这样一段话："心为阳中之太阳，肺为阴中之少阴，肝为阴中之少阳，脾为阴中之至阴，肾为阴中之太阴。”这里所提到的太阳、少阳、太阴、少阴即源于《易传》中的“四象”。

在《黄帝内经》中，人体的各个组成部分，不论是脏腑、经络，还是四肢百骸，从形态到功能，甚至包括病理变化都可以用阴阳学说来分类概括和说明。阴阳还成为指导人们保健养生和疾病诊断治疗的依据和方法。

所以，阴阳学说在中医学中的地位是纲领性的，中医的八纲辨证首先就是辨疾病的阴阳。

太極分判圖

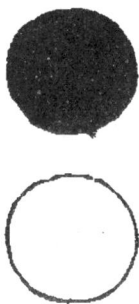

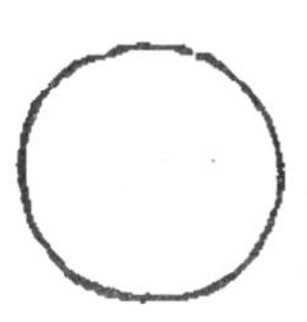

一陰一陽之謂道黑
濁為陰白而清為陽
太極者陰陽之本始
天地者陰陽之形體

先天太极图

人体的组织结构也有阴阳之分吗？

人的机体是由筋肉骨骼、脏腑经络、气血津液有机地联系在一起的。中医认为在人体这个结构中，也是有阴阳之分的，即“人生有形，不离阴阳”。于是依据人体组织所处的位置、功能的差异，中医将其划分为阴阳两大部分。

人体不论脏腑经络、形体四肢，都可以依据其所处位置的上下、内外、表里和前后将其进行阴阳的划分。一般来说，位于人体上部、表面的属阳，下部、内部的则属阴；肢体的背部、外侧属阳，腹部、内部属阴。脏腑之间也分阴阳，脏属里，有藏精气而不泄的特点，故属阴；腑属表，有传化物而不藏的特点，故属阳。

阴阳之中还有阴阳。就皮肤筋肉而言，皮肤在最浅表的地方，属于阳中之阳；皮肉的位置相对深一些，属阳中之阴；筋骨因为深埋在皮肉之间，属于阴中之阳。五脏也可以分阴阳，心脏是阳中之阳，肺部为阳中之太阴，肾脏为阴中之少阴，肝脏为阳中之少阳，脾胃、大小肠、三焦、膀胱为纯阴。

经络系统的阴阳之分是最明显的，人体的十二正经被划分为手足三阴三阳经。属于六腑，循行于肢体的外侧，被归为阳经，并深入细分为三阳：阳明、太阳和少阳；属于五脏和三焦，循行与肢体内侧的被归为阴经，并进一步划分为太阴、少阴和厥阴。奇经八脉中，循行于身体内侧的跷脉和维脉被称为阴跷和阴维，与之相对的则被称为阳跷和阳维；督脉循行于机体的背部和人体的头面部，有总管一身阳经的作用，被称为“阳脉之海”；任脉则因为其循行于腹部，有总管一身阴脉的作用，被称为“阴脉之海”。

阴阳学说如何阐述人体的健康状态？

《素问·阴阳应象大论》说：“黄帝曰：阴阳者，天地之道也，万物之纲纪，变化之父母，生杀之本始，神明之府也。……故清阳出上窍，浊阴出下窍；清阳发腠理，浊阴走五藏；清阳实四肢，浊阴归六府。”就是说阴阳是人体乃至天地的根本，人体的基本生命活动乃至精神思维都有赖于人体内阴阳二气的协调平衡。

精和气这两种物质是人体生命活动的基础，其中，精藏于脏腑之中，属阴；气由精化生而来，运行全身，属阳。精气之间相互滋生、相互促进。其中，具有凉润、下沉、抑制、安静特点的气，属阴；具有温煦、上升、兴奋、运动特点的气，属阳。它们二者既相互促进，又相互制约，从而使人体维持着协调平衡和各项功能的正常行使。

《素问·生气通天论》说：“凡阴阳之要，阳密乃固，两者不和，若春无秋，若冬无夏，因而和之，是谓圣度。故阳强不能密，阴气乃绝；阴平阳秘，精神乃治；阴阳离决，精气乃绝。”阴平阳秘，是指阴阳间应维持一种动态的协调平衡；精气乃治，是指精神旺盛，生命活动正常；精气乃绝，就是指生命活动的停止。要想健康，就要使机体内的阴阳二气协调平衡。阴守于内，阳卫于外，就像古代的男耕女织一样，生活平静和谐，身体也就健康无疾，精神头也就好了。

致病因素有阴阳之分吗？

中医认为，如果机体阴阳之间的动态平衡被打破了，就会导致阴阳失调，使人生病。疾病的发生是因为“病邪”侵袭人体，体内的正气奋起与之抗争，在这个过程中，机体很容易发生阴阳的失调，导致生理功能被损伤。

《素问·调经论》中说：“夫邪之生也，或生于阴，或生于阳。”就是说：侵袭人体的“病邪”可以划分为阴、阳两大类。自外部而来，侵袭人体的为阳邪。比如中医病因学中的“六淫”，就是指六种由外部而来的导致人体疾病的致病因素，它们通常是指气候的异常变化。由内而生，损伤人体的因素被称为阴邪，比如饮食不当、忧郁致病。不过“六淫”之中也有阴阳属性的划分：火、暑、燥为阳；风、寒、湿则为阴。

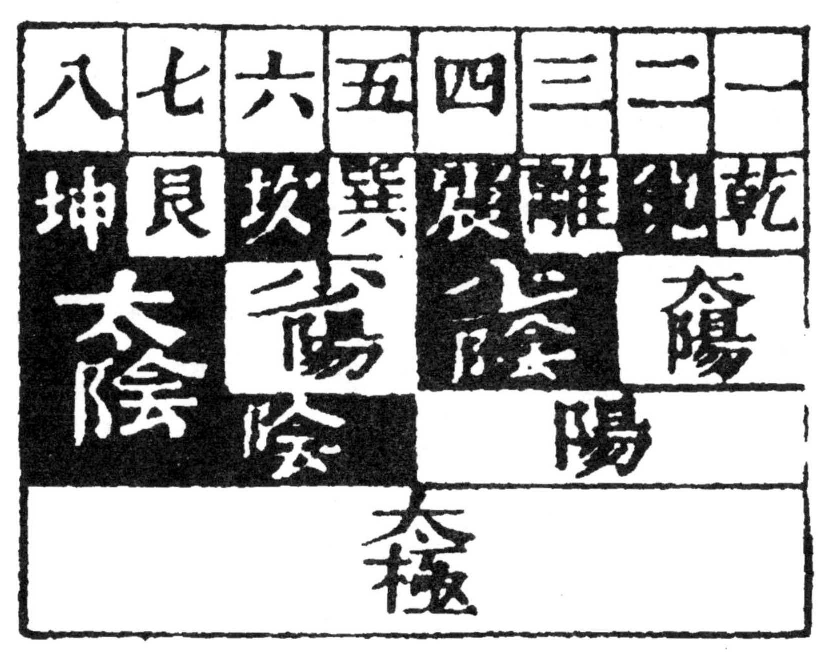

伏羲八卦次序图

人体的阴阳在生病的时候会发生怎样的变化？

人生病的过程就是机体的正气和邪气相抗衡的过程。如果属阳的邪气进犯人体，属阴的正气就首当其冲与之抗衡；属阴的邪气危害人体，则有属阳的正气来抗衡。在这个过程中，机体会产生阴阳盛衰的变化。

当阳邪侵犯人体的时候，机体内阳的因素就增加了，从而导致机体阳气的亢盛，产生一系列以“热”为特点的病理变化，比如发烧、脸红、心跳加速等。阳气有制约阴气的作用，当阳气亢盛的时候就会消耗人体的阴气，使津液减少，出现机体干燥的症状，比如口干、嘴唇干裂。相反，阴邪侵犯人体则会导致机体出现一系列以“寒”为特点的病理变化，比如四肢冰凉、喜欢蜷缩、喜欢喝热水等。

不少人体质上有阴虚或阳虚的情况，这是阴阳不平衡导致的状况，容易使人生病。阳虚的时候，机体表现出“虚寒症”，如面色苍白、怕冷、四肢冰凉、精神疲惫、喜欢蜷缩、容易出汗，甚至没有任何原因却大量出汗的自汗情况等。阴虚的时候则表现出“虚热症”，如手、脚、心和背部发热且容易出汗，心烦，口干舌燥，经常感觉有热气涌向面部使其发红、汗出的潮热现象，睡眠中出汗醒来后汗自然停止的盗汗现象。

当阴阳不平衡达到了一定的程度之后，就会使阴阳双方都受到损害，出现一种"阴阳两虚"的状态。此时阴阳之间都在虚弱的状态下，继续保持着阴阳的不平衡。

阴阳学说如何指导疾病的诊断？

《素问·阴阳应象大论》中有这样一句话："善诊者，察色按脉，先别阴阳。"由此可见阴阳学说在中医诊断中的重要地位。

中医诊察疾病依靠"望、闻、问、切"四诊，收集到病人的症状体征等信息之后，医生首先会对这些信息进行初步的阴阳属性的辨析。病人面部乃至周身皮肤色泽的明暗，呼吸时的动作、声音，说话声音的高低，饮食口味的变化，大小便的变化，脉相等都能进行阴阳属性的划分。比如皮肤色泽鲜艳明亮的为阳，晦暗的则为阴；话多、声音洪亮的属阳，懒于说话，声音低微的属阴；躁动不安的属阳，安静沉默的属阴……

这种对病情阴阳的分辨，就是辨证论治中的重要部分，这是中医学的特点，也是中医学诊断疾病的核心。八纲辨证是中医辨证的基础，八纲即阴阳、表里、寒热、虚实，阴阳被放在首当其冲的位置，可见其重要性。其实，另外六纲也可以用阴阳进行划分：表证、热证、实证属阳；里证、寒证、虚证属阴。

阴阳学说如何指导疾病的治疗？

中医将疾病的本质归纳为机体阴阳的失调。所以中医的治疗，不论是汤药还是针灸推拿都致力于恢复人体阴阳间的协调平衡。《素问·至真要大论》就说："谨察阴阳所在而调之，以平为期。"由此，中医治疗的原则和目的就是调整阴阳偏盛偏衰的状态，恢复阴阳的协调平衡。

当阴阳偏盛的时候，中医的治疗方法是减弱偏盛的一方。也就是阳虚的人阴气过强，表现为虚寒，应用温热的药物来增加机体的阳气；阴虚的人阳气过强，表现为虚热，应用寒凉的药物来增加机体的阴气。当阴阳互相损害的时候，应该阴阳双补，但也应该对最虚弱的一方有所偏重。

阴阳学说是如何指导中医认识药物的？

阴阳学说也指导着中医的临床用药，根据药物的性能进行归纳，使临床用药更有选择性。

中药学中，药物的性能包括了气、味和升降沉浮。它们都可以用阴阳来归纳分析。药性指药的寒、热、温、凉四种性质，又被称为"四气"，其中寒凉属阴，温热属阳。寒性和凉性的药物能清泻火热，消除人体的发热症状，被用于阳热的病症；温性和热性的药物能温中散寒，减轻甚至消除机体发冷的症状，临床常被用于阴寒的病症。五味指药物的酸、苦、甘、辛、咸五种味，分别归属于五行，其中，辛、甘（淡）属阳，酸、苦、咸属阴。升降沉浮是对药物在人体中作用趋势的概括。升浮属阳，大都有升散的趋势；沉降属阴，多有收涩、泻下、重镇的趋势。

临床用药的时候，依据疾病的阴阳辨证、药物的性能，适当地选择药物才能收到良好的治疗效果，同时不伤害人体的正气。

中医是如何进行阴阳养生的？

中医养生学的根本法则就是"法于阴阳"，也就是说养生要遵照自然界阴阳变化的规律，使人体的阴阳与外界的阴阳变化相一致，达到协调统一。这其中包括了环境的阴阳变化、一天之中的阴阳变化和四季的变迁等诸多因素。

"法于阴阳"的根本目的是达到"天人合一"的境界。《素问·四气调神大论》说："夫四时阴阳者，万物之根本也，所以圣人春夏养阳，秋冬养阴，以从其根，故与万物沉浮于生长之门。逆其根，则伐其本，坏其真矣。"一年四季存在着阴阳盛衰的变化，它是导致天地间万物出现生、长、壮、老、死变化的根本原因，人也逃脱不了这一规律。

所以，善于养生的人会在春夏阳气由弱渐强的时候，借助自然界的力量来保养自身的阳气，使其更加旺盛；而秋冬阴气渐长的时候则保养阴气。这种养生方法能从根本上帮助增强身体的机能，从而让人与世间万物一样，顺应阴阳的消长变化而健康长寿。如果违背了这一规律，就会损伤自身的真元之气，使寿命缩短，身体的健康状况堪忧。

这里提出的"春夏养阳，秋冬养阴"的养生原则，在临床应用中也被广泛运用。阳虚阴盛体质的人大多夏天好过、冬天难过，如果能在夏季运用温热的药物预先培养自身的阳气，冬季就不容易发病了。相反，阴虚阳盛体质的人如果能在冬季运用凉润的药物预先养护自身的阴，夏天就能安然地度过。这种冬病夏治、夏病冬治的方法对哮喘这类季节性发作的疾病很有意义。

阳虚的人如何从环境中获取阳气？

阳虚的人由于体内阳气不足，表现出"寒"的一系列症状。尤其是肾阳是人体诸阳的根本，如果肾阳不足，就会造成最根本最严重的阳虚。导致阳虚的原因有很多，先天不足、后天饮食不当、操劳过度、用药不当等都会损伤阳气。

阳虚的人除了饮食调养、用药补充以外，可以从环境中寻找助力。正午太阳当空的时候，是一天之中阳气最充足亢盛的时候，这时候脱帽立于阳光下，阳气能够从人体头部的百会穴灌注到人体中。在地势高的地方，如高楼、山顶，面向属火的南方，光线中的阳气可以从皮肤进入人体。日出的时候是阳气升发的时候，这个时候面向太阳升起的东方做深呼吸，可将阳气从鼻孔吸入体内。在晴朗的天气，到野外去做深呼吸也能起到采纳阳气的作用。

由于夏天正午的阳光太过猛烈，紫外线过强，所以不适合在太阳下暴晒，应该在其他时间采集阳气。

阴虚的人如何从环境中获取阴气？

阴虚的人由于体内属阴成分的亏耗，表现出一系列"热"的症状。外来的邪热、情绪的过激等都会导致阴虚。

水是阴的代表，养阴的时候水是必不可少的，所以多喝水是最简便的养阴方法。另外，还可以从环境中采集阴气。海边、湖畔、河边、森林里都有大量的阴气，在这些地方进行体育锻炼、做深呼吸等就能自然地获取有益于人体的元素，达到延年益寿的效果。赤足行走是"接地气"的好方法，天为阳，地为阴，大地中阴的元素是很深厚的。北方属水，是阴气最重的一个方向，阴虚的人汲取阴气自然要面向北方。低洼的地方阴气容易聚集，也是汲取阴气的理想场所。

五行学说在中医中是怎样应用的？

五行学说是周易中取类比象这一哲学思维方法最好的应用，它通过类比的方法，将五脏与五行相对应，其生理特点也与自己所属五行的特点相类似。

中医将心、肝、脾、肺、肾五脏被分别归属于五行，并用五行理论来说明五脏各自的生理特点。肝脏属木，木的特性是生长、升发、条达、舒畅，肝脏本身就是一个喜欢舒畅条达、讨厌抑郁的脏器，具有畅通气血、调畅情志的生理功能。心脏属火，火的特性是温暖、光明、向上，心脏原本具有掌控血脉、维持体温恒定的作用，同时还是五脏的首领。脾脏属土，土的特性是敦厚，可以化生万物，脾脏将我们食入的饮食转化成对人体有益的"精气"从而营养全身。肺脏属金，金的特性是收敛、清肃、下降，肺脏的气以下降清肃为主，如果逆乱了就会生病。肾属水，水的特性是滋润、下行、闭藏，所以肾脏负责管理人体的水液代谢，并贮藏人体的"精"。

五行学说将人体的脏腑与自然界的音律以及人体的五官、肢体、声音以及精神活动等事物的变化联系到一起，从而将人体的内外环境紧密地联系在了一起。比如五脏之一的肝脏，五行属木，与自然界的东方、春季、风、青色、酸味相对应，在人体与胆、眼睛、筋相联系，同时又与精神活动中的发怒、动作中的握相关。通过这样的对应，人体的内外环境就联系在了一起，这样就能更广泛地解释很多生理、病理现象，在疾病诊断治疗上也有了更多的切入点。

中医在对脏腑进行五行分类的同时，也对五脏之气进行了阴阳的分类。气中偏于凉润、宁静、抑制的部分被称为"脏阴"，偏于温煦、推动、兴奋的部分则被称为"脏阳"，它们二者的关系必须协调平衡，一旦失衡就会导致机体的功能失调。如果脏阴不足，就会产生虚热性的病症；如果脏阳不足，就会产生虚寒性的病症。

人体内部与自然环境的五行对应														
自然界							五行	人体						
五音	五味	五色	五化	五气	五方	五季		五脏	五腑	五官	五体	五志	五声	五动
角	酸	青	生	风	东	春	木	肝	胆	目	筋	怒	呼	握
徵	苦	赤	长	暑	南	夏	火	心	小肠	舌	脉	喜	笑	忧
宫	甘	黄	化	湿	中	长夏	土	脾	胃	口	肉	思	歌	秽
商	辛	白	收	燥	西	秋	金	肺	大肠	鼻	皮毛	悲	哭	咳
羽	咸	黑	藏	寒	北	冬	水	肾	膀胱	耳	骨	恐	呻	栗

精气是什么？

中医将“精”看做是生命的本原，是一种藏在人体脏腑中的液态精华物质。精由两部分构成，一部分是遗传自父母的“先天之精”，一部分是后天获得的营养物质，相应地被称为“后天之精”。

“气”是比精更细微的物质，它是无形的。它在人体内不断地运动，具有很强的生命力，维系着生命，可以说是生命的动力源泉。气感受并传递着生命的信息，气的不断运动推动和调控着脏腑的生理功能和生命进程，如果气停止了活动，生命也就走到了尽头。

人的“精”藏在哪里？

人体中的“精”被分为“先天之精”和“后天之精”，它们互相融合，构成了一身之精。健康状态下，精分布在人体内的每一个角落，其中，分布在五脏的被称为五脏之精，它们滋养濡润五脏本身以及与其相关的腑、官窍、形体组织，帮助它们正常发挥自己的生理功能，就好比人体的润滑油。分布在心的被称为心精，分布在肝脏的则被称为肝精，以此类推。

先天之精主要贮藏在肾脏中，是生命的根本所在，非常宝贵，所以它在五脏之精中的地位是最高的，因此贮存先天之精的肾也被称为先天之本，对其保养能起到固本培元的作用，历来受到养生学家的极大重视。心精、肝精与心血、肝血相融合，贮存在心、肝之内。脾精可以说是所有精的基础，饮食进入胃以后被脾转化成为精，这就是所谓的后天之精，然后再输送到身体的其他部分。肺中的精主要是脾精中比较轻清的部分，主要输送到人的头、面部和皮肤。

如何应用五行学说对发病的季节性进行解释？

五行与五季相对应。中医中的五季相较我们所熟知的四季多出了一个长夏，指从立秋到秋分这段时间，也就是民间常说的“秋老虎”。这个时段热不及夏季，但是较夏季更加潮湿，与五行中的土和五脏中的脾相对应。

由于五脏与五行之间存在对应关系，所以五脏与五季也是相互对应的，这就使五脏发病与季节之间的关系可以用五行学说来解释。一般说来，五脏容易在其五行所主的季节受邪发病，也就是春天多是与肝脏相关的疾病，夏天多是与心脏相关的疾病，长夏多是与脾脏相关的疾病，以此类推。

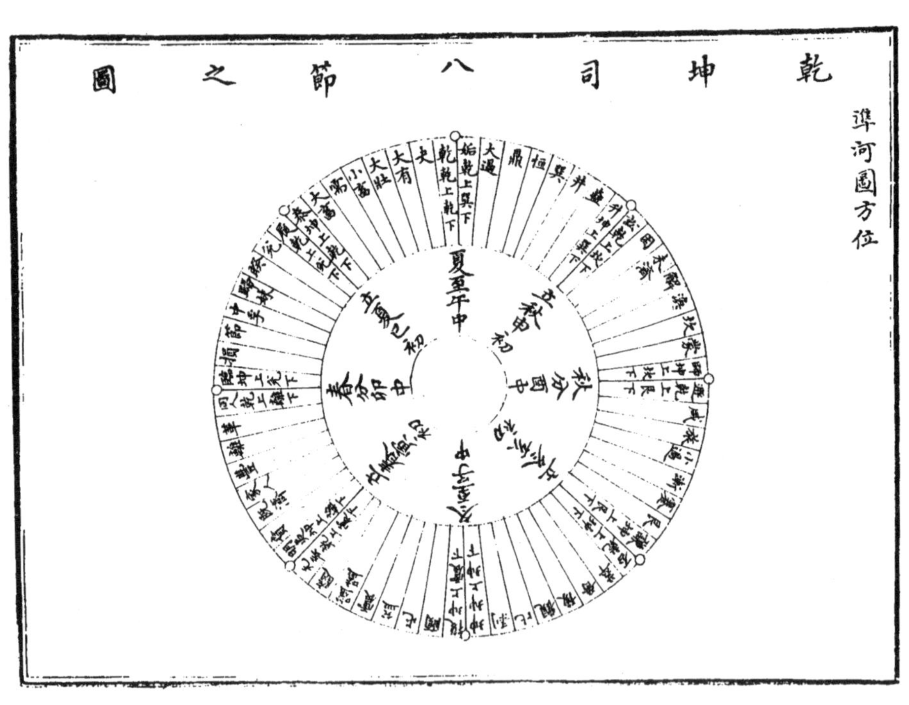

如何应用五行学说推断病情的轻重和预后的好坏？

中医一般依靠面部的色泽与疾病的五行关系来推测病情的轻重，并对之后的病情发展进行预测，也就是预后。内脏的变化都会在颜面部位有所表现，仔细地分析能收集到很多帮助诊断的信息。

按照五行与五脏的对应关系，肝脏对应青色、心脏对应红色、脾脏对应黄色、肺脏对应白色、肾脏对应黑色，这些脏腑的本色被称为“主色”。人体在不同季节表现出的颜色称为“客色”，也就是说春天为青色、夏天为红色、长夏为黄色、秋天为白色、冬天为黑色。如果主色胜过客色，病情为逆，提示预后不太理想；反之如果客色胜过主色，表示病情为顺，预后比较理想。

中医不仅对面色进行了五行的划分，脉相、气味等都有相应的分类。所以，色诊还可与脉诊相结合，如果表现出来的面色与所切得的脉相符，或者是与其相生的脉则提示疾病走向比较理想，预后较好；反之，如果切得的脉与面色是相克的关系，则病情堪忧。

如何运用五行学说诊断和治疗疾病？

中医中的很多治则和治法都是依据五行学说确立的，其重点就是在治疗疾病的时候，根据五行生克乘侮的规律，调整脏腑的太过和不及，控制疾病的传变，使得脏腑间的协调平衡关系得到恢复。

在具体的治疗方案中，根据五行相生的规律，主要是“虚则补其母”、“实则泻其子”的治疗原则。“虚则补其母”指当某一脏器虚损的时候，不仅要补益本脏，还需要同时补益它的母脏。这种治法适用于单纯子虚或母子两虚的病变。“实则泻其子”指当某一脏器偏盛，病变为实证的时候，不仅要泻除本脏的实邪，还需要泻除它的子脏。

根据五行相克规律，主要是“抑强扶弱”的治疗原则。五脏相克的异常情况称为“相乘”和“相侮”，导致这种反常情况不外乎脏腑的“太过”和“不及”，以及脏腑机能的亢进和衰退。当脏腑间相互克制太过，导致了相乘和相侮这两种情况的时候，抑制过强的脏腑就能恢复脏腑间的协调平衡。当相乘和相侮由“不及”所导致时，就需要扶助虚弱的脏腑从而使平衡得到恢复。

如何应用五行学说指导用药？

不同的药物，其颜色、气味都不尽相同。颜色有青、赤、黄、白、黑“五色”，气味有酸、苦、甘、辛、咸“五味”。

按照五行属性进行归纳：青色、酸味入肝，白芍就属于这类药物，具有补益肝脏精血的作用；红色、苦味入心，丹参活血安神，是这类药物的代表；黄色、甘（淡）味入脾，白术补益脾气，是这类药物的代表；白色、辛味入肺，石膏清泻肺热，是这类药物的代表；黑色、咸味则入肾，熟地、首乌是这类药物的代表。

将“五色”、“五味”与升降沉浮、寒热温凉结合应用，能使临床用药更有针对性，从而提高疗效。

五行学说如何指导情志疗法？

情志疗法是中医中很有特色的治疗方法之一。中医认为，人的情绪和脏腑活动有关，情绪变化也可以影响甚至损伤到脏腑。所以，情绪不能过于激烈，任何不良的情志活动都会导致人体阴阳偏盛偏衰，打破机体的协调平衡状态，导致疾病的发生，危害身心健康。相应的，许多情志方面的疾病可以通过调理脏腑和心理疏导得到治疗。脏腑疾病时正确运用情志之偏，补偏救弊，也可以起到纠正阴阳气血之偏颇，使机体恢复协调平衡的作用。

五脏之间像五行一样存在着相互生克的关系，不同的情绪活动之间也存在一种相互促进或相互克制的关系，这就可以将它们之间相互抑制的关系应用到疾病的治疗中。《素问·阴阳应象大论》中说道："怒伤肝，悲胜怒……喜伤心，恐胜喜……思伤脾，怒胜思……忧伤肺，喜胜忧……恐伤肾，思胜恐。"这是说某种情绪可能对某种脏器有伤害，但另一种情绪则可以消除前一种情绪带来的伤害。如惊又可气乱、气散，从而解除因忧思而导致的气机郁结、闭塞，故可以利用使人惊惶的刺激方法来治疗某些忧虑症；愤怒对因忧愁不解而意志消沉或者惊恐太过而胆虚气怯所导致的疾病有治疗作用；喜乐可以治疗因忧怒、思虑、悲哀等不良情绪活动所导致的病变；悲哀可平息激动的情绪，控制喜悦、忘却思虑；思虑可以收敛由于惊恐、狂喜所致的神气涣散。这种情志间相互制约的关系在中医学中被称为"以情胜情"。

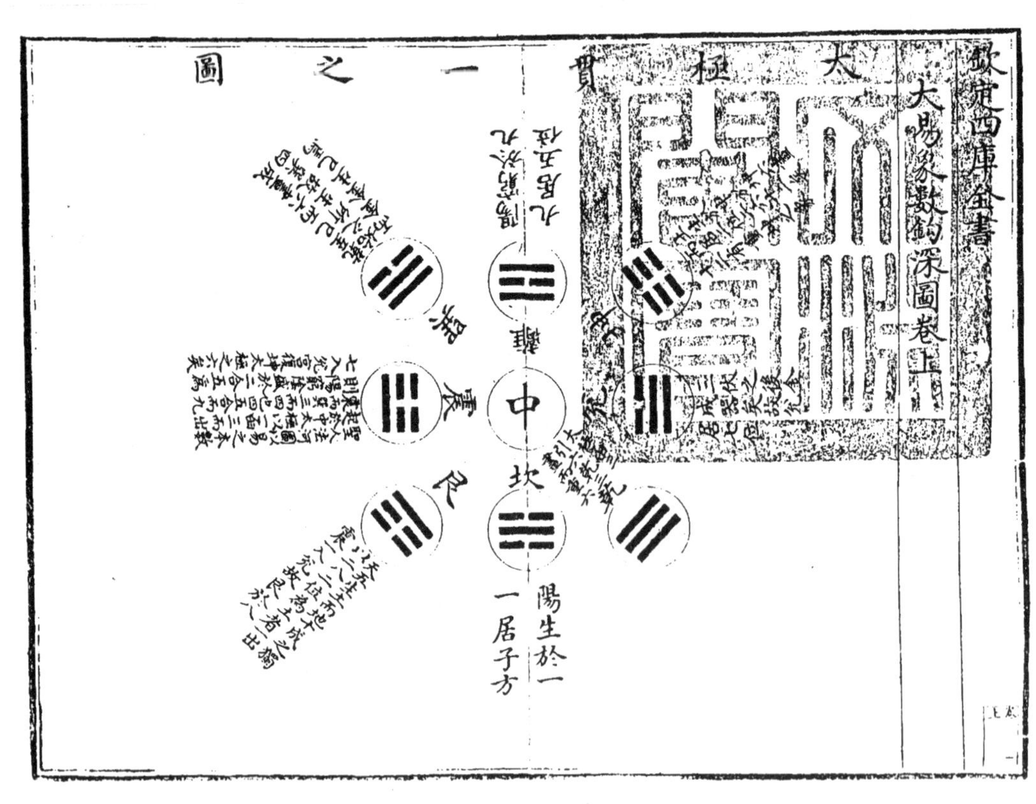

什么是五形人？

依据五行学说，人可以划分成五类：木形人、火形人、金形人、水形人、土形人。五形人的划分，主要是按照其出生的季节和四柱中五行属性的偏重来确定的。通常五形人有不同的体貌特点和行为习惯，这些也使不同五行的人需要按照不同的方式进行养生。

木形人有什么特点？

木形人的身材多瘦高，双肩高耸，脸形比较长，多为上宽下窄形，瘦而且骨骼外露，皮肤上"青筋"暴露。说话声音多用齿音，发音直而且短。走路时脚步比较重。生气时面色泛青，"杀气"比较重。

木形人又分为甲木、乙木两种，甲为阳木，乙为阴木。阳木形的人，为人仁德、正直，做事有主意，能忍辱，有担当力，有责任感；阴木形的人，喜欢反抗上级，不服人，不乐意被人管束压制，宁折不屈，说话尖酸刻薄，做事专横，不许人驳辩，对父母多不孝顺，一生比较坎坷多难。

木形人大多生于春季，生辰的五行属性中木较多。木形人要多注意自己的肝、胆、筋骨和四肢。如果营养失衡，或者保养不当就容易患肝、胆、头、颈、四肢、关节、筋脉、眼、神经等方面的疾病。

木形人该如何养生？

木形人木气旺盛，应该泄耗一些木气。土能泄木，金能克木，所以在食疗中，应注意属土和属金的食物。甜味、白色属土，辣味、黄色属金，所以宜多吃甜味和辣味的食物，食物的颜色宜侧重白色和黄色。一切冰冻的食物都属金，如冰激凌、果冻等。动物的肺及肠也属金，如猪肺、鸭肠、血肠等。土性食物则有土豆、黄豆、白薯、糯米、牛肉、枣等。

木形人还需要助阳，因此还应该适当地进食辛甘之品，姜、葱、韭菜就是这类食物的代表。黄绿色蔬菜如胡萝卜、菜花、小白菜、甜椒等都适宜经常食用。而寒凉、油腻、黏滞的食物，则应该尽量少吃。

木形人要尽量少饮酒，如果要饮酒也尽量饮用滋补类的药酒，如当归酒、枸杞酒。木形人中容易抑郁的人应该适当进食舒肝活血的食物，如西瓜、绿豆、竹笋、赤小豆等；活血化淤的食物也应多吃，如山楂、藕节、红糖、黄酒、猪蹄等。适当进食苦味的食品对木形人也颇有裨益，苦瓜、杏仁、柑橘、荞麦等都是营养丰富的苦味食品。

由于木形人容易动怒，经常生气导致头迷眼花、肢体麻木、手脚无力、胸闷不舒等症状，甚至发生耳鸣、牙痛、中风病。所以木形人养生时就要注意以德养性，即心态要积极向上，与人和善，心存仁德。

火形人有什么特点？

火形人大多身材微胖，体形属中等，柳肩，脸形如枣核，上尖下宽，面色红润，皮纹多为横纹，毛发稀疏。这一形的人精力充沛、行动迅速，做事风风火火，走路时上身摇摆，很像蛇行走的样子。说话声音多用舌音，声音尖，但是有些沙哑。生气时面红耳赤。

火形人又分丙火、丁火两种，丙为阳火，丁为阴火。阳火形的人，明事理，待人接物温良谦和，做人守礼守分，不争不贪，举止合度；阴火形的人，性格急躁，喜欢争斗，浮夸虚荣，贪得无厌，做事没有耐心，经常虎头蛇尾。

火形人大多出生在夏季，生辰的五行属性中火比较多。火形人要多注意自己的心脏、小肠、血液循环系统。如果营养失衡，或者保养不当容易患小肠、心脏、肩、血液、面部、牙齿、腹部、舌等方面的疾病。

火形人该如何养生？

火形人大多火气旺盛，应该适当地压制。金能泻火，水能克金，所以在食疗中，应该注意多吃属金和属水的食物。辣味、黄色属金，咸味、黑色属水，所以火形人应多吃辣的或咸的食物，食物的颜色宜侧重黄色和黑色。

一般火形的人应以水性食物为主，并且应该清淡阴柔。多吃水果和鱼对火形人颇有裨益。不过需要注意的是，水果也有寒热之分。热性水果热量高、糖分高，吃下去后，身体能量增加过多，就比较“热”，容易上火，荔枝、龙眼、菠萝就属于这类水果；寒性的水果热量低、糖分较低、富含纤维，吃多了就会愈来愈没能量、没体力，也愈来愈怕冷、虚弱，香蕉、西瓜、香瓜等就属于寒凉水果。

饮食颜色的选择上，火形人应该以黑色食物为主。我们常说的“黑色食品”主要指富含有黑色素的食品，一般说来，带有“黑”色字眼的粮、油、果、蔬、菌类食品都是黑色食品。常见的黑色食品有：黑米、紫米、黑荞麦、黑豆、黑豆豉、黑芝麻、黑木耳、黑香菇、紫菜、发菜、海带、黑桑葚、枣、栗子、龙眼肉、紫葡萄、黑松子、乌骨鸡、黑海参、黑蚂蚁等。“黑色食品”营养丰富，中医认为黑色入肾，黑色的食品大多对肾脏有补益作用。现代科学研究表明，黑色食品能调节内分泌系统，促进口腔唾液分泌，促进胃肠消化，增强人体造血功能，从而提高血液中血红蛋白的含量，起到抗衰老、乌发美容的作用。

如果火形人没能调摄好自己的性情，就容易心火旺，出现心跳加速、失眠、狂躁、声音哑等症状，甚至发生痔疮。所以火形人养生时要注意心存理智，心态积极，守礼守分，戒除贪恋和争斗心。

土形人有什么特点？

土形人大多属于五短身材，由于土有敦厚的性质，所以土形人肌肉丰厚，有“三厚”：背厚、唇厚、手背厚。土形人脸形偏圆、蒜头鼻、面色偏黄。说话时鼻音较重。生气时，面色多偏于焦黄。

土形人又分作戊土、己土两种：戊土为阳土，己土为阴土。阳土形的人，为人忠厚老实，诚实守信，待人宽容大度，生活上勤俭朴素；阴土形的人，固执死板，蠢笨蛮横，度量狭小，疑心重。

土形人多生于每个季度的最后 18 天，生辰的五行属性中土较多。土形人要多注意自己的脾、胃、肠及整个消化系统的情况。如果营养失衡，或者保养不当就比较容易患脾、胃、肋、背、胸、肺等方面的疾病。

土形人该如何养生？

土形人相较于其他几形的人来说，体内阴阳两气比较平和，没有明显的偏颇。但土形人的脾胃比较虚弱易损。土形人保健的时候要注意阴阳并重，综合调理，根据四季的变化来调整饮食。

春天是阳气升发的时候，土形人的饮食就应该以辛甘两味为主，如姜、葱、韭菜。而寒凉、油腻、黏滞等易伤脾胃阳气的食物就要尽量少吃。夏天的饮食就要选择清淡的，如西红柿、黄瓜、苦瓜、冬瓜、丝瓜、西瓜之类清淡宜人的蔬菜瓜果，菊花清茶、酸梅汤、绿豆沙、莲子粥、荷叶粥、皮蛋粥等都是不错的选择，同时要少吃高脂厚味、辛辣上火的东西。秋天土形人要忌吃辣，像火锅之类的就要尽量远离了。土气偏旺的人适合多吃酸味的东西，以起到制约土气的作用。

脾胃虚弱的人需要适当补益，补益脾胃的食物有：红薯、土豆、黄豆、白薯、山药、糯米、牛肉、枣等。土形人可以多吃甜食。颜色上黄色的食物属土，如蛋黄、玉米、柠檬、橙子、菠萝、香蕉、谷类、胡萝卜、菜花、小白菜、甜椒等。这些食物大都含有丰富的维生素 C、蛋白质和糖分。这些黄色食物对消化系统的毛病以及注意力差、记忆力衰退等均有一定的帮助。其中黄豆芽是营养价值很高的一种食品。

土形人容易怨天尤人，怨人伤脾，出现腹胀、腹痛、吐泻、虚弱、气短、乏力、面色发黄等症状。所以土形人在养生的时候，要注意谨记“诚信”二字。

金形人有什么特点？

金形人身材大多苗条单薄，但脊背较宽，体形多为上宽下窄型，脸形呈长方形，颧骨高，面色白，眉清目秀，唇薄齿白。说话多用唇音，声音洪亮。生气时面色煞白，喜欢冷笑。

金形人又分庚金、辛金两种：庚为阳金，辛为阴金。阳金性的人，讲义气，擅长交际，性格豪爽活泼，思维敏捷，处事果断；阴金性人，性情残暴，容易嫉妒，虚伪，喜欢狡辩，巧言令色，笑里藏刀，这种人寿命一般不长。

金形人大多出生在秋季，生辰的五行属性中金较多。金形人要多注意自己的肺、大肠、气管及整个呼吸系统。如果营养失衡，或者保养不当就比较容易患大肠、肺、脐、肝、皮肤、鼻、气管、肛肠等方面的疾病。

金形人该如何养生?

金形人的金气旺盛,所以需要对其进行牵制。木能泻金,火能克金,所以在食疗的过程中,应注意多吃属木或属火的食物。酸味、绿色属木,苦味、红色属火,金形人应多吃酸味和苦味的食物,在食物颜色上宜侧重绿色和红色。

金形人饮食中要多补植物食品,也就是要多吃素,适当增加一点火性食物。乳制品、蔬菜瓜果等对金形人都大有好处,豆腐是最适合金形人的食品,此外,豌豆、大豆、绿豆、油菜、芹菜、红薯、莲藕、洋葱、茄子、南瓜、黄瓜、蘑菇、萝卜、牛奶、菠菜、白菜、卷心菜、生菜、胡萝卜、竹笋、马铃薯、海带、柑橘、西瓜、葡萄、香蕉、草莓、板栗、柿子等都是适合金形人的食物。

金形人体内阳气多而阴气少,养生的关键在于调理肺肾。饮食上以阴柔淡养之品为主。补益最好选择百合、人参、灵芝等,进补的时间宜选在清晨。金形人可以适当饮用咖啡和葡萄酒。喜欢吃肉的金形人可以选择属木的肉类,如螃蟹、猪肉、鸭肉、兔肉等。需要注意的是,鸡肉不是木性的,而是金性的。

金形人容易懊恼,易伤肺,肺伤就会出现咳嗽、喘气、咯血等症状,发生与肺脏相关的疾病。所以金形人养生时要注意有义气,心态积极向上,多看别人的优点。

水形人有什么特点?

水形人大多体形肥胖,脸型像猪肚,呈上窄下宽,双下巴,面色淡黑,浓眉大眼,毛发颜色深,男性到了中年容易长“啤酒肚”。行动迟缓,做事拖泥带水,不论坐立,都喜欢依靠或者扶着什么东西。说话多用喉音,语速慢,声音低。生气时喜欢哭,面色阴黑。

水形人又分壬水、癸水两种:壬水为阳水,癸水为阴水。阳水形的人,有智慧,性格温柔,心灵手巧,有艺术天分,能屈能伸;阴水形的人,愚蠢迟钝,做事畏首畏尾、优柔寡断。

水形人多生于冬季,生辰的五行属性中水较多。水形人容易因烦恼而伤肾,肾伤就会出现腰酸腿痛,小便不爽,男性遗精、疝气等病症。要多注意自己的肾、膀胱、脑以及泌尿系统。如果营养失衡,或者保养不当就比较容易患肾、膀胱、足、头、肝、泌尿、生殖、腰部、耳等方面的疾病。

水形人该如何养生?

水形人水气旺盛,需要压制。火能泄水,土能克水,所以在食疗中,应多食用属火或属土的食物。苦味、红色属火,甜味、黄色属土,水形人应注意多吃苦味和甜味的食物,在食物颜色上宜侧重红色和黄色。

水形人身体内阴气盛而阳气少，属于缺火的体质。饮食上建议多吃动物性食物，尤其是火性的食物，比如猪、牛、羊肉和姜等，动物的心脏也是不错的选择。食物颜色的选择则应该选择红色，比如红甘蔗、葡萄酒。这些温暖的食物能帮助水形人驱除体内的寒气，恢复体力，增强水形人的自信心和意志力。

水形人养生要注意修养自己的智慧，不要过于烦恼，适宜聆听节奏明快、热情奔放的乐曲。多做运动，不论是球类运动还是单纯的跑步锻炼，只要动起来就好，因为“动则阳气生”，阳气升发有利于驱除身体中的阴寒之气。平时多参加集体活动和公益活动对心性的修养会有很大的助益。将家里用暖色调装饰布置也是不错的方法。

乾坤阖辟图

《易经》时空理论在中医中是如何应用的？

《易经》当中的时空理论指出，世间的万事万物都会随着时间、空间的变化而变化，所以做任何事情都要顺应时间和空间的变化，就是说要做到逢时逢位，不能违背，否则就会遭遇挫折。

中医非常注重这种时空的理论，认为有些疾病是由于时空的变换而来的。比如一个在成都出生长大的人，在成都一直很健康，但是到了北京就病痛不断，这样的水土不服现象大家都很熟悉，也很常见。其实，水土不服现象就是对时空不适应的体现。对北京的气候、环境条件不适合，所以身体就会出现一系列不舒服、不顺心的现象，来抗议待在这个不适合你的地方。

中医中的“运气学说”就是《易经》中时空理论的充分体现。

什么是"运气学说"？

"运气学说"是研究分析自然界环境尤其是气候变化对人体健康与疾病影响的一种学说。运气学说主要包括了"五运"和"六气"。

"五运"就是木、火、土、金、水五行配以天干，分别称为：土运、金运、水运、木运和火运，用来推算每年的岁运。"六气"是指风、热、火、湿、燥、寒六种自然界中的元素，各配以地支，来推算每年的岁气。

自然界有五运六气，而人体有五脏六腑，中医认为，人的生命运动与自然界相应，所以看五脏六腑的变化，就要关注五运六气的变化。

天干配五运				
甲己 | 土	乙庚 | 金	丙辛 | 水	丁壬 | 木	戊癸 | 火

地支配三阴三阳六气					
子午 | 少阴 君 火	丑未 | 太阴 湿 土	寅申 | 少阳 相 火	卯酉 | 阳明 燥 金	辰戌 | 太阳 寒 水	巳亥 | 厥阴 风 木

什么是"五运"？

所谓的"五运"，其实就是一种时间的计算方式。根据干支的顺序、阴阳、五行，可以推演出某一年的岁运、主运、客运以及五运之气的太过或不及。

岁运是主宰某一年的五运之气，因为岁运是一运统治一岁，所以又称为"大运"。判断岁运，是按当年的天干，即年干为甲、己行土运，年干为乙、庚行金运，年干为丙、辛行水运，年干为丁、壬行木运，年干为戊、癸行火运。其中阳年为本气流行，阴年为克己之气流行。

主运是用来说明一年中的五个运季。从大寒日开始计算，每 73 天零 5 刻为一个运季，简称为运。木为初运，主风；火为二运，主暑热；土为三运，主湿；金为四运，主燥；水为终运，主寒。

五运主运的太过和不及					
运序 年干	初运	二运	三运	四运	终运
甲	木	[火]	土	[金]	水
乙	木	[火]	土	[金]	水
丙	木	[火]	土	[金]	水
丁	[木]	火	[土]	金	水
戊	[木]	火	[土]	金	水
己	[木]	火	[土]	金	水
庚	[木]	火	[土]	金	水
辛	[木]	火	[土]	金	水
壬	木	[火]	土	[金]	水
癸	木	[火]	土	[金]	水
※加框的为不及，不加框的为太过					

客运是用来说明五个运季中异常的气候变化的，由于十年之内每年都不同，就好像是客人往来一样，所以叫做客运。客运的运季时间与主运一致，一年中的五运是以岁运的属性为基础的。如果岁运行土运，那么初运就行土运，之后各季行什么运则按照五行的相生原则排列。

五运客运的太过和不及					
运序 年干	初运	二运	三运	四运	终运
甲	土	[金]	水	[木]	火
己	[土]	金	[水]	木	[火]
乙	[金]	水	[木]	火	[土]
庚	金	[水]	木	[火]	土
丙	水	[木]	火	[土]	金
辛	[水]	木	[火]	土	[金]
丁	[木]	火	[土]	金	[水]
壬	木	[火]	土	[金]	水
戊	火	[土]	金	[水]	木
癸	[火]	土	[金]	水	[木]
※加框的为不及，不加框的为太过					

什么是“六气”？

“六气”是指风、热、火、湿、燥、寒六种气候特征，它们与地支配合，统摄一年的节气，以此来说明不同时间气候的变化特征。

六气中的主气是每年正常的气候变化，比如一年之中气候有春暖、夏热、秋凉、冬寒的变化。

也就是通常所说的二十四节气，由大寒算起，分属六步。

六气主气的时间对应						
六步	初	二	三	四	五	终
六气	厥阴风木	少阴君火	少阳相火	太阴湿土	阳明燥金	太阳寒水
节序	大立雨惊 寒春水蛰	春清谷立 分明雨夏	小芒夏小 满种至暑	大立处白 暑秋暑露	秋寒霜立 分露降冬	小大冬小 雪雪至寒

六气中的客气是指每年有一气为主，其中上半年为一气主宰，下半年则为与上半年之气阴阳相反、属性相对的气主宰。它用来说明不同年份的特殊气候特征。中医把上半年的客气称为"司天"，把下半年的客气称为"在泉"。

六气客气的对应		
年支	司天	在泉
子午	少阴　君火	阳明　燥金
丑未	太阴　湿土	太阳　寒水
寅申	少阳　相火	厥阴　风木
卯酉	阳明　燥金	太阴　君火
辰戌	太阳　寒水	太阴　湿土
己亥	厥阴　风木	少阳　相火

将每年轮值的客气，加在年年不变的主气之上，就可以看出一年的气候状况。如果客气的力量胜过了主气，就是理想的状态，被称为"顺"。如客克主、客生主、君位臣三种情况都属顺。相反的，则是不利的状态，被称为"逆"。如主克客、主生客、臣位君则属逆。

"运"与"气"结合会得出什么情况？

五运是地上的五方气流，六气是天上的六种气流，气候的变化跟天气和地气的交流有关，所以要知道一个时候会有怎样的气候变化，就应该将五运与六气结合起来看。

五运与六气有相同的性质，如木与风相同，火与暑、热相同，土与湿相同，金与燥相同，水与寒相同。将这些性质进行转化后，可以得到不同的气运结合类型。气运相同的被称为"天符"，气生运的被称为"顺化"，气克运的被称为"天刑"，运生气的被称为"小逆"，运克气的被称为"不和"。

五运六气与疾病的发生有什么关系？

五运六气都可以转化为致病因素。

如木运年风气流行，风气太过，可能直接引起肝病，间接引起脾病。火运年暑气流行，火气太过，可能直接引起心病，间接引起肺病。土运年湿气流行，湿气太过，可能直接引起脾病，间接引起肾病。金运年燥气流行，燥气太过，可能直接引起肺病，间接引起肝病。水运年寒气流行，寒气太过，可能直接引起肾病，间接引起心病。

五运六气导致的疾病，都是环境变化带来的，所以又被称为“外邪”。只要身体足够健康，就能够抵御外来邪气的侵袭。不过健康的身体也应该按照五运六气的不同变化进行身体的保健，如根据不同的气候进行饮食调理，做到起居规律，注意心理保健，再通过做体操、按摩、运动等方式修养身心，就能使正气内充，发见于外，邪气难侵，而疫病不染。而疾病中的人，也应该根据五运六气的变化来调节生活习惯和药物的使用。

什么是“子午流注”？

除了季节、环境上会出现不同的变化，人的身体在不同的时辰也会有变化。中医认为，人体十二经脉的气在不同的时间会有兴衰交替的变化，掌握了这一变化规律能使养生和治疗的效果大大提升。

十二经脉间这种气的流动变化环环相扣，紧密有序，与外界自然相互通应。中医根据其每个时辰的变化，总结出了“子午流注”。“子”代表阳，“流”代表阳生的过程，“午”代表阴，“注”代表阴藏的过程。子午流注的变化是随着太阳的升落而变化的。比如说，从亥时开始（21 点）到寅时结束（5 点），太阳旋转到地球的背面，这个时候属阴，阴主静，就需要有充足的休息，人体才会有良好的状态，所以这个时候的人要休养生息，以利于身体推陈出新。

子午流注更主要的是它对应了不同的经脉，每个时辰就有一个经脉最为旺盛，它标志着这个经脉所对应的脏腑在此时处于一天中运行最旺盛的时候。在这个时候依时对相应的脏腑进行保养，能起到最好的效果。

子午流注		
时辰	经脉	作用
子时（23 点至 1 点）	胆经旺	这个时候胆汁在进行更新
丑时（1 点至 3 点）	肝经旺	这个时候肝血推陈出新，能保证深睡眠，有利于皮肤的更新
寅时（3 点至 5 点）	肺经旺	这个时候肝将贮藏的新鲜血液输送到百脉，使身体开始新的一天
卯时（5 点至 7 点）	大肠经旺	这个时候有利于排泄，通过排便能有效地排出身体毒素
辰时（7 点至 9 点）	胃经旺	这个时候有利于消化，是进食早餐的最佳时间

巳时(9 点至 11 点)	脾经旺	这个时候有利于吸收营养、生血
午时(11 点至 13 点)	心经旺	这个时候有利于周身血液循环,心火生胃土,有利于午餐的消化
未时(13 点至 15 点)	小肠经旺	这个时候有利于营养的吸收
申时(15 点至 17 点)	膀胱经旺	这个时候有利于排除小肠下注的水液和周身的"火气"
酉时(17 点至 19 点)	肾经旺	这个时候开始贮藏这一天中的脏腑精华
戌时(19 点至 21 点)	心包经旺	这个时候再一次增强心的力量,心火生胃土,有利于晚餐的消化
亥时(21 点至 23 点)	三焦通百脉	这个时候人进入睡眠,百脉休养生息

什么是"灵龟八法"?

灵龟八法是针灸学中一种按时间按八卦取穴的方法,因它所采用的奇经八穴与八卦是相配相属的关系,所以又称为"奇经纳卦法"或者"奇经纳甲法"。所谓"灵龟",是指驮洛书而出的灵龟,所以在灵龟八法中,所采用的八卦是基于洛书推演出的后天八卦,其数为洛书之数演化来的九宫数。

灵龟八法是将与八脉相通的八个穴位与八卦相对应:坎对应申脉,坤对应照海,震对应外关,巽对应临泣,乾对应公孙,兑对应后溪,艮对应内关。在什么时间开哪个穴位,是有一个公式的。将针灸治疗当时的日干、日支、时干、时支所代表的数字相加得到一个数字,如果在阳日就将其除以 9,如果在阴日就将其除以 6,所得的余数对应九宫数及八卦,就可以得出开穴的穴位。

什么是"飞腾八法"?

"飞腾八法"也是一种以八脉交会穴为基础的按时开穴法,它的运用与灵龟八法略有不同,即只按照时辰的天干来确定开穴的穴位。

如果在壬、甲时辰应该开公孙穴,如果在丙时应该开内关穴,如果在戊时应该开临泣穴,如果在庚时应该开外关穴,如果在辛时应该开后溪穴,如果在乙、癸时辰应该开申脉穴,如果在己时应该开列缺穴,如果在丁时应该开照海穴。

时干八穴八卦的配合

时辰	壬甲	丙	戊	庚	辛	乙癸	己	丁
穴位	公孙	内关	临泣	外关	后溪	申脉	列缺	照海
八卦	乾	艮	坎	震	巽	坤	离	兑

孟喜背离了师门吗？

孟喜是西汉著名的易学家，他开创了易学的“孟氏学”。

孟喜的父亲叫孟卿，他是专门向学生传授《礼》和《春秋》的儒者。但是他认为《礼》太多太繁杂了，所以就让孟喜跟随田王孙学习《易经》。孟喜在田王孙那里学有所成，但他为了给自己的新学说造势，就说老师在临死前传给了他一本关于阴阳灾变的书。可很快就被他的同门指出他是在撒谎，因为老师死的时候，孟喜在去东海的路上。

这就是著名的“改师法”案。孟喜虽然师从田主孙，但他却不愿意接受其正宗的思想，而对他收集到的阴阳学说颇感兴趣。因此，孟喜应该是一位背离师门并接受异端邪说的易学家。正因为这个原因，汉武帝时推举各经博士，很多人都推荐了孟喜，但汉武帝听说他背离了师门，就没有用他。直到汉宣帝时，孟喜才当上了学官。

虽然孟喜假借老师的声望来提高自己，但他的新学说开创了新的易学门派。他用阴阳学说来解释《易经》，并以此来推测气候的变化和人事的吉凶，成为汉代易学“卦气说”的倡导者。所谓“卦气”，就是将六十四卦跟四季、十二个月、二十四节气以及七十二候相对应。孟喜的卦气理论已经初具规模，对西汉的儒生产生了很大的影响。后来京房继承了孟喜的学说，将“卦气说”进行了发展，所以汉朝的“卦气说”又被称为“孟京易学”。

孟喜的学说集结成了《孟氏章句》，可惜该书早在宋朝就已经散佚了。现在能看到的最早记载其学说的，是唐朝僧人一行的《卦议》。

京房是因易而死的吗？

京房是西汉时期与孟喜并称的著名易学家，他在前人的天文学和易学的研究基础上创作了“纳甲”，为后世的术数提供了新的思路，算得上是易学研究上一个大的飞跃。

京房原本姓李，但他喜欢钟律，通晓音乐，所以就根据音律给自己起名叫京房。京房是孟喜的学生焦延寿的弟子，他能用变通的方法讲解易经，并且喜欢推算灾难和异象。看到这一点，焦延寿说：“京房必定获得我的真传，但也会因此而丧命。”京房也预知到了这一点，并说：“虽然结果如此，但我对推导出的结论却不得不说。”

京房果然学有所成，在汉元帝初元四年开始为官，后来又成为经学博士。他不断地通过对灾难和异象的推导，来评判政治的得失，并屡次上疏朝廷。最后他因为上疏说中书令石显专权，被捕下狱而死。

郑玄是如何望气预测灾难的?

郑玄是东汉末年的易学大家,他自幼天资聪颖,又性喜读书,勤奋好学。据说他在很小的时候就开始学习数学,到了八九岁时,就已经能够精通加减乘除的运算了,当时除了专门研究数学的学者,很少有人能比得上他。到了十二三岁,他就能诵读和讲述《诗》、《书》、《易》、《礼》、《春秋》这儒家"五经"了。

在学习这些正统知识的同时,他还喜欢钻研天文学,并掌握了"占候"、"风角"、"隐术"等一些以气象、风向的变化而推测吉凶的方术。相传在郑玄十七岁的某一天,他正在家中读书,突然外面刮起了大风。郑玄感到有事情会发生,就开始推算,并预测到某日、某时、某地将要发生火灾。他把自己预测到的结果报告了县府,结果火灾真的发生了。因为提前做好了准备,这次火灾并没有酿成大害。郑玄预测火灾的事不胫而走,从此他就被当地人视为"异人"。

郑玄注释的《易经》,将各个卦象和爻辞所代表的事物进行了扩大,并注意与礼教结合,这就增强了《易经》卜筮的准确性和对礼教传播的广泛性。所以后世研习《易经》都采用郑玄所注版本。

黄承彦是如何通过占卦试诸葛亮的?

黄承彦在《三国演义》中是个神秘的人物,他满腹经纶,却没有为官,只是一直作为诸葛亮的岳父在幕后充当幕僚。

相传黄承彦很早就听说诸葛亮人小志气大,机敏聪颖又才华出众,他便有心将他的学识传授给诸葛亮,而且自己的女儿与诸葛亮年龄相当,他就暗定诸葛亮为自己的乘龙快婿。可是他并没有见过诸葛亮,所以想找机会考察一下诸葛亮的才智。

听说诸葛亮随他的叔父到了襄阳,他就装扮成一个算命先生,在襄阳南门城楼下摆了一个卦摊,给路人算命看相。这天诸葛亮放学经过南门的时候,看见很多人围着一个侃侃而谈的老人,都是一副全神贯注的模样。诸葛亮很好奇,便上前去看。黄承彦看到诸葛亮,便要给他算上一卦,诸葛亮却想故意刁难一下这个算命的老头,于是转身到护城河边去捉了只青蛙,握在手中问:"你说这青蛙是活的还是死的?"黄承彦大吃一惊,如果他说青蛙是活的,诸葛亮就可以用手捏死它;如果他说青蛙是死的,诸葛亮一放手,青蛙就又活蹦乱跳了。

黄承彦看诸葛亮小小年纪就开始掌生死之权,觉得相当了不起,于是他不仅将自己的学问倾囊相授,还把女儿许配给了他,后来追随诸葛亮出山,甘愿充当幕僚。

诸葛亮为何会身穿八卦衣？

在戏剧和图画中，诸葛亮总是身披八卦衣，一副运筹帷幄、决胜千里的姿态。之所以他总是穿着八卦衣，据民间传说是由于他勤奋好学，师母赏赐给了他八卦衣。

相传诸葛亮跟随水镜先生司马徽学习，由于他聪明好学，老师讲的内容，他总是很快就理解了。司马徽上课用公鸡打鸣的方式来提醒时间，经过司马徽训练的公鸡，总能准时打鸣。但诸葛亮希望能多听老师讲，所以就在公鸡要打鸣的时候给它吃东西，从而延长了上课的时间。司马徽觉得奇怪，就问大家为什么公鸡不准时打鸣了呢。诸葛亮老实地告诉老师后，司马徽非常生气，认为他在耍小聪明，是心术不正的表现，以后不会有大的成就，就烧了他的书，不让他再学习。

诸葛亮苦苦哀求，但司马徽都不理睬他，诸葛亮就跑去求师母。师母本来就喜欢这个聪明好学的孩子，听说他是为了多学点东西而遭到了惩罚，也去帮着求情。最后司马徽虽然同意让诸葛亮继续学习，但诸葛亮却没有书了。正在大家感到难办的时候，师母对司马徽说："你不是有一件八卦衣吗？据说只要披在身上，就能上知千年往事，下晓五百年未来，不如让诸葛亮试试，如果灵验，还要书做什么？"于是诸葛亮就穿上了八卦衣，从此学习变得事半功倍了，后来在运筹帷幄时，他都要穿上这件衣服。

诸葛亮的预言书《马前课》很灵验吗？

诸葛亮不仅是位政治家、军事家，还是一位易学大家。《三国演义》中，他通过八阵图阻挡东吴追兵，这个八阵图就是他年少时根据《易经》所创的。

诸葛亮像

相传诸葛亮在行军的闲暇，推算未来的天下大事，并把他推算的结果，写成了《马前课》。与其他预测文不同的是，诸葛亮的每一卦就是讲一个朝代，非常明了。《马前课》共有十四卦，从他所身处的割据时代，一直到未来世界大同、天下一家。

据说目前《马前课》已经应验到了第十卦，这十卦都非常应验。如第一卦说道："无力回天，鞠躬尽瘁；阴居阳拂，八千女鬼。"这是在说他知道他所辅佐的汉王室气数已尽，他所做的，不过是鞠躬尽瘁不负刘备的托孤之义，最终"八千女鬼"即"魏"，将统一天下。又如第二卦说："火上有火，光烛中土；称名不正，江东有虎。"这是在讲晋朝，司马炎篡夺了曹魏的天下，而到了东晋中原将被少数民族占据，晋朝只能偏安在东部。这十卦都对各个朝代进行了精准的预测，所以《马前课》在民间流传非常广。

袁天罡是怎样一位术数大师？

袁天罡是唐代著名的术数大师，他精通风水、相术等各种神奇的预测，据说他的预测无不准确。在正史新旧唐书中都对他有所记载，各种野史笔记小说中记载他的传奇故事则更多，民间更把他视作半人半仙。他把自己的毕生研究写成了《六壬课》、《五行相书》、《推背图》、《袁天罡称骨歌》等书流传于世。

袁天罡并非是一位完全隐于山林的隐士，他在隋朝的时候，曾出任盐官令。后来他在洛阳遇到了杜淹、王圭、韦挺三人，并预言杜淹将凭借文章获得显贵并以此闻名天下，王圭将在十年之内官至五品，韦挺则将出任武官，还预言他们都会被贬官，贬官之后大家会有见面的机会。

果然，唐朝建立后，杜淹成为了天策学士，王圭当上了五品太子中允，韦挺则出任武官左卫率。正当他们仕途一帆风顺时，却受到宫廷政变牵连，一起被贬到隽州。在这里他们又遇到了袁天罡，在三人的感叹中，袁天罡再次为他们相面，并预测说他们并不会一直沉沦，最终都会官至三品。后来三人的经历果然跟袁天罡说的一样。

到了唐朝太宗年间，袁天罡已经名扬天下，唐太宗李世民召见袁天罡，并问他："汉朝有个著名的术数大师严君平，你比起他怎么样呢？"袁天罡说："严君平生不逢时，所以臣比他强多了。"李世民对袁天罡非常赏识，自此袁天罡与唐朝皇室结下了不解之缘。

袁天罡是怎样预测武则天的未来的？

《唐书》中记载了袁天罡最著名的一次相术传奇，那就是为女皇武则天看相的故事。

据说当武则天还是个婴儿的时候，她的母亲杨氏碰到了袁天罡。袁天罡一见到杨氏便非常吃惊，他说："夫人，您的孩子会非常尊贵！"杨氏非常开心，为了知道究竟哪个孩子会有非常尊贵的未来，她把儿子武元庆和武元爽领出见袁天罡。可是袁天罡看后摇了摇头说："他们最多官至三品，但只不过是能保家的主儿，还算不上是大贵。"杨氏让武则天的姐姐出来见袁天罡，袁天罡说："她虽然会获得尊贵的称号，但是却对丈夫不利。"她就是后来的韩国夫人。

最后保姆把身着男孩打扮的武则天抱了出来，袁天罡一看见还在襁褓中的武则天，就大为震惊，说："龙瞳凤颈，这是极贵的征兆！"但他看到武则天是个男孩的时候，又很遗憾，他说："如果她是个女孩子，必定成为天子！"

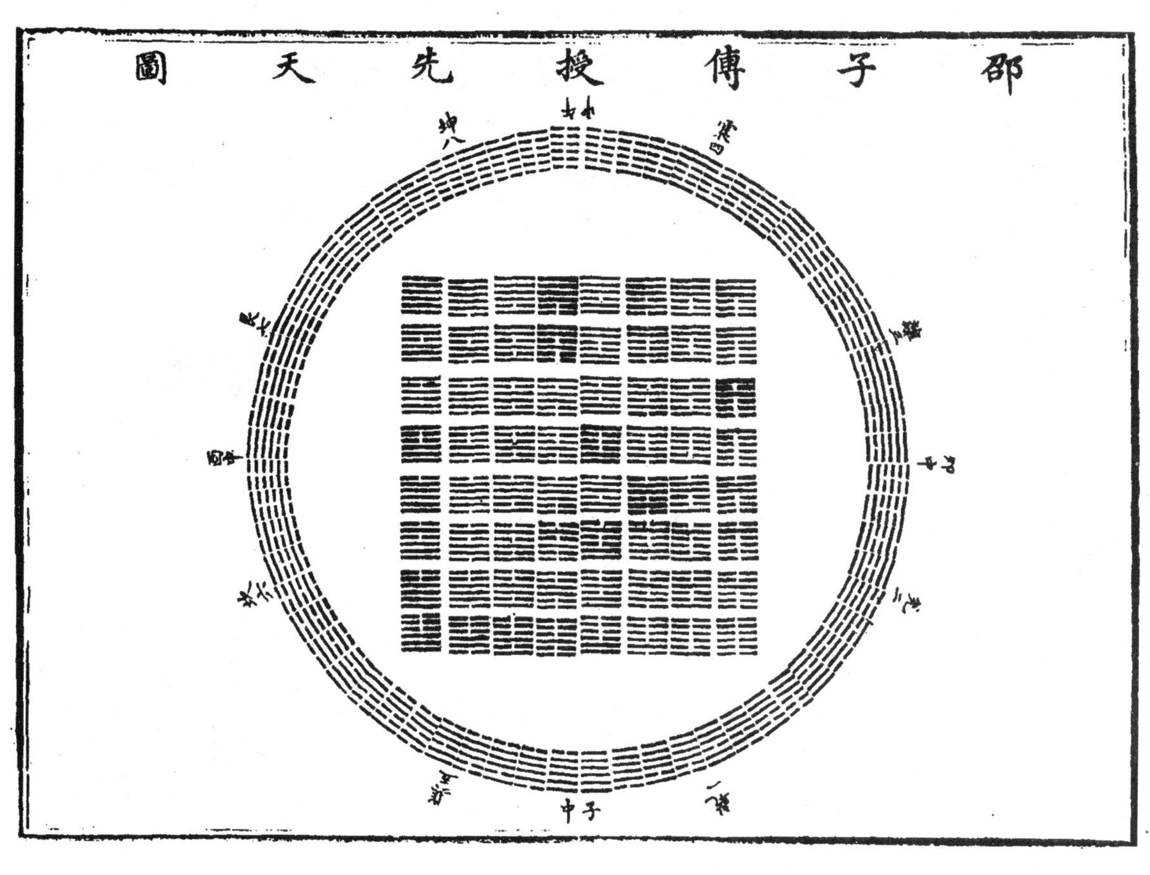

邵雍如何运用梅花易数推算少女摔断腿？

邵雍最著名的一个推断是关于观梅花上的小鸟相争而预测有少女摔断腿的预测。

当时为辰年十二月十七日申时，邵雍在花园中赏梅，看见两只小鸟在梅枝上争斗起来，最后都坠落到了地上。邵雍感到可能会有不好的事情发生，于是就开始起卦。

他用年、月、日、时的数起卦，辰年为五，十二月为十二，十七日为十七，申时为九。年月日的数加起来为三十四，除以八余数为二，为上卦兑卦；再加上申时的九数，得到四十三，除以八余数为三，为下卦离卦。求得泽火革卦。四十三除以六余数为一，也就是初爻为动爻，据此变卦为泽山咸卦。

革卦，上卦兑，属金，象征着少女，下卦离为火，火克金，也就是少女会受到伤害。在互卦中，上卦为乾，属金，下卦为巽，属木，金克木，即所克的部位在木。大腿是人体的木，所以这位少女会伤到大腿。但是由于变卦的下卦为艮，属土，土能生金，因此没有大的危害。

结果第二天晚上，一位少女到梅园采梅花，管理员以为是小偷而追赶，少女在逃跑中伤到了大腿。所有人都为邵雍的预测感到神奇，从此之后，邵雍发明的这种起卦预测法，就被叫做“梅花易数”。

苏东坡也喜好易经易学吗?

我们都知道,北宋著名诗人苏轼是个对佛经颇有研究的学者,其实他对《易经》也有深入的研究。

在苏轼的诗文中,常常融入了易的思想。如在《水调歌头》中,他叹道:"人有悲欢离合,月有阴晴圆缺,此事古难全……"他用自然界阴消阳长、月圆月缺与人生变化巧妙地结合起来,正是易中阴阳变易的思想。

苏东坡像

苏轼还深入研究过星象学,并对星命学颇为内行。苏轼曾对韩愈的《三星行》发表过意见,认为自己之所以总是遭到别人的诽谤、嫉妒,是由于自己出生时的星象跟韩愈的相似,所以也和韩愈一样,容易招致他人的诋毁。

苏轼还把自己的易学见解写成了《东坡易传》。此书对《易经》的理解,主要是继承了王弼的学说,以义理为主,同时还兼顾了道家的学说,并杂糅了佛家的学说,使儒释道三家在易学中融会。此书在易学史上有一定的影响力。

欧阳修在文章中是如何论述《易传》思想的?

"唐宋八大家"之一的欧阳修,在文学史上有很高的成就,他不仅深谙易理,还将易理融合在他的文章中,只要细心研读他的作品,就能知道他有很高的易学水准。

欧阳修像

《秋声赋》就是一篇利用易象思维的方式,寓国家政治在景物中的文章。《秋声赋》全篇都在讲秋天的肃杀之气,以用来说明国家正处在阳气(君子的正气)下降而阴气(小人的邪气)弥漫上空的时期,并在无边的秋色中,以天地自然的规律来劝人不要悲秋,期望未来的阴阳形势发生逆转。

欧阳修的这种易理思想在他的政治生涯中也得到了体现。他虽然官至参知政事(副宰相),却为人正直,不畏权贵。他在当谏官的时候,就以易理的变革思维,不断地提出对国家弊政进行改革的主张,强调加强国防力量,但他的主张不但没有被采纳,还遭到了贬斥。欧阳修并没有因贬斥而屈服,他始终支持范仲淹等人对弊政的改革，仕途中的三次被罢职，都与此有关。

欧阳修的易学成就集中体现在《易童子问》上，在书里，他讨论了《易传》的作者问题。欧阳修认为，除了《彖》、《象》二传是孔子撰写的之外，其他都是他人撰写的。他的这一学说在易学史上有着很大的影响。

文天祥像

文天祥也精通易理吗？

南宋杰出的政治家、爱国诗人文天祥，也是一位深谙易学之道的人。从小他的父亲就开始精心培养他，他最喜欢的经书就是《易经》。在《易经》中，文天祥看到了天地之间的各种变化规律，阴阳二气相互变化的过程给了文天祥很大的启迪，这使他懂得了乾为天地万物之本，是宇宙的正气。

文天祥对天地人三者的关系有通透的看法，并将此写进了《赠萧殿斋》一诗中。文天祥不仅精通易理，还对各种术数有较深的研究。如五行、干支之间的刑冲克害等，他都了如指掌。

他把自己掌握的易学知识运用在他的政治生涯中，为官时以易治理天下，国家危难时挺身而出，面对生死时正气凛然。

周敦颐也是易学大家吗？

大多数人都知道周敦颐的《爱莲说》，认为他是个文人，其实他还是宋代著名的易学大家。宋代理学大家程颢、程颐就是他的弟子，受周敦颐的影响，宋代理学中有着很浓重的易理思想。

周敦颐以道教的先天太极图为蓝本，参照陈抟的无极图，结合禅宗的虚无说，创作了太极原图和《太极图说》，他将道家和佛家的观念引入到儒家的解易系统中。他在《太极图说》中指出，“无极”和“太极”是宇宙万物的本源，而阴阳能生出金木水火土五行，五行生成万物，万物变化无穷。这就为儒家宇宙论提供了一个完整的体系，即天地万物的形成演变过程为“无极→太极→阴阳二气→五行之气→万物和人类”。

刘伯温的《烧饼歌》是怎么来的？

刘伯温就是刘基，他是辅佐朱元璋建立明朝的开国功臣，也是《易经》的实用家。刘伯温在易学上是个非常有名的人物，他把《易经》的知识应用在军事、管理上，并结合天文、地理、历法、兵法等多种知识，从而具有犀利的洞察力。在民间，刘伯温则成了一位神仙般的传奇人物，传说他能推断五百年的历史变迁，所以民间流传着“前代军师诸葛亮，后代军师刘伯温”的说法。

刘伯温像

有个传说是关于刘伯温对五百年历史变迁的预测的。传说有一天，做了皇帝的朱元璋正在吃烧饼，刚咬了一口，他就听到内侍报说刘伯温来了，便顺手拿了个东西把烧饼盖住。等刘伯温见过礼后，朱元璋问：“先生既然知道未来的事，你也知道这下面是什么吗?”刘伯温看了看朱元璋手指的物体，掐指一算，说：“这个东西一半像太阳，一半像月亮，并且被金龙咬缺了，所以这是食物。”朱元璋非常佩服，便让刘伯温推算以后的天下事。

于是刘伯温就用歌谣的形式来预言未来五百年的变迁，这就是著名的《烧饼歌》。《烧饼歌》全文共一千九百一十二个字，都是用隐晦的预言写成的，难以理解。但由于人们对刘伯温的敬仰，所以《烧饼歌》在民间的流传非常广，影响也很深远。

曾国藩是如何相得大将之才的?

清末重臣曾国藩是个学识渊博的人，他不仅精于治国、治兵、治学、治家，还精于相术。

曾国藩像

相传有一次，李鸿章带三个人去拜见曾国藩，请他分配职务，曾国藩还没看就说：“面向门厅左边的那个人可以做后勤，中间的那个人给他点无足轻重的工作就好了，而右边那个人是个将才，要重用。”

李鸿章觉得很奇怪，问他为什么，曾国藩笑道：“我刚才散步回来，经过他们时，从他们的表现就可以看出他们的为人。左边那个人看见我过来，就低着头不敢仰视，所以是个老实人，做事谨小慎微，能够让他办一些具体的事务；中间那个人虽然看见我时表现得恭恭敬敬，但我一旦走过了，就左顾右盼，可见是个阳奉阴违的人，不值得信任；右边那个人则不同，他始终挺拔站立，正视前方，是个不卑不亢的人，不仅是个将才，还能独当一面，会有不小的作为。”

果然这位被曾国藩视为大将之才的人，成为了淮军猛将，他就是后来担任台湾巡抚的刘铭传。

《连山易》和《归藏易》是如何产生的？

在《周易》之前，还有两部易学著作，那就是《连山》和《归藏》，历史上把这三本易学著作，合称为“三易”。所以《连山》也被叫做《连山易》，《归藏》叫做《归藏易》。

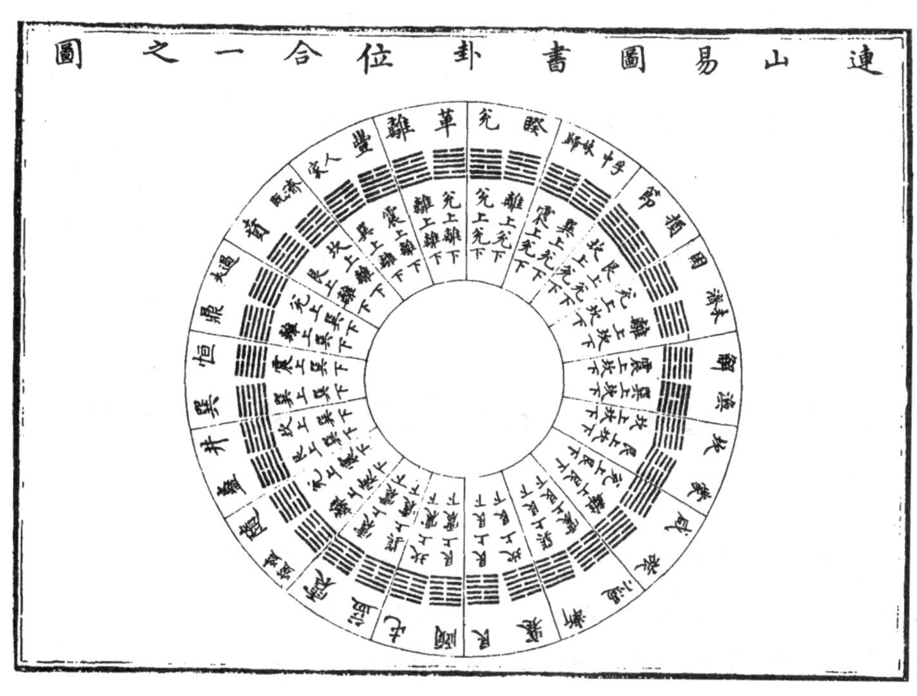

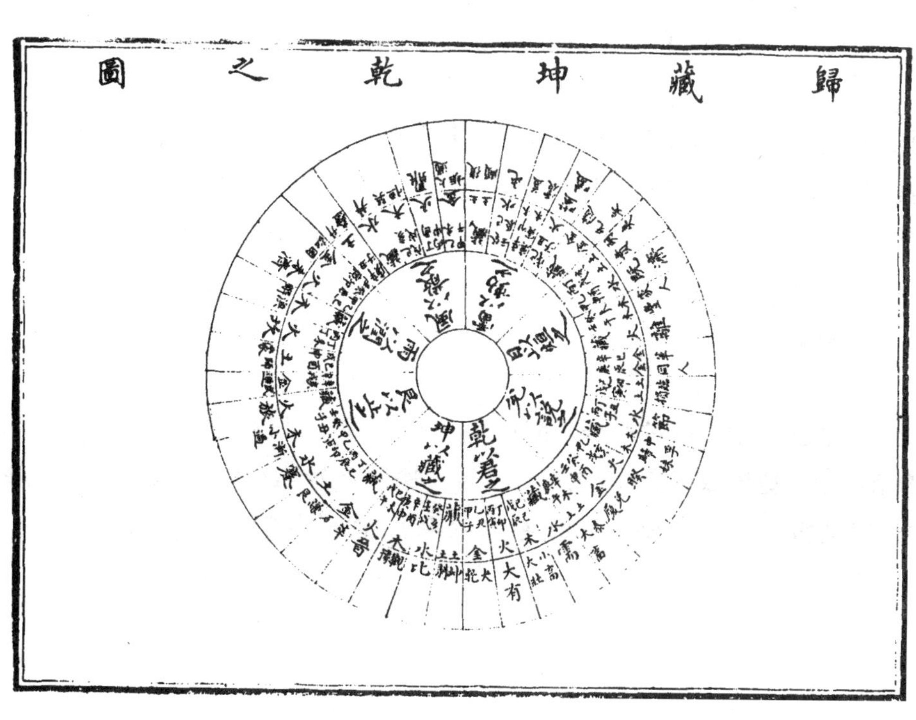

《连山易》据说是由神农氏所作。神农氏也称连山氏、烈山氏，是传说中农业和医药的发明者。相传伏羲氏所作的“易”，经过十九代的传承之后到了神农氏，神农氏对易象的运用进行了推广，并注意运用阴阳升降消长的原理来解释事物，并以此为中医奠定了基础。他还重新推演八卦，得出了六十四卦，这些是《连山易》的创新之处。

《归藏易》据说是由黄帝所作。黄帝号轩辕氏、有熊氏，又号归藏氏，传说是中原各族的共同祖先。易学在神农氏那里得到发展之后，又经过八代的传承后传到了黄帝那里。由于黄帝治理的国家幅员更广，文化科技都比以前有所发展，所以黄帝在对易经的使用中，扩大了它的范围。黄帝根据易学的原理发明了文字、音律、干支、五行、天文、历算、舟车、宫室、杵臼、方矢及棺椁衣衾，并创建了礼制，以礼乐来统治百官和万民，为中华文化打下了坚实的根基。此外，他还创造了兵家八阵法来击败蚩尤。黄帝的易学中，是以坤为首位的，坤象征着大地而属土，而地面上的万物均由大地孕育而来，万物春生夏长、秋收冬藏，所以这部易学著作就叫做《归藏易》。

关于它们的产生还有另外一种说法：《连山易》是大禹治水后为了将伏羲八卦应用于夏朝而作的夏朝八卦；《归藏易》是商朝的第一个君主商汤为了将伏羲八卦因时因地应用而作的商代八卦；《周易》则是周朝的第一个君主周文王为了将伏羲八卦应用于周朝而作的周朝八卦。

《易经》为什么会在焚书坑儒中得以幸免？

秦始皇三十四年，儒家博士淳于越反对当时实行的“郡县制”，要求朝廷按照古制分封子弟。面对儒家学者对政治的否定，当时的丞相李斯严厉地驳斥了他们的主张。为了顺利推行政策，他还建议秦始皇禁止百姓以古非今，以私学诽谤朝政。于是秦始皇采纳了李斯的建议，下令焚烧《秦记》以外的列国史记和《诗》、《书》等诸子百家；敢谈论《诗》、《书》的处死，以古非今的灭族。为了追查诽谤秦始皇的两个术士，秦始皇下令大举搜捕坑杀儒生，这就是历史上著名的“焚书坑儒”。但是周文王的《易经》连同孔子的注释，在这个事件中被归为“卜筮”书，从而幸免于难。

丞相李斯出身于儒家，他是荀子的弟子，多年跟随荀子学习“帝王术”，他肯定知道并读过《易经》，他也肯定知道《易经》究竟是怎样的一部书，为何却会放过它呢？

传说李斯是上蔡人，小时候一心想做人上人，但父母对他管教十分严格，把他整日关在家里读书。李斯不愿读书，就偷跑了出去，却分文未带。他一路要饭来到陈国，晚上就住在庙里。这天他遇到了一个算卦的师傅，说他有将相之命。此后李斯才发奋读书，几经坎坷，果真当了秦始皇的丞相。

李斯虽然厌恶儒家学子以古非今来阻碍他的政治，但他却对能了解天机的《易经》有敬畏之心。总的来说他希望国家强盛，所以在焚书时，“医药卜筮”这些具有实用性的书籍是被保留的，《易经》虽然是儒家经典，但却是卜筮绝学，归入了“医药卜筮之书”，逃过了一劫。

《推背图》是怎么来的？

《推背图》是隋末唐初两位著名奇人合著的预知图，预知了唐代及以后朝代的更替。这两位奇人，一位是在唐初任中央政府司天监的李淳风，一位是隐士、相命学家袁天罡。二人均以其神秘而准确的预言能力名留青史。

关于袁天罡和李淳风画的《推背图》，有许多传说。其中一个传说是讲袁天罡与李淳风关系非常好，经常在一起研究天文地理和《易经》八卦，对天、地、人、种种事物进行推算。他们想对国家和社会的未来作一番预测，但又担心天机泄露为他们带来不幸，于是他们用图来做暗示，并附以隐晦的文字。这天，李淳风正在聚精会神地画图，袁天罡早已站在他的身后，当他画完后，袁天罡从背后推一下说："别再推算了。"并在图上题字："茫茫天数此中求，世道兴衰不自由。万万千千说不尽，不如推背去归休。"于是李淳风就和袁天罡一起下棋去了。后来李淳风便把这本预测图取名为《推背图》。

实际上，《推背图》应该产生于隋朝末年。当时由于隋炀帝荒淫无道，横征暴敛，引起了统治阶级内部的分裂和瓦岗军起义。太原留守李渊联合儿子李世民乘机拉拢收买起义军，打起了反隋的旗号。为了获得推翻隋朝的声势，他们大造"上合天意，下达民心"的舆论，并让袁天罡和李淳风伪造由周姜太公吕望著、汉严子陵先生续解的《乾坤预知歌》，还让李淳风画图作证。《推背图》由此而来。

邵雍怎样用梅花易数推断出邻居是来借斧子的？

发明梅花易数的邵雍，是北宋著名的易学大师。传说在某年冬天下雪的傍晚，邵雍正跟儿子在家中，突然听到有人敲门。敲门的人先敲了一声，停了一下再敲了五声后，说他想来借东西。

邵雍就问儿子："知道他是来借什么的吗？"儿子根据敲门的声音起卦，得到了天风姤卦，变卦为巽为风卦。儿子说："这是一个木长金短的东西，那就一定是锄头了。"邵雍却笑着说："你错了，他是来借斧头的。"说完拿了把斧头去开门，邻居接过斧头开心地走了。

儿子觉得很奇怪，便问邵雍。邵雍说："天风姤的上卦为乾，属金；下卦为巽，属木，所以你说邻居要借木长金短的东西是对的。但是除了锄头之外，斧头也是木长金短的物品。你也求到了变卦是巽卦，巽为木，也就是说这个物品应该是用来克木的。锄头所克之物为土，斧头所克之物为木，所以他应该是来借斧头的。"

儿子非常佩服地看着父亲，父亲却笑着说："即使不看卦象，你也应该知道邻居是来借什么。你看现在是傍晚，邻居可能在这个时候出门锄地吗？而且今天这么冷，我们都在烤火，邻居也需要烤火。他多半是想要砍柴起炉子，所以才来借我家的斧头的。"

儿子恍然大悟，原来对事物的推理，不能只单单看卦象，还应结合实际情况进行分析。

“瞎龙”是如何遇物起数算命的？

明朝时期，在河北有个叫汪龙的盲人，因为能以遇物起数的方法算命，并常常奇准，而被人们称为“瞎龙”。

传说一天有人拿了一条汗巾来问瞎龙能不能考取秀才，瞎龙摸了摸汗巾说：“这汗巾是用布做成的，这‘布’字跟‘有’字很像，而‘汗’字则像‘泮’（享受国家粮食补贴）字。恭喜你，你不但可以榜上有名，还可以享受到国家的粮食补贴呢。”后来瞎龙的预言果然应验了。

还有一个权贵想要儿子，便托一位姓袁的工部员外郎拿了颗白色的围棋子去问瞎龙。员外郎微服找到瞎龙，把棋子递给他，瞎龙便问：“你贵姓袁吧？”员外郎非常吃惊，问：“是啊，但你知道我是什么人吗？”瞎龙摸了摸围棋子，说：“你是位员外郎。”员外郎十分惊讶，瞎龙却问：“棋子是什么颜色？”员外郎答道：“是白色的。”瞎龙点点头说：“你来自北方，定然是朝廷中的贵人。”员外郎感到无比佩服，又问：“你知道我是来干什么的吗？”瞎龙笑道：“你拿着棋子来，当然是问子嗣的了。”员外郎赶忙问：“会不会有儿子呢？”瞎龙摇摇头说：“这围棋是经水火锻造而成的，一点生命的气息都没有，哪里会有儿子呢。更糟糕的是，它预示着事物已经到了衰落凋零的时候了，恐怕该准备后事了。”结果员外郎回去后不久，那位权贵就病死了。

为何同一个“串”字会测出不同的结局？

相传某年有个秀才进京赶考，路过一所寺院的时候，他请寺里的老和尚为他算上一卦，来预测一下前程。老和尚让秀才写个字，秀才就写了个“串”字，老和尚看后说：“这个字非常吉祥，你尽快放心去考，你今年不仅能考上，还能独占鳌头。”

果然，秀才进京后连连中榜，最后成为了新科状元。当他衣锦还乡的时候，他把自己的经历告诉了来恭贺他的同窗。这个同窗心想，他能用“串”字摘取榜首，说不定我也能。于是他进京赶考的时候，也去找老和尚测字。

当这位同窗写下同样的“串”字时，老和尚却连连摇头，说：“你这次去京城，不仅不能考中，恐怕还要重病缠身。”这位同窗不相信，继续去全力备考，哪知临考前三天，他突然染上了疾病，卧床不起，直到三个月后才能下床。

迷惑不解的同窗找到老和尚问：“为什么同样都是‘串’字，我朋友能独占鳌头，我却重病缠身呢？”老和尚说：“你的朋友是不假思索写下的这个字，这‘串’字是两个‘中’连在一起，不就是‘连中’的意思吗？但你在写这个字的时候，是想获得和你朋友一样的功名而故意写的，因为你动了心思，就是‘串’加‘心’，不就是个‘患’字吗？”

同一个梦境为何有不同的解法?

相传古时候有个秀才进京赶考,并住在一家旅店备考。考试的前两天,他连续做了三个梦。第一个梦,是他在墙上种白菜;第二个梦,是他在下雨天戴着斗笠还打着伞;第三个梦,是他跟自己心爱的表妹光着身子背靠着背躺在一起。

秀才觉得很费解,就去找算命先生帮他解梦。算命先生说:"你的梦很明显,就是你该收拾包袱回家了。你在墙上种白菜,不是在白费力气吗?你戴了斗笠又打伞,不是多此一举吗?你跟表妹脱了衣服还背靠背,不是无缘吗?"秀才听了之后,感到心灰意冷,准备收拾包裹回家。

店主看着秀才准备回去,就问他怎么回事,秀才把自己的经历告诉了店主,店主却哈哈大笑说:"你别担心,你这次一定会金榜题名的。你看你在墙上种白菜,不就是高中吗?你戴着斗笠又打伞,不就是有备无患吗?你和表妹背靠背,不是就要翻身了吗?"秀才一听,觉得有理,便打起精神备考,最后竟考中了探花。

古代有哪些朝代和年号的名称来自《易经》呢?

为了治国安邦,历代皇帝都会在《易经》中寻求治理天下的方法,甚至连朝代名称和帝王的年号也取自《易经》。如元世祖将国号定为"元",就是采纳了汉族官员刘秉忠的建议,这是根据《易经·乾卦·彖传》中"大哉乾元"而取的。明朝的"明"字,也取自《易经·乾卦·彖传》中的"大明终始"。

其实,利用《易经》起年号的事,早在汉武帝即位的时候就出现了。汉武帝的年号为建元,就取自"天行健"和"元贞利亨";西晋司马炎的年号"咸宁",是来自《易经·乾卦·彖传》中"首出庶物,万国咸宁";隋炀帝杨广的年号为"大业",也来自《易经·系辞上》中的"盛德大业至矣哉,富有之谓大业,日新之谓盛德";唐太宗李世民的年号为"贞观",取自《易经·系辞下》中"天地之道,贞观者也";唐高宗李治的年号为"咸亨",取自《易经·坤卦·彖传》中"含弘光大,品物咸亨"。

类似的例子还有很多,中国历史上很多国号、年号与《易经》中的内容可以对照。

"否极泰来"这个成语是来自《易经》吗?

人们常说"否极泰来",是用来形容逆境达到极点,就会向顺境转化,是指坏运到了头,好运就来了。这种事物从一个极点向另一个极点转化的现象,正是《易经》中阴阳转化的原理。

其实这个成语中的"否"就是六十四卦中的否卦,该卦的卦辞是:"否之匪人,不利君子贞。

大往小来。”就是说由于行为不正的小人当道，所以道德高尚、坚守正义的人是吃不开的，此时做什么事情总是失去的多，得到的少。而成语中的“泰”就是六十四卦中的泰卦，该卦的卦辞是：“泰，小往大来，吉，亨。”就是说在一个人交好运的时期，做一点小事情，不用花费太大的气力，就会有大的收获。

人们总是希望坏的运气赶快过去，而好的运气赶快到来，所以就用“否极泰来”来提醒自己好运气即将到来；或在好运到来的时候，感叹终于熬过了最艰难的时刻，并对未来寄予更多的希望。

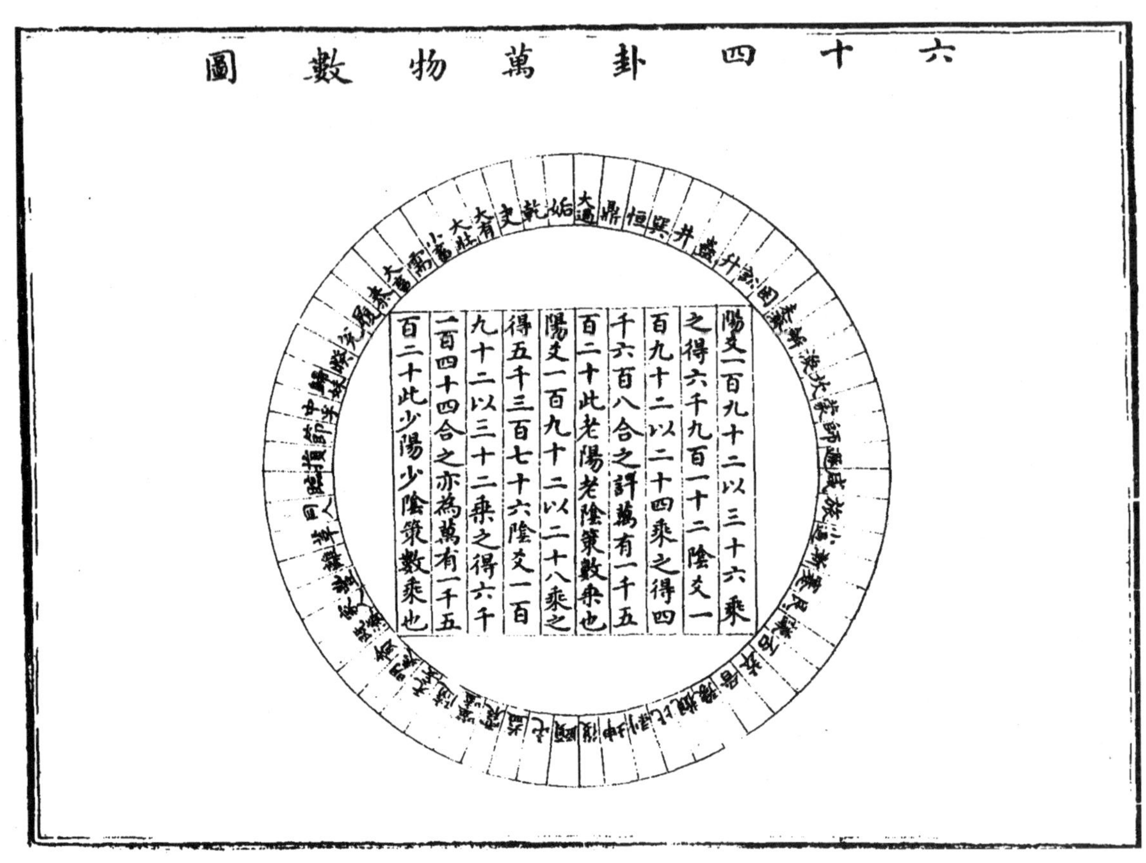

象棋源自《易经》吗？

象棋是中国古老的益智游戏，它的棋盘共有八八六十四格，所以古称为“八八象棋”。南北朝时，曾有一篇讲象棋的赋叫《象戏经赋》，其中用“局取诸乾”和“坤以为舆”的语言来说明象棋和八卦的关系。

其实象棋这种六十四格的图案起源非常早。在大约六七千年前的甘肃永昌鸳鸯池文化遗址中，曾出土了类似于棋盘几何图案的彩陶罐。到了唐朝，象棋棋盘跟今天的国际象棋几乎完全一样，六十四个黑白相间的格子，每方各有十六个棋子，与六十四卦的形制相符合。今天的中国象棋，最后定型于宋朝。

人们大多认为象棋的格式源自易经六十四卦，并且与诸葛亮的八阵图相一致。

如何化解大门外的煞气？

大门是一所房屋生气的主要出入口，大门的好坏关系着吸入生气的好坏，关系到住宅的兴衰、宅主的人际关系、是否有贵人相助等的重要气口。

如果大门对着电线杆，则是犯了悬针煞。化解的办法是在门上悬挂一面凸面镜，或在门内设置内玄关，并用屏风遮挡，使煞气不至于长驱直入。

如果家中的大门正对着一条直长的走廊，就被称为是犯"枪煞"。窗外的晾衣竹，以及直对着住宅的直路和河流都属于枪煞的一种，易造成血光之灾和疾病等。化解的方法有两种：一是挂珠帘或放置屏风，另外一种是在窗口安放金元宝或者风铃一对，因为金元宝能助事业顺利。

如果楼梯对着大门就是牵牛煞，因为楼梯形成的流动气场，会造成好运、财富甚至健康等向外流。化解的办法是：一般住宅可以安置三寸高的门槛或者在门内摆放屏风，做生意、开公司的屋宅可以在正对大门的位置安置武财神或山海镇；可以在大门上方悬挂中国结，以 12 个最佳；还可以在门楣上放一串五帝铜钱，或者放置银元锦囊，以此来解煞；如楼梯向下，可悬挂凹面镜，以吸收流走的财气；在门口放置泰山石敢当镇宅也可以化解此煞。

大门正对着电梯是返冲，因为电梯门在开合的时候像一把镰刀，带有煞气会影响财运。除非屋主是理发师或者医生这样需要经常动刀的人，一般人不要住在电梯不断开合的地方。不过如果电梯所在的位置正好是旺位，不但不形成煞气，反而吉利。最普遍的化解方法，就是在大门口加一块屏风，或者设置一个玄关，以隔开大门和电梯，这样空气向两边转弯之后才进入屋内，减少了因直冲带来的影响力。也可在门嵋上悬挂镜子，或加高大门的门槛。

如果有排油机位于大门口，从排油机风口排出来的污浊之气就会直接进入房屋。要化解这种煞气，需要在玄关或门上悬挂镜子来挡煞，最好的还是在内玄关设置屏风或墙壁，使污浊之气不能长驱直入。

应如何设计大门？

大门的风格应该以庄重、实用、美观、方正为主，如果太过华丽，容易遭人觊觎。但如果一栋华丽的住宅配以太过简陋的大门，无论外饰如何华贵，内装修如何高档，都会让人感觉寒酸。但如果房子原本就小，却设计成大而华丽的门，则是浮夸。总之，应根据房屋的大小以及宅主的身份来设计大门的风格。

屋大意味着能聚财，但如果门太小，进入的气流就小，致使室内外空气的交换不充分，因而不能聚财。如果屋子很小门很大，虽然有大量的气流进入，却不能留住气流，气流会很快出去，意味着财来得快也去得快，同样不能聚财。门的大小应该与屋的大小相配。单层住宅在一百平方米左右的，适合单开门；一百平方米以上的住宅或双层住宅适合双开门。无论住宅有多大，也不应该让门高过大厅，或高于二楼的墙壁，这样的门主散气，对宅主不利。

住宅的大门通常不适合采用拱形门,因形状如牛轭,象征着宅主自找苦吃,一生如牛般劳碌。大门的门罩不适合向上翘起,那样会形成一个倒置的锅盖形状,容易使宅主多心事,做事会事倍功半。大门的高度要适中,太高的门虚有豪华之表,实为散气之门,容易使宅主遭到诋毁;如果门太矮,则会如同狗洞一般,进出均需弯腰,是求人之兆。大门如果有两扇,应该左右门的大小均衡,否则可能致使夫妻失和。门也不适合太狭窄,它可能致使宅主心胸狭窄,从而降低人缘和财气。

大门是纳气的关键,不同的颜色会吸引不同的气场。红色的大门在风水上被认为是大凶,可能会引发大祸,致使家中成员不合,或被官司缠绕。深蓝色和黑色的门属阴,也可招致阴气,惹病上身,是退财的征兆。土黄色是五黄星的颜色,用土黄色的门,容易招致五黄凶星。不同的住宅有不同的宅命,根据宅命的五行属性来选择大门的颜色,利于开运。坎宅属水,适合使用天蓝色、湖蓝色;坤宅、艮宅属土,适合使用黄色;震宅、巽宅属木,适合使用绿色、褐色;离宅属火,适合使用褐色或咖啡色;兑宅、乾宅属金,适合使用白色、金色。

大门的作用是将室外的有利气体带进屋,如果门向外开,则会在开门时将气体向外推,不利于气体流入。当门向内开时,门开的方向应为房间方向,切忌不要对着墙壁方向。开门后,门对着墙,会使空间拘束、狭窄。

如何化解大门内的煞气?

如果尖锐的墙角、桌角对着房门,必会影响这间房屋主人的健康。可将门改在墙角、桌角不能对着的地方,或将尖锐的角磨圆,或将角装饰成圆柱形。如果无法做到的话,可以在门上挂化泄六铜钱,或在尖锐的角旁放一盆植物,以缓解其煞气。

门对门为凶煞不仅限于两个单位之间,如大门正对着房门也会制造煞气。如果任由大门的气流直入房门,会导致进入房屋的煞气极其凌厉。可在大门与房门之间设置屏风或博古架。但如果大门正逢流年五黄凶星飞临,则需要进一步用辟邪物来化解煞气。

一进大门就看到窗户、阳台或后门,意味着从大门进来的气会很快从这些地方流走,这种屋叫漏气屋,是不能聚财的格局,要化解就需在门与窗之间设置间隔物。屏风、珠帘、高大的植物都可以用来间隔门与窗,将窗帘长时间拉上是最简单可行的方法。

大门如果朝着厕所,从大门处流进的生气,容易被厕所所吞噬。这种情况容易造成钱财消耗过度,同时也易使身体感觉疲劳、四肢酸疼,进而缺乏活力。化解的办法是在大门和厕所间设置隔断进行间隔,如果效果不好或无法做到,则在大门处安装一盏长明灯,二十四小时点亮,以化解厕所散发的阴气。

大门如果直接对着厨房门,会使气流直接侵入厨房,使家人的健康受到影响。如果不经常在家里做饭的话,这种煞气则对家运没有什么影响。如果每周至少会有七八次在家中做饭,那么就可能使家人患上慢性疾病,如胃病或皮肤病。化解的办法是在厨房的门上装一个风水罗盘或化泄六铜钱,如果厨房是开放式的,则应该在厨房正对着的天花板上悬挂。

玄关有什么作用？

风水学有“喜回旋、忌直冲”的说法。如果大门直接与客厅、阳台等相连相通，不仅居住者的隐私得不到很好的保护，前后相通的格局也对家居十分不利。

风水上认为大门外和大门内的气流性质不同，如果直接对冲会对风水有害，只有让它们相互融合才利于风水。而玄关正是大门后用于缓冲大门外的公共区域和住宅中的私密区域的空间，能有效地融合室内外空气，在风水上是必需的空间设置。

但现代住宅为了有效利用面积，通常没有设置玄关，这时就需要利用鞋柜、屏风、隔断制造一个类似玄关的小空间。一来避免气流的长驱直入，二来营造一个与室外缓冲的温馨空间。

由于现代居家都不会有太大的面积，因而玄关空间也不适合太大。否则玄关大而内室小，就如同门大室小一般，不利于风水。玄关如果过大，其他的房间也会感到局促，不利于有效利用空间。

窗户适合开在什么方位？

窗户所在的方位，影响着吸纳灵气的属性。东窗行木运，南窗行火运，西窗行金运，北窗行水运。如果窗都开在东方，则吸收的木气多，窗开在北方则吸收的水气多。如果丈夫缺火，妻子缺金，则应在南方和西方开窗。如果孩子木过多，则不能开东窗。

在开窗时，两扇窗户相对是最大的忌讳，容易使住宅内气流流失，对身心及财运造成不利。窗户的高度要适宜，下边要高于腰身，上边不能低于身高。窗户大小要适中，太小显得暗淡无光，影响室内采光，使人精神压抑；太大则阳气过于强烈，气流难以聚集，不利于财运。窗户的数量要适宜，太少会使住宅内气流不畅，气场缓慢或者不通，使人感到憋闷；太多则使住宅内气场容易外泄，导致家庭不和，事业不稳。

窗户是住宅的纳气之口，可以吸纳外界的吉祥之气，使居住者保持身心的舒泰，令其安居乐业、财运平顺。因此，房间的窗户要经常打开，保持气流的通畅。如果窗户正对着环绕的河流，更是上佳的风水之象，可以使居住者的名利及财运都得到提升。还可以在窗台上摆放一条金龙，并将龙头向外，也可进一步增强运势。

如何化解从窗户看到的煞气？

当两栋楼隔得很近时，两栋楼之间的空隙就会变得很窄，就形成了天斩煞。如果从窗户能看到天斩煞，容易使家人遭遇血光之灾，或患有需要动手术、非常危险的疾病。要化解天斩煞，需要在能看见煞气的窗口放置铜马。如果情况比较严重的话，就摆放大铜钱和五帝钱。如果情况非常严重的话，就要用一对麒麟来挡煞了。

如果从门窗看到一些类似刀形的物体，就犯了刀煞，大厦的墙角成九十度的尖角就是刀煞。刀煞容易让人受伤、生病，并且其影响迅速而猛烈。要化解刀煞，需要用铜貔貅口冲煞气，或在能看到刀煞的门窗上挂铜钱，让煞气扩散。

在风水上把尖锐的物体称作火形煞，如对着房屋的屋角、亭角，或呈尖锐角度的艺术雕塑，或三支以上的烟囱，或正对着分叉的、三角形的尖锐道路。火形煞容易导致人患急性疾病，或受到伤害。化解火形煞需要将铜貔貅放在煞气方，用貔貅的口来挡煞。也可以用铜钱吊在煞气方，用铜钱扩散煞气的作用来瓦解煞气。

现代的住宅外墙通常都会安装一些排水管，看上去就如同蜈蚣一般，洗手间的管道、一排排的栏杆也是蜈蚣煞。会看到蜈蚣煞的住宅，屋主容易患肠道类疾病，特别是小孩。化解的办法就是用鸡对着煞方，栽种花或万年青也是不错的办法。

如果窗户正对着医院、殡仪馆等，对人的健康、事业、财运和情绪等都不利。化解的办法很简单，只需要在这扇窗户上挂一个真葫芦就可以了，并记得把葫芦盖子打开，这样就可以收服怨煞以及污秽之气了。

让阳光照射进房间是增加阳气的方法，但当阳光是以反射的方式进入房屋的，则变成了反光煞。如水面、玻璃幕墙都会随着光线的变化制造不同的反光。这些反光的不断变化，会令人头昏眼花，容易使居住者发生血光火灾或遭遇车祸。遇到反光煞，需要在窗户上贴半透明的磨砂窗纸，并在窗户的左右角放两串明咒葫芦。如果反光煞比较强烈，则需要在窗户中间放一个木葫芦。如果反光煞很强烈，就需要再多放两串五帝钱和白玉明咒。

城市中常出现各种户外光源，在夜晚，这些光也能通过窗户照射进屋内，是件非常不吉利的事。如果窗户上的窗帘不能严密地挡住射进屋的光线，这些不吉的光线会使人的情绪处于躁动和不稳定中。可以将彩色的玻璃纸贴在窗户上，用以遮挡光线的入侵，化解其煞气。如果觉得使用玻璃纸影响室内的美观，可以换上能够严密遮挡光线的窗帘。

客厅有怎样的风水含义？

客厅不仅是接待客人的地方，也是全家人一起活动的地方，它在整个房屋中的地位如同人的心脏一般。客厅风水的好坏，影响着整体家运的好坏，也影响着家中男主人的事业。

如果是一个人居住，客厅的风水就只与宅主有关。如果多人合租住房，并同时使用客厅，谁的命卦与客厅的方位最合，就应以对他有利的方式进行布置。一旦这个人将住宅的好运带旺了，其他人的好运也会跟着来。

客厅应该位于房间的什么地方？

客厅有聚集全家、接待客人的功能，因而适合位于开门可见的第一间房。如果客厅位于餐厅、厨房或卧室之后，一有客人到来，就会先经过这些较为私密的房间，最后才进入客厅。这样不仅有令客人登堂入室的感觉，还可能会犯财露白的禁忌，同时让人有大门开在房屋后面的感觉，进大门却变为走后门。

客厅是家人聚会的地方，阳气聚集；厨房是煮饭炒菜的地方，是燥阳之地。如果客厅正对着自家的或别家的厨房，就可能导致家中宅运复杂，令家人的运气不平稳，时好时坏。化解的办法是在窗前安装长明灯，使客厅的阳气稳定。如果客厅对着的厨房距离有百米以上，则不会受影响。

如何绘制客厅的风水图？

绘制客厅的风水图有两种办法。第一种是先画出客厅的平面图，并按照九宫图的方式，分为等额的九份，也可以直接利用地上的地砖或天花板的格子将客厅分成九份。第二种是可以在客厅的平面图上用两根对角线找出中心点，以中心点为中心，东南西北为坐标，将客厅分成八个锥形的等额块。

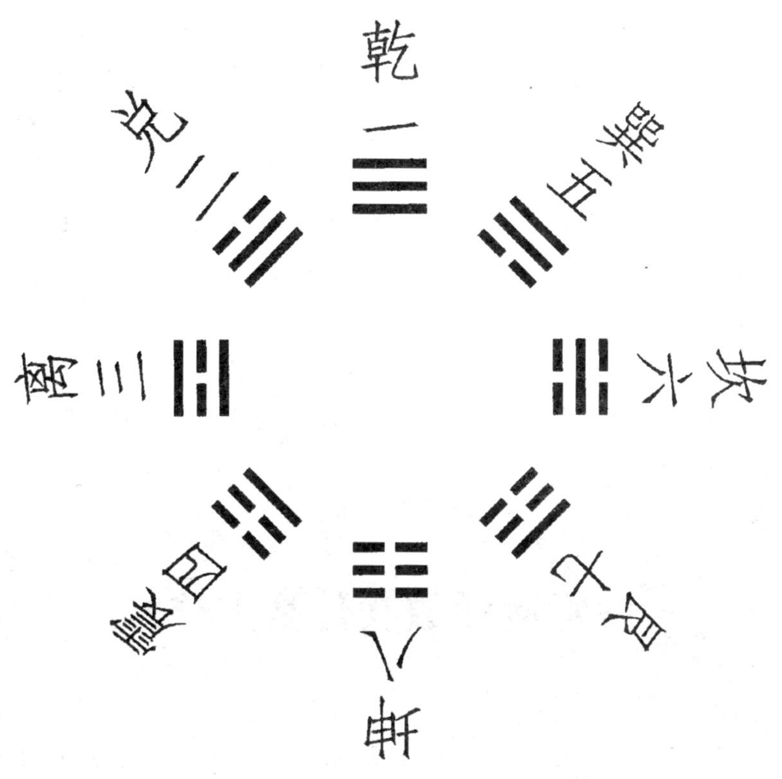

伏羲八卦方位图

绘制好的风水图，可以与宅命图相对应。客厅的不同方位代表了不同的运气，根据其不同方位的代表，可以得出客厅风水布局的宜忌。

客厅的不同方位分别代表什么？

客厅的正北方代表了事业运。正北方的五行属水，喜黑色和蓝色，要想增旺事业运，可以在此方位采用黑色或蓝色作为主色调，并放置属水的物品，如鱼缸、水车、有水的画等，也能助旺事业运。金能生水，放置黑色的金属装饰物品，也可以助旺事业运。

客厅的东北方代表了文昌运，如果家中有小孩，或自己正在学习或即将参加考试，都应注意这个方位的布局。东北方的五行属土，喜黄色和土色，要想增旺文昌运，可以在此方位采用黄色和土色作为主色调，并放置属土的物品，如陶瓷制品、天然水晶。

客厅的正东方代表了健康运。正东方的五行属木，喜绿色，要想增旺健康运，可以在此方位采用绿色作为主色调，并放置属木的物品，如茂盛的植物。水能生木，放置属水的物品也能助旺健康运。

客厅的东南方代表财运。东南方的五行属木，喜绿色，要想增旺财运，可以在此方位采用绿色作为主色调，并放置属木的物品，特别是圆叶的绿色植物，但不能在此处摆放经过干燥处理的花。水能生木，可在此方位摆放鱼缸，缸中可以养八条金色鱼和一条黑色鱼。

客厅的正南方代表了声名运，关系到负责生计的家长是否会受到肯定。正南方的五行属火，喜红色，要想增旺声名运，可以在此方位采用红色作为主色调，并放置属火的物品，如红色的地毯、凤凰塑像、火鹤雕塑、日出图等，或装设照明灯。木能生火，放置红色的木制品也能增旺名声。但水能克火，切忌在此处摆放属水的物品，镜子也是属水的物品，忌放。

客厅的西南方代表了桃花运。西南方的五行属土，喜黄色和土色，要想增旺桃花运，可以在此方位采用黄色或土色作为主色调，并放置属土的物品，如陶瓷花瓶，能利于桃花。在此处设置悬挂式台灯，摆放天然水晶或全家福照片，能促进夫妻关系和谐。

客厅的正西方代表了子孙运。正西方的五行属金，喜白色、金色和银色，要想增旺子孙运，可以在此方位采用白色为主色调并放置属金的物品，如金属雕刻品、金属风铃、电视、音箱。土能生金，放置属土的物品也能增强子孙运，如白色的陶瓷花瓶、天然水晶。

客厅的西北方代表了贵人运。西北方的五行属金，喜白色、金色和银色，要想增强贵人运，可以在此方位采用白色为主色调并放置属金的物品，如金属雕刻品、金属底座白色灯罩的台灯、用红绳串起的六枚铜钱等。

沙发应摆放在什么方位？

沙发是家庭成员共享客厅时最常待的地方，故而应摆放在吉祥的方位，才利于家庭成员和睦相处，有助家运。

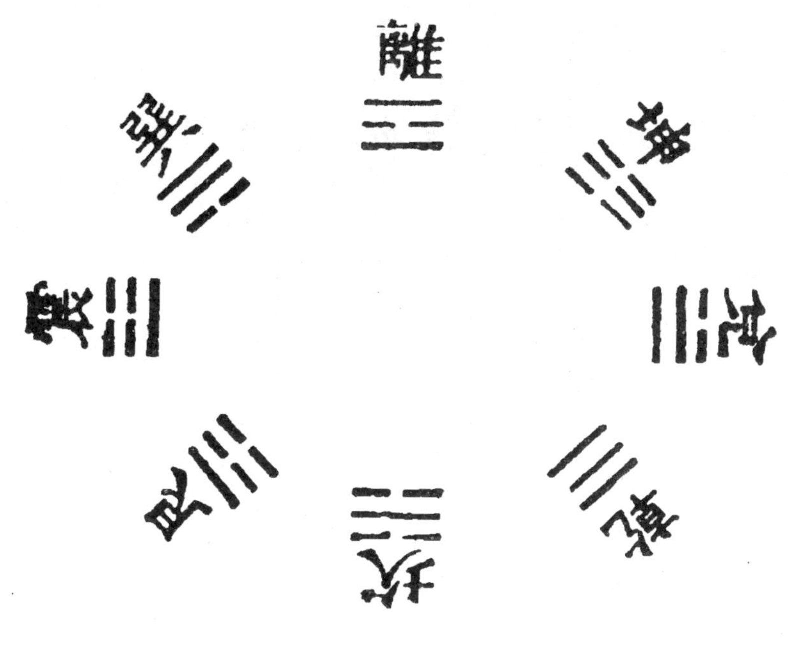

文王八卦方位图

东四宅的正东、东南、正南、正北四个方位为吉方位，西四宅的西南、正西、西北、东北四个方位为吉方位。根据宅命的不同，可以将沙发摆放在四个吉方位之一。命卦是坎卦的人，应首选东南方摆放沙发，其次是北方。命卦是艮卦的人，应首选西方，其次是东北方。命卦是震卦的人，应首选南方，其次是东方。命卦是巽卦的人，应首选北方，其次是东南方。命卦是离卦的人，应首选东方，其次是南方。命卦是坤卦的人，应首选西北方，其次是西南方。命卦是兑卦的人，应首选东北方，其次是西方。命卦是乾卦的人，应首选西南方，其次是西北方。

不过最好的方式还是看住宅的坐向，沙发宜与住宅的坐向在同一方位，如住宅为坐北朝南，沙发也宜坐北朝南。

如何利用沙发提高宅运？

沙发是家人聚集休息的场所，它就如同船只的避风港一般，因而最适合采用能藏风聚气的弯曲形，这样才能够容纳足够的气。组合沙发的摆放方式通常是将三人沙发摆放在中央，单人沙发摆放在两边。单人沙发就如同向前伸出的左右臂膀，令人有安全感。如果因客厅狭长而将沙发摆成直线形，则缺少了纳气的空间。但有时沙发无法摆出左右拥抱的形状，此时至少要在离大门最远的边放置一个单人沙发，以将快要流走的气收住。

沙发的材质、颜色与家庭的财运息息相关。纤维类、棉麻类等都属于阳气充足的材料，用其做成的沙发具有开运招财的作用。在颜色选择上，金色、鲜黄、翠绿、银色、紫红等亮丽的颜色属于吉祥色，也具有开运招财的作用，无论是沙发本身，还是靠垫、坐垫等，都要多选用这些颜色。

地毯有怎样的风水作用？

地毯虽然铺在地上，却经常覆盖很大一块的面积，在整体效果上能占据主导地位。因而地毯是改变居家布置最简单的饰品，特别在较多使用地毯的冬天。一块漂亮的地毯，不仅有装饰客厅的作用，更有藏风聚气的风水效果。

选择地毯时应注意其图案有和谐的视觉效果，不会给人带来刺眼或不舒服的感觉。为了与住宅和宅主相配合，还应该根据住宅的属性和宅主的需要来选择颜色和图案。虽然地毯有改变风水的力量，但最好在客厅中只使用一块地毯，否则会令效果大打折扣，适得其反。

客厅的北方，如铺设蓝色波浪形或圆形图案的地毯，有助于事业的发展。客厅的西南方或东北方，如铺设黄色格子图案或星状图案的地毯，能令财气旺盛，使事业得到发展。客厅的东方或东南方，如铺设绿色直条纹或波浪纹图案的地毯，能对家运和财运起到正面的作用。客厅的南方，如铺设红色星状或直条纹图案的地毯，能使家人充满干劲，取得名利双收的效果。客厅的西方、西北方，如铺设白色、金色、银色的圆形图案或格子图案的地毯，不仅能增强财运，还能促进人际关系融洽，有贵人相助，甚至还有助于孩子的学业。

客厅组合柜有怎样的风水作用？

客厅中的组合柜主要是用来放置电视机、音响和各种杂物的，虽然它在风水中的重要性比不上沙发，但是却是与沙发相配套的一个组合。在客厅中，沙发一般相对矮小，而组合柜相对高大，因而沙发如同水，组合柜如同山。如果客厅中的组合柜太过矮小，则会使客厅有水无山，故而不吉。

如果家中已经选择了较为低矮的组合柜，可以在组合柜上方的空墙上挂一幅横向的画，以从视觉上增强此方的高度。画应以吉祥的图案为主，如选择有水的自然画比较适宜。也可以在矮柜上方的墙上钉些放物品的隔板，使其成为组合柜的一部分，以增加组合柜的高度。无论什么材质，都应以圆形为主，也可以采用方形隔板，切忌使用带尖角的隔板。

如果客厅较小，却摆放了一个高大的柜子，势必令客厅感觉狭窄，柜子也容易有逼迫感。因而可以试着将组合柜的高度略微降低，使其距离天花板有六十厘米的空间，以利于气体流动。如果仍想选择高大的柜子，可以选择中空的柜子。这种柜子的特点是下放沉稳，可以放置一些较大体积的物品，上方的架子较轻灵，可以放置一些装饰品或 DVD 碟片等，而中间有个较大的空间，可以用来摆放电视机、音响。这种柜子在一定程度上减少了其所占据的地方，使客厅有了更多的空间。

当客厅宽敞时，如果选用了较为短小的组合柜，其两边如果没有放置物品，就会有大片空出来的空间，让人感觉空旷。如果客厅的家具太过稀疏，气就不容易在此聚集，故而应增加组合柜两边的家具。在组合柜两边放置大叶茂盛的植物是能有效改善空旷感的办法。植物向四周伸展的枝叶，具有扩散作用。它们就如同组合柜的青龙、白虎，同时又以生气聚气，有纳财聚气的双重作用。

如何根据五行摆放电视？

选择电视摆放的方位时，应首先考虑时常在此看电视的人的五行属性。如果五行属水，则人应该坐在北方看电视，而电视就应放置在相对的南方；如五行属木，则人应该坐在东方或东南方看电视，而电视就应放置在相对的西方或西北方；如五行属火，则人应该坐在南方看电视，而电视就应放置在相对的北方；如五行属土，则人应该坐在西南方或东北方看电视，而电视可以放在东北方或西南方；如五行属金，则人应该坐在西方和西北方看电视，而电视就应放置在相对的东方和东南方。

无论电视放在哪个位置，都不能放在财位、正对窗户的位置或开有窗的墙面上。如果要设置电视背景墙，需要注意不能对电视背景墙进行凌乱的分割。无论采用何种石材，其造型要以圆形、弧形和线形为主，方能使家庭和睦幸福，平安和美。

餐厅有怎样的风水作用？

餐厅是一家人聚餐的地方，是促进家庭成员和睦相处的关键场所。良好的餐厅风水，能促使家庭和睦、身体健康、财源广进，凝聚家庭成员的向心力。因此不但要在家中设置餐厅，还应全家人每天至少在此处聚餐一次，才能达到融洽感情的目的。

餐厅的位置应该在客厅和厨房之间，最好是位于住宅的中心，这样的布局不仅是备餐和进餐的最佳路线，也有利于增进亲子间的和谐。如果是跃层或多层的住宅，餐厅切忌不能置在上一层楼的卫生间正下方，否则会导致好运受到压制。餐厅位于住宅的东面、南面、东南面和北面也是有利的。南面五行属火，充足的光线可以使家道兴旺，如火焰熊熊升腾，运势旺盛。东方及东南方属木，清晨从此方位升起的太阳象征希望，可以提高活力和生机。北面属水，能调和厨房中水与火的关系，使它们达到“水火既济”的最佳状态。如果将餐厅设置在宅主本命卦的四凶方，则能利于压制凶方的煞气。

餐厅和厨房最好能各自形成独立的空间，虽然有些人家为了方便，将餐厅和厨房连通，或直接将餐桌摆在厨房里，但这在风水上是不利的。厨房在风水上是代表财源和财库，是堆积财富的地方；餐厅则是一家人共享食物、消耗财富的地方。两个地方有本质上的不同，如果连为一体，容易致使家庭在理财方面的混乱，家人也可能出现不理智消费的情况，负债和投资失利的概率会大大增加。如果餐厅与厨房已经连为一体，应使用屏风来制造间隔效果。

餐桌有怎样的风水讲究？

餐桌是家庭成员聚集吃饭的地方，应该放在相对安静的地方，以保证家庭成员用餐的心情。因此，首先应避免把餐桌摆放在正对大门的位置，否则容易犯冲而导致元气的泄漏，必须用玄关挡住。餐桌也不能放在正对卫生间的地方。一方面，卫生间散发出的气味会影响进餐的心情。另一方面，在风水学上卫生间是“出秽”的不洁之地，聚集在此的阴气会影响家人的健康。如果因住宅布局而无法将餐桌摆放在其他的地方，则可以将一个养着开运竹或铁树头的小水盘摆放在餐桌的正中，用以化解冲煞。

餐桌形状应规则，以圆形和方形为佳，这样更符合“天圆地方”这一传统的宇宙观。圆餐桌从外形上看像十五时的满月，家人围坐时更能体现团圆的氛围，有利于人气的聚集和家庭成员之间关系的和睦。方形的餐桌四平八稳，四角无杀伤力，有稳重、公平之意，再加上又有四仙桌和八仙桌的说法，因此更加吉利。若家中成员较多，可选择长方形或椭圆形的餐桌。

餐椅的多少应主要根据家人的多少来决定。在数目上，餐椅的适合搭配为五、六、七、八、九张。其中五、七、九三个数为阳数，是幸运的数字，而六和八为中国传统的吉祥数字。餐椅应比家中常住人口略多出一两张，利于客人到来时就餐。

通常一家人聚餐都有习惯的座位，如果每个人都坐在了对自己吉利的方位，就是最理想的全家开运法。每个人根据命卦都有适合自己的四个吉利方位，至少应该坐在其中的一个方位上。

如何根据风水确定厨房的方位？

厨房代表居住者的财帛、食禄及健康状况等，它的方位会影响到家人的健康与发展。

按照五行的观点，厨房属火，西北方和西方五行属金，如果厨房设在这两个方向，就是“火金相象”的格局，会使运气反复。西南方属土，土泄火气，不利厨房。而西南方又是病符所在的方位，厨房是制作食物的地方，容易导致病从口入，不利家人健康。东面与东南面的五行都属木，如果厨房设在这两个方位，为“木火通明”的格局，利于贵人运，能得到他人的扶持和帮助。北方属水，虽然水能克火，但在此处却为水火既济，厨房在此能保家人平安。东北方属土，厨房在此为火土相生，是融和之兆。南方属火，虽然助旺厨房，却是火上加火，只能算是小吉。从总的原则来说，将厨房设在南方、东方、北方三个方位是吉祥的。西北方为乾方，代表天，如果厨房位于西北方，就形成了“火烧天门”的格局。火烧天门对健康不利，而西北方代表的家庭成员是父亲，这就可能导致家中的男主人患上肺部或肝脏部位的疾病。同理，炉灶也不能放在厨房的西北方。从宅命盘来看，山星 6 出现的方位也不能设置厨房或炉灶，这也是火烧天门的格局。

厨房原本是火气重的区域，有压制凶方煞气的功能，因而宜将厨房设在宅主命卦中无关紧要的方位或四凶方。经常使用厨房的灶火，能增强厨房的阳气，以调和凶方的秽气，起到改善风水的作用。

炉灶适合设在什么地方？

根据二十四山推断，炉灶不宜安放在以下五个方位：南方的“午”方不适合安灶，否则容易有火灾、眼病；北方的“子”方不适合安灶，否则容易家庭不和；东北方的“艮”方不适合安灶，否则会对健康不利；西南方的“坤”方不适合安灶，否则会有碍健康；西北方的“乾”方不适合安灶，否则会不利宅主。

作为烹制食物的地方，炉灶不宜设在横梁下方，否则不仅会有受压制的感觉，而且炉灶散发的热量直冲横梁，表示头上发热，会造成全家不安。炉灶不要位于上一层卫生间的下方，卫生间的秽气会影响炉灶。炉灶也不要位于水管的下方，水火相冲，会影响财运。在安放炉灶时，背后一定要是实体墙，不能安放在玻璃墙或其他没有依靠的地方。否则，灶后虚空无所依靠，会影响宅主家人的健康、婚姻和功名等。另外，也不可在抽油烟机和炉灶之间开窗，否则会漏财。炉灶不适合设置在厨房的中央，否则它会导致厨房中心火气过旺，进而影响家人情绪，可能导致家庭失和。

单就厨房而言，厨房门斜对角的位置是聚气的方位，在此处安装灶台可使炉灶斜对着门，既不与门相冲，又能点燃从门口进来的生气，利于宅运。

厨房的冰箱该怎么放？

冰箱五行属水，而炉灶属火，两者相遇必定有一方会被削弱。因此，冰箱不宜摆放在正对或紧邻炉灶的位置，否则容易导致家人身体不顺。在避开炉灶的情况下，冰箱最好是朝北摆放，既可纳北方的寒气，又可以避免因水火不容而产生的家庭口角。

冰箱的五行中还有金的属性，因而如果家中有成员的命卦中缺金，就将冰箱放置在该成员所属的方位上。这个方法也可运用到其他房间，如缺金的是家中的宅主，就可以将冰箱放到客厅，以增强其金运；如缺金的是家中的儿子，则可以将一个小冰箱放在其卧室的柜子中。

冰箱是冰冷而笨重的电器，不少人认为用它来压着凶方是再合适不过的了。但风水中对凶方的禁忌是“宜静不宜动”，而冰箱是家中运转时间最长的电器，几乎每天二十四小时不停歇，将其放置在凶方，无疑会搅扰凶星，刺激它肆虐横行。再者，冰箱是家中储藏粮食的地方，实为家中的财库，将财库放置在凶方，无论如何都是不好的。故而冰箱应放置在吉方，而非凶方。

如何在厨房中招财？

冰箱是用来储藏食物的，是聚财之所，是风水中的财库。为了招来财运，冰箱千万不可以空荡荡的什么都不装，一定要及时补给，冰箱里满满的食物象征家中衣食无忧。

米缸是储藏粮食的地方，将它安放在西南方或东北方是最好的，不宜放置在东方和东南方。米缸作为粮食仓库，有财库的意味；米缸充足，则家中富有；米缸缺粮，则家境窘迫。其实很多家庭疏于对米缸的重视，而时常出现米缸缺米的现象，这就会对家运带来不利的影响。最好的办法是时常关注米缸的存米，及时补充，才能让家中有富足的感觉。

厨房中能否安装镜子？

有些厨房较狭小、阴暗，为了增加厨房的亮度，有些人会在厨房中安装镜子。但是，在厨房中安装镜子却是风水中的大忌。

风水中忌讳镜子照到炉灶，尤其是当镜子安装在炉灶之后，照到锅中正在烹饪的食物，则是大忌。在风水上，这种格局为“天门火”，它大大增加了厨房的火气，容易招致火灾或不幸。

在通常情况下，家中都由女主人入厨，因而炉灶也代表了家中的女主人。如果镜子照到炉灶，则代表女主人脾气暴躁，且有可能出现第三者破坏家庭的情况。

卧室有怎样的风水作用？

科学研究表明，人体本身产生的能量流不断流动会形成一层气场，相当于给人体穿上了一层盔甲，而这种“气”在人进入睡眠状态时最弱，也最容易被外界不良因素所侵入。人每天在卧室中停留的时间是六到八小时，是停留时间最长的空间，如果不好好布置卧室的风水，将对人体有更大的损害。

在安排卧室时，住宅西南和西北两个方位的卧室能够提高居住者的责任感和成熟度，对家庭中的成年人非常有利，使其更容易在生活和工作中得到他人的尊重。对于有失眠现象的人来说，位于住宅北方的卧室可以使其安静下来，使失眠的情况得到很好的缓解。家中年轻人的卧室应位于住宅的东部或东南部，而夫妻的卧室则适合位于住宅的西部。

风水学中讲究“藏风聚气”，自古以来也有“宅小人多气旺”的说法，相对较小的卧室更有利于防止气场的流失，确保身体健康。如果卧室的面积超过了二十平方米，就变成了屋大人少的凶屋。因为房屋面积越大，人消耗的能量也就越多，这就是传统的大房子会吸人气的说法。人就会因耗能过多导致抵抗力、判断力下降，精神不振。

一般来说，卧室的形状最好是方正的，有利于通风。卧室不宜太狭长，否则会让人变得孤僻、冷漠。

卧室窗户有怎样的讲究？

阳宅风水上有“明厅暗房”的说法，意思是客厅的采光要尽量明亮，而卧室则需要相对柔和的光源。因为卧室是休息的地方，太强的光线会使人心神不宁，影响到休息和睡眠质量。

但如果卧室是一间黑屋子，始终不会给人好的感觉。卧室最好还是要有一扇面向室外的窗户，好让室外的新鲜空气与室内的浑浊空气进行交换，保持良好的通风效果，方才利于健康。明亮的窗户也利于让人明辨晨昏，不至于日夜颠倒，以加强室内良好的磁场，并给人起床的动力。

窗户如果朝向东或西，会在早上和下午有强烈的光线射入，影响休息。如果窗户能朝向南或朝向北是比较理想的。

但窗户不宜过多，它在带入新鲜的空气和明亮的阳光同时，也可能会带入煞气。窗户上最好能安装厚窗帘，一来抵挡煞气，二来隐藏私密，三来削弱强光，这是改善窗户不利风水的最好方法。

卧室的窗口不能挂风铃，否则容易令人头晕，心浮气躁。

落地窗虽然能看到更多的景致，但巨大的窗户可能在夜间变成一面巨大的镜子，而落地窗的悬空感也会给人带来紧张感。尤其在半夜睡醒的朦胧时刻，落地窗可能给人带来错觉和不安全感。

床的位置怎样摆？

安床方位正确，不仅可以提高睡眠质量，还能防止梦魇的发生，避免产生不安和心慌。在安床时，床头要紧靠实墙，同时也要尽量避免靠在住宅的外墙一侧。如果床头与背后的墙之间有空间或有窗户，或正对着门，会有流动的空气冲向人的头部，容易让人感觉头上发凉，影响到睡眠质量。另外，还会让人产生背后有人的错觉，导致睡不安稳。对于有落地窗的卧室，要尽量避免将床紧靠落地窗安放。这样的格局，不仅会导致呼吸系统的感染、偏头痛等疾病的发生，在风水上也会导致漏财。

床的方位如果能跟人的命卦相配，那是最合适不过的了。风水学认为，东四命的人，应该配东四床；西四命的人，应该配西四床。也就是说，东四命的人可以将床摆在东方、东南方、南方、北方；西四命的人可以将床摆在东北方、西北方、西南方、西方。

具体来说，坎命的人，床最适合摆放在东南方，其次是北方；艮命的人，床最适合摆放在西方，其次是东北方；震命的人，床最适合摆放在南方，其次是东方；巽命的人，床最适合摆放在北方，其次是东南方；离命的人，床最适合摆在东方，其次是南方；坤命的人，床最适合摆放在西北方，其次是西南方；兑命的人，床最适合摆放在东北方，其次是西方；乾命的人，床最适合摆放在西南方，其次是西北方。

梳妆台的摆放有什么讲究?

在摆放梳妆台时,尽量不要使镜子冲门,否则一方面形成了冲煞的格局,另外也会使人在进入卧室时受到镜子反影的惊吓。当梳妆台的镜子对着床头时,容易使人做噩梦,影响睡眠,所以也要尽量避免。

可以选用镜子前有两扇门的梳妆台,可以在不使用时将其关闭,这样就不存在风水上的问题了。

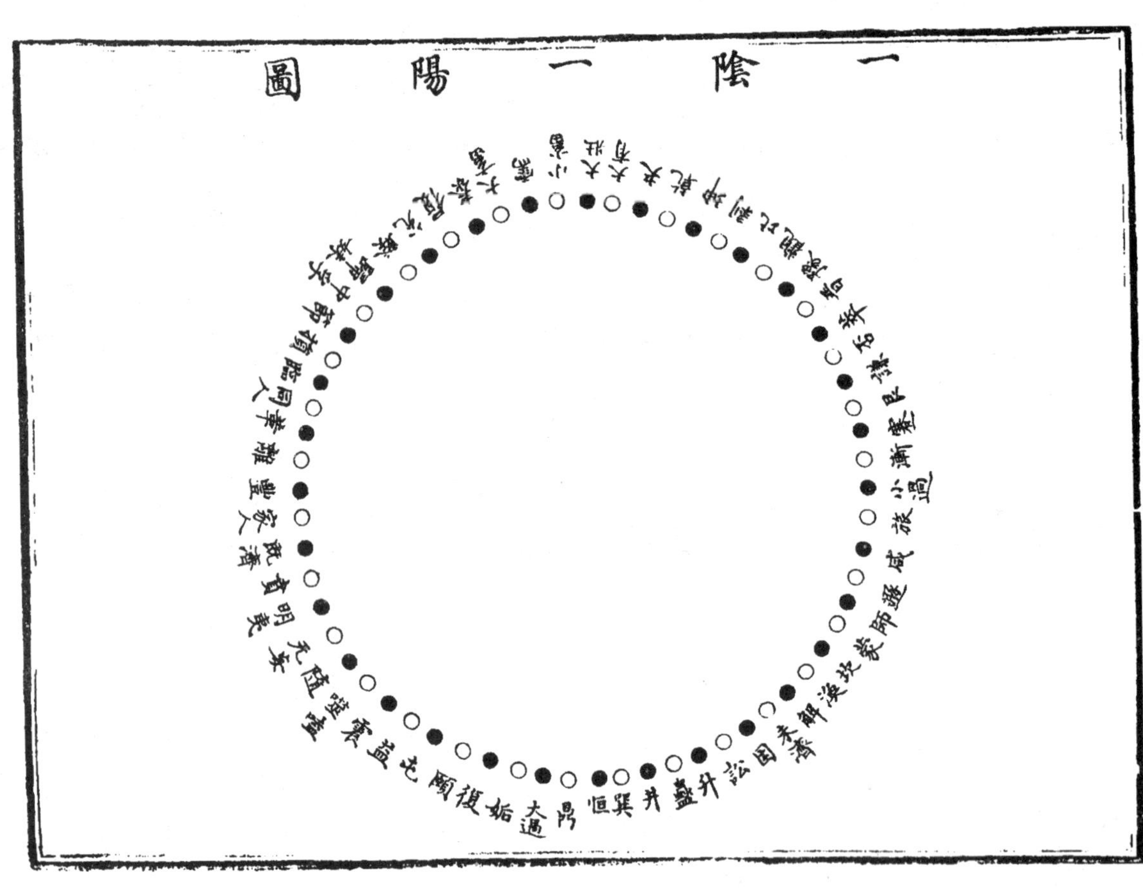

怎样减弱卧室里的卫生间对人体的不利影响?

很多房子的主卧都有独立的卫生间,兼有卫生间和浴室的作用。卫生间五行属水,在风水上是阴气较重的地方,此地产生的秽气容易引发脑部、精神、内脏及脊髓方面的疾病。另外,洗澡时散发的雾气也会使卧室变得更加潮湿,增加了腰酸背痛、体乏等疾病的发生概率。

为了化解这些影响,首先要避免卧室卫生间的门正对着床,可以在中间用屏风或者衣柜加以遮挡，也可以在下水道上悬挂葫芦一只，并将葫芦口打开，以吸纳排污和水气产生的秽气。另外，还可以在卫生间中养上三盆用泥土栽培的观叶植物。

如何根据五行确定儿童卧室的方位？

在确定儿童卧室的方位时，除了要考虑采光和通风以外，孩子本身的阴阳五行也是必须要考虑的因素。根据出生年月日时推算出孩子的五行结构，再视具体情况安排儿童卧室的方位，是比较稳妥的办法。

对于五行缺金的孩子来说，西方和西南方的儿童卧室正好可以起到一定的弥补作用。如果五行缺木，将儿童卧室设置在东方和东南方也可以起到弥补作用。如果孩子五行缺水，北方是不错的选择，缺火则可以考虑将卧室设置在住宅的南方。五行缺土的孩子，西南和东北两个方位都很适宜用来做卧室。

如何根据不同的需要布置书房？

布置书房时，应首先确定是由谁使用书房。专门给孩子准备的书房，应该注重文昌位，无论是书房的设置还是书桌的摆放，都应该尽量位于文昌方位。在此基础上再辅以对孩子五行的补充，可以使孩子头脑清醒、注意力集中。如果书房给大人使用，则应该注重财位。将书房和书桌设置在财位，将电话、电脑设置在利于事业的方位上，以创造一个利于事业旺财的书房。

书房是陶冶情操的地方，不仅是阅读和学习的场所，同时也象征着居者的事业、爱好和品位。为了能够创造出静心阅读和学习的空间，书房与客厅、厨房、餐厅、卫生间的距离要尽可能的远，最好选择一个较为宁静的房间作为书房。除此之外，为了增强学习效率，使人能够保持清醒的头脑，住宅的"文昌位"是书房的最佳选择。

怎样摆放书桌？

书桌的摆放是书房风水的关键所在。将书桌面向门口摆放是比较好的选择，这样可以使人保持清醒的头脑。但是，为了避免受到门外煞气影响而导致精神无法集中，书桌不能与门直冲，也不宜放在门边。

背后靠实墙也是书桌摆放必须要注意的。有的人喜欢将书桌放在书房中央的位置，这样不仅浪费空间，更会形成四方无靠的格局，影响到家人的事业、学业和精神状态，必须要避免。除此之外，书桌也不宜靠窗户摆放，一则容易受到窗外其他房屋尖角的影响，二来也是背后无靠的不良格局。

书桌也不能放在横梁底下，会造成学习压力的增加，同时还会影响到精神状态和身体健康。

什么样的阳台更利于家运？

阳台是住宅的纳气之处，因为它能够吸收外界的阳光、空气等，因此也对整个住宅的风水起着非常重要的作用。

如果阳台朝向西方，太阳西晒的热气会影响到家人的健康，而朝北的阳台在冬季又会成为寒风的入口，不仅影响人的情绪，更容易导致疾病。朝东方或南方的阳台对提高家运更有帮助。阳台朝向东方，可以吸纳阳光带来的吉祥之气；朝向南方的阳台在风水上也是非常好的，此方位不仅光照度足够，而且时常会有暖风由此进入住宅，可以使家中的气流活络，提高家庭整体运势。

为了安全等因素，有的家庭用玻璃将阳台完全封闭。由于受现代住宅格局的限制，阳台成为多数住宅重要的通风口，不仅是住宅采光的重要来源，更是住宅的气口。如果将阳台完全封闭，不仅旺气无法进入住宅内，室内的各种污秽之气也无法排放到屋外，是非常不利于家运的格局。因此，在改造阳台时应该留下通风的窗口，不宜全部封闭。

有哪些简单的方法可以化解阳台的冲煞？

阳台正对着其他楼房的墙角、亭子或是烟囱等尖锐物体，都是犯“火形煞”的格局，会引起家庭成员发生急性的疾病，健康会受到非常大的影响。在这样的情况下，要想化解冲煞，可以在阳台上摆放铜貔貅，也可以悬挂铜钱，将煞气向四方扩散。

如果站在阳台上，住宅四周都是高楼的包围，这就形成了风水上所谓的困局。居住在这样格局的住宅中，事业和学业都会受到影响，无法取得好的成绩。此时，可以在阳台上摆放石鹰一只，鹰头向外，双翅必须是振翅高飞的造型，这样就可以扭转低迷的形势。

凸镜的镜面是凸出的圆弧形，可以分散冲煞，有着很好的化煞的作用。如果阳台正对着一些尖形或带利刃的物体，比如对面建筑尖锐的屋顶、外墙上三角形的凸窗等，都会形成尖角煞，对住宅的整体运势产生影响。此时，可在阳台上方悬挂凸镜来化解。如果住宅外有道路直冲阳台，也是大凶破财的格局。而且，道路越长、来往的车辆越多，冲煞带来的负面影响也越大。若想要化解，可以在阳台两旁各放上凸镜一面。

对于觉得设置吉祥物或是种植植物很麻烦，就可以使用一些简单的方法化解。如可以在面对煞气的地方悬挂珠帘或是窗帘，可以起到缓冲的效果，在一定程度上化解煞气；还可以自己动手做简单的符令化煞：用红纸剪成硬币大小，再用黑笔写上一个“火”字，将写好字的红纸贴在阳台的墙壁上，也具有一定的驱煞气的功效。

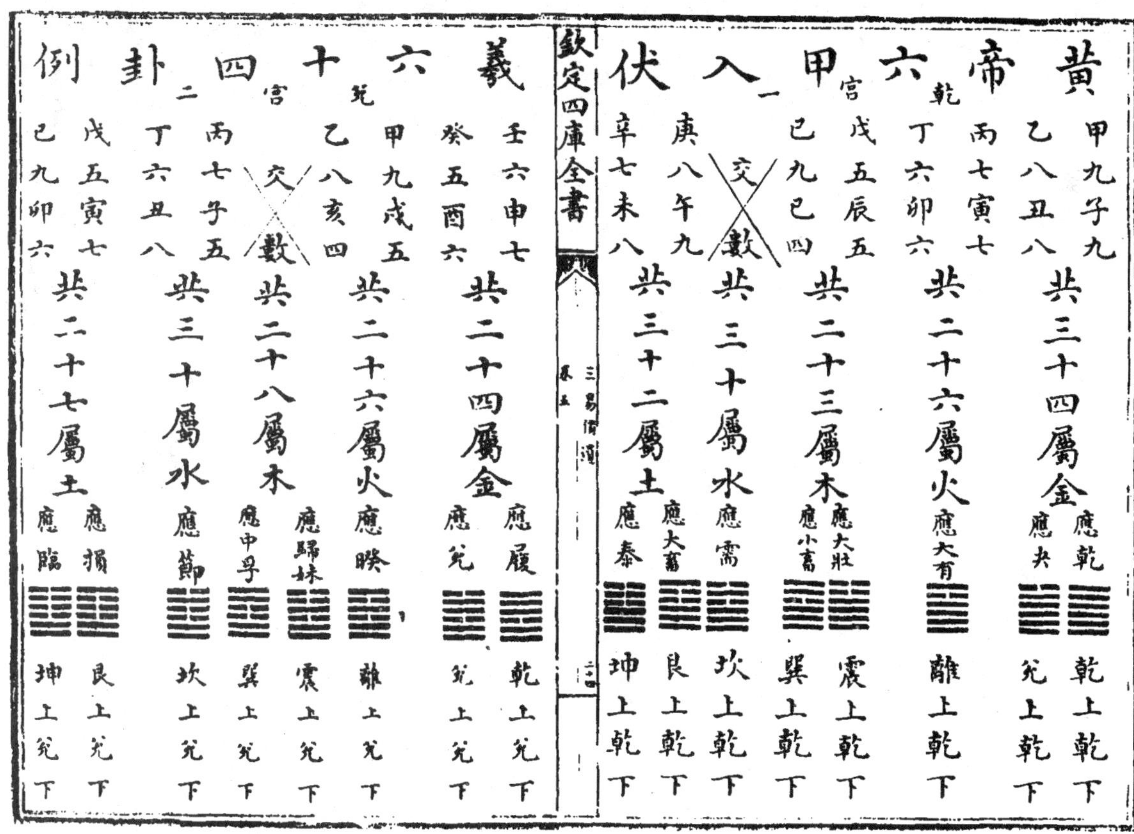

欽定四庫全書

黃帝六甲入伏羲六十四卦例

乾宮一

甲九子九　乙八丑八　丙七寅七　丁六卯六　戊五辰五　己九巳四　交數　庚八午九　辛七未八

共三十四屬金　應乾　乾上乾下　應夬　兌上乾下

共二十六屬火　應大有　離上乾下

共二十三屬木　應大壯　震上乾下　應小畜　巽上乾下

共三十屬水　應需　坎上乾下

共三十二屬土　應大畜　艮上乾下　應泰　坤上乾下

三易備遺　卷五

兌宮二

壬六申七　癸五酉六　甲九戌五　乙八亥四　交數　丙七子五　丁六丑八　戊五寅七　己九卯六

共二十四屬金　應履　乾上兌下　應兌　兌上兌下

共二十六屬火　應睽　離上兌下

共二十八屬木　應歸妹　震上兌下　應中孚　巽上兌下

共三十屬水　應節　坎上兌下

共二十七屬土　應損　艮上兌下　應臨　坤上兌下

哪些杂物会严重影响风水？

杂物是家中最大的煞气，只要它们堆放在能看得见的地方就会制造不好的风水效应。其中有三类杂物对风水的影响最大：第一类是坏掉的电器，第二类是已经发霉、变质的物品，第三类是从未用过或只用了一次就不再使用的物品。这三类杂物会散发出浓重的秽气，严重影响家庭运势。

最好的办法是将杂物都收进柜子里，眼不见为净。经常要使用的杂物可以装进小篮子，放在柜子上、桌面或茶几下。对于那些会严重影响风水的杂物，应该尽快扔掉。在皇历上写有“除”的日子，将杂物扔掉，能改善家中风水。

垃圾桶应放在什么位置？

垃圾桶是污秽之物的集中地，不适合放置在吉利的方位。在二十四个方位中，辰、戌、丑、未四个方位是适合摆放垃圾桶的。如果每间房里都有垃圾桶，应注意它们在每间房所在的位置，如果不能将它们都放到合适的方位，那么至少家中存放主要垃圾的垃圾桶应该位于适宜的四个方位。

不管垃圾桶位于什么方位，是否经常清理，都会给人不好的感觉。化解的方式是选择漂亮的垃圾桶，使其外观不让人感觉到这是污秽之物。越漂亮的垃圾桶，越能改变垃圾桶的不利风水。

如果住宅坐向不理想怎么办？

如果住宅坐向不理想，又不能换房时，可以用改门的方式来改变住宅的朝向。比如将大门改成斜角或另换一个方向开门。这种方法对独立房屋是非常管用的，它足以改变整所住宅的风水。

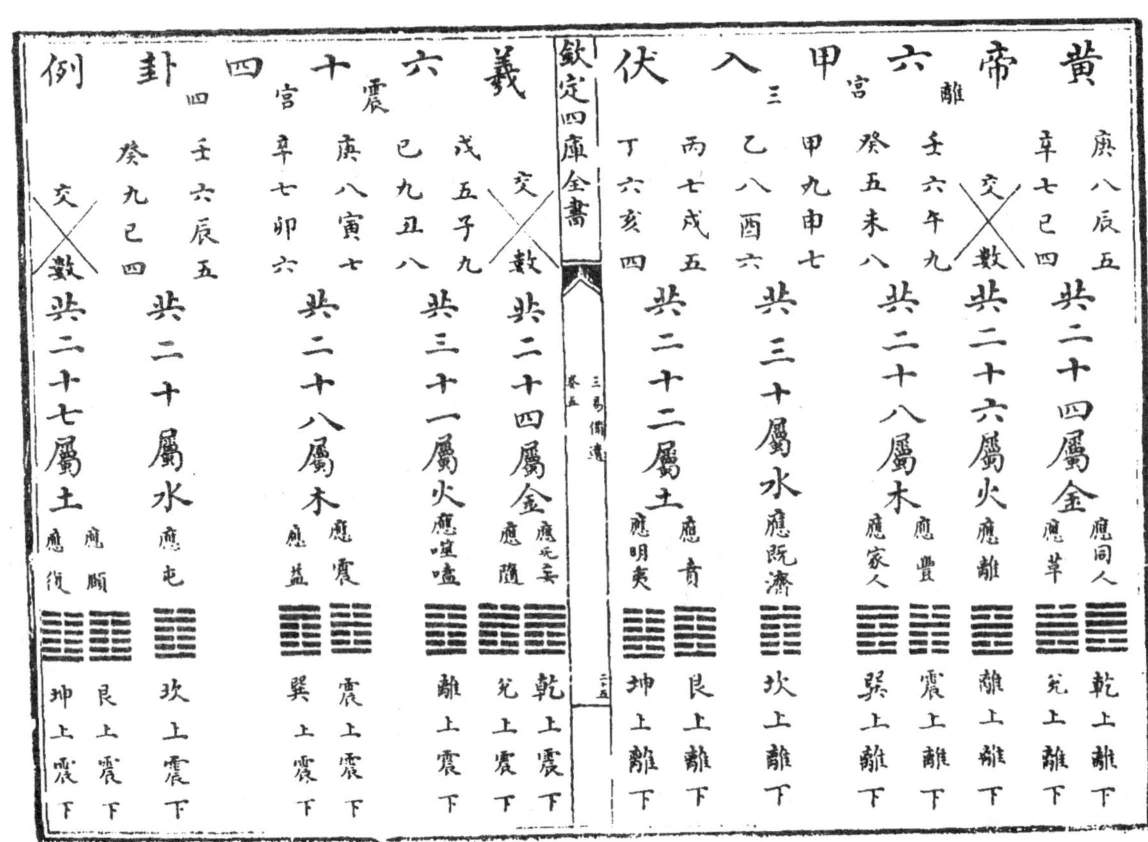

黄帝六甲入伏 離宫三

庚八辰五
辛七巳四
交數
壬六午九
癸五未八
甲九申七
乙八酉六
丙七戌五
丁六亥四

共二十四屬金 應同人 應革
共二十六屬火 應離
共二十八屬木 應豐 應家人
共三十屬水 應既濟
共二十二屬土 應賁 應明夷

乾上離下
兑上離下
離上離下
震上離下
巽上離下
坎上離下
艮上離下
坤上離下

欽定四庫全書
三易備遺 卷五
二十五

羲六十四卦例 震宫四

交數
戊五子九
己九丑八
庚八寅七
辛七卯六
壬六辰五
癸九巳四
交數

共二十四屬金 應无妄 應隨
共三十一屬火 應噬嗑
共二十八屬木 應震 應益
共二十屬水 應屯
共二十七屬土 應頤 應復

乾上震下
兑上震下
離上震下
震上震下
巽上震下
坎上震下
艮上震下
坤上震下

但是对于高楼大厦中的住宅就比较难了，因为即使作出了改变，但因为大厦的整体朝向不理想，单改自己的门不能影响整个大厦的气场。而且这种方法只能维持很短的时间，即使加上合适的化煞物品，也只是在尽量避免煞气，谈不上真正的旺宅。所以，如果想有一所旺宅，最好还是要先从大环境着手。

住宅内有不方正的房间怎么办？

在风水学上，只有方正的房屋才能很好地采纳四方之气，一旦房屋出现了狭长或不规则就是凶相。但现代建筑中，一些大厦为了设计需要，建造了不少这样的房屋。遇到这种房屋时，就需要在房间的布置上动心思，以对空间进行修改。

狭长的房屋是指长超过宽一倍以上的房屋，这种房屋会让人感觉不舒服。改造的方法是用隔断将狭长的房子改为两个空间，如客厅可以隔出一个饭厅或休息间，卧室可以隔出一个书房或换衣间。但这种隔断最好通风透气，高大的家具或用建材完全隔为两间房屋都是不可取的。采用一些矮小的家具做隔断比较理想。

不规则的房屋是指不成方形的房屋，这种房屋显得畸形。改造的方法是定制家具，将倾斜的边用家具改为类似方形，使室内空间尽量看起来成方形即可。如果不规则房屋较大，可以考虑隔成两个空间，使主要空间保持方形。

住宅缺角或凸出时怎么办？

住宅以四方的形状最好，因为它可以平衡地吸纳四方气场，但现代建筑很少符合四方的，大多不是缺角就是有凸出。

在风水中，如果某一边有小于二分之一的部分凹陷，就为缺角。缺哪个角就代表着哪个方位的成员将受损害，因此应该尽力将缺角补齐。如修建阳光房或种植能伸展出去的植物。

如果某一边有小于二分之一的部分向外伸，就是凸出。凸出相对而言比缺角好，有时还代表吉利。但最好还是消除这种凸出，或者拆除，或者填补，如实在不能修改，就在凸出的外侧种植常绿阔叶木，以挡煞气。

如何补救不同方位的缺角？

在风水中，正方形的房屋是最理想的，因为它可以平衡地吸收来自四面八方的气场。但并非所有房屋都是方形的，有些房屋缺角，这就导致其不能平衡地吸纳气场。根据后天八卦的方位，所缺方位对应卦象所代表的人，就是表示家中该成员的运势不好，应该有所补救。

黄帝六甲入伏羲六十四卦例

巽宫五

甲九午九　乙八未八　丙七申七　丁六酉六　戊五戌五　己五亥四　交數　庚八子九　辛七丑八

共二十四屬金　共二十六屬火　共二十三屬木　共三十屬水　共三十二屬土

應姤 乾上巽下
應大過 兑上巽下
應鼎 離上巽下
應恒 震上巽下
應巽 巽上巽下
應井 巽上巽下
應蠱 艮上巽下
應升 坤上巽下

欽定四庫全書

坎宫六

壬六寅七　癸五卯六　甲九辰五　乙八巳四　交數　丙七午九　丁六未八　戊五申七　己九酉六

共二十四屬金　共二十六屬火　共二十八屬木　共三十屬水　共二十七屬土

應訟 乾上坎下
應困 兑上坎下
應未濟 離上坎下
應解 震上坎下
應渙 巽上坎下
應坎 坎上坎下
應蒙 艮上坎下
應師 坤上坎下

如缺西南方，代表对家中的老父不好。补救的办法是摆放紫砂茶壶、陶瓷、羊形的雕塑或画，但如果属相与羊相克的则不适合摆羊。如缺南方，代表对家中的中男不好，补救的办法是在此方摆放红色玩具汽车、马形的雕塑或画。如缺东南方，代表对家中的少男不好，补救的办法是摆放一条龙形的工艺品或玩具，也可以种植花草。如缺东方，代表对家中的长男不好，补救的办法是在此方种花，或摆放兔子、一对鸳鸯、“震”字挂件。如缺东北方，代表对家中的长女不好，补救的办法是摆放牧童骑牛的陶瓷工艺品。如缺北方，代表对家中的中女不好，补救的办法是养一缸鱼或挂一幅《钟馗招福图》。如缺西北方，代表对家中的老母不好，补救的办法是摆放玩具狗。如缺西方，代表对家中的幼女不好，补救的办法是摆放一只铜鸡。

怎样为旧房子换天心？

当搬入了一套很多年没有人住或是一套别人住过的旧房子时，就应该换天心。所谓的换天心，就是想法增加房屋正中心位置的阳气，驱除房中的坏运气。

以前的房屋都是平房，所以换天心只需将房屋中心点上方开个洞，让房屋的中心点晒太阳就可以了。通常根据房屋的新旧程度，可晒三天、五天、七天或七七四十九天等。

现代的楼房不可能为房屋的中心点开天窗，所以需要将房屋中央的地板撬起来，全部换掉，并在此处放爆竹、烧衣纸。也可以到郊外最旺的风水宝地取来新鲜的泥土，用红布盖上后放在房屋的正中。

黄帝六甲入伏

艮宫七

庚八戌五　辛七亥四　交數　壬六子九　癸五丑八　甲九寅七　乙八卯六　丙七辰五　丁六巳四

共二十四屬金　應遯　乾上艮下　應咸　兑上艮下

共二十六屬火　應旅　離上艮下

共二十八屬木　應小過　震上艮下　應漸　巽上艮下

共三十屬水　應蹇　坎上艮下

共二十二屬土　應艮　艮上艮下　應謙　坤上艮下

羲六十四卦例

坤宫八

戊五午九　己九未八　庚八申七　辛七酉六　壬六戌五　癸五亥四　交數

共二十四屬金　應否　乾上坤下　應萃　兑上坤下

共三十一屬火　應晉　離上坤下

共二十八屬木　應豫　震上坤下　應觀　巽上坤下

共二十屬水　應比　坎上坤下

共二十七屬土　應剝　艮上坤下　應坤　坤上坤下

房子的走向对学业、事业有什么影响？

从风水学角度来说，日常所居住房子的走向往往对一个人的学业、事业有着不可忽视的影响。

一般来讲，坐北朝南的房子呈现一种平和的表象，在这类房子中生活或工作的人财运比较弱，不过还不至于走向衰败的境地，学业上不会大起大落，事业上适合守成，不适合创业。

坐东北朝西南的房子呈现一种大吉的表象，因为这个方位是非常适合办公环境的流年方位，所以在这类房子中生活或工作的人在学业上能飞黄腾达，事业上有很多的升迁、发财的机会，可以大胆地去创业。

坐东朝西的房子呈现一种平淡的表象。在这类房子中生活或工作的人大多会身体康健、家庭美满幸福，但学业上往往不如意，事业上充满挫折甚至走向败落，多数情况下会有一种壮志未酬的感觉。

坐东南朝西北的房子呈现一种不吉的表象，对中年女人来说尤其不利。在这类房子中生活或工作的人经常会出现家庭纠纷，学业半途荒废，事业上一事无成。

坐南朝北的房子呈现一种衰败的表象。在这类房子中生活或工作的人会有很多的口舌纷争，是非不断，学业、事业以及财运平平。

坐西南朝东北的房子呈现一种吉祥的表象。因为这个方位是非常适合家庭居住的流年方位，所以在这类房子中生活的人家庭会很团结和美，个人的学业事业也会一帆风顺。

坐西朝东的房子呈现一种生气勃勃的表象。这个方位也是一个适合创业的流年方位，但如果在这个方位的房子中生活的话，学业事业在流年上不是很吉利。

坐西北朝东南的房子呈现一种努力进取的表象。在这个方位生活或工作的人在学业、事业上会小有成就，但也会有一些小的挫折。

书房风水对学业、事业有什么影响？

望子成龙是每个做父母的理想，而好的学业、事业是“成龙”的必要条件。要想在学业事业上取得突出成绩，除了要具备先天的资质外，后天的培养也是相当重要的。从风水学上来说，书房的布局对学业、事业有着很大的辅助作用。

“聚气”是风水学中的基本原理之一，家中的任何房间宁可小而雅致，而不要大而无当，书房也不例外。如果在面积很大的书房里看书或者写作，往往难以集中精神，学习的效果会很差。对位于老板或经理职位的人来说，在大的书房里办公，容易精神涣散，事业的发展将会受到极大的妨碍。

书房的颜色，应以浅绿色为主。这主要是因为代表学业、事业运的文昌星，在五行中属木，所以在书房中适宜采用木的颜色，即绿色，这样会扶旺文昌星，从而使自己的学业、事业更上一层楼。不过我们需要注意的是，书房的颜色除绿色外，大多数情况下还应该按照各人不同的命卦和各个住宅不同的宅相具体来配。

在书房的摆设中，书桌最好不要正对着窗户，因为书桌“望空”是很不吉利的。此外。书桌也不要摆放在横梁下面，如果实在无法避免也要装设天花板将横梁挡住，否则的话在求学道路上将会充满波折，事业的经营也必然困难重重。

关于书房中书柜的摆放位置，要记住“书桌坐吉，书柜坐凶”，即书桌应该摆放在吉利的方位，而书柜则刚好相反，应该摆放在不吉利的方位来镇压凶煞。只有这样，其人在学业、事业的道路上才能够披荆斩棘，取得令人羡慕的成绩。

门窗的朝向对学业有影响吗？

相对成人而言，孩子的抵抗能力比较弱，也更容易受到各种不利因素的影响。因此，为了防止孩子受到影响，同时也帮助孩子提高学业上的运势，一定要注意其卧室或是书房的门窗朝向。

良好的采光还是孩子获得健康体魄的基础，也是良好学业的保障条件，因此孩子的卧室或是书房窗户最好朝向正东方位或正南方位，可以获得较好的采光效果。除此之外，东方属木，文昌位也属木，能够起到带旺文昌位的作用，而南方阳光充足，不仅利于身体健康，同时也可以使孩子在明亮的环境中专心学习。

除了方位之外，门窗所朝方位的外在环境也会对孩子的学业产生影响。要尽量避免路冲、尖角煞之类的冲煞，同时还应该远离坟地、医院、监狱、庙宇等煞气较重的场所。

如何确定文昌位？

文昌就是人们通常所说的文曲星，古人认为它掌管着读书和功名的运势。文曲星所在的位置就叫文昌位，风水学认为若能够在此方位学习，不仅能够使人安心学习，同时对学习成绩的提高也有帮助。

一般说来，文昌位的确定不仅要根据生辰八字，还应该依据流年的变化来确定。但是，也有一些简单的方法可以确定文昌位的大概位置，就是以房门的位置作为依据。

当房门位于正东方向时，文昌位在西南角；房门位于正南方向时，文昌位一般在东北方位；当房门位于正西方向时，西北方位就是文昌位；房门在正北方向时，正南方位就是文昌位；房门位于房间的东北方位时，文昌位在正西方向；房门位于西南方向时，文昌位在正北方位；房门位于东南方向时，文昌位在正东方位；房门位于西北方向时，则东南方位是文昌位。

获取文昌位运势的最佳办法，是将书房设置在整套房屋的文昌位上，这样能够获得比较好的学习运势。但是，由于受到布局限制无法实现时，也可以将书桌摆放在文昌位上，同样能够起到生旺学习的作用。

怎样布置书桌能提升考试运？

要参加考试的人，一定要注意书桌的整洁，一个肮脏、杂乱的书桌是不利于学习的。

在书桌的右上角可以摆放四支笔，有强化学习的作用。这是最常见也是最简便的催旺文昌位的方法。文昌位属于巽卦，是阴木、柔木和长形的木。通常毛笔的笔杆都是用竹管做成的，非常容易折断，性质上属于柔木。毛笔形状修长，属于长形的木，再加上笔毛的阴柔，所有的特点都与文昌位契合。因此，在文昌位悬挂毛笔是最合适不过的了。由于文昌位又称为四文曲星，而巽卦的数目也是四，所以悬挂四只毛笔当然是最理想不过的了。这些笔可以放在笔筒中，也可以悬挂在架子上。

用水养富贵竹，取其步步高升的寓意，能令考试者在考试时充满信心。养富贵竹的瓶子最好选用圆形陶瓷质地的容器，要时常保持水的新鲜度和洁净，经常为其清洗叶面，令其保持青翠，才有好的风水效果。

如何获得有催旺功效的文昌笔？

文昌笔是指悬挂在文昌位、具有催旺功效的毛笔，通常有两种方式可以获得。第一种方式是在寺院等地购买已经开过光的文昌笔，这样可以获得较为持久的催旺功效。

如果无法寻找到购买的地点，就可以自己动手制作文昌笔。首先，到文具商店购买不同型号的毛笔四支，大、中、小、细各一支。然后，再到商店购买一些朱砂，并在四只毛笔的笔头上都沾上朱砂。接下来需要做的，就是准备四张用黑笔写有被催旺人的姓名、八字的红色小纸条，贴在四只毛笔的笔杆上。将这些制作妥当之后，挑选一个吉日和吉时，将这四支做好的毛笔连同笔架、砚台等一起带着，前往供奉着文曲星的寺庙中祈祷、加持、过炉。经过这些工序，自制的文昌笔同样具有催旺学业的功效。

如何通过电脑摆放旺学运？

在多媒体教育日渐发达的今天，电脑已经成为孩子学习中不可或缺的重要工具。对于想要提高孩子学习成绩的家长来说，电脑摆放的位置也可以起到带旺孩子学习运势的效果。

从五行的观点来看，文昌属木，电脑属火，如果将电脑摆放在文昌位上，可以营造出木火通明的效果，自然能够起到旺盛运势的效果。因此，电脑的最佳摆放位置就是在住宅或是书房的文昌位上。

另外，为了便于通风散热，电脑的摆放应该尽量靠近窗户，同时避免阳光的直射。否则火气太旺，不仅不利于眼睛的健康，还会导致孩子暴躁不安。

挑选什么样的书柜对孩子的学习更有利？

在为孩子挑选书柜时，除了兼顾到个人喜好的因素之外，在材质方面，最好是选择木质的书柜。因为在风水中有木主春的说法，在孩子房间摆放木质书柜，可以增加房间中的阳性力量，而木头也具备着一些柔性的特质，能够帮助孩子获得平和的心境，从而有利于学习的提高。

在选择书柜的颜色时，尽量避开过于跳跃和艳丽的色彩，适宜选择一些较为深沉的颜色，比如深褐色、咖啡色等，这些色彩所产生的厚重感可以使孩子的性格更加沉稳，以避免孩子产生急躁情绪。

不能选太过于高大的书柜。在风水中，太高的书柜会对健康产生影响，导致孩子身体虚弱。另外，如果书柜太高，很容易形成压迫书桌的格局，使孩子劳心头昏、心神不定。

卧室风水对学业、事业有什么样的影响？

人生三分之一的时间几乎都在卧室度过，卧室是一个人最后的避风港，也是每天学习工作的加油站。从风水学角度讲，一个人的休息睡眠状况、一生的运势情况等与卧室的风水密不可分。

风水理论指出“屋大人少，是凶屋”，认为“大房子会吸人气”。因此，卧室的面积不要过大，控制在10～20平方米为佳。如果卧室面积过大，则长期在里面休息的人会因耗能过多而导致免疫力下降，出现无精打采、判断力下降等状况，从而在学业上、事业上不能集中精力，不利于学业、事业的发展。

一般来说，北边的卧室对自由职业者有利；西北方位的卧室对位于管理职位的人有利；东北方位的卧室对从事服务业的人有利；东边的卧室对年轻有为、积极进取的人有利；另外，居于东南方位卧室的人，在学业事业上容易取得外界的帮助。

如何通过改变床的位置提高记忆力？

除了看课外书之外，有许多孩子都有在床上复习功课的习惯，尤其是到了临考的时候，比起长时间坐在书桌前面，靠在床上看书或是躺在床上看书更加舒服。对于有这样习惯的孩子来说，可以通过改变睡床的朝向来帮助其提升学业的运势。

孩子的性别不同，床的朝向也不一样。如果是男孩子，最好使其床头朝向西南方位；如果是女孩儿，那么正西方位是非常适宜的。这两个方位都能够起到催旺文昌的功效，帮助孩子提高记忆力，使其学习成绩得到提升。

不过需要注意的是，为了保护视力，要尽量避免孩子长时间地躺在床上看书。

办公室风水对学业、事业有什么影响？

“以办公室为家”已经成为现代都市上班族的真实生活写照。在工作中，官运亨通的人除了本身的实力外，办公室的风水也很重要。

在办公室的风水中，座位是至关重要的，座位后一定要靠一堵墙，墙壁像山一样可以给人一种坚实感，能让事业有所依托。现代许多建筑都以玻璃为帷幕，但是作为一个事业的主持者或重大决策的执行者，座位一定不要背靠玻璃，这种“背后无靠”的情形是经营者的大忌，必然会损及财运及事业的发展。另外，在办公室中坐的椅子也十分讲究，一定要选有靠背的椅子，它可以像靠山一样帮你挡煞，而且椅子两侧最好有把手。椅子的靠垫、椅垫尽量选择红色，这样可以增加运气。

从风水学上来说，在办公室中工作的人应避免横梁压顶，即所处的位置刚好在横梁或者低矮的吊顶下，长此以往的话会让人在工作上产生压力，甚至受到上司的责难或者遭到小人的中伤，对自己的学业、事业、前途非常不利。

办公室的颜色要采用暖色系。当员工进入一个暖色系的房间时，往往情绪会比较安稳，有一种安全感。在这样的环境中，公司员工能和睦相处，他们大多喜欢待在办公室，从而有利于企业向心力的增强。另外，在其乐融融的办公室中，员工们往往认为工作是一件很惬意的事，这样自然而然地就能提高工作效率，尽快地达到公司的预定目标。从对外方面来说，暖色系的办公室更能吸引客户厂商，他们往往会不由自主地产生强烈的合作意愿。因此从风水学的角度可以说，暖色系的办公室对个人的事业以及公司的运营发展都有很大的促进作用。

办公桌前怎样布局利于事业？

办公桌前的空间就如同房屋的明堂，如果明堂宽阔，则表示能聚集较多的气场，如果明堂狭窄，就意味着气场无法有效聚集。办公桌前如果有较宽阔的空间，是利于事业发展的好格局，但如果拥堵了太多的物品，或有一堵墙靠得很近，则可能使前途受阻，不利事业。所以坐在办公桌后，看得越远，就越利于事业。

如果办公桌被道路冲煞，无论是室外的还是室内的，都可能出现遇事不顺的现象。如果办公桌被正面冲煞，就容易遇到棘手的、难以处理的事，或被人找麻烦；如果办公桌从侧面或背后冲煞，则可能被人在暗中算计。无论是怎样的冲煞，最好是尽量避开，如果无法避开，就要用屏风或矮柜来遮挡。

有些人的工作并不需要一个特别安静的环境，位于通道的位置反而更适合他们的工作。前台接待和保安，是一定要设置在大门口的，这样才能对进出的人进行有效的掌控。业务人员需要经常外出，也时常会有人来与其联系，位于通道附近的位置，对其工作较为有利。普通行政人员担负的主要是沟通协调各部门的工作，将其安置在人们容易到达的地方，能更利于工作的开展。服务人员是与人打交道的职业，安置在人们容易接触的地方，才能更好地进行服务工作。

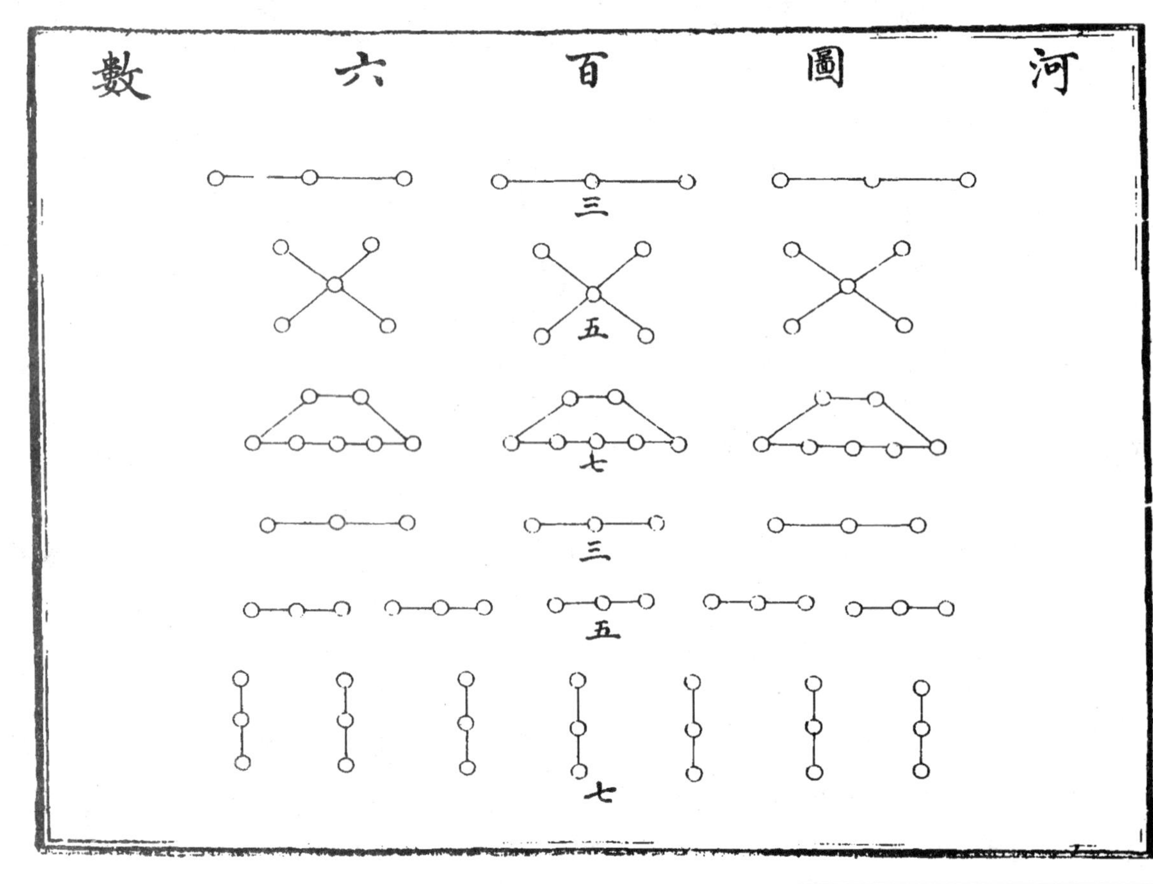

为什么办公桌要摆在文昌位？

文昌位就是俗称的文曲星的方位，这个位置对于学习和工作的人来说非常关键，尤其是从事文案、策划和管理的人，如果能够将办公室的办公桌位置摆放在自己的文昌位上，可以使人保持活跃的思维和清晰的思路，从而获得较高的工作效率，在工作上保持出色的状态，当然职位升迁和待遇增加的机会也会更多一些。

一般说来，文昌位的确定必须要结合每个人出生日期的天干、地支，将两个因素进行综合的计算，这样才能得出较为准确的文昌位的具体位置。但是，对于办公室风水来说，也可以根据出生的年份来确定文昌位的方位，这种方法虽然较为粗略，但是也能起到一定的生旺作用。

具体的做法是，根据每个人出生年份的最后一位数确定其对应的十二地支，该地支所对应的地理方位就是文昌位了。依照此原则，出生年份的尾数为1时，文昌位在办公室的正北方；出生年份的尾数为2时，文昌位在办公室的东北方；出生年份的尾数为3时，文昌位在办公室的正东方；出生年份的尾数为4时，文昌位在办公室的东南方；出生年份的尾数为5时，文昌位在办公室的正南方；出生年份的尾数为6时，文昌位在办公室的西南方；出生年份的尾数为7时，文昌位在办公室的正西方；出生年份的尾数为8时，文昌位在办公室的西南方；出生年份的尾数为9时，文昌位在办公室的正西方；出生年份的尾数为0时，文昌位在办公室的西北方。

能不能坐在和文昌位相反的方位？

在办公区域中，由于受到整体规划的限制，也许无法将办公桌摆在属于自己的文昌位上。但是，在风水学中有"阴阳互根"的说法，言下之意就是指事物的阴阳其实是互相作用的，看似相反，其实又彼此互为根源，这样它们之间所包含的信息其实也就是相通的。

根据这一理论呢，当无法坐在自己的文昌位的时候，不妨将座位安放在与其相反的方向。比如，对于1982年出生的人来说，原本文昌位在东北方，但坐在西南方位依然是可行的。虽然从风水效应上来说，其生旺作用会有所不及，但是同样也会带动运势。

福元方位如何利于升迁？

"福元方位"是风水学中的一个术语，来源于三合派的绝学"三合修福元"，就是通过相距一百二十度的三个方位组成等边三角形，并由此而形成一个拥有强大能量的力量场。在办公室中，如果能够坐到自己的福元方位，就可以提高运势，更容易获得收入增加或是职位升迁的机会，从而得到更好的职业前景。

按照“三合修福元”的理论，十二地支中的三合关系分别为：申子辰、亥卯未、寅午戌以及巳酉丑。如果将十二地支所对应的方位与生肖相组合，那么每个生肖都可以得到对应的福元方位。属鼠的福元方位在东南偏东、西南偏西，属牛的福元方位在正西、东南偏南，属虎的福元方位在正南、西北偏西，属兔的福元方位在西南偏南、西北偏北，属龙的福元方位在正北、西南偏西，属蛇的福元方位在正西、东北偏北，属马的福元方位在东北偏东、西北偏西，属羊的福元方位在正东、西北偏北，属猴的福元方位在正北、东南偏南，属鸡的福元方位在东南偏南、东北偏北，属狗的福元方位在正南、东北偏东，属猪的福元方位在正东、西南偏南。只要坐在福元方位的其中一个，便能利于升迁。

哪些方位不利职业升迁？

传统玄学用十二地支代表不同的方位，后来又演变出民间的十二生肖。在十二生肖中，每隔六位就会有两个生肖相冲，分别为鼠冲马、牛冲羊、虎冲猴、兔冲鸡、龙冲狗、蛇冲猪，正好是有六对相冲的生肖，所以又被称为是“六冲”。

风水中有“相冲无情”的说法，依照六冲之间的关系，在条件允许的情况下，尽量不要坐在与自己的生肖相冲的方位，否则会使人的情绪不稳定，导致运势不稳，容易遭遇各种突发的变故。

根据十二地支的方位，以及十二生肖的相冲关系，各生肖需要避开的相冲方位如下：属鼠的人要避开正南方，属牛和属虎的人要避开西南方，属兔的人要避开西方，属龙和属蛇的人要避开西北方，属马的人要避开正北方，属羊和属猴的人要避开东北方，属鸡的人要避开正东方，属狗和属猪的人要避开东南方。

如何利用摆饰避免办公桌方位冲煞？

根据三合派“三合修福元”的理论，十二地支中的三合关系分别为：申子辰、亥卯未、寅午戌以及巳酉丑。如果将十二地支所对应的方位与生肖相组合，则十二生肖的三合关系为：猴鼠龙、猪兔羊、虎马狗、蛇鸡牛。

在无法避免地要坐在与自己的生肖相冲的方位时，可以通过在办公桌上摆放装饰物品的方法来化解冲气，所摆放的饰物应该与自身的生肖有三合关系。比如，如果属鼠，就可以选一些猴子、龙造型的生肖饰品摆在自己的办公桌上，即可起到一定的化冲效果。根据十二生肖的三合关系类推，就可以知道其他属相的办公桌方位避煞方法。

如何利用饰物来得到老板的重视？

要想得到老板的关注，在办公桌摆放铜板是个不错的办法。铜板经过很多人的手，能聚集人气，借助它能增强自身的气运。铜板应该摆放在办公桌的左手，或是放置在最大、最上面的一个抽屉里。铜板的数目应该以六、八、九为吉利之数。如果没有古时候的铜板，可以用硬币代替。

公鸡是雄壮、勤奋的象征，特别是每天清晨公鸡打鸣时的声音，能唤醒所有沉睡的人。因而在风水中，公鸡有增强注意力的作用，如果长期坐冷板凳，希望得到老板的注意，则可以在家中摆放公鸡。公鸡可以摆放在家中的西北方、北方、东北方或南方。

对于想要升职的人来说，文昌塔是很好的吉祥物。塔有攀登高处，一层比一层高的意味，因此象征着步步高升。将一座铜质的文昌塔摆放在酒柜或书柜的最高层，就会逐渐为领导重视，有更多的升迁机会。

要想升职，就意味着不再想成为基础人员，有了掌印的欲望。利用一枚开运印章，并随身携带，就能不断强化意识，从而掌握升迁的机会。开运印章可以采用黄玉、牛油玉、黑龙江玉等任何材质纯美的玉石，但一定要是天然玉石才能有效果。开运印章不仅能提升升迁运，还能同时聚集财运。

悬挂什么符号利于事业？

六十四卦中的“风雷益”卦，是天时地利人和的卦象，代表着富贵双全，特别适合上班族。将此卦象的符号悬挂出来，能对升迁加薪有所帮助。

六十四卦中的“水火既济”卦，是一个文昌卦，也是升官发财的阴阳相配卦，最合适年轻创业者和从事文化事业的公司。将此卦象的符号悬挂出来，能利于年轻创业者提升自我，也能利于文化公司的发展。

六十四卦中的“天火同人”卦，是利于合作经商的卦象，能成大业，人缘上佳。将此卦象的符号悬挂出来，最利于合作。

如何选年？

在所有的大事中，通常只有修建、安葬和结婚是需要选年的，选年首先要看是否犯太岁，其次要看是否有不利于四柱的流年和小运。

如果是修建，则需要看山向，避免与山所在方向相冲的年、月、日、时，及岁支凶煞（尤其是三煞)所在的年份;当山在当年九星中紫、白星出现的方向就吉利,而山如果在二黑、三碧、四绿、五黄、七赤所在方向则不适合当年动工。

岁支凶煞表							
方位 岁干	太岁	岁破	劫煞	灾煞	岁煞	伏兵	大祸
子	子	午	巳	午	未	丙	丁
丑	丑	未	寅	卯	辰	甲	乙
寅	寅	申	亥	子	丑	壬	癸
卯	卯	酉	申	酉	戌	庚	辛
辰	辰	戌	巳	午	未	丙	丁
巳	巳	亥	寅	卯	辰	甲	乙
午	午	子	亥	子	丑	壬	癸
未	未	丑	申	酉	戌	庚	辛
申	申	寅	巳	午	未	丙	丁
酉	酉	卯	寅	卯	辰	甲	乙
戌	戌	辰	亥	子	丑	壬	癸
亥	亥	巳	申	酉	戌	庚	辛

如何选月?

在所有的事项中,只有修建需要选月。当查明了修建的山向之后,需要看它们是否在当月的九星紫白上,如果有紫星或者白星,都表示吉利。该月的干支不能对修建所有人的四柱不利,最好有其喜用神。如果该月有吉星出现,就是更吉利的了。切忌出现凶煞,凶煞中月破、劫煞、灾煞、月煞都是大煞,即使当月出现了吉星,也不能化解,所以要能避则避。

岁支凶煞表												
月 方位	正月	二月	三月	四月	五月	六月	七月	八月	九月	十月	冬月	腊月
月建	寅	卯	辰	巳	午	未	申	酉	戌	亥	子	丑
月破	申	酉	戌	亥	子	丑	寅	卯	辰	巳	午	未
月庆	戌	酉	申	未	午	巳	辰	卯	寅	丑	子	亥
月刑	巳	子	辰	申	午	丑	寅	酉	未	亥	卯	戌
月害	巳	辰	卯	寅	丑	子	亥	戌	酉	申	未	午
劫煞	亥	申	巳	寅	亥	申	巳	寅	亥	申	巳	寅
灾煞	子	酉	午	卯	子	酉	午	卯	子	酉	午	卯
月煞	丑	戌	未	辰	丑	戌	未	辰	丑	戌	未	辰

如何选日？

在选定了年份和月份后，选日变得很重要，选日主要看老皇历上的宜忌和黄道、建除，并要注意日干和日支有没有不利于四柱。不过并不是从老皇历上看到宜什么、忌什么就一一遵循，要针对实际情况，有些历书所说适宜的现实中却并不适宜。

关于修建，如果日子正好与坐山所在方位相冲就不能用，还必须参考坐山在这一日是否位于三煞方。寅、午、戌日的煞方在亥、子、丑，壬、癸也犯忌；亥、卯、未日的煞方在申、酉、戌，庚、辛也犯忌；申、子、辰日的煞方在巳、午、未，丙、丁也犯忌；巳、酉、丑日的煞方在寅、卯、辰，甲、乙也犯忌。

结婚等其他事情的选日，首先看宜忌，宜的日子如果与新人的四柱相合，就可以结婚。另外，如果在结婚当日迎喜神方，就更为吉利。喜神方在甲日、己日位于东北方，在乙日、庚日位于西北方，在丙日、辛日位于西南方，在丁日、壬日位于正南方，在戊日、癸日位于东南方。

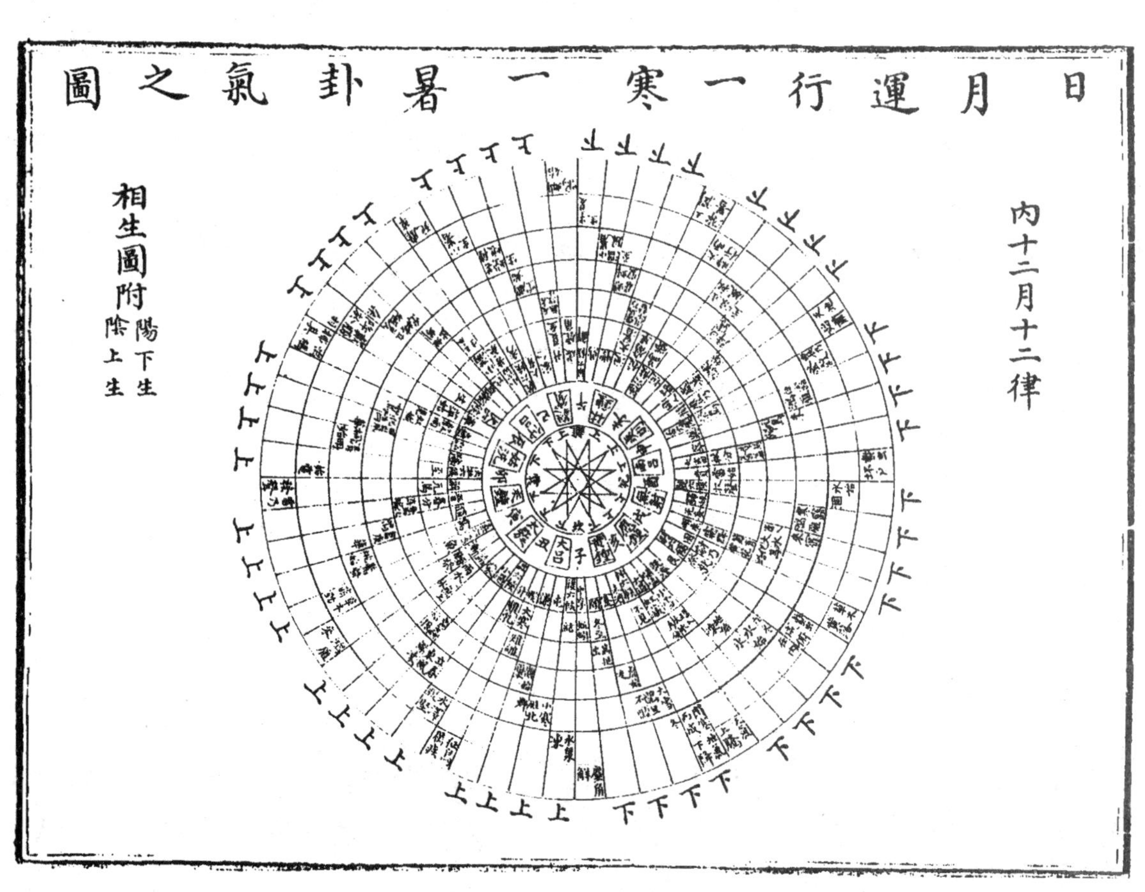

什么是黄道、黑道？

民间无论婚丧嫁娶，都喜欢选一个"黄道吉日"，以祈求平安幸福。所谓的"黄道"，并非是天文学上的"黄道"，而是择日学中对吉利的一种称呼。

古代的星宿家将黄道分为十二宫，与子、丑、寅、卯、辰、巳、午、未、申、酉、戌、亥相对应。其实十二地支不仅可以用来表示年和月，也可以用来表示天，在表示天的时候，古人就给它们各自取了个名字。子日为青龙，丑日为明堂，寅日为天刑，卯日为朱雀，辰日为金匮，巳日为天德，午日为白虎，未日为玉堂，申日为天牢，酉日为玄武，戌日为司命，亥日为勾陈。

其中青龙、明堂、金匮、天德、玉堂、司命被认为是主宰吉祥的黄道之神，它们值守的日子，就诸事吉祥；而天刑、朱雀、白虎、天牢、玄武、勾陈则主凶，所以被认为是黑道之神，它们值守的日子，就诸事不宜。

黄道、黑道十二神分别代表了什么？

司命正好位于天皇正位，所以拥有统领万物的能力，能够掌握万物的生死兴衰。明堂是指天皇治理天下的地方，天皇能在这里惩罚邪恶，奖赏有德。青龙位于明堂的左面，位于宰相的位置，是尊贵和吉祥的象征。玉堂是天皇就寝的地方，位于天后的位置，能润泽万物。金匾是天皇的藏宝地，财气逼人。天德是天皇施展仁德的地方，能以德润四方。

朱雀位于明堂的前面，与明堂形成相冲之势，故而不利。白虎位于明堂的右面，位于将军的位置，由于过于暴戾而不吉利。天刑是天皇执掌惩罚的地方，处处布凶，又被叫做蚩尤。天牢是天皇囚禁罪犯的地方，暴戾而阴冷。玄武象征着奸佞的大臣，有阴私之象。勾陈位于嫔妃的位置，居偏而有争斗。

什么是建除十二神？

如果单以黄道、黑道十二神来论，那么会出现一半的时间吉利，一半的时间凶险的情况，这并不符合现实生活的实际情况，所以古人又另外设置了建除十二神来分别代表十二种人事，与黄道、黑道十二神相配合。

古人认为：

寅日为建日，建意味着万物生育、强健、健壮，适合赴任、祈福、求子、破土、安葬、修造、上梁、求财、置业、入学、考试、结婚、动土、签约、交涉、出行；不适合动土、开仓、掘井、乘船、新船下水、新车下地、维修水电器具。

卯日为除日，意味着除旧迎新、扫除邪恶，适合祭祀、祈福、婚姻、出行、入伙、搬迁、出货、动土、求医、交易；不适合结婚、赴任、远行、签约。

辰日为满日，意味着丰收、美满，适合嫁娶、祈福、移徙、开市、交易、求财、立契、祭祀、出行、牧养；不适合造葬、赴任、求医。

巳日为平日，是普通的日子，适合修造、破土、牧养、安床、动土；不适合祈福、赴任。

午日为定日，是安定、平常的日子，适合祭祀、祈福、嫁娶、造屋、装修、修路、开市、入学、上任、入伙；不适合诉讼、出行、交涉。

未日为执日，是小有耗损的日子，适合造屋、装修、嫁娶、收购、立契、祭祀；不适合开市、求财、出行、搬迁。

申日为破日，是日月相冲的大耗之日，最好不要在这天办大事，适合破土、拆卸、求医；不适合嫁娶、签约、交涉、出行、搬迁。

酉日为危日，是充满危机、危险的日子，诸事不宜，适合祭祀、祈福、安床、拆卸、破土；不适合登山、乘船、出行、嫁娶、造葬、迁徙。

戌日为成日，是成功的吉日，适合结婚、开市、修造、动土、安床、破土、安葬、搬迁、交易、求财、出行、立契、竖柱、栽种、牧养；不适合诉讼。

亥日为收日，是收成、收获的吉日，适合祈福、求子、赴任、嫁娶、安床、修造、动土、求学、开市、交易、买卖、立契；不适合放债、新船下水、新车下地、破土、安葬。

子日为开日，是开始、开展的日子，适合祭祀、祈福、入学、上任、修造、动土、开市、安床、交易、出行、竖柱；不适合放债、诉讼、安葬。

丑日为闭日，是关闭、收藏、天地阴阳闭塞的日子，适合祭祀、祈福、筑堤、埋池、埋穴、造葬、填补、修屋；不适合开市、出行、求医、手术、嫁娶。

可以用一首歌诀来形象描述以上内容："建宜出行收嫁娶，定宜冠带满修仓，破阴疾病然宜备，危本安床闭葬良，成开所作成而吉，平乃做事总平常。"其中最吉利的日子是成日、收日、开日；而执日、破日、危日、闭日，能避则避。

如何选时？

在择吉当中，最重要的就是选时了。所选时辰必须要与四柱相合，还必须与当日干支比和或连为一气，为长生、禄元、贵人、驿马、贵登天门等吉日，或为日建、日干五合、日支三合。

所选的时辰不能出现刑、冲、克、害，时干也不能冲克日干，也不能冲坐山、年、月。时干冲克日干是非常凶险的日子，而冲坐山、年、月的日子则可以做一些小事。

时辰也有黄道、黑道吗？

黄道、黑道十二神不仅用于日期，也用于时辰，在选择吉日时，就需要看该时辰上是否有黄道吉神，在出现黑道凶神的时辰，就最好不要做重要的事。

黄道、黑道十二神按照十二地支的顺序排列，以青龙为第一，依次排列。寅日或申日，青龙在子时；卯日或酉日，青龙在寅时；辰日或戌日，青龙在辰时；巳日或亥日，青龙在午时；子日或午日，青龙在申时；丑日或未日，青龙在戌时。依据此，就可以排出当日的吉时。

什么是日建？

日建是日与时相同的情况，如子日的子时，丑日的丑时，寅日的寅时，卯日的卯时等。由于日建的天干纯粹，不容易出现不利的冲克，所以是适合选择的吉日。

但是日建之日仍然要查看黄道、建除，以及是否与四柱相合。

什么是驿马？

驿马代表变动，凡是做事都蕴涵着变动的意思，所以驿马所在的时辰都是比较吉利的。

申日、子日、辰日驿马在寅时，巳日、酉日、丑日驿马在亥时，寅日、午日、戌日驿马在申时，亥日、卯日、未日驿马在巳时。

但是寅日、申日、巳日、亥日的驿马都出现了时干克日干的现象，所以不能用。

时辰吉神分别在什么时辰？

长生、禄元、贵人，是选时中重要的吉神，如果日子中有任意的一个，都非常吉祥。其中长生代表长寿，禄元代表钱财，贵人则是指有贵人相助。

时辰吉神表

日干 吉神	甲	乙	丙	丁	戊	己	庚	辛	壬	癸
长生	亥	午	寅	酉	寅	酉	巳	子	申	卯
禄元	寅	卯	巳	午	巳	午	申	酉	亥	子
贵人	未丑	申子	酉亥	亥酉	丑未	子申	丑未	寅午	卯巳	巳卯

四大吉时是什么时候？

在二十四节气的中气之后，除了有贵登天门的吉时之外，还有比较普遍的四大吉时，它们与贵登天门相配合，能选出更为吉利的时辰来。

在雨水之后，四大吉时为卯、午、酉、子时的初刻；在春分之后，四大吉时为寅、巳、申、亥时的初刻；在谷雨之后，四大吉时为丑、辰、未、戌时的初刻；在小满之后，四大吉时为卯、午、酉、子时的初刻；在夏至之后，四大吉时为寅、巳、申、亥时的初刻；在大暑之后，四大吉时为丑、辰、未、戌时的初刻；在处暑之后，四大吉时为卯、午、酉、子时的初刻；在秋分之后，四大吉时为寅、巳、申、亥时的初刻；在霜降之后，四大吉时为丑、辰、未、戌时的初刻；在小雪之后，四大吉时为卯、午、酉、子时的初刻；在冬至之后，四大吉时为寅、巳、申、亥时的初刻；在大寒之后，四大吉时为丑、辰、未、戌时的初刻。

如何确定每天吉神忌神的方位？

除了择日之外，民间还看重每天吉神和忌神所在的方位，在行事的时候，尽量靠近或朝向吉神所在的方位，避免靠近或朝向忌神所在的方位。诸神中五鬼、生门、死门为忌神，喜神方诸事逢迎都是吉利的，阳贵利于男性，阴贵利于女性，福神利于求福，财神利于求财。

每日吉神忌神所在方位表

神煞 日干支	喜神	阳贵	阴贵	福神	财神	五鬼	生门	死门
甲子日	东北	西南	东北	东南	东北	东南	东北	西南
乙丑日	西北	西南	正北	东南	东北	东北	东北	西南
丙寅日	西南	正西	西北	正东	西南	正北	东北	西南
丁卯日	正南	西北	正西	正东	西南	西北	正西	正东
戊辰日	东南	东北	西南	正北	正北	西南	正西	正东
己巳日	东北	正北	西南	正南	正北	东南	正西	正东
庚午日	西北	东北	西南	西南	正东	东北	东南	西北
辛未日	西南	东北	正南	西南	正东	正北	东南	西北
壬申日	正南	正东	东南	西北	正南	西北	东南	西北
癸酉日	东南	东南	正东	正西	正南	西南	正南	正北
甲戌日	东北	西南	东北	东南	东北	东南	正南	正北
乙亥日	西北	西南	正北	东南	东北	东北	正南	正北
丙子日	西南	正西	西北	正东	西南	正北	正北	正南
丁丑日	正南	西北	正西	正东	西南	西北	正北	正南
戊寅日	东南	东北	西南	正北	正北	西南	正北	正南

已卯日	东北	正北	西南	正南	正北	东南	西北	东南
庚辰日	西北	东北	西南	西南	正东	东北	西北	东南
辛巳日	西南	东北	正南	西南	正东	正北	西北	东南
壬午日	正南	正东	东南	西北	正南	西北	正东	正西
癸未日	东南	东南	正东	正西	正南	西南	正东	正西
甲申日	东北	西南	东北	东南	东北	东南	正东	正西
乙酉日	西北	西南	正北	东南	东北	东北	西南	东北
丙戌日	西南	正西	西北	正东	西南	正北	西南	东北
丁亥日	正南	西北	正西	正东	西南	西北	西南	东北
戊子日	东南	东北	西南	正北	正北	西南	东北	西南
己丑日	东北	正北	西南	正南	正北	东南	东北	西南
庚寅日	西北	东北	西南	西南	正东	东北	东北	西南
辛卯日	西南	东北	正南	西南	正东	正北	正西	正东
壬辰日	正南	正东	东南	西北	正南	西北	正西	正东
癸巳日	东南	东南	正东	正西	正南	西南	正西	正东
甲午日	东北	西南	东北	东南	东北	东南	东南	西北
乙未日	西北	西南	正北	东南	东北	东北	东南	西北
丙申日	西南	正西	西北	正东	西南	正北	东南	西北
丁酉日	正南	西北	正西	正东	西南	西北	正南	正北
戊戌日	东南	东北	西南	正北	正北	西南	正南	正北
己亥日	东北	正北	西南	正南	正北	东南	正南	正北
庚子日	西北	东北	西南	西南	正东	东北	正北	正南
辛丑日	西南	东北	正南	西南	正东	正北	正北	正南
壬寅日	正南	正东	东南	西北	正南	西北	正北	正南
癸卯日	东南	东南	正东	正西	正南	西南	西北	东南
甲辰日	东北	西南	东北	东南	东北	东南	西北	东南
乙巳日	西北	西南	正北	东南	东北	东北	西北	东南
丙午日	西南	正西	西北	正东	西南	正北	正东	正西
丁未日	正南	西北	正西	正东	西南	西北	正东	正西
戊申日	东南	东北	西南	正北	正北	西南	正东	正西
己酉日	东北	正北	西南	正南	正北	东南	西南	东北
庚戌日	西北	东北	西南	西南	正东	东北	西南	东北
辛亥日	西南	东北	东南	西北	正东	正北	西南	东北
壬子日	正南	正东	正南	西南	正南	西北	东北	西南
癸丑日	东南	东南	正东	正西	正南	西南	东北	西南
甲寅日	东北	西南	东北	东南	东北	东南	东北	西南
乙卯日	西北	西南	正北	东南	东北	东北	正西	正东
丙辰日	西南	正西	西北	正东	西南	正北	正西	正东
丁巳日	正南	西北	正西	正东	西南	西北	正西	正东
戊午日	东南	东北	西南	正北	正北	西南	东南	西北
己未日	东北	正北	西南	正南	正北	东南	东南	西北
庚申日	西北	东北	西南	西南	正东	东北	东南	西北
辛酉日	西南	东北	正南	西南	正东	正北	正南	正北
壬戌日	正南	正东	东南	西北	正南	西北	正南	正北
癸亥日	东南	东南	正东	正西	正南	西南	正南	正北

附録一

易經

图集

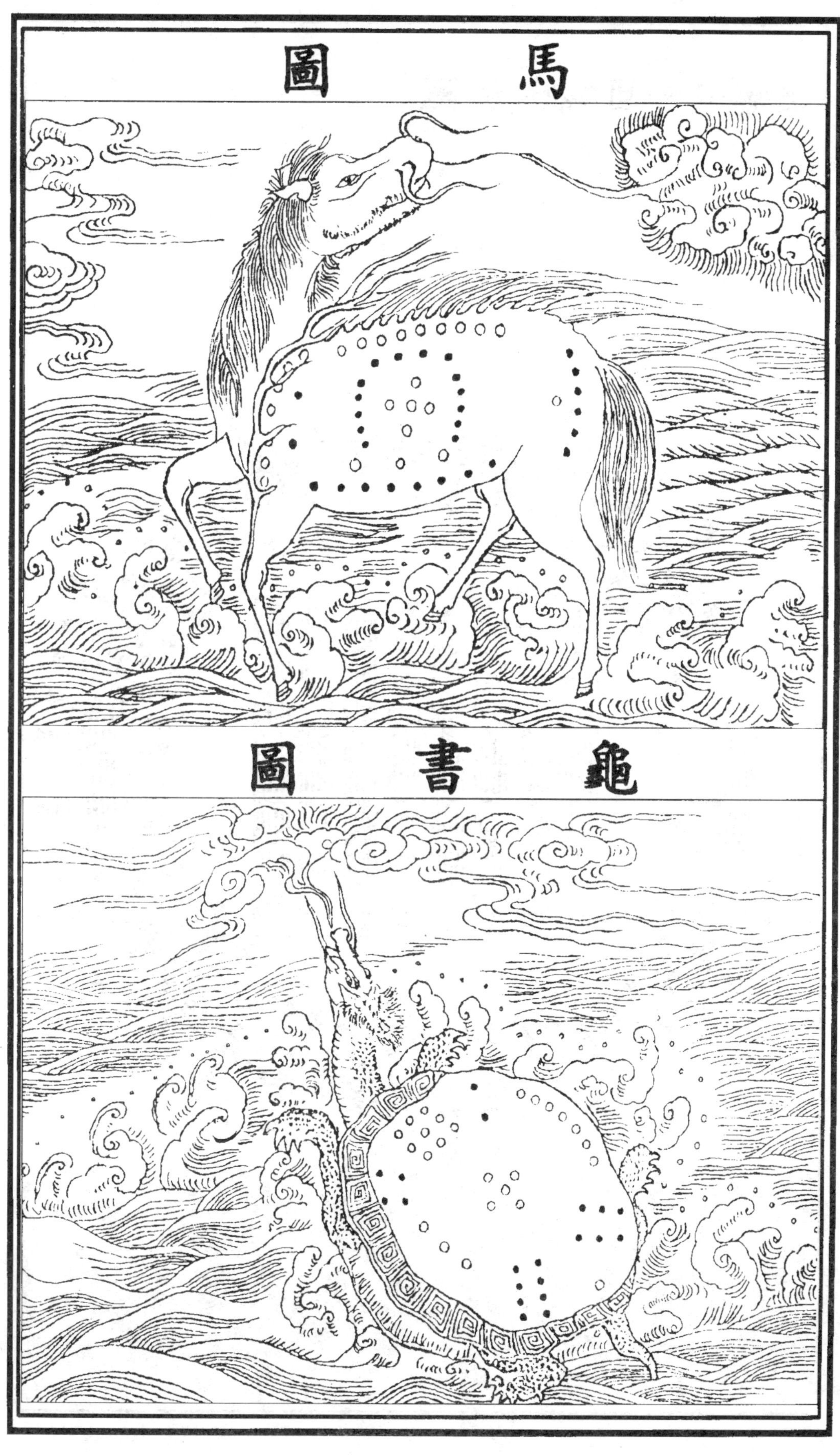
馬圖
龜書圖

伏羲六十四卦方圆图

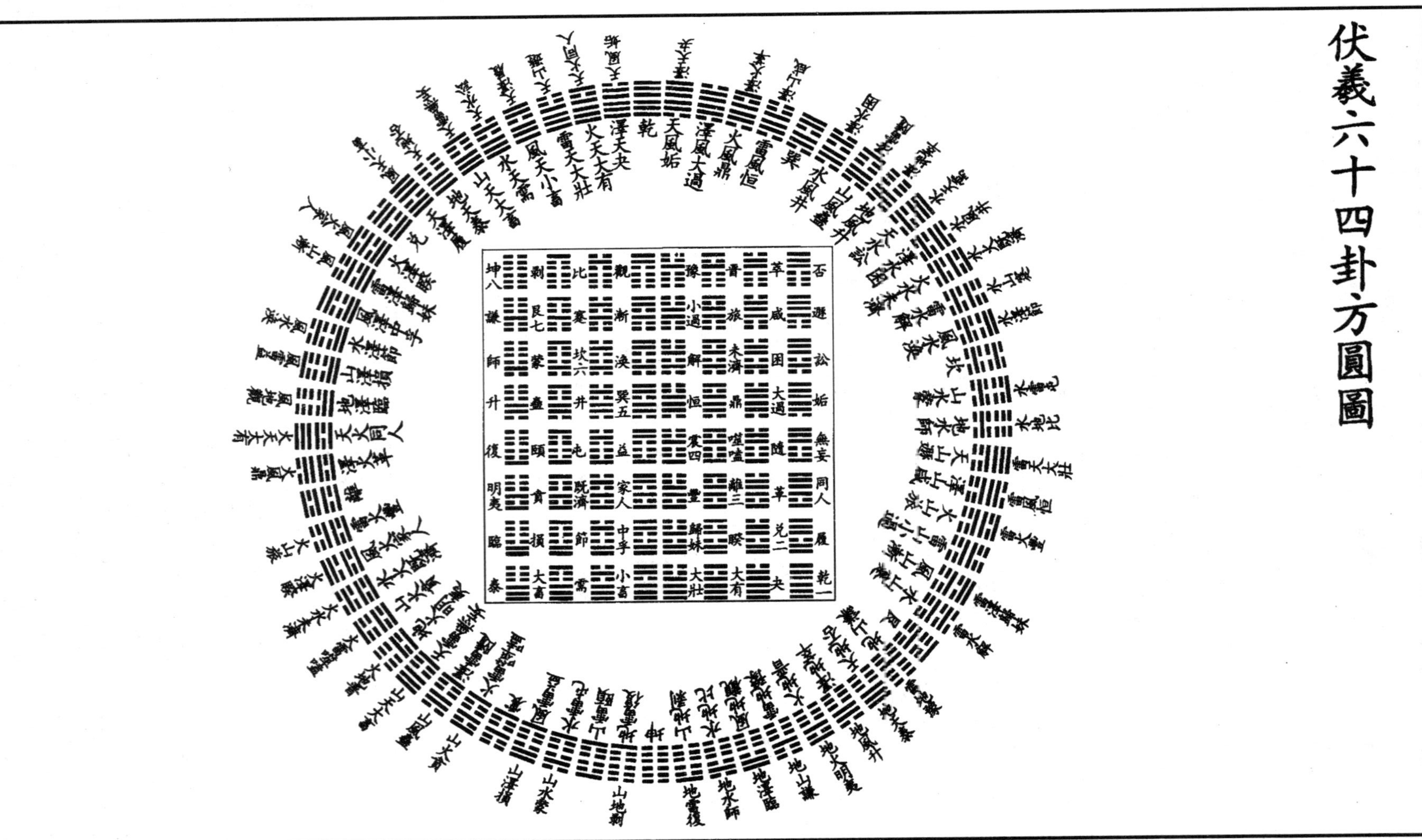

太極六十四卦圖

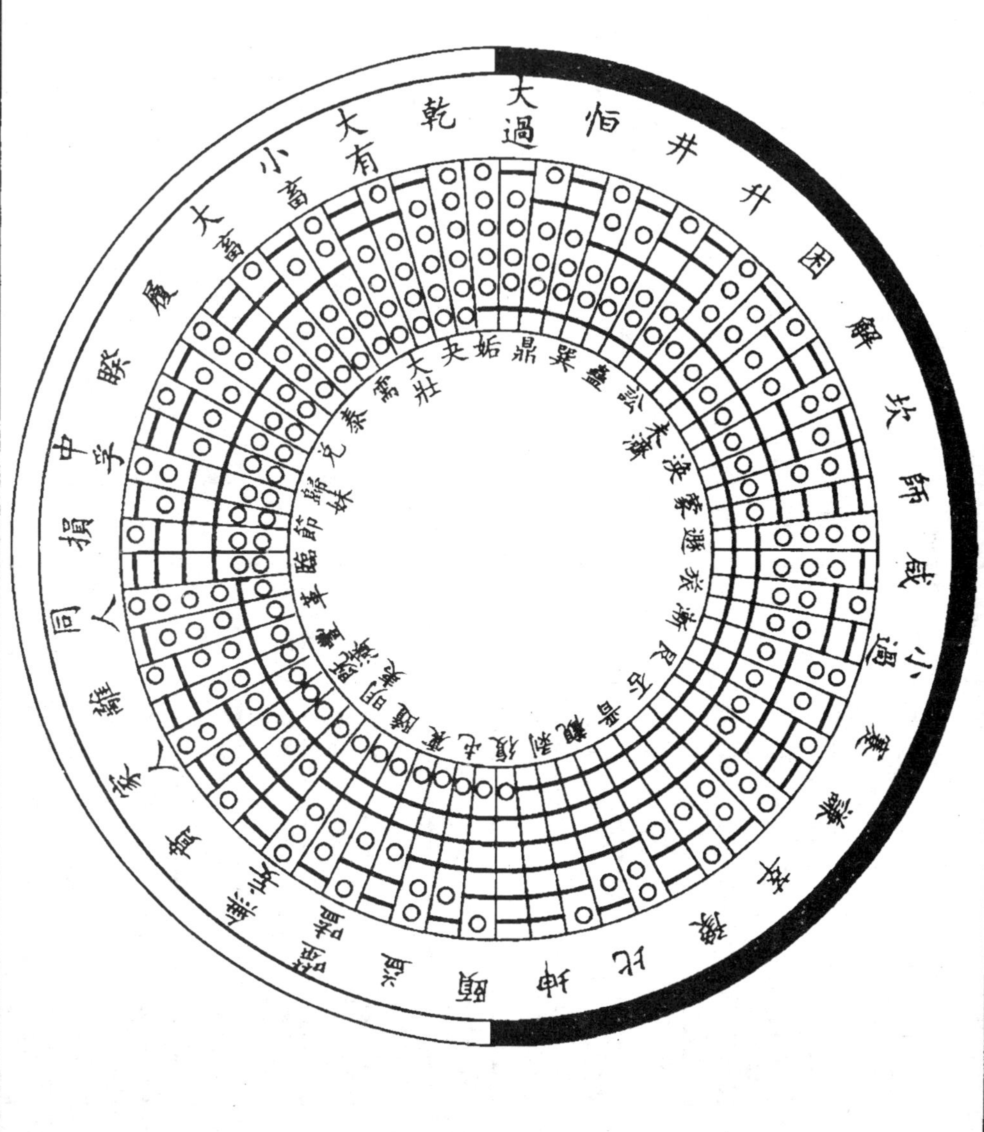

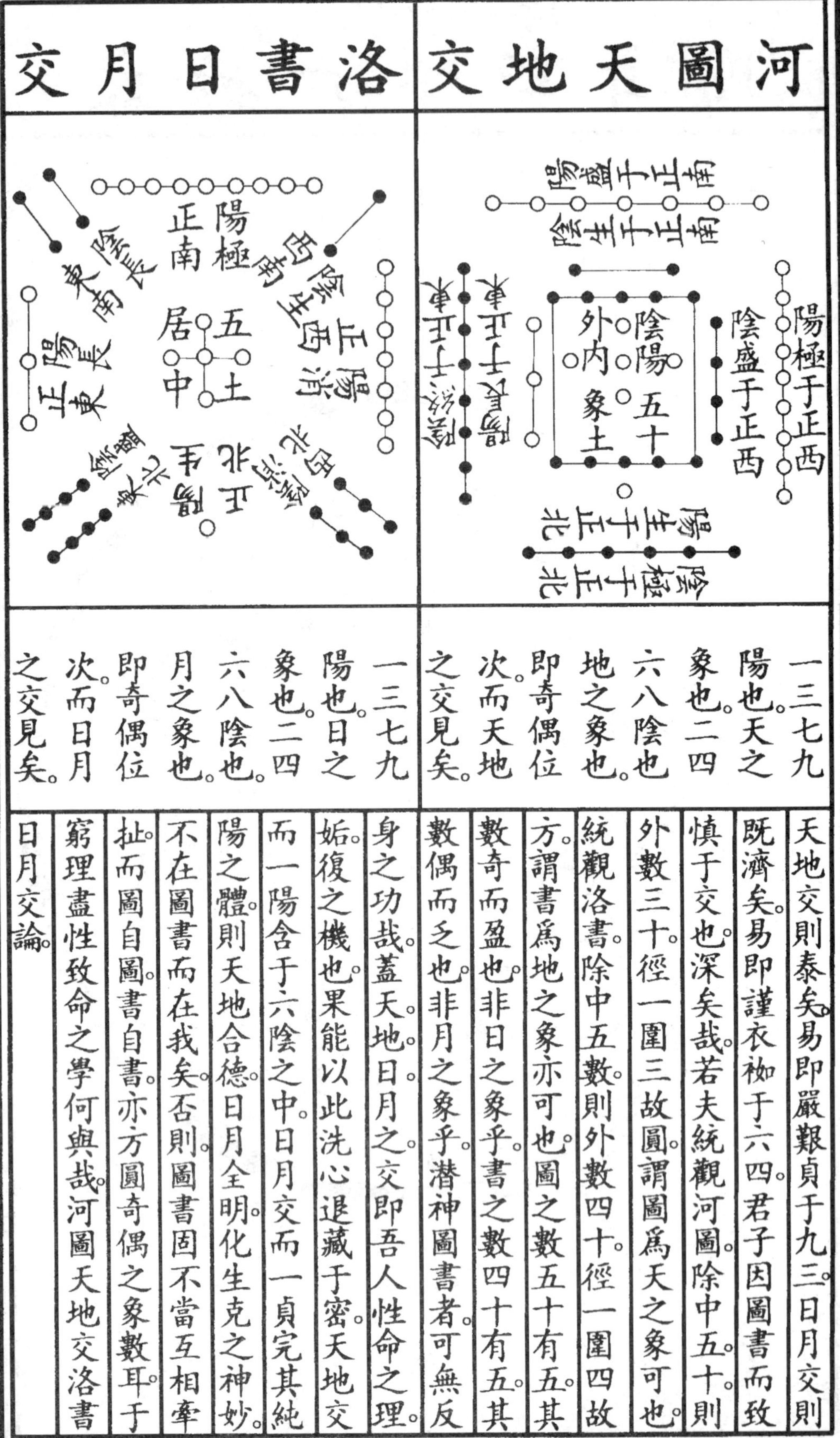

河圖天地交

一三七九陽也。天之象也。二四六八陰也地之象也。即奇偶位次。而天地之交見矣。

洛書日月交

一三七九陽也。日之象也。二四六八陰也。月之象也。即奇偶位次。而日月之交見矣。

天地交則泰矣。易即嚴艱貞于九三。日月交則既濟矣。易即謹衣袽于六四。君子因圖書而致慎于交也。深矣哉。若夫統觀河圖。除中五十。則外數三十。徑一圍三。故圓。謂圖爲天之象可也。統觀洛書。除中五數。則外數四十。徑一圍四。故方。謂書爲地之象亦可也。圖之數五十有五。其數奇而盈也。非日之象乎。書之數四十有五。其數偶而乏也。非月之象乎。潛神圖書者。可無反身之功哉。蓋天地。日月。之交即吾人性命之理。姤。復之機也。果能以此洗心退藏于密。天地交而一陽含于六陰之中。日月交而一貞完其純陽之體。則天地合德。日月全明。化生克之神妙。不在圖書而在我矣。否則圖書固不當互相牽扯。而圖自圖。書自書。亦方圓奇偶之象數耳。于窮理盡性致命之學何與哉。河圖天地交洛書日月交論。

河洛卦位合圖

此圖之卦位相傳謂之先天由乾至坤自南而北數往者順爲消

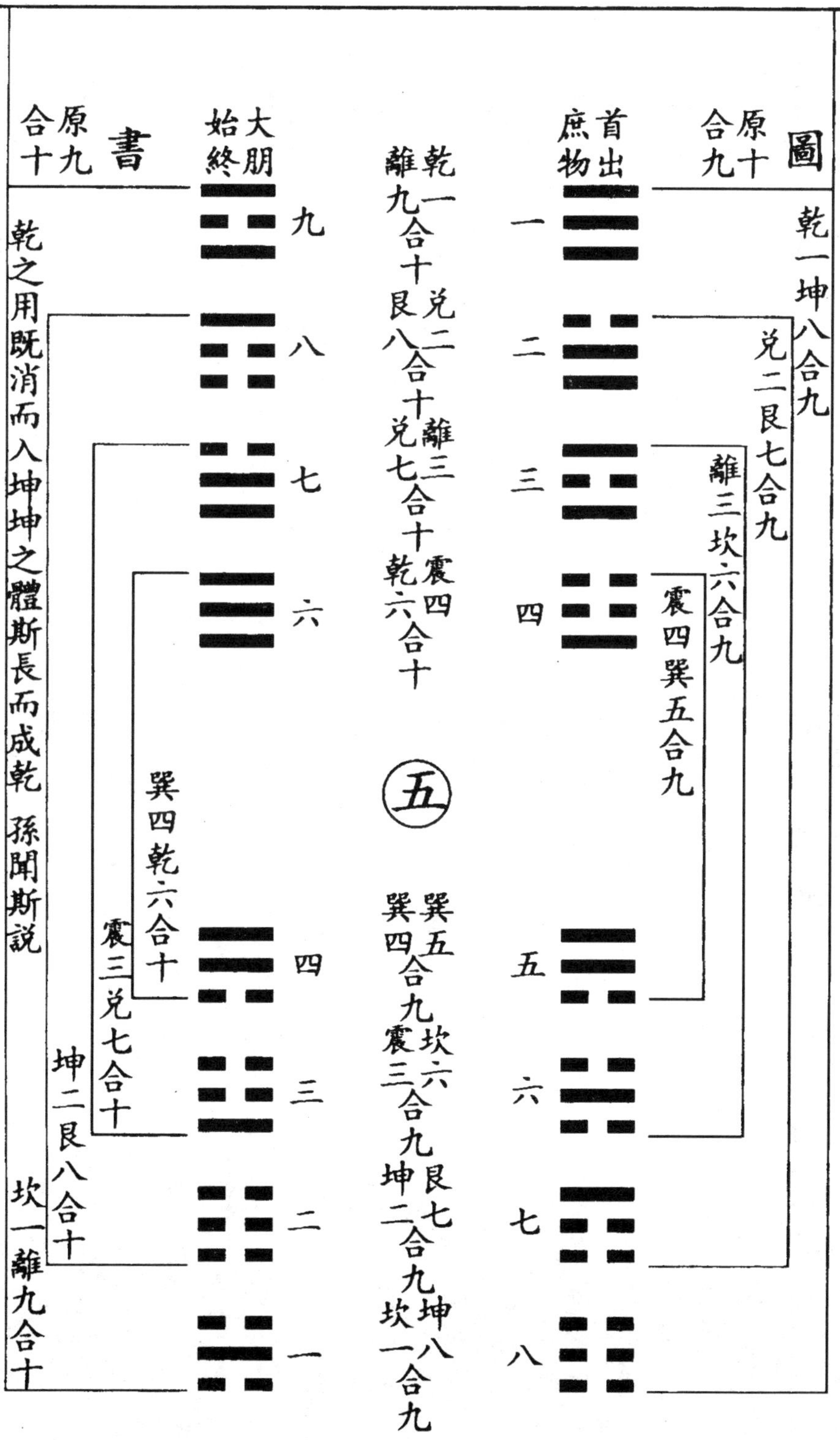

圖

原十合九

首出庶物

一 二 三 四 五 六 七 八

乾一坤八合九

兌二艮七合九

離三坎六合九

震四巽五合九

乾一離九合十

兌二艮八合十

離三兌七合十

震四乾六合十

五

巽五巽四合九

坎六震三合九

艮七坤二合九

坤八坎一合九

大明始終

九 八 七 六 四 三 二 一

書

原九合十

巽四乾六合十

震三兌七合十

坤二艮八合十

坎一離九合十

乾之用既消而入坤坤之體斯長而成乾 孫聞斯説

此書之卦位相傳謂之后天起坎究離自北而南知來者逆爲息

河洛陰陽生成純雜圖

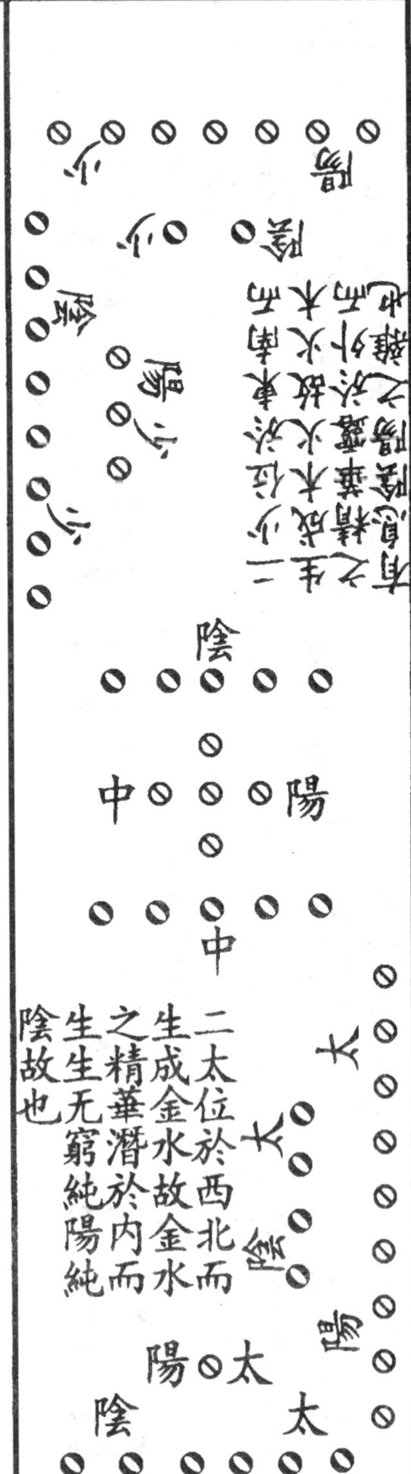

太陽
太陰
少陽
少陰
中
陽
陰
二太位於西北而生成金水故金水之精華潛於內而生生无窮純陽純陰故也

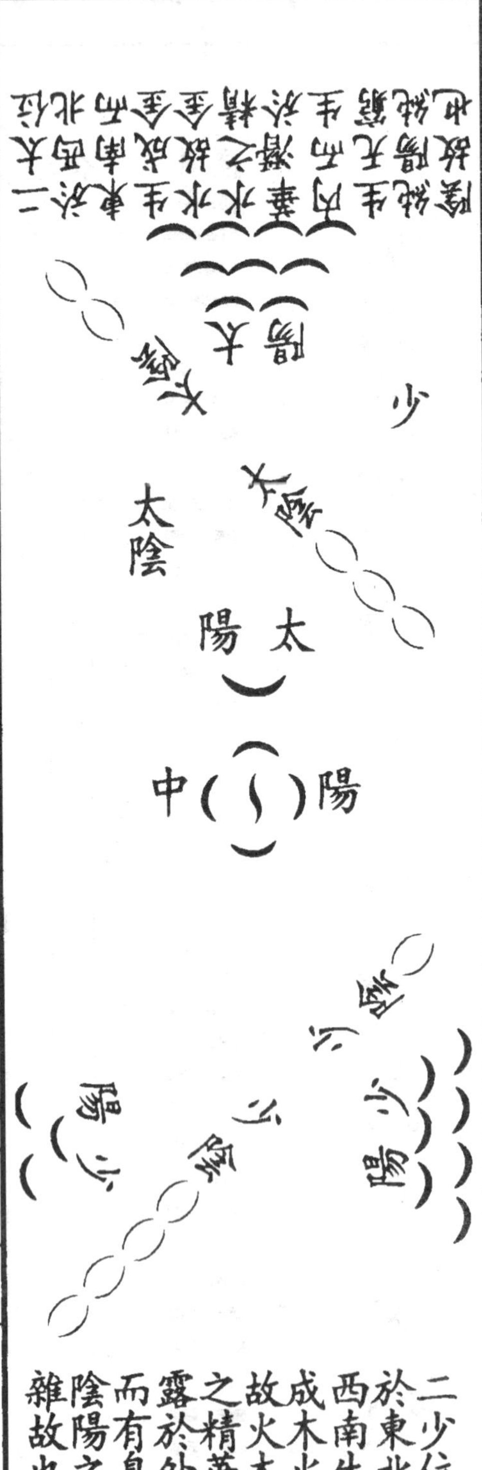

太陽
太陰
少陽
少陰
中
陽
二少位於東北西南生成木火故火木之精華露於外而有息陰陽之雜故也

河圖陰陽二太居西北二少居東南則潛於內露於外洛書陰陽二太居東南西北二少居東北西南則亦潛內露外不同

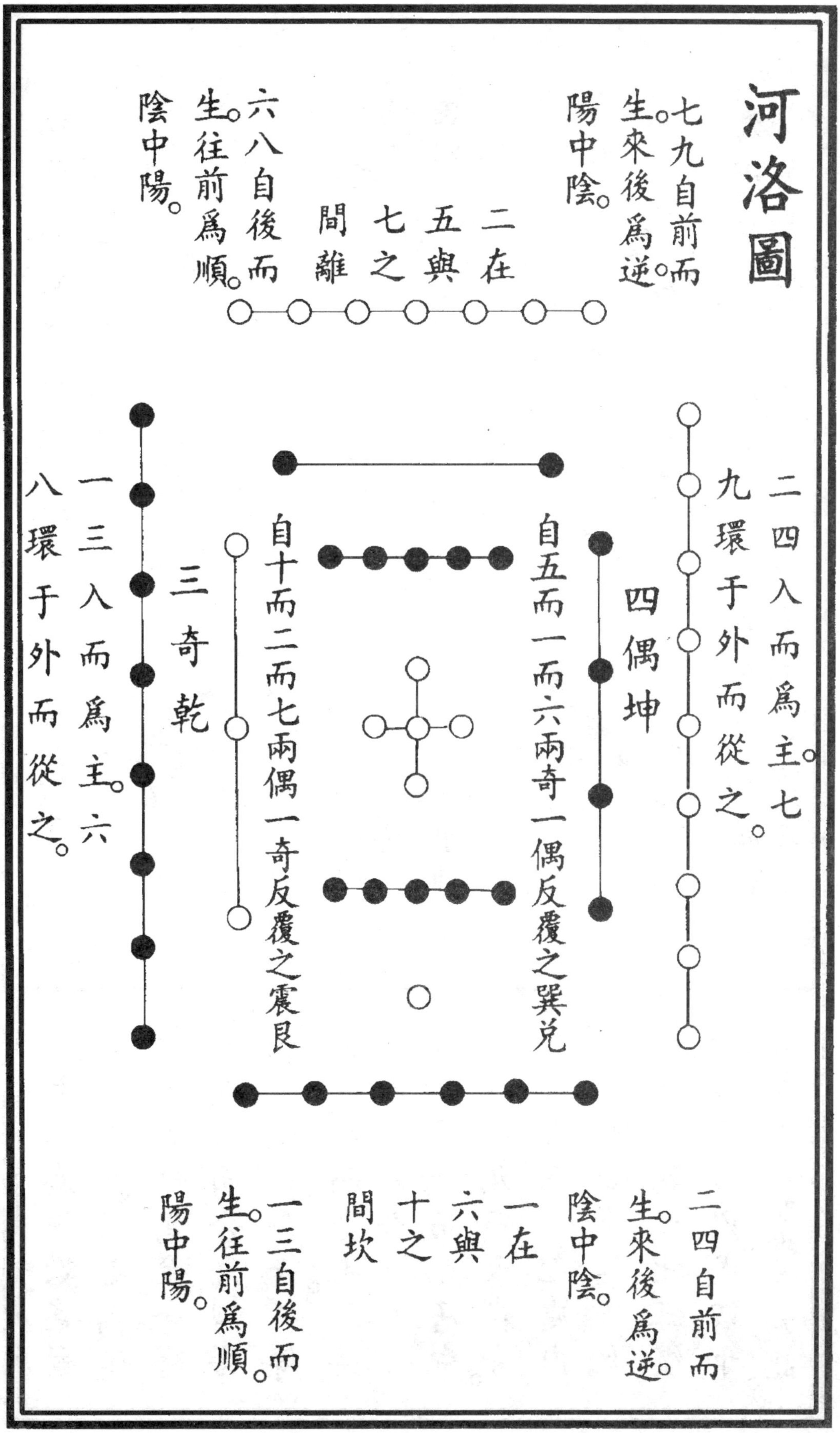

河洛圖

七九自前而生。來後爲逆。陽中陰。

二在五與七之間離

六八自後而生。往前爲順。陰中陽。

二四入而爲主。七九環于外而從之。

四偶坤

自五而一而六兩奇一偶反覆之巽兑

自十而二而七兩偶一奇反覆之震艮

三奇乾

一三入而爲主。六八環于外而從之。

二四自前而生。來後爲逆。陰中陰。

一在六與十之間坎

一三自後而生。往前爲順。陽中陽。

縱橫右斜左斜同河圖之十又同十五。

水一火九。水始于一火究于九

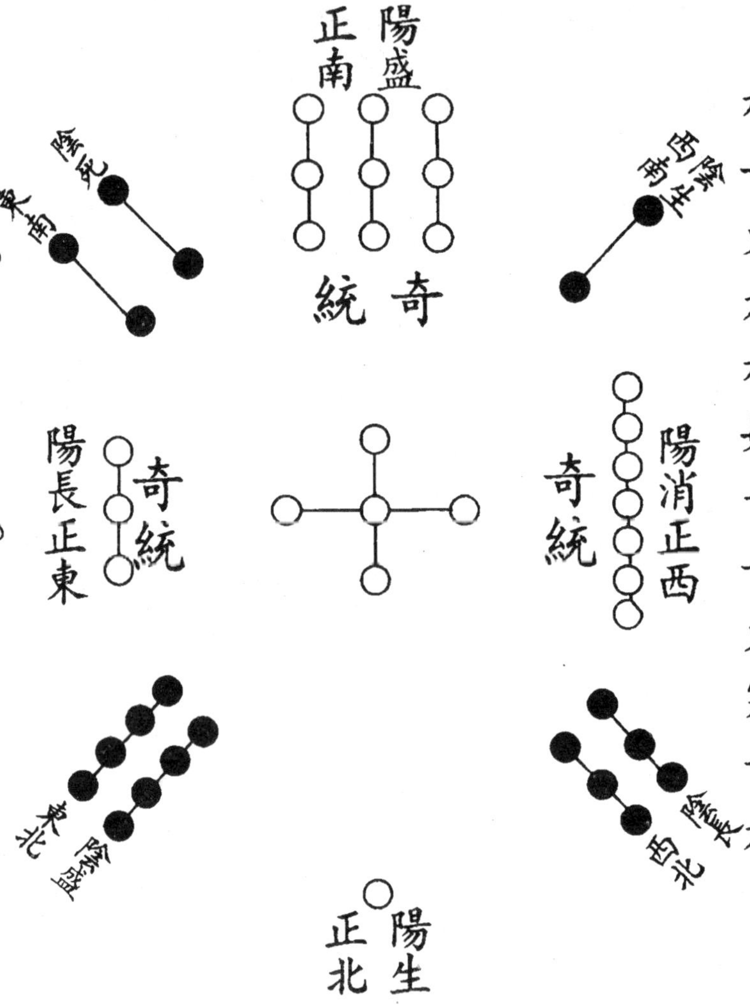

九退爲七。八退爲六。火金易位爲相剋。

以南九分爲二七。以西二七合爲九。

一而三爲進數。爲發散。爲木。九而七爲退數。爲收斂爲金。一得五成六而合九。四得五成九而合六。三得五成八而合七。二得五成七而合八。二四成六。而九居中。一八成九。而六在旁。二六成八。而七處內。三四成七。而八在下。三其九。爲廿七。三其六。爲十八。以成四十有五。而乾九坤六本此。

律呂合河圖洪範圖

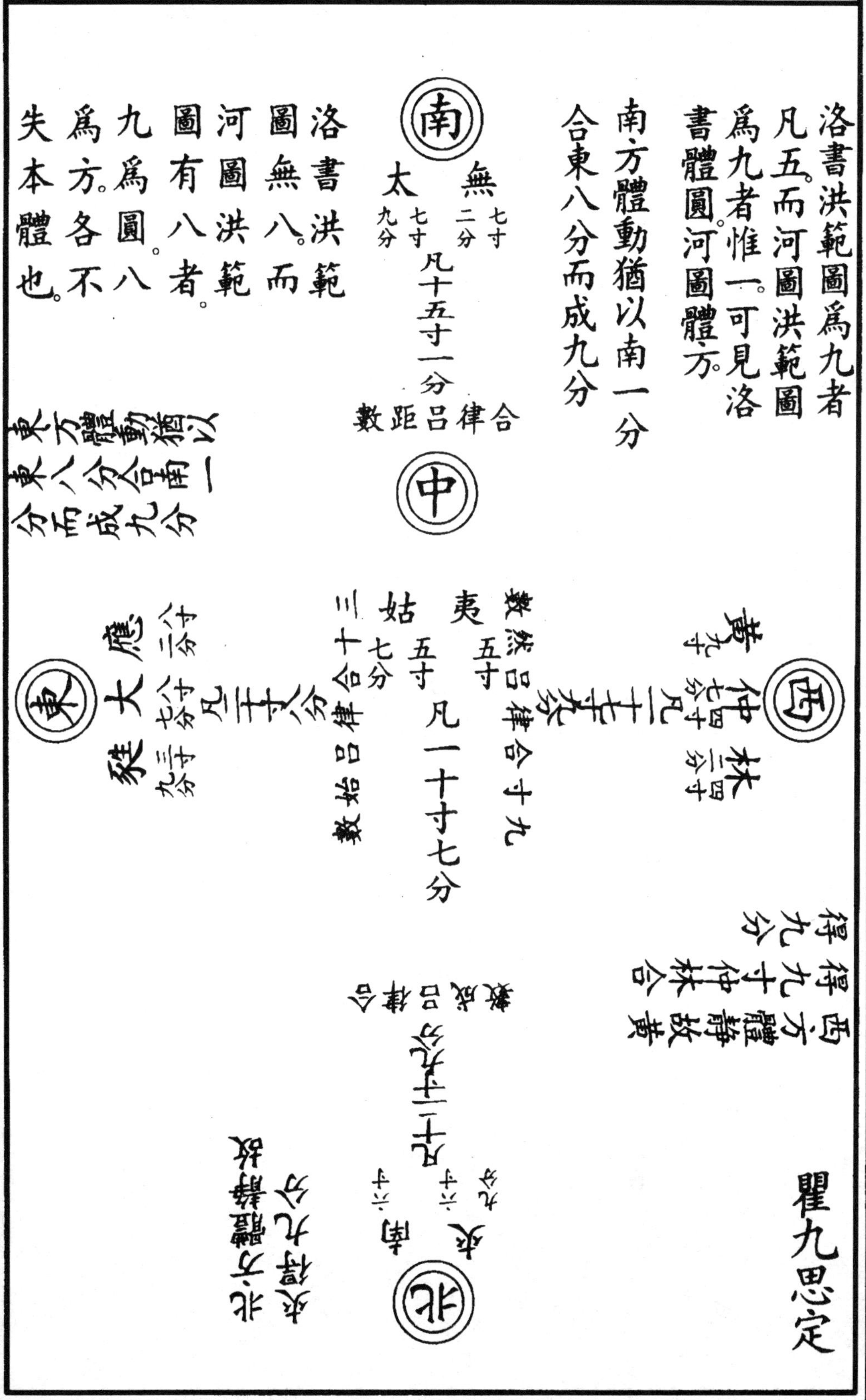

洛書洪範圖爲九者凡五。而河圖洪範圖爲九者惟一。可見洛書體圓河圖體方。

南方體動猶以南一分合東八分而成九分

洛書洪範圖無八。而河圖洪範圖有八者。九爲圓。八爲方。各不失本體也。

南

無 七寸二分

太 七寸九分

凡十五寸一分

合律呂距數

中

東方體動猶以南一分合東八分而成九分

西

黄 九寸

仲 四寸七分 凡

林 四寸二分

十七寸九分

數然呂律合寸九

夷 五寸

姑 五寸 七分

凡一十寸七分

三十六分

律呂則數

應 六寸二分

東 大 七寸八分

蕤 九寸三分

西方體靜故黄仲林合得九寸

得九分

瞿九思定

北

南 六寸

太 六寸九分

凡十二寸九分

合律呂數

北方體靜故得九分

洪範九疇之圖

西

天命之歷數聽命于福極以爲吉凶

九 五福六極

四 五紀

此皇極所曆于天之歷數

天起于西故日月星辰斡旋于西

星辰 日 月 歲

五福六極雖屬徵應而五福有攸好德六極有惡尚屬修爲今不以福極居內五紀居外而反以五紀居內六極居外與三方不同者蓋造化已至西即相持而交易故曰戰乎乾且五紀之運皇極是皇極與天之歷數相授相承欲皇極精一執中但當修德事于己而不必問福極于天也

天運終于西始于北造化歸于西復于北西與北爲始終之介故位五福六極于西北以爲吉凶之介謂如是則吉如是則凶

北

造化之五行聽命于三德以爲吉凶

六 三德

一 五行

北主潛故德潛于北
極以三德置五行之
不見潛潛其潛

此皇極所建于中之盡德

五皇極

北以三南以七東以八西以五
六環向中五坤所謂會極歸極

以皇極之五運于北爲五行而成五運于南爲五事而成五運于東爲庶徵而成五運于西爲五紀而成五即所謂錫汝保極

此皇極所見于外之大業

二 五事

七 稽疑

稽疑之鬼神聽命于五事以爲吉凶

南

南主見故事見于南面以五事置稽疑之下見稽謀自天

卜筮乃道居南宜矣乃心居南欲皇極心與天通卿士庶人亦居南見天視自我民視天聽自我民聽即帝天之命主于民心欲皇極不敢忽也

東

八 庶徵

三 八政

王者惟歲 卿士惟月 師尹惟日 庶民惟星

人盡于東故司空司徒司寇卿士師尹侍從于東

律呂合洛書洪範圖

黃 九寸

合律呂終數

仲 四寸七分 林 四寸二分

凡八寸九分

始 五寸七分 夷 五寸

凡一十寸七分

合律呂距數

合律呂始數

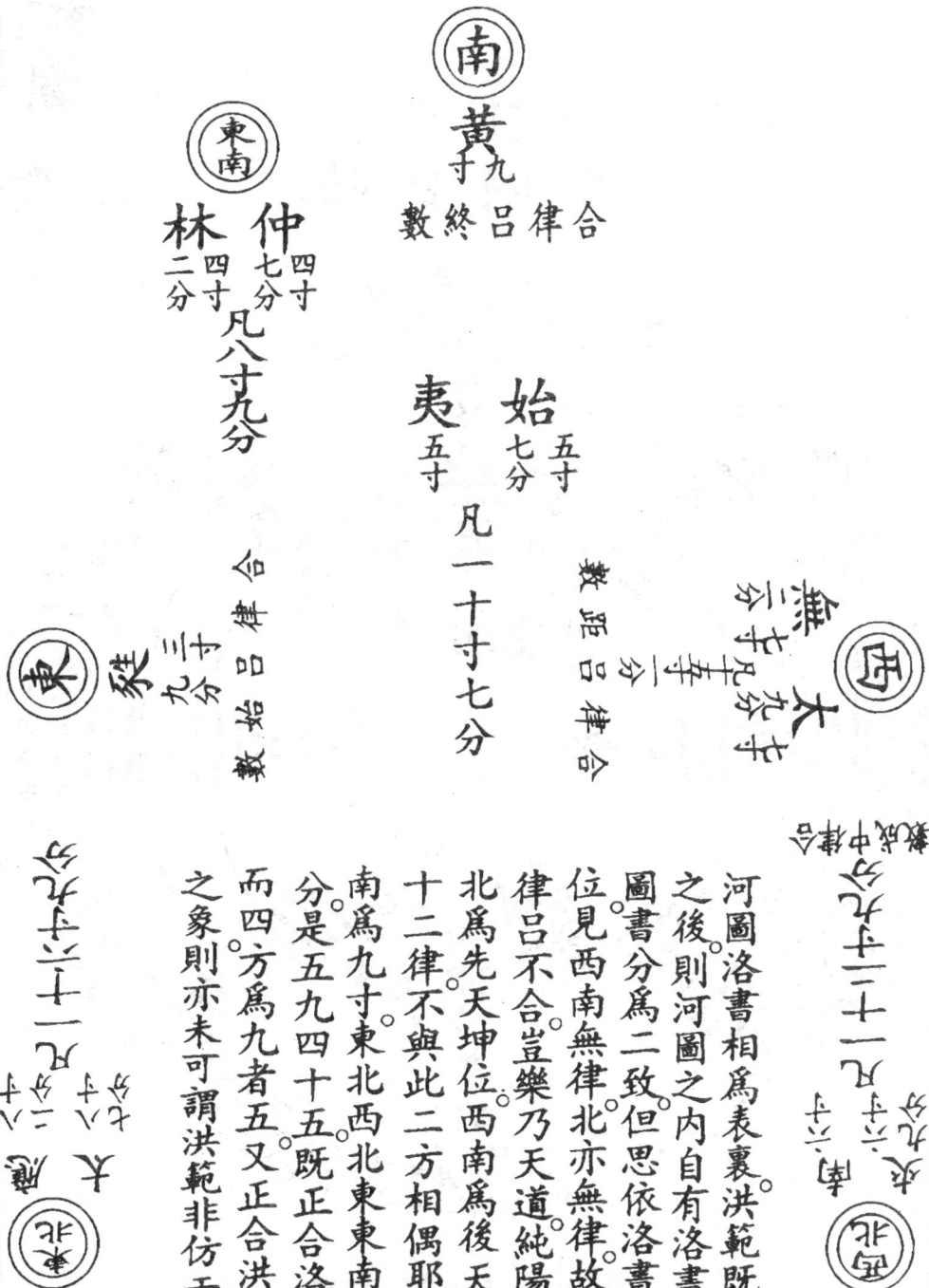

河圖洛書相爲表裏。洪範既經大衍之後。則河圖之內自有洛書。不必以圖書分爲二致。但思依洛書陳布律位。見西南無律。北亦無律。故謂其與律呂不合。豈樂乃天道。純陽無陰。而北爲先天坤位。西南爲後天坤位。故十二律不與此二方相偶耶。然此圖南爲九寸。東北西北東東南皆爲九分。是五九四十五。既正合洛書之數。而四方爲九者五。又正合洪範九疇之象。則亦未可謂洪範非仿于洛書也。

體用一源卦圖

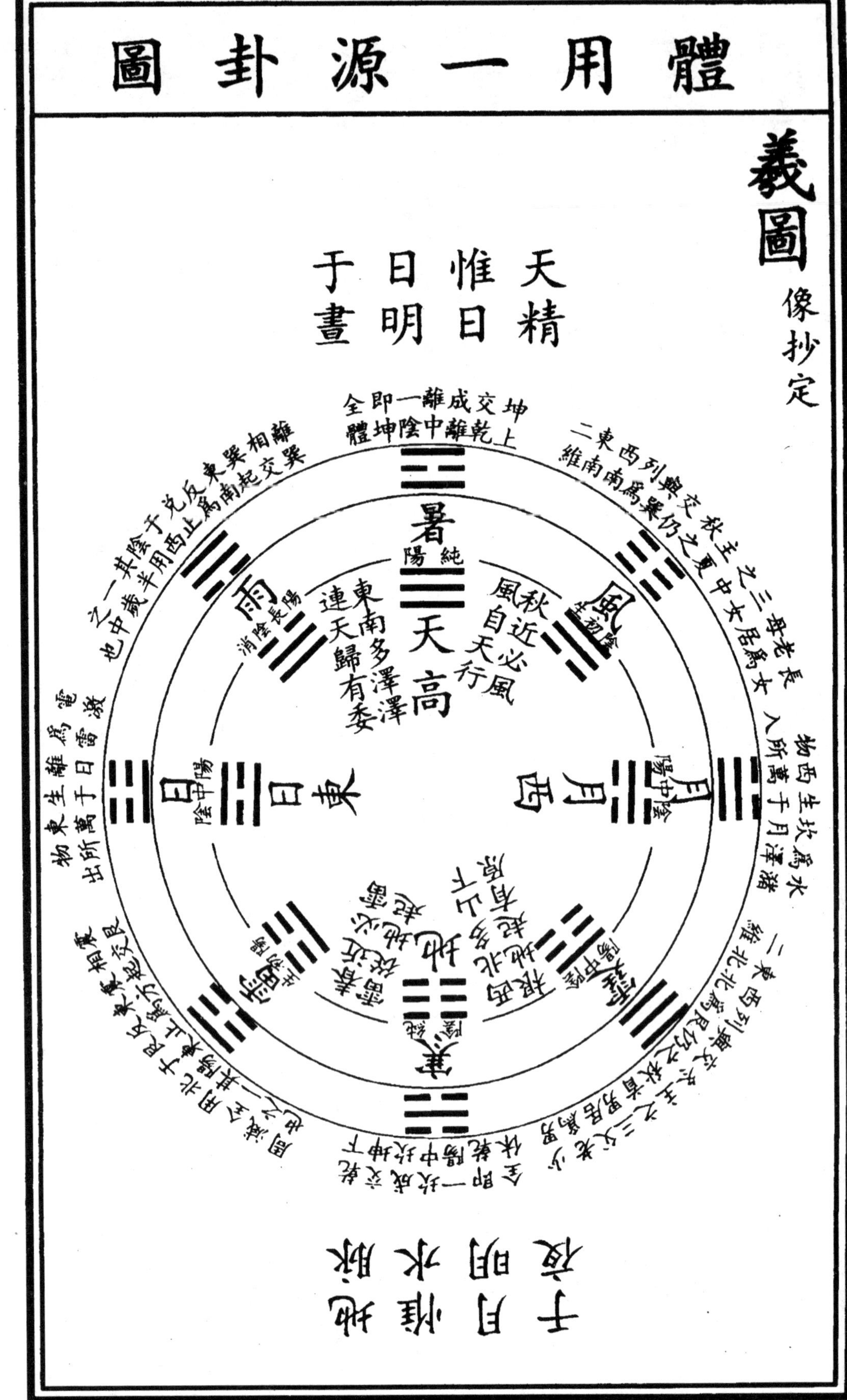

義圖
像抄定
天精
惟日
日明
于晝
地魄
惟水
月明
于夜

陽生自下陰消自上全圖

乾施即消中虛爲離消盡成坤而坎即息于坤中

坤受即息中盈爲坎息極成乾而離即消于坤中

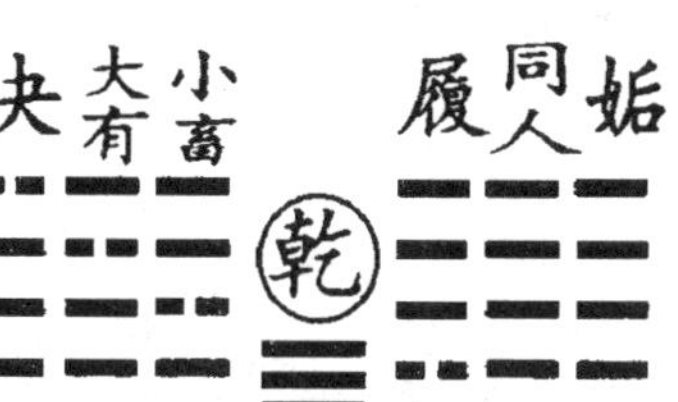

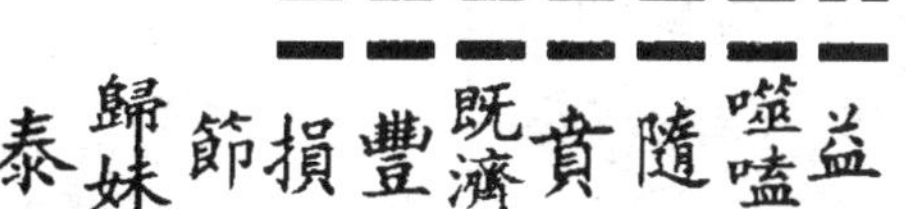

羲圖像抄定

六十四卦方圆象数

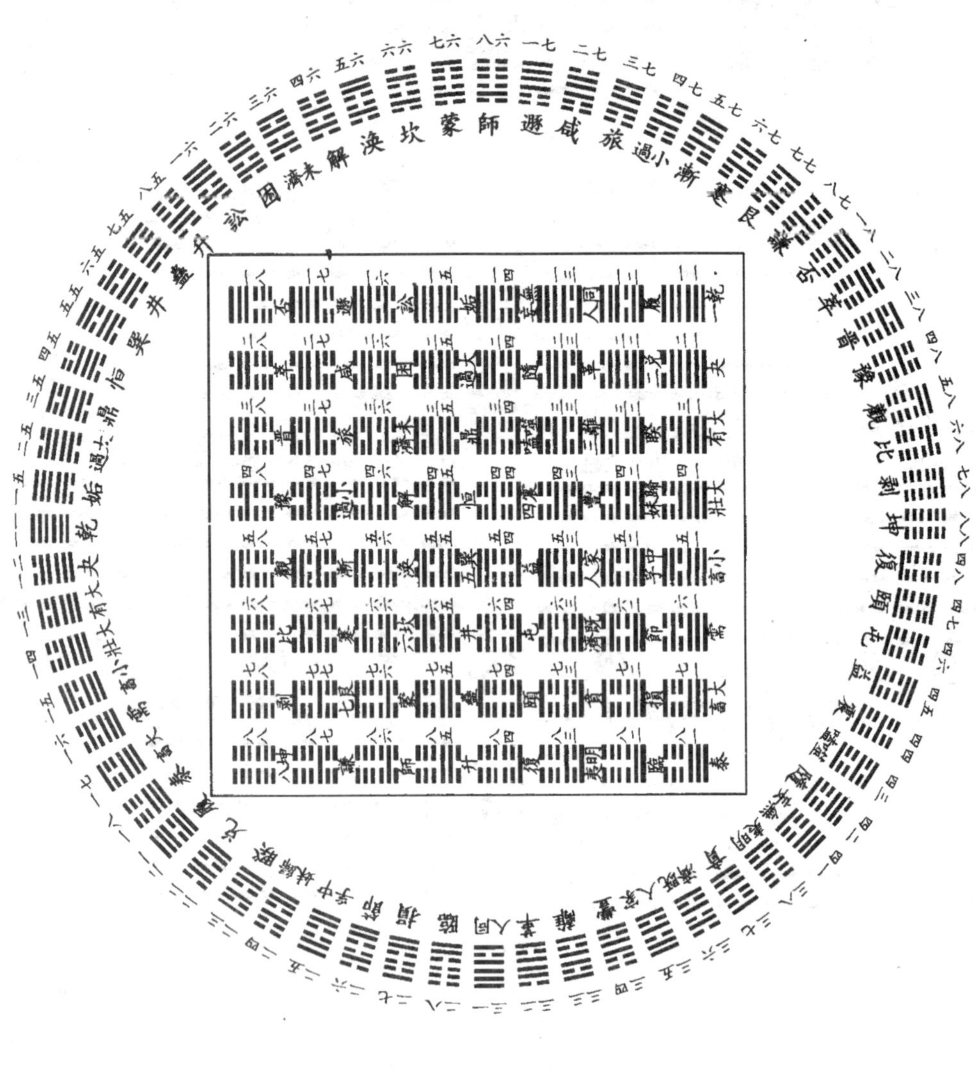

一中分造化圓圖

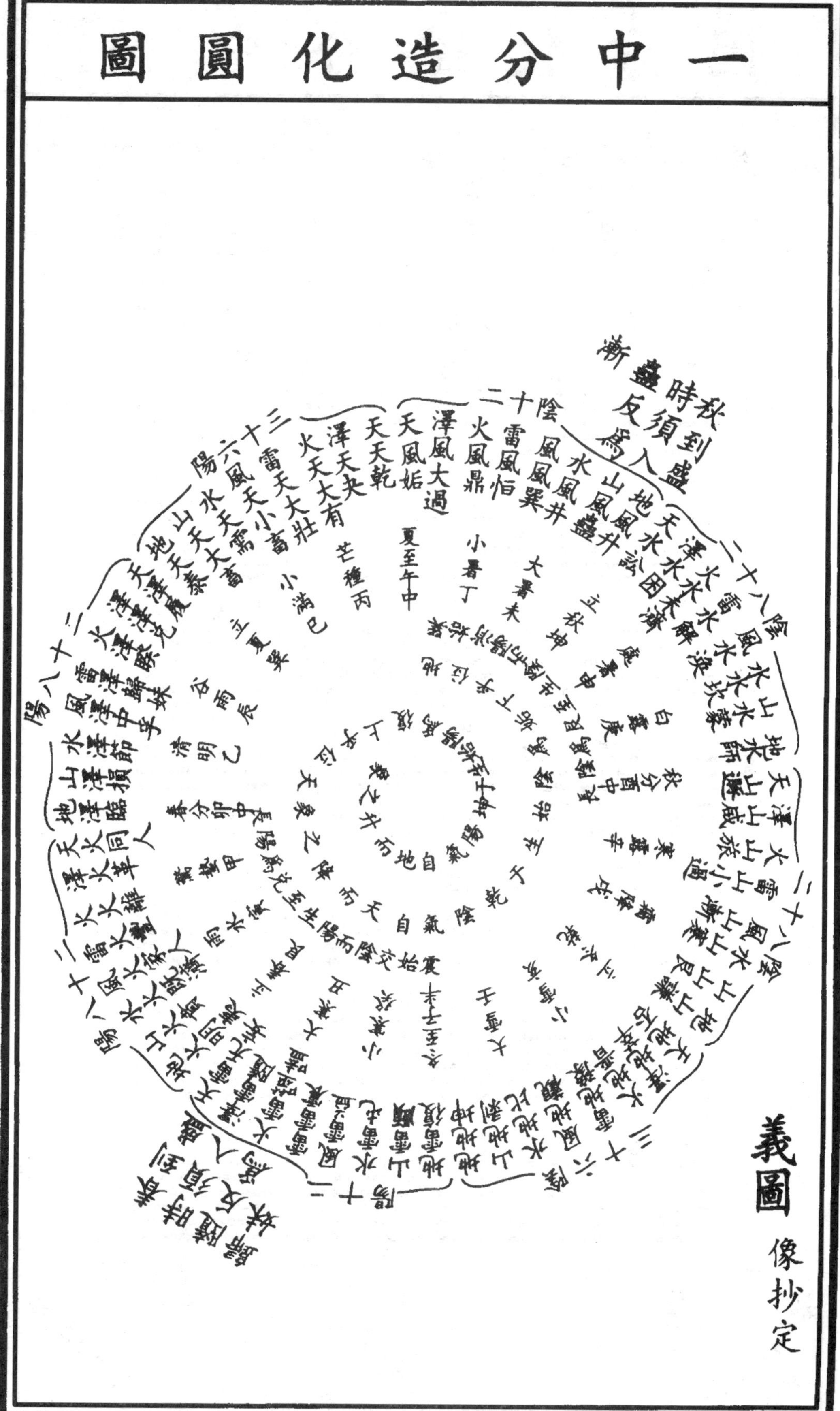

一中分造化方圖

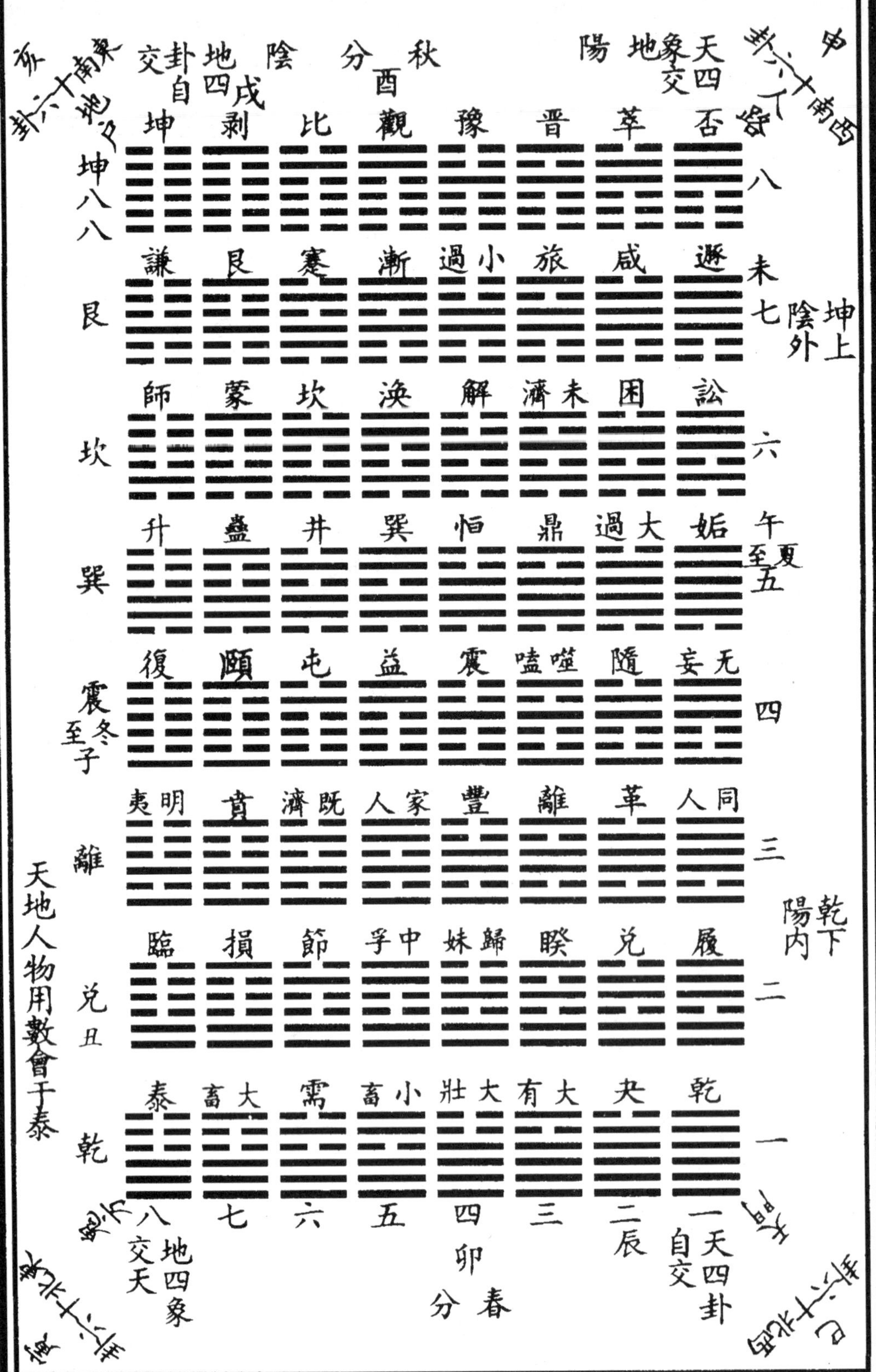

中 十六卦 西南 八路
天四象交地 陽
秋 酉
分
陰
地四自交卦 戌
亥 東南十六卦 地戶

	坤	剥	比	觀	豫	晋	萃	否	
坤八八									八
	謙	艮	蹇	漸	小過	旅	咸	遯	
艮									未 七 坤上 陰外
	師	蒙	坎	涣	解	未濟	困	訟	
坎									六
	升	蠱	井	巽	恒	鼎	大過	姤	
巽									午 夏至 五
	復	頤	屯	益	震	噬嗑	隨	无妄	
震 冬至 子									四
	明夷	賁	既濟	家人	豐	離	革	同人	
離									三 乾下 陽内
	臨	損	節	中孚	歸妹	睽	兑	履	
兑 丑									二
	泰	大畜	需	小畜	大壯	大有	夬	乾	
乾									一
	八	七	六	五	四	三	二	一	

天地人物用數會于泰

寅 東北十六卦 鬼方
八 地四象交天
卯
春分
辰
一 天四卦自交
巳 西北十六卦 天門

羲圖 像抄定

天天乾
天風姤
天水訟
天山遯
天地否
風天小畜
風澤中孚
風火家人
風雷益
風風巽
風水渙
風山漸
風地觀
水天需
水澤節
水火既濟
水雷屯
水風井
水水坎
水山蹇
水地比
山天大畜
山澤損
山火賁
山雷頤
山風蠱
山水蒙
山山艮
山地剝
地天泰
地澤臨
地火明夷
地雷復
地風升
地水師
地山謙
地地坤
雷地豫
雷山小過
雷水解
雷風恆
雷雷震
雷火豐
雷澤歸妹
雷天大壯
火地晉
火山旅
火水未濟
火風鼎
火雷噬嗑
火火離
火澤睽
火天大有
澤地萃
澤山咸
澤水困
澤風大過
澤雷隨
澤火革
澤澤兌
澤天夬
天雷无妄
天火同人
天澤履

夏至午中
小暑丁
大暑未
立秋坤
處暑申
白露庚
秋分酉中
寒露辛
霜降戌
立冬乾
小雪亥
大雪壬
冬至子中
小寒癸
大寒丑
立春艮
雨水寅
驚蟄甲
春分卯中
清明乙
穀雨辰
立夏巽
小滿巳
芒種丙

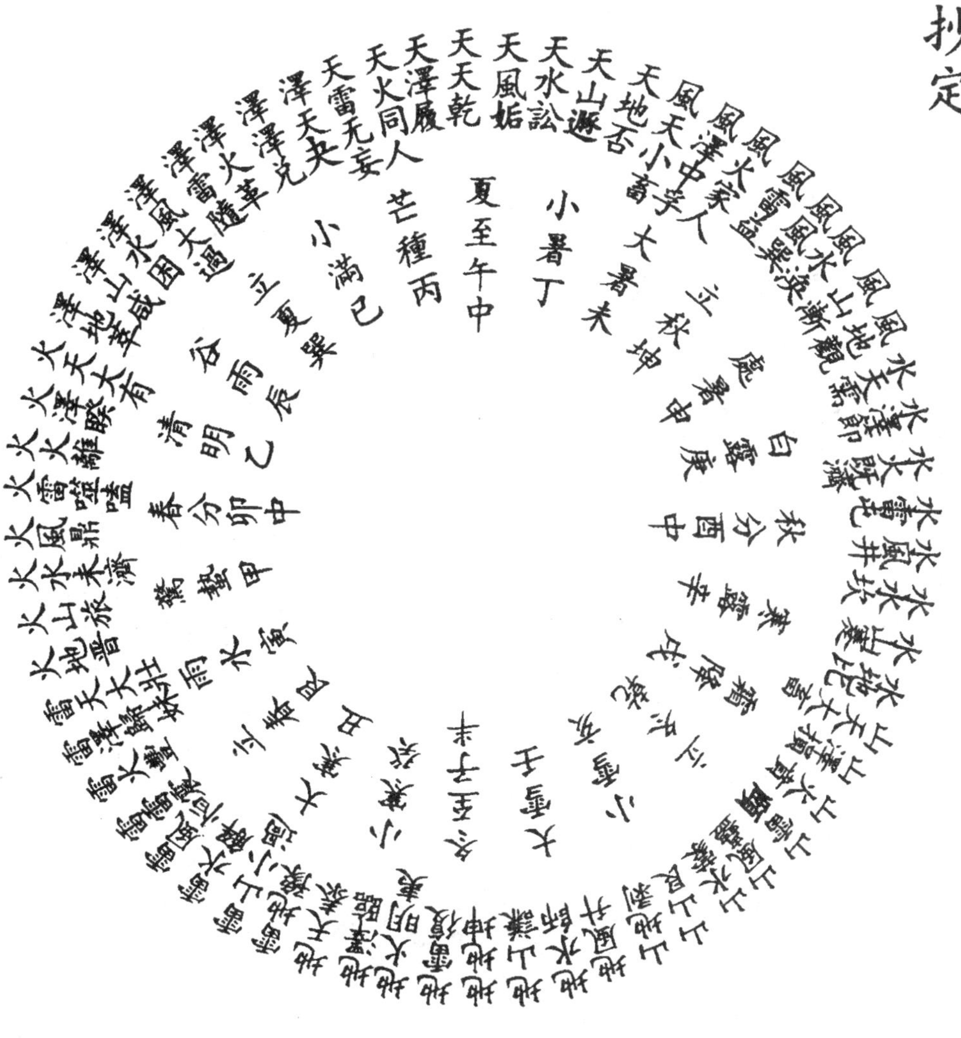

一中分造化圓圖

文圖 像抄定

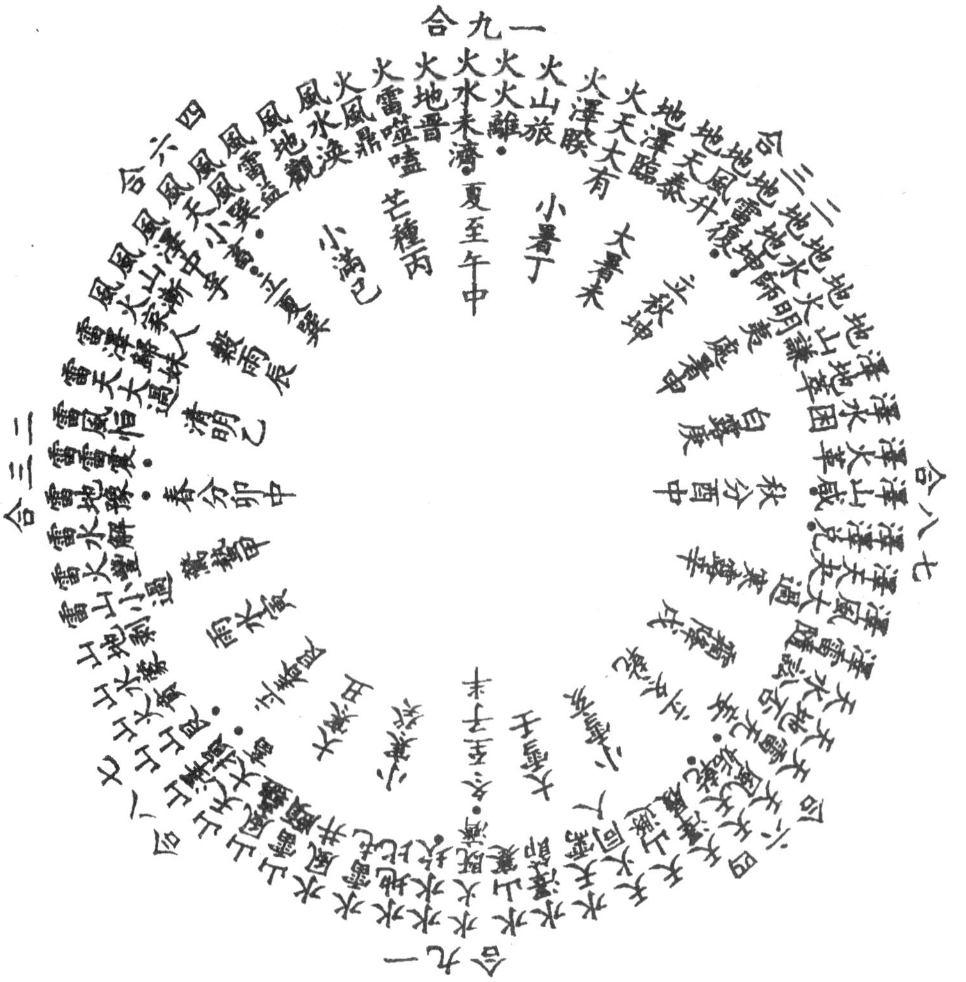

一九合
火火離 火水未濟 火地晉 火雷噬嗑 火風鼎 火山旅 火澤睽 火天大有
風水渙 風地觀 風雷益 風天小畜 風風巽 風山漸 風澤中孚 風火家人
地澤臨 地天泰 地風升 地雷復 地地坤 地水師 地火明夷 地山謙
澤地萃 澤水困 澤火革 澤山咸 澤澤兌 澤天夬 澤風大過 澤雷隨
雷天大壯 雷風恆 雷雷震 雷地豫 雷水解 雷火豐 雷山小過 雷澤歸妹
四六合 三二合 七八合 二三合
夏至午中 小暑丁 大暑未 立秋坤 處暑申 白露庚 秋分酉中
芒種丙 小滿巳 立夏巽 穀雨辰 清明乙 春分卯中

先后天仰观天文图

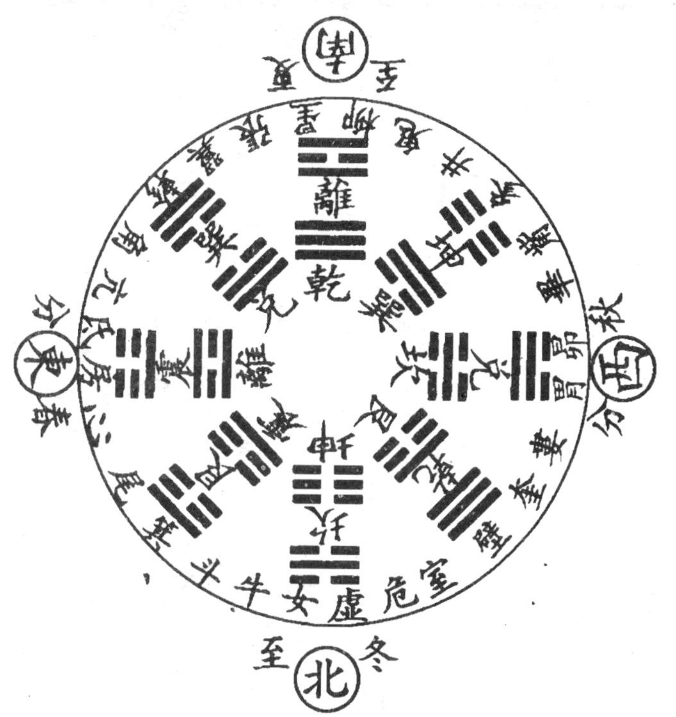

先后天俯察地理图

十二月日行天圖

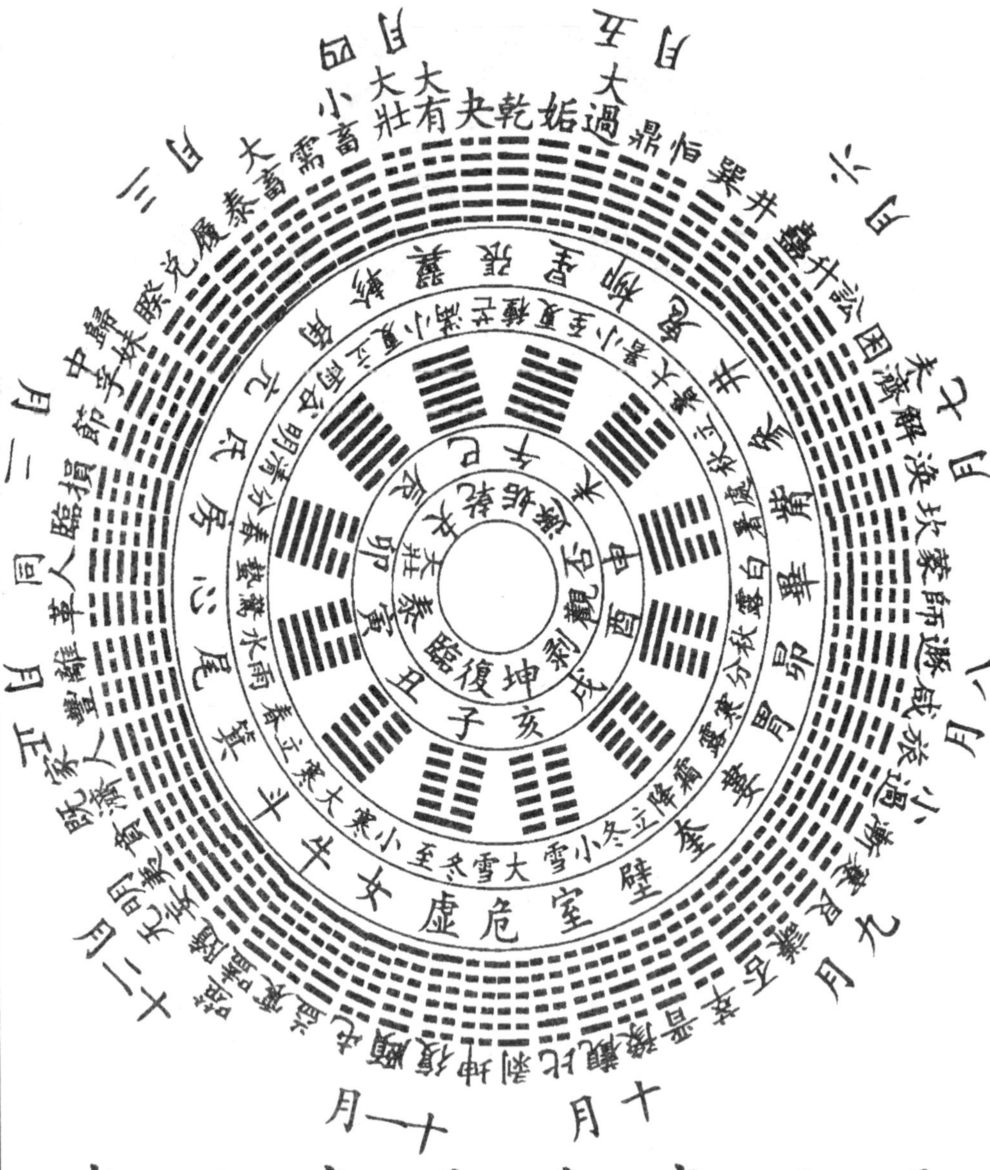

正月
二月
三月
四月
五月
六月
七月
八月
九月
十月
十一月
十二月

子 丑 寅 卯 辰 巳 午 未 申 酉 戌 亥

復 臨 泰 大壯 夬 乾 姤 遯 否 觀 剝 坤

虛 危 室 壁 奎 婁 胃 昴 畢 參 井 鬼 柳 星 張 翼 軫 角 亢 氐 房 心 尾 箕 斗 牛 女

冬至 小寒 大寒 立春 雨水 驚蟄 春分 清明 小暑 大暑 白露 秋分 寒露 霜降 立冬 小雪 大雪

天行健日過一度日行速日不及天一度所謂日行天者如此

豎圖

羲圖

乾 兌 離 震

乾兌離震屬陽儀屬天分

澤從天下降與離日相勝

天精惟日故日中天

雷出地行天與離雷俱至

巽 坎 艮 坤

巽坎艮坤屬陰儀屬地分地分亦只在天分由天全而地半陽全而陰半

風起天行地與坎雨並潤

地脈惟水故水由地中

山從地上峙與坎水相涵

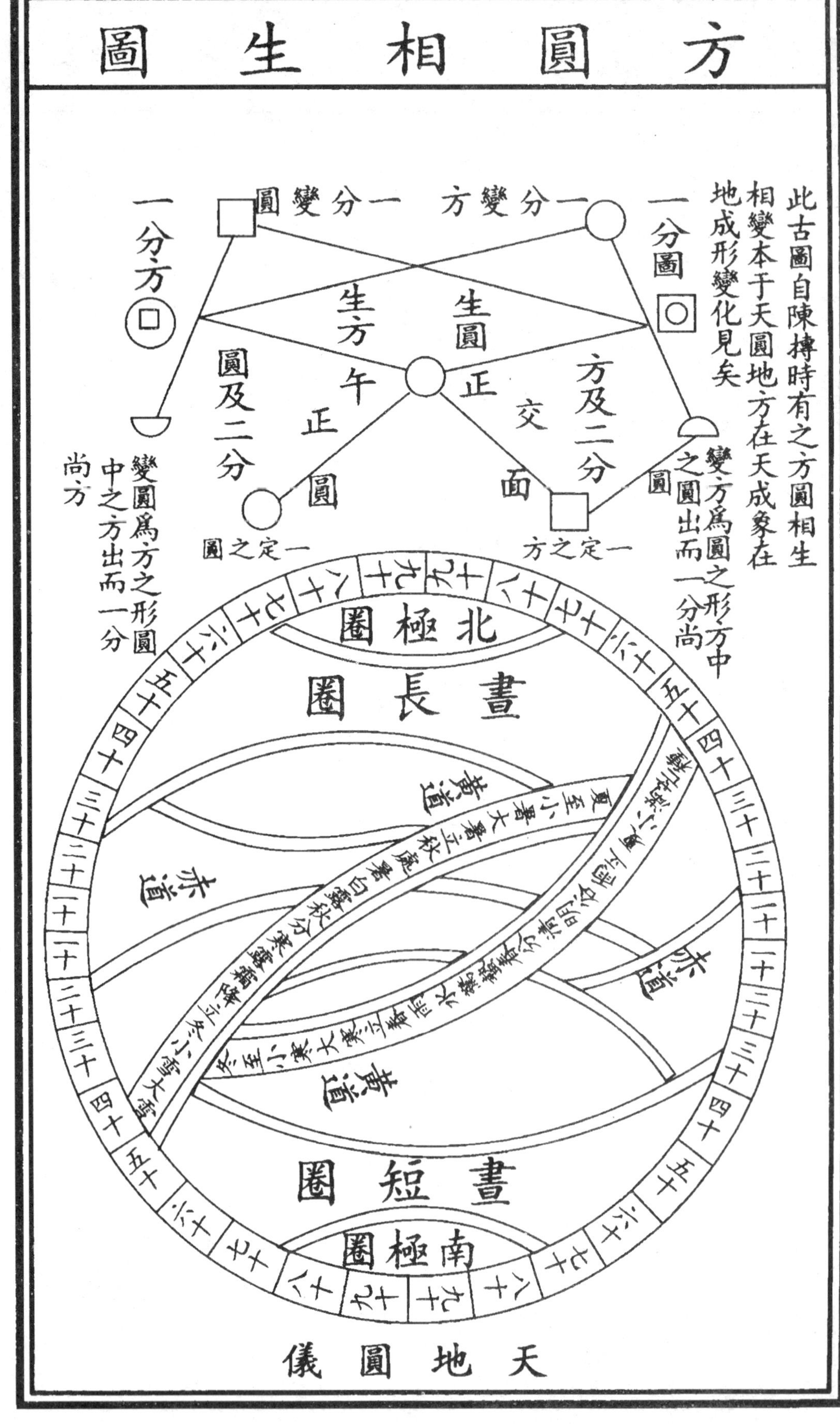
方圓相生圖
此古圖自陳摶時有之方圓相生相變本于天圓地方在天成象在地成形變化見矣
一分變方
一分變圓
一分圓
一分方
生圓
生方
方及二分
圓及二分
正午
正交
圓面
變方爲圓之形方中之圓出而一分尚圓
變圓爲方之形圓中之方出而一分尚方
一定之方
一定之圓
北極圈
晝長圈
黃道
赤道
晝短圈
南極圈
天地圓儀

日月五星周天圖

義圖

木近日則遲遠日則疾火近日則疾遠日則遲土平行无大遲疾金水輔日而行此五星之大概也

日

天行一日常過三百六十五度四分度之一仍過一度日亦一日一週而比天不及一度積三百六十五日四分日之一而與天會

月

月一日常不及天十三度有奇不及日十二度有可積二十七日有奇而與天會積二十九日有奇而與日會

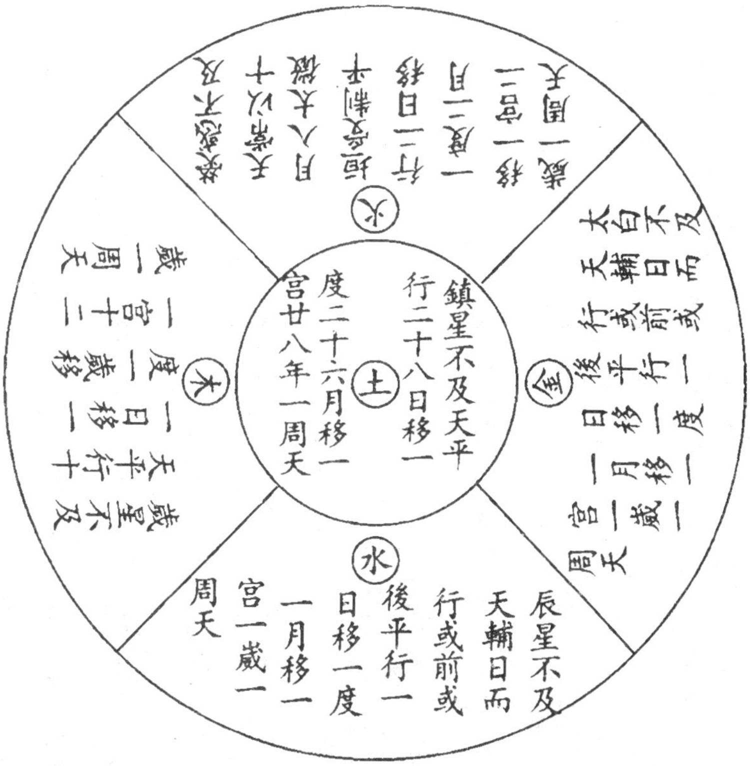

火 熒惑不及天常以十月入太微垣受制出行二日移一度二月移一宮二歲一周天

金 太白不及天輔日而行或前或後平行一日移一度一月移一宮一歲一周天

土 鎮星不及天平行二十八日移一度二十六月移一宮廿八年一周天

木 歲星不及天平行十一日移一度一歲移一宮十二歲一周天

水 辰星不及天輔日而行或前或後平行一日移一度一月移一宮一歲一周天

凡五星東行爲順西行爲逆趨舍而前爲盈退舍而后爲縮光而明滅不定曰動光明出而生鋒曰芒芒長四出曰角長而偏中曰彗同舍曰合同宿曰聚

冬夏風雨圖

日行失度。出陽道多旱風。出陰道多陰雨。月失中道。北入箕則大風揚沙。西入畢則滂沱多雨。按班固天文日有中道月有九行。行者黃道一而餘四道各二。黃中而四。道各出其旁。其色皆隨方配云。陽用事則日自北而南。近南則晝漸長。氣漸溫。極于南故晝極長爲暑。陰用事則日自南而北。晝退而短近北則漸短。極北則愈短。故日月之行自東以極乎北。進爲春夏。極乎南。退爲秋冬。

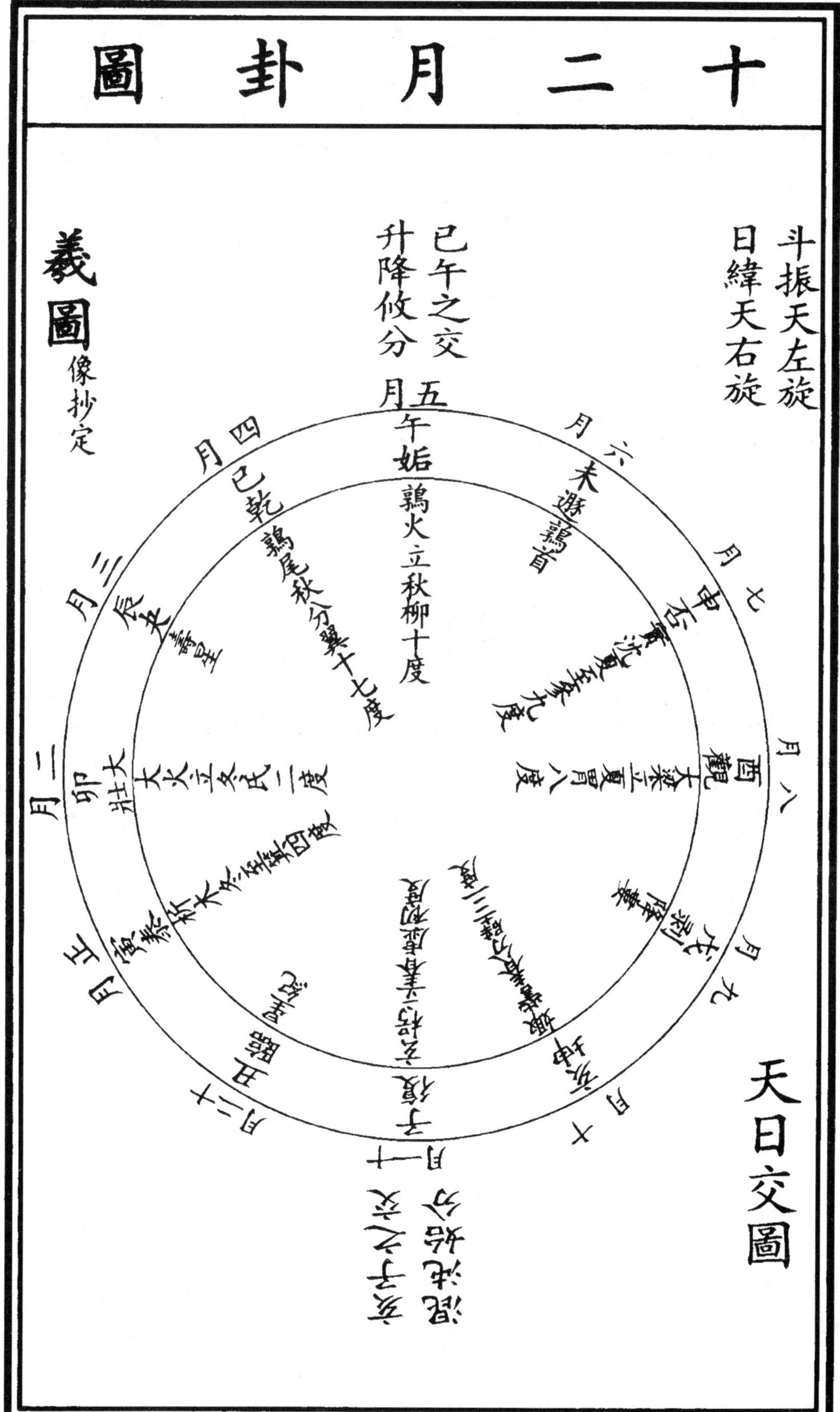
十二月卦圖
斗振天左旋
日緯天右旋
巳午之交
升降攸分
羲圖
像抄定
天日交圖
五月
午
姤
鶉火立秋柳十度
六月
未
遯
鶉首
四月
巳
乾
鶉尾秋分翼十七度
七月
申
否
實沈夏至參九度
八月
酉
觀
大梁立夏胃八度
三月
辰
夬
壽星
二月
卯
大壯
大火立冬氐二度
九月
戌
剝
降婁
正月
寅
泰
析木
十月
亥
坤
十一月
子
復
十二月
丑
臨
亥子之交
混沌始分

循環内變通

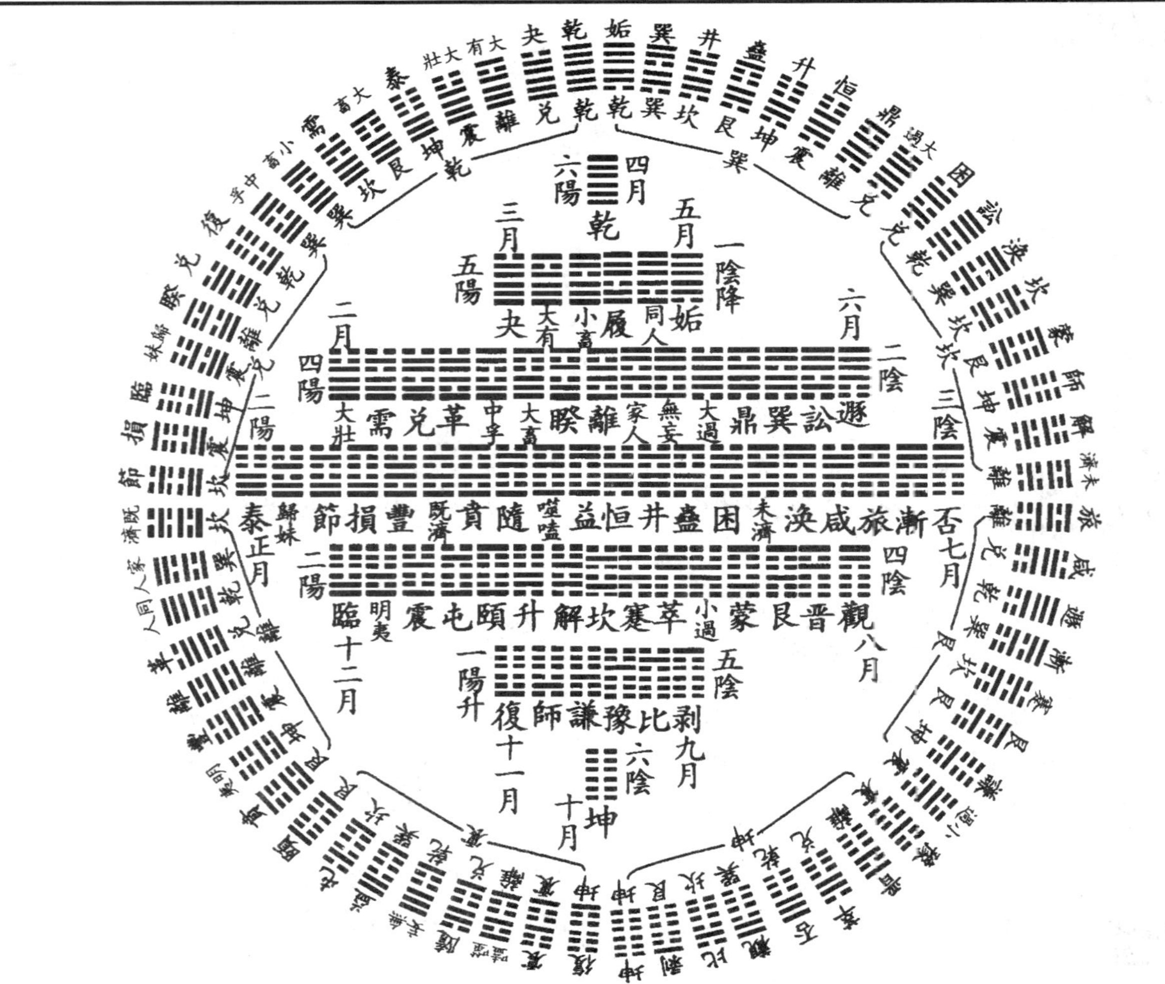

全體心天圖

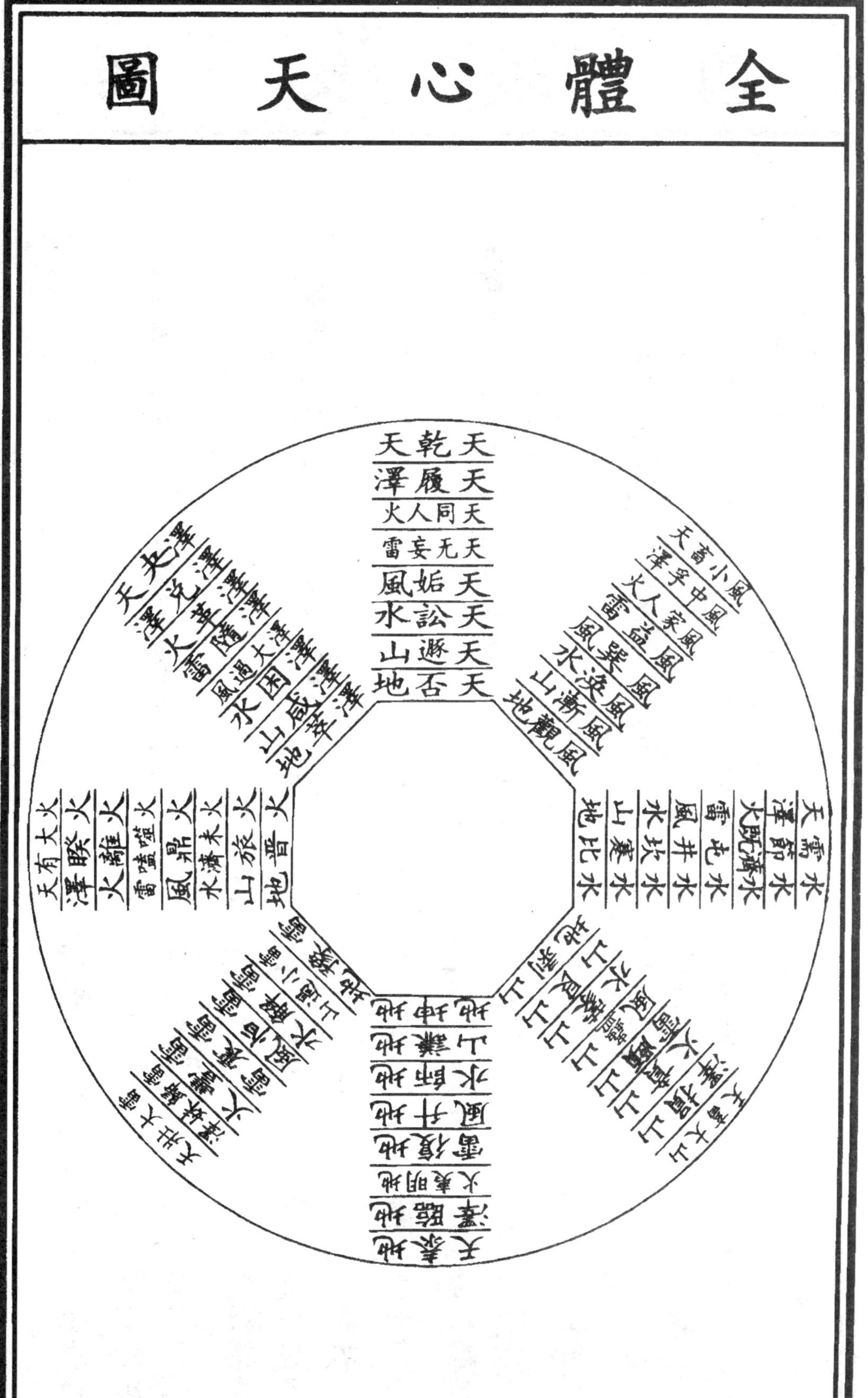

四象珓圖

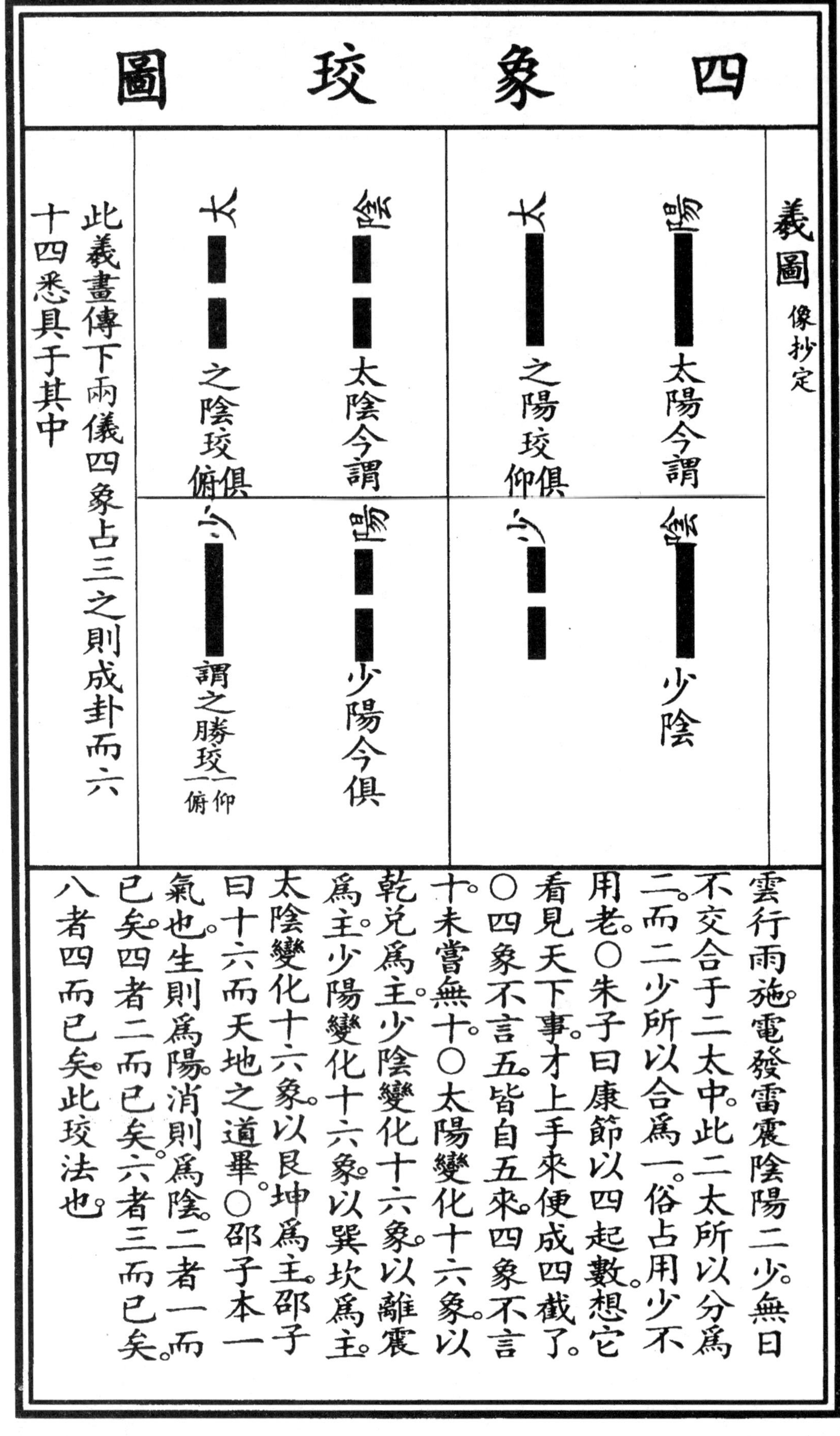

雲行雨施。電發雷震。陰陽二少。無日不交合于二太中。此二太所以分爲二。而二少所以合爲一。俗占用少不用老。○朱子曰康節以四起數想它看見天下事。才上手來便成四截了。○四象不言五。皆自五來。四象不言十。未嘗無十。○太陽變化十六象。以乾兑爲主。少陰變化十六象。以離震爲主。少陽變化十六象。以巽坎爲主。太陰變化十六象。以艮坤爲主。邵子曰十六而天地之道畢。○邵子本一氣也。生則爲陽。消則爲陰。二者一而已矣。四者二而已矣。六者三而已矣。八者四而已矣。此珓法也。

重卦先後天消息全圖

羲文圖像抄定

先天自上而下爲順爲消

六月未二陰：否、遯、訟
五月午一陰：姤
夏至：无妄、同人、履
四月巳六陽：乾

七月申三陰：萃、咸、困、大過、隨、革、兌、夬
三月辰五陽：晉、旅、未济、鼎、噬嗑、離、睽、大有
二月卯四陽：豫、小過、解、恒、震、豐、歸妹、大壯
八月酉四陰：觀、漸、涣、巽、益、家人、中孚、小畜
比、蹇、坎、井、屯、既濟、節、需
九月戌五陰：剥、艮、蒙、蠱、頤、賁、損、大畜
正月寅三陽：坤、謙、師、升、復、明夷、臨、泰

十月亥六陰
十一月子一陽冬至
十二月丑二陽

后天自下而上爲逆爲息

見離夏長

先乾後離同位：既濟、明夷、豐、家人、同人、革、賁、離
蹇、謙、小過、漸、遯、咸、艮、旅
入兌秋肅：節、臨、歸妹、中孚、履、兌、損、睽
需、泰、大壯、小畜、乾、夬、大畜、大有
井、升、恒、巽、姤、大過、蠱、鼎
入震春温：屯、復、震、益、无妄、隨、頤、噬嗑
比、坤、豫、觀、否、萃、剥、晉
先坤後坎同位：坎、師、解、涣、訟、困、蒙、未濟

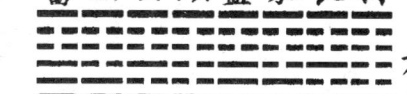

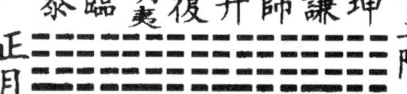

歸坎冬藏

羲文圖

艮反遂出以麗大巽反遂入以歸至
一震東而離爲明一兑西而坎爲德

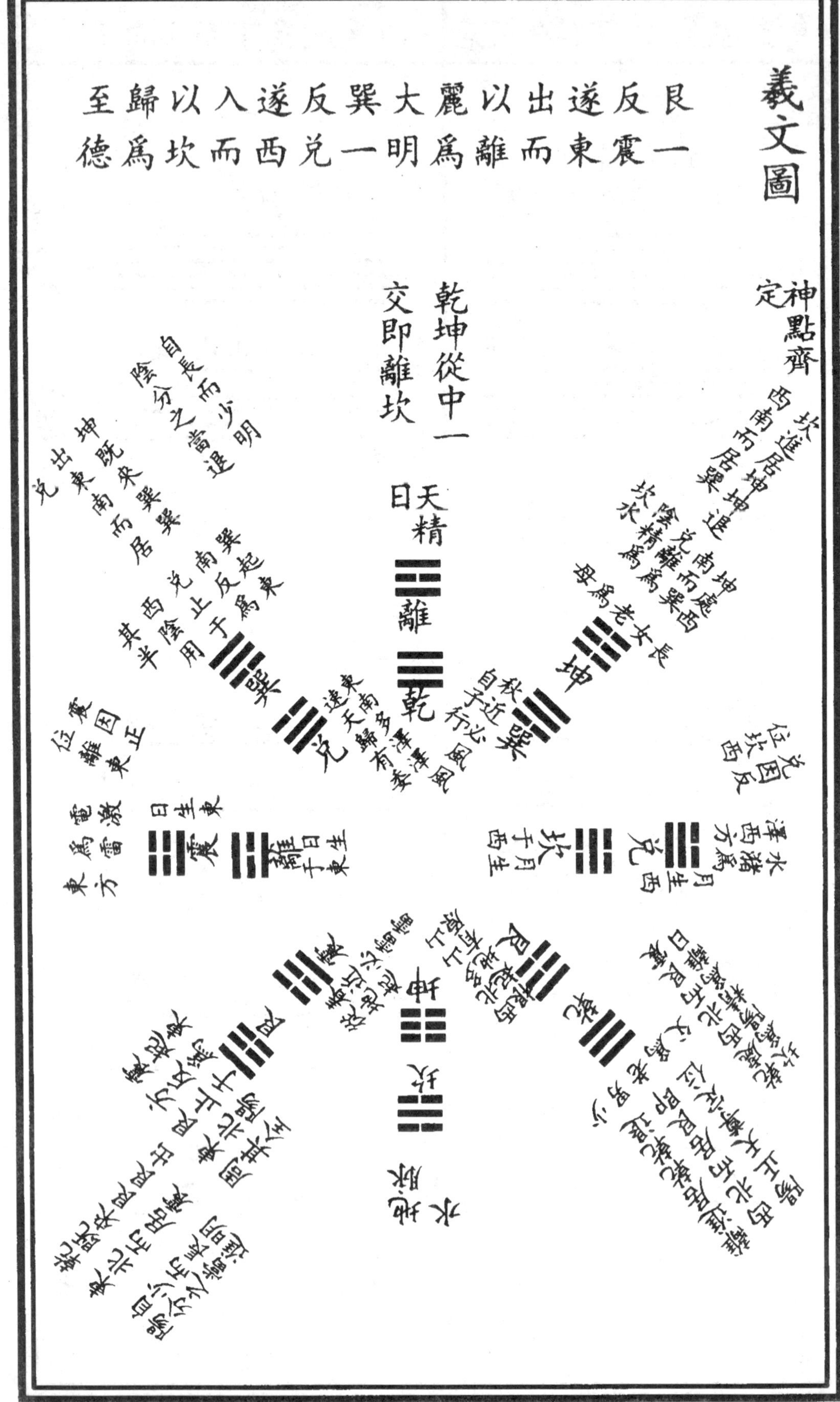

文序先後一原圖

外圖乾。内方坤。離坎乾坤交之中。是爲四正。震艮巽兑乾坤交之偏。四偏皆以輔四正就四正言。坎離輔乾坤者也。故乾爲首正。離又輔坎者也。故坎無正中。文序六十四以屯蒙需訟師比始。以涣節中孚小過既未終。粲然掉掌矣。

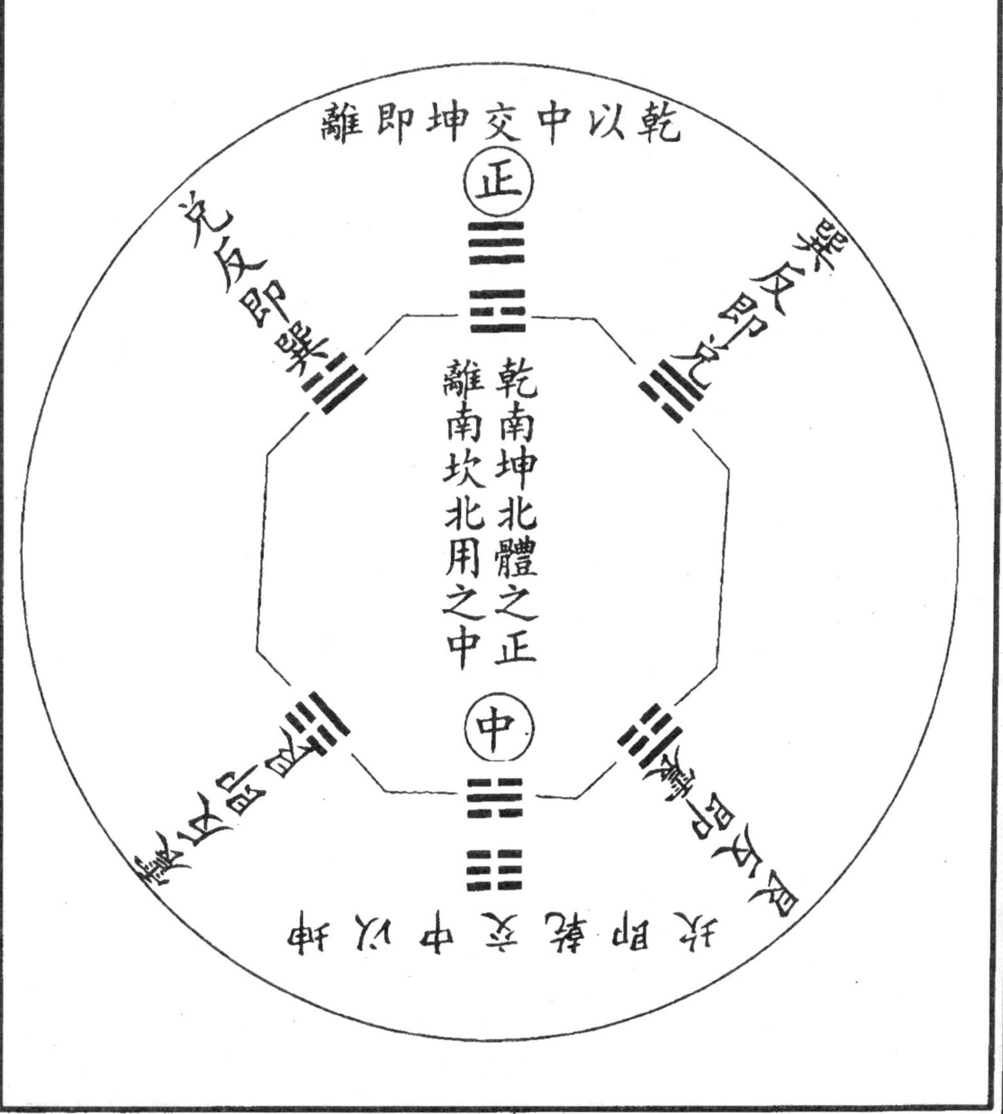

八卦分野

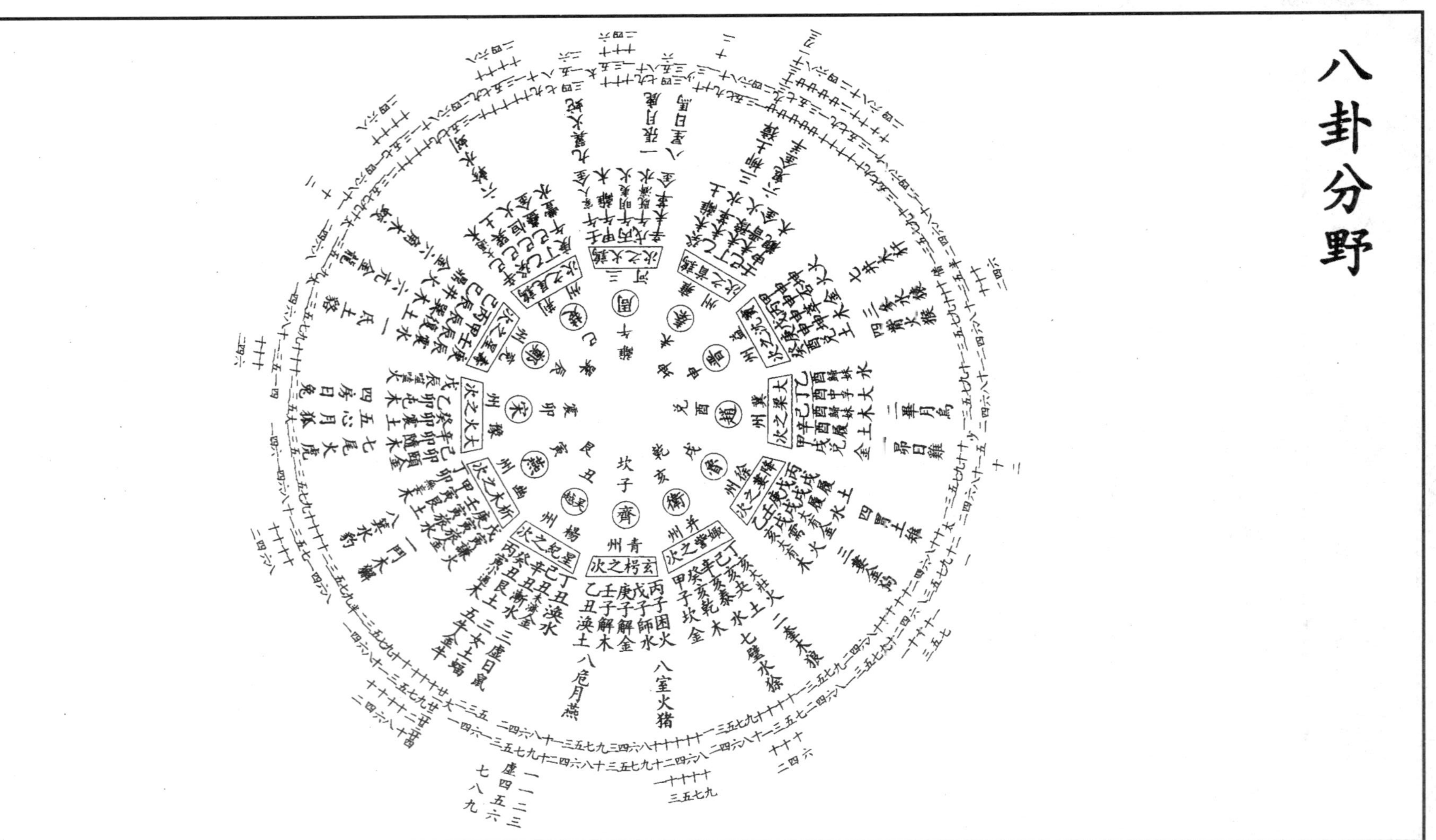

天半覆
地上半
隱地下

日半行
天下半
入地中

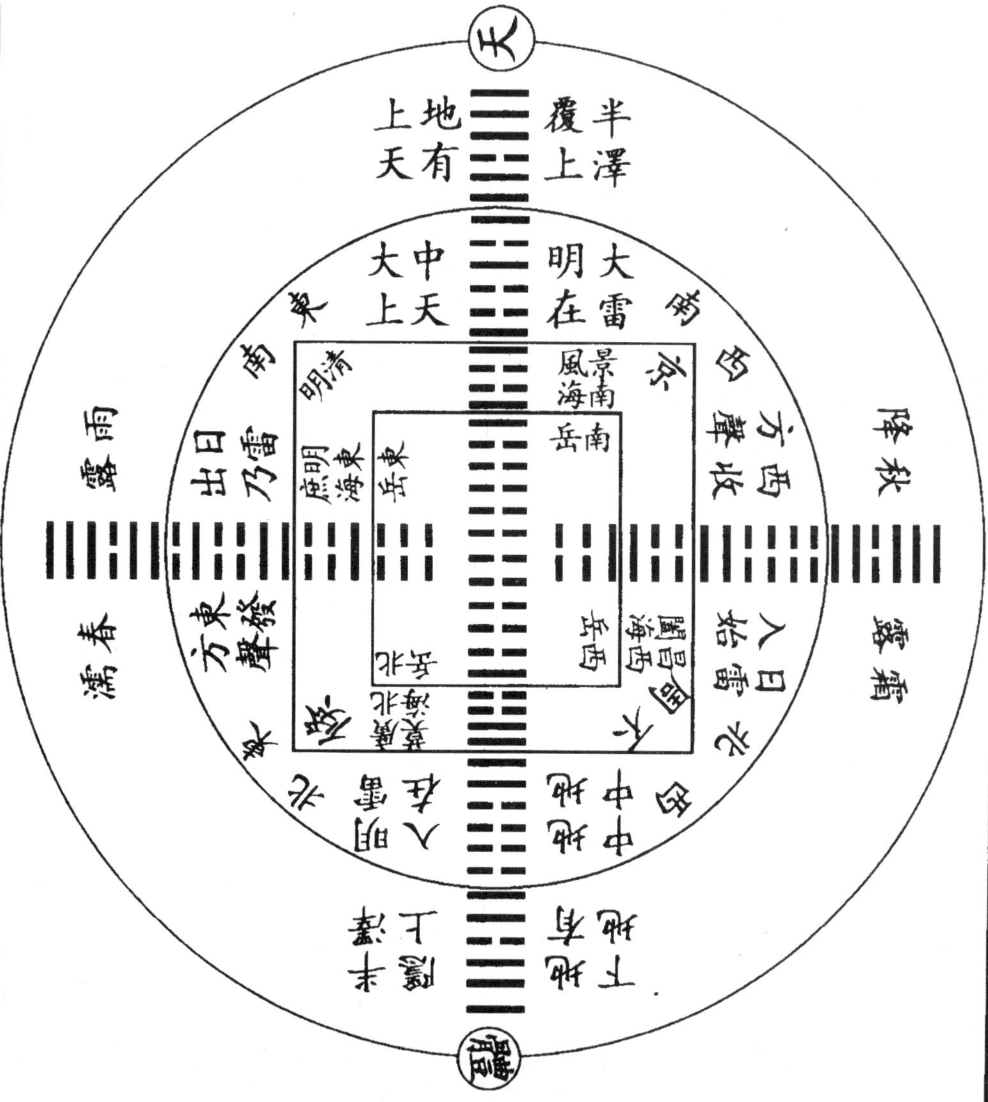

啓蒙卦扐過揲四圖

老陽	少陰	少陽	老陰
卦扐十三。去初卦一。十二。	卦扐十七去初卦一。十六。	卦扐二十一。去初卦二十。	卦扐二十五去初卦。廿四。
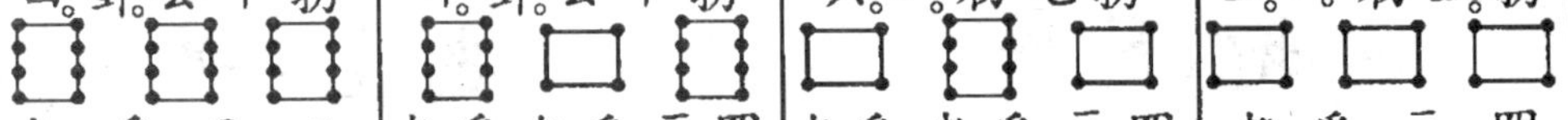			
四約三分爲一者三。	四約三分。爲一者二。爲二者一。	四約三分。爲二者二。爲一者一。	四約三分。爲二者三
四約以四策約之三分以十二策分爲三樣即四爲奇爲一者三即爲四者凡三也。	四約三分同上。爲一者二。計兩個四也。爲二者一計一個八也。二即八也。即偶也。	四約三分同上。而二者二。計兩個八也。爲一者一計一個四也。一四爲奇。二八爲偶。	四約三分同上。二即八也。即偶也。爲二者三謂爲八者凡有三樣也。
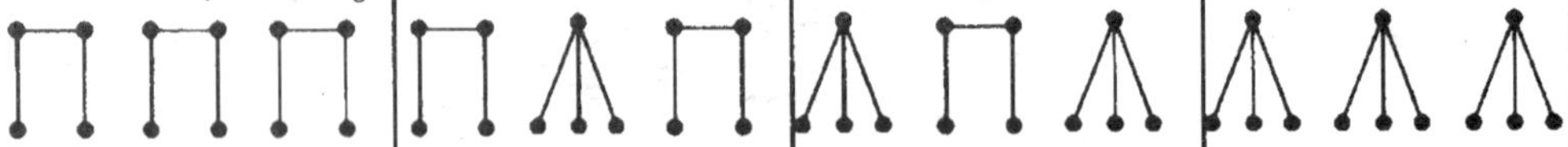			
三一各復有三。爲九之母。	二一各有三一二復有二。爲八之母。	二二各有二一復有三爲七之母。	三二各復有二。爲六之母。
此一字指一策言一復有三名九圖主三個策中各取一策于其上而三個一策中各復有三策也。	二一兩個四。各有三同前。一二謂于上圖八策中去四不用。于用四中取二策在上。而二策中復有二也。	二二謂于上圖兩個八策中各去四不用。于用四中各取二策在上。而二策中各有二。一復有三同前。	三二謂于上圖三個八策中各去四不用。于用四中各取二策于其上。而三個二策中各復有二也。
過揲三十六	過揲三十二	過揲二十八	過揲二十四
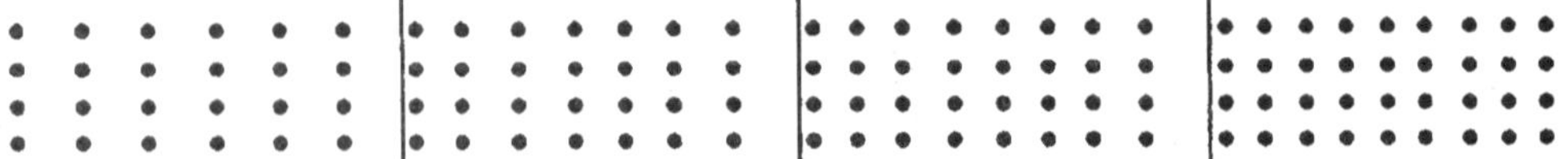			
四約得九爲九之子	四約得八爲八之子	四約得七爲七之子	四約得六爲六之子
四約計九個四。亦爲四個九。爲三十六。九之子也。	四約計八個四。亦爲四個八。三十二。八之子也。	四約計七個四。亦爲四個七。四七二十八。七之于也。	四約計六個四。亦爲四個六。四六二十四。六之于也。

皇極經世

一一 元之元日之日乾之乾

一二 元之會日之月乾之兌 十二

一三 元之運日之星乾之離 三百六十

一四 元之世日之辰乾之震 四千三百二十

一五 元之歲日之石乾之巽 一十二萬九千六百

一六 元之月日之土乾之坎 一百五十五萬五千二百

一七 元之日日之火乾之艮 四千六百六十五萬六千

一八 元之星日之水乾之坤 五萬五千九百八十七萬二千

二一 會之元月之日兌之乾 一十二

二二 會之會月之月兌之兌 一百四十四

二三 會之運月之星兌之離 四千三百二十

二四 會之世月之辰兌之震 五萬一千八百四十

二五 會之歲月之石兌之巽 一百五十五萬五千二百

二六 會之月月之土兌之坎 一千八百六十六萬二千四百

二七 會之日月之火兌之艮 五萬五千九百八十七萬二千

二八 會之辰月之水兌之坤 六十七萬一千八百四十六萬四千

三一 運之元星之日離之乾 三百六十

三二 運之會星之月離之兌 四千三百二十

三三 運之運星之星離之離 一十二萬九千六百

三四 運之世星之辰離之震 一百五十五萬五千二百

三五 運之歲星之石離之巽 四千六百六十五萬六千

三六 運之月星之土離之離 五萬五千九百八十七萬二千

三七 運之日生之火離之艮 一百六十七萬九千六百一十六萬

三八 運之辰星之水離之坤 二千一十五萬五千三百九十二萬

四一 世之元辰之日震之乾 四千三百二十

四二 世之會辰之月震之兌 五萬一千八百四十

四三 世之運辰之星震之離 一百五十五萬五千二百

四四 世之世辰之辰震之震 一千八百六十六萬二千四百

四五 世之歲辰之石震之巽 五萬九千九百八十七萬二千

四六 世之月辰之土震之坎 六十七萬一千八百四十六萬四千

四七 世之日辰之火震之艮 二千一十五萬五千三百九十二萬

四八 世之辰辰之水震之坤 二萬四千一面八十六萬四千七百四萬

全數圖

- 五一 歲之元石之日巽之乾 一十二萬九千六百
- 五二 歲之會石之月巽之兌 一百五十五萬五千二百
- 五三 歲之運石之星巽之離 四千六百六十五萬六千
- 五四 歲之世石之辰巽之震 五萬五千九百八十七萬二千
- 五五 歲之歲石之石巽之巽 一百六十七萬九千六百一十六萬
- 五六 歲之月石之土巽之坎 二千一十五萬五千三百九十二萬
- 五七 歲之日石之火巽之艮 六萬四百六十六萬一千七百六十萬
- 五八 歲之辰石之水巽之坤 七十二萬五千五百九十四萬一千一百二十萬

- 七一 日之元火之日艮之乾 四千六百六十五萬六千
- 七二 日之會火之月艮之兌 五萬五千九百八十七萬二千
- 七三 日之運火之星艮之離 一百六十七萬九千六百一十六萬
- 七四 日之世火之辰艮之震 二千一十五萬五千三百九十二萬
- 七五 日之歲火之石艮之巽 六萬四百六十六萬一千七百六十萬
- 七六 日之月火之土艮之坎 七十二萬五千五百九十四萬一千一百二十萬
- 七七 日之日火之火艮之艮 二百一十七萬六千七百八十二萬三千三百六十萬
- 七八 日之辰火之水艮之坤 二千六百十二萬一千三百八十八萬三百二十萬

- 六一 月之元土之日坎之乾 一百五十五萬五千二百
- 六二 月之會土之月坎之兌 一千八百六十六萬二千四百
- 六三 月之運土之星坎之離 五萬五千九百八十七萬二千
- 六四 月之世土之辰坎之震 六十七萬一千八百四十六萬四千
- 六五 月之歲土之石坎之巽 二千一十五萬五千三百九十二萬
- 六六 月之月土之土坎之坎 二萬四千一百八十六萬四千七百四萬
- 六七 月之日土之火坎之艮 七十二萬五千五百九十四萬一千一百二十萬
- 六八 月之辰土之水坎之坤 八百七十萬七千一百二十九萬三千四百四十萬

- 八一 辰之元水之日坤之乾 五萬五千九百八十七萬二千
- 八二 辰之會水之月坤之兌 六十七萬一千八百四十六萬四千
- 八三 辰之運水之星坤之離 二千一十五萬五千三百九十二萬
- 八四 辰之世水之辰坤之震 二萬四千一百八十六萬四千七百四萬
- 八五 辰之歲水之石坤之巽 七十二萬五千五百九十四萬一千一百二十萬
- 八六 辰之月水之土坤之坎 八百七十萬七千一百二十九萬三千四百四十萬
- 八七 辰之日水之火坤之艮 二千六百十二萬一千三百八十八萬三百二十萬
- 八八 辰之辰水之水坤之坤 三萬一千三百四十五萬六千六百五十一萬三千八百四十萬

邵氏皇極經世圖

一	二	三	四	五	六
元會運世 日甲月子一 星三十 辰三百六十 ䷗	月丑二 星六十 辰七百二十 ䷒	月寅三 星九十 辰一千八十 ䷊ 開物星之己七十六	月卯四 星一百二十 辰一千四百四十 ䷡	月辰五 星一百五十 辰一千八百 ䷪	月巳六 星一百八十 辰二千一百六十 ䷀ 唐始星之癸百八十 虞辰二千一百五十七

聲一	聲二	聲三	聲四	聲五
多可個吉 禾火化八 開宰愛○ 回每退○	良兩向○ 光廣況○ 丁井亘○ 兄永瑩○	千典旦○ 元犬半○ 臣引艮○ 君先巽○	刀早孝岳 毛寶報霍 牛門秦六 ○○○玉	妻子四日 衰○帥骨 ○○○德 龜木貴北

音一	音二	音三	音四	音五	音六
古甲五癸 □□近佚 坤巧五葉 □日乾□	黑花香血 黃華雄賢 五瓦仰□ 吾牙月堯	安亞乙一 □爻七寅 母馬美米 目兒眉民	夫法□飛 父凡□伏 武晚□尾 文萬□未	卜百丙必 步自伸革 晉樸品匹 旁徘乎瓶	東丹天■ 兑大川■ 土貪女■ 同覃年■

七	八	九	十	十一	十二
月午七 星二百一十 辰二千五百二十 ䷫ 夏殷開泰 漢晉十六國 南北朝隨 唐五代宋	月未八 星二百四十 辰二千八百八十 ䷠	月申九 星二百七十 辰三千二百四十 ䷋	月酉十 星三百 辰三千六百 ䷓	月戌十一 星三百三十 辰三千九百六十 ䷖ 閉物星之戌三正二十五	月亥十二 星三百六十 辰四千三百二十 ䷁

右正聲	聲六	聲七	聲八	聲九	聲十
	宮孔衆○ 龍角用○ 魚鼠去○ 烏虎兔○	心審禁○ ○○○十 男坎大○ ○○○妾	●●●● ●●●● ●●●● ●●●●	●●●● ●●●● ●●●● ●●●●	●●●● ●●●● ●●●● ●●●●

右正音	音七	音八	音九	音十	音十一	音十二
	乃妹女■ 內南年■ 老冷呂■ 鹿革離■	走哉定■ 自在匠■ 草來七■ 曹木全■	思三屋■ 寺□象■ □□□■ □□□■	■山手■ ■上石■ ■□耳■ ■□二■	■莊震■ ■年□■ ■又赤■ ■崇辰■	■卓中■ ■宅置■ ■折丑■ ■茶呈■

八純卦宫

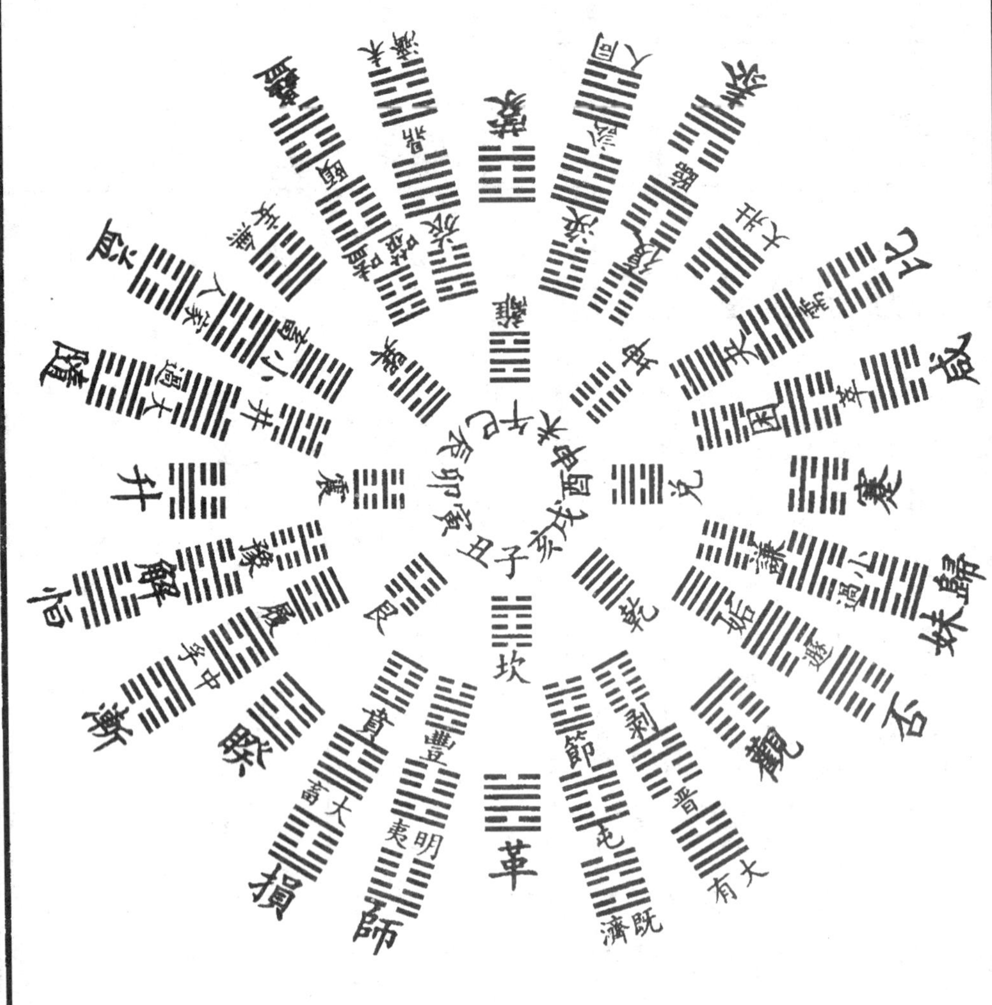

卦司化

十二卦氣

子年 十一月 一日子時 復 一陽生

丑年 十二月 五日丑時 臨 二陽生

寅年 正月 六日寅時 泰 三陽生

卯年 二月 十日卯時 大壯 四陽生

辰年 三月 十一日辰時 夬 五陽生

巳年 四月 十五日巳時 乾 六陽極

午年 五月 十六日午時 姤 一陰生

未年 六月 十四日未時 遯 二陰生

申年 七月 十三日申時 否 三陰生

酉年 八月 十五日酉時 觀 四陰生

戌年 九月 十六日戌時 剝 五陰生

亥年 十月 十三日亥時 坤 六陰極

圓倍乘方因重

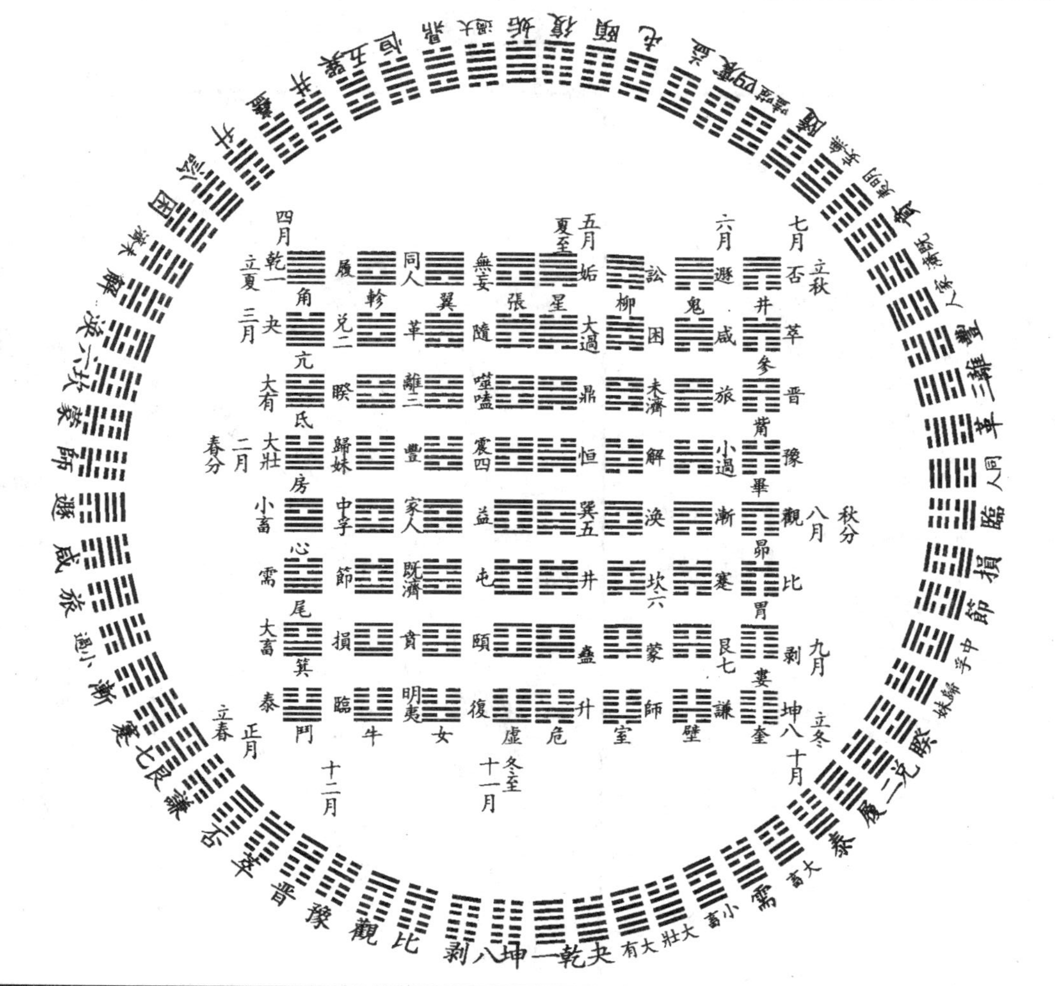

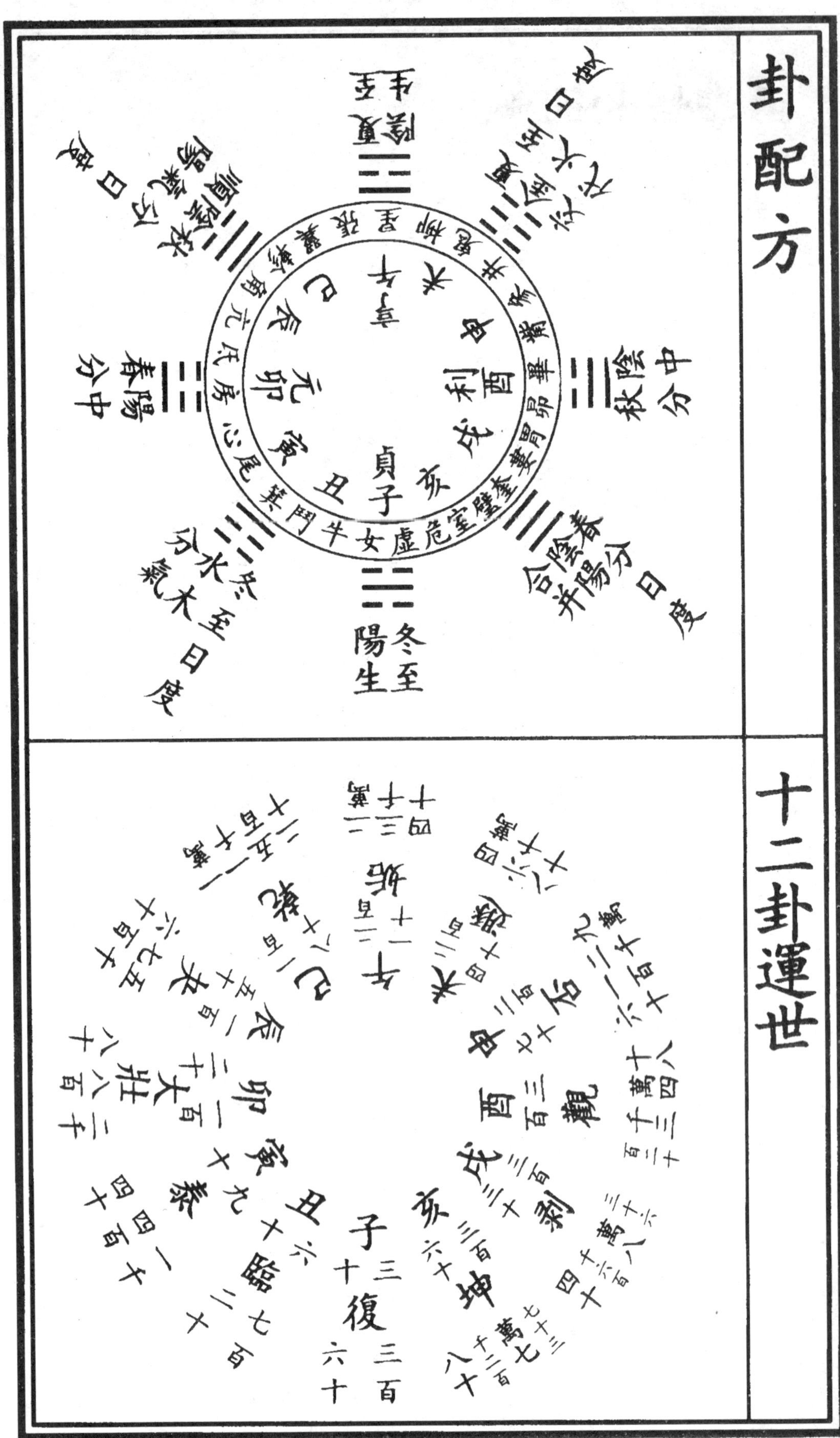
卦配方
冬至陽生
十二卦運世

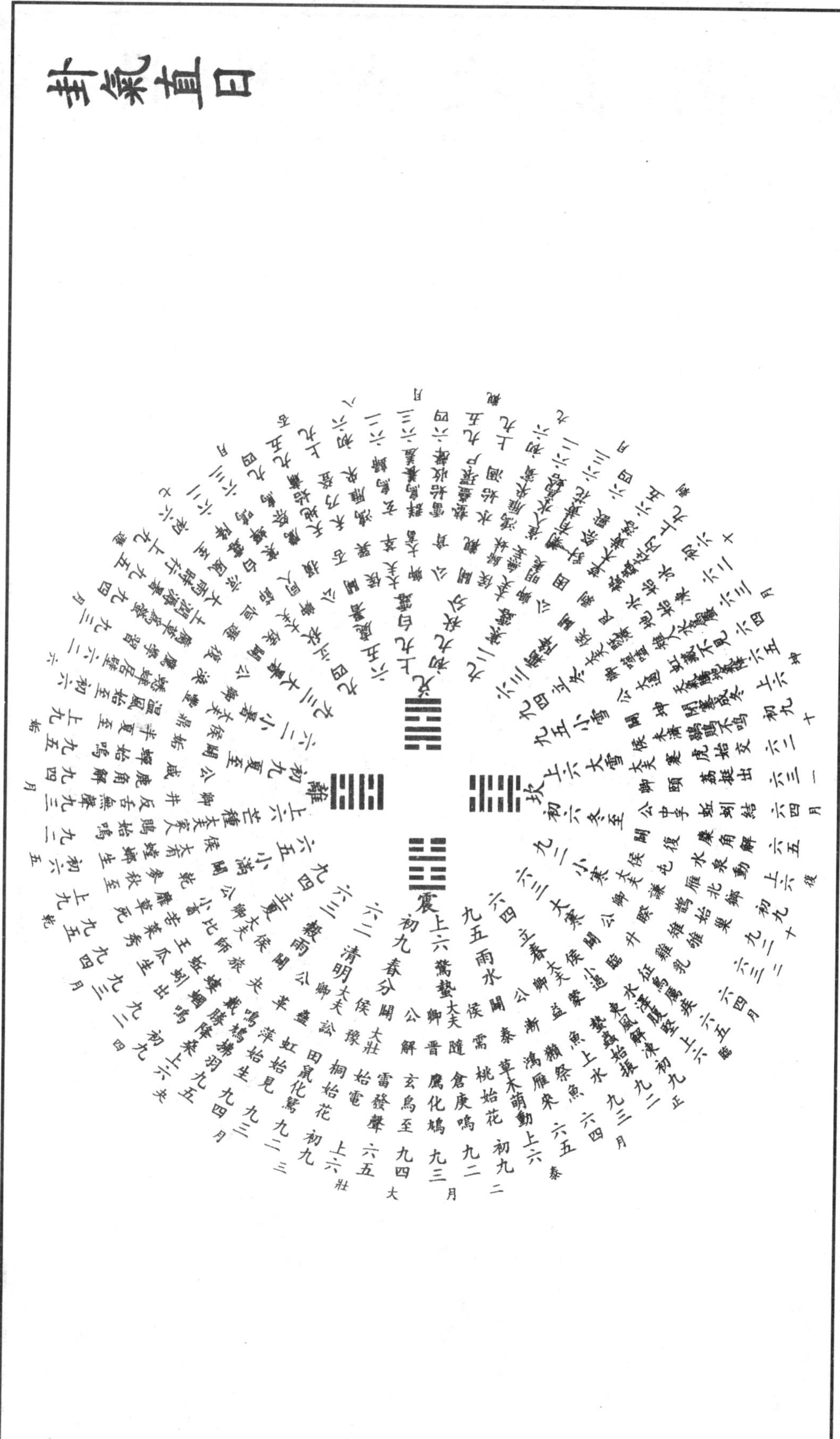

日月會次舍圖

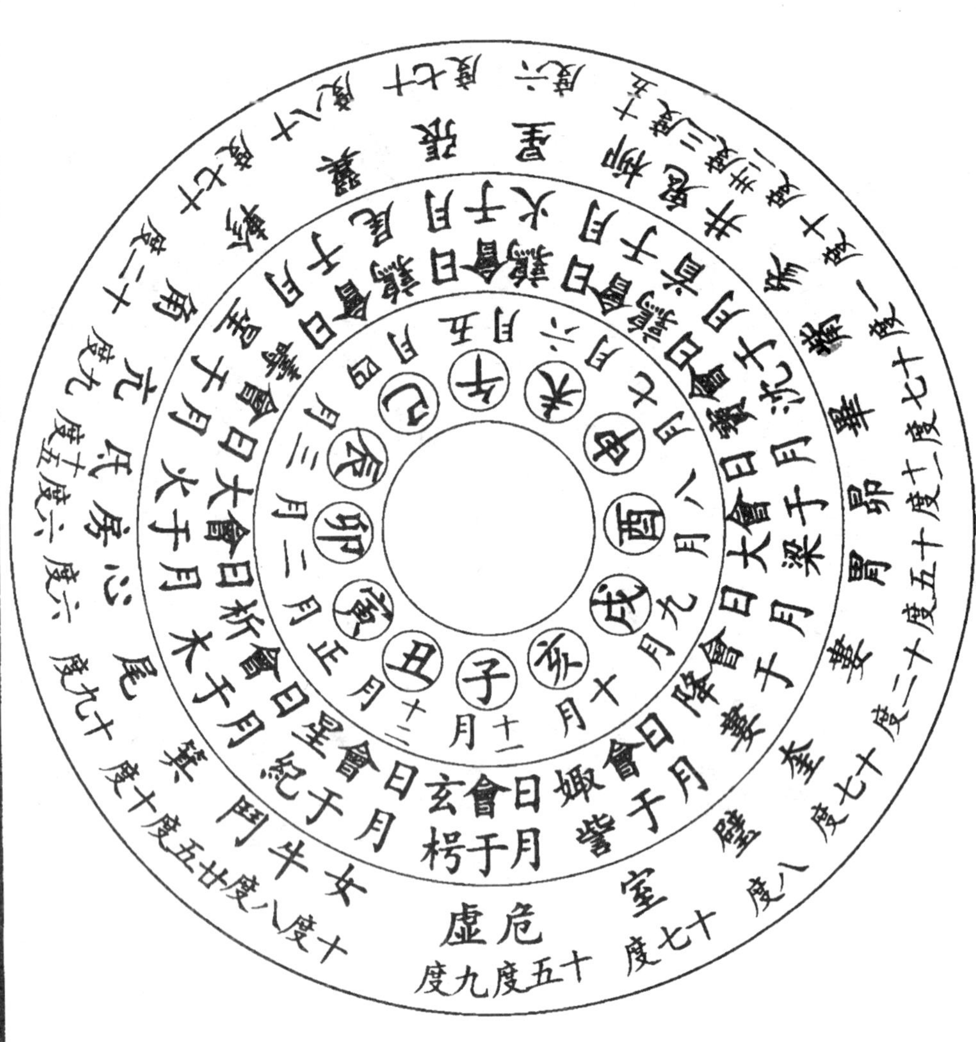
子 丑 寅 卯 辰 巳 午 未 申 酉 戌 亥
十一月 十二月 正月 二月 三月 四月 五月 六月 七月 八月 九月 十月
日月會于玄枵
日月會于星紀
日月會于析木
日月會于大火
日月會于壽星
日月會于鶉尾
日月會于鶉火
日月會于鶉首
日月會于實沈
日月會于大梁
日月會于降婁
日月會于娵訾
虛 危 室 壁 奎 婁 胃 昴 畢 觜 參 井 鬼 柳 星 張 翼 軫 角 亢 氐 房 心 尾 箕 斗 牛 女

六十四卦變通之圖

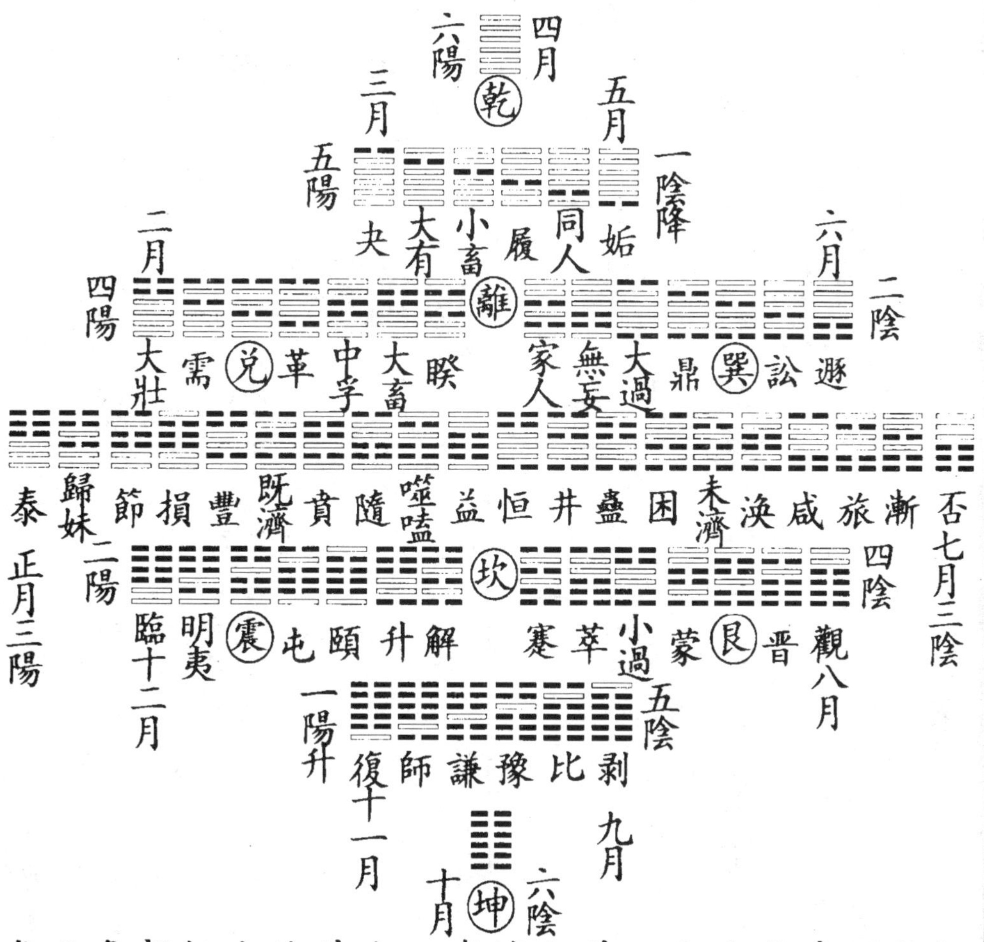

四月 乾 六陽

三月 五陽 夬 大有 小畜 履 同人 姤 五月 一陰降

二月 四陽 大壯 需 兌 革 中孚 大畜 睽 離 家人 無妄 大過 鼎 巽 訟 遯 六月 二陰

正月三陽 泰 歸妹 節 損 豐 既濟 賁 隨 噬嗑 益 恒 井 蠱 困 未濟 渙 咸 旅 漸 否 七月三陰

二陽 臨十二月 明夷 震 屯 頤 升 解 坎 蹇 萃 小過 蒙 艮 晉 觀八月 四陰

一陽升 復十一月 師 謙 豫 比 剝 九月 五陰

十月 坤 六陰

按朱子謂參同契以乾坤爲用器。坎離爲藥物。餘六十卦爲火候。今以此圖推之。益以人身形合之天地陰陽者也。乾爲首而居上。坤爲腹而居下。離爲心。坎爲腎。心火也。腎水也。故離上而坎下。陽起于復。自左而升。因人之督脉膓脉也。起自尻循脊背而上走于首。陰起于姤。自右而降。因人之任脉膓脉也。至自咽循膺胸而下止于腹也。上二十卦法天。天者陽之輕清。故皆四陽五陽之卦。下二十卦法地。地者陰之重濁。故皆四陰五陰之卦。中二十卦象人。人者天地之德。陰陽之交。故皆三陽三陰之卦。亦如人之經脉手足各有三陰三陽也。又人上部法天。中部法人。下部法地。亦其義也由是言之。則參同之義不誣矣。若夫恒卦居中。則書所謂若有恒性。傳所謂恒以一德。孟子所謂恒心而恒之象曰。日月得天而能久照。四時變化而能久成。聖人久于其道而天下化成。觀其所恒而天地萬物之情可見矣。

六十四卦反對變與不變圖

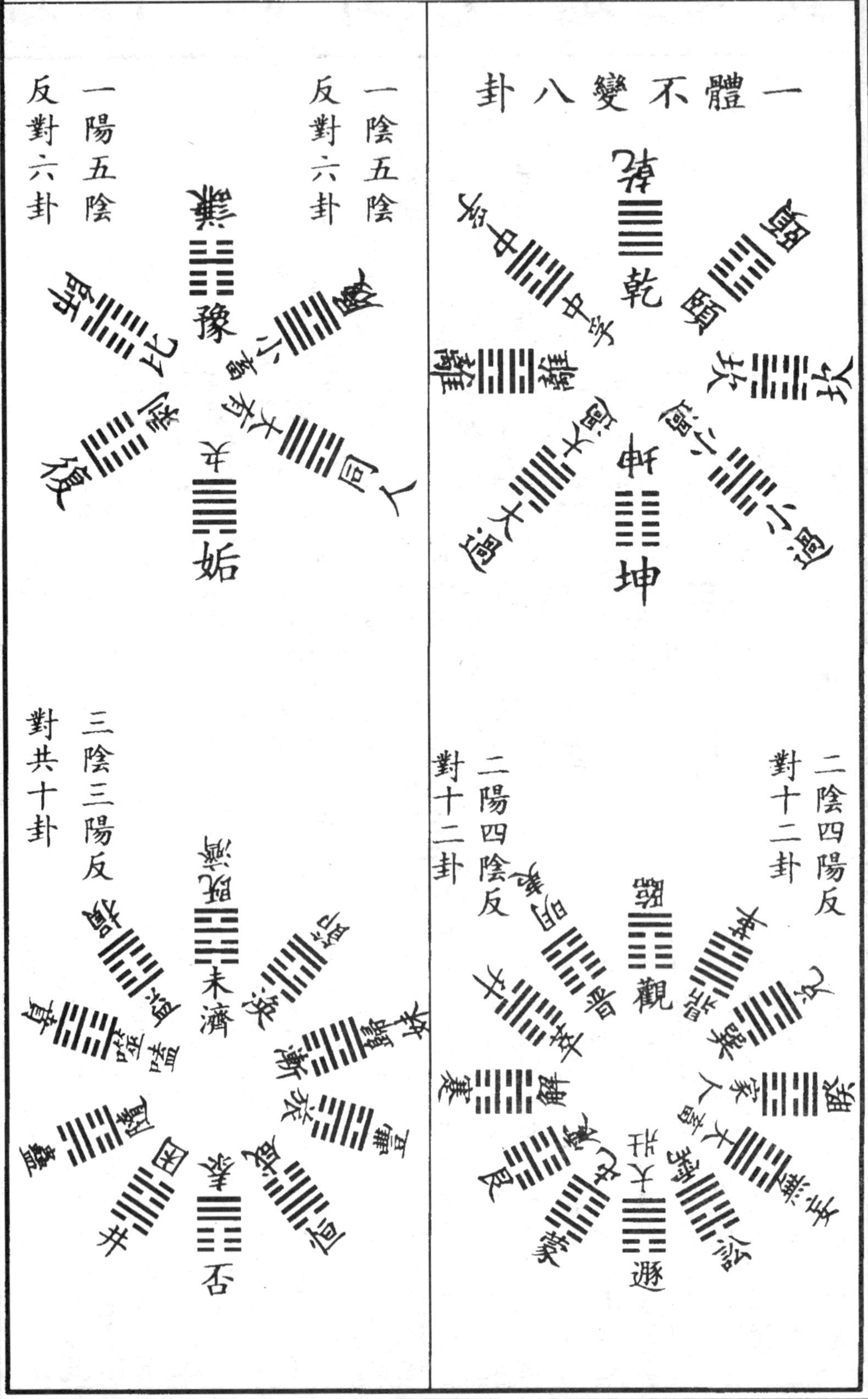

一體不變八卦

一陰五陽反對六卦

一陽五陰反對六卦

二陰四陽反對十二卦

二陽四陰反對十二卦

三陰三陽反對共十卦

伏羲六十四卦次序横圖

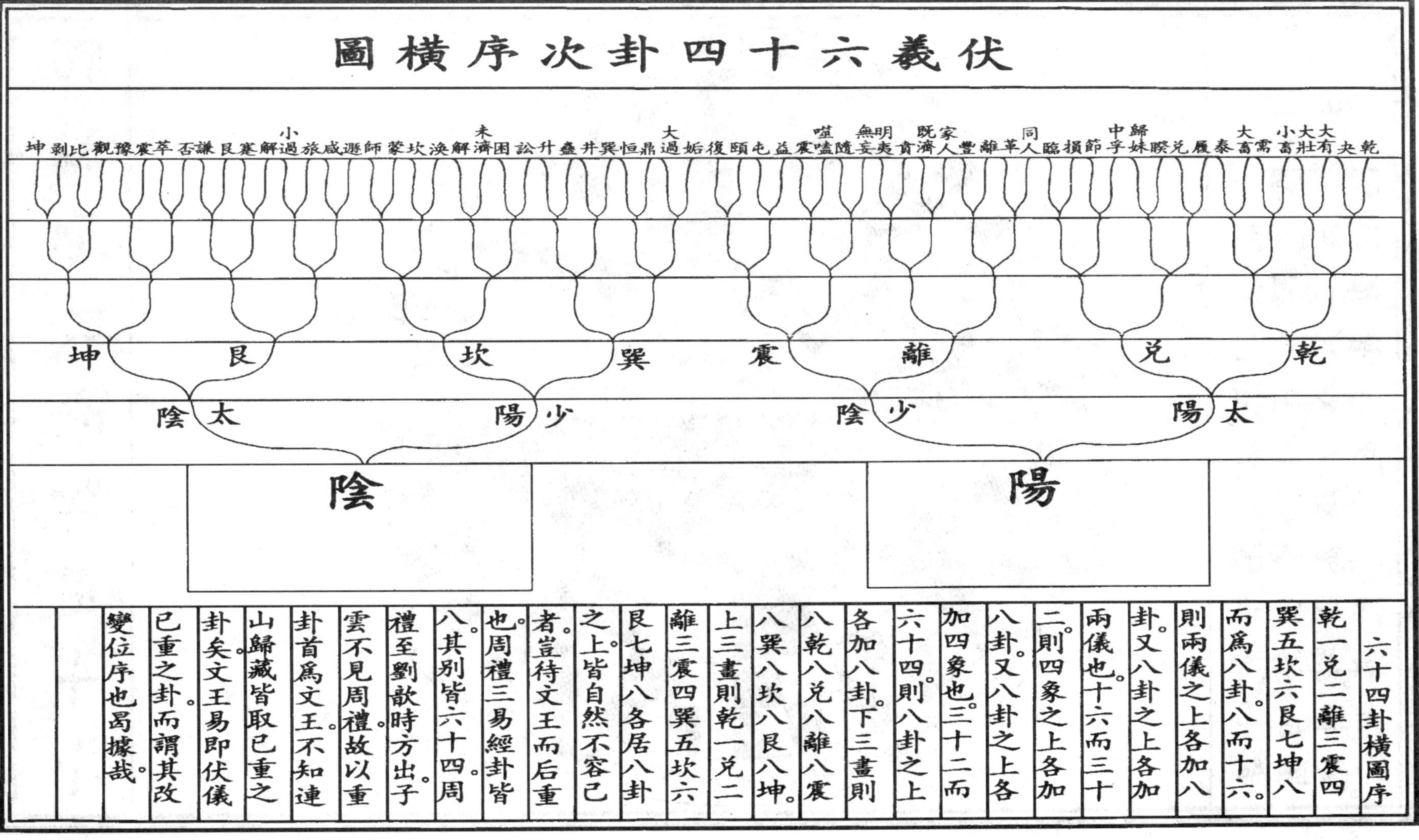

六十四卦横圖序

乾一兌二離三震四巽五坎六艮七坤八而爲八卦。八而十六。則兩儀之上各加八卦。又八卦之上各加兩儀也。十六而三十二則四象之上各加八卦。又八卦之上各加四象也。三十二而六十四。則八卦之上各加八卦。下三畫則八乾八兌八離八震八巽八坎八艮八坤。上三畫則乾一兌二離三震四巽五坎六艮七坤八各居八卦之上。皆自然不容已者。豈待文王而后重也。周禮三易經卦皆八。其別皆六十四。周禮至劉歆時方出。子雲不見周禮。故以重卦首爲文王。不知連山歸藏皆取已重之卦矣。文王易即伏儀已重之卦。而謂其改變位序也。曷據哉。

六十四卦生自兩儀圖

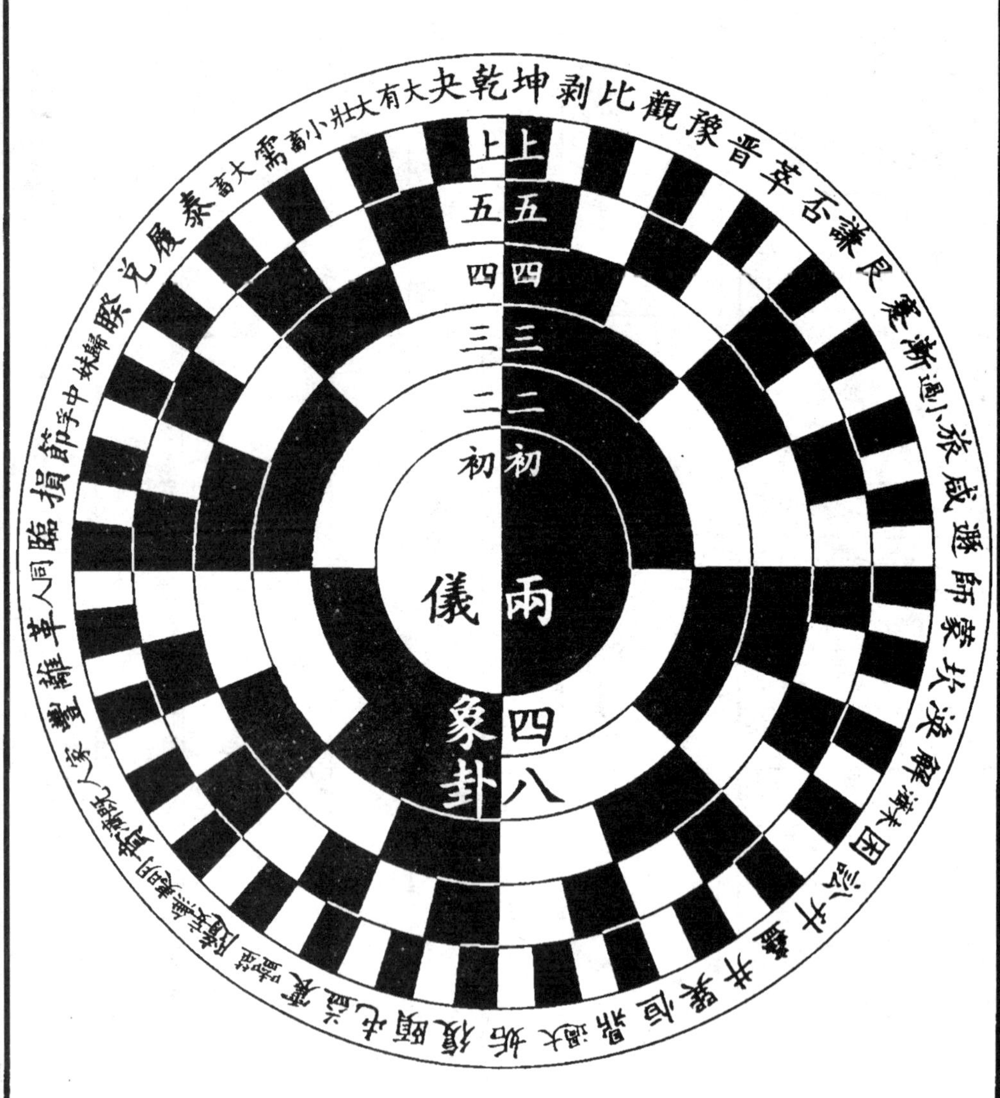

是圖也。六十四卦始乾終坤。其實只是陰陽迭爲消長。循環無端。雖爻至三百八十四。迹只是陰陽二者而已。故曰一陰一陽之謂道。

六十四卦陰陽倍乘之圖

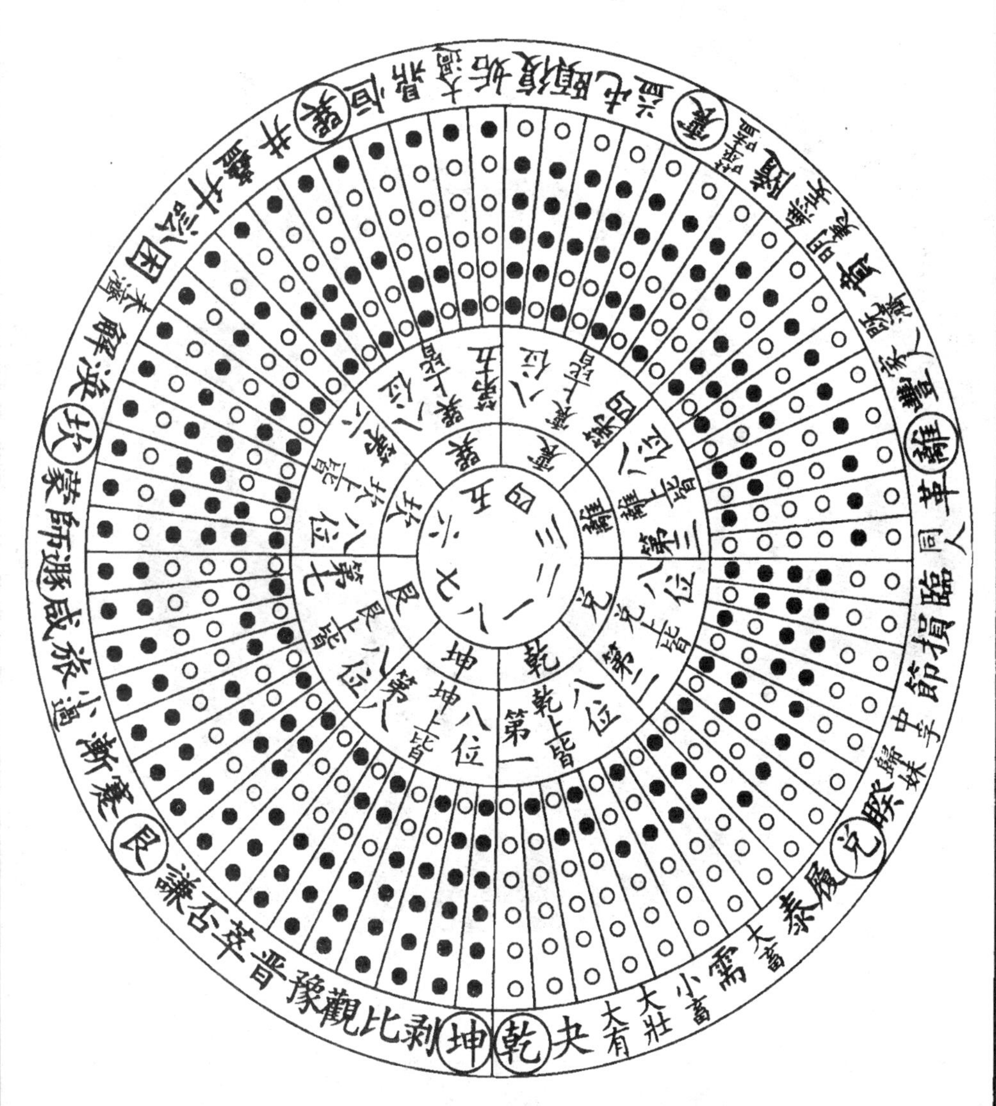

是圖也乾一兑二離三震四巽五坎六艮七坤八一皆自然而然。況自復至乾皆上生。自姤至坤皆下生。要亦陰陽倍乘焉耳。觀象自見。

造化象數體用之圖

物之初生也。氣之至也。既生而象具焉。是數爲象先也。象既有矣。而數復因象而行焉。是象又爲數之先也。故數之生象者。先天也。象之生數者后天也。先天者生物這原也。后天者成物之始也。大矣哉。數乎萬物之宗。成有之本也。

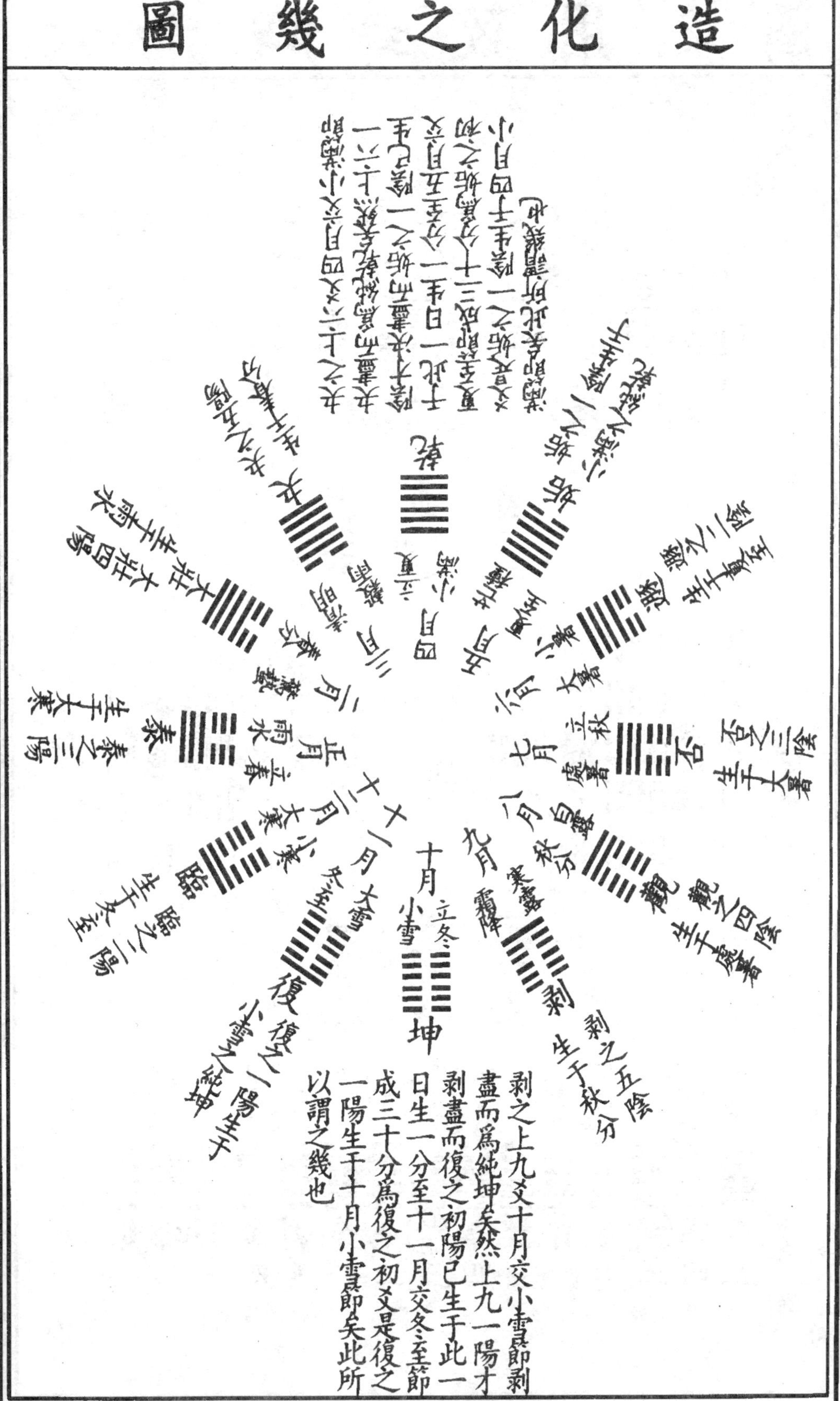
造化之幾圖
乾
坤
剝
剝之五陰生于秋分
觀
觀之四陰生于處暑
否
否之三陰生于大暑
泰
泰之三陽生于大寒
臨
臨之二陽生于冬至
大壯
大壯四陽生于雨水
復
十月 立冬 小雪
九月 寒露 霜降
八月 白露 秋分
七月 立秋 處暑
十一月 大雪 冬至
十二月 小寒 大寒
正月 立春 雨水
二月 驚蟄 春分
剝之上九爻十月交小雪節剝盡而爲純坤矣然上九一陽才剝盡而復之初陽已生于此一日生一分至十一月交冬至節成三十分爲復之初爻是復之一陽生于十月小雪節矣此所以謂之幾也

六十四卦致用之圖

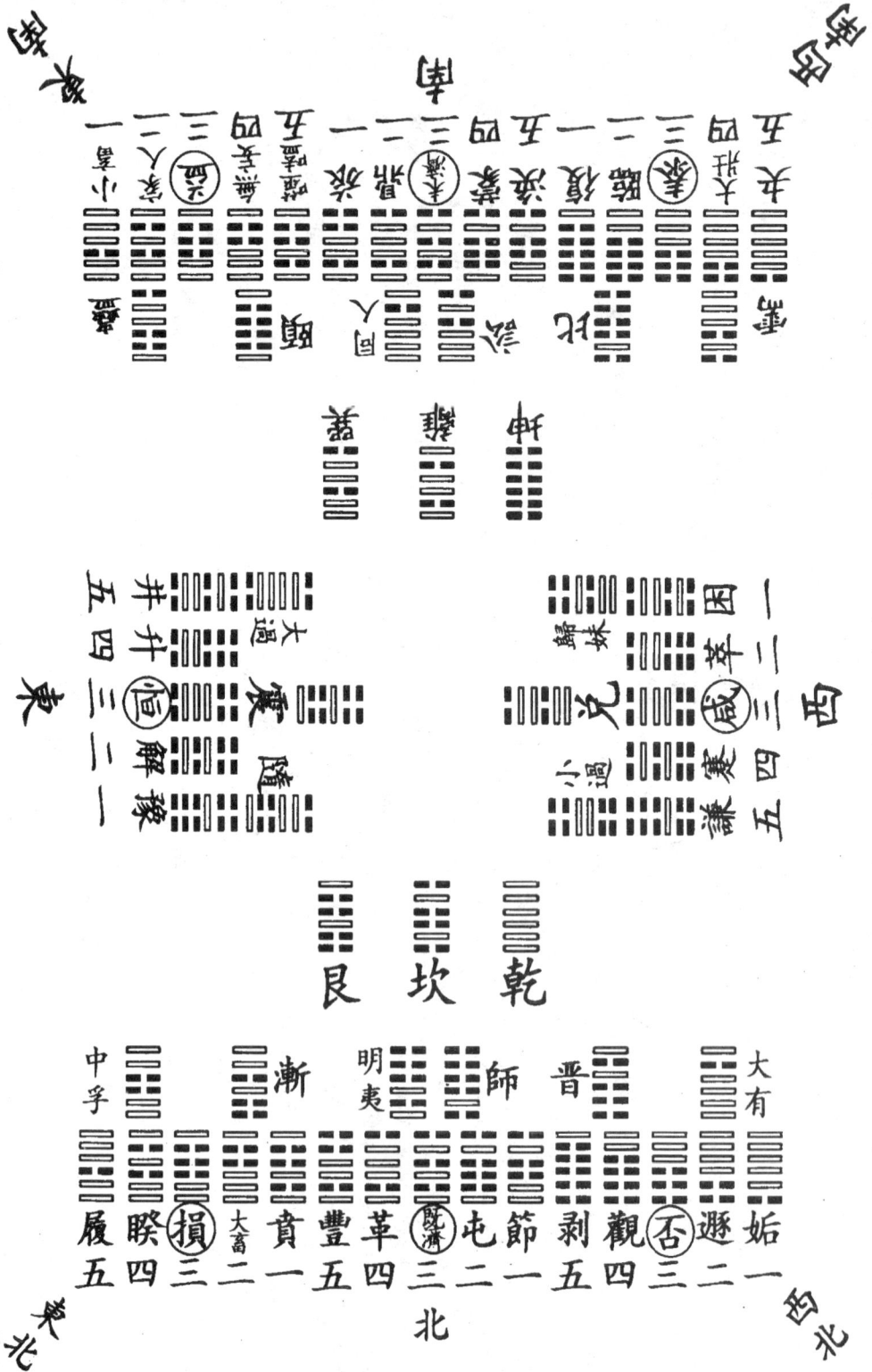

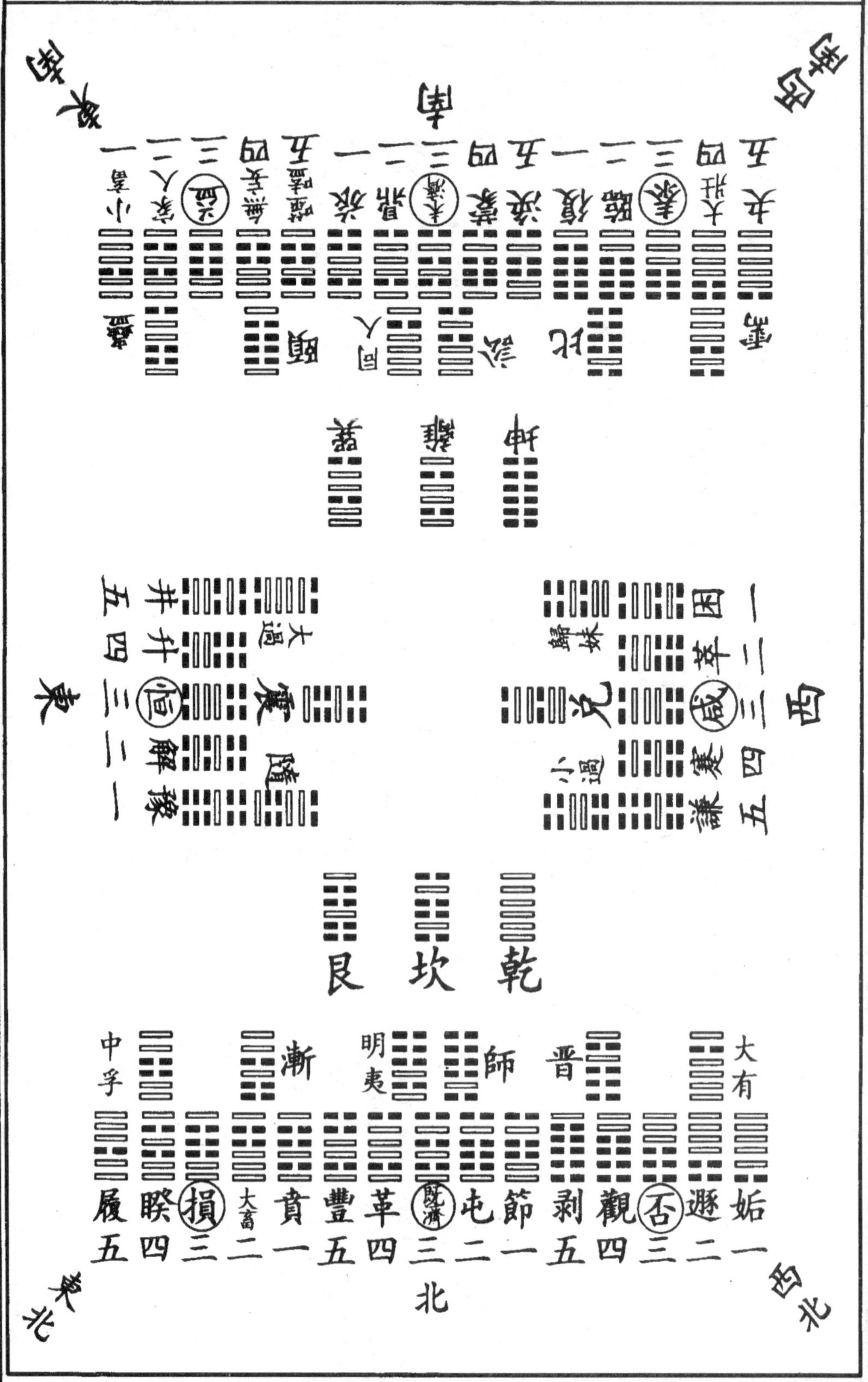
南
北
東
西
西北
東北
乾 坎 艮
坤 離 兌
大有 晉 師 明夷 漸 中孚
姤 遯 否 觀 剝 節 屯 既濟 革 豐 賁 大畜 損 睽 履
一 二 三 四 五 一 二 三 四 五 一 二 三 四 五
井 升 恒 震 解 豫 大過 隨
一 二 三 四 五

帝出震圖

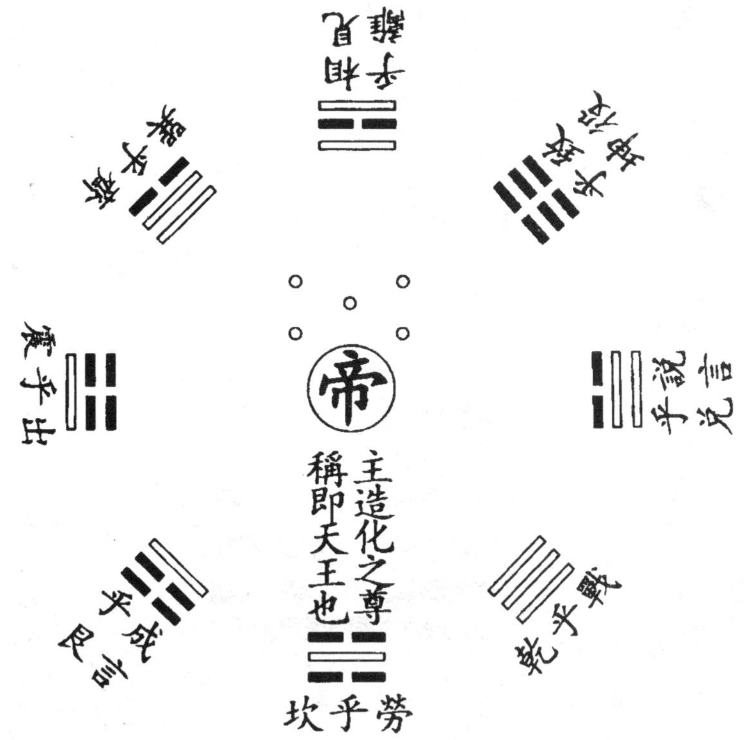

相見乎離
致役乎坤
說言乎兌
戰乎乾
勞乎坎
成言乎艮
出乎震
齊乎巽
帝
主造化之尊稱即天王也

希夷曰。正位稱方。故震東。離南。兌西。坎北。四維言位。故艮東北。巽東南。乾西北。坤獨稱地者。益八方皆統于地也。兌言正秋。亦不言方位者。舉正秋則四方之主時爲四正。類可見矣。離稱相見。以萬物皆見于此也。兌稱說者。以正秋非萬物所說之時。惟以兌體爲澤。澤者物之所說。而不取其時焉。艮稱成言者。以艮之體終止萬物無生成之義。今以生成爲言者。以艮連于寅也。故特言之。坤加致字者。以其致用于乾也。觸類皆然。

帝出乎震。此帝字合下成言乎艮。而統言之。蓋謂八者。乃帝之所主也。出乎震者。帝以震出萬物耳。故下文曰萬物出乎震。若以帝自出爲義。則齊乎巽亦帝自齊。相見乎離亦帝自相見乎。可見分之爲八。固有震巽離坤兌乾坎艮之不同。而合之爲一。孰非帝之所爲乎。

復見天地之心圖

彖曰復其見天地之心乎

初九不遠復無祇悔元吉

象曰不遠之復以修身也

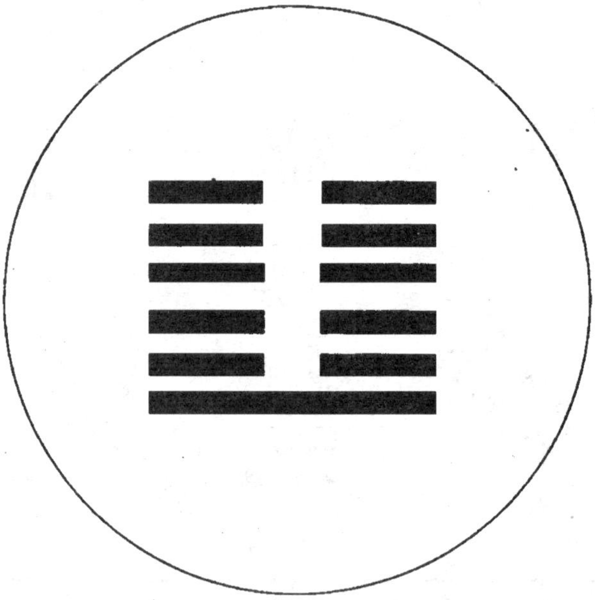

系辭曰復德之本也

復小而辨于物

復以自知

邵子詩曰。耳目聰明男子身。洪鈞賦予不爲貧。須探月窟方知物。未躡天根豈識人。乾遇巽時觀月窟。地逢雷處見天根。天根月窟閑来往。三十六宫都是春。

冬至子之半。天心無改移。一陽初動處。萬物未生時。玄酒味方淡。太音聲正希。此言如不信。更請問包羲。

著之德圓而神

聖人以此洗心退藏於密

大衍之數五十

心易

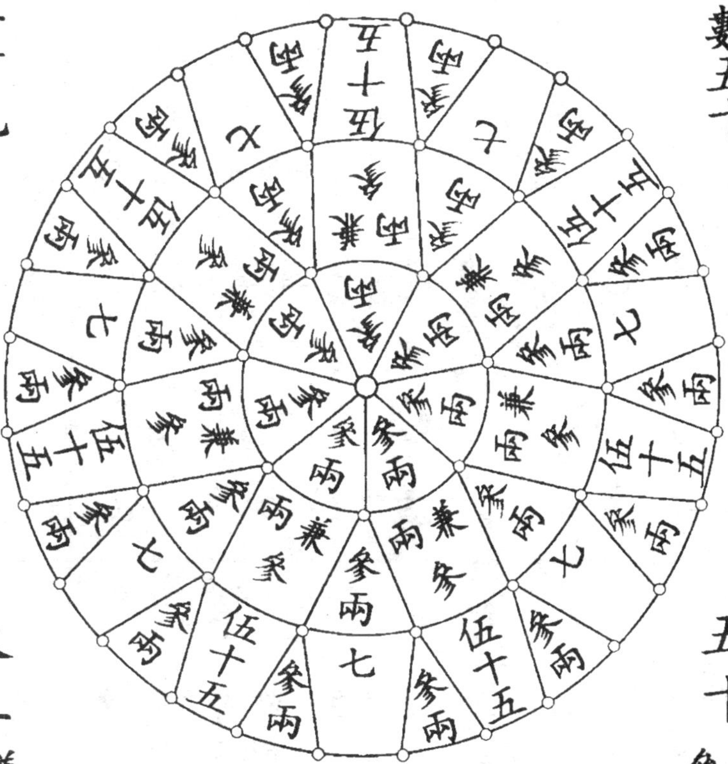

其用四十有九

聖人以此齊戒以神明其德夫

五十

本一

合中一皆參天兩地

虛中一環

觀皆七從

觀皆七七

七四十九

兼兩七皆參伍十五

按大衍圖。有太極兩儀四象之象。內合河圖洛書之數。中一天樞北辰不動。所謂太極本無極。故不用內一環。即所謂太極爲七者。一應紫微垣中門樞第二環爲七者。二應太微垣內兩極左上陳星七。右下罡星七。所謂太極分爲兩儀也。外一環爲七者四應天市垣列宿二十有八。所謂兩儀分爲四象也。門柄所指魁罡所臨璇璣齊七政以閏月定時成歲。以六十四卦三百八十四爻所由生其策萬有一千五百一十。以當萬物之數也。

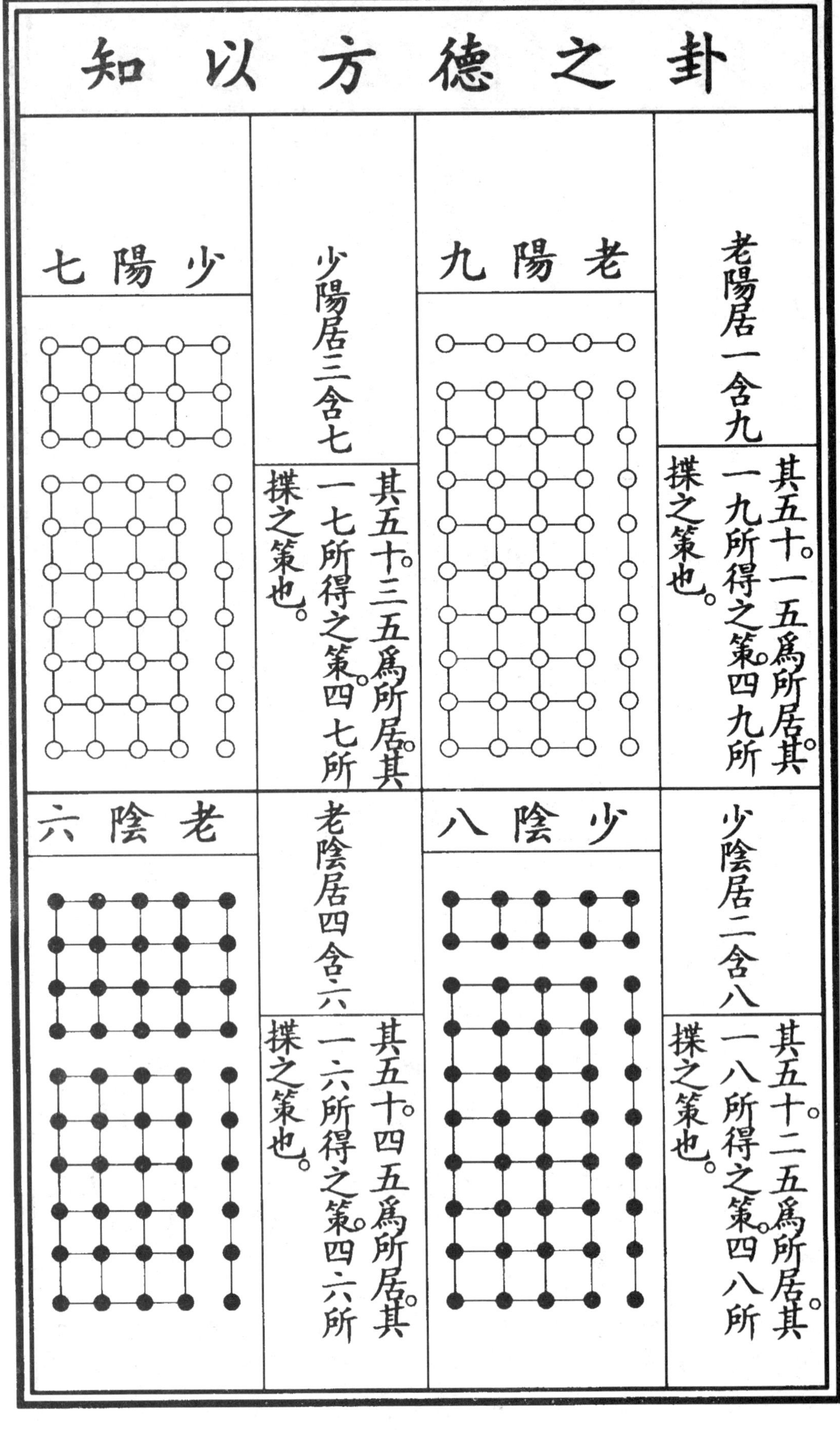
卦之德方以知
老陽居一含九
其五十。一五爲所居。其一九所得之策。四九所揲之策也。
老陽九
少陽居三含七
其五十。三五爲所居。其一七所得之策。四七所揲之策也。
少陽七
少陰居二含八
其五十。二五爲所居。其一八所得之策。四八所揲之策也。
少陰八
老陰居四含六
其五十。四五爲所居。其一六所得之策。四六所揲之策也。
老陰六

九九圓數圖

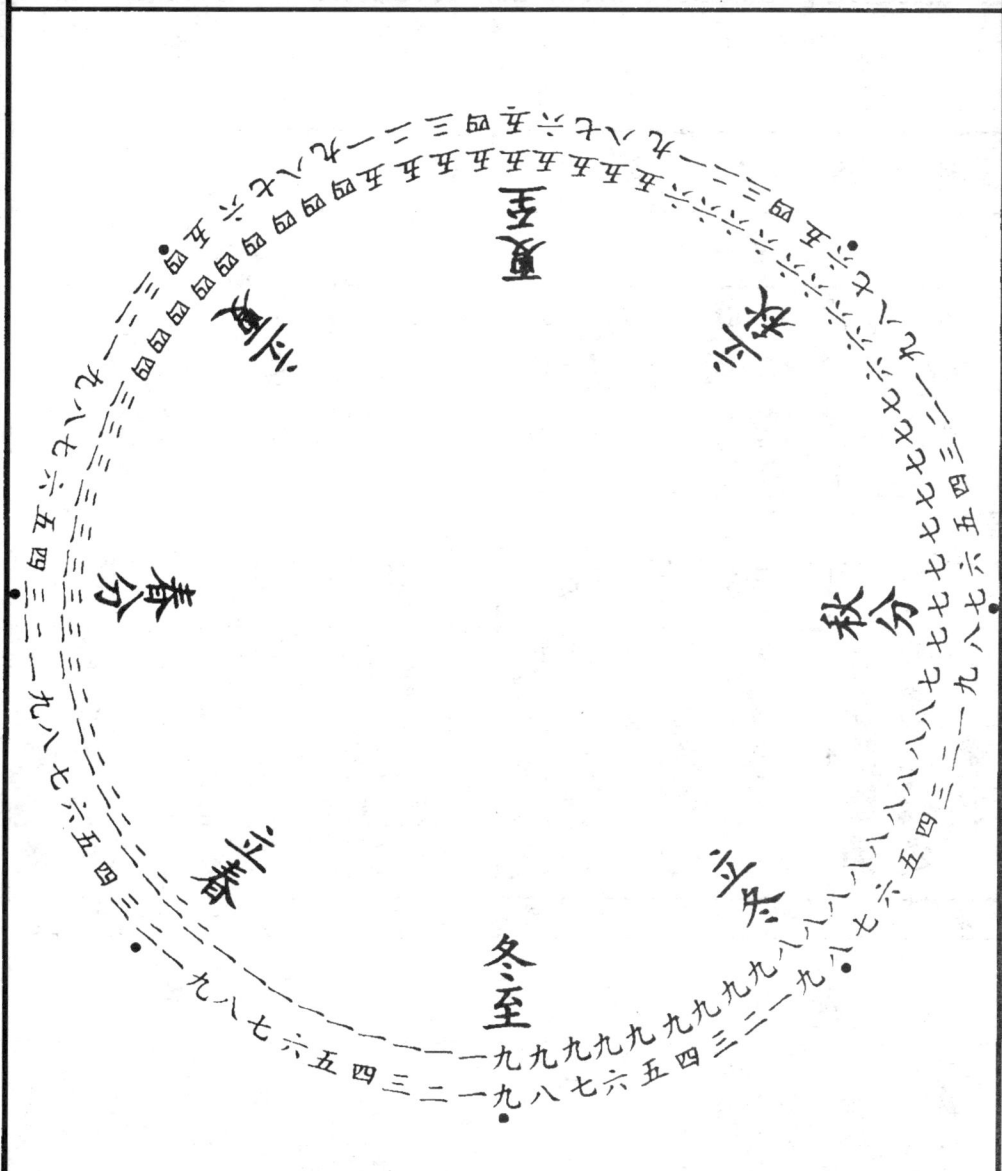

夏至　立秋　秋分　立冬　冬至　立春　春分　立夏

參兩會極

數原天數一。參一得三。三生九。地數二。兩二得四。四生八。以一而九。天之所以周流而不已。以二而八。地之所以對待而不移。天之道盡于九九。視地爲有余。地之道盡于八。視天爲不足。然天用用而不用體。故減其體之九以從地。地用體而又用用。故加其用之八以應天。九八合而歲功成矣。

古占例圖

内貞外悔例

僖十五年，秦伐晉。卜徒父筮之，遇蠱。曰：貞風也。悔山也。

本貞變悔例

初四五爻變。以本卦爲貞。變爲悔。國語重耳筮遇貞屯悔豫。初四五凡三爻變也。

五否變占一例

畢萬筮遇屯之比。初變也。

蔡墨曰。其乾之同人。二變也。

晉將納王。遇大有之睽。三變也。

周史筮陳敬仲。遇觀之否。四變也。

南蒯遇坤之比。五變也。

晉獻筮嫁伯姬。遇歸妹之睽。上變也。

五變占一例

穆姜始往東宮筮遇艮之八。史曰。是謂艮之隨。五皆變二不變也。劉禹錫雲。變五而定一。宜從少占是也。

俱定本卦彖占例

孔成子筮立衛元。遇屯。曰利建侯。象辭占也。

艮之八辨

艮之隨。亦隨之艮。非之隨爲八。八者何。筮法重爲老陽數九。單爲少陽數七。交爲老陰數六。析爲少陰數八。

貞屯悔豫皆八辨

蓋初與四五皆變。不純乎九不純乎六。而二三上則純乎少陰。故言皆八。

六爻俱變依乾坤二用占例

蔡墨對魏獻子曰。在乾之坤曰。見羣龍無首吉。此六爻皆變也。

太玄准易卦名圖

易本仍今其在卦象而求之合節度注
也不舊俱占帶合恒求占其在卦象運

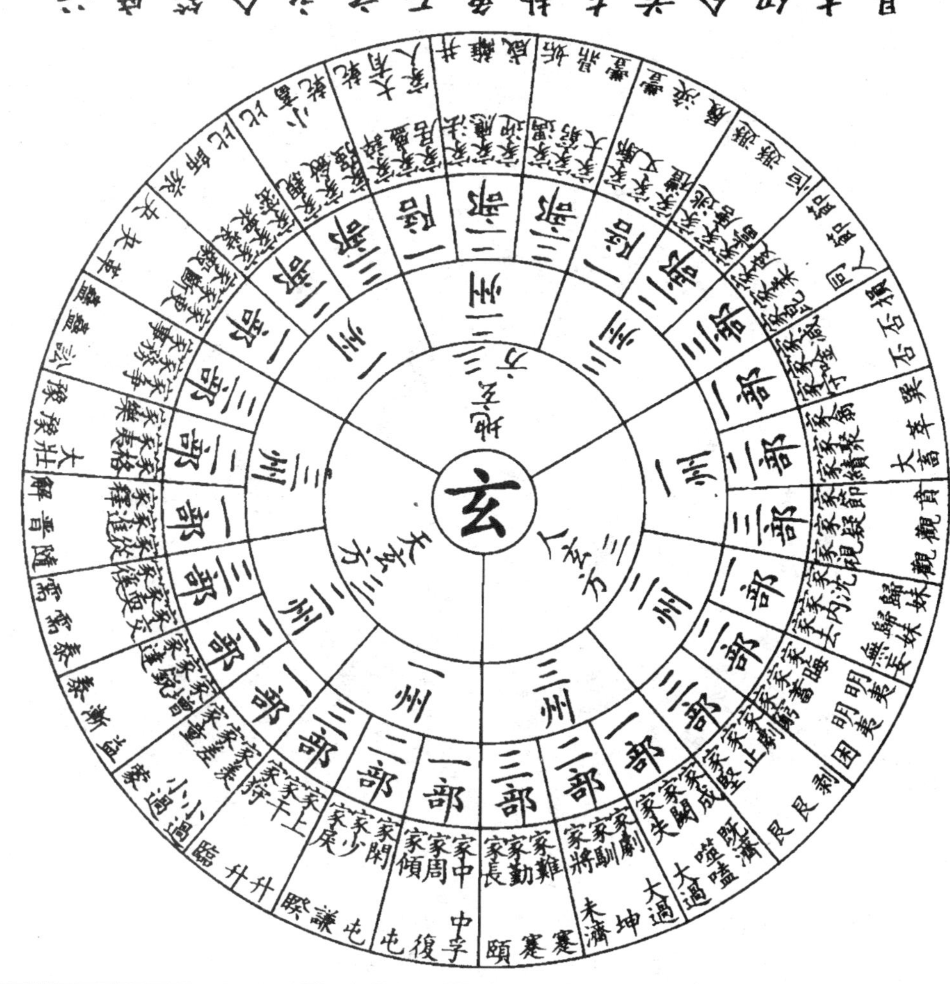

洞極雖是擬玄。其實只是一生二。二生三。三生萬物。一即一之象。其名曰生。一即二之象。其名曰育。一即三之象。其名曰資。由生而萌息華茂止安煥實屬乎天。由育而和塞作煥幾抑冥通屬乎地。由資而用達興紊悖靜平序屬乎人。是三三而九。三九而二十七。觀其所畫。非杜撰者。然而不足以窺天地造化之秘。則玄且不足以擬易也。何有於擬玄之極哉。

關子明擬玄洞極經圖

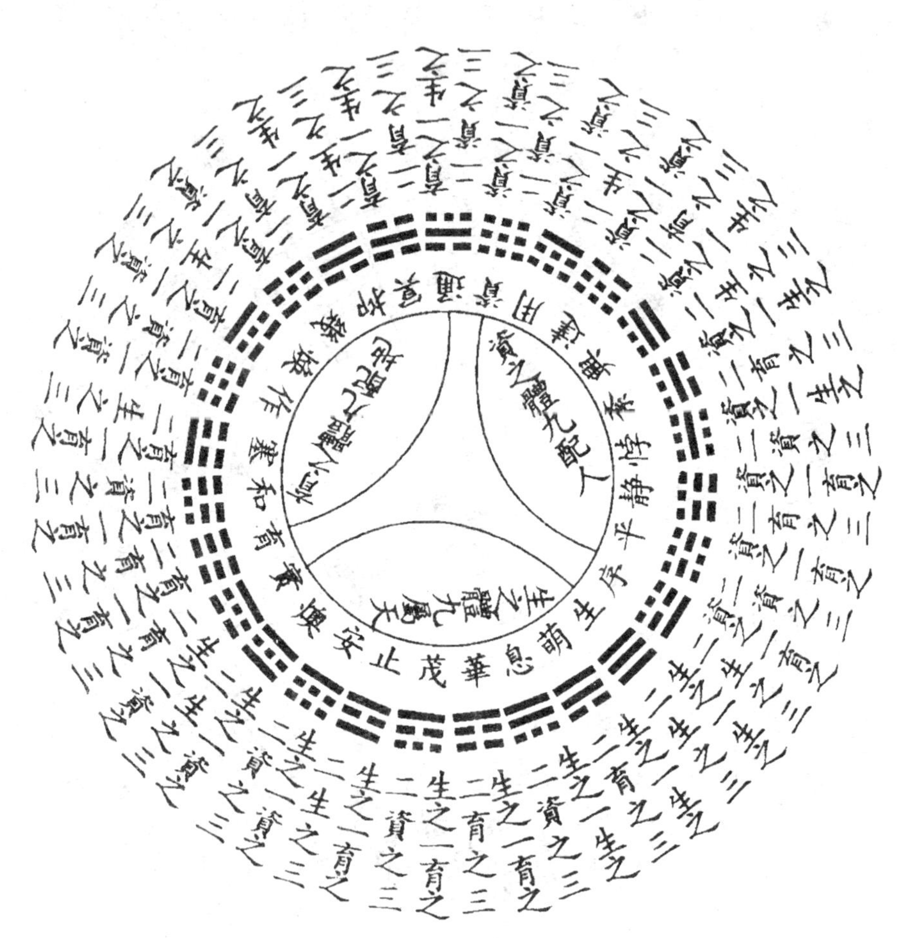

天地闢萬物生。生必萌。萌而后息。息而華。華則茂。物不終茂故所以止。止然后安。安則得其煥。煥則實。實則可以資矣。資必有所用。用然后達。達則能與物。不終與。與又則紊。紊則悖。治悖莫若靜。靜則平。平則有序。序則可以育矣。育然后和。物不終和。和久則塞。決塞必有作。作則煥。煥則幾矣。至正必有抑。抑則冥。物不終冥。故以通而終焉。

潛虛氣圖

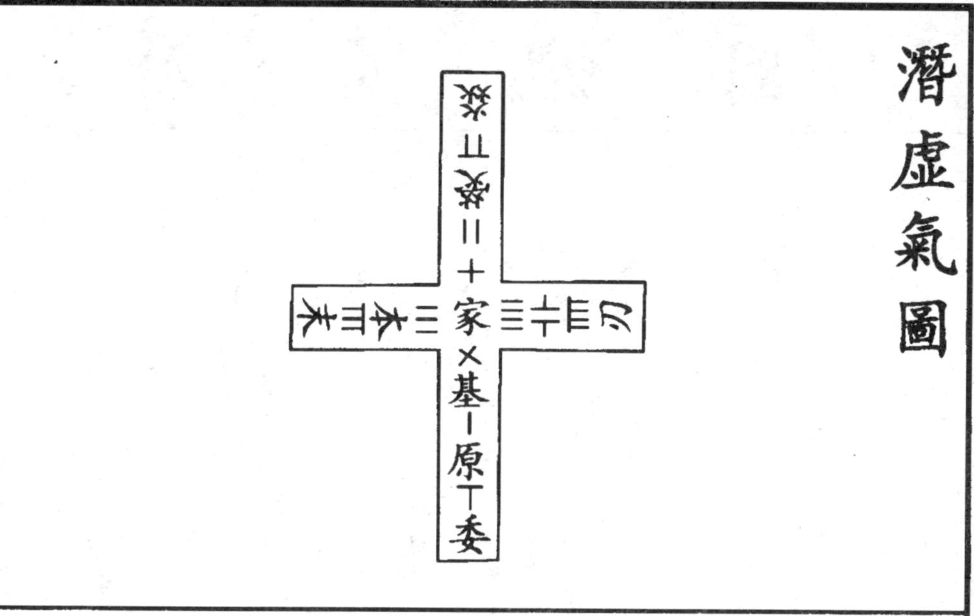

潛虛名圖

一等象王二先等象公三等象岳四等象牧五等象率

齊

家之綱

國之紀

政之務

功之具

業之著

德之塗

事之變

情之詠

刃右 刃左

家右 家左

潛虛體圖

一等象王二等象公三等象岳四等象牧五等象率

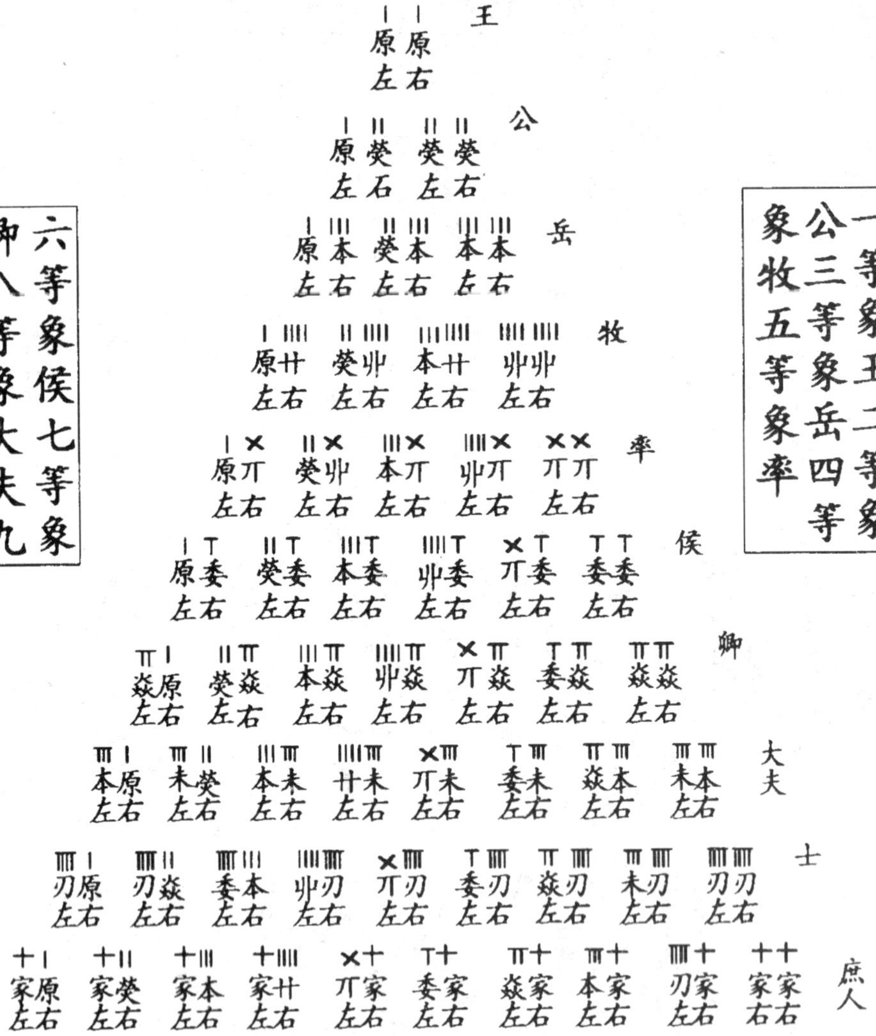

六等象侯七等象卿八等象大夫九象士十等象庶人

王：〡〡 原原 左右

公：〡〢 原荧 左右　〢〢 荧荧 左右

岳：〡〣 原本 左右　〢〣 荧本 左右　〣〣 本本 左右

牧：〡〤 原卄 左右　〢〤 荧丱 左右　〣〤 本卄 左右　〤〤 丱丱 左右

率：〡〥 原丌 左右　〢〥 荧丱 左右　〣〥 本丌 左右　〤〥 丱丌 左右　〥〥 丌丌 左右

侯：〡〦 原委 左右　〢〦 荧委 左右　〣〦 本委 左右　〤〦 丱委 左右　〥〦 丌委 左右　〦〦 委委 左右

卿：〧〡 焱原 左右　〢〧 荧焱 左右　〣〧 本焱 左右　〤〧 丱焱 左右　〥〧 丌焱 左右　〦〧 委焱 左右　〧〧 焱焱 左右

大夫：〨〡 本原 左右　〨〢 末荧 左右　〣〨 本末 左右　〤〨 卄末 左右　〥〨 丌末 左右　〦〨 委末 左右　〧〨 焱本 左右　〨〨 末本 左右

士：〩〡 刃原 左右　〩〢 刃焱 左右　〩〣 委本 左右　〤〩 丱刃 左右　〥〩 丌刃 左右　〦〩 委刃 左右　〧〩 焱刃 左右　〨〩 末刃 左右　〩〩 刃刃 左右

庶人：〸〡 家原 左右　〸〢 家荧 左右　〸〣 家本 左右　〸〤 家卄 左右　〥〸 丌家 左右　〦〸 委家 左右　〧〸 焱家 左右　〨〸 本家 左右　〩〸 刃家 左右　〸〸 家家 右右

司馬温公潛虛自叙

萬物皆祖於虛。生於氣氣以成體。體以受性。性以辨名。名以立行。行以俟命。故虛者。物之府也。氣者。生之户也。體者。質之具也。性者。神之賦也。名者。事之分也。行者。人之務也。命者。時之遇也。

古河圖

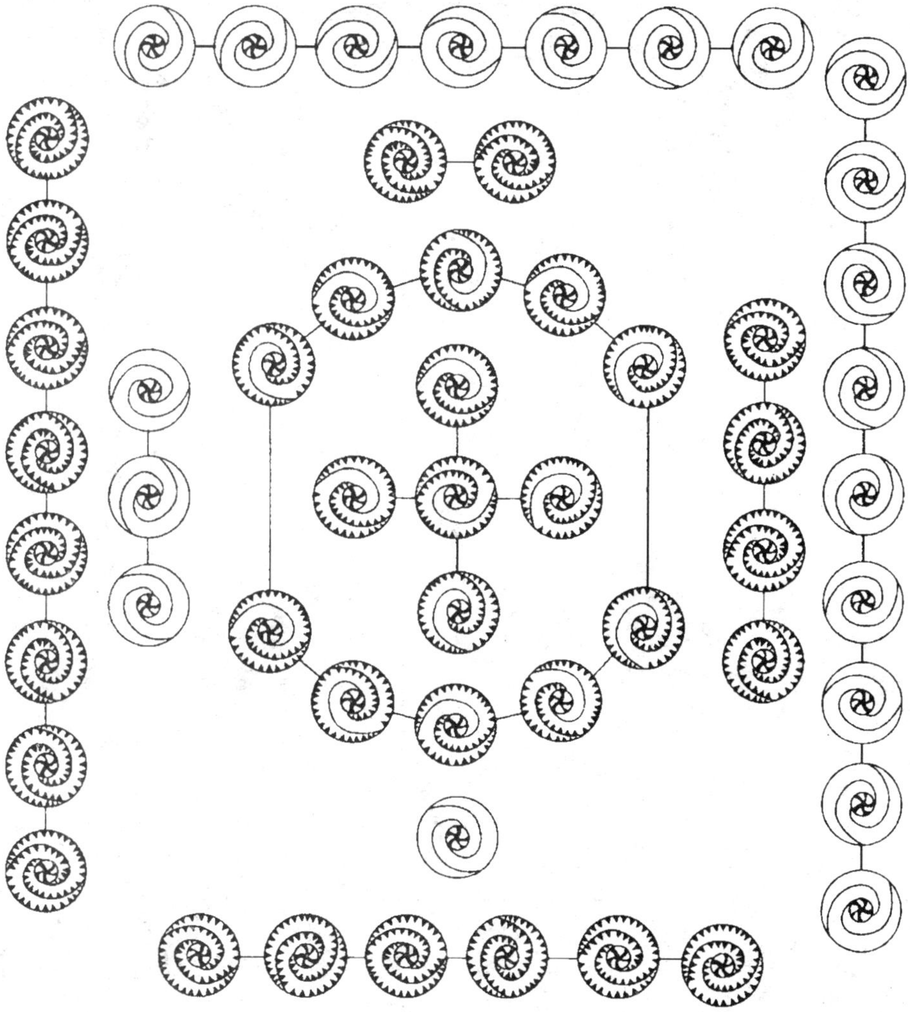

古河圖。下一六上。二七左三八。右四九。以五十爲中則。馬身之旋文爲陰陽之氣數。其象圖。其道合以方。無分開肩隅五行生成之說。放中五中十及中五之四。與夫陽白陰黑具體而微。即一旋文。無非包括萬物太極之理。相得而各有合者皆自然之數。豈必成之待生而后有五行之位哉。勉齋黄氏之言。誠得之矣。

古洛書

靈龜出于洛。龜身甲坼具四十五數。載九履一。左三右七。二四爲肩。六八爲足。而五居中。聖人則龜身之坼文。畫爲洛書。然各點皆直如字書者。亦取其象而畫之。故名爲書也。若點數亦圈而圓。則非書之義矣。此書與世所傳之書异。故名爲古洛書。

河圖數起一六

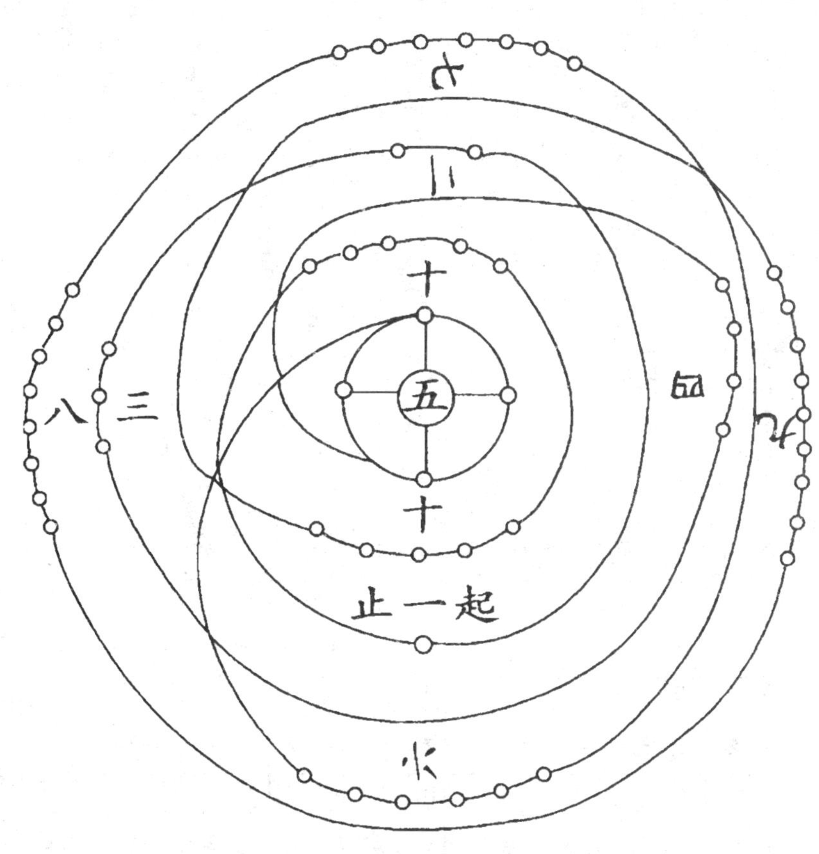

圖之體在中。而用在北。故數起於北。一之自北而南以生二。自南而東以生三。自東而西以生四。自西而入于中以生五。隨氣機之動。極而變也。自中而出于北以生六。自北而南以生七。自南而東以生八。自東而西以生九。自西而入于中以生十。入必復出。隨氣機之靜。極而變也。入乘靜機。出乘動機。動靜有常。而流行不息。西北者數所出入之門乎。陰陽相求而數生焉。數始於一。而極於九。化於二而通於十。自北至西則陽數極。極則益深。不得不入而歸諸十。自二至十。則陰數極。陰極必返。不得不出而復于一。一以始之。九以極之。二以化之。十以通之。數之圓而神也。如是夫。

蔡九峰皇極八十一名數圖

𝍨𝍠 養	𝍧𝍠 實	𝍦𝍠 迅	𝍥𝍠 飾	𝍤𝍠 庶	𝍣𝍠 比	𝍢𝍠 見	𝍡𝍠 成	𝍠𝍠 原
𝍨𝍡 遇	𝍧𝍡 賽	𝍦𝍡 懼	𝍥𝍡 戾	𝍤𝍡 決	𝍣𝍡 開	𝍢𝍡 獲	𝍡𝍡 沖	𝍠𝍡 潛
𝍨𝍢 勝	𝍧𝍢 危	𝍦𝍢 除	𝍥𝍢 虛	𝍤𝍢 豫	𝍣𝍢 晋	𝍢𝍢 從	𝍡𝍢 振	𝍠𝍢 守
𝍨𝍣 囚	𝍧𝍣 堅	𝍦𝍣 弱	𝍥𝍣 昧	𝍤𝍣 升	𝍣𝍣 公	𝍢𝍣 交	𝍡𝍣 析	𝍠𝍣 信
𝍨𝍤 壬	𝍧𝍤 革	𝍦𝍤 疾	𝍥𝍤 損	𝍤𝍤 中	𝍣𝍤 益	𝍢𝍤 育	𝍡𝍤 常	𝍠𝍤 直
𝍨𝍥 固	𝍧𝍥 報	𝍦𝍥 競	𝍥𝍥 用	𝍤𝍥 伏	𝍣𝍥 章	𝍢𝍥 壯	𝍡𝍥 柔	𝍠𝍥 蒙
𝍨𝍦 移	𝍧𝍦 止	𝍦𝍦 分	𝍥𝍦 郤	𝍤𝍦 過	𝍣𝍦 盈	𝍢𝍦 興	𝍡𝍦 易	𝍠𝍦 閑
𝍨𝍧 墮	𝍧𝍧 戎	𝍦𝍧 訟	𝍥𝍧 翕	𝍤𝍧 疑	𝍣𝍧 錫	𝍢𝍧 欣	𝍡𝍧 親	𝍠𝍧 須
𝍨𝍨 終	𝍧𝍨 結	𝍦𝍨 收	𝍥𝍨 遠	𝍤𝍨 寡	𝍣𝍨 靡	𝍢𝍨 舒	𝍡𝍨 華	𝍠𝍨 厲

八十一數原圖

𝍠𝍠 原 一之一

原。元吉幾君子有慶。數曰原。誠之原也。幾。繼之善也。君子見幾。有終慶也。

𝍨𝍠 凶吉	𝍧𝍠 休吉	𝍦𝍠 災吉	𝍥𝍠 悔吉	𝍤𝍠 平吉	𝍣𝍠 吝吉	𝍢𝍠 祥吉	𝍡𝍠 咎吉	𝍠𝍠 元吉
𝍨𝍡 凶咎	𝍧𝍡 休咎	𝍦𝍡 災咎	𝍥𝍡 悔咎	𝍤𝍡 平咎	𝍣𝍡 吝咎	𝍢𝍡 祥咎	𝍡𝍡 咎咎	𝍠𝍡 吉咎
𝍨𝍢 凶祥	𝍧𝍢 休祥	𝍦𝍢 災祥	𝍥𝍢 悔祥	𝍤𝍢 平祥	𝍣𝍢 吝祥	𝍢𝍢 祥祥	𝍡𝍢 咎祥	𝍠𝍢 吉祥
𝍨𝍣 凶吝	𝍧𝍣 休吝	𝍦𝍣 災吝	𝍥𝍣 悔吝	𝍤𝍣 平吝	𝍣𝍣 吝吝	𝍢𝍣 祥吝	𝍡𝍣 咎吝	𝍠𝍣 吉吝
𝍨𝍤 凶平	𝍧𝍤 休平	𝍦𝍤 災平	𝍥𝍤 悔平	𝍤𝍤 平平	𝍣𝍤 吝平	𝍢𝍤 祥平	𝍡𝍤 咎平	𝍠𝍤 吉平
𝍨𝍥 凶悔	𝍧𝍥 休悔	𝍦𝍥 災悔	𝍥𝍥 悔悔	𝍤𝍥 平悔	𝍣𝍥 吝悔	𝍢𝍥 祥悔	𝍡𝍥 咎悔	𝍠𝍥 吉悔
𝍨𝍦 凶災	𝍧𝍦 休災	𝍦𝍦 災災	𝍥𝍦 悔災	𝍤𝍦 平災	𝍣𝍦 吝災	𝍢𝍦 祥災	𝍡𝍦 咎災	𝍠𝍦 吉災
𝍨𝍧 凶休	𝍧𝍧 休休	𝍦𝍧 災休	𝍥𝍧 悔休	𝍤𝍧 平休	𝍣𝍧 吝休	𝍢𝍧 祥休	𝍡𝍧 咎休	𝍠𝍧 吉休
𝍨𝍨 大凶	𝍧𝍨 休凶	𝍦𝍨 災凶	𝍥𝍨 悔凶	𝍤𝍨 平凶	𝍣𝍨 吝凶	𝍢𝍨 祥凶	𝍡𝍨 咎凶	𝍠𝍨 吉凶

皇極經世先天數圖

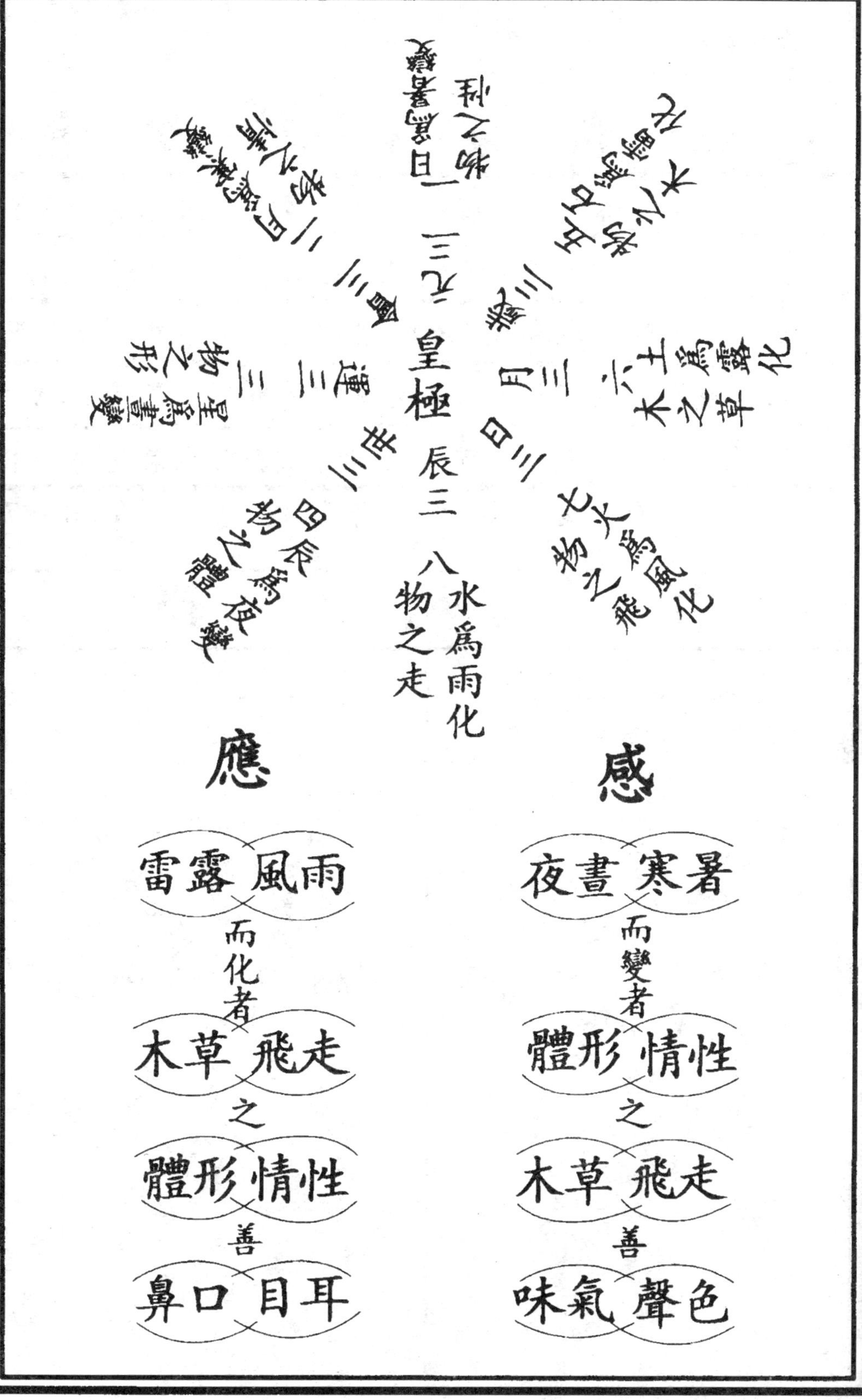

皇極

元三　一日爲暑變　物之性
會三　二月爲寒變　物之情
運三　三星爲晝變　物之形
世三　四辰爲夜變　物之體
星三　五石爲雷化　物之木
月三　六土爲露化　木之草
日三　七火爲風化　物之飛
辰三　八水爲雨化　物之走

感

暑寒晝夜
而變者
性情形體
之
走飛草木
善
色聲氣味

應

雨風露雷
而化者
走飛草木
之
性情形體
善
耳目口鼻

渾天六位

乾	坎	坤	離	震	艮	巽	兌
壬戌土	戊子水	癸酉金	己巳火	庚戌土	丙寅木	辛卯木	丁未土
壬申金	戊戌土	癸亥水	己未土	庚申金	丙子水	辛巳火	丁酉金
壬午火	戊申金	癸丑土	己酉金	庚午火	丙戌土	辛未土	丁亥水
甲辰土	戊午火	乙卯木	己亥水	庚辰土	丙申金	辛酉金	丁丑土
甲寅木	戊辰土	乙巳火	己丑土	庚寅木	丙午火	辛亥水	丁卯木
甲子水	戊寅木	乙未土	己卯木	庚子水	丙辰土	辛丑土	丁巳火

卦納甲

附録二

易數鉤隱圖

版本欣賞

欽定四庫全書

經部

易數鈎隱圖卷上

詳校官尚書臣德保
通政使司副使臣莫瞻菉覆勘

總校官進士臣繆琪
校對官中書臣王家賓
謄録監生臣何均

欽定四庫全書　　經部一

易數鈎隱圖　　易類

提要

臣等謹案易數鈎隱圖三卷附遺論九事一卷宋劉牧撰牧字長民其墓志作字先之未詳孰是或有兩字也彭城人官至太常博士宋志載牧新注周易十一卷圖一卷晁公武讀書志則作圖三卷其注今不傳惟圖尚在

卷數與晁氏本同漢儒言易多主象數至宋而象數之中復岐出圖書一派牧在邵子之前其首倡者也牧之學出於种放放出於陳摶其源流與邵子之出於穆李者同而以九為河圖十為洛書則與邵異其學盛行於仁宗時黄黎獻作畧例隱訣吳秘作通神程大昌作易原皆發明牧說而葉昌齡則作圖義以駁之宋咸則作王劉易辨以攻之李覯復

有刪定易圖論至蔡元定則以為與孔安國劉歆所傳不合而以十為河圖九為洛書朱子從之著易學啟蒙自是以後若胡一桂董楷吳澄之書皆宗朱蔡牧之圖幾於不傳此本為通志堂所刊何焯以為自道藏録出今考道藏目録實在洞真部靈圖類雲字號中是即圖書之學出於道家之一証録而存之亦足廣異聞也南宋時劉敏士嘗刻於浙右

漕司前有歐陽修序吳澄曰修不信河圖而有此序殆後人所偽為而牧之後人誤信之者俞琰亦曰序文淺俚非修作其言有見故今據而削之其遺論九事一為太皥受龍馬負圖二為六十四卦推盪訣三為大衍之數五十四為八卦變六十四卦五為辨陰陽卦六為復見天地之心七為卦中九事八為奇偶揲法九為陰陽律呂圖以先儒之所未及

故曰遺論本別為一卷徐氏刻九經解附之鉤隱圖末今亦仍之焉乾隆四十四年八月

恭校上

總纂官臣紀昀臣陸錫熊臣孫士毅

總校官臣陸費墀

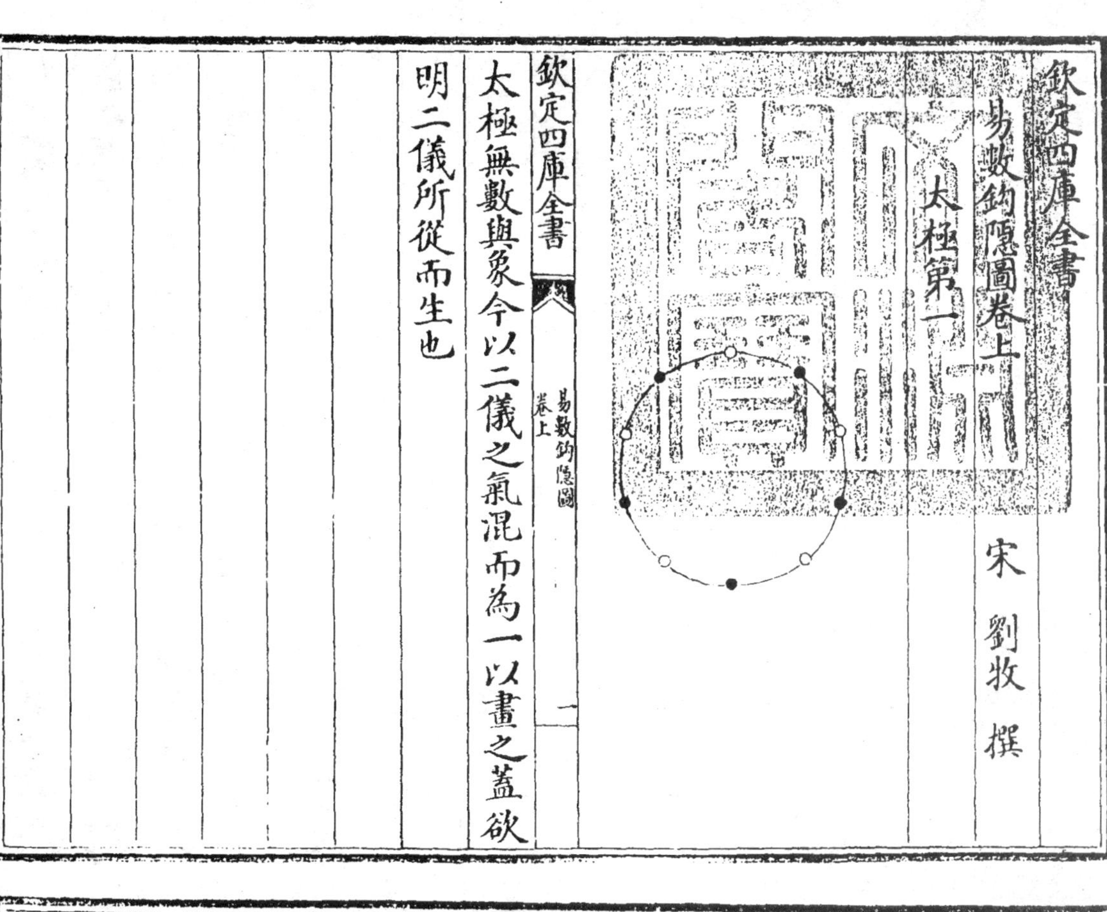

欽定四庫全書

易數鉤隱圖卷上

太極第一

宋 劉牧 撰

太極無數與象今以二儀之氣混而為一以畫之蓋欲明二儀所從而生也

太極生兩儀第二

經曰易有太極是生兩儀太極者一氣也天地未分之前元氣混而為一一氣所判是曰兩儀易不云乎天地而云兩儀者何也蓋以兩儀則二氣始分天地則形象斯著以其始分兩體之儀故謂之兩儀也何以明其然略試論之夫氣之上者輕清氣之下者重濁輕清而圓者天之象也重濁而方者地之象也茲乃上下未交之時但分其儀象耳若二氣交則天一下而生水地二上而生火此則形之始也五行既備而生動植焉所謂在

天成象在地成形也則知兩儀乃天地之象天地乃兩儀之體爾今畫天左旋者取天一天三之位也畫地右動者取地二地四之位也分而各其處者蓋明上下未交之象也

天五第三

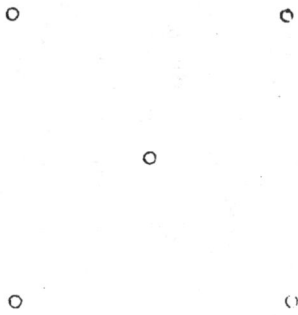

天一地二天三地四此四象生數也至於天五則居中而主乎變化不知何物也強名曰中和之氣不知所以然而然也交接乎天地之氣成就乎五行之質彌綸錯綜無所不周三才之道既備退藏於密寂然无事茲所謂陰陽不測之謂神者也經雖云四象生八卦然須三五之變易備七八九六之成數而後能生八卦而定位矣

天地數十有五第四

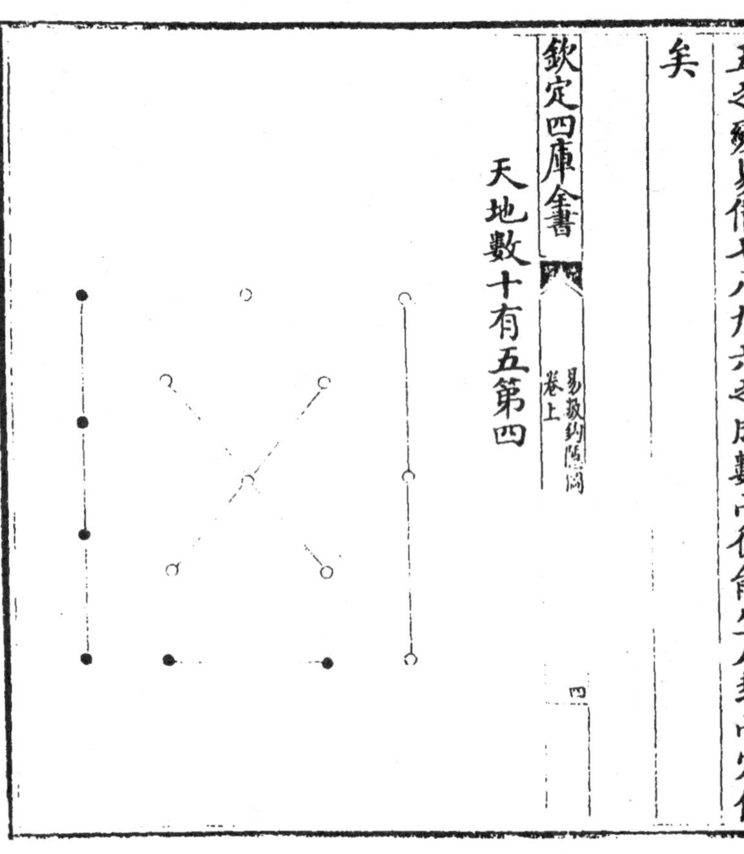

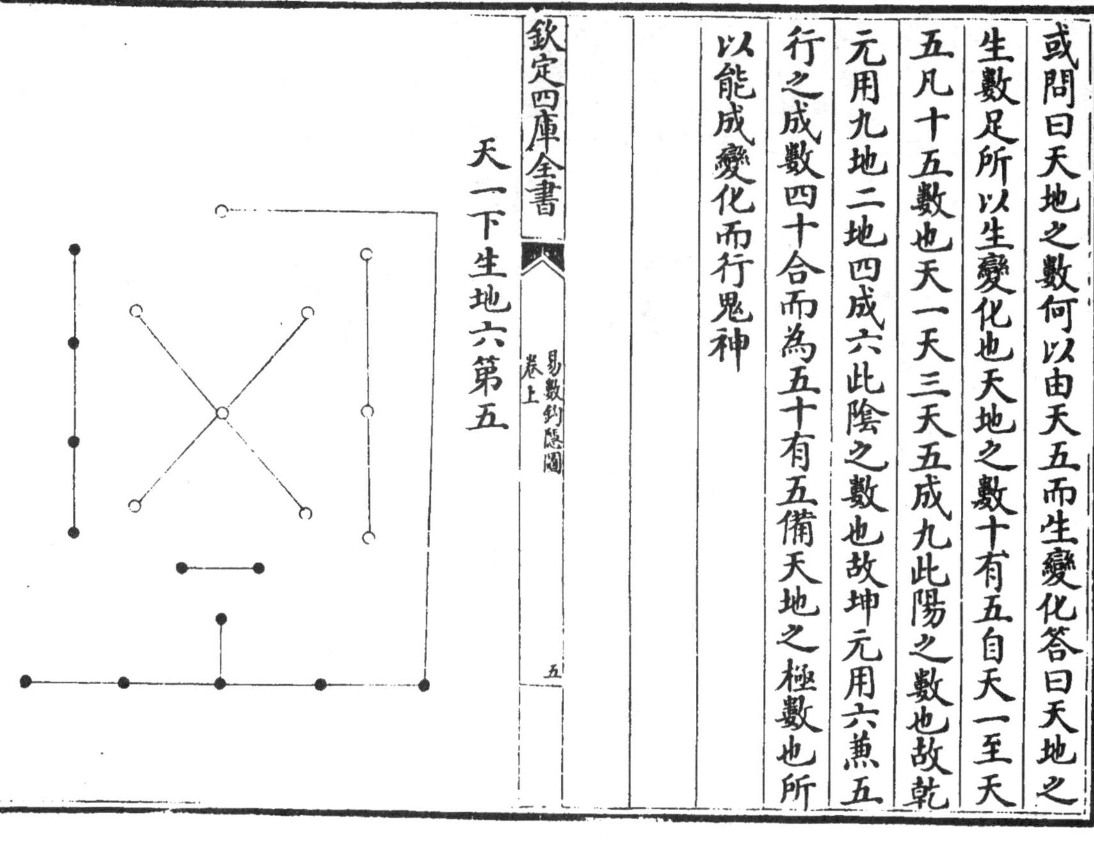
或問曰天地之數何以由天五而生變化答曰天地之生數足所以生變化也天地之數十有五自天一至天五凡十五數也天一天三天五成九此陽之數也故乾元用九地二地四成六此陰之數也故坤元用六兼五行之成數四十合而為五十有五備天地之極數也所以能成變化而行鬼神

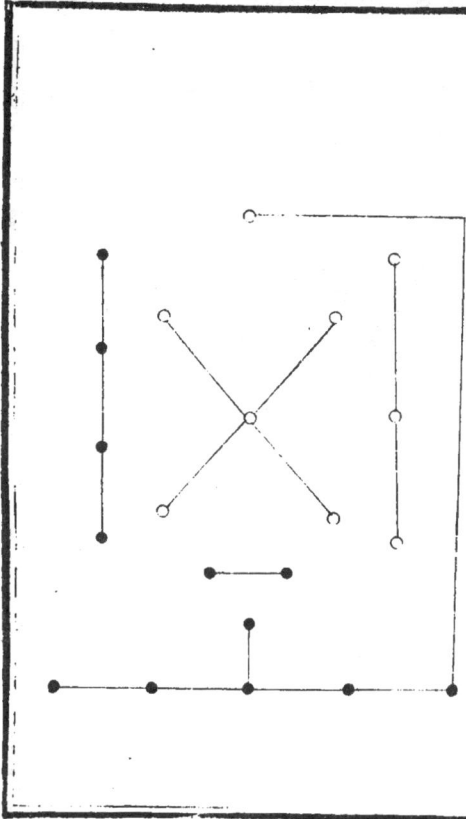

欽定四庫全書　易數鉤隱圖　卷上　五

天一下生地六第五

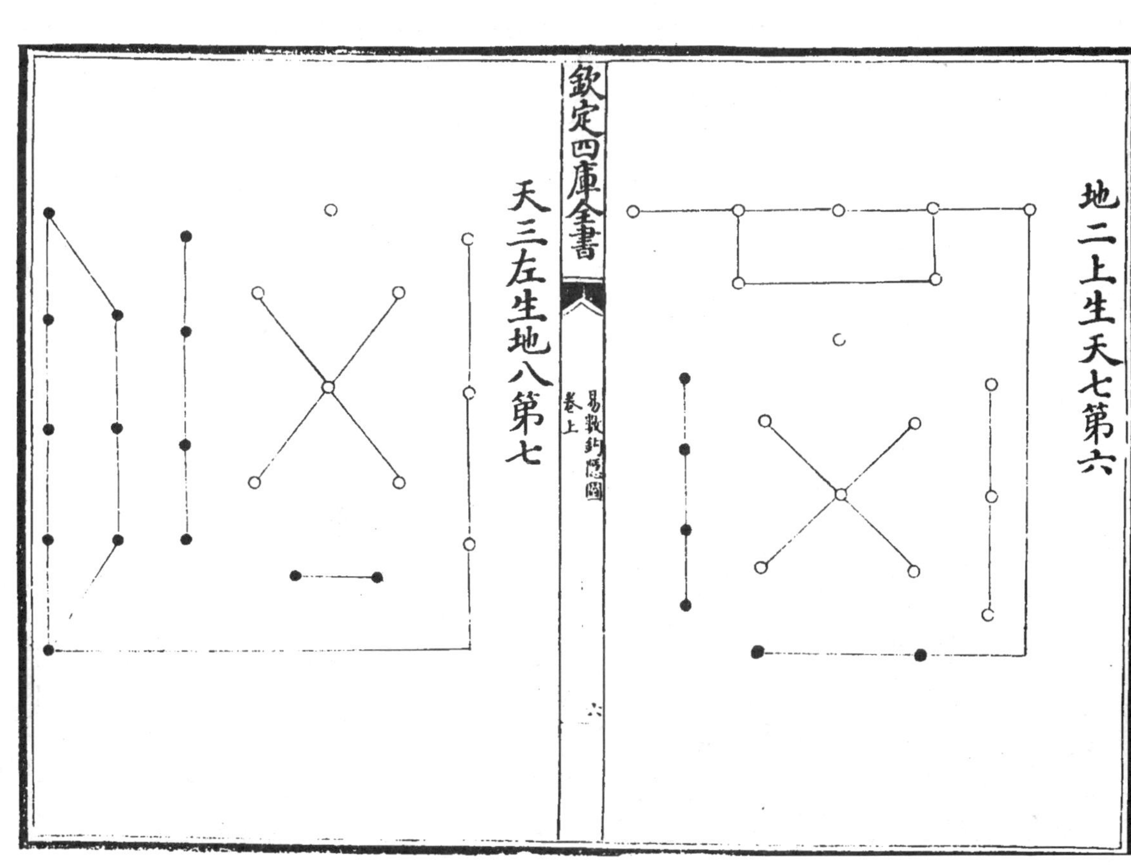
地二上生天七第六

欽定四庫全書　易數鉤隱圖　卷上　六

天三左生地八第七

地四右生天九第八

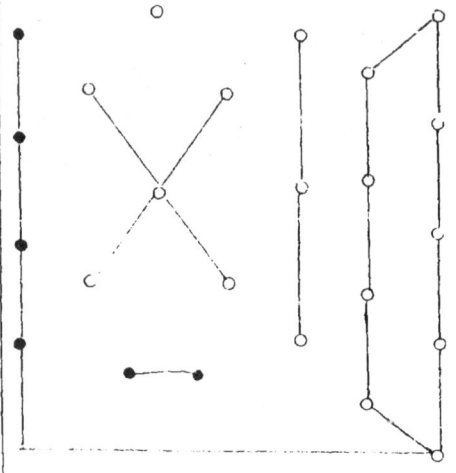

經曰參伍以變錯綜其數通其變遂成天地之文極其數遂定天下之象義曰參合也伍為偶配也為天五合配天一下生地六之類是也以通其變化交錯而成四象八卦之數也成天地之文者為陰陽交而著其文理也極其數者為極天地之數也天地之極數五十有五之謂也遂定天地之象者天地之數既設則象從而定也

兩儀生四象第九

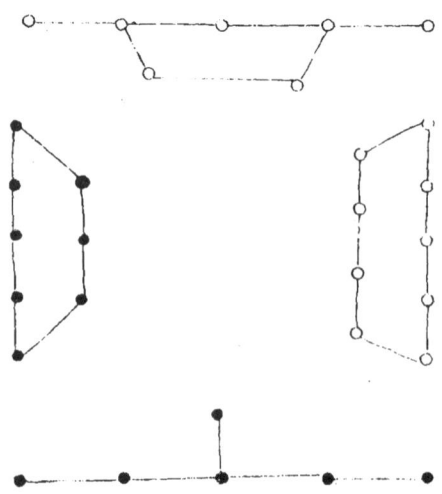

經曰兩儀生四象孔氏疏謂金木水火稟天地而有故云兩儀生四象土則分王四季又地中之別惟云四象也且金木水火有形之物安得為象哉孔氏失之遠矣又云易有四象所以示者莊氏云四象謂六十四卦之中有實象有假象有義象有用象也今於釋卦之處已破之矣何氏謂天生神物聖人則之一也天地變化聖人效之二也天垂象見吉凶聖人象之三也河出圖洛出書聖人則之四也今謂此四事聖人易外別有其功非專易內

之物稱易有四象且又云易有四象所以示也繫辭焉所以告也然則象與辭相對之物辭既爻卦之下辭象謂爻卦之象也上兩儀生四象七八九六之謂也諸儒有謂七八九六今則從以為義也且疏家以七八九六之四象為所以示之四象則駁雜之甚也何哉夫七八九六乃少陰少陽老陰老陽之位生八卦之四象非易之所以示四象也略試論之且夫四象者其義有二一者謂兩儀所生之四象二者謂易有四象所以示之四

象若天一地二天三地四所以兼天五之變化上下交易四象備其成數而後能生八卦矣於是乎坎離震兌居四象之正位不云五象者以五无定位舉其四則五可知矣夫五上駕天一而下生地六下駕地二而上生天七右駕天三而左生地八左駕地四而右生天九此河圖四十有五之數耳斯則二儀所生之四象所謂易有四象所以示者若繫辭云吉凶者失得之象一也悔吝者憂虞之象二也變化者進退之象三也剛柔者晝夜之象四也且孔氏疏云象之與辭相對之物辭既爻卦之下辭象謂爻卦之象也又上句云易有四象所以示也下句云繫辭焉所以告也詳其吉凶悔吝變化剛柔四者之象既繫辭所陳則與爻卦正協其義也而又孔氏復引二儀所生之四象舉七八九六之數則其義非也不亦失之甚乎

四象生八卦第十

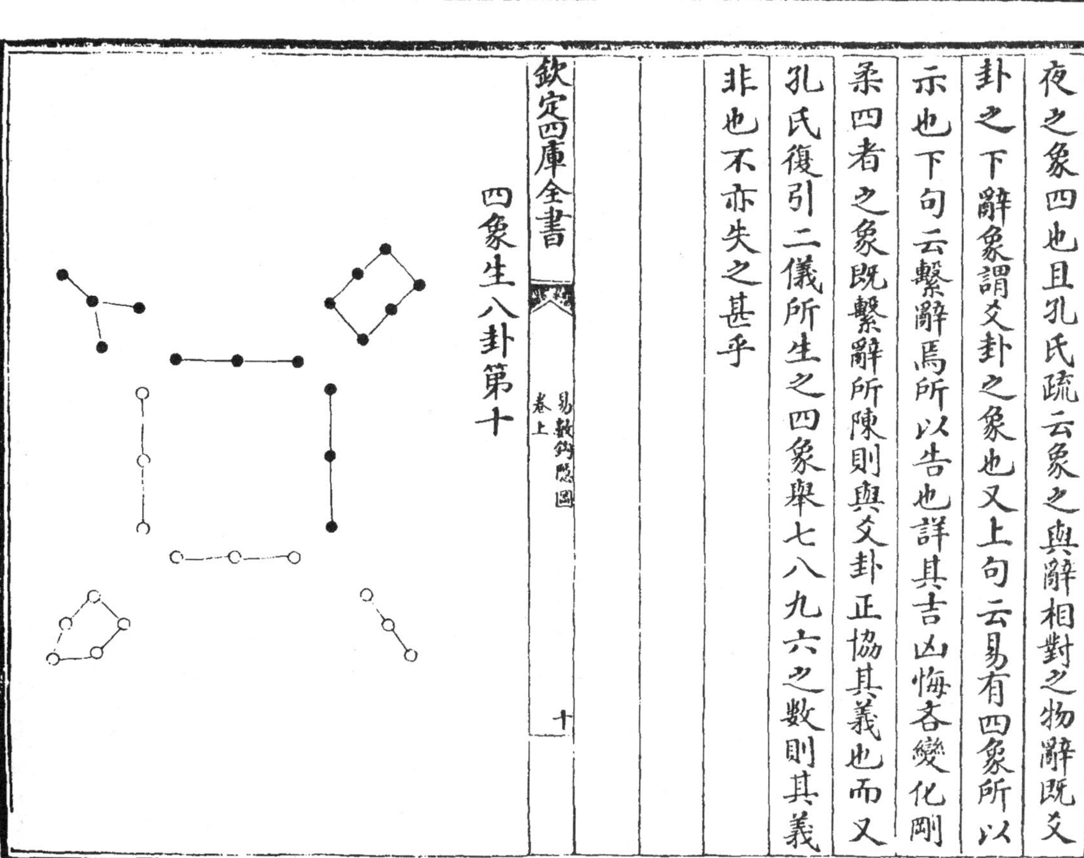

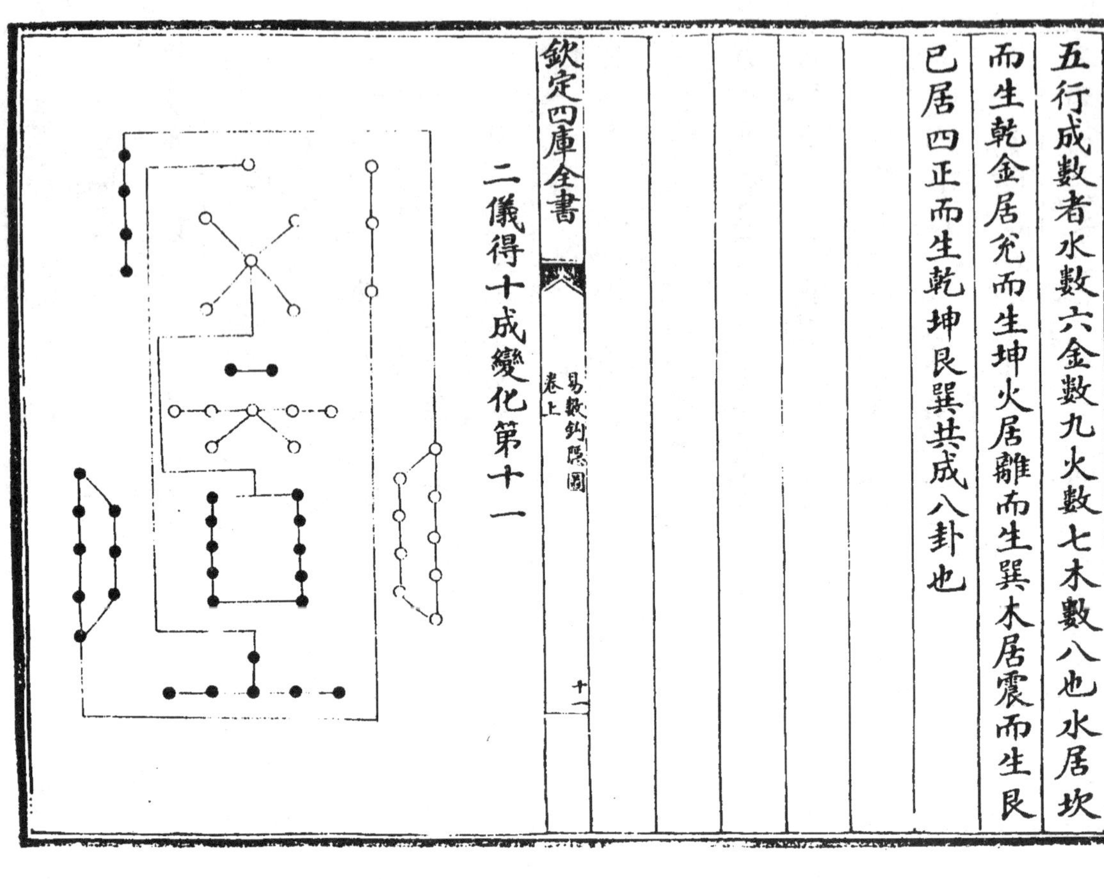

五行成數者水數六金數九火數七木數八也水居坎而生乾金居兑而生坤火居離而生巽木居震而生艮巳居四正而生乾坤艮巽共成八卦也

二儀得十成變化第十一

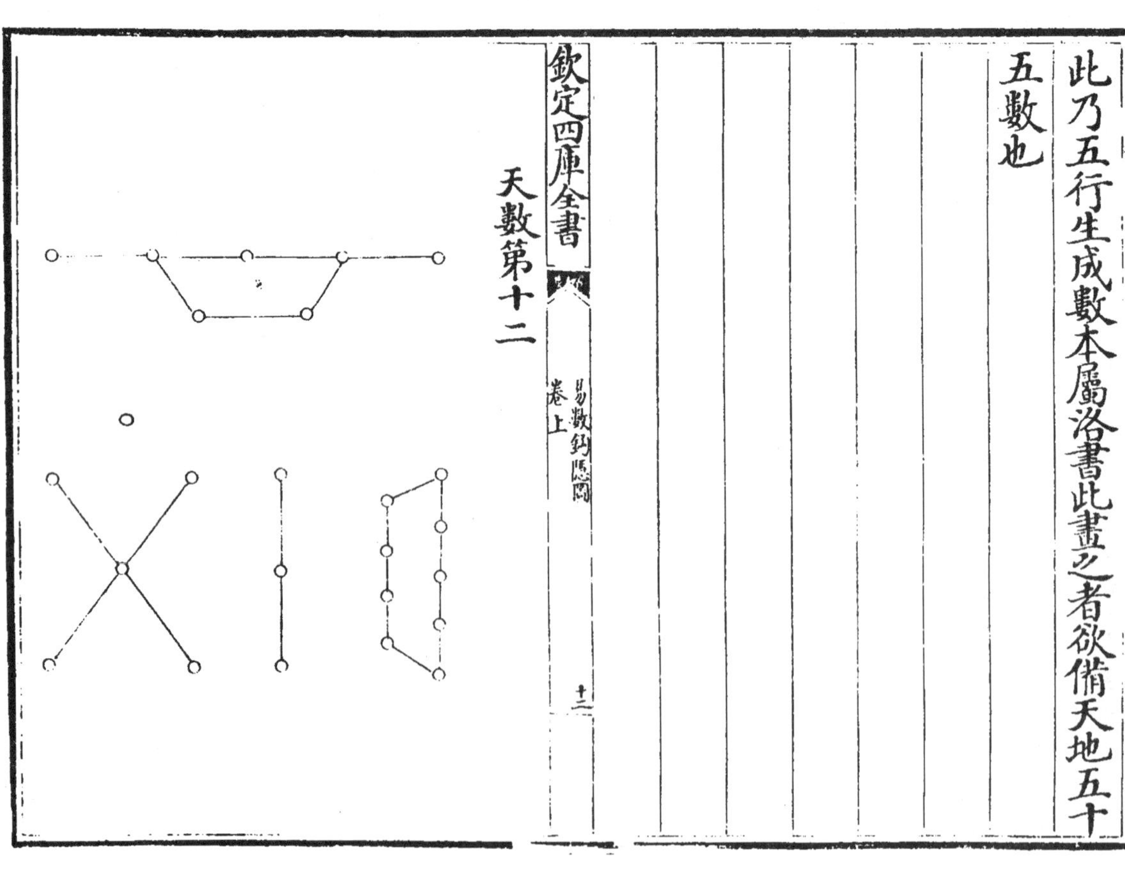

此乃五行生成數本屬洛書此畫之者欲備天地五十五數也

天數第十二

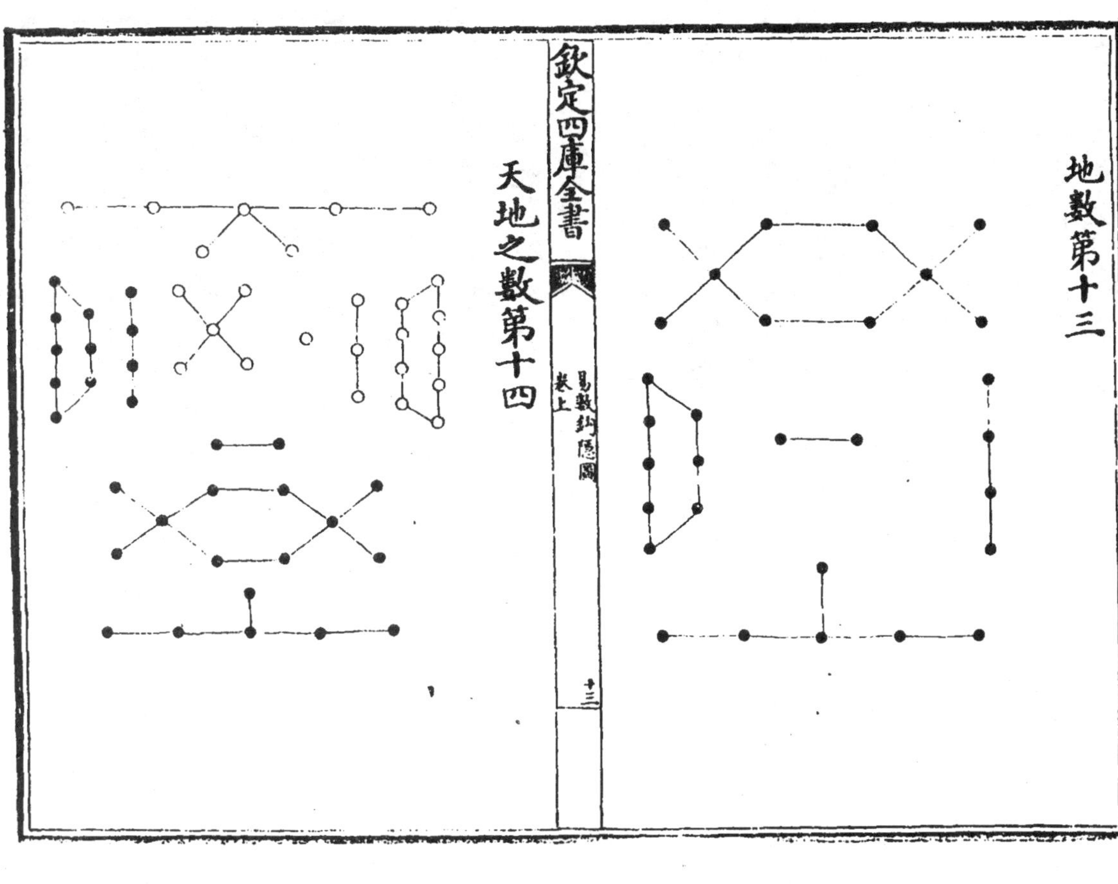
地數第十三

欽定四庫全書　易數鈎隱圖　卷上　十三

天地之數第十四

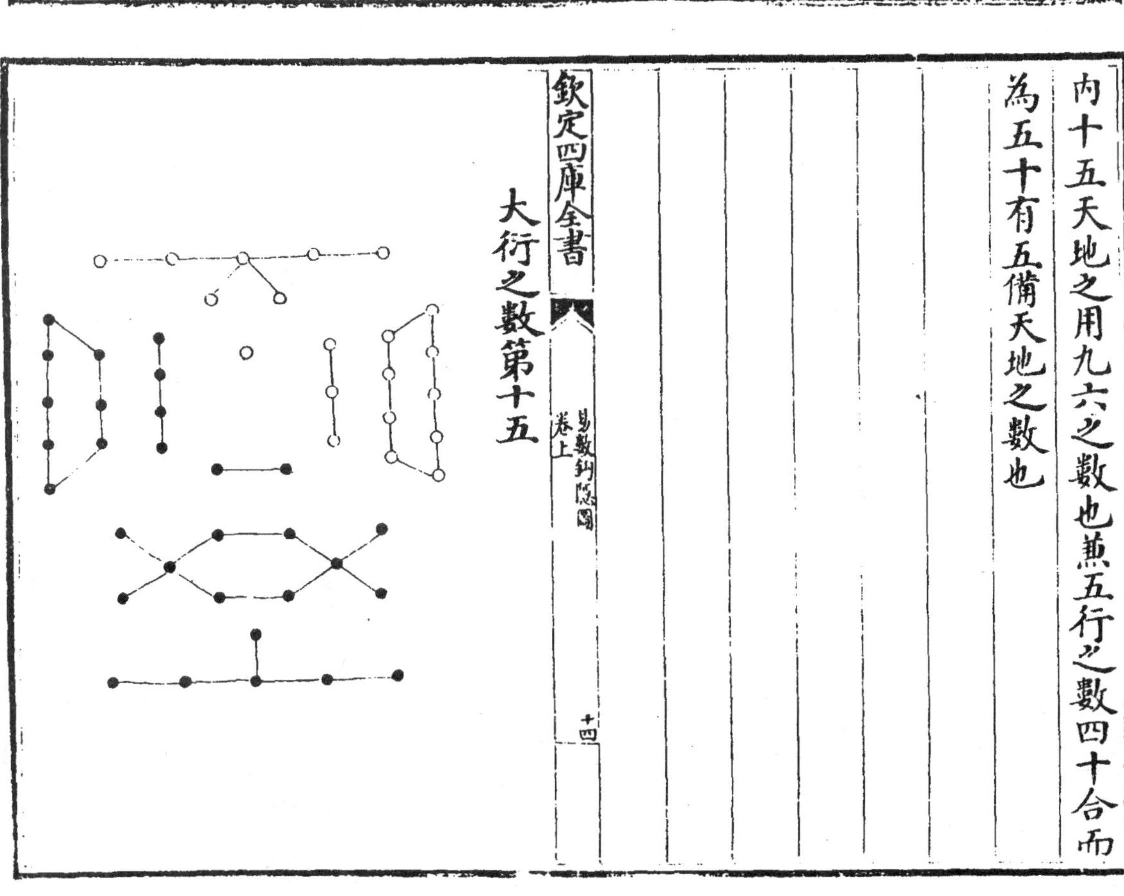
內十五天地之用九六之數也兼五行之數四十合而為五十有五備天地之數也

欽定四庫全書　易數鈎隱圖　卷上　十四

大衍之數第十五

經曰凡天地之數五十有五此所以成變化而行鬼神也又曰大衍之數五十則減天地之數五也韓氏曰演天地之數所賴者五十也則不言減五之數所以孔氏疏以為五十有五乃天地陰陽奇偶之數非是文演天地之策也且諸儒分大衍之數分而為二之義中則述天地之數五十有五之用末則陳四營成易十有八變而成卦之理此豈可同乎本末而異其中之數也況乎揲蓍之數以象天地豈可捨其數而求其象乎斯亦

疏家之失不求天五退藏於密之義也且夫五十有五天地之極數也大衍之數天地之用數也蓋由天五不用所以大衍之數少天地之數五也或曰天五不用何以明其不用之由答曰天五不用非不用也是用四象者也且天一地二天三地四此四象生數也天五所以斡四象生數而成七九六八之四象是四象之中皆有五也則知五能包四象四象皆五之用也舉其四則五在其中矣故易但言四象以示不言五象也今揲蓍之義以筮而尚占者也以象天地之用數所以大衍之數減天地之數五也

其用四十有九第十六

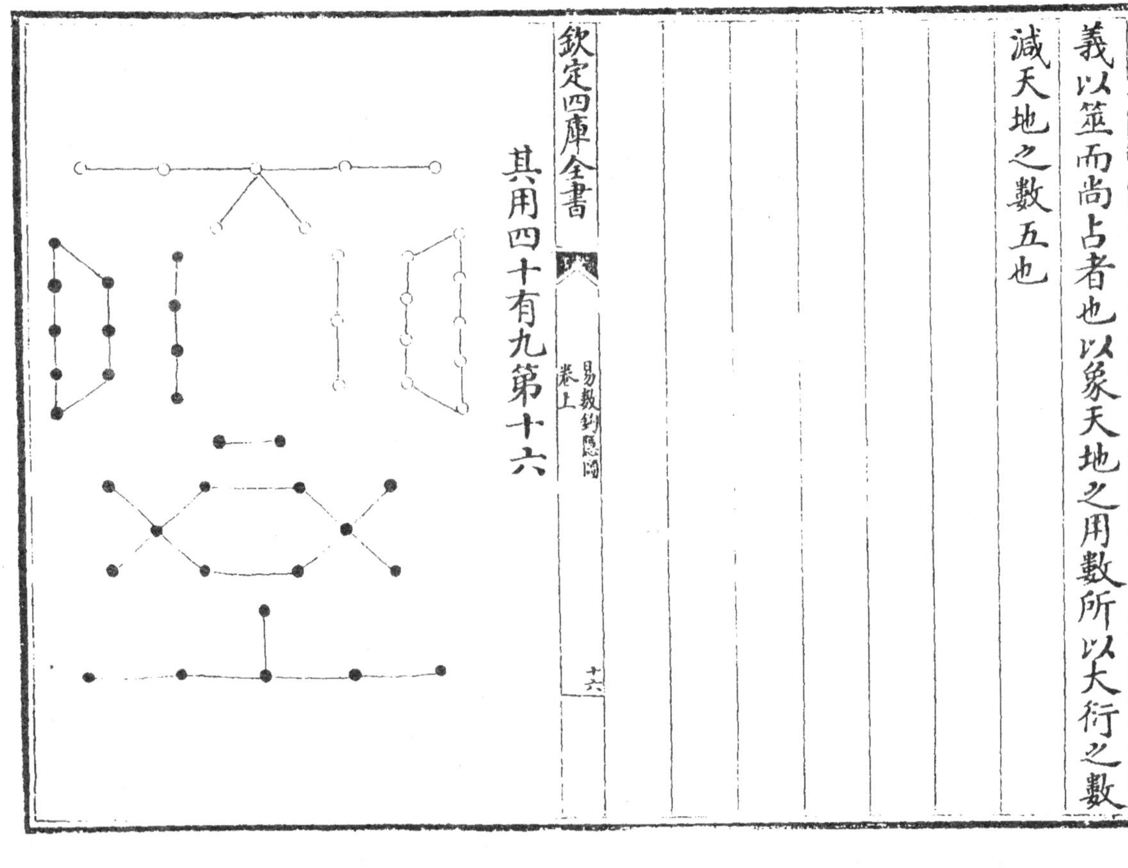

論上

大衍之數五十其用四十有九韓氏注曰衍天地之數所賴者五十其用四十有九則其一不用也不用而用以之通非數而數以之成斯易之太極也四十有九數之極也夫无不可以无明必因於有固嘗於有物之極而必明其所由之宗也孔氏疏京房云五十者謂十日十二辰二十八宿也凡五十其一不用者天之生炁將欲以虛求實故用四十九焉馬季長云易有太極謂北

辰北辰生兩儀兩儀生日月日月生四時四時生五行五行生十二月十二月生二十四炁北辰居位不動其餘四十九運而用之也荀爽云卦各有六爻六八四十八加乾坤二用凡五十初九潛龍勿用故用四十九也鄭康成云天地之數五十有五者以五行炁通於萬物故減五大衍又減一故用四十九姚信董遇云天地之數五十有五者其六以象六畫之數故減而用四十九也顧懽云立此五十數以數神神雖非數因數而顯故

虛其一數以明不可言之義也今詳諸家所釋義有多端雖各執其說而理則未允敢試論之韓氏注以虛一為太極則未詳其所出之宗也何者夫太極生兩儀兩儀既分天始生一肇其有數也而後生四象五行之數合而為五十有五此乃天地之極數也今若以太極為虛一之數則是大衍當用五十有四也不然則餘五之數无所設耳況乎大衍衍天地之數也則明乎後天地之數矣大衍既後天地之數則太極不可配虛其一之

位也明矣又无不可以无明必因於有是則以太極為无之稱且太極者元炁混而為一之時也其炁已兆非无之謂則韓氏之注義亦迂矣或曰韓氏之注承輔嗣之旨且輔嗣之注獨冠古今斐然議之无乃不可乎答曰此必韓氏之寓言非輔嗣之意也且若愚以胸臆論之是謂狂簡今質以聖人之辭且易有太極是生兩儀易既言有則非无之謂也不其然乎至于京荀馬鄭衆賢之論皆採摭天地名數其義 闕

且若以天地之名數强加配偶則靡所不可闕然而天地之數生成相因理如貫珠不可駢贅而設也雖能强立其義推而究之則於所由之宗不會矣試論於末篇

論下

天地之數十有五居其内而外斡五行之數四十也今止用其四十九者何也蓋由天五為變化之始散在五行之位故中无定象又天一居尊而不動以用天德也天德九也 天一者象之始也有生之宗也為造化之主

故居尊而不動也惟天三地二地四之數合而成九陽之數也天三則乾之三畫地二地四則坤之六畫也地道无成而代有終陽得兼陰之義也故乾之三兼坤之六成陽之九斡運五行成數而通變化也所以揲蓍之義以象其數也或問曰易云坤元用六今則乾三兼之是坤之六无用乎答曰非也在其中矣此蓋易舉其多數而言之也數六是少數舉其多則少可知矣是知陽進而乾元用九陽退則坤元用六也亦猶當期之日惟合老陰老陽之數其少陰少陽之數則在其中舉多兼少易義皆然矣

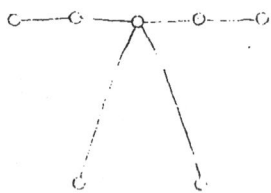

少陽第十七

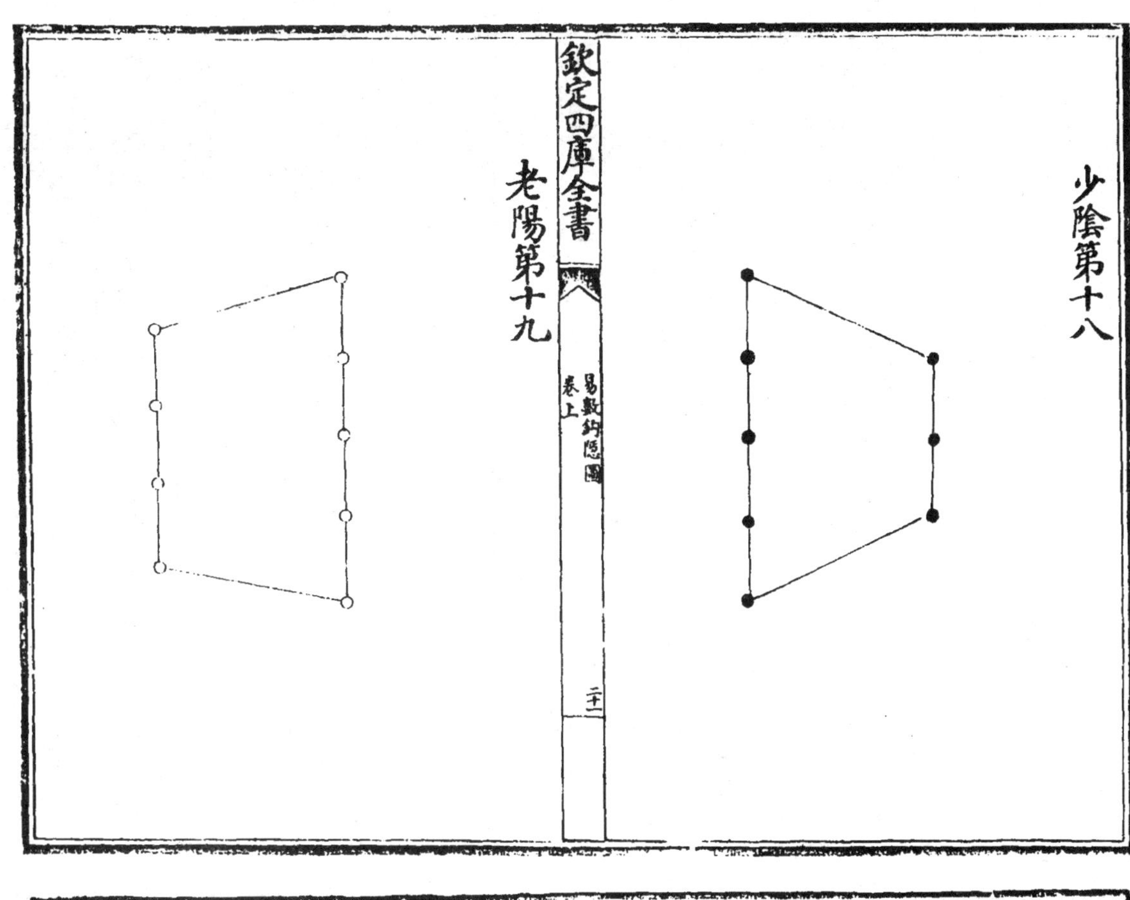
欽定四庫全書
易數鈎隱圖
卷上
二十
少陰第十八
老陽第十九

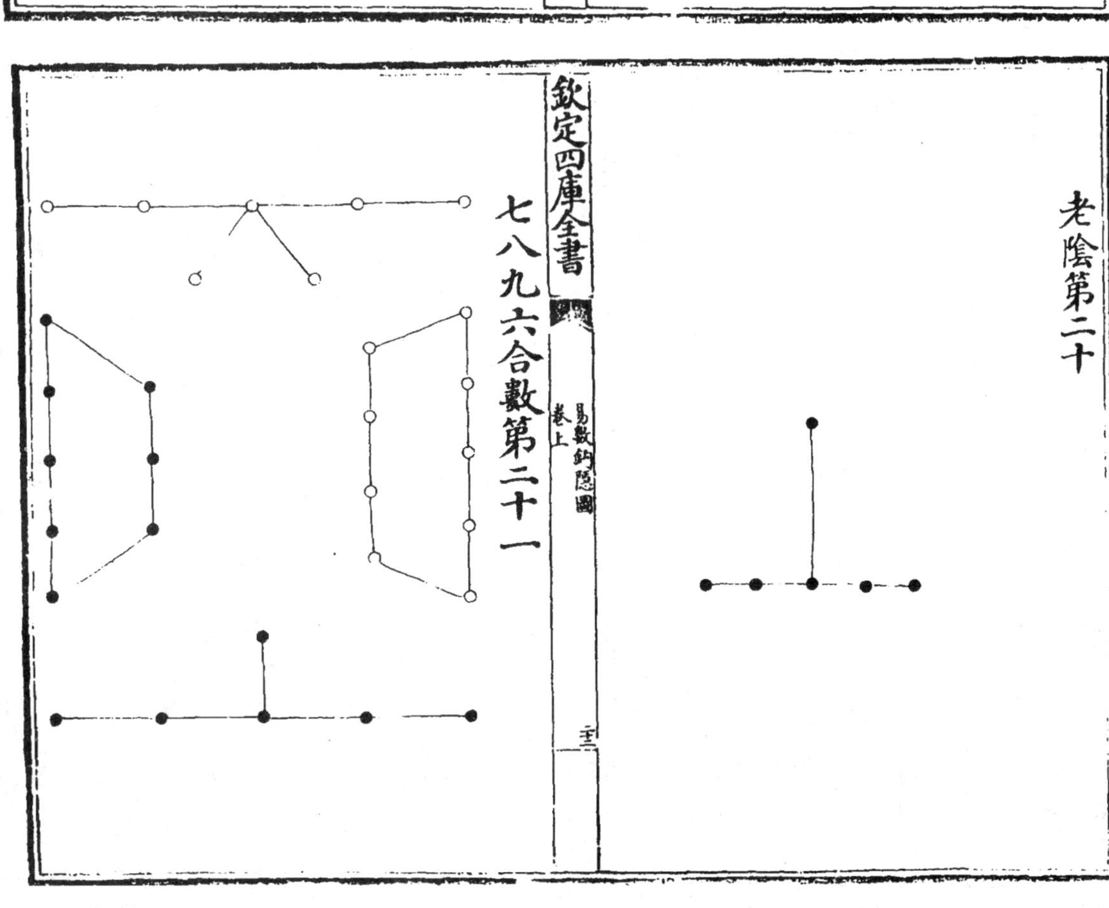
欽定四庫全書
易數鈎隱圖
卷上
老陰第二十
七八九六合數第二十一

且夫七八九六之數以四位合而數之故老陽四九則三十六也少陽四七則二十八也老陰四六則二十四也少陰四八則三十二也

乾畫三位第二十二

坤畫三位第二十三

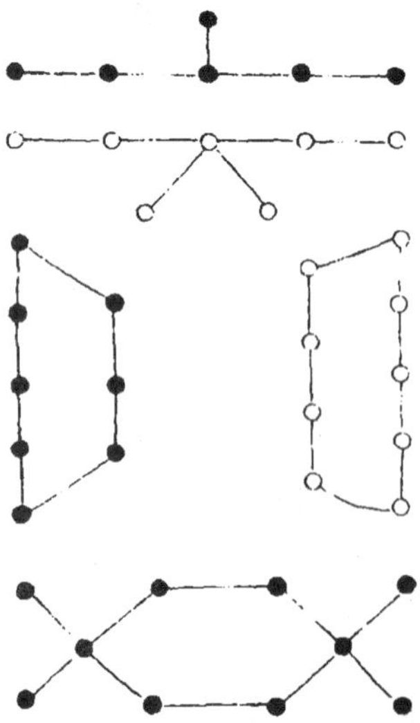

乾畫奇也坤畫偶也且乾坤之位分則奇偶之列闕陰陽之位序矣

陽中陰第二十四

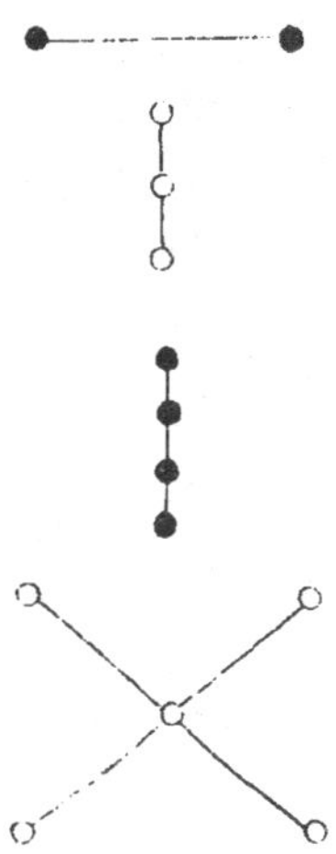

欽定四庫全書

易數鉤隱圖 卷上

二十五

陰中陽第二十五

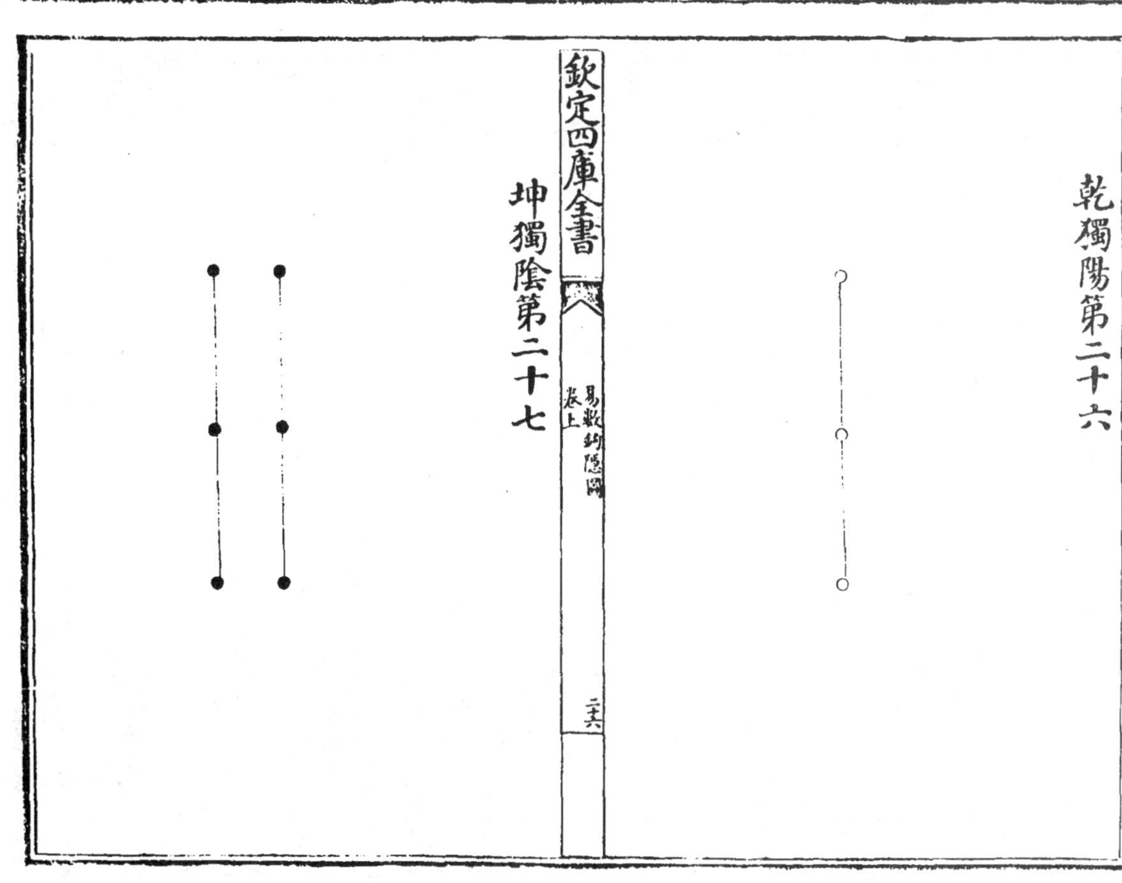

乾獨陽第二十六

欽定四庫全書

易數鉤隱圖 卷上

二十六

坤獨陰第二十七

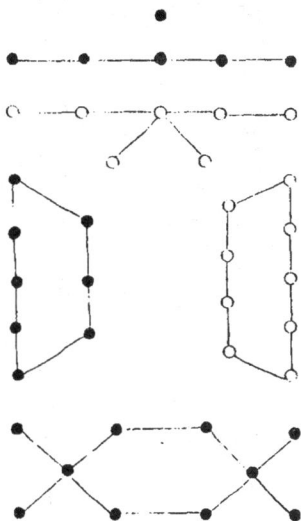

經曰一陰一陽之謂道韓氏注云道者无之稱无不通也无不由也况之曰道寂然无體不可為象必有之用極而无之功顯故至於神无方而易无體而道可見矣故窮變以盡神因神而明道陰陽雖殊无一以待之在陰為无陰陰以之生在陽為无陽陽以之成故曰一陰一陽也又孔氏云一謂无陰无陽乃謂之道也觀其注疏之家祖述以无為義不失其道之妙用也且道无形亦必陳乎宗旨易稱一陰一陽之謂道必垂一陰一陽

之義耳略試論之且夫一陰一陽者獨陰獨陽之謂也獨陰獨陽且不能生物必俟一陰一陽合然後運其妙用而成變化四象因之而有萬物由之而生故曰无不由之謂道也若夫獨陰獨陽者天地所稟天獨陽至於地獨陰五行之物則各含一陰一陽之炁而生也所以天一與地六合而生水地二與天七合而生火天三與地八合而生木地四與天九合而生金天五與地十合而生土此則五行之質各稟一陰一陽之炁耳至於動物植物又合五行之炁而生也今欲明其義故先布天地獨陰獨陽之體次列五行含二炁之象末陳人稟五行之質也

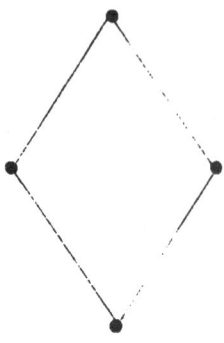

離為火第二十八

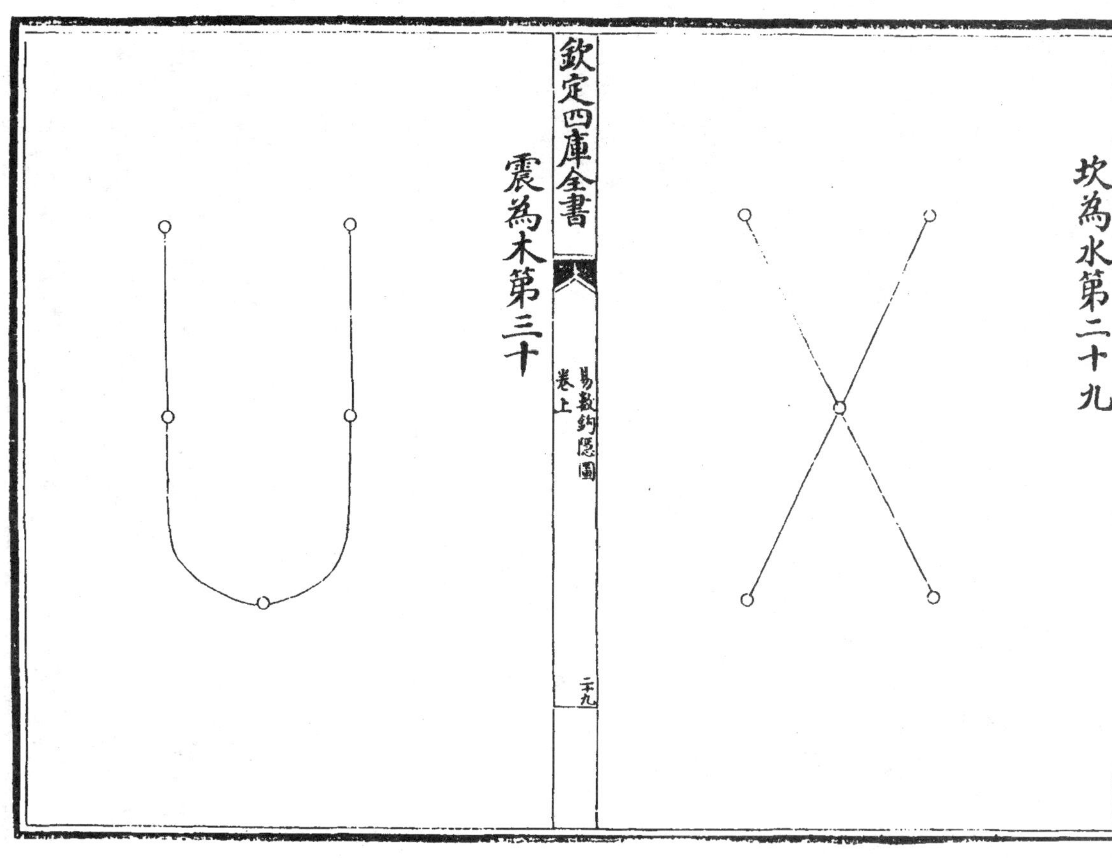
坎為水第二十九
欽定四庫全書
易數鈎隱圖
卷上
二十九
震為木第三十

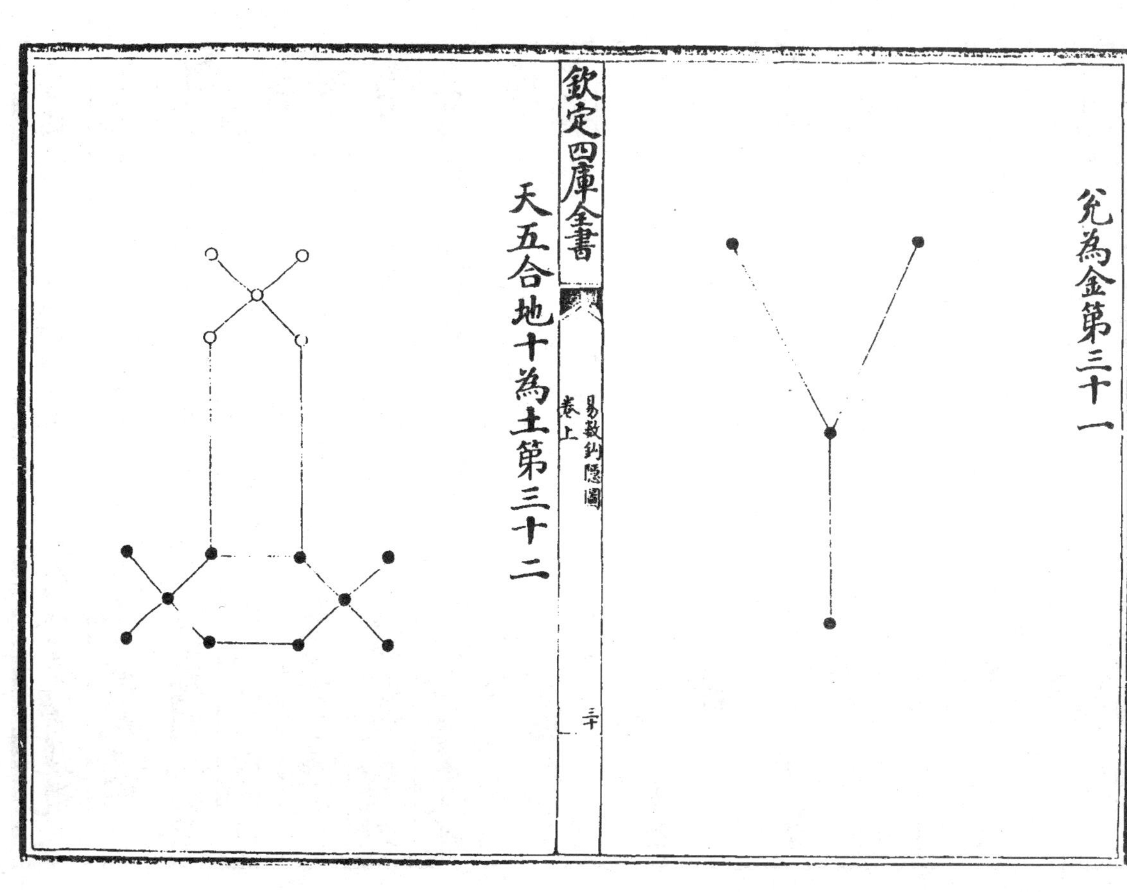
兌為金第三十一
欽定四庫全書
易數鈎隱圖
卷上
三十
天五合地十為土第三十二

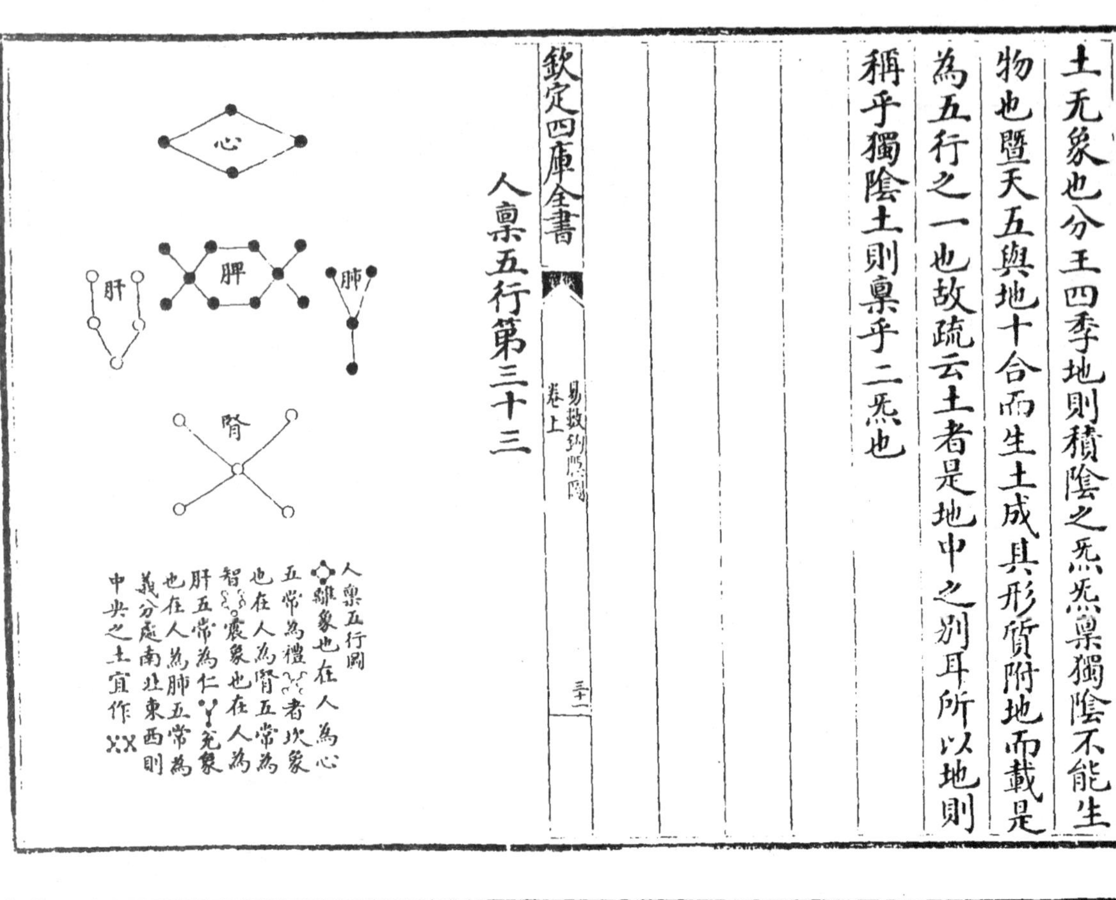
土无象也分王四季地則積陰之炁炁稟獨陰不能生物也暨天五與地十合而生土成其形質附地而載是為五行之一也故疏云土者是地中之别耳所以地則稱乎獨陰土則稟乎二炁也

人稟五行第三十三

人稟五行圖 ◇離象也在人為心五常為禮 者坎象也在人為腎五常為智 震象也在人為肝五常為仁 兌象也在人為肺五常為義分處南北東西則中央之土宜作

易之為書也廣大悉備有天道焉有人道焉有地道焉兼三才而兩之故六六者非他也三才之道也然則三才之道上中下之位三才之用舍五行則斯須无以濟矣至於人之生也外濟五行之利內具五行之性五行者木火土金水也木性仁火性禮土性信金性義水性智是故圓首方足最靈於天地之間者蘊是性也人雖至愚其於外也日知由五行之用其於內也或蒙其性而不循五常之教者可不哀哉

易數鈎隱圖卷上

欽定四庫全書

經部

易數鈎隱圖 卷中 卷下

遺論九事

詳校官尚書臣德保

通政使司副使臣莫瞻菉覆勘

總校官進士臣繆琪

校對官中書臣王家賓

謄録監生臣何均

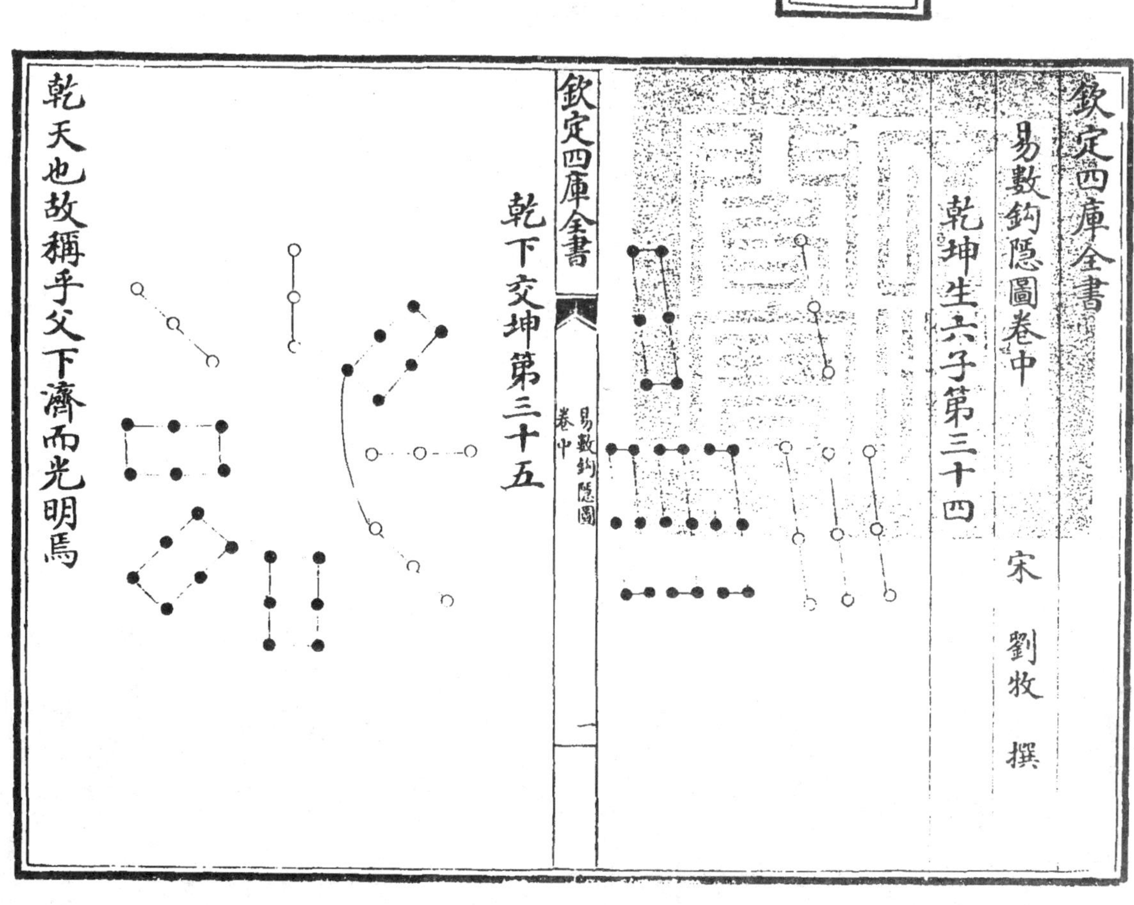

欽定四庫全書

易數鈎隱圖卷中

宋 劉牧 撰

乾坤生六子第三十四

欽定四庫全書

易數鈎隱圖 卷中

一

乾下交坤第三十五

乾天也故稱乎父下濟而光明焉

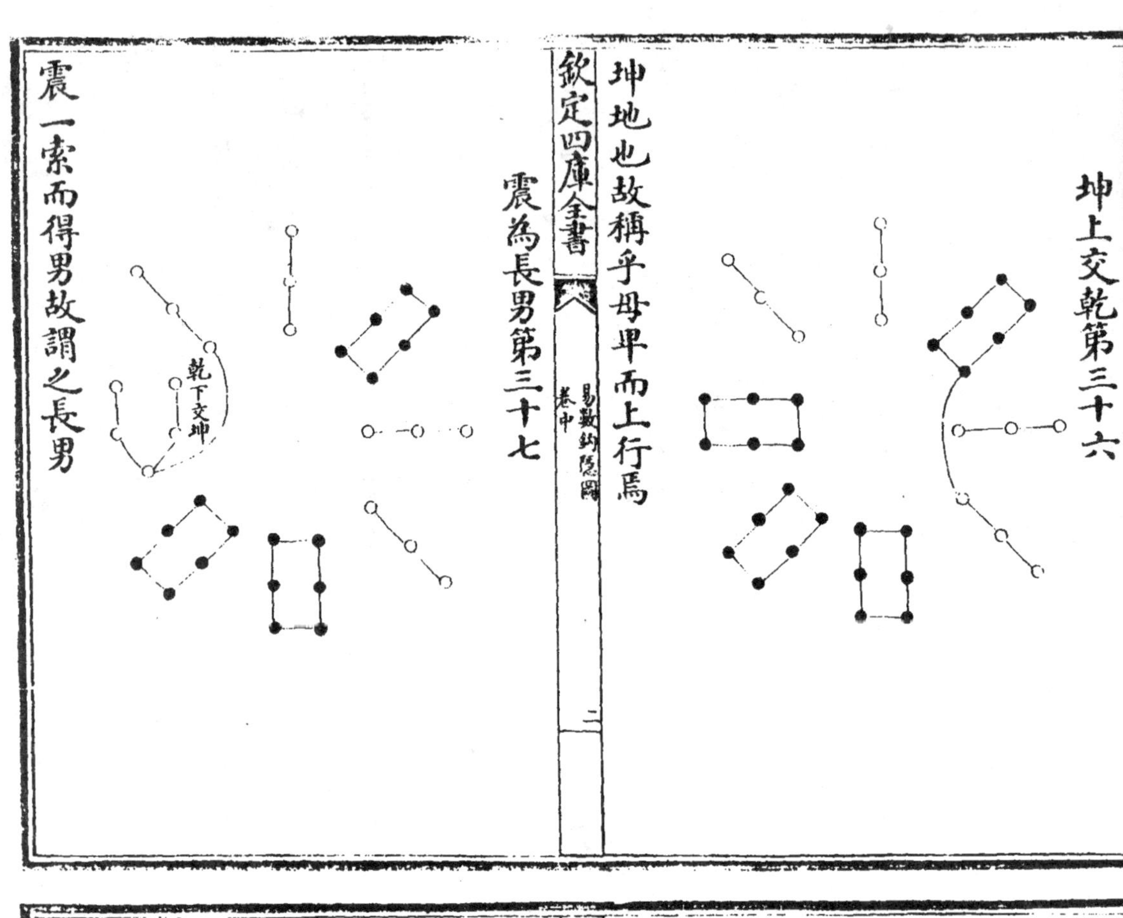

坤上交乾第三十六
坤地也故稱乎母卑而上行焉
欽定四庫全書
易數鉤隱圖
卷中
二
震為長男第三十七
乾下交坤
震一索而得男故謂之長男

欽定四庫全書

易數鉤隱圖 卷中

巽為長女第三十八

坤上交乾

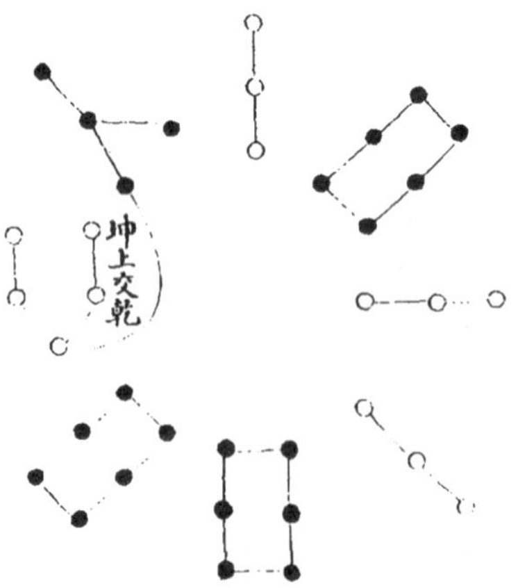

巽一索而得女故謂之長女

三

坎為中男第三十九

乾下交坤

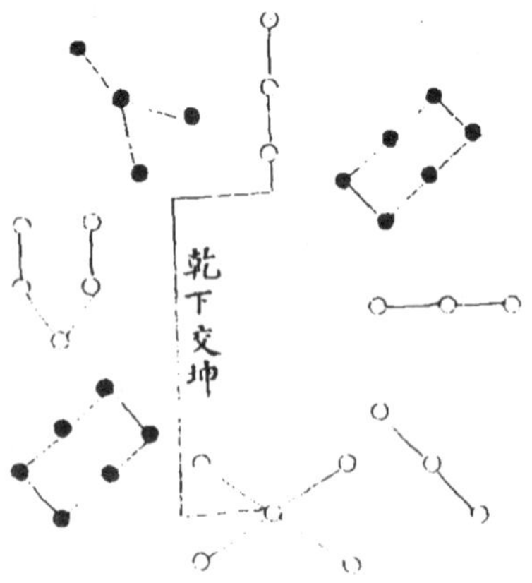

坎再索而得男故謂之中男

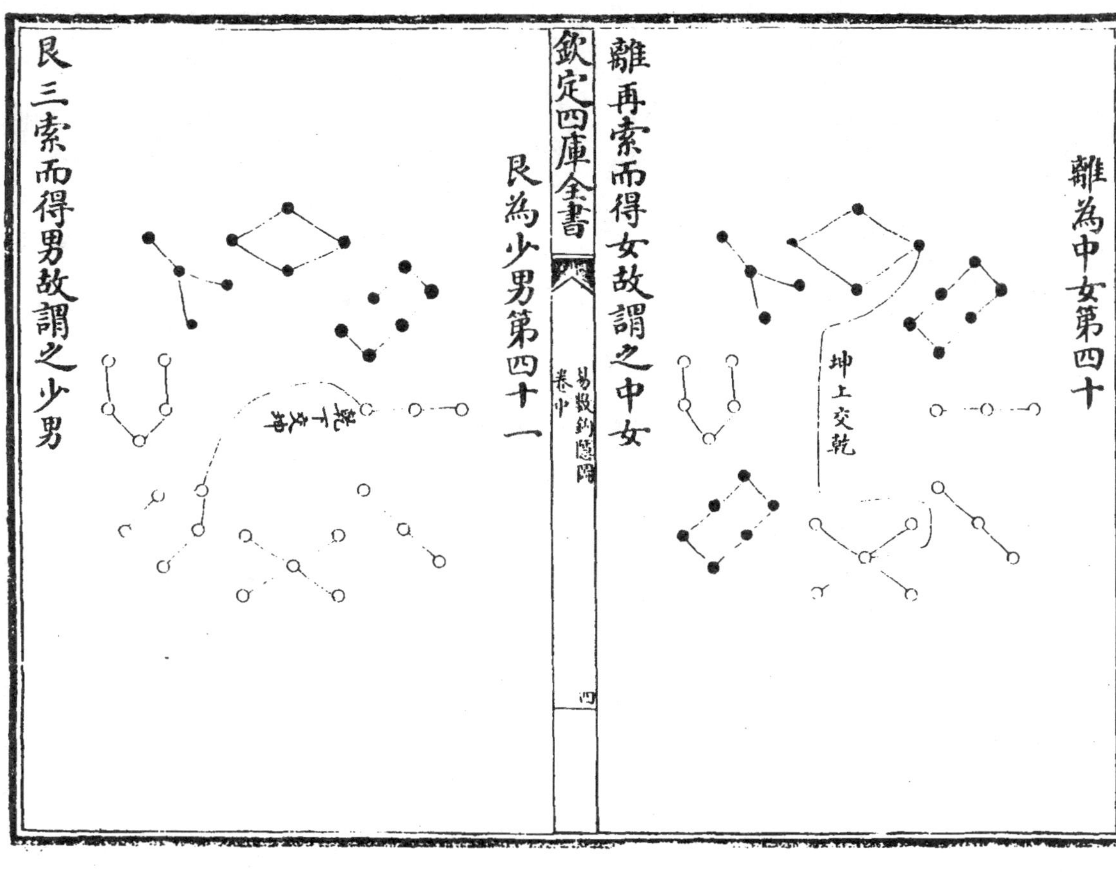

離爲中女第四十

離再索而得女故謂之中女

艮爲少男第四十一

艮三索而得男故謂之少男

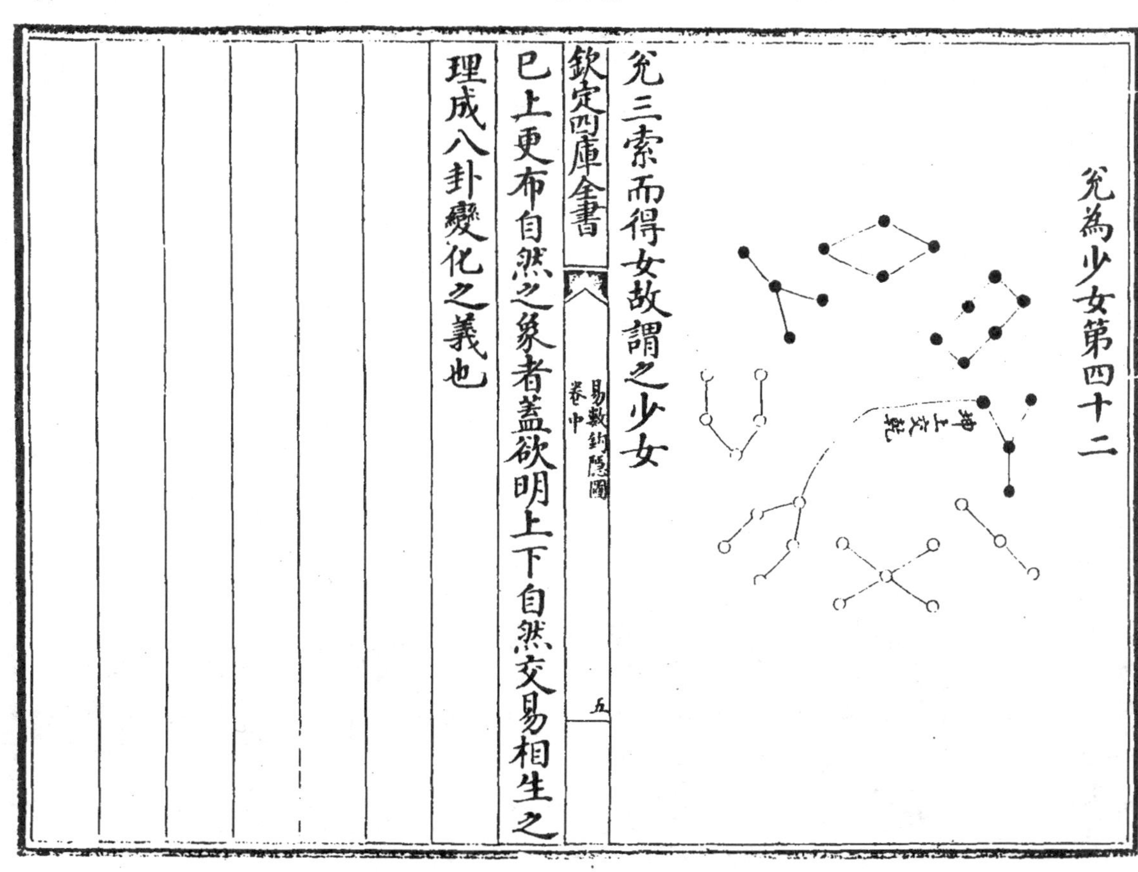

兌爲少女第四十二

兌三索而得女故謂之少女

已上更布自然之象者蓋欲明上下自然交易相生之理成八卦變化之義也

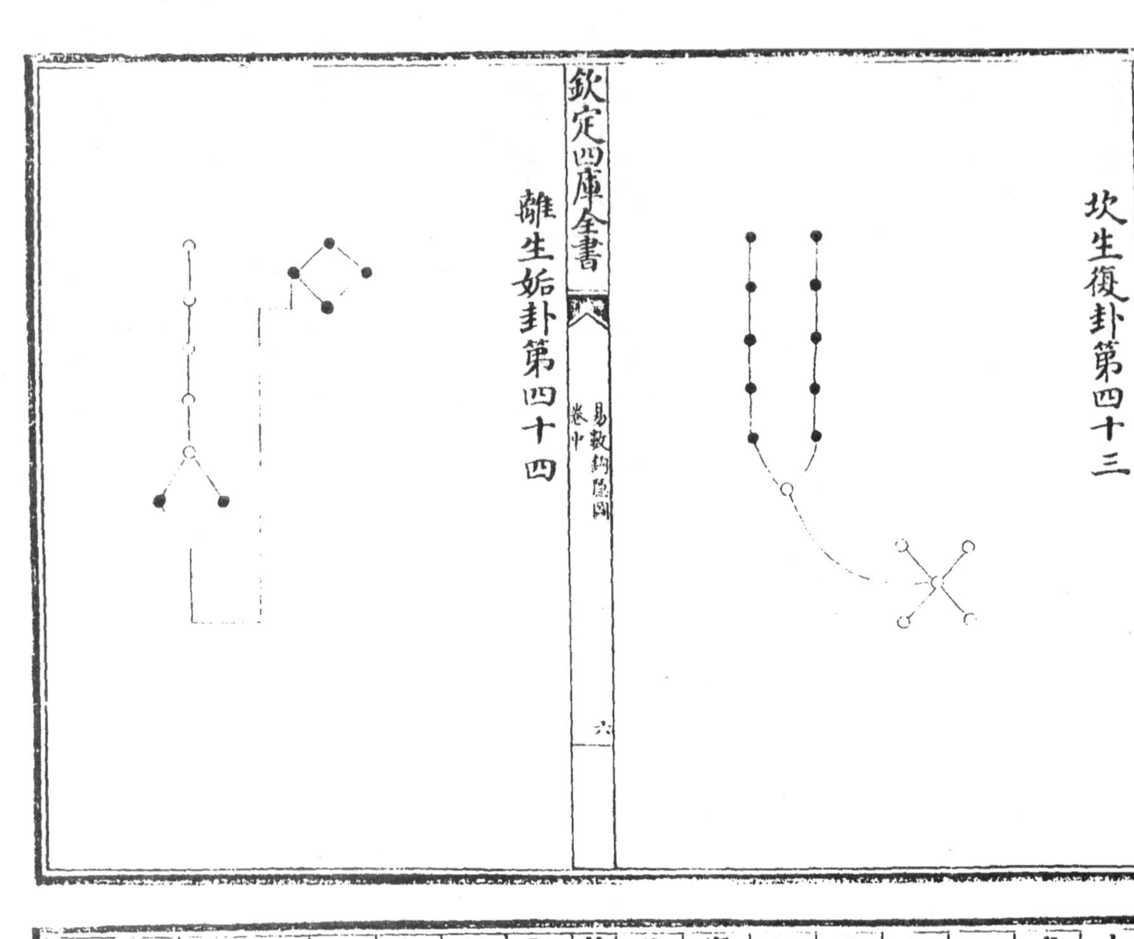

夫易有太極是生兩儀兩儀生四象四象生八卦八卦成列象在其中矣因而重之爻在其中矣則知太極乃兩儀之始八卦則重卦之始也重卦之首以復卦何謂也陽炁之始也略試論之且夫四正之卦所以分四時十二月之位兼乾坤艮巽者所以通其變化因而重之所以效其變化之用也觀其變化之道義有所宗故其復卦生於坎中動於震上交於坤變二震二兊二乾而終自復至乾之六月斯則陽爻上生之義也姤卦生於

離中消於巽下交於乾變二巽二艮二坤而終自姤至於坤之六月斯則陰爻下生之義也自復至坤凡十二卦主十二月卦主十二月中分二十四炁爻分七十二候以周其日月之數是故坎離分天地子午以東為陽子午以西為陰若夫更錯以他卦之象則總三百八十四爻所以極三才之道或問曰合數圖以正之卦之與爻分四時十二月之位又兼乾坤艮巽之卦通其變且復卦生坎中動於震交於坤易曰地中有雷復正協其

義也若姤卦則生於離之中消於巽交於乾易曰天下有風姤且巽非四正之卦也則與復卦不同其義令卦體則是巽承於乾而變易其位從兌者何謂也答曰斯則取歸妹之象易曰歸妹天地之大義也天地不交則萬物不興歸妹者人之終始也所以資長男交少女之義交少女而長女主其卦者明其妹係於娣嫁而妹非正也所謂姪娣之義也若以長男交長女雖曰夫婦常久之道然未盡廣延之理也則知能終其始者必歸妹

也故易稱天地之大義是以卦之變易必從歸妹妹非正室必以娣主其卦也是以其體則取兌合震其名則以巽承乾也變易之義其在茲乎

三才第四十五

原闕 前賢釋三才之義皆以設剛柔兩畫以布二炁布以三位而象三才謂聖人率意以畫之矣斯亦不詳繫辭之義也夫卦者天垂自然之象也聖人始得之於河圖洛書遂觀天地奇偶之數從而畫之是成八卦則非率意以畫其數也略試論之夫三畫所以成卦者取天地自然奇偶之數也乾之三畫而分三位者為天之奇數三故畫三位也地之偶數三亦畫三位也餘六卦者皆乾坤之子其體則一故亦三位之設耳且夫天獨陽

也地獨陰也在獨陽獨陰則不能生物暨天地之炁五行之數定始能生乎動植故經曰有天地然後萬物生焉豈一炁之中有緼三才之道邪所謂兼三才而兩之蓋聖人重卦之義也非八純卦之謂也三才則天地人之謂也兩之則重之謂也上二畫為天中二畫為人下二畫為地以人合天地之炁生故分天地之炁而居中也所以九二稱在田明地道也九五稱飛龍在天明天道也斯則其理坦然而明白矣如曰不然敢質之於繫

辭曰六爻之動三極之道也又曰有天道焉有人道焉有地道焉兼三才而兩之故六六者非他也三才之道也又曰昔者聖人之作易將以順性命之理是以立天之道曰陰與陽立地之道曰柔與剛立人之道曰仁與義兼三才而兩之故易六畫而成卦斯則皆云六畫包三才之義則无三畫韞三才之說不其然乎若夫六爻皆有人事者為人倫則天法地之象故初上皆包人事之義耳

七日來復第四十六 論凡三篇

論上

正義曰陽炁始剝盡謂陽炁始於剝盡之後至陽炁來復時凡七日也其釋注分明如褚氏莊氏並云五月一陰生至十一月一陽生凡七月而云七日不云月者欲見陽長須速故變月而言日也今輔嗣云剝盡至來復是從剝盡至來復時經七日也若從五月言之何得云始盡也又臨卦亦是陽長言八月今復卦亦是陽長何獨變月而稱日觀注之意為不然亦用易緯六日七分

之義同鄭康成之說但於文省略不復具言案易緯稽覽圖云卦炁起於艮巽離坎震兊各主一方其六十卦卦有三百六十爻日凡主三百六十日餘有五日四分日之一每日分為八十分五日分為四百分四分日之一又為二十分是四百二十分六十卦分之六七四十二各得七分是每卦得六日七分也剝卦陽炁之盡在九月之末十月當純坤用事坤卦在六日七分之前從剝盡至陽炁來復陽坤之一卦六日七分舉成數言之

故輔嗣言凡七日也且今七日來復之義詳夫孔氏之疏雖得之於前而又失之於後也何哉且易云七日來復輔嗣之注又言七日雖則引經注破褚氏莊氏之誤於義為得末又引易緯鄭氏六日七分則其理又背經注之義且易緯鄭氏言每卦得六日七分則未詳六日七分能終一卦之義略試論之且坎離震兊四正之卦也存四位生乾坤艮巽之卦每位統一時每爻主一月此則四純之卦也又若重卦自復至乾六爻而經六月也自姤至坤亦六爻而經六月也則一爻而主一月也昭昭矣而云六日七分為義則作疏者不思之甚也且夫七日來復者十月之末坤卦既終陰已退陽炁復生也為天有十日陽上生也至七為少陽陰陽交易而生當陽復來之時為老陰闕待經陰之數盡至七日少陽闕七日來復闕則合經注之義也

論中

繫辭曰天一地二天三地四天五地六天七地八天九地十此乃五行生成之數也天一生水地二生火天三生木地四生金天五生土此其生數也如此則陽无匹陰无偶故地六成水天七成火地八成木天九成金地十成土於是陰陽各有匹偶而物得成矣故謂之成數也又曰天數五地數五五位相得而各有合此所以成變化而行鬼神謂此也又數之所起起於陰陽陰陽往來在於日道十一月冬至以及夏至當為陽來正月為

春木位也日南極陽來而陰往冬水位也當以一陽生為水數五月夏至日北極陰進而陽退夏火位也當以一陰生為火數但陰不名奇數必六月二陰生為火數也是故易稱乾貞於十一月坤貞於六月來而皆左行由此冬至以及夏至當為陽來也正月為春木位也三陽已生故三為木數夏至以及於冬至為陰進八月為秋金位也四陰以生故四為金數三月春之季土位五陽以生故五為土數此其闕　也又萬物之本有

生於无著生於微萬物成形必以微著為漸五行先後亦以微著為次五行之體水最微為一火漸著為二木形實為三金體固為四土質大為五亦是次序之宜矣劉氏與顧氏皆以為水火木金得土數而成故水數成六火數成七木數成八金數成九土數成十義亦然也今詳衆賢之論以天一至天五為五行之生數則不釋所以能生之之義也以地六至地十為五行之成數則不釋所以能成之之義也故學者莫洞其旨蓋由象與

形不析有无之義也道與器未分上下之理也略試論之易曰形而上者謂之道形而下者謂之器則地六而上謂之道地六而下謂之器也謂天一地二天三地四止有四象未著乎形體故曰形而上者謂之道也天五運乎變化上駕天一下生地六水之數也下駕地二上生天七火之數也右駕天三左生地八木之數也左駕地四右生天九金之數也地十應五而居中土之數也此則已著乎形數故曰形而下者謂之器所謂象之與

形者易云見乃謂之象河圖所以示其象也形乃謂之器洛書所以陳其形也本乎天者親上本乎地者親下故曰河以通乾出天洛以流坤吐地易者韞道與器所以聖人兼之而作易經云河出圖洛出書聖人則之斯之謂矣且夫河圖之數惟四十有五蓋不顯土數也不顯土數者以河圖陳八卦之象若其土數則入乎形數矣是兼其用而不顯其成數也洛書則五十五數所以成變化而著形器者也故河圖陳四象而不言五行洛

書演五行而不述四象然則四象亦金木水火之成數也在河圖則老陽老陰少陽少陰之數是也在洛書則金木水火之數也所以異者由四象附土數而成質故四象異於五行矣然而皆從天五而變化也至於天數五地數五五位相得而各有合焉者此備陳五行相生之數耳且五行雖有成數未各相合則亦未有所從而生矣故天一與地六合而生水地二與天七合而生火天三與地八合而生木地四與天九合而生金天五與

地十合而生土伏犧而下但乘其數至黃帝始名原缺乙丙丁也令衆賢以一陽生為水數二陰生為火數三陽生為木數四陰生為金數五陽生為土數原缺說强配之也則非天地自然之數也至於以微著為漸者亦非通論何哉且以堅固言之則土不當後於金也以廣大言之則火不當後於水也蓋五行之質各稟自然偶合而生相因於數微著之論實非經旨矣又若十一月一陽生為奇數者謂天一動乎坎之中也五月一陰生為偶數者謂地二動乎離之中也以六月二陰生為偶數則未知所出之宗也

論下

詳夫易緯稽覽圖及鄭六日七分之說蓋取乾坤老陽老陰之策配之也經曰乾之策二百一十有六坤之策百四十有四凡三百六十當期之日疏云舉其大略則不數五日四分之一也又疏云二篇之爻總三百八十四陰陽各半焉陽爻一百九十二位爻別三十六總有

六千九百一十二也陰爻一百九十二位爻別二十四總有四千六百八也陰陽總合萬有一千五百二十當萬物之數也且經為乾坤二卦老陽老陰三百六十之數當期之日則不更別起數矣卦之與爻則未詳易緯鄭氏六日七分之義也夫陰陽之爻總有三百八十四焉且易緯及鄭氏雖以坎離震兊四正之卦之爻減乎二十四之數與當期之日相契則又與聖人之辭不同矣何以知之且夫起子止亥十二月之數所以主十二

卦之文也十二卦之文者自復至坤之位也豈可取雜書賢人之說而破聖人之經義哉或曰不然其如繫辭何

臨卦八月第四十七

遯卦第四十八

臨至於八月有凶象曰臨剛浸而長說而順剛中而應大亨以正天之道也至於八月有凶消不久原缺諸家之注解各有異焉且何氏云從建子陽生至建未為八月褚氏云自建寅至建酉為八月孔氏疏又曰今案此注云小人道長君子道消宜據否卦之時以臨卦建丑而至否卦則建申為八月也理有未安略試論之粵若諸家之說皆與臨卦之義不相偶契何以知之且卦彖之辭所以各論一卦之體也夫臨卦者主建丑之月也

何氏從建子陽生而數則卦辭當在復卦之下不當屬臨卦也褚氏從寅而數則卦辭當在泰卦之下亦不當屬臨卦也孔氏宜據建申否卦為八月則否之六三當消泰之九三又與臨卦六三之不應也今若以建未為八月取遯卦之六二消臨卦之九二則於義為允矣何者且臨卦之彖曰浸而長注云陽道轉進陰道日消也遯卦之彖亦曰浸而長注云陰道欲進而長正道亦未全滅也今以二卦之爻既相偶合又彖辭皆有陰陽浸

長之說則其義不得不然也所以稱建未為八月耳或問當文王演卦之時乃商之末世也豈 闕

正月為義哉答曰周公作爻辭父基子構所以爻辭多文王後事則知文王之旨周公述而成之故以周正為定況乎易有二名夏曰連山商曰歸藏周曰周易連山則神農氏之號也歸藏則軒轅氏之號也既連山歸藏並是代號所以題周以別餘代亦由周禮之謂也且易既題周以正名則公不得不以周之正朔定其月也孰謂不然若何氏以建子至建未為八月則是究其末而不原其本矣至於孔氏引輔嗣之注以君子道消小人道長必以否卦之義也但陰則小人之道長陽則君子之道長不必專在否卦之義也明矣又王氏卦略云遯小人浸長難在於内亨在於外與臨卦相對者也臨剛長則柔危遯柔長則剛危矣臨二陽居内君子之道日長遯二陰在内小人之道日進且八月凶者天之道火 闕 寒暑退陽長至二得位居中故於此時垂消

退之戒陽息於十一月為復至十二月為臨消於五月為姤至六月為遯自子至未凡八月也

易數鈎隱圖卷中

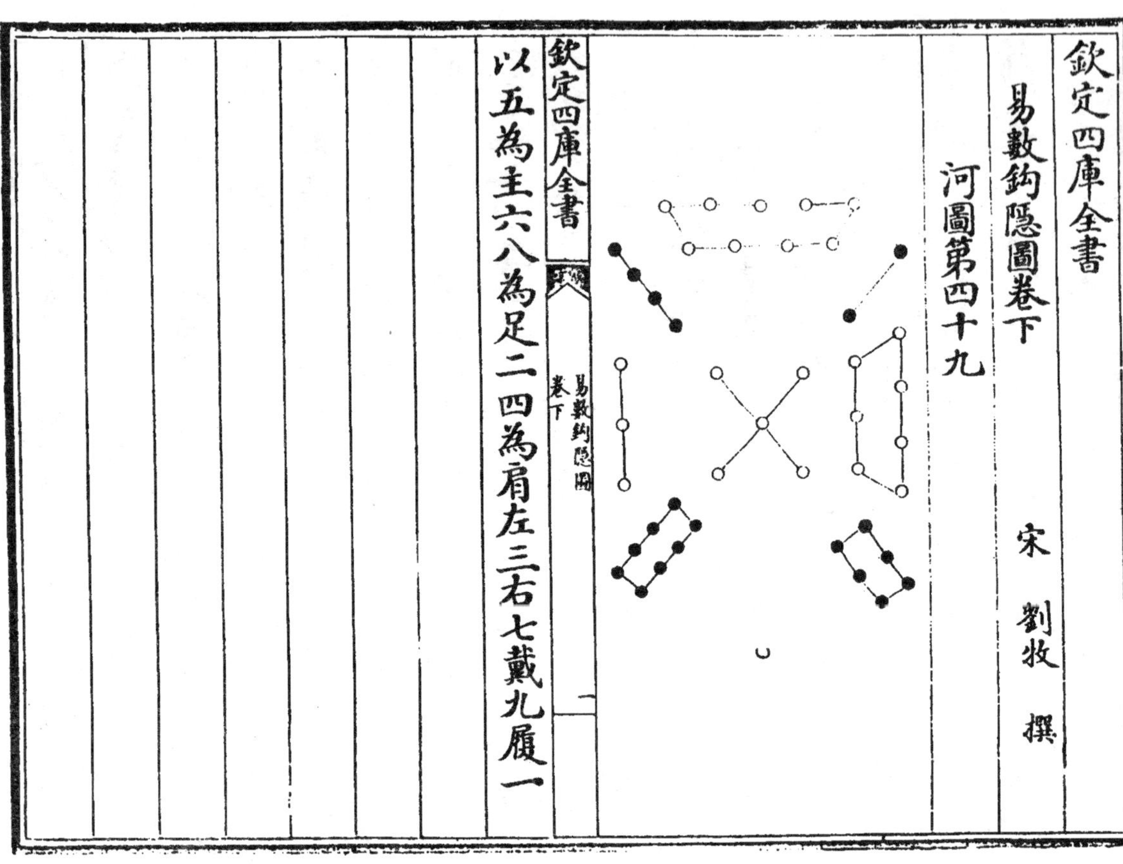

欽定四庫全書

易數鉤隱圖卷下

河圖第四十九

宋　劉牧　撰

欽定四庫全書　易數鉤隱圖　卷下　一

以五為主六八為足二四為肩左三右七戴九履一

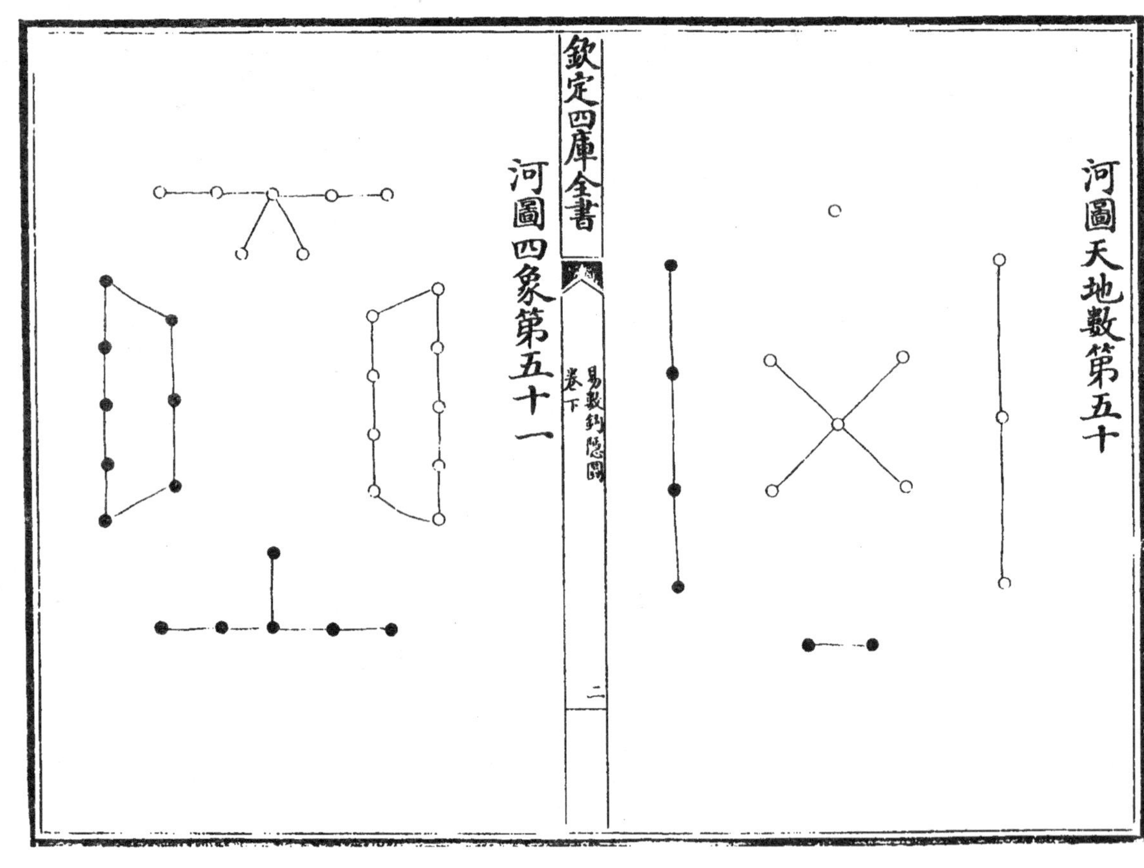

河圖天地數第五十

欽定四庫全書　易數鉤隱圖　卷下　二

河圖四象第五十一

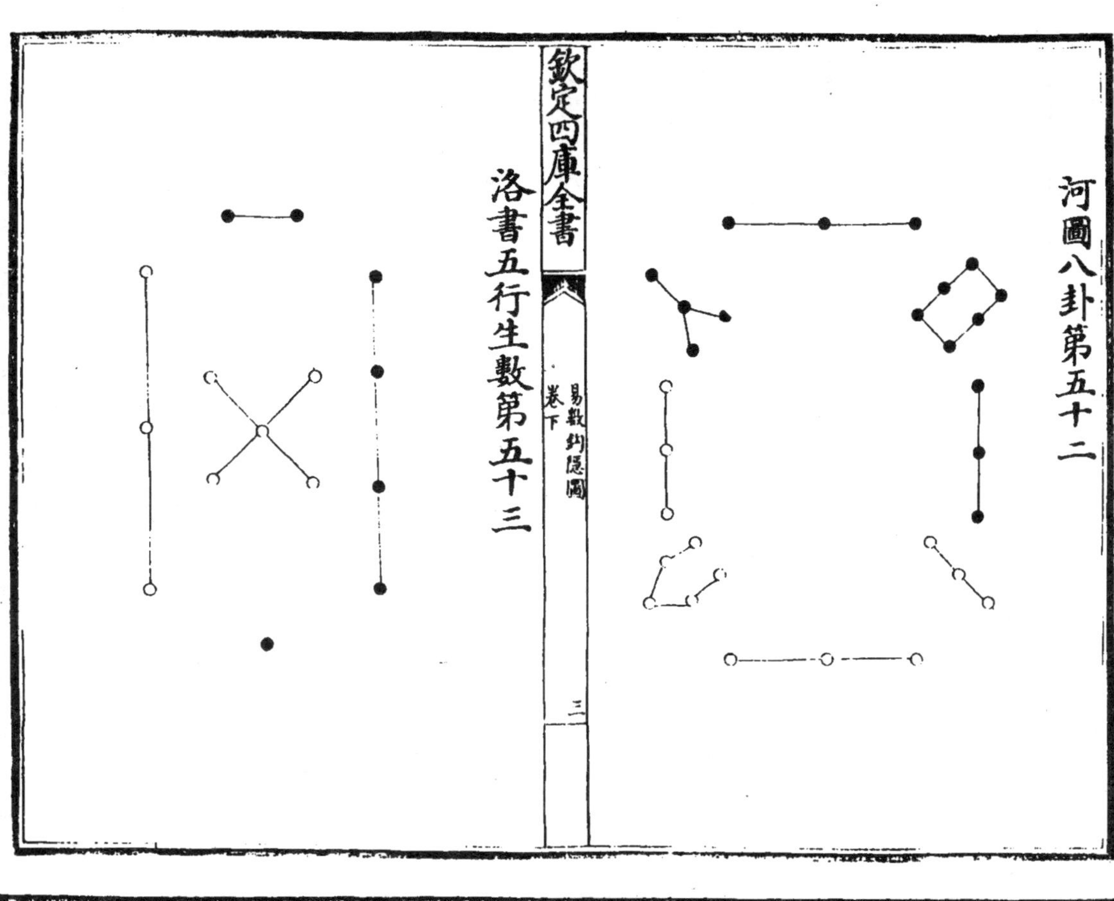

河圖八卦第五十二

洛書五行生數第五十三

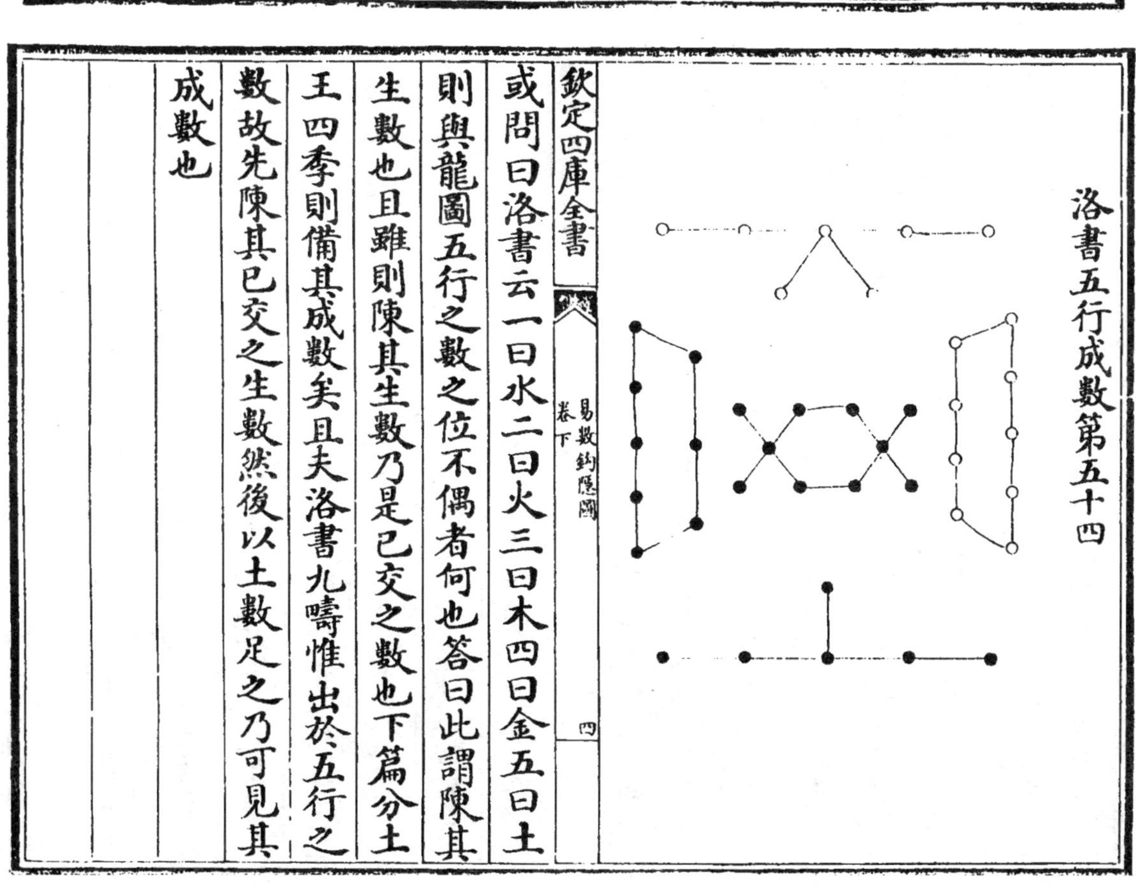

欽定四庫全書
易數鈎隱圖 卷下
四

洛書五行成數第五十四

或問曰洛書云一曰水二曰火三曰木四曰金五曰土則與龍圖五行之數之位不偶者何也答曰此謂陳其生數也且雖則陳其生數乃是已交之數也下篇分土王四季則備其成數矣且夫洛書九疇惟出於五行之數故先陳其已交之生數然後以土數足之乃可見其成數也

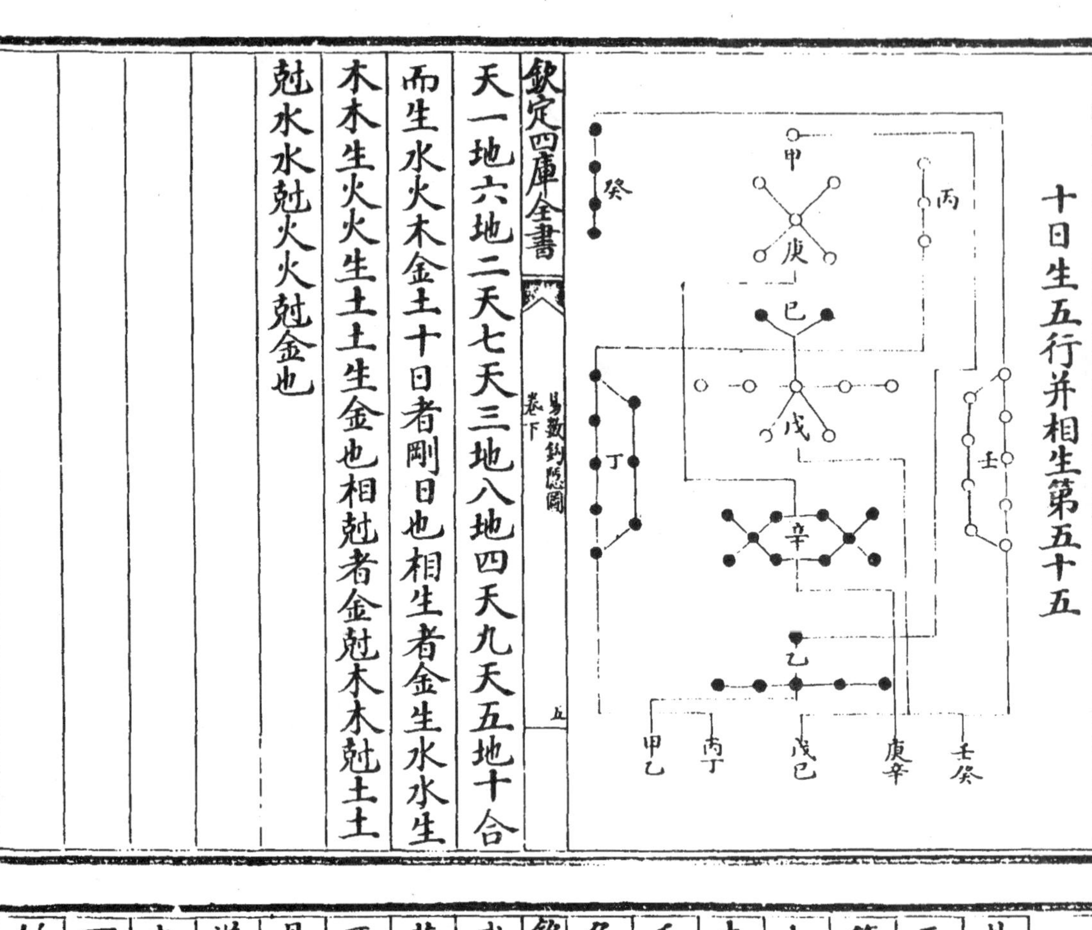

十日生五行并相生第五十五

天一地六地二天七天三地八地四天九天五地十合而生水火木金土十日者剛日也相生者金生水水生木木生火火生土土生金也相尅者金尅木木尅土土尅水水尅火火尅金也

龍圖龜書論上

易曰河出圖洛出書聖人則之春秋緯云河以通乾出天苞洛以流坤吐地符河龍圖發洛龜書感河圖有九篇洛書有六篇書正義曰洛書九類各有文字即是書也而云天乃錫禹如此天與禹者即是洛書也漢五行志劉歆以為伏犧繼天而王河出圖則而畫八卦是也禹治洪水錫洛書法而陳洪範是也穎達共為此說龜負洛書經无其事中候及諸緯多說黃帝堯舜禹湯文

武受圖書之事皆云龍負圖龜負書緯候之書不知誰著通人討覈以為偽起哀平者也前漢之末始有此書不知起誰氏也以前學者必相傳此說故孔氏以九類是神龜負文而出列於背有數從一而至於九見其文遂因而第之以九類也陳而行之所以常道得其次叙也言禹第之者以天神言語必當簡要不應曲有次第丁寧若此故以禹次而第之也然大禹既得九類常道始有次叙未有洛書之前常道所以不亂者世有澆淳

教有疎密三皇以前无文亦治何止无洛書也但既得九類以後闕法而行之則治違之則亂也且不知洛書本文計天言簡要必无次第之數上傳云禹因而次之則孔氏以第是禹之所為初一曰等二十八字必是禹加之也其敬用農用等三十八字大劉及顧氏以為龜負也小劉以為敬用等亦禹所第叙其龜文惟有二十字並无明據未知孰是故兩存焉耳詳夫衆賢之論多背經書之旨觀其大法凡九類蓋以禹叙洛書因而

第之遂著成法則是非神龜負書出於大禹之時也何以明其然略試論之箕子曰在昔鯀陻洪水汨陳其五行帝乃震怒不畀洪範九疇彝倫攸斁鯀則殛死禹乃嗣興天乃錫禹洪範九疇彝倫攸叙則不載神龜負圖之事惟孔氏注稱天與禹洛書神龜負文而出列於背有數至九也諸儒更演載天書言語字數之說後乃還相祖述遂以禹親受洛書而陳九類且經无載圖書之事惟易繫辭云河出圖洛出書聖人則之此蓋仲尼以

作易而云也則知河圖洛書出於犧皇之世矣乃是古者河出龍圖洛出龜書犧皇闕畫八卦因而重之為六十四卦闕

文王作卦辭周公作爻辭仲尼輔之十翼易道始明觀今龍圖其位有九四象八卦皆所包韞且其圖縱横皆合天地自然之數則非後人能假偽而設之也夫龍圖呈卦非聖人不能畫之卦含萬象非聖人不能明之以此而觀則洛出書非出大禹之時

也書云天錫禹九疇者蓋是天生聖德於禹誠明洛書之義因第而次之垂範後世也今河圖相傳於前代其數自一至九包四象八卦之義而兼五行之數洛書則惟五行生成之數也然犧皇但畫卦以垂教則五行之數未顯故禹更陳五行而顯九類也今諸儒以禹受洛書書載天神言語陳列字數實非通論天何言哉聖人則之必不然也或曰未可敢質於經且堯任九子各主其一九疇之數九子之職也至農用八政司空司徒之

官唐虞世設之矣協用五紀羲氏和氏已正之矣斯則非俟禹受洛書之後設其官也且夫天垂象見吉凶聖人象之河出圖洛出書聖人則之天象則闕

雖韞其義非至聖不能明之闕　河圖洛書非犧皇不能畫之卦合其象非文王不能伸之爻象之興非周公不能著之故仲尼曰

文王既沒文不在茲乎又曰天生德於予則知天生睿哲於聖人默究乎幽賾是謂錫之也故仲虺之誥曰天乃錫王勇智表正萬邦之謂也且孔氏以箕子稱天乃錫禹九疇便謂之洛出龜書則不思聖人云河出圖洛出書在作易之前也又唐法九疇唐虞之前已行之矣而云禹受洛書之後始有常道次敘不曰誣之者乎

論下

春秋緯曰洛書六篇孔氏云洛書神龜負文而出列於背有數一至九今代之所傳龜書惟總五行生成之數未知孰是略試論之春秋緯言洛書六篇則與五行九疇之數不偶亦未明其義孔氏云洛書有數一至九謂書之九疇自一五行至五福六極之數也且書之九疇惟五行是包天地自然之數餘八法皆是禹參酌天時人事類之耳則非龜所負之文也今詳洪範五行傳凡言災異必推五行為之宗又若鯀无聖德汨陳五行是以彝倫攸斁則知五行是天垂自然之數其文負於神

龜餘八法皆大禹引而伸之猶龍圖止負四象八純之卦餘重卦六十四皆伏犧仰觀俯察象其物宜伸之以爻象也況乎五行包自然之性八卦韞自然之象聖人更為之變易各以類分而觀吉凶矣若今世之所傳者龜書不為妄也尚或疑焉者試精之於問答或問曰且云圖書皆出於犧皇之世則九疇亦陳於犧皇之代不當言禹第而次之也答曰河圖八卦垂其象也故可以盡陳其位洛書五行含其性也必以文字分其類伏犧

之世世質民淳文字未作故九疇莫得而傳也但申其數耳至大禹聖人遂演成九類垂為世範九疇自禹而始也或問曰既云龍圖兼五行則五行已具於龍圖矣不應更用龜書也答曰雖兼五行有中位而无土數唯四十有五是有其象而未著其形也唯四象八卦之義耳龜書乃具五行生成之數五十有五矣易者包象與器故聖人資圖書而作之也或問曰書云天乃錫禹洪範九疇必洛書今應說破之无乃闕 答曰仲尼稱

河出圖洛出書於宓犧畫易之前不當云出夏禹之世也如曰不然是洛書復出於夏禹之時矣誠如是禹之前无九疇也又何以堯典之九法坦然明白乎哉問曰今書世之傳者龍圖龜書經所不載緯候之書蔑聞其義誠誕說也曰龍圖龜書雖不載之於經亦前賢迭相傳授也然而數與象合位將卦偶不盈不縮符於自然非人智所能設之也況乎古今陰陽之書靡不宗之至於通神明之德與天地之理應如影響豈曰妄乎

易數鈎隱圖卷下

欽定四庫全書

易數鉤隱圖遺論九事

宋 劉牧 撰

太皡氏授龍馬負圖第一

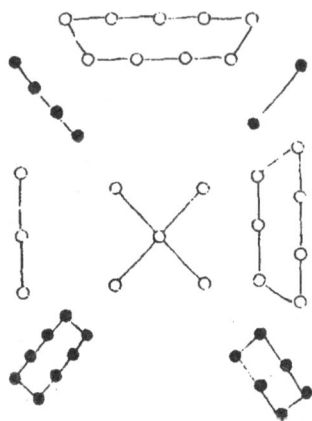

論曰

昔虙犧氏之有天下感龍馬之瑞負天地之數出於河是謂龍圖者也戴九履一左三右七二與四為肩六與八為足五為腹心縱横數之皆十五蓋易繫所謂參伍以變錯綜其數者也太皡乃則而象之遂因四正定五行之數以陽炁肇於建子為發生之源陰炁萌於建午為肅殺之基二炁交通然後變化所以生萬物焉殺萬物焉且天一起坎地二生離天三處震地四居兊天五由中此五行之生數也且孤陰不生獨陽不發故子配地六午配天七卯配地八酉配天九中配地十既極五行之成數遂定八卦之象因而重之以成六十四卦三百八十四爻此聖人設卦觀象之奥旨也且虙犧相去文王逾幾萬祀當乎即位乃紂之九年也作易者其有憂患文王乎文王既没五百餘歲方生孔子孔子生而贊易道且曰河出圖洛出書聖人則之是知龍馬之瑞非虙犧不能昭格河圖之數非夫子不能衍暢原夫錯

綜之數上極二儀中括萬物天人之變鬼神之奥於是乎盡在敢有非其圖者如聖人之辭何

重六十四卦推盪訣第二

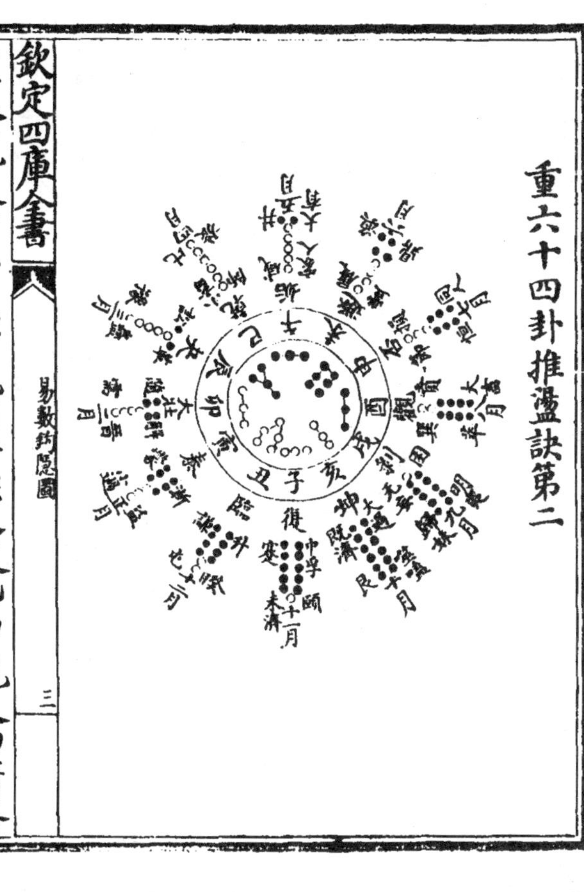

聖人觀象畫卦蓋案龍圖錯綜之數也仰觀天而俯察地近取身而遠類物六畫之象既立三才之道斯備所以極四營之變成萬物之數者也原夫八卦之宗起於四象四象者五行之成數也水數六除三畫為坎餘三畫布於亥上成乾金數九除三畫為兑餘六畫布於中上成坤火數七除三畫為離餘四畫布於巳上成巽木數八除三畫為震餘五畫布於寅上成艮此所謂四象生八卦也且五行特舉金木水火而不言土者各王四時也然聖人无中得象象外生意於是乎布畫而成卦營策以重爻乾之數二百一十有六坤之數百四十有四凡三百有六十當期之日二篇之策萬有一千五百二十當萬物之數也大矣哉陽之七九陰之六八皆天地自然之數非人智所能造也虙犧氏雖生藴神智亦代天行工而已

大衍之數五十第三

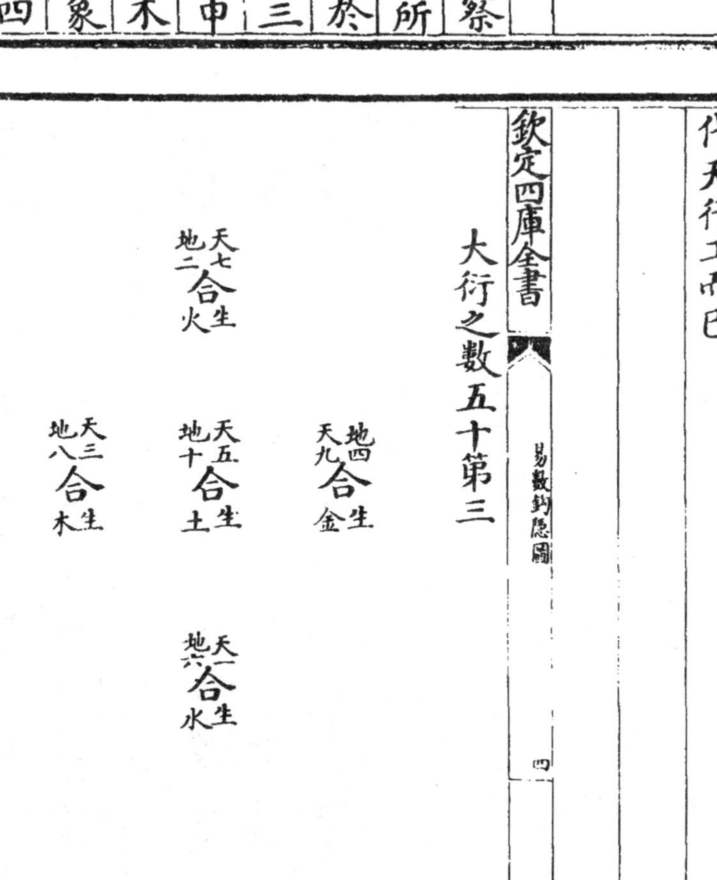

大衍之數五十其用四十有九者蓍之神用也顯陰陽之數定乾坤之策成六十四卦三百八十四爻也四十九者虛天一而不用象乎太極而神功不測也五十五者天地之極數所以成變化而行鬼神也然則大衍之數先哲之論多矣馬季長鄭康成之徒各存一說義亦昭然謹案繫辭曰天數五五奇也地數五五耦也五位相得而各有合以成金木水火土也天數一三五七九也地數二四六八十也此乃五十五之數也夫言五位

者奇耦之位也有合者陰陽相合也既陰陽相合而生五行則必於五位之中 缺 所主矣至如天一與地六合而生水合之者 缺 生之者子也言於父母數中虛一為水以 缺 之用亦猶大衍之虛也夫如是則地二天七天三地八地四天九天五地十合生之際須各 缺 金土而備五行之數者也然每位虛一非 缺 也蓋五位父母密藏五子之用而欲成就變化宣行鬼神者也五行既能佐佑天地生成萬物是陰陽不可得而測也況於人乎故曰密藏五子之用也如云不然則五行之數自何而生哉生萬物者木火之數也成萬物者金水之數也土无正位寄王四季可知矣聖人云精炁為物遊魂為變此之謂也況天地奇耦配合而生五行雖覩合之之道而不究生之之理則五子何得從而著之哉是以五位虛五以成五行藏用之道則大衍五十斷可明矣

八卦變六十四卦第四

四營成易十有八變而成卦八卦而[缺]小成引而伸之以成六十四卦三才之道萬物之源陰陽之數鬼神之奧不能逃其情狀矣然八八之變槩舉則文繁是故標乾為首以例餘卦䷀乾為天䷫天風姤䷠天山遯䷋天地否䷓風地觀䷖山地剝䷢火地晉䷍火天大有兹七卦由乾而出也易曰游魂為變凡變之第七游魂也第八歸魂也言歸魂者歸始生卦之體也餘皆倣此

辨陰陽卦第五

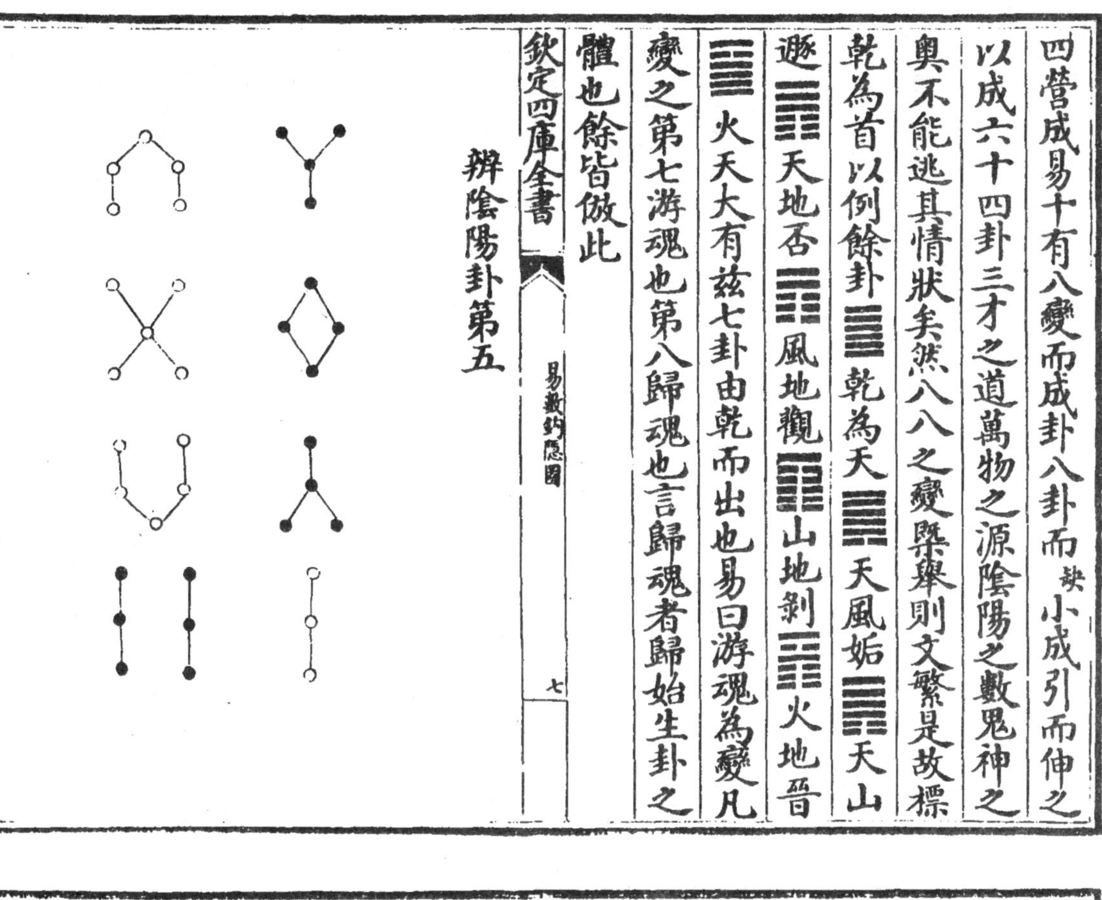

乾天也故稱乎父巽離兌三女由乾而索也坤地也故稱乎母震坎艮三男自坤而生也陽卦多陰陽一君而二民震坎艮陽卦也陰卦多陽陰二君而一民巽離兌陰卦也陽一畫為君二畫為民其理順故曰君子之道也陰二畫為君一畫為民其理逆故曰小人之道也

復見天地之心第六

論上

紫虛犧龍圖亥上見六乃十月老陰之位也陰炁至此方極六者陰數也且乾坤為陰陽造化之主七日來復不離乾坤二卦之體乾之陽九也坤之陰六也自建子一陽生至巳統屬於乾也自建午一陰生至亥統屬於坤也子午相去隔亥上之六則六日也六乃老陰之數至於少陽來復則七日之象明矣然則一陰一陽之謂道十月陰炁雖極陽炁亦居其下故茘挺出四月純陽

用事陰炁亦伏其下故靡草死穎達云十月亥位三十日聖人不欲言一月來復但舉一卦配定六日七分者非也何以明之且既濟䷾六二云婦喪其茀勿逐七日得解微云七日變成復所以寄言七日也又陸子云凡陰陽往復常在七日以此質之義可見矣若夫建子之月天輪左動地軸右轉一炁交感生於萬物明年冬至各反其本本者心也以二炁言之則是陽進而陰退也夏至陰炁復於巳冬至陽炁復於亥故謂之反本

論下

易曰雷在地中動息也復見天地心反本也天地養萬物以靜為心不為而物自為不生而物自生寂然不動此乾坤之心也然則易者易也剛柔相易運行而不殆也陽為之主焉陰進則陽減陽復則陰剝晝復則夜往夜至則晝復无時而不易也聖人以是觀其變化也生殺也往而復之復之无差焉故或謂陽復為天地之心者也然天地之心與物而見也將求之而不可得也子

曰天下何思何慮天下殊塗而同歸一致而百慮聖人之无心與天地一者也以物為之心也何已心之往哉故有以求之不至矣无以求之亦不至矣是以大聖人无而有之行乎其中矣

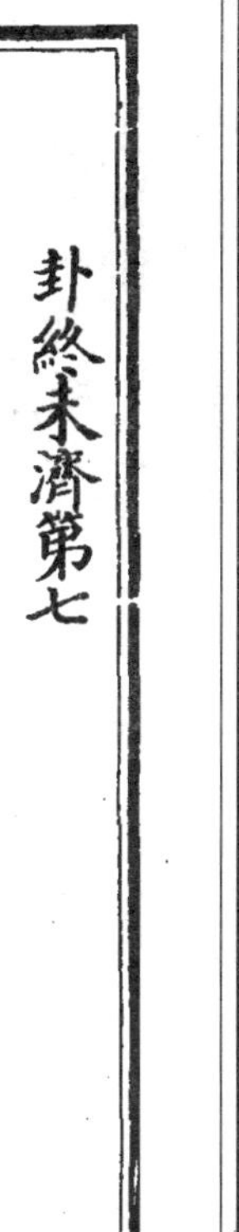

卦終未濟第七

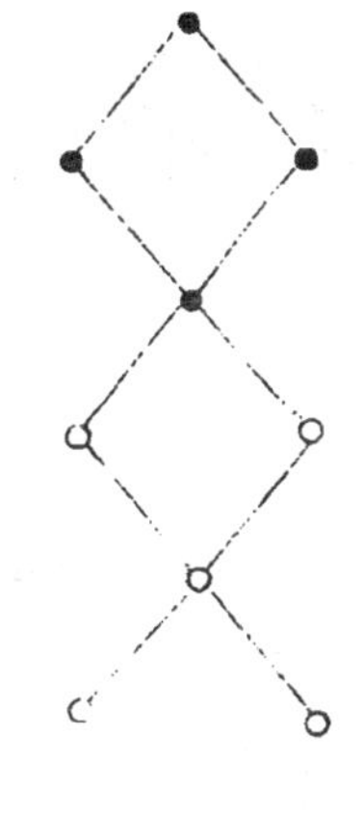

易分上下二篇案乾鑿度孔子曰陽三陰四位之正也故八八之卦析為上下象陰陽也陽純而奇故上篇三十陰不純而耦故下篇三十四上經首之以乾坤造化之本萬彙之宗也繫之以坎離日月之象麗天出地而能終始萬物也下經先之以咸恒男女之始夫婦之道能奉承宗廟為天地主也終之以既濟未濟顯盛衰之戒正君臣之義明乎辨慎而全王道也是以既濟九三九五失上下之節戒小人之勿用也未濟九四六五得君臣之道有君子之光者也大哉聖人之教也既濟則思未濟之患在未濟則明慎居安以俟乎時所以未濟之始承既濟之終既濟之終已濡其首未濟之始尾必濡矣首尾相需終始迭變循環不息與二儀並噫既濟而盈可无懼乎

九四震用伐鬼方三年有賞于大國陸子曰三年者陽開之數也夫易之道以年統月以歲統日以月統旬以日統時故凡言日者以一册當一時言年者以一册當一月故三日三年皆九之一册也七日者一九二六之

册旬與十年者九六七八之册也月有朔虚歲有閏盈故言月者合七八之册而半之以象一朔之旬言歲舉九六之爻而全之以象一閏之日三旬為一朔八月之旬當極陰之册二十有四三歲為一閏一閏之日當二篇之爻三百八十有四故三百六十册當期之日虚分包矣三百八十四爻當閏之日盈分萃矣此乃聖人之微非迂而辨之曲而暢之也不然何陰陽奇偶自然與天地潛契哉

蓍數揲法第八

虛一
生一
第一揲不五則九
五則為少
九則為多

大衍之數五十其用四十有九蓋虛一而不用也不用而用以之通非數而數以之成也故將四十九蓍兩手圍之猶混沌未分之際也分而為二以象兩為將蓍分於左右手中以象天地也掛一以象三為於左手取一存於小指中象三才也揲之以四以象四時為先將左手中蓍四四數之也歸奇於扐以象閏為四四之餘者合於掛一處也五歲再閏故再扐而後掛者為將右手著復四四數之餘者亦合於掛一處故曰後掛也如此一揲之不五則九二三揲之不四則八盡其三揲一爻成矣十有八變一卦成矣

陰陽律呂圖第九

夷則　南呂　无射　應鍾

林鍾　黄鍾

蕤賓　大呂

仲呂　姑洗　夾鍾　太簇

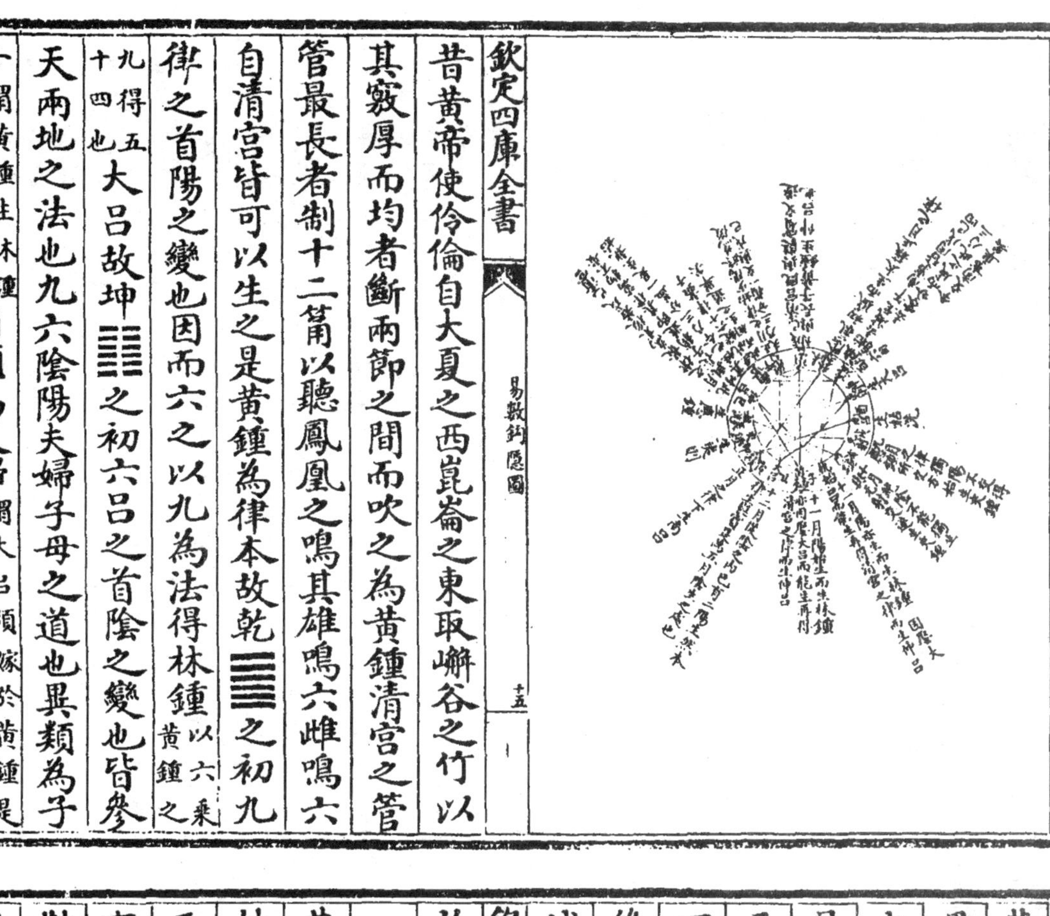

昔黃帝使伶倫自大夏之西崑崙之東取嶰谷之竹以其竅厚而均者斷兩節之間而吹之為黃鍾清宮之管管最長者制十二筩以聽鳳凰之鳴其雄鳴六雌鳴六自清宮皆可以生之是黃鍾為律本故乾☰之初九律之首陽之變也因而六之以九為法得林鍾以六乘黃鍾之九得五十四也大呂故坤☷之初六呂之首陰之變也皆參天兩地之法也九六陰陽夫婦子母之道也異類為子母謂黃鍾生林鍾須得大呂而生同類為夫婦謂大呂須嫁於黃鍾是為夫婦而能生六月蓋天地之情也且夫陽氣始歸戊己清宮是其黃鍾之母也纔得五月蕤賓之交其律已付長子候冬至而用也黃鍾自十一月陽氣始生而用事是為律本也然五月一陰生後得清宮還付而收之方生仲呂耳案晉書云漢京房知六律五音之數六十律相生之法以上生下皆三生二以下生上皆三生四陽下生陰陰上生陽終於仲呂而十二管畢矣仲呂上生執始執始下生去滅上下相生終於南事六十律畢矣夫十二律之變至

於六十猶八卦之為六十四也

陽下生陰陰上生陽法

黃鍾娶大呂生林鍾　太簇娶仲呂生南呂

林鍾娶蕤賓生太簇　南呂妃夷則生姑洗

无射交應鍾生夾鍾　夾鍾妃太簇生夷則

夷則娶南呂生大呂　大呂生蕤賓

蕤賓交與戊己清宮　清宮却付長子也

黃鍾九寸律之本也三分損一下生林鍾互相生至五月蕤賓交戊

巳卻付黃鍾遂生清宮最長之管一尺三寸三分乃三分損九寸餘三寸三分生仲呂**大呂**三寸七分乃三分益一上生蕤賓**太蔟**八寸遂三分損一下生南呂**夾鍾**四寸二分乃三分益一上生夷則**姑洗**七寸一分乃三分損一下生應鍾**仲呂**交得夫太蔟管長三寸三分乃三分益一生執始**蕤賓**四寸九分始作少陽終為後夫乃三分損一交與戊巳清宮**林鍾**六寸乃三分益一下生**夷則**五寸六分乃三分損一上生大呂**南呂**五寸三分乃三分益一下生姑洗**无射**交得[illegible]應鍾管長六寸三分三分損一生夾鍾**應鍾**四寸七分乃三分益一交與夫无射為首唱**執始**在黃鍾部下中呂之上生也今卻下生去滅在林鍾之下不敢不交於南事至此而周畢矣**南事**生蕤賓之旁

易數鉤隱圖遺論九事